ESPAÑA & PORTUGAL

W0383855

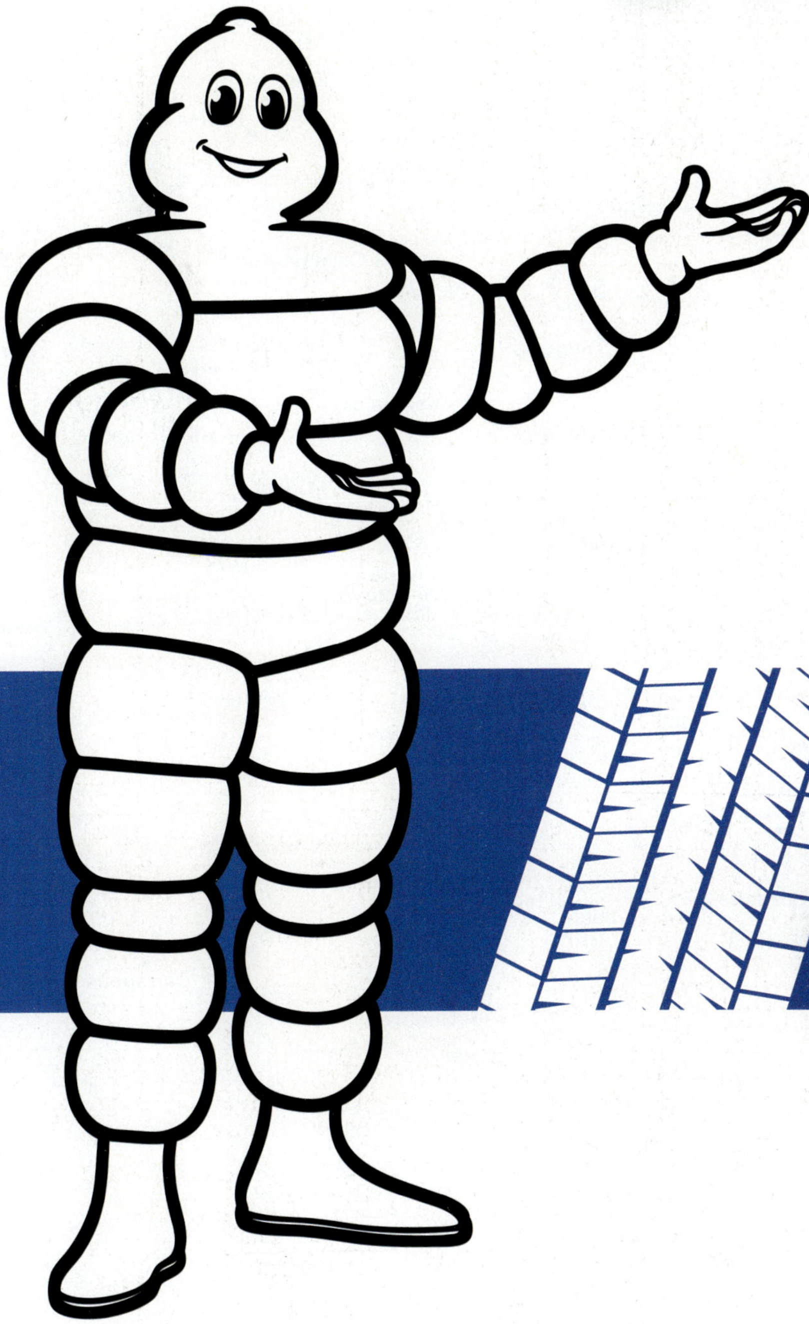

ATLAS DE CARRETERAS y TURÍSTICO
ATLAS RODOVIÁRIO e TURÍSTICO
ATLAS ROUTIER et TOURISTIQUE
TOURIST and MOTORING ATLAS
STRASSEN- und REISEATLAS
TOERISTISCHE WEGENATLAS

MICHELIN

Grandes itinerarios / Grandes itinerários
Grands itinéraires / Route planning
Reiseplanung / Grote verbindingswegen

⚠ Algunas autopistas portuguesas han adoptado un nuevo sistema de peaje que requiere la adhesión a un sistema de prepago o la adquisición previa de un dispositivo electrónico. Más información en www.viamichelin.es

⚠ Em Portugal, um novo sistema de portagem foi instalado em algumas autoestradas, para o qual é necessário fazer um pré-registo do veículo ou comprar previamente um dispositivo electrónico. Para mais informações, queira consultar o site www.viamichelin.fr

⚠ Au Portugal, un nouveau système de péage a été mis en place sur certaines autoroutes, nécessitant le pré- enregistrement du véhicule ou l'achat d'un dispositif électronique au préalable. Pour plus d'information, veuillez consulter www.viamichelin.fr

Sumario

Sumário / Sommaire / Contents / Inhaltsübersicht / Inhoud

Portada interior: mapa índice
Verso da capa: quadro de articulação / Intérieur de couverture : tableau d'assemblage
Inside front cover: key to map pages
Umschlaginnenseite: Übersicht / Binnenzijde van het omslag: overzichtskaart

II - III

Grandes itinerarios
Grandes itinerários / Grands itinéraires / Route planning
Reiseplanung / Grote verbindingswegen

1

Signos convencionales
Legenda / Légende / Key
Zeichenerklärung / Verklaring van de tekens

2 - 132

España - Portugal 1:400 000 — 2 - 103
Espanha - Portugal / Espagne - Portugal / Spain - Portugal
Spanien - Portugal / Spanje - Portugal

Islas Baleares — 104 - 106
Ilhas Baleares / Îles Baléares
Balearic Islands / Balearische Inseln / Balearen

Islas Azores — 107
Açores / Îles Açores / Azores Islands / Die Azoren / Azoren

Islas Canarias — 108 - 132
Ilhas Canárias / Îles Canaries
Canary Islans / Kanarische Inseln / Canarische

133 - 183

Índice Andorra — 134
Índice Andorra / Index Andorre /
Index Andorra / Register Andorra / Register Andorra

Índice España — 134 - 173
Índice Espanha / Index Espagne
Index Spain / Register Spanien / Register Spanje

Índice Portugal — 174 - 182
Índice Portugal / Index Portugal
Index Portugal / Register Portugal / Register Portugal

183 - 243

Signos convencionales — 184
Legenda / Légende / Key / Zeichenerklärung / Verklaring van de tekens

Planos de ciudades España — 185 - 233
Plantas das cidades Espanha / Plans de ville Espagne / Town plans Spain /
Stadtpläne Spanien / Stadsplattegronden Spanje

Planos de ciudades Portugal — 234 - 243
Plantas das cidades Portugal / Plans de ville Portugal / Town plans Portugal
Stadtpläne Portugal / Stadsplattegronden Portugal

Al final del volumen: distancias
No fim do volume: distâncias / En fin de volume : distances / Back of the guide: distances
Am Ende des Buches: Entfernungen / Achter in het boek: afstanden

Signos convencionales

Carreteras
Autopista - Áreas de servicio
Autovía
Enlaces: completo, parciales
Números de los accesos
Carretera de comunicación internacional o nacional
Carretera de comunicación interregional o alternativo
Carretera asfaltada - sin asfaltar
Carretera en mal estado
Camino agrícola - Sendero
Autopista, carretera en construcción (en su caso: fecha prevista de entrada en servicio)

Ancho de las carreteras
Calzadas separadas
Cuatro carriles - Dos carriles anchos
Dos carriles - Un carril

Distancias
(totales y parciales)
Tramo de peaje en autopista
Tramo libre en autopista
en carretera

Numeración - Señalización
Carretera europea - Autopista
Carretera nacional radial - Carretera nacional
Otras carreteras

Obstáculos
Pendiente Pronunciada
(las flechas indican el sentido del ascenso)
Puerto - Altitud
Recorrido difícil o peligroso
Pasos de la carretera:
a nivel, superior, inferior
Tramo prohibido
Carretera restringida
Barrera de peaje - Carretera de sentido único
Vado
Nevada: Período probable de cierre

Transportes
Línea férrea - Estación de viajeros
Transporte de coches:
por barco
por barcaza (carga máxima en toneladas)
Barcaza para el paso de peatones
Aeropuerto - Aeródromo

Alojamiento - Administración
Parador (España) - Pousada (Portugal)
(establecimiento hotelero administrado por el Estado)
Capital de división administrativa
Límites administrativos
Frontera

Deportes - Ocio
Plaza de toros - Golf
Refugio de montaña
Puerto deportivo - Playa
Teleférico, telesilla
Funicular - Línea de cremallera

Curiosidades
Edificio religioso - Castillo - Ruina
Cueva - Monumento megalítico
Otras curiosidades
Vista panorámica - Vista parcial
Recorrido pintoresco

Signos diversos
Edificio religioso - Castillo - Ruinas
Cueva - Monumento megalítico
Transportador industrial aéreo
Torreta o poste de telecomunicación
Industrias - Central eléctrica
Refinería - Pozos de petróleo o de gas
Mina - Cantera
Faro - Presa
Parque nacional - Reserva de caza

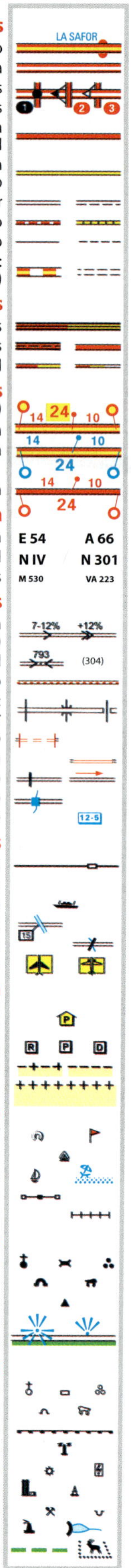

Legenda

Estradas
Auto-estrada - Área de serviço
Estrada com 2 faixas de rodagem do tipo auto-estrada
Nós: completo - parciais
Número de nós
Estrada de ligação internacional ou nacional
Estrada de ligação interregional ou alternativo
Estrada asfaltada - não asfaltada
Estrada em mau estado
Caminho para exploração - Atalho
Auto-estrada - Estrada em construção
(eventualmente: data prevista estrada transitável)

Largura das estradas
Faixas de rodagem separadas
com 4 vias - com 2 vias largas
com 2 vias - com 1 via

Distâncias
(totais e parciais)
Em secção com portagem em auto-estrada
Em secção sem portagem em auto-estrada
em estrada

Numeração - Sinalização
Estrada Europeia - Auto-estrada
Estrada nacional radial - Estrada nacional
Outras estradas

Obstáculos
Forte declive
(flechas no sentido da subida)
Passagem de montanha - Altitude
Percurso difícil ou perigoso
Passagens da estrada:
de nível - superior - inferior
Estrada proibida
Estrada com circulação regulamentada
Portagem - Estrada de sentido único
Vau
Nevadas: período provável de encerramento

Transportes
Via férrea - Estação de passageiros
Transporte de automóveis:
por barco
por barcaça (carga máxima em toneladas)
Barcaça para peões
Aeroporto - Aeródromo

Alojamento - Administração
Parador (Espanha) - Pousada (Portugal)
(Estabelecimentos geridos pelo Estado)
Capital de divisão administrativa
Limites administrativos
Fronteira

Desportos - Ocio
Praça de touros - Golfe
Refúgio de montanha
Porto de recreio - Praia
Teleférico
Telecabine - Vias de cremalheira

Curiosidades
Edifício religioso - Castelo - Ruínas
Gruta - Monumento megalítico
Outras curiosidades
Panorama - Vista
Percuso pitoresco

Signos diversos
Edifício religioso - Castelo - Ruínas
Gruta - Monumento megalítico
Transportador industrial aéreo
Torre ou posto de telecomunicação
Indústrias - Central eléctrica
Refinaria - Petróleo ou gás natural
Mina - Pedreira
Farol - Barragem
Parque nacional - Reserva de caça

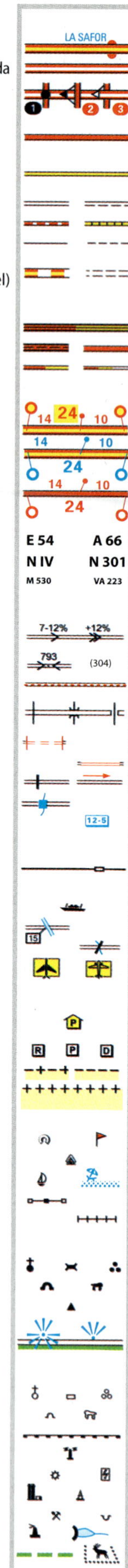

Légende

Routes
Autoroute - Aires de service
Double chaussée de type autoroutier
Échangeurs : complet - partiels
Numéros d'échangeurs
Route de liaison internationale ou nationale
Route de liaison interrégionale ou de dégagement
Route revêtue - non revêtue
Route en mauvais état
Chemin d'exploitation - Sentier
Autoroute - Route en construction
(le cas échéant : date de mise en service prévue)

Largeur des routes
Chaussées séparées
4 voies - 2 voies larges
2 voies - 1 voie

Distances
(totalisées et partielles)
Section à péage sur autoroute
Section libre sur autoroute
sur route

Numérotation - Signalisation
Route européenne - Autoroute
Route nationale radiale - Route nationale
Autres routes

Obstacles
Forte déclivité
(flèches dans le sens de la montée)
Col - Altitude
Parcours difficile ou dangereux
Passages de la route :
à niveau - supérieur - inférieur
Route interdite
Route réglementée
Barrière de péage - Route à sens unique
Gué
Enneigement : période probable de fermeture

Transports
Voie ferrée - Station voyageurs
Transport des autos :
par bateau
par bac (charge maximum en tonnes)
Bac pour piétons
Aéroport - Aérodrome

Hébergement - Administration
Parador (Espagne) - Pousada (Portugal)
(établissement hôtelier géré par l'état)
Capitale de division administrative
Limites administratives
Frontière

Sports - Loisirs
Arènes (plaza de toros) - Golf
Refuge de montagne
Port de plaisance - Plage
Téléphérique, télésiège
Funiculaire - Voie à crémaillère

Curiosités
Édifice religieux - Château - Ruine
Grotte - Monument mégalithique
Autres curiosités
Panorama - Point de vue
Parcours pittoresque

Signes divers
Édifice religieux - Château - Ruines
Grotte - Monument mégalithique
Transporteur industriel aérien
Tour ou pylône de télécommunications
Industries - Centrale électrique
Raffinerie - Puits de pétrole ou de gaz
Mine - Carrière
Phare - Barrage
Parc national - Réserve de chasse

Key

Roads
Motorway - Service areas
Dual carriageway with motorway characteristics
Interchanges: complete, limited
Interchange numbers
International and national road network
Interregional and less congested road
Road surfaced - unsurfaced
Road in bad condition
Rough track - Footpath
Motorway / Road under construction (when available: with scheduled opening date)

Road widths
Dual carriageway
4 lanes - 2 wide lanes
2 lanes - 1 lane

Distances
(total and intermediate)
Toll roads on motorway
Toll-free section on motorway
on road

Numbering - Signs
European route - Motorway
National radial - National road
Other roads

Obstacles
Steep hill (ascent in direction of the arrow)
Pass - Altitude
Difficult or dangerous section of road
Level crossing: railway passing, under road, over road
Prohibited road
Road subject to restrictions
Toll barrier - One way road
Ford
Snowbound, impassable road during the period shown

Transportation
Railway - Passenger station
Transportation of vehicles:
by boat
by ferry (load limit in tons)
Passenger ferry
Airport - Airfield

Accommodation-Administration
Parador (Spain) - Pousada (Portugal) (hotel run by the state)
Administrative district seat
Administrative boundaries
National boundary

Sport & Recreation Facilities
Bullring - Golf course
Mountain refuge hut
Pleasure boat harbour - Beach
Cable car, chairlift
Funicular - Rack railway

Sights
Religious building - Historic house, castle - Ruins
Cave - Prehistoric monument
Other places of interest
Panoramic view - Viewpoint
Scenic route

Other signs
Religious building - Castle - Ruins
Cave - Prehistoric monument
Industrial cable way
Telecommunications tower or mast
Industrial activity - Power station
Refinery - Oil or gas well
Mine - Quarry
Lighthouse - Dam
National park - Game reserve

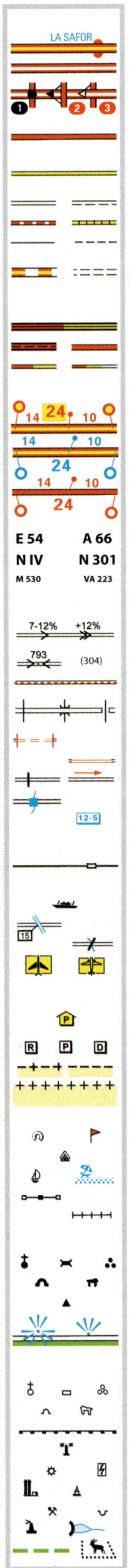

Zeichenerklärung

Straßen
Autobahn - Tankstelle mit Raststätte
Schnellstraße mit getrennten Fahrbahnen
Anschlussstellen: Voll - bzw. Teilanschlussstellen
Anschlussstellennummern
Internationale bzw.nationale Hauptverkehrsstraße
Überregionale Verbindungsstraße oder Umleitungsstrecke
Straße mit Belag - ohne Belag
Straße in schlechtem Zustand
Wirtschaftsweg - Pfad
Autobahn, Straße im Bau (ggf. voraussichtliches Datum der Verkehrsfreigabe)

Straßenbreiten
getrennte Fahrbahnen
4 Fahrspuren - 2 breite Fahrspuren
2 Fahrspuren - 1 Fahrspur

Straßenentfernungen
(Gesamt- und Teilentfernungen)
Mautstrecke auf der Autobahn
Mautfreie Strecke auf der Autobahn
auf der Straße

Nummerierung - Wegweisung
Europastraße - Autobahn
Radiale Nationalstraße - Nationalstraße
Sonstige Straßen

Verkehrshindernisse
Starke Steigung (Steigung in Pfeilrichtung)
Pass - Höhe
Schwierige oder gefährliche Strecke
Bahnübergänge: schienengleich - Unterführung - Überführung
Gesperrte Straße
Straße mit Verkehrsbeschränkungen
Mautstelle - Einbahnstraße
Furt
Eingeschneite Straße: voraussichtl. Wintersperre

Verkehrsmittel
Bahnlinie - Haltestelle
Autotransport:
per Schiff
per Fähre (Höchstbelastung in t)
Personenfähre
Flughafen - Flugplatz

Unterkunft - Verwaltung
Parador (Spanien) - Pousada (Portugal) (staatlich geleitetes Hotel)
Verwaltungshauptstadt
Verwaltungsgrenzen
Staatsgrenze

Sport - Freizeit
Stierkampfarena - Golfplatz
Schutzhütte
Yachthafen - Badestrand
Seilbahn, Sessellift
Standseilbahn - Zahnradbahn

Sehenswürdigkeiten
Sakral-Bau - Schloss, Burg - Ruine
Höhle - Vorgeschichtliches Steindenkmal
Sonstige Sehenswürdigkeit
Rundblick - Aussichtspunkt
Landschaftlich schöne Strecke

Sonstige Zeichen
Sakralbau - Schloss, Burg - Ruine
Höhle - Vorgeschichtliches Steindenkmal
Industrieschwebebahn
Funk-, Sendeturm
Industrieanlagen - Kraftwerk
Raffinerie - Erdöl-, Erdgasförderstelle
Bergwerk - Steinbruch
Leuchtturm - Staudamm
Nationalpark - Jagdgebiet

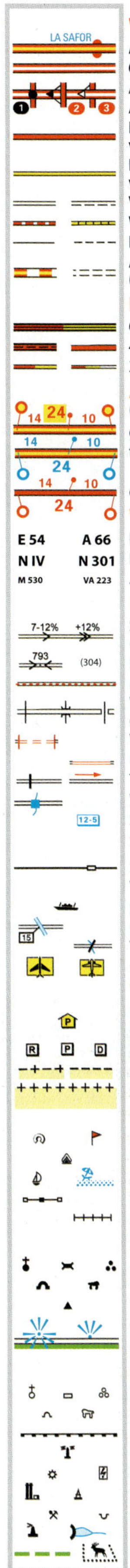

Verklaring van de tekens

Wegen
Autosnelweg - Serviceplaatsen
Gescheiden rijbanen van het type autosnelweg
Aansluitingen: volledig, gedeeltelijk
Afritnummers
Internationale of nationale verbindingsweg
Interregionale verbindingsweg
Verharde weg - onverharde weg
Weg in slechte staat
Landbouwweg - Pad
Autosnelweg in aanleg - Weg in aanleg (indien bekend: datum openstelling)

Breedte van de wegen
Gescheiden rijbanen
4 rijstroken - 2 brede rijstroken
2 rijstroken - 1 rijstrook

Afstanden
(totaal en gedeeltelijk)
gedeelte met tol op autosnelwegen
tolvrij gedeelte op autosnelwegen
op andere wegen

Wegnummers - Bewegwijzering
Europaweg - Autosnelweg
Radiale nationale weg - Nationale weg
Andere wegen

Hindernissen
Steile helling (pijlen in de richting van de helling)
Pas - Hoogte
Moeilijk of gevaarlijk traject
Wegovergangen: gelijkvloers - overheen - onderdoor
Verboden weg
Beperkt opengestelde weg
Tol - Weg met eenrichtingsverkeer
Wad
Sneeuw : vermoedelijke sluitingsperiode

Vervoer
Spoorweg - Reizigersstation
Vervoer van auto's:
per boot
per veerpont (maximum draagvermogen in t.)
Veerpont voor voetgangers
Luchthaven - Vliegveld

Verblijf - Administratie
Parador (Spanje) - Pousada (Portugal) (hotel dat door de staat wordt beheerd)
Hoofdplaats van administratief gebied
Administratieve grenzen
Staatsgrens

Sport - Recreatie
Arena voor stierengevechten - Golfterrein
Berghut
Jachthaven - Strand
Kabelbaan, stoeltjeslift
Kabelspoor - Tandradbaan

Bezienswaardigheden
Kerkelijk gebouw - Kasteel - Ruïne
Grot - Megaliet
Andere bezienswaardigheden
Panorama - Uitzichtpunt
Schilderachtig traject

Diverse tekens
Kerkelijk gebouw - Kasteel - Ruïne
Grot - Megaliet
Kabelvrachtvervoer
Telecommunicatietoren of -mast
Industrie - Elektriciteitscentrale
Raffinaderij - Olie- of gasput
Mijn - Steengroeve
Vuurtoren - Stuwdam
Nationaal park - Jachtreservaat

0 4 8 12 km
RÍAS ALTAS
RÍAS GALLEGAS
Illas Sisargas
Cabo de San Adrián
Punta de Nariga
Malpica de Bergantiños
Punta Roncudo
Corme-Porto
Corme Aldea
Ría de Corme y Laxe
Praia de Balarés
Punta Insúa
Laxe
Ponteceso
Praia de Baldaio
Punta das Olas
Caión
A Laracha
Carballo
Cabo Veo
Cabo Tosto
Praia de Traba
Cabo Vilán
Camariñas
Ría de Camariñas
Punta da Barca
Muxía
Cabo da Buitra
Cabo Touriñán
Vimianzo
Baio
Zas
Pico de Meda
Sta Comba
Val do Dubra
Santa Catalina
Montes de Buxantes
Embalse de Fervenza
Praia del Rostro
Cee
Corcubión
Cabo de la Nave
Fisterra
Illa Lobeira Grande
Cabo Fisterra / Cabo Finisterre
Montes de la Ruña
Mazaricos
Negreira
Santiago de Compostela
Punta de Caldebarcos
Praia de Carnota
Carnota
Punta dos Remedios
Muros
Outes
A Baña
Ames
Brión
Ordes
AG 55
AC 552
AC 400
12

Cabo Ortegal
Punta de la Estaca de Bares
Punta de los Aguillós
Ría de Sta Marta de Ortigueira
Punta del Limo
Punta Robaliceira
Punta Candieira
Ría de Cedeira
Punta Chirlateira
Punta Frouxeira
Cabo Prior
Playa de Sta Comba
Praia de San Xorxe
Praia de Doniños
Cabo Prioriño
Punta Coitelada
Ría de Ferrol
Ría de Betanzos
Torre de Hércules
Praia de Riazor
A CORUÑA
FERROL
Ortigueira
Cedeira
Valdoviño
Pontedeume
Betanzos
Sada
Oleiros
Cambre
Culleredo
Arteixo
Mugardos
Ares
Fene
Neda
Narón
Cabanas
As Pontes de García Rodríguez
Vilalba / Villalba
Guitiriz
Curtis
Mesía
Ordes
Arzúa
Melide
Sobrado dos Monxes
Friol
Aranga
Monfero
Carral
Abegondo
Cerceda
Oza dos Ríos
Cesuras
Irixoa
Coirós
Paderne
Vilarmaior
Miño
Bergondo
Viveiro
Xermade
Mondoñedo
Rábade
Outeiro de Rei
Begonte
Cospeito
Sierra da Faladoira
Sierra de Forgoselo
Montes del Bocelo
Sierra da Carba
Embalse del Eume
Río Eume
Río Mandeo
Río Mero
Río Tambre
Río Miño
Río Ladra
Río Parga
A6 - E70
AP9
AG 64
N 634
N 547
E1
LU 540

0 4 8 12 km
8
9
a de la Estaca de Bares
Porto de Bares
Isla Coelleira
Punta Roncadoira
Punta de Morás
Isla Os Farallóns
Cabo de San Ciprián
San Ciprián
Cabo Burela
Golfo de la Masma
Viveiro
Burela
Cangas
Foz
Praia de Llas
Praia de Rapadoira
Praia del Castro
Punta Corbeira
Ría de Ribadeo
Cabo Cebes
Tapia de Casariego
Ribadeo
Vegadeo
Navia
Ortiguera
Valdepares
Castropol
San Martín de Mondoñedo
Mondoñedo
Xistral
Sa do Xistral
Vilanova (Lourenzá)
Villalba / Vilalba
Cospeito
Castro de Rei
Lugo
Meira
Sierra de Meira
A Fonsagrada
Alto de Cerredo
Pto de la Garganta
Bobia
San Martín de Oscos
Sta Eulalia de Oscos
Villanueva de Oscos
Grandas de Salime
E. de Grandas de Salime
Alto de Acebo
Sierra de Rañadoiro
Valle del Navia
E. de Arbón
E. de Doiras
Boal
Pesoz
Ibias
San Antolín de Ibias
Negueira de Muñiz
Pto de Cienfuegos
Puerto del Connio
Coto Nacional de Muniellos
Cervero
Vegalagar
Corgo
Outeiro Mayor
Pto de Campo de Arbore
Sierra de Meira
Sa del Mirador
Río Eo
Río Navia
Río Miño
14
3
8

COSTA VERDE
MAR
Cabo de Peñas
Cabo Vídio
Cabo Busto
Cabo Torres
Playa de Bozo
Concha de Artedo
Playa de Salinas
Puerto de Vega
Luarca
Cadavedo
Ballota
Novellana
Riego Abajo
Salamir
Cudillero
Sª María del Mar
Salinas
San Juan de Nieva
Avilés
Podes
Verdicio
Bañugues
Punta de la Vaca
Luanco (Gozón)
Candás (Carreño)
Nembro
Reguera
Zanzabornín
Prendes
Tabaza
Musel
Arcallana
Soto de Luiña
Artedo
Muros de Nalón
Pravia
Piedras Blancas (Castrillón)
Corvera de Asturias
Soto del Barco
Cuevas de Arbedales
Nubledo
Villalegre
Moanes
Almuña
Otur
Barcia
Busto
Canero
Villanueva
Troncedo
San Cosme
S. Martín de Luiña
Mones
Muñas
Carcedo
Faedo
Santianes
Riberas
Vidural
Menudero
La Figal
Soto de Trevías
Brieves
Merás
Belén
Pontigón
Paredes
Caborno
Alto de Aristébano
Naraval
Calleras
Ayones
Aliende
Lavio
La Peña
Malleza
Linares
Sandamías
Villamején
Villavaler
Folgueras
Selgas
Peñaullán
Santoseso
San Román (Candamo)
Grullos
Sandiche
Peñaflor
La Peral
Callezuela (Illas)
Arlos
Sª Cruz
Bonielles
(Llanera) Posada
Lugo de L.
Villabona
Prubia
Pinzales
Mareo
La Madera
Huerces
Quintana
Muño
Siero
Pola de S.
Bustoburniego
Navelgas
Fastias
Brañalonga
La Espina
Villatresmil
Rellanos
Alto de Forcayao
Bárcena del Monasterio
Tablado de Riviella
Priero
Salas
Villazón
Doriga
Cornellana
Cabruñana
Grado
S. Tirso
(Las Regueras) Santullano
Marinas
Sª del Naranco
S. Miguel de L.
S. Pedro
Sª María
S. Claudio
S. Cucao
Brañes
Cayes
Lugones
Viella
Argüelles
Noreña
Acellana
Godán
Ovanes
Cermoño
R. Narcea
Soto de los Infantes
Puente de San Martín
Moutas
Aguera
Vega de Anzo
Fuejo
Bayo
Trubia
Sogrando
Las Caldas
Soto de Ribera
OVIEDO
Colloto
Cruces
Box
Sª María de B.
Manzaneda
Agüeria
Olloniego
Lada
Langreo
El Entrego
El Pedregal
El Crucero
Tineo
Obana
Borres
La Mortera
Sobrado
El Baradal
El Rodical
Alto de Porciles
Reigada
Gera
Soto de la Barca
E. de la Barca
Bebares
San Pedro
Rodiles
Coalla
Selviella
Vigaña
Villandás
Santianes
Sama de Grado
S. Andrés
(Ribera de Arriba)
Tuñón
Pedroveya
Sª Eulalia (Morcín)
Baiña
S. Tirso
Reboliada
Ciaño
El Carbayo
La Nueva
Palo
(Allande) Pola de Allande
Arganza
Tamallanes
Linares
Villagrufe
Santianes
Tuña
La Vega
Jarceley
Llamas del Mouro
Quintana
Restiello
Belmonte de Miranda
Villamarín
Yernes
(Sto Adriano) Villanueva
Proaza
Busloñe
Grandiella
La Foz
Ablana
Mieres
La Traba
Sta Bárbara
Tebongo
Puelo
Parajas
Monasterio
Onón
Peña Manteca
Agüerina
Villabre (Yernes y Tameza)
Tolinas
Desfiladero del Teverga
Villamejín
La Vega (Riosa)
Valdecuna
Figaredo
Urbies
Corias
Villar
Cangas del Narcea
Llamoso
Sª de la Cabra
Cuevas
Almurfe
Villamayor
Prado
Caranga
Las Agüeras
Bermiego
Gamoniteiro
Llamo
Villallana
Cenera
Ujo
Turón
Sta Cruz de M.
Sierra de N.
La Regla
Cibuyo
Puenteciella
Mestas
Aguasmestas
La Riera
Taja
San Martín
Entrago
Las Ventas
Sierra de Sobia
Arrojo
Muriellos
Llanuces
Armada
Pola de la Lena (Lena)
Carabanzo
Moreda
Pineres
Sta Ana
Carballo
Parque Natural de Somiedo
Pigüeña
Villanueva
La Plaza (Teverga)
Carrea
Bárzana (Quirós)
Sª Marina
Vega del Rey
Sta Cristina de Lena
San Miguel
Murias
Bimeda
La Linde
Rabo
Sª de la Serrantina
Pola de Somiedo (Somiedo)
Villar de Vildas
Peña Negra
Villarín
San Salvador
Fresnedo
Reserva Nacional de Somiedo
Saliencia
Páramo
Ricabo
Campomanes
Felgueras
Malvedo
Santibáñez de Murias
Villacibrán
Cibea
Venta Nueva
Vega de Rengos
Vallado
Genestoso
Gúa
Caunedo
Coto de B.
Valle de Lago
Zureda
Sotiello
La Frecha
Puente de los Fierros
Rengos
Vegameoro
Trascastro
Caniellas
Puerto de Rañadoiro
Monasterio de Hermo
Leitariegos
Puerto de Leitariegos
Puerto de Cerredo
Cornón
Sta María del Puerto
Puerto de Somiedo
Lagos de Saliencia
Peña Orniz
Torrestio
Puerto Ventana
Peña del Ranchón
Peña Ubiña
Tuiza
Telledo
Riospaso
Torrebarrio
Villargusán
Puerto de la Cubilla
Puerto de Pajares
Pajares
Arbás del Puerto
Pendilla de Arbás
Tonín de A.
Sierra de la Casomera
Pto de Piedrafita
Braña Caballo
Fondos de Vega
Reserva nacional
Degaña
Orallo
Muxavén
Lumajo
La Cueta
Genestosa
Torre de Babia
La Majúa
Pinos
Valgrande
Busdongo de Arbás
Villanueva de la Tercia
Villager de Laciana
Villablino
Villaseca
Piedrafita de Babia
La Riera
Cospedo
Emiliano
Cirbanal
Robledo de Caldas
Caldas de Luna
Cueto Negro
Túnel de Negrón
S. Martín de la T.
Sollar
Cerredo
Caboalles de Arriba
Caboalles de Abajo
Riocastro
Quintanilla de Babia
Cabrillanes
Peñalba de Cilleros
Huergas
Riolago
Luna
Sena de Luna
Casares de A.
Rodiezmo de la T.
Villasimpliz
de Degaña
Tejedo del Sil
Villarino del Sil
E. de las Rozas
El Villar de Santiago
Vega de Viejos
Cuevas del Sil
El Miro
Ascastro
15
12
CALDAS DE LUNA
A
B
C
D
6

0 4 8 12 km
14
15
A
B
C
5
16
13
M A R C A N T Á B R I C O
C O S T A V E R D E
Punta de la Vaca
Luanco
Candás
Cabo Torres
GIJÓN
La Providencia
Ensenada de España
Villaverde
Punta de Tazones
Tazones
Ría de Villaviciosa
Playa de Rodiles
Cabo Lastres
Lastres
Colunga
La Isla
Prado (Caravia)
Berbes
Vega
Ribadesella
Playa de Cuevas del Mar
Playa de San Antolín
Villaviciosa
Amandi
Mir. del Fito
Reserva nacional de Sueve
Arriondas (Parres)
Cangas de Onís
Cueva del Buxu
Covadonga
Mirador de la Reina
Lago de Enol
Lago de la Ercina
Parque Nacional
PICOS DE EUROPA
Desfiladero de los Beyos
Desfiladero de Bulnes
Reserva nacional de los Picos de Europa
Fuente Dé
Puerto de Panderruedas
Puerto de Pandetrave
Reserva Nacional de Riaño
Riaño
Embalse de Riaño
Siero
Pola de Siero
Noreña
Nava
Infiesto (Piloña)
Langreo
Sama
Sotrondio
El Entrego
Mieres
Pola de Laviana (Laviana)
Rioseco
Campo de Caso (Caso)
Sierra de Navaliego
Pola de Lena
Cabañaquinta
Puerto de San Isidro
Puerto de Tarna
Puerto de Pajares
C O R D I L L E R A C A N T Á B R I C A
Reserva nacional de Mampodre
Reserva nacional de Riaño
Ribadesella
Llanes
Posada de Llanes
Santillana
Boca de Huérgano

A
B
C
Cantab
Costa
de
Cabo Mayor
SAN
Punta de Somocueva
Punta del Dichoso
Suances
Llanes
Cué
Andrín
Vidiago
La Franca
Colombres
Cueva del Pindal
Pendueles
Buelna
Pechón
San Vicente de la Barquera
Playa de Oyambre
Universidad Pontificia
Comillas
Ruiloba
Liandres
Cóbreces
Oreña
Santillana del Mar
Cueva de Altamira
Hinojedo
Torrelavega
El Astillero
Maliaño
Muriedas
Revilla
Mogro
Miengo
Cuchía
Liencres
Soto de la Marina
San Román
Sancibrián
Parque de Cabárceno
Renedo
Vargas
La Penilla
Sarón
Sta María de Cayón
Puente Viesgo
Cueva del Castillo
Los Corrales de Buelna
Las Caldas de Besaya
Cabezón de la Sal
Valle de Cabuérniga (Cabuérniga)
Ucieda
Ruente
Carmona
Puentenansa (Rionansa)
Unquera
Panes
Potes
Reserva Nacional
Desfiladero de la Hermida
La Hermida
Tama
Ojedo
Turieno
Camaleño
Espinilla
Reinosa
Fontibre
Fuente del Ebro
Embalse del Ebro
Arija
Corconte
Puerto del Escudo
Sierra del Cordel
Puerto de Palombera
Pico de Tres Mares
Peña Labra
Pto de Piedrasluengas
Cordillera Cantábrica
Saja
Parque natural Saja-Besaya
Ontaneda
Alceda
Entrambasmestas
Vega de Pas
Villacarriedo
Selaya
A 8 - E 70
A 67
N 611
N 623
N 621
N 634
Valdecebollas
Camasobres
Lores
Carrionas
Fuentes
Abiada
Proaño
Argüeso
Soto
Matamorosa
Bolmir
Requejo
Villaescusa
Cervatos
Arroyo
Bustamante
Bimón
La Riva
La Población
Herbosa
Virtus
Lanchares
La Costana
Villapaderne
Santiurde de Reinosa
Pesquera
Ventorrillo
San Miguel de Aguayo
Bárcena de Pie de Concha
Molledo
Silió
Arenas de Iguña
Las Fraguas
San Vicente de León
Bárcena Mayor
Los Tojos
Correpoco
Colsa
Tudanca
La Lastra
Uznayo
Tresabuela
Polaciones
S. Andrés
Pesaguero
Cabezón de L.
Lebeña
Bejes
Tresviso
Linares
Lafuente
Quintanilla
Sobrelapeña
Cosío
Rozadío
Renedo
San Sebastián de Garabandal
Celis
Bielva
Rábago
Cueva El Soplao
Roiz
Treceño
Bustriguado
San Vicente del Monte
Labarces
Gandarilla
Abanillas
Helgueras
Pesués
Muñorrodero
Noriega
Villanueva
Tresgrandas
Puron
Alevia
Llonín
Alles
Trescares
Robriguero
Mazo
Merodio
La Revilla
Ruiseñada
Pumalverde
Casar
Novales
Cerrazo
Quijas
San Pedro de R.
Valles
Cartes
Yermo
Riocorvo
Viernoles
Coo
Barros
Mata
Rivero
Collado
Cieza
Villasuso
Anievas
Cotillo
Castillo Pedroso
Corvera
Cillero
Villasevil
Iruz
Borleña
Santiurde de T.
Villegar
San Vicente de Toranzo
Quintana de Toranzo
Castañeda
Pomaluengo
El Soto
Penilla
Vega
La Canal
Santibáñez
Tezanos
Saro
Esles
Llerana
Abionzo
Pisueña
Gamonal
Candolias
Yera
Sel de la Carrera
S. Miguel de Luena
Resconorio
San Pedro del Romeral
Puerto de Estacas de Trueba
Pto de la Matanela
Puerto de la Magdalena
Ahedo de las Pueblas
Escobedo
Arce
Puente Arce
Parbayón
Polanco
Queveda
Barreda
Tagle
Peña Cabarga
Obregón
Pedreña
Solares
Rubalcaba
Bostronizo
Ventorrillo
Villanueva de la Peña
Luzmela (Mazcuerras)
Vega de Liébana
La Vega
Lomeña
Bárago
Cucayo
Valdeprado
Vejo
Barrio
Enterrías
Campollo
Toribio de Liébana
Esanos
Aniezo
Sta Eulalia
Lerones
Casavegas
Areños
Sta María de Redondo
San Salvador de Cantamuda
Abadía de Lebanza
Lebanza
Vidrieros
Curavacas
Salcedillo
Mata
Suano
Salces
Celada
Las Rozas
Sta Gadea
Cilleruelo de B.
Soncillo
Valdeporres
Dosante
Fontecha
Camino
Sierra de Peña Sagra
Mirdor del Pico del Castrón
Sarceda
El Tojo
Puente Pumar
Viaña
Sa del Escudo de Cabuérniga
Sa de Bárcena Mayor
Sa del Escudo
Rioseco
Pujayo
Alto Campoo

0 4 8 12 km
19
20
A
B
C
7
18
19
18
20
Cantabria
Cabo de Ajo
Cabo Quejo
Cabo Mayor
SANTANDER
Sancibrian
El Sardinero
Galizano
Ajo
Isla
Quejo
Playa de Ris
Isla Playa
Noja
Helgueras
Punta del Águila
Argoños
Arnuero
Loredo
Bareyo
Dueso
Peña del Fraile
Santoña
Playa de Laredo
Laredo
Punta de Sonabia
Islares
Cerdigo
Punta del Rabanal
Castro-Urdiales
Brazomar
Mioño
Billao Lurmuturra/ Cabo Billao
Armintza
Plentzia
Gorliz
Lemoiz
Barrika
Sopela
Urduliz
Abra de Bilbao
Zierbena
Algorta
Getxo
Larrabasterra
Berango
Leioa
Santurtzi
Portugalete
Sestao
Barakaldo
Erandio
Sondika
Derio
BILBAO
Basauri
Galdakao
Arrigorriaga
Etxebarri
Pedreña
Somo
Castanedo
San Miguel de Meruelo
San Mamés de R.
Gama
Escalante
Beranga
Praves
Cicero
Colindres
Liendo
Oriñón
Rubayo
Maliaño
Villaverde de P.
Hoz de Anero
Anero
Hazas de Cesto
Moncalián
Adal Treto
Solórzano
Sólares
Valdecilla
Entrambasaguas
Peña Cabarga
Pámanes
Penagos
La Cavada
Barrio de Arriba
Riaño
Fuente de las Varas
Bádames
Carasa
Seña
Limpias
Ampuero
La Bien Aparecida
Rioseco
Adino
El Puente (Guriezo)
Sámano
La Granja
Santullán
Otañes
Ontón
San Juan Muskiz
Valle de Trápaga
Ortuella
Larreineta
Mezpelerreka
El Regato
Liérganes
Rucandio
Sarón
Rubalcaba
Sta María de Cayón
Lloreda
Esles
Puerto de Alisas
Matienzo
San Miguel de Aras
Udalla
Cereceda
Rasines
Ojebar
Cruz Uzano
Riva
Lastras
Valle
Mentera-Barruelo
Gibaja
Riancho
Ranero
El Suceso
Cueto
Agüera
Trucios Turtzioz
Sta Cruz
La Muñecas
Mercadillo
Montellano
Galdames
Sopuerta
Artzentales
Mirones
Miera
Bustablado
Arredondo
Ramales de la Victoria
Ambasaguas
La Matanza
Valle de Villaverde
Cuevas de Covalanas
Lanestosa
Concha
La Escrita
Mollinedo
Balmaseda
Zalla
Güeñes
Sodupe
Urrestieta-Avellaneda
Alonsotegi
Villacarriedo
Selaya
Abionzo
Vega de Pas
San Roque de Riomiera
Asón
Sa del Hornijo
Ancillo
Monte Llusías
San Pedro
Rozas
Astrana
Aja
Herada
Presa
Aldeacueva
Pando
Bernales
Puerto del Asón
Veguilla
Fresnedo
Quintana
Rio de Lunada
Portillo de Lunada
Portillo de la Sía
Alto de los Tornos
Lanzas Agudas
La Calera de la P.
Embalse de Ordunte
Montes de Ordunte
Gijano
Naya de M.
Ribota de M.
Viergol
Gordeliz
Artzinicga
Artekona
Las Llanas
Okondo
Gordexola
Zollo-Elexalde
Ugalde
Arrankudiaga-Zollo
Areta
Laudio Llodio
Arakaldo
Pisueña
La Concha
Pto de Braguia
Río Pas
Candolias
Yera
Fuenterrabiosa
Puerto de las Estacas de Trueba
Nª Sª de las Nieves
Bárcenas
Noceco
San Pelayo
Irús
Burceña
Mercadillo
Montiano
Montes de
Río Trueba
Agüera
Villanueva de M.
Villasana de Mena
Vallejo de M.
El Vigo
Sta María de Siones
Peña
Sta Olaja
Lorcio
Sojo
Añes
Menoio
Respaldiza
Quejana
Llanteno
Luiaondo
Menagarai
Amurrio
Salmantón
Mendeika
Saratxo
Encima-Angulo
Espinosa de los Monteros
Redondo
Bercedo
Cadagua
Villasante
Lastras de las Eras
Castrobarto
Villabasil
La Parte de Sotoscueva
Cueva
Ojo Guareña
Hornillatorre
Baranda
Bárcenillas del Ribero
Villalacre
Cornejo
Bedón
Gayangos
Hornillayuso
Quintanilla de Pienza
Cubillos de Losa
Lastras de la Torre
Salvada
Urduña Orduña
Pto de la Matanela
Puerto del Escudo
Pto de la Magdalena
Ahedo de las Pueblas
Dosante
Cidad de Valdeporres
Villamartín de S.
Santelices
Ahedo de Linares
San Martín de las O.
Puentedey
Torme
Brizuela
Salazar
Céspedes
Virtus
Soncillo
Villabascones de B.
Bezana
Cubillos
Cigüenza
Bocos
La Cerca
Villamor
Momediano
Robredo de L.
Quincoces de Yuso
Teza de L.
Villacián
Llorengoz
Tertanga
Puerto de Orduña
Delika (Urkabustaiz)
Untza
Goiuri
Artomaña
Izarra
Lezama
Inoso
Zubiaur
Ibarra
Bergantza
Baranbio
Ziorraga
Perex
Gobantes
Río de Losa

A
B
C
GOLFO DE VIZCAYA
Costa Vasca
Cabo Matxitxako
Gaztelugatxe
Bakio
Bermeo
Mundaka
Ría de Gernika
Playa de Laga
Cabo Ogoño
Elantxobe
Ibarrangelu
Lekeitio
Mendexa
Ondarroa
Mutriku
Deba
Zumaia
Getaria
Zarautz
Punta Izustarri
DONOSTIA/ SAN SEBASTIÁN
Mte Igeldo
Mte Ulía
Pasaia
Hondarribia
Monte Jaizkibel
Errenteria
Oiartzun
Hernani
Astigarraga
Lasarte-Oria
Andoain
Usurbil
Aginaga
Orio
Aia
Gernika-Lumo
BIZKAIA
Alto del Sollube
Sollube
Busturia
Sukarrieta
Muxika
Amorebieta
Durango
Abadiño
Elorrio
Balcón de Bizkaia
Markina-Xemein
Eibar
Ermua
Elgoibar
Mendaro
Zestoa
Azkoitia
Azpeitia
S. Ignacio de Loiola
Bergara
Soraluze/Placencia de las Armas
Arrasate / Mondragón
Oñati
Legazpi
Zumarraga
Urretxu
Beasain
Ordizia
Lazkao
Tolosa
Villabona
Alegia
Ibarra
GIPUZKOA
Leitza
Lekunberri
Sierra de Aralar
Ataun
Zegama
Aizkorri
Puerto de Urkiola
Pto de Barazar
Gorbeia
Parque Natural
Puerto de Arlaban
Puerto de Kruzeta
Alto de Deskarga
Pto de Kanpazar
Pto de Azpiroz
Pto de San Antón
Puerto de Usategieta
10
19
21
22
23
24

0 4 8 12 km
22
23
24
GOLFO DE VIZCAYA
Costa Vasca
DONOSTIA/
SAN SEBASTIÁN
Bermeo
Mundaka
Cabo Ogoño
Elantxobe
Ibarrangelu
Lekeitio
Mendexa
Ondarroa
Saturraran
Mutriku
Deba
Zumaia
Punta Izustarri
Getaria
Zarautz
Orio
Mte Igeldo
Igeldo
Mte Ulia
Pasaia
Hondarribia
Nª Sª de Guadalupe
Monte Jaizkibel
Irun
Hendaye
St JEAN
Cabo Higuer
Oiartzun
Errenteria
Astigarraga
Hernani
Urnieta
Andoain
Lasarte-Oria
Usurbil
Aginaga
Andatza
Aia
Meaga
Zestoa
Ekain
Aizarnazabal
Aizarna
Pagoeta
Erdoizta
Lasao
Madariaga
Izarraitz
Azkoitia
Azpeitia
S. Ignacio de Loiola
Urrestilla
Errezil
Hernio
Bidania
Beizama
Asteasu
Larraul
Zizurkil
Aduna
Villabona
Alkiza
Anoeta
Hernialde
Tolosa
Albiztur
Irura
Berrobi
Elduain
Belauntza
Ibarra
Gaztelu
Lizartza
Orexa
Alegia
Altzo
Ikaztegieta
Legorreta
Itsasondo
Ordizia
Beasain
Lazkao
Olaberria
Idiazabal
Ataun
Zaldibia
Gaintza
Amezketa
Abaltzisketa
Bedaio
Azkarate
Pto de Larraitz
Larrunarri (Txindoki)
Sierra de Aralar
Irumugarrieta
GIPUZKOA
Zumarraga
Urretxu
Ezkio
Itsaso
Astigarreta
Gabiria
Ormaiztegi
Mutiloa
Zerain
Segura
Zegama
Legazpi
Oñati
Aretxabaleta
Arrasate / Mondragón
Bergara
Antzuola
Elgeta
Angiozar
Elosua
Soraluze/Placencia de las Armas
Eibar
Ermua
Mallabia
Elgoibar
Alto de Azkarate
Mendaro
Altzola
Itziar
Markina-Xemein
Munitibar-Arbatzegi Gerrikaitz
Balcón de Bizkaia
Gernika-Lumo
Busturia
Mendata
Durango
Abadiño
Elorrio
Atxondo
Pto de Urkiola
Pto de Kanpazar
Pto de Deskarga
Eskoriatza
Leintz-Gatzaga
Puerto de Kruceta
Ubide
Legutio
Pto de Arlaban
Aizkorri
Sierra de Urkilla
E. de Urrunaga
E. de Ullibarri
Ullibarri-Gamboa
Nanclares de Gamboa
Ozaeta
Narbaiza
Zalduondo
Araia
Albéniz
Egino
Ilarduia
Ziordia
Arriba
E. de Urdalur
Olazti/Olazagutia
Altsasu/Alsasua
Etxarri-Aranatz
Lakuntza
Arbizu
Arruazu
Urdiain
Iturmendi
Bakaiku
Lizarraga
Pto de Lizarraga
Pto de Etzegarate
San Gregorio
Ataun
Santuario de San Miguel de Aralar
Hachueta
Uharte-Arakil
Irañeta
Ihabar
Etxeberri
Lekunberri
Leitza
Alto Uitzi
Beruete
Basaburua
Pto de Azpirotz
Pto de San Antón
Puerto de Usategieta
Saldías
Jauntsarats
Iribas (Larraun)
Latasa
Oderitz
Montes
Goizueta
Arano
Zubieta
Ituren
Mandoegui
Artikutza
Alto de Biandtiz
Peñas de Aia
Erremendi
Monte Urdaburu
Elduain
Errazkin
Baraibar
Irurtzun
Larumbe
Osinaga
Ericel
Sierra de Andía
Arteta
Ollo
Goñi
Pto de Ulzurrun
Aldaba
Olza
Asiáin
Munárriz
Salinas de Oro/Jaitz
Bidaurreta
Etxauri
Zizur
Belascoáin
Pto del Perdón
Legarda
Muruzábal
Puente la Reina
Mañeru
Cirauqui/Zirauki
San Cristóbal
Lorca
Villatuerta
Estella
Ayegui/Aiegi
Igúzquiza
Monasterio de Irache
Muniáin de la S.
Aberin
Morentin
Dicastillo
Oteiza
Arellano
Luquín
Arróniz
Allo
Papelera Sarrió
Larraga
Berbinzana
San Marcos
Muruzábal de Andión
Mendigorría
Artajona
Sierra de Urbasa
Pto de Urbasa
Baquedano (Améscoa Baja)
Zudaire
Monasterio de Iranzu
Abárzuza
Ibiricu
Eraul
Bearin
Santisima Trinidad
Lezáun
Iturgoyen
Arizaleta
Muez
Guesálaz/Gesalatz
Arzoz
Echarren de G.
Guirguillano
E. de Alloz
Garisoain
Arizala
Alloz
Zurucuáin
Ugar
Artavia
Urbasa
Larrión (Allin)
Zubielqui
Aranarache/Aranaratxe
Larraona
Eulate
San Martín
Ganuza
Viloria
Gastiáin
Ullibarri
Galbarra (Lana)
Zúñiga
Sª de Santiago de Loquiz
Metauten
Ancín/Antzin
Murieta
Abáigar
Villamayor de M.
Olejua
Etayo
Piedramillera
Sorlada
B. de San Gregorio
Mués
Mirafuentes
Desojo
Los Arcos
Torres del Río
El Busto
Sansol
Bargota
Viana
Aras
Espronceda
Torralba del Río
Azuelo
Aguilar de C.
Nª Sª de Codés
Otiñano
Nazar
Mendaza
Acedo
Sta Cruz de Campezo
Genevilla
Marañón
Cabredo
Lapoblación
Meano
Kripan
Yécora
Labraza
Barriobusto
Lanciego
Moreda de Álava
Oyón
LOGROÑO
Lazagurría
Mendavia
Sierra de Cantabria
Puerto de Herrera
Mendilerroa
Elvillar
Laguardia
Páganos
Navaridas
Elciego
Lapuebla de Labarca
Baños de Ebro
Samaniego
Leza
Villabuena de A.
Ábalos
Sª de Opakua
Pto de Opakua
San Vicente de la Sonsierra
Balcón de la Rioja
Rivas de Tereso
Torremontalbo
Cenicero
Assa
Navarrete
Villafria
Lagrán
Pipaón
Bernedo
Quintana
Urturi
Korres
Antoñana
San Román de Campezo
Bajauri
Laño
Peñacerrada
Baroja
Faido
Albaina
Loza
Parque Natural de Izki
Maeztu
Arraia-Maeztu
Apellániz
Atauri
Sáseta
Arluzea
Markinez
Marauri
Saraso
Vírgala Mayor
Aguillo
Ullibarri de los Olleros
Montes de Vitoria
San Vicentejo
Urquiano
Treviño
Ascarza
Okina
Puerto Azazeta
Azazeta
Cantera Laminoria
Musitu
Roitegui
Egileta
Iruraiz-Gauna
Alegría-Dulantzi
Elburgo
Argandoña
Aberasturi
Otazu
Gazeo
Azilu
Gereñu
Egilear
Alaitza
Ibisate
Sabando
Kontrasta
Alda
Done Bikendi Harana
Orbiso
Campezo
Salvatierra
Agurain
Opakua
San Román de S. Millán
San Millán
Heredia
Zuazo
Dallo
Audikana
Gebara
Mendijur
Arrazua
Maturana
Durana
Argomaniz
Estíbaliz
Ilarratza
VITORIA-GASTEIZ
Zuhatzu
Errostegieta
Dorono
Arana
San Martín de Galvarín
Armiñón
Betolaza
Elosu
Gopegi
Urrunaga
Buruaga
Etxabarri Ibiña
Miñano Mayor
Aránguiz
Ollerías
Zumarraga
Orozketa
Bernagoitia
Amorebieta
Iurreta
Garai
Goiuria
Pto de Arrangizgana (Trabakua)
Gorozika
Muxika
Arratzu
Ajangiz
Nabarniz
Amoroto
Berriatua
Urberuaga
Olatz
Larruskain
Etxebarria
Iruzubieta
Barinaga
Arrate
Kanala
Natxitua
Ea
Bedaroa
Ispaster
Gautegiz Arteaga
Ereño
Kortezubi
Gabika
Santimamiñe
Gizaburuaga
Laida
Sukarrieta
Altamira
Murueta
Elexalde
Errigoiti
Sollube
Forua
Asteluarra
Aldana
Gorozi
Boroa
Ibarruri
Maguna
Etxano
Euba
Dima
Parque
Urkiola
Arrazola
Axpe
Oleta
Otxandio
Aramaio
Ibarra
Gesalibar
Goroeta
Araotz
Arantzazu
Urrexola
Aloña
Barrundia
Sierra de Elgea
E. de Albina
Natural
Ubidea
Puerto de Urkiola
Arboto
Aretxabaleta
Lizarraga
Pagozelai
Lekunberri
Ibiricu
Beriain
Dorrao/Torrano
Andía
Errotz
Anoz
Zuastí
Irurtzun
Gorriti
Uitzi
Aldatz
Orokieta
Arrarats
Eratsun
Beintza
Ezkurra
Imotz
Etxaleku
Atez
Ósacar
Ezkurra
19

BAYONNE
BIARRITZ
Anglet
Bidart
Guéthary
Ciboure
Ascain
St Pée-s-Nivelle
Cambo-les-Bains
Espelette
Hasparren
La Bastide-Clairence
Bidache
Bardos
Sauveterre-de-B.
Orion
Navarrenx
Labets-Biscay
St Palais
Isturits
Grottes d'Isturits et d'Oxocelhaya
Louhossoa
Hélette
Iholdy
Mt Baygoura
Irissarry
Larceveau
Mauléon-Licharre
Ainhoa
Sare
la Rhune
Dantxarinea
Artzamendi
Bidarray
St Martin d'Arrossa
Ossès
P Y R É N É E S
A T L A N T I Q U E S
St Jean-Pied-de-Port
St Jean-le-Vieux
St Etienne de Baïgorry
Col d'Osquich
Musculdy
Barcus
Sauguis
Tardets-Sorholus
Aussurucq
Lecumberry
Mendive
Hauskoa
Forêt des Arbailles
Ahusquy
Montory
Licq-Athérey
Bera
Lizarrieta
Grotte de Sare
Etxalar
Bidasoa
P. Natural Señorío de Bertiz
Elizondo
Valle del Baztan
Arizkun
Erratzu
Amaiur/Maya
Pico Gorramakil
Col de Ispegui
Autza
Doneztebe/Santesteban
Oieregi
Irurita
Berroeta
Almandoz
Donamaria
Vallée des Aldudes
Aldudes
Urepel
Adarza
Lusaide/Valcarlos
Arnéguy
Aincille
Estérençuby
Béhérobie
Burdincurutcheta
Pic des Escaliers
Col Bagargui
Larrau
Crevasses d'Holcarté
Gorges de Kakuetta
Pic d'Issarbe
Ste Engrâce
Col de la Pierre St Martin
Cast° de Velate
Puerto de Belate
Pto de Artesiaga
Col. d'Urkiaga
Pto Ibañeta
Orreaga/Roncesvalles
Auritz/Burguete
Puerto d'Arnostéguy
Urculu
Orzanzurieta
Fábrica de Orbaitzeta
Bosque del Irati
E. de Irabia
Col d'Erroymendi
Orhi
Puerto de Larrau
Otchogorrigagna
Embalse de Eugi
Eugi
Zilbeti
Lintzoain
Erro
Mezkiritz
Aurizberri-Espinal
Orbara
Orbaitzeta
Aria
Sierra de Abodi
Paso Tapia
Hiriberri/Villanueva de Aezkoa
Aribe
Garralda
Arrieta
Garaioa
Abaurrepea/Abaurrea Baja
Abaurregaina/Abaurrea Alta
Jaurrieta
Ochagavía
Ezcároz
Izalzu
Santuario de Muskilda
Alto Laza
Uztárroz
Isaba
Zuriza
Reserva
Lantz
Auza
Latasa
Olague
Iragi
Egozkue
Leranotz
Etsain
Zubiri
Urdániz
Zandio
Olave
Aintzioa
Esnotz
Errea
Ardaitz
Espoz
Úriz (Arce)
Oroz-Betelu/Orotz-Betelu
Azparren
Remendía
Oronz
Esparza de Salazar
Sarriés
Igal
Güesa
Izal
Vidángoz
Roncal
Urzainqui
Garde
Sa de San Miguel
Valle de Ansó
Ansó
Fago
Embalse de Itoiz
Elcóaz
Ayechu
Ongoz
Adoáin
Gallués
Uscarrés
Ustés
Navascués
Burgui
Virgen de la Peña
Salvatierra de Esca
Majones
PAMPLONA
Villava
Huarte
Egüés
Mendióroz
Olaberri
Beortegui
Aoiz
Urroz
Aranguren
Mutilva
Tajonar
Noáin
Zulueta
Torres
Monreal
Idocín
Izaga
Indurain
Sa de Zariquieta
Epároz
Zabalza
Irurozqui
Aspurz
Napal
Murillo Berroya
Alto de Iso
Hoz de Arbayún
Bigüézal
Castillo-Nuevo
Domeño
Usun
Sa de Illón
Lumbier
Hoz de Lumbier
Arangoiti
Monasterio de Leyre
Sigüés
Esco
Tiermas
Embalse de Yesa
Yesa
Liédena
Aibar
Rocaforte
Javier
Sangüesa
Undués de Lerda
Undués-Pintano
Sierra
Artieda
Mianos
Nobla
Berdún
Biniés
Sta Engracia
Martes
Puente la Reina de Jaca
Salinas de Ibargoiti
Tiebas
Campanas
Biurrun
Ucar
Muruarte de Reta
Echagüe
Bariáin
Sa de Leoz/Leotz
Izco
Abinzano
Pto Loiti
Olóriz/Oloritz
Solchaga
Barásoain
Garinoain
Orisoain
Amatriain
Olleta
Leache
Moriones (Ezprogui)
Sada
Eslava
Ayesa
Gallipienzo Nuevo
Lerga
Alto Lerga
Sansomain
Pueyo
Tafalla
San Martín de Unx
Ujué
Cáseda
Sa de San Pedro
Torre de Peña
Sos del Rey Católico
Navardún
Urriés
Isuerre
Lobera de Onsella
Longás
Bailo
Alto de Sta Bárbara
Sierra
25
26
20
27

Cabo Fisterra / Cabo Finisterre
Fisterra
Illa Lobeira Grande
0 4 8 12 km
Punta de Caldebarcos
Praia de Carnota
Carnota
Punta dos Remedios
Muros
Praia de Lariño
Praia de Louro
Punta Louro
Ría de Muros y Noia
Noia
Porto do Son
Sierra de Barbanza
Santiago de Compostela
Padrón
A Estrada
Praia Río Sieira
Mirador de la Curota
Cabo de Corrubedo
Praia de Ladeira
Sta Eugenia (Ribeira)
Ría de Arousa
Vilagarcía de Arousa
Vilanova de Arousa
Isla de Arousa
Cambados
Punta de Couzo
Isla de Sálvora
A Toxa/La Toja
O Grove
San Vicente do Mar
Playa de la Lanzada
Punta Faxilda
Isla de Ons
Playa de Montalvo
Sanxenxo Sangenjo
Ría de Pontevedra
PONTEVEDRA
Marín
Isla de Onceta
Cabo de Udra
Bueu
Punta de Couso
Península del Morrazo
Cangas
Moaña
Redondela
Cabo de Home
VIGO
Isla de Monteagudo
Islas Cíes
Playa de Rodas
Playa de Samil
Ría de Vigo
Isla de San Martiño
Parque natural
Monte Ferro
Islas As Estelas
Playa América
Baiona
Cabo Silleiro
Nigrán
Porriño
Gondomar
Parque natural del Monte Alhoya
Tui
Valença do Minho
Salvaterra de Miño
Oia
Río Miño
Praia Fedorento
A Guarda
RÍAS BAIXAS / RÍAS BAJAS
2
26
3
4
D
E
F
G

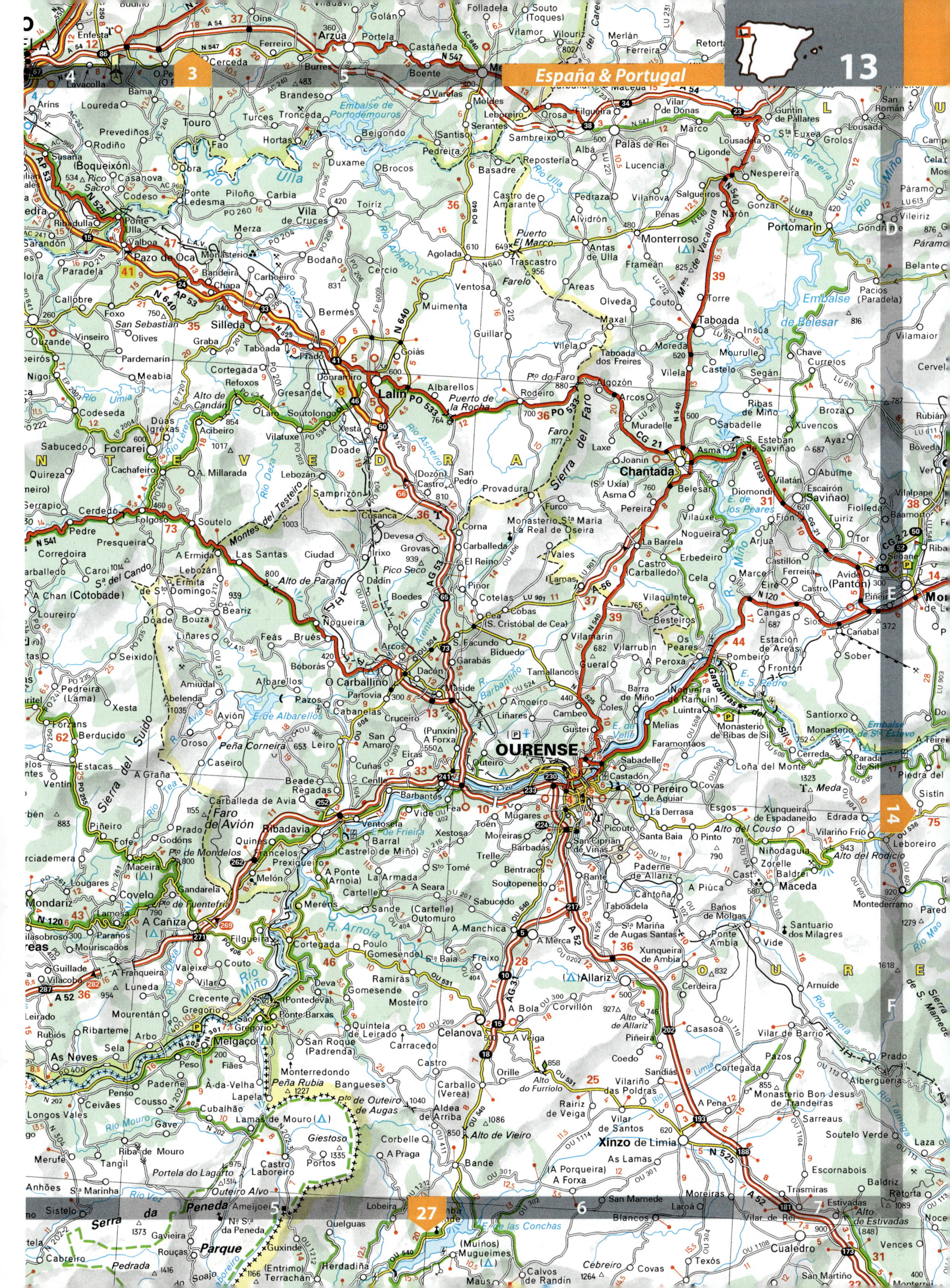
OURENSE
Lalín
Chantada
O Carballiño
Ribadavia
Celanova
Allariz
Xinzo de Limia
Maceda
Melgaço
Monterroso
Taboada
Silleda
Palas de Rei
Portomarín
Pazo de Oca
Vila de Cruces
Agolada
Ulla
Río Miño
Río Arnoia
Embalse de Belesar
Sierra del Faro
Montes del Testeiro
Sierra del Suido
Peneda
Parque
Serra da
Alto do Rodicio
Alto de Vieiro
Alto del Couso
Cualedro
Verín
Trasmiras

0 4 8 12 km
Sarria
Monforte de Lemos
Becerreá
Quiroga
A Rúa
O Barco
A Pobra de Trives
Viana do Bolo
Villafranca del Bierzo
Puebla de Sanabria
Cordillera
Sierra de Ancares
Reserva Nacional de los Ancares Leoneses
Pto de Pedrafita do Cebreiro
Sierra del Courel
Sierra de los Cabalos
Sierra de la Encina
Sierra del Eixe
Sa Segundera
Sierra de la Cabrera
Montes Aquilianos
Las Médulas
Cabeza de Manzaneda
Sierra de S. Mamede
Peña Trevinca
Parque natural Lago de Sanabria
Embalse de San Martiño
Embalse de Sta Baia
Embalse de Prada
Embalse de las Portas
Embalse de Chandrexa
E. de Peñarrubia
E. de Sequeiros
Río Sil
Río Miño
Ourense
Lugo
A 6
A 52
N 120

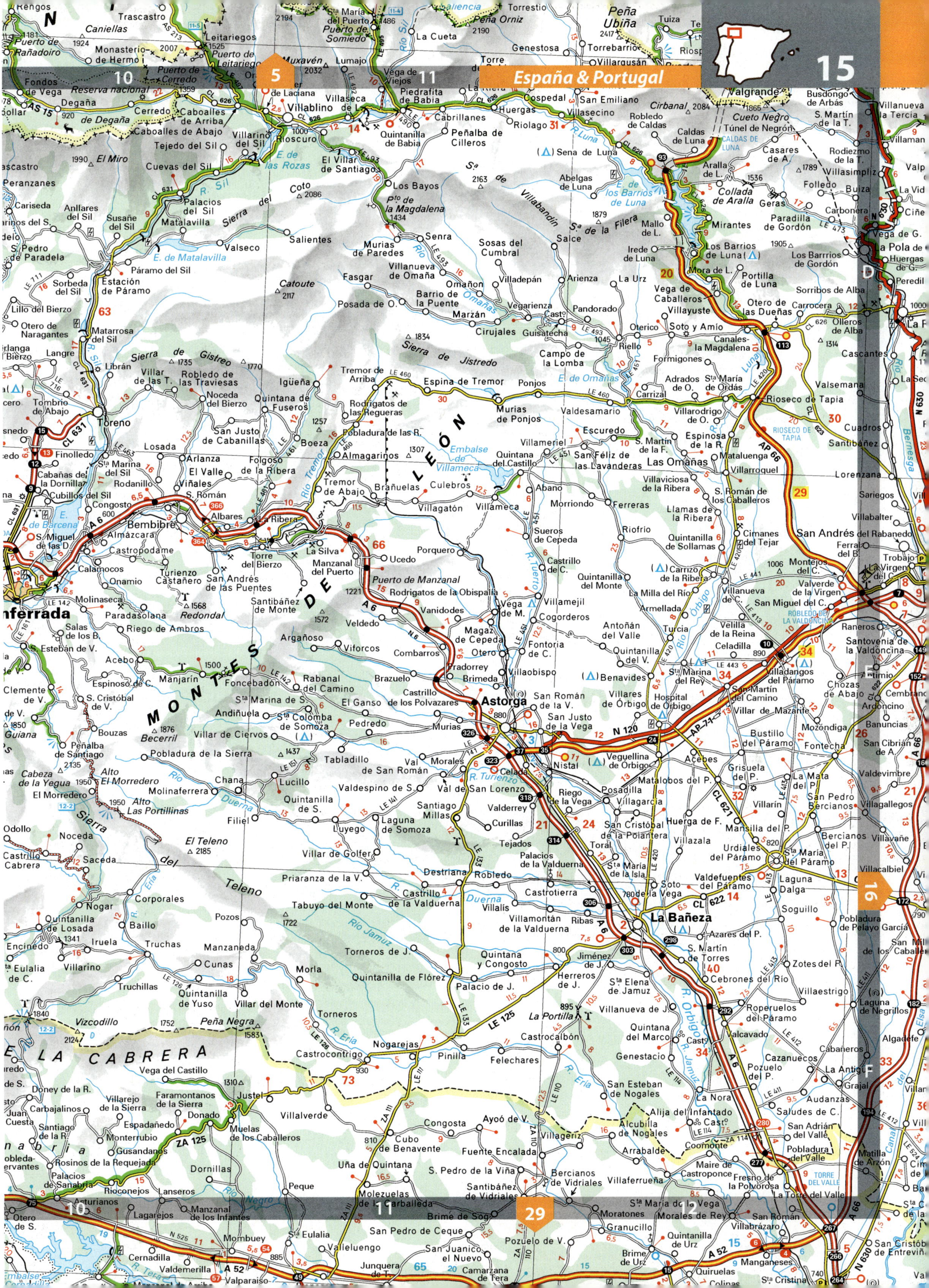
Astorga
La Bañeza
Bembibre
Ponferrada
Toreno
Villablino
Riello
Benavides
Hospital de Órbigo
Villadangos del Páramo
San Andrés del Rabanedo
La Robla
La Pola de Gordón
Los Barrios de Luna
Santa María del Páramo
Veguellina de Órbigo
Villamañán
Castrocontrigo
Muelas de los Caballeros
Santibáñez de Vidriales
Camarzana de Tera
Sierra de Gistredo
Montes de León
Sierra del Teleno
La Cabrera
Sierra de Jistredo
Embalse de Villameca
E. de Barrios de Luna
E. de Matalavilla
E. de las Rozas
Puerto de Manzanal
Sierra de la Filera
El Teleno
Peña Ubiña
Valgrande
Torre del Valle
Ceceda
A 6
A 66
AP 66
AP 71
N 120
N 630
A 52
CL 631
CL 621
CL 622
CL 626
LE 125
LE 126
LE 133

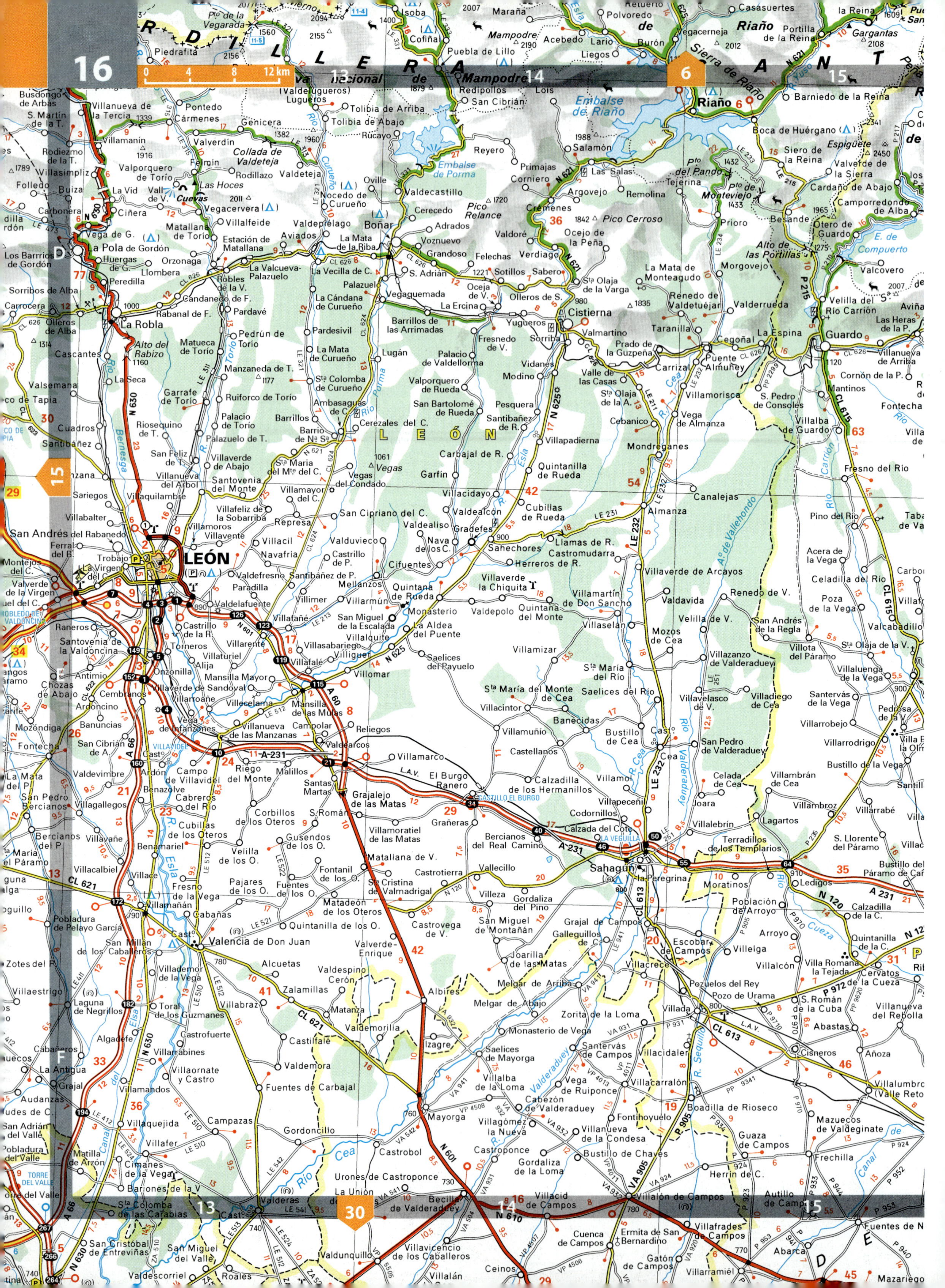
16
0 4 8 12 km
13
14
15
6
Mampodre
Riaño
Embalse de Riaño
Embalse de Porma
Boñar
Cistierna
Guardo
Pico Relance
Pico Cerroso
Collada de Valdeteja
Sierra de Riaño
Alto de las Portillas
Puebla de Lillo
Lugueros
La Pola de Gordón
La Robla
Alto del Rabizo
Matallana de Torío
La Vecilla de C.
La Cándana de Curueño
Barrillos de las Arrimadas
Palacio de Valdellorma
Valporquero de Rueda
San Bartolomé de Rueda
Santibáñez de R.
Pesquera
Vidanes
Modino
Sorriba
Yugueros
La Ercina
Valmartino
Prado de la Guzpeña
Valle de las Casas
Cebanico
Mondreganes
Almanza
Canalejas
Vega de Almanza
Villamorisca
Puente Almuhey
La Espina
Cegoñal
Velilla del Río Carrión
Fresno del Río
Pino del Río
LEÓN
Villaquilambre
Santovenia del Monte
Villamoros
Villavente
Cubillas de Rueda
Quintanilla de Rueda
Gradefes
Sahechores
Llamas de R.
Castromudarra
Herreros de R.
Villaverde de Arcayos
Valdavida
Mozos de Cea
Velilla de V.
Villamizar
Villafañe
Villarente
Mansilla de las Mulas
Mansilla Mayor
Villanueva de las Manzanas
Villasabariego
Santa María del Monte de Cea
Saelices del Río
Villacintor
Banecidas
Bustillo de Cea
Cea
Castellanos
Villamuñío
Calzadilla de los Hermanillos
El Burgo Ranero
Grajalejo de las Matas
Reliegos
Villamarco
Santas Martas
Valdearcos
Riego del Monte
Matallana de V.
Castrotierra
Vallecillo
Villeza
Gordaliza del Pino
Calzada del Coto
Sahagún
La Peregrina
Moratinos
Terradillos de los Templarios
Lagartos
Villambrán de Cea
Joara
Celada de Cea
Villalebrín
Villapecenil
Codornillos
Bercianos del Real Camino
Grañeras
Villamoratiel de las Matas
Valencia de Don Juan
Villamañán
Cabañas
Pajares de los O.
Fuentes de los O.
Matadeón de los Oteros
Quintanilla de los O.
Castrovega de V.
San Miguel de Montañán
Joarilla de las Matas
Grajal de Campos
Galleguillos de C.
Escobar de Campos
Villacreces
Villada
Pozuelos del Rey
Pozo de Urama
Población de Arroyo
Arroyo
Villelga
Villalcón
Villa Romana la Tejeda
Cervatos de la Cueza
Calzadilla de la C.
Quintanilla de la C.
Ledigos
Bustillo del Páramo de Carrión
Valderas
Castrobol
Urones de Castroponce
Mayorga
Villagómez la Nueva
Castroponce
Gordaliza de la Loma
Bustillo de Chaves
Villanueva de la Condesa
Villalón de Campos
Villacid de Campos
Cuenca de Campos
Ermita de San Bernardino
Villafrades de Campos
Boadilla de Rioseco
Guaza de Campos
Herrín de C.
Autillo de Campos
Mazuecos de Valdeginate
Frechilla
Fuentes de N.
Abarca
Gatón de Campos
Villarramiel
Cisneros
Villalumbroso
Abastas
Añoza
S. Román de la Cuba
Villanueva del Rebollar
Villacarralón
Villacidaler
Santervás de Campos
Vega de Ruiponce
Cabezón de Valderaduey
Fontihoyuelo
Melgar de Arriba
Melgar de Abajo
Zorita de la Loma
Monasterio de Vega
Saelices de Mayorga
Villalba de la Loma
Albires
Izagre
Valdemorilla
Valverde-Enrique
Matanza
Zalamillas
Castilfalé
Valdemora
Fuentes de Carbajal
Gordoncillo
Campazas
Villaquejida
Villafer
Cimanes de la Vega
Barrones de la V.
Algadefe
Toral de los Guzmanes
Villademor de la Vega
Castrofuerte
Villarrabines
Villaornate y Castro
Villamandos
Laguna de Negrillos
Pobladura de Pelayo García
San Millán de los Caballeros
La Antigua
Audanzas
Grajal
Matilla de Arzón
Santa Colomba de las Carabias
San Cristóbal de Entreviñas
San Miguel del Valle
Valdescorriel
Roales
Villavicencio de los Caballeros
Villalán
Ceinos
Becilla de Valderaduey
La Unión
Valdunquillo
San Andrés del Rabanedo
Trobajo
La Virgen del C.
Valverde de la Virgen
Onzonilla
Vilecha
Villaturiel
Villarroañe
Vega de Infanzones
Ardón
Campo de Villavidel
Benazolve
Cabreros del Río
Villagallegos
Valdevimbre
Fontecha
Mozondiga
Chozas de Abajo
Santovenia de la Valdoncina
Sariegos
Azadinos
Carbajal de R.
Garfín
Villacidayo
Valdealcón
Valdealiso
Nava de los C.
Cifuentes
Mellanzos
Villarmún
Quintana de Rueda
Monasterio
La Aldea del Puente
Saelices del Payuelo
Villamartín de Don Sancho
Villaselán
Quintana del Monte
Valdepolo
Villaverde la Chiquita
Villazanzo de Valderaduey
San Pedro de Valderaduey
Villadiego de Cea
Villavelasco de V.
San Andrés de la Regla
Villota del Páramo
Santa Olaja de la V.
Villaluenga de la Vega
Santervás de la Vega
Villarrobejo
Villarrodrigo
Bustillo de la Vega
Villarrabé
S. Llorente del Páramo
Villambroz
Renedo de V.
Poza de la Vega
Celadilla del Río
Acera de la Vega
Valcabadillo
Villalba de Guardo
Fontecha
Mantinos
Cornón de la P.
Villanueva de Arriba
Valcovero
Camporredondo de Alba
Otero de Guardo
Besande
Cardaño de Abajo
Valverde de la Sierra
Siero de la Reina
Boca de Huérgano
Barniedo de la Reina
Portilla de la Reina
Gargantas
Acebedo
Lario
Burón
Polvoredo
Maraña
Isoba
Cofiñal
Redipollos
San Cibrián
Tolibia de Arriba
Tolibia de Abajo
Rucayo
Reyero
Primajas
Salamón
Las Salas
Remolina
Crémenes
Argovejo
Valdoré
Verdiago
Ocejo de la Peña
Sabero
Olleros de S.
Santa Olaja de la Varga
Renedo de Valdetuéjar
Valderrueda
Taranilla
Morgovejo
Prioro
Tejerina
La Mata de Monteagudo
Valdecastillo
Cerecedo
Adrados
Voznuevo
Grandoso
Felechas
Sotillos
Oceja de V.
Vegaquemada
Palazuelo
S. Adrián
La Mata de la Riba
Aviados
Valdepiélago
Nocedo de Curueño
Oville
Valdeteja
Villafeide
Rodillazo
Vegacervera
Cuevas
Las Hoces
Felmín
Valverdín
Genicera
Pontedo
Cármenes
Piedrafita
Villanueva de la Tercia
Villamanín
Rodiezmo de la T.
Villasimpliz
Buiza
Folledo
Carbonera
Ciñera
La Vid
Vega de G.
Huergas de G.
Llombera
Orzonaga
Peredilla
La Valcueva
Palazuelo
Robles de la V.
Candanedo de F.
Pardavé
Rabanal de F.
Matueca de Torío
Pedrún de Torío
Manzaneda de T.
Garrafe de Torío
Ruiforco de Torío
Palacio de Torío
Palazuelo de T.
Riosequino de T.
San Feliz de T.
Villanueva del Árbol
Villaverde de Abajo
Cascantes
La Seca
Cuadros
Santibáñez
Valsemana
Olleros de Alba
Carrocera
Sorribos de Alba
Los Barrios de Gordón
Busdongo de Arbas
S. Martín de la T.
Pardesivil
La Mata de Curueño
Santa Colomba de Curueño
Ambasaguas de C.
Barrillos
Barrio de Nª Sª
Cerezales del C.
Lugán
Vegas del Condado
Villamayor del C.
Santa María del Mte del C.
Villafeliz de la Sobarriba
Represa
Villacil
Navafría
Valdelafuente
Paradilla
Valdefresno
Santibáñez de P.
Castrillo de P.
Valduvieco
Villimer
San Miguel de la Escalada
Villalquite
Villiguer
Villafalé
Villomar
Campolar
Malillos
Gusendos de los O.
Velilla de los O.
Fontanil de los O.
Corbillos de los Oteros
S. Román
Sta Cristina de Valmadrigal
Cubillas de los Oteros
Benamariel
Villacé
Fresno de la Vega
Villacalbiel
Villabraz
Alcuetas
Valdespino Cerón
Puente Villarente
Cembranos
Ardoncino
Banuncias
San Cibrián de A.
Antimio
Torneros
Castrillo de la R.
LEÓN
CASTILLO EL BURGO
LA VEGUILLA
VILLAVIDEL
TORRE DEL VALLE
R. Esla
R. Cea
Río Porma
Río Torío
Río Bernesga
Río Curueño
Río Valderaduey
Río Carrión
Río Sequillo
Canal del Esla
A° de Vallehondo
N 630
N 601
N 625
N 621
N 120
N 610
A 66
A 60
A 231
CL 621
CL 613
CL 615
CL 626
LE 232

Aguilar de Campoo
Cervera de Pisuerga
Reinosa
Embalse del Ebro
Embalse de Aguilar de Campoo
Villadiego
Osorno la Mayor
Carrión de los Condes
Herrera de Pisuerga
Alar del Rey
Frómista
Astudillo
Paredes de Nava
Melgar de Fernamental
Sasamón
Castrojeriz
Villasandino
Sotresgudo
Amaya
Humada
Fuencaliente de Lucio
Pomar de Valdivia
Barruelo de Santullán
Brañosera
Salinas de Pisuerga
Prádanos de Ojeda
Olmos de Ojeda
Quintanilla de Onsoña
Saldaña
Villaherreros
Pampliega
Villodrigo
Quintana del Puente
Palenzuela
Torquemada
Villaumbrales
Becerril de Campos
Monzón de Campos
Amusco
Piña de C.
Támara
Santoyo
Villaldemiro
Villaquirán de los Infantes
Tardajos
Cavia
Estépar
Celada del Camino
Villagonzalo-Pedernales
Isar
Olmillos de Sasamón
Castrillo de Murcia
Villamayor de Treviño
Grijalba
Villahizán de Treviño
Valdeolmillos
Villamediana
Sta Clara
Villalaco
Valbuena de Pisuerga
Revilla-Vallegera
Villamedianilla
Lantadilla
Osornillo
Requena de C.
Boadilla del Camino
Melgar de Yuso
Villodre
Santillana de C.
Las Cabañas de Castilla
Marcilla de Campos
Villarmentero de Campos
Villovieco
Población de C.
Revenga de C.
Villalcázar de Sirga
Arconada
Lomas
Villoldo
Manquillos
Perales
Cardeñosa de Volpejera
Villamuera de la C.
Calzada de los Molinos
Valdespina
Husillos
Fuentes de Valdepero
Grijota
Villalobón
Cascón de la Nava
Campos
Tierra de Campos
Palencia
Burgos
Páramo de Masa
Fuentes Carrionas
Reserva Nacional
Pico de Tres Mares
Peña Labra
Sierra de Peña Labra
Valdeprado
Piedrasluengas
Pto de Piedrasluengas
Camasobres
Lores
Casavegas
Lebanza
Abadía de Lebanza
San Salvador de Cantamuda
Celada de Roblecedo
Vidrieros
Triollo
Alba de Cardaños
Santibáñez de R.
Resoba
Arbejal
Ruesga
Ventanilla
Rebanal de las Llantas
S. Martín de los Herreros
Velilla de T.
Traspeña de la P.
Cantoral de la P.
Ligüerzana
Quintanaluengos
Barrio de Sta María
Dehesa de Montejo
Colmenares de O.
Cubillo de O.
Perazancas de O.
Vallespinoso de A.
Foldada
Cozuelos de O.
Valoria de A.
Lomilla
Olleros de P.
Mave
Becerril del Carpio
Santibáñez de Ecla
S. Andrés de A.
Moarves de O.
Micieces de Ojeda
Bascones de Ojeda
Berzosa de los H.
Lavid de Ojeda
Dehesa de Romanos
Collazos de Boedo
Revilla de Collazos
Villabermudo
Olea de Boedo
Sotobañado y Priorato
Villaneceriel
Páramo de B.
Calahorra de Boedo
San Cristóbal de B.
Sta Cruz de Boedo
Villaprovedo
Villorquite de Herrera
Villanuño de Valdavia
Villameriel
Sta Cruz del Monte
Bárcena de Campos
Castrillo de Villavega
Abia de las Torres
Villasarracino
Villadiezma
Villasabariego de U.
Robladillo de U.
Bahíllo
Gozón de Ucieza
Renedo de la V.
La Serna
Villamorco
Nogal de las Huertas
Villanueva de los Nabos
Villaturde
Villotilla
Buenavista de Valdavia
Barriosuso
Ayuela
La Puebla de Valdavia
Congosto de Valdavia
Baños de la P.
Riosmenudos de la P.
Vega de Bur
Montoto de O.
Amayuelas de O.
Boedo
Loma de C.
Castrejón de la Peña
Roscales de la P.
Villalbeto de la P.
Santibáñez de la Peña
Valenoso
Villaeles de Valdavia
Villabasta
Valles de V.
Polvorosa
Renedo de V.
Villasila
Vega de Doña Olimpa
Villota del Duque
Portillejo
Membrillar
Relea
Gañinas
San Martín del Monte
Espinosa de Villagonzalo
Hijosa
Olmos de P.
Castrillo de R.
Zarzosa de Riopisuerga
Ventosa de P.
Quintanilla de R.
San Quirce del Río P.
Cuevas de Amaya
Sotovellanos
Nogales de P.
Villela
Rebolledo de la Torre
Castrecias
Quintanas de Valdelucio
Rebolado de Traspeña
Solanas de V.
Llanillo
La Riba de V.
Villamartín de V.
Congosto
Fuencalenteja
Ordejón de Arriba
Villavedón
Palazuelos de V.
Sandoval de la Reina
Tablada de V.
Arenillas de V.
Tapia
Guadilla de Villamar
Villanueva de Odra
Sordillos
Villasidro
Padilla de Arriba
S. Llorente de la V.
Padilla de Abajo
Villaveta
Villasilos
Castrillo de Matajudíos
Hinestrosa
Vallunquera
Los Balbases
Los Chapiteles
Vallegera
Valbonilla
Pedrosa del Príncipe
Itero del Castillo
Palacios de R.
Arenillas de Riopisuerga
Hontanas
Convento
Villaquirán de la Puebla
Iglesias
Tamarón
Villaverde-Mogina
Villazopeque
Belbimbre
Palazuelos de M.
Presencio
Mazuela
Olmillos de Muño
Arenillas de Muño
Quintanilla
Villavieja de M.
Mazuelo de M.
Pedrosa de M.
Villafuertes
Revenga
Ciadoncha
Sta María del Campo
Mahamud
Villahoz
Terreros
Tordómar
Villalmanzo
Sta Cecilia
Villamayor de los Montes
Zael
Madrigalejo del M.
Villaverde del Monte
Montuenga
Valdorros
Villangómez
Cogollos
Sarracín
Villariezo
Albillos
Cayuela
Villagutiérrez
Frandovínez
Quintanilla
Buniel
San Mamés
Renuncio
Villalbilla
Villalonquéjar
Quintanadueñas
Marmellar de Abajo
Marmellar de Arriba
Sotragero
Quintanaortuño
Lodoso
Palacios de Benaver
Las Quintanillas
Pedrosa de Río Urbel
S. Pedro Samuel
La Nuez de Abajo
Avellanosa del P.
Mansilla de B.
Celadilla-Sotobrín
Santibáñez-Zarzaguda
Las Celadas
Ros
Susinos del Páramo
Tobar
Olmos de la Picaza
Manciles
Pedrosa del P.
Cañizar de A.
Citores del P.
Villanueva de A.
Villandiego
Yudego
Hornillos del Camino
Castellanos de Castro
Alto de Pradoviejo
Nª Sª del Castillo
Villegas
Las Hormazas
Hormazuela
Ruyales del Páramo
Huérmeces
Ubierna
Quintanilla-Pedro Abarca
Brullés
Villaute
Coculina
El Perul
Villanueva de Puerta
Villalbilla de V.
Barrios de V.
Los Valcárceres
La Nuez de Arriba
Montorio
Quintanilla
Castrillo de Rucios
Urbel del Castillo
La Piedra
Fuente-Urbel
Talamillo del Tozo
Sta Cruz del Tozo
Terradillos de Sedano
Portillo del Fresno
San Mamés de Abar
Trashaedo
Moradillo del C.
Tubilla de Agua
Sedano
Basconcillos del Tozo
Barrio-Panizares
Tablada del Rudrón
Valdeajos
Ayoluengo
San Felices
Valdelateja
Pesquera de E.
Escalada
Sargentes de la Lora
Rocamudo
Montecillo
Campo de E.
Lorilla
Olleros
Berzosilla
Villaescobedo
Bascones de E.
Puente de V.
Pollentes
San Martín de Elines
Ruerrero
Orbaneja del Castillo
Espinosa de B.
Valderías
Cejancas
Ruanales
Quintanilla Rucandio
Bustidoño
Montejo de Bricia
Bricia
Campino
Hoz de Arreba
Pto de Carrales
Bezana
Cilleruelo de B.
Sta Gadea
Herbosa
Virtus
Soncillo
Villabasil de B.
Arija
Sirrán
Llano
Bimón
Bustamante
La Riva
Cidad de Valdeporres
Las Rozas
Bustasur
Arroyo
Requejo
Bolmir
Salces
Retortillo
Cervatos
Celada Marlantes
Fombellida
Olea
Castrillo del Haya
Puerto Pozazal
Arroyal
Aldea de Ebro
Valdeprado del R.
Bárcena de E.
Bustillo del Monte
Población de Abajo
Navamuel
Villanueva de Nía
Cezura
Castrillo de Valdelomar
Quintanilla de las Torres
Villanueva de Henares
Mataporquera
Valdeolea
La Quintana
Reinosilla
Mata de Hoz
Villaescusa
Salcedillo
Valdecebollas
Suano
Matamorosa
Fuente del Ebro
La Lomba
Argüeso
Camino
Fontecha
Proaño
Soto
Alto Campoo
Rioseco
Santiurde de Reinosa
San Miguel
Lanchares
Sta María de
Renedo de Z.
Corvío
Menaza
Nestar
Matamorisca
Cordovilla
Cillamayor
Porquera de S.
Vallejo de O.
Valle de Santullán
S. Cebrián de M.
Mudá
Gramedo
Rueda de P.
Vergaño
Herreruela de Castillería
Valberzoso
Villallano
Gama
Pozancos
Sta María de M.
Revilla de P.
Cantabria
Burgos
Palencia
Campos

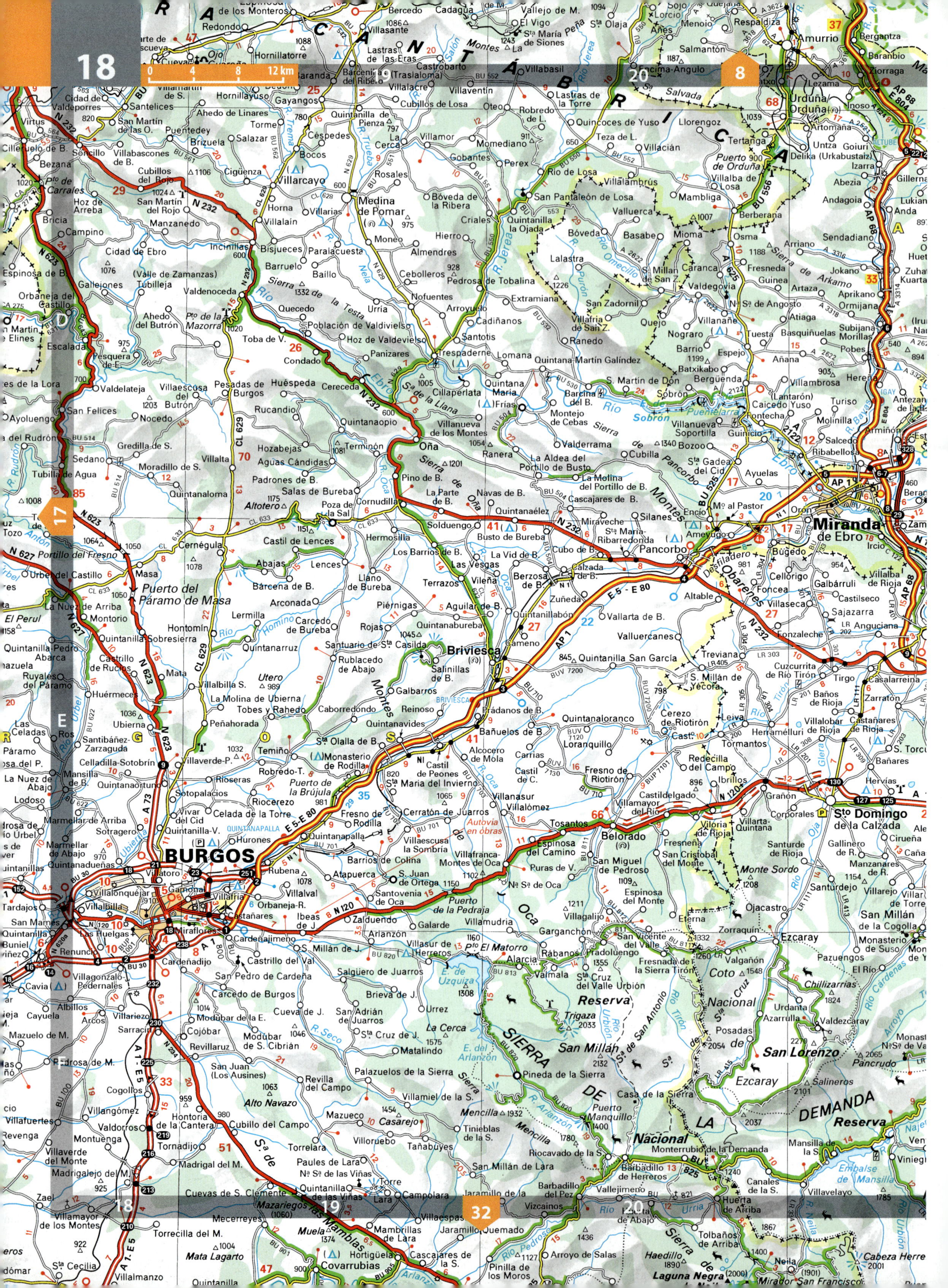

0 4 8 12 km
BURGOS
Miranda de Ebro
Medina de Pomar
Villarcayo
Briviesca
Oña
Pancorbo
Belorado
Sto Domingo de la Calzada
Ezcaray
Amurrio
Urduña Orduña
Espinosa de B.
Covarrubias
Lerma
Puerto del Páramo de Masa
Montes de Oca
Sierra de la Demanda
Sierra de Arkamo
Sierra de Tobalina
Montes Obarenes
Reserva
Nacional
San Millán
San Lorenzo
Trigaza
Cantábrica
N 623
N 232
N 627
N 120
N 1
AP 1
AP 68
A 1 - E 5
E 5 - E 80
CL 629
20
8
17
32
19

VITORIA-GASTEIZ
LOGROÑO
Arrasate / Mondragón
Oñati
Beasain
Ordizia
Legazpi
Altsasu/ Alsasua
Estella
Haro
Nájera
Calahorra
Arnedo
Lodosa
Fuenmayor
Navarrete
Cenicero
Salvatierra
Sierra de Urkilla
Sierra de Urbasa
Sierra de Andía
Sierra de Aralar
Sierra de Cantabria
Montes de Vitoria
Parque Natural de Izki
Ebro
LA RIOJA
Sierra de Camero Nuevo
Camero Viejo
AP 68
A 12
N 232
N 111
A 1
A 10
9
20
21
22
23
24
33

PAMPLONA
Huarte
Villava
Burlada
Noáin
Aoiz
Lumbier
Monasterio de Leyre
Sangüesa
Javier
Yesa
Sos del Rey Católico
Tafalla
Olite/Erriberi
Ujué
Puente la Reina
Cirauqui/Zirauki
Mañeru
Artajona
Larraga
Miranda de Arga
Caparroso
Carcastillo
Monasterio de la Oliva
Mélida
Santacara
Marcilla
Peralta/Azkoien
Funes
Villafranca
Milagro
Cadreita
Valtierra
Arguedas
Castejón
Alfaro
Corella
Cintruénigo
Fitero
Tudela
Fontellas
Cabanillas
Fustiñana
Ribaforada
Buñuel
Cortes
Mallén
Murchante
Cascante
Tulebras
Monteagudo
Barillas
Ablitas
Novallas
Malón
Tarazona
Vierlas
Cunchillos
Tauste
Ejea de los Caballeros
Sádaba
Uncastillo
Luesia
Castiliscar
Bárdenas Reales
Embalse de El Ferial
Laguna de Pitillas
Embalse de Yesa
Embalse de Itoiz
Sierra de Izco
Sª de Leyre
Ochagavía
Navascués
Aspurz
San Andrián
Lodosa
Calahorra
Rincón de Soto
Aldeanueva de Ebro
Izalzu
Pinsoro
El Bayo
Bardena
Valareña
Portillo de Sta Margarita
Loma Negra
Sancho Abarca
Valverde
Cervera Alhama
A 21
A 12
A 15
AP 15
AP 68 - E 804
A 68
A 127
N 121
N 113
N 232
NA 132
NA 134
NA 125
A 125
24
25
26
11
34
19

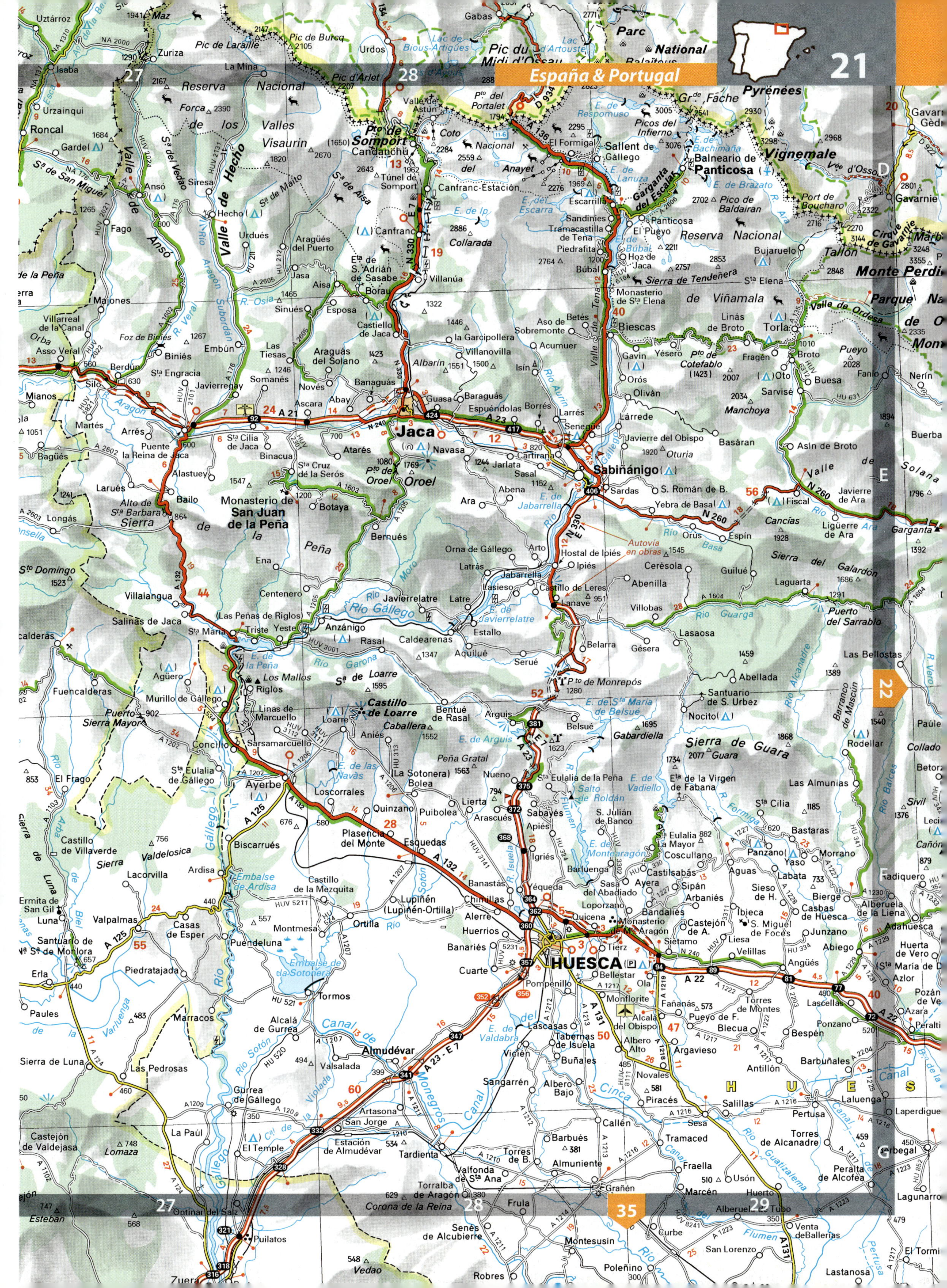
Jaca
Sabiñánigo
HUESCA
Biescas
Canfranc-Estación
Canfranc
Villanúa
Ayerbe
Almudévar
Monte Perdido
Vignemale
Pic du Midi d'Ossau
Parc National des Pyrénées
Reserva Nacional de los Valles
Reserva Nacional de Viñamala
Valle de Hecho
Valle de Ansó
Sierra de Guara
Sierra de Loarre
Castillo de Loarre
Monasterio de San Juan de la Peña
Oroel
Peña Oroel
Balneario de Panticosa
Panticosa
Sallent de Gállego
Formigal
Torla
Broto
Fiscal
Boltaña
Puértolas
Bielsa
Isaba
Roncal
Ansó
Hecho
Siresa
Berdún
Puente la Reina de Jaca
Bailo
Santa Cilia de Jaca
Anzánigo
Murillo de Gállego
Riglos
Agüero
Bolea
Loarre
Plasencia del Monte
Esquedas
Quinzano
Puibolea
Nueno
Arguis
Gurrea de Gállego
Zuera
Tardienta
Grañén
Montesusín
Poleñino
Lastanosa
Sesa
Novales
Piracés
Tramaced
Siétamo
Angüés
Bespén
Barbuñales
Laluenga
Pertusa
Salillas
Antillón
Fañanás
Pueyo de Fañanás
Blecua
Monflorite
Bellestar
Albero Alto
Albero Bajo
Vicién
Buñales
Sangarrén
Tabernas de Isuela
Lascasas
Huerrios
Banariés
Cuarte
Chimillas
Alerre
Yéqueda
Igriés
Apiés
Sabayés
Arascués
Lierta
Banastás
Nueno
Sta Eulalia de la Peña
Bentué de Rasal
Caldearenas
Rasal
Latre
Javierrelatre
Lanave
Hostal de Ipiés
Autovía en obras
Pto de Monrepós
Gabardiella
Nocito
Santuario de S. Urbez
Rodellar
Alberuela de la Liena
Adahuesca
Abiego
Azlor
Huerta de Vero
Castillo de Loarre
Embalse de la Sotonera
Embalse de Ardisa
Canal de Monegros
Sierra de Luna
Luna
Erla
Paules
Valpalmas
Piedratajada
Marracos
Las Pedrosas
Ardisa
Biscarrués
Castejón de Valdejasa
Puilatos
Ontinar del Salz
Estación de Almudévar
Valsalada
Artasona
San Jorge
El Temple
Torralba de Aragón
Corona de la Reina
Frula
Senés de Alcubierre
Valfonda de Sta Ana
Almuniente
Barbués
Torres de Barbués
Robres
Vedao
HUESCA
27
28
29
35
22
20
A 23 - E 7
A 21
A 22
A 132
N 260
N 330

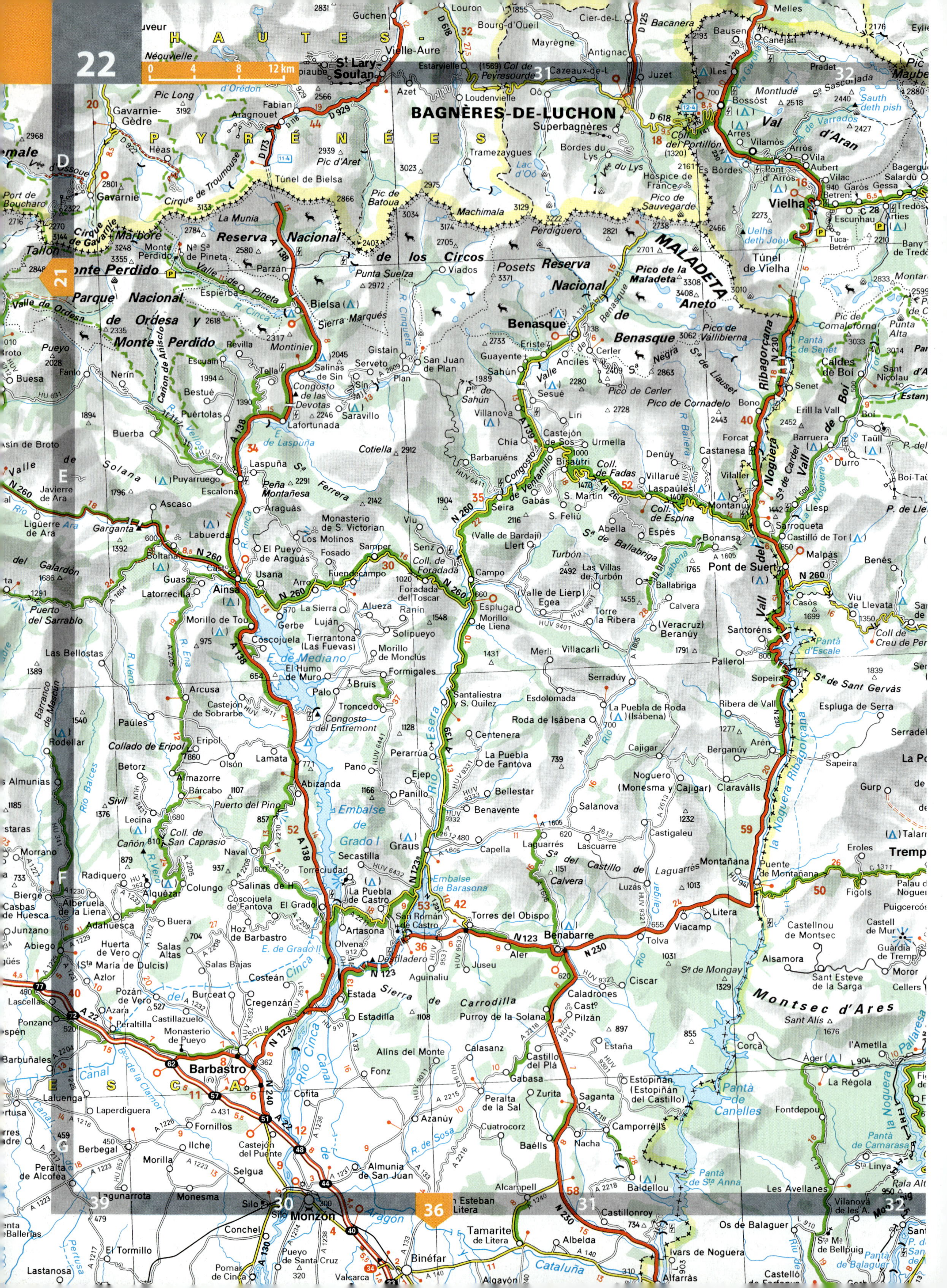
HAUTES - PYRÉNÉES
0 4 8 12 km
BAGNÈRES-DE-LUCHON
Superbagnères
St Lary-Soulan
Vielle-Aure
Gavarnie-Gèdre
Gavarnie
Pic Long
Néouvielle
Cirque de Gavarnie
Cirque de Troumouse
Túnel de Bielsa
Pic de Batoua
Machimala
Perdiguero
Reserva Nacional de los Circos
Posets
Reserva Nacional de Benasque
MALADETA
Pico de la Maladeta
Aneto
Pico de Vallibierna
Marboré
Monte Perdido
Parque Nacional de Ordesa y Monte Perdido
Valle de Ordesa
Cañon de Añisclo
La Munia
Bielsa
Sierra Marqués
Parzán
Espierba
Pineta
Salinas de Sin
Gistain
San Juan de Plan
Plan
Saravillo
Lafortunada
Cotiella
Benasque
Eriste
Cerler
Anciles
Sahún
Sesué
Villanova
Chía
Castejón de Sos
Liri
Bisaurri
Urmella
Seira
Coll. de Fadas
Laspaúles
Villarué
Vall d'Aran
Vielha
Túnel de Vielha
Arties
Salardú
Bossòst
Les
Ribagorçana
Caldes de Boí
Boí
Vall de Boí
Senet
Erill la Vall
Barruera
Durro
Llesp
Sarroqueta
Castilló de Tor
Malpàs
Pont de Suert
Vilaller
Bonansa
Castanesa
Forcat
Ainsa
Boltaña
Labuerda
Escalona
Laspuña
Puértolas
Bestué
Fanlo
Nerín
Buesa
Ascaso
Guaso
Latorrecilla
Morillo de Tou
Gerbe
Coscojuela
E. de Mediano
El Humo de Muro
Palo
Bruis
Troncedo
Congosto del Entremont
La Sierra
Luján
Tierrantona (Las Fuevas)
Solipueyo
Morillo de Monclús
Formigales
Campo
Foradada del Toscar
Espluga
Morillo de Liena
Santaliestra y S. Quilez
Estdolomada
Roda de Isábena
La Puebla de Roda (Isábena)
Merli
Villacarli
Serradúy
Calvera
Beranúy
Ballabriga
Sopeira
Escales
Arén
Berganúy
Claravalls
Noguero (Monesma y Cajigar)
Cajigar
Perarrúa
La Puebla de Fantova
Centenera
Bellestar
Benavente
Salanova
Pano
Ejep
Panillo
Graus
Capella
Laguarres
Lascuarre
Castigaleu
Secastilla
La Puebla de Castro
Embalse de Barasona
Torres del Obispo
Benabarre
Tolva
Viacamp
Litera
Luzás
Montañana
Puente de Montañana
Embalse de Grado I
Abizanda
Lamata
Olsón
Eripol
Arcusa
Castejón de Sobrarbe
Paúles
Rodellar
Collado de Eripol
Betorz
Almazorre
Bárcabo
Puerto del Pino
Naval
Lecina
Coll. de San Caprasio
Alquézar
Colungo
Salinas de H.
Coscojuela de Fantova
El Grado
Hoz de Barbastro
Buera
Salas Altas
Salas Bajas
Huerta de Vero
Sta María de Dulcis
Azlor
Pozán de Vero
Azara
Castillazuelo
Peraltilla
Monasterio de Pueyo
Barbastro
Cregenzán
Costeán
Artasona
Olvena
Estada
Estadilla
Sierra de Carrodilla
Purroy de la Solana
Caladrones
Pilzán
Estaña
Aler
Ciscar
Juseu
Aguinaliu
Alins del Monte
Calasanz
Castillo del Plá
Gabasa
Peralta de la Sal
Zurita
Saganta
Estopiñán (Estopiñán del Castillo)
Camporrélls
Pantà de Canelles
Fonz
Cofita
Azanúy
Cuatrocorz
Baélls
Nacha
Baldellou
Almunia de San Juan
Castejón del Puente
Fornillos
Ilche
Morilla
Berbegal
Laperdiguera
Peralta de Alcofea
Selgua
Monzón
Monesma
Conchel
Pueyo de Santa Cruz
Binéfar
Tamarite de Litera
Albelda
Alcampell
Castillonroy
Algayón
Valcarca
Lastanosa
El Tormillo
Torres de Alcanadre
Lagunarrota
Montsec d'Ares
Sant Alís
Alsamora
Castellnou de Montsec
Sant Esteve de la Sarga
l'Ametlla
Àger
Corçà
La Règola
Fontdepou
Pantà de Camarasa
Pantà de Sta Anna
Les Avellanes
Vilanova de les A.
Os de Balaguer
Ivars de Noguera
Alfarràs
Tremp
Talarn
Figols
Palau de Noguera
Puigcercós
Castell de Mur
Guàrdia de Tremp
Moror
Cellers
Erolés
Gurp
Benés
Viu de Llevata
Coll de Creu de Perves
Sapeira
Espluga de Serra
Sierra de Sant Gervàs
Ribera de Vall
Pallerol
Santoréns
Casòs
Vall de Boí
Tremp
Sierra de Sevil
Sierra de Ballabriga
Sierra Ferrera
Peña Montañesa
Araguás
El Pueyo de Araguás
Usana
Fosado
Los Molinos
Monasterio de S. Victorian
Samper
Alueza
Ranín
Sierra de Laspuña
Puyarruego
Javierre de Ara
Ligüerre de Ara
Garganta
Solana
Revilla
Tella
Montinier
Escuaín
Sierra de Guara
Canal del Cinca
Río Cinca
Río Ésera
Río Isábena
Río Vero
Río Ara
Aragón y Cataluña
N 260
N 123
N 230
N 240
A 22
A 138
A 139
A 140
A 1605

ANDORRA LA VELLA
Ax-les-Thermes
Puigcerdà
La Seu d'Urgell / Seo de Urgell
Sant Julià de Lòria
Escaldes-Engordany
Encamp
La Massana
Ordino
Canillo
Soldeu
Pas de la Casa
Col de Puymorens
Porté-Puymorens
Bourg-Madame
Bellver de Cerdanya
Martinet
Organyà
Oliana
Solsona
Cardona
Súria
Ponts
Artesa de Segre
Sort
Rialp
Llavorsí
Esterri d'Àneu
Vielha
Baqueira
Tremp
Isona
Coll de Nargó
Berga
Gósol
Sant Llorenç de Morunys
Bagà
Guardiola de Berguedà
Aulus-les-Bains
Vicdessos
Auzat
Siguer
Marc
Niaux
Grotte de Niaux
Orlu
Mérens-les-Vals
L'Hospitalet
Puerto de Orlà
Pic d'Estats
Pico de Moredo
Mont Valier
Pic de Baljésou
Montsec de Rúbies
Serra de Boumort
Serra del Cadí
Parc Natural del Cadí-Moixeró
Reserva Nacional del Cadí
Reserva Nacional de Cerdanya
Alt Pirineu
Pallars-Aran
Vall de Cardós
Vall Fosca
Pantà de Rialb
Pantà d'Oliana
Pantà de la Llosa del Cavall
Pantà de Sant Antoni
Noguera Pallaresa
Segre
Ribera Salada
Llobregat
Coll de Jou
Coll de Bòixols
Congost de Tresponts
Túnel del Cadí
Ariège
Lleida
La Guingueta
Sant Joan de l'Erm
Tírvia
Noves de Segre
Adrall
Calbinyà
Castellciutat
Bescaran
Arsèguel
Alàs i Cerc
Josa
Tuixén
Sant Jordi
Castellar del Riu
La Valldan
Navès
Clariana
Sant Miquel
Vilanova de l'Aguda
Pinós
Fontelles
Cabanabona
Tora
Calonge
24
37

0 4 8 12 km
FRANCE
PYRÉNÉES-ORIENTALES
GIRONA
BARCELONA
PERPIGNAN
Axat
Aunat
Niort-de-Sault
Quérigut
Col du Pradel
Mijanès
Roquefort-de-Sault
Col d'Aussières
Montfort-s-Boulzane
Sournia
Latour-de-France
Estagel
Baixas
Ansignan
Montalba-le-Château
Ille-s-Têt
Millas
Pézilla-la-Rivière
Thuir
Bouleternère
Vinça
Prades
Molitg-les-Bains
Nohèdes
Ria-Sirach
Abb^e St Michel-de-Cuxa
Villefranche-de-Conflent
Vernet-les-Bains
Abb^e de St Martin
Pic du Canigou
Olette
Sahorre
Fontpédrouse
Mont-Louis
Col de la Quillane
Formiguères
les Angles
Pic Peric
Pic Carlit
Lac de Matemale
Lac des Bouillouses
Lac de Lanous
Lac de Naguilles
Madrès
Col de Jau
Mosset
Col de Puymorens
Porté-Puymorens
Tunnel de Puymorens
Font-Romeu
Targassonne
Dorres
Odeillo
Col de la Perche
Planès
Pic Redoun
Saillagouse
Err
Llo
Latour-de-Carol
Enveitg
Llívia
Puigcerdà
Bourg-Madame
Osséja
Puigmal
Valcebollère
Bolvir
Guils de Cerdanya
Alp
Urtx
Das
Prats de Cerdanya
Bellver de Cerdanya
Urús
Masella
La Molina
Tosa d'Alp
Coll. de Pal
Túnel del Cadí
Cadí
Moixeró
Bastiments
Portella de Mantet
Mantet
Costabona
Prats-de-Mollo-la Preste
la Preste
Serralongue
St Laurent-de-Cerdans
Coustouges
Lamanère
Arles-s-Tech
Amélie-les-Bains-Palalda
Céret
Corsavy
Pic de Fontfrède
Montalba-d'Amélie
Roc de Frausa
Maçanet de Cabrenys
Taulis
la Bastide
Col Fourtou
Boule-d'Amont
Llauro
Fourques
Núria
Reserva Nacional de Freser i Setcases
Ulldeter
Setcases
Coma de Vaca
Balandrau
Queralbs
Tregurà de Dalt
Vilallonga de Ter
Espinavell
Molló
Rocabruna
Beget
Camprodon
Llanars
Pardines
Ribes de Freser
Planoles
Toses
Fornells de la M.
Campelles
Serra Cavallera
Sant Martí de Surroca
Sant Pau de Segúries
Ogassa
Bruguera
Sant Joan de les Abadesses
Coll de Santigosa
Ripoll
Campdevànol
Gombrèn
Montgrony
La Pobla de Lillet
Coll de Merolla
Castellar de n'Hug
Guardiola de Berguedà
Bagà
Gisclareny
Saldes
Sant Julià de Cerdanyola
Vallcebre
Sant Jaume de Frontanyà
Castell de l'Areny
La Nou
Borredà
Palmerola
Les Llosses
Vilada
Cercs
Berga
Olvan
Avià
Gironella
L'Ametlla de Casserres
Casserres
Puig-reig
Prats de Lluçanès
Lluçà
Sant Agustí de Lluçanès
Alpens
Sora
Montesquiu
Sant Quirze de Besora
Borgonyà
Orís
Torelló
Manlleu
Vic
Gurb
Roda de Ter
Tavèrnoles
Folgueroles
Vilanova de Sau
Pantà de Sau
Pantà de Susqueda
Tavertet
Sant Pere de Casserres
Olot
Castellfollit de la Roca
Besalú
Sant Joan les Fonts
La Vall de Bianya
Sant Salvador de B.
Coll de Capsacosta
Coll de Coubet
Vallfogona de Ripollès
Sant Privat d'en Bas
Puigsacalm
Les Preses
Zona Volcànica de la Garrotxa
Santa Pau
Mieres
Banyoles
Hostalets d'en Bas
Joanetes
Rupit
Pruit
Cantonigròs
Sant Hilari Sacalm
Anglès
Amer
Sant Gregori
Arbúcies
Espinelves
Viladrau
Seva
Taradell
Tona
Collsuspina
Centelles
Montseny
Aiguafreda
Balsareny
Sallent
Navàs
Artés
Calders
Santpedor
Súria
Sant Feliu Sasserra
Oristà
Sant Bartomeu del Grau
Olost
Santa Cecília de V.
Sant Hipòlit de Voltregà
Les Masies de Voltregà
Malla
Muntanyola
Sant Martí de Centelles
El Brull
Matagalls
Turó de l'Home
Sant Feliu de Buixalleu
Riells
Hostalric

GOLFE
DU
LION
Côte Vermeille
C O S T A
B R A V A
St Laurent-de-la-Salanque
Pia
Bompas
Ste Marie
Canet-en-Roussillon
Canet-Plage
Cabestany
Saleilles
Alénya
St Cyprien-Plage
St Cyprien
Pollestres
Bages
Elne
Brouilla
Argelès-s-Mer
Argelès-Plage
St Génis-des-Fontaines
St André
Sorède
Laroque
Port-Vendres
Cap Béar
Collioure
Tour Madeloc
Banyuls-s-Mer
le Boulou
St Martin-de-Fenollar
Albères
Col de l'Ouillat
Pic Neulos
Pic de Sallfort
Pic des Trois Termes
Coll de Banyuls
Coll del Pertús
le Perthus
Cerbère
Cap Cerbère
Coll de Belistres
Portbou
Colera
Cap de Ras
El Port de Llançà
El Port de la Selva
Cap Gros
Cap de Creus
Parc Natural del Cap de Creus
I. de Portlligat
Cadaquès
Pta de sa Figuera
Cap de Norfeu
Badia de Montjoi
La Jonquera
Cantallops
Espolla
Rabós
Vilamaniscle
Llançà
Capmany
Sant Climent Sescebes
Masarac
Mollet
Garriguella
Monestir de S. Pere de Rodes
La Selva de Mar
Pau
Sant Salvador
Palau-saverdera
Mas Bosca
Vilajuïga
Peralada
Pedret
Marzà
Agua Brava
Ciutadella
Roses
Puig-rom
Sta Margarida
Empuriabrava
Castelló d'Empúries
Punta Falconera
Parc Natural dels Aiguamolls de l'Empordà
Golf de Roses
Figueres
Vilabertran
Cabanes
Llers
Terrades
Vilarig
Cistella
Avinyonet
Vilanant
Lladó
Vilafant
Vila-sacra
Fortià
Riumors
Borrassà
Vilamalla
Navata
Ordis
Siurana
Vilamacolum
Sant Pere Pescador
Torroella de Fluvià
L'Armentera
Pontós
Garrigàs
Sant Miquel de F.
Sant Mori
Ventalló
Empúries
L'Escala
Punta Grossa
Montgó
Cap d'Oltrera
L'Estartit
Cap de la Barra
Illes Medes
Montgrí
Torroella de Montgrí
Platja de la Fonollera
Bascara
Viladamat
Albons
Garrigoles
Vilopriu
Colomers
La Tallada d'Empordà
Bellcaire d'Empordà
Jafre
Verges
Ullà
Serra de Daró
Gualta
Fontanilles
Ciutat ibèrica
Palau-sator
Fontclara
Els Masos
Sa Riera
Aiguafreda
Sa Tuna
Begur
Cap de Begur
Pals
Regencós
Fornells de Mar
Aiguablava
Aigua xellida
Tamariu
Llafranc
Cap de Sant Sebastià
Calella de Palafrugell
Cap Roig (Jardí botànic)
Palafrugell
Mont-ras
Vall-llobrega
Platja de la Fosca
Palamós
Sant Antoni de C.
El Mas Vilar
Platja d'Aro
S'Agaró
Platja de Sant Pol
Sant Feliu de Guíxols
Canyet de Mar
Cala Giverola
Ullastret
Peratallada
Vulpellac
Torrent
La Bisbal d'Empordà
Llofriu
Corçà
Cruïlles
Monells
Púbol
Rupià
Parlava
Foixà
Ultramort
Flaçà
Cervià
Medinyà
Cornellà del Terri
Camallera
Viladasens
S. Jordi Desvalls
Orriols
Vilaür
Galliners
Orfes
Fontcoberta
Vilademuls
Crespià
Espinavessa
Queixàs
Les Gavarres
Puig d'Arques
Calonge
Romanyà de la S.
Cassà de la Selva
Llagostera
Solius
Sta Cristina d'Aro
Castell d'Aro
Caldes de Malavella
Quart
Llambilles
Sta Pellaia
S. Mateu
Madremanya
Celrà
S. Martí Vell
La Pera
Bordils
Sant Joan de Mollet
Mare de Déu dels Àngels
Montnegre
Sant Martí de l'Heura
Fornells de la S.
Riudellots de la S.
Sant Andreu Salou
Vidreres
Cartcarbonel
Santa Grau
Puig de Cadiretes
Salt
Taialà
Darnius
Agullana
Biure
Boadella d'Empordà
Pont de Molins
La Vajol
Las Illas
Les Illes
Mata
Sant Martí de la Mota

0 4 8 12 km
COSTA VERDE
Valença do Minho
A Guarda
Citania de Sta Tegra
Caminha
Moledo do Minho
Vila Praia de Âncora
Âncora
Praia de Afife
Afife
Montedor
Carreço
Areosa
Viana do Castelo
Darque
Praia de Cabedelo
Amorosa
Castelo do Neiva
Parque Natural do Litoral Norte
Belinho
Mar
Marinhas
Praia de Suave Mar
Esposende
Praia de Ofir
Fão
Apúlia
Estela
Aguçadoura
Praia de Sto André
A Ver-o-Mar
Póvoa de Varzim
Vila do Conde
Azurara
Praia da Árvore
Mindelo
Vila Chã
Praia de Labruge
Praia de Agudela
Praia de Boa Nova
Leça da Palmeira
Matosinhos
Porto de Leixoes
Foz do Douro
PORTO
Praia de Lavadores
Canidelo
Madalena
Valadares
Praia da Aguda
Granja
São Félix da Marinha
Espinho
Ponte de Lima
Barcelos
BRAGA
Vila Nova de Famalicão
Sto Tirso
Trofa
Maia
Valongo
Gondomar
Vila Nova de Gaia
Serra de Arga
Paredes de Coura
Arcos de Valdevez
Lousada
Vilameán
Tui
Tomiño
Areas
Ponte da Barca
12
40
2
3
4
G
H
I

Xinzo de Limia
Alto de Vieiro
Cualedro
Chaves
Montalegre
Serra do Larouco
Serra do Gerês
Parque Nacional
Peneda
Serra da Peneda - Gerês
Arcos de Valdevez
Ponte da Barca
Caldelas
Vieira do Minho
Póvoa de Lanhoso
Guimarães
Fafe
Cabeceiras de Basto
Vila Pouca de Aguiar
Vidago
Boticas
Murça
Vila Real
Mondim de Basto
Celorico de Basto
Felgueiras
Amarante
Lousada
Penafiel
Marco de Canaveses
Baião
Mesão Frio
Peso da Régua
Lamego
Sabrosa
Alijó
Tua
Cinfães
Castelo de Paiva
Serra do Marão
Parque Natural do Alvão
Serra da Cabreira
Serra do Barroso
Serra da Padrela
Rio Douro
Rio Cávado
Rio Tâmega
Embalse de Salas
Lamas de Olo
Mateus
Torre de Pinhão
Favaios
Pinhão
Sanjurge
Verín

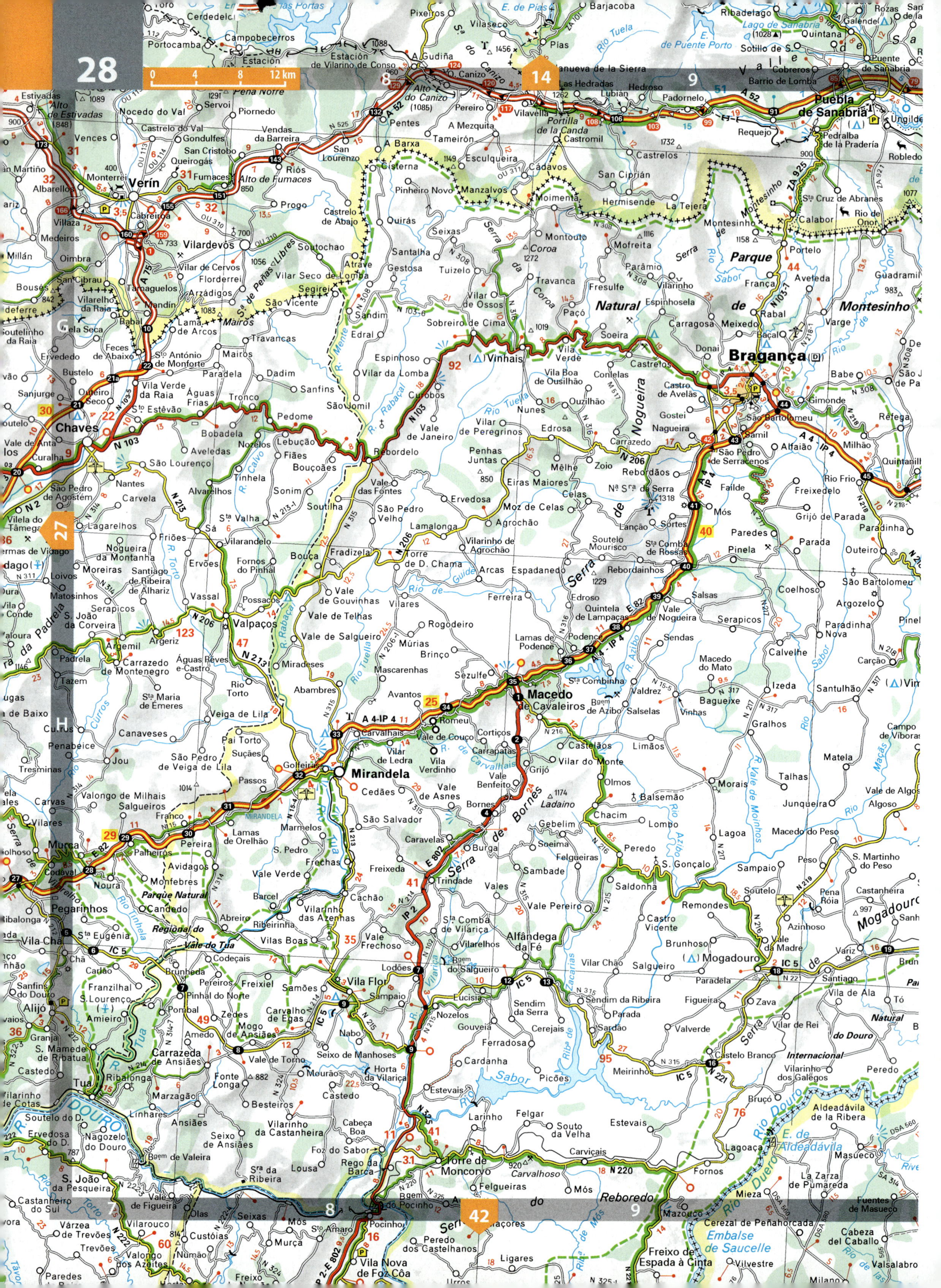
0 4 8 12 km
14
27
29
42
Verín
Chaves
Puebla de Sanabria
Bragança
Macedo de Cavaleiros
Mirandela
Valpaços
Murça
Vila Flor
Alfândega da Fé
Mogadouro
Carrazeda de Ansiães
Torre de Moncorvo
Vila Nova de Foz Côa
S. João da Pesqueira
Tua
Alijó
Freixo de Espada à Cinta
Vinhais
Parque Natural de Montesinho
Parque Natural Regional do Vale do Tua
Parque Natural do Douro Internacional
Serra da Coroa
Serra de Nogueira
Serra de Bornes
Rio Douro
Embalse de Saucelle
Embalse de Aldeadávila
Rio Sabor
Rio Tua
Rio Tuela
Rio Rabaçal
Rio Maçãs
A 4 - IP 4
IP 2
E 82
E 802
A 52
N 103
N 206
N 213
N 315
N 221
IC 5
Bemposta
Pocinho
Lagoaça
Sendim
Vimioso
Izeda
Santulhão
Macedo do Mato
Podence
Nogueira
Gimonde
Rio Frio
Babe
França
Rabal
Portelo
Calabor
Castrelos
Requejo
Padornelo
Lubián
Hermisende
Moimenta
Sobreiro de Cima
Edral
Soeira
Vila Verde
Fresulfe
Travanca
Espinhosela
Rebordelo
Vilar de Peregrinos
Nunes
Carrazedo
Zoio
Rebordãos
Lançãо
Sortes
Salsas
Sendas
Limões
Castelãos
Grijó
Bornes
Chacim
Lombo
Peredo
Saldonha
Castro Vicente
Remondes
Brunhosо
Zava
Azinhoso
Sampaio
Soutelo
Lagoa
Talhas
Matela
Algoso
Campo de Víboras
Junqueira
Macedo do Peso
Felgar
Larinho
Carviçais
Cardanha
Cabeça Boa
Estevais
Mós
Reboredo
Felgueiras
Horta da Vilariça
Lodões
Sampaio
Nabo
Samões
Zedes
Pombal
Amieiro
Franzilhal
Ribalonga
Linhares
Marzagão
Fonte Longa
Besteiros
Mogo de Ansiães
Pereiros
Frechas
Abreiro
Barcel
Cachão
Freixeda
Caravelas
Grijó
Passos
Suçães
Franco
Palheiros
Noura
Pegarinhos
Avidagos
Monfebres
Candedo
Vilarandelo
Sá
Possacos
Vassal
Ervões
Friões
Lebução
Bouçoães
Sonim
Soutilha
Tinhela
Aveledas
Bobadela
Pedome
Travancas
Vilar de Perdizes
Soutochão
Mairos
Vilarelho da Raia
Feces de Abaixo
Bustelo
Outeiro Seco
Curalha
Vila Verde da Raia
Cabreiroá
Monterrei
Albarellos
Vilardevós
Fumaces
Progo
Castrelo de Abajo
Vilaseca
Pixeiros
A Gudiña
Barjacoba
Pías
Portilla de la Canda
Castromil
Vilavella
Pereiro
A Mezquita
Tameirón
Esculqueira
Cádavos
Manzalvos
Pinheiro Novo
Cisterna
Quirás
Seixas
Santalha
Gestosa
Tuizelo
Vilar de Ossos
Paçó
Mofreita
Montouto
Parâmio
Vilarinho
Cova de Lua
Meixedo
Carragosa
Donai
Gostei
Castro de Avelãs
Samil
Alfaião
Failde
Mós
Paredes
Pinela
Parada
Grijó de Parada
Outeiro
Paradinha
Coelhoso
Argozelo
Serapicos
Calvelhe
Carção
Bagueixe
Vinhas
Salselas
Valdrez
Sezulfe
Avantos
Romeu
Vale de Couço
Cortiços
Carrapatas
Vale Benfeito
Vilar do Monte
Olmos
Balsemão
Morais
Vale de Asnes
Cedães
São Salvador
Trindade
Vales
Vale Pereiro
Sambade
Soeima
Gebelim
Felgueiras
S. Gonçalo
Vilarelhos
Sta Comba de Vilariça
Vilar Chão
Salgueiro
Paradela
Figueira
Valverde
Vilar de Rei
Castelo Branco
Vilarinho dos Galegos
Bruçó
Peredo
Fornos
Mazouco
Vilariça
Nozelos
Gouveia
Ferradosa
Cerejais
Sardão
Sendim da Serra
Sendim da Ribeira
Meirinhos
Picões
Souto da Velha
Adeganha
Estevais
Orelhão
Marmelos
Vale Frechoso
Seixo de Manhoses
Mourão
Castedo
Vilarinho da Castanheira
Foz do Sabor
Rego da Barca
Seixo de Ansiães
Ribeirinha
Vilarinho das Azenhas
Vilas Boas
Vale de Torno
Carvalho de Egas
Amedo
Pinhal do Norte
Freixiel
Sampaio
Lamas de Orelhão
Pereira
Jou
Penabeice
Tresminas
Carvas
Vilares
Valongo de Milhais
Salgueiros
São Pedro de Veiga de Lila
Veiga de Lila
Pai Torto
Rio Torto
Abambres
Vale de Salgueiro
Vale de Telhas
Vale de Gouvinhas
Mascarenhas
Múrias
Brinço
Rogodeiro
Vilares
Ferreira
Arcas
Lamalonga
Moz de Celas
Eiras Maiores
Penhas Juntas
Ervedosa
Agrochão
Vilarinho de Agrochão
Torre de D. Chama
Fradizela
Bouça
Fornos do Pinhal
São Pedro Velho
Vale das Fontes
Argeriz
Carrazedo de Montenegro
Águas Revês e Castro
Sta Maria de Émeres
Canaveses
Padrela
Tazem
S. João da Corveira
Serapicos
Nogueira da Montanha
Moreiras
Santiago de Ribeira de Alhariz
Lagarelhos
São Lourenço
Nantes
Carvela
Alvarelhos
Sta Valha
São Pedro de Agostém
Vilela do Tâmega
Loivos
Matosinhos
Codeçais
Cadão
Brunheda
Sta Eugénia
Vila Chã
Castanheiro do Sul
Valongo dos Azeites
Várzea de Trevões
Trevões
Custóias
Numão
Murça
Seixas
Freixo
Vilarouco
Vale de Figueira
Soutelo do D.
Ervedosa do D.
Nagozelo do Douro
Bgem de Valeira
Srª da Ribeira
Lousã
Pocinho
Peredo dos Castelhanos
Ligares
Mieza
Cerezal de Peñahorcada
Fuentes de Masueco
Cabeza del Caballo
Vilvestre
Masueco
La Zarza de Pumareda
Aldeadávila de la Ribera
Robledo
Rio de Onor
Guadramil
Varge
Aveleda
Deilão
São Julião de Palácios
Milhão
Quintanilha
Réfega
Freixedelo
Pinelo
Paradinha Nova
Vimioso
Sanhoane
Castanheira
Pena Róia
S. Martinho do Peso
Peso
Vila de Ala
Tó
Santiago
Variz
Ribadelago
Galende
Rozas
Quintana
Sotillo de S.
Cobreros
Barrio de Lomba
Ungilde
Pedralba de la Pradería
Hedroso
Las Hedradas
Villanueva de la Sierra
Canizo
Estación de Vilarino de Conso
Campobecerros
Portocamba
Cerdedelo
Servoi
Nocedo do Val
Piornedo
Castrelo do Val
Gondulfes
San Cristobo
Queirogás
Vendas da Barreira
San Lorenzo
Rios
Estivadas
Vences
Medeiros
Oimbra
Villaza
Tamaguelos
Mandín
Rabal
Lama de Arcos
Arzádigos
São Vicente
Segirei
Atrave
Florderrei
Vilar de Cervos
Vilar Seco de Lomba
Sandim
Espinhoso
Vilar da Lomba
São Jomil
Curopos
Vale de Janeiro
Dadim
Sanfins
Tronco
Paradela
Mairos
Sto António de Monforte
Águas Frias
Sto Estêvão
Nozelos
Fiães
Ervedelo
Sanjurge
Soutelo
Vale de Anta
Vila Chã
Pinheiro
Castedo

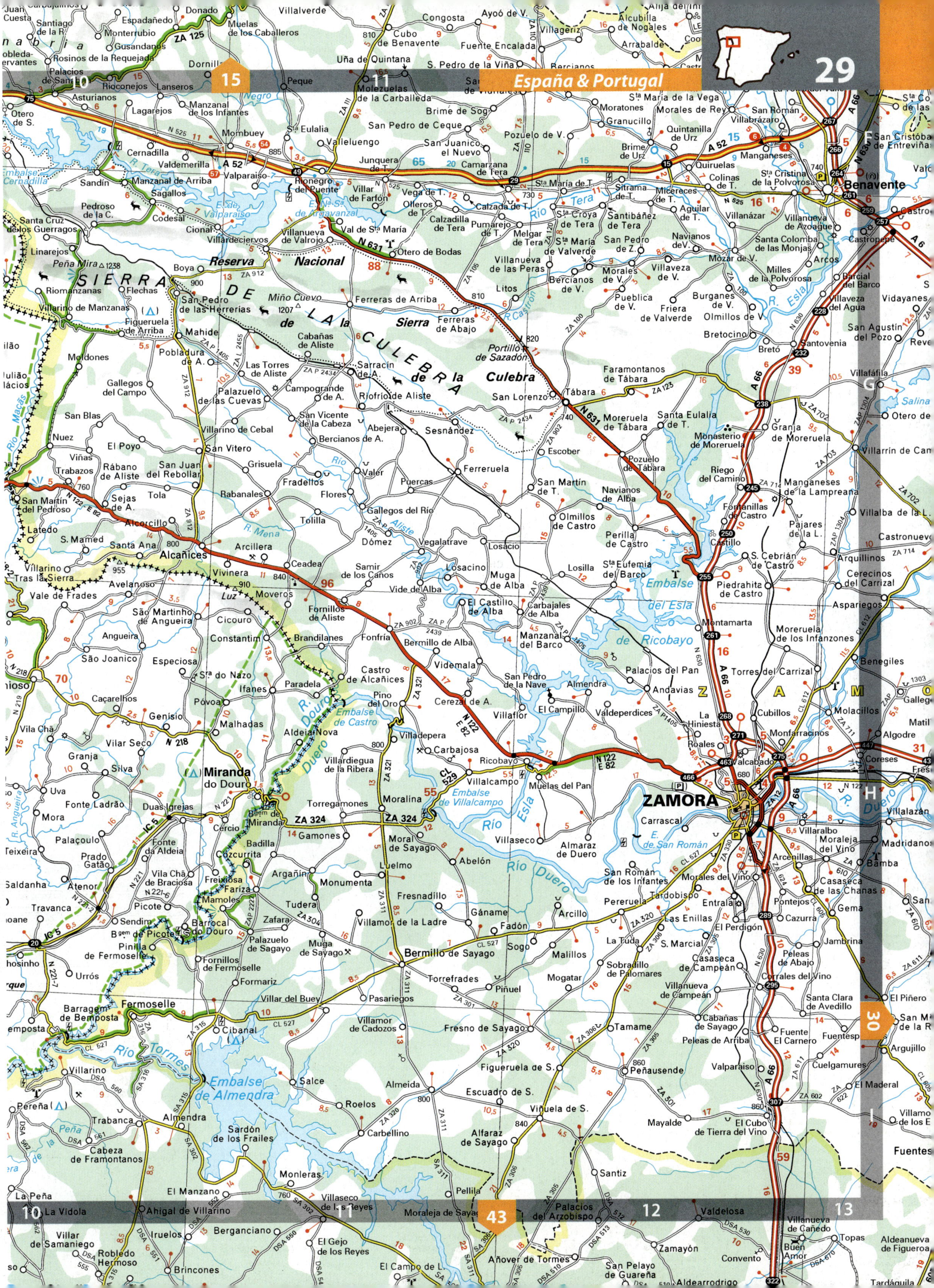
ZAMORA
Benavente
Alcañices
Miranda do Douro
Fermoselle
Bermillo de Sayago
SIERRA DE LA CULEBRA
Reserva Nacional de la Sierra de la Culebra
Embalse del Esla
Embalse de Ricobayo
Embalse de Almendra
Embalse de Castro
Embalse de Villalcampo
Río Duero
Río Esla
Río Tera
Río Tormes
R. Douro
Tábara
Santovenia
Montamarta
Muelas del Pan
Villalcampo
Moraleja del Vino
Corrales del Vino
Peñausende
Tamame
Fresno de Sayago
Almeida
Moralina
Carbajosa
Ricobayo
Castro de Alcañices
Mahide
Figueruela de Arriba
Riofrío de Aliste
San Vitero
Trabazos
Sejas de A.
Camarzana de Tera
Santa Croya de Tera
Manganeses de la Polvorosa
Villanázar
Sitrama de T.
Vega de T.
Rionegro del Puente
Mombuey
Otero de Bodas
Ferreras de Arriba
Ferreras de Abajo
Portillo de Sazadón
San Pedro de las Herrerías
Sendim
Picote
Vila Chã de Braciosa
Duas Igrejas
Palaçoulo
Constantim
Ifanes
Genísio
Malhadas
Póvoa
Paradela
Vimioso
Almendra
Sardón de los Frailes
Pereña
Trabanca
Cabeza de Framontanos
Ahigal de Villarino
Villarino
Vitigudino
Palacios del Arzobispo
Villaseco de los Reyes
Moraleja de Sayago
Zamayón
Valdelosa
Villanueva de Cañedo
Topas
A 52
A 66
A 6
N 631
N 122
E 82
IC 5
N 525
N 630
10
11
12
13
15
43
30
F
G
H
I

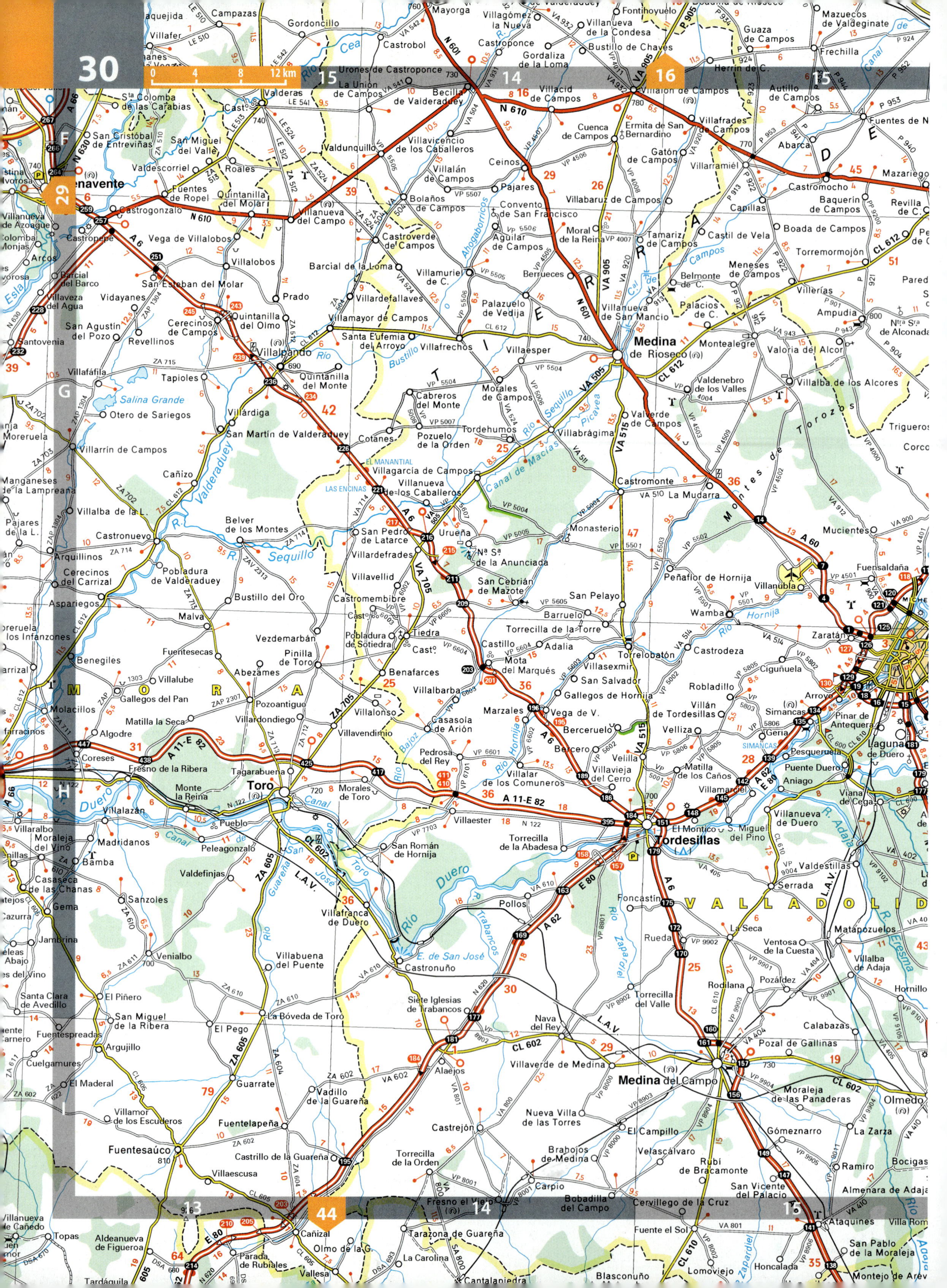

30
0 4 8 12 km
15
14
16
15
13
14
15
29
44
F
G
H
I
Benavente
Toro
Tordesillas
Medina de Rioseco
Medina del Campo
Villalpando
Castronuevo
Mayorga
Valderas
Villafrechós
Valoria del Alcor
Villabrágima
Tordehumos
Urueña
Castromonte
La Mudarra
Peñaflor de Hornija
Wamba
Villanubla
Zaratán
Simancas
Laguna de Duero
Arroyo
Pinar de Antequera
Castronuño
Villafranca de Duero
Fuentesaúco
Olmedo
Ataquines
Serrada
La Seca
Rueda
Nava del Rey
Alaejos
Siete Iglesias de Trabancos
Pollos
Torrecilla de la Abadesa
Villaester
Morales de Toro
Coreses
Fresno de la Ribera
Villalazán
Toro
Tagarabuena
Pozoantiguo
Villardondiego
Benafarces
Mota del Marqués
Castrodeza
Vega de V.
Bercero
Velilla
Matilla de los Caños
Villamarciel
Puente Duero
Viana de Cega
Villanueva de Duero
Valdestillas
Matapozuelos
Pozal de Gallinas
Villaverde de Medina
Carpio
Bobadilla del Campo
Cervillego de la Cruz
Fresno el Viejo
Cañizal
Castrillo de la Guareña
Vadillo de la Guareña
Guarrate
Fuentelapeña
Villaescusa
Villamor de los Escuderos
El Pego
La Bóveda de Toro
Villabuena del Puente
Venialbo
Sanzoles
Madridanos
Bamba
Villanueva del Campo
Castrogonzalo
Quintanilla del Molar
Villalobos
Bolaños de Campos
Castroverde de Campos
Villavicencio de los Caballeros
Valdunquillo
Villacid de Campos
Villalón de Campos
Cuenca de Campos
Villafrades de Campos
Castromocho
Mazariego
Capillas
Boada de Campos
Castil de Vela
Torremormojón
Villerías
Ampudia
Montealegre
Villalba de los Alcores
Valdenebro de los Valles
Valverde de Campos
Villarramiel
Tamariz de Campos
Moral de la Reina
Villabaruz de Campos
Berrueces
Palazuelo de Vedija
Villaesper
Morales de Campos
Cabreros del Monte
Pozuelo de la Orden
Villagarcía de Campos
Villanueva de los Caballeros
San Pedro de Latarce
Villardefrades
Villavellid
Castromembibre
Tiedra
Pobladura de Sotiedra
Villalbarba
Casasola de Arión
Pedrosa del Rey
Villalar de los Comuneros
Marzales
Villasexmir
San Salvador
Gallegos de Hornija
Robladillo
Villán de Tordesillas
Velliza
Ciguñuela
Fuensaldaña
Mucientes
Montes de Torozos
Salina Grande
Otero de Sariegos
Villarrín de Campos
Villafáfila
Tapioles
Villárdiga
San Martín de Valderaduey
Cañizo
Belver de los Montes
Pobladura de Valderaduey
Bustillo del Oro
Malva
Vezdemarbán
Pinilla de Toro
Fuentesecas
Abezames
Villalube
Gallegos del Pan
Matilla la Seca
Algodre
Molacillos
Benegiles
Aspariegos
Cerecinos del Carrizal
Arquillinos
Villalba de la L.
Manganeses de la Lampreana
Moreruela
Z A M O R A
V A L L A D O L I D
Duero
Sequillo
Valderaduey
Hornija
Pisuerga
Adaja
Eresma
Zapardiel
Trabancos
Guareña
E. de San José
Canal de Castilla
A 6
A 62
A 11-E 82
E 80
N 601
N 610
N 620
N 122
CL 602
CL 612
CL 605
CL 610
VA 905
VA 515
VA 505
ZA 605
ZA 705
L.A.V.

Paredes de Nava
Becerril de Campos
Villaumbrales
Grijota
Villamartín de Campos
Mirador de Tierra de Campos
Autilla del Pino
PALENCIA
Villamuriel de Cerrato
Venta de Baños
Baños de Cerrato
Hontoria de Cerrato
Tariego de Cerrato
Dueñas
Quintanilla de Trigueros
Cubillas de Sta Marta
Cigales
Cabezón de Pisuerga
Santovenia de P.
Castronuevo de Esgueva
VALLADOLID
La Cistérniga
Tudela de D.
Herrera de Duero
Boecillo
La Parrilla
Portillo
Arrabal de P.
Aldea de San Miguel
Mojados
Megeces
Íscar
Pedrajas de S. Esteban
Alcazarén
Aguasal
Llano de Olmedo
Villeguillo
Coca
Navas de Oro
Nava de la Asunción
Santiuste de San Juan Bautista
Villagonzalo de Coca
Fuente de Santa Cruz
Monzón de Campos
Husillos
Fuentes de Valdepero
Villajimena
Villamediana
Valdeolmillos
Villalobón
Magaz
Reinoso de Cerrato
Soto de C.
Villaviudas
Hornillos de Cerrato
Torquemada
Cordovilla la Real
Quintana del Puente
Herrera de Valdecañas
Valdecañas de Campos
Baltanás
Villahán
Palenzuela
Tabanera de Cerrato
Cobos de Cerrato
Antigüedad
Ermita de Na Sa de Garón
Royuela de Río Franco
Espinosa de Cerrato
Villafruela
Peral de Arlanza
Torrepadre
Tordómar
Lerma
Pinedillo
Torrecitores
Iglesiarrubia
Cilleruelo de Abajo
Torresandino
Villovela
Tórtoles de Esgueva
Castrillo de Don Juan
Olmedillo de Roa
Anguix
Guzmán
La Horra
Boada de R.
Roa de Duero
Berlangas de R.
La Cueva de R.
Hoyales de R.
Castrillo de la Vega
Fuentecén
Haza
Nava de Roa
Valdezate
Fuentemolinos
Adrada de H.
Hontangas
La Sequera de H.
Moradillo de Roa
Aranda de Duero
Convento de San Pelayo
Greda
Cevico Navero
Villaconancio
Castrillo de Onielo
Vertavillo
Cevico de la Torre
Valle de Cerrato
Alba de Cerrato
Hérmedes de Cerrato
Cubillas de Cerrato
Población de C.
Valoria la Buena
Torre de E.
Fombellida
Castroverde de Cerrato
Amusquillo
Esguevillas de Esgueva
Villafuerte
Villaco
Piña de Esgueva
Villanueva de los Infantes
Villarmentero de E.
Olmos de Esgueva
Castrillo-Tejeriego
Villavaquerín
Renedo
Villabáñez
Olivares de Duero
Valbuena de Duero
San Bernardo de Valbuena
Quintanilla de Onésimo
Quintanilla de Arriba
Sardón de Duero
Santibáñez de Valcorba
Traspinedo
Canillas de E.
Encinas de E.
Villaescusa de Roa
Pedrosa de Duero
Piñel de Arriba
Piñel de Abajo
San Llorente
Roturas
Corrales de Duero
Pesquera de Duero
Padilla de D.
Curiel
Valdearcos
Bocos
Mambrilla de Castrejón
San Martín de R.
Peñafiel
Manzanillo
Langayo
Aldeyuso
Olmos de P.
Castrillo de Duero
Cuevas de Provanco
Fompedraza
Torre de Peñafiel
Rábano
Canalejas de P.
Laguna de Contreras
Campaspero
Convento
Montemayor de Pililla
Aldealbar
Cogeces del Monte
Torrescárcela
Bahabón
Camporredondo
Santiago del Arroyo
San Miguel del Arroyo
Viloria
Cogeces de Íscar
Vallelado
San Cristóbal de Cuéllar
Cuéllar
Mata de Cuéllar
Remondo
Chañe
Arroyo de C.
Fresneda de Cuéllar
Campo de C.
Narros de C.
Chatún
Gomezserracín
Villaverde de Íscar
Fuente el Olmo de Íscar
Samboal
Ciruelos de Coca
Sanchonuño
Pinarejos
San Martín y Mudrián
Navalmanzano
Fuentes de Cuéllar
Moraleja de C.
Dehesa Mayor
Frumales
Olombrada
Adrados
Hontalbilla
Lastras de Cuéllar
Ermita de Sta María
Zarzuela del Pinar
Aguilafuente
Fuentepelayo
Sauquillo de Cabezas
Pinarnegrillo
Aldea Real
Escalona del Prado
Turégano
Mozoncillo
Aldeasoña
Membibre de la Hoz
Vegafría
Perosillo
Cozuelos de F.
Torrecilla del Pinar
Fuente el Olmo de Fuentidueña
Fuentesaúco de Fuentidueña
Fuentepiñel
Calabazas
Vivar de F.
Fuentesoto
Fuentidueña
Tejares
Sacramenia
Valtiendas
San Miguel de Bernuy
Cobos de Fuentidueña
Carrascal del Río
Burgomillodo
Navalilla
Hinojosa del Cerro
San Frutos
Parque Natural del Río Duratón
Sebúlcor
Fuenterrebollo
El Pinar
Cantalejo
Cabezuela
Valdesimonte
Aldeonsancho
Puebla de P.
Rebollo
Muñoveros
Arevalillo de Cega
Villar de Sobrepeña
Sepúlveda
Villaseca
Castro de Fuentidueña
Castrojimeno
Torreadrada
Aldeanueva de la Serrezuela
Caserío San José
Aldehorno
Fuentenebro
Torregalindo
Campillo de Aranda
S E G O V I A
Río Duero
Río Pisuerga
Río Esgueva
Río Cega
Río Eresma
Río Duratón
Río Arlanza
Río Riaza
Canal de Castilla
A 62
E 80
A 67
A 11
N 122
CL 619
CL 602
CL 603
A 601
SG 205
VA 223
N 622
N 610
A 65
L.A.V.

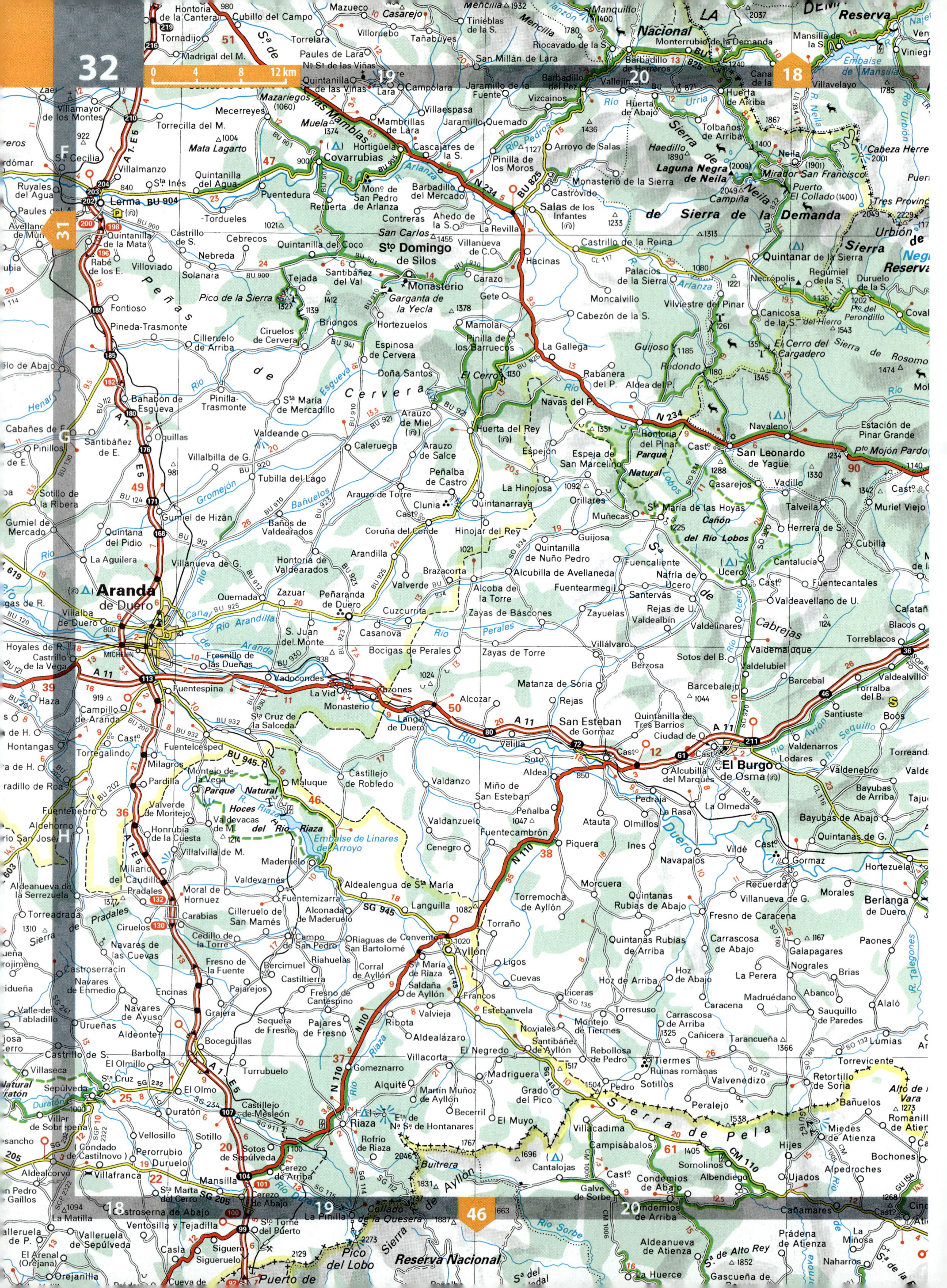

0 4 8 12 km
Aranda de Duero
El Burgo de Osma
San Esteban de Gormaz
San Leonardo de Yagüe
Lerma
Covarrubias
Sto Domingo de Silos
Salas de los Infantes
Ayllón
Riaza
Berlanga de Duero
Sierra de la Demanda
Reserva Nacional
Laguna Negra de Neila
Cañón del Río Lobos
Parque Natural
Hoces del Río Riaza
Embalse de Linares del Arroyo
Sierra de Pela
Sierra de Ayllón
Peñas de Cervera
Tiermes Ruinas romanas
Clunia
Peñaranda de Duero
Huerta del Rey
Quintanar de la Sierra
Hontoria del Pinar
Ucero
Gormaz
Langa de Duero
Fuentespina
Milagros
Pradales
Sepúlveda
Cerezo de Abajo
Duero
A 11
A 1
E 5
N 234
N 110
BU 904
BU 925
SG 945
CL 117
F
G
H
31
39
18
19
20
46

Soria
Almazán
Ágreda
Ólvega
Medinaceli
Arcos de Jalón
Alhama de Aragón
Sierra de Cameros
Sierra de Urbión
Laguna Negra de Urbión
E. de la Cuerda del Pozo
Río Duero
Sierra de Cabrejas
Pinares de Almazán
Sierra de San Marcos
Sierra de Miñana
Sierra del Madero
Sierra de la Pica
Sa de la Ballenera
Sa de Alcarama
Sa de la Mata
Sa de la Pila
Altos de Barahona
Alto de Matas de Lubia
Pto de Oncala
Pto del Madero
Pto de Bigornia
Puerto La Carrasca
Puerto de Piqueras
Collado de Sancho Leza
Embalse de Monteagudo
Canal de Almazán
Río Jalón
Río Henar
Río Nágima
Río Morón
Río Izana
Río Rituerto
Río Alhama
Río Linares
Río Razón
Río Tera
Río Mazos
Río Aravian
Río Manzano
N 111
N 122
N 234
A 15
A 11
A 2 - E 90
CL 116
CL 101
Numancia
Garray
Almajano
Fuentetoba
Golmayo
Los Rábanos
Ermita de San Saturio
Quintana Redonda
Tardelcuende
Matamala de Almazán
Viana de Duero
Morón de Almazán
Monteagudo de las Vicarías
Serón de Nágima
Gómara
Borobia
Deza
Ciria
Cueva de Ágreda
Yanguas
San Pedro Manrique
Cervera del Río Alhama
Abejar
Vinuesa
Cabrejas del Pinar
Duruelo de la Sierra
Covaleda
Salduero
Molinos de Duero
Berlanga de Duero
Baraona
Velamazán
Matute
Adradas
Utrilla
Montuenga de Soria
Santa María de Huerta
Ariza
Cetina
Calmarza
Jaraba
Sisamón
Chaorna
Salinas de M.
Somaén
Jubera
Lodares
Alcolea de las Peñas
Sigüenza
Ventosa
Olmedillas
Estepa de San Juan
Magaña
Matalebreras
Ausejo de la Sierra
Tera
Valdeavellano de Tera
Rollamienta
Almarza
Gallinero
Pedrajas
Toledillo
La Cuenca
Villaciervos
Fuentepinilla
Osona
Centenera de Andaluz
Rebollo
Fuentetovar
Ciruela
Casillas de Berlanga
Bordecorex
La Riba de Escalote
Rello
Barcones
Marazovel
Romanillos de Medinaceli
Mezquetillas
Radona
Blocona
Beltejar
Torrecilla del Ducado
Paredes de Sigüenza
Conquezuela
Ambrona
Esción de Medinaceli Museo Paleontológico

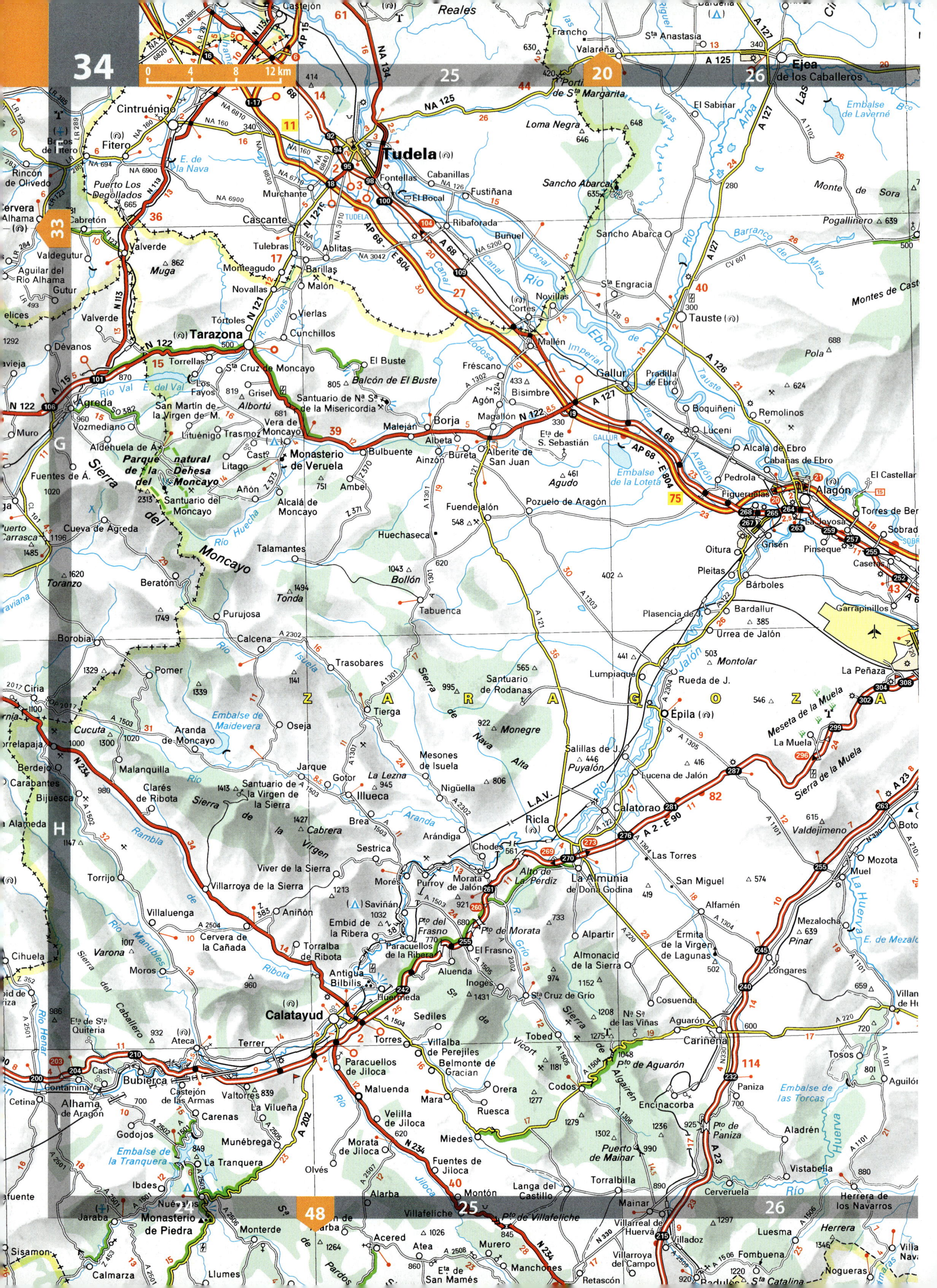

Tudela
Tarazona
Cintruénigo
Fitero
Cascante
Murchante
Fontellas
Cabanillas
Fustiñana
Ribaforada
Buñuel
Cortes
Mallén
Novillas
Gallur
Borja
Magallón
Agón
Bisimbre
Fréscano
Maleján
Albeta
Ainzón
Bureta
Alberite de San Juan
Fuendejalón
Pozuelo de Aragón
Tauste
Ejea de los Caballeros
El Sabinar
Valareña
Sancho Abarca
Sta Engracia
Pradilla de Ebro
Boquiñeni
Remolinos
Luceni
Alcalá de Ebro
Cabañas de Ebro
Pedrola
Figueruelas
Alagón
Torres de Berrellén
Grisén
Pinseque
La Joyosa
Oitura
Pleitas
Bárboles
Bardallur
Plasencia de J.
Urrea de Jalón
Rueda de J.
Épila
Lumpiaque
Salillas de J.
Lucena de Jalón
Calatorao
Ricla
Chodes
Morata de Jalón
La Almunia de Doña Godina
Alpartir
Almonacid de la Sierra
Cosuenda
Aguarón
Cariñena
Paniza
Encinacorba
Alfamén
San Miguel
Las Torres
Mezalocha
Longares
Muel
Mozota
Botorrita
Villanueva de Huerva
Tosos
Aladrén
Vistabella
Cerveruela
Luesma
Herrera de los Navarros
Villadoz
Villarreal de Huerva
Villarroya del Campo
Mainar
Torralbilla
Retascón
Langa del Castillo
Montón
Villafeliche
Fuentes de Jiloca
Velilla de Jiloca
Maluenda
Morata de Jiloca
Miedes
Mara
Ruesca
Orera
Codos
Tobed
Villalba de Perejiles
Belmonte de Gracián
Sediles
Paracuellos de Jiloca
Torres
Calatayud
Huérmeda
Embid de la Ribera
Paracuellos de la Ribera
Saviñán
Purroy
Morés
Sestrica
Brea
Aránda
Illueca
Gotor
Jarque
Mesones de Isuela
Nigüella
Tierga
Trasobares
Calcena
Purujosa
Tabuenca
Oseja
Aranda de Moncayo
Pomer
Beratón
Cueva de Ágreda
Ágreda
Vozmediano
Ólvega
Borobia
Ciria
Cucuta
Malanquilla
Clarés de Ribota
Bijuesca
Berdejo
Torrijo
Villaluenga
Moros
Villarroya de la Sierra
Cervera de la Cañada
Torralba de Ribota
Aniñón
Ateca
Terrer
Bubierca
Castejón de las Armas
Valtorres
La Vilueña
Carenas
Munébrega
Godojos
Alhama de Aragón
Cetina
Contamina
Ibdes
Monasterio de Piedra
Nuévalos
Jaraba
Calmarza
Llumes
Monterde
Acered
Atea
Murero
Manchones
Santuario de Nª Sª de la Misericordia
Monasterio de Veruela
Vera de Moncayo
Trasmoz
Litago
Lituénigo
Añón
Alcalá de Moncayo
Talamantes
Ambel
Bulbuente
El Buste
Sta Cruz de Moncayo
Grisel
Los Fayos
Torrellas
San Martín de la Virgen de M.
Tórtoles
Novallas
Monteagudo
Tulebras
Barillas
Malón
Vierlas
Cunchillos
Ablitas
Valverde
Valdegutur
Aguilar del Río Alhama
Gutur
Dévanos
Fuentes de Á.
Aldehuela de Á.
Sierra del Moncayo
Parque natural Dehesa del Moncayo
Santuario del Moncayo
Moncayo
Tonda
Bollón
Huechaseca
Muga
Sierra de Nava Alta
Monegre
Montolar
Meseta de la Muela
La Muela
Sierra de la Muela
Valdejimeno
Puyalón
Sierra de Algairén
Pto de Aguarón
Pto de Paniza
Puerto de Mainar
Pto de Villafeliche
Pto del Frasno
El Frasno
Inogés
Sta Cruz de Grío
Alto de La Perdiz
Embalse de Maidevera
Embalse de la Tranquera
La Tranquera
Embalse de Las Torcas
Embalse de la Loteta
Embalse de Lavernè
Ebro
Jalón
Huerva
Canal Imperial
Tudela
Zaragoza
Z A R A G O Z A
A 68
AP 68 - E 804
A 2 - E 90
N 122
N 234
A 127
N 121
A 23
L.A.V.
0 4 8 12 km
25
20
26
33
48

HUESCA
ZARAGOZA
Zuera
Almudévar
Villanueva de Gállego
Sariñena
Bujaraloz
Caspe
Belchite
Quinto
Pina de Ebro
Fuentes de Ebro
Híjar
Sástago
Escatrón
Grañén
Tardienta
Lanaja
Alcubierre
Leciñena
Perdiguera
Farlete
Monegrillo
Castejón de Monegros
La Almolda
Valfarta
Sierra de Alcubierre
Sierra de Lanaja
LOS MONEGROS
RÍO EBRO
Embalse de Caspe
Cuarte de Huerva
Cadrete
María de Huerva
Alfajarín
Nuez de Ebro
Villafranca de Ebro
El Burgo de Ebro
Osera
Gelsa
Velilla de Ebro
Azaila
Samper de Calanda
Castelnou
Chiprana
Fuendetodos
Azuara
Lécera
Moyuela
Albalate del Arzobispo
27
28
29
21
36
49

0 4 8 12 km
Buera
Hoz de Barbastro
E. de Grado II
Artasona
Olvena
Castro
Benabarre
Viacamp
Tolva
Castellnou de Montsec
Castell de Mur
Guàrdia de Tremp
Salas Altas
Salas Bajas
Cregenzán
Desfiladero
Juseu
Aler
Sª de Montsec
Alsamora
Moror
Sant Esteve de la Sarga
Cellers
Azara
Peraltilla
Castillazuelo
Monasterio de Pueyo
Estadilla
Sierra de Carrodilla
Purroy de la Solana
Ciscar
Caldrones
Castª
Pilzán
Montsec d'Ares
Sant Alís
Ponzano
Barbuñales
Barbastro
Alins del Monte
Calasanz
Castillo del Plá
Gabasa
Estaña
Estopiñán (Estopiñán del Castillo)
Pantà de Canelles
Corçà
l'Ametlla
Àger
La Régola
Fontdepou
Fonz
Cofita
Peralta de la Sal
Zurita
Saganta
Camporrélls
Laperdiguera
Fornillos
Azanúy
Cuatrocorz
Baélls
Nacha
Pantà de Camarasa
Berbegal
Ilche
Castejón del Puente
Almunia de San Juan
Peralta de Alcofea
Morilla
Selgua
Baldellou
Pantà de Sta Anna
Sta Linya
Rala Alt
Mont-roig
Lagunarrota
Monesma
Silo
Monzón
Alcampell
San Esteban de Litera
Les Avellanes
Vilanova de les A.
Conchel
Aragón
Castillonroy
Tamarite de Litera
Albelda
Os de Balaguer
Stª Mª de Bellpuig
Pantà de Balaguer
El Tormillo
Pueyo de Santa Cruz
Binéfar
Cataluña
Ivars de Noguera
Alfarràs
Algerri
Castelló de Farfanya
Gerb
Lastanosa
Pomar de Cinca
Valcarca
Algayón
Alfántega
Estiche de Cinca
Binaced
Altorricón
Almenar
Balaguer
Castelflorite
Esplús
Altorricón-Tamarite
Casasnovas
Sta Lecina
la Clamor Vieja
Albesa
Stª Mª de les Franqueses
Vallfogona de Balaguer
Almacelles
Alguaire
La Portella
Menàrguens
Térmens
Riu Corb
Albalatillo
Sena
Villanueva de Sigena
Alcolea de Cinca
Albalate de Cinca
Valonga
Lleida-Alguaire
Vilanova de Segrià
Torrelameu
Rosselló
Benavent de S.
Corbins
Bellvís
Alcanadre
Monasterio de Sigena
Virgen de la Chalamera
Belver
Vencillon
Sucs
Pla de la Font
Torrefarrera
Torre-serona
Vilanova de la Barca
El Palau d'Anglesola
Ontiñena
San Miguel
Raimat
Alpicat
Fondarella
Sigena
Chalamera
Osso
Almudáfar
Gimenells
Torres
Alcoletge
Bell-lloc d'Urgell
Zaidín
Clamor
Vallmanya
LLEIDA
Alamús
Torregrossa
El Basal
Ballobar
Río Cinca
Canal d'Aragó
Albatàrrec
Artesa de Lleida
Puigverd de Lleida
Velilla de Cinca
Alcarràs
Montoliu
Sudanell
Les Borges Blanques
Hueges
Valfarta
Monegros
Miralsot de Abajo
Fraga
Torres de Segre
Sunyer
Alfés
Castelldans
Llano de las Menorcas
La Punta
Soses
P. de Secà
Aspa
Les Garrigues
Peñalba
Candasnos
Aitona
Alcanó
Els Be
El Cogul
Seròs
P. d'Utxesa
Torrente de Cinca
Massalcoreig
Sarroca de Lleida
Granyena de les Garrigues
l'Albagés
Monestir Convent
Serra Grossa
Torrebesses
El Soleràs
les Ga
Valcuerna
Refugio de Pescadores
La Granja de Escarpe
Els Torms
Divisa
Juncosa
La Po
Sable
Embalse de Mequinenza
Montnegre
Monmeneu
Llardecans
Mequinenza
Maials
Tossal del Penjat
La Granadella
El Pla
Bovera
Bellaguarda
P. de Margalef
Punta Plana
Almatret
Puntal dels Escambrons
Cana
Margalef
La Palma d'Ebre
La Bisbal de F.
Montsant
Embalse de Caspe
Playas de Chacón
Etª de San Jorge
R. Ebro
Panta de Riba-roja
Riba-roja d'Ebre
Escaladei
Cabassers
La Vilella Baixa
Chiprana
El Dique
Estación de Fabara
Fayón
P. de Flix
Flix
Sa del Rovelló
La Figuera
Caspe
Estación Fayón-Pobla de Massaluca
Etª de Stª Magdalena
Sª de la Fatarella
Vinebre
La Torre de l'Espanyol
Lloà
Gratallo
Mausoleo Romano
Nonaspe
Ascó
El Molar
Sª de Caspe
Fabara
La Pobla de Massaluca
Sª de Berrús
La Fatarella
Pas de l'Ase
Bellmunt del Priorat
Sª de Vizcuerno
Garcia
El Masroig
Marçà
Embalse de Caspe
Guadalope
Pantorrillas
Maella
Vilalba dels Arcs
Móra d'Ebre
Móra la Nova
Els Guiamets
Capçanes
Batea
Corbera
Regallo
Matarraña
29
30
31
32
22
35
50
F
G
H
I

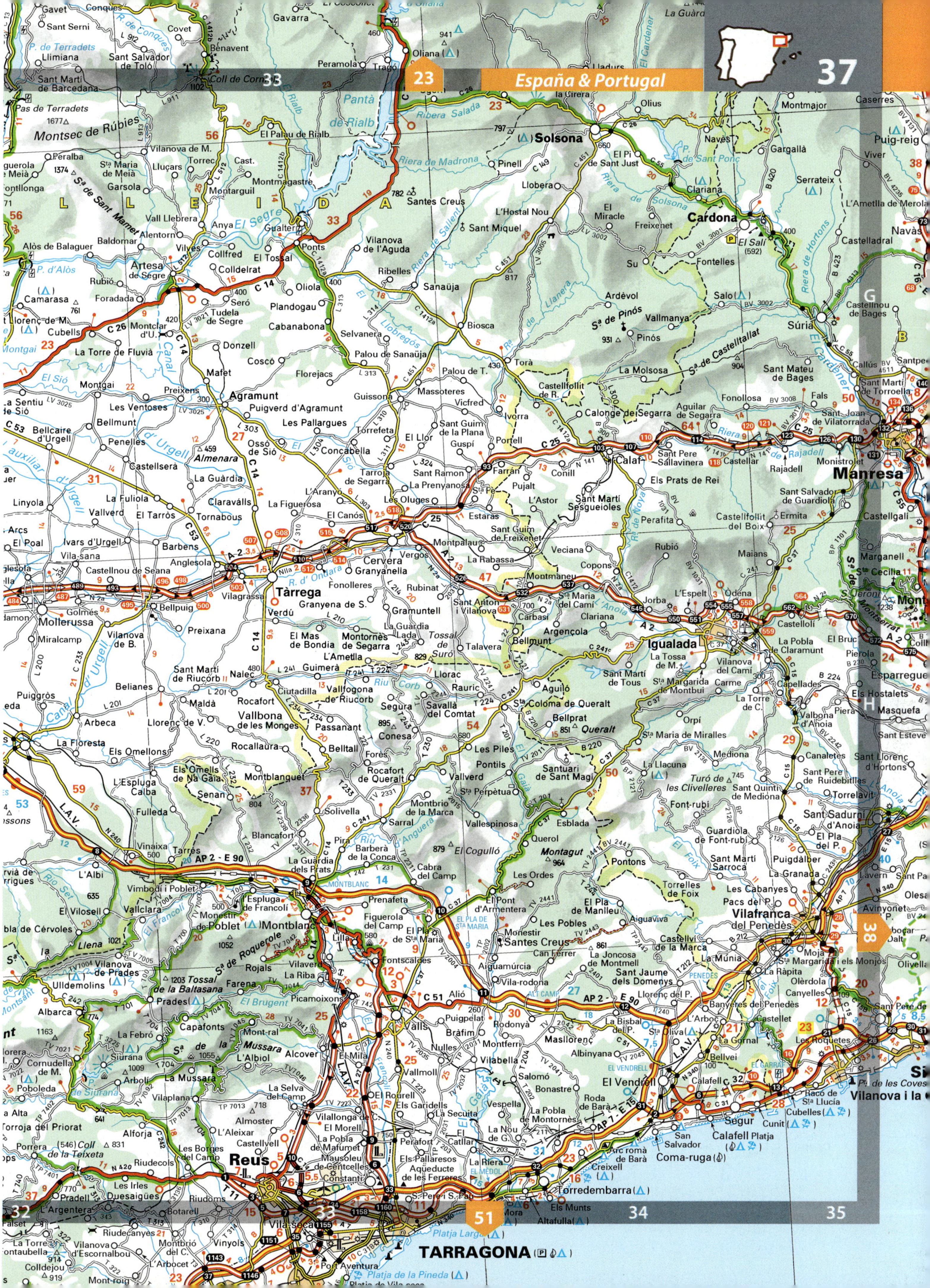

Solsona
Cardona
Súria
Manresa
Igualada
Cervera
Tàrrega
Mollerussa
Agramunt
Artesa de Segre
Ponts
Calaf
Guissona
Bellpuig
Montblanc
Valls
Reus
TARRAGONA
El Vendrell
Vilafranca del Penedès
Sant Sadurní d'Anoia
Santes Creus
Montsec de Rúbies
L L E I D A
El Segre
Pantà de Rialb
Vilanova de l'Aguda
Sanaüja
Biosca
Pinell
Sta Coloma de Queralt
Santa Coloma de Queralt
Vallbona de les Monges
L'Espluga Calba
Vimbodí i Poblet
Espluga de Francolí
Alcover
Cambrils
Vila-seca
Torredembarra
Calafell
Cunit
Segur
Coma-ruga
Vilanova i la Geltrú
Vinaixa
Tarrés
Belianes
Verdú
Guimerà
Rocafort de Queralt
Sarral
Pira
Cabra del Camp
El Pla de Sta Maria
Aiguamúrcia
La Riba
Capafonts
Prades
Siurana
La Mussara
Almoster
Castellvell
L'Aleixar
Riudecanyes
Montbrió del C.
Vinyols
Port Aventura
Platja de la Pineda
Tossal de la Baltasana
El Cogulló
Montagut
Queralt
Orpí
Carme
Capellades
La Pobla de Claramunt
Vilanova del Camí
Òdena
Jorba
Argençola
Bellprat
Aguiló
Castellfollit del Boix
Rajadell
Fonollosa
Sant Mateu de Bages
Pinós
Vallmanya
Ardèvol
Clariana
Riner
Freixenet
Torà
Castellfollit de R.
Calonge de Segarra
Ivorra
Estaràs
Sant Guim de Freixenet
Sant Guim de la Plana
Montmaneu
Veciana
Copons
Bellmunt
Talavera
Llorac
Savallà del Comtat
Conesa
Forès
Passanant
Belltall
Solivella
Blancafort
L'Albi
Fulleda
Senan
Montblanquet
Els Omells de Na Gaia
Rocallaura
Maldà
Nalec
Ciutadilla
Vallfogona de Riucorb
Preixana
Golmés
Vilagrassa
Anglesola
Barbens
Tornabous
Claravalls
Almenara
Castellserà
Penelles
Bellcaire d'Urgell
Linyola
El Poal
Ivars d'Urgell
Vila-sana
Castellnou de Seana
Miralcamp
Puiggròs
Arbeca
La Floresta
Els Omellons
Montornès de Segarra
Granyena de S.
Granyanella
Fonolleres
Rubinat
Gramuntell
La Guàrdia
Tossal de Suró
El Mas de Bondia
L'Ametlla
Concabella
Ossó de Sió
Puigverd d'Agramunt
Les Pallargues
Torrefeta
Massoteres
Florejacs
Palou de Sanaüja
Selvanera
Cabanabona
Oliola
Plandogau
Tudela de Segre
Donzell
Cosco
Mafet
Preixens
Les Ventoses
Bellmunt
Montgai
La Sentiu de Sió
Cubells
Montclar d'U.
La Torre de Fluvià
Foradada
Camarasa
Rubió
Baldomar
Alòs de Balaguer
Vall Llebrera
Alentorn
Vilves
Collfred
Colldelrat
El Tossal
Anya
Gualter
Montargull
Montmagastre
Llucars
Garsola
Vilanova de M.
Torrec
Sta Maria de Meià
Peralba
Pas de Terradets
Llimiana
Gavet
Sant Serni
Sant Martí de Barcedana
Sant Salvador de Toló
Benavent
Coll de Comiols
Gavarra
Peramola
Oliana
El Palau de Rialb
Santes Creus
Sant Miquel
L'Hostal Nou
Llobera
El Pi de Sant Just
Olius
Navès
Gargallà
Serrateix
Montmajor
Caserres
Puig-reig
Viver
L'Ametlla de Merola
Navàs
Castelladral
El Miracle
Su
Fontelles
Salo
El Salí
Castellnou de Bages
Callús
Sant Martí de Torroella
Sant Joan de Vilatorrada
Monistrol
Sant Salvador de Guardiola
Ermita
Castellgalí
Marganell
Sta Cecília
Castellolí
El Bruc
Piera
Esparreguera
Els Hostalets
Masquefa
Sant Esteve
Valbona d'Anoia
Canaletes
Sant Llorenç d'Hortons
Sant Pere de Riudebitlles
Torrelavit
Sant Quintí de Mediona
Mediona
La Llacuna
Font-rubí
Guardiola de Font-rubí
Sant Martí Sarroca
Puigdàlber
La Granada
Les Cabanyes
Pacs del P.
Avinyonet
Olesa
Torrelles de Foix
Pontons
Esblada
Querol
Les Ordes
El Pont d'Armentera
Les Pobles
El Pla de Manlleu
Aiguaviva
Castellví de la Marca
La Joncosa de Montmell
Sant Jaume dels Domenys
Llorenç del P.
La Múnia
Sta Margarida i els Monjos
La Ràpita
Olèrdola
Canyelles
Banyeres del Penedès
L'Arboç
Castellet
La Bisbal del P.
Sta Oliva
La Gornal
Bellvei
Les Roquetes
Masllorenç
Albinyana
Rodonyà
Vilabella
Salomó
Bonastre
Roda de Barà
Creixell
Vespella
La Pobla de Montornès
La Nou de G.
El Catllar
La Riera
Els Pallaresos
Perafort
El Morell
Vilallonga del C.
La Pobla de Mafumet
Constantí
La Selva del Camp
Els Garidells
La Secuita
Nulles
Bràfim
Puigpelat
Alió
Vila-rodona
Figuerola del Camp
Rojals
Vilaverd
Picamoixons
Lilla
Fontscaldes
Farena
L'Albiol
Mont-ral
Vilaplana
Alforja
Les Borges del Camp
Riudecols
Les Irles
Duesaigües
L'Argentera
Pradell
Falset
La Torre de Fontaubella
Colldejou
Vilanova d'Escornalbou
L'Arbocet
Mont-roig
Riudoms
Botarell
Cornudella de M.
Arbolí
La Febró
Albarca
Ulldemolins
Vilanova de Prades
Vallclara
El Vilosell
Vinaixa
L'Albi
Torroja del Priorat
Porrera
Poboleda
Montsant
Les Garrigues
Bassa
Riba-roja
Arenys de Segre
Pla de Sta Maria
Lavern
Sant Pere de R.
Sitges
Cubelles
Racó de Sta Llúcia
Pl. de les Coves
Vilanova i la G.
Cunit
AP 2 - E 90
AP 7 - E 15
C 25
C 14
C 53
C 37
C 51
A 2
L.A.V.
Altafulla
Els Munts
Platja Larga
Arc romà de Barà
Tamarit

0 4 8 12 km
24
Vic
Manlleu
Manresa
Terrassa/Tarrasa
Sabadell
Granollers
Mataró
Badalona
BARCELONA
L'Hospitalet
El Prat de Llobregat
BARCELONA-EL PRAT
Castelldefels
Sitges
Vilanova i la Geltrú
Montserrat
Rubí
Sant Cugat del Vallès
Cerdanyola
Martorell
Mollet
Montcada
El Masnou
Premià de Mar
Vilassar de Mar
Arenys de Mar
Canet de Mar
Calella
Caldes d'Estrac
Sant Celoni
La Garriga
Cardedeu
Caldes de Montbui
Gavà
Viladecans
Sant Boi
Molins de Rei
Sant Andreu de la Barca
Montseny
Tona
Centelles
Hostalric
Tordera
Arbúcies
Sant Hilari Sacalm
Costa de Maresme
COSTA DORADA
Costas de Garraf
Platja de Cova Fumada
B A R C E L O N A
35
36
37

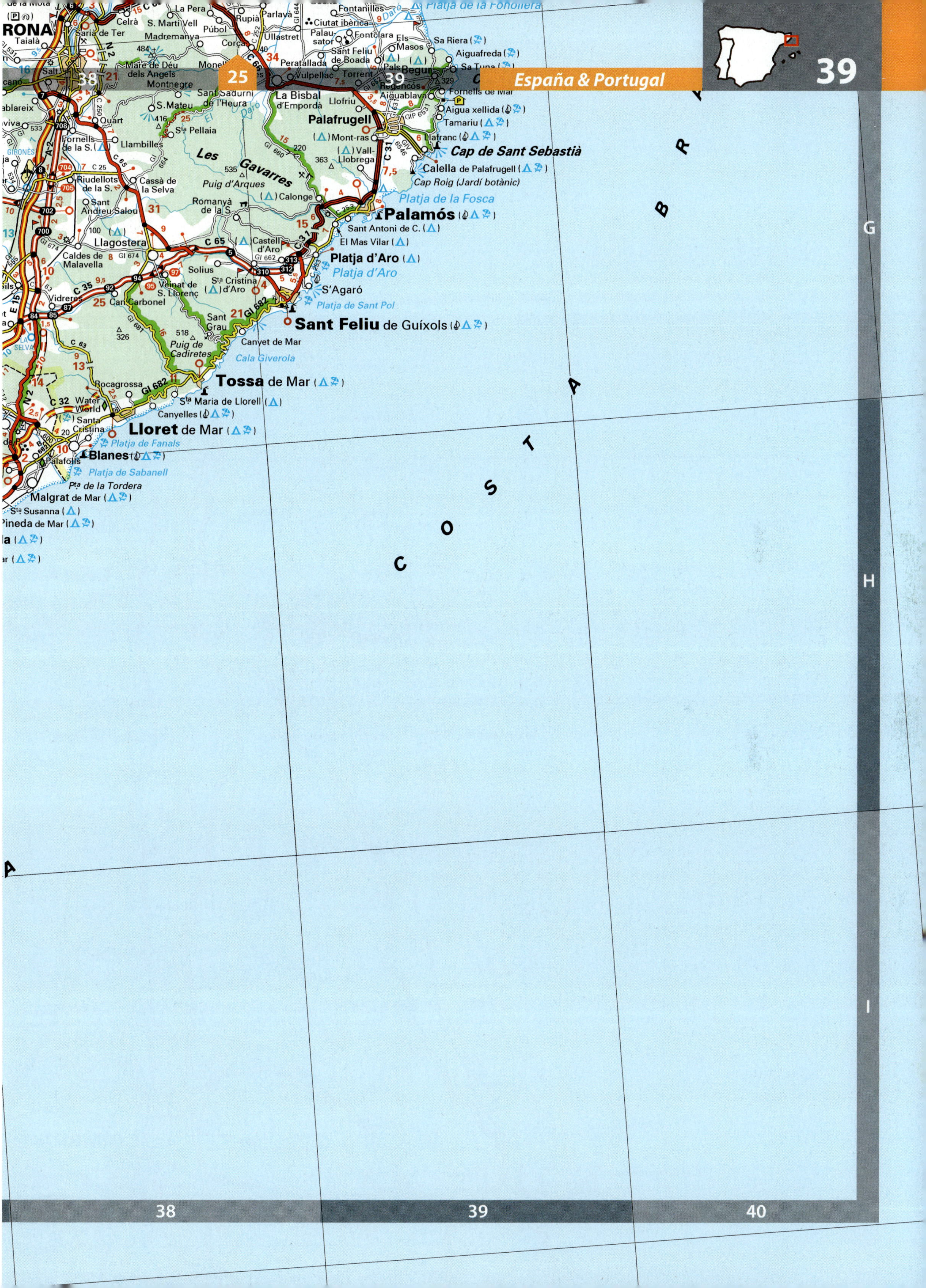
COSTA BRAVA
Platja de la Fonollera
Fontanilles
Ciutat ibèrica
Palau-sator
Fontclara
Els Masos
Sant Feliu de Boada
Sa Riera
Aiguafreda
Sa Tuna
Pals
Begur
Regencós
Aiguablava
Fornells de Mar
Aigua xellida
Tamariu
Llafranc
Cap de Sant Sebastià
Calella de Palafrugell
Cap Roig (Jardí botànic)
Platja de la Fosca
Palamós
Sant Antoni de C.
El Mas Vilar
Platja d'Aro
S'Agaró
Platja de Sant Pol
Sant Feliu de Guíxols
Canyet de Mar
Cala Giverola
Tossa de Mar
Sta Maria de Llorell
Canyelles
Lloret de Mar
Platja de Fanals
Blanes
Platja de Sabanell
Pta de la Tordera
Malgrat de Mar
Sta Susanna
Pineda de Mar
Palafrugell
Mont-ras
Vall-Llobrega
Calonge
La Bisbal d'Empordà
Llofriu
Vulpellac
Peratallada
Ullastret
Parlavà
Rupià
La Pera
Púbol
Corçà
Monells
Sant Sadurní de l'Heura
S. Mateu
Sta Pellaia
Les Gavarres
Puig d'Arques
Romanyà de la S.
Castell d'Aro
Solius
Sta Cristina d'Aro
Veïnat de S. Llorenç
Llagostera
Caldes de Malavella
Cassà de la Selva
Llambilles
Quart
Fornells de la S.
Riudellots de la S.
Sant Andreu Salou
Vidreres
Can Carbonel
Sant Grau
Puig de Cadiretes
Rocagrossa
Water World
Santa Cristina
Palafolls
Celrà
S. Martí Vell
Madremanya
Sarrià de Ter
Taialà
Salt
Mare de Déu dels Àngels
Montnegre
38
39
40
G
H
I

0 4 8 12 km
26
3
4
Porto
Praia de Lavadores
Canidelo
Madalena
Vila Nova de Gaia
Gondomar
Praia da Aguda
Granja
São Félix da Marinha
Espinho
Praia de Espinho
Silvalde
Paramos
Esmoriz
Praia de Esmoriz
Praia de Cortegaça
Cortegaça
Maceda
Dunas de Ovar
Praia de Furadouro
Furadouro
Praia de Areinho
Ovar
Ribeira
Torrão do Lameiro
Sta Maria da Feira
S. João da Madeira
Oliveira de Azeméis
Vale de Cambra
Quintas do Norte
Pardilhó
Torreira
Praia de Monte Branco
Pardelhas
Murtosa
Estarreja
Pousada da Ria
Bico
Reserva Natural das Dunas de São Jacinto
S. Jacinto
Praia da Barra
Gafanha da Nazaré
Gafanha da Encarnação
Costa Nova
Aveiro
Albergaria-a-Velha
Ílhavo
Gafanha do Carmo
Praia da Vagueira
Vagos
Gafanha da Boa Hora
Águeda
R. Vouga
Sever do Vouga
Lombomeão
Oliveira do Bairro
Barra de Mira
Praia de Mira
Mira
Cantanhede
Curia
Mealhada
Luso
Bucaco
Praia da Tocha
Tocha
Lagoa da Vela
Dunas de Quiaios
Dunas de Cantanhede
Praia de Quiaios
Quiaios
Cabo Mondego
Buarcos
Montemor-o-Velho
R. Mondego
Coimbra
Condeixa
Figueira da Foz
53
2
4
J
K
L

Peso da Régua
Lamego
Viseu
Mangualde
Tondela
Seia
Gouveia
Covilhã
Manteigas
Oliveira do Hospital
Castro Daire
S. Pedro do Sul
Vila Nova de Paiva
Sátão
Moimenta da Beira
Tabuaço
Penedono
Sernancelhe
Aguiar da Beira
Nelas
Carregal do Sal
Santa Comba Dão
Mortágua
Tábua
Arganil
Penalva do Castelo
Fornos de Algodres
Celorico da Beira
Belmonte
Oliveira de Frades
Vouzela
Castelo de Paiva
Cinfães
Resende
Sa de Montemuro
Sa de Leomil
Serra da Lapa
Serra da Estrela
Parque Natural de la Serra da Estrela
Torre
Serra do Caramulo
Sa da Arada
PORTUGAL

0 4 8 12 km
28
41
55
Guarda
Pinhel
Almeida
Sabugal
Belmonte
Mêda
Castelo Melhor
Vila Nova de Foz Côa
Figueira de Castelo Rodrigo
Trancoso
Celorico da Beira
Sortelha
Vilar Formoso
Fuentes de Oñoro
Ciudad Rodrigo
Lumbrales
La Fregeneda
Barca de Alva
Vega de Terrón
Saucelle
Freixo de Espada à Cinta
Embalse de Saucelle
Rio Águeda
Rio Côa
Serra da Estrela
Reserva Natural da Serra da Malcata
Parque arqueológico do Vale do Côa
Puerto de Perales
Sierra de Malcata
A 25 - IP 5
E 80
A 62 - E 80
IP 2 - E 802
A 23 - IP 2
N 221
N 222
N 332
N 324
7
8
9
10

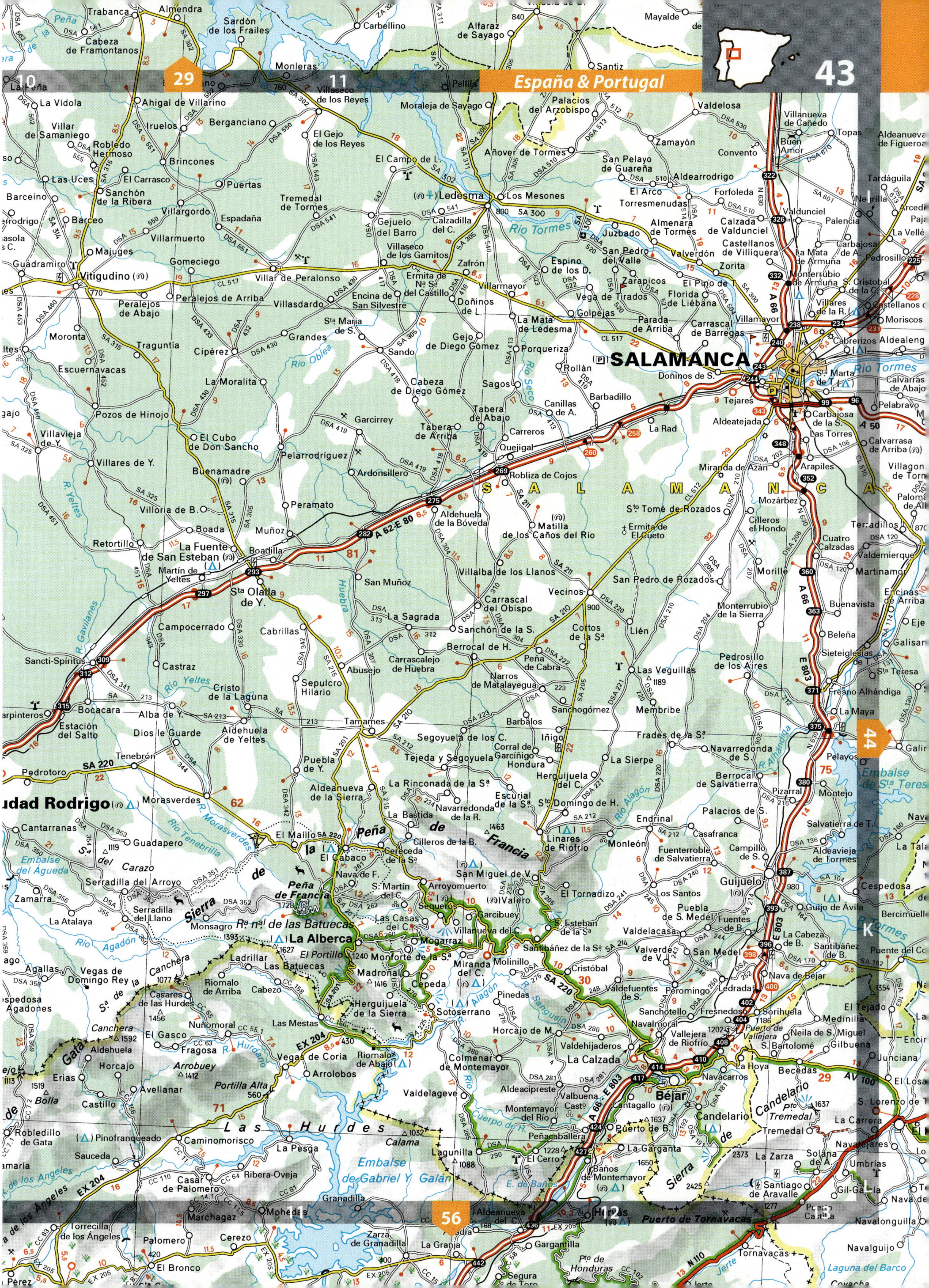
SALAMANCA
Ciudad Rodrigo
S A L A M A N C A
Ledesma
Vitigudino
Béjar
La Alberca
Guijuelo
Peña de Francia
Sierra de Francia
Sierra de Gata
Las Hurdes
Sierra de Candelario
Río Tormes
Río Yeltes
Río Huebra
Río Alagón
Río Águeda
Río Oblea
Río Seco
Río Agadón
Embalse de Gabriel y Galán
Embalse de Sta Teresa
Embalse del Águeda
A 62-E 80
A 66
A 50
E 803
EX 204
SA 220
CL 517
Almendra
Trabanca
Sardón de los Frailes
Carbellino
Alfaraz de Sayago
Mayalde
Monleras
Villaseco de los Reyes
Pelilla
Moraleja de Sayago
Palacios del Arzobispo
Valdelosa
Villanueva de Cañedo
Topas
La Peña
La Vídola
Ahigal de Villarino
Berganciano
El Gejo de los Reyes
El Campo de L.
Añover de Tormes
Zamayón
Convento
Villar de Samaniego
Iruelos
Robledo Hermoso
Brincones
San Pelayo de Guareña
Las Uces
El Carrasco
Puertas
Aldearrodrigo
Forfoleda
Tardáguila
Barceino
Sanchón de la Ribera
Tremedal de Tormes
Los Mesones
El Arco
Torresmenudas
Barceo
Villargordo
Espadaña
Gejuelo del Barro
Calzadilla del C.
Juzbado
Almenara de Tormes
Calzada de Valdunciel
Valdunciel
Palencia
Villarmuerto
Villaseco de los Gamitos
San Pedro del Valle
Castellanos de Villiquera
Majuges
Gomeciego
Zafrón
Espino de los D.
Valverdón
Zorita
Guadramiro
Villar de Peralonso
Villarmayor
Zarapicos
El Pino de T.
Monterrubio de Armuña
Peralejos de Arriba
Villasdardo
Encina de San Silvestre
Doñinos de L.
Vega de Tirados
Florida de Liébana
Peralejos de Abajo
Sta María de S.
La Mata de Ledesma
Golpejas
Parada de Arriba
Carrascal de Barregas
Villamayor
Moriscos
Moronta
Grandes
Gejo de Diego Gómez
Porqueriza
Traguntia
Cipérez
Sando
Cabrerizos
Aldealengua
Escuernavacas
Rollán
La Moralita
Cabeza de Diego Gómez
Sagos
Barbadillo
Doñinos de S.
Sta Marta de T.
Calvarrasa de Abajo
Tejares
Pozos de Hinojo
Garcirrey
Tabera de Abajo
Canillas de A.
Aldeatejada
Carbajosa de la S.
Pelabravo
Villavieja de Y.
Tabera de Arriba
Carreros
La Rad
Las Torres
Calvarrasa de Arriba
El Cubo de Don Sancho
Pelarrodríguez
Quejigal
Villares de Y.
Ardonsillero
Robliza de Cojos
Miranda de Azán
Arapiles
Villagonzalo de Tormes
Buenamadre
Peramato
Mozárbez
Villoria de B.
Aldehuela de la Bóveda
Matilla de los Caños del Río
Sto Tomé de Rozados
Cilleros el Hondo
Boada
Muñoz
Ermita de El Cueto
Cuatro Calzadas
Retortillo
La Fuente de San Esteban
Boadilla
Valdemierque
Martín de Yeltes
Sta Olalla de Y.
San Muñoz
Villalba de los Llanos
San Pedro de Rozados
Morille
Martinamor
Vecinos
Buenavista
Carrascal del Obispo
La Sagrada
Monterrubio de la Sierra
Encinas de Arriba
Campocerrado
Cabrillas
Sanchón de la S.
Cortos de la Sa
Llén
Beleña
Sancti-Spíritus
Castraz
Carrascalejo de Huebra
Berrocal de H.
Peña de Cabra
Pedrosillo de los Aires
Sieteiglesias de T.
Galisancho
Abusejo
Narros de Matalayegua
Las Veguillas
Sta Teresa
Cristo de la Laguna
Sepulcro Hilario
Fresno Alhándiga
Bocacara
Sanchogómez
Membribe
Estación del Salto
Alba de Y.
Tamames
Barbalos
La Maya
Dios le Guarde
Aldehuela de Yeltes
Segoyuela de los C.
Íñigo
Frades de la Sa
Tenebrón
Corral de Garcíñigo
Navarredonda de S.
Pedrotoro
Tejeda y Segoyuela
Hondura
La Sierpe
Pelayos
Puebla de Y.
Herguijuela del C.
Berrocal de Salvatierra
Pizarral
Montejo
Morasverdes
Aldeanueva de la Sierra
La Rinconada de la Sa
Escurial de la Sa
Sto Domingo de H.
Palacios de S.
Navarredonda de la R.
La Bastida
Salvatierra de T.
Cantarranas
El Maíllo
Cilleros de la B.
Linares de Riofrío
Endrinal
Casafranca
Aldeavieja de Tormes
Guadapero
El Cabaco
Cereceda de la Sa
Monleón
Fuenterroble de Salvatierra
Campillo de S.
Carazo
Nava de F.
San Miguel de V.
Serradilla del Arroyo
S. Martín del C.
Arroyomuerto
El Tornadizo
Los Santos
Cespedosa
Zamarra
Serradilla del Llano
Sequeros
Valero
Puebla de S. Medel
Fuentes de B.
Gallegos de Solmirón
Garcibuey
La Atalaya
Monsagro
Rª nal de las Batuecas
Las Casas del C.
Mogarraz
Villanueva del C.
San Esteban de la Sa
Valdelacasa
La Cabeza de B.
Santibáñez de B.
Bercimuelle
El Portillo
Santibáñez de la Sa
Valverde de V.
San Medel
Ladrillar
Las Batuecas
Monforte de la Sa
Miranda del C.
Molinillo
Cristóbal
Agallas
Vegas de Domingo Rey
Riomalo de Arriba
Madroñal
Cepeda
Nava de Béjar
Cabezo
Casares de las Hurdes
Herguijuela de la Sierra
Pinedas
Valdefuentes de S.
Peromingo
Ledrada
Espedosa Agadones
Nuñomoral
Sotoserrano
Sanchotello
Fresnedoso
Sorihuela
Medinilla
El Tejado
Las Mestas
Horcajo de M.
Navalmoral
Vallejera de Riofrío
Neila de S. Miguel
Canchera
El Gasco
Fragosa
Riomalo de Abajo
Valdehijaderos
Puerto de Vallejera
Gilbuena
Aldehuela
Vegas de Coria
Colmenar de Montemayor
La Calzada
La Hoya
Becedas
Horcajo
Arrobuey
Arrolobos
Aldeacipreste
Navacarros
Junciana
Erias
Avellanar
Portilla Alta
Valdelagueve
Valbuena
Cantagallo
Béjar
Candelario
El Losar
Castillo
Bolla
Montemayor del Río
Puerto de Béjar
Tremedal
S. Lorenzo de Tormes
Robledillo de Gata
Pinofranqueado
Caminomorisco
Calama
Peñacaballera
La Garganta
La Carrera
La Pesga
Lagunilla
El Cerro
Baños de Montemayor
Navajejeros
Sauceda
Casar de Palomero
Ribera-Oveja
Solana de Á.
Umbrías
Santiago de Aravalle
Gil-García
Granadilla
Puerto Castilla
Nava de Béjar
Torrecilla de los Ángeles
Marchagaz
Mohedas
Aldeanueva del C.
Hervás
Navalonguilla
Palomero
Cerezo
Zarza de Granadilla
La Granja
Gargantilla
Tornavacas
Navalguijo
El Bronco
Pto de Honduras
Puerto de Tornavacas
Laguna del Barco
Segura de Toro
Pérez

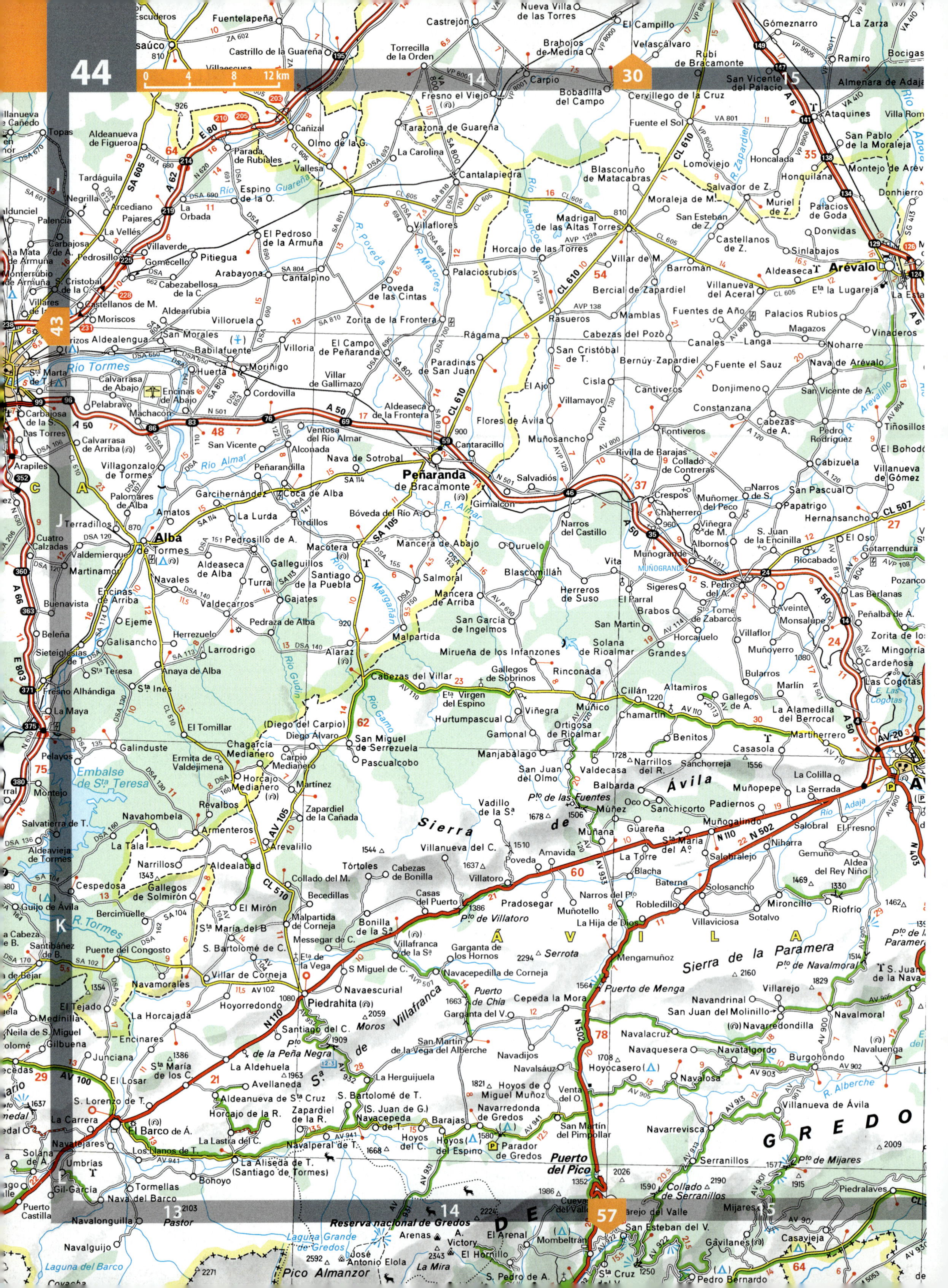
0 4 8 12 km
Fuentelapeña
Castrejón
Nueva Villa de las Torres
El Campillo
Gómeznarro
La Zarza
Castrillo de la Guareña
Torrecilla de la Orden
Brahojos de Medina
Velascálvaro
Rubí de Bracamonte
Ramiro
Bocigas
Carpio
Bobadilla del Campo
San Vicente del Palacio
Almenara de Adaja
Fresno el Viejo
Cervillego de la Cruz
Ataquines
Villa Rom
Cañizal
Olmo de la G.
Tarazona de Guareña
Fuente el Sol
Aldeanueva de Figueroa
Parada de Rubiales
La Carolina
Lomoviejo
Honcalada
San Pablo de la Moraleja
Vallesa
Cantalapiedra
Blasconuño de Matacabras
Salvador de Z.
Honquilana
Montejo de Arév
Tardáguila
Espino de la O.
Moraleja de M.
Muriel de Z.
Donhierro
Arcediano
Pajares
La Orbada
Madrigal de las Altas Torres
San Esteban de Z.
Palacios de Goda
Palencia
Villaflores
Castellanos de Z.
Donvidas
La Vellés
El Pedroso de la Armuña
Horcajo de las Torres
Sinlabajos
Villaverde
Pitiegua
Villar de M.
Arévalo
Pedrosillo
Gomecello
Barromán
Aldeaseca
Arabayona
Cantalpino
Palaciosrubios
Villanueva del Aceral
Eta la Lugareja
Cabezabellosa de la C.
Poveda de las Cintas
Bercial de Zapardiel
Castellanos de M.
Aldearrubia
Mamblas
Fuentes de Año
Palacios Rubios
Moriscos
Villoruela
Zorita de la Frontera
Rasueros
Magazos
Vinaderos
San Morales
Rágama
Cabezas del Pozo
Canales
Langa
Noharre
Aldealengua
Babilafuente
Villoria
El Campo de Peñaranda
San Cristóbal de T.
Bernuy-Zapardiel
Fuente el Sauz
Nava de Arévalo
Río Tormes
Huerta
Moríñigo
Paradinas de San Juan
Cisla
Calvarrasa de Abajo
Encinas de Abajo
Villar de Gallimazo
El Ajo
Cantiveros
Donjimeno
San Vicente de A.
Pelabravo
Cordovilla
Villamayor
Constanzana
Machacón
Aldeaseca de la Frontera
Flores de Ávila
Cabezas de A.
Tiñosillos
Carbajosa de la Sa.
Ventosa del Río Almar
Cantaracillo
Fontiveros
Pedro Rodríguez
Calvarrasa de Arriba
San Vicente
Alconada
Muñosancho
El Bohodón
Rivilla de Barajas
Arapiles
Nava de Sotrobal
Collado de Contreras
Cabizuela
Villagonzalo de Tormes
Peñarandilla
Peñaranda de Bracamonte
Salvadiós
Villanueva de Gómez
Garcihernández
Coca de Alba
Narros de S.
San Pascual
Palomares de Alba
Gimialcón
Crespos
Muñomer del Peco
Papatrigo
Amatos
La Lurda
Bóveda del Río A.
Chaherrero
Hernansancho
Terradillos
Tordillos
Narros del Castillo
Viñegra de M.
S. Juan de la Encinilla
Alba de Tormes
Pedrosillo de A.
Macotera
Mancera de Abajo
Duruelo
Albornos
El Oso
Cuatro Calzadas
Valdemierque
Aldeaseca de Alba
Riocabado
Gotarrendura
Martinamor
Galleguillos
Santiago de la Puebla
Salmoral
Blascomillán
Vita
Muñogrande
Navales
Turra
Herreros de Suso
El Parral
Sigeres
S. Pedro del A.
Pozanco
Encinas de Arriba
Valdecarros
Gajates
Mancera de Arriba
Brabos
Sto Tomé de Zabarcos
Aveinte
Las Berlanas
Buenavista
Ejeme
Pedraza de Alba
San García de Ingelmos
San Martín
Monsalupe
Peñalba de A.
Beleña
Herrezuelo
Malpartida
Horcajuelo
Villaflor
Zorita de los
Galisancho
Larrodrigo
Alaraz
Mirueña de los Infanzones
Solana de Rioalmar
Grandes
Muñoyerro
Mingorría
Sieteiglesias de T.
Anaya de Alba
Rinconada
Bularros
Cardeñosa
Sta Teresa
Gallegos de Sobrinos
Marlín
Las Cogotas
Fresno Alhándiga
Sta Inés
Cabezas del Villar
Cillán
Altamiros
Gallegos de A.
La Maya
Eta Virgen del Espino
Viñegra
Muñico
La Alamedilla del Berrocal
El Tomillar
(Diego del Carpio)
Hurtumpascual
Chamartín
Diego Álvaro
Ortigosa de Rioalmar
Benitos
Martiherrero
Galinduste
San Miguel de Serrezuela
Gamonal
Chagarcía Medianero
Casasola
Pelayos
Ermita de Valdejimena
Carpio Medianero
Manjabálago
Narrillos del R.
Sanchorreja
Embalse de Sta Teresa
Pascualcobo
Valdecasa
Martínez
San Juan del Olmo
La Colilla
Montejo
Horcajo Medianero
Balbarda
Ávila
Muñopepe
La Serrada
Revalbos
Zapardiel de la Cañada
Pto de las Fuentes
Vadillo de la Sa
Oco
Sanchicorto
Padiernos
Salvatierra de T.
Sierra de
Múñez
Navahombela
Muñogalindo
Salobral
El Fresno
Aldeavieja de Tormes
Armenteros
Guareña
Sta María del Ao
Muñana
Niharra
La Tala
Arevalillo
Villanueva del C.
Amavida
Salobralejo
Gemuño
Narrillos
La Torre
Aldea del Rey Niño
Gallegos de Solmirón
Aldealabad
Tórtoles
Cabezas de Bonilla
Poveda
Blacha
Cespedosa
Villatoro
Collado del M.
Baterna
Solosancho
Becedillas
Casas del Puerto
Narros del Po
El Mirón
Pradosegar
Guijo de Ávila
Robledillo
Miruelo
Bercimuelle
Malpartida de Corneja
Pto de Villatoro
Muñotello
Villaviciosa
Sotalvo
Riofrío
R. Tormes
Sta María del B
Bonilla de la Sa
La Hija de Dios
Pto de Paramer
La Cabeza de B.
Messegar de C.
Villafranca de la Sa
Santibáñez de B.
S. Bartolomé de C.
Garganta de los Hornos
Serrota
Sierra de la Paramera
Puente del Congosto
Eta de la Vega
Mengamuñoz
Pto de Navalmoral
S. Juan de la Nava
S Miguel de C.
Navacepedilla de Corneja
Villar de Corneja
Navaescurial
Puerto de Chía
Puerto de Menga
Villarejo
Navamorales
Hoyorredondo
Piedrahíta
Navandrinal
Cepeda la Mora
Villafranca
San Juan del Molinillo
El Tejado
Navarredondilla
Navalmoral
La Horcajada
Moros
Garganta del V.
Medinilla
Santiago del C.
Navalacruz
Neila de S. Miguel
Gilbuena
Encinares
Pto de la Peña Negra
San Martín de la Vega del Alberche
Navadijos
Navaquesera
Navatalgordo
Navaluenga
Junciana
Sta María de los C.
La Aldehuela
Navalsáuz
Burgohondo
Hoyocasero
El Losar
Avellaneda
La Herguijuela
Hoyos de Miguel Muñoz
Navalosa
R. Alberche
Aldeanueva de Sta Cruz
Venta del O.
S. Lorenzo de T.
S. Bartolomé de T.
Villanueva de Ávila
Horcajo de la R.
Zapardiel de la R.
(S. Juan de G.)
Navacepeda de T.
Navarredonda de Gredos
La Carrera
El Barco de Á.
Barajas
San Martín del Pimpollar
Navarrevisca
La Lastra del C.
Hoyos del C.
Hoyos del Espino
Navatejares
Los Llanos de T.
Navalperal de T.
Parador de Gredos
GREDO
Umbrías
Puerto del Pico
Serranillos
Pto de Mijares
La Aliseda de T.
(Santiago de Tormes)
Bohoyo
Collado de Serranillos
Tormellas
Nava del Barco
Gil-García
Piedralaves
Puerto Castilla
Pastor
Arenas
Mijares
Navalonguilla
Reserva nacional de Gredos
El Arenal
Mombeltrán
San Esteban del V.
Laguna Grande de Gredos
Gavilanes
Casavieja
Navalguijo
A. Victory
El Hornillo
José Antonio Elola
Laguna del Barco
Pico Almanzor
La Mira
S. Pedro de A.
Sta Cruz
Pedro Bernardo
Río Tormes
Río Almar
R. Almar
Río Margañán
Río Gudín
Río Gamo
R. Poveda
R. Mazores
Río Trabancos
R. Zapardiel
Río Adaja
Río Guareña
Sierra de Ávila
Á V I L A
DE

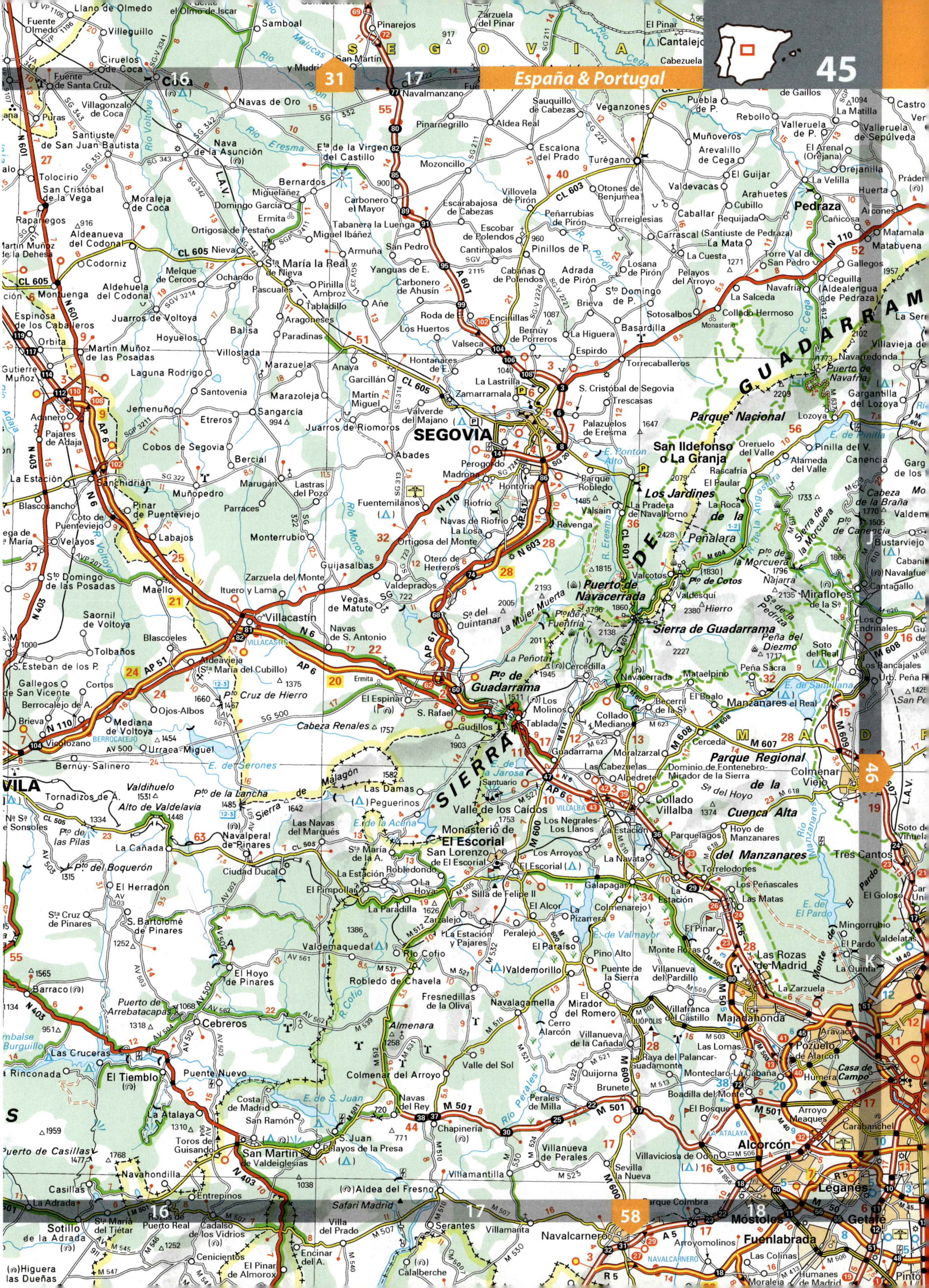
SEGOVIA
Segovia
Sierra de Guadarrama
Parque Nacional
Guadarrama
Parque Regional de la Cuenca Alta del Manzanares
Puerto de Navacerrada
Pto de Guadarrama
Monasterio de El Escorial
Valle de los Caídos
San Lorenzo de El Escorial
San Ildefonso o La Granja
Los Jardines
Peñalara
Puerto de Navafría
Pto de la Morcuera
Pto de Cotos
Pto de Fuenfría
Pto de Cruz de Hierro
Pto de la Lancha
Pto de las Pilas
Pto del Boquerón
Puerto de Arrebatacapas
Puerto de Casillas
Alto de Valdelavia
Sierra de Malagón
Sierra de la Morcuera
Sierra de la Pedriza
La Mujer Muerta
Cabeza Renales
Villacastín
El Espinar
San Rafael
Guadarrama
Collado Villalba
Torrelodones
Las Rozas de Madrid
Majadahonda
Pozuelo de Alarcón
Boadilla del Monte
Alcorcón
Leganés
Móstoles
Fuenlabrada
Getafe
Navalcarnero
Villaviciosa de Odón
Brunete
Villanueva de la Cañada
Villanueva del Pardillo
Valdemorillo
Galapagar
Colmenarejo
Cercedilla
Navacerrada
Manzanares el Real
Colmenar Viejo
Tres Cantos
Soto del Real
Miraflores de la Sª
Rascafría
El Paular
Cebreros
El Tiemblo
San Martín de Valdeiglesias
Pelayos de la Presa
Robledo de Chavela
Fresnedillas de la Oliva
Navalagamella
Colmenar del Arroyo
Chapinería
Sotillo de la Adrada
Cadalso de los Vidrios
Cenicientos
Navas del Rey
Las Navas del Marqués
Navalperal de Pinares
Peguerinos
Cuenca Alta
Sanchidrián
Labajos
Maello
Tolbaños
Urraca-Miguel
Brieva
Vicolozano
Navas de Oro
Nava de la Asunción
Santa María la Real de Nieva
Carbonero el Mayor
Cantimpalos
Turégano
Cantalejo
Pedraza
Navafría
Torrecaballeros
Trescasas
Palazuelos de Eresma
Abades
Valverde del Majano
Hontoria
Revenga
Riofrío
Navas de Riofrío
Ortigosa del Monte
Otero de Herreros
El Escorial
Safari Madrid
Aldea del Fresno
VILLACASTÍN
Pinarejos
Mozoncillo
Escalona del Prado
Martín Muñoz de las Posadas
Muñopedro
Villanueva de Perales
Sevilla la Nueva
Villamantilla
Villamanta
Arroyomolinos
Humanes de Madrid
E. de Valmayor
E. de Santillana
E. del Pardo
E. de Pinilla
E. de S. Juan
E. de Serones
E. de la Aceña
E. de la Jarosa
AP 6
AP 51
AP 61
N 110
N 603
A 601
N 6
N 403
N 601
M 607
M 503
M 501
M 600
A 6
A 5
M 40
M 50
CL 601
CL 605
CL 603
16
17
18
31
46
58

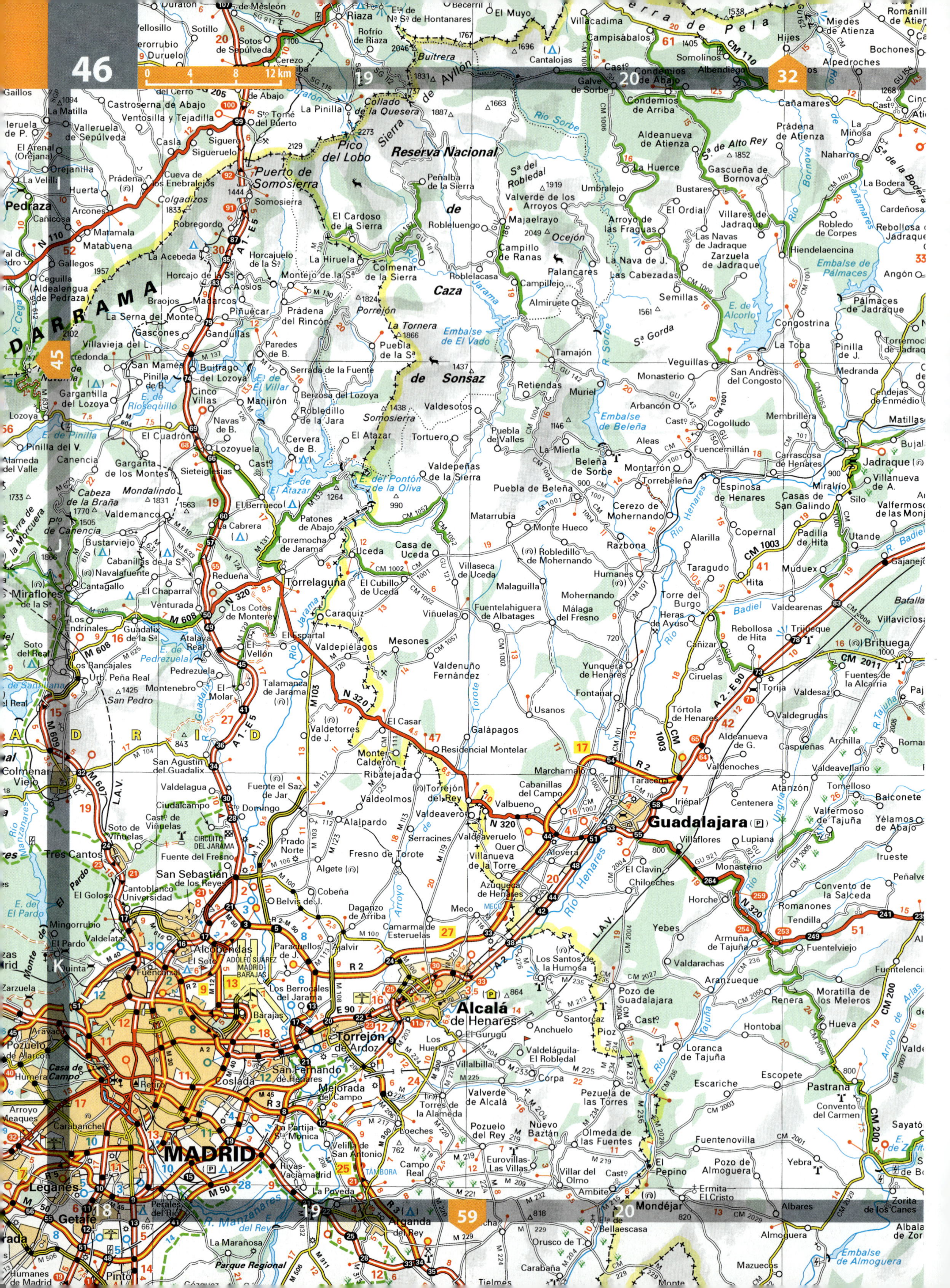
0 4 8 12 km
19
20
32
45
59
I
J
K
Riaza
Buitrago del Lozoya
Puerto de Somosierra
Somosierra
Sierra de Ayllón
Reserva Nacional de Caza de Sonsaz
Collado de la Quesera
Pico del Lobo
Sierra de Pela
Condemios de Abajo
Condemios de Arriba
Atienza
Jadraque
Cogolludo
Tamajón
Valverde de los Arroyos
Ocejón
Embalse de El Vado
Embalse de Beleña
Embalse de Alcorlo
Embalse de Pálmaces
E. de Riosequillo
E. de Pinilla
E. de El Atazar
E. de El Villar
Pedrezuela
Torrelaguna
Uceda
El Casar
Cabanillas del Campo
Guadalajara
Alcalá de Henares
Torrejón de Ardoz
San Fernando de Henares
Coslada
MADRID
Alcobendas
San Sebastián de los Reyes
Colmenar Viejo
Tres Cantos
Barajas
Mejorada del Campo
Rivas-Vaciamadrid
Arganda del Rey
Getafe
Leganés
Pinto
Fuenlabrada
Pedraza
Sierra de la Mórcuera
GUADARRAMA
MADRID
Brihuega
Torija
Trijueque
Hita
Humanes
Mohernando
Yunquera de Henares
Fontanar
Azuqueca de Henares
Meco
Los Santos de la Humosa
Pozo de Guadalajara
Pastrana
Loranca de Tajuña
Mondéjar
Pezuela de las Torres
Nuevo Baztán
Villar del Olmo
Olmeda de las Fuentes
El Pardo
Monte de El Pardo
Parque Regional
Río Henares
Río Jarama
Río Sorbe
Río Tajuña
Río Manzanares
Río Guadalix
Río Lozoya
Río Badiel
N 320
N 110
A 1-E 5
A 2-E 90
R 2
R 3
M 40
M 50
M 30
CM 1001
CM 1003
CM 2004
CM 2011
CM 200
N 320
GU 921
Residencial Montelar
CIRCUITO DEL JARAMA
ADOLFO SUÁREZ MADRID-BARAJAS

21
33
22
46
60
48
23
24
GUADALAJARA
LA ALCARRIA
SERRANÍA
Parque natural del Alto Tajo
MAR DE CASTILLA
Embalse de Entrepeñas
Embalse de Buendía
Embalse de la Tajera
Sierra Ministra
Sierra de la Muela
Sierra de Solorio
Reserva Nacional
Serranía de Cuenca
Montes de
Río Tajo
Río Tajuña
Río Henares
Río Dulce
Río Mesa
Río Gallo
Río Ablanquejo
Río Guadiela
Río Escabas
Río Cuervo
Río Trabaque
Río Salado
Sigüenza
Medinaceli
Molina
Sacedón
Cifuentes
Priego
Alpanseque
Romanillos de Medinaceli
Mezquetillas
Pto de Radona
Radona
Sa de la Mata
Valladares
Utrilla
Sta María de Huerta
Torre
Madrigal
Paredes de Sigüenza
Riendo
Tordelrábano
Torrecilla del Ducado
Yelo
Beltejar
Blocona
Alcubilla de las Peñas
Miño de Medinaceli
Arcos de Jalón
Aguilar de Montuenga
Alconchel de Ariza
Cabolafuente
Jaraba
Sisamón
Calmarza
Alcolea de las Peñas
Riba de Santiuste
Sienes
Conquezuela
Querencia
Tobes
Olmedillas
Ambrona
Jubera
Lodares
Somaén
Velilla de M.
Garganta
Chaorna
Sagides
Judes
Villel de Mesa
Algar de Mesa
Campillo de Aragón
Cercadillo
La Barbolla
Imón
Sa de la Pila
Villacorza
Riofrío del Llano
Santamera
Rienda
Rosiadlo
Alboreca
Mojares
Ventosa
Horna
Paleontológico
Museo
Torralba
Azcamellas
Salinas de M.
Arbujuelo
Ures de Medina
Esteras de M.
Benamira
Layna
Iruecha
Mochales
Milmarcos
La Olmeda de Jadraque
Bujalcayado
Pozancos
Alcuneza
Cubillas
Guijosa
Bujarrabal
Pto Esteras
Codes
Amayas
Labros
Carabias
Ures
Palazuelos
Santiuste
Barbatona
Estriégana
Maranchón
Balbacil
Clares
Hinojosa
Huérmeces del Cerro
Viana de Jadraque
Estación de Cutamilla
Moratilla de Henares
Pelegrina
Sauca
Alcolea del Pinar
Pto de Alcolea
Aguilar de Anguita
Anguita
Luzón
Ciruelos del Pinar
Pto de Maranchón
Mazarete
Turmiel
Anchuela del Campo
Establés
Concha
Tartanedo
Torrubia
Pardos
Ermita de la Con
Baides
La Cabrera
Villaverde del Ducado
Iniéstola
Sta María del Espino
Tobillos
Anquela del Ducado
Aragoncillo
Torremocha del Campo
La Torresaviñán
Luzaga
Ermita de la Virgen
Cueva de la Hoz
Padilla del Ducado
Villarejo de Medina
Blanca de Solanillos
La Saceda
Selas
Guijo
Mandayona
Aragosa
Algora
Tortonda
Cortes de Tajuña
La Fuensaviñán
Mirabueno
Castejón de Henares
Laranueva
La Hortezuela de Océn
Cueva de los Casares
Eta de la Virgen del Buenlabrado
Torremocha del Pinar
Mojón Alto
Canales de Molina
Rillo de Gallo
Herrería
Almadrones
Navalpotro
Renales
Sotodosos
Saelices de la Sal
Riba de Saelices
Mocasilla
Salinas
Ablanque
Torrecuadrada de los Valles
Abánades
Ribarredonda
La Loma
Eta de la Virgen de Montesinos
Ledanca
Las Inviernas
El Sotillo
Hontanares
Alaminos
Torrecuadradilla
Esplegares
Cobeta
Olmeda de Cobeta
Torrecilla del Pinar
Eta de Na Sa de la Hoz
Corduente
Cañizares
Valsalobre
Cogollor
Eta de Na Sa de Aranz
Yela
Masegoso de Tajuña
Moranchel
Sa Megorrón
Pinoso
Sacecorbo
Huertahernando
Monasterio de Buenafuente
Villar de Cobeta
Torete
Ventosa
Terraza
Civica
Valderrebollo
Val de San García
Canredondo
Canales del Ducado
Cuevas Labradas
Lebrancón
Cuevas Minadas
Teroleja
Valhermoso
de Tajuña
Barriopedro
Olmeda del Extremo
Gárgoles de Arriba
Eta de la Cueva del Beato
Huetos
Ocentejo
Huertapelayo
Zaorejas
Las Casillas
Escalera
Fuembellida
Tierzo
Malacuera
Solanillos del Extremo
Ruguilla
Oter
Armallones
Almallá
Salinas
Baños de Tajo
Henche
Gárgoles de Abajo
Sotoca de Tajo
Carrascosa de Tajo
Valtablado del Río
Mogorrita
Eta de Na Sa de la Cabeza
Terzaga
Taravilla
Castilmimbre
Eta de San Bartolomé
Trillo
Picazo
Valdelagua
Gualda
Azañón
Morillejo
Ermita de la Virgen de la Vega
Villanueva de Alcorón
Peñalén
Monte Redondo
Arbeteta
Tetas
Viana de Mondéjar
Cerro
Poveda de la Sierra
E. de la Chorrera
Loma Pajar
Yélamos de Arriba
Eta de la Virgen del Poral
Durón
La Puerta
Cereceda
Valsalobre
San Andrés del Rey
Budia
Mantiel
Villaescusa de Palositos
Peralveche
El Recuenco
El Pozuelo
El Olivar
Chillarón del Rey
Carrascosa
Beteta
Juez
Cueva del Hierro
Alocén
Alique
Torronteras
Vindel
Ermita de Na Sa de la Bienvenida
Berninches
Pareja
Escamilla
Castilforte
Sta Cristina
Hoz de Beteta
Desfiladero
El Tobar
Masegosa
Peñalagos
Casasana
Saiceroncillos de Arriba
Salmerón
Alcantud
Cañizares
Puente de Vadillos
Solán de Cabra
E. de la Tosca
Lagunaseca
Aunón
Tabladillo
Las Brisas
Millana
Valdeolivas
Arandilla del Arroyo
Baños de Alcantud
Sta María del Val
Collado Manchego
Las Marías
Monasterio de Monsalud
Salmeroncillos de Abajo
Albendea
Fuertescusa
Ermita de Saúca
Córcoles
Los Cabezuelos
Alcocer
Ermita de San Miguel
Convento de San Miguel de las Victorias
Cañamares
Vega del Codorno
La Cueva
Anguix
Las Gaviotas
Villar del Infantado
Poyatos
Alto
Alcohujate
Cañaveruelas
San Pedro Palmiches
Villaconejos de Trabaque
La Frontera
Fresneda de la Sierra
Casa Forestal de Tejadillos
Casa Forestal del Cervinuelo
Dehesilla
Castejón
Ermita de la Envía
Albalate de las Nogueras
Castillejo Sierra
El Hosquillo
Tragacete
Buendía
Ermita de Na Sa de los Desamparados
Villalba del Rey
Canalejas del Arroyo
Cañaveras
Eta de Virgen del Pinar
Ribagorda
Ribatajada
Arcos de la Sierra
Pecá
Ermita de San Antón
Almonacid de Zorita
Tinajas
Ermita de Sta Bárbara
Buciegas
Villaseca
Pajares
Ribatajadilla
Las Majadas
Majadas
Jabalera
Ermita de San Miguel
Gascueña
Olmeda de la Cuesta
Olmeda de Eliz
Castillo Albaráñez
Torralba
Torrecilla
Portilla
Portalrubio de Guadamajud
San Cristóbal
Villarejo del Espartal
Fuentesbuenas
Bólliga
Villar
Zarzuela
Collados
Ventano del Diablo
A 2 - E 90
N 211
N 204
N 320
CM 110
CM 2011
CM 2015
CM 2101
CM 210
CM 310
CM 2000
CM 2009
L.A.V.

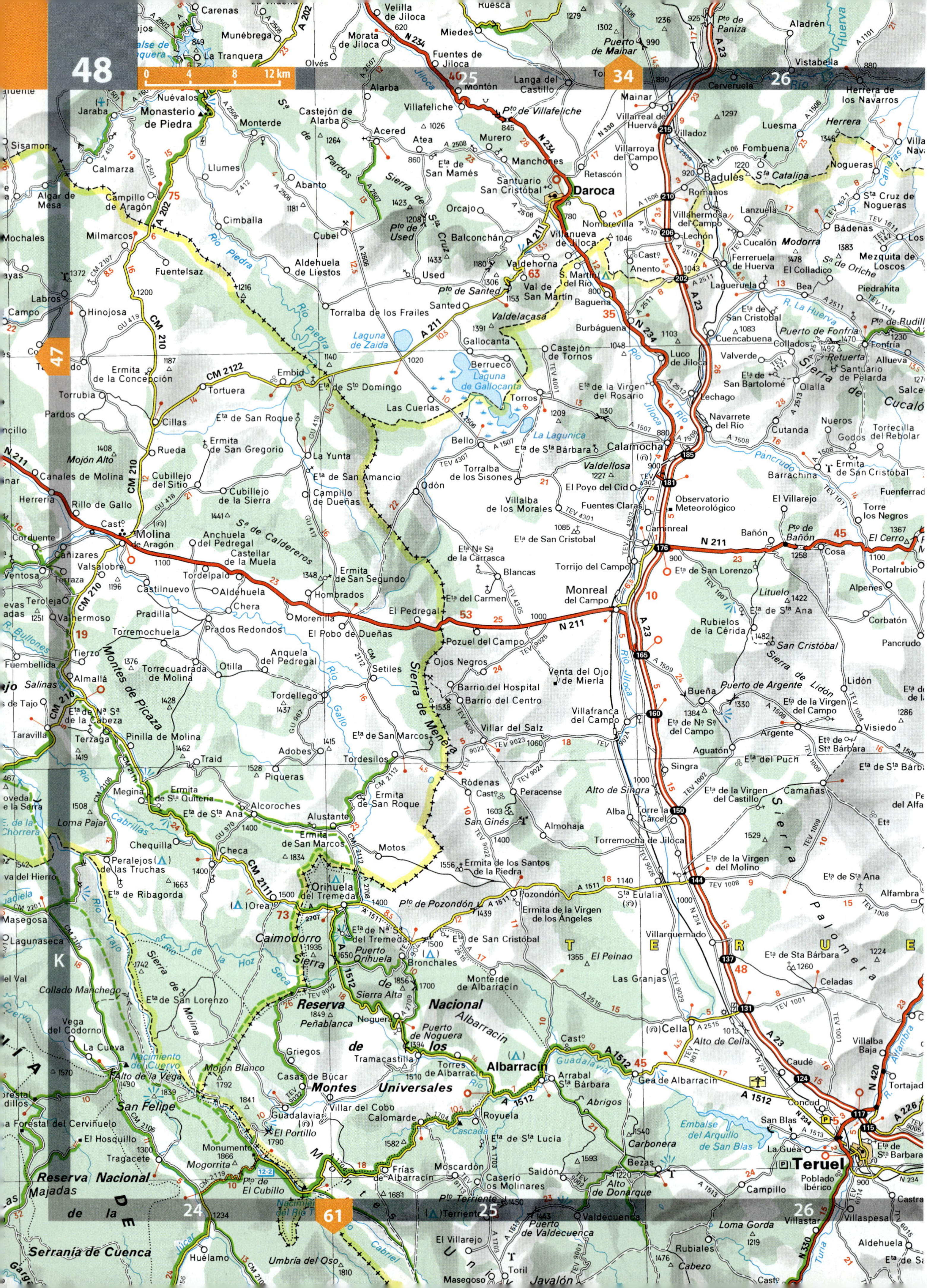

0 4 8 12 km
Daroca
Molina de Aragón
Monreal del Campo
Calamocha
Teruel
Albarracín
Orihuela del Tremedal
Monasterio de Piedra
Laguna de Gallocanta
Laguna de Zaida
Sierra de Menera
Sierra de Caldereros
Montes de Picaza
Sierra de Albarracín
Sierra Palomera
Sierra de Cucaló
Reserva Nacional de los Montes Universales
Serranía de Cuenca
Puerto de Villafeliche
Puerto de Santed
Puerto de Paniza
Puerto de Mainar
Puerto de Argente
Puerto de Orihuela
Puerto de Noguera
Puerto de Pozondón
Puerto de Bañón
Puerto de Fonfría
Puerto de Valdecuenca
Puerto Torriente
Alto de Singra
Alto de Cella
Alto de Donarque
Alto de la Vega
Observatorio Meteorológico
Caimodorro
Cella
Celadas
Singra
Villafranca del Campo
Santa Eulalia
Pozondón
Bronchales
Noguera
Tramacastilla
Torres de Albarracín
Gea de Albarracín
Bezas
Frías de Albarracín
Calomarde
Royuela
Guadalaviar
Villar del Cobo
Griegos
Checa
Chequilla
Peralejos de las Truchas
Terzaga
Pinilla de Molina
Traid
Alustante
Motos
Tordesilos
Setiles
Tordellego
Otilla
Rodenas
Peracense
Almohaja
Torremocha de Jiloca
Torrijo del Campo
Caminreal
Fuentes Claras
El Poyo del Cid
Villalba de los Morales
Torralba de los Sisones
Bello
Tornos
Odón
Blancas
El Pedregal
Pozuel del Campo
Ojos Negros
Villar del Salz
Used
Santed
Gallocanta
Berrueco
Las Cuerlas
Cubel
Aldehuela de Liestos
Torralba de los Frailes
Embid
Tortuera
Cillas
Rueda
La Yunta
Campillo de Dueñas
Hombrados
Morenilla
El Pobo de Dueñas
Anchuela del Pedregal
Castellar de la Muela
Tordelpalo
Aldehuela
Chera
Prados Redondos
Pradilla
Castilnuevo
Torremochuela
Tierzo
Almallá
Fuembellida
Taravilla
Labros
Hinojosa
Milmarcos
Fuentelsaz
Campillo de Aragón
Calmarza
Jaraba
Nuévalos
Carenas
Munébrega
La Tranquera
Monterde
Llumes
Abanto
Cimballa
Castejón de Alarba
Alarba
Acered
Atea
Murero
Manchones
Villafeliche
Montón
Miedes
Fuentes de Jiloca
Morata de Jiloca
Velilla de Jiloca
Langa del Castillo
Orcajo
Balconchán
Valdehorna
Val de San Martín
Nombrevilla
Villanueva de Jiloca
Retascón
Baguena
Burbáguena
Luco de Jiloca
Lechago
Navarrete del Río
Cutanda
Olalla
Barrachina
El Villarejo
Fuenferrada
Torre los Negros
Bañón
Cosa
El Cerro
Portalrubio
Alpeñes
Corbatón
Pancrudo
Rubielos de la Cérida
Lidón
Visiedo
Argente
Bueña
Aguatón
Camañas
Alfambra
Villarquemado
Las Granjas
El Peinao
Caudé
Concud
San Blas
La Guea
Villalba Baja
Tortajada
Castralvo
Villaspesa
Aldehuela
Villastar
Campillo
Saldón
Valdecuenca
Moscardón
Terriente
El Villarejo
Toril
Masegoso
Javalón
Rubiales
Cabezo
Mainar
Villarreal de Huerva
Villadoz
Villarroya del Campo
Badules
Romanos
Villahermosa del Campo
Lechón
Anento
Cucalón
Lanzuela
Fombuena
Luesma
Herrera de los Navarros
Aladrén
Vistabella
Nogueras
Santa Cruz de Nogueras
Bádenas
Mezquita de Loscos
Loscos
Piedrahita
Fonfría
Allueva
Cuencabuena
Valverde
Collados
Ferreruela de Huerva
Bea
Modorra
El Colladico
Lagueruela
Nueros
Torrecilla del Rebolar
Godos
Salcedillo
Cerveruela
Santa Catalina
Daroca
N 234
N 211
N 330
N 420
A 23
A 202
A 211
A 1512
CM 210
CM 2122
CM 2111
T E R U E L
Majadas
San Felipe
Tragacete
Huélamo
Mogorrita
El Cubillo
Poblado Ibérico
Embalse del Arquillo de San Blas

27
35
28
Azuara
Letux
Lagata
Samper del Salz
Lécera
Río Cámaras
Embalse de Moneva
Moyuela
Moneva
Plenas
Ventas de Muniesa
Cucutas
Monforte de Moyuela
Blesa
Muniesa
Río Aguas Vivas
Alacón
Huesa del Común
Rudilla
Anadón
Plou
Oliete
Maicas
Cortes de Aragón
Embalse de Cueva Foradada
Josa
Alcaine
Pto de Segura
Segura de los Baños
Villanueva del Rebollar de la Sierra
Armillas
La Hoz de la Vieja
Obón
Convento del Olivar
Vivel del Río Martín
Peñarroyas
Martín del Río
Montalbán
La Rambla de Martín
Torre de las Arcas
Ermita de San Juan
Cañizar del Olivar
Estercuel
Lavaderos
Utrillas
Cuevas de Portalrubio
Las Parras de Martín
Escucha
Palomar de Arroyos
Castel de Cabra
Pto de las Traviesas
Puerto de San Just
Sierra de San Just
Cervera del Rincón
Valdeconejos
Son del Puerto
Ermita de San Just
Collado de Cañizar
Cirugeda
Puerto de Aldehuela
Pto de Majalinos
La Zoma
Ejulve
Las Minas
Mezquita de Jarque
Campos
Cuevas de Almudén
Jarque de la Val
Cañada Vellida
Puerto del Esquinazo
Fuentes Calientes
Hinojosa de Jarque
Aldehuela
Aliaga
Cobatillas
Montoro de Mezquita
Organos de Montoro
La Cañadilla
Galve
Río Alfambra
Ermita de la Virgen del Campo
Camarillas
Villalba Alta
Eta de Sta Cruz
Aguilar del Alfambra
Orrios
Eta de San Miguel
Escorihuela
Ababuj
Jorcas
Sierra del Pobo
El Pobo
Peralejos
Ermita de San Benito
Monteagudo del Castillo
Castelfrío
Ermita de San Juan
Cedrillas
Ermita de Sta Bárbara
Pto de Cabigordo
Corbalán
La Fuendelada
Escriche
Alcalá de la Selva
El Castellar
Valdecebro
Cabezo Alto
Eta de Gasconilla
Eta del Pilar
Pto de San Rafael
Formiche Alto
Cabra de Mora
Camarena
Formiche Bajo
E. de Mora de Rubielos
Pto de Escandón
Las Barrachinas
Mora de Rubielos
Eta de Sta Bárbara
Hijar
Estación de la Puebla de Hijar
Jatiel
Castelnou
Urrea de Gaén
R. Martín
Albalate del Arzobispo
Sierra de Arcos
Coronas
Ariño
Andorra
Alloza
Montalbos
Mases de Crivillén
Ermita de San Cristóbal
Crivillén
La Mata de los Olmos
Los Olmos
Gargallo
Cabeza Gorda
Puig Moreno
Puigmoreno de Franco
Valmuel del Caudillo
Embalse de Caspe
Monumento al Tambor
E. de la Estanca
Alcañiz
Salada Grande
Val Imaña
Castelserás
Calanda
Alcorisa
E. de Gallipuén
Berge
Foz Calanda
Torre Castiel
Torrevelilla
Ermita Virgen de Nieves Tara Mazas
E. de Calanda
Río Guadalope
Río Guadalopillo
La Ginebrosa
Mas de las Matas
Mas de las Altas
Aguaviva
Seno
Castellote
Abenfigo
Eta de la Magdalena
Molinos
Cueva de las Graderas
Pantano
Jaganta
Las Parras de Castellote
Dos Torres de Mercader
Santolea
Las Cuevas de Cañart
Ladruñán
E. de Santolea
La Algecira
Las Planas
Los Alagones
Luco de Bordón
Bordón
Sant Joaquim
Villores
Ortells
Palanques
La Balma
Sorita
La Pobleta
Xiva de Morella
Morella
Morella la Vella
Masía de la Sisca
Sierra Carrascosa
Río Bordón
Las Fábricas
Pto de Villarluengo
Pitarque
Villarluengo
Olocau del Rey
La Todolella
Forcall
Tronchón
La Mata
Riu Cantavieja
Eta de la Virgen de la Peña
Casas de Palomitas
Mirambel
La Cuba
Cinctorres
Sierra de la Lastra
Rambla de Mal Burgo
Miravete
Cañada de Benatanduz
Muela
Villarroya de los Pinares
Pto de Cuarto Pelado
Cantavieja
Pto Cantavieja
Umbria
Portell de Morella
Pto de las Cabrillas
Castellfort
Port de Querol
La Iglesuela del Cid
Sant Miquel de la Pobla
Fortanete
Pto de Villaroya
Allepuz
Puerto de Sollavientos
Matanzas
Tarayuela
Rayo
Sierra del Rayo
Ermita de la Virgen del Buen Suceso
Ermita del Carmen
Sollavientos
Zaragozana
Gúdar
Eta de Sta Quiteria
Masía del Repollés
Pto de Mosqueruela
Vilafranca
Els Montllats
Ares del Maestrat
Coll. d'Ares
Barranc de la Mola
Mas de la Montalvana
Sierra de Gúdar
Peñarroya
Pto Valdelinares
Valdelinares
Bramadoras
Collado de la Torre
Santuario de la Virgen de la Estrella
Benasal
Mosqueruela
La Virgen de la Vega
Eta de San Miguel
Pto de Linares
Mas de Pessetes
Culla
Vilar de Canes
Linares de Mora
Sa de la Batalla
El Molí Azor
Vistabella del Maestrazgo
Castelló
Ermita de la Magdalena
Castelvispal
Puertomingalvo
Sant Joan de Penyagolosa
Port del Vidre
Xodos
Noguerueles
Cruces
Mas Blanc
Coll. de la Bassa
Els Rosildos
62
29
50
47

Estación de Fabara
Nonaspe
La Pobla de Massaluca
Flix
Ascó
Vinebre
La Torre de l'Espanyol
La Figuera
Fabara
Maella
Pantorrillas
Embalse de Caspe
Río Guadalope
Batea
Vilalba dels Arcs
La Fatarella
Corbera d'Ebre
Móra d'Ebre
Móra la Nova
Gandesa
Alcañiz
Mazaleón
Calaceite
Caseres
Bot
T A R R A G O
Valdealgorfa
Valdeltormo
Arens de Lledó
Lledó
Horta de Sant Joan
Prat de Comte
Benifallet
Cardó
Tivissa
Ginestar
Rasquera
Miravet
El Pinell de Brai
Valjunquera
Torrecilla de Alcañiz
La Codoñera
La Fresneda
Torre del Compte
Cretas
Arnés
Paüls
Xerta
Tivenys
Aldover
Torrevelilla
Fórnoles
La Portellada
Valderrobres
Beceite
Reserva Nacional de Puertos de Beseit
Les Clotes
Alfara de Carles
Bitem
Roquetes
Tortosa
Raval de Jesús
Els Reguers
La Cerollera
Ráfales
Fuentespalda
Monroyo
Caro
Les Parellades
Vinallop
Camp-redo
L'Aldea
Camarles
Amposta
Deltebre
Parc Natural
Ermita de la Virgen de la Vega
Peñarroya de Tastavins
Torre de Arcas
La Pobleta
Herbés
Fredes
Mas de Barberans
La Galera
Masdenverge
Sant Jaume d'Enveja
Morella
Castell de Cabres
Herbeset
La Pobla de Benifassà
El Bellestar de la Tinença
La Sénia
Els Valentins
Godall
Freginals
Els Ventalles
Sant Carles de la Ràpita
Ulldecona
El Castell
Rossell
Bel
Vallibona
Sant Rafel del Riu
El Pas
Alcanar
Les Cases d'Alcanar
Platja d'Alcanar
Far de la Banya
Les Salines de l'Ebre
Canet lo Roig
Traiguera
Sant Jordi
Xert
La Jana
Vinaròs
Vallivana
Serra de Vallivana
Port de Querol
Castellfort
Mola d'Ares
Ares del Maestrat
Catí
Tossal de la Nevera
Sant Mateu
Cervera del Maestre
Càlig
Cala Puntal
Benicarló
Tirig
La Salzadella
Albocàsser
El Segarró
Benasal
Vilar de Canes
Culla
Sant Pau
Les Talaies d'Alcalà
Peníscola / Peñíscola
Urmi
Pla dels Pitxells
Cap d'Irta
Alcalà de Xivert
Ermita de Sant Miquel
La Torre d'en Besora
Els Rosildos
La Serratella
Les Coves de Vinromà
La Torre d'en Doménec
Vilanova d'Alcolea
Alcossebre
Torreblanca
Cap i corp
Mas Blanc
Els Ivarsos
Bell-lloch
Serra de Maestrat
Serra del Montsià
Serra del Boix
29 30 31 63
30 31 36 49

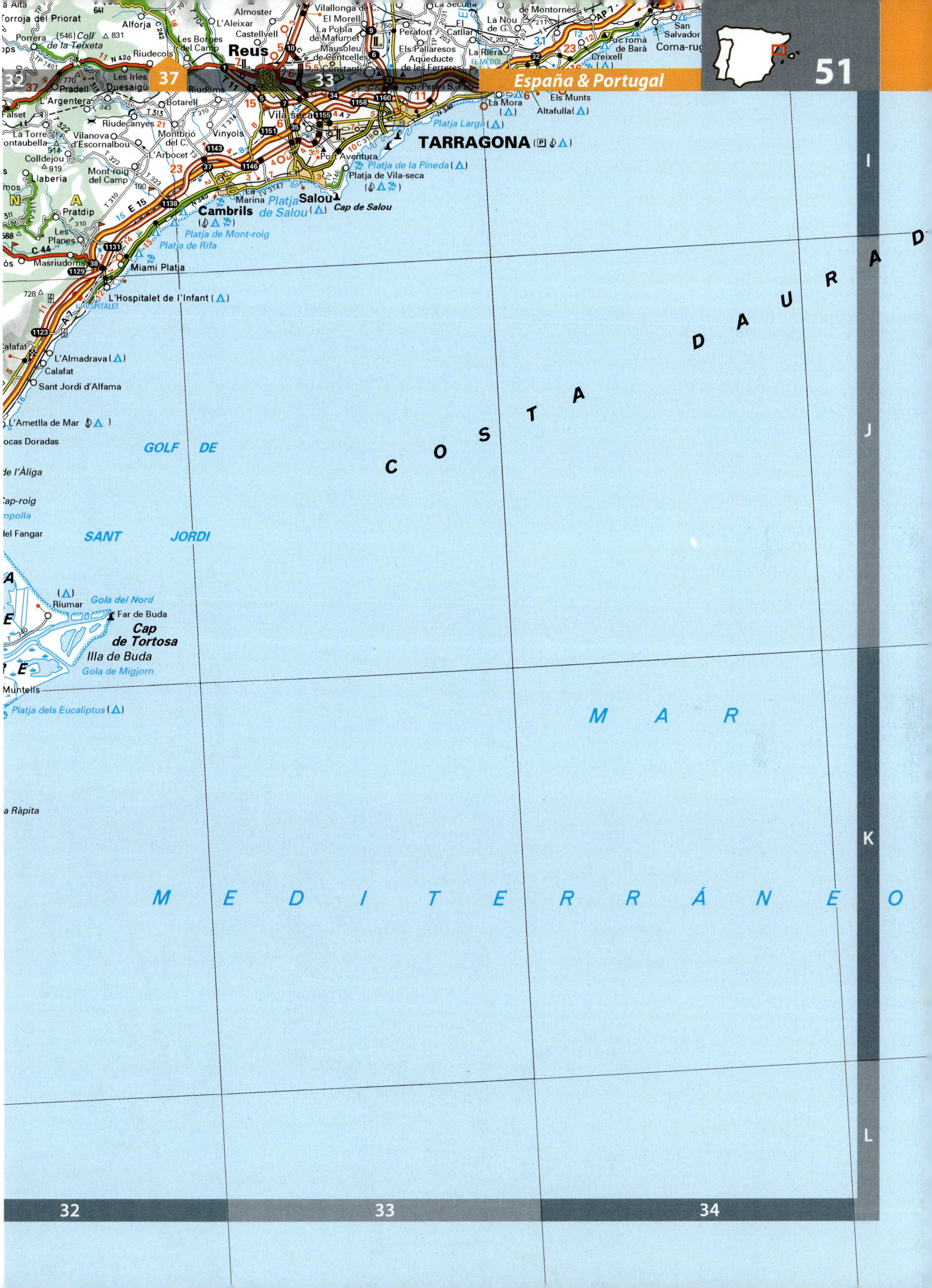
Torroja del Priorat
Porrera
Coll de la Teixeta
Alforja
Almoster
L'Aleixar
Castellvell
Les Borges del Camp
Reus
Riudecols
Les Irles
Duesaigüe
Pradell
L'Argentera
Riudoms
Botarell
Riudecanyes
La Torre de Fontaubella
Vilanova d'Escornalbou
Montbrió del C.
L'Arbocet
Vinyols
Colldejou
Llaberia
Mont-roig del Camp
Pratdip
Les Planes
Masriudoms
Vila-seca
Vilallonga de C.
El Morell
La Pobla de Mafumet
Mausoleu de Centcelles
Constantí
Perafort
Els Pallaresos
Aqueducte de les Ferreres
El Catllar
La Riera
La Nou de G.
de Montornès
San Salvador
Coma-ruga
Arc romà de Barà
Creixell
Els Munts
Altafulla
La Mora
S. Pere i S. Pau
TARRAGONA
Platja Larga
Port Aventura
Platja de la Pineda
Platja de Vila-seca
La Marina
Salou
Platja de Salou
Cap de Salou
Cambrils
Platja de Mont-roig
Platja de Rifa
Miami Platja
L'Hospitalet de l'Infant
L'HOSPITALET
Calafat
L'Almadrava
Sant Jordi d'Alfama
L'Ametlla de Mar
Rocas Doradas
de l'Àliga
Cap-roig
del Fangar
GOLF DE SANT JORDI
COSTA DAURADA
Riumar
Gola del Nord
Far de Buda
Cap de Tortosa
Illa de Buda
Gola de Migjorn
Muntells
Platja dels Eucaliptus
la Ràpita
MAR MEDITERRÁNEO
I
J
K
L
32
33
34

0 4 8 12 km
1
2
3
L
M
N
O
OCEANO
ATLÂNTICO
Cabo Mondego
Praia de Quiaios
Figueira da Foz
Costa de Lavos
Praia de Leirosa
Leirosa
Pinhal do Urso
Pedrógão
Ervideira
Praia da Vieira
Coimbrão
Vieira de Leiria
Carvide
Monte Real
Ortigosa
Pedras Negras
Pilado
Amor
Barreiros
Praia Velha
São Pedro de Moel
Água de Madeiros
Marinha Grande
Albergaria
Garcia
Pedra do Ouro
Polvoeira
Vale Furado
Légua
Falca
Embra
Burinhosa
Moita
Cavalinhos
Martingança
Pataias
Maceira
Pataias Gare
Fanhais
Pisões
Porto do Carro
Calvaria de Cima
Alpedriz
Andam
O Sítio
Nazaré
Cós
Juncal
Cumeeira
Cruz da Légua
Praia Nova
Valado dos Frades
Maiorga
Fervença
Aljubarrota
Pedreiras
Praia do Salgado
Cela Velha
Famalicão
Alcobaça
Serro Ventoso
Gralha
Cela
São Martinho do Porto
Salir do Porto
Alto de S. Martinho
Évora de Alcobaça
Molianos
Farilhões
Reserva Natural das Berlengas
Estelas
Berlenga
Ponta dos Covinhos
Chão da Parada
Alfeizerão
Casal Velho
Vimeiro
Turquel
Cidade
Tornada
Foz do Arelho
Serra do Bouro
Carvalhal Benfeito
Santa Catarina
Benedita
Serra dos Candeeiros
Parque Natural das Serras de Aire e Candeeiros
Mendiga
Alqueidão do Arrimal
Valverde
Amiães
Aldeia dos Pescadores
Praia do Rei Cortiço
Nadadouro
Lagoa de Óbidos
Caldas da Rainha
Xartinho
Alcobertas
Alcanede
Papoa
Remédios
Cabo Carvoeiro
Peniche
Baleal
Ferrel
Ferrarias
Arelho
Avenal
Matoeira
Almofala
Alvorninha
Gançaria
Teira
Óbidos
Vau
Sobral da Lagoa
Amoreira
Cidadela
Atouguia da Baleia
Serra d'El-Rei
Gaeiras
Vidais
Pé da Serra
Alto da Serra
Fráguas
Consolação
São Gregório da Fanadia
Rio Maior
Azinheira
Corrreias
Geraldes
Olho Marinho
S. Mamede
Casais do Chafariz
Aldeia dos Francos
Arruda dos Pisões
São Bernardino
Ribafria
Reguengo Grande
Rôliça
Salgueiro
Landal
Abuxanas
Carvalhal
Praia da Areia Branca
Bartolomeu dos Galegos
Bombarral
Vermelha
Asseiceira
Alguber
Boiças
São João da Ribeira
Lourinhã
Vale Covo
Peral
Miragaia
Moita dos Ferreiros
Sanguinhal
Marmeleira
Porto de Barcas
Praia de Ribeiro
Portela
Cadaval
Arrouquelas
Assentiz
Azambujeira
Ribamar
Cercal
Quebradas
Campelos
Pêro Moniz
Lamas
Almoster
Toledo
Praia do Porto Novo
Vimeiro
Outeiro
Vilar
Pragança
Alcoentre
Manique do Intendente
Vila Nova de São Pedro
64

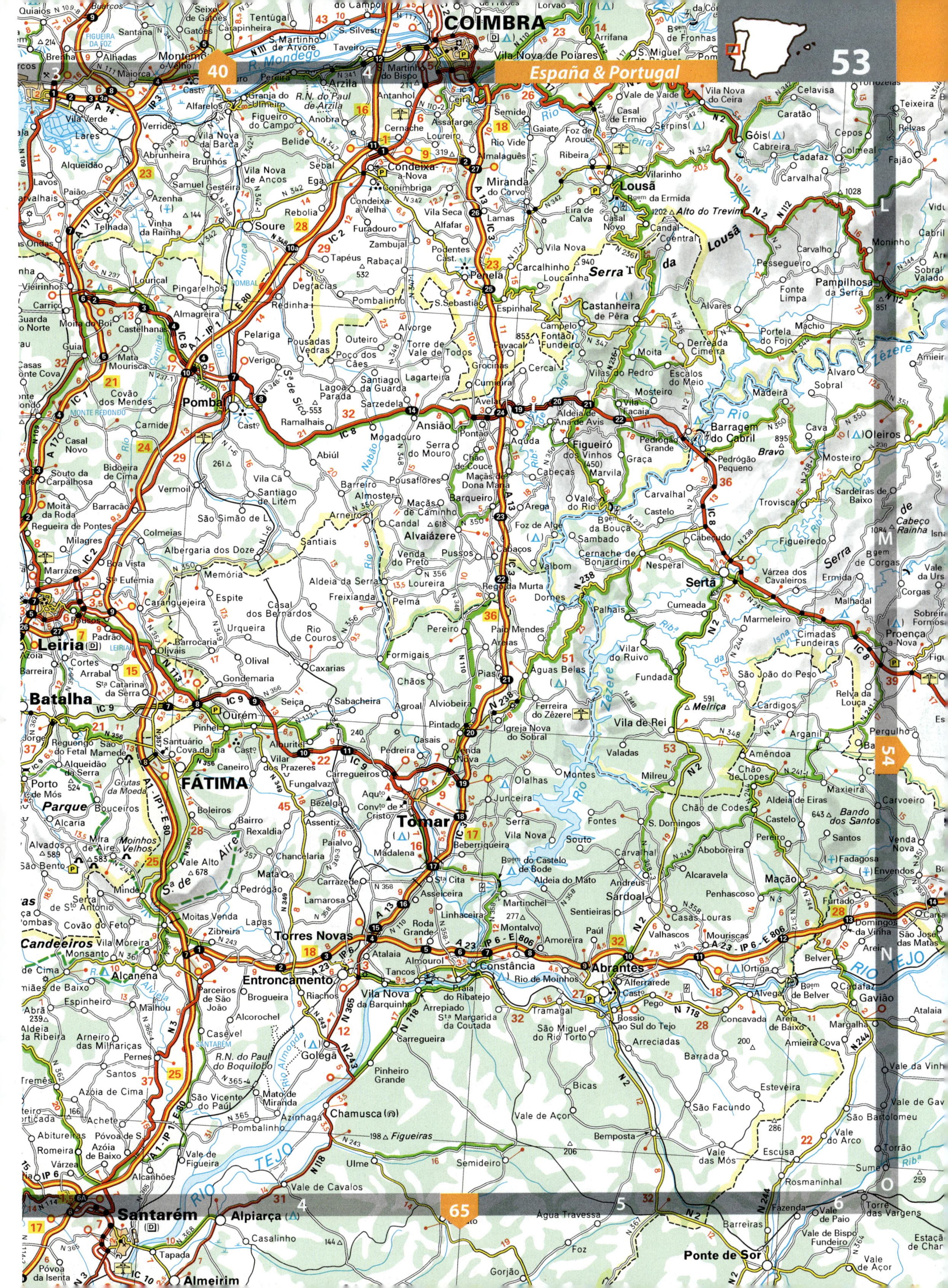
53
España & Portugal
40
54
65
COIMBRA
Condeixa-a-Nova
Miranda do Corvo
Lousã
Serra da Lousã
Góis
Soure
Penela
Pombal
Ansião
Figueiró dos Vinhos
Pedrógão Grande
Castanheira de Pêra
Sertã
Oleiros
Proença-a-Nova
Leiria
Batalha
Ourém
FÁTIMA
Alvaiázere
Tomar
Torres Novas
Entroncamento
Constância
Abrantes
Mação
Vila de Rei
Alcanena
Golegã
Chamusca
Santarém
Alpiarça
Almeirim
Ponte de Sor
Gavião
Rio Tejo
Rio Zêzere
Rio Mondego
Barragem do Cabril
Barragem do Castelo do Bode

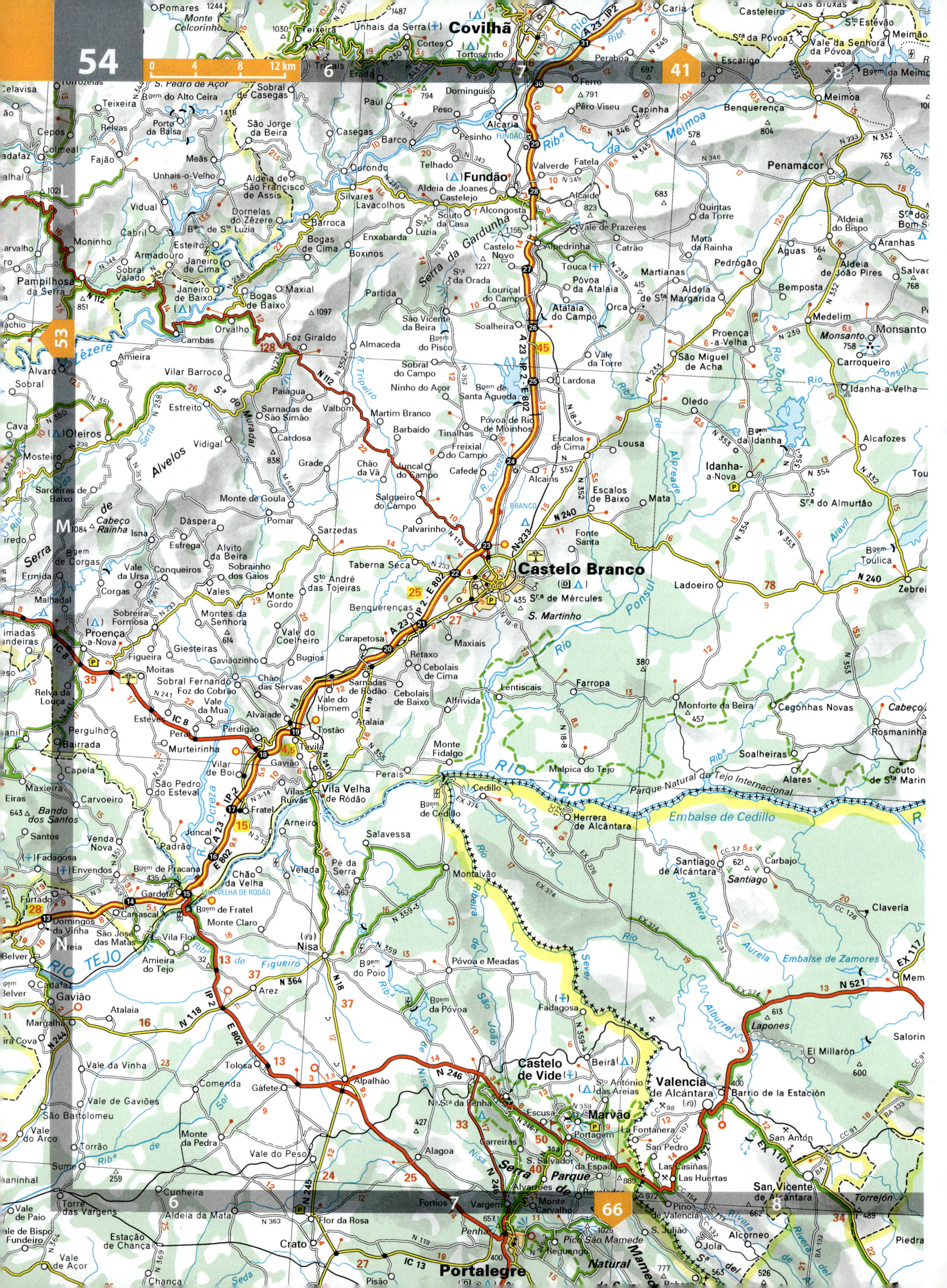
0 4 8 12 km
Covilhã
Fundão
Castelo Branco
Penamacor
Monsanto
Idanha-a-Velha
Idanha-a-Nova
Medelim
Proença-a-Velha
São Miguel de Acha
Alcaide
Alpedrinha
Serra da Gardunha
Lardosa
Alcains
Escalos de Cima
Escalos de Baixo
Lousa
Ladoeiro
Zebreira
Rosmaninhal
Monforte da Beira
Cegonhas Novas
Malpica do Tejo
Sarzedas
Oleiros
Proença-a-Nova
Sertã
Vila Velha de Ródão
Nisa
Gavião
Alpalhão
Castelo de Vide
Marvão
Portalegre
Crato
Flor da Rosa
Valencia de Alcántara
Herrera de Alcántara
Santiago de Alcántara
Cedillo
Embalse de Cedillo
Embalse de Zamores
Parque Natural do Tejo Internacional
Rio Tejo
Rio Ponsul
Rio Ocreza
Rio Zêzere
Serra de São Mamede
Parque Natural
San Vicente de Alcántara
Membrío
Salorino
Carbajo
Clavería
A 23
IP 2
E 802
N 18
N 233
N 240
IC 8
N 521
EX 110

53
41
66

Valverde del Fresno
Eljas
San Martín de Trevejo
Acebo
Villamiel
Trevejo
Hoyos
Perales del Puerto
Sª de Sta Olalla
Cilleros
Moraleja
Vegaviana
Huélaga
Calzadilla
Guijo de Coria
Guajardo y Malhincada
La Moheda
El Fresno
Villasbuenas de Gata
Torre de Don Miguel
San Juan
Cadalso
Gata
Santibáñez el Alto
Hernán Pérez
Torrecilla de los Ángeles
Villanueva de la Sierra
Pozuelo de Zarzón
Villa del Campo
Embalse de Borbollón
Montehermoso
Valdeobispo
Carcaboso
Embalse de Valdeobispo
Guijo de Galisteo
Huerta de Cuarto Holgado
Santuario de Valdefuentes
Marifranca
Morcillo
Valrío
Aldehuela de Jerte
Pradochano
Galisteo
San Gil
Alagón del Río
El Batán
Puebla de Argeme
Coria
Puente
Rincón del Obispo
Casillas de Coria
Casas de Don Gómez
Sierra de Coria
Monfortinho
Termas de Monfortinho
Penha Garcia
Las Navas
Caballo
Sª de la Garrapata
Torre
E. de Zarza La Mayor
Zarza la Mayor
Castillo
Salvaterra do Extremo
Ermita de Sequero
Ermita del Encinar
Ceclavín
Cachorrilla
Pescueza
Portaje
Torrejoncillo
Holguera
Riolobos
Embalse de Portaje
Sª Grande
Acehúche
Portezuelo
Pedroso de Acim
Grimaldo
Casas de Millán
Mirabel
Serradilla
Cortijo de la Herrera
Navezuelas
Palancar
Silleta
Arco
Cañaveral
Molino
Segura
Puente Romano
Piedras Albas
Estorninos
Alcántara
Puente Romano
Convento San Benito
Mata de Alcántara
Embalse de Alcántara
Puente Romano de Alconétar
CÁCERES
RÍO TAJO
Hinojal
Talaván
Embalse de Talaván
Embalse de Arroyo Bremudo
Garrovillas de Alconétar
Estación de Río Tajo
Eta de Nª Sª de los Hilos
Villa del Rey
Eta de San Gregorio y Balneario
Torre
Brozas
Los Perales
Navas del Madroño
Ermita de Alta Gracia
Estación de Casar de Cáceres
Ermita de Sto Domingo
Eta de la Virgen del Prado
Eta de S. Jerónimo de Lagar
Casar de Cáceres
Santiago del Campo
Monroy
Aguijón
Almonte
Cabeza Araya
Embalse de Araya de Arriba
Embalses de Petit I
Petit II
Ermita de Nª Sª de la Luz
Arroyo de la Luz
Embalse de Molano
Estación Arroyo-Malpartida
Malpartida de Cáceres
Aldea Moret
CÁCERES
Embalse de Cáceres
La Virgen de la Montaña
Sierra de Fuentes
Herreruela
Torrico de San Pedro
Estación de Herreruela
Aliseda
Pto de Aceuche
Eta de Nª Sª del Campo
Sierra de San Pedro
Valdesalor
Torreorgaz
Las Golondrinas
Torrequemada
Herguijuelas
Embalse del Salor
Torremocha
Eta de Torrealba
Hatoqueo
Pto del Clavín
El Tarro
Pto de los Brisos
Zajarrón Bajo
Liebres
Golilla
Chorlo
Covacha
Rivera de Zapatón
Sierra Brava
A 66 - E 803
EX A1
EX 370
EX 204
EX 108
EX 109
EX 117
EX 207
EX 390
N 521
N 523
N 630
A 58
EX 206
9
10
42
56
67
11

0 4 8 12 km
43
55
68
12
11
13
Plasencia
Navalmoral de la Mata
Trujillo
Guadalupe
Jaraiz de la Vera
Jarandilla de la Vera
Talayuela
Parque Natural de Monfragüe
Embalse de Torrejón-Tajo
Embalse de Torrejón-Tiétar
Embalse de Valdecañas
Embalse de Plasencia
Embalse de Valdeobispo
Embalse de Gabriel y Galán
Sierra de Gredos
Sierra de Tormantos
Sierra de Guadalupe
Sierra de Villuercas
Sierra de Viejas
Sierra de Serrejón
Sierra de San Bernabé
Montes de Tras la Sierra
Puerto de Tornavacas
Puerto de Miravete
Puerto de la Serrana
Puerto Llano
Pico Almanzor
Laguna Grande de Gredos
Laguna del Barco
Valle del Jerte
La Vera
Río Tiétar
Río Tajo
Río Almonte
Río Ibor
Río Tozo
Río Magasca
Hervás
Baños de Montemayor
El Barco de Á.
Tornavacas
Jerte
Cabezuela del Valle
Navaconcejo
Piornal
Cuacos de Yuste
Monasterio de Yuste
Losar de la Vera
Villanueva de la Vera
Madrigal de la Vera
Candeleda
Malpartida de Plasencia
Almaraz
Belvís de Monroy
Casas de Belvís
Valdehúncar
Peraleda de la Mata
Bohonal de Ibor
Mesas de Ibor
Valdecañas de Tajo
Romangordo
Casas de Miravete
Higuera de Albalat
Jaraicejo
Deleitosa
Campillo de Deleitosa
Fresnedoso de Ibor
Castañar de Ibor
Navalvillar de Ibor
Robledollano
Retamosa
Roturas
Cabañas del Castillo
Navezuelas
Berzocana
Cañamero
Logrosán
Torrecillas de la Tiesa
Aldeacentenera
Madroñera
Garciaz
Conquista de la Sierra
Herguijuela
Santa Marta de Magasca
Aldea del Obispo
Huertas de Ánimas
La Cumbre
Plasenzuela
Botija
Ruanes
Serradilla
Torrejón el Rubio
Villarreal de San Carlos
Santuario de Monfragüe
Mirabel
Valdeverdeja
Peraleda de San Román
Garvín
Valdelacasa de Tajo
Bermejo
La Calzada de Oropesa
Centro Agronómico de Valdecañas
Pueblonuevo de Miramontes
Tiétar del Caudillo
Rosalejo
San Marcos
Las Ventas de San Julián
Saucedilla
Casatejada
Toril
Majadas
Mesillas
Baldío
Valdeíñigos
Tejeda de Tiétar
Torremenga
Collado
Pasarón de la Vera
Garganta la Olla
Barrado
Gargüera
Arroyomolinos de la Vera
Cabezabellosa
Villar de Plasencia
Oliva de Plasencia
Jarilla
Casas del Monte
Segura de Toro
Gargantilla
Aldeanueva del C.
Abadía
La Granja
Zarza de Granadilla
Guijo de Granadilla
Mohedas
Ahigal
Carcaboso
Almendral
Ermita de Nª Sª del Puerto
EX A1
A5 - E 90
A 58
EX 203
EX 208
EX 118
EX 119
N 110
A 66-E 803
EX 102
GUADALUPE
SIERRA

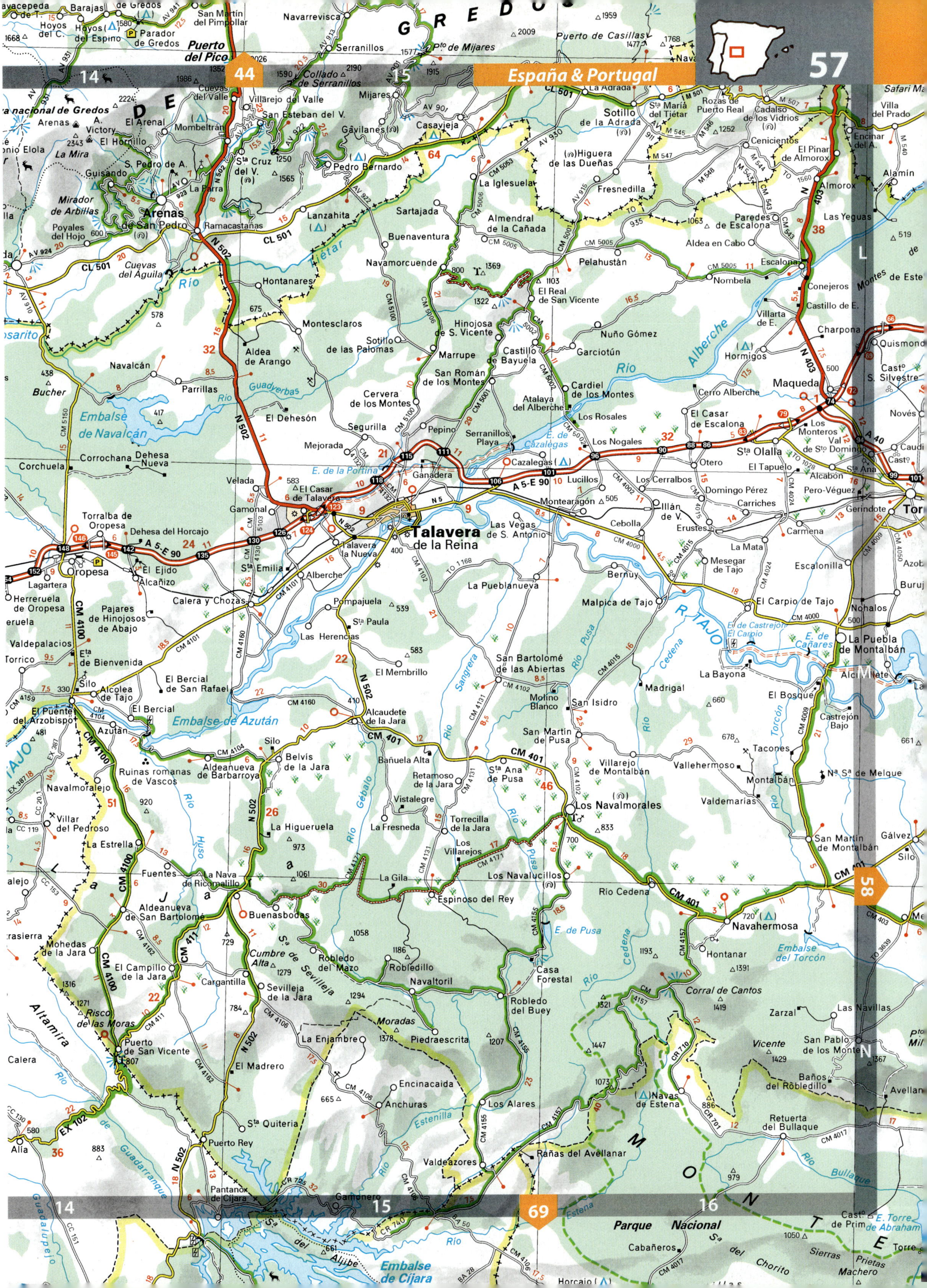
GREDOS
Puerto del Pico
Arenas de San Pedro
Ramacastañas
Candeleda
Pedro Bernardo
Lanzahita
Buenaventura
Navamorcuende
Sotillo de la Adrada
Higuera de las Dueñas
Fresnedilla
La Iglesuela
Almendral de la Cañada
Pelahustán
El Real de San Vicente
Nombela
Escalona
Almorox
Paredes de Escalona
Aldea en Cabo
Hontanares
Montesclaros
Sotillo de las Palomas
Hinojosa de S. Vicente
Marrupe
Castillo de Bayuela
Garciotún
Nuño Gómez
Cardiel de los Montes
Hormigos
Maqueda
Navalcán
Parrillas
Embalse de Navalcán
El Dehesón
Cervera de los Montes
San Román de los Montes
Segurilla
Mejorada
Pepino
Serranillos Playa
Cazalegas
Los Rosales
Los Nogales
El Casar de Escalona
Sta Olalla
Velada
Gamonal
Talavera de la Reina
Talavera la Nueva
Las Vegas de S. Antonio
Montearagón
Lucillos
Cebolla
Illán de V.
Erustes
Carmena
Domingo Pérez
Oropesa
Lagartera
Torralba de Oropesa
Calera y Chozas
Alberche
Sta Emilia
El Ejido
Alcañizo
La Pueblanueva
Bernuy
Malpica de Tajo
Mesegar de Tajo
El Carpio de Tajo
La Puebla de Montalbán
Escalonilla
Pompajuela
Sta Paula
Las Herencias
El Membrillo
San Bartolomé de las Abiertas
R. TAJO
Alcolea de Tajo
El Puente del Arzobispo
Azután
Embalse de Azután
Alcaudete de la Jara
Belvís de la Jara
Aldeanueva de Barbarroya
Ruinas romanas de Vascos
San Martín de Pusa
Sta Ana de Pusa
Los Navalmorales
Villarejo de Montalbán
Montalbán
Navahermosa
Los Navalucillos
Espinoso del Rey
La Higueruela
La Nava de Ricomalillo
Aldeanueva de San Bartolomé
Buenasbodas
Robledo del Mazo
Sevilleja de la Jara
Puerto de San Vicente
La Enjambre
Piedraescrita
Robledo del Buey
Los Alares
Navas de Estena
Anchuras
Valdeazores
Puerto Rey
Sta Quiteria
Pantano de Cijara
Embalse de Cíjara
Parque Nacional
MONTES
Horcajo
Cabañeros
14
15
16
44
58
69

MADRID
Alcorcón
Carabanchel
Leganés
Getafe
Móstoles
Fuenlabrada
Navalcarnero
Villanueva de Perales
Villaviciosa de Odón
Sevilla la Nueva
Villamantilla
Chapinería
la Presa
Safari Madrid
Villa del Prado
Serantes
Villamanta
Encinar del A.
Calalberche
Méntrida
El Pinar de Almorox
Almorox
Alamín
Las Yeguas
Montes de Alamín
Calipo Fado
El Álamo
Cotorredondo
Arroyomolinos
Parque Coimbra
Las Colinas
Moraleja de Enmedio
Humanes de Madrid
Griñón
Torrejón de la Calzada
Parla
Pinto
Perales del Río
Rivas-Vaciamadrid
La Partija
Sta Mónica
Poveda
La Marañosa
Parque Regional
Gózquez de Arriba
Gózquez de Abajo
Vallequillas
San Martín de la Vega
Valdemoro
Ciempozuelos
Titulcia
Seseña Nuevo
Seseña
Esquivias
Yeles
Illescas
Ugena
Casarrubuelos
Cubas de la Sagra
Serranillos del Valle
Batres
Carranque
El Viso de San Juan
Cedillo del Condado
Palomeque
Valdemoro
Torrejón de Velasco
Estación de Yeles
Casarrubios del Monte
Valmojado
Las Ventas de Retamosa
La Torre de Esteban Hambrán
Conejeros
Castillo de E.
Charpona
Quismondo
Sta Cruz del Retamar
Camarena
Chozas de Canales
Lominchar
Recas
Yuncos
Numancia de la S.
Borox
Yuncler
Pantoja
Alameda de la Sagra
Cobeja
Yunclillos
Villaluenga de la S.
Cabañas de la Sagra
Magán
Villaseca de la S.
Mocejón
Añover de T.
Aranjuez
Ontígola
Real Cortijo de S. Isidro
San Miguel
Oreja
Balcón del Tajo
Las Infantas
Ocaña
El Corralejo
Ciruelos
Colonia Iberia
Castillejo
Villamejor
Aceca
Esta. de Algodor
Yepes
Cabañas de Yepes
Dosbarrios
Huerta de Valdecarábanos
Villasequilla
Villamuelas
Bodegas
Arroyo Cedrón
Maqueda
Castº S. Silvestre
Portillo de Toledo
Fuensalida
Novés
Los Monteros
Val de Sto Domingo
Caudilla
Huecas
Arcicóllar
Camarenilla
Majazul
Bilbis
Villamiel de Toledo
Barcience
Torrijos
Gerindote
Rielves
Casa Nueva
Calvín Bajo
Azoberines
Canillas
Burujón
Albarreal de T.
Escalonilla
Carmena
Nohalos
Mazarabeas Altas y Bajas
Estiviel
Monterrey
Bargas
Olías del Rey
Los Olivos
Silos
Higares
Mazarracín
Azucaica
TOLEDO
Sta María de Benquerencia
Las Nieves
Alamedilla
Cobisa
Argés
Burguillos de T.
Nambroca
Layos
Guadamur
Polán
Sta Catalina
Casasbuenas
Embalse de Guajaraz
Embalse de Castrejón
La Puebla de Montalbán
La Ventosilla
Castrejón Bajo
Nª Sª de Melque
Noez
Totanés
La Higueruela
Ajofrín
Mazarambroz
Sonseca
Pulgar
Cuerva
Gálvez
San Martín de Montalbán
Menasalbas
El Castañar
Convento de El Castañar
Las Ventas con Peña Aguilera
Casalgordo
Arisgotas
Sierra Gorda
Sierra de Nambroca
Almonacid de T.
Chueca
Villaminaya
Mascaraque
Mora
Orgaz
Manzaneque
Buey
Sierra de la Rabera
Embalse del Castro
Villanueva de Bogas
Casas del Monte
Tembleque
Embalse de Finisterre
Turleque
Largas
Yébenes
Los Yébenes
Molino
Marjaliza
Sª del Castañar
Sª de los Yébenes
Los Salmanquinos de A.
Arriba
Gamero
El Saucéral
Pto del Milagro
Las Navillas
San Pablo de los Montes
Baños Robledillo
Avellanar
El Milagro
El Molinillo
Navalucillos
Becerra
Coto Nacional
Montes de Mora
Sª de los Torneros
Río Milagro
Miguelagua
Sª del Rebollarejo
Sª de Fuente Blanca
Ballesteros
La Mata
Calerueña
Castº de Guadalerzas
Sª de las Alberquillas
Pedrera
Consuegra
Molinos
Madridejos
Vega Esquivia
Urda
Sierra del Robledo
Las Guadalerzas
Las Navas
El Robledillo
Boticario
Enmedio
Casa de Don Jerónimo Tapia
Castº de Prim
E. Torre de Abraham
Sierras Prietas
Machero
Sierra de la Higuera
de los Quintos
de Mora
Pocito
Río Bullaque
Río Amarguillo
Río Algodor
Río Guadarrama
Río Jarama
Río Tajo
R. Manzanares
Canal del Jarama
Sureste
L
E
D
O
T
S
17
18
19
45
57
70
0 4 8 12 km

46
21
60
71
Loeches
Pozuelo del Rey
Nuevo Baztán
Olmeda de las Fuentes
Fuentenovilla
Sayatón
Embalse de Bolarque
Buendía
El Pepino
Pozo de Almoguera
Yebra
Salto de Bolarque
Ermita de Nª Sª de los Desamparados
Campo Real
Eurovillas-Las Villas
Villar del Olmo
Ambite
Mondéjar
Ermita El Cristo
Albares
Arganda del Rey
Valdilecha
Orusco de T.
Carabaña
Tielmes
Perales de T.
R. Tajuña
Monte Robledal
El Quejigal
Driebes
Mazuecos
Almoguera
Embalse de Almoguera
Albalate de Zorita
Jabalera
Valdeperales
Valdaracete
Brea de Tajo
Estremera
Embalse de Estremera
San Joaquín
Leganiel
Illana
La Bujeda
San Isidro
E. de la Bujeda
Sª de Degollados
Altomira
Sierra de Altomira
Garcinarro
Mazarulleque
Moncalvillo del Huete
Portalrubio de Guadamajud
Valdemoro del Rey
Saceda del Río
Carrascosilla
Huete
Caracenilla
Villarejo de Salvanés
Valdelaguna
Belmonte de Tajo
Colmenar de Oreja
Fuentidueña de Tajo
Villamanrique de T.
Alarilla
Castillo de Tajo
Villandín
Valdajos
Castellar
Noblejas
Villarrubia de Santiago
Sta Cruz de la Zarza
Barajas de Melo
Saceda Trasierra
Vellisca
Verdelpino de Huete
La Langa
Pineda de Gigüela
Valparaíso de Arriba
Valparaíso de Abajo
Loranca del Campo
Olmedilla del Campo
Alcázar del Rey
Paredes
Huelves
Carrascosa del Campo
Horcajada de la Torre
Las Salinas
Belinchón
Zarza de Tajo
Tarancón
Estación de Riánsares
Rozalén del Monte
Torrejoncillo del Rey
La Dehesilla
Monasterio
Uclés
Tribaldos
Villarrubio
Casas de Villava Perea
Palomares del Campo
Fuente de Pedro Naharro
El Acebrón
Torrubia del Campo
Almendros
Saelices
Villas Viejas
Ruinas romanas de Segóbriga
Zafra de Záncara
Montalbo
El Hito
Laguna de El Hito
Villatobas
Plaza
Casas de Luján
Horcajo de Santiago
Batán de San Pedro
Almonacid del Marquesado
Casalonga
Asperillas
Tajonera
Cabezamesada
Pozorrubio
Torrelengua
Puebla de Almenara
Villarejo de Fuentes
Villar de Cañas
Corral de Almaguer
Villamayor de Santiago
Picorzo
Lillo
El Romeral
Virgen de la Muela
El Alcalde
Hontanaya
Tresjuncos
Alconchel de la Estrella
Fuentelespino de Haro
Villanueva de Alcardete
Osa de la Vega
Laguna de los Capellanes
Villacañas
San Gregorio
La Villa de Don Fadrique
La Puebla de Almoradiel
Quintanar de la Orden
Los Hinojosos
Villaescusa de Haro
Rada de Haro
Laguna Larga
El Viejo
Laguna del Taray
Lagunas de Paloma
Laguna de Tirez
Venta de Don Quijote
Monreal del Llano
Belmonte
Río Záncara
San Isidro
Quero
Laguna de Peña Hueca
Miguel Esteban
El Toboso
Molinos
Mota del Cuervo
Sta María de los Llanos
El Pedernoso
Laguna Chica
Laguna Grande
Laguna de Salicor
Villafranca de los Caballeros
Ermita de Manjavacas
Laguna de Sánchez Gómez
Las Pedroñeras
Alcázar de San Juan
Campo de Criptana
Pedro Muñoz
Laguna de Manjavacas
Las Mesas
El Provencio
Herencia
Embalse de los Muleteros
A 3 - E 901
A 40
AP 36
N 301
N 420
N 400
CM 3000
CM 310
CM 200
CM 410
L.A.V.

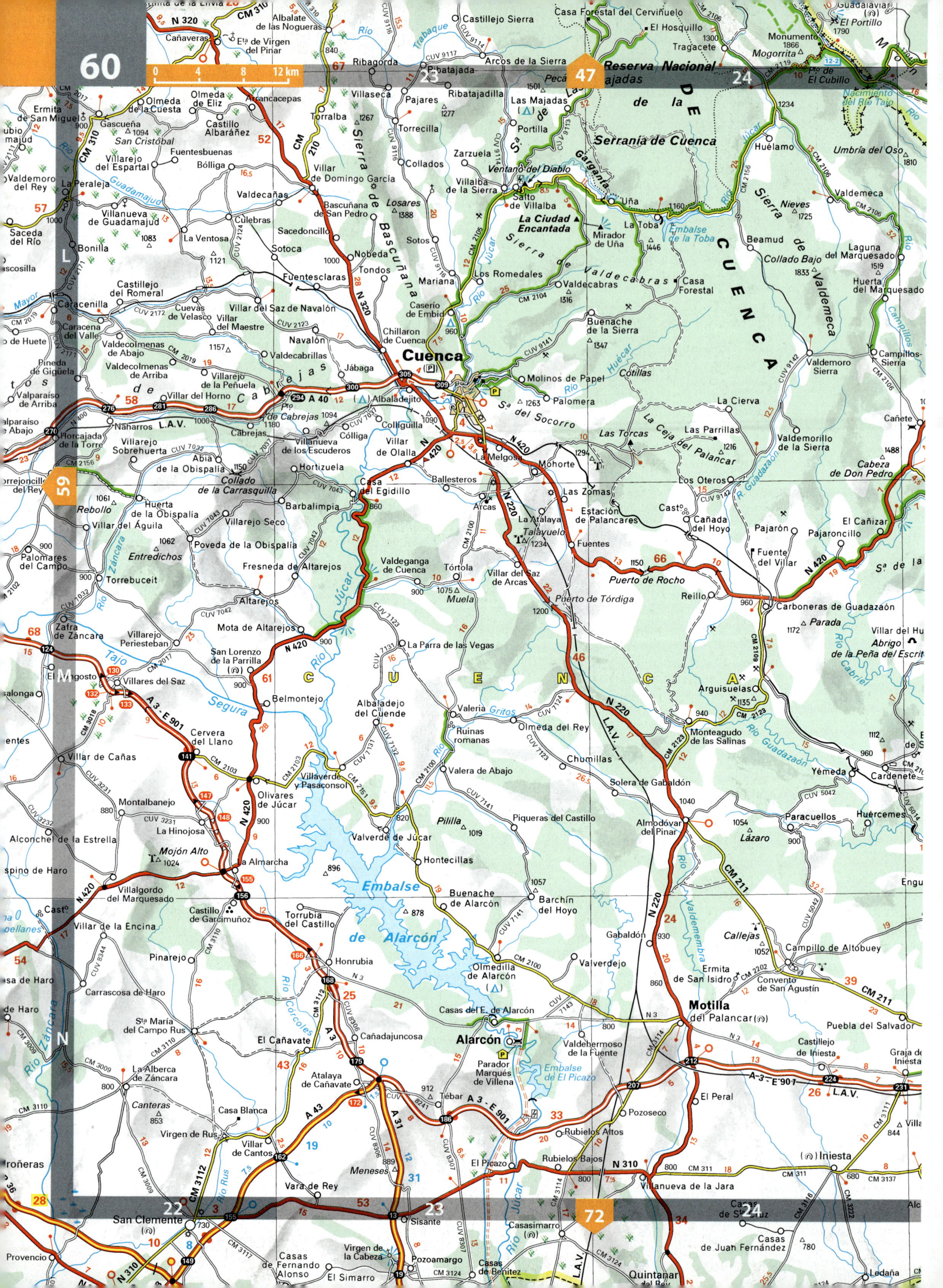
0 4 8 12 km
Cuenca
Reserva Nacional de la Serranía de Cuenca
Serranía de Cuenca
Sierra de Bascuñana
Sierra de Valdecabras
Sierra de Cuenca
Sierra de Valdemeca
Sierra de Cabrejas
La Ciudad Encantada
Ventano del Diablo
Embalse de la Toba
Embalse de Alarcón
Embalse de El Picazo
Reserva Nacional
Castillejo Sierra
Casa Forestal del Cerviñuelo
El Hosquillo
Tragacete
Mogorrita
Monumento
El Portillo
Guadalaviar
Nacimiento del Río Tajo
El Cubillo
Umbría del Oso
Huélamo
Valdemeca
Laguna del Marquesado
Huerta del Marquesado
Campillos-Sierra
Valdemoro Sierra
Beamud
Collado Bajo
Nieves
Uña
La Toba
Mirador de Uña
Salto de Villalba
Villalba de la Sierra
Zarzuela
Portilla
Las Majadas
Arcos de la Sierra
Ribatajada
Ribatajadilla
Ribagorda
Pajares
Torrecilla
Collados
Villaseca
Losares
Sotos
Mariana
Los Romedales
Valdecabras
Caserío de Embid
Chillaron de Cuenca
Buenache de la Sierra
Casa Forestal
Molinos de Papel
Palomera
Sa del Socorro
Las Torcas
La Ceja del Palancar
Las Parrillas
La Cierva
Valdemorillo de la Sierra
Cañete
Cabeza de Don Pedro
Los Oteros
Mohorte
La Melgosa
Ballesteros
Arcas
Las Zomas
Estación de Palancares
Cañada del Hoyo
Pajarón
Pajaroncillo
El Cañizar
Fuente del Villar
Reillo
Puerto de Rocho
Carboneras de Guadazaón
Parada
Villar del Humo
Abrigo de la Peña del Escrito
Arguisuelas
Monteagudo de las Salinas
Yémeda
Cardenete
Paracuellos
Huércemes
Lázaro
Almodóvar del Pinar
Solera de Gabaldón
Chumillas
Olmeda del Rey
Valeria
Ruinas romanas
Valera de Abajo
Piqueras del Castillo
Pililla
Barchín del Hoyo
Hontecillas
Buenache de Alarcón
Valverde de Júcar
Olmedilla de Alarcón
Valverdejo
Gabaldón
Callejas
Campillo de Altobuey
Ermita de San Isidro
Convento de San Agustín
Motilla del Palancar
Puebla del Salvador
Castillejo de Iniesta
Graja de Iniesta
El Peral
Pozoseco
Rubielos Altos
Rubielos Bajos
Villanueva de la Jara
Iniesta
Casas de Santa Cruz
Casas de Juan Fernández
Ledaña
Quintanar del Rey
Casasimarro
Casas de Benítez
Pozoamargo
El Picazo
Tébar
Alarcón
Parador Marqués de Villena
Casas del E. de Alarcón
Valdehermoso de la Fuente
Cañadajuncosa
Atalaya de Cañavate
El Cañavate
Honrubia
Torrubia del Castillo
Castillo de Garcimuñoz
Villalgordo del Marquesado
La Almarcha
Mojón Alto
La Hinojosa
Montalbanejo
Olivares de Júcar
Villaverde y Pasaconsol
Cervera del Llano
Villar de Cañas
Alconchel de la Estrella
Villar de la Encina
Pinarejo
Carrascosa de Haro
Sta María del Campo Rus
La Alberca de Záncara
Canteras
Casa Blanca
Virgen de Rus
Villar de Cantos
Vara de Rey
Meneses
Sisante
Virgen de la Cabeza
El Simarro
Casas de Fernando Alonso
San Clemente
Provencio
Belmontejo
San Lorenzo de la Parrilla
Mota de Altarejos
Villarejo Periesteban
Villares del Saz
El Hito
Zafra de Záncara
Torrebuceit
Palomares del Campo
Entredichos
Villar del Águila
Rebollo
Huerta de la Obispalía
Villarejo Seco
Poveda de la Obispalía
Fresneda de Altarejos
Altarejos
Barbalimpia
Casa del Egidillo
Hortizuela
Collado de la Carrasquilla
Abia de la Obispalía
Villarejo Sobrehuerta
Naharros
Horcajada de la Torre
Villar del Horno
Villarejo de la Peñuela
Valdecolmenas de Abajo
Valdecolmenas de Arriba
Pineda de Gigüela
Valparaíso de Arriba
Caracenilla
Caracena del Valle
Castillejo del Romeral
Cuevas de Velasco
Villar del Maestre
Villar del Saz de Navalón
Navalón
Valdecabrillas
Jábaga
Fuentesclaras
Sotoca
Sacedoncillo
Culebras
La Ventosa
Valdecañas
Bascuñana de San Pedro
Nobleda
Tondos
Villar de Domingo García
Torralba
Bólliga
Fuentesbuenas
Villarejo del Espartal
Castillo Albaráñez
Olmeda de Eliz
Olmeda de la Cuesta
Arrancacepas
Gascueña
San Cristóbal
Ermita de San Miguel
La Peraleja
Villanueva de Guadamajud
Saceda del Río
Bonilla
Valdemoro del Rey
Cañaveras
Albalate de las Nogueras
Ea de Virgen del Pinar
Puerto de Cabrejas
Cabrejas
Villanueva de los Escuderos
Cólliga
Colliguilla
Albaladejito
Villar de Olalla
Valdeganga de Cuenca
Tórtola
Villar del Saz de Arcas
La Atalaya
Talayuelo
Fuentes
Puerto de Tórdiga
Muela
La Parra de las Vegas
Albaladejo del Cuende
Villagarcía
Mayor
Guadamajud
Júcar
Huécar
Záncara
Tajo
Segura
Gritos
Córcoles
Valdemembra
Guadazaón
Cabriel
Campillos
Trabaque
Rus
N 320
N 420
N 220
N 310
N 3
A 40
A 3 - E 901
A 31
A 43
CM 211
CM 2104
CM 2105
CM 2109
CM 2123
CM 3110
CM 3009
CM 3112
CM 311
L.A.V.
22
23
24
47
59
72

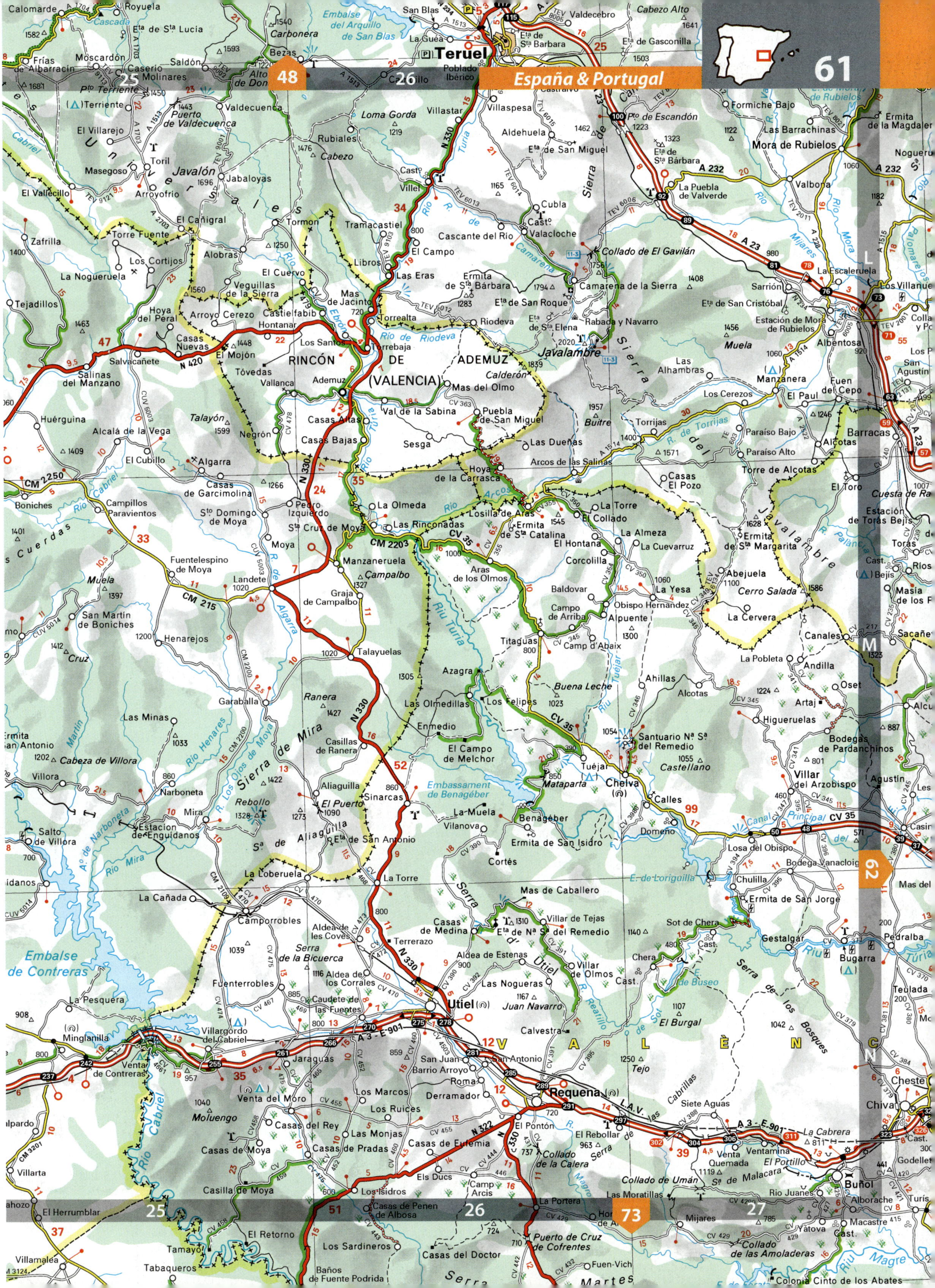
Teruel
Calomarde
Royuela
Frías de Albarracín
Moscardón
Saldón
Bezas
Carbonera
Embalse del Arquillo de San Blas
San Blas
La Guea
Valdecebro
Cabezo Alto
Poblado Ibérico
Caserío Molinares
Pto Terriente
Terriente
Valdecuenca
Puerto de Valdecuenca
El Villarejo
Loma Gorda
Villastar
Villaspesa
Pto de Escandón
Formiche Bajo
Las Barrachinas
Mora de Rubielos
Rubiales
Cabezo
Aldehuela
Ea de San Miguel
Masegoso
Toril
Javalón
Jabaloyas
Arroyofrío
El Vallecillo
Castielfabib
Villel
Cubla
Cascante del Río
Valacloche
La Puebla de Valverde
Valbona
Nogueruelas
El Cañigral
Tormón
Tramacastiel
Zafrilla
Torre Fuente
Los Cortijos
Alobras
Libros
El Campo
Collado de El Gavilán
Las Eras
La Noguerueła
El Cuervo
Veguillas de la Sierra
Mas de Jacinto
Ermita de Sta Bárbara
Camarena de la Sierra
La Escaleruela
Los Villanueva
Tejadillos
Hoya del Peral
Arroyo Cerezo
Hontanar
Torrealta
Riodeva
Ea de San Roque
Ea de Sta Elena
Rabadá y Navarro
Sarrión
Ea de San Cristóbal
Estación de Mora de Rubielos
Albentosa
Casas Nuevas
Salvacañete
El Mojón
Los Santos
Torrebaja
Río de Riodeva
Javalambre
Muela
Manzanera
Salinas del Manzano
Tóvedas
Vallanca
RINCÓN DE ADEMUZ (VALENCIA)
Ademuz
Calderón
Mas del Olmo
Las Alhambras
Los Cerezos
El Paul
Fuen del Cepo
Huérguina
Talayón
Casas Altas
Val de la Sabina
Puebla de San Miguel
Buitre
Torrijas
Paraíso Bajo
Paraíso Alto
Alcotas
Barracas
Alcalá de la Vega
Negrón
Casas Bajas
Sesga
Las Dueñas
Arcos de las Salinas
Torre de Alcotas
El Toro
El Cubillo
Algarra
Hoya de la Carrasca
Casas El Pozo
Boniches
Campillos Paravientos
Casas de Garcimolina
Pedro Izquierdo
La Olmeda
Losilla de Aras
Ermita de Sta Catalina
La Torre
El Collado
La Almeza
La Cuevarruz
Sto Domingo de Moya
Sta Cruz de Moya
Las Rinconadas
El Hontanar
Corcolilla
Ermita de Sta Margarita
Javalambre
Estación de Torás Bejís
Torás
Bejís
Fuentelespino de Moya
Moya
Manzaneruela
Campalbo
Aras de los Olmos
Abejuela
Muela
Landete
Graja de Campalbo
Baldovar
La Yesa
Cerro Salada
San Martín de Boniches
Campo de Arriba
Obispo Hernández
Alpuente
La Cervera
Henarejos
Talayuelas
Titaguas
Camp d'Abaix
Canales
La Pobleta
Andilla
Azagra
Ahillas
Alcotas
Oset
Artaj
Garaballa
Ranera
Las Olmedillas
Los Felipes
Buena Leche
Higueruelas
Las Minas
Enmedio
Santuario Na Sa del Remedio
Bodegas de Pardanchinos
Cabeza de Villora
Sierra de Mira
Casillas de Ranera
El Campo de Melchor
Tuéjar
Castellano
Villar del Arzobispo
Villora
Narboneta
Aliaguilla
Rebollo
Embassament de Benagéber
Mataparta
Chelva
Calles
Mira
El Puerto
Sinarcas
La Muela
Benagéber
Domeño
Losa del Obispo
Salto de Villora
Estación de Enguídanos
Ea de San Antonio
Vilanova
Ermita de San Isidro
Canal Principal
Sa de Aliaguilla
Cortés
Bodega Vanacloig
Chulilla
La Loberuela
La Torre
E. de Loriguilla
Ermita de San Jorge
La Cañada
Camporrobles
Mas de Caballero
Villar de Tejas
Ea de Na Sa del Remedio
Sot de Chera
Gestalgar
Pedralba
Casas de Medina
Aldea de los Coves
Terrerazo
Serra de la Bicuerca
Aldea de Estenas
Villar de Olmos
Chera
Bugarra
Embalse de Contreras
Fuenterrobles
Aldea de los Corrales
Las Nogueras
Juan Navarro
Cast.
Embalse de Buseo
Sierra de los Bosques
La Pesquera
Caudete de las Fuentes
Utiel
El Burgal
Teulada
Minglanilla
Villargordo del Cabriel
Calvestra
VALÈNCIA
Venta de Contreras
Jaraguas
San Juan
Barrio Arroyo
San Antonio
Tejo
Cheste
Roma
Derramador
Requena
Cabrillas
Chiva
Venta del Moro
Los Marcos
Moluengo
Los Ruices
El Pontón
Siete Aguas
Casas del Rey
Las Monjas
El Rebollar
La Cabrera
Casas de Moya
Casas de Pradas
Casas de Eufemia
Collado de la Calera
Venta Quemada
Ventamina
El Portillo
Godelleta
Villarta
Els Ducs
Camp Arcis
Collado de Umán
Sa de Malacara
Buñol
Casilla de Moya
Los Isidros
Las Moratillas
Río Juanes
Alborache
El Herrumblar
Casas de Penen de Albosa
La Portera
Mijares
Macastre
El Retorno
Yátova
Tamayo
Los Sardineros
Puerto de Cruz de Cofrentes
Collado de las Amoladeras
Villamalea
Tabaqueros
Casas del Doctor
Baños de Fuente Podrida
Fuen-Vich
Colonia Cinto de los Abates
48
26
25
62
73
27

0 4 8 12 km
CASTELLÓ
28
29
30
49
61
74
27
Mosqueruela
Mas de Pessetes
Culla
Sant Pau
La Serratella
Alcalà
Vistabella del Maestrazgo
Esparreguera
Els Rosildos
El Molí Azor
Benafigos
Port del Vidre
Sant Joan de Penyagolosa
Penyagolosa
Xodos
Puertomingalvo
Castelvispal
Ermita de la Magdalena
Nogueruelas
Rubielos de Mora
Fuentes de Rubielos
La Masada
Villahermosa del Río
Cortes de Arenoso
Mas de Llorenc
Atzeneta del Maestrat
Coll de la Bassa
Mas Blanc
Els Ivarsos
La Pelejaneta
Vall d'Alba
Vilanova d'Alcolea
Bell-lloch
Cabanes
Arc de Cabanes
La Barona
Les Useres
Cedramán
Zucaina
Port del Remolcador
Castillo de Villamalefa
Llucena
Figueroles
Costur
Vilafamés
La Pobla Tornesa
Cast.
Sant Vicent
Rodeche
Los Villanuevas
La Escaleruela
Olba
El Chorrillo
Puebla de Arenoso
Embassament de Arenós
Collado Royo y Poviles
Albentosa
Los Pastores
San Agustín
Los Calpes
Arañuel
Artejuela
Giraba
El Juncar
Ludiente
Mas de Llosa
L'Alcora
E. de l'Alcora
La Foia
Mas de Flors
La Penya
Sant Joan de Moró
Borriol
El Refugi
Les Platgetes
Platja de ...
Les Villes de Benicàssim
Benicàssim
La Punta
Sènia Sevilla
Sol i Mar
Villanueva de Viver
Fuente la Reina
La Alquería
Montanejos
Cirat
Torrechiva
El Tormo
Argelita
Toga
Vallat
Fanzara
El Mas de Batxero
Ribesalbes
E. de María Cristina
Mont Cristina
La Coma
Montán
Pina de Montalgrao
Barracas
Fuentes de Ayódar
Espadilla
Ayódar
E. de Sitjar
Cases de Sitjar
CASTELLÓ DE LA PLANA
CASTELLÓN
Platja del Pinar
El Grau de Castelló
Higueras
Torralba del Pinar
Pinar
Villamalur
Pavías
Ermita El Salvador
Artesa
Onda
Museu del Carme
Ermita de Nª Sª de Gràcia
Almassora
Platja Ben Afeli
El Grau d'Almassora
Vila-real
El Toro
Cuesta de Ragudo
Estación de Torás Bejís
Masada del Sordo
Caudiel
Benafer
Gaibiel
Matet
Serra
Suera
Tales
Betxí
Alcúdia de Veo
Veo
Torás
Novaliches
Algimia de A.
Cast.
Bejís
Ríos de Abajo
Viver
Jérica
E. del Regajo
Vall de Almonacid
Espadà
Artana
Aín
Eslida
les Alqueries
Borriana / Burriana
El Grau de Borriana
El Port
Masía de los Pérez
Teresa
Navajas
Almedíjar
Peñalba
Castellnovo
Port d'Eslida
Serra d'Espadà
La Vilavella
Nules
Sacañet
Canales
Andilla
La Cova Santa
Segorbe
Altura
Geldo
Azuébar
Chóvar
Alfondeguilla
Platja de Nules
Soneja
Grutes de Sant Josep
La Vall d'Uixó
Moncofa
Platja de Moncofa
Oset
Sot de Ferrer
E. d'Algar de P.
Algar de Palància
Alcublas
Artaj
Xilxes
Platja de Xilxes
Bodegas de Pardanchinos
Gátova
Alfara de la Baronia
Almenara
Benavites
Algimia de Alfara
Quart de les Valls
La Llosa
Platja de Casa Blanca
Villar del Arzobispo
Agustín
Marines
Les Bodegues del Camp
Torres Torres
Benifairó de les V.
Faura
Estivella
Albalat dels Tarongers
Platja de Corint
La Malva-Rosa
Olocau
Rebalsadors
Casinos
Monrabana
La Pobleta
Barraix
Petrés
Sagunt / Sagunto
Canet d'en Berenguer
El Romeral
Marines
Cartuja de Porta Coeli
Serra
Segart
Gilet
El Port de Sagunt
Bodega Vanacloig
Sant Gerard
Ermita de Sant Vicent
La Lloma
Monestir de Sant Esperit
Nàquera
Mas del Carril
San Jorge
El Picaio
Llíria / Liria
Benissanó
La Rascanya
La Pobla de Vallbona
La Mallà
Bétera
Puçol
Platja de Puçol
El Puig
Pedralba
Bugarra
Benaguasil
Massamagrell
La Pobla de Farnals
Platja de la Pobla de Farnals
Vilamarxant
Mont-i-sol
Teulada
L'Eliana
Sant Antonio de Ben.
S. Isidre
Museros
Massalfassar
Mont Horquera
Riba-roja de Túria
Montcada
Rocafort
Meliana
Burjassot
La Canyada
Paterna
Tavernes Blanques
Almàssera
Alboraia
Platja d'Alboraia
Platja de Malva-rosa
Mas de Pozalet
Universidad Laboral
Atalaya
Loriguilla
Manises
Cheste
Chiva
L.A.V.
Aldaia
Xirivella
VALENCIA
El Grau de Valencia
Natzaret
La Cabrera
Serra Perenxisa
Sant Doménec
Alaquàs
Torrent
Godelleta
Marisán
Cumbres de Calicanto
El Vedat de T.
Picanya
Massanassa
Alfafar
Buñol
El Mas de Cortixelles
Catarroja
Alborache
Turís
L'Hort de la Rabassa
Beniparrell
Saler
Platja del Saler
Yátova
Macastre
Alcàsser
Picassent
Silla
Gola del Pujol
Parc Natural l'Albufera
Platja de la Devesa
Montserrat
Montroi
Hipodrom
Cinto de los Abates
COSTA
GOLF
DE
VALENCIA

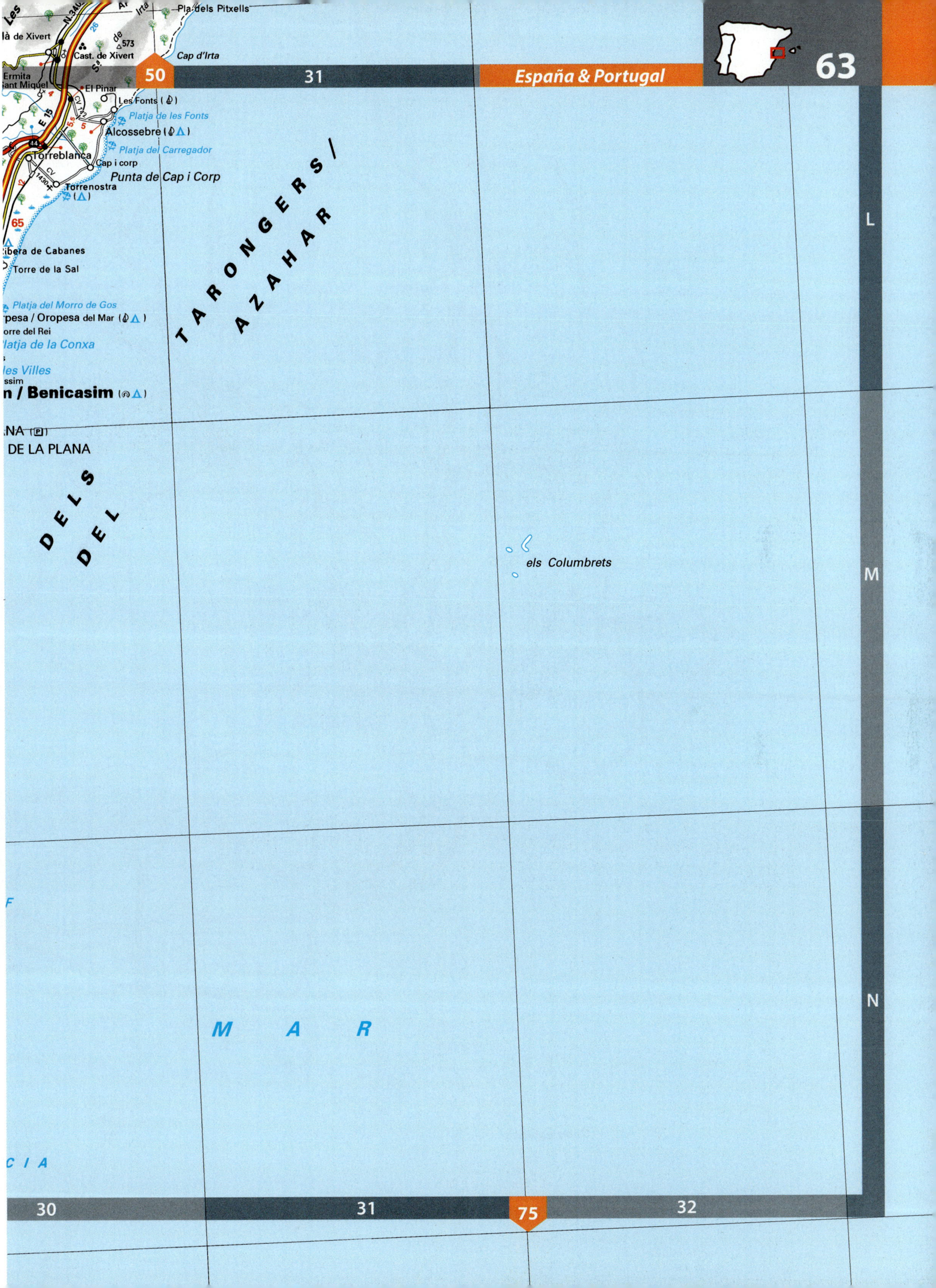
Pla dels Pitxells
Cap d'Irta
là de Xivert
Cast. de Xivert
Ermita
Sant Miquel
El Pinar
Les Fonts
Platja de les Fonts
Alcossebre
Platja del Carregador
Torreblanca
Cap i corp
Punta de Cap i Corp
Torrenostra
N-340
E-15
ibera de Cabanes
Torre de la Sal
Platja del Morro de Gos
rpesa / Oropesa del Mar
orre del Rei
latja de la Conxa
les Villes
n / Benicasim
NA
DE LA PLANA
TARONGERS /
AZAHAR
DELS
DEL
els Columbrets
F
M A R
C I A
L
M
N
50
31
30
31
75
32

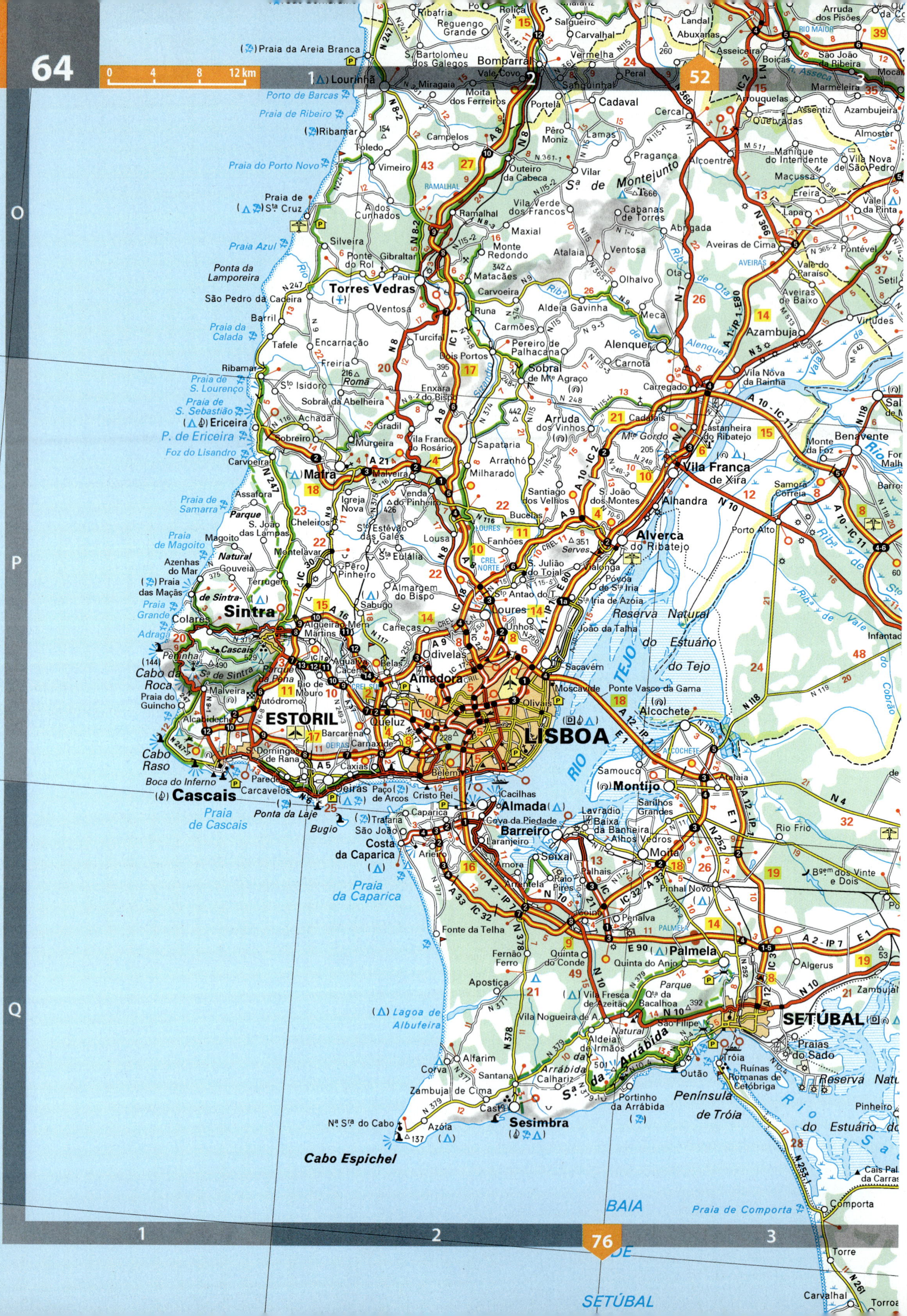
0 4 8 12 km
Praia da Areia Branca
Lourinhã
Porto de Barcas
Praia de Ribeiro
Ribamar
Praia do Porto Novo
Praia de Sta Cruz
Praia Azul
Ponta da Lamporeira
São Pedro da Cadeira
Praia da Calada
Ribamar
Praia de S. Lourenço
Praia de S. Sebastião
Ericeira
P. de Ericeira
Foz do Lisandro
Carvoeira
Praia de Samarra
Praia de Magoito
Magoito
Azenhas do Mar
Praia das Maçãs
Praia Grande
Adraga
Colares
Sintra
Parque Natural de Sintra-Cascais
Cabo da Roca
Praia do Guincho
Cabo Raso
Boca do Inferno
Cascais
Praia de Cascais
Ponta da Laje
Bugio
ESTORIL
Autódromo
Carcavelos
Parede
Oeiras
Paço de Arcos
Queluz
Amadora
Odivelas
Loures
Sacavém
LISBOA
Moscavide
Ponte Vasco da Gama
Alcochete
Montijo
Samouco
Rio Tejo
Reserva Natural do Estuário do Tejo
Cacilhas
Almada
Cristo Rei
Trafaria
Caparica
Costa da Caparica
Praia da Caparica
Barreiro
Seixal
Moita
Lavradio
Baixa da Banheira
Sarilhos Grandes
Pinhal Novo
Palmela
Quinta do Anjo
Fonte da Telha
Lagoa de Albufeira
Apostica
Fernão Ferro
Quinta do Conde
Vila Nogueira de A.
Vila Fresca de Azeitão
Parque Natural da Arrábida
Sa da Arrábida
Portinho da Arrábida
Outão
SETÚBAL
Praias do Sado
Tróia
Ruínas Romanas de Cetóbriga
Península de Tróia
Reserva Natural do Estuário do Sado
Rio Sado
Alfarim
Santana
Corva
Zambujal de Cima
Castelo
Sesimbra
Azóia
Na Sra do Cabo
Cabo Espichel
BAIA DE SETÚBAL
Praia de Comporta
Comporta
Torre
Carvalhal
Torres Vedras
Mafra
Malveira
Vila Franca de Xira
Alverca do Ribatejo
Alhandra
Póvoa de Sta Iria
Azambuja
Alenquer
Carregado
Cadaval
Bombarral
Sa de Montejunto
Benavente
Samora Correia
Porto Alto
Infantado
Aveiras de Cima
Vila Nova da Rainha
Castanheira do Ribatejo
Sobral de Mte Agraço
Arruda dos Vinhos
Bucelas
Rio Frio
Algeruz
Zambujal
Cais Palafítico da Carrasqueira
Pinheiro
Marmeleira
Azambujeira
Almoster
Manique do Intendente
Vila Nova de São Pedro
Arruda dos Pisões
Rio Maior
São João da Ribeira
Asseiceira
Abuxarda
Landal
Rolica
Salgueiro
Carvalhal
Vermelha
Peral
Sanguinhal
Reguengo Grande
S. Bartolomeu dos Galegos
Miragaia
Moita dos Ferreiros
Vale Covo
Portela
Campelos
Toledo
Vimeiro
A dos Cunhados
Silveira
Ponte do Rol
Gibraltar
Paul
Ramalhal
Maxial
Monte Redondo
Matacães
Carvoeira
Runa
Ventosa
Turcifal
Dois Portos
Carmões
Aldeia Gavinha
Pereiro de Palhacana
Encarnação
Freiria
Tafele
Barril
Sto Isidoro
Sobral da Abelheira
Achada
Gradil
Sobreiro
Murgeira
Vila Franca do Rosário
Enxara do Bispo
Sapataria
Arranhó
Milharado
Santiago dos Velhos
Igreja Nova
Venda do Pinheiro
Cheleiros
Montelavar
Sto Estêvão das Galés
Sta Eulália
Lousa
Fanhões
Pêro Pinheiro
Almargem do Bispo
Sabugo
Terrugem
Gouveia
Assafora
S. João das Lampas
Algueirão-Mem Martins
Caneças
Belas
Cacém
Agualva
Rio de Mouro
Malveira
Alcabideche
S. Domingos de Rana
Carnaxide
Barcarena
Caxias
Belém
Sto Antão do T.
Unhos
S. Julião do Tojal
Vialonga
Sta Iria de Azóia
S. João da Talha
Serves
Laranjeiro
Cova da Piedade
Amora
Arrentela
Paio Pires
Palhais
Coina
Penalva
Alhos Vedros
Aldeia de Irmãos
Calhariz
Qta da Bacalhoa
Cercal
Pragança
Vilar
Outeiro da Cabeça
Vila Verde dos Francos
Pêro Moniz
Lamas
Cabanas de Torres
Abrigada
Atalaia
Ventosa
Olhalvo
Meca
Ota
Alcoentre
Quebradas
Arrouquelas
Assentiz
Maçussa
Ereira
Lapa
Vale da Pinta
Pontével
Setil
Vale do Paraíso
Aveiras de Baixo
Virtudes
Monte da Foz
Cadafais
Mte Gordo
S. João dos Montes
Atalaia
Fonte

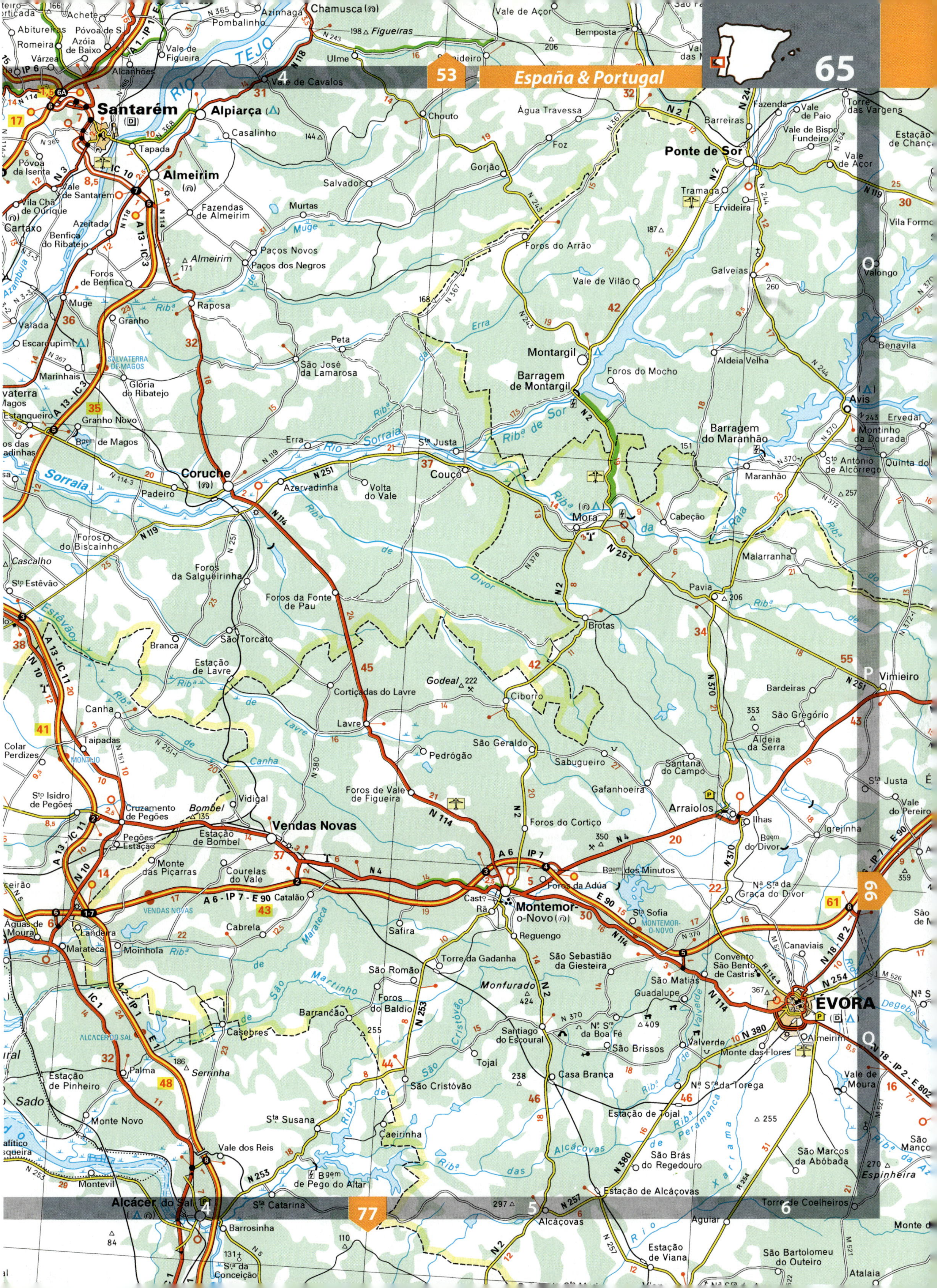

Santarém
Alpiarça
Almeirim
Chamusca
Pombalinho
Azinhaga
Vale de Cavalos
Ulme
Figueiras
Chouto
Água Travessa
Bemposta
Foz
Gorjão
Ponte de Sor
Barreiras
Torre das Vargens
Vale de Paio
Vale de Bispo Fundeiro
Vale de Açor
Tramaga
Ervideira
Estação de Chança
Vila Formosa
Casalinho
Tapada
Salvador
Murtas
Fazendas de Almeirim
Paços Novos
Paços dos Negros
Almeirim
Foros do Arrão
Vale de Vilão
Galveias
Valongo
Raposa
Muge
Foros de Benfica
Benfica do Ribatejo
Azeitada
Vale de Santarém
Vila Chã de Ourique
Cartaxo
Póvoa da Isenta
Granho
Valada
Escaroupim
Marinhais
Glória do Ribatejo
Salvaterra de Magos
Granho Novo
Bgem de Magos
Estanqueiro
Peta
São José da Lamarosa
Montargil
Barragem de Montargil
Foros do Mocho
Aldeia Velha
Benavila
Avis
Ervedal
Montinho da Dourada
Barragem do Maranhão
Maranhão
Sto António de Alcôrrego
Quinta do
Erra
Rio Sorraia
Sta Justa
Couço
Coruche
Padeiro
Azervadinha
Volta do Vale
Mora
Cabeção
Malarranha
Pavia
Foros do Biscainho
Cascalho
Sto Estêvão
Foros da Salgueirinha
Foros da Fonte de Pau
Brotas
Vimieiro
Bardeiras
São Gregório
Aldeia da Serra
Branca
São Torcato
Estação de Lavre
Cortiçadas do Lavre
Godeal
Ciborro
Canha
Taipadas
Colar Perdizes
Lavre
Pedrógão
São Geraldo
Sabugueiro
Santana do Campo
Gafanhoeira
Sta Justa
Vale do Pereiro
Sto Isidro de Pegões
Cruzamento de Pegões
Bombel
Vidigal
Vendas Novas
Foros de Vale de Figueira
Foros do Cortiço
Arraiolos
Ilhas
Igrejinha
Bgem do Divor
Pegões-Estação
Estação de Bombel
Monte das Piçarras
Courelas do Vale
Catalão
Bgem dos Minutos
Foros da Adúa
Nª Srª da Graça do Divor
Montemor-o-Novo
Castº Rã
Sta Sofia
Cabrela
Safira
Reguengo
Águas de Moura
Landeira
Marateca
Moinhola
Torre da Gadanha
São Sebastião da Giesteira
Canaviais
Convento São Bento de Castris
São Romão
Monfurado
São Matias
Guadalupe
ÉVORA
Foros do Baldio
Barrancão
Casebres
Santiago do Escoural
Nª Sª da Boa Fé
São Brissos
Valverde
Monte das Flores
Almeirim
Vale de Moura
Estação de Pinheiro
Palma
Serrinha
Tojal
Casa Branca
Nª Srª da Torega
São Cristóvão
Monte Novo
Sta Susana
Caeirinha
Estação de Tojal
São Brás do Regedouro
São Marcos da Abóbada
São Manços
Espinheira
Vale dos Reis
Montevil
Bgem de Pego do Altar
Alcácer do Sal
Sta Catarina
Estação de Alcáçovas
Torre de Coelheiros
Alcáçovas
Aguiar
Barrosinha
Srª da Conceição
Estação de Viana
São Bartolomeu do Outeiro
Atalaia
Monte de
Rio Tejo
Ribª de Muge
Ribª de Erra
Ribª de Sor
Sorraia
Ribª de Divor
Ribª da Raia
Ribª de Canha
Ribª de Lavre
Ribª de Marateca
Ribª de São Martinho
Ribª de São Cristóvão
Ribª das Alcáçovas
Rio Xarrama
Ribª de Peramanca
Ribª de Valverde
Rio Sado

77
99

Marvão
Escusa
Portagem
La Fontañera
San Antón
Monte da Pedra
Vale do Peso
Carreiras
Alagoa
S. Salvador
Porto da Espada
San Pedro
Las Casiñas
Las Huertas
Serra
Parque
de São Mamede
Reveladas
Alvarrões
Natural
da Serra
Pino
Valencia de Alcántara
San Vicente de Alcántara
Torrejón
Cunheira
Torre das Vargens
Vale de Paio
Vale de Bispo Fundeiro
Aldeia da Mata
Flor da Rosa
Fortios
Vargem
Monte Carvalho
Penha
Pico São Mamede
S. Julião
Jola
Alcorneo
Crato
Estação de Chança
Chança
Vale de Açor
Portalegre
Pisão
Reguengo
Rabaça
La Rabasa
Castº Mayorga
Vila Formosa
Coudelaria de Alter
Seda
Alter do Chão
Alter Pedroso
Santiago
Urra
Caia
Montinho
Alegrete
Bacoco
Vale de Cavalos
Lamparona
Estação de Portalegre
La Codosera
Benavente
Valongo
Barulho
Parra
Marco
El Marco
Mosteiros
Nave
Esperança
Cabeço de Vide
Assumar
Benavila
Arronches
Figueira
Vale da Seda
Avis
Figueira e Barros
Erveda
Montinho da Dourada
Quinta do Pinheiro
Fronteira
Vaiamonte
Capela
Sta do Rosário
Degolados
Cevadais
Ouguela
Bgem do Abrilongo
Monforte
São Saturnino
Vale de Maceiras
Contenda
Campo Maior
Sta Eulália
Bgem do Caia
Cano
Casa Branca
Sousel
Sto Amaro
Prazeres
Veiros
Barbacena
Alentisca
Caia e São Pedro
Amoreirinha
Caixeiro
São Bento do Cortiço
Sto Estêvão
Sta Vitória do Ameixial
Freixial
Sto Aleixo
Vila Fernando
Malhada
Silveirona
São Lourenço de Mamporcão
São Domingos de Ana Loura
Orada
S. Lourenço
Elvas
Aqueduto da Amoreira
Forte de Sta Luzia
Pousada de Sta Luzia
Vimieiro
São Bento do Ameixial
Estremoz
Arcos
Alcaravica
Terrugem
Vila Boim
Casas Novas
Rego
Folgado
Mártires
Sto Ildefonso
Torre de Bolsa
Corchuela
Glória
Nora
Borba
Ciladas
La Encomienda
Sta Justa
Évoramonte
Reliquias
Serra de Ossa
Rio de Moinhos
Barro Branco
Vila Viçosa
São Romão
Juromenha
Sra da Ajuda
El Molino
Malpica de España
San Francisco de Olivenza
Vale do Pereiro
São Gens
Bencatel
Igrejinha
Azaruja
Aldeia da Serra
Pardais
Villarreal
Doña María
La Cocosa
Alandroal
Freixial
San Rafael de Olivenza
Olivenza
Foros do Freixo
Foros do Queimado
Malhada Alta
Mina do Bugalho
São Miguel de Machede
Picarrel
Redondo
Zambujeiro
Foros das Pombas
Canaviais
Évora
Foros da Fonte Seca
Hortinhas
Terena
Castº
Monte do Outeiro
Rosário
San Benito de la Contienda
Silo
San Jorge de Alor
Sto Domingo
Alor
Nª Sra de Machede
Sta Susana
São Domingos da Ordem
Bgem da Vigia
Santiago Maior
Pias
Venda
Capelins
Monte Juntos
Rio Guadiana
Borrachina
Balancho
Montoito
Aldeias de Montoito
Ramo Alto
Cabeça de Carneiro
Vale de Moura
Bgem do Monte Novo
Cheles
La Grulla
Alconchel
Táliga
São Marcos da Abóbada
São Manços
Espinheira
Vendinha
Falcoeiras
Sto António de Baldio
Outeiro
Carrapatelo
Motrinos
Barrada
Corval
Telheiro
Convento da Orada
Fincas la Dehesilla y Carazo
Señora
Caridade
Reguengos de Monsaraz
São Pedro do Corval
Barrocal
Monsaraz
São Vicente do Pigeiro
de Coelheiros
Monte do Trigo
Cerros
Albufeira de Mourão
Valdeterrazo del Marqués
Bartolomeu Outeiro
Atalaia
Cumiada
Campinho
Pinas
Mourão
São Leonardo
Pião

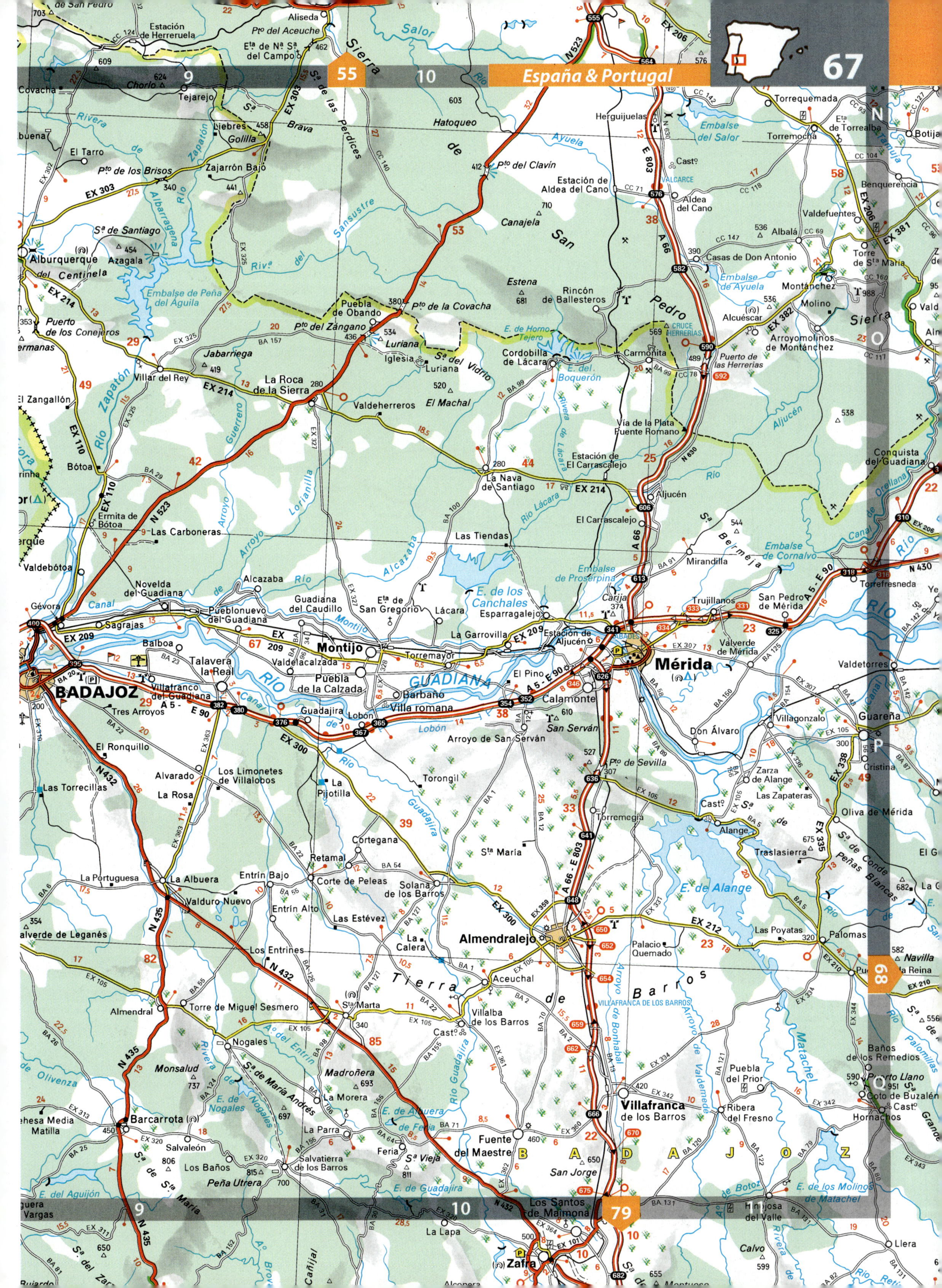
BADAJOZ
Mérida
Montijo
Almendralejo
Villafranca de los Barros
Zafra
Guareña
Alburquerque
La Roca de la Sierra
Puebla de Obando
Villar del Rey
Bótoa
Talavera la Real
Valdelacalzada
Puebla de la Calzada
Lobón
Guadiana del Caudillo
Pueblonuevo del Guadiana
Sagrajas
Gévora
Novelda del Guadiana
Alcazaba
Las Tiendas
La Nava de Santiago
Aljucén
El Carrascalejo
Mirandilla
Trujillanos
San Pedro de Mérida
Torrefresneda
Valdetorres
Calamonte
Arroyo de San Serván
Torremegía
Alange
Oliva de Mérida
Villagonzalo
Don Álvaro
Zarza de Alange
La Zarza
Palomas
Solana de los Barros
Aceuchal
Villalba de los Barros
Fuente del Maestre
Feria
La Morera
La Parra
Nogales
Salvatierra de los Barros
Barcarrota
La Albuera
Valverde de Leganés
Torre de Miguel Sesmero
Almendral
Los Santos de Maimona
Hinojosa del Valle
Ribera del Fresno
Hornachos
Puebla del Prior
Montánchez
Alcuéscar
Arroyomolinos de Montánchez
Casas de Don Antonio
Aldea del Cano
Torremocha
Botija
Benquerencia
Valdefuentes
Albalá
Torre de Sta María
Cordobilla de Lácara
Carmonita
Esparragalejo
La Garrovilla
Lácara
Torremayor
Barbaño
Guadajira
Retamal
Cortegana
Entrín Bajo
Entrín Alto
Corte de Peleas
Pto de la Covacha
Pto del Clavín
Pto del Zángano
E. de Alange
E. de los Canchales
Embalse de Proserpina
Embalse de Cornalvo
Embalse del Salor
Embalse de Peña del Águila
Embalse de Ayuela
E. del Boquerón
GUADIANA
Sierra de San Pedro
Tierra de Barros
Sª de Santiago
Sª del Vidrio
Sª de María Andrés
Sª Bermeja
Sª de Peñas Blancas
BADAJOZ
A 5 - E 90
A 66 - E 803
N 432
N 435
N 523
N 630
EX 100
EX 209
EX 214
EX 300
EX 303
EX 105
EX 212
55
68
79
9
10

0 4 8 12 km
Trujillo
La Cumbre
Madroñera
Garciaz
Berzocana
Collado del Mazo
Guadalupe
Monasterio de Guadalupe
Convento de San Clemente
Herguijuela
Sierra de Pedro Gómez
Collado del Guijarro
Venero
SIERRA
DE
Cañamero
Puerto Llano
Botija
Ruanes
Ibahernando
Santa Ana
Puerto de Sta Cruz
Sta Cruz de la Sierra
Conquista de la Sierra
Eta de Fuentesanta
Logrosán
San Cristóbal
Los Pinos
Valdeazores
Benquerencia
Salvatierra de Santiago
Robledillo de Trujillo
Valdefuentes
Torre de Sta María
Zarza de Montánchez
Montánchez
Ermita de Sta Ana
Zorita
E. de Alcollarín
Abertura
Villamesías
Alcollarín
Embalse de Ruecas
E. de Sierra Brava
Embalse de Cubilar
Embalse de Gargáligas
Valdecaballeros
E. de Navarredonda
Valdemorales
Eta del Santo
Molino
Sierra
Almoharín
Campo Lugar
Casa de Valdepalacios
Sa de los Pastillos
Sa de la Chimenea
Ermita de San Bartolomé
Escurial
Miajadas
Canal de Orellana
Pizarro
Casar de Miajadas
Madrigalejo
Vegas Altas
Obando
Conquista del Guadiana
Alonso de Ojeda
Vivares
Puebla de Alcollarín
Palazuelo
Convento de S. Isidro
Navalvillar de Pela
Casas de Don Pedro
Villar de Rena
Rena
Torviscal
Zurbarán
Los Guadalperales
Acedera
Sa de Pela
Valdehornillo
Hernán Cortés
Ruecas
Gargáligas
Orellana de la Sierra
Maribáñez
Ermita de la Virgen Coronada
Talarrubias
Sta Amalia
GUADIANA
La Encomienda
Valdivia
Embalse
Orellana la Vieja
Torrefresneda
Yelbes
Don Benito
Villanueva de la Serena
Entrerríos
de Orellana
Puebla de Alcocer
Esparragosa de Lares
Galizuela
Medellín
Mengabril
Ermita de Sta María de Zújar
Zújar
Valdetorres
Las Torrecillas
Ermita de las Cruces
La Haba
Ermita de los Remedios
Magacela
Barrio de los Pajares
La Coronada
Embalse del Zújar
Colorado
Guareña
Ortiga
Ermita de Piedra Escrita
Embalse de la Serena
Campanario
Embalse de Piedraescrita
Cristina
Ermita de Nª Sª de la Antigua
Manchita
Bóveda
Sa de la Lapa
Oliva de Mérida
La Guarda
El Guerechal
Utrera
Sa de Conde
Peñas Blancas
La Garza
E. de La Garza
Sa del Arrozao
Sa Agalla
Embalse del Golondrón
Dehesa
Quintana de la Serena
La Serena
Cabeza Almagrera
Valle de la Serena
Castuera
Ermita de San Isidoro
Benquerencia de la Serena
Ermita de Belén
Almorchón
Palomas
Navilla
Docenario
Tiros
Sa de Tiros
Puerto Mejoral
La Nava
Pto de la Nava
Puebla de la Reina
Sa de Tomillosas
Malpartida de la Serena
Helechal
Higuera de la Serena
Zalamea de la Serena
Esparragosa de la Serena
Puerto Hurraco
Sa de la Miradera
Baños de los Remedios
Sierra del Oro
Arroyo de Benquerencia
Puerto Llano
Coto de Buzalén
Retamal de Llerena
Sierra de Argallanes
Monterrubio de la Serena
Hornachos
Corcho
Arroyo del Lobo
Zújar
Belalcázar
Puerto de Castuera
Sta Inés
E. de los Molinos de Matachel
Campillo de Llerena
Ermita de Nª Sª de Fátima
Peraleda del Zaucejo
Llera
Sa del Prado
Acebuche
Trapera
A 5 - E 90
A 58
EX 102
EX 206
N 430
EX 103
EX 104
EX 355
EX 116
EX 210
EX 211
67
56
80
11
12
13
50

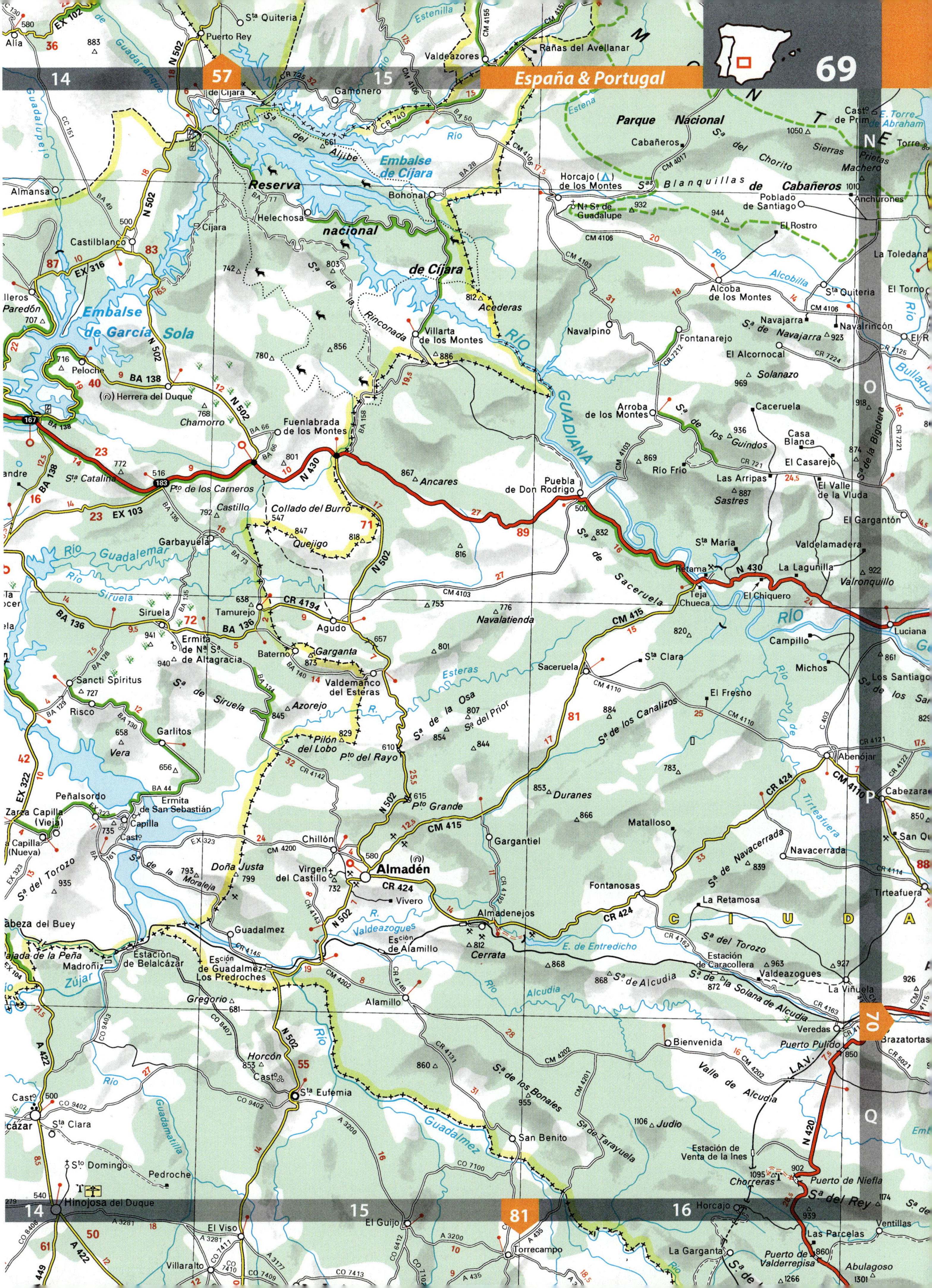
14
57
15
Sta Quiteria
Puerto Rey
Valdeazores
Rañas del Avellanar
Alía
de Cíjara
Gamonero
Embalse de Cíjara
Reserva nacional de Cíjara
Sa del Aljibe
Parque Nacional
Cabañeros
Sa del Chorito
Sierras Prietas
Machero
Anchurones
Horcajo de los Montes
Sas Blanquillas de Cabañeros
Poblado de Santiago
El Rostro
Bohonal
Nª Sª de Guadalupe
Almansa
Helechosa
Cíjara
Castilblanco
Paredón
Embalse de García Sola
Peloche
Herrera del Duque
Chamorro
Sa de la Rinconada
Villarta de los Montes
Acederas
Río Guadiana
Navalpino
Alcoba de los Montes
Sta Quiteria
El Torno
La Toledana
Navajarra
Sa de Navajarra
Navalrincón
Fontanarejo
El Alcornocal
Solanazo
Caceruela
Arroba de los Montes
Sa de los Guindos
Casa Blanca
El Casarejo
Sa de la Bigotera
Río Frío
Las Arripas
Sastres
El Valle de la Viuda
El Gargantón
Fuenlabrada de los Montes
Sta Catalina
Pto de los Carneros
Castillo
Collado del Burro
Quejigo
Ancares
Puebla de Don Rodrigo
Sa de Saceruela
Sta María
Valdelamadera
Retama
La Lagunilla
Valronquillo
El Chiquero
Teja Chueca
Luciana
Río Guadalemar
Río Siruela
Garbayuela
Siruela
Tamurejo
Agudo
Navalatienda
Saceruela
Sta Clara
Campillo
Michos
Los Santiago
Sa de los Sar
Ermita de Nª Sª de Altagracia
Baterno
Garganta
Valdemanco del Esteras
Esteras
Sancti Spiritus
Risco
Sa de Siruela
Azorejo
Sa de la Osa
Sa del Prior
Sa de los Canalizos
El Fresno
Abenójar
Cabezarados
Garlitos
Vera
Pilón del Lobo
Pto del Rayo
Duranes
Peñalsordo
Zarza Capilla (Vieja)
Capilla (Nueva)
Capilla
Ermita de San Sebastián
Pto Grande
Matalloso
Navacerrada
Sa de Navacerrada
San Q
Chillón
Gargantiel
Sa del Torozo
Sa de la Moraleja
Doña Justa
Virgen del Castillo
Almadén
Vivero
Fontanosas
Tirteafuera
La Retamosa
Cabeza del Buey
Majada de la Peña
Madroñiz
Estación de Belalcázar
Esción de Guadalmez
Los Predroches
Guadalmez
Río Valdeazogues
Esción de Alamillo
Almadenejos
Cerrata
E. de Entredicho
Sa del Torozo
Estación de Caracollera
Valdeazogues
La Viñuela
Sa de Alcudia
Sa de la Solana de Alcudia
Ciudad
Río Zújar
Gregorio
Alamillo
Río Alcudia
Veredas
Brazatortas
Horcón
Castº
Sta Eufemia
Bienvenida
Puerto Pulido
Valle de Alcudia
L.A.V.
Belalcázar
Sta Clara
Sa de los Bonales
Sa de Tarayuela
Judio
Río Guadalmez
Río Guadamatilla
Sto Domingo
Pedroche
San Benito
Estación de Venta de la Ines
Chorreras
Puerto de Niefla
Sa del Rey
Ventillas
Hinojosa del Duque
El Viso
El Guijo
Torrecampo
Horcajo
Las Parcelas
La Garganta
Puerto de Valderrepisa
Abulagoso
Villaralto
81
16
70
N 502
N 430
N 420
CM 415
CR 424
EX 103
EX 322
A 422

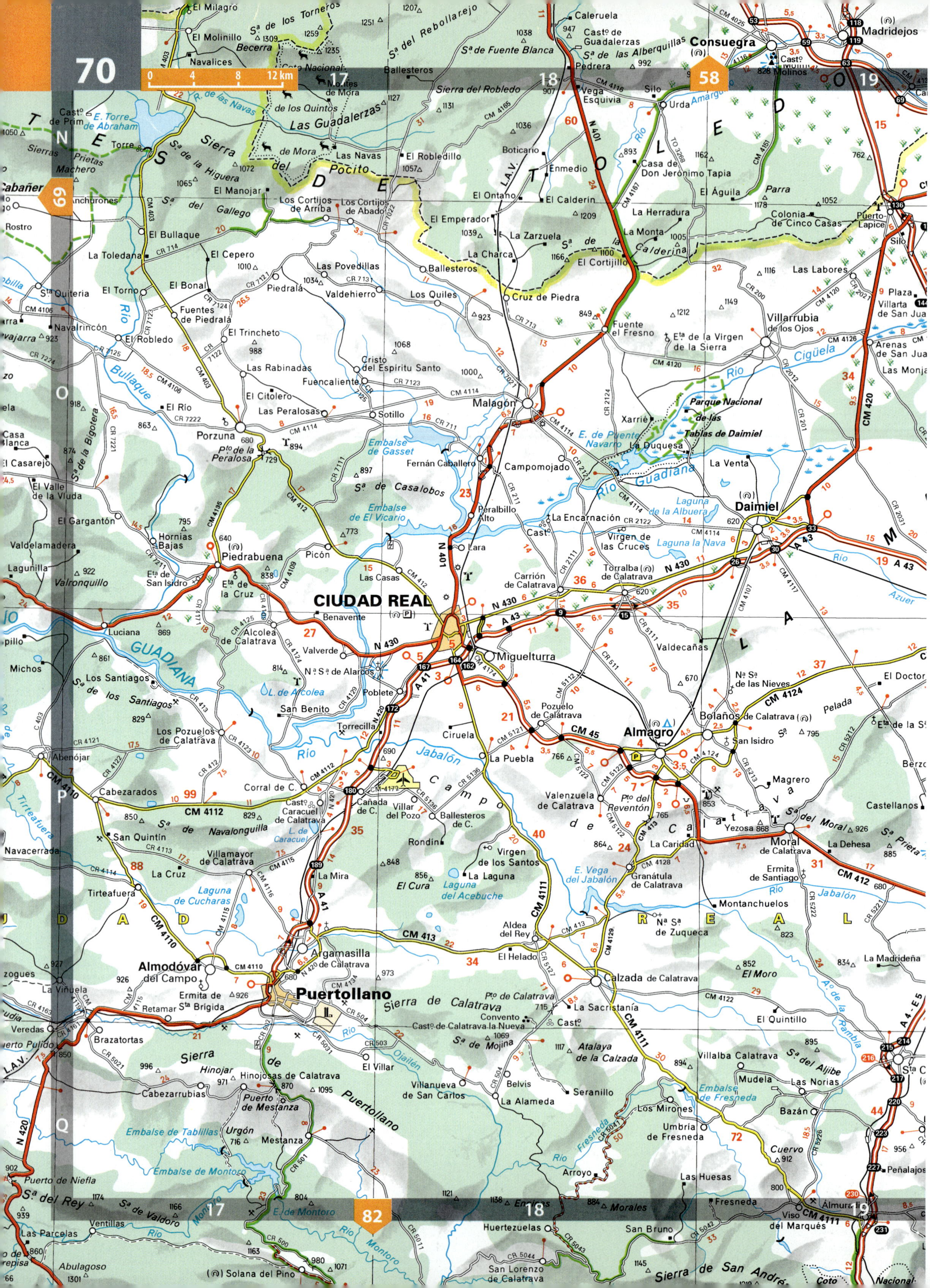

0 4 8 12 km
17
18
19
58
69
82
CIUDAD REAL
Puertollano
Daimiel
Almagro
Miguelturra
Malagón
Consuegra
Madridejos
Urda
Villarrubia de los Ojos
Porzuna
Piedrabuena
Luciana
Alcolea de Calatrava
Valverde
Poblete
Argamasilla de Calatrava
Almodóvar del Campo
Calzada de Calatrava
Bolaños de Calatrava
Moral de Calatrava
Granátula de Calatrava
Torralba de Calatrava
Carrión de Calatrava
Fernán Caballero
Campomojado
Picón
Abenójar
Cabezarados
Villamayor de Calatrava
Tirteafuera
Brazatortas
Hinojosas de Calatrava
Cabezarrubias
Mestanza
Solana del Pino
Villanueva de San Carlos
Aldea del Rey
Ballesteros de C.
Cañada de C.
Corral de C.
Caracuel de Calatrava
Los Pozuelos de Calatrava
Pozuelo de Calatrava
Valenzuela de Calatrava
Fuencaliente
El Robledo
Navalpino
Fuente el Fresno
Los Cortijos
Las Labores
Arenas de San Juan
Puerto Lápice
Villarta de San Juan
Parque Nacional de las Tablas de Daimiel
Embalse de Gasset
Embalse de El Vicario
Embalse de Fresneda
Embalse de Montoro
Embalse de Tablillas
Laguna de la Albuera
Laguna la Nava
Laguna del Acebuche
Laguna de Cucharas
Río Guadiana
Río Jabalón
Río Bullaque
Río Cigüela
Río Azuer
Río Ojailén
Río Fresneda
Río Montoro
Sierra de Calatrava
Sierra de Puertollano
Sierra del Robledo
Sª de Mojina
Sª de Valdoro
Sª del Rey
Sª de Navalonguilla
Sª de los Santiagos
Sª de Casalobos
Sª del Gallego
Sª de la Higuera
Sª de los Torneros
Sª del Rebollarejo
Sª de Fuente Blanca
Sª de las Alberquillas
Sª de la Calderina
Sª del Moral
Sª del Aljibe
Sierra de San Andrés
Las Guadalerzas
Campo de Calatrava
Montes de Toledo
Puerto de Mestanza
Pto de Calatrava
Atalaya de la Calzada
Viso del Marqués
Almuradiel
Huertezuelas
San Lorenzo de Calatrava
Fresneda
Las Huesas
Cuervo
Umbría de Fresneda
Villalba Calatrava
Mudela
Las Norias
Bazán
El Moro
El Quintillo
Montanchuelos
Magrero
Castellanos
La Dehesa
Valdecañas
Nª Sª de las Nieves
Nª Sª de Zuqueca
La Encarnación
Virgen de las Cruces
Peralbillo Alto
Lara
Las Casas
Benavente
Nª Sª de Alarcos
San Benito
Torrecilla
Ciruela
La Puebla
Villar del Pozo
Rondín
Virgen de los Santos
La Laguna
La Mira
El Cura
El Helado
La Sacristanía
Convento
Castº de Calatrava la Nueva
Belvís
La Alameda
Seranillo
El Villar
N 401
N 430
N 420
A 41
A 43
CM 45
CM 412
CM 413
CM 4111
CM 4112
CM 4110
CM 4124
CM 420
A 4 - E 5
L.A.V.

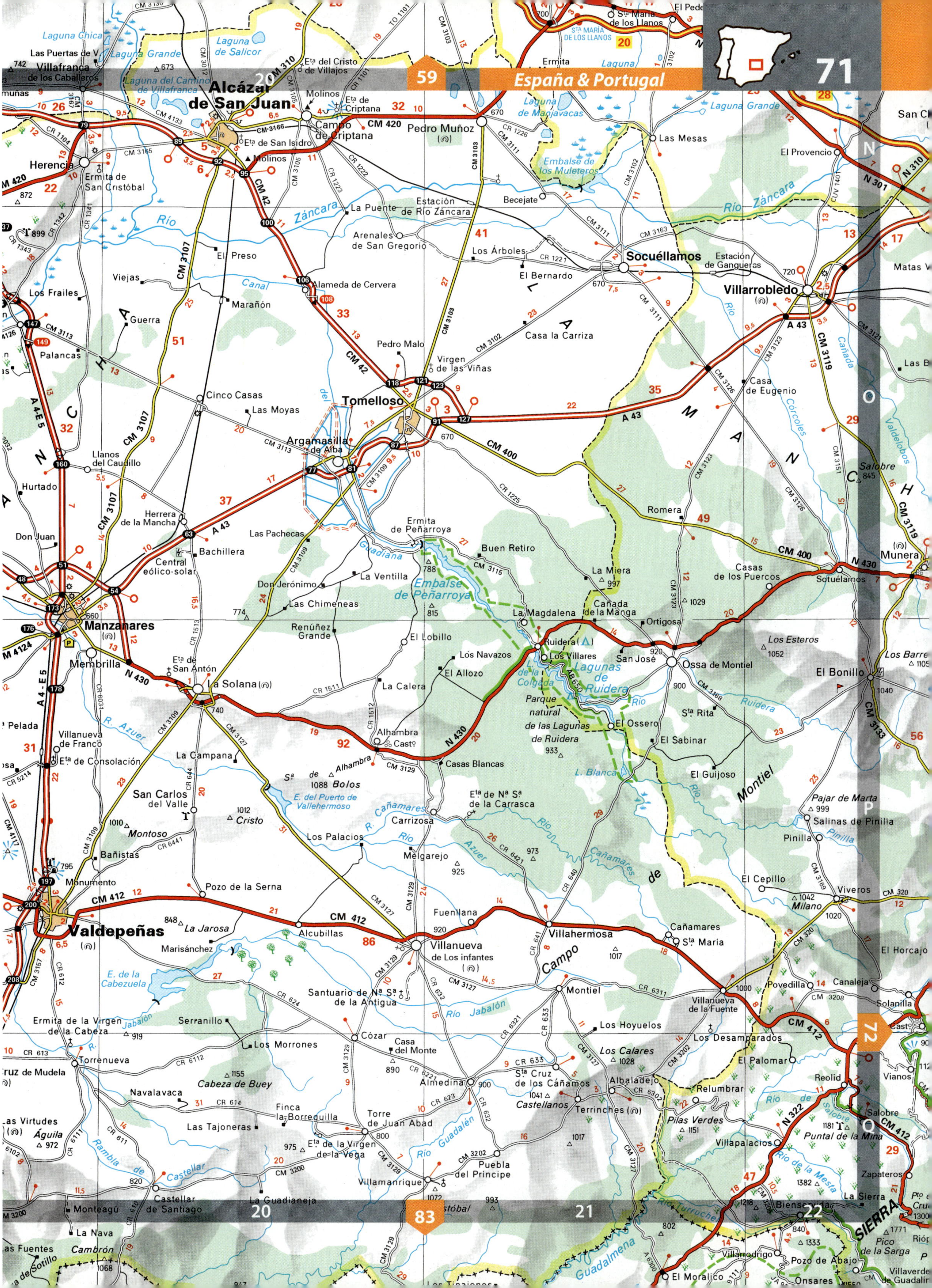
Alcázar de San Juan
Campo de Criptana
Pedro Muñoz
Herencia
Tomelloso
Argamasilla de Alba
Socuéllamos
Villarrobledo
Manzanares
Membrilla
La Solana
Valdepeñas
Villanueva de los Infantes
Villahermosa
Ossa de Montiel
Ruidera
Lagunas de Ruidera
Parque natural de las Lagunas de Ruidera
Embalse de Peñarroya
Munera
El Bonillo
Montiel
Almedina
Torrenueva
Castellar de Santiago
Cózar
Villamanrique
Torre de Juan Abad
Albaladejo
Terrinches
Villanueva de la Fuente
Campo de Montiel
Río Záncara
Río Guadiana
Río Jabalón
Río Azuer
Las Mesas
El Provencio
Salobre
Bienservida
Villapalacios
Puebla del Príncipe
Santa Cruz de los Cáñamos
Cañamares
Viveros
Pinilla
Salinas de Pinilla

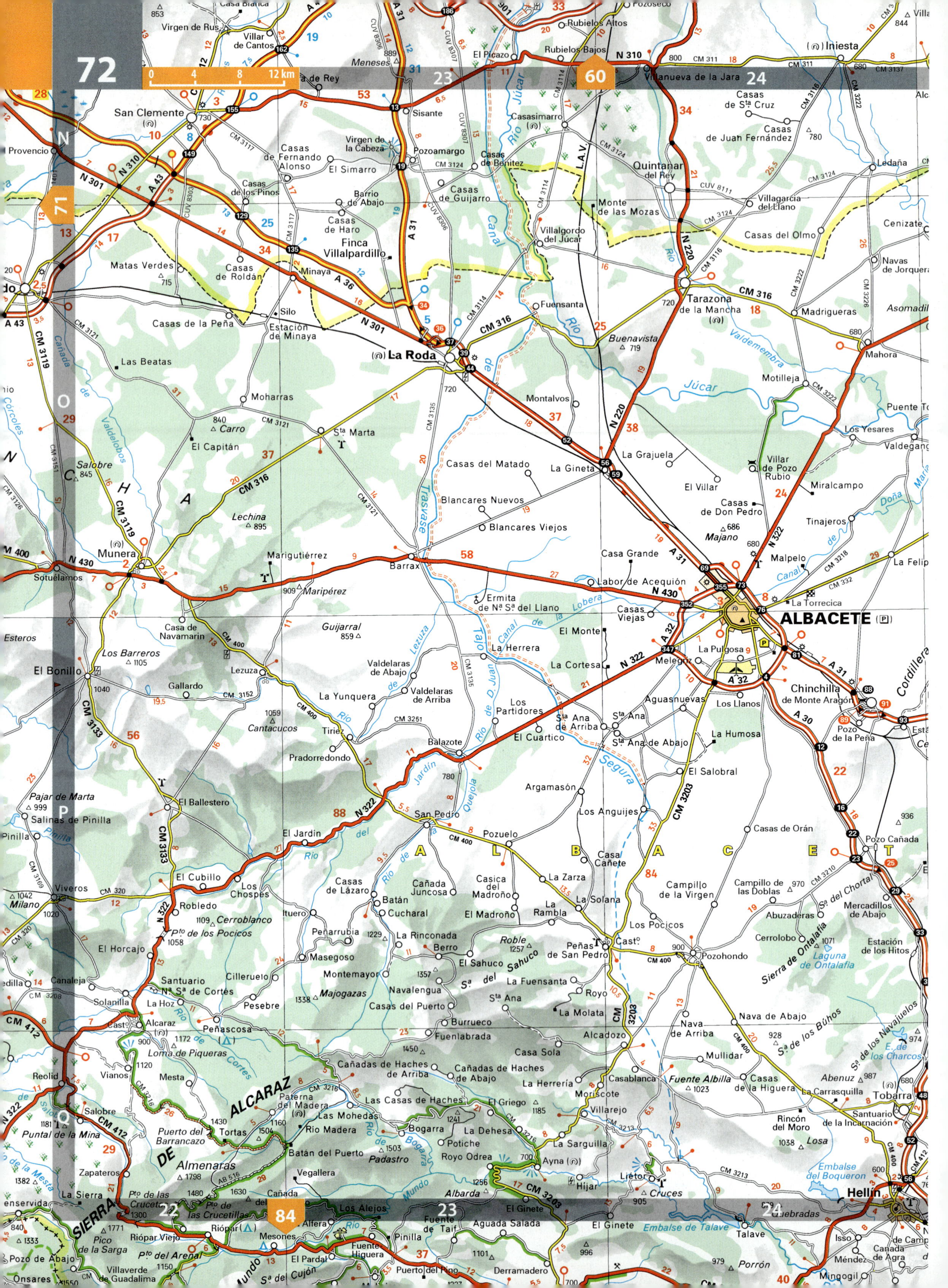
0 4 8 12 km
San Clemente
Provencio
Villar de Cantos
Virgen de Rus
Casa Blanca
Meneses
Sisante
El Picazo
Rubielos Altos
Rubielos Bajos
Pozoseco
Iniesta
Villanueva de la Jara
Casas de Sta Cruz
Casas de Juan Fernández
Casasimarro
Quintanar del Rey
Ledaña
Villagarcía del Llano
Casas del Olmo
Cenizate
Virgen de la Cabeza
Pozoamargo
Casas de Benítez
Casas de Fernando Alonso
El Simarro
Casas de los Pinos
Barrio de Abajo
Casas de Guijarro
Casas de Haro
Finca Villalpardillo
Monte de las Mozas
Villalgordo del Júcar
Matas Verdes
Casas de Roldán
Minaya
Silo
Estación de Minaya
Casas de la Peña
Fuensanta
Tarazona de la Mancha
Madrigueras
Navas de Jorquera
Asomadilla
Buenavista
Mahora
La Roda
Las Beatas
Moharras
Carro
El Capitán
Sta Marta
Montalvos
Motilleja
Puente Torres
Los Yesares
Valdeganga
Salobre
Casas del Matado
La Gineta
La Grajuela
El Villar
Villar de Pozo Rubio
Miralcampo
Blancares Nuevos
Blancares Viejos
Casas de Don Pedro
Majano
Tinajeros
Lechina
Munera
Sotuélamos
Marigutiérrez
Barrax
Casa Grande
Malpelo
La Felipa
Maripérez
Labor de Acequión
Ermita de Nª Sª del Llano
Casas Viejas
La Torrecica
ALBACETE
Esteros
Casa de Navamarín
Guijarral
El Monte
La Herrera
La Cortesa
La Pulgosa
El Bonillo
Los Barreros
Gallardo
Lezuza
Valdelaras de Abajo
Valdelaras de Arriba
La Yunquera
Melegriz
Chinchilla de Monte Aragón
Aguasnuevas
Los Llanos
Cantacucos
Tiriez
Los Partidores
Sta Ana de Arriba
Sta Ana
Sta Ana de Abajo
El Cuartico
La Humosa
Pozo de la Peña
Pradorredondo
Balazote
El Salobral
Argamasón
Pajar de Marta
Salinas de Pinilla
Pinilla
El Ballestero
San Pedro
Los Anguijes
Casas de Orán
Pozo Cañada
El Jardín
Pozuelo
Casa Cañete
Campillo de la Virgen
Campillo de las Dobla
Mercadillos de Abajo
CAMPO DE
ALBACETE
El Cubillo
Los Chospes
La Zarza
Viveros
Milano
Robledo
Casas de Lázaro
Cañada Juncosa
Casica del Madroño
La Solana
Abuzaderas
Batán
Cucharal
El Madroño
La Rambla
Cerroblanco
Pto de los Pocicos
Peñarrubia
La Rinconada
Robledo
Los Pocicos
Cerrolobo
Sierra de Ontalafia
Estación de los Hitos
El Horcajo
Masegoso
Berro
El Sahuco
Peñas de San Pedro
Pozohondo
Laguna de Ontalafia
Montemayor
Sa del Sahuco
La Fuensanta
Canaleja
Santuario Nª Sª de Cortes
Cilleruelo
Majogazas
Navalengua
Sta Ana
Royo
Solanilla
La Hoz
Pesebre
Casas del Puerto
La Molata
Nava de Abajo
Alcaraz
Burrueco
Nava de Arriba
Peñascosa
Fuenlabrada
Alcadozo
Sa de los Búhos
Loma de Piqueras
Casa Sola
Mullidar
Sa de los Navajuelos
Viveros
Cañadas de Haches de Arriba
Cañadas de Haches de Abajo
Casablanca
Fuente Albilla
Casas de la Higuera
Abenuz
Tobarra
Mesta
La Herrería
Reolid
Paterna del Madero
Las Casas de Haches
El Griego
Moriscote
Villarejo
La Carrasquilla
Salobre
Puntal de la Mina
Las Mohedas
Santuario de la Incarnación
Puerto del Barrancazo
Tortas
Rio Madera
Bogarra
La Dehesa
La Sarguilla
Rincón del Moro
Losa
SIERRA DE ALCARAZ
Almenaras
Batán del Puerto
Padastro
Potiche
Royo Odrea
Ayna
Embalse del Boquerón
Zapateros
Vegallera
Liétor
Hijar
Hellín
La Sierra
Pto de las Crucetas
Pto de las Crucetillas
Cañada
Albarda
Cruces
Los Alejos
El Ginete
Quebradas
Riópar
Riópar Viejo
Mesones
Alfera
Fuente de Taif
Aguada Salada
El Ginete
Embalse de Talave
Talave
Isso
Pico de la Sarga
Pozo de Abajo
Onsares
Villaverde de Guadalimar
Pto del Arenal
El Pardal
Sa del Cujón
Fuente Higuera
Pinilla
Puerto del Pino
Derramadero
Porrón
Cañada de Agra
Méndez
Minogil
La Cañada de Haches
72
60
71
84
22
23
24

Casas del Rey
Las Monjas
Casas de Eufemia
Casas de Moya
Casas de Pradas
Casilla de Moya
Los Isidros
El Herrumblar
El Retorno
Tamayo
Los Sardineros
Casas de Penen de Albosa
Casas del Doctor
Baños de Fuente Podrida
Tabaqueros
Villamalea
Villatoya
Serra
Martes
Puerto de Cruz de Cofrentes
La Portera
Hortunas de Arriba
Mijares
Collado de las Amoladeras
Colonia Cinto de los Abates
Los Pedrones
Casas de Sotos
Vinyoles
Los Herreros
La Cabezuela
La Venta de Gaeta
El Oro
Rambla Seca
Millares
Casas del Río
Casas Ibáñez
Alborea
Casas de Ves
Balsa de Ves
Cantoblanco
El Viso
Fuentealbilla
Golosalvo
Serradiel
Zulema
Marimínguez
La Pared
Los Hervideros
Cofrentes
Cortes de Pallás
Alto de Alcola
Reserva Nacional
de Muela de Cortes
Campoalbillo
Abengibre
Alcalá del Júcar
Tolosa
Villa de Ves
Río Júcar
E. de Cofrentes
Bormate
Las Eras
La Gila
Casas del Conde
Moragete
Cueva de Don Juan
Jalance
Cinto Cabra
Calzada de Vergara
Jorquera
Casas del Cerro
La Recueja
Cubas
Alcozarejos
Sierra de la Caballa
Sª del Boquerón
Jarafuel
Tejares Abarca
Bicorp
Villavaliente
Peñarrubia
Casas de Juan Gil
Cuevas de la Araña
La Casa de la Grana
Casas de Juan Núñez
Carcelén
La Hunde
Zarra
Teresa de Cofrentes
Caroch
Alatoz
Pozo Lorente
Ermita del Rosario
Ayora
San Isidro
Montemayor
Malefatón
El Hontanar
Casas de Don Pedro
Las Fuentes
Cueva de la Vieja
Las Casas de Benelí
Molatón
de Monte Aragón
Morrablancar
Cruz de Alpera
Alpera
San Benito
Hoya Gonzalo
Oncebreros
Higueruela
Casillas de Marín de Abajo
Casillas de Marín de Arriba
Estación de Bonete
Gallinero
El Puntal
Navalón de Abajo
Navalón de Arriba
Cumbres de València
Los Brunales
El Rincón
Pto de El Blanco
Pto Los Altos
Villar de Chinchilla
Mompichel
Bonete
Santuario de Belén
Almansa
Casa de los Pandos
Torre Tallada
Moixent
Laguna de Pétrola
El Bachiller
Chinar
Corral Rubio
Horna
Pétrola
Casa de Sta Rosa
Sierra El Cegarrón
Casas del Campillo
La Font de la Figuera
El Comendador
Fontanars dels Alforins
Montealegre del Castillo
La Higuera
Campillo del Negro
Las Anorias
Muela
Arabinejo
Sierra de Oliva
La Encina
La Zafra
Sª de la Solana
Ermita de Nª Sª del Pilar
Pinilla
Gómez Yañez
Los Ruices
Caudete
Arabí
Ladrones
Sierra Lengua
El Apadreado
Hoya Sta Ana
Fuente Álamo
Embalse del Bayco
Cerrajos
Maneta
Villena
Madroño
Sierra Parda
Morrón del Puerto
Sierra de la Magdalena
Yecla
Las Virtudes
Villegas o Mardos
Ontur
Sª de los Gavilanes
Puerto de Jumilla
Sierra de Enmedio
La Colonia Sta Eulalia
Aljube
Santiago de Mora
Albatana
Cordovilla
Mora de Sta Quiteria
Pava
Sierra Convento
Morrón
Peñarrubia
Fuente del Pino
Portichuelo
Salinas
Sax
La Campana
La Alquería
Sierra del Buey
Torre Uchea
Las Hermanas
Sierra de Las Cabras
Guardiola
Las Quebradas
La Capilla
Elda
Petrer
Sierra de Enmedio
Jumilla
Cuevas de Minateda
Minateda
Candil
La Celia
Cucharón
Pansas
Úbeda
Hondón
Chinorla
España & Portugal
73

València
El Grau de Valencia
Torrent
Alaquàs
Xirivella
Picanya
Natzaret
Catarroja
Alcàsser
Picassent
Silla
El Saler
Platja del Saler
Gola del Pujol
Platja de la Devesa
Parc Natural l'Albufera
Parador de El Saler
El Perellonet
El Palmar
El Romaní
Sollana
Almussafes
Benifaió
Alginet
El Perelló
Gola del Perelló
La Muntanyeta dels Sants
Les Palmeres
El Mareny de Barraquetes
El Mareny Blau
El Mareny de Vilxes
El Mareny de Sant Llorenç
Sueca
Far de Cullera
La Torre de Cullera
Cullera
Albalat de la Ribera
Riola
Fortaleny
Polinyà de Xúquer
Algemesí
Carlet
Benimodo
L'Alcúdia
Guadassuar
Montortal
Alzira
Corbera
Llauri
Favara
El Brosquil
La Marina
Torre de la Vall
Platja de Tavernes
Tavernes de la Valldigna
Platja de Xeraco
Xeraco
Platja de Gandia
Platja i Grau de Gandia
Platja de Daimús
Guardamar de la Safor
Platja de Bellreguard
Platja Miramar
Platja de Piles
Platja d'Oliva
Gandia
Oliva
Bellreguard
Daimús
Piles
Xeresa
Simat de la Valldigna
Barx
El Mondúver
La Drova
Massalavés
Tous
Sant Cristòfol
Alberic
Gavarda
Antella
Càrcer
Sumacàrcer
Carcaixent
La Cogullada
La Pobla Llarga
Villanueva de Castellón
Manuel
Rafelguaraf
Énova
Barxeta
Llocnou d'en Fenollet
Els Corrals
Senyera
Cerdà
Xàtiva
El Genovés
Quatretonda
Lluxent
Pinet
Convent de Sant Jeroni
Llocnou de Sant Jeroni
Ròtova
Benicolet
Bellús
Benigànim
La Pobla del Duc
Montitxelvo
Terrateig
Rugat
Palma de Gandia
Potries
La Font d'en Carròs
Villalonga
Azafor
Forna
Adsubia
Pego
Els Poblets
Platjas Les Marines
El Verger
Beniarbeig
Ondara
El Ràfol d'Almúnia
Sanet y Negrals
Sagra
Benidoleig
Pedreguer
Orba
Llosa de Camacho
Alcalalí
Xaló
Lliber
Senija
Benissa
Ontinyent
Agullent
Albaida
Bèlgida
Otos
Castelló de Rugat
Salem
Beniatjar
Carricola
Atzeneta d'Albaida
Puerto d'Albaida
L'Orxa
Alpatró
La Carroja
Vall de Gallinera
Vall d'Alcalà
Vall de Ebo
La Vall de Laguar
Beniaia
Benimaurell
Benigembla
Murla
Parcent
Castell de Castells
Coll de Rates
Alfafara
Agres
Muro de Alcoy
Cocentaina
Planes
Margarida
Benialfaquí
Almudaina
Benimassot
Tollos
Sa de Alfaro
Fachecá
Famorca
Alcoi / Alcoy
Banyeres de Mariola
Serra de Mariola
Sant Rafel
Benilloba
Penàguila
Alcoleja
Benasau
Confrides
Benifato
Beniardá
L'Abdet
Sa d'Aixorta
El Castell de Guadalest
Bolulla
Tàrbena
Callosa d'en Sarrià
Bernia
Pinos
Fanadix
Altea la Vella
Polop
La Nucia
El Tossal
Altea
L'Olla
L'Alfàs del Pi
Albir
Punta Bombarda
Sa Helada
Racó de Loix
Punta de l'Escaleta
Platja de Llevant
Platja de Ponent
Benidorm
Finestrat
Orxeta
Sant Jordi
La Cala
La Vila Joiosa / Villajoyosa
Platja del Paraís
Calp
Sa de Aitana
Benimantell
Benifallim
Port de Tudons
Sella
Puig Campana
Relleu
Embassament d'Amadorio
Sa de Cabeçó d'Or
Xixona
Coves dels Canelobres
Aigües
Busot
La Coveta Fumà
Ibi
Santuari de la Font Roja
Port de Benifallim
La Torre de les Maçanes
Port de la Carrasqueta
Onil
Castalla
Tibi
Maigmó
Serra del Maigmó
Serra de la Argueña
Biar
Mina de Rodes
Villena
Sax
Elda
Petrer
Loma Badada
Penya del Sit
Agost
Montnegre
Ermita Don Jaume
Bocairent
Fontanars dels Alforins
Moixent
Vallada
Enguera
Canals
Montesa
Castell
L'Alcúdia de Crespins
Rotglà i Corberà
Llosa de Ranes
Chella
Anna
Bolbaite
Navarrés
Quesa
Bicorp
Embassament de Tous
Poble de Tous
Dos Aguas
Millares
Salto de Millares
Montserrat
Montroi
Real
Llombai
Catadau
Alfarp
Torrent
Ascopalls
Xúquer
Magre
Valencia
Mediterráneo

C I A
D I T E R R Á N E O
O
P
Q
Dénia
Platja de Marianeta Cassiana
Les Rotes
Les Arenetes
Aduanas
Montgó
752
CV 736
9,5
6
Cap de Sant Antoni (167)
Xàbia / Jávea
CV 735
8 CV 734
Platja del Arenal
CV 742
Parque Calablanca
Cap de Sant Martí
Gorgos
Rafalet
100
12
Tosalet
9
El Poble Nou de Benitàtxell
Cap de la Nau (122)
CV 740
La Granadella
Platja de la Granadella
Teulada
8
5
Sabatera
Cumbre del Sol
Cala de los Tiestos
Moraira
El Portet de Moraira
Cast.
165 Punta de Moraira
Platja de Moraira
Buenavista-Cala Abogat
nyal d'Ifac
Penyal d'Ifac (326)
30
31
32

Cabo Espichel
0 4 8 12 km
64
88
DE
SETÚBAL
Praia de Comporta
Comporta
Cais Palafítico da Carrasqueira
Torre
Carvalhal
Torroal
Casa Branca
N 261
N 261-1
Fontainhas
Boiças
Atalaia
Lagoa de Melides
Praia de Melides
Melides
Praia de Sto André
Costa de Sto André
Lagoa de Sto André
São Francisco da Serra
Cruz de João Mendes
Reserva
Vila Nova de Sto André
Natural das Lagoas de Sto André e da Sancha
Sto André
Sta Cruz
Santiago do Cacém
IC 33
A 26-1
A 26
Ruínas Romanas de Miróbriga
N 121
Cabo de Sines
Sines
Zonas Industriais
Porto de Sines
Boavista do Paiol
Provença
Praia de São Torpes
Praia de Morgavel
Bgem de Morgavel
Muda
Vale de Água
Sol Posto
Praia de Porto Covo
Porto Covo
IC 4
Tanganheira
Bgem de Campilhas
Praia da Ilha
Bracial
Praia do Malhão
Malpensado
Cercal
Serra do Cercal
N 262
N 390
N 389
Casa Nova
Parque
Brunheiras
N 120
Ribeira do Seissal
Sa das Neves
Vila Nova de Milfontes
Praia das Furnas
São Luís
Vale Beijinha
Zambujeiras
Vale de Ferro
Almograve
Praia Grande
Troviscais
N 393
Natural
Cavaleiro
Cabo Sardão
Telheiro
Maroufenha
Odemira
N 123
Touril
Fontinha
Boavista dos Pinheiros
Porto das Barcas
Estibeira
N 393-1
Zambujeira do Mar
Carvalhal
São Teotónio
Sobreiro
do Sudoeste
Brejão
Sta Bárbara
Praia da Azenha do Mar
Praia de Odeceixe
Caeiro
Oleiros
Odeceixe
R
S
T
2
3

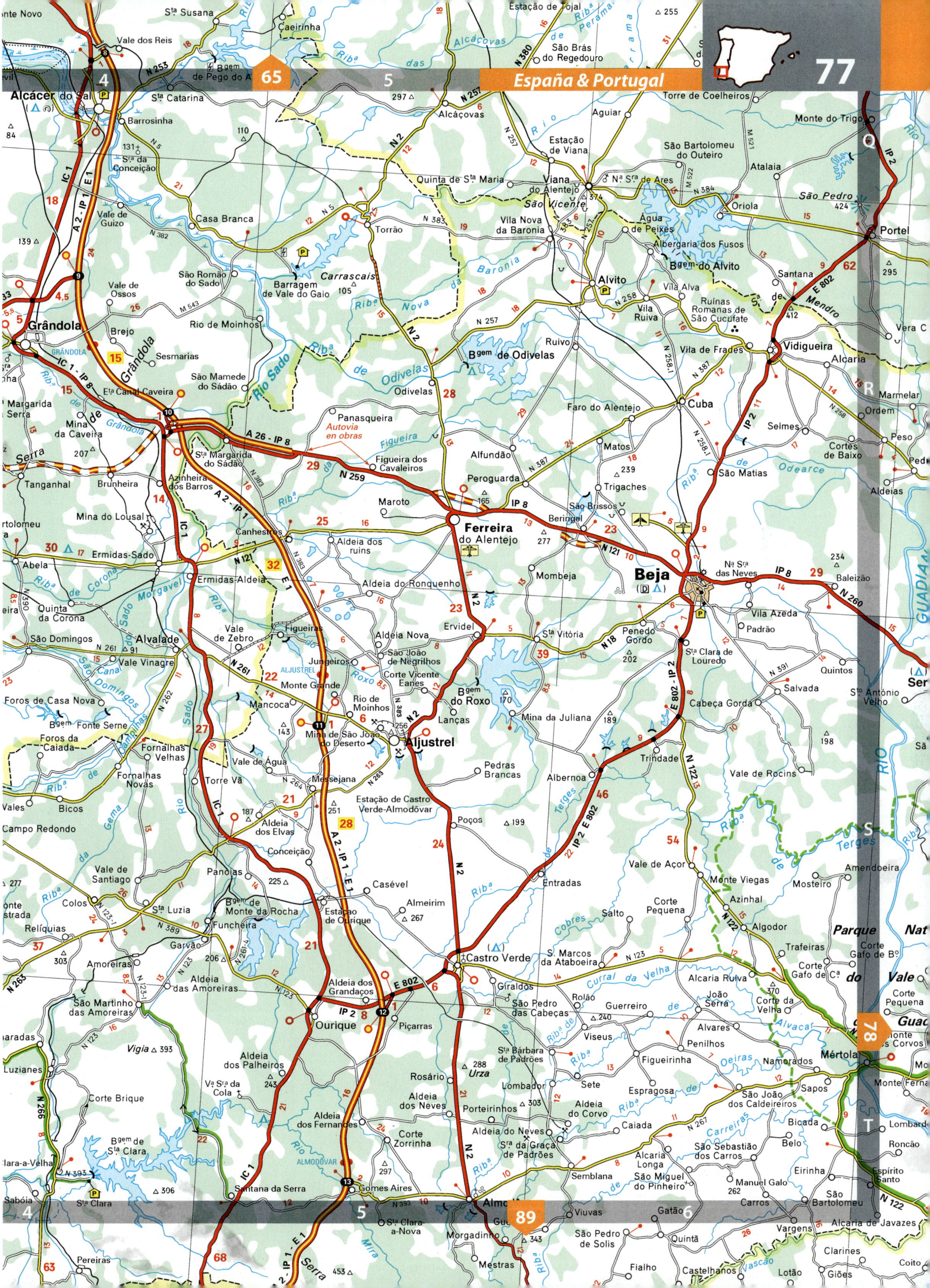
Alcácer do Sal
Sta Susana
Vale dos Reis
Caeirinha
Bgem de Pego do Altar
Sta Catarina
Barrosinha
Sta da Conceição
Alcáçovas
Estação de Tojal
São Brás do Regedouro
Torre de Coelheiros
Monte do Trigo
Aguiar
Estação de Viana
São Bartolomeu do Outeiro
Atalaia
Quinta de Sta Maria
Viana do Alentejo
Nª Sra de Ares
São Vicente
Oriola
São Pedro
Portel
Vale de Guizo
Casa Branca
Torrão
Vila Nova da Baronia
Água de Peixes
Albergaria dos Fusos
Bgem do Alvito
Alvito
Santana
Vila Alva
Vila Ruiva
Ruínas Romanas de São Cucufate
Vidigueira
Vera Cruz
Vale de Ossos
São Romão do Sado
Barragem de Vale do Gaio
Carrascais
Grândola
Brejo
Rio de Moinhos
Sesmarias
São Mamede do Sádão
Rio Sado
Ribª de Odivelas
Bgem de Odivelas
Ruivo
Vila de Frades
Alcaria
Margarida da Serra
Mina da Caveira
Eta Canal Caveira
Odivelas
Faro do Alentejo
Cuba
Marmelar
Ordem
Selmes
Peso
Cortes de Baixo
Panasqueira
Autovia en obras
Figueira dos Cavaleiros
Alfundão
Matos
Trigaches
São Matias
Ribª de Odearce
Aldeias
Tanganhal
Brunheira
Sta Margarida do Sádão
Azinheira dos Barros
Peroguarda
Maroto
Ferreira do Alentejo
São Brissos
Beringel
Mina do Lousal
Canhestros
Aldeia dos ruins
Ermidas-Sado
Abela
Ermidas-Aldeia
Aldeia do Ronquenho
Mombeja
Beja
Nª Sra das Neves
Baleizão
Vila Azeda
Padrão
Quinta da Corona
Vale de Zebro
Figueiras
Ervidel
Aldeia Nova
Sta Vitória
Penedo Gordo
São Domingos
Alvalade
Vale Vinagre
Jungeiros
São João de Negrilhos
Corte Vicente Eanes
Sta Clara de Louredo
Quintos
Salvada
Monte Grande
Mancoca
Rio de Moinhos
Bgem do Roxo
Lanças
Mina da Juliana
Cabeça Gorda
Sto António Velho
Foros de Casa Nova
Bgem Fonte Serne
Foros da Caiada
Fornalhas Velhas
Fornalhas Novas
Mina de São João do Deserto
Aljustrel
Vale de Água
Pedras Brancas
Trindade
Albernoa
Vale de Rocins
Torre Vã
Messejana
Estação de Castro Verde-Almodôvar
Vales
Bicos
Campo Redondo
Aldeia dos Elvas
Conceição
Poços
Vale de Santiago
Panoias
Vale de Açor
Monte Viegas
Amendoeira
Mosteiro
Corte Pequena
Azinhal
Algodor
Parque Natural do Vale do Guadiana
Casével
Almeirim
Entradas
Salto
Colos
Sta Luzia
Bgem de Monte da Rocha
Estação de Ourique
Funcheira
Relíquias
Garvão
Castro Verde
S. Marcos da Ataboeira
Trafeiras
Corte Gafo de Bº
Corte Gafo de Cª
Amoreiras
Aldeia das Amoreiras
Aldeia dos Grandaços
Giraldos
Alcaria Ruiva
João Serra
Corte da Velha
Corte Pequena
São Martinho das Amoreiras
Ourique
Piçarras
São Pedro das Cabeças
Rolão
Guerreiro
Alvares
Viseus
Penilhos
Mértola
Vigia
Luzianes
Aldeia dos Palheiros
Sta Bárbara de Padrões
Urza
Figueirinha
Namorados
Monte dos Corvos
Monte Fernandes
Rosário
Sete
Espragosa
Sapos
Corte Brique
Vª Sra da Cola
Aldeia dos Neves
Lombador
Porteirinhos
Aldeia do Corvo
São João dos Caldeireiros
Bicada
Lombardas
Bgem de Sta Clara
Aldeia dos Fernandes
Corte Zorrinha
Aldeia do Neves
Sra da Graça de Padrões
Caiada
São Sebastião dos Carros
Belo
Roncão
Alcaria Longa
Semblana
São Miguel do Pinheiro
Manuel Galo
Eirinha
Espírito Santo
São Bartolomeu
Sabóia
Sta Clara
Santana da Serra
Gomes Aires
Almodôvar
Viuvas
Gatão
Carros
Alcaria de Javazes
Sta Clara a-Nova
Morgadinho
São Pedro de Solis
Quintã
Vargens
Pereiras
Mestras
Fialho
Castelhanos
Lotão
Clarines
Gióes
Coito
A 2 - IP 1
IC 1 - IP 8
A 26 - IP 8
IP 8
IP 2
E 802
N 2
N 259
N 121
N 122
N 123
N 260
N 18
N 261
N 263
N 264
N 266
N 267
N 253
N 257
N 258
N 383
N 387
N 389
N 391
N 393
Rio Guadiana
Serra do Mendro
65
89
78
4
5
6
Q
R
S
T

78
0 4 8 12 km
66
77
90
Q
R
S
T
Monsaraz
Mourão
São Leonardo
Portel
Alqueva
Barragem d'Alqueva
Moura
Pisões-Moura
Amareleja
Safara
Santo Amador
Sobral da Adiça
Serra da Adiça
Serpa
Vila Nova de São Bento
Vila Verde de Ficalho
Pias
Brinches
Baleizão
Mértola
Mina de São Domingos
Boca Chanza
Alcaria de Javazes
Pomarão
Sanlúcar de Guadiana
El Granado
Paymogo
Santa Bárbara de Casa
Cabezas Rubias
Rosal de la Frontera
Aroche
Cortegana
Barrancos
Castelo de Noudar
Encinasola
Oliva de la Frontera
Villanueva del Fresno
Valencia del Mombuey
Zahinos
Higuera de Vargas
Alconchel
Cheles
Puebla de Guzmán
Alosno
Tharsis
Villanueva de los Castillejos
Calañas
Villanueva de las Cruces
Sierra Pelada
Embalse del Chanza
Embalse de Andévalo
Parque Natural do Vale do Guadiana
GUADIANA
Rio Chança
Ribeira de Ardila
N 256
N 255
N 260
N 265
N 386
N 433
IP 8
IP 2
A 495
A 496
EX 107
EX 112

67
91
80
Barcarrota
Salvaleón
Los Baños
Salvatierra de los Barros
La Parra
Feria
Sª Vieja
Fuente del Maestre
B A D A J O Z
San Jorge
de los Barros
del Fresno
Peña Utrera
Los Santos de Maimona
La Lapa
Zafra
Alconera
Puebla de Sancho Pérez
Montuoso
Sª de los Santos
Balneario de Raposo
Hinojosa del Valle
Calvo
Llera
Valencia de las Torres
E. de Mosquil
Usagre
Higuera de Llerena
Rubi
Sª de Cañijal
Brovales
Valle de Matamoros
Valle de Sta Ana
San José
E. de Brovales
Burguillos del Cerro
Pto de Sto Domingo
Jacintos
Valverde de Burguillos
Atalaya
Torres
Medina de las Torres
Jerez de los Caballeros
Valuengo
Embalse de Valuengo
Cabrera
Calzadilla de los Barros
Bienvenida
Villagarcía de la Torre
Torre
Casas de Pila
La Bazana
Puerto Beltrana
Valencia del Ventoso
Bodión
Ardila
Cinco Lindes
Puerto de Tablado
Tocinillos
Puerto de la Granja
Ermita de los Remedios
Fuente de Cantos
Cantalgallo
Llerena
Ahil
Sª de San Salvador
Fregenal de la Sierra
San Cristóbal
Puerto de la Loba
Ermita de San Isidro
Sª Aguda
Las Zorillas
Ribera de Los Molinos
Trasierra
Casas de la Reina
Teatro Romano
Reina
Sª de S. Bernardo
Higuera la Real
Valera
Bodonal de la Sierra
Gigonza
Montemolín
Sª Quebrada
San Miguel
Segura de León
José Díez
Calera de León
Ermita Virgen de Ara
Pallares
Bujo
Cabeza la Vaca
Cumbres de Enmedio
Cumbres de San Bartolomé
Cumbres Mayores
Butrera
Monesterio
Pto Cañada
Puebla del Maestre
Torre
Mina La Jayona
Fuentes de León
Santuario de Sta María de Tentudía
E. de Tentudía
Sª del Viento
Sierra de Tudía
Arroyomolinos de León
Castillo
EL CULEBRÍN
Venta del Culebrín
Morena
Río Vendoval
Hinojales
Cañaveral de León
Hoya de Sta María
Embalse del Pintado
de la Sierra de Aracena
S I E R R A
Jabata
Minas de Cala
Cala
Pto de las Marismas
La Bastiana
El Pintado
Solona
Puerto Lucía
La Nava
La Pica
El Repilado
Las Chinas
Valdelarco
Navahermosa
Corterrangel
Castañuelo
Embalse de Aracena
Puerto Padrona
El Real de la Jara
M O R E
Jabugo
Galaroza
Cortelazor
Carboneras
Los Romeros
Castaño del Robledo
Fuenteheridos
Los Marines
Aracena
Corteconcepción
Picos de Aroche
Faustino
La Ganchoz
Contraembalse del Pintado
Molares
Aguafría
Nª Sª de los Ángeles
Puerto Gil
Puerto Moral
Sta Olalla del Cala
La Real
Linares de la Sierra
Alájar
Gruta de las Maravillas
Valdezufre
Almadén de la Plata
Calabazares
La Corte
Sta Ana la Real
Sierra de Aracena
Jabugillo
La Umbría
de la Sierra Nor
Serpos
Ermita de Sta Eulalia
Higuera de la Sierra
Zufre
E. de Zufre
El Berrocal
El Membrillo
Patrás
E. de Odiel
de la Mora
San Miguel
Concepción
Ventas de Arriba
Campofrío
Ermita de Nª Sª del Prado
La Granada de Río-Tinto
Nª Sª del Puerto
Costalinero
La Parrilla
Ermita de San Benito
E L V A
E. de Sotiel
E. de Gossan
Padre Caro
La Dehesa
Valdeflores
El Peralejo
La Alcornocosa
Archidona
El Ronquillo
Embalse de Cala
Ermita de Nª Sª de Escardiel
El Villar
Traslasierra
La Atalaya
Minas de Riotinto
Nerva
E. de Nerva
Minas del Castillo
Parladé
Zalamea la Real
El Campillo
E. del Jarama
La Naya
Juan Gallego
La Aulaga
El Castillo de las Guardas
Arroyo de la Plata
Embalse de la Minilla
Los Carrizos
Las Delgadas
Villagordo
El Cañuelo
El Alisar
Castilblanco de los Arroy
El Buitrón
Membrillo Alto
El Madroño
Juan Antón
El Pedrosillo
Embalse de Guillena
Marigenta
El Álamo
Puerto Acebuche
Las Nieves
El Pozuelo
Berrocal
Las Criaderas
El Garrobo
Embalse de Gergal
El Gergal
Los Pa
E. de Sillillos
Las Cañadas
Fuente
Coto nacional de la Pata del Caballo
Las Pajanosas
La Lapa
Burguillos
Villaverde del Camino
Charcofrío
El Campillo
Hato Verde
Viar
La Florida
Navahermosa
Gatos
Cejo
E. del Esparragal
Gerena
Guillena
San Ignacio del Viar
Brenes
Esquivel

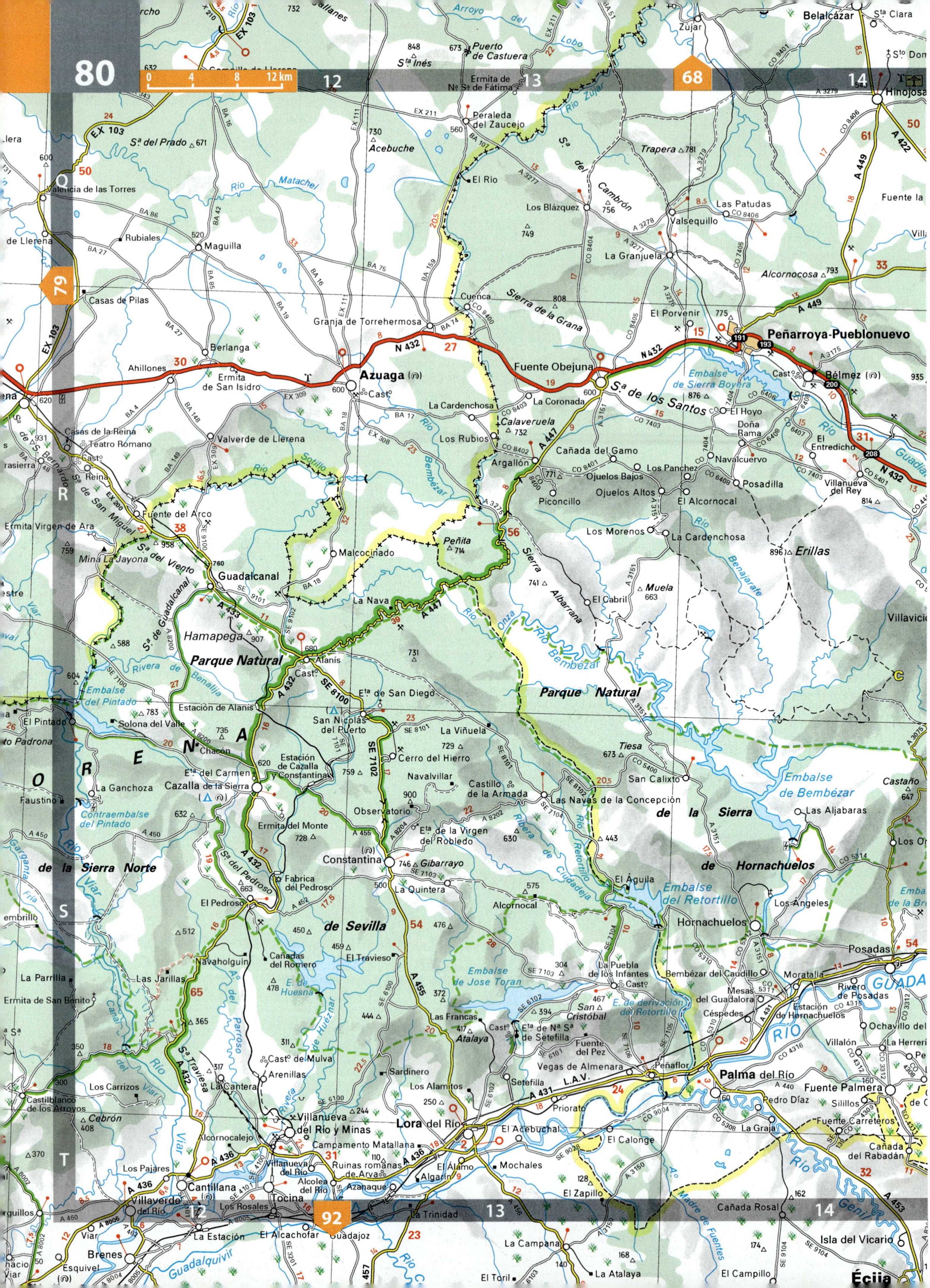

0 4 8 12 km
12
13
14
68
79
92
Belalcázar
Sta Clara
Hinojosa
Zújar
Puerto de Castuera
Sta Inés
Ermita de Nª Sª de Fátima
Peraleda del Zaucejo
Acebuche
Sª del Prado
Valencia de las Torres
Rubiales
Maguilla
Río Matachel
El Río
Los Blázquez
Sª del Cambrón
Trapera
Valsequillo
Las Patudas
La Granjuela
Alcornocosa
Casas de Pilas
Granja de Torrehermosa
Cuenca
Sierra de la Grana
El Porvenir
Peñarroya-Pueblonuevo
Bélmez
Berlanga
Ahillones
Ermita de San Isidro
Azuaga
Fuente Obejuna
Sª de los Santos
Embalse de Sierra Boyera
El Hoyo
Doña Rama
El Entredicho
La Cardenchosa
La Coronada
Calaveruela
Los Rubios
Casas de la Reina
Teatro Romano
Valverde de Llerena
Reina
Argallón
Cañada del Gamo
Los Panchez
Navalcuervo
Posadilla
Ojuelos Bajos
Ojuelos Altos
Piconcillo
El Alcornocal
Villanueva del Rey
Fuente del Arco
Sª de San Miguel
Ermita Virgen de Ara
Mina La Jayona
Sª del Viento
Malcocinado
Peñita
Los Morenos
La Cardenchosa
Erillas
Guadalcanal
Sierra Albarrana
El Cabril
Muela
La Nava
Sª de Guadalcanal
Hamapega
Parque Natural
Alanís
Río Bembézar
Parque Natural
Embalse del Pintado
Rivera de Benalija
Eta de San Diego
El Pintado
Solona del Valle
Estación de Alanís
San Nicolás del Puerto
La Viñuela
Chaparral
Chacón
SIERRA
Estación de Cazalla y Constantina
Cerro del Hierro
Tiesa
San Calixto
Embalse de Bembézar
Castaño
Las Aljabaras
La Ganchoza
Cazalla de la Sierra
Eta del Carmen
Navalvillar
Castillo de la Armada
Las Navas de la Concepción
de la Sierra
Faustino
Contraembalse del Pintado
Ermita del Monte
Observatorio
Eta de la Virgen del Robledo
de la Sierra Norte
Constantina
Gibarrayo
La Quintera
El Águila
de Hornachuelos
Los Ángeles
Fabrica del Pedroso
El Pedroso
Sª del Pedroso
de Sevilla
Alcornocal
Embalse del Retortillo
Hornachuelos
Posadas
Cañadas del Romero
El Travieso
Navaholguín
Las Jarillas
La Parrilla
Ermita de San Benito
E. de Huesna
Embalse de José Torán
La Puebla de los Infantes
Bembézar del Caudillo
Moratalla
Mesas del Guadalora
Rivero de Posadas
Estación de Hornachuelos
Céspedes
Ochavillo del Río
San Cristóbal
E. de derivación del Retortillo
Las Francas
Atalaya
Eta de Nª Sª de Setefilla
Fuente del Pez
Vegas de Almenara
Peñaflor
Palma del Río
Villalón
Fuente Palmera
Sª Traviesa
Castº de Mulva
Arenillas
La Cantera
Sardinero
Los Alamitos
Setefilla
Priorato
Pedro Díaz
Silillos
Fuente Carreteros
Los Carrizos
Castilblanco de los Arroyos
Cebrón
Villanueva del Río y Minas
Lora del Río
El Acebuchal
El Calonge
La Graja
Cañada del Rabadán
Alcornocalejo
Campamento Matallana
Ruinas romanas de Arva
El Álamo
Algarín
Mochales
Los Pajares
Cantillana
Villanueva del Río
Alcolea del Río
Azanaque
El Zapillo
Villaverde del Río
Los Rosales
Tocina
La Trinidad
Cañada Rosal
Río Genil
Isla del Vicario
La Estación
El Alcachofar
Guadajoz
La Campana
Brenes
Esquivel
Guadalquivir
El Toril
La Atalaya
El Campillo
Écija

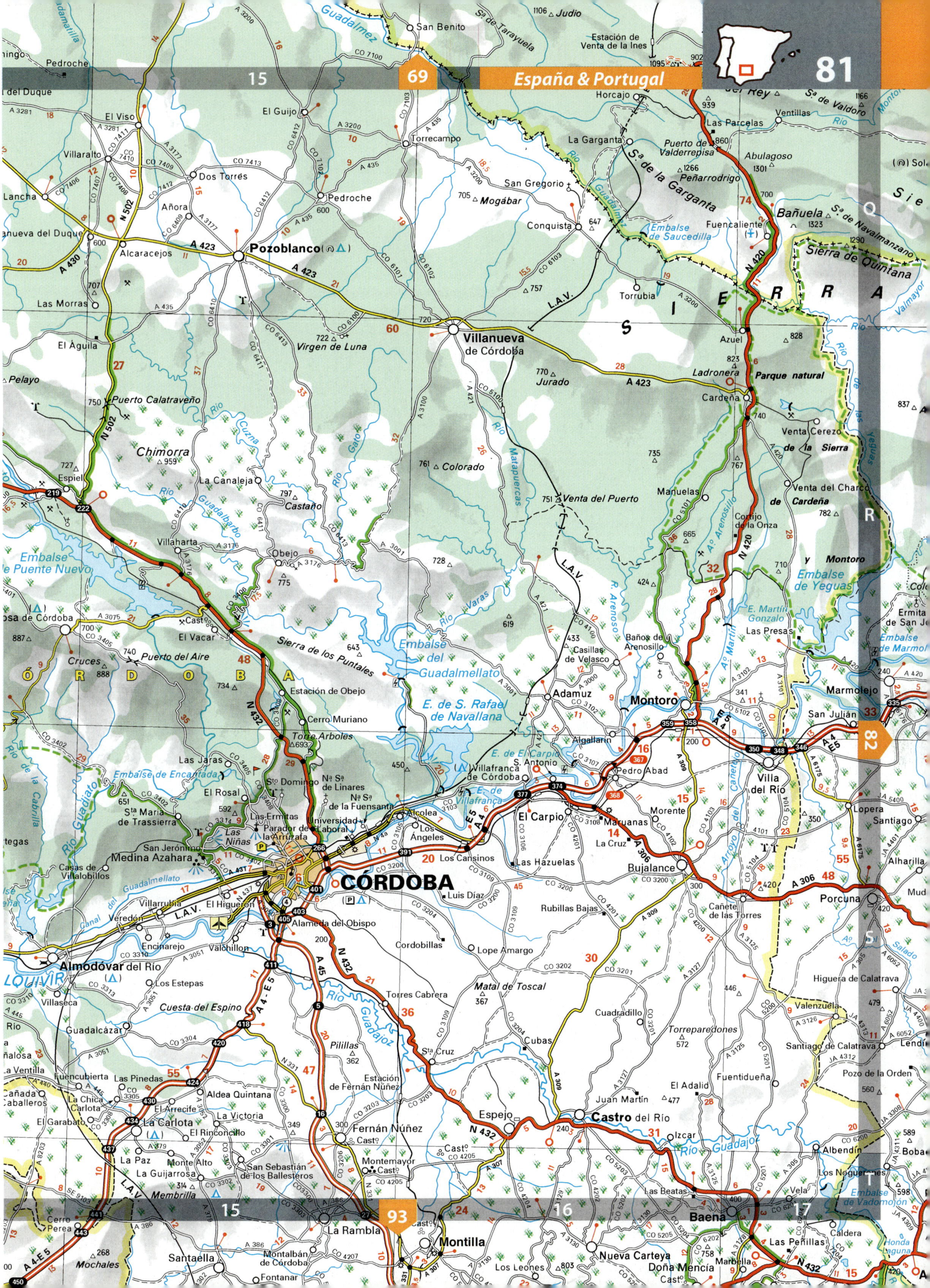
15
69
16
17
93
82
33
Guadalmez
San Benito
Judio
Estación de Venta de la Ines
Horcajo
Las Parcelas
Ventillas
Pedroche
El Viso
El Guijo
Torrecampo
Villaralto
Dos Torres
Añora
Alcaracejos
Pozoblanco
Las Morras
El Águila
San Gregorio
Mogábar
Conquista
La Garganta
Sª de la Garganta
Puerto de Valderrepisa
Peñarrodrigo
Abulagoso
Fuencaliente
Bañuela
Sierra de Quintana
Embalse de Saucedilla
Torrubia
Villanueva de Córdoba
Virgen de Luna
Jurado
Azuel
Ladronera
Parque natural
Cardeña
Venta Cerezo
de la Sierra
Venta del Charco
de Cardeña
Montoro
Embalse de Yeguas
SIERRA
Puerto Calatraveño
Chimorra
Colorado
Venta del Puerto
Manuelas
Cortijo de la Onza
La Canaleja
Castaño
Villaharta
Obejo
Embalse de Puente Nuevo
Espiel
El Vacar
Puerto del Aire
Cruces
CÓRDOBA
Sierra de los Puntales
Embalse del Guadalmellato
E. de S. Rafael de Navallana
Estación de Obejo
Cerro Muriano
Torre Árboles
Baños de Arenosillo
Casillas de Velasco
Adamuz
Algallarín
E. Martín Gonzalo
Las Presas
Marmolejo
San Julián
Villa del Río
Lopera
Santiago
Porcuna
Alharilla
Pedro Abad
Morente
El Carpio
Maruanas
La Cruz
Bujalance
Villafranca de Córdoba
S. Antonio
E. de El Carpio
E. de Villafranca
Las Jaras
Embalse de Encantada
El Rosal
Sta María de Trassierra
Stº Domingo
Nª Sª de Linares
Nª Sª de la Fuensanta
Las Ermitas
Parador de la Arruzafa
Universidad Laboral
Alcolea
Los Ángeles
Los Cansinos
Las Hazuelas
Medina Azahara
San Jerónimo
Casas de Villalobillos
Villarrubia
El Higuerón
Veredón
Encinarejo
Valchillón
Alameda del Obispo
Luis Díaz
Cordobillas
Lope Amargo
Rubillas Bajas
Cañete de las Torres
Almodóvar del Río
Los Estepas
Villaseca
Cuesta del Espino
Guadalcázar
Torres Cabrera
Matal de Toscal
Cuadradillo
Torreparedones
Valenzuela
Santiago de Calatrava
Higuera de Calatrava
Pozo de la Orden
Fuencubierta
Las Pinedas
La Chica Carlota
El Arrecife
Aldea Quintana
La Carlota
La Victoria
El Rinconcillo
Pilillas
Estación de Fernán Núñez
Sta Cruz
Cubas
Fuentidueña
El Adalid
Juan Martín
Espejo
Castro del Río
Izcar
Fernán Núñez
Montemayor
La Paz
Monte Alto
La Guijarrosa
San Sebastián de los Ballesteros
Membrilla
Cerro Perea
La Rambla
Montilla
Santaella
Mochales
Montalbán de Córdoba
Fontanar
Los Leones
Nueva Carteya
Doña Mencía
Baena
Las Beatas
Marbella
Las Peñillas
Caldera
Vela
Albendín
Los Nogueras
Embalse de Vadomojón
Honda Laguna

0 4 8 12 km
Mestanza
Umbría de Fresneda
Las Virtudes
Águila
Peñalajos
Arroyo
Encinas
Morales
Fresneda
Almuradiel
Viso del Marqués
Monte
Huertezuelas
San Bruno
San Lorenzo de Calatrava
Sierra de San Andrés
Las Fuentes
E. de Montoro
Solana del Pino
Río Robledillo
Sierra Madrona
El Tamaral
Jalvegada
Sª del Herruzo
Sierra del Agua
Coto nacional
Peñas
Negrilla
Venta de Cárdenas
Desesperada
Aldeaquemada
Sierra de Quintana
Rebollera
El Hoyo
Caballeros
Estrella
Parque Natural
Desfiladero de Despeñaperros
Pto de los Jardines
Las Correderas
Collado de Hontanar
Coto nacional Silladores
Casa Forestal de Selladores
Contadero
Naval el Zar
El Patrocinio
El Centenillo
Miranda del Rey
Sta Elena
Parque natural de la Sierra de Andújar
MORENA
Junquillo
Embalse del Jándula
Los Guindos
La Aliseda
Las Navas de Tolosa
Algibillo
Peñón de la Cuna
Alarcones
La Carolina
Guadalén
Cabeza Parda
Embalse del Rumblar
Carboneros
Isabela
Fernandina
El Acebuchal
Barrio de la Estación
Vilches
Porrosillo
La Lancha
Embalse de El Encinarejo
Los Escoriales
El Encinarejo
Baños de la Encina
El Salcedo
Los Ríos
La Mesa
Martín Malo
Guarromán
E. de la Fernandina
E. de Guadalén
Guadalén del Caudillo
Arquillos
Santuario Virgen de la Cabeza
Venta del Charco
Cardeña
Montoro
Embalse de Yeguas
Colodro
El Lugar Nuevo
Coto nacional de Lugar Nuevo
Alcaparrosa
Las Viñas
La Condesa
Bailén
La Cruz
Linarejos
Linares
Estación de Vadollano
Miraelrío
E. de Giribaile
Torre del Obispo
Ermita de San José
Embalse de Marmolejo
Zocueca
Tobaruela
Estación de Baeza
Capones
Santuario de Gracia
Sta Eulalia
Mármol
Rus
La Yedra
Canena
La Ropera
Andújar
Marmolejo
San Julián
Los Villares
La Quintería
Sevilleja
Espeluy
Caserío de Torrubia
Guadalimar
Estación de Madrigueras
Ibros
Jabalquinto
Úbeda
Baeza
Los Barrios
Los Cortijuelos
Villanueva de la Reina
Cazalilla
Torreblascopedro
Begíjar
Arjonilla
Lahiguera
Mengíbar
Campillo del Río
Puente del Obispo
Lopera
Santiago
Arjona
Villargordo
Vados de Torralba
Estación García-Jimena
Embalse de Doña Aldonza
Donadío
Estación de Jódar
Matacas
Jubera
Ventosilla
Las Infantas
Torrequebradilla
Alharilla
Embalse de Pedro Marín
Porcuna
Mudapelos
Escañuela
Fuerte del Rey
El Berrueco
Villar de Cuevas
Galapagar
Las Escuelas
Garcíez
Jódar
Villardompardo
Cirueña
Jimena
Bedmar
Higuera de Calatrava
Puente del Villar
La Muña
Garcíez
Estación de Grañena
Cueva de la Graja
Albánchez de Mágina
Valenzuela
Pilar de Moya
Torre del Campo
JAÉN
Puente Nuevo
Mancha Real
Torres
Cuadros
Santiago de Calatrava
Lendínez
Torredonjimeno
Jamilena
Jabalcuz
Martos
Parque Natural
Bélmez
Pozo de la Orden
Sª de la Grana
Balneario de Jabalcuz
La Guardia de Jaén
Pegalajar
Los Cortijuelos
Vado Baena
Puente de la Sierra
El Almadén
Sierra Mágina
Monte Lope Álvarez
Contreras
Baños de Martos
Los Villares
La Cerradura
Sierra Almadén de la Sierra Mágina
Bélmez de la Moraleda
Cano
Albendín
Bobadilla
Puerto Alto
Grajales
Cambil
Ermita de la Fuensanta
Solera
Los Noguerones
Las Casillas
La Carrasca
Fuensanta de Martos
Sierra de la Pandera
Carchel
Huelma
Embalse de Vadomojón
Venta Pantalones
Portillo de Martos
Caldera
Peñillas
Alcázar
Honda Laguna
Alcaudete
Vizcalmón
Stª Ahillos
Embalse de Víboras
Jaca
Valdepeñas de Jaén
Pto de las Palomas
Carchelejo
Coloma
Alta
Arbuniel
Cuesta de los Gallardos
Villacampo del Moral
Montejícar
Zamarrón
Guadalquivir
Guadalbullón
A 4-E 5
A 44 E 902
A 32
A 316
A 311
A 306
A 301
A 401
A 320

71
20
21
22
84
95
Las Tajoneras
La Borreguilla
de Juan Abad
Ermita de la Virgen de la Vega
Puebla del Príncipe
Villamanrique
Pilas Verdes
Villapalacios
Castellar de Santiago
La Guadianeja
San Cristóbal
Bienservida
Crucetas
Pto de las Crucetillas
Riópar
Riópar Viejo
Pico de la Sarga
Pto del Arenal
Villaverde de Guadalimar
Nacimiento del Río Mundo
Cotillas
Villarrodrigo
Pozo de Abajo
Onsares
Los Marines
El Moralico
Parque Natural
Génave
Torres de Albanchez
Sª de Calderón
Los Tinajones
Embalse de Guadalmena
Río Guadalmena
Casa Nueva de la Torrecilla
El Parralejo
Embalse del Dañador
Casas del Guarda de la Alameda
Verjaga
Las Graceas
Los Pascuales
Puente de Génave
La Puerta de Segura
Siles
Aserradero del Río Tus
Venta de los Santos
Montizón
Los Mochuelos
Nuevos
Haza Alta
Los Llanos de Arriba
de las Sierras
Benatae
Los Prados
Mentiras
Las Sacedillas
Aldeahermosa
Ermita de Nazaret
Chiclana de Segura
La Porrosa
Arroyo del Ojanco
Peñolite
Los Yegüerizos
Casa Forestal de Valdemarín
Orcera
Los Arroyos
Ladonar
Segura de la Sierra
Parolis las Juntas
Prados de Armijo
Cañada Catena
Cuevas de Ambrosio
Yelmo
Las Herrerías
El Campillo
Camporredondo
Castellar de Santisteban
Santisteban del Puerto
Sorihuela del Guadalimar
Beas de Segura
Doña Ana
Cortijos Nuevos
El Robledo
Casa Forestal del Campillo
El Collado
Sardinas
Santuario Consolación
Gutar
Barbero
Fuente Pinilla
Cañada Morales
Hornos
El Parralejo
Miller
Fuente de la Torre
Navas de S. Juan
Benatae
Capitán
Villanueva del Arzobispo
Tranco
La Platera
Casicas del Río Segura
Embalse de Anchuricas
Estrella
Iznatoraf
Santuario de Nª Sª de la Fuensanta
Garganta
de Cazorla, Segura
SEGURA
Pedro Andrés
Guadalimar
Embalse de Olvera
Herrera
Cañada de la Madera
Casa Forestal de Carrales
Venta de la Muela
Santiago de la Espada
Pontones
El Pozo
Río Taibilla
Villacarrillo
Embalse del Tranco
Bujaraiza
Pontón Alto
Isla Cabeza de la Viña
Fuente Segura
Matea
Sª de Almorchón
Sª de la Hoya del Espino
Las Cabras
Sierra
Castº
A 32
Mogón
Casa Forestal La Fresnedilla
Blanquillo
y las Villas
Loma Gerica
DE
La Hoya del Espino
Pto del Pinar
Los Teatinos
La Caleruela
Embalse de Aguascebas
Coto-Ríos
La Fresnedilla
Caserío de Don Domingo
Torreperogil
Veracruz
Sto Tomé
Cazorla
Coto nacional de Cazorla
Solana de Torralba
Chilluévar
El Molar
Almansas
El Cantalar
Las Banderillas
SIERRA
La Losa
Cortijos Nuevos de la Sierra
Puebla de Don Fadrique
Armíndez
Valdecazorla
E. del Puente de la Cerrada
Río de la Vega
Pto de las Palomas
Parque Natural
Sagra
Sierra de la Sagra
Lobos
San Miguel
Burunchel
Nava de Pablo
La Iruela
Doña Ana
Conde del Guadiana
Peal de Becerro
Cazorla
Puente de las Herrerías
Sierra de Pozo
Sierra de la Cabrilla
Sierra de Seca
Tornajuelos
Moncayo
Casa
Hornos de Peal
Toya
Castº
Cinco Esquinas
Parador El Adelantado
Nava de San Pedro
Sierra de Castril
El Salado
Embalse de San Clemente
Sª de Montilla
Sierra de Jureña
La Toscana
Estación de Quesada
Los Propios del Guadiana
El Chorro
Buitre
Moro
Puente Duda
Quesada
Cabañas
Embalse del Portillo
Sª de Marmolance
Huéscar
Casas de
Puerto de Tíscar
Embalse de la Bolera
Fátima
Cubo
Castril
Fuencaliente
Los Rosales
Cueva del Agua
Tíscar
Campo Cebas
Peña de Quesada
Las Almontaras
El Cerrillo
Estación de Larva
Larva
Huesa
Belerda
Ceal
Río Guadiana Menor
Campocámara
El Cura
Galera
Venta de Micena
Ermita del Nicho
Hinojares
Pozo Alcón
Castilléjar
Río Galera
Orce
Taale
Sª de la Umbría
Cabra del Sto Cristo
Estación de Huesa
Peña Cambrón
Fontanar
La Paja
Los Carriones
Sierra Perea
El Bosque
Estación de Cabra del Sto Cristo y Alicún
Cortes de Baza
Carramaiza
El Margen
Estación Huelma
Oqueales
Alicún de Ortega
Cortijo Nuevo
Cuevas del Campo
Embalse del Negratín
Benamaurel
Cerro
El Peñón
Dehesas de Guadix
Alamedilla
Jabalcón
Río de Cúllar
Cúllar Baza
Las Vertientes
Venta Quemada
Orce

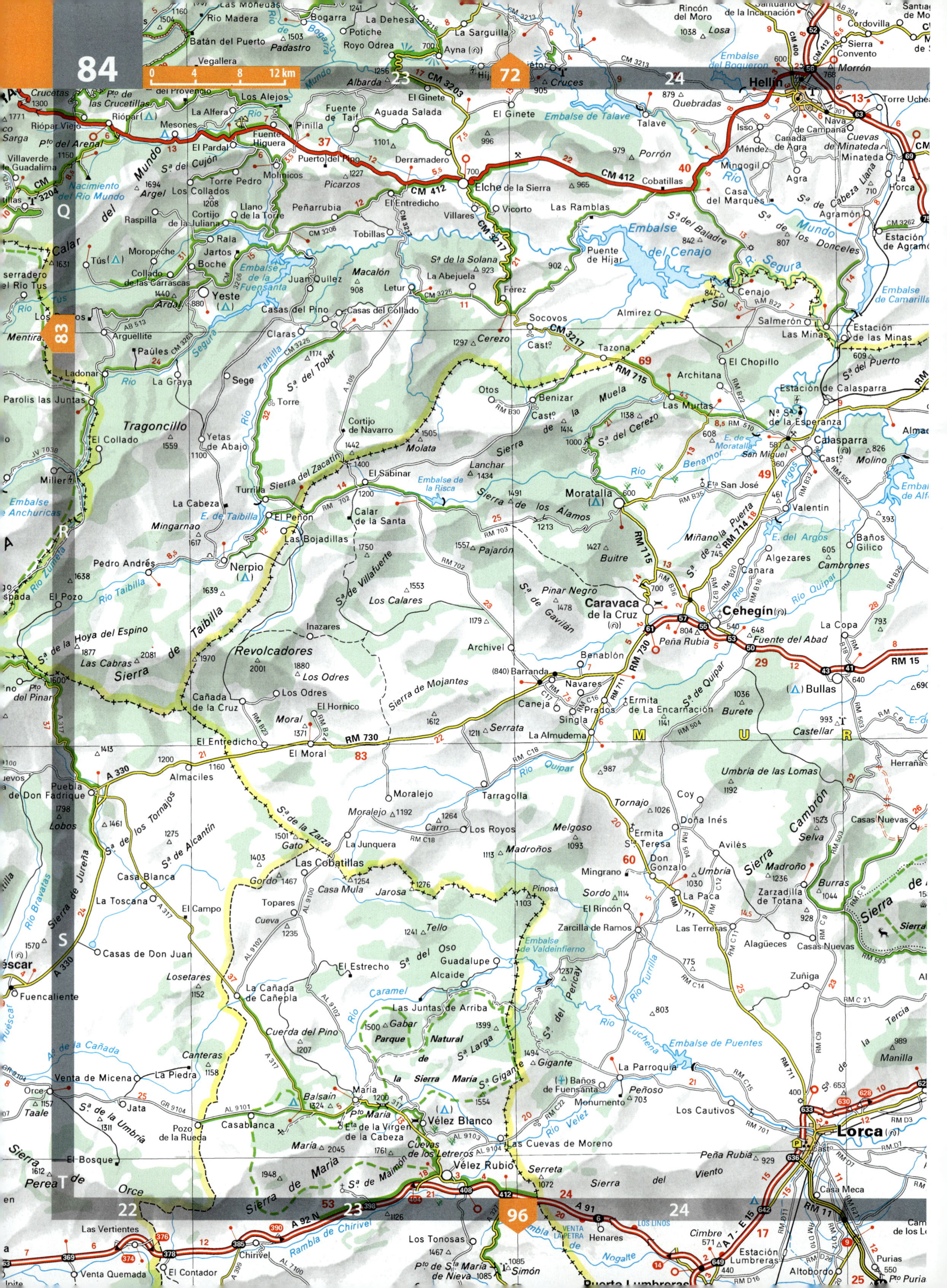
0 4 8 12 km
72
83
96
Hellín
Elche de la Sierra
Yeste
Nerpio
Moratalla
Caravaca de la Cruz
Cehegín
Calasparra
Bullas
Lorca
Vélez Blanco
Vélez Rubio
Puebla de Don Fadrique
Letur
Férez
Socovos
Riópar
Molinicos
Ayna
Liétor
Isso
Agramón
Nerpio
Tragoncillo
Revolcadores
Sierra de Taibilla
Sierra del Zacatín
Sierra de los Álamos
Sierra de Mojantes
Sierra de Gavilán
Sierra de Cambrón
Sierra de María
Sierra de Jureña
Sa de la Zarza
Sa del Tobar
Sa del Cujón
Sa de Villafuerte
Parque Natural de la Sierra María
Embalse de la Fuensanta
Embalse del Cenajo
Embalse de Talave
Embalse del Boquerón
Embalse de Camarillas
Embalse de Puentes
Embalse de Valdeinfierno
Embalse de Anchuricas
Embalse de la Risca
E. de Taibilla
E. del Argos
Río Segura
Río Mundo
Río Taibilla
Río Quipar
Río Argos
Río Benamor
Río Turrilla
Río Luchena
Río Vélez
Río Caramel
Río Bravatas
Rambla de Chirivel
Nacimiento del Río Mundo
Pto del Arenal
Pto de las Crucetillas
Pto del Pinar
Pto de María
Pto de Santa María de Nieva
Pto Puria
Cenajo
Calar de la Santa
El Sabinar
Benizar
Archivel
Barranda
Navares
Singla
La Almudena
Zarzadilla de Totana
Zarcilla de Ramos
Avilés
Coy
Doña Inés
La Paca
Tarragolla
Moralejo
Almaciles
El Moral
Topares
Alcaide
Guadalupe
Las Cuevas de Moreno
Fuencaliente
Venta de Micena
Orce
Chirivel
Venta Quemada
El Contador
Los Tonosas
Puerto Lumbreras
Henares
CM 412
CM 3203
CM 3217
RM 715
RM 714
RM 730
RM 711
RM 15
A 330
A 317
A 91
A 92 N
A 7 - E 15
M U R

73
25
26
Jumilla
Albatana
Peñarrubia
Fuente del Pino
La Alquería
La Campana
Pava
Portichuelo
Guardiola
La Capilla
Salinas
Elda
Petrer
Loma Badada
Penya del Sit
Agost
Las Hermanas
Sierra de Enmedio
Sierra de Las Cabras
Candil
La Celia
Cucharón
Tienda
Sierra del Molar
Monasterio de Sta Ana
Cancarix
El Carche
Sa del Carche
Casas del Puerto
El Pinós
Raspay
Pansas
Lel
Úbeda
Hondón
Chinorla
Monòver
Novelda
Castell de la Mola
Sta María Magdalena
La Estació de Novelda
Poublanc
Culebrón
Manya
Chinorlet
Encebras
Cases del Senyor
La Romaneta
La Romana
Monforte del Cid
Orito
Casas de Ibáñez
Solsia
Rodriguillo
Cañada del Trigo
Alcanà
Las Cuevas
Aspe
Sierra del Picacho
Rambla del Judío
Sierra Larga
Sierra de Sopalmo
El Aljunzarejo
La Zarza
L'Algueña
Collado de Abril
Sa del Reclot
Sa del Argallet
Cabeza del Asno
Embalse del Judío
Ascoy
Casablanca
Boquerón
Peña Zafra de Arriba
Sa de Quibas
El Cantón
La Canalosa
El Fondó de les Neus
Buenos Aires
Estación de la Macetua
Sierra de la Pila
Fuente Blanca
La Garapacha
Barinas
Sa del Cantón
Macisvenda
Barbarroja
Hondón de los Frailes
Sa de Crevillent
ELX / ELCHE
Crevillent
Cieza
Hoya del Campo
La Espartosa
Estación de Blanca
Serrano
El Relaño
Caprés
Baño
Los Baños
Mahoya
El Partidor
Sa de Abanilla
Abanilla
Los Vives
Matola
La Alcudia
La Foia
La Torre
E. del Carcabo
Abarán
Sierra del Oro
La Hurona
Fenazar
Albarda
Fortuna
Lugar
Los Vicentes
Albatera
Sant Isidre
Ermita de Sta Filomena
Granja de Rocamora
Catral
Casa del Lleó
Sant Felip Neri
Dolores
Blanca
E. de Azud de Ojós
Ricote
Ojós
Ulea
Villanueva del Río Segura
Sierra de Ricote
Campotéjar
Embalse de Santomera
La Matanza
Benferri
Callosa de Segura
Redován
Cox
Rafal
Almoradí
Daya Nueva
Sant Fulgenci
Formentera del S.
Archena
La Algaida
E. del Mayes
Los Valientes
Alcaina
La Aparecida
Orihuela
S. Bartomeu d'Almisdrà
Benejúzar
Algorfa
Rojales
Benijófar
Cejo Cortado
Lorquí
Ceutí
Molina de Segura
Siscar
Santomera
Río Segura
Bigastro
Jacarilla
Yechar
Campos del Río
Los Rodeos
Baños de Mula
Mula
Alguazas
Laderas del Campo
Esparragal
Beniel
Arneva
Hurchillo
Vistabella
Los Montesinos
El Niño
La Puebla de Mula
Albudeite
Las Torres de Cotillas
Los Pulpites
Ribera de M.
Espinardo
Sta Cruz
Monteagudo
Alquerías
El Mojón
Zeneta
Torremendo
Estación de Canteras
San Miguel de Salinas
Los Balcones
Torre
Punta Prima
Doña Ana
La Colonia
Pliego
Barril
Nora
MURCIA
Llano de Brujas
Torreagüera
Beniaján
Cabezo de la Plata
Las Filipinas
Villamartín
La Zenia
Cap Roig
Dehesa de Campoamor
Torre de la Horadada
Espuña
Las Aguilas
Los Calderones
Alcantarilla
Los Jerónimos
Algezares
Cresta del Gallo
La Zarza
Embalse del Pliego
Barqueros
Belén
Sangonera la Verde
El Palmar
Santuario de la Fuensanta
Pto de San Pedro
Sa de Escalona
El Pinar de C.
Casto de D. Juan
Fuente Librilla
Perona
E. de Algeciras
Alberca
Puerto de la Cadena
Pilar de la Horadada
Gebas
El Berro
Parque Natural
Librilla
Embalse del Romeral
Sierra de Carrascoy
Baños y Mendigo
Sucina
Avileses
El Mirador
El Mojón
Alhama de Murcia
Casas Nuevas
Carrascoy
La Murta
Corvera
Balsicas
S. Cayetano
Pozo Aledo
San Pedro del Pinatar
Lo Pagan
Las Salinas
Monasterio La Santa
Gañuelas
Los Martínez del Puerto
Roldán
Lo Ferro
San Javier
Santiago de la Ribera
Punta de Algas
Valladolises
Dolores
Roda
Aeropuerto de Murcia-San Javier
Playa del Pudrimel
Tomás Maestre
Totana
Los Paganes
Los Almagros
El Escobar
Balsapintada
Jimenado
Eta Nª Sª de Pascua
Sta Rosalía
Mar Menor
Faro del Estacio
Carivete
Secanos
Los Muñoces
Los Cánovas
Cuevas de Reíllo
El Estrecho
Lobosillo
Torre Pacheco
Los Alcázares
La Hoya
Los Tuelas
Los Cantareros
Fuente Álamo
Albujón
Las Lomas
Pozo Estrecho
La Puebla
El Carmolí
Isla Mayor
Playa del Pedrucho
Raiguero Bajo
Hinojar
La Pinilla
La Aljorra
La Palma
Los Urrutias
Hacienda Mares
Alporchones
Gañuelas
El Pericón
Barriada S. Cristóbal
Miranda
Sta Ana
Aparecida
El Algar
Los Nietos
Islas Menores
La Manga
Cabo
Las Palas
Tallante
Los Ruices
Cuesta Blanca
Molinos Marfagones
Los Puertos de Sta Barbara
Perín
Los Dolores
Roche
Estrecho
Llano del Beal
Los Belones
Playa Honda
Punta Espada
Sierra de Almenara
La Atalaya
La Majada
Mazarrón
Canteras
Roldán
La Unión
Parque Regional de Calblanque
Morata
Los Cucos de Morata
Puerto de Mazarrón
Isla Plana
Sierra de la Muela
El Portús
San Julián
Alumbres
Escombreras
Atamaría
Cenizas
Pastrana
Talayón
Moreras
Bolnuevo
Bahía
Playa de
CARTAGENA
Punta Negra
Cabo Negrete
97
98

BENIDORM
74
85
Xixona
Peña Migjorn
Tibi
Coves dels Canelobres
Aigües
Busot
Orxeta
Sant Jordi
La Cala
Sa Helada
Racó de Loix
Punta de l'Escaleta
Platja de Llevant
La Vila Joiosa / Villajoyosa
Platja del Paraís
Petrer
Loma Badada
Penya del Sit
Agost
Ermita Don Jaume
Maigmó
Montnegre
Mutxamel
Tangel
Villafranqueza
La Coveta Fumá
El Campello
Font-Mezquitas
Sant Joan d'Alacant
Platja de Muchavista
la Platja de Sant Joan
Cap de l'Horta
Platja de l'Albufereta
La Estación de Novelda
Poublanc
Verdegás
La Cañada
Sant Vicent del Raspeig
L'Alcoraya
Monforte del Cid
Orito
Aspe
El Rebolledo
Buenos Aires
Bacarot
ALACANT / ALICANTE
Golf d'Alacant
Urbanova
L'Altet
Torrellano
Els Bassars
Los Arenales del Sol
Platja los Arenales del Sol
Gran Alacant
ELCHE
El Palmeral
La Alcudia
La Foia
Las Bayas
Valverde
Matola
Casa del Lleo
Sant Felip Neri
Torre
Cap de Sta Pola
Sta Pola del Este
Sta Pola
Platja Lissa
Illa de Tabarca
Platja del Pinet
Torre de Pinet
La Marina
Marina-Oasis
Dolores
Daya Nueva
Sant Fulgenci
Formentera del S.
Rojales
Benijófar
Guardamar del Segura
Platja de Guardamar
Algorfa
Salines de la Mata
La Mata
Los Montesinos
Salines de Torrevieja
Cabo Cervera-Playa La Mata
Torrevieja
Los Balcones
Punta Prima
La Zenia
Cap Roig
Platjas de Orihuela
Dehesa de Campoamor
Torre de la Horadada
Platja las Villas
El Mojón
San Pedro del Pinatar
Lo Pagán
Las Salinas
Santiago de la Ribera
Punta de Algas
Aeropuerto de Murcia-San Javier
Playa del Pudrimal
Tomás Maestre
Faro del Estacio
La Manga del Mar Menor
Playa del Pedrucho
Mar Menor
Isla Mayor
Hacienda Dos Mares
Playa de Marchamalo
Los Nietos
Islas Menores
La Manga del Mar Menor
Cabo de Palos
Playa Honda
Los Belones
Parque Regional de Calblanque
Punta Espada
Atamaría
Cenizas
Cabo Negrete
COSTA BLANCA
MAR
0 4 8 12 km
28
29
30
27

IBIZA
Cala de Portinatx
Punta des Gat
Cala Xarraca
Portinatx
Punta de sa Creu
Port de Sant Miquel
Sant Vicent
Cala de Sant Vicent
Punta Grossa
Cala Sant Vicent
Platja des Figueral
Cap d'Albarca
Camp Vell
Sant Miquel de Balansat
Sant Joan de Labritja
es Figueral
Illa de Tagomago
Sta Agnès de Corona
Sant Carles de Peralta
Cap Roig
Sant Mateu d'Albarca
la Joya
Cap Nunó
Sant Llorenç de Balafia
es Canar
Sta Gertrudis de Fruitera
Platja des Canar
Cala Salada
Buscastell
Illa de Sta Eulària
Cala Gració
Sant Antoni de Portmany
Sta Eulària des Riu
Cala Sant Antoni
Illa Conillera
Siesta
Cala Bassa
Cala Llonga
Illes Bledes
Cala de Bou
Sant Rafel de sa Creu
Cap des Llibrell
Illa s' Espartar
Port des Torrent
Roca Llisa
Sant Agustí des Vedrà
Cala Tarida
Nª Sª de Jesús
Sant Josep de sa Talaia
Talamanca
Caló d'en Real
sa Carroca
Punta Grossa
Cala Vedella
Puig Gros
EIVISSA / IBIZA
Cala Vedella
Talaiassa
Cala Barcó
es Cubells
Cova Santa
Platja d'en Bossa
Sant Jordi de ses Salines
Cap Blanc
Sant Francesc de s' Estany
Illa Vedrà
Salines
Platja des Cavallet
Cap Llentrisca
sa Canal
Punta de sa Torre de ses Portes
Punta de sa Rana
Illa des Penjats
Illa Espardell
Illa Espalmador
Parque Natural de Ses Salines d'Eivissa i Formentera
Cala Savina
Punta Pedrera
Punta Prima
la Savina
Estany Pudent
es Pujols
Punta de sa Gavina
Sant Francesc de Formentera
Sant Ferran
Punta de Sa Creu
FORMENTERA
Cala Saona
Punta Rasa
es Caló
el Pilar de la Mola
Far de la Mola
Platja de Migjorn
Mola
Punta des Far
Mar y Land
Punta Rotja
Cap de Barbaria
O
P
Q

0 4 8 12 km
76
Zambujeira do Mar
Carvalhal
Estibeira
São Teotónio
Sobreiro
do Sudoeste
Brejão
Praia da Azenha do Mar
Praia de Odeceixe
Odeceixe
Caeiro
Oleiros
Sta Bárbara
Sa da Brejeira
Samouqueira
Maria Vinagre
Ribª de Seixe
Alentejano
Foz do Arroio
Praia da Carreagem
Rogil
Bunheira
Praia de Monte Clérigo
Foz do Farelo
Pêro Negro
Ponta da Atalaia
Vale da Telha
Aljezur
Ribª da Cerca
Marmelete
Fóia
Monchique
Arrifana
Vales
Serra
Caldas de Monchique
Casais
de
e Costa
Alfambra
N 120
Cão
Montes de Cima
Corsino
Praia da Bordeira
Samouqueira
Poldra
de
Bgem da Bravura
Pereira
Pontal
Carrapateira
Bordeira
Espinhaço
Porto de Lagos
Praia do Amado
Vilarinha
Praia da Barriga
Vicentina
Serra
do
Bensafrim
A 22
IC 4
Figueira
Praia d. Mouranitos
Barão de S. João
Odiáxere
Praia da Cordoama
Pedralva
Portelas
Mexilhoeira Grande
Praia do Castelejo
Barão de São Miguel
Torre de Aspa
Raposeira
N 125
Almádena
Espiche
Praia dos Três Irmãos
Alvor
Meia Praia
Vila do Bispo
Budens
Luz
Atalaia
Praia de Dona Ana
Praia da Rocha
Figueira
Praia do Porto de Mós
Lagos
Burgau
Salema
Zavial
Ponta da Piedade
Cabo de São Vicente
N 268
Forte de Beliche
Sagres
Praia do Martinhal
Ponta da Atalaia
Ponta de Sagres
ILHA DA MADEIRA
Ponta do Tristão
Porto Moniz
Santa
Achadas da Cruz
Ribeira da Janela
Boa Ventura
Ponta de São Jorge
Seixal
Ponta Delgada
São Jorge
Pargo
Santana
Ponta do Pargo
São Vicente
Arco de São Jorge
Ponta do Clérigo
Remal
Faial
Ruivo do Paúl
Ginjas
Pico Ruivo
Porto da Cruz
Fajã da Ovelha
Rabaçal
Parque Natural
Rosario
São Roque
Paúl do Mar
Prazeres
Boca da Encumeada
da Madeira
Arieiro
Portela
Jardim do Mar
Estreito da Calheta
Ribeiro Frio
Caniçal
Prainha
Calheta
Arco da Calheta
Serra de Água
Curral das Freiras
Eira do Serrado
Machico
Poiso
Santo António da Serra
Madalena do Mar
Canhas
Estreito de Câmara de Lobos
Água de Pena
Camacha
Ponta do Sol
Campanário
Gaula
Santa Cruz
Ribeira Brava
Monte
Caniço
Cabo Girão
Câmara de Lobos
São Martinho
São Gonçalo
Ponta do Garajau
Ponta da Cruz
FUNCHAL

FARO
Loulé
Albufeira
Olhão
Tavira
Silves
Lagoa
Almodôvar
São Brás de Alportel
Quarteira
Almancil
Armação de P.
Monchique
São Bartolomeu de Messines
Serra do Caldeirão
Praias de Albufeira
Praia de Faro
Ria Formosa
Parque Natural da Ria Formosa
Cabo de Sta Maria
Ilha de Faro
Ilha da Barreta
Ilha da Culatra
Ilha da Armona
Ilha de Tavira
Moncarapacho
Estoi
Conceição
Santana da Serra
Gomes Aires
Ameixial
Alte
Paderne
Boliqueime
Ferreiras
Vilamoura
Vale do Lobo
Quinta do Lago
Cabo Carvoeiro
Benagil
Ponta do Castelo
Ilha do Porto Santo
Vila Baleira (Porto Santo)
Camacha
Serra de Dentro
Pico do Castelo
Campo de Cima
Ilhéu de Cima
la Pedreira
Ilhéu de Ferro
Ponta
Ponta da Calheta
Ilhéu de Baixo ou da Cal
Pta de São Lourenço
OCEANO ATLÂNTICO
1/400 000
77
90
4
5
6
7
C
D
T
U
V
W
X

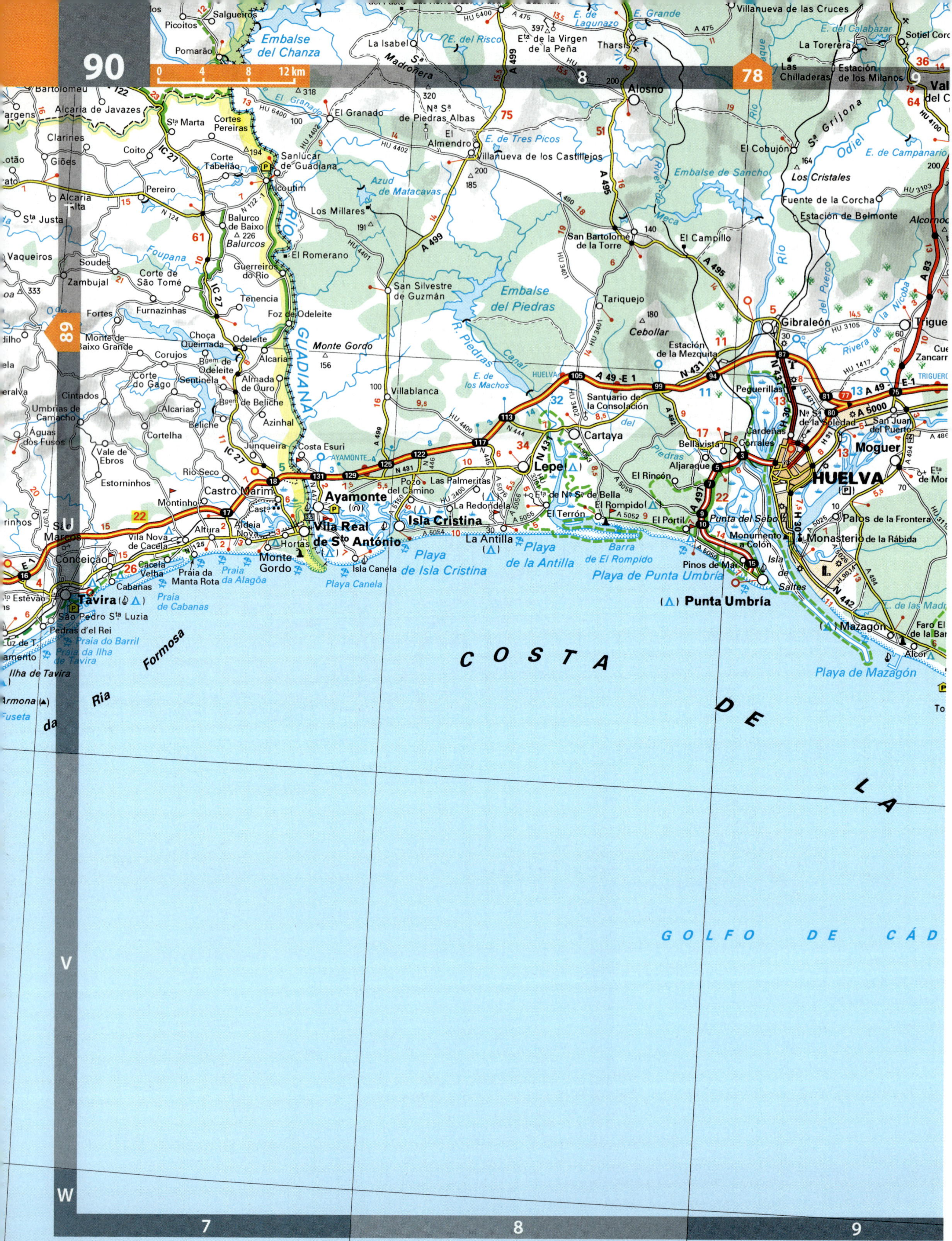

78
89
0 4 8 12 km
Embalse del Chanza
Alosno
Tharsis
Villanueva de las Cruces
Calañas
Sotiel Coronada
La Torrerera
El Granado
Nª Sª de Piedras Albas
El Almendro
Villanueva de los Castillejos
E. de Tres Picos
Azud de Matacavas
Los Millares
Sanlúcar de Guadiana
Alcoutim
Balurco de Baixo
Balurcos
El Romerano
Guerreiros do Rio
Tenencia
Foz de Odeleite
Odeleite
Alcaria
Monte Gordo
San Silvestre de Guzmán
Embalse del Piedras
Tariquejo
Cebollar
San Bartolomé de la Torre
El Campillo
El Cobujón
Embalse de Sancho
Los Cristales
Fuente de la Corcha
Estación de Belmonte
Gibraleón
Trigueros
Estación de la Mezquita
Villablanca
Santuario de la Consolación
Cartaya
Lepe
Bellavista
Aljaraque
Peguerillas
Nª Sª de la Soledad
San Juan del Puerto
Moguer
HUELVA
Palos de la Frontera
Monasterio de la Rábida
Monumento a Colón
Punta del Sebo
Isla de Saltes
Mazagón
Playa de Mazagón
Punta Umbría
Playa de Punta Umbría
Barra de El Rompido
El Rompido
El Portil
Pinos de Mar
El Terrón
El Rincón
La Redondela
La Antilla
Playa de la Antilla
Isla Cristina
Playa de Isla Cristina
Pozo del Camino
Las Palmeritas
Ayamonte
Vila Real de Sto António
Isla Canela
Playa Canela
Costa Esuri
Castro Marim
Monte Gordo
Praia da Alagôa
Hortas
Altura
Aldeia Nova
Praia da Manta Rota
Cacela Velha
Vila Nova de Cacela
Montinho
Rio Seco
Junqueira
Azinhal
Almada de Ouro
Corte do Gago
Cortelha
Beliche
Alcarias
Sentinela
Corujos
Choça Queimada
Furnazinhas
Corte de São Tomé
Soudes
Zambujal
Vaqueiros
Sta Justa
Alcaria Alta
Pereiro
Gíões
Clarines
Coito
Corte Tabelião
Sta Marta
Cortes Pereiras
Alcaria de Javazes
Pomarão
Picoitos
Salgueiros
Fortes
Monte de Baixo Grande
Cintados
Umbrias de Camacho
Águas dos Fusos
Vale de Ebros
Estorninhos
Conceição
Tavira
Cabanas
Praia de Cabanas
São Pedro
Sta Luzia
Pedras d'el Rei
Praia do Barril
Praia da Ilha de Tavira
Ilha de Tavira
Ria Formosa
COSTA DE LA
GOLFO DE CÁD
GUADIANA
A 49 - E 1
7
8
9
V
W

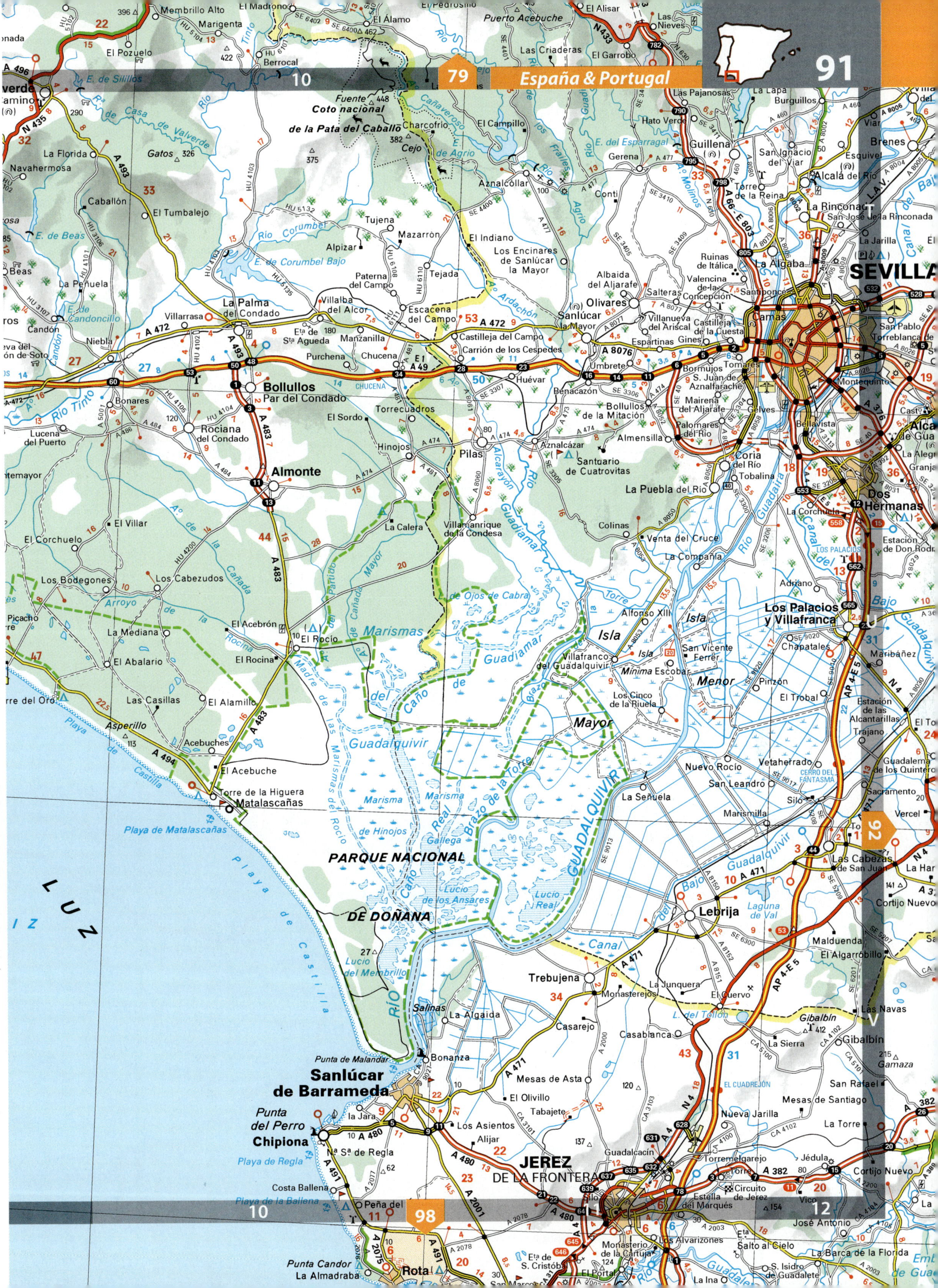
SEVILLA
Sanlúcar de Barrameda
JEREZ DE LA FRONTERA
Chipiona
Rota
Lebrija
Trebujena
Los Palacios y Villafranca
Dos Hermanas
Almonte
Bollullos Par del Condado
La Palma del Condado
Pilas
Olivares
Sanlúcar la Mayor
Camas
La Algaba
La Rinconada
Alcalá del Río
Guillena
Brenes
Coria del Río
La Puebla del Río
Las Cabezas de San Juan
El Cuervo
Matalascañas
Torre de la Higuera
El Rocío
Hinojos
Villamanrique de la Condesa
Aznalcázar
Villafranco del Guadalquivir
Isla Mayor
Isla Menor
PARQUE NACIONAL DE DOÑANA
Marismas del Guadalquivir
Playa de Castilla
Playa de Matalascañas
LUZ
Punta del Perro
Playa de Regla
Costa Ballena
Punta Candor
Bonanza
Salinas
Lebrija
Laguna de Vaí
L. del Tollón
Río Guadalquivir
Río Guadiamar
Río Tinto
Canal del Bajo Guadalquivir
Coto nacional de la Pata del Caballo
E. de Corumbel Bajo
E. de Sillillos
E. del Esparragal
Niebla
Villarrasa
Rociana del Condado
Lucena del Puerto
Bonares
Villalba del Alcor
Manzanilla
Escacena del Campo
Paterna del Campo
Chucena
Huévar
Benacazón
Umbrete
Bollullos de la Mitación
Almensilla
Mairena del Aljarafe
Gelves
Palomares del Río
Castilleja de la Cuesta
Gines
Espartinas
Salteras
Valencina de la Concepción
Santiponce
Albaida del Aljarafe
Aznalcóllar
Gerena
Tomares
Bormujos
S. Juan de Aznalfarache
Montequinto
Bellavista
La Señuela
Marismilla
Nuevo Rocío
San Leandro
Vetaherrado
Adriano
Chapatales
Pinzón
El Trobal
Trajano
Gibalbín
Mesas de Asta
El Olivillo
Tabajete
Casarejo
Casablanca
Monasterejos
La Junquera
Nueva Jarilla
Mesas de Santiago
Torremelgarejo
Estella del Marqués
Guadalcacín
Los Asientos
Alijar
La Jara
Nª Sª de Regla
Peña del Águila
La Almadraba
El Portal
Monasterio de la Cartuja
El Acebuche
Acebuches
Asperillo
El Alamillo
Las Casillas
El Abalario
La Mediana
Los Cabezudos
Los Bodegones
El Corchuelo
El Villar
La Calera
El Acebrón
El Rocina
A 49
A 483
A 494
A 472
A 471
A 480
A 491
A 4 · E 5
AP 4 · E 5
A 66 · E 803
N 4
A 382
10
12
79
92
98

0 4 8 12 km
80
13
14
91
99
SEVILLA
Carmona
Écija
Marchena
Arahal
Paradas
Utrera
Osuna
Morón de la Frontera
Dos Hermanas
Alcalá de Guadaíra
Palacios y Villafranca
Lora del Río
El Coronil
Montellano
Puerto Serrano
Villamartín
Bornos
Arcos de la Frontera
Olvera
Algodonales
Zahara de la Sierra
Grazalema
Ubrique
Ronda
Las Cabezas de San Juan
Espera
El Viso del Alcor
Mairena del Alcor
Brenes
Alcalá del Río
La Rinconada
Fuentes de Andalucía
La Luisiana
La Campana
La Puebla de Cazalla
Los Molares
El Palmar de Troya
Lantejuela
Los Arenales
Cañada Rosal
Isla del Vicario
Villanueva de San Juan
Algámitas
Pruna
El Saucejo
Los Corrales
Setenil de las Bodegas
Torre-Alháquime
Alcalá del Valle
Benaocaz
El Bosque
Prado del Rey
Benamahoma
Guadalquivir
Río Corbones
Guadaíra
Embalse de Bornos
Embalse de Zahara
Embalse de Arcos
Embalse de los Hurones
Sierra de Líjar
Sierra Margarita
Parque natural de la Sierra de Grazalema
Serranía de Ronda
S E V I L L A
A 4-E 5
A 92
A 364
A 376
A 375
A 382
A 384
A 372
A 394
AP 4-E 5

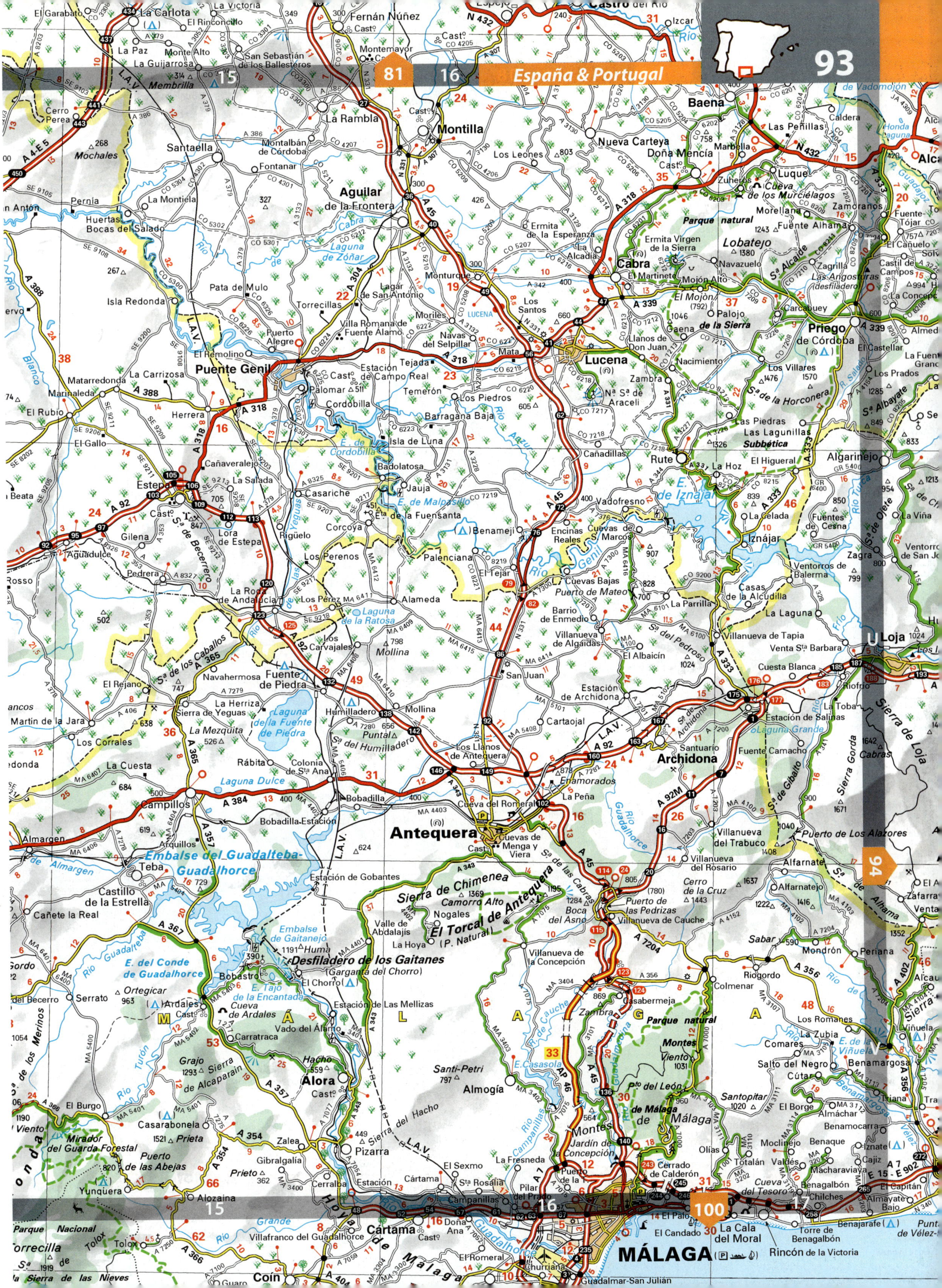

La Carlota
La Victoria
Fernán Núñez
Montemayor
Castro del Río
La Paz
Monte Alto
San Sebastián de los Ballesteros
La Guijarrosa
Membrilla
Baena
Cerro Perea
La Rambla
Montilla
Las Peñuelas
Luque
Mochales
Santaella
Montalbán de Córdoba
Fontanar
Los Leones
Nueva Carteya
Doña Mencía
Zuheros
Cueva de los Murciélagos
Aguilar de la Frontera
Parque natural
Lobatejo
Pernia
La Montiela
Huertas Bocas del Salado
Laguna de Zóñar
Ermita de la Esperanza
Ermita Virgen de la Sierra
Cabra
Navazuelo
Las Angosturas (desfiladero)
Pata de Mulo
Isla Redonda
Lagar de San Antonio
Monturque
Los Santos
Torrecillas
Villa Romana de Fuente Álamo
Moriles
Navas del Selpillar
Puerto Alegre
El Remolino
Mata
Lucena
Priego de Córdoba
Carcabuey
El Mojón
Palojo de la Sierra
Gaena
Llanos de Don Juan
Nacimiento
Puente Genil
Estación de Campo Real
Tejada
Matarredonda
La Carrizosa
Marinaleda
El Rubio
Palomar
Cordobilla
Temerón
Los Piedros
Zambra
Nª Sª de Araceli
Los Villares
Sª de la Horconera
Herrera
Barragana Baja
Isla de Luna
El Gallo
E. de Cordobilla
Cañadillas
Las Piedras
Las Lagunillas
Subbética
Rute
El Higueral
Algarinejo
Cañaveralejo
La Salada
Badolatosa
Jauja
Estepa
Casariche
E. de Malpasillo
Vadofresno
E. de Iznájar
La Hoz
La Celada
Fuentes de Cesna
Gilena
Lora de Estepa
Sª de Becerrero
Eª de la Fuensanta
Corcoya
Benamejí
Encinas Reales
Cuevas de S. Marcos
Iznájar
Aguadulce
Pedrera
Rigüelo
Los Perenos
Palenciana
El Tejar
Cuevas Bajas
Puerto de Mateo
Ventorros de Balerma
Zagra
La Roda de Andalucía
Los Pérez
Alameda
Laguna de la Ratosa
Barrio de Enmedio
La Parrilla
Casas de la Alcudilla
La Laguna
Los Carvajales
Mollina
Villanueva de Algaidas
El Albaicín
Sª del Pedroso
Villanueva de Tapia
Venta Sta Barbara
Loja
Sª de los Caballos
Navahermosa
Fuente de Piedra
San Juan
Estación de Archidona
Cuesta Blanca
El Rejano
La Herriza
Sierra de Yeguas
Laguna de la Fuente de Piedra
Humilladero
Cartaojal
Estación de Salinas
La Toba
Riofrío
Sierra de Loja
Martín de la Jara
La Mezquita
Puntal
Sª del Humilladero
Los Llanos de Antequera
Archidona
Laguna Grande
Fuente Camacho
Santuario
Los Corrales
Rábita
Colonia de Sta Ana
Enamorados
La Cuesta
Laguna Dulce
Campillos
Bobadilla
Bobadilla-Estación
Cueva del Romeral
La Peña
Villanueva del Trabuco
Puerto de Los Alazores
Almargen
Arquillos
Antequera
Cuevas de Menga y Viera
Villanueva del Rosario
Embalse del Guadalteba-Guadalhorce
Teba
Estación de Gobantes
Sierra de Chimenea
Camorro Alto
Nogales
El Torcal de Antequera (P. Natural)
Boca del Asno
Puerto de las Pedrizas
Villanueva de Cauche
Cerro de la Cruz
Alfarnate
Alfarnatejo
Castillo de la Estrella
Cañete la Real
Valle de Abdalajís
La Hoya
Embalse de Gaitanejo
Desfiladero de los Gaitanes (Garganta del Chorro)
El Chorro
Villanueva de la Concepción
Sabar
Mondrón
Periana
E. del Conde de Guadalhorce
Bobastro
Riogordo
Colmenar
Serrato
Ortegicar
Ardales
E. Tajo de la Encantada
Cueva de Ardales
Estación de Las Mellizas
Casabermeja
Zambra
Parque natural Montes de Málaga
Los Romanes
La Zubia
Carratraca
Vado del Álamo
Grajo
Sierra de Alcaparaín
Hacho
Álora
Santi-Petri
Almogía
Comares
Salto del Negro
Cútar
Benamargosa
Viento
El Burgo
Casarabonela
Prieta
Pto del León
Santopitar
El Borge
Almáchar
Mirador del Guarda Forestal
Puerto de las Abejas
Zalea
Pizarra
Sierra del Hacho
Jardín de la Concepción
Olías
Moclinejo
Benaque
Iznate
Yunquera
Gibralgalia
Prieto
El Sexmo
La Fresneda
Cerrado de Calderón
Totalán
Valdés
Macharaviaya
Alozaina
Estación
Cártama
Sta Rosalía
Pilar
Cueva del Tesoro
Benagalbón
Chilches
Almayate Bajo
El Palo
La Cala del Moral
Torre de Benagalbón
Rincón de la Victoria
Benajarafe
Parque Nacional
Torrecilla
Sª de la Sierra de las Nieves
Tolox
Villafranco del Guadalhorce
Cártama
Doña Ana
El Romeral
Churriana
Guadalmar-San Julián
El Candado
MÁLAGA
Coín
Guaro

0 4 8 12 km
84
95
103
22
23
24
Lorca
Vélez Blanco
Vélez Rubio
Las Cuevas de Moreno
Cuevas de los Letreros
Ermita de la Virgen de la Cabeza
Pozo de la Rueda
Casablanca
Sierra María
Sa de Maimón
Serreta
Sierra del Viento
Peña Rubia
Rambla de Chirivel
Chirivel
Las Vertientes
Venta Quemada
El Contador
Pulpite
Matián
Sa del Madroñal
Pelado
Los Álamos
El Cantal
Los Tonosas
Pto de Sta María de Nieva
Simón
Henares
Los Linos
Venta La Petra
Rambla de Nogalte
Cimbre
Estación Lumbreras
Puerto Lumbreras
Altobordo
Purias
Pto Purias
Los Gázquez
Cabezo Jara
Saliente
Las Estancias
Los Cerricos
Sa de Oria
Oria
Sierra de Lúcar
Lúcar
Cascaire
La Ermita
Las Pocicas
Los Chacones
Taberno
Santopétar
Rambla de los Pardos
Puertecico
Abejuela
Fuente Amarga
Urcal
Sta María de Nieva
Góñar
Medro
Sierra de Enmedio
La Escarihuela
El Aljibe
Sierra de la Carrasquilla
Almendricos
Los Arejos
Las Norias
Pozo Higuera
Colorado
San Francisco
Talavera
Partaloa
Somontín
Urrácá
Higueral
Albox
Limaria
Almajalejo
La Alfoquía
Los Menas
San Isidro
Torre
Huércal Overa
El Saltador
El Convoy
La Fuente
Pulpí
El Cocón
Pilar de Jaravia
San Juan de los Terreros
Fines
Olula del Río
Cantoria
Almanzora
Arboleas
Zurgena
Sta Bárbara
Río Almanzora
E. de Cuevas del Almanzora
Guazamara
El Largo
Purchena
Macael
Armuña de Almanzora
Sufli
Sierro
Laroya
Pozo de la Nieve
Las Menas
Bacares
Tetica
Lijar
Albánchez
Los Molinas
Cóbdar
Pto de la Virgen
Maimón
La Concepción
La Rambla
Aljibe
Cuevas del Almanzora
El Alhanchete
La Portilla
Los Lobos
La Mulería
Las Herrerías
El Artea
Villaricos
Punta del Río
Sierra Almagrera
El Pozo del Esparto
A L M E R Í A
Chercos
Chercos Viejo
Alcudia de Monteagud
Benitorafe
Tahal
Benitagla
Benizalón
Sierra de los Filabres
Collado García
Senés
Velefique
Las Hoyas
Castro de Filabres
Olula de Castro
Piescolgados
Uleila del Campo
El Pilar
Atalaya
El Chive
Lubrín
El Pocico
El Marchal
Sa de Bédar
Bédar
Serena
Río Antas
La Huerta
Antas
Aljariz
Sa Lisbona
Vera
Palomares
Playa de Puerto Rey
Puerto Rey
Garrucha
Los Gallardos
Turre
Mojácar
Urbanización Vista Los Angeles
Parador de los Reyes Católicos
Punta del Cantal
Cariatiz
Los Castaños
Alfaix
Los Giles
La Huelga
Cortijo Grande
Sierra Cabrera
Sorbas
Los Molinos del Río Aguas
Gafarillos
El Agua del Enmedio
Sopalmo
La Cueva del Pájaro
Cherbo
Gérgal
Central Solar
Barranco del Peral
Los Yesos
Tabernas
Lucainena de las Torres
Cantona
Turrillas
Peñón de Turrillas
Estación de Fuente Santa
Decorado Mini Hollywood
Rambla de Tabernas
Sta Fe de Mondújar
Necrópolis de los Millares
Colativí
Baños de Sa Alhamilla
Sierra Alhamilla
Minas de Lalquez
Huebro
Níjar
Argamasón
Llano Don Antonio
Carboneras
Venta del Pobre
Río Alías
Parque natural
Gádor
Pechina
Rioja
Benahadux
Cuevas de los Úbedas
Campo de Níjar
Campohermoso
El Pozo Usero
La Mesa Roldán
Faro Roldán
Torre
Punta de la Media Naranja
Agua Amarga
Jayón
El Plomo
San Pedro
Punta Javana
Las Negras
Huércal de Almería
Campamento
Viator
Las Cuevas de los Medinas
San Isidro
Pueblo Blanco
Fernán Pérez
Yeguas
de Cabo de Gata - Níjar
Atochares
Los Albaricoques
Rodalquilar
Punta de la Polacra
Almería
El Zapillo
El Alquián
Costacabana
La Cañada de San Urbano
Retamar
La Garrofa
Barranquete
Rellana
Sierra de Gata
Las Presillas Bajas
Rambla de Morales
Punta del Río
Ruescas
C.E.M.A.
La Isleta
Los Escullos
Punta de Loma Pelada
Cabo de Gata
Pozo de los Frailes
San José
Salinas de Acosta
El Coyote
La Almadraba de Monteleva
Faro de Gata
Cabo de Gata
Morrón de los Genoveses
Golfo de Almería
COSTA DE ALMERÍA
A 92 N
A 91
A 7 - E 15
A 334
A 332
AP 7
N 340
N 341
A 92
A 348

Hinojar
Alporchones
Gañuelas
La Majada
La Atalaya
Mazarrón
Puerto de Mazarrón
Morata
Los Cucos
Sierra de las Moreras
Pastrana
Talayón
Ermita del Ramonete
Miñarros
Umbrías
Calnegre
Punta de Calnegre
El Cantal
Garrobillo
Bolnuevo
Bahía
Playa Grande
Playa de la Reva
Playa de la Isla
Isla Plana
La Azohía
Cabo Tiñoso
Las Palas
Tallante
El Pericón
Los Ruices
Los Puertos de Sta Barbara
Cuesta
Barriada S. Cristobal
Los Dolores
Aparecida
Sierra de la Muela
Canteras
Roldán
El Portús
San Julián
CARTAGENA
La Unión
Alumbres
Escombreras
Portmán
Punta Negra
Cabo Negrete
Atamaría
Cenizas
Parque Regional de Calblanque
Punta Espad.
Cabo de Agua
Golfo de Mazarrón
Calabardina
Cope
Cabo Cope
Playa de Calabardina
Águilas
El Hornillo
Terreros
T
U
V
25
26
27

0 4 8 12 km
91
W
X
Y
9
10
11
del Perro
Chipiona
Playa de Regla
Nª Sª de Regla
Costa Ballena
Playa de la Ballena
Peña del Águila
Los Asientos
Aljar
JEREZ
DE LA FRONTERA
Guadalcacín
Torremelgarejo
Estella del Marqués
Los Alvarizones
Monasterio de la Cartuja
Punta Candor
La Almadraba
Rota
Playa de Costilla
Playa de Fuentebravía
Fuentebravía
Eta de S. Cristóbal
San Marcos
El Portal
Doña Blanca
La Ina
El Manantial
Playa Sta Catalina
El Ancla
Vistahermosa
Valdelagrana
El Puerto de Sta María
Bolaños
Bahía
Playa de Levante
CÁDIZ
Cast° de San Sebastián
Matagorda
Puerto Real
Playa de la Victoria
La Carraca
La Chacona
El Ped
Barriada de Jarana
Playa de Cortadura
San Fernando
Salinas
Pinar de los Franceses
Medin
Torre Gorda
Isla de León
El Rosal
Parque Natural de la Bahía de Cádiz
Chiclana de la Frontera
Sta Teresa
Los Gallos
Sancti Petri
Isla Sancti Petri Cast°
Novo Sancti Petri
La Barrosa
Pago del Humo
Playa de la Barrosa
Campano
Playa del Puerco
Roche
El Colorado
Fuente del Gallo
Puerto de Conil
Cabo Roche
Playa de Fontanilla
Conil de la Frontera
Playa de Bateles
El Palmar
de la Fr
Eta de la Porquera
Zahora
Parque natural La Breña y Marismas de Barbate
Meca
Cabo de Trafalgar
COSTA DE LA LUZ
A 480
A 491
A 2075
A 2078
A 2001
AP 4 - E 5
A 4
A 408
A 48
A 390
A 381
N 340
A 2233
A 2230
A 48-E 5
CA 4200

Arcos de la Frontera
El Bosque
Benamahoma
Grazalema
Embalse de los Hurones
Ubrique
Sierra Ubrique
Villaluenga del Rosario
Cueva de la Pileta
Jimera de Líbar
Jarastepar
Serranía
Embalse de Guadalcacín
La Barca de la Florida
S. Isidro de Guadalete
El Torno
Torrecera
La Rendonda
Fuente del Rey
Baños de Gigonza
Paterna de Rivera
San José del Valle
Llanos del Valle
Parrallejo Nuevo
Tempul
Garcisobaco
Charco de los Hurones
R. Majaceite
Algar
Majada Ruiz
Castillo de Fátima
La Jarda
Puerto de Galis
Peñón del Berrueco
Reserva nacional de Cortes de la Frontera
Cortes de la Frontera
El Colmenar
Benadalid
Benalauría
Algatocín
Jubrique
Genalguacil
Benarrabá
Gaucín
Puerto de Peñas Blancas
Sierra Bermeja
Reales
Majada de Madrid
La Sauceda
Aljibe
Puerto de la Yegua
Parque natural de los Alcornocales
Medina Sidonia
Alcalá de los Gazules
Patrite
Santuario de Nª Sª de los Santos
Las Cobatillas
Embalse de Barbate
Arnao
Jimena de la Frontera
Las Tenerías
San Pablo de Buceite
Los Ángeles
Río Guadiaro
Estepona
Don Pedro
Bahía Dorada
Buenas Noches
Manilva
San Luis de Sabinillas
La Duquesa
Punta de la Chullera
Aguzadera
La Cólera
Sambana
Marchenilla
San Martín del Tesorillo
Los Badalejos
Naveros
San José de Malcocinado
Benalup-Casas Viejas
Isla Verde
Momia
El Jautor
Puerto de Castaño
Sª de los Melones
Cantarranas
Cuevas del Tajo de las Figuras
El Castaño
Embalse del Guadarranque
Castillo de Castellar
Sª Almenara
San Diego
San Enrique
Torreguadiaro
Guadiaro
Nuevo Guadiaro
Castellar de la Frontera
Almoraima
Sotogrande
Punta Mala
Las Lomas
Libreros
Jandilla
Embalse del Celemín
Sierra Blanquilla
Sª de Montecoche
Embalse de Charco Redondo o Palmones
Puerto del Higuerón
San Roque
Sª Margarita
Campamento
Vejer de la Frontera
Casas de los Hierros
Eta de la Oliva
Barbate
Marismas de Barbate
Los Caños de Meca
Ensenada de Barbate
Las Habas
El Aciscar
Tahivilla
La Zarzuela
Estación Férrea
Los Barrios
Taraguilla
Guadarranque
Palmones
El Rinconcillo
La Línea de la Concepción
GIBRALTAR
Zahara de los Atunes
El Almarchal
Facinas
Sª del Niño
Puerto de Ojén
San Bernabé
ALGECIRAS
Bahía de Algeciras
Punta de Europa
Ensenada de Zahara
Sª de la Plata
Ruinas romanas de Baelo
Atlanterra
Cabo de Gracia
Camarinal
Punta Camarinal
El Lentiscal
El Chaparral
El Valle
Sª de Fates
Embalse de Almodóvar
Sª de Ojén
Los Pastores
Santuario de Nª Sª de la Luz
Pto del Bujeo
El Cuartón
El Bujeo
Playa de Getares
Punta del Carnero
Ensenada de Bolonia
Punta Paloma
Ensenada de Valdevaqueros
Torre
Alto El Cabrito
Mirador El Estrecho
Ensenada del Tolmo
Punta Acebuche
Tarifa
Punta Marroquí o de Tarifa
ESTRECHO DE GIBRALTAR
100
12
13
14

0 4 8 12 km
93
99
Antequera
Archidona
Cartaojal
Campillos
Teba
Embalse del Guadalteba-Guadalhorce
Castillo de la Estrella
Cañete la Real
Almargen
Algámitas
La Mezquita
Rábita
Colonia de Sta Ana
Bobadilla
Bobadilla-Estación
Cueva del Romeral
Cuevas de Menga y Viera
Sierra de Chimenea
Camorro Alto
El Torcal de Antequera (P. Natural)
Valle de Abdalajís
La Hoya
Nogales
Villanueva de Cauche
Villanueva de la Concepción
Casabermeja
Parque natural Montes
Estación de Gobantes
Embalse de Gaitanejo
Desfiladero de los Gaitanes
Garganta del Chorro
El Chorro
Bobastro
E. del Conde de Guadalhorce
Ardales
Cueva de Ardales
Carratraca
Vado del Álamo
Estación de Las Mellizas
Álora
Almogía
Santi-Petri
Sierra del Hacho
Pizarra
Cártama
Estación
Casarabonela
Sierra de Alcaparain
Zalea
Gibralgalía
Cerralba
Alozaina
Yunquera
Tolox
Puerto de las Abejas
Mirador del Guarda Forestal
Puerto del Viento
El Burgo
Serrato
Ortegicar
Cuevas del Becerro
Mojón Gordo
Padrastro
Estación de Atalaya
Alcalá del Valle
Torre-Alháquime
Setenil de las Bodegas
Estación de Setenil
Colorado
La Cimada
Estación de Parchite
Arriate
Ronda
Acueducto
Serranía de Ronda
Parque Nacional
Torrecilla
Sa de la Sierra de las Nieves
Aranda
Armas
Sierra Real
Sierra Blanca
Cascajares
Parauta
Cartajima
Júzcar
Igualeja
Pujerra
Sierra Bermeja
Sierra Palmitera
Encinetas
Embalse de la Concepción
Istán
Refugio de Juanar
Ojén
Puerto de Ojén
Castillejos
Monda
Guaro
Coín
Nª Sª de Fuensanta
Pto de los Pescadores
Alhaurín el Grande
Alhaurín de la Torre
Villafranco del Guadalhorce
Hoya de Málaga
Mijas
Tivoli World
Benalmádena
Arroyo de la Miel
Torremolinos
Playas de Torremolinos
Benalmádena Costa
Playas de Benalmádena
La Perla-Torremuelle
Carvajal
Torreblanca del Sol
Playas de Fuengirola
Fuengirola
Castillo
Punta de Calaburra
La Cala de Mijas
Torrenueva
El Chaparral
Calahonda
Elviria
Herrero
Puerto Cabolino
Punta Ladrones
MARBELLA
Torre del Río Real
Los Monteros
Las Lomas
Puerto Banús
Playas de Marbella
Nueva Andalucía
El Ángel
San Pedro de Alcántara
Basílica
Guadalmina
Atalaya-Isdabe
Benahavís
Puerto de Alijar
Paraíso-Barronal
Cancelada
Resinera-Voladilla
Sta Marta
Playa Bella
Saladillo-Benamara
Estepona
Playas de Estepona
Bahía Dorada
Buenas Noches
Ensenada de Marbella
COSTA DEL
Ensenada
MÁLAGA
Churriana
Guadalmar-San Julián
Parador del Golf
Benyamina
Campanillas
Pilar del Prado
Puerto de la Torre
Jardín de la Concepción
Montes de Málaga
Pto del León
Cerrado de Calderón
El Palo
El Candado
Olías
Colmenar
Zambra
Puerto de las Pedrizas
Cerro de la Cruz
Villanueva del Rosario
Santuario
El Sexmo
La Fresneda
Sta Rosalía
Doña Ana
El Romeral
Río Guadalhorce
Río Grande
14
15
16
V
W
X

17
18
19
Alhama de Granada
Ventas de Zafarraya
Sierra de Tejeda
Sierra de Almijara
Reserva nacional de Sierra de Tejeda
Vélez-Málaga
Torre del Mar
Nerja
Playa de Burriana
Cueva de Nerja
Maro
Torrox
Torrox Costa
Frigiliana
Cómpeta
Canillas de Albaida
Canillas de Aceituno
Sedella
Salares
Árchez
Sayalonga
Algarrobo
Algarrobo Costa
Lagos
El Morche
Mezquitilla
Benamargosa
Benamocarra
Iznate
Cajiz
Almáchar
El Borge
Cútar
Comares
Riogordo
Periana
Mondrón
Alcaucín
Viñuela
E. de la Viñuela
Los Romanes
La Zubia
Benagalbón
Chilches
Almayate Bajo
Benajarafe
Rincón de la Victoria
Torre de Benagalbón
Cueva del Tesoro
Macharaviaya
Moclinejo
Benaque
Punta de Vélez-Málaga
Playa de Torre del Mar
Pta de Torrox
Almuñécar
Peñón del Santo
Playa de Velilla
El Capricho
La Herradura
Las Terrazas
Punta de la Mona
Playa de Cotobro
Playa de San Cristóbal
Salobreña
Playa Granada
Torrenueva
Motril
Puerto Motril
Carchuna
Calahonda
Cabo Sacratif
Lobres
La Caleta Guardia
Molvízar
Ítrabo
Cerro de Ítrabo
Jete
Otívar
Lentejí
Sierra del Chaparral
Sierra de las Guájaras
Guájar Alto
Guájar Faragüit
Guájar Fondón
Vélez de Benaudalla
La Bernardilla
Lanjarón
Órgiva
Pampaneira
Lecrín
Béznar
E. de Béznar
E. de Rules
Pinos del Valle
Izbor
Restábal
Saleres
Melegís
Murchas
Acequias
Mondújar
Nigüelas
Dúrcal
Cozvíjar
Cónchar
Padul
Valle del Puntal
Albuñuelas
Sa de Albuñuelas
Venta del Fraile
Jayena
Fornes
La Resinera
Arenas del Rey
Játar
Embalse de los Bermejales
Cacín
Ochíchar
Agrón
Sierra de Pera
Escúzar
Ventas de Huelma
Castillo de Tajarja
La Zahora
Chimeneas
Ácula
El Temple
La Malahá
Gabia Chica
Alhendín
Otura
Gójar
Puerto del Suspiro del Moro
Sa del Manar
Caballo
Cerro del Caballo
Santa Cruz del Comercio
Almendral
Tierras de Alhama
Sa de Alhama
Zafarraya
El Almendral
Alfarnate
Alfarnatejo
Puerto de Los Alazores
Sierra de Loja
Sierra Gorda
Cerro de la Gallina
Buenavista
Moscaril
Albitá
Navachica
Lopera
Cielo
Puerto
Maroma
Sol
Málaga
de
S O L
M A R
M E D
W
X
V

102

Horcajo de Trevélez
Puerto de la Ragua
Mulhacén
Sierra Nevada
Félix Méndez
Cerro del Caballo
Elorrieta
Trevélez
Prado Llano
Capileira
Bubión
Pampaneira
Pitres
Pórtugos
Juviles
Bérchules
Mecina Bombarón
Nechite
Mairena
Válor
Yegen
Mecina Alfahar
Yátor
Ugíjar
Laroles
Picena
Bayárcal
Paterna del Río
Laujar de Andarax
Beires
Canjáyar
Ohanes
Tices
Benecid
Almócita
Padules
La Barriada de Alcora
Rágol
Fuente Victoria
Fondón
Alboloduy
Instinción
Bentarique
Illar
Terque
Huécija
Alicún
Santillana
Nacimiento
Ocaña
Abrucena
Abla
Doña María Ocaña
Montenegro
Buitre
Pozuelo
Lanjarón
Cáñar
Soportújar
Carataunas
Órgiva
Mecina Fondales
Busquístar
Cástaras
Notáez
Alpujarras
Cádiar
Lobras
Narila
Almegíjar
Puerto Jubiley
Torvizcón
Tablones
Sierra de la Contraviesa
Venta del Tarugo
Jorairátar
Cojáyar
Murtas
Turón
Embalse de Beninar
Darrical
Lucainena
Alcolea
Cherín
Las Alpujarras
Hirmes
Chirán
Castala
Morrón
Sierra de Gádor
Santuario Nª Sª de Gádor
Berja
Alcaudique
Dalías
Piorno
El Marchal de Antón López
Félix
Vícar
Lecrín
Alcázar
Bargio
Sierra de Lújar
Lújar
Rubite
Pto Haza del Lino
Polopos
Alfornón
Sorvilán
Umbría
Albondón
La Morgana
Los Galvez
Albuñol
Cerrón
Los Dagas
Corrales
La Parra
La Alquería
Guainos Bajos
El Río Chico
Alberquilla
Campo de Dalías
Pampanico
El Ejido
Sta María del Águila
Cortijos de Marín
Las Norias de Daza
La Mojonera
Las Marinas
San Agustín
Salinas
Urbaniz. Roquetas
Playa de Cerrillos
Motril
Los Tablones
Torre
Jolúcar
La Garnatilla
Gualchos
Puntalón
Carchuna
Calahonda
Punta Carchuna o del Llano
Sacratif
Haza del Trigo
Torre
Melicena
Castell de Ferro
La Mamola
Los Yesos
Punta Negra
La Rábita
El Pozuelo
El Castillo de Huarea
La Alcazaba
Adra
Puente del Río
Balanegra
Balerma
Playa de Balerma
Los Baños de Guardias Viejas
Matagorda
Almerimar
Punta de los Baños
Punta Entinas
Punta Sabinar
COSTA DE ALMERÍA
COSTA DEL
MEDITERRÁNEO
A 348
A 7-E 15
A 347
A 358
0 4 8 12 km
20
21
95
101

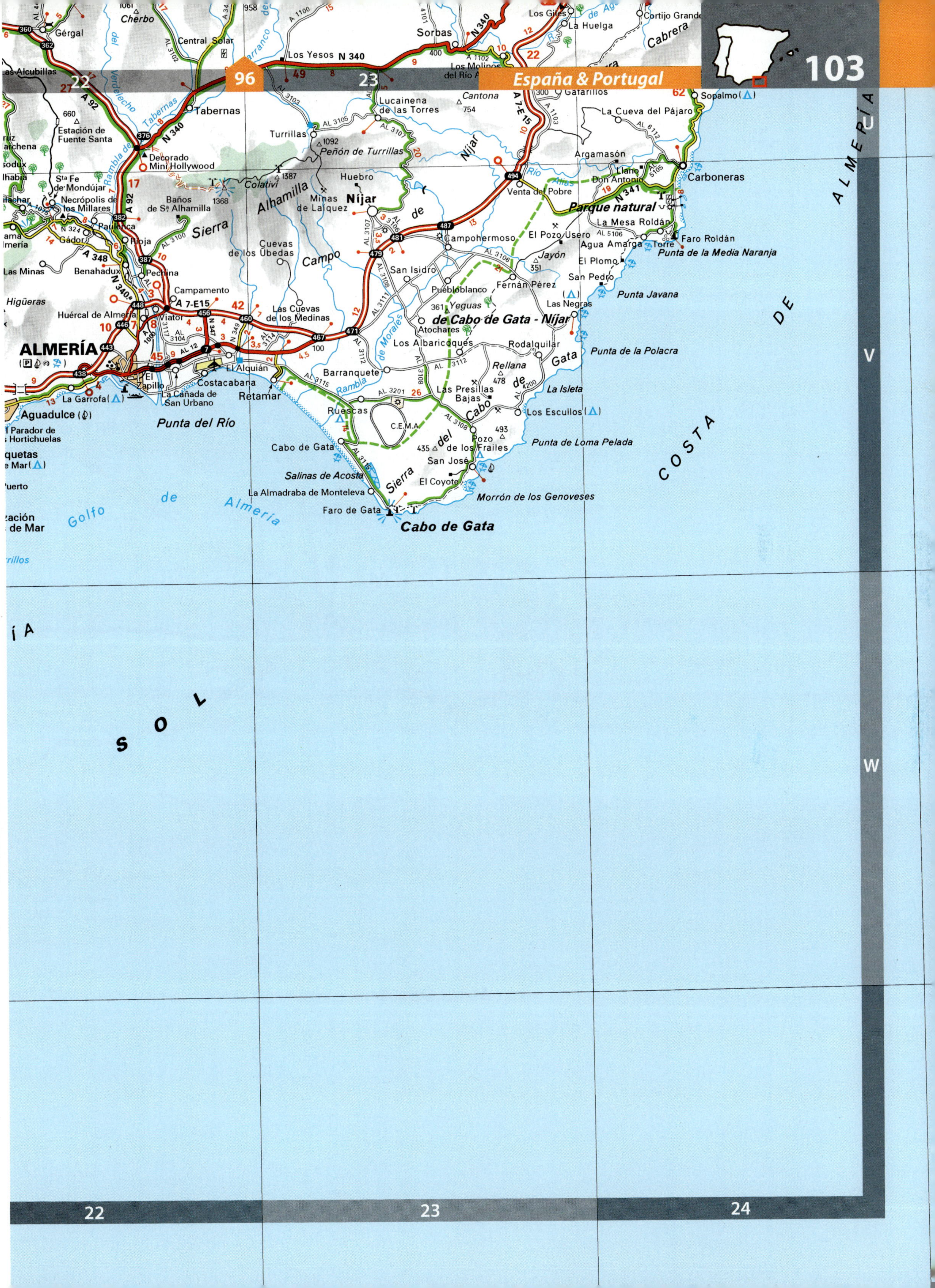
ALMERÍA
Níjar
Carboneras
Tabernas
Sorbas
Cabo de Gata
Parque natural de Cabo de Gata - Níjar
Sierra Alhamilla
Campo de Níjar
Sierra del Cabo de Gata
Golfo de Almería
COSTA DEL SOL
COSTA DE ALMERÍA
Punta del Río
Punta de la Media Naranja
Punta Javana
Punta de la Polacra
La Isleta
Punta de Loma Pelada
Morrón de los Genoveses
San José
Rodalquilar
Las Negras
Agua Amarga
Los Escullos
Retamar
Aguadulce
El Alquián
Costacabana
Huércal de Almería
Viator
Pechina
Benahadux
Gádor
Rioja
Lucainena de las Torres
Turrillas
Huebro
Campohermoso
San Isidro
Pueblablanco
Fernán Pérez
Los Albaricoques
Barranquete
Ruescas
La Almadraba de Monteleva
Faro de Gata
Salinas de Acosta
El Pozo de los Frailes
El Coyote
Carboneras
Gérgal
Los Yesos
N 340
A 7-E 15
22
23
24
96
U
V
W

0 4 8 12 km
37
38
M
N
O
36
37
38
MALLORCA
PALMA
DE MALLORCA
Badia de Palma
Cala de sa Calobra
Morro de sa Vaca
Puig Roig
Puig Major
Port de Sóller
Cap Gros
Sóller
Fornalutx
Biniaraix
Deià
Punta de Deià
Punta de sa Foradada
Son Marroig
Miramar
Teix
Valldemossa
Port de Valldemossa
Cala de Valldemossa
Port des Canonge
Banyalbufar
Mirador de ses Ànimes
Esporles
Estellencs
Galatzó
Puigpunyent
Galilea
Mirador Ricardo Roca
Morro d'Es Fabioler
Cap de Tramuntana
Illa sa Dragonera
Cap d'es Llebeig
Sant Elm
Andratx
s'Arracó
Port d'Andratx
Cap de sa Mola
Cap des Llamp
Peguera
Calvià
es Capdellà
Costa de sa Calma
Sta Ponça
Magaluf
Palmanova
Portals Nous
Costa d'en Blanes
Sant Agustí
Gènova
Bellver
Son Vida
sa Vileta
Cas Català
el Toro
Illa del Toro
Son Ferrer
Portals Vells
Cap de Cala Figuera
Cala Vinyes
Cala Fornells
Platja de Caluià
es Coll d'en Rabassa
Can Pastilla
ses Meravelles
s'Arenal
Cala Blava
Cap Enderrocat
les Palmeras
Badia Gran
Cap de Regana
Capocorp
Cala Pi
Cala Vallgornera
Cap Blanc
s'Estanyol de Migjorn
sa Ràpita
Punta Plana
Ansa de sa Ràpita
Colònia de Sant Jordi
Llucmajor
Randa
Monestir de Cura
Algaida
Sant Jordi
sa Casa Blanca
Son Ferriol
es Pont d'Inca
sa Cabaneta
Pòrtol
Sta Eugènia
Pina
Sencelles
Biniali
Lloret de Vistalegre
Costitx
Sta Maria del Camí
Consell
Binissalem
Lloseta
Inca
Mancor de la Vall
Selva
Moscari
Campanet
Búger
Sta Magdalena
Caimari
Alaró
Orient
Bunyola
Raixa
Palmanyola
sa Cartoixa
Son Sardina
Establiments
s'Esgleieta
sa Granja
Coll de Sóller
Sa d'Alfàbia
Serra de Tramuntana
Maçanella
Escorca
Desfilada
Tomir
Monestir de Na. Sa. de Lluc
Coll de Sabataia
Coves de Campanet
sa Calobra
Mdor de ses Barques
P. de Gorg Blau
P. de Cúber
Punta Beca
Port de Pollença
Sa Pollença
Cap de Llebeig
Punta de Anciola
Ma 19
Ma 15
Ma 13
Ma 11
Ma 10
Ma 1

Cap de Formentor
Cap de Catalunya
Mirador des Colomer
Cala Sant Vicenç
Pollença
Punta de l'Avançada
Platja de Formentor
Badia de Pollença
Cap des Pinar
Cap de Menorca
Pollentia
Alcúdia
Illa d'Alcanada
Port d'Alcúdia
Lago Menor
Badia d' Alcúdia
Platja de Muro
P. natural de s'Albufera
Can Picafort
Son Serra de Marina
Colònia de Sant Pere
Urb. Betlem
Son Morell
Ermita de Betlem
Cap de Ferrutx
Ferrutx
Isla Ravenna
Cala Mesquida
Cap d'es Freu
Cala Agulla
Cala Lliteres
Punta de Capdepera
Capdepera
Cala Rajada
Son Moll
sa Pobla
Muro
Artà
Llubí
Sta. Margalida
Maria de la Salut
Ariany
Torre
Canyamel
Coves d'Artà
Cap Vermell
Costa de Canyamel
Costa dels Pins
Cap des Pinar
Port Vell
Cala Bona
Cala Millor
Son Servera
Son Moro
Punta de n'Amer
Sant Llorenç des Cardassar
Petra
Bonany
Sant Joan
Vilafranca de Bonany
Manacor
Son Carrió
sa Coma
s' Illot
Montuïri
Sant Miquel
Porreres
Santuari Montesión
Coves des Hams
Porto Cristo
Coves del Drach
s'Ermita
Son Macià
Cala Anguila
s' Estany d'en Mas
Cales de Mallorca
es Domingos
Cala Murada
Felanitx
Monestir
Sant Salvador
Sa Punta
Punta de ses Crestes
Portocolom
Campos
Cas Concos des Cavaller
Cast de Santueri
s' Horta
Calonge
Cala Ferrera
Cala d'Or
Portopetro
Cala Mondragó
es Palmer
S'Alqueria Blanca
Santanyí
Banyos de Sant Joan
Salines des Salobrar
ses Salines
es Llombards
Cala Santanyí
Cala Figuera
s'Avall
Gosta
Cap de ses Salines
Illa Conejera
Cap Ventós
Illa de Cabrera
Parque Nacional del Archipiélago de Cabrera
MENORCA
Son Olivaret
Torre-saura
Tamarinda
Cap d'Artrutx
Cala en Bosc
Cala Turqueta
Cala Macarella
Cala Galdana
MAR MEDITERRÁNEO
M
N
O
39
40
41

0 4 8 12 km
41
42
43
L
M
N
105
MENORCA
Cap de Cavalleria
Illa dels Porros
Cala Pregonda
Illes Bledes
Cala de Algaiaréns
Cala Morell
Punta Nati
206 Falconera
Platja de Tirant
Badia de Fornells
123
Fornells
Punta Pantinat
Platjes de Fornells
Punta Codolar
Arenal d'en Castell
Urb. Coves Noves
Na Macaret
Addaia
Cap de Favàritx
Sta Agueda
268
Ciutadella de Menorca
Cap Menorca o Bajoli
80
Cala en Blanes
Me 1
Naveta des Tudons
131
Ferreries
es Mercadal
Monte Toro
358
Santuari
Binifabini
82
Illa Colom
s'Albufera
es Grau
Punta de sa Galera
Shangri-Lá
Cala Santandria
Santandria
Barranc d' Algendar
Cala Blanca
Cala'n Turqueta
Son Olivaret
Cala Galdana
Me 22
Me 20
Me 18
Me 16
es Migjorn Gran
Alaior
155
Me 7
sa Mesquida
Cala Mesquida
Cala Fonduco
Tamarinda
Torre-saura
62
Sant Tomàs
Maó / Mahón
Cap Negre
Cap d'Artrutx
Cala en Bosc
Cala Turqueta
Cala Macarella
Cala Galdana
Platja de Sant Tomàs
Platja de Son Bou
Torre-solí Nou
Son Bou
Talatí de Dalt
Sant Climent
Es Castell
Punta de s'Esperó
Fort la Mola
75
Cala en Porter
Coves d'en Xoroi
Me 12
Me 14
Me 6
Me 8
Sant Lluís
S'Ullastrar
s'Algar
Alcalfar
Cala en Porter
Binidalí
Cap d'en Font
73
Binibèquer
Punta Prima
Illa de l'Aire
Cala Binibeca
apdepera
M A R M E D I T E R R Á N E O

Ilhas Açores

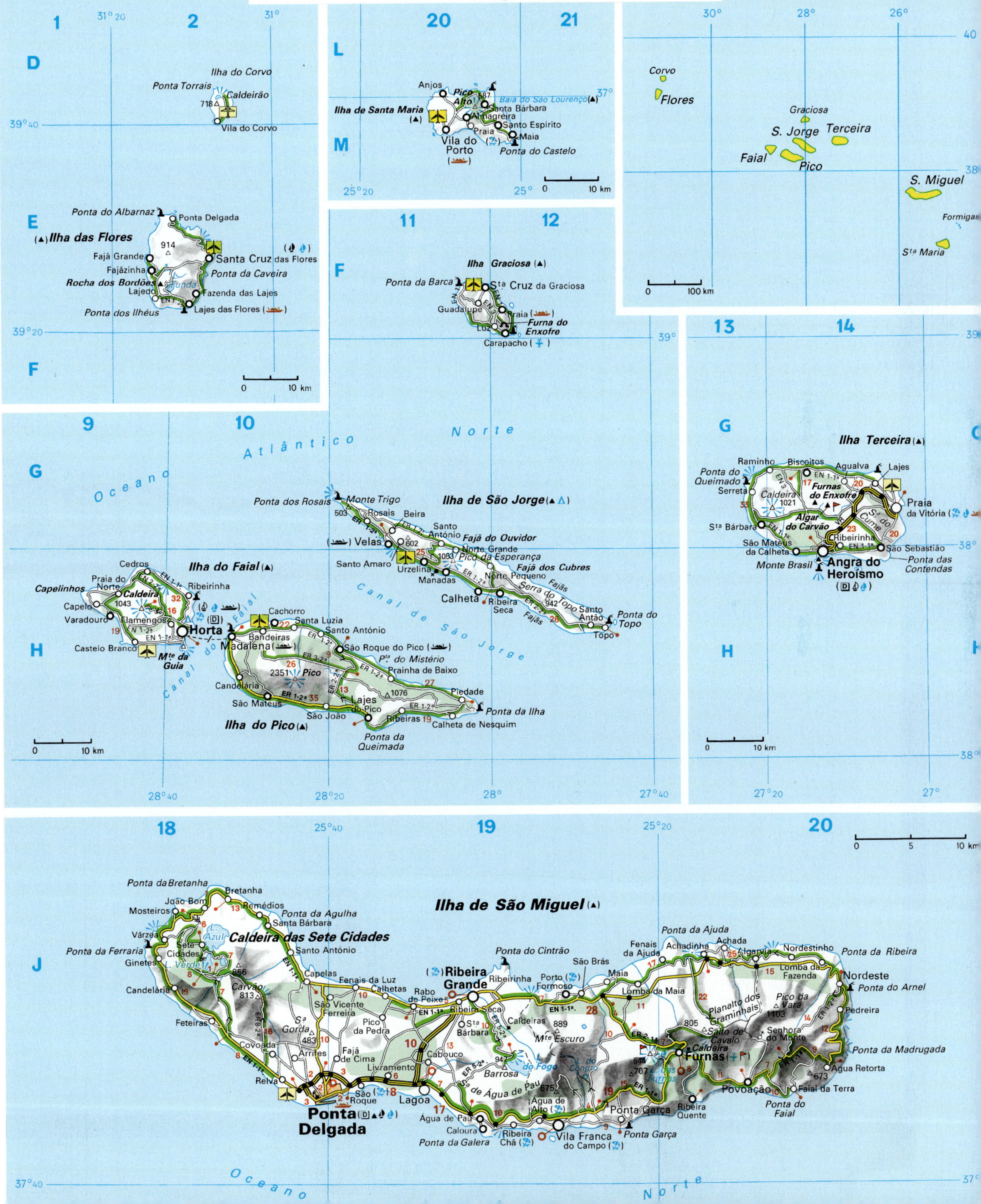
Ilha do Corvo
Ponta Torrais
Caldeirão
718
Vila do Corvo
Ponta do Albarnaz
Ponta Delgada
Ilha das Flores
914
Fajã Grande
Fajãzinha
Rocha dos Bordões
Lajedo
Santa Cruz das Flores
Ponta da Caveira
Fazenda das Lajes
Lajes das Flores
Ponta dos Ilhéus
Ilha de Santa Maria
Anjos
Pico Alto
587
Baía do São Lourenço
Santa Bárbara
Almagreira
Santo Espírito
Praia
Maia
Vila do Porto
Ponta do Castelo
Corvo
Flores
Graciosa
S. Jorge
Terceira
Faial
Pico
S. Miguel
Formigas
Sta Maria
Ilha Graciosa
Ponta da Barca
Sta Cruz da Graciosa
Guadalupe
Praia
Furna do Enxofre
Luz
Carapacho
Oceano Atlântico Norte
Ponta dos Rosais
Monte Trigo
Ilha de São Jorge
Rosais
Beira
Santo António
Fajã do Ouvidor
Velas
Norte Grande
Pico da Esperança
1053
Santo Amaro
Urzelina
Fajã dos Cubres
Manadas
Norte Pequeno
Serra do Topo
Fajãs
Calheta
Ribeira Seca
Santo Antão
Ponta do Topo
Topo
Canal de São Jorge
Ilha do Faial
Cedros
Praia do Norte
Ribeirinha
Capelinhos
Caldeira
1043
Capelo
Varadouro
Flamengos
Horta
Castelo Branco
Mte da Guia
Canal do Faial
Cachorro
Santa Luzia
Santo António
Bandeiras
Madalena
São Roque do Pico
Pta do Mistério
Prainha de Baixo
2351
Pico
Candelária
São Mateus
Lajes do Pico
1076
Piedade
Ponta da Ilha
São João
Ribeiras
Calheta de Nesquim
Ilha do Pico
Ponta da Queimada
Ilha Terceira
Raminho
Biscoitos
Agualva
Lajes
Ponta do Queimado
Serreta
Caldeira
1021
Furnas do Enxofre
Praia da Vitória
Sta Bárbara
Algar do Carvão
Serra do Cume
Ribeirinha
São Mateus da Calheta
São Sebastião
Monte Brasil
Angra do Heroísmo
Ponta das Contendas
Ilha de São Miguel
Ponta da Bretanha
Bretanha
João Bom
Remédios
Mosteiros
Ponta da Agulha
Santa Bárbara
Várzea
L. Azul
Caldeira das Sete Cidades
Ponta da Ferraria
Sete Cidades
Santo António
Ginetes
L. Verde
856
Candelária
Carvão
813
Capelas
Fenais da Luz
Calhetas
Ribeira Grande
Ribeirinha
Porto Formoso
São Brás
Maia
Ponta do Cintrão
Fenais da Ajuda
Ponta da Ajuda
Achadinha
Achada
Algarvia
Nordestinho
Ponta da Ribeira
Lomba da Fazenda
Nordeste
Ponta do Arnel
Rabo de Peixe
São Vicente Ferreira
Ribeira Seca
Lomba da Maia
Feteiras
Sa Gorda
483
Pico da Pedra
Sta Bárbara
Caldeiras
889
Mte Escuro
Planalto dos Graminhais
Pico da Vara
1103
Pedreira
805
Salto do Cavalo
Senhora do Monte
Covoada
Fajã de Cima
Arrifes
Cabouco
947
L. do Fogo
L. do Congro
Caldeira
Furnas
L. das Furnas
Ponta da Madrugada
Água Retorta
Relva
Livramento
Barrosa
Povoação
673
Faial da Terra
Ponta Delgada
São Roque
Lagoa
Água de Pau
875
Água de Alto
707
Ponta Garça
Ribeira Quente
Ponta do Faial
Caloura
Ponta da Galera
Ribeira Chã
Vila Franca do Campo
Ponta Garça
Oceano
Norte

0
5 km
A
B
C
1
2
3
4
El Golfo **
Playa del M
Punta de la Sal
Punta Arenas Blancas
Puntas de Gutiérrez
Playa la Madera
Playa de los Goranes
Playa de los Palos
Playa de los Bucios
Roque de la Sal
Tiga
Punta de Tosca Amarilla
Mirador de Bascos
Pozo de la Salud
Playa del Verodal
Bahía de los Reyes
El Sabinar
Sabinosa
8,5
6,5
Los Llanillos
Las Tos
Gal Serrador
Ventejea
1236
La Dehesa
Malpaso
1503
Playa de los Negros
Punta de los Reyes
616
Ermita Nª Sª de los Reyes
Cruz de los Humilladeros
13,5
3,5
El Estancadero
Quemada
424
El Julán
Rimpollos
Meridiano
Punta del Barbudo
Faro de Orchilla
Bco
Punta de Orchilla
Playa de las Coloradas
Playa de los Mozos
Playa de Tejeda
Playa del Cuervito
de los
Cueva del Bu
Playa de Linés
Cala de Tacorón

D
E
F
1
2
3
4
Punta del Guanche
Punta Norte
Bahía de las Calcosas
Pozo de las Calcosas
Echedo
Punta de Amacas
Playa de Adentro
Playa del Salto
Tamaduste
Punta de Agache
346
Roque Salmor
Mocanal
Ermita de San Pedro
Ermita de San Lázaro
Playa del Piloto
Guarazoca
Hoyo del Barrio
761
Erese
Betenama
Santiago
HI 3
Playas Largas
★★ Mirador de la Peña
Playa del Catadal
642
Valverde
HI 2
Caleta
Embarcadero de Punta Grande
Jarales
Pedraje
1025
Punta de la Caleta
Las Montañetas
Ventejís
1139
1041
Las Puntas
Tiñor
541
Ermita de San Telmo
HI 2
Puerto de la Estaca
La Gomera
Tenerife
Risco de Tibataje
Izique
1234
HI 1
Guinea
San Andrés
Playa de Tijeretas
Bahía Temijiraque
Temijiraque
Mirador de Jinama (1180)
Los Mocanes
Punta de Temijiraque
Las Rosas
La Cuesta
Frontera
1327
Los Llanos
La Torre
HI 1
Isora
1330
Alto de Fileba
24
HI 1
1118
Mirador de Isora (800)
Bco. del Morro
Punta de Ajones
Mirador de las Playas
Roque de la Bonanza
El Pinar ★
Las Playas
Hoya del Morcillo
1253
Las Casas
Parador de El Hierro
El Pinar
Playa de los Cardones
Taibique
1002
774
Tembargena
Playa de Miguel
Playa Brava
25
Roques de Los Joraditos
Playa del Pozo
Playa de Manchas Blancas
Los Lajiales
Playa del Cantadal
Restinga
197
La Restinga
Bahía de Naos
Punta de los Saltos
Punta de la Restinga
1 : 125 000

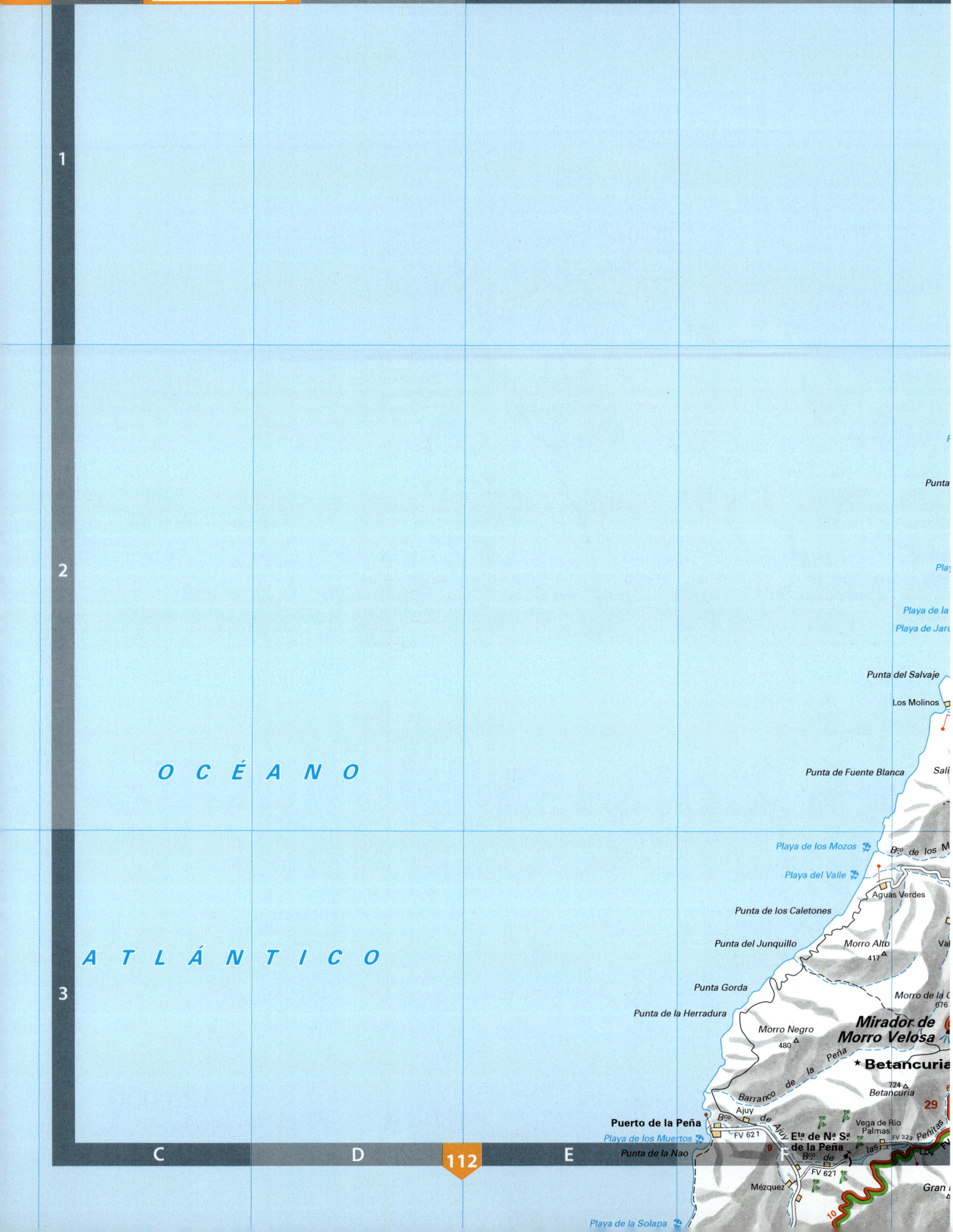
0 5 km
D
E
F
1
2
3
O C É A N O
A T L Á N T I C O
Punta del Salvaje
Los Molinos
Punta de Fuente Blanca
Playa de los Mozos
Playa del Valle
Aguas Verdes
Punta de los Caletones
Punta del Junquillo
Morro Alto
417
Punta Gorda
Punta de la Herradura
Morro Negro
480
Mirador de Morro Velosa
Betancuria
724
Betancuria
Barranco de la Peña
Ajuy
Puerto de la Peña
Playa de los Muertos
FV 621
Punta de la Nao
Ermita de Nª Sª de la Peña
Vega de Río Palmas
FV 323
Mézquez
Playa de la Solapa
29
9
10
C
D
112
E
F

G
H
I
J
K
1
2
3
Faro de Lobos
Punta Martiño
Playa del Sobrado
Playa de la Arena
Isla de Lobos
Lobos
127
Parque Natural
El Puertito
Roques del Puertito
Punta Salidero
Punta el Marrajo
El Río
Lanzarote
Playa del Bajo de la Burra
Punta de la Tiñosa
Punta de la Vera
Playa del Majanicho
Punta del Rincón
Majanicho
Corralejo
152
Montaña de la Mancha
Solyplayas
Playas de Corralejo
Punta Aguda
La Costilla
Punta de la Ballena o de Tostón
Faro de Tostón
Punta de la Enrocadiza
Bayuyo
269
Calderon Hondo
167
FV 101
FV 1
Parque Natural de las Dunas de Corralejo
Playa Bajo Negro
Playa de los Matos
Playa del Moro
Playa Alzada
Los Lagos
La Costilla
Punta La Barra
Tostón
El Roque
El Cotillo
Castº de Rico Roque
FV 10
Lajares
FV 109
22
Playa del Castillo
Playa del Aljibe de la Cueva
Arriba
Peña Azul
Casilla de Costa
Los Apartaderos
Playa del Águila
Blanca
308
17
29
Roja
312
Costa Roja
Playa de Esquinzo
Taca
Barranco de Esquinzo
420
Arena
Villaverde
Montaña de Escanfragra
529
33
Playa de La Cazuela
de Paso Chico
Museo del Grano
La Oliva
FV 101
Barranco Azul
Casa del Capellán
Casa de los Coroneles
Puerto de la Oliva
Playa del Chinchorro
Montaña Tindaya
401
FV 102
El Cantil
Playa de Tebeto
Vallebrón
FV 103
FV 102
16
Tindaya
Bco de Tebeto
Caldereta
Playa del Perchel
Mujer
Muda
689
Bco de Tinojay
Las Llanadas
Monumento a Don Miguel de Unamuno
El Tío Machín
Playa de los Valdivias
Barranco de
La Matilla
Valhondo
Guisguey
La Tía Cristina
Punta de la Tiñosa
El Time
FV 214
686
Aceituna
Eta de las Mercedes
511
La Herradura
Playa del Charquito
Puerto Lajas
Playa de Las Lajas
Punta del Roque
Bco de los Molinos
Colonia de García Escámez
Jarubio
11
15
Tetir
Bco de la Herradura
Gamón
214
FV 221
Tefía
FV 219
Rosa de la Monja
FV 10
Ermita de San Agustín
Majadas
FV 220
332
Embalse de los Molinos
625
Cuchillos
FV 225
La Asomada
FV 3
Punta del Gavioto
FV 207
Casillas del Angel
13
Tesjuates
FV 20
Puerto del Rosario
Tao
425
Zurita
275
FV 30
Llanos de la Concepción
Los Pozos
Playa Blanca
Lanzarote
Gran Canaria
El Almácigo
Barranco de Río Cabras
Llano del Sol
La Ampuyenta
le de Sta Inés
Punta del Viento
593
Rosa del Taro
Cruz
FV 416
FV 20
FV 430
El Matorral
Punta Gonzalo
Casa Blanca
337
Barranco de Jenejey
Ermita San Diego
645
Centro de Artesanía
Triquivijate
Playa del Matorral
FV 413
Punta del Cangrejito
Museo Arqueológico
Antigua
Escaque
Bco de la Boca del Risco
1 : 175 000
Las Pocetas
Ermita de San Francisco
Castillo de la Caleta de Fustes
Bco de la Antigua
Valles de Ortega
Caleta de Fustes
113
La Guirra
Montaña
708
12
Eta de San Roque
Majada Blanca
El Cortijo
FV 415
Morales
FV 50
FV 2
Agua de Bueyes
Finca
Bco de
Punta del Muellito

0
5 km
B
C
110
D
E
3
4
5
A
Punta del Peñón Blanco
Las Salinas
Playa Amanay
Punta de las Goteras
Playa de Terife
Playas Negras
Playa de Ugán
Ugán
Puerto Nuevo
Playa de la Pared
Playa del Viejo Rey
Morros Negros
123
Granillo
FV 605
Agua Tres Piedras
El Jable
64
Costa Calma
Punta
Bahía Calma
68
Playa Barca
Punta Paloma
Playa de Barlovento de Jandía
FV 2
Los Verodes
Playa de Sotavento
Pecenescal
El Paso
253
El Islote
Playa de Cofete
Montaña Blanca
402
24
Los Canarios de Abajo
Risco del Paso
Punta Pesebre
Punta de Barlovento
Parque Natural Jandía
Punta Cotillo o de Cachorros
Cofete
807
Mal Nombre
435
Montaña Aguda
Valle de Butihondo
Esquinzo
Tierra Dorada
Fraile
683
Playa de Ojos
Península de Jandía
Punta del Tigre
Gran Valle
Ciervo
Marabú
Cueva de la Negra
Faro de Jandía
Puerto de la Cruz
Playa de las Pilas
Playa de Juan Gómez
Jorós
Corral Bermejo
336
Playa de Butihondo
Punta de Jandía
Punta del Viento
Butihondo
Matorral
Morro Jable
Playa del Matorral
Gran Canaria

Betancuria
Museo Arqueológico
Antigua
Las Pocetas
Escaque
Ermita de San Francisco
724 Betancuria
Barranco de la
Ajuy
Puerto de la Peña
Playa de los Muertos
Punta de la Nao
Eta de Nª Sª de la Peña
Vega de
Peñitas
FV 30
FV 621
Valles de Ortega
Ea de San Roque
Majada Blanca
Morales
FV 415
El Cortijo
Antigua
Bco de la Boca del Risco
Caleta de Fuste
La Guirra
Punta del Muellito
Las Salinas
Puerto de la Torre
Bco de la Torre
Finca del Vicario
494 Agudo
Gran Montaña 708
Mézquez
Playa de la Solapa
Mézquez 414
Punta de Don Blas
Playa de Garcey
Agua de Bueyes
Agua Bueyes 461
Caldera de Gairía 356
Toto
Tiscamanita
Centro de Interpretación de los Molinos
Pájara
Bárgeda
FV 20
FV 50
606 Carbón
Tuineje
Caldera de la Laguna
300
Malpaís Grande
Bco de la Boca
Playa de Leandro
FV 420
Bco de Pozo Negro
Pozo Negro
Playa de Pozo Negro
El Saladillo
439
Playa de los Chopos
Playa de los Vallichuelos
Las Salinas
Bco de Vigocho
Vigocho 382
El Alto
FV 605
Fayagua
Amanay
Las Casitas
La Florida
Montañeta de Tamacite 354
Barranco del Pozo
Tonicosquey
Ezquen
FV 2
Bco Valle de la Cueva
Casilla Blanca
Caldera de Jacomar 435
Jacomar
Punta Gorda
Punta de las Borriquillas
Tesejerague
Montoña Hendida
Vegueta
Diego Alonso
Montaña Tirba 345
FV 618
Bco de los Corrales
La Cañada de Teguital
Teguital
Barranco de Gran Valle
Vigán 462
Punta de Gran Valle
Cardón 691
Cardón
Chilegua
Tamaretilla
FV 511
Violante
FV 520
Río Gran Tarajal
FV 512
Las Playitas
Playa de los James
Peñón del Roque
La Entallada
FV 617
Las Hermosas
343
315
FV 56
Caracol 464
Pablo Sánchez
FV 525
Gran Tarajal
FV 4
Playa del Pajarito
Playa de los Pobres
292 Lapa
Punta del Aceituno
Barranco de Gerepe
Giniginámar
Playa de Giniginámar
Tarajalejo
Punta del Caracol
Playa de Tarajalejo
La Lajita
Playa La Lajita
Playa de La Jaqueta
Playa de Matas Blancas
Punta de los Molinillos
111
F
G
H
I
3
4
5

0
5 km
B
C
D
1
2
3
Punta de Gáldar
Punta de Sardina
Necrópolis de la Guancha
Punta de Guanarteme
Puerto Nuevo
Puerto de la Caleta
Caleta de Abajo
Llanos de Caleta y Sobradillo
El Agujero
Pico de Gáldar
La Atalaya
Punta del Mármol
Playa de San Felipe
Playa de Sardina
Puerto de Sardina
Sardina
Gáldar
Roque Partido
Barrial
Cueva Pintada
Sta María de Guía
Cenobio de Valerón
San Juan
Punta Marqués
San Isidro
Almagro
El Calabozo
Tres Palma
Aguilar
Punta del Cardonal
Eta de San Isidro
El Viejo
Hoya de Pineda
El Palmital
Cuevas de las Cruces
Paso María de Los Santos
Punta del Tumas
Puerto de las Nieves
Agaete
Los Llanos
Vergara
Tenerife
Dedo de Dios
Pico de Viento
Saucillo
Verdejo
Playa de Guayedra
Valle de Agaete
Bascamao
Montaña Alta
Los Tilos de Moya
Guayedra
San Pedro
El Camino
Caideros
Playa Segura
Vecindad de Enfrente
Barranco del Laurel
Barranco del Pinar
Jurada
Cruz de Dionisio
Guayedra
Los Berrazales
La Laja del Risco
Tamadaba
Fagajesto
El Hornillo
Playa del Risco
Cruz de Tabaibal
Embalse de Los Pérez
Fontanales
Casa Forestal
Playa de la Virgen
Pinar de Tamadaba
Tamadaba
Lugarejos
Punta de Góngora
El Risco
Juncalillo
Pinos de Gáldar
Job
Parque
Natural
Las Hoyas
Bco Hondo de Abajo
Coruña
Cruz de Valerón
Montañón Negro
La Fajanita
Tirma
Las Cuevas
El Tablero
Lentiscal
Moriscos
Punta de la Aldea
de
Tamadaba
Cruz de María
Artenara
Cruz de Tejeda
Altavista
Guardaya de Abajo
El Majuelo
Cuevas Nuevas
Acusa Verde
El Rincón
Puerto San Nicolás
El Hoyo
La Degollada
Playa de la Aldea
Embalse de El Parralillo
Candelaria
La Higuerilla
Las Marciegas
La Aldea de San Nicolás de Tolentino
Tejeda
Albercón
Mederos
Roque Bentaiga
Roque Colorado
Los Espinos
El Carrizal
El Chorrillo
El Espinillo
El Lomo
Cuevas Caidas
Embalse de El Siberio
La Solana
Amurgar
Los Molinos
Embalse Caidero de la Niña
Barranco
Punta de la Soga
El Pinillo
Pino Gordo
Siberio
Timagada
Roque Nublo
Artejévez
Lomo del Mulato
Ayacata
Punta del Peñón Bermejo
Tocodomán
El Toscón
El Juncal
El Hoyo
Montaña de Hogarzales
Reserva Natural
Casa Forestal de Pajonales
Morro Pajonales
Playa de Güigüí
Integral de Inagua
116
Tasartico
Tasarte
Pargana
La Plata
Pto de Cruz Grande
Eta de Santiago
Casa Forestal
Embalse de Cueva de las Niñas

E
F
G
H
1
2
3
1 : 150 000
Los Albarderos
Roque Negro
Las Coloradas
Montaña del Vigía
La Isleta
Punta del Confital
Isleta
Playa de las Canteras
Puerto de la Luz
Sta Catalina
Bahía del Confital
Playa de las Alcaravaneras
Tenerife
Fuerteventura
Lanzarote
Triana
LAS PALMAS
DE GRAN CANARIA
Vegueta
San Cristóbal
Punta Casa Blanca
Playa de la Laja
Punta del Palo
Punta de Jinámar
Playa de Malpaso
La Estrella
La Garita
Marpequeña
Playa del Hombre
Punta de la Cueva
Playa de Melenara
Melenara
Playa de Salinetas
Playa de la Hullera
Playa de Tufía
Playa Ojo de Garza
Punta de Ámbar
Lazareto de Gando
Roque de Gando
Bahía de Gando
Punta de Gando
AEROPUERTO DE GRAN CANARIA
Playa de San Agustín
La Costa
Felipe
San Andrés
Punta de las Coloradas
Punta del Camello
Bañaderos
Punta de Arucas
Costa Ayala
Cabo Verde
Lomo Quintanilla
Casablanca
Trasmontaña
Cardones
Trapiche
Cambalud
Mña de Arucas
Buenlugar
Los Rosales
Arucas
Ayala
Los Giles
Tenoya
Las Torres
Tamaraceite
Firgas
La Caldera
Santidad
Visvique
Las Mesas
Carretería
Los Portales
Los Castillos
La Suerte
Almatriche
Lomo Blanco
El Secadero
Huertas del Palmar
San Lorenzo
Tafira Baja
Zumacal
Teror
Guanchía
Dragonal
Jardín Canario
La Calzada
El Fondillo
Miraflor
Milagrosa
Siete Puertas
Tafira Alta
La Angostura
Mirador de Zamora
El Alamo
Arbejales
Espartero
Las Meleguinas
Los Hoyos
Pico de Bandama
Monte Lentiscal
Sta Brígida
Jinámar
Caldera de Bandama
Vega de Enmedio
La Atalaya
Las Goteras
Cruz de la Gallina
POLÍGONO DE JINÁMAR
Majadilla
La Pardilla
Vega de San Mateo
Ariñez
Utiaca
La Yedra
Hoya del Gamonal
La Gavia
El Palmital
Los Caserones
San Antonio
Valle de Casares y Solana
La Solana
La Higuera Canaria
Tara
Las Lagunetas
La Lechuza
Lomito de Correa
La Barrera
Montaña de las Palmas
S. José de las Longueras
TELDE
El Calero
Cueva Grande
La Lechucilla
Tenteñiguada
Las Casillas
Valsequillo de Gran Canaria
Los Llanetes
Valle de los Nueve
Lomo de la Herradura
El Caracol
Las Huesas
Las Vegas
Lomo Magullo
Lomo Sala
La Colomba
Camaretas
Hoya del Gamonal
Rincón
Llano de los Frailes
Era de Mota
El Lomo del Frenegal
Los Mocanes
Reserva Natural
La Breña
Las Medianías
El Goro
Caldera de los Marteles
Cuatro Puertas
Pichón
Roque Redondo
Cazadores
Barranco
Bco del Draguillo
Piletillas
POZO DE LAS NIEVES
La Culata
Risco Blanco
Especial de
Pasadilla
Roque
Agüimes
Aguatona
Ingenio
Carrizal
Benítez
Hoya García
Lomito de Taidía
Taidía
Hoya de Tunte
El Morisco
Guayadeque
los Marteles
117

0 5 km
114
A
B
C
D
3
4
5
Puerto San Nicolás
Playa de la Aldea
El Hoyo
Las Marciegas
Albercón
Mederos
La Aldea
de San Nicolás
de Tolentino
Nuevas
Altavista
Acusa Verde
de Abajo
El Rincón
La Degollada
Candelaria
Embalse de El Parralillo
La Higuerilla
Tejeda
Roque Bentaiga
1412
El Carrizal
El Chorrillo
El Espinillo
El Lomo
Cuevas Caidas
La Solana
Roque Nublo
1813
Amurgar
790
Punta de la Soga
Punta del Peñón Bermejo
Artejévez
Los Molinos
El Pinillo
Pino Gordo
Embalse Caidero de la Niña
Embalse de El Siberio
Barranco de Siberio
Timagada
Lomo del Mulato
El Toscón
El Juncal
997
Tocodomán
El Hoyo
Montaña de Hogarzales
1065
Playa de Güigüí
Inagua
1426
Reserva Natural
Integral de Inagua
Casa Forestal de Pajonales
1434
Morro Pajonales
Ayacata
Pargana
1613
La Plata
Pto de Cruz Grande
1251
Casa Forestal
Ela de Santiago
San Bartolo
de Tira
Tasartico
Barranco de Tasartico
Tasarte
628
Las Tetas
Mogarenes
892
El Manantial
La Cogolla
Playa del Asno
Veneguera
La Huerta Nueva
Embalse del Mulato
Embalse de Cueva de las Niñas
1021
Soria
Embalse de Soria
Embalse de Chira
Cercados de Araña
Parque
Barranquillo Andrés
Sta Brígida
Barranco de Tasarte
El Pie de la Cuesta
1226
Mña de Tauro
La Vistilla
548
Playa de las Aneas
Playa de Tasarte
Lomo de Tasarte
El Zao
Mogán
932
Barranco de Mogán
El Inglés
Las Casillas
El Caidero
Santidad
1193
Natural
Taginastal
Playa de Tasarte
La Postreragua de Veneguera
602
Los Judíos
Los Navarros
de
Pilancones
Chamoriscán
Embalse de Ayagaures
Ayagaures
Punta del Cerrillo
El Palmito
Tauro Alto
Barranco de Lechugal
Cercados de Espino
Tabaibales
La Playa de Veneguera
Las Burrillas
Los Peñones
Palmitos Park
Presa de Chamoriscán
692
Perchel de Mogán
Punta del Castillete
Playa de Mogán
Puerto de Mogán
Playa de Taurito
Taurito
183
El Seo
Barranco de la Negra
Monte León
Montaña la Data
Barranco
Punta Cruz de Piedra
Tauro
La Playa de Tauro
Motor Grande
Arguineguín
393
Playa del Cura
Punta del Tablero
Playa de los Amadores
Puerto Rico
Aquasur
Media Fanega
Punta de Puerto Rico
La Verga
Salobre
El Tablero
Playa de Balito
Cornisa del Suroeste
Las Casas
Punta de los Inciensos
Playa de la Verga
Patalavaca
El Llanillo
Estación de Seguimiento Espacial
Sonneland
San Fer
Arguineguín
Parchel
Bahía de Sta Águeda
Pasito Blanco
Punta del Parchel
Playa de las Meloneras
El O
Playa
GC 1
GC 200
GC 204
GC 205
GC 210
GC 500
GC 503
GC 504
GC 505
GC 510
GC 604
GC 605
GC 606
GC 607
GC 60

115
E
F
G
H
3
4
5
Marpequeña
Playa del Hombre
Punta de la Cueva
TELDE
Valsequillo de Gran Canaria
La Barrera
Lomito de Correa
S. José de las Longueras
Lomo Magullo
Lomo de la Herradura
El Calero
Huesas
Playa de Salinetas
Playa de la Hullera
Playa de Tufia
Playa Ojo de Garza
Punta de Ámbar
Lazareto de Gando
Roque de Gando
Punta de Gando
Bahía de Gando
Triana
AEROPUERTO DE GRAN CANARIA
Playa de San Agustín
Playa del Burrero
El Goro
Cuatro Puertas
Las Medianías
Ojos de Garza
Reserva Natural
Caldera de los Marteles
Especial de los Marteles
Barranco de Guayadeque
Guayadeque
Ingenio
Aguatona
Carrizal
Agüimes
Mondragón
Temisas
Sta Lucía
Montaña de Agüimes
Las Rosas
Playa de Vargas
Playa de las Cruces
Punta de la Sal
Playa del Carbón
Roque de Arinaga
Arinaga
Risco Verde
Playa de Arinaga
Bahía de Arinaga
Bahía de Formas
POLÍGONO INDUSTRIAL DE ARINAGA
Cruce de Arinaga
Estación Espacial por Satélite
El Roque
Montaña Teheral
Fortaleza
Barranco de Balos
Cruce de Sardina
Sardina
Vecindario
Barranco de Tirajana
Aldea Blanca
El Doctoral
Punta Gaviota
Pozo Izquierdo
Bahía de Pozo Izquierdo
Punta de Tenefé
Juan Grande
El Matorral
Castillo del Romeral
Playa de los Tártagos
Playa de las Casillas
Playa de la Caleta
Playa Corral de Espino
Playa del Cardón
Berriel
AEROCLUB DE GRAN CANARIA
Playa del Tarajalillo
Bahía Feliz
Playa del Águila
Nueva Europa
Playa de San Agustín
San Agustín
Playa de las Burras
Playa del Inglés
Maspalomas
Punta de Maspalomas
de Maspalomas
Sioux City
Montaña Tabaibas
Hoya de Toledo
Mundo Aborigen
Barranco de los Ahogados
Mesa de las Puntillas
Fataga
Amurga
Arteara
Pozo de las Nieves
GC 1
GC 60
GC 65
GC 100
GC 104
GC 500
GC 550

0
5 km
A
B
1
2
3
Los Órganos
El Roquillo
Playa de Arguamul
Playa de Santa Catalina
Playa de Vallehermoso
Punta del Peligro
Cumbre de Chigueré
Chigueré
La Playa
Arguamul
Eta de Sta Clara
876
Teselinde
Valle Abajo
Ermita
Ermita de Sta Lucía
Tazo
Vallehermoso
Tamargada
Las Rosas
650
Roque Cano
Cubaba
Playa del Trigo
La Quilla
Macayo
Rosa de las Piedras
Epina
Embalse La Encantadora
499
Roque Blanco
Playa de Alojera
Alojera
El Carmen
Meriga
Punta del Viento
Banda de las Rosas
Los Ace
Punta Talisca Negra
Acardece
Taguluche
Arure
Parque Nacional de Garajonay
Mirador del Santo
Mirador del Palmarejo
Las Hayas
Ermita de Nª Sª de Lourdes
La Mérica
857
700
Lomo del Balo
Los Granados
El Cercado
Baja de Juan Amaro
La Vizcaína
Zarcita
Garajonay
1487
El Guro
Chipude
El Hornillo
Playa del Inglés
La Dehesa
Pavón
Roque de A
La Calera
Jagüe
1243
Montaña Fortaleza
Playa de la Calera
Bco Valle Gran Rey
Barranco de Argaga
Igualero
Loma de Eretos
1355
Bench
Valle Gran Rey
Gerián
Ermita de San Juan
Eta de Nª Sª del Buen Paso
Lo del Ga
Vueltas
Topogache
Imada
Playa de Vueltas
Ermita de San Lorenzo
Playa de las Arenas
San Sebastián
Ermita de Guarimiar
El Drago
Barranco de Santiago
Bco de la Rajita
Alajeró
Targa
Roque de Iguala
Arguayoda
Bco de la Negra
808
Calvario
La Dama
Almácigos
La Rajita
Quise
Playa de la Negra
Antoncojo
Punta de la Nariz
La Cantera
Cala Cantera
Caldera
291
Punta Falcones
Punta del Becerro
Playa de Ereses
GM 1
GM 2
TF 712

C
D
E
1
2
3
Punta del Jurado
Playa de San Marcos
de San Marcos
Agulo
Playa de Agulo
Playa de Santa Catalina
Cañada Grande
791
Sta Catalina
Punta Gabiña
Playa de la Caleta
E. de la Palmita
Hermigua
Ea de San Juan
Punta San Lorenzo
La Palmita
Llano Campos
Las Nuevitas
El Palmar
Playa de Tegüijuel
Taguluche
Las Casas
Playa Molino
Punta Majona
El Estanquillo
Parque
Natural
Valle de Hermigua
Playa Majona
Encherada
1065
de
Majona
GM 1
Embalse del Mulagua
Cuevas Blancas
Playa Zamora
El Cedro
Encherada
Punta Llana
Ermita de Nuestra Señora de Guadalupe
Jaragán
Aluce
24
Playa del Cangrejo
642
Jaragán
Roque de Ojila
E. de Chejelipes
Chejelipes
1171
E. de Llano
Punta de Avalo
1236
El Atajo
El Molinito
Playa de Avalo
Embalse Palacios
San Antonio y Pilar
La Laja
Matanza
268
251
Casas Blancas
GM 2
983
Punta de San Cristóbal
Vegaipala
Ayamosna
Degollada de Peraza
384
Langrero
San Sebastián
de la Gomera
Jerduñe
691
Roque de Magro
663
Roque del Sombrero
GM 2
Playa de San Sebastián
Barranco de Chinguarime
La Palma
Tenerife
Toscas
Tejiade
Seima
Playa de la Guancha
Pastrana
El Cabrito
Contrera
Playa del Cabrito
El Hierro
15
Bco de Santiago
Punta Gorda
Playa de la Roja
El Joradillo
Playa del Guincho
Laguna de Santiago
Tecina
Punta Gaviota
Playa de Chinguarime
Playa de Santiago
Punta del Espino
1 : 125 000
C
D
E

0
5 km
C
D
E
1
2
3
Isla Alegranz
Isla de
Montaña Clara
Playa de
Isla Graci
Punta de las Carreras
Punta del Pobre
Punta Marrajo
O C É A N O
A T L Á N T I C O
Parque
Natural
Archipiélago
Chinijo
Punta de
Penedo
La Puntilla
Las Bajas
Punta Prieta
La Santa
Sport
Caleta
de Caballo
123
Caleta de
Famara
Playa de
Famara
La Santa
Montaña Bermeja
El Molino
LZ-402
132
199
293

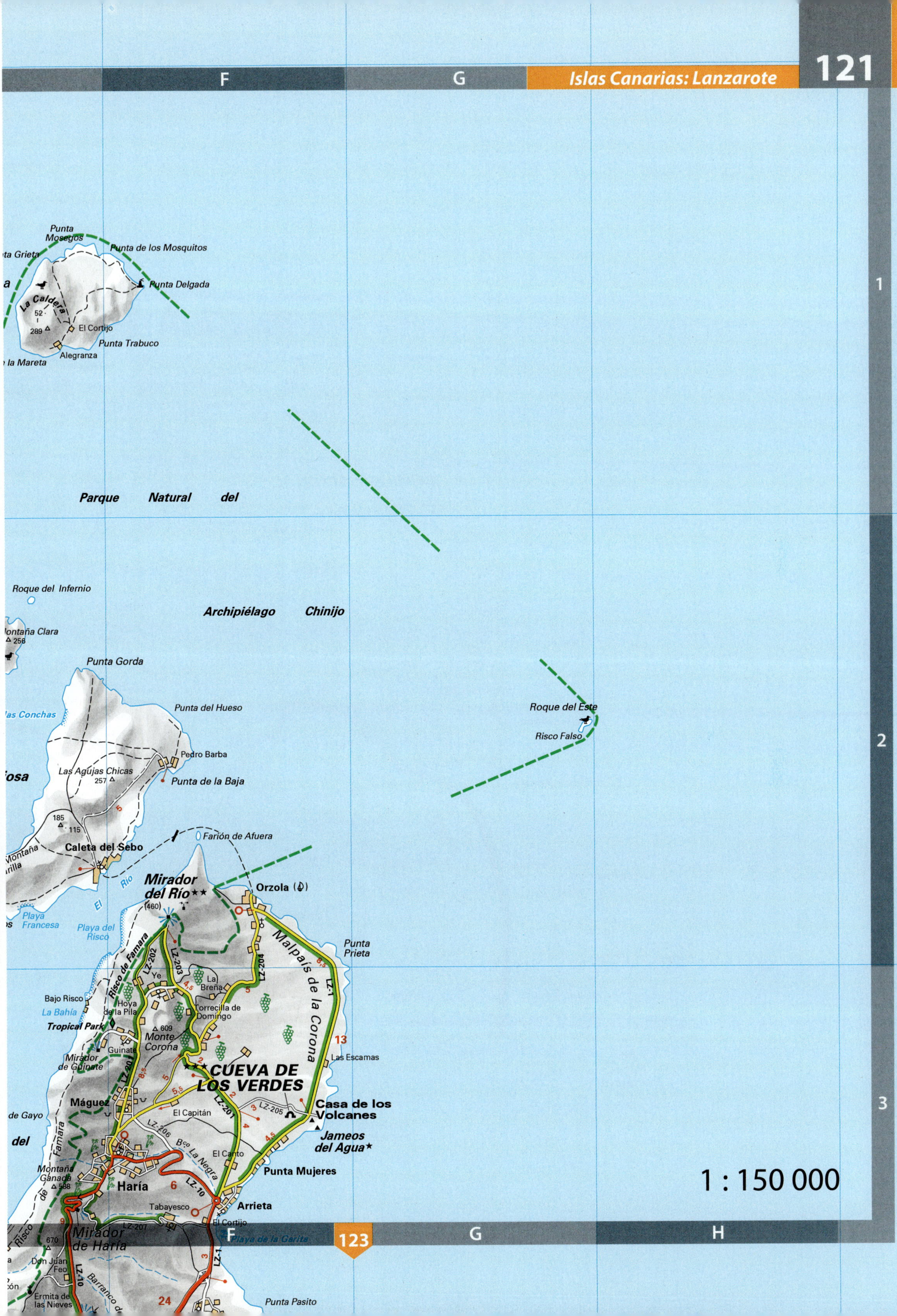
F
G
H
1
2
3
Punta Mosegos
Punta de los Mosquitos
Punta Delgada
La Caldera
52
289
El Cortijo
Punta Trabuco
Alegranza
la Mareta
Parque Natural del
Archipiélago Chinijo
Roque del Infernio
Montaña Clara
256
Punta Gorda
Punta del Hueso
Pedro Barba
Las Agujas Chicas
257
Punta de la Baja
185
115
Caleta del Sebo
Farión de Afuera
Roque del Este
Risco Falso
Mirador del Río
(460)
Orzola
Playa Francesa
Playa del Risco
El Río
Punta Prieta
Risco de Famara
LZ-202
LZ-203
LZ-204
Ye
La Breña
Malpaís de la Corona
LZ-1
Bajo Risco
La Bahía
Hoya de la Pila
Torrecilla de Domingo
Tropical Park
609
Monte Corona
Guinate
Mirador de Guinate
13
Las Escamas
CUEVA DE LOS VERDES
Máguez
LZ-201
El Capitán
LZ-205
Casa de los Volcanes
Jameos del Agua
de Gayo
LZ-206
Bco. La Negra
El Canto
Punta Mujeres
Famara
Montaña Ganada
598
Haría
6
LZ-10
Arrieta
Tabayesco
El Cortijo
LZ-207
Mirador de Haría
670
Playa de la Garita
Don Juan Feo
Barranco de
Ermita de las Nieves
24
Punta Pasito
1 : 150 000

123

0
5 km
A
B
C
3
4
5
La Isleta
La Santa
Montaña Bermeja
El Melián
Tenesar
Punta Gaviota
Parque Natural de Los Volcanes
Montaña de Teneza
Tajaste
Guiguan
Mancha Blanca
Playa de la Madera
Punta del Paletón
El Islote
Montaña Caldereta
Caldera Blanca
Ermita de los Dolores
El Volcán
Playa del Cochino
PARQUE NACIONAL DE TIMANFAYA ***
Montaña del Cortijo
Montaña Ortiz
Islote de Halcones
Islote de Hilario
Peaje
Mña del Fuego
Caldera del Corazoncillo
Caldera Colorada
Ruta de los Volcanes
Playa del Paso
Juan Perdomo
Montaña Encantada
El Golfo
** El Golfo
Montaña Hernández
Montaña Tremesana
Montaña Diama
Geria
Vegas de Tegoyo
Montaña del Golfo
Los Morriles
** La Geria
Guardilama
Conil
Caldera de Chozas
Playa de Montaña Bermeja
Los Hervideros
Uga
La Asomada
Yaiza
La Hoya
Mácher
* Salinas de Janubio
Playa de Janubio
La Degollada
Las Casitas
Cortijo Viejo
Los Mojones
Atalaya de Femés
Pico Naos
Barranco del Agua
Las Breñas
Femés
Playa Quemada
Puerto Calero
Playa Blanca
La Mareta
Punta de Piedra Alta
Maciot
Barranco de la Higuera
Playa de la Arena
Barranco de la Casita
Bahía de Ávila
Atlante del Sol
Punta Ginés
Hacha Grande
Barranco Parrado
Caleta Negra
Montaña Roja
Montaña Baja
La Punta
Punta Gorda
Costa de Rubicón
Playa Blanca
Las Coloradas
Punta Pechiguera
Punta Limones
Playa de las Coloradas
Playa Mujeres
Playa Papagayo
Caleta del Congrio
* Punta del Papagayo
Fuerteventura
LZ-67
LZ-2
LZ-30
LZ-701
LZ-702
LZ-703
LZ-704
LZ-706
LZ-56
LZ-501
LZ-502
LZ-503
LZ-504
LZ-46

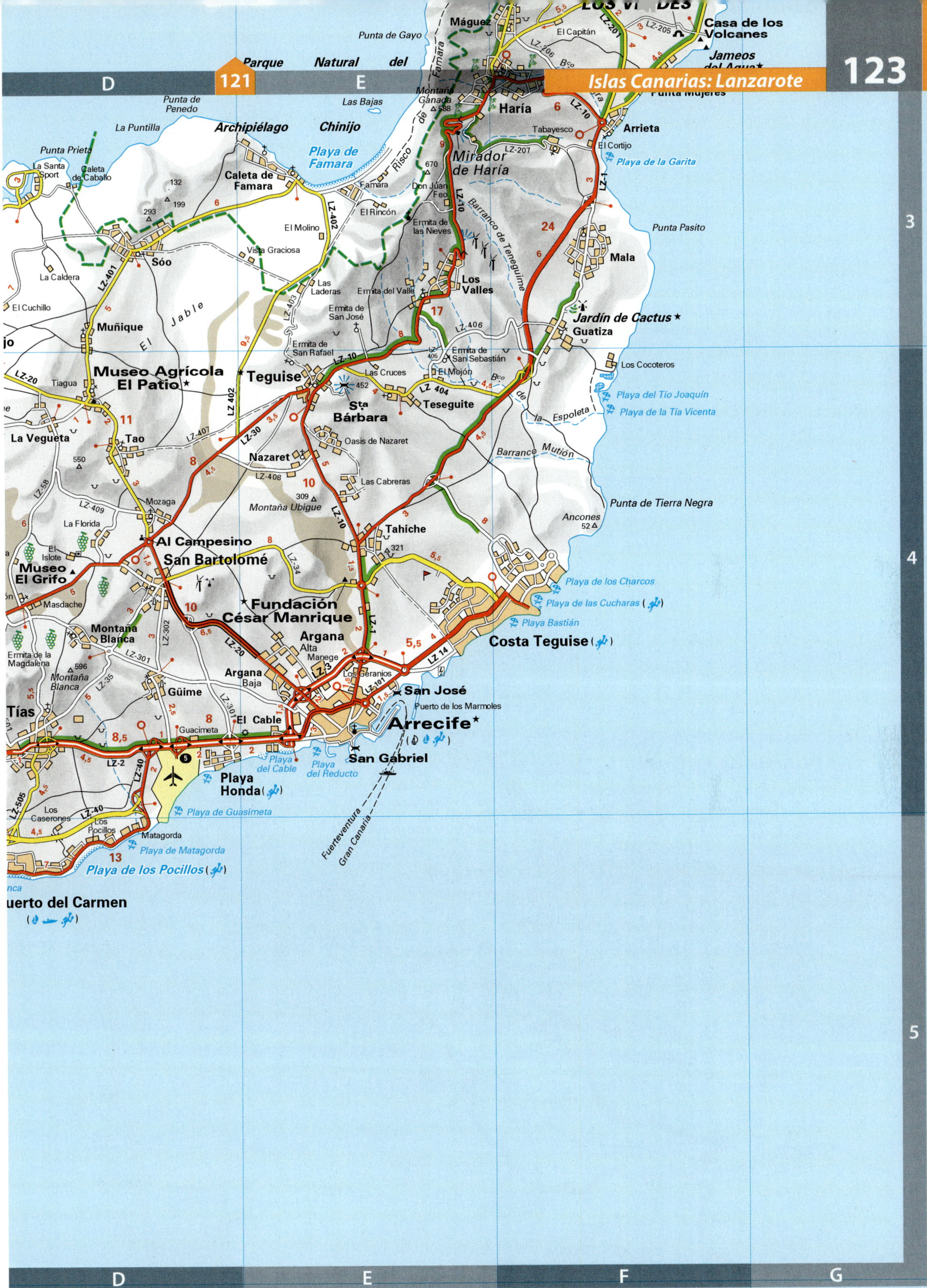

D
E
F
G
121
3
4
5
Parque Natural del Archipiélago Chinijo
Punta de Gayo
Máguez
El Capitán
Casa de los Volcanes
Jameos del Agua
Punta Mujeres
Montaña Ganada
Haría
Arrieta
Tabayesco
El Cortijo
Playa de la Garita
Mirador de Haría
Risco de Famara
Las Bajas
Punta de Penedo
La Puntilla
Punta Prieta
La Santa Sport
Caleta de Caballo
Caleta de Famara
Playa de Famara
Famara
Don Juan Feo
El Rincón
El Molino
Vista Graciosa
Ermita de las Nieves
Barranco de Tenegüime
Punta Pasito
Mala
Sóo
La Caldera
El Cuchillo
Las Laderas
Ermita del Valle
Los Valles
Ermita de San José
Jardín de Cactus
Guatiza
Muñique
El Jable
Ermita de San Rafael
Ermita de San Sebastián
El Mojón
Los Cocoteros
Museo Agrícola El Patio
Tiagua
Teguise
Las Cruces
Teseguite
Sta Bárbara
Playa del Tío Joaquín
Playa de la Tía Vicenta
Espoleta
La Vegueta
Tao
Oasis de Nazaret
Nazaret
Barranco Mutión
Las Cabreras
Montaña Ubigue
Punta de Tierra Negra
Mozaga
Ancones
La Florida
Tahiche
Al Campesino
San Bartolomé
El Islote
Museo El Grifo
Masdache
Fundación César Manrique
Playa de los Charcos
Playa de las Cucharas
Playa Bastián
Costa Teguise
Montaña Blanca
Argana Alta
Manege
Ermita de la Magdalena
Los Geranios
Argana Baja
Güime
San José
Puerto de los Marmoles
Tías
Guacimeta
El Cable
Arrecife
San Gabriel
Playa del Cable
Playa del Reducto
Playa Honda
Playa de Guasimeta
Los Caserones
Los Pocillos
Matagorda
Playa de Matagorda
Playa de los Pocillos
Fuerteventura
Gran Canaria
uerto del Carmen

0
5 km
F
G
H
E
1
2
3
127
Punta del Hidalgo
Playa del Arenal
Piscinas
Bajamar
Punta Gotera
Punta del Fraile
Milán
La Barranquera
Los Pajalillos
Punta La Romba
Valle de Guerra
Tejina
Punta del Viento
Casa de Carta
El Socorro
San Luis
La Padilla
Playa del Pris
El Pris
S. Juan Perales
Tagoro
La Caridad
Guamasa
El Portezuelo
Mesa del Mar
Punta de la Mesa
Playa del Camello
Tacoronte
Los Naranjeros
Bahía de la Garañona
El Sauzal
Punta del Sauzal
Los Rodeos
Las Lajas
AEROPUERTO TENERIFE NORTE
Punta del Puertito
Punta Pesquero Alto
Ravelo
Agua García
El Ortigal
Punta de Juan Blas
Punta del Sol
La Matanza de Acentejo
La Esperanza (El Rosario)
Mirador Montaña Grande
Lomo Pelado
Las Rosas
Punta de Barranco Hondo
La Victoria de Acentejo
La Quinta
La Resbala
Los Altos
Mirador Pico de las Flores
Lago Martiánez
Sta. Úrsula
Bajos y Tagoro
Las Raíces
Machado
Puerto de la Cruz
Jardín de Aclimatación
El Rincón
La Vera
Farrobillo
Punta Brava
Loro Parque
La Corujera
Mirador Ortuño
Barranco Hondo
Punta El Guindastes
El Toscal Longuera
Las Arenas
Cuesta de la Villa
Mirador de Humboldt
El Diablillo
Pinar de La Esperanza
San Vicente
Playa del Socorro
El Rosario
Los Gómez
Reserva Natural Especial de las Palomas
Gaitero
San José
La Vera
Icod el Alto
Tigaiga
Realejo Alto
Cruz Santa
La Montañeta
La Orotava
La Florida
Hacienda Perdida
Pinolerís
Igueste
Las Caletillas
Los Realejos
La Perdoma
San Antonio
El Bebedero
Chipeque
Araya
La Guancha
Las Rosas
Fuente del Bardo
Palo Blanco
El Vinático
Chasna
Benijos
Mirador Chipeque
Aguamansa
Las Cuevecitas
Malpaís
Candelaria
VALLE DE LA OROTAVA
Margarita de Piedra
Barranco de las Gambuesas
Arafo
Playa de Samarines
POLÍGONO INDUSTRIAL
Playa de la Viuda
Playa de Lima
Montaña de la Negrita
El Socorro
Montaña del Limón
Puerto de Izaña
La Hidalga
Chinico
Montaña del Alto o de Guamasa
Degollada del Cedro
Montaña Grande
Reserva Natural Especial del Malpaís de Güímar
Güímar
Observatorio Atmosférico de Izaña
Izaña
El Portillo de la Villa
Cobre
Mirador de Don Martín
Malpaís
Observatorio Astronómico del Teide
Las Cañadas del Teide
El Puertito
Abreo
Chiqueros
Parque Natural de Corona Forestal
Pájara
Playa de Arriba o las Bajas
Playa de Abajo
La Medida
La Caleta
Altavista
Montaña Rajada
Lomo de Mena
Punta Prieta
Playa de la Caleta
Punta del Jurado
Colmenas
El Escobonal
Playa Barranco Arriba
TF 5
TF 21
TF 24
TF 1
TF 28
TF 61

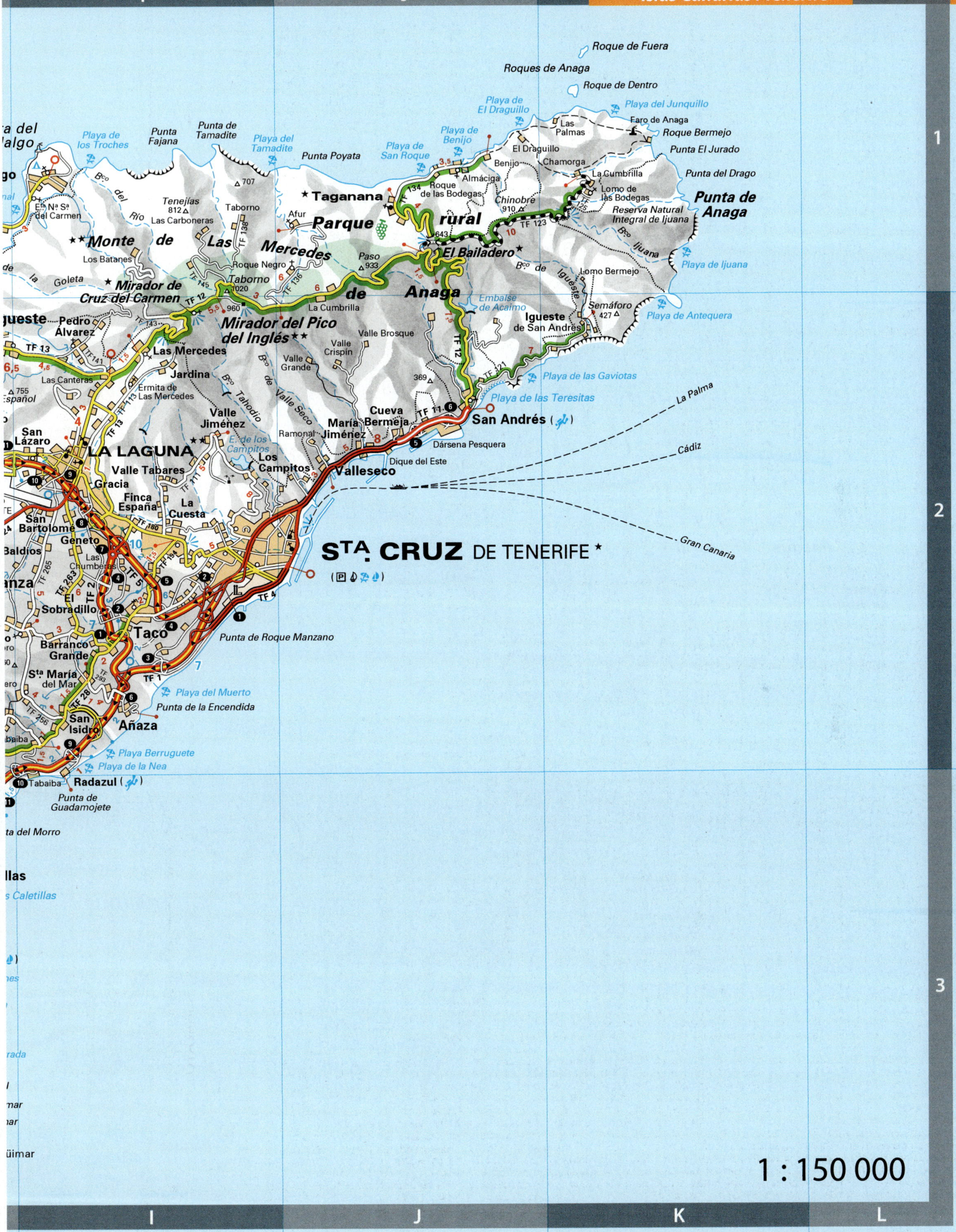
Roque de Fuera
Roques de Anaga
Roque de Dentro
Playa del Junquillo
Playa de El Draguillo
Faro de Anaga
Roque Bermejo
Punta El Jurado
Punta del Drago
Punta de Anaga
Las Palmas
El Draguillo
Chamorga
La Cumbrilla
Lomo de las Bodegas
Reserva Natural Integral de Ijuana
Playa de Ijuana
Playa de Antequera
Playa de Benijo
Benijo
Almáciga
Roque de las Bodegas
Chinobre
Playa de San Roque
Punta Poyata
Taganana
Parque rural de Anaga
El Bailadero
Lomo Bermejo
Semáforo
Igueste de San Andrés
Playa de las Gaviotas
Playa de las Teresitas
San Andrés
Dársena Pesquera
Dique del Este
La Palma
Cádiz
Gran Canaria
Valleseco
Sta. CRUZ DE TENERIFE
Punta de Roque Manzano
Playa del Muerto
Punta de la Encendida
Añaza
Playa Berruguete
Playa de la Nea
Radazul
Tabaiba
Punta de Guadamojete
Playa del Tamadite
Punta de Tamadite
Punta Fajana
Playa de los Troches
Tenejías
Las Carboneras
Taborno
Afur
Monte de Las Mercedes
Los Batanes
Roque Negro
Mirador de Cruz del Carmen
Mirador del Pico del Inglés
La Cumbrilla
Valle Brosque
Valle Crispín
Valle Grande
Embalse de Acamo
Pedro Álvarez
Las Mercedes
Jardina
Las Canteras
Ermita de Las Mercedes
San Lázaro
LA LAGUNA
Valle Jiménez
E. de los Campitos
Ramonal
María Jiménez
Cueva Bermeja
Los Campitos
Valle Tabares
Gracia
Finca España
La Cuesta
San Bartolomé
Geneto
Las Chumberas
Sobradillo
Taco
Barranco Grande
Sta. María del Mar
San Isidro
1 : 150 000

0
5 km
B
C
D
2
3
4
Punta de la Fajana
Punta de Marrero
Pta de Juan Centellas
Sto Domingo
Punta de Riquer
Playa de San Marcos
San Marcos
Buen Paso
Sta Catalina
La Mancha
Icod de los Vinos
Sta Bárbara
La Florida
Cueva del Viento
Redondo
Punta de la Laja
Punta de Buenavista
Pta del Risco de Daute
La Caleta
Garachico
Roque de Garachico
Piscina
El Guincho
Genovés
Las Cruces
Buenavista del Norte
Punta Negra
Playa del Fraile
Pta Morro del Diablo
Punta de la Gaviota
Montaña de Taco
La Costa
San José
San Bernardo
Los Silos
Mirador Lomo Molino
San Juan del Reparo
La Vega
El Tanque
Faro de Teno
Punta de Teno
Parque rural de Teno
Roque de Marrubio
Valle de El Palmar
El Palmar
Mña de Talavera
La Tierra del Trigo
Poyo
Teno
Baracán
Cuevas del Palmar
Las Portelas
Ruigómez
Reserva Natural Especial
La Montañeta
Fuente de la Vega
Gordo
Ermita de San Bernabé
Amparo
Las Abiertas
San José de los Llanos
Parque Natural de Corona Forestal
Erjos
Erjos del Tanque
Puerto de Erjos
Punta de la Hábiga
Los Carrizales
Cruz de Gilda
Valle de Arriba
Las Montañas Negras del Chinyero
Punta Vizcaíno
La Vica
Masca
Santiago del Teide
Mña Bilma
Playa de Juan López
Barranco de Masca
Playa de Masca
Punta de la Higuera
El Molledo
El Retamar
Las Manchas
Montaña de las Cuevitas
PICO
Cueva del Hielo
Pico Viejo
Punta de los Machos
Malpaís
Mña de Guama
Arguayo
Mña de los Guirres
Mña Samara
Playa de Bco Seco
Tamaimo
Acantilado de Los Gigantes
Los Gigantes
Puerto de Santiago
Chío
PARQUE
Playa de la Arena
Punta de Barbero
Chiguergue
Montaña del Cedro
Boca de Tauce
Llano de
Punta Blanca
Aripe
Chirche
Guía de Isora
Lomo del Balo
Punta de Alcalá
Alcalá
El Jaral
Playa de Alcalá
Acojeja
Tejina
Playa de la Barrera
Fonsalia
Piedra Hincada
Playa Rosalía
Playa de San Juan
Vera de Erques
Barranco de Erques
Parque Natural
Punta de la Tixera
Tijoco Alto
Tijoco Bajo
Ricasa
Taucho
Marazul
Los Menores
TF 82
TF 42
TF 5
TF 436
TF 445
TF 373
TF 375
TF 38
TF 454
TF 47
TF 1
TF 463
TF 465
TF 21
TF 583
TF 585
128

E
F
124
F
Tacoronte
El Sauzal
Guamasa
Punta del Viento
Playa del Pris
El Pris
Casa de Carta
Caridad
Playa del Camello
Bahía de la Garañona
Punta del Sauzal
Punta del Puertito
Punta Pesquero Alto
Punta de Juan Blas
Punta del Sol
Los Naranjeros
Los Rodeos
Las Lajas
AEROPUERTO TENERIFE NORTE
Ravelo
Agua García
El Ortigal
La Esperanza (El Rosario)
Los Baldíos
La Matanza de Acentejo
Mirador Montaña Grande
Lomo Pelado
Llano del Moro
Las Rosas
Punta de Barranco Hondo
La Victoria de Acentejo
La Quinta
La Resbala
Los Altos
Mirador Pico de las Flores
El Tablero
Lago Martiánez
Jardín de Aclimatación
Sta Úrsula
Bajos y Tagoro
La Vera
Farrobillo
Las Raíces
Machado
Puerto de la Cruz
El Rincón
Punta Brava
Loro Parque
La Corujera
Mirador Ortuño
Barranco Hondo
Tabaiba
Punta El Guindastes
El Toscal Longuera
Cuesta de la Villa
Mirador de Humboldt
El Diablillo
Pinar de La Esperanza
San Juan de la Rambla
El Rosario
Playa del Socorro
San Vicente
Las Arenas
Los Gómez
Reserva Natural Especial de las Palomas
La Orotava
Galtero
Punta del M
Las Aguas
San José
Icod el Alto
Tigaiga
Cruz Santa
La Montañeta
La Florida
Pinolerís
Igueste
La Vera
Realejo Alto
Hacienda Perdida
San Antonio
El Bebedero
Chipeque
Las Caletillas
Playa de las Caletillas
Las Rosas
Fuente del Bardo
Los Realejos
La Perdoma
Mirador Chipeque
Araya
Palo Blanco
El Viñático
Benijos
Chasna
Aguamansa
Las Cuevecitas
Candelaria
Malpaís
Playa de Samarines
Barranco de Ruiz
Valle de La Orotava
Margarita de Piedra
Barranco de las Gambuesas
Arafo
POLÍGONO INDUSTRIAL
Playa de la Viuda
Playa de Lima
Montaña de la Negrita
El Socorro
Montaña del Limón
Puerto de Izaña
Chiñico
La Hidalga
Playa de la Entrada
Degollada del Cedro
Montaña del Alto o de Guamasa
Güímar
Montaña Grande
Reserva Natural Especial del Malpaís de Güímar
El Portillo de la Villa
Izaña
Observatorio Atmosférico de Izaña
Cobre
Mirador de Don Martín
Punta de Güímar
Malpaís
Observatorio Astronómico del Teide
El Puertito de Güímar
Las Cañadas del Teide
Abreo
Parque Natural de Corona Forestal
Chiqueros
Pájara
Playa de Arriba o las Bajas
Playa de Abajo
Del Teide
Altavista
Montaña Rajada
La Medida
La Caleta
Lomo de Mena
Punta Prieta
Playa de la Caleta
Punta del Jurado
Colmenas
El Escobonal
Playa Barranco Arriba
Barranco de Tenazo
El Apartadero
Barranco de Herques
Playa de la Margallera
Playa de Chimaje
Cional
Las Cañadas del Teide
El Tablado
Punta del Porís
Lomo de la Gatera
La Zarza
Fasnia
El Sanatorio
Las Cañadas del Teide
Fuente Nueva
La Sombrera
Roques
Cruz del Roque
San Joaquín
Ucanca
Montaña Pasajirón
Playa del Abrigo
Los Azulejos
Guajara
Los Roques
Barranco de Icor
El Bueno
Icor
Punta de la Canal
Punta de Honduras
Las Eras
Playa Honda
Barranco de las Carretas
Playa de Las Ceras
Corona Forestal
La Degollada
Arico Viejo
Punta del Rincón
La Sabinita
Los Gavilanes
Arico el Nuevo
La Cancela
Punta La Ternera
Arico
E
F
G
H
La Cisnera
129
Porís de Abona
Vilaflor
Embalse del Río
Montaña Centinela
Playa Grande
Abona
Punta de Abona
El Río
San Juan
Las Vegas
Sanatorio de Abona
Abades
124

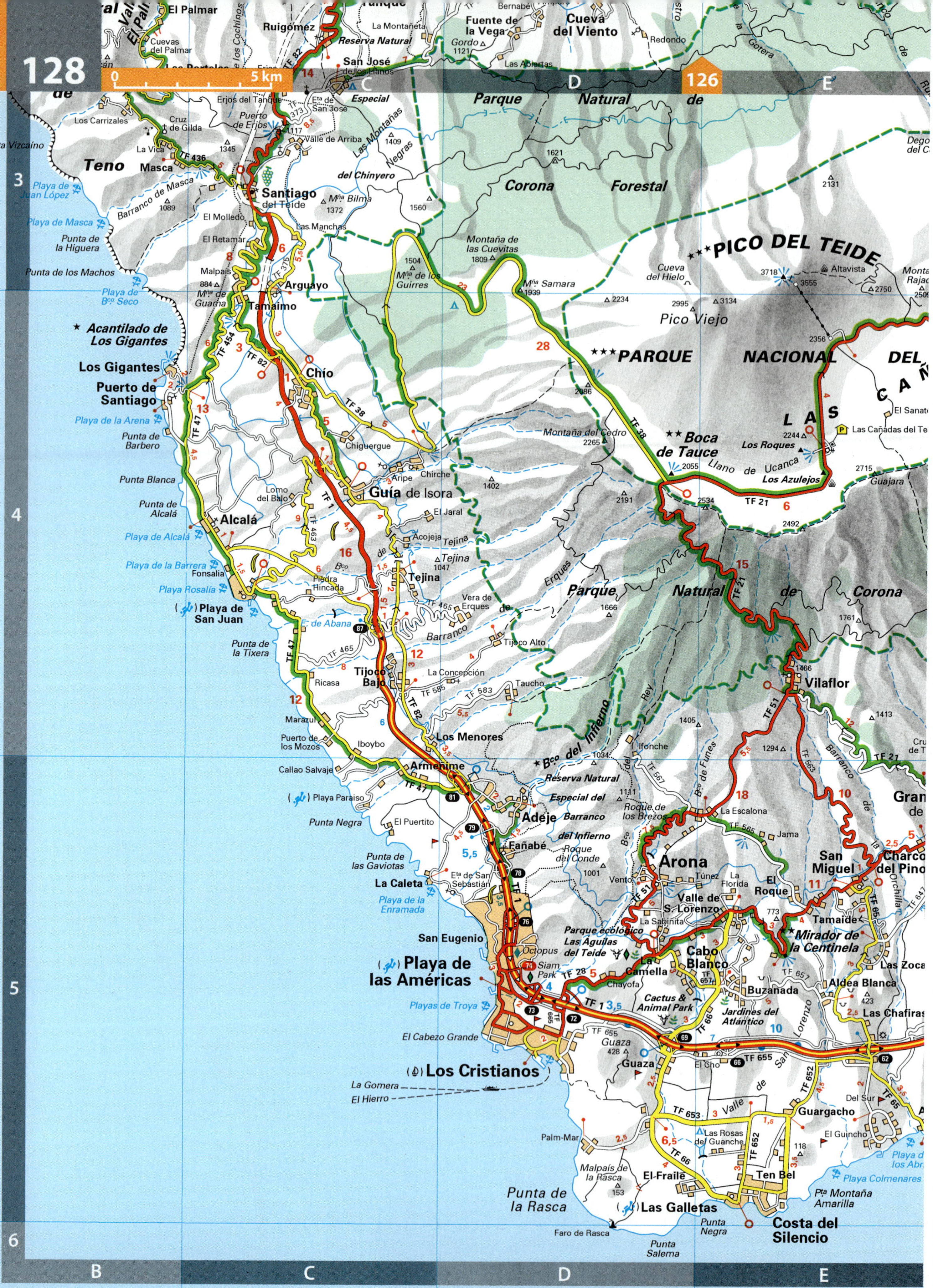
El Palmar
Cuevas del Palmar
Ruigómez
Reserva Natural
Especial
San José de los Llanos
Fuente de la Vega
Cueva del Viento
Redondo
Bernabé
La Montañeta
Gordo
Las Abiertas
0
5 km
14
126
B
C
D
E
Parque
Natural
de
Corona
Forestal
Los Carrizales
Cruz de Gilda
Erjos del Tanque
Puerto de Erjos
Valle de Arriba
Las Montañas Negras
del Chinyero
Punta Vizcaíno
La Vica
Teno
Masca
TF 436
Santiago del Teide
Mña Bilma
Playa de Juan López
Barranco de Masca
Playa de Masca
El Molledo
Las Manchas
El Retamar
Punta de la Higuera
Punta de los Machos
Malpaís
Mña de Guama
Playa de Bco Seco
Arguayo
Tamaimo
Montaña de las Cuevitas
Mña de los Guirres
Mña Samara
★ Acantilado de Los Gigantes
Los Gigantes
Puerto de Santiago
Playa de la Arena
Punta de Barbero
Punta Blanca
Punta de Alcalá
Alcalá
Playa de Alcalá
Playa de la Barrera
Fonsalía
Playa Rosalía
Playa de San Juan
Punta de la Tixera
Chío
TF 82
TF 454
TF 47
TF 38
TF 1
TF 463
Chiguergue
Aripe
Chirche
Guía de Isora
Lomo del Balo
El Jaral
Acojeja
Tejina
Piedra Hincada
Vera de Erques
de Abana
Barranco
Tijoco Alto
Tijoco Bajo
La Concepción
Ricasa
Taucho
Marazul
Puerto de los Mozos
Iboybo
Los Menores
Callao Salvaje
Armeñime
Playa Paraíso
Punta Negra
El Puertito
Punta de las Gaviotas
La Caleta
Playa de la Enramada
Eta de San Sebastián
San Eugenio
Playa de las Américas
Playas de Troya
El Cabezo Grande
Los Cristianos
La Gomera
El Hierro
Octopus
Siam Park
Fañabé
Adeje
Bco del Infierno
Reserva Natural
Especial del Barranco del Infierno
Roque del Conde
Vento
Ifonche
Roque de los Brezos
Arona
La Escalona
Jama
Túnez
La Florida
Valle de S. Lorenzo
La Sabinita
El Roque
San Miguel
Parque ecológico Las Águilas del Teide
La Camella
Chayofa
Cabo Blanco
Cactus & Animal Park
Buzanada
Jardines del Atlántico
Guaza
El Cho
Palm-Mar
Malpaís de la Rasca
Punta de la Rasca
Faro de Rasca
El Fraile
Las Rosas del Guanche
Las Galletas
Punta Negra
Punta Salema
Ten Bel
Costa del Silencio
Guargacho
El Guincho
Del Sur
Pta Montaña Amarilla
Playa Colmenares
Playa de los Abr
Valle de San Lorenzo
Tamaide
★ Mirador de la Centinela
Aldea Blanca
Las Zocas
Las Chafiras
Charco del Pino
Gran
Vilaflor
Barranco de Orchilla
Bco de Funes
Rey
Erques
Parque
Natural
de
Corona
Montaña del Cedro
★★ Boca de Tauce
Llano de Ucanca
Los Roques
Los Azulejos
Las Cañadas del Te
Guajara
El Sanato
LAS CAÑ
★★★ PARQUE NACIONAL DEL
★★★ PICO DEL TEIDE
Pico Viejo
Cueva del Hielo
Altavista
Monta Rajad
TF 21
TF 51
TF 28
TF 1
TF 655
TF 653
TF 652
TF 66
TF 65
TF 565
TF 567
TF 583
TF 585
TF 465
3
4
5
6

127
F
G
H
I
3
4
5
6
VALLE DE
Margarita de Piedra
Montaña de la Negrita
Puerto de Izaña
Montaña del Alto o de Guamasa
El Portillo de la Villa
Las Cañadas del Teide
Izaña
Observatorio Atmosférico de Izaña
Cobre
Observatorio Astronómico del Teide
Abreo
Chiqueros
Parque Natural de Corona Forestal
Colmenas
CAÑADAS TEIDE
Lomo de la Gatera
Montaña Pasajirón
Forestal
Barranco de las Gambuesas
Arafo
Malpaís
POLÍGONO INDUSTRIAL
Playa de Samarines
Playa de la Viuda
Playa de Lima
Playa de la Entrada
Chiñico
Barranco
Güímar
Montaña Grande
Reserva Natural Especial del Malpaís de Güímar
Punta de Güímar
Malpaís
Mirador de Don Martín
El Puertito de Güímar
Pájara
Playa de Arriba o las Bajas
Playa de Abajo
La Medida
La Caleta
Lomo de Mena
Punta Prieta
Playa de la Caleta
Punta del Jurado
El Escobonal
Playa Barranco Arriba
Playa de la Margallera
Playa de Chimaje
Barranco de Tenazo
Barranco de Herques
El Apartadero
El Tablado
Punta del Porís
La Zarza
Fasnia
Fuente Nueva
La Sombrera
Cruz del Roque
Barranco de San Joaquín
Playa del Abrigo
Los Roques
Barranco de Icor o de las Carretas
El Bueno
Icor
Punta de la Canal
Punta de Honduras
Las Eras
Playa Honda
Playa de Las Ceras
Punta del Rincón
La Degollada
Arico Viejo
La Sabinita
Los Gavilanes
Arico el Nuevo
La Cancela
Arico
Punta La Ternera
La Cisnera
Porís de Abona
Embalse del Río
Montaña Centinela
Playa Grande
Abona
Punta de Abona
Las Vegas
El Río
San Juan
Sanatorio de Abona
Abades
Playa de los Abrigos
Punta de Abades
La Cantera
Chimiche
Los Cuervos
Los Blanquitos
Granadilla de Abona
El Draguito
El Desierto
Barranco de Vilagua
La Jaca
Playa de la Jaca
Pegueras
Las Palomas
Los Quemados
Barranco de las Monjas
Barranco de Río
Punta del Sordo
San Miguel de Tajao
El Salto
Cueva Honda
Playa del Río
Montaña de Ifara
Bco. de Callao
Yaco
POLÍGONO INDUSTRIAL DE GRANADILLA
Playa Los Tarajales
Playa del Tambor
San Isidro
Las Montañas
Punta del Camello
Chuchurumbache
Playa del Medio
El Guirre
Playa del Vidrio
Punta del Tanque del Vidrio
Punta de los Mejillones
AEROPUERTO TENERIFE SUR REINA SOFÍA
El Médano
Los Abrigos
La Mareta
La Tejita
Playa del Médano
Punta del Bocinegro
Mña Roja
Punta de los Abrigos
Playa de la Tejita
Punta Roja
TF 1
TF 21
TF 24
TF 28
TF 61
TF 62
TF 64
TF 514
TF 534
TF 555
TF 617
TF 620
TF 625
TF 627
TF 629
TF 631
TF 634
TF 636
TF 638
TF 643
TF 645

0
5 km
A
B
C
2
3
4
5
Punta de Rabisca
Altura Las Hoyas
Punta Las Maderas
Punta del Mudo
Prois de Don Pedro
El Mudo
Punta de Valiero
El Palmar
Juan Adalid
Don Pedro
(Garafía)
Santo Domingo
Roque de las Tabaibas
El Jaral
El Tablado
Punta y Prois de S.to Domingo
El Calvario
Ermita de San Antonio
Barranco de los Hombres
Prois de Lomada Grande
Cueva del Agua
El Rito
Llano Negro
Barranco Fagundo
Parque cultural la Zarza
La Mata
Roque del Faro
Lomada Grande
Montaña Vaqueros
Casa Forestal
Punta de Gutiérrez
El Castillo
Hoya Grande
Fuente Grande
Las Palmeras
Reserva Natural Integral Pinar de Garafía
Punta Gorda
Las Tricias
Barranco de Briestas
El Pinar
Tricias
Pino de la Virgen
Puntagorda
Punta de las Llanadas
Fagundo
Pico de Fuente Nueva
Punta del Serradero
El Roque
Observatorio Astrofísico
Roque Chico
ROQUE DE LOS MUCHACHOS
Barranco de Garome
Tinizara
Playa de Camariño
Cascajo
Barranco de la Baranda
La Castellana
Tabladitos
CALDERA
Aguatavar
Parque
Camellón
Barranco del Jorado
Somada Alta
Playa de la Veta
Tabladito
Tenerra
El Pinillo
El Pueblo (Tijarafe)
DE
TABURIENTE
Playa de las Vinagreras
El Pinar
Cueva Bonita
El Jesús
La Caldera
Playa de Jorado
Hoya Grande
La Cumbrecita
La Capellanía
Punta de la Corvina
El Gánigo
Las Traviesas
LOMO DE LAS CHOZAS
Barranco de las Angustias
Punta de los Gomeros
Arecida
Las Cabezadas
La Viña
La Punta
Amagar
Salto del Perro
El Time
Los Barros
Punta del Moro
Pedregales
Argual
Los Llanos de Aridane
Las Angustias
Hermosilla
Puerto de Tazacorte
Tarajal
Las Rosas
Montaña Triana
Malpaís
El Paso
Triana
Cardón
Paso de Abajo
Tazacorte
Marina
Tacande
La Laguna
Tajuya
Playa de la Viña
San Borondón
Montaña La Laguna
La Costa
Montaña Todoque
Triana
Los Barriales
132
Todoque
Playa Nueva
Santuario de
Ermita de San Nicolás
San Nicolás
LP 1
LP 112
LP 114
LP 4
LP 2
LP 3
LP 124

D
E
F
2
3
4
5
Punta Gaviota
Punta de Topaciegas
Faro de Punta Cumplida
Punta Cumplida
Proís de Gallegos
Barlovento
La Tosca
Franceses
Gallegos
Topaciegas
La Palmita
Las Paredes
Lomo Machín
La Cuesta
Lomo Romero
La Verada
Las Cabezadas
Ramírez
Puerto Espíndola
Charco Azul
Hoya Grande
El Cardal
Punta Gorda
Laguna de Barlovento
Los Sauces
San Andrés
Verada de las Lomadas
El Tanque
San Pedro
Llano el Pino
Los Tilos
El Salto
Orotova
San Juan
El Canal
El Roque
Garachico
Llano la Palma
El Monte
Fuente Nueva
Eta de San Bartolomé
La Galga
Playa de Nogales
Barranco del Agua
Barranco de San Juan
Barranco de la Fuente
Barranco de la Galga
Barranco de Nogales
Parque Natural de las Nieves
Pico de la Cruz
2351
El Granel
LOS
Punta Salinas
2321
Casa Forestal
Piedra Llana
Puntallana
2230
Pico de las Nieves
Punta Sancha
Sta Lucía
Nacional
Barranco de la Madera
Punta Sta Lucía
de Idafe
Tenagua
Los Alamos
RIENTE
Barranco del Río de las Nieves
Lomo de los Gomeros
Punta de los Roques
Miranda
Las Toscas
Nieves
Na Sa de las Nieves
El Morro
1287
2044
Corralejo
Dehesa
Lomo del Centro
Las Nieves
El Planto
DE
ZAS
Las Tierritas
Sta Cruz de la Palma
Velhoco
1854
Buenavista de Arriba
La Cuesta
Juan Mayor
Buenavista de Abajo
Mirador de la Concepción
Tenerife
La Gomera
355
Eta Virgen del Pino
Nueva
Botazo
Playa de Bajamar
Reventón
1435
San Pedro (Breña Alta)
El Fuente
El Socorro
Breña
El Llanito
Los Cancajos
Playa de los Cancajos
San José (Breña Baja)
Túnel de la Cumbre
Finca El Sitio
Las Ledas
Miranda
San Antonio
San Isidro
Cumbre
de Arriba
Las Ledas
Beltrán
La Polvacera
565
Eta Sta Rosalía
Abajo
La Montaña
Monte de Breña
arque
Natural
La Rosa
1505
Poleal
Monte
Eta de los Dolores
El Pilar
Monte de Pueblo
Lodero
132
Playa del Hoyo
1808
Fátima
Vieja
El Pueblo (Villa de Mazo)
Callejones
Pico Birigoyo
Hoyo de Mazo
1 : 125 000

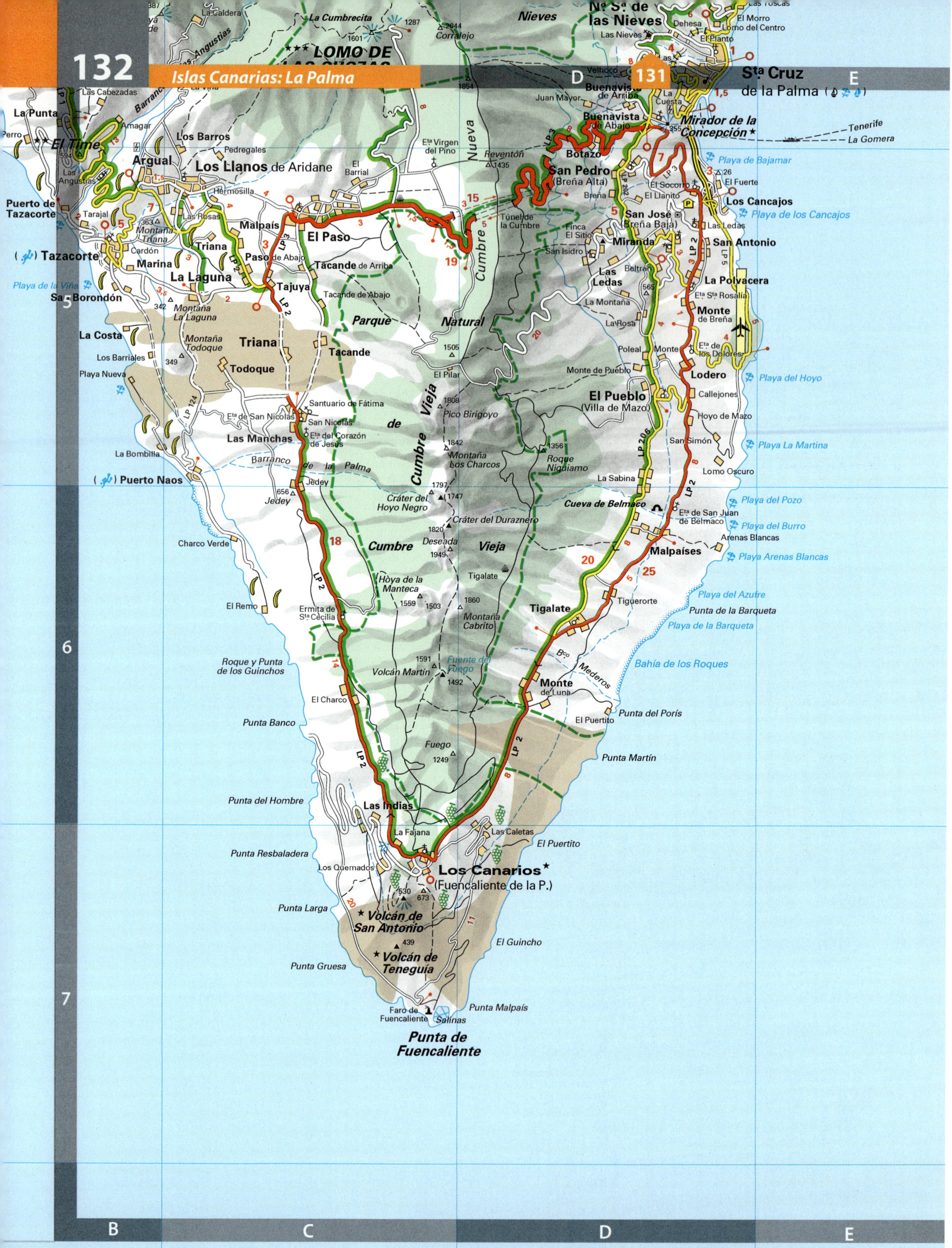

131
D
E
Sta Cruz de la Palma
Nª Sª de las Nieves
Las Nieves
Dehesa
El Morro
Lomo del Centro
El Planto
La Cumbrecita
LOMO DE LAS CHOZAS
Corralejo
Nieves
Velhoco
Buenavista de Arriba
Buenavista de Abajo
Juan Mayor
La Cuesta
Mirador de la Concepción
Tenerife
La Gomera
Playa de Bajamar
El Fuerte
El Socorro
El Llanito
Los Cancajos
Playa de los Cancajos
Las Ledas
San Antonio
La Polvacera
Eta Sta Rosalía
Monte de Breña
Eta de los Dolores
Lodero
Playa del Hoyo
Callejones
Hoyo de Mazo
San Simón
Playa La Martina
Lomo Oscuro
Playa del Pozo
Eta de San Juan de Belmaco
Playa del Burro
Arenas Blancas
Playa Arenas Blancas
Malpaíses
Playa del Azufre
Punta de la Barqueta
Playa de la Barqueta
Bahía de los Roques
Tiguerorte
Tigalate
Bco Mederos
Monte de Luna
Punta del Porís
El Puertito
Punta Martín
Las Caletas
El Puertito
El Guincho
Punta Malpaís
Salinas
Faro de Fuencaliente
Punta de Fuencaliente
Volcán de Teneguía
Volcán de San Antonio
Los Canarios
(Fuencaliente de la P.)
La Fajana
Las Indias
Los Quemados
Punta Gruesa
Punta Larga
Punta Resbaladera
Punta del Hombre
Punta Banco
El Charco
Roque y Punta de los Guinchos
El Remo
Ermita de Sta Cecilia
Charco Verde
Jedey
Puerto Naos
La Bombilla
Las Manchas
San Nicolás
Eta del Corazón de Jesús
Eta de San Nicolás
Santuario de Fátima
Barranco de la Palma
Playa Nueva
Los Barriales
La Costa
Todoque
Montaña Todoque
Triana
Montaña La Laguna
La Laguna
San Borondón
Playa de la Viña
Tazacorte
Marina
Cardón
Montaña Triana
Tarajal
Puerto de Tazacorte
Las Angustias
El Time
Perro
La Punta
Las Cabezadas
Amagar
Barranco
Los Barros
Pedregales
Argual
Los Llanos de Aridane
Hermosilla
Las Rosas
Malpaís
Paso de Abajo
Tajuya
El Paso
Tacande de Arriba
Tacande de Abajo
Tacande
El Barrial
Eta Virgen del Pino
Reventón
Túnel de la Cumbre
Cumbre Nueva
Parque Natural de Cumbre Vieja
El Pilar
Pico Birigoyo
Montaña Los Charcos
Cráter del Hoyo Negro
Cráter del Duraznero
Deseada
Cumbre Vieja
Hoya de la Manteca
Tigalate
Montaña Cabrito
Fuente del Fuego
Volcán Martín
Fuego
Roque Niquiamo
Cueva de Belmaco
La Sabina
El Pueblo (Villa de Mazo)
Monte de Pueblo
Poleal
Monte
La Rosa
La Montaña
Las Ledas
Beltrán
Miranda
San Isidro
Finca El Sitio
San José (Breña Baja)
Breña
San Pedro (Breña Alta)
Botazo
LP 1
LP 2
LP 3
LP 5
LP 124
LP 206
B
C
D
E
5
6
7

Número de página / Numero da página/ Numéro de page / Page number / Seitenzahl / Paginanummer

Localidad / Localidade / Localité / Place Ort / Plaatsen / Località → Abelgas LE..........................15 D 12 ← Coordenadas en los mapas / Referência da quadrícula / Coordonnées de carroyage / Grid coordinates Koordinatenangabe / Verwijstekens ruitsysteem

Provincias / Distritos

España: Comunidades autónomas & Provincias

Andalucía
AL................................Almería
CA.....................................Cádiz
CO..............................Córdoba
GR..............................Granada
H.....................................Huelva
J...Jaén
MA..................................Málaga
SE...................................Sevilla

Aragón
HU..................................Huesca
TE...................................Teruel
Z................................Zaragoza

Canarias
GC............................Las Palmas
TF.......Santa Cruz de Tenerife

Cantabria
S.........Cantabria (Santander)

Castilla y León
AV..Ávila
BU...................................Burgos
LE..León
P...................................Palencia
SA...............................Salamanca
SG.................................Segovia
SO.......................................Soria
VA...............................Valladolid
ZA...................................Zamora

Castilla-La Mancha
AB...............................Albacete
CR...........................Ciudad Real
CU...................................Cuenca
GU.........................Guadalajara
TO....................................Toledo

Cataluña
B..............................Barcelona
GI.....................................Girona
L.......................................Lleida
T...............................Tarragona

Comunidad Foral de Navarra
NA..........Navarra (Pamplona)

Comunidad Valenciana
A..................Alacant / Alicante
CS...........Castelló / Castellón
V.....................................Valencia

Comunidad de Madrid
M.....................................Madrid

Extremadura
BA..................................Badajoz
CC...................................Cáceres

Galicia
C..................................A Coruña
LU..Lugo
OU...................................Ourense
PO..............................Pontevedra

Illes Balears
IB.......................................Balears (Palma de Mallorca)

La Rioja
LO.............La Rioja (Logroño)

País Vasco
SS.............................Gipuzkoa (Donostia/San Sebastián)
BI..................Vizcaya (Bilbao)
VI.......Álava (Vitoria-Gasteiz)

Principado de Asturias
O..................Asturias (Oviedo)

Región de Murcia
MU...................................Murcia

Ceuta

Melilla

Portugal: Distritos

01..................................Aveiro
02.......................................Beja
03....................................Braga
04...............................Bragança
05.................Castelo Branco
06..............................Coimbra
07...................................Évora
08.......................................Faro
09.................................Guarda
10....................................Leiria
11...................................Lisboa
12............................Portalegre
13......................................Porto
14.............................Santarém
15..................................Setúbal
16..............Viana do Castelo
17..................................Vila Real
18.......................................Viseu
20.....................................Açores
31..................Ilha da Madeira
32.........Ilha de Porto Santo

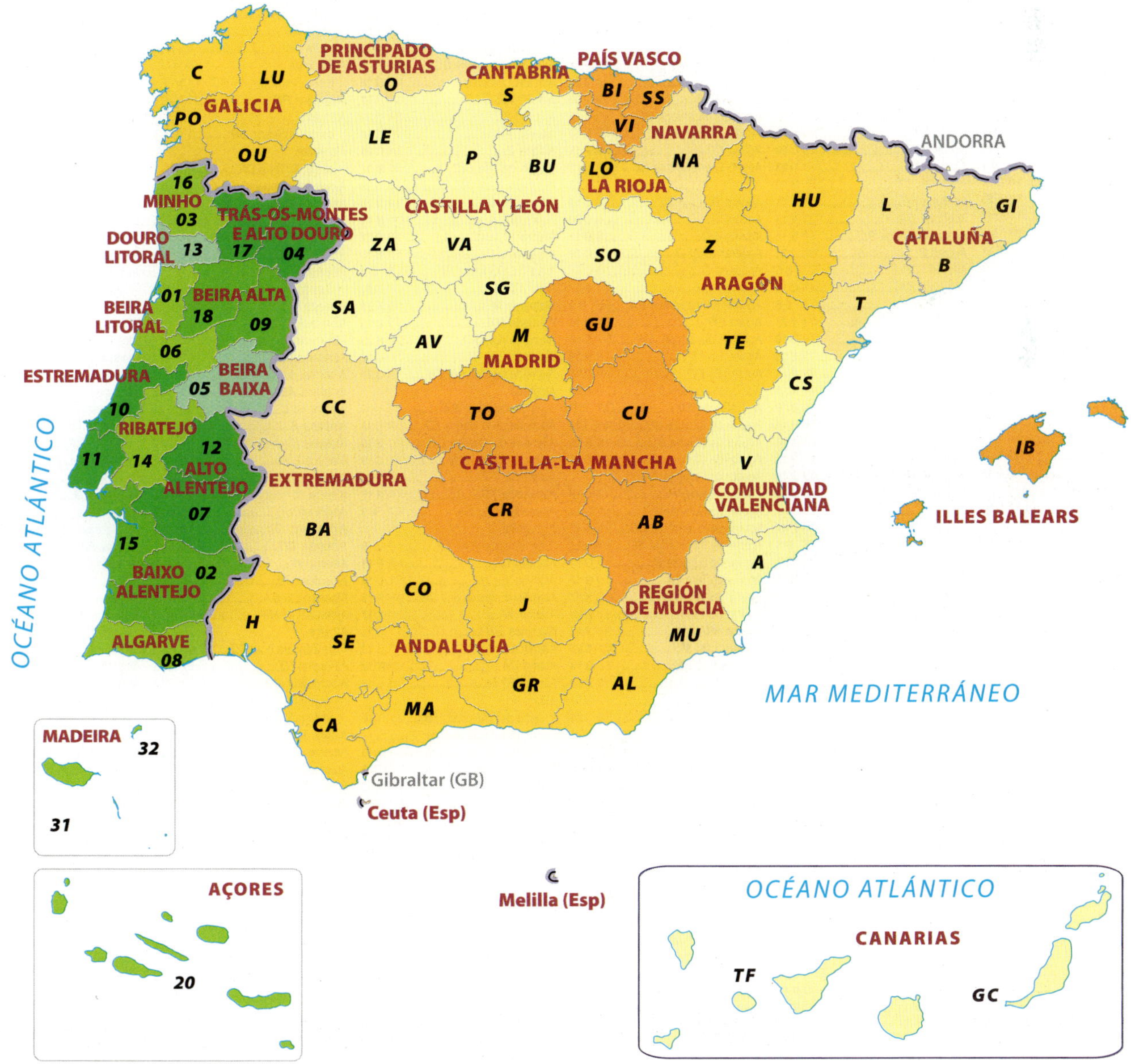

ANDORRA

Andorra la Vella AND 23 E 34
Arinsal AND 23 E 34
Cabanette (Pic de la) AND 23 E 35
Cabris (Collado de) AND 23 E 34
Canillo AND 23 E 34
Certers AND 23 E 34
Comapedrosa (Alt de) AND 23 E 34
Cortinada (La) AND 23 E 34
Encamp AND 23 E 34
Envalira (Port d') AND 23 E 35
Erts AND 23 E 34
Escaldes Engordany AND 23 E 34
Estanyó (Pic de l') AND 23 E 34
Fontaneda AND 23 E 34
Griu (Alt del) AND 23 E 34
Juberri AND 23 E 34
Llorts AND 23 E 34
Massana (La) AND 23 E 34
Monturull (Pic de) AND 23 E 34
Ordino AND 23 E 34
Pal AND 23 E 34
Pas de la Casa AND 23 E 35
Pessons (Pic dels) AND 23 E 34
Port (Pic du) AND 23 E 34
Ransol AND 23 E 34
Rat (Port de) AND 23 E 34
Sant Julià de Lòria AND 23 E 34
Santa Coloma AND 23 E 34
Serrat (El) AND 23 E 34
Soldeu AND 23 E 35
Valira d'Orient AND 23 E 34

ESPAÑA

A

Ababuj TE 49 K 27
Abad C 3 B 6
Abades SG 45 J 17
Abadía CC 56 L 12
Abadía de Lebanza P 17 D 16
Abadín LU 4 B 7
Abadiño BI 10 C 22
Abáigar NA 19 E 23
Abajas BU 18 E 19
Abalario (El) H 91 U 9
Abalos LO 19 E 21
Abaltzisketa SS 10 C 23
Abánades GU 47 J 22
Abanco SO 32 H 21
Abaniella O 5 C 10
Abanilla MU 85 R 26
Abanillas S 7 B 16
Abano LE 15 E 11
Abanqueiro C 12 E 3
Abanto Z 48 I 24
Abarán MU 85 R 25
Abarca P 30 F 15
Abárzuza NA 19 D 23
Abastas P 16 F 15
Abaurrea Alta / Abaurregaina NA 11 D 26
Abaurrea Baja / Abaurrepea NA 11 D 26
Abaurregaina / Abaurrea Alta NA 11 D 26
Abaurrepea / Abaurrea Baja NA 11 D 26
Abay HU 21 E 28
Abdet (L') A 74 P 29
Abegondo C 3 C 5
Abejar SO 33 G 21
Abejas (Puerto de las) MA 100 V 15
Abejera ZA 29 G 11
Abejuela TE 61 M 27
Abejuela AL 96 T 24
Abejuela (La) AB 84 Q 23
Abelgas LE 15 D 12
Abella HU 22 E 31
Abellá C 3 C 5
Abella de la Conca L 23 F 33
Abellada HU 21 E 29
Abelleira C 12 D 2
Abelón ZA 29 H 11
Abena HU 21 E 28
Abenfigo TE 49 J 29
Abengibre AB 73 O 25
Abenilla HU 21 E 29
Abenójar CR 69 P 16
Abenuz AB 72 Q 24
Aberásturi VI 19 D 22
Abertura CC 68 O 12
Abezames ZA 30 H 13
Abezia VI 18 D 21
Abia de la Obispalía CU 60 L 22
Abia de las Torres P 17 E 16
Abiada S 7 C 17
Abiego HU 21 F 29
Abiertas (Las) Tenerife TF 126 D 3
Abínzano NA 20 E 25
Abionzo S 7 C 18
Abizanda HU 22 F 30
Abla AL 95 U 21
Ablanque GU 47 J 23
Ablaña O 5 C 12
Ablitas NA 34 G 25
Abona (Punta de) Tenerife TF 129 G 4
Abreo Tenerife TF 127 F 3
Abrera B 38 H 35
Abrigos TE 48 K 25
Abrigos (Los) Tenerife TF 129 E 5
Abril (Collado de) A 85 Q 27
Abrucena AL 95 U 21
Abuime LU 13 E 7
Abulagoso CR 81 Q 17
Abusejo SA 43 J 11
Abuzaderas AB 72 P 24
Acaderas BA 69 O 15
Acebeda (La) M 46 I 19
Acebedo LE 6 C 14
Acebes LE 15 E 12
Acebo LE 15 E 10
Acebo CC 55 L 9
Acebo (Alto de) O 4 C 9
Acebrón (El) CU 59 M 21
Acebrón (El) H 91 U 10
Acebuchal (El) J 82 R 19
Acebuchal (El) SE 80 T 13
Acebuche BA 80 Q 13
Acebuche H 91 U 10
Acebuche (El) H 91 U 10
Acebuche (El) SE 92 U 14
Acebuche (Puerto) SE 79 T 11
Acebuche (Punta) CA 99 X 13
Aceca TO 58 M 18
Acedera BA 68 O 13
Acedo NA 19 D 23
Acehúche CC 55 M 10
Aceituna CC 55 L 11
Acequias GR 101 V 19
Acera de la Vega P 16 E 15
Acered Z 48 I 25
Aceredo OR 27 G 5
Aceuchal BA 67 Q 10
Acibeiro PO 13 E 5
Acosta (Salinas de) AL 103 V 23
Ácula GR 94 U 18
Acumuer HU 21 E 28
Adahuesca HU 22 F 29
Adaja AV 44 K 15
Adal Treto S 8 B 19
Adalia VA 30 H 14
Adalid (El) CO 81 S 16
Adamuz CO 81 R 16
Adanero AV 45 J 16
Adarra SS 10 C 24
Aday LU 4 D 7
Addaia IB 106 L 42
Adeje Tenerife TF 128 D 5
Adelán LU 4 B 7
Adelantado (Parador El) J 83 S 21
Ademuz V 61 L 26
Adi NA 11 C 25
Adina PO 12 E 3
Adino S 8 B 19
Adiós NA 11 D 24
Adoáin NA 11 D 26
Adobes GU 48 J 24
Adra AL 102 V 20
Adrada (La) AV 57 L 16
Adrada de Haza BU 31 H 18
Adrada de Pirón SG 45 I 17
Adradas SO 33 H 22
Adrados SG 31 H 17
Adrados LE 16 D 14
Adrados de Ordás LE 15 D 12
Adrall L 23 F 34
Adriano SE 91 U 12
Adsubia A 74 P 29
Aduanas A 75 P 30
Aduna SS 10 C 23
Agaete Gran Canaria GC 114 C 2
Agaete (Valle de) Gran Canaria GC 114 C 2
Agalla (Sierra) BA 68 P 12
Agallas SA 43 K 10
Agaró (S') GI 39 G 39
Àger L 22 F 32
Aginaga SS 10 C 23
Agoitz / Aoiz NA 11 D 25
Agolada PO 13 D 5
Agón Z 34 G 25
Agoncillo LO 19 E 23
Agost A 86 Q 28
Agra AB 84 Q 24
Agramaderos (Los) J 94 T 18
Agramón AB 84 Q 25
Agramunt L 37 G 33
Agraviados (Los) CA 99 W 12
Ágreda SO 34 G 24
Agres A 74 P 28
Agrio SE 91 T 11
Agrio (Embalse de) SE 91 T 11
Agrón GR 94 U 18
Agua (Cabo de) MU 97 T 27
Agua (Cueva del) J 83 S 20
Agua Amarga AL 103 V 24
Agua García Tenerife TF 124 H 2
Aguacil (Puerto del) CA 99 V 13
Aguada Salada AB 84 Q 23
Aguadulce AL 103 V 22
Aguadulce SE 93 U 15
Aguafría H 79 S 9
Agualada C 2 C 3
Aguamansa Tenerife TF 127 G 3
Aguarón Z 34 H 26
Aguarón (Puerto de) Z 34 I 25
Aguas HU 21 F 29
Aguas (Las) Tenerife TF 127 E 3
Aguas Cándidas BU 18 D 19
Aguas Vivas (Río) Z 49 I 27
Aguasal VA 31 I 16
Aguasantas cerca de Ponte-Caldelas PO 13 E 4
Aguasantas cerca de Rois C 12 D 3
Aguasmestas O 5 C 11
Aguasnuevas AB 72 P 24
Aguatón TE 48 J 26
Aguaviva TE 49 J 29
Aguaviva de la Vega SO 33 I 22
Aguda (Sierra) BA 79 R 10
Agudo CR 69 P 15
Agudo Fuerteventura GC 113 H 3
Águeda SA 42 K 10
Agüera BU 8 C 19
Agüera S 8 C 20
Aguera O 5 B 11
Agüeras (Las) O 5 C 11
Agüerina O 5 C 11
Agüero HU 21 E 27
Aguijón (Embalse del) BA 67 Q 9
Águila CR 71 Q 19
Águila (Cuevas del) AV 57 L 14
Águila (El) TO 70 N 19
Águila (El) CO 81 R 15
Águila (Punta del) S 8 B 19
Aguilafuente SG 31 I 17
Aguilar de Anguita GU 47 I 22
Aguilar de Bureba BU 18 E 20
Aguilar de Campoo P 17 D 17
Aguilar de Campoo (Embalse de) P 17 D 16
Aguilar de Campos VA 30 G 14
Aguilar de la Frontera CO 93 T 16
Aguilar de Montuenga SO 47 I 23
Aguilar de Segarra B 37 G 34
Aguilar de Tera ZA 29 G 12
Aguilar del Alfambra TE 49 K 27
Aguilar del Río Alhama LO 33 G 24
Águilas MU 97 T 25
Aguilas (Las) MU 85 S 25
Aguilera (La) BU 32 G 18
Aguillo BU 19 D 22
Aguiló T 37 H 34
Aguilón Z 34 I 26
Agüimes Gran Canaria GC 117 F 3
Aguinaliu HU 22 F 31
Aguiño C 12 E 2
Agullana GI 25 E 38
Agullent V 74 P 28
Agulo La Gomera TF 119 C 1
Agurain / Salvatierra VI 19 D 22
Agustín LU 4 D 8
Agustín V 62 M 27
Aguzadera MA 99 W 14
Aguzadera (Castillo) SE 92 U 13
Ahedo de la Sierra BU 32 F 19
Ahedo de las Pueblas BU 7 C 18
Ahedo de Linares BU 18 C 19
Ahedo del Butrón BU 18 D 18
Ahigal CC 55 L 11
Ahigal de los Aceiteros SA 42 J 9
Ahigal de Villarino SA 43 I 10
Ahillas V 61 M 27
Ahillones BA 80 R 12
Aia SS 19 D 23
Aia SS 10 C 23
Aibar / Oibar NA 20 E 25
Aielo de Malferit V 74 P 28
Aiguablava GI 39 G 39
Aiguablava GI 25 G 39
Aiguafreda B 38 G 36
Aiguafreda GI 25 G 39
Aiguamolls de l'Empordà (Parc natural dels) GI 25 F 39
Aiguamúrcia T 37 I 34
Aiguaviva GI 25 G 38
Aiguaviva T 37 H 34
Aigües de Busot A 74 Q 28
Aigües Vives (Santa María d') V 74 O 28
Aigüestortes i Estany de Sant Maurici (Parc nacional d') L 23 E 32
Aín CS 62 M 28
Ainet de Besan L 23 E 33
Ainsa HU 22 E 30
Aintzioa NA 11 D 25
Ainzón Z 34 G 25
Aire (Puerto del) CO 81 R 15
Aisa HU 21 D 28
Aisa (Sierra de) HU 21 D 28
Aisl C 3 B 5
Aitona L 36 H 31
Aizarna SS 10 C 23
Aizarnazabal SS 10 C 23
Aja S 8 C 19
Ajalvir M 46 K 19
Ajamil LO 19 F 22
Ajangiz BI 10 C 22
Ajo S 8 B 19
Ajo (Cabo de) S 8 B 19
Ajo (El) AV 44 J 14
Ajofrín TO 58 M 18
Ajuy Fuerteventura GC 110 F 3
Alacant / Alicante A 86 Q 28
Alacón TE 49 I 27
Aladrén Z 34 I 26
Alaejos VA 30 I 14
Alagón Z 34 G 26
Alagón del Río CC 55 M 11
Alagones (Los) TE 49 J 29
Alagüeces MU 84 S 24
Alaior IB 106 M 42
Alaitza VI 19 D 22
Alájar H 79 S 10
Alajeró La Gomera TF 118 D 3
Alaló SO 32 H 21
Alalpardo M 46 K 19
Alameda MA 93 U 16
Alameda (La) SO 33 H 23
Alameda (La) CR 70 Q 18
Alameda de Cervera CR 71 O 20
Alameda de Gardón (La) SA 42 K 9
Alameda de la Sagra TO 58 L 18
Alameda del Obispo CO 81 S 15
Alameda del Valle M 45 J 18
Alamedilla GR 95 T 20
Alamedilla TO 58 M 17
Alamedilla (La) SA 42 K 9
Alamedilla del Berrocal (La) AV 44 J 15
Alamillo CR 69 P 15
Alamillo (El) H 91 U 10
Alamillo (Estación de) CR 69 P 15
Alamín M 58 L 17
Alaminos GU 47 J 21
Alamitos (Los) SE 80 S 13
Álamo CA 99 W 12
Álamo (El) M 58 L 18
Álamo (El) cerca de El Madroño SE 79 T 10
Álamo (El) cerca de Lora del Río SE 80 T 13
Álamos (Los) AL 96 T 23
Alamús (Els) L 36 H 32
Alandre BA 69 O 14
Alange BA 67 P 11
Alanís SE 80 R 12
Alanís (Estación de) SE 80 S 12
Alaquàs V 62 N 28
Alar del Rey P 17 E 17
Alaraz SA 44 J 14
Alarba Z 48 I 25
Alarcia BU 18 F 20
Alarcón CU 60 N 23
Alarcón (Embalse de) CU 60 N 23
Alarcones J 82 R 18
Alares (Los) TO 57 N 15
Alarilla GU 46 J 20
Alarilla M 59 L 20
Alaró IB 104 M 38
Alàs i Cerc L 23 E 34
Alastuey HU 20 E 26
Alatoz AB 73 O 25
Álava Provincia O 19 D 21
Alazores (Puerto de los) GR 93 U 17
Alba TE 48 K 25
Albá cerca de Palas de Rei LU 13 D 6
Alba cerca de Villalba LU 3 C 6
Alba de Cerrato P 31 G 16
Alba de los Cardaños P 17 D 15
Alba de Tormes SA 44 J 13
Alba de Yeltes SA 43 J 11
Albacete AB 72 P 24
Albagès (L') L 36 H 32
Albaicín MA 93 U 16
Albaida V 74 P 28
Albaida (Port d') A 74 P 28
Albaida del Aljarafe SE 91 T 11
Albaina BU 19 D 22
Albal V 74 N 28
Albalá CC 67 O 11
Albaladejito CU 60 L 23
Albaladejo CR 71 Q 21
Albaladejo del Cuende CU 60 M 23
Albalat de la Ribera V 74 O 28
Albalate de Cinca HU 36 G 30
Albalate de las Nogueras CU 47 K 23
Albalate de Zorita GU 59 L 21
Albalate del Arzobispo TE 49 I 28
Albalatillo HU 35 G 29
Albánchez AL 96 U 23
Albanchez de Mágina J 82 S 19
Albanyà GI 24 F 38
Albarca T 37 I 32
Albarda AB 72 Q 23
Albarda MU 85 R 26
Albarderos (Los) Gran Canaria GC 115 F 1
Albarellos PO 13 E 5
Albarellos cerca de Beariz OR 13 E 5
Albarellos cerca de Verín OR 28 G 7
Albarellos (Embalse de) OR 13 E 5
Albares GU 59 L 20
Albares de la Ribera LE 15 E 10
Albaricoques (Los) AL 103 V 23
Albarín HU 21 E 28
Albariño (Parador del) Cambados PO 12 E 3
Albariza O 5 C 11
Albarracín TE 48 K 25
Albarracín (Sierra de) TE 48 K 25
Albarrana (Sierra) CO 80 R 13
Albarreal de Tajo TO 58 M 17
Albatana AB 73 Q 25
Albatàrrec L 36 H 31
Albatera A 85 R 27
Albayate (Sierra) CO 94 T 17
Albeiros LU 4 C 7
Albelda HU 36 G 31
Albelda de Iregua LO 19 E 22
Albendea CU 47 K 22
Albendiego GU 32 I 20
Albendín CO 81 S 17
Albéniz VI 19 D 23
Albentosa TE 61 L 27
Alberca (La) SA 43 K 11
Alberca (La) MU 85 S 26
Alberca de Záncara (La) CU 60 N 22
Alberche TO 57 M 15
Alberguería OR 13 F 7
Alberguería de Argañán (La) SA 42 K 9
Alberic V 74 O 28
Alberite LO 19 E 22
Alberite de San Juan Z 34 G 25
Albero Alto HU 21 F 28
Albero Bajo HU 21 F 28
Alberquilla AL 102 V 21
Alberuela de la Liena HU 22 F 29
Alberuela de Tubo HU 35 G 29
Albesa L 36 G 31
Albeta Z 34 G 25
Albi (L') L 37 H 32
Albilla (Fuente) AB 72 Q 24
Albillos BU 18 F 18
Albinyana T 37 I 34
Albiol (L') T 37 I 33
Albir A 74 Q 29
Albires LE 16 F 14
Albiztur SS 10 C 23
Albocàsser CS 50 K 30
Alboloduy AL 95 U 22
Albolote GR 94 U 19
Albondón GR 102 V 20
Albons GI 25 F 39
Alborache V 73 N 27
Alboraya V 62 N 28
Alborea AB 73 O 25
Alboreca GU 47 I 22
Albores C 2 D 3
Alborge Z 35 H 28
Albornos AV 44 J 15
Albox AL 96 T 23
Albudeite MU 85 R 25
Albuera (La) BA 67 P 9
Albufera (L') V 74 N 28
Albufera de Anna (La) V 74 O 28
Albujón MU 85 S 26
Albujón (Rambla de) MU 85 S 26
Albuñán GR 95 U 20
Albuñol GR 102 V 20
Albuñuelas GR 101 V 19
Alburquerque BA 67 O 9
Alcabala Alta SE 92 U 13
Alcabón TO 57 L 16
Alcachofar (El) SE 92 T 12
Alcadozo AB 72 Q 24
Alcahozo CU 73 N 25
Alcaide AL 84 S 23
Alcaidía (La) CO 93 T 16
Alcaine TE 49 J 27
Alcalá Tenerife TF 128 C 4
Alcalá (Puerto de) TE 49 K 27
Alcalá de Ebro Z 34 G 26
Alcalá de Guadaíra SE 92 T 12
Alcalá de Gurrea HU 21 F 27
Alcalá de Henares M 46 K 19
Alcalá de la Selva TE 49 K 27
Alcalá de la Vega CU 61 L 25
Alcalá de los Gazules CA 99 W 12
Alcalá de Moncayo Z 34 G 24
Alcalà de Xivert CS 50 L 30
Alcalá del Júcar AB 73 O 25
Alcalá del Obispo HU 21 F 29
Alcalá del Río SE 91 T 12
Alcalá del Valle CA 92 V 14
Alcalá la Real J 94 T 18
Alcalalí A 74 P 29
Alcalde (El) TO 59 M 20
Alcalfar IB 106 M 42
Alcampel HU 36 G 31
Alcanà A 85 Q 27
Alcanadre LO 19 E 23
Alcanadre (Río) HU 21 E 29
Alcanar T 50 K 31
Alcanar Platje T 50 K 31
Alcanó L 36 H 31
Alcántara CC 55 M 9
Alcántara (Embalse de) CC 55 M 9
Alcantarilla MU 85 S 26
Alcantarillas (Estación de las) SE 92 U 12
Alcantud CU 47 K 23
Alcañices ZA 29 G 10
Alcañiz TE 49 I 29
Alcañizo TO 57 M 14
Alcaparrosa J 82 R 17
Alcaracejos CO 81 Q 15
Alcaraz AB 72 P 22
Alcarràs L 36 H 31
Alcarria (La) GU 47 J 21
Alcàsser V 74 N 28
Alcaucín MA 101 V 17
Alcaudete J 94 T 17
Alcaudete SE 92 T 12
Alcaudete de la Jara TO 57 M 15
Alcaudique AL 102 V 21
Alcazaba BA 67 P 9
Alcazaba (La) AL 103 V 22
Alcázar GR 102 V 19
Alcázar J 94 T 17
Alcázar de San Juan CR 71 N 20
Alcázar del Rey CU 59 L 21
Alcazarén VA 31 H 15
Alcázares (Los) MU 85 S 27
Alceda S 7 C 18
Alcoba de la Torre SO 32 G 19
Alcoba de los Montes CR 69 O 16
Alcobendas M 46 K 19
Alcocer GU 47 K 22
Alcocero de Mola BU 18 E 19
Alcohujate CU 47 K 22
Alcoi / Alcoy A 74 P 28
Alcola (Alto de) V 73 O 26
Alcolea AL 102 V 21
Alcolea CO 81 S 15
Alcolea de Calatrava CR 70 P 17

Alcolea de Cinca HU 36 G 30
Alcolea de las Peñas GU 47 I 21
Alcolea de Tajo TO 57 M 14
Alcolea del Pinar GU 47 I 22
Alcolea del Río SE 80 T 12
Alcoleja A 74 P 29
Alcoletge L 36 H 32
Alcollarín CC 68 O 12
Alconaba SO 33 G 22
Alconada SA 44 J 13
Alconada de Maderuelo SG 32 H 19
Alconchel BA 66 Q 8
Alconchel de Ariza Z 47 I 23
Alconchel de la Estrella CU 59 M 22
Alconera BA 79 Q 10
Alconétar (Puente romano de) CC 55 M 10
Alcóntar AL 95 T 22
Alcor H 90 U 9
Alcor (El) M 45 K 17
Alcora (L') CS 62 L 29
Alcoraya (L') A 86 Q 28
Alcorcillo ZA 29 G 10
Alcorcón M 45 K 18
Alcorisa TE 49 J 28
Alcorlo (Embalse de) GU 46 I 20
Alcorneo CC 66 O 8
Alcornocal SE 80 S 13
Alcornocal (El) CR 69 O 16
Alcornocal (El) CO 80 R 14
Alcornocalejo SE 80 T 12
Alcornocales (Parque natural de los) CA 99 W 13
Alcornocosa CO 80 Q 14
Alcornocosa (La) SE 79 S 11
Alcoroches GU 48 K 24
Alcossebre CS 63 L 30
Alcotas TE 61 L 27
Alcotas V 61 M 27
Alcover T 37 I 33
Alcoy / Alcoi A 74 P 28
Alcozar SO 32 H 20
Alcozarejos AB 73 O 25
Alcubierre HU 35 G 28
Alcubierre (Puerto de) HU 35 G 28
Alcubierre (Sierra de) Z 35 G 28
Alcubilla de Avellaneda SO 32 G 20
Alcubilla de las Peñas SO 33 I 22
Alcubilla de Nogales ZA 15 F 12
Alcubilla del Marqués SO 32 H 20
Alcubillas CR 71 P 20
Alcubillas (Las) AL 95 U 22
Alcubillete TO 58 M 17
Alcublas V 62 M 27
Alcúdia Mallorca IB 105 M 39
Alcúdia (L') V 74 O 28
Alcúdia (L') (Ruines d'Ilici) A 86 R 27
Alcúdia de Crespins (L') V 74 P 28
Alcudia de Guadix GR 95 U 20
Alcudia de Monteagud AL 96 U 23
Alcúdia de Veo CS 62 M 28
Alcuéscar CC 67 O 11
Alcuetas LE 16 F 13
Alcuneza GU 47 I 22
Alda VI 19 D 23
Aldaba NA 10 D 24
Aldaia V 62 N 28
Aldán PO 12 F 3
Aldanas BI 9 C 21
Aldaris C 12 D 3
Aldatz NA 10 C 24
Aldea SO 32 H 20
Aldea LU 3 C 6
Aldea (L') T 50 J 31
Aldea (Punta de la) Gran Canaria GC 114 B 2
Aldea Blanca GC 117 F 4
Aldea Blanca Tenerife TF 128 E 5
Aldea de Arango TO 57 L 15
Aldea de Arriba OR 13 F 6
Aldea de Ebro S 17 D 17
Aldea de Estenas V 61 N 26
Aldea de les Coves V 61 N 26
Aldea de los Corrales V 61 N 26
Aldea de Pallarés BA 79 R 11
Aldea de San Miguel VA 31 H 16
Aldea de San Nicolás (La) Gran Canaria GC 114 B 3
Aldea de Trujillo CC 56 N 12
Aldea del Cano CC 67 O 11
Aldea del Cano (Estación de) CC 67 O 10
Aldea del Fresno M 45 L 17
Aldea del Obispo SA 42 J 9
Aldea del Pinar BU 32 G 20
Aldea del Portillo de Busto (La) BU 18 D 20
Aldea del Puente (La) LE 16 E 14
Aldea del Rey CR 70 P 18
Aldea del Rey Niño AV 44 K 15
Aldea en Cabo TO 57 L 16
Aldea Moret CC 55 N 10
Aldea Quintana CO 81 S 15
Aldea Real SG 45 I 17
Aldeacentenera CC 56 N 13
Aldeacipreste SA 43 K 12
Aldeacueva BI 8 C 19
Aldeadávila (Embalse de) SA 28 I 10
Aldeadávila de la Ribera SA 28 I 10
Aldeahermosa J 83 R 20
Aldealabad del Mirón AV 44 K 13
Aldealafuente SO 33 G 23
Aldealázaro SG 32 H 19
Aldealbar VA 31 H 16
Aldealcardo SO 33 F 23
Aldealcorvo SG 31 I 18
Aldealengua SA 44 J 13
Aldealengua de Pedraza SG 45 I 18
Aldealengua de Santa María SG 32 H 19
Aldealices SO 33 G 23
Aldealpozo SO 33 G 23
Aldealseñor SO 33 G 23
Aldeamayor de San Martín VA 31 H 16
Aldeanueva de Atienza GU 46 I 20
Aldeanueva de Barbarroya TO 57 M 14
Aldeanueva de Cameros LO 19 F 22
Aldeanueva de Ebro LO 20 F 24
Aldeanueva de Figueroa SA 44 I 13
Aldeanueva de Guadalajara GU 46 J 20
Aldeanueva de la Sierra SA 43 K 11
Aldeanueva de la Serrezuela SG 32 H 18
Aldeanueva de la Vera CC 56 L 12
Aldeanueva de Portanobis SA 42 J 10
Aldeanueva de San Bartolomé TO 57 N 14
Aldeanueva de Santa Cruz AV 44 K 13
Aldeanueva del Camino CC 56 L 12
Aldeanueva del Codonal SG 45 I 16
Aldeaquemada J 82 Q 19
Aldearrodrigo SA 43 I 12
Aldearrubia SA 44 I 13
Aldeaseca AV 44 I 15
Aldeaseca de Alba SA 44 J 13
Aldeaseca de la Frontera SA 44 J 14
Aldeasoña SG 31 H 17
Aldeatejada SA 43 J 12
Aldeavieja AV 45 J 16
Aldeavieja de Tormes SA 43 K 13
Aldehorno SG 32 H 18
Aldehuela GU 48 J 24
Aldehuela CC 43 K 10
Aldehuela cerca de Aliaga TE 49 J 27
Aldehuela cerca de Teruel TE 61 L 26
Aldehuela (La) M 59 L 19
Aldehuela (La) AV 44 K 13
Aldehuela de Ágreda SO 34 G 24
Aldehuela de Calatañazor SO 33 G 21
Aldehuela de Jerte CC 55 L 11
Aldehuela de la Bóveda SA 43 J 11
Aldehuela de Liestos Z 48 I 24
Aldehuela de Periáñez SO 33 G 23
Aldehuela de Yeltes SA 43 K 11
Aldehuela del Codonal SG 45 I 16
Aldehuelas (Las) SO 33 G 22
Aldeire GR 95 U 20
Aldeonsancho SG 31 I 18
Aldeonte SG 32 H 18
Aldeyuso VA 31 H 17
Aldige LU 4 C 7
Aldover T 50 J 31
Alea O 6 B 14
Aleas GU 46 J 20
Aledo MU 85 S 25
Alegia SS 10 C 23
Alegranza Lanzarote GC 120 E 1
Alegranza (Isla) Lanzarote GC 120 E 1
Alegría (La) SE 92 U 12
Alegría-Dulantzi VI 19 D 22
Aleixar (L') T 37 I 33
Alejos (Los) AB 84 Q 23
Alella B 38 H 36
Alentisque SO 33 H 23
Aler HU 22 F 31
Alerre HU 21 F 28
Alesanco LO 19 E 21
Alesón LO 19 E 21
Alevia O 7 B 16
Alfacar GR 94 U 19
Alfacs (Port dels) T 50 K 31
Alfafar V 62 N 28
Alfafara A 74 P 28
Alfaix AL 96 U 24
Alfajarín Z 35 H 27
Alfambra TE 49 K 26
Alfambra (Río) TE 49 K 26
Alfamén Z 34 H 26
Alfántega HU 36 G 30
Alfara d'Algímia V 62 M 28
Alfara de Carles T 50 J 31
Alfaraz de Sayago ZA 29 I 12
Alfarb V 74 O 28
Alfarnate MA 101 V 17
Alfarnatejo MA 101 V 17
Alfaro LO 20 F 24
Alfarràs L 36 G 31
Alfarrasí V 74 P 28
Alfàs del Pi (L') A 74 Q 29
Alfera (La) AB 84 Q 23
Alfés L 36 H 31
Alfocea Z 35 G 27
Alfondeguilla CS 62 M 29
Alfonso XIII SE 91 U 11
Alfoquia (La) AL 96 T 23
Alforja T 37 I 32
Alfornón GR 102 V 20
Alforque Z 35 I 28
Alfoz LU 14 D 8
Alfoz Castro de Ouro LU 4 B 7
Algaba (La) SE 91 T 11
Algadefe LE 16 F 13
Algaida IB 104 N 38
Algaida (La) MU 85 R 26
Algaida (La) CA 91 V 11
Algallarín CO 81 R 16
Algámitas SE 92 U 14
Algar CA 99 W 13
Algar (El) MU 85 T 27
Algar (S') IB 106 M 42
Algar de Mesa GU 47 I 24
Algar de Palància V 62 M 28
Algar de Palància (Embassament d') V 62 M 28
Algarabejo (El) SE 92 U 13
Algarín SE 80 T 13
Algarinejo GR 94 U 17
Algarra CU 61 L 25
Algarróbillo (El) SE 92 V 12
Algarrobo MA 101 V 17
Algarrobo Costa MA 101 V 17
Algatocín MA 99 W 14
Algayón HU 36 G 31
Algecira (La) TE 49 J 28
Algeciras CA 99 X 13
Algeciras (Bahía de) CA 99 X 13
Algemesí V 74 O 28
Algendar (Barranc d') IB 106 M 41
Algerri L 36 G 31
Algete M 46 K 19
Algezares cerca de Cehegín MU 84 R 24
Algezares cerca de Murcia MU 85 S 26
Algibillo J 82 R 17
Algimia d'Alfara V 62 M 28
Algimia de Almonacid CS 62 M 28
Alginet V 74 O 28
Algodonales CA 92 V 13
Algodor M 58 M 18
Algodre ZA 30 H 13
Algora GU 47 J 22
Algorfa A 85 R 27
Algorta BI 8 B 20
Algozón LU 13 E 6
Alguaire L 36 G 31
Alguazas MU 85 R 26
Algueña (L') A 85 Q 26
Alhabia AL 102 V 22
Alhama (Tierras de) GR 101 V 17
Alhama de Almería AL 103 V 22
Alhama de Aragón Z 34 I 24
Alhama de Granada GR 94 U 18
Alhama de Murcia MU 85 S 25
Alhambra CR 71 P 20
Alhambra (La) GR 94 U 19
Alhambras (Las) TE 61 L 27
Alhanchete (El) AL 96 U 24
Alharilla J 82 S 17
Alhaurín de la Torre MA 100 W 16
Alhaurín el Grande MA 100 W 15
Alhendín GR 94 U 19
Alhóndiga GU 47 K 21
Alía CC 57 N 14
Aliaga TE 49 J 27
Aliaguilla CU 61 M 26
Alias AL 103 V 23
Alicante / Alacant A 86 Q 28
Alicante (Golfo de) A 86 R 28
Alicún AL 102 V 22
Alicún de las Torres GR 95 T 20
Alicún de Ortega GR 95 T 20
Alienes O 5 B 10
Alija LE 16 E 13
Alija del Infantado LE 15 F 12
Alijar (Puerto de) MA 100 W 14
Alins L 23 E 33
Alíns del Monte HU 22 F 31
Alinyà L 23 F 34
Alió T 37 I 33
Alique GU 47 K 22
Alisar (El) SE 79 T 11
Alisas (Puerto de) S 8 C 19
Aliseda CC 55 N 9
Aliseda (La) J 82 R 19
Aliseda de Tormes (La) AV 44 L 13
Aliste ZA 29 G 11
Aliste (Cabañas de) ZA 29 G 11
Aliud SO 33 H 23
Aljabaras (Las) CO 80 S 14
Aljaraque H 90 U 8
Aljariz AL 96 U 24
Aljibe CA 99 W 13
Aljibe (El) MU 96 T 24
Aljibe (Sierra del) CR 70 Q 19
Aljibe (Sierra del) BA 69 N 15
Aljorra (La) MU 85 S 26
Aljube AB 73 Q 25
Aljucén BA 67 O 11
Aljucén (Estación de) BA 67 P 10
Aljunzarejo (El) MU 85 R 26
Alkiza SS 10 C 23
Alkotz NA 11 C 24
Allariz OR 13 F 6
Allariz (Alto de) OR 13 F 6
Allepuz TE 49 K 27
Allés O 7 B 15
Allín NA 19 D 23
Allo NA 19 E 23
Alloz NA 10 D 24
Alloza TE 49 J 28
Allozo (El) CR 71 P 21
Allueva TE 48 J 26
Almacelles L 36 G 31
Almáchar MA 101 V 17
Almaciles GR 84 S 22
Almadén CR 69 P 15
Almadén (El) J 82 S 19
Almadén de la Plata SE 79 S 11
Almadenejos CR 69 P 15
Almadenes MU 85 R 25
Almadraba (La) CA 98 W 10
Almadraba de Monteleva (La) AL 103 V 23
Almadrava (L') T 51 J 32
Almadrones GU 47 J 21
Almafrà A 85 Q 27
Almagarinos LE 15 D 11
Almagrera (Cabeza) BA 68 P 14
Almagrera (Sierra) AL 96 U 24
Almagro CR 70 P 18
Almagros MU 85 S 26
Almajalejo AL 96 T 24
Almajano SO 33 G 22
Almallá GU 48 J 24
Almaluez SO 33 I 23
Almandoz NA 11 C 25
Almansa AB 73 P 26
Almansa CC 69 O 14
Almansa (Embalse de) AB 73 P 26
Almansas J 83 S 20
Almanza LE 16 E 14
Almanzor (Pico) AV 56 L 14
Almanzora AL 96 T 23
Almarail SO 33 H 22
Almaraz CC 56 M 12
Almaraz de Duero ZA 29 H 12
Almarcha (La) CU 60 M 22
Almarchal (El) CA 99 X 12
Almargen MA 93 U 14
Almarza SO 33 G 22
Almarza de Cameros LO 19 F 22
Almàssera V 62 N 28
Almassora CS 62 M 29
Almatret L 36 I 31
Almayate Bajo MA 101 V 17
Almazán SO 33 H 22
Almázcara LE 15 E 10
Almazorre HU 22 F 30
Almazul SO 33 H 23
Almedíjar cerca de Segorbe CS 62 M 28
Almedina CR 71 Q 21
Almedinilla CO 94 T 17
Almegíjar GR 102 V 20
Almeida ZA 29 I 11
Almenar L 36 G 31
Almenar de Soria SO 33 G 23
Almenara M 45 K 17
Almenara Castelló CS 62 M 29
Almenara de Adaja VA 31 I 15
Almenara de Tormes SA 43 I 12
Almenaras AB 72 Q 22
Almendra SA 29 I 10
Almendra ZA 29 H 12
Almendra (Embalse de) SA 29 I 11
Almendral GR 94 U 17
Almendral BA 67 Q 9
Almendral CC 56 L 11
Almendral (El) AL 95 U 22
Almendral (El) GR 101 V 17
Almendral de la Cañada TO 57 L 13
Almendralejo BA 67 P 10
Almendres BU 18 D 19
Almendricos MU 96 T 24
Almendro (El) H 90 T 8
Almendros CU 59 M 21
Almensilla SE 91 U 11
Almería AL 103 V 22
Almería (Golfo de) AL 103 V 22
Almerimar AL 102 V 21
Almeza (La) V 61 M 27
Almirez AB 84 Q 24
Almiruete GU 46 I 20
Almochuel Z 35 I 28
Almócita AL 102 V 21
Almodóvar CA 99 X 12
Almodóvar del Campo CR 70 P 17
Almodóvar del Pinar CU 60 M 24
Almodóvar del Río CO 81 S 14
Almogía MA 100 V 16
Almoguera GU 59 L 21
Almohaja TE 48 K 25
Almoharín CC 68 O 11
Almoines V 74 P 29
Almolda (La) Z 35 H 29
Almonacid de la Cuba Z 35 I 27
Almonacid de la Sierra Z 34 H 26
Almonacid de Toledo TO 58 M 18
Almonacid de Zorita GU 47 L 21
Almonacid del Marquesado CU 59 M 21
Almonaster la Real H 79 S 9
Almontaras (Las) GR 83 S 21
Almonte H 91 U 10
Almoradí A 85 R 27
Almoraima CA 99 X 13
Almorchón BA 68 P 14
Almorox TO 57 L 16
Almoster T 37 I 33
Almudáfar HU 36 H 30
Almudaina A 74 P 28
Almudena (La) MU 84 R 24
Almudévar HU 21 F 28
Almunia de Doña Godina (La) Z 34 H 25
Almunia de San Juan HU 36 G 30
Almunias (Las) HU 21 F 29
Almuniente HU 35 G 28
Almuña O 5 B 10
Almuñécar GR 101 V 18
Almuradiel CR 82 Q 19
Almurfe O 5 C 11
Almussafes V 74 O 28
Alobras TE 61 L 25
Alocén GU 47 K 21
Alojera La Gomera TF 118 B 2
Alomartes GR 94 U 18
Alonso de Ojeda CC 68 O 12
Alonsótegi BI 8 C 21
Alor BA 66 Q 8
Álora MA 100 V 15
Alòs de Balaguer L 37 G 32
Alòs d'Isil L 23 D 33
Alosno H 90 T 8
Alovera GU 46 K 20
Alozaina MA 100 V 15
Alp GI 24 E 35
Alpandeire MA 99 W 14
Alpanseque SO 33 I 21
Alpartir Z 34 H 25
Alpatró A 74 P 29
Alpedrete M 45 K 17
Alpedroches GU 32 I 21
Alpens B 24 F 36
Alpeñés TE 48 J 26
Alpera AB 73 P 26
Alpicat L 36 G 31
Alpizar H 91 T 10
Alporchones MU 85 T 25
Alpuente V 61 M 26
Alpujarras (Las) GR 102 V 20
Alquería (La) MU 73 Q 26
Alquería (La) AL 102 V 20
Alquería Blanca (S') IB 105 N 39
Alqüeria del Fargue GR 94 U 19
Alquerías MU 85 R 26
Alquézar HU 22 F 30
Alquián (El) AL 103 V 22
Alquife GR 95 U 20
Alquité SG 32 I 19
Alsamora L 22 F 32
Alsasua / Altsasu NA 19 D 23
Alsodux AL 95 U 22
Alta LU 3 C 7
Alta Gracia (Ermita de) CC 55 N 10
Altable BU 18 E 20
Altafulla T 37 I 34
Altamira BI 9 B 21
Altamira (Cuevas de) S 7 B 17
Altamiros AV 44 J 15
Altarejos CU 60 M 22
Altavista (Refugio) Tenerife TF 127 E 3
Altea A 74 Q 29
Altea la Vella A 74 Q 29
Altet (L') A 86 R 28
Altico (El) J 82 R 18
Alto (Puntal) GR 95 U 21
Alto de la Madera O 6 B 12
Alto de Ter (Vall) GI 24 F 37
Alto Iso NA 11 D 26
Alto Tajo (Parque natural del) GU 47 J 23
Altobordo MU 96 T 24
Altomira CU 59 L 21
Altorricón HU 36 G 31
Altorricón-Tamarite HU 36 G 31
Altos (Los) TF 18 D 19
Altotero BU 18 D 19
Altron L 23 E 33
Altsasu / Alsasua NA 19 D 23
Altube VI 18 C 21
Altura CS 62 M 28
Altzo SS 10 C 23
Altzola SS 10 C 22
Aluenda Z 34 H 25
Alueza HU 22 E 30
Alumbres MU 97 T 27
Alustante GU 48 K 25
Alvarado BA 67 P 9
Alvarizones (Los) CA 98 W 11
Alvedro (Aeropuerto de) C 3 C 4
Alvidrón LU 13 D 6
Alzira V 74 O 28
Amadòrio (Embassament d') A 74 Q 29
Amaiur / Maya NA 11 C 25
Amandi O 6 B 13
Amasa SS 10 C 23
Amatos SA 44 J 13
Amatriáin NA 20 E 25
Amavida AV 44 K 14
Amaya BU 17 E 17
Amayas GU 47 I 24
Amayuelas P 17 D 16
Ambás cerca de Avilés O 5 B 12
Ambás cerca de Villaviciosa O 6 B 13
Ambasaguas LE 16 D 13
Ambasmestas LE 14 E 9
Ambel Z 34 G 25
Ambite M 46 L 20
Ambosores LU 3 B 6
Amboto BI 10 C 22
Ambrona SO 47 I 22
Ameixenda C 2 D 2
Amer GI 24 F 37
Ames C 2 D 4
Ametlers (Els) CS 50 K 31

Ametlla (L') *cerca de Àguer* **L** 22 F 32
Ametlla (L') *cerca de Tàrrega* **L** 37 H 33
Ametlla de Mar (L') **T** 51 J 32
Ametlla de Merola (L') **B** 38 G 35
Ametlla del Vallès (L') **B** 38 G 36
Ameyugo **BU** 18 E 20
Amezketa **SS** 10 C 23
Amieva **O** 6 C 14
Amil **PO** 12 E 4
Amiudal **OR** 13 E 5
Amoedo **PO** 12 F 4
Amoeiro **OR** 13 E 6
Amorebieta **BI** 9 C 21
Amoroto **BI** 10 C 22
Amparo (El) *Tenerife* **TF** 126 D 3
Ampolla (L') **T** 50 J 32
Amposta **T** 50 J 31
Ampudia **P** 30 G 15
Ampuero **S** 8 B 19
Ampuyenta (La) *Fuerteventura* **GC** 111 H 3
Amurrio **VI** 8 C 20
Amusco **P** 17 F 16
Amusquillo **VA** 31 G 17
Anadón **TE** 49 J 27
Anafreita **LU** 3 C 6
Anaga (Punta de) *Tenerife* **TF** 125 K 1
Anaya **SG** 45 J 17
Anaya de Alba **SA** 44 J 13
Anayet (Coto nacional del) **HU** 21 D 28
Ancares **CR** 69 O 15
Ancares (Refugio de) **LU** 14 D 9
Ancares Leoneses (Reserva nacional de los) **LE** 14 D 9
Anchuela del Campo **GU** 47 I 23
Anchuela del Pedregal **GU** 48 J 24
Anchuelo **M** 46 K 20
Anchuras **CR** 57 N 15
Anchurones **CR** 69 N 16
Anciles **HU** 22 E 31
Ancillo **S** 8 C 19
Ancín **NA** 19 E 23
Ancla (El) **CA** 98 W 11
Anclas (Las) **GU** 47 K 21
Anda **VI** 18 D 21
Andagoia **VI** 18 D 21
Andaluz **SO** 33 H 21
Andarax **AL** 102 V 21
Andatza **SS** 10 C 23
Andavias **ZA** 29 H 12
Andilla **V** 61 M 27
Andiñuela **LE** 15 E 11
Andoain **SS** 10 C 23
Andoio **C** 2 C 4
Andorra **TE** 49 J 28
Andosilla **NA** 19 E 24
Andrade (Castillo de) **C** 3 B 5
Andratx **IB** 104 N 37
Andrés **O** 4 B 9
Andrín **O** 7 B 15
Andújar **J** 82 R 17
Aneas (Las) **AL** 95 U 22
Anento **Z** 48 I 25
Anero **S** 8 B 19
Aneto (Pico de) **HU** 22 E 31
Àneu (Vall d') **L** 23 E 33
Angel (El) **MA** 100 W 15
Ángeles (Los) **CA** 99 W 13
Ángeles (Los) **CO** 81 S 16
Ángeles (Los) / Anxeles (Os) **C** 12 D 3
Angiozar **SS** 10 C 22
Anglès **GI** 24 G 37
Anglesola **L** 37 H 33
Angón **GU** 47 I 21
Angostura (Río de la) **M** 45 J 18
Anguciana **LO** 18 E 21
Angüés **HU** 21 F 29
Anguiano **LO** 19 F 21
Anguijes (Los) **AB** 72 P 24
Anguila (Cala) **IB** 105 N 39
Anguita **GU** 47 I 22
Anguix **BU** 31 G 18
Anguix **GU** 47 K 21
Aniago **VA** 30 H 15
Aniés **HU** 21 F 28
Anievas **S** 7 C 17
Aniezo **S** 7 C 16
Aniñon **Z** 34 H 24
Anleo **O** 4 B 9
Anllares **LE** 15 D 10
Anllarinos **LE** 15 D 10
Anllóns **C** 2 C 3
Anna **V** 74 O 28
Anoeta **SS** 10 C 23
Anoia (L') **B** 37 H 34
Anorias (Las) **AB** 73 P 25
Anós **C** 2 C 3
Anoz **NA** 10 D 24
Anquela del Ducado **GU** 47 J 23
Anquela del Pedregal **GU** 48 J 24
Ansares (Lucio de los) **SE** 91 V 10
Anserall **L** 23 E 34
Ansó **HU** 11 D 27
Ansó (Valle de) **HU** 11 D 27
Antas **AL** 96 U 24
Antas de Ulla **LU** 13 D 6
Antella **V** 74 O 28
Antequera **MA** 93 U 16
Antes **C** 2 D 3
Antezana **VI** 18 D 21
Antigua *Fuerteventura* **GC** 111 G 3
Antigua (La) **LE** 15 F 12
Antigüedad **P** 31 G 17
Antilla (La) **H** 90 U 8
Antillón **HU** 21 F 29
Antimio **LE** 16 E 13
Antoñán del Valle **LE** 15 E 12
Antoñana **VI** 19 D 22
Antzuola **SS** 10 C 22
Anue **BI** 11 D 25
Anxeles (Os) / Ángeles (Los) **C** 12 D 3
Anxeriz **C** 2 C 3
Anya **L** 37 G 33
Anzánigo **HU** 21 E 28
Anzur (Río) **CO** 93 T 16
Añana **VI** 18 D 21
Añastro **BU** 19 D 21
Añavieja **SO** 33 G 24
Añaza *Tenerife* **TF** 125 I 2
Añe **SG** 45 I 17
Añes **VI** 8 C 20
Añides **O** 4 B 9
Añisclo (Cañon de) **HU** 22 E 30
Añón **Z** 34 G 24
Añora **CO** 81 Q 15
Añorbe **NA** 20 E 24
Añover de Tajo **TO** 58 M 18
Añover de Tormes **SA** 43 I 12
Añoza **P** 16 F 15
Aoiz / Agoitz **NA** 11 D 25
Aos / Aós **NA** 11 D 25
Aoslos **M** 46 I 19
Apadreado (El) **AB** 73 P 25
Aparecida (La) **A** 85 R 26
Aparecida (La) **MU** 85 S 27
Apellániz **VI** 19 D 22
Apiés **HU** 21 F 28
Apricano **VI** 18 D 21
Aqua Brava **GI** 25 F 39
Aquaola **GR** 94 U 19
Aquijón **CC** 55 N 11
Aquilué **HU** 21 E 28
Aquópolis **M** 45 K 18
Ara **HU** 21 E 28
Arabayona **SA** 44 I 13
Arabexo **C** 2 C 4
Arabí **MU** 73 P 26
Arabinejo **AB** 73 P 25
Aracena **H** 79 S 10
Aracena (Embalse de) **H** 79 S 10
Aracena (Sierra de) **H** 79 S 9
Arafo *Tenerife* **TF** 127 G 3
Aragó i Catalunya (Canal d') **HU** 36 H 31
Aragón (Canal Imperial de) **Z** 34 G 25
Aragón (Río) **ESP** 21 E 27
Aragón y Cataluña (Canal de) **HU** 36 F 30
Aragoncillo **GU** 47 J 23
Aragoncillo (Monte) **GU** 47 J 23
Aragoneses **SG** 45 I 16
Aragosa **GU** 47 J 21
Aragüés **HU** 22 E 30
Araguás del Solano **HU** 21 E 28
Aragüés del Puerto **HU** 21 D 27
Arahal (El) **SE** 92 U 13
Arahuetes **SG** 45 I 18
Araia **CS** 62 L 29
Araia / Araya **VI** 19 D 23
Araitz **NA** 10 C 23
Arakaldo **BI** 8 C 21
Aralla **LE** 15 D 12
Aralla (Collada de) **LE** 15 D 12
Aramaio **BU** 10 C 22
Aramil **O** 6 B 13
Aramunt **L** 23 F 32
Arán **C** 50 J 30
Aran (Val d') **L** 22 D 32
Arana **BU** 19 D 21
Aranarache **NA** 19 D 23
Arancedo **O** 4 B 9
Arancón **SO** 33 G 23
Aranda **MA** 100 W 15
Aranda de Duero **BU** 32 G 18
Aranda de Moncayo **Z** 34 H 24
Arándiga **Z** 34 H 25
Arandilla **BU** 32 G 19
Arandilla del Arroyo **CU** 47 K 22
Aranga **C** 3 C 5
Aranga (Estación de) **C** 3 C 6
Arangas **O** 6 C 15
Arangiz **VI** 19 D 21
Aranguren **NA** 11 D 25
Aranjuez **M** 58 L 19
Arano **NA** 10 C 24
Aranqüite **NA** 20 E 26
Arànser **L** 23 E 34
Arante **LU** 4 B 8
Arantza **NA** 11 C 24
Arantzazu **SS** 19 D 22
Arantzazu **BI** 9 C 21
Aranyó (L') **L** 37 G 33
Aranza **LU** 14 D 8
Aranzueque **GU** 46 K 20
Araña (Cuevas de la) **V** 73 O 27
Arañuel **CS** 62 L 28
Araós **L** 23 E 33
Araotz **SS** 19 D 22
Arapiles **SA** 43 J 13
Aras **NA** 19 E 22
Aras de los Olmos **V** 61 M 26
Arascués **HU** 21 F 28
Aratzerreka **SS** 10 C 23
Arauzo de Miel **BU** 32 G 19
Arauzo de Salce **BU** 32 G 19
Arauzo de Torre **BU** 32 G 19
Aravaca **M** 45 K 18
Aravell **L** 23 E 34
Araya / Araia **VI** 19 D 23
Araya (Cabeza) **CC** 55 N 10
Araya de Arriba (Embalse de) **CC** 55 N 9
Arazuri **NA** 11 D 24
Arba **Z** 20 F 26
Arba de Biel **Z** 21 F 27
Arbancón **GU** 46 J 20
Arbaniés **HU** 21 F 29
Arbás **LE** 5 D 12
Arbeca **L** 37 H 32
Arbedales (Cuevas de) **O** 5 B 12
Arbejal **P** 17 D 16
Arbeteta **GU** 47 J 22
Arbillas (Mirador de) **AV** 57 L 14
Arbizu **NA** 19 D 23
Arbo **PO** 13 F 5
Arboç (L') **T** 37 I 34
Arboçar de Dalt (L') **B** 38 I 35
Arbocet (L') **T** 51 I 32
Arboleas **AL** 96 T 23
Árboles (Los) **CR** 71 O 21
Arbolí **T** 37 I 32
Arbón **O** 4 B 9
Arbón (Embalse de) **O** 4 B 9
Arbúcies **GI** 38 G 37
Arbujuelo **SO** 47 I 22
Arbuniel **J** 94 T 19
Arc de Cabanes **CS** 62 L 30
Arca **PO** 13 E 4
Arcade **PO** 12 E 4
Arcallana **O** 5 B 11
Arcángeles (Los) **M** 46 K 19
Arcas **CU** 60 M 23
Arcavell **L** 23 E 34
Arce **NA** 11 D 25
Arcediano **SA** 44 I 13
Arcellana **O** 5 B 11
Arcenillas **ZA** 29 H 12
Arcentales **BI** 8 C 20
Arceo **C** 3 C 5
Archena **MU** 85 R 26
Archez **MA** 101 V 18
Archidona **MA** 93 U 16
Archidona **SE** 79 S 11
Archilla **GU** 46 J 21
Architana **MU** 84 R 24
Archivel **MU** 84 R 23
Arcicóllar **TO** 58 L 17
Arcillera **ZA** 29 G 11
Arcillo **ZA** 29 H 12
Arco **CC** 55 M 10
Arco (El) **SA** 43 I 12
Arconada **BU** 18 E 19
Arconada **P** 17 F 16
Arcones **SG** 46 I 18
Arcos **BU** 18 F 18
Arcos **LU** 13 E 6
Arcos **OR** 13 E 5
Arcos **ZA** 29 G 12
Arcos *cerca de Carnota* **C** 2 D 2
Arcos *cerca de Cuntis* **PO** 12 E 4
Arcos (Embalse de) **CA** 92 V 12
Arcos (Los) **NA** 19 E 23
Arcos de Jalón **SO** 47 I 23
Arcos de la Frontera **CA** 92 V 12
Arcos de la Sierra **CU** 47 K 23
Arcos de las Salinas **TE** 61 M 26
Arcs (Els) **L** 36 G 32
Arcusa **HU** 22 F 30
Ardaitz **NA** 11 D 25
Ardales **MA** 100 V 15
Ardanaz **NA** 11 D 25
Ardaña **C** 2 C 3
Ardèvol **L** 37 G 34
Ardisa **Z** 21 F 27
Ardón **LE** 16 E 13
Ardoncino **LE** 16 E 13
Ardonsillero **SA** 43 J 11
Arduas (Las) **SE** 92 U 12
Area **PO** 12 F 3
Areas **LU** 13 D 6
Areas *cerca de Ponteareas* **PO** 12 F 4
Areas *cerca de Tui* **PO** 12 F 4
Areas (Estación de) **LU** 13 E 7
Areatza **BI** 9 C 21
Areeta **BI** 8 C 20
Arejos (Los) **MU** 96 T 24
Arellano **NA** 19 E 23
Arén **HU** 22 F 32
Arena (La) **O** 5 B 11
Arenal (El) **AV** 57 L 14
Arenal (El) **SG** 45 I 18
Arenal (S') *Mallorca* **IB** 104 N 38
Arenal d'en Castell **IB** 106 L 42
Arenales (Los) **SE** 92 T 14
Arenales de San Gregorio **CR** 71 O 20
Arenales del Sol (Los) **A** 86 R 28
Arenas **MA** 101 V 17
Arenas de Cabrales **O** 6 C 15
Arenas de Iguiña **S** 7 C 17
Arenas de San Juan **CR** 70 O 19
Arenas de San Pedro **AV** 57 L 14
Arenas del Rey **GR** 101 V 18
Arenetes (Les) **A** 75 P 30
Arenillas **SO** 33 H 21
Arenillas **SE** 80 S 12
Arenillas de Muñó **BU** 17 F 18
Arenillas de Riopisuerga **BU** 17 E 17
Arenillas de Villadiego **BU** 17 E 18
Arenoso **CO** 81 R 16
Arens de Lledó **TE** 50 J 30
Arenteiro **OR** 13 E 5
Arenys de Mar **B** 38 H 37
Arenys de Munt **B** 38 H 37
Arenzana de Abajo **LO** 19 E 21
Areños **P** 17 D 16
Ares **C** 3 B 5
Ares (Coll d') **GI** 24 E 37
Ares (Mola d') **CS** 50 K 29
Ares del Maestrat **CS** 50 K 29
Areso **NA** 10 C 24
Areta **VI** 8 C 21
Aretxabaleta **SS** 10 C 22
Areu **L** 23 E 33
Arevalillo **AV** 44 K 13
Arevalillo de Cega **SG** 45 I 18
Arévalo **AV** 44 I 15
Arévalo **SO** 33 G 22
Argallanes (Sierra de) **BA** 68 Q 12
Argallón **CO** 80 R 13
Argalo **C** 12 D 3
Argamasilla **SE** 92 T 13
Argamasilla de Alba **CR** 71 O 20
Argamasilla de Calatrava **CR** 70 P 17
Argamasón **AB** 72 P 23
Argamasón **AL** 96 U 24
Argamassa (S') **IB** 87 P 34
Arganda del Rey **M** 59 L 19
Argandoña **VI** 19 D 22
Arganza **O** 5 C 10
Arganza **LE** 14 E 9
Argañín **ZA** 29 H 11
Argañoso **O** 6 B 13
Argañoso **LE** 15 E 11
Argavieso **HU** 21 F 29
Argecilla **GU** 47 J 21
Argel **AB** 84 Q 22
Argelaguer **GI** 24 F 37
Argelita **CS** 62 L 28
Argençola **B** 37 H 34
Argente **TE** 48 J 26
Argentera (L') **T** 51 I 32
Argentona **B** 38 H 37
Argés **TO** 58 M 17
Argomaniz **VI** 19 D 22
Argomoso **LU** 4 B 7
Argoños **S** 8 B 19
Argos **MU** 84 R 24
Argovejo **LE** 16 D 14
Arguedas **NA** 20 F 25
Argüelles **O** 5 B 12
Arguellite **AB** 84 R 22
Argüeña (Serra de la) **A** 74 Q 27
Argüero **O** 6 B 13
Arguijuela **CC** 67 N 10
Arguillos **MA** 93 U 15
Arguineguín *Gran Canaria* **GC** 116 C 4
Arguis **HU** 21 F 28
Arguis (Embalse de) **HU** 21 F 28
Arguisuelas **CU** 60 M 24
Argujillo **ZA** 30 I 13
Aria **NA** 11 D 26
Ariany **IB** 105 N 39
Aribe **NA** 11 D 26
Arico *Tenerife* **TF** 129 G 4
Arico El Nuevo *Tenerife* **TF** 129 G 4
Arico Viejo *Tenerife* **TF** 129 G 4
Arienza **LE** 15 D 11
Arija **BU** 17 D 18
Aríns **C** 13 D 4
Aríñez **VI** 19 D 21
Ariño **TE** 49 I 28
Aripe *Tenerife* **TF** 128 C 4
Arisgotas **TO** 58 N 18
Aristebano (Alto de) **O** 5 B 10
Aristot **L** 23 E 34
Ariza **Z** 33 I 23
Arizala **NA** 10 D 24
Arizaleta **NA** 10 D 24
Arizkun **NA** 11 C 25
Arjona **J** 82 S 17
Arjonilla **J** 82 S 17
Arjuá **LU** 13 E 6
Arlaban (Puerto de) **SS** 19 D 22
Arlanza **LE** 15 E 10
Arlanzón **BU** 18 F 19
Arlos **O** 5 B 12
Arluzea **VI** 19 D 22
Armada **O** 5 C 12
Armada (Castillo de la) **SE** 80 S 13
Armada (La) **OR** 13 F 5
Armallones **GU** 47 J 23
Armañanzas **NA** 19 E 23
Armas **MA** 100 W 15
Armellada **LE** 15 E 12
Armenteira **PO** 12 E 3
Armentera (L') **GI** 25 F 39
Armenteros **SA** 44 K 13
Armentón **C** 3 C 4
Armeñime *Tenerife* **TF** 128 C 5
Armilla **GR** 94 U 19
Armillas **TE** 49 J 27
Armindez **J** 83 S 20
Armintza **BI** 8 B 21
Armiñón **VI** 18 D 21
Armuña **SG** 45 I 17
Armuña de Almanzora **AL** 96 T 22
Armuña de Tajuña **GU** 46 K 20
Arnadelo **LE** 14 E 9
Arnado **LE** 14 E 9
Arnao **CA** 99 W 13
Arnedillo **LO** 19 F 23
Arnedo **LO** 19 F 23
Arnego **PO** 13 D 5
Arnés **T** 50 J 30
Arneva **A** 85 R 27
Arnicio (Puerto de) **O** 6 C 13
Arnoia (Río) **OR** 13 F 5
Arnuero **S** 8 B 19
Aroche **H** 78 S 9
Arona *Tenerife* **TF** 128 D 5
Aróstegui **NA** 11 D 24
Arou **C** 2 C 2
Arousa (Isla de) **PO** 12 E 3
Arousa (Ría de) **PO** 12 E 3
Arquijo **SO** 33 G 22
Arquillinos **ZA** 29 G 13
Arquillo de San Blas (Embalse del) **TE** 48 K 26
Arquillos **J** 82 R 19
Arrabal **PO** 12 F 3
Arrabal de Portillo **VA** 31 H 16
Arrabal Santa Barbara **TE** 48 K 25
Arrabalde **ZA** 15 F 12
Arracó (S') **IB** 104 N 37
Arraia-Maeztu **VI** 19 D 22
Arraitz-Orkin **NA** 11 C 25
Arrancacepas **CU** 60 L 22
Arrankudiaga-Zollo **BI** 8 C 21
Arrarats **NA** 10 C 24
Arrasate / Mondragón **SS** 10 C 22
Arrate **SS** 10 C 22
Arratzu **BI** 10 C 22
Arrazola **BI** 10 C 22
Arrebatacapas (Collado de) **CC** 56 N 14
Arrebatacapas (Puerto de) **AV** 45 K 16
Arrecife *Lanzarote* **GC** 123 E 4
Arrecife (El) **CO** 81 S 15
Arredondo **S** 8 C 19
Arres **L** 22 D 32
Arrés **HU** 21 E 27
Arriano **VI** 18 D 21
Arriate **MA** 92 V 14
Arriba **TO** 58 N 17
Arribe-Atallu **NA** 10 C 24
Arrieta **NA** 11 D 25
Arrieta **BI** 9 B 21
Arrieta *Lanzarote* **GC** 123 F 3
Arrigorriaga **BI** 8 C 21
Arriondas **O** 6 B 14
Arripas (Las) **CR** 69 O 16
Arro **HU** 22 E 30
Arroba de los Montes **CR** 69 O 16
Arrobuey **CC** 43 K 11
Arrocampo-Almaraz (Embalse de) **CC** 56 M 12
Arrojo **O** 5 C 12
Arrolobos **CC** 43 K 11
Arróniz **NA** 19 E 23
Arròs **L** 22 D 32
Arroyal **S** 17 D 17
Arroyo **S** 17 D 17
Arroyo **P** 16 F 15
Arroyo **CR** 70 Q 18
Arroyo **H** 79 S 9
Arroyo **VA** 30 H 15
Arroyo **V** 61 N 26
Arroyo Bremudo (Embalse de) **CC** 55 M 11
Arroyo Cerezo **V** 61 L 25
Arroyo de Cuéllar **SG** 31 H 16
Arroyo de la Luz **CC** 55 N 10
Arroyo de la Miel **MA** 100 W 16
Arroyo de la Plata **SE** 79 S 11
Arroyo de las Fraguas **GU** 46 I 20
Arroyo de Salas **BU** 32 F 20
Arroyo de San Serván **BA** 67 P 10
Arroyo de Torote **ESP** 46 K 19
Arroyo del Ojanco **J** 83 R 21
Arroyo-Malpartida (Estación) **CC** 55 N 10
Arroyo Meaques **M** 45 K 18
Arroyofrío **TE** 61 L 25
Arroyomolinos **M** 58 L 18
Arroyomolinos de la Vera **CC** 56 L 12
Arroyomolinos de Léon **H** 79 R 10
Arroyomolinos de Montánchez **CC** 67 O 11
Arroyomuerto **SA** 43 K 11
Arroyos (Los) **M** 45 K 17
Arroyos (Los) **J** 83 R 22
Arroyuelo **BU** 18 D 19
Arrozao (Sierra del) **BA** 68 P 12
Arruazu **NA** 10 D 24
Arrúbal **LO** 19 E 23
Ars **L** 23 E 34
Arsèguel **L** 23 E 34
Artà **IB** 105 M 40
Artà (Coves d') **IB** 105 N 40
Artaiz **NA** 11 D 25
Artaj **V** 61 M 27
Artajo / Artaxo **NA** 11 D 25
Artajona **NA** 20 E 24
Artana **CS** 62 M 29
Artariáin **NA** 20 E 25
Artasona *cerca de Almudévar* **HU** 21 F 28
Artasona *cerca de El Grado* **HU** 22 F 30
Artavia **NA** 19 D 23
Artaxo / Artajo **NA** 11 D 25
Artaza *cerca de Subijana* **VI** 18 D 21

Artatza Foronda
cerca de Vitoria-Gasteiz VI 19 D 21
Artazu NA 10 D 24
Artea BI 9 C 21
Artea (El) AL 96 U 24
Artedo O 5 B 11
Artedosa O 6 C 13
Arteixo C 3 C 4
Artejuela CS 62 L 28
Artekona BI 8 C 20
Artenara
Gran Canaria GC 114 D 2
Artés B 38 G 35
Artesa CS 62 M 29
Artesa de Lleida L 36 H 32
Artesa de Segre L 37 G 33
Artesiaga (Puerto de) NA 11 C 25
Arteta NA 10 D 24
Artichuela (La) GR 94 T 19
Artieda NA 11 D 26
Artieda Z 21 E 27
Arties L 22 D 32
Artikutza NA 10 C 24
Arto HU 21 E 28
Artomaña VI 18 D 21
Artrutx (Cap d') IB 106 M 41
Artziniega VI 8 C 20
Arucas Gran Canaria GC 115 E 2
Arucas (Montaña de)
Gran Canaria GC 115 E 2
Arure La Gomera TF 118 B 2
Arvas
(Ruinas romanas de) SE 80 T 13
Arzádigos OR 28 G 8
Arzón C 2 D 3
Arzoz NA 10 D 24
Arzúa C 3 D 5
Ascara HU 21 E 28
Ascarza BU 19 D 21
Ascaso HU 22 E 30
Ascó T 36 I 31
Ascopalls V 74 O 28
Ascoy MU 85 R 25
Ase (Pas de l') T 50 I 31
Aserradero del Río Tús J 83 Q 22
Asiáin NA 10 D 24
Asiego O 6 C 15
Asientos (Los) CA 91 V 11
Asín Z 20 F 26
Asín de Broto HU 21 E 29
Asma
cerca del Río Miño LU 13 E 6
Asma Santa Eugenia LU 13 E 6
Asno (Boca del) MA 100 V 16
Asno (Boca del) SG 45 J 17
Asno
(Cabeza del) MU 85 R 25
Aso de Sobremonte HU 21 E 28
Asomadilla AB 73 O 25
Asón S 8 C 19
Asón (Puerto del) S 8 C 19
Aspa L 36 H 32
Aspai LU 3 C 6
Aspariegos ZA 30 G 13
Aspárrena VI 19 D 22
Aspe A 85 Q 27
Asperillas TO 59 M 19
Asperillo H 91 U 10
Aspurz NA 11 D 26
Assa VI 19 E 22
Asso Veral Z 21 E 27
Asteasu SS 10 C 23
Astelarra BI 9 C 21
Astigarraga SS 10 C 24
Astigarreta SS 10 C 23
Astillero (El) S 7 B 18
Astor (L') B 37 G 34
Astorga LE 15 E 11
Astráin NA 10 D 24
Astrana S 8 C 19
Astudillo P 17 F 17
Astún (Valle de) HU 21 D 28
Asturianos ZA 29 F 10
Asua BI 8 C 21
Atajate MA 99 W 14
Atalaya V 62 N 28
Atalaya BA 79 Q 10
Atalaya MA 100 W 14
Atalaya
(Estación de) MA 92 V 14
Atalaya (La) AV 45 K 16
Atalaya (La) SA 43 K 10
Atalaya (La) CU 60 M 23
Atalaya (La) MU 97 T 25
Atalaya (La) H 79 S 10
Atalaya (La) SE 92 T 13
Atalaya (La) CC 55 L 10
Atalaya (La)
Gran Canaria GC 114 D 1
Atalaya (La)
Gran Canaria GC 115 F 2
Atalaya del Alberche TO 57 L 16
Atalaya del Cañavate CU 60 N 23
Atalaya Real M 46 J 19
Atamaría MU 97 T 27
Atán C 2 D 3
Atance (El) GU 47 I 21
Atance (Embalse de) GU 47 I 21
Atanzón GU 46 J 21
Atapuerca BU 18 E 19
Ataquines VA 44 I 15
Atarés HU 21 E 28
Atarfe GR 94 U 18
Ataun SS 10 C 23
Atauri VI 19 D 22
Atauta SO 32 H 20
Atazar (El) M 46 J 19
Atazar (Embalse de El) M 46 J 19
Atea Z 48 I 25
Ateca Z 34 H 24
Atez NA 11 D 24
Atiaga VI 18 D 20
Atienza GU 46 I 21
Atios C 3 B 5
Atlanterra CA 99 X 12
Atochares AL 103 V 23
Atrave OR 28 G 8
Atzeneta d'Albaida V 74 P 28
Atzeneta del Maestrat CS 62 L 29
Aubert L 22 D 32
Audanzas LE 15 F 12
Audikana VI 19 D 22
Aulá (Puerto de) L 23 D 32
Aula Dei (La Cartuja de) Z 35 G 27
Aulaga (La) SE 79 S 10
Aulago AL 95 U 22
Aulesti BI 10 C 22
Auñón GU 47 K 21
Aurín HU 21 E 28
Auritz / Burguete NA 11 D 26
Auritzberri / Espinal NA 11 D 25
Ausejo LO 19 E 23
Ausejo de la Sierra SO 33 G 22
Ausines (Los) BU 18 F 19
Autilla del Pino P 31 G 16
Autillo de Campos P 30 F 15
Autol LO 19 F 23
Autza NA 11 C 25
Auza NA 11 D 24
Avall (S') IB 105 O 39
Ave V 73 O 27
Aveinte AV 44 J 15
Avellà (L') CS 50 K 29
Avellanar TO 58 N 17
Avellanar CC 43 K 10
Avellaneda AV 44 K 13
Avellaneda LO 19 F 22
Avellanes (Les) L 36 G 32
Avellanosa de Muñó BU 31 G 18
Avellanosa del Páramo BU 17 E 18
Avià B 24 F 35
Avia (Río) OR 13 E 5
Aviados LE 16 D 13
Avide LU 13 E 7
Ávila AV 44 K 15
Ávila (Bahía de)
Lanzarote GC 122 C 5
Avilés O 5 B 12
Avilés MU 84 S 24
Avileses MU 85 S 27
Avín O 6 B 15
Avinyó B 38 G 35
Avinyonet GI 25 F 38
Avinyonet del Penedès B 38 H 35
Aviñante P 17 D 15
Aviño C 3 B 5
Avión OR 13 E 5
Avión (Faro de) PO 13 F 5
Axpe BI 10 C 22
Aya (Peñas de) /
Harria (Aiako) ESP 10 C 24
Ayacata
Gran Canaria GC 116 D 3
Ayagaures (Embalse de)
Gran Canaria GC 116 D 4
Ayamonte H 90 U 7
Ayaz LU 13 E 7
Ayechu NA 11 D 26
Ayegui NA 19 E 23
Ayera HU 21 F 29
Ayerbe HU 21 F 27
Ayesa NA 20 E 25
Ayllón SG 32 H 19
Ayna AB 72 Q 23
Ayódar CS 62 L 28
Ayoluengo BU 17 D 18
Ayones O 5 B 10
Ayoó de Vidriales ZA 15 F 11
Ayora V 73 O 26
Ayuela P 17 E 16
Ayuela (Embalse de) CC 67 O 11
Ayuelas BU 18 D 20
Azafor VC 74 P 29
Azagala BA 67 O 9
Azagra NA 20 F 24
Azagra V 61 M 26
Azaila TE 35 I 28
Azanaque SE 80 T 13
Azanúy HU 36 G 30
Azañón GU 47 J 22
Azara HU 22 F 29
Azares del Páramo LE 15 F 12
Azarrulla LO 18 F 20
Azazeta VI 19 D 22
Azazeta (Puerto) VI 19 D 22
Azcamellas SO 47 I 22
Azkarate NA 10 C 23
Azkarate (Puerto de) SS 10 C 22
Azkoitia SS 10 C 23
Azlor HU 22 F 29
Aznalcázar SE 91 U 11
Aznalcóllar SE 91 T 11
Azoberines TO 58 M 17
Azofra LO 19 E 21
Azohía (La) MU 97 T 26
Azorejo BA 69 P 15
Azparren NA 11 D 26
Azpeitia SS 10 C 23
Azpilkueta NA 11 C 25
Azpirotz (Puerto de) NA 10 C 24
Azuaga BA 80 R 13
Azuara Z 35 I 27
Azucaica TO 58 M 18
Azud de Matacavas H 90 T 7
Azuébar CS 62 M 28
Azuel CO 81 R 17
Azuelo NA 19 E 22
Azul (Charco)
La Palma TF 131 D 3
Azuqueca de Henares GU 46 K 20
Azután TO 57 M 14
Azután
(Embalse de) TO 57 M 15

B

Baamonde LU 3 C 6
Baamorto LU 14 E 7
Babilafuente SA 44 J 13
Bacanera L 22 D 32
Bacares AL 96 U 22
Bacarot A 86 R 28
Bachiller (El) AB 73 P 25
Bachillera CR 71 O 20
Bacoco BA 66 O 8
Bacoi LU 4 B 7
Bacor Olivar GR 95 T 21
Badajoz BA 67 P 9
Badalejos (Los) CA 99 W 12
Badalona B 38 H 36
Bádames S 8 B 19
Badarán LO 19 E 21
Bádenas TE 48 I 26
Badia Gran IB 104 N 38
Badilla ZA 29 H 11
Badolatosa SE 93 U 15
Badostáin NA 20 D 25
Badules Z 48 I 26
Bael (El) GI 24 F 36
Baélls HU 36 G 31
Baélls (Pantà de la) B 24 F 35
Baelo
(Ruinas romanas de) CA 99 X 12
Baena CO 93 T 17
Baeza J 82 S 19
Baezuela M 46 K 19
Bàga B 24 F 35
Bagergue L 22 D 32
Báguena TE 48 I 25
Bagüés Z 21 E 27
Bahabón VA 31 H 17
Bahabón
de Esgueva BU 32 G 18
Bahia MU 97 T 26
Bahia Dorada MA 99 W 14
Bahíllo P 17 E 16
Baides GU 47 I 21
Bailadero
(El) Tenerife TF 125 J 1
Bailén J 82 R 18
Baíllo BU 18 D 19
Baíllo LE 15 F 10
Bailo HU 21 E 27
Baiña O 5 C 12
Baiñas C 2 C 2
Baio C 2 C 3
Baiona PO 12 F 3
Baiuca (A) Arteixo C 3 C 4
Baja (Punta de la)
Lanzarote GC 121 F 2
Bajamar Tenerife TF 124 H 1
Bajauri BU 19 E 22
Bajo (Collado) CU 60 L 24
Bajo Guadalquivir
(Canal del) SE 92 T 12
Bakaiku NA 19 D 23
Bakio BI 9 B 21
Balaguer L 36 G 32
Balaïtous HU 21 D 29
Balanegra AL 102 V 21
Balazote AB 72 P 23
Balbacil GU 47 I 23
Balbarda AV 44 K 15
Balbases (Los) BU 17 F 17
Balboa LE 14 D 9
Balboa BA 67 P 9
Balcarca HU 36 G 30
Balcón de Bizkaia BI 10 C 22
Balcón
de los Alcores (El) SE 92 T 12
Balcón de Madrid (El) M 46 J 19
Balconchán Z 48 I 25
Balcones (Los) A 85 S 27
Balcones (Los) GR 95 T 21
Balconete GU 46 K 21
Baldairan (Pico de) HU 21 D 29
Baldellou HU 36 G 31
Baldio CC 56 M 13
Baldomar L 37 G 33
Baldovar V 61 M 26
Baldrei OR 13 F 7
Baldriz OR 13 F 7
Baleira LU 4 C 8
Balerma AL 102 V 21
Balerma GR 93 U 17
Balisa SG 45 I 16
Balitres (Coll de) GI 25 E 39
Ballabriga HU 22 E 31
Ballena o de Tostón (Punta
de la) Fuerteventura GC 111 G 1
Ballestero (El) AB 72 P 22
Ballesteros CR 70 O 18
Ballesteros CU 60 M 23
Ballesteros TO 58 N 18
Ballesteros
de Calatrava CR 70 P 18
Ballobar HU 36 H 30
Ballota O 5 B 11
Balluncar SO 33 H 22
Balma (La) CS 49 J 29
Balmaseda BI 8 C 20
Balmonte O 4 B 9
Balmonte LU 4 C 7
Balmori O 6 B 15
Balneario de Jabalcuz J 82 S 18
Balneario de Panticosa HU 21 D 29
Balneario de Raposo BA 79 Q 11
Baloira PO 12 D 4
Balones A 74 P 28
Balouta LE 14 D 9
Balsa LU 3 B 7
Balsa de Ves AB 73 O 26
Balsaín AL 84 S 23
Balsapintada MU 85 S 26
Balsareny B 38 G 35
Balsicas MU 85 S 27
Baltanás P 31 G 17
Baltar OR 27 G 6
Baltar LU 4 C 7
Baltar cerca de Arzua C 3 D 5
Baltar cerca de Ferrol C 3 B 5
Baltasana
(Tossal de la) T 37 I 33
Balzaín GR 94 U 19
Bama C 13 D 4
Bamba ZA 30 H 13
Bamio PO 12 E 3
Banaguás HU 21 E 28
Banariés HU 21 F 28
Banastás HU 21 F 28
Bandaliés HU 21 F 29
Bandama (Caldera de)
Gran Canaria GC 115 F 2
Bandama (Pico de)
Gran Canaria GC 115 F 2
Bande OR 13 F 6
Bandeira PO 13 D 5
Bandereta (La) CS 62 L 29
Banderillas (Las) J 83 R 21
Banecidas LE 16 E 14
Bangueses OR 13 F 5
Baniel SO 33 H 22
Banos de la Peña P 17 D 15
Banuncias LE 16 E 13
Bany de Tredos L 23 E 32
Banya (Far de la) T 50 K 31
Banyalbufar IB 104 M 37
Banyeres de Mariola A 74 P 28
Banyeres del Penedès T 37 I 34
Banyoles GI 25 F 38
Banyoles (Estany de) GI 25 F 38
Banyuls (Coll de) GI 25 E 39
Baña (A) C 2 D 3
Baña (La) LE 14 F 9
Bañaderos Cardonal
Gran Canaria GC 115 E 1
Bañares LO 18 E 21
Bañeza (La) LE 15 F 12
Bañistas CR 71 P 19
Baño MU 85 R 26
Bañobárez SA 42 J 10
Bañón TE 48 J 26
Baños (Los) MU 85 R 26
Baños (Los) BA 67 Q 9
Baños (Punta de los) AL 102 V 21
Baños de Alcantud CU 47 K 23
Baños de Arenosillo CO 81 R 16
Baños de Benasque HU 22 E 31
Baños de Cerrato P 31 G 16
Baños de Ebro VI 19 E 21
Baños de Fitero NA 20 F 24
Baños de Fuente Podrida V 73 N 25
Baños de Gigonza CA 99 W 12
Baños de Guardias Viejas
(Los) AL 102 V 21
Baños de la Encina J 82 R 18
Baños de la Fuensanta MU 84 S 24
Baños de los Remedios BA 68 Q 11
Baños de Martos J 82 S 18
Baños de Molgas OR 13 F 6
Baños de Montemayor CC 43 L 12
Baños de Mula MU 85 R 25
Baños de Río Tobía LO 19 F 21
Baños de Rioja LO 18 E 21
Baños
de Santa Alhamilla AL 103 V 22
Baños de Tajo GU 47 J 24
Baños
de Valdearados BU 32 G 19
Baños del Robledillo TO 57 N 16
Baños Gilico MU 84 R 25
Baños y Mendigo MU 85 S 26
Bañuela CR 81 Q 17
Bañuela Alta TO 57 M 15
Bañuelos GU 32 I 21
Bañuelos de Bureba BU 18 E 20
Bañugues O 5 B 12
Bao (Embalse de) OR 14 F 8
Baquedano NA 19 D 23
Baqueira L 23 D 32
Baquerín de Campos P 30 F 15
Barà (Arc romà de) T 37 I 34
Baradal O 5 C 10
Bárago S 7 C 16
Baraguás HU 21 E 28
Barahona SO 33 I 22
Barahona (Altos de) SO 33 H 22
Baraibar NA 10 D 24
Barajas AV 44 K 14
Barajas M 46 K 19
Barajas de Melo CU 59 L 21
Barakaldo BI 8 C 20
Baralla LU 14 D 8
Baranbio VI 8 C 21
Baranda BU 8 C 19
Barásoain NA 20 E 25
Barasona
(Embalse de) HU 22 F 31
Barazar(Puerto de) BI 9 C 21
Barbadás OR 13 F 6
Barbadillo SA 43 J 12
Barbadillo de Herreros BU 18 F 20
Barbadillo del Mercado BU 32 F 19
Barbadillo del Pez BU 32 F 20
Barbalimpia CU 60 M 22
Barbalos SA 43 J 12
Barbantes OR 13 E 5
Barbantiño LU 13 E 6
Barbanza (Sierra de) C 12 D 3
Barbaño BA 67 P 10
Barbaría (Cap de) IB 87 Q 34
Barbarroja A 85 R 27
Barbaruéns HU 22 E 31
Barbastro HU 22 F 30
Barbate CA 99 X 12
Barbate
(Ensenada de) CA 99 X 12
Barbate
(Marismas de) CA 99 X 12
Barbatona GU 47 I 22
Barbeira C 2 D 3
Barbeitos LU 4 C 8
Barbens L 37 G 33
Barberà B 38 H 36
Barberà de la Conca T 37 H 33
Barbero J 83 R 21
Bárboles Z 34 G 26
Barbolla SG 32 I 18
Barbolla (La) GU 47 I 21
Barbudo PO 12 E 4
Barbués HU 35 G 28
Barbuñales HU 21 F 29
Barca SO 33 H 22
Barca (Embalse de la) O 5 C 11
Barca (Punta de la) C 2 C 2
Barca (Soto de la) O 5 C 10
Barca de la Florida (La) CA 99 W 12
Bárcabo HU 22 F 30
Barcala PO 12 D 4
Barcarrota BA 67 Q 9
Barcebal SO 32 H 20
Barcebalejo SO 32 H 20
Barceino SA 43 I 10
Barcelona B 38 H 36
Bárcena
(Embalse de) LE 15 E 10
Bárcena de Bureba BU 18 E 19
Bárcena de Campos P 17 E 16
Bárcena de Ebro S 17 D 17
Bárcena de la Abadia LE 14 D 10
Bárcena
de Pie de Concha S 7 C 17
Bárcena del Monasterio O 5 B 10
Bárcena Mayor S 7 C 17
Bárcena Mayor (Sierra de) S 7 C 17
Bárcenas BU 8 C 19
Barcenillas del Ribero BU 8 C 19
Barceo SA 43 I 10
Barchell (Ermita de) A 74 P 28
Barchín del Hoyo CU 60 N 23
Barcia O 5 B 10
Barciademera PO 13 F 4
Barcial de la Loma VA 30 G 14
Barcial del Barco ZA 29 G 13
Barcience TO 58 M 17
Barcina BU 18 D 20
Barcó (Cala) IB 87 P 33
Barco (O) OR 14 E 9
Barco de Ávila (El) AV 44 K 13
Barcones SO 33 I 21
Bardají (Valle de) HU 22 E 31
Bardallur Z 34 G 26
Bardaos C 3 C 4
Bárdena Z 20 F 26
Bardenas (Canal de las) 20 E 26
Bardullas C 2 C 2
Baredo PO 12 F 3
Bareyo S 8 B 19
Bargas TO 58 M 17
Bargis GR 102 V 20
Bargota NA 19 E 23
Bariáin NA 20 E 25
Barillas NA 34 G 25
Barinaga BI 10 C 22
Barinas MU 85 R 26
Bariones de la Vega LE 16 F 13
Barizo C 2 C 3
Barjacoba ZA 14 F 9
Barjas LE 14 E 9
Barlovento La Palma TF 131 D 3
Barlovento (Punta de)
Fuerteventura GC 112 B 5
Barluenga HU 21 F 28
Barniedo de la Reina LE 16 D 15
Baro L 23 E 33
Baroja VI 19 E 21
Barona (La) CS 62 L 29
Baroña C 12 D 2
Barqueira (A) C 3 B 6
Barqueros MU 85 S 25
Barquilla SA 42 J 9
Barquilla de Pinares CC 56 L 13
Barra (Punta de la) GI 25 F 39
Barra de Miño OR 13 E 6
Barraca d'Aigües
Vives (La) V 74 O 28
Barracas CS 62 L 27
Barrachina TE 48 J 26
Barrachinas (Las) TE 61 L 27
Barraco AV 45 K 16
Barrado CC 56 L 12

Barragana Baja CO 93 T 16
Barraix V 62 M 28
Barral OR 13 F 5
Barranca (La) M 45 J 18
Barranco Hondo Tenerife TF 127 H 3
Barrancos Blancos (Los) SE 92 U 14
Barrancos Blancos (Puerto de los) SE 92 U 14
Barranda MU 84 R 24
Barranquera (La) Tenerife TF 124 H 1
Barranquete AL 103 V 23
Barrax AB 72 O 23
Barreda S 7 B 17
Barreiros LU 4 B 8
Barrela (La) LU 13 E 6
Barreras SA 42 I 10
Barres O 4 B 9
Barriada de Alcora (La) AL 102 V 21
Barriada de Jarana CA 98 W 11
Barriada San Cristobal MU 85 T 25
Barrié de la Maza (Embalse) C 12 D 3
Barrika BI 8 B 21
Barrillos LE 16 D 13
Barrillos de las Arrimadas LE 16 D 14
Barrina A 74 Q 29
Barrio VI 18 D 20
Barrio S 7 C 15
Barrio LE 14 D 9
Barrio OR 14 E 8
Barrio de Abajo CU 72 O 23
Barrio de Enmedio MA 93 U 16
Barrio de la Estación CC 54 N 7
Barrio de la Estación J 82 R 19
Barrio de la Puente LE 15 D 11
Barrio de Lomba ZA 14 F 10
Barrio de los Pajares BA 68 P 12
Barrio de Nuestra Señora LE 16 D 13
Barrio del Centro TE 48 J 25
Barrio del Hospital TE 48 J 25
Barrio-Panizares BU 17 D 18
Barriobusto VI 19 E 22
Barriomartín SO 33 G 22
Barriopedro GU 47 J 21
Barrios (Los) CA 99 X 13
Barrios (Los) J 82 R 17
Barrios de Bureba (Los) BU 18 E 19
Barrios de Colina BU 18 E 19
Barrios de Gordón (Los) LE 15 D 12
Barrios de Luna (Embalse de los) LE 15 D 12
Barrios de Luna (Los) LE 15 D 12
Barrios de Villadiego BU 17 E 17
Barriosuso P 17 E 16
Barro O 6 B 15
Barro PO 12 E 4
Barromán AV 44 I 15
Barros S 7 C 17
Barros O 6 C 12
Barros SE 92 U 13
Barros (Tierra de) BA 67 Q 10
Barrosa (La) CA 98 W 11
Barruecopardo SA 42 I 10
Barruelo BU 18 D 19
Barruelo VA 30 G 14
Barruelo de Santullán P 17 D 17
Barruera L 22 E 32
Barués Z 20 E 26
Barx V 74 O 29
Barxa (A) OR 28 G 8
Barxeta V 74 O 28
Bárzana O 5 C 12
Basabe VI 18 D 20
Basaburua NA 10 C 24
Basadre PO 13 D 6
Basáran HU 21 E 29
Basardilla SG 45 I 17
Basauri BI 8 C 21
Bàscara GI 25 F 38
Basconcillos del Tozo BU 17 D 18
Báscones P 17 D 17
Báscones de Ojeda P 17 D 16
Bascuñana de San Pedro CU 60 L 23
Baseta (Collado de la) L 23 E 33
Basquiñuelas VI 18 D 21
Bassa (Coll de la) CS 62 L 29
Bassacs (Els) B 24 F 35
Bassars (Els) A 86 R 28
Bassegoda GI 24 F 37
Bastaras HU 21 F 29
Bastiana (La) SE 79 S 11
Bastida (La) SA 43 K 11
Bastiments (Pic de) GI 24 E 36
Batalla GU 47 J 21
Batán AB 72 P 23
Batán (El) CC 55 M 10
Batán de San Pedro CU 59 M 21
Batán del Puerto AB 72 Q 23
Batea T 50 I 30
Baterna AV 44 K 15
Baterno BA 69 P 15
Batet GI 24 F 37
Batllòria (La) GI 38 G 37
Batoua (Pic de) HU 22 D 30
Batres M 58 L 18
Batuecas (Monasterio Las) SA 43 K 11
Batuecas (Reserva nacional de las) SA 43 K 11
Batxikabo VI 18 D 20
Baúl (El) GR 95 T 21
Baul (Rambla del) GR 95 T 21
Bausen L 22 D 32
Bayárcal AL 95 U 21
Bayarque AL 96 U 22
Bayas (Las) A 86 R 28
Bayo O 5 B 11
Bayo (El) Z 20 F 26
Bayona (La) TO 57 M 16
Bayos (Los) LE 15 D 11
Bayubas de Abajo SO 32 H 21
Bayubas de Arriba SO 32 H 21
Baza GR 95 T 21
Baza (Hoya de) GR 95 T 21
Bazagona (Estación de la) CC 56 M 12
Bazán CR 70 Q 19
Bazana (La) BA 79 R 9
Bazar C 2 C 3
Bazar cerca de Castro LU 4 C 7
Bazar cerca de Lugo LU 3 D 7
Bea TE 48 I 26
Beade OR 13 E 5
Beade PO 12 F 3
Beamud CU 60 L 24
Bearin NA 19 D 23
Beariz OR 13 E 5
Beas H 91 T 9
Beas (Embalse de) H 91 T 9
Beas de Granada GR 94 U 19
Beas de Guadix GR 95 U 20
Beas de Segura J 83 R 21
Beasain SS 10 C 23
Beata (La) SE 93 U 14
Beatas (Las) AB 72 O 22
Beatas (Las) CO 93 T 16
Beba C 2 D 2
Bebares O 5 C 10
Becedas AV 43 K 13
Becedillas AV 44 K 14
Beceite TE 50 J 30
Becejate CR 71 N 21
Becerreá LU 14 D 8
Becerrero (Sierra de) SE 93 U 15
Becerril SG 32 I 19
Becerril de Campos P 17 F 16
Becerril de la Sierra M 45 J 18
Becerril del Carpio P 17 D 17
Becerro (Punta del) La Gomera TF 118 C 3
Becilla de Valderaduey VA 30 F 14
Bedaio SS 10 C 23
Bédar AL 96 U 24
Bédar (Sierra de) AL 96 U 24
Bedaroa BI 9 B 22
Bedia BI 9 C 21
Bedmar J 82 S 19
Bedón BU 8 C 19
Bedriñana O 6 B 13
Beget GI 24 F 37
Begíjar J 82 S 19
Begonte LU 3 C 6
Begudà GI 24 F 37
Begues B 38 I 35
Begur GI 25 G 39
Begur (Cap de) GI 25 G 39
Behobia SS 10 B 24
Beigondo C 13 D 5
Beintza-Labaien NA 10 C 24
Beire NA 20 E 25
Beires AL 95 U 21
Beizama SS 10 C 23
Béjar SA 43 K 12
Bejarín (El) GR 95 T 20
Bejes S 7 C 16
Bejís CS 62 M 27
Bel CS 50 K 30
Belagua (Arroyo de) NA 11 D 27
Belalcázar CO 69 Q 14
Belalcázar (Estación de) CO 69 P 14
Belante LU 14 D 7
Belarra HU 21 E 28
Belascoáin NA 10 D 24
Belate (Puerto de) NA 11 C 25
Belauntza SS 10 C 23
Belbimbre BU 17 F 17
Belchite Z 35 I 27
Belén O 5 B 10
Belén LU 4 B 7
Belén CC 56 N 12
Belén (Ermita de) BA 68 P 14
Beleña SA 43 J 13
Beleña (Embalse de) GU 46 J 20
Beleña de Sorbe GU 46 J 20
Beleño O 6 C 14
Belerda O 6 C 14
Belerda J 83 S 20
Belerda de Guadix GR 95 T 20
Belesar PO 12 F 3
Belesar LU 13 E 6
Bèlgida V 74 P 28
Belianes L 37 H 33
Belicena GR 94 U 18
Belinchón CU 59 L 20
Bell-lloc CS 62 L 30
Bell-lloc d'Urgell L 36 H 32
Bellaguarda L 36 H 32
Bellavista H 90 U 8
Bellavista SE 91 U 12
Bellcaire d'Empordà GI 25 F 39
Bellcaire d'Urgell L 37 G 32
Bellestar cerca de Grau HU 22 F 31
Bellestar cerca de Huesca HU 21 F 28
Bellestar de la Tinença (El) CS 50 K 30
Bellmunt cerca de Bellcaire d'Urgell L 37 G 32
Bellmunt cerca de Sta Coloma de Queralt L 37 H 34
Bellmunt del Priorat T 36 I 32
Bello TE 48 J 25
Bello O 6 C 13
Bellostas (Las) HU 22 E 29
Bellprat B 37 H 34
Bellpuig L 37 H 33
Bellreguard V 74 P 29
Belltall T 37 H 33
Bellús V 74 P 28
Bellús (Embalse de) V 74 P 28
Bellvei T 37 I 34
Bellver IB 104 N 37
Bellver de Cerdanya L 23 E 35
Bellvís L 36 G 32
Belmaco (Cueva de) La Palma TF 132 D 6
Bélmez CO 80 R 14
Bélmez J 82 S 19
Bélmez de la Moraleda J 82 S 19
Belmonte O 6 B 15
Belmonte CU 59 N 21
Belmonte (Estación de) H 90 T 9
Belmonte de Campos P 30 G 15
Belmonte de Gracian Z 34 I 25
Belmonte de Miranda O 5 C 11
Belmonte de San José TE 50 J 29
Belmonte de Tajo M 59 L 19
Belmontejo CU 60 M 22
Belones (Los) MU 85 T 27
Belorado BU 18 E 20
Belsué HU 21 F 28
Beltejar SO 33 I 22
Beltrana (Puerto) BA 79 R 9
Beluso PO 12 F 3
Belver HU 36 G 30
Belver de los Montes ZA 30 G 13
Belvis de Jarama M 46 K 19
Belvís de la Jara TO 57 M 15
Belvís de Monroy CC 56 M 13
Bembézar CO 80 R 13
Bembézar (Embalse de) CO 80 S 14
Bembézar del Caudillo CO 80 S 14
Bembibre C 2 C 4
Bembibre LE 15 E 10
Bemil PO 12 E 4
Benabarre HU 22 F 31
Benablón MU 84 R 24
Benacazón SE 91 T 11
Benadalid MA 99 W 14
Benafarces VA 30 H 14
Benafer CS 62 M 28
Benafigos CS 62 L 29
Benagalbón MA 101 V 17
Benagéber V 61 M 26
Benaguasil V 62 N 28
Benahadux AL 103 V 22
Benahavís MA 100 W 14
Benajarafe MA 101 V 17
Benalauría MA 99 W 14
Benalmádena MA 100 W 16
Benalmádena-Costa MA 100 W 16
Benalúa de Guadix GR 95 T 20
Benalúa de las Villas GR 94 T 18
Benalup-Casas Viejas CA 99 W 12
Benalup de Sidonia CA 99 W 12
Benamahoma CA 92 V 13
Benamargosa MA 101 V 17
Benamariel LE 16 E 13
Benamaurel GR 95 T 21
Benamejí CO 93 U 16
Benamira SO 47 I 22
Benamocarra MA 101 V 17
Benamor MU 84 R 24
Benaocaz CA 99 V 13
Benaoján MA 99 V 14
Benaque MA 101 V 17
Benarrabá MA 99 W 14
Benasau A 74 P 28
Benasque HU 22 E 31
Benasque (Reserva nacional de) HU 22 D 31
Benasque (Valle de) HU 22 E 31
Benassal CS 49 K 29
Benatae J 83 Q 22
Benavent L 23 F 33
Benavent de Segrià L 36 G 31
Benavente HU 22 F 31
Benavente ZA 29 F 12
Benavente CR 70 O 17
Benavente BA 66 O 8
Benavides LE 15 E 12
Benavites V 62 M 29
Benazolve LE 16 E 13
Benchijigua La Gomera TF 119 C 2
Bendinat IB 104 N 37
Bendón O 4 C 9
Benecid AL 102 V 21
Benegiles ZA 29 H 13
Beneixama A 74 P 27
Benejúzar A 85 R 27
Benés L 22 E 32
Benetússer V 62 N 28
Benferri A 85 R 27
Benia O 6 B 15
Beniaia A 74 P 29
Beniaján MU 85 S 26
Benialfaquí A 74 P 28
Beniarbeig A 74 P 29
Beniardà A 74 P 29
Beniarjó V 74 P 29
Beniarrés A 74 P 28
Beniatjar V 74 P 28
Benicarló CS 50 K 31
Benicasim / Benicàssim CS 62 L 30
Benicassim / Benicasim CS 62 L 30
Benichembla A 74 P 29
Benicolet V 74 P 28
Benicull de Xúquer V 74 O 28
Benidoleig A 74 P 29
Benidorm A 74 Q 29
Beniel MU 85 R 26
Benifaió V 74 O 28
Benifairó de les Valls V 62 M 29
Benifallet T 50 J 31
Benifallim A 74 Q 28
Benifallim (Port de) A 74 Q 28
Benifassà (Convent de) CS 50 J 30
Benifato A 74 P 29
Benigànim V 74 P 28
Benijo Tenerife TF 125 J 1
Benijófar A 85 R 27
Benilloba A 74 P 28
Benillup A 74 P 28
Benimantell A 74 P 29
Benimarco A 74 P 30
Benimarfull A 74 P 28
Benimassot A 74 P 29
Benimaurell A 74 P 29
Benimodo V 74 O 28
Benimuslem V 74 O 28
Beninar (Embalse de) AL 102 V 20
Beniparrell V 74 N 28
Benirrama A 74 P 29
Benisanó V 62 N 28
Benissa A 74 P 30
Benissanet T 50 I 31
Benitagla AL 96 U 23
Benitorafe AL 96 U 23
Benitos AV 44 J 15
Benizalón AL 96 U 23
Benizar MU 84 R 24
Benquerencia LU 4 B 8
Benquerencia CC 68 O 11
Benquerencia de la Serena BA 68 P 13
Bentaíga (Roque) Gran Canaria GC 114 D 3
Bentarique AL 102 V 22
Bentraces OR 13 F 6
Bentué de Rasal HU 21 E 28
Benuza LE 14 E 9
Benyamina MA 100 W 16
Benza C 2 C 4
Beo C 2 C 3
Beortegui NA 11 D 25
Bera / Vera de Bidasoa NA 11 C 24
Beranga S 8 B 19
Berango BI 8 B 21
Berantevilla VI 18 D 21
Beranúy HU 22 E 31
Berastegi SS 10 C 24
Beratón SO 34 G 24
Berbe Bajo GR 94 U 18
Berbegal HU 36 G 29
Berberana BU 18 D 20
Berbes O 6 B 14
Berbinzana NA 20 E 24
Berbucido PO 13 E 4
Bercedo BU 8 C 19
Berceo LO 19 E 21
Bercero VA 30 H 14
Berceruelo VA 30 H 14
Bérchules GR 102 V 20
Bercial SG 45 J 16
Bercial (El) TO 57 M 14
Bercial de San Rafael (El) TO 57 M 14
Bercial de Zapardiel AV 44 I 15
Bercianos de Aliste ZA 29 G 11
Bercianos de Valverde ZA 29 G 12
Bercianos de Vidriales ZA 29 F 12
Bercianos del Páramo LE 15 E 12
Bercianos del Real Camino LE 16 E 14
Bercimuel SG 32 H 19
Bercimuelle SA 44 K 13
Berdejo Z 33 H 24
Berdeogas C 2 C 2
Berdía C 3 D 4
Berdillo C 2 C 4
Berdoias C 2 C 2
Berducedo O 4 C 9
Berdún HU 21 E 27
Berengueles (Los) GR 101 V 18
Beret L 23 D 32
Beret (Portarró de) L 23 D 32
Berga B 24 F 35
Berganciano SA 43 I 11
Berganúy HU 22 F 32
Bergantza VI 8 C 21
Berganzo VI 19 E 21
Bergara SS 10 C 22
Bergasa LO 19 F 23
Bergasillas Bajeras LO 19 F 23
Bergasillas Somera LO 19 F 23
Berge TE 49 J 28
Bergondo C 3 C 5
Bergüenda VI 18 D 20
Beriaín NA 11 D 25
Berja AL 102 V 21
Berlanas (Las) AV 44 J 15
Berlanga BA 80 R 12
Berlanga de Duero SO 32 H 21
Berlanga del Bierzo LE 15 D 10
Berlangas de Roa BU 31 G 18
Bermeja (Sierra) BA 67 O 11
Bermejales (Embalse de los) GR 101 V 18
Bermejo TO 56 M 13
Bermejo (Roque) Tenerife TF 125 K 1
Bermellar SA 42 J 9
Bermeo BI 9 B 21
Bermés PO 13 D 5
Bermiego O 5 C 12
Bermillo de Alba ZA 29 H 11
Bermillo de Sayago ZA 29 H 11
Bermún C 2 D 2
Bernadilla (La) GR 101 V 19
Bernagoitia BI 9 C 21
Bernales BI 8 C 19
Bernardo (El) CR 71 O 21
Bernardos SG 45 I 16
Bernedo VI 19 E 22
Bèrnia A 74 Q 29
Berninches GU 47 K 21
Bernués HU 21 E 28
Bernui L 23 E 33
Bernuy TO 57 M 16
Bernuy de Porreros SG 45 I 17
Bernúy-Salinero AV 45 J 16
Bernúy-Zapardiel AV 44 J 15
Berrazales (Los) Gran Canaria GC 114 D 2
Berriatúa BI 10 C 22
Berrioplano NA 11 D 24
Berriz BI 10 C 22
Berrizaun NA 11 C 24
Berro AB 72 P 23
Berro (El) MU 85 S 25
Berrobi SS 10 C 23
Berrocal H 79 T 10
Berrocal (El) SE 79 S 11
Berrocal de Huebra SA 43 J 12
Berrocal de Salvatierra SA 43 K 12
Berrocalejo CC 56 M 13
Berrocalejo de Aragona AV 45 J 16
Berrocales del Jarama (Los) M 46 K 19
Berroeta NA 11 C 25
Berrostegieta VI 19 D 21
Berrueces VA 30 G 14
Berrueco Z 48 J 25
Berrueco (El) M 46 J 19
Berrueco (El) J 82 S 18
Berrueco (Peñón del) MA 99 W 13
Berrús (Ermita de) T 36 I 31
Bertamiráns C 12 D 4
Beruete NA 10 C 24
Berzalejo CC 56 M 12
Berzocana CC 56 N 13
Berzocana (Puerto de) CC 56 N 13
Berzosa SO 32 H 20
Berzosa CR 71 P 19
Berzosa de Bureba BU 18 E 20
Berzosa de los Hidalgos P 17 D 16
Berzosa del Lozoya M 46 J 19
Berzosilla P 17 D 17
Besalú GI 24 F 38
Besande LE 16 D 15
Bescanó GI 25 G 38
Bescaran L 23 E 34
Bespén HU 21 F 29
Besteiros OR 13 E 6
Bestué HU 22 E 30
Besullo O 5 C 10
Betancuria Fuerteventura GC 110 G 3
Betanzos C 3 C 5
Betanzos (Ría de) C 3 B 5
Betelu NA 10 C 24
Bétera V 62 N 28
Betés HU 21 E 28
Beteta CU 47 K 23
Betlem IB 105 M 39
Betlem (Ermita de) IB 105 M 39
Betolaza VI 19 D 21
Betorz HU 22 F 30
Betren L 22 D 32
Betxí CS 62 M 29
Beuda GI 24 F 38
Beunza NA 11 D 24
Beyos (Desfiladero de los) LE 6 C 16
Bezana BU 17 D 18
Bezanes O 6 C 14
Bezares LO 19 E 21
Bezas TE 48 K 26
Béznar GR 101 V 19
Béznar (Embalse de) GR 101 V 19
Bianditz (Alto de) NA 10 C 24
Biar A 74 Q 27
Biasteri VI 19 E 22
Bibéi OR 14 F 8

Bicorp V 73 O 27
Bidania SS 10 C 23
Bidankoze / Vidángoz NA 11 D 26
Bidasoa SS 11 C 25
Bidasoa (Montes de) NA 10 C 24
Bidaurreta NA 10 D 24
Biduedo OR 13 E 6
Biel-Fuencalderas Z 21 E 27
Bielsa HU 22 E 30
Bielsa (Túnel de) HU 22 D 30
Bielva S 7 C 16
Bien Aparecida (La) S 8 C 19
Bienservida AB 83 Q 22
Bienvenida CR 69 Q 16
Bienvenida BA 79 R 11
Bienvenida
(Ermita de) TO 57 M 14
Bienvenida (Monte) BA 79 R 11
Bierge HU 21 F 29
Biescas HU 21 E 29
Bigastro A 85 R 27
Bigornia (Puerto) SO 33 H 24
Bigues B 38 G 36
Bigüézal NA 11 D 26
Bijuesca Z 34 H 24
Bilbao BI 8 C 21
Bilbao SE 92 U 13
Billelabaso BI 8 B 21
Bimeda O 5 C 10
Bimón S 17 D 18
Binaced HU 36 G 30
Binacua HU 21 E 27
Binéfar HU 36 G 30
Biniali IB 104 N 38
Biniaraix IB 104 M 38
Binibèquer IB 106 M 42
Binidali IB 106 M 42
Biniés HU 21 E 27
Binifabini IB 106 M 42
Binissalem IB 104 M 38
Biosca L 37 G 34
Biota Z 20 F 26
Bisaurri HU 22 E 31
Bisbal de Falset (La) T 36 I 32
Bisbal
del Penedès (La) T 37 I 34
Bisbal
d'Empordà (La) GI 25 G 39
Biscarrués HU 21 F 27
Bisimbre Z 34 G 25
Bisjueces BU 18 D 19
Bitem T 50 J 31
Bitoriano VI 19 D 21
Biure GI 25 E 38
Biurrun NA 11 D 24
Blacos SO 32 G 21
Blanc (Cap) IB 104 N 38
Blanc (Mas) CS 62 L 29
Blanca MU 85 R 25
Blanca (Laguna) AB 71 P 21
Blanca (Punta)
Fuerteventura GC 111 H 2
Blanca (Sierra) MA 100 W 15
Blanca de Solanillos GU 47 J 23
Blancafort T 37 H 33
Blancares Nuevos AB 72 O 23
Blancares Viejos AB 72 O 23
Blancas TE 48 J 25
Blanco SE 93 T 14
Blancos OR 27 G 6
Blanes GI 39 G 38
Blanes
(Costa d'en) IB 104 N 37
Blanquillo J 83 R 21
Blanquitos (Los)
Tenerife TF 129 F 5
Blascoeles AV 45 J 16
Blascomillán AV 44 J 14
Blasconuño
de Matacabras AV 44 I 15
Blascosancho AV 45 J 16
Blázquez (Los) CO 80 Q 13
Blecua HU 21 F 29
Blesa TE 49 I 27
Bliecos SO 33 H 23
Blimea O 6 C 13
Blocona SO 33 I 22
Boa C 12 D 3
Boada SA 43 J 11
Boada de Campos P 30 G 15
Boada de Roa BU 31 G 18
Boadella (Pantà de) GI 25 E 38
Boadella d'Empordà GI 25 F 38
Boadilla SA 43 J 11
Boadilla de Rioseco P 16 F 15
Boadilla del Camino P 17 F 16
Boadilla del Monte M 45 K 18
Boal O 4 B 9
Boalo (El) M 45 J 18
Boaño C 2 C 2
Bobadilla LO 19 F 21
Bobadilla J 82 T 17
Bobadilla MA 93 U 15
Bobadilla del Campo VA 44 I 14
Bobadilla Estación MA 93 U 15
Bobastro MA 100 V 15
Bobia O 4 B 9
Boborás OR 13 E 5
Boca Chanza H 78 T 7
Boca de Huérgano LE 16 D 15
Bocacara SA 43 J 10
Bocairent V 74 P 28
Bocal (El) NA 20 F 25
Boceguillas SG 32 H 19
Boche AB 84 Q 23
Bochones GU 32 I 21
Bocigas VA 31 I 15
Bocigas de Perales SO 32 H 19
Bocinegro (Punta del)
Tenerife TF 129 F 5
Bocos BU 18 D 19
Bocos VA 31 H 17
Bodaño PO 13 D 5
Bodegas
de Pardanchinos V 61 M 27
Bodegones (Los) H 91 U 9
Bodegues
del Camp (Les) V 62 M 27
Bodera (La) GU 46 I 21
Bodón (El) SA 42 K 10
Bodonal de la Sierra BA 79 R 10
Boecillo VA 31 H 15
Boedes OR 13 E 5
Boedo P 17 D 16
Boente C 3 D 5
Boeza LE 15 D 11
Bogajo SA 42 J 10
Bogarra AB 72 Q 23
Bogarre GR 94 T 19
Bogarre (Monte) GR 94 T 19
Bohodón (El) AV 44 J 15
Bohonal BA 69 O 15
Bohonal de Ibor CC 56 M 13
Bohoyo AV 44 L 13
Boí L 22 E 32
Boí (Vall de) L 22 E 32
Boimente LU 4 B 7
Boimorto C 3 D 5
Boiro C 12 E 3
Boiro O 4 D 9
Boixar (El) CS 50 J 30
Bóixols L 23 F 33
Bóixols (Coll de) L 23 F 33
Bojadillas (Las) AB 84 R 23
Bola (A) OR 13 F 6
Bolaño LU 4 C 8
Bolaños CA 98 W 11
Bolaños
de Calatrava CR 70 P 19
Bolaños de Campos VA 30 F 14
Bolarque
(Embalse de) CU 47 K 21
Bolbaite V 74 O 27
Bolea HU 21 F 28
Boliches (Los) MA 100 W 16
Bolla CC 43 K 10
Bólliga CU 60 L 22
Bollullos
de la Mitación SE 91 T 11
Bollullos
Par del Condado H 91 T 10
Bolmir S 17 D 17
Bolnuevo MU 97 T 26
Bolo (O) OR 14 F 8
Bolón A 85 Q 27
Bolonia
(Ensenada de) CA 99 X 12
Bolos CR 71 P 20
Boltaña HU 22 E 30
Bolulla A 74 Q 29
Bolvir de Cerdanya GI 24 E 35
Bon Any IB 105 N 39
Bon Jesus de Trandeiras
(Monasterio) OR 13 F 7
Bonaigua (Port de la) L 23 E 32
Bonal (El) CR 70 O 17
Bonales
(Sierra de los) CR 69 Q 15
Bonansa HU 22 E 32
Bonanza CA 91 V 10
Bonanza (Roque de la)
El Hierro TF 109 D 3
Bonares H 91 U 9
Bonastre T 37 I 34
Bonete AB 73 P 25
Bonge LU 4 C 7
Boniches CU 61 M 25
Bonielles O 5 B 12
Bonilla CU 59 L 22
Bonilla de la Sierra AV 44 K 14
Bonillo (El) AB 72 P 22
Bonita (Cueva)
La Palma TF 130 B 4
Bonmatí GI 24 G 37
Bono HU 22 E 32
Boñar LE 16 D 14
Bóo O 5 C 12
Boo de Guarnizo S 7 B 18
Boós SO 32 H 21
Boqueixón C 13 D 4
Boquerón MU 85 R 26
Boquerón
(Puerto del) AV 45 K 16
Boquiñeni Z 34 G 26
Borau HU 21 E 28
Borbollón
(Embalse de) CC 55 L 10
Bordalba Z 33 H 23
Bordecorex SO 33 H 21
Bordejé SO 33 H 22
Bórdes (Es) L 22 D 32
Bordils GI 25 F 38
Bordón TE 49 J 29
Borge (El) MA 101 V 17
Borges Blanques (Les) L 37 H 32
Borges del Camp
(Les) T 37 I 33
Borgonyà B 24 F 36
Borja Z 34 G 25
Borjabad SO 33 H 22
Borleña S 7 C 18
Bormate AB 73 O 25
Bormujos SE 91 T 11
Borneiro C 2 C 3
Bornos CA 92 V 12
Bornos (Embalse de) CA 92 V 12
Boroa BI 9 C 21
Borobia SO 34 H 24
Borox TO 58 L 18
Borrachina BA 66 Q 8
Borrassà GI 25 F 38
Borredà B 24 F 35
Borreguilla (Finca la) CR 71 Q 20
Borrenes LE 14 E 9
Borrés HU 21 E 28
Borres O 5 B 10
Borriana / Burriana CS 62 M 29
Borriol CS 62 L 29
Borriquillas (Punta de las)
Fuerteventura GC 113 I 4
Bosque C 2 C 3
Bosque (El) M 45 K 18
Bosque (El) TO 57 M 16
Bosque (El) GR 84 T 22
Bosque (El) CA 92 V 13
Bosque Alto Z 35 H 27
Bossòst L 22 D 32
Bot T 50 I 31
Botarell T 51 I 32
Botaya HU 21 E 28
Boticario TO 70 N 18
Botija CC 68 N 11
Bótoa BA 67 O 9
Bótoa (Ermita de) BA 67 O 9
Botorrita Z 34 H 26
Bou (Cala de) IB 87 P 33
Boumort (Serra de) L 23 F 33
Bousés OR 27 G 7
Boutra (Cabo de la) C 2 C 2
Bouza OR 13 E 5
Bouza (La) SA 42 J 9
Bouzas LE 15 E 10
Bouzas PO 12 F 3
Bóveda VI 18 D 20
Bóveda
cerca de Monforte LU 14 E 7
Bóveda de la Ribera BU 18 D 19
Bóveda de Toro (La) ZA 30 H 13
Bóveda
del Río Almar SA 44 J 14
Bovera L 36 I 31
Box O 5 B 12
Boya ZA 29 G 10
Boyar (Puerto del) CA 92 V 13
Bozoo BU 18 D 20
Brabos AV 44 J 15
Brácana CO 94 T 17
Brácana GR 94 U 18
Bràfim T 37 I 34
Braguia (Puerto de) S 8 C 18
Brahojos de Medina VA 30 I 14
Bramadero H 78 S 8
Brandeso C 13 D 5
Brandilanes ZA 29 H 11
Brandomil C 2 C 3
Brandoñas C 2 C 3
Braña (La) O 4 B 9
Braña (La) LE 14 D 9
Braña Vieja S 7 C 16
Brañalonga O 5 B 10
Brañes O 5 B 12
Brañosera P 17 D 17
Brañuás O 5 B 10
Brañuelas LE 15 E 11
Braojos M 46 I 19
Bravatas GR 83 S 22
Bravo (El) H 78 R 9
Bravos LU 3 B 7
Brazacorta BU 32 G 19
Brazato
(Embalse de) HU 21 D 29
Brazatortas CR 70 Q 17
Brazomar S 8 B 20
Brazuelo LE 15 E 11
Brea Z 34 H 25
Brea de Tajo M 59 L 20
Breda GI 38 G 37
Brence LU 14 E 7
Brenes SE 92 T 12
Breña
(Embalse de la) CO 81 S 14
Breña Alta La Palma TF 132 D 5
Breña Baja
La Palma TF 132 D 5
Breñas (Las)
Lanzarote GC 122 B 5
Bres O 4 B 8
Bretó ZA 29 G 12
Bretocino ZA 29 G 12
Bretoña LU 4 B 8
Bretún SO 33 F 22
Brias SO 32 H 21
Bricia BU 17 D 18
Brieva SG 45 I 17
Brieva AV 45 J 16
Brieva de Cameros LO 19 F 21
Brieva de Juarros BU 18 F 19
Brieves O 5 B 10
Brihuega GU 46 J 21
Brime de Sog ZA 29 F 11
Brime de Urz ZA 29 F 12
Brimeda LE 15 E 11
Brincones SA 43 I 10
Briñas LO 19 E 21
Briones LO 19 E 21
Briongos BU 32 G 19
Brisas (Las) GU 47 K 21
Brisos
(Puerto de los) BA 67 O 9
Briviesca BU 18 E 20
Brizuela BU 18 D 19
Brocos PO 13 D 5
Bronchales TE 48 K 25
Bronco (El) CC 55 L 11
Brosquil (El) V 74 O 29
Broto HU 21 E 29
Brovales BA 79 Q 9
Brovales
(Embalse de) BA 79 Q 9
Broza LU 13 E 7
Brozas CC 55 N 9
Bruc (El) B 38 H 35
Brués OR 13 E 5
Bruguera GI 24 F 36
Bruis HU 22 F 30
Brujas (Cuevas de) NA 11 C 25
Brull (El) B 38 G 36
Brullés BU 17 E 18
Brunales (Los) V 73 P 27
Brunete M 45 K 18
Brunyola GI 24 G 38
Búbal HU 21 D 29
Búbal (Embalse de) HU 21 D 29
Buberos SO 33 H 23
Bubierca Z 34 I 24
Bubión GR 102 V 19
Bucher TO 57 L 14
Buciegas CU 47 K 22
Búcor GR 94 U 18
Buda (Illa de) T 51 J 32
Budia GU 47 K 21
Budián LU 4 B 7
Budiño C 3 D 4
Budiño PO 12 F 4
Buelna O 7 B 16
Buen Amor SA 43 I 12
Buen Retiro CR 71 O 21
Buena Leche V 61 M 26
Buenache
de Alarcón CU 60 N 23
Buenache
de la Sierra CU 60 L 24
Buenafuente
(Monasterio de) GU 47 J 23
Buenamadre SA 43 J 11
Buenas Noches MA 99 W 14
Buenasbodas TO 57 N 15
Buenaventura TO 57 L 15
Buenavista SA 43 J 13
Buenavista GR 94 U 18
Buenavista (Monte) AB 72 O 24
Buenavista-Cala
Abogat A 75 P 30
Buenavista
de Valdavia P 17 E 16
Buenavista del Norte
Tenerife TF 126 B 3
Buendía CU 47 K 21
Buendía
(Embalse de) CU 47 K 21
Bueno (El)
Tenerife TF 129 G 4
Buenos Aires A 86 R 28
Bueña TE 48 J 26
Buera HU 22 F 30
Buerba HU 22 E 30
Bueres O 6 C 13
Buesa HU 21 E 29
Bueu PO 12 F 3
Buey TO 58 M 18
Bufali V 74 P 28
Bugallido C 12 D 4
Bugarra V 61 N 27
Bugedo BU 18 E 20
Búger IB 104 M 38
Buitrago SO 33 G 22
Buitrago (Pinilla de) M 46 J 18
Buitrago del Lozoya M 46 J 19
Buitre MU 84 R 24
Buitre AL 95 U 21
Buitre (Monte) TE 61 L 26
Buitrera GU 32 I 19
Buitrón (El) H 79 T 9
Buitrón (El) Monte H 78 S 8
Buiza LE 16 D 12
Bujalance CO 81 S 16
Bujalaro GU 46 J 21
Bujalcayado GU 47 I 21
Buján C 2 D 2
Bujaraiza J 83 R 21
Bujaraloz Z 35 H 29
Bujarda (La) H 78 S 8
Bujardo BA 78 Q 9
Bujarrabal GU 47 I 22
Bujaruelo HU 21 D 29
Bujeda (La) GU 59 L 21
Bujeo (El) CA 99 X 13
Bujeo (Puerto del) CA 99 X 13
Bujo BA 79 R 11
Bularros AV 44 J 15
Bulbuente Z 34 G 25
Bullaque (El) CR 70 O 17
Bullas MU 84 R 24
Bulnes O 6 C 15
Buniel BU 17 F 18
Bunyola IB 104 M 38
Buñales HU 21 F 28
Buño C 2 C 3
Buñol V 61 N 27
Buñuel NA 34 G 25
Burbáguena TE 48 I 25
Burbia LE 14 D 9
Burceat HU 22 F 30
Burceña BU 8 C 19
Burela LU 4 B 7
Burés C 12 D 3
Bureta Z 34 G 25
Burete MU 84 R 24
Burgal (El) V 61 N 27
Burganes
de Valverde ZA 29 G 12
Burgui / Burgui NA 11 D 26
Burgo LU 3 D 7
Burgo (El) MA 100 V 15
Burgo de Ebro (El) Z 35 H 27
Burgo de Osma (El) SO 32 H 20
Burgo Ranero (El) LE 16 E 14
Burgohondo AV 44 K 15
Burgomillodo SG 31 H 18
Burgos BU 18 E 18
Burgueira PO 12 F 3
Burguete / Auritz NA 11 D 26
Burgui / Burgi NA 11 D 26
Burguilla CC 57 M 14
Burguillos SE 91 T 12
Burguillos de Toledo TO 58 M 18
Burguillos del Cerro BA 79 Q 10
Buriz LU 3 C 6
Burjassot V 62 N 28
Burlada / Burlata NA 11 D 25
Burlata / Burlada NA 11 D 25
Burón LE 6 C 14
Burras MU 84 S 24
Burres C 3 D 5
Burriana / Borriana CS 62 M 29
Burrueco AB 72 P 23
Buruaga VI 19 D 21
Burujón TO 58 M 17
Burunchel J 83 S 21
Busante O 4 D 9
Buscastell IB 87 O 34
Busdongo LE 15 D 12
Busloñe O 5 C 12
Busmente O 4 B 9
Busot A 86 Q 28
Busquístar GR 102 V 20
Bustablado S 8 C 19
Bustamante S 17 C 17
Bustantigo O 4 B 9
Bustares GU 46 I 20
Bustarviejo M 46 J 18
Bustasur S 17 D 17
Buste (El) Z 34 G 25
Bustidoño S 17 D 18
Bustillo de Cea LE 16 E 14
Bustillo de Chaves VA 16 F 14
Bustillo de la Vega P 16 E 15
Bustillo del Monte S 17 D 17
Bustillo del Oro ZA 30 G 13
Bustillo del Páramo LE 15 E 12
Bustillo del Páramo
de Carrión P 16 E 15
Busto cerca de Luarca O 5 B 10
Busto cerca
de Villaviciosa O 6 B 13
Busto (Cabo) O 5 B 10
Busto (El) NA 19 E 23
Busto de Bureba BU 18 E 20
Bustoburniego O 5 B 10
Bustriguado S 7 C 16
Busturia BI 9 B 21
Butihondo
Fuerteventura GC 112 D 5
Butrera BA 79 R 10
Butroe BI 8 B 21
Buxán cerca de Rois C 12 D 3
Buxán
cerca de Val do Dubra C 2 C 4
Buxantes (Monte de) C 2 D 2
Buxu (Cueva del) O 6 B 14

C

Caamaño C 12 E 2
Caaveiro C 3 B 5
Cabaco (El) SA 43 K 11
Caballar SG 45 I 18
Caballera HU 21 F 28
Caballeros J 82 Q 18
Caballo GR 94 U 19
Caballo (Cerro del) GR 94 U 19
Caballó (Serra El) V 74 O 27
Caballón H 91 T 9
Caballos
(Sierra de los) MA 93 U 15
Cabalos
(Serra de los) LU 14 E 8
Cabana C 2 C 3
Cabanabona L 37 G 33
Cabanamoura C 2 D 3
Cabanas LU 3 B 6
Cabanas C 3 B 5
Cabanelas OR 13 E 5
Cabanelles GI 25 F 38
Cabanes GI 25 F 38
Cabanes Castelló CS 62 L 30
Cabanes
(Barranc de) CS 62 L 29
Cabanillas NA 20 F 25
Cabanillas SO 33 H 22
Cabanillas
de la Sierra M 46 J 19
Cabanillas
del Campo GU 46 K 20
Cabanyes (Les) B 37 H 35
Cabañaquinta O 6 C 13
Cabañas Z 34 G 26
Cabañas LE 16 F 13
Cabañas (Monte) J 83 S 21
Cabañas (Puerto) CA 92 V 14
Cabañas
de Castilla (Las) P 17 E 16
Cabañas de la Dornilla LE 15 E 10

A B C D E F G H I J K L M N O P Q R S T U V W X Y Z

Cabañas de la Sagra TO 58 L 18
Cabañas de Polendos SG 45 I 17
Cabañas de Sayago ZA 29 I 12
Cabañas de Yepes TO 58 M 19
Cabañas del Castillo CC 56 N 13
Cabañas Raras LE 14 E 9
Cabañeros LE 16 F 13
Cabañeros CR 69 N 16
Cabañeros (Parque nacional) CR 69 N 16
Cabañes de Esgueva BU 32 G 18
Cabarga (Peña) S 8 B 18
Cabassers T 36 I 32
Cabdella L 23 E 32
Cabe LU 14 E 7
Cabeza (La) AB 84 R 23
Cabeza de Béjar (La) SA 43 K 13
Cabeza de Buey CR 71 Q 20
Cabeza de Campo LE 14 E 9
Cabeza de Diego Gómez SA 43 J 11
Cabeza de la Viña (Isla) J 83 R 21
Cabeza del Buey BA 68 P 14
Cabeza del Caballo SA 42 I 10
Cabeza Gorda J 49 I 28
Cabeza la Vaca BA 79 R 10
Cabezabellosa CC 56 L 12
Cabezabellosa de la Calzada SA 44 I 13
Cabezadas (Las) GU 46 I 20
Cabezamesada TO 59 M 20
Cabezarados CR 70 P 17
Cabezarrubias CR 70 Q 17
Cabezas de Alambre AV 44 J 15
Cabezas de Bonilla AV 44 K 14
Cabezas de San Juan (Las) SE 91 V 12
Cabezas del Pasto H 78 T 7
Cabezas del Pozo AV 44 I 15
Cabezas del Villar AV 44 J 14
Cabezas Rubias H 78 S 8
Cabezo CC 43 K 11
Cabezo (Monte) TE 61 L 26
Cabezo de la Plata MU 85 S 27
Cabezo de Torres MU 85 R 26
Cabezo Jara AL 96 T 24
Cabezón VA 31 G 16
Cabezón de Cameros LO 19 F 22
Cabezón de la Sal S 7 C 17
Cabezón de la Sierra BU 32 G 20
Cabezón de Liébana S 7 C 16
Cabezón de Valderaduey VA 16 F 14
Cabezón del Oro (Serra de) A 74 Q 28
Cabezudos (Los) H 91 U 10
Cabezuela SG 31 I 18
Cabezuela (La) V 73 O 26
Cabezuela del Valle CC 56 L 12
Cabezuelas (Las) M 45 K 17
Cabezuelos (Los) GU 47 K 22
Cabizuela AV 44 J 15
Cabó L 23 F 33
Cabo Blanco *Tenerife* TF 128 D 5
Cabo Cervera-Playa La Mata A 86 R 28
Cabo de Gata AL 103 V 23
Cabo de Gata-Níjar (Parque natural de) AL 96 V 23
Cabo de Palos MU 86 T 27
Caboalles de Abajo LE 15 D 10
Caboalles de Arriba LE 15 D 10
Cabolafuente Z 47 I 23
Cabornera LE 15 D 12
Caborno O 5 B 10
Caborredondo BU 18 E 19
Cabra CO 93 T 16
Cabra (Cinto) V 73 O 27
Cabra de Mora TE 49 L 27
Cabra del Camp T 37 H 33
Cabra del Santo Cristo J 83 S 20
Cabras GR 94 U 17
Cabras (Las) AB 84 R 22
Cabredo NA 19 E 22
Cabreiroá OR 28 G 7
Cabreiros LU 3 B 6
Cabrejas CU 60 L 22
Cabrejas (Altos de) CU 60 L 22
Cabrejas (Puerto de) CU 60 L 23
Cabrejas del Campo SO 33 G 23
Cabrejas del Pinar SO 33 G 21
Cabrera BA 79 R 11
Cabrera (La) M 46 J 19
Cabrera (La) GU 47 I 22
Cabrera (La) V 61 N 27
Cabrera (Río de la) J 82 R 17
Cabrera de Mar B 38 H 37
Cabrerizos SA 43 J 13
Cabrero CC 56 L 12
Cabreros del Monte VA 30 G 14
Cabreros del Río LE 16 E 13
Cabretón LO 34 G 24
Cabril (El) CO 80 R 13
Cabrilla (Río de la) CO 81 S 14
Cabrillanes LE 15 D 11
Cabrillas SA 43 J 11
Cabrillas (Puerto de las) TE 49 K 29
Cabrils B 38 H 37
Cabrito (Alto El) CA 99 X 13
Cabruñana O 5 B 11
Cabuérniga S 7 C 17
Cacabelos LE 14 E 9
Cáceres CC 55 N 10
Cáceres (Embalse de) CC 55 N 11
Caceruela CR 69 O 16
Cachafeiro PO 13 E 4
Cachaza CC 55 L 9
Cacheiras C 12 D 4
Cachorilla CC 55 M 9
Cacín GR 94 U 18
Cacín (Canal del) GR 94 U 18
Cadabedo LU 4 B 7
Cádabo (O) LU 4 C 8
Cadafresnas LE 14 E 9
Cadagua BU 8 C 19
Cadalso CC 55 L 10
Cadalso de los Vidrios M 57 L 16
Cadaqués GI 25 F 39
Cadavedo O 5 B 10
Cádavos OR 28 G 8
Cadena (Puerto de la) MU 85 S 26
Cadí L 23 F 34
Cadí (Serra de) L 23 F 34
Cadí (Túnel de) GI 24 F 35
Cadí-Moixeró (Parc natural de) B 24 F 35
Cádiar GR 102 V 20
Cadiñanos BU 18 D 19
Cádiz CA 98 W 11
Cádiz (Bahía de) CA 98 W 11
Cadreita NA 20 F 24
Cadrete Z 35 H 27
Caicedo Yuso VI 18 D 21
Caídero de la Niña (Embalse) *Gran Canaria* GC 114 C 3
Caimari IB 104 M 38
Caimodorro TE 48 K 24
Caín LE 6 C 15
Caión C 2 C 4
Cajigar HU 22 F 31
Cájiz MA 101 V 17
Cal Vidal B 38 G 35
Cala H 79 S 11
Cala (Embalse de) SE 79 S 11
Cala (La) A 74 Q 29
Cala Agulla IB 105 M 40
Cala Bassa IB 87 P 33
Cala Blanca *Menorca* IB 106 M 41
Cala Blava IB 104 N 38
Cala Bona IB 105 N 40
Cala de los Tiestos A 75 P 30
Cala de Salionç GI 39 G 38
Cala Deià IB 104 M 37
Cala del Moral *cerca de Rincón de la V.* MA 100 V 17
Cala d'Or IB 105 N 39
Cala en Blanes IB 106 L 41
Cala en Bosc IB 106 M 41
Cala en Porter IB 106 M 42
Cala Ferrera IB 105 N 39
Cala Figuera IB 105 O 39
Cala Fonduco IB 106 M 42
Cala Fornells IB 104 N 37
Cala Galdana IB 106 M 41
Cala Gració IB 87 P 33
Cala Llonga *Ibiza* IB 87 P 34
Cala Mesquida *Mallorca* IB 105 M 40
Cala Mesquida *Menorca* IB 106 M 42
Cala Millor IB 105 N 40
Cala Montjoi GI 25 F 39
Cala Morell IB 106 L 41
Cala Murada IB 105 N 39
Cala Pi IB 104 N 38
Cala Puntal CS 50 K 31
Cala Rajada IB 105 M 40
Cala Sahona IB 87 P 34
Cala Sant Vicenç IB 105 M 39
Cala Sant Vicent *Localidad* IB 87 O 34
Cala Santa Galdana IB 106 M 41
Cala Santanyí IB 105 O 39
Cala Tarida IB 87 P 33
Cala Turqueta IB 106 M 41
Cala Vallgornera IB 104 N 38
Cala Vedella IB 87 P 33
Cala Vinyes IB 104 N 37
Calabardina MU 97 T 25
Calabazar (Embalse del) H 78 T 9
Calabazares H 79 S 9
Calabazas SG 31 H 17
Calabazas VA 30 H 15
Calabor ZA 28 G 9
Calaburra (Punta de) MA 100 W 16
Calaceite TE 50 I 30
Caladrones HU 22 F 31
Calaf B 37 G 34
Calafat T 51 J 32
Calafell T 37 I 34
Calafell Platja T 37 I 34
Calahonda GR 102 V 19
Calahonda MA 100 W 15
Calahorra LO 19 F 24
Calahorra (Estación de La) GR 95 U 20
Calahorra (La) GR 95 U 20
Calahorra de Boedo P 17 E 16
Calalberche TO 58 L 17
Calama CC 43 K 11
Calamocha TE 48 J 26
Calamocos LE 15 E 10
Calamonte BA 67 P 10
Calanda TE 49 J 29
Calanda (Embalse de) TE 49 J 29
Calañas H 78 T 9
Calar Alto AL 95 U 22
Calar de la Santa MU 84 R 23
Calar del Mundo AB 84 Q 22
Calares (Los) CR 71 Q 21
Calasanz HU 22 F 31
Calasparra MU 84 R 24
Calasparra (Estación de) MU 84 R 24
Calatañazor SO 33 G 21
Calatayud Z 34 H 25
Calatorao Z 34 H 25
Calatrava (Campo de) CR 70 P 18
Calatrava (Puerto de) CR 70 P 18
Calatraveño (Puerto) CO 81 R 15
Calaveruela CO 80 R 13
Calbinyà L 23 E 34
Calcena Z 34 H 24
Caldas (Las) O 5 C 12
Caldas de Besaya (Las) S 7 C 17
Caldas de Luna LE 15 D 12
Caldas de Reis PO 12 E 4
Calde LU 3 D 7
Caldearenas HU 21 E 28
Caldebarcos C 12 D 2
Caldelas PO 12 F 4
Caldera CO 93 T 17
Caldereta *Fuerteventura* GC 111 I 2
Calderín (El) TO 70 O 18
Calderón V 61 L 26
Calderones (Los) MU 85 S 25
Calders B 38 G 35
Calderuela SO 33 G 23
Caldes de Boí L 22 E 32
Caldes de Malavella GI 25 G 38
Caldes de Montbui B 38 H 36
Caldes d'Estrac B 38 H 37
Caldones O 6 B 13
Caldueño O 6 B 15
Caleao O 6 C 13
Calella B 38 H 37
Calella de Palafrugell GI 25 G 39
Calera (La) CR 71 P 20
Calera (La) H 91 U 10
Calera (La) CC 56 N 14
Calera (La) BA 67 P 10
Calera de León BA 79 R 11
Calera del Prado (La) BI 8 C 19
Calera y Chozas TO 57 M 15
Caleruega BU 32 G 19
Caleruela TO 56 M 14
Caleruela *cerca de Los Yébenes* TO 58 N 18
Caleruela (La) J 83 R 20
Cales de Mallorca IB 105 N 39
Caleta *El Hierro* TF 109 E 2
Caleta (La) GR 101 V 19
Caleta (La) *Tenerife* TF 126 C 3
Caleta (La) *Tenerife* TF 128 C 5
Caleta de Famara *Lanzarote* GC 123 E 3
Caleta de Fustes (Castillo de) *Fuerteventura* GC 111 I 3
Caleta de Vélez (La) MA 101 V 17
Caleta del Sebo *Lanzarote* GC 121 E 2
Caletas (Las) *La Palma* TF 132 D 7
Caletillas (Las) *Tenerife* TF 127 H 3
Caleyos (Los) O 6 C 13
Calicasas GR 94 U 19
Càlig CS 50 K 31
Callao Salvaje *Tenerife* TF 128 C 5
Calldetenes B 38 G 36
Callejas CU 60 N 24
Callejones *La Palma* TF 132 D 5
Callejos (Los) O 6 B 15
Callén HU 35 G 28
Calleras O 5 B 10
Calles V 61 M 27
Callezuela O 5 B 12
Callobre C 3 C 5
Callobre PO 13 D 4
Callosa de Segura A 85 R 27
Callosa d'en Sarrià A 74 Q 29
Callús B 37 G 35
Calmarza Z 48 I 24
Calnegre MU 97 T 25
Calnegre (Punta de) MU 97 T 25
Calo C 2 C 2
Calo C 12 D 4
Calobra (Sa) IB 104 M 38
Calomarde TE 48 K 25
Calonge GI 25 G 39
Calonge *Mallorca* IB 105 N 39
Calonge (El) CO 80 T 13
Calonge de Segarra B 37 G 34
Calp A 74 Q 30
Calpes (Los) CS 62 L 28
Caltojar SO 33 H 21
Calvarrasa de Abajo SA 44 J 13
Calvarrasa de Arriba SA 44 J 13
Calvera HU 22 E 31
Calvestra V 61 N 26
Calvià IB 104 N 37
Calvín Bajo TO 58 M 17
Calvo BA 79 Q 11
Calvos de Randín OR 27 G 6
Calypo TO 58 L 17
Calzada (Atayala de la) CR 70 Q 18
Calzada de Béjar (La) SA 43 K 12
Calzada de Bureba BU 18 E 20
Calzada de Calatrava CR 70 P 18
Calzada de los Molinos P 17 F 16
Calzada de Oropesa (La) TO 56 M 14
Calzada de Tera ZA 29 G 11
Calzada de Valdunciel SA 43 I 12
Calzada de Vergara AB 73 O 25
Calzada del Coto LE 16 E 14
Calzadilla CC 55 L 10
Calzadilla de la Cueza P 16 F 15
Calzadilla de los Barros BA 79 R 11
Calzadilla de los Hermanillos LE 16 E 14
Calzadilla de Tera ZA 29 G 11
Calzadilla del Campo SA 43 I 11
Camaleño S 7 C 15
Camallera GI 25 F 38
Camañas TE 48 K 26
Camarasa L 37 G 32
Camarasa (Pantà de) L 36 G 32
Camarena TO 58 L 17
Camarena (Sierra de) TE 61 L 27
Camarena de la Sierra TE 61 L 26
Camarenilla TO 58 L 17
Camarillas TE 49 K 27
Camarillas (Embalse de) AB 84 Q 25
Camarinal (Punta) CA 99 X 12
Camariñas C 2 C 2
Camariñas (Ría de) C 2 C 2
Camarles T 50 J 32
Camarma de Esteruelas M 46 K 19
Camarmeña O 6 C 15
Camarma del Caño M 46 K 19
Camarzana de Tera ZA 29 G 11
Camás O 6 B 13
Camas SE 91 T 11
Camasobres P 7 C 16
Camba OR 14 F 8
Cambados PO 12 E 3
Cambás C 3 C 6
Cambela OR 14 F 8
Cambeo OR 13 E 6
Cambil J 82 S 19
Cambre C 3 C 4
Cambre *cerca de Malpica* C 2 C 3
Cambrils L 23 F 34
Cambrils de Mar T 51 I 33
Cambrón CR 83 Q 20
Cambrón (Peña) J 83 S 20
Cambrón (Sierra del) CO 80 Q 13
Camelle C 2 C 2
Camello (Punta del) *Tenerife* TF 129 G 5
Cameno BU 18 E 20
Camino S 7 C 17
Caminomorisco CC 43 L 11
Caminreal TE 48 J 26
Camocha (La) O 6 B 13
Camocho CC 56 L 12
Camorro Alto MA 100 V 16
Camós GI 25 F 38
Camp d'Abaix V 61 M 26
Camp d'Arcís V 61 N 26
Camp de Mar IB 104 N 37
Camp de Mirra (El) A 74 P 27
Camp-redo T 50 J 31
Campalbo CU 61 M 26
Campamento AL 103 V 22
Campamento (El) CA 99 X 13
Campamento Matallana SE 80 T 13
Campana (La) CR 71 P 20
Campana (La) MU 85 Q 25
Campana (La) SE 92 T 13
Campana (Río de la) J 82 R 18
Campanario BA 68 P 13
Campanario (Embalse de) H 90 T 9
Campanas NA 11 D 25
Campanet IB 104 M 38
Campanet (Coves de) IB 104 M 38
Campanillas MA 100 V 16
Campano CA 98 W 11
Camparañón SO 33 G 22
Campaspero VA 31 H 17
Campazas LE 16 F 13
Campdevànol GI 24 F 36
Campelles GI 24 F 36
Campello (El) A 86 Q 28
Campezo VI 19 D 22
Campico de los López MU 97 T 25
Campillejo GU 46 I 20
Campillo TE 48 L 26
Campillo CR 69 P 16
Campillo (Casa Forestal del) J 83 R 22
Campillo (El) VA 30 I 14
Campillo (El) ZA 29 H 12
Campillo (El) H 79 S 10
Campillo (El) J 83 R 20
Campillo (El) SE 92 T 14
Campillo de Altobuey CU 60 N 24
Campillo de Aragón Z 48 I 24
Campillo de Aranda BU 32 H 18
Campillo de Arenas J 94 T 19
Campillo de Azaba SA 42 K 9
Campillo de Deleitosa CC 56 M 13
Campillo de Dueñas GU 48 J 24
Campillo de la Jara (El) TO 57 N 14
Campillo de la Virgen AB 72 P 24
Campillo de las Doblas AB 72 P 24
Campillo de Llerena BA 68 Q 12
Campillo de Ranas GU 46 I 20
Campillo de Salvatierra SA 43 K 12
Campillo del Negro (El) AB 73 P 24
Campillo del Río J 82 S 19
Campillos MA 93 U 15
Campillos (Río) CU 60 L 24
Campillos Paravientos CU 61 M 25
Campillos Sierra CU 60 L 24
Campino BU 17 D 18
Campins B 38 G 37
Campiña C 32 F 20
Campirme L 23 E 33
Campisábalos GU 32 I 20
Campllong GI 39 G 38
Camplongo LE 16 D 12
Campo HU 22 E 31
Campo C 2 C 3
Campo LE 6 D 13
Campo S 17 D 18
Campo (El) TE 61 L 26
Campo (El) GR 84 S 22
Campo (Los) SO 33 G 22
Campo (O) C 3 D 5
Campo Cebas GR 83 S 21
Campo da Árbore (Porto de) LU 14 D 8
Campo da Feira *Antemil* C 3 C 4
Campo de Arriba V 61 M 26
Campo de Caso O 6 C 13
Campo de Criptana CR 71 N 20
Campo de Cuéllar SG 31 I 16
Campo de la Lomba LE 15 D 12
Campo de Ledesma (El) SA 43 I 11
Campo de Peñaranda (El) SA 44 J 14
Campo de San Pedro SG 32 H 19
Campo de Villavidel LE 16 E 13
Campo del Agua LE 14 D 9
Campo del Hospital C 3 B 6
Campo Lameiro PO 12 E 4
Campo Lugar CC 68 O 12
Campo Real M 46 K 19
Campo Real (Estación de) CO 93 T 15
Campo Xestada C 3 C 4
Campoalbillo AB 73 O 25
Campobecerros OR 14 F 8
Campocámara GR 83 S 21
Campocerrado SA 43 J 11
Campofrío H 79 S 10
Campogrande de Aliste ZA 29 G 11
Campohermoso AL 103 V 23
Campolar LE 16 E 13
Campolara BU 32 F 19
Campollo S 7 C 16
Campolongo C 3 B 5
Campomanes O 5 C 12
Campomojado CR 70 O 18
Camponaraya LE 14 E 9
Campóo (Alto) S 7 C 16
Camporredondo VA 31 H 16
Camporredondo J 83 R 20
Camporredondo (Embalse de) P 17 D 15
Camporredondo de Alba P 16 D 15
Camporrélls HU 36 G 31
Camporrobles V 61 N 25
Campos TE 49 J 27
Campos *Mallorca* IB 105 N 39
Campos (Los) O 5 B 12
Campos del Río MU 85 R 25
Camposancos PO 26 G 3
Camposo LU 14 D 7
Campotéjar MU 85 R 26
Campotéjar GR 94 T 19
Camprodon GI 24 F 37
Camprovín LO 19 E 21
Camuñas TO 70 N 19
Can Amat B 38 H 35
Can Bondia B 24 F 36
Can Ferrer T 37 I 34
Can Pastilla IB 104 N 38
Can Picafort IB 105 M 39
Canabal LU 13 E 7
Canajela CC 67 O 10
Canal (La) S 7 C 18
Canal (Sa) *Ibiza* IB 87 P 34
Canal de las Bárdenas 20 E 26
Canaleja AB 72 P 22
Canaleja (La) CO 81 R 15
Canalejas LE 16 D 15
Canalejas de Peñafiel VA 31 H 17
Canalejas del Arroyo CU 47 K 22
Canales AV 44 I 15
Canales LO 18 F 20
Canales LE 15 D 12
Canales *Castelló* CS 61 M 27
Canales (Embalse) GR 94 U 19
Canales (Mirador de) GR 94 U 19
Canales de Molina GU 47 J 24
Canales del Ducado GU 47 J 22

Canaletes B 37 H 35
Canalosa (La) A 85 R 27
Canals V 74 P 28
Canar (es) IB 87 O 34
Canara MU 84 R 24
Canario (Jardín)
Gran Canaria GC 115 F 2
Cancarix AB 85 Q 25
Cancelada LU 14 D 8
Cancelada MA 100 W 14
Cances C 2 C 3
Canchera CC 43 K 10
Cancías HU 21 E 29
Canda (Portilla de la) ZA 28 F 9
Candado (El) MA 100 V 16
Candai LU 3 C 6
Candamil LU 3 B 6
Candamo O 5 B 11
Candán (Alto de) PO 13 E 5
Cándana
de Curueño (La) LE 16 D 13
Candanal O 6 B 13
Candanchú HU 21 D 28
Candanedo de Fenar LE 16 D 13
Candanosa O 4 C 9
Candás O 5 B 12
Candasnos HU 36 H 30
Candelaria Tenerife TF 127 H 3
Candelario SA 43 K 12
Candeleda AV 57 L 14
Candieira (Punta) C 3 A 5
Candil AB 85 Q 25
Candilichera SO 33 G 23
Candín LE 14 D 9
Candolias S 8 C 18
Candón H 91 T 9
Candoncillo
(Embalse de) H 91 T 9
Candor (Punta) CA 98 W 10
Cánduas C 2 C 3
Canedo C 3 C 5
Canedo LU 14 E 7
Canedo LE 14 E 9
Caneja MU 84 R 24
Canejan L 22 D 32
Canelles (Pantà de) L 36 G 31
Canena J 82 R 19
Canencia M 46 J 18
Canencia (Puerto de) M 46 J 18
Canero O 5 B 10
Canet d'Adri GI 24 F 38
Canet de Mar B 38 H 37
Canet d'en Berenguer V 62 M 29
Canet lo Roig CS 50 K 30
Canfranc HU 21 D 28
Canfranc-Estación HU 21 D 28
Cangas
cerca de Burela LU 4 B 7
Cangas
cerca de Pontón LU 13 E 7
Cangas
cerca de Vigo PO 12 F 3
Cangas de Onís O 6 B 14
Cangas del Narcea O 5 C 10
Canicosa de la Sierra BU 32 G 20
Canido PO 12 F 3
Caniles GR 95 T 21
Canillas TO 58 M 17
Canillas de Abajo SA 43 J 12
Canillas de Albaida MA 101 V 18
Canillas de Esgueva VA 31 G 17
Canizo (Alto do) OR 14 F 8
Canizo (O) OR 14 F 8
Canjáyar AL 95 U 21
Cano J 82 S 19
Canós (El) L 37 G 33
Cánovas (Las) MU 85 S 26
Cànoves B 38 G 37
Canredondo GU 47 J 22
Canseco LE 6 D 13
Cansinos
(Estación de los) CO 81 S 16
Cantacucos AB 72 P 22
Cantagallo M 46 J 18
Cantagallo SA 43 K 12
Cantal (El) MU 97 T 25
Cantal (El) AL 96 T 23
Cantal (Punta del) AL 96 U 24
Cantalapiedra SA 44 I 14
Cantalar (El) J 83 S 21
Cantalejo SG 31 I 18
Cantalgallo BA 79 R 11
Cantallops GI 25 E 38
Cantalobos HU 35 G 28
Cantalojas GU 32 I 20
Cantalpino SA 44 I 14
Cantalucía SO 32 G 21
Cantaracillo SA 44 J 14
Cantareros (Los) MU 85 S 25
Cantarranas SA 43 K 10
Cantarranas CA 99 X 12
Cantavieja TE 49 K 28
Cantera (La) SE 80 S 12
Cantera Blanca J 94 T 18
Canteras MU 97 T 26
Canteras GR 84 S 23
Canteras
(Estación de) MU 85 S 27
Cantillana SE 80 T 12
Cantimpalos SG 45 I 17
Cantiveros AV 44 J 15
Cantó (Coll del) L 23 E 33
Cantoblanco AB 73 O 26
Cantoblanco Universidad M 46 K 18
Cantón (El) MU 85 R 27
Cantonigròs B 24 F 37
Cantoña OR 13 F 6
Cantoral P 17 D 16
Cantoria AL 96 T 23
Canya (La) GI 24 F 37
Canyada (La)
cerca de Sant Vicent A 86 Q 28
Canyamars B 38 H 37
Canyamel IB 105 N 40
Canyelles B 37 I 35
Cañada
cerca de Villena A 73 P 27
Cañada (la) CU 61 N 25
Cañada (La) V 62 N 28
Cañada (Puerto) BA 79 R 11
Cañada Catena J 83 R 21
Cañada de Agra AB 84 Q 24
Cañada
de Benatanduz TE 49 K 28
Cañada
de Caballeros SE 81 S 14
Cañada
de Calatrava CR 70 P 17
Cañada
de Cañepla (La) AL 84 S 23
Cañada
de Herradón (La) AV 45 K 16
Cañada de la Cruz MU 84 R 23
Cañada de la Madera J 83 R 21
Cañada de San Urbano
(La) AL 103 V 22
Cañada
de Verich (La) TE 50 J 29
Cañada del Gamo CO 80 R 13
Cañada del Hoyo CU 60 M 24
Cañada del Provencio AB 84 Q 22
Cañada del Rabadán SE 80 T 14
Cañada del Trigo MU 85 Q 26
Cañada Juncosa AB 72 P 23
Cañada Morales J 83 R 21
Cañada Rosal SE 92 T 14
Cañada Vellida TE 49 J 27
Cañadajuncosa CU 60 N 23
Cañadas (Las) SE 79 T 10
Cañadas
(Las) Tenerife TF 128 E 4
Cañadas de Haches
de Abajo AB 72 Q 23
Cañadas de Haches
de Arriba AB 72 Q 23
Cañadas del Romero SE 80 S 12
Cañadas del Teide
(Las) Tenerife TF 127 F 3
Cañadilla (La) TE 49 J 28
Cañadillas CO 93 T 16
Cañadillas (Monte) GR 94 U 19
Cañamaque SO 33 H 23
Cañamares CU 47 K 23
Cañamares CR 71 P 21
Cañamares GU 46 I 21
Cañamero CC 68 N 13
Cañar GR 102 V 19
Cañares
(Embalse de) TO 57 M 16
Cañas LO 19 E 21
Cañavate (El) CU 60 N 23
Cañaveral CC 55 M 10
Cañaveral de Léon H 79 R 10
Cañaveralejo SE 93 U 15
Cañaveras CU 47 K 22
Cañaveruelas CU 47 K 22
Cañeda S 7 C 17
Cañete CU 60 L 25
Cañete de las Torres CO 81 S 17
Cañete la Real MA 93 V 14
Cañicera SO 32 H 20
Cañicosa SG 45 I 18
Cañigral (El) TE 61 L 25
Cañijal (Sierra de) BA 79 Q 10
Cañiza (A) PO 13 F 5
Cañizal ZA 44 I 13
Cañizar GU 46 J 20
Cañizar (El) CU 60 M 24
Cañizar de Argaño BU 17 E 18
Cañizar del Olivar TE 49 J 28
Cañizares GU 48 J 24
Cañizares CU 47 K 23
Cañizo ZA 30 G 13
Caños de Meca (Los) CA 99 X 12
Cañuelo (El) CO 94 T 17
Cañuelo (El) SE 79 T 11
Cap de Creus
(Parc natural de) GI 25 F 39
Cap d'en Font IB 106 M 42
Cap i Corp CS 63 L 30
Cap Roig A 85 S 27
Capafonts T 37 I 33
Capallón GR 95 T 21
Caparacena GR 94 U 18
Caparra
(Ruinas de) CC 56 L 11
Caparroso NA 20 E 25
Capçanes T 50 I 32
Capdepera IB 105 M 40
Capdepera
(Punta de) IB 105 M 40
Capdesaso HU 35 G 29
Capela C 3 B 5
Capella HU 22 F 31
Capellades B 37 H 35
Capeza
de Framontanos SA 29 I 10
Capileira GR 102 V 19
Capilla BA 69 P 14
Capilla (La) MU 85 Q 26
Capillas P 30 F 15
Capitán J 83 R 21
Capitán (El) AB 72 O 22
Capitán (El) MA 101 V 17
Capmany GI 25 E 38
Capocorp IB 104 N 38
Capolat B 23 F 35
Capones J 82 R 19
Caprés MU 85 R 26
Capricho (El) GR 101 V 18
Capsacosta (Coll de) GI 24 F 37
Capsec GI 24 F 37
Carabanchel M 46 K 18
Carabantes SO 33 H 24
Carabanzo O 5 C 12
Carabaña M 59 L 20
Carabias SG 32 H 19
Carabias GU 47 I 21
Caracena de Valle CU 60 L 22
Caracenilla CU 59 L 22
Caracollera
(Estación de) CR 69 P 16
Caracuel de Calatrava CR 70 P 17
Caramel AL 84 S 23
Caranca VI 18 D 20
Caranga de Abajo O 5 C 11
Carantoña C 2 C 2
Caraño LU 4 C 8
Caraquiz GU 46 J 19
Carasa S 8 B 19
Carataunas GR 102 V 19
Caravaca de la Cruz MU 84 R 24
Carazo BU 32 G 19
Carazuelo SO 33 G 23
Carbajal de Rueda LE 16 D 14
Carbajales de Alba ZA 29 H 12
Carbajalinos ZA 15 F 10
Carbajo CC 54 N 8
Carbajosa ZA 29 H 11
Carbajosa de Armuña SA 43 I 13
Carbajosa
de la Sagrada SA 43 J 13
Carballal LU 3 D 6
Carballeda OR 13 E 5
Carballeda de Avia OR 13 F 5
Carballedo PO 13 E 4
Carballedo LU 13 E 6
Carballido
cerca de Lugo LU 4 C 7
Carballido
cerca de Villalba LU 4 C 7
Carballiño (O) OR 13 E 5
Carballo O 5 C 10
Carballo C 2 C 3
Carballo LU 3 C 6
Carballo OR 13 F 6
Carbasí B 37 H 34
Carbayín O 6 B 13
Carbayo (El) O 6 C 12
Carbellino ZA 29 I 11
Carbes O 6 C 14
Carbia PO 13 D 5
Carboeiro PO 13 D 5
Carbón
Fuerteventura GC 113 G 4
Carbonera P 16 E 15
Carbonera de Frentes SO 33 G 22
Carboneras AL 103 V 24
Carboneras H 79 S 10
Carboneras (Las) BA 67 P 9
Carboneras
de Guadazaón CU 60 M 24
Carbonero Ahusín SG 45 I 17
Carbonero el Mayor SG 45 I 17
Carboneros J 82 R 19
Carcabada O 6 B 13
Carcabal GR 95 U 20
Carcaboso CC 55 L 11
Carcabuey CO 93 T 17
Carcagente / Carcaixent V 74 O 28
Carcaixent / Carcagente V 74 O 28
Cárcar NA 19 E 24
Carcastillo NA 20 E 25
Carcedo
cerca de Luarca O 5 B 10
Carcedo de Bureba BU 18 E 19
Carcedo de Burgos BU 18 F 19
Carcelén AB 73 O 26
Cárcer V 74 O 28
Carche (El) MU 85 Q 26
Cárchel J 82 T 19
Carchelejo J 94 T 19
Carchuna GR 102 V 19
Carchuna o del Llano
(Punta) GR 102 V 19
Cardaño de Abajo P 16 D 15
Cardaño de Arriba P 16 D 15
Cardedeu B 38 H 37
Cardejón SO 33 H 23
Cárdenas LO 19 E 21
Cardenchosa (La) CO 80 R 13
Cardenchosa (La) BA 80 R 13
Cardenete CU 60 M 24
Cardeña CO 81 R 17
Cardeñadijo BU 18 F 19
Cardeñajimeno BU 18 F 19
Cardeñas H 90 U 9
Cardeñosa AV 44 J 15
Cardeñosa GU 47 I 21
Cardeñosa de Volpejera P 17 F 15
Cardiel de los Montes TO 57 L 16
Cardó T 50 J 31
Cardón
Fuerteventura GC 113 F 4
Cardona B 37 G 35
Cardonal (Punta del)
Gran Canaria GC 114 C 2
Cardones
Gran Canaria GC 115 E 2
Cardós (Vall de) L 23 E 33
Cardosa (Balcón de la) S 7 C 17
Cardoso
de la Sierra (El) GU 46 I 19
Caregue L 23 E 33
Carenas Z 34 I 24
Careñes O 6 B 13
Cargadero
(El Cerro del) BU 32 G 21
Cariatiz AL 96 U 23
Caridad (La) O 4 B 9
Caridad (La) CR 70 P 18
Carija BA 67 P 10
Cariñena Z 34 H 26
Cariño C 3 A 6
Cariseda LE 15 D 10
Caritel PO 13 E 4
Carivete MU 85 S 25
Carla Alto
(Observatorio del) AL 95 U 22
Carlet V 74 O 28
Carlota (La) CO 81 S 15
Carme B 37 H 34
Carme (Museu del) CS 62 M 29
Carmen (Ermita del) SE 80 S 12
Carmen (Ermita del)
cerca de Cantavieja TE 49 K 28
Carmen (Ermita del) cerca de
Monreal del Campo TE 48 J 25
Carmena TO 57 M 16
Cármenes LE 16 D 13
Carmolí (El) MU 85 S 27
Carmona S 7 C 16
Carmona SE 92 T 13
Carmonita BA 67 O 10
Carne (Pico de la) GR 94 U 19
Carnero (Punta del) CA 99 X 13
Carneros
(Puerto de los) BA 69 O 14
Carnés C 2 C 2
Carnoedo C 3 B 5
Carnota C 12 D 2
Caro T 50 J 31
Caroch V 73 O 27
Caroi PO 13 E 4
Carolina (La) SA 44 I 14
Carolina (La) J 82 R 19
Carollo C 3 D 4
Carondio (Sierra de) O 4 C 9
Carpio VA 30 I 14
Carpio (El) CO 81 S 16
Carpio (El) H 78 S 9
Carpio
(Embalse de El) TO 57 M 16
Carpio
(Embalse de El) CO 81 S 16
Carpio de Azaba SA 42 K 10
Carpio de Tajo (El) TO 57 M 16
Carraca (La) CA 98 W 11
Carracedelo LE 14 E 9
Carracedo LE 14 E 9
Carracedo OR 13 F 5
Carracedo PO 12 E 4
Carral C 3 C 4
Carrales
(Casa Forestal de) J 83 R 21
Carrales (Puerto de) BU 17 D 18
Carramaiza GR 83 T 21
Carrandi O 6 B 14
Carranque TO 58 L 18
Carrasca (La) J 82 T 18
Carrascal SG 45 I 18
Carrascal ZA 29 H 12
Carrascal (El) T 50 J 31
Carrascal
(Puerto del) NA 20 E 25
Carrascal
de Barregas SA 43 J 12
Carrascal del Obispo SA 43 J 12
Carrascal del Río SG 31 H 18
Carrascalejo CC 57 N 14
Carrascalejo (El) BA 67 O 10
Carrascalejo
(Estación de El) BA 67 O 10
Carrascalejo
de Huebra SA 43 J 11
Carrasco (El) SA 43 I 10
Carrascosa CU 47 K 23
Carrascosa de Abajo SO 32 H 20
Carrascosa de Haro CU 60 N 22
Carrascosa de Henares GU 46 J 20
Carrascosa
de la Sierra SO 33 G 23
Carrascosa de Tajo GU 47 J 22
Carrascosa del Campo CU 59 L 21
Carrascosilla CU 59 L 22
Carrascoy MU 85 S 26
Carrasqueta
(Port de la) A 74 Q 28
Carrasquilla
(Collado de la) CU 60 L 22
Carrasquilla (La) AB 72 Q 24
Carratraca MA 100 V 15
Carrea O 5 C 11
Carreira
cerca de Ribeira C 12 E 2
Carreira cerca de Zás C 2 C 3
Carreña O 6 C 15
Carreño O 5 B 12
Carrera (La) AV 44 K 13
Carreros SA 43 J 12
Carretero (Puerto del) J 94 T 19
Carrias BU 18 E 20
Carriches TO 57 M 16
Carricola V 74 P 28
Carril PO 12 E 3
Carriles (Los) O 6 B 15
Carrió Bergondo C 3 C 5
Carrión P 17 D 16
Carrión (Ermita de) BA 66 O 8
Carrión de Calatrava CR 70 O 18
Carrión
de los Céspedes SE 91 T 11
Carrión de los Condes P 17 E 16
Carriones (Los) GR 83 S 21
Carrizal
cerca de Cistierna LE 16 D 15
Carrizal cerca
de Soto y Amío LE 15 D 12
Carrizal (El)
Gran Canaria GC 114 C 3
Carrizales (Los)
Tenerife TF 126 B 3
Carrizo de la Ribera LE 15 E 12
Carrizos (Los) SE 80 S 12
Carrizosa CR 71 P 21
Carrizosa (La) SE 93 T 15
Carro AB 72 O 22
Carroja (La) A 74 P 29
Carrova (La) T 50 J 31
Cartagena MU 97 T 27
Cartajima MA 100 W 14
Cártama MA 100 V 16
Cartaojal MA 93 U 16
Cartavio O 4 B 9
Cartaya H 90 U 8
Cartelle OR 13 F 5
Cartes S 7 C 17
Carteya-Guadarranque CA 99 X 13
Cartirana HU 21 E 28
Cartuja
(Monasterio de la) CA 98 W 11
Cartuja
de Monegros (La) HU 35 G 29
Carucedo LE 14 E 9
Carvajal MA 100 W 16
Carvajales (Los) MA 93 U 15
Cas Concos IB 105 N 39
Casa Blanca CU 60 N 22
Casa Blanca AB 72 Q 24
Casa Blanca CR 69 O 16
Casa Blanca GR 84 S 22
Casa Blanca (sa) IB 104 N 38
Casa Cañete AB 72 P 23
Casa de Campo M 46 K 18
Casa de Carta
Tenerife TF 124 H 2
Casa de la Sierra BU 18 F 20
Casa de Navamarín AB 72 P 22
Casa de Uceda GU 46 J 19
Casa de Valdepalacios CC 68 O 13
Casa del Barón
(Parador) PO 12 E 4
Casa del Egidillo CU 60 M 23
Casa del Llèo A 85 R 27
Casa Grande P 31 G 16
Casa Grande AB 72 O 24
Casa la Carriza CR 71 O 21
Casa Longa CU 59 M 22
Casa Meca MU 84 T 24
Casa Mula AL 84 S 23
Casa Nueva TO 58 M 17
Casa Nueva GR 94 U 18
Casa Nueva
de la Torrecilla J 83 Q 20
Casa Sola AB 72 Q 23
Casabermeja MA 100 V 16
Casablanca LU 4 C 7
Casablanca MU 85 R 26
Casablanca AL 84 S 23
Casablanca CA 91 V 11
Casafranca SA 43 K 12
Casaio OR 14 E 9
Casalarreina LO 18 E 21
Casalgordo TO 58 N 18
Casalonga C 12 D 4
Casanova BU 32 G 19
Casanova C 13 D 4
Casar S 7 B 17
El Casar GU 46 J 19
Casar de Cáceres CC 55 N 10
Casar de Cáceres
(Estación de) CC 55 N 10
Casar de Escalona (El) TO 57 L 16
Casar de Miajadas CC 68 O 12
Casar de Palomero CC 43 L 11
Casarabonela MA 100 V 15
Casarejo CA 91 V 11
Casarejo (El) CR 69 O 16
Casarejos SO 32 G 20
Casares MA 99 W 14
Casares
(Cueva de los) GU 47 J 23
Casares de Arbás LE 15 D 12
Casares de las Hurdes CC 43 K 11
Casariche SE 93 U 15
Casariego O 4 B 9
Casarrubios del Monte TO 58 L 17
Casarrubuelos M 58 L 18
Casas (Las) SO 33 G 22
Casas (Las) CR 70 O 18
Casas Altas V 61 L 26
Casas Bajas V 61 L 26
Casas Blancas CR 71 P 21
Casas de Belvís CC 56 M 13
Casas de Benalí (Las) V 73 O 27
Casas de Búcar TE 48 K 24
Casas de Don Antonio CC 67 O 11
Casas de Don Gómez CC 55 L 10
Casas de Don Juan GR 84 S 22
Casas de Don Pedro AB 73 O 25
Casas de Don Pedro BA 68 O 14
Casas de Esper Z 21 F 27

Casas de Eufemia *V* 61 N 26
Casas de Felipe *CC* 55 L 9
Casas de Fernando Alonso *CU* 72 N 23
Casas de Garcimolina *CU* 61 M 25
Casas de Guijarro *CU* 72 N 23
Casas de Guijarro *CU* 60 N 23
Casas de Haches (Las) *AB* 72 Q 23
Casas de Haro *CU* 72 O 23
Casas de Ibañez *A* 85 Q 26
Casas de Juan Fernández *CU* 72 N 24
Casas de Juan Gil *AB* 73 O 26
Casas de Juan Núñez *AB* 73 O 25
Casas de la Alcudilla *CO* 93 U 17
Casas de la Calera *CA* 98 W 11
Casas de la Higuera *AB* 72 Q 24
Casas de la Peña *AB* 72 O 22
Casas de Lázaro *AB* 72 P 23
Casas de los Hierros *CA* 99 X 12
Casas de los Pinos *CU* 72 N 22
Casas de los Puercos *AB* 71 O 22
Casas de Luján *CU* 59 M 21
Casas de Medina *V* 61 N 26
Casas de Millán *CC* 55 M 11
Casas de Miravete *CC* 56 M 12
Casas de Moya *V* 61 N 25
Casas de Orán *AB* 72 P 24
Casas de Penen *V* 73 N 26
Casas de Pradas *V* 61 N 25
Casas de Reina *BA* 79 R 12
Casas de Roldán *CU* 72 O 22
Casas de San Galindo *GU* 46 J 21
Casas de Santa Cruz *CU* 72 N 24
Casas de Soto *V* 73 O 26
Casas de Ves *AB* 73 O 25
Casas de Villalobillos *CO* 81 S 15
Casas de Villava Perea *CU* 59 M 21
Casas del Campillo *AB* 73 P 26
Casas del Castañar *CC* 56 L 12
Casas del Cerro *AB* 73 O 25
Casas del Collado *AB* 84 Q 23
Casas del Conde (Las) *SA* 43 K 11
Casas del Embalse de Alarcón *CU* 60 N 23
Casas del Matado *AB* 72 O 23
Casas del Monte *TO* 58 M 19
Casas del Monte *CC* 56 L 12
Casas del Monte *CR* 71 Q 20
Casas del Olmo *CU* 72 O 24
Casas del Pino *AB* 84 Q 23
Casas del Puerto *AV* 44 K 14
Casas del Puerto *AB* 72 P 23
Casas del Puerto *MU* 85 Q 26
Casas del Rey *V* 61 N 25
Casas del Río *V* 73 O 26
Casas El Pozo *TE* 61 M 27
Casas Ibáñez *AB* 73 O 25
Casas Nuevas *CU* 61 L 25
Casas Nuevas *MU* 84 S 25
Casas Nuevas *cerca de Librilla MU* 85 S 25
Casas Nuevas *cerca de Lorca MU* 84 S 24
Casas Viejas *AB* 72 P 24
Casasana *GU* 47 K 22
Casasbuenas *TO* 58 M 17
Casaseca de Campeán *ZA* 29 H 12
Casaseca de las Chanas *ZA* 29 H 12
Casasimarro *CU* 72 N 23
Casasnovas *HU* 36 G 30
Casasoá *OR* 13 F 6
Casasola *AV* 44 J 15
Casasola (Embalse) *MA* 100 V 16
Casasola de Arión *VA* 30 H 14
Casasuertes *LE* 6 C 15
Casatejada *CC* 56 M 12
Casavegas *P* 7 C 16
Casavieja *AV* 57 L 15
Casbas de Huesca *HU* 21 F 29
Cascaire *AL* 96 T 22
Cascajares *MA* 100 W 14
Cascajares de Bureba *BU* 18 D 20
Cascajares de la Sierra *BU* 32 F 19
Cascajosa *SO* 33 H 21
Cascante *NA* 34 G 24
Cascante del Río *TE* 61 L 26
Cascantes *LE* 16 D 13
Cascón de la Nava *P* 31 F 16
Cáseda *NA* 20 E 25
Caseiro *OR* 13 E 5
Caseres *T* 50 I 30
Caserío de Don Domingo *J* 83 R 22
Caserío de Embid *CU* 60 L 23
Caserío de Torrubia *J* 82 R 19
Caserío los Molinares *TE* 48 L 25
Caserío San José *SG* 31 H 18
Caserres *B* 24 F 35
Cases d'Alcanar (Les) *T* 50 K 31
Cases de Sitjar *CS* 62 L 29
Cases del Senyor (Les) *A* 85 Q 27
Casetas *Z* 34 G 26
Casica del Madroño *AB* 72 P 23
Casicas del Río Segura *J* 83 R 22
Casilla de Moya *V* 61 N 25
Casillas *AV* 45 L 16
Casillas *GU* 32 I 21
Casillas (Embalse de) *CC* 56 N 12
Casillas (Las) *GU* 47 J 23
Casillas (Las) *H* 91 U 10
Casillas (Las) *J* 82 T 17
Casillas (Las) *Gran Canaria GC* 116 C 3
Casillas de Berlanga *SO* 33 H 21
Casillas de Coria *CC* 55 M 10
Casillas de Flores *SA* 42 K 9
Casillas de Marín de Abajo *AB* 73 P 26
Casillas de Marín de Arriba *AB* 73 P 25
Casillas de Ranera *CU* 61 M 26
Casillas de Velasco *CO* 81 R 16
Casillas del Angel *Fuerteventura GC* 111 H 3
Casinos *V* 62 M 27
Casiñas (Las) *CC* 54 N 8
Casitas (Las) *Fuerteventura GC* 113 G 4
Casla *SG* 46 I 19
Casoio *OR* 14 E 9
Casomera *O* 6 C 13
Caspe *Z* 36 I 29
Caspe (Embalse de) *TE* 50 I 29
Caspueñas *GU* 46 J 21
Cassà de la Selva *GI* 25 G 38
Castadón *OR* 13 E 6
Castala *AL* 102 V 21
Castalla *A* 74 Q 27
Castanedo *S* 8 B 18
Castanesa *HU* 22 E 31
Castanyet *GI* 24 G 37
Castañar (El) *TO* 58 N 17
Castañar de Ibor *CC* 56 N 13
Castañares *BU* 18 E 19
Castañares de Rioja *LO* 18 E 21
Castañeda *S* 7 C 18
Castañeda *C* 3 D 5
Castaño *CO* 81 R 15
Castaño (El) *CA* 99 X 13
Castaño del Robledo *H* 79 S 9
Castaños (Los) *AL* 96 U 23
Castaños (Puerto de los) *CC* 55 M 10
Castañuelo *H* 79 S 10
Cástaras *GR* 102 V 20
Castejón *SO* 33 G 23
Castejón *CU* 47 K 22
Castejón *NA* 20 F 24
Castejón de Alarba *Z* 48 I 25
Castejón de Arbaniés *HU* 21 F 29
Castejón de Henares *GU* 47 J 21
Castejón de las Armas *Z* 34 I 24
Castejón de Monegros *HU* 35 H 29
Castejón de Sobrarbe *HU* 22 F 30
Castejón de Sos *HU* 22 E 31
Castejón de Tornos *TE* 48 J 25
Castejón de Valdejasa *Z* 35 G 27
Castejón del Puente *HU* 36 G 30
Castel de Cabra *TE* 49 J 27
Castelflorite *HU* 36 G 29
Castell (El) *T* 50 K 31
Castell (es) *IB* 106 M 42
Castell d'Aro *GI* 25 G 39
Castell de Cabres *CS* 50 K 30
Castell de Castells *A* 74 P 29
Castell de Ferro *GR* 102 V 19
Castell de Guadalest (El) *A* 74 P 29
Castell de l'Areny *B* 24 F 35
Castelladral *B* 37 G 35
Castellana *C* 3 C 5
Castellano *V* 61 M 27
Castellanos *LE* 16 E 14
Castellanos *CR* 71 P 19
Castellanos (Montes) *CR* 71 Q 21
Castellanos de Castro *BU* 17 F 17
Castellanos de Moriscos *SA* 44 I 13
Castellanos de Villiquera *SA* 43 I 12
Castellanos de Zapardiel *AV* 44 I 15
Castellar *TO* 59 L 19
Castellar *B* 37 G 34
Castellar (El) *TE* 49 K 27
Castellar (El) *CO* 94 T 17
Castellar (El) *Z* 34 G 26
Castellar de la Frontera *CA* 99 X 13
Castellar de la Muela *GU* 48 J 24
Castellar de la Ribera *L* 23 F 34
Castellar de N'Hug *B* 24 F 36
Castellar de Santiago *CR* 71 Q 20
Castellar de Santisteban *J* 83 R 20
Castellar de Tost *L* 23 F 34
Castellar del Riu *B* 23 F 35
Castellar del Vallès *B* 38 H 36
Castellás *L* 23 F 33
Castellbell *B* 38 H 35
Castellbisbal *B* 38 H 35
Castellbó *L* 23 E 34
Castellcir *B* 38 G 36
Castellciutat *L* 23 E 34
Castelldans *L* 36 H 32
Castelldefels *B* 38 I 35
Castellet *B* 37 I 34
Castellfollit de la Roca *GI* 24 F 37
Castellfollit de Riubregós *B* 37 G 34
Castellfollit del Boix *B* 37 G 35
Castellfort *CS* 49 K 29
Castellgalí *B* 38 G 35
Castellnou de Bages *B* 38 G 35
Castellnou de Montsec *L* 22 F 32
Castellnou de Seana *L* 37 H 32
Castellnovo *CS* 62 M 28
Castelló de Farfanya *L* 36 G 32
Castelló de la Plana / Castellón de la Plana *CS* 62 M 29
Castelló de la Ribera *V* 74 O 28
Castelló de Rugat *V* 74 P 28
Castelló d'Empúries *GI* 25 F 39
Castellolí *B* 37 H 35
Castellón de la Plana / Castelló de la Plana *CS* 62 M 29
Castellote *TE* 49 J 29
Castells *L* 23 F 33
Castellserà *L* 37 G 32
Castellterçol *B* 38 G 36
Castellvell *T* 37 I 33
Castellví de la Marca *B* 37 H 34
Castellví de Rosanes *B* 38 H 35
Castelnóu *TE* 35 I 28
Castelo *cerca de Cervo LU* 4 B 7
Castelo *cerca de Taboada LU* 13 D 6
Castelserás *TE* 49 J 29
Castelvispal *TE* 62 L 28
Castielfabib *V* 61 L 26
Castiello de Jaca *HU* 21 E 28
Castigaleu *HU* 22 F 31
Castil de Campos *CO* 94 T 17
Castil de Carrias *BU* 18 E 20
Castil de Lences *BU* 18 E 19
Castil de Peones *BU* 18 E 19
Castil de Tierra *SO* 33 H 23
Castil de Vela *P* 30 G 15
Castilblanco *BA* 69 O 14
Castilblanco de los Arroyos *SE* 79 S 12
Castildelgado *BU* 18 E 20
Castilfalé *LE* 16 F 13
Castilforte *GU* 47 K 22
Castilfrío de la Sierra *SO* 33 G 23
Castiliscar *Z* 20 E 26
Castilla (Canal de) *VA* 31 G 15
Castillazuelo *HU* 22 F 30
Castilleja de la Cuesta *SE* 91 T 11
Castilleja del Campo *SE* 91 T 11
Castilléjar *GR* 83 S 22
Castillejo *M* 58 M 18
Castillejo de Azaba *SA* 42 K 9
Castillejo de Dos Casas *SA* 42 J 9
Castillejo de Iniesta *CU* 60 N 24
Castillejo de Martín Viejo *SA* 42 J 10
Castillejo de Mesleón *SG* 32 I 19
Castillejo de Robledo *SO* 32 H 19
Castillejo de San Pedro *SO* 33 G 23
Castillejo del Romeral *CU* 60 L 22
Castillejo Sierra *CU* 47 K 23
Castillejos *MA* 100 W 15
Castillo *CC* 43 K 10
Castillo *cerca de Garbayuela BA* 69 O 15
Castillo *cerca de Monesterio BA* 79 R 11
Castillo (Puerto del) *J* 94 T 18
Castillo Albaráñez *CU* 60 L 22
Castillo de Alba (El) *ZA* 29 H 11
Castillo de Bayuela *TO* 57 L 15
Castillo de Calatrava la Nueva (Convento) *CR* 70 P 18
Castillo de Don Juan *A* 85 S 27
Castillo de Escalona *TO* 57 L 16
Castillo de Garcimuñoz *CU* 60 N 22
Castillo de Huarea (El) *GR* 102 V 20
Castillo de la Mezquita *HU* 21 F 28
Castillo de la Zuda (Parador) *T* 50 J 31
Castillo de las Guardas (El) *SE* 79 S 11
Castillo de Leres *HU* 21 E 28
Castillo de Locubín *J* 94 T 18
Castillo de Tajarja *GR* 94 U 18
Castillo de Tajo *M* 59 L 20
Castillo de Villamalefa *CS* 62 L 28
Castillo del Plá *HU* 22 F 31
Castillo del Romeral *Gran Canaria GC* 117 F 4
Castillo-Nuevo *NA* 11 D 26
Castillo-Pedroso *S* 7 C 18
Castillón *LU* 13 E 7
Castillonroy *HU* 36 G 31
Castilmimbre *GU* 47 J 21
Castilnuevo *GU* 48 J 24
Castilruiz *SO* 33 G 23
Castilsabás *HU* 21 F 29
Castilseco *LO* 18 E 21
Castiltierra *SG* 32 H 19
Castiñeira *OR* 14 F 8
Castiñeiras *C* 12 E 3
Castiñeiros *LU* 3 B 6
Castralvo *TE* 61 L 26
Castraz *SA* 43 J 10
Castrecias *BU* 17 D 17
Castrejón *VA* 30 I 14
Castrejón *TO* 57 M 16
Castrejón (Embalse de) *TO* 58 M 17
Castrejón de la Peña *P* 17 D 16
Castrelo (Estación de) *OR* 14 F 8
Castrelo de Abajo *OR* 28 G 8
Castrelo de Miño *OR* 13 F 5
Castrelo do Val *OR* 28 G 7
Castrelos *PO* 12 F 3
Castrelos *ZA* 28 G 9
Castril *GR* 83 S 21
Castrillo *BU* 32 G 19
Castrillo *S* 17 D 17
Castrillo de Cabrera *LE* 15 E 10
Castrillo de Cepeda *LE* 15 E 11
Castrillo de Don Juan *P* 31 G 17
Castrillo de Duero *VA* 31 H 17
Castrillo de la Guareña *ZA* 30 I 14
Castrillo de la Reina *BU* 32 G 20
Castrillo de la Ribera *LE* 16 E 13
Castrillo de la Valduerna *LE* 15 F 11
Castrillo de la Vega *BU* 32 H 18
Castrillo de los Polvazares *LE* 15 E 11
Castrillo de Matajudios *BU* 17 F 17
Castrillo de Murcia *BU* 17 E 17
Castrillo de Onielo *P* 31 G 17
Castrillo de Porma *LE* 16 E 13
Castrillo de Riopisuerga *BU* 17 E 17
Castrillo de Rucios *BU* 18 E 18
Castrillo de Sepúlveda *SG* 31 H 18
Castrillo de Villavega *P* 17 E 16
Castrillo del Haya *S* 17 D 17
Castrillo del Val *BU* 18 F 19
Castrillo-Tejeriego *VA* 31 G 16
Castrillón *O* 5 B 12
Castrillón *O* 4 B 9
Castriz *C* 2 C 3
Castro *C* 3 B 5
Castro *OR* 13 F 5
Castro *O* 4 C 9
Castro *Carballedo LU* 13 E 6
Castro *cerca de Lugo LU* 4 C 7
Castro *Dozón PO* 13 E 5
Castro *Pantón LU* 13 E 7
Castro (El) *LE* 14 D 8
Castro (Embalse de El) *TO* 58 M 18
Castro Caldelas *OR* 14 E 7
Castro de Alcañices *ZA* 29 H 11
Castro de Amarante *LU* 13 D 6
Castro de Filabres *AL* 96 U 22
Castro de Fuentidueña *SG* 31 H 18
Castro de Ouro *LU* 4 B 7
Castro de Rei *LU* 4 C 7
Castro del Río *CO* 81 S 16
Castro-Urdiales *S* 8 B 20
Castrobarto *BU* 8 C 19
Castrobol *VA* 16 F 14
Castrocalbón *LE* 15 F 12
Castrocontrigo *LE* 15 F 11
Castrodeza *VA* 30 H 15
Castrofuerte *LE* 16 F 13
Castrogonzalo *ZA* 30 G 13
Castrojeriz *BU* 17 F 17
Castrojimeno *SG* 31 H 18
Castromaior *LU* 4 B 7
Castromao *OR* 14 F 8
Castromembibre *VA* 30 G 14
Castromil *ZA* 28 F 9
Castromocho *P* 30 F 15
Castromonte *VA* 30 G 14
Castromudarra *LE* 16 E 14
Castroncán *LU* 14 D 7
Castronuevo *ZA* 30 G 13
Castronuevo de Esgueva *VA* 31 G 16
Castronuño *VA* 30 H 14
Castropepe *ZA* 30 G 13
Castropodame *LE* 15 E 10
Castropol *O* 4 B 8
Castroponce *VA* 16 F 14
Castroquilame *LE* 14 E 9
Castroserna de Abajo *SG* 46 I 18
Castroserracín *SG* 31 H 18
Castrotierra *cerca de la Bañeza LE* 15 F 12
Castrotierra *cerca de Sahagún LE* 16 E 14
Castrove *PO* 12 E 3
Castrovega de Valmadrigal *LE* 16 F 14
Castroverde *LU* 4 C 8
Castroverde de Campos *ZA* 30 G 14
Castroverde de Cerrato *VA* 31 G 17
Castrovido *BU* 32 F 20
Castroviejo *LO* 19 F 22
Castuera *BA* 68 P 13
Castuera (Puerto de) *BA* 68 Q 13
Catadau *V* 74 O 28
Catarroja *V* 62 N 28
Catí *CS* 50 K 30
Catllar (El) *T* 37 I 33
Catoira *PO* 12 E 3
Catral *A* 85 R 27
Cauche (Rio de) *MA* 100 V 16
Caudal (El) *SE* 92 T 12
Caudé *TE* 48 K 26
Caudete *AB* 73 P 27
Caudete de las Fuentes *V* 61 N 26
Caudiel *CS* 62 M 28
Caudilla *TO* 58 L 17
Caunedo *O* 5 C 11
Cauro *GR* 94 T 18
Cautivos (Los) *MU* 84 S 24
Cava *L* 23 F 34
Cava (La) *T* 50 J 32
Cavada (La) *S* 8 B 18
Cavalleria (Cap de) *IB* 106 L 42
Cavia *BU* 17 F 18
Caxado *C* 3 B 6
Cayes *O* 5 B 12
Cayuela *BU* 17 F 18
Cazadores *Gran Canaria GC* 117 E 3
Cazalegas *TO* 57 L 15
Cazalegas (Embalse de) *TO* 57 L 15
Cazalilla *J* 82 S 18
Cazalla de la Sierra *SE* 80 S 12
Cazalla y Constantina (Estación de) *SE* 80 S 12
Cazanuecos *LE* 15 F 12
Cazás *LU* 3 C 6
Cazo *O* 6 C 14
Cazorla *J* 83 S 21
Cazorla (Coto nacional de) *J* 83 R 21
Cazorla (Sierra de) *J* 83 R 21
Cazurra *ZA* 29 H 12
Cea *LE* 16 E 14
Cea *OR* 13 E 6
Cea *PO* 12 E 3
Ceadea *ZA* 29 G 11
Ceal *J* 83 S 20
Cebanico *LE* 16 D 14
Cebes (Cabo) *O* 4 B 9
Cebolla *TO* 57 M 16
Cebollar *H* 90 T 8
Cebolleros *BU* 18 D 19
Cebrecos *BU* 32 G 19
Cebreiro (O) *LU* 14 D 8
Cebreros *AV* 45 K 16
Cebrón *SE* 80 T 12
Cebrones del Río *LE* 15 F 12
Cecebre *C* 3 C 5
Ceceda *O* 6 B 13
Ceclavín *CC* 55 M 9
Cecos *O* 4 C 9
Cedeira *C* 3 B 5
Cedeira (Ría de) *C* 3 A 5
Cedemonio *O* 4 B 9
Cedena (Río) *TO* 57 M 16
Cedillo *CC* 54 N 7
Cedillo (Embalse de) *CC* 54 N 8
Cedillo de la Torre *SG* 32 H 19
Cedillo del Condado *TO* 58 L 18
Cedofeita *LU* 4 B 8
Cedramán *CS* 62 L 28
Cedrillas *TE* 49 K 27
Cedrón *LU* 14 D 8
Cee *C* 2 D 2
Cefiñas (Las) *H* 78 S 9
Cega *SG* 45 I 18
Cegoñal *LE* 16 D 15
Ceguilla *SG* 45 I 18
Cehegín *MU* 84 R 24
Ceinos *VA* 30 F 14
Ceja del Palancar (La) *CU* 60 L 24
Cejancas *S* 17 D 18
Cejo *H* 91 T 10
Cela *LE* 14 D 9
Cela *OR* 27 G 5
Cela *cerca de Becerreá LU* 14 D 9
Cela *cerca de Sarria LU* 14 D 7
Celada *LE* 15 E 11
Celada *S* 17 D 17
Celada (La) *CO* 93 U 17
Celada de Cea *LE* 16 E 15
Celada de la Torre *BU* 18 E 19
Celada de Roblecedo *P* 17 D 16
Celada del Camino *BU* 17 F 18
Celadas *TE* 48 K 26
Celadas (Las) *BU* 17 E 18
Celadilla *LE* 15 E 12
Celadilla del Río *P* 16 E 15
Celanova *OR* 13 F 6
Celas *C* 3 C 4
Celia (La) *MU* 85 Q 25
Celis *S* 7 C 16
Cella *TE* 48 K 26
Celladilla-Sotobrín *BU* 18 E 18
Cellera de Ter (La) *GI* 24 G 37
Cellers *L* 23 F 32
Cellórigo *LO* 18 E 20
Celorio *O* 6 B 15
Celrà *GI* 25 F 38
Celtigos *LU* 14 D 7
Cembranos *LE* 16 E 13
Cenajo *MU* 84 Q 24
Cenajo (Embalse del) *AB* 84 Q 24
Cenegro *SO* 32 H 19
Cenes de la Vega *GR* 94 U 19
Cenicero *LO* 19 E 22
Cenicientos *M* 57 L 16
Cenizas *MU* 97 T 27
Cenizate *AB* 73 O 25
Cenlle *OR* 13 E 5
Cenobio de Valerón *Gran Canaria GC* 114 D 1
Centcelles (Mausoleu de) *T* 37 I 33
Centelles *B* 38 G 36
Centenales *O* 4 C 9
Centenera *HU* 22 F 31
Centenera *GU* 46 K 20
Centenera de Andaluz *SO* 33 H 21

Centenera del Campo SO 33 H 22
Centenero HU 21 E 28
Centenillo (El) J 82 Q 18
Centinela (Mirador de la) *Tenerife* TF 128 E 5
Cepeda PO 12 F 4
Cepeda SA 43 K 11
Cepeda la Mora AV 44 K 14
Cepero (El) CR 70 O 17
Cepillo (El) AB 71 P 22
Cequeril PO 12 E 4
Cera O 5 C 10
Cerbi L 23 E 33
Cerbón SO 33 G 23
Cerca (La) BU 18 D 19
Cerca (La) *Monte* BU 18 F 19
Cercadillo GU 47 I 21
Cerceda M 45 J 18
Cerceda C 3 D 5
Cercedilla M 45 J 17
Cercio PO 13 D 5
Cercs B 24 F 35
Cerdà V 74 P 28
Cerdanya (Reserva nacional de) L 23 E 34
Cerdanyola B 38 H 36
Cerdedelo OR 14 F 7
Cerdedo PO 13 E 4
Cerdeira C 2 C 4
Cerdeira OR 13 F 6
Cerdeira (Puerto de) OR 14 E 8
Cerdido C 3 B 6
Cerdido (Estación de) C 3 B 6
Cerdigo S 8 B 20
Cereceda BU 18 D 19
Cereceda S 8 C 19
Cereceda O 6 B 14
Cereceda GU 47 K 22
Cereceda de la Sierra SA 43 K 11
Cerecedo LE 16 D 14
Cerecinos de Campos ZA 30 G 13
Cerecinos del Carrizal ZA 29 G 13
Cereixal LU 14 D 8
Cereixedo LU 14 D 9
Cereo C 2 C 3
Cerésola HU 21 E 29
Cerezal de Alba ZA 29 H 11
Cerezales del Condado LE 16 D 13
Cerezo CC 55 L 11
Cerezo de Abajo SG 46 I 19
Cerezo de Arriba SG 32 I 19
Cerezo de Mohernando GU 46 J 20
Cerezo de Riotirón BU 18 E 20
Cerezos (Los) TE 61 L 27
Cerillar (El) CA 92 V 13
Cerler HU 22 E 31
Cerler (Pico de) HU 22 E 31
Cermoño O 5 B 11
Cernadilla ZA 29 F 10
Cernadilla (Embalse de) ZA 29 G 10
Cernégula BU 18 E 19
Cerollera TE 50 J 29
Cerponzons PO 12 E 4
Cerqueda C 2 C 3
Cerrada OR 13 E 7
Cerrado de Calderon MA 100 V 16
Cerradura (La) J 82 S 19
Cerrajos MU 73 Q 25
Cerralba MA 100 V 15
Cerralbo SA 42 J 10
Cerralbos (Los) TO 57 M 16
Cerrata CR 69 P 15
Cerratón de Juarros BU 18 E 19
Cerrazo S 7 B 17
Cerredo O 15 D 10
Cerredo (Alto de) LU 4 C 8
Cerredo (Puerto de) LE 15 D 10
Cerricos (Los) AL 96 T 23
Cerrillo (El) J 83 S 20
Cerrillo (Punta del) *Gran Canaria* GC 116 B 4
Cerro GR 95 T 20
Cerro (El) SA 43 L 12
Cerro (El) BU 32 G 20
Cerro Alarcón M 45 K 17
Cerro Alberche TO 57 L 16
Cerro de Andévalo (El) H 78 S 9
Cerro del Hierro SE 80 S 13
Cerro Grande GR 95 U 21
Cerro Muriano CO 81 R 15
Cerro Perea SE 93 T 15
Cerroblanco AB 72 P 22
Cerrolobo AB 72 P 24
Cerrón GR 102 V 20
Certascan (Pico de) L 23 D 33
Cervales CC 56 N 14
Cervantes CR 71 Q 19
Cervantes LU 14 D 8
Cervatos S 17 D 17
Cervatos de la Cueza P 16 F 15
Cervela LU 14 D 7
Cervelló B 38 H 35
Cervera L 37 G 33
Cervera (La) TE 61 M 27
Cervera (Peñas de) BU 32 G 19
Cervera (Rambla de) CS 50 K 30
Cervera de Buitrago M 46 J 19
Cervera de la Cañada Z 34 H 24
Cervera de los Montes TO 57 L 15
Cervera de Pisuerga P 17 D 16
Cervera del Llano CU 60 M 22
Cervera del Maestrat CS 50 K 30
Cervera del Rincón TE 49 J 27
Cervera del Río Alhama LO 33 F 24
Cervero O 4 C 9
Cerveruela Z 34 I 26
Cervià GI 25 F 38
Cervià de les Garrigues L 37 H 32
Cervillego de la Cruz VA 44 I 15
Cerviñuelo (Casa Forestal del) CU 47 K 24
Cervo LU 4 A 7
Cesantes PO 12 F 4
César Manrique (Fundación) *Lanzarote* GC 123 E 4
Céspedes BU 18 D 19
Céspedes CO 80 S 14
Cespedosa SA 44 K 13
Cespedosa de Agadones SA 42 K 10
Cespón C 12 D 3
Cesuras C 3 C 5
Cetina Z 33 I 24
Ceutí MU 85 R 26
Cevico de la Torre P 31 G 16
Cevico Navero P 31 G 17
Cezeral de Peñahorcada SA 42 I 10
Cezura P 17 D 17
Chacín C 2 D 3
Chacón SE 80 S 12
Chacona (La) CA 98 W 11
Chacones (Los) AL 96 T 23
Chagarcía Medianero SA 44 K 13
Chaguazoso OR 14 F 8
Chaherrero AV 44 J 15
Chalamera HU 36 G 30
Chamartín AV 44 J 15
Chamorga *Tenerife* TF 125 K 1
Chamorro BA 69 O 14
Chan (A) PO 13 E 4
Chana LE 15 E 10
Chanca (La) BA 78 Q 9
Chandávila (Ermita de) BA 66 O 8
Chandrexa OR 14 F 7
Chandrexa (Embalse de) OR 14 F 7
Chano LE 14 D 9
Chantada LU 13 E 6
Chanteiro C 3 B 5
Chanza (Embalse del) H 78 T 7
Chanzas (Sierra de) GR 94 U 17
Chañe SG 31 H 16
Chaorna SO 47 I 23
Chapa PO 13 D 5
Chaparral GR 94 U 19
Chaparral (El) M 46 J 19
Chaparral (El) CA 99 X 12
Chapatales SE 91 U 12
Chapela PO 12 F 3
Chapinería M 45 K 17
Charca (La) TO 70 O 18
Charches GR 95 U 21
Charco (El) *La Palma* TF 132 C 6
Charco de los Hurones CA 99 W 13
Charco del Pino *Tenerife* TF 128 E 5
Charcofrío SE 91 T 10
Charilla J 94 T 18
Charpona TO 57 L 16
Chatún SG 31 I 16
Chauchina GR 94 U 18
Chavaga LU 14 E 7
Chavaler SO 33 G 22
Chave LU 13 D 7
Chavín LU 4 B 7
Chayofa *Tenerife* TF 128 D 5
Checa GU 48 K 24
Cheles BA 66 Q 8
Chella V 74 O 28
Chelva V 61 M 27
Chenlo PO 12 F 3
Chequilla GU 48 K 24
Chera GU 48 J 24
Chera V 61 N 27
Cherbo AL 96 U 22
Chércoles SO 33 H 23
Chercos AL 96 U 23
Chercos Viejo AL 96 U 23
Cherín GR 102 V 20
Cheste V 62 N 27
Chía HU 22 E 31
Chica Carlota (La) CO 81 S 15
Chícamo MU 85 R 26
Chiclana de la Frontera CA 98 W 11
Chiclana de Segura J 83 R 20
Chiguergue *Tenerife* TF 128 C 4
Chilches MA 101 V 17
Chilches / Xilxes CS 62 M 29
Chilladeras (Las) H 78 T 9
Chillarón de Cuenca CU 60 L 23
Chillarón del Rey GU 47 K 21
Chillón CR 69 P 15
Chilluevar J 83 R 20
Chiloeches GU 46 K 20
Chimenea (Sierra de la) BA 68 O 14
Chimeneas GR 94 U 18
Chimeneas (Las) CR 71 O 20
Chimiche *Tenerife* TF 129 F 5
Chimillas HU 21 F 28
Chimorra CO 81 R 15
Chimparra C 3 A 5
Chinar AB 73 P 26
Chinas (Las) H 79 S 9
Chinchilla de Monte Aragón AB 72 P 24
Chinchón M 59 L 19
Chinorla A 85 Q 27
Chinorlet A 85 Q 27
Chío *Tenerife* TF 128 C 4
Chipeque *Tenerife* TF 127 G 3
Chipiona CA 91 V 10
Chiprana Z 35 I 29
Chipude *La Gomera* TF 118 B 2
Chiquero (El) CR 69 O 16
Chira (Embalse de) *Gran Canaria* GC 114 D 3
Chirán AL 95 V 21
Chirigota (La) CA 92 V 12
Chirivel AL 96 T 23
Chirivel (Rambla de) AL 96 T 23
Chirlateira (Punta) C 3 B 5
Chispones (Los) AL 95 U 21
Chite GR 101 V 19
Chiva V 62 N 27
Chive (El) AL 96 U 23
Chodes Z 34 H 25
Chorillo (El) MU 84 R 24
Chorillo (El) CS 62 L 28
Chorlo BA 67 O 9
Chorreras CR 69 Q 16
Chorro (El) J 83 S 20
Chorro (El) MA 100 V 15
Chorro (Garganta del) MA 100 V 15
Chospes (Los) AB 72 P 22
Chóvar CS 62 M 29
Chozas (Lomo de las) *La Palma* TF 130 C 4
Chozas de Abajo LE 15 E 12
Chozas de Canales TO 58 L 17
Chucena H 91 T 10
Chuchurumbache *Tenerife* TF 129 F 5
Chueca TO 58 M 18
Chulilla V 61 N 27
Chulilla (Baños de) V 61 N 27
Chullera (Punta de la) CA 99 X 14
Chullo GR 95 U 20
Chumillas CU 60 M 23
Churriana MA 100 V 16
Churriana de la Vega GR 94 U 19
Ciadoncha BU 17 F 18
Ciaño O 6 C 12
Ciaurriz NA 11 D 25
Cibanal ZA 29 I 11
Cibea O 5 C 10
Cibuyo O 5 C 10
Cicero S 8 B 19
Cicujano VI 19 D 22
Cidad de Ebro BU 18 D 18
Cidad de Valdeporres BU 18 C 18
Cidones SO 33 G 22
Cielo MA 101 V 18
Ciempozuelos M 58 L 19
Cienfuegos (Puerto de) LE 14 D 9
Cierva (La) CU 60 L 24
Cierva (La) SE 92 T 12
Cíes (Islas) PO 12 F 3
Cieza MU 85 R 25
Cieza BI 7 C 17
Cifuentes LE 16 E 14
Cifuentes GU 47 J 22
Cigales VA 31 G 15
Cigudosa SO 33 G 23
Cigüenza BU 18 D 19
Ciguñuela VA 30 H 15
Cihuela SO 33 H 24
Cijara BA 69 O 14
Cijara (Embalse de) CC 69 N 15
Cijara (Reserva national de) BA 69 O 15
Cijuela GR 94 U 18
Cildoz NA 11 D 24
Cillamayor P 17 D 17
Cillán AV 44 J 15
Cillaperlata BU 18 D 19
Cillas GU 48 J 24
Cillero S 7 C 18
Cilleros CC 55 L 9
Cilleros de la Bastida SA 43 K 11
Cilleros el Hondo SA 43 J 12
Cilleruelo AB 72 P 22
Cilleruelo de Abajo BU 31 G 18
Cilleruelo de Arriba BU 32 G 19
Cilleruelo de Bezana BU 17 D 18
Cilleruelo de San Mamés SG 32 H 19
Cima da Vila LU 3 C 6
Cimada (La) MA 92 V 14
Cimanes de la Vega LE 16 F 13
Cimanes del Tejar LE 15 E 12
Cimballa Z 48 I 24
Cimbre MU 96 T 24
Cinca (Canal del) HU 21 F 28
Cinca (Río) HU 22 E 30
Cinco Casas CR 71 O 20
Cinco Casas (Colonia de) TO 70 O 19
Cinco de la Riuela (Los) SE 91 U 11
Cinco Esquinas (Castillo) J 83 S 20
Cinco Lindes BA 79 R 9
Cinco Olivas Z 35 H 28
Cinco Villas M 46 J 19
Cinco Villas (Las) Z 20 F 26
Cincovillas GU 47 I 21
Cinctorres CS 49 K 29
Cintruénigo NA 20 F 24
Ciñera LE 16 D 13
Cional ZA 29 G 10
Cipérez SA 43 J 11
Cirat CS 62 L 28
Cirauqui NA 10 D 24
Circos (Reserva nacional de los) HU 22 D 30
Cirera L 23 F 34
Ciria SO 33 H 24
Cirio LU 4 C 7
Ciriza NA 10 D 24
Ciruela SO 33 H 21
Ciruela CR 70 P 18
Ciruelas GU 46 J 20
Ciruelos SG 32 H 18
Ciruelos TO 58 M 19
Ciruelos de Cervera BU 32 G 19
Ciruelos de Coca SG 31 I 16
Ciruelos del Pinar GU 47 I 23
Cirueña LO 18 E 21
Cirueña J 82 S 19
Cirugeda TE 49 J 27
Cirujales LE 15 D 11
Ciscar HU 22 F 31
Cisla AV 44 J 14
Cisneros P 16 F 15
Cistella GI 25 F 38
Cistérniga VA 31 H 15
Cistierna LE 16 D 14
Citolero (El) CR 70 O 17
Citores BU 17 E 18
Ciudad OR 13 E 5
Ciudad de Osma SO 32 H 20
Ciudad Ducal AV 45 K 16
Ciudad Encantada(La) CU 60 L 23
Ciudad Real CR 70 P 18
Ciudad Rodrigo SA 42 K 10
Ciudadeja (Ribera de) SE 80 S 13
Ciudalcampo M 46 K 19
Ciutadella de Menorca IB 106 M 41
Ciutadilla L 37 H 33
Cívica GU 47 J 21
Civís L 23 E 34
Claras AB 84 R 23
Claravalls HU 22 F 32
Claravalls L 37 G 33
Clares GU 47 I 23
Clarés de Ribota Z 34 H 24
Clariana L 37 G 34
Clariana B 37 H 34
Claveles (Los) SE 92 T 12
Clavería CC 54 N 8
Claverol L 23 F 32
Clavijo LO 19 E 22
Clavín (El) GU 46 K 20
Clavín (Puerto del) CC 67 O 10
Clotes (Les) B 50 J 30
Clunia BU 32 G 19
Coalla O 5 B 11
Coaña O 4 B 9
Coba LU 3 C 6
Coba OR 14 F 8
Coballes O 6 C 13
Cobas OR 13 E 6
Cobatillas TE 49 J 27
Cobatillas AB 84 Q 24
Cobatillas (Las) AL 84 S 23
Cobatillas (Las) CA 99 W 12
Cóbdar AL 96 U 23
Cobeja TO 58 L 18
Cobeña M 46 K 19
Cobertelada SO 33 H 22
Cobeta GU 47 J 23
Cobisa TO 58 M 17
Cobos de Cerrato P 31 F 17
Cobos de Fuentidueña SG 31 H 18
Cobos de Segovia SG 45 J 16
Cóbreces S 7 B 17
Cobreros ZA 14 F 9
Cobres PO 12 F 4
Cobres (San Adrián de) PO 12 F 4
Cobujón (El) H 90 T 9
Coca SG 31 I 16
Coca de Alba SA 44 J 13
Cocentaina A 74 P 28
Cocoll A 74 P 29
Cocón (El) AL 96 T 24
Cocosa (La) BA 66 P 9
Coculina BU 17 E 18
Codes GU 47 I 23
Codesal ZA 29 G 10
Codeseda PO 13 E 4
Codeso C 13 D 4
Codo Z 35 H 27
Codoñera (La) TE 50 J 29
Codornillos LE 16 E 14
Codorniz SG 45 I 16
Codos Z 34 I 25
Codosera (La) BA 66 O 8
Coedo OR 13 F 6
Coelleira (Isla) LU 4 A 7
Coeo LU 4 D 7
Coeses LU 4 D 7
Cofete *Fuerteventura* GC 112 C 5
Cofiñal LE 6 C 14
Cofio (Río) M 45 K 17
Cofita HU 36 G 30
Cofrentes V 73 O 26
Cofrentes (Embalse de) AB 73 O 26
Cogeces de Iscar VA 31 H 16
Cogeces del Monte VA 31 H 17
Cogollor GU 47 J 21
Cogollos BU 18 F 18
Cogollos (Sierra de) GR 94 U 19
Cogollos de Guadix GR 95 U 20
Cogollos Vega GR 94 U 19
Cogolludo GU 46 J 20
Cogorderos LE 15 E 11
Cogul (El) L 36 H 32
Cogullada (La) V 74 O 28
Coín MA 100 W 15
Coiro PO 12 F 3
Coirós C 3 C 5
Coitelada (Punta) C 3 B 5
Cojáyar GR 102 V 20
Cojóbar BU 18 F 19
Colativí AL 103 V 23
Colera GI 25 E 39
Colgada (Laguna de la) AB 71 P 21
Colgadizos ESP 46 I 19
Colilla (La) AV 44 K 15
Colinas SE 91 U 11
Colinas (Las) M 58 L 18
Colinas de Trasmonte ZA 29 F 12
Colindres S 8 B 19
Colio S 7 C 16
Coll de Nargó L 23 F 33
Coll d'en Rabassa (es) IB 104 N 38
Collada O 6 B 13
Colladico (El) TE 48 I 26
Collado S 7 C 17
Collado CC 56 L 12
Collado (El) SO 33 G 23
Collado (El) AB 84 R 22
Collado (El) V 61 M 26
Collado de Contreras AV 44 J 15
Collado de las Carrascas AB 84 Q 22
Collado del Mirón AV 44 K 13
Collado Hermoso SG 45 I 18
Collado Mediano M 45 J 17
Collado Royo y Poviles TE 62 L 27
Collado Villalba M 45 K 18
Colladona (La) O 6 C 13
Collados TE 48 J 26
Collados CU 60 L 23
Collados (Los) AB 84 Q 23
Collarada HU 21 D 28
Collbató B 38 H 35
Colldejou T 51 I 32
Colldelrat L 37 G 33
Collegats (Congost de) L 23 F 33
Collera O 6 B 14
Collformic B 38 G 37
Collfred L 37 G 33
Collía O 6 B 14
Cólliga CU 60 L 23
Colliguilla CU 60 L 23
Colloto O 5 B 12
Collsuspina B 38 G 36
Colmenar MA 100 V 17
Colmenar (El) MA 99 W 13
Colmenar de la Sierra GU 46 I 19
Colmenar de Montemayor SA 43 K 12
Colmenar de Oreja M 59 L 19
Colmenar del Arroyo M 45 K 17
Colmenar Viejo M 46 K 18
Colmenarejo M 45 K 17
Colmenares P 17 D 16
Colodro J 82 R 17
Colombres O 7 B 16
Colomera GR 94 T 18
Colomera (Embalse de) GR 94 T 18
Colomers GI 25 F 38
Colón (Monumento a) H 90 U 9
Colonia (La) MU 85 R 25
Colonia Cinto de los Abates V 73 N 27
Colonia de la Estación SA 42 K 9
Colònia de Sant Jordi IB 105 O 38
Colònia de Sant Pere IB 105 M 39
Colonia de Santa Ana MA 93 U 15
Colonia Iberia TO 58 M 18
Colònia Rosal B 23 F 35
Colonia Santa Eulalia (La) A 73 Q 27
Coloradas (Las) *Lanzarote* GC 122 B 5
Coloradas (Punta de las) *Gran Canaria* GC 115 E 1
Colorado MU 96 T 24
Colorado BA 68 P 13
Colorado (El) CA 98 W 11
Colorado (Monte) CO 81 R 16
Colsa S 7 C 17
Columbrets (Els) CS 63 M 32
Columbrianos LE 15 E 10
Colunga O 6 B 14

Colungo HU 22 F 30
Coma (La) L 23 F 34
Coma (La) Castelló CS 62 L 29
Coma (Sa) IB 105 N 40
Coma-ruga T 37 I 34
Comaloforno (Pic de) L 22 E 32
Comares MA 101 V 17
Combarro PO 12 E 3
Combarros LE 15 E 11
Comendador (El) V 74 P 27
Comillas S 7 B 17
Comiols (Coll de) L 23 F 33
Compañía (La) SE 91 U 11
Comparada C 12 D 3
Cómpeta MA 101 V 18
Compuerto
(Embalse de) P 16 D 15
Comtat de Sant Jordi GI 25 G 39
Con O 6 C 14
Concabella L 37 G 33
Concepción
(Ermita de la) GU 48 J 24
Concepción
(Finca de la) MA 100 V 16
Concepción (La) SO 33 H 22
Concepción (La) CO 94 T 17
Concepción (La) AL 96 U 24
Concepción (Mirador de la)
La Palma TF 131 D 4
Concha BI 8 C 19
Concha GU 47 I 24
Concha (La) cerca de San Roque
de Riomeira S 8 C 18
Cónchar GR 101 V 19
Conchas
(Embalse de las) OR 27 G 6
Conchel HU 36 G 30
Concilio Z 21 F 27
Concud TE 48 K 26
Condado BU 18 D 19
Condado (El) O 6 C 13
Condado de Castilnovo SG 32 I 18
Conde (Casas del) AB 73 O 26
Conde (Sierra de) BA 67 P 11
Conde de Gondomar
(Parador) Baiona PO 12 F 3
Conde de Guadiana J 83 S 20
Condemios de Abajo GU 46 I 20
Condemios de Arriba GU 46 I 20
Condes de Alba y Aliste
(Parador) ZA 29 H 12
Condesa (La) J 82 R 18
Conejera SA 42 K 10
Conejeros TO 57 L 16
Conejeros
(Puerto de los) BA 67 O 9
Conejo (El) GR 95 T 20
Conesa T 37 H 33
Confital (Punta del)
Gran Canaria GC 115 F 1
Conforto LU 4 B 8
Confrides A 74 P 29
Congosta ZA 15 F 11
Congosto BU 17 E 17
Congosto LE 15 E 10
Congosto (El) CU 59 M 22
Congosto de Valdavia P 17 D 16
Congostrina GU 46 I 21
Conil Lanzarote GC 122 C 4
Conil de la Frontera CA 98 X 11
Conill B 37 G 34
Connio (Puerto del) O 4 C 9
Conques L 23 F 33
Conquezuela SO 47 I 22
Conquista CO 81 Q 16
Conquista de la Sierra CC 68 N 12
Conquista
del Guadiana BA 68 O 11
Consell IB 104 M 38
Consolación
(Ermita de) CR 71 P 19
Consolación
(Ermita de la) TE 50 J 29
Consolación
(Santuario) J 83 R 20
Consolación
(Santuario de la) H 90 U 8
Constantí T 37 I 33
Constantina SE 80 S 13
Constanzana AV 44 J 15
Consuegra TO 58 N 19
Contador (El) AL 96 T 22
Contamina Z 34 I 24
Contar (Sierra del) MU 97 T 25
Conti SE 91 T 11
Contienda (La) H 78 R 9
Contreras BU 32 F 19
Contreras J 82 S 18
Contreras (Embalse de) CU 61 N 25
Contreras (Venta de) CU 61 N 25
Convento
de San Clemente CC 56 N 12
Convento de San Miguel
de las Victorias CU 47 K 23
Convoy (El) AL 96 T 24
Coo S 7 C 17
Coomonte ZA 15 F 12
Copa (La) MU 84 R 25
Cope MU 97 T 25
Cope (Cabo) MU 97 T 25
Copernal GU 46 J 20
Copons B 37 H 34
Corao O 6 B 14
Coratxà CS 50 J 30
Corb (Riu) T 37 H 33
Corbalán TE 49 K 27
Corbatón TE 48 J 26
Corbelle OR 13 F 5
Corbelle LU 14 D 7
Corbera V 74 O 28
Corbera (Punta de la) LU 4 B 8
Corbera de Dalt B 38 H 35
Corbera de Llobregat B 38 H 35
Corbillos de los Oteros LE 16 E 13
Corbins L 36 G 32
Corboeira LU 4 B 7
Corça L 22 F 32
Corça GI 25 G 39
Corcho BA 68 Q 12
Corchuela TO 57 M 14
Corchuela BA 66 P 8
Corchuela (La) SE 91 U 12
Corchuelo (El) H 91 U 9
Corcoesto C 2 C 3
Córcoles GU 47 K 22
Córcoles (Río) CU 60 N 23
Córcoles (Río) AB 71 O 21
Corcolilla V 61 M 26
Corconte S 7 C 18
Corcos VA 31 G 15
Corcoya SE 93 U 15
Corcubión C 2 D 2
Cordido LU 4 B 7
Cordiñanes LE 6 C 15
Córdoba CO 81 S 15
Cordobilla CO 93 T 15
Cordobilla
(Embalse de) CO 93 U 15
Cordobilla de Lácara BA 67 O 10
Cordobillas CO 81 S 16
Cordovilla P 17 D 17
Cordovilla SA 44 J 13
Cordovilla AB 73 Q 25
Cordovilla la Real P 31 F 17
Cordovín LO 19 E 21
Corduente GU 47 J 24
Corella NA 20 F 24
Corera LO 19 E 23
Cores C 2 C 3
Coreses ZA 30 H 13
Corgo LU 4 D 7
Coria CC 55 M 10
Coria (Sierra de) CC 55 L 10
Coria del Río SE 91 U 11
Corias cerca de Cangas
de Narcea O 5 C 10
Corias cerca de Pravia O 5 B 11
Coripe SE 92 V 13
Coristanco C 2 C 3
Corme Aldea C 2 C 3
Corme-Porto C 2 C 3
Corme y Laxe (Ría de) C 2 C 3
Corna OR 13 E 5
Cornadelo
(Pico de) HU 22 E 32
Cornago LO 33 F 23
Cornalvo
(Embalse de) BA 67 P 11
Cornanda C 12 D 3
Corneda C 3 D 5
Corneira C 2 D 3
Cornejo BU 8 C 19
Cornellà de Terri GI 25 F 38
Cornellana O 5 B 11
Corniero LE 16 D 14
Cornisa
del Suroeste GC 116 C 4
Cornollo O 4 C 9
Cornón P 16 D 15
Cornoncillo P 17 D 15
Cornudella de Montsant T 37 I 32
Cornudilla BU 18 D 19
Coronada (La) CO 80 R 13
Coronada (La) BA 68 P 12
Coronas (Puerto Las) NA 11 D 26
Coronela (La) SE 92 U 14
Coroneles (Casa de los)
Fuerteventura GC 111 H 2
Coronil (El) SE 92 U 13
Corpa M 46 K 20
Corporales LO 18 E 21
Corporales LE 15 F 10
Corral de Almaguer TO 59 M 20
Corral de Ayllón SG 32 H 19
Corral de Calatrava CR 70 P 17
Corral de Cantos TO 57 N 16
Corral de Garcíñigo SA 43 K 12
Corral Rubio AB 73 P 25
Corralejo
Fuerteventura GC 111 I 1
Corralejo (El) TO 58 M 19
Corrales H 90 U 9
Corrales LE 14 E 9
Corrales (Los) SE 93 U 15
Corrales de Buelna (Los) S 7 C 17
Corrales de Duero VA 31 G 17
Corrales del Vino ZA 29 H 12
Corralín O 4 D 9
Corrals (Els) V 74 O 28
Correderas (Las) J 82 Q 19
Corredoira PO 13 E 4
Corredoiras C 3 C 5
Correpoco S 7 C 17
Corrocera LE 15 D 12
Corrochana TO 57 M 14
Corrubedo C 12 E 2
Corrubedo (Cabo de) C 12 E 2
Corte (La) H 79 S 9
Corte de Peleas BA 67 P 9
Corteconcepción H 79 S 10
Cortegada PO 13 E 5
Cortegada
cerca de Ribadavia OR 13 F 5
Cortegada cerca
de Xinzo de Limia OR 13 F 7
Cortegana H 78 S 9
Cortegana BA 67 P 10
Cortelazor H 79 S 10
Corterrangel H 79 S 10
Cortes NA 34 G 25
Cortés V 61 M 26
Cortes de Aragón TE 49 J 27
Cortes de Arenoso CS 62 L 28
Cortes de Baza GR 83 T 21
Cortes de la Frontera MA 99 W 13
Cortes de la Frontera (Reserva
nacional de) MA 99 W 13
Cortes de Pallás V 73 O 27
Cortes de Tajuña GU 47 J 22
Cortes y Graena GR 95 U 20
Cortesa (La) AB 72 P 24
Cortijillo (El) TO 70 O 18
Cortijo (El) LO 19 E 22
Cortijo (El)
Lanzarote GC 120 E 1
Cortijo de la Herrera CC 56 M 11
Cortijo de la Juliana AB 84 Q 23
Cortijo de Navarro AB 84 R 23
Cortijo Grande AL 96 U 24
Cortijo Nuevo SE 92 V 12
Cortijo Nuevo J 95 T 20
Cortijos (Los) CU 61 L 25
Cortijos
de Abajo (Los) CR 70 O 17
Cortijos
de Arriba (Los) CR 70 O 17
Cortijos Nuevos J 83 R 21
Cortijos Nuevos
de la Sierra GR 83 S 22
Cortijuelos (Los)
cerca de Andújar J 82 R 18
Cortijuelos (Los)
cerca de Martos J 82 S 17
Cortos AV 45 J 16
Cortos SO 33 G 23
Cortos de la Sierra SA 43 J 12
Corullón LE 14 E 9
Corumbel H 91 T 10
Corumbela MA 101 V 17
Coruña (A) C 3 B 4
Coruña (Ría de La) C 3 B 4
Coruña del Conde BU 32 G 19
Coruxou C 3 C 5
Corvelle LU 4 B 7
Corvera MU 85 S 26
Corvera de Asturias O 5 B 12
Corvera de Toranzo S 7 C 18
Corvillón OR 13 F 6
Corvio P 17 D 17
Corvite LU 4 C 7
Corzos OR 14 F 8
Cosa TE 48 J 26
Coscó L 37 G 33
Coscojuela HU 22 E 30
Coscojuela de Fantova HU 22 F 30
Coscollet (El) L 23 F 33
Coscullano HU 21 F 29
Coscurita SO 33 H 22
Cosgaya S 7 C 15
Cosio S 7 C 16
Coslada M 46 K 19
Cospedal LE 15 D 11
Cospeito LU 4 C 7
Cospindo C 2 C 3
Costa Ballena CA 91 V 10
Costa Blanca VC 86 R 29
Costa Blanca (Parador)
Jávea A 75 P 30
Costa Brava CT 39 H 39
Costa Brava (Parador de la)
Aiguablava GI 25 G 39
Costa Calma
Fuerteventura GC 112 E 5
Costa Daurada /
Costa Dorada CT 51 J 33
Costa de Almería AL 102 V 21
Costa de Cantabria CB 7 B 17
Costa de Canyamel IB 105 N 40
Costa de la Calma IB 104 N 37
Costa de la Luz AN 90 U 8
Costa de Madrid M 45 K 16
Costa de Maresme B 38 H 37
Costa del Azahar / Costa dels
Tarongers VC 63 M 30
Costa del Azahar
(Parador) Benicarló CS 50 K 31
Costa
del Montseny (La) B 38 G 37
Costa del Silencio
Tenerife TF 128 E 5
Costa del Sol AN 100 X 14
Costa dels Pins IB 105 N 40
Costa dels Tarongers /
Costa del Azahar VC 63 M 30
Costa Dorada /
Costa Daurada CT 51 J 33
Costa Esuri HU 90 U 7
Costa Teguise
Lanzarote GC 123 F 4
Costa Vasca PV 9 B 22
Costa Verde AS 5 B 10
Costabona GI 24 E 37
Costacabana AL 103 V 22
Costana (La) S 7 C 17
Costas de Garraf B 38 I 35
Costeán HU 22 F 30
Costitx IB 104 N 38
Costur CS 62 L 29
Cosuenda Z 34 H 26
Cota LU 3 C 6
Cotanes ZA 30 G 14
Cotefablo (Puerto de) HU 21 E 29
Cotelas OR 13 E 6
Cotiella HU 22 E 30
Cotilfar Baja GR 94 T 19
Cotillas AB 83 Q 22
Cotillas CU 60 L 24
Cotillo S 7 C 17
Cotillo (El)
Fuerteventura GC 111 G 1
Coto O 5 C 11
Coto de Bornos CA 92 V 12
Coto de Buzalén BA 67 Q 11
Coto de Puenteviejo AV 45 J 16
Coto Redondo PO 12 E 3
Cotobade PO 13 E 4
Cotorios J 83 R 21
Cotorredondo M 58 L 18
Cotos (Puerto de) ESP 45 J 18
Cotos
de Monterrey (Los) M 46 J 19
Coubet (Coll de) GI 24 F 37
Courel (Sierra del) LU 14 E 8
Couso (Alto del) OR 13 F 6
Couso (Punta de) PO 12 F 3
Couto LU 13 D 6
Couto PO 13 F 5
Couzadoiro C 3 B 6
Couzo (Punta de) C 12 E 2
Cova Santa (La) CS 62 M 28
Covacha BA 67 N 9
Covacha
(Puerto de la) CC 67 O 10
Covadonga O 6 C 14
Covalanas (Cuevas de) S 8 C 19
Covaleda SO 32 G 21
Covarrubias SO 33 H 22
Covarrubias BU 32 F 19
Covas
cerca de Carucedo OR 14 E 9
Covas
cerca de Pereiro OR 13 E 6
Covas cerca de Vivero LU 4 A 7
Covas cerca de Xinzo OR 27 G 6
Covas (As) PO 12 E 3
Covelo PO 13 F 4
Covelo (Alto de) OR 14 F 8
Coves de Vinromà (Les) CS 50 L 30
Coves dels Canelobres A 74 Q 28
Coves Noves
(Urbanització) IB 106 L 42
Covet L 23 F 33
Coveta Fumá (La) A 86 Q 28
Cox A 85 R 27
Coy MU 84 S 24
Coyote (El) AL 103 V 23
Cózar CR 71 Q 20
Cozcurrita ZA 29 H 11
Cozuelos
de Fuentidueña SG 31 H 17
Cozuelos de Ojeda P 17 D 16
Cozvíjar GR 101 V 19
Crecente PO 13 F 5
Cregenzán HU 22 F 30
Creixell T 37 I 34
Crémenes LE 16 D 14
Crende LU 4 C 8
Crendes C 3 C 5
Crespos AV 44 J 15
Cretas TE 50 J 30
Creu de Codo L 23 F 34
Creu de Perves (Coll de) L 22 E 32
Creus (Cap de) GI 25 F 39
Crevillent A 85 R 27
Criaderas (Las) SE 79 T 11
Criales BU 18 D 20
Criptana (Ermita de) CR 71 N 20
Crispinejo SE 79 T 11
Cristal L 23 F 34
Cristales (Los) H 90 T 9
Cristiano GR 101 V 18
Cristianos (Los)
Tenerife TF 128 D 5
Cristina BA 68 P 11
Cristiñade PO 12 F 4
Cristo CR 71 P 20
Cristo (Ermita del) GU 46 L 20
Cristo de la Laguna SA 43 J 11
Cristo
del Espíritu Santo CR 70 O 17
Cristóbal SA 43 K 12
Crivillén TE 49 J 28
Crivillén (Mases de) TE 49 J 28
Cruceiro OR 13 E 5
Cruceras (Las) AV 45 K 16
Crucero (El) O 5 B 10
Cruces C 3 C 5
Cruces AB 72 Q 24
Cruces CO 81 R 15
Cruces (Cuevas de las)
Gran Canaria GC 114 C 2
Cruces
(Ermita de las) BA 68 P 12
Cruces (Las) O 5 B 12
Cruceta (Puerto de) VI 10 C 22
Cruïlles GI 25 G 39
Cruz cerca de Puebla
de Almenara CU 59 M 21
Cruz (Cerro de la) MA 100 V 16
Cruz (Ermita de la) CR 70 O 17
Cruz (La) O 6 B 13
Cruz (La) CR 70 P 17
Cruz (La) CO 81 S 16
Cruz (La) GR 94 T 18
Cruz (La) J 82 R 19
Cruz (Pico de la)
La Palma TF 131 C 3
Cruz (Puerto de la) PO 12 D 4
Cruz (Sierra de la) J 82 S 19
Cruz de Alpera AB 73 P 26
Cruz de Cancela
(Puerto) LU 4 B 8
Cruz de Cofrentes
(Puerto de) V 73 N 26
Cruz de Hierro (Puerto) AV 45 J 16
Cruz de Incio LU 14 E 7
Cruz de Piedra CR 70 O 18
Cruz de Tea Tenerife TF 129 E 4
Cruz de Tejeda
Gran Canaria GC 114 D 2
Cruz del Carmen
(Mirador de) Tenerife TF 125 I 2
Cruz del Roque
Tenerife TF 129 G 4
Cruz Grande (Puerto de)
Gran Canaria GC 116 D 3
Cruz Uzano S 8 C 19
Cua O 14 D 9
Cuacos de Yuste CC 56 L 12
Cuadradillo CO 81 S 16
Cuadrado (Cerro) AB 73 P 25
Cuadramón LU 4 B 7
Cuadrón (El) M 46 J 19
Cuadros LE 16 D 13
Cuadros J 82 S 19
Cualedro OR 27 G 7
Cuarenta (Las) SE 92 T 13
Cuarte HU 21 F 28
Cuarte de Huerva Z 35 H 27
Cuartico (El) AB 72 P 23
Cuartillejo TO 58 M 18
Cuarto Pelado
(Puerto de) TE 49 K 28
Cuartón (El) CA 99 X 13
Cuatro Calzadas SA 43 J 13
Cuatro Puertas
Gran Canaria GC 117 G 3
Cuatrocorz HU 36 G 31
Cuatrovitas
(Santuario de) SE 91 U 11
Cuba (La) TE 49 K 29
Cubas AB 73 O 25
Cubas CO 81 S 16
Cubas de la Sagra M 58 L 18
Cubel Z 48 I 25
Cubelles B 37 I 35
Cubells L 37 G 32
Cubells (es) IB 87 P 33
Cubia O 5 C 11
Cubilla BU 18 D 20
Cubilla SO 32 G 21
Cubilla (Puerto de la) O 5 D 12
Cubillas GU 47 I 22
Cubillas (Embalse del) GR 94 U 18
Cubillas de Cerrato P 31 G 16
Cubillas de los Oteros LE 16 E 13
Cubillas de Rueda LE 16 E 14
Cubillas
de Santa Marta VA 31 G 16
Cubillejo de la Sierra GU 48 J 24
Cubillejo del Sitio GU 48 J 24
Cubillo P 17 D 16
Cubillo SG 45 I 18
Cubillo (El) AB 72 P 22
Cubillo (El) CU 61 L 25
Cubillo de Uceda(El) GU 46 J 19
Cubillo del Campo BU 18 F 19
Cubillos ZA 29 H 12
Cubillos BU 18 C 19
Cubillos del Rojo BU 18 D 18
Cubillos del Sil LE 15 E 10
Cubla TE 61 L 26
Cubo GR 83 S 21
Cubo de Benavente ZA 15 F 11
Cubo de Bureba BU 18 E 20
Cubo
de Don Sancho (El) SA 43 J 11
Cubo de Hogueras SO 33 G 22
Cubo de la Sierra SO 33 G 22
Cubo de la Solana SO 33 H 22
Cubo de Tierra
del Vino (El) ZA 29 I 12
Cucalón TE 48 I 26
Cucalón (Sierra de) TE 48 J 26
Cucayo S 7 C 16
Cucharal AB 72 P 23
Cucharas (Laguna de) CR 70 P 17
Cucharón MU 85 Q 25
Cuchía S 7 B 17
Cuchillo (El)
Lanzarote GC 123 D 3
Cucho BU 19 D 21
Cucos (Los) MU 97 T 25
Cudillero O 5 B 11
Cué O 7 B 15
Cuelgamures ZA 29 I 13
Cuéllar SG 31 H 17
Cuénabres LE 6 C 15
Cuenca CO 80 R 13
Cuenca CU 60 L 23
Cuenca (La) SO 33 G 21
Cuenca Alta del Manzanares
(Parque Regional) M 45 K 18
Cuenca de Campos VA 30 F 14
Cuencabuena TE 48 I 26
Cuérigo O 6 C 13
Cuerlas (Las) Z 48 J 25
Cuerva TO 58 N 17
Cuervo CR 70 Q 19
Cuervo (El) TE 61 L 26
Cuervo (El) SE 91 V 11

Cuervo
(Nacimiento del) CU 48 K 24
Cuesta LU 4 B 7
Cuesta (La) SG 45 I 18
Cuesta (La) SO 33 F 23
Cuesta (La) MA 93 U 15
Cuesta (La) BI 8 B 20
Cuesta (La) *Tenerife* TF 125 I 2
Cuesta Blanca MU 85 T 26
Cuesta de la Villa
Tenerife TF 124 F 2
Cueta (La) LE 5 C 11
Cueto BI 8 C 20
Cueto (Ermita de El) SA 43 J 12
Cueto Negro LE 15 D 12
Cueva BU 8 C 19
Cueva AL 84 S 23
Cueva (La) CU 48 K 24
Cueva (Punta de la)
Gran Canaria GC 115 G 3
Cueva de Ágreda SO 34 G 24
Cueva de Juarros BU 18 F 19
Cueva de la Mora H 79 S 9
Cueva de la Mora
(Embalse) H 78 S 9
Cueva de Las Niñas
(Embalse) GC 116 C 3
Cueva de Roa (La) BU 31 G 18
Cueva del Agua
La Palma TF 130 B 3
Cueva del Beato
(Ermita de la) GU 47 J 22
Cueva del Hierro CU 47 K 23
Cueva del Pájaro (La) AL 96 U 24
Cueva Foradada
(Embalse de) TE 49 J 27
Cuevarruz (La) V 61 M 27
Cuevas SO 32 H 20
Cuevas O 5 C 11
Cuevas (Las) A 85 Q 27
Cuevas Bajas MA 93 U 16
Cuevas de Almudén TE 49 J 27
Cuevas de Amaya BU 17 E 17
Cuevas de Ambrosio J 83 R 21
Cuevas de Cañart (Las) TE 49 J 28
Cuevas
de los Medinas (Las) AL 103 V 23
Cuevas
de los Úbedas AL 103 V 23
Cuevas
de Moreno (Las) AL 84 S 23
Cuevas de Portalrubio TE 49 J 27
Cuevas de Provanco SG 31 H 18
Cuevas de Reillo MU 85 S 26
Cuevas
de San Clemente BU 18 F 19
Cuevas
de San Marcos MA 93 U 16
Cuevas de Soria (Las) SO 33 G 22
Cuevas de Velasco CU 60 L 22
Cuevas del Almanzora AL 96 U 24
Cuevas del Becerro MA 92 V 14
Cuevas del Campo GR 95 T 21
Cuevas del Sil LE 15 D 10
Cuevas del Valle AV 57 L 14
Cuevas Labradas TE 48 K 26
Cuevas Labradas GU 47 J 23
Cuevas Minidas GU 47 J 23
Cuiña C 3 A 6
Cuiña LU 4 A 7
Culebra (Reserva nacional de la
Sierra de la) ZA 29 G 11
Culebras CU 60 L 22
Culebrón A 85 Q 27
Culebros LE 15 E 11
Culla CS 49 K 29
Cullar GR 95 T 21
Cúllar Baza GR 95 T 22
Cúllar Vega GR 94 U 18
Cullera V 74 O 29
Cullera (Far de) V 74 O 29
Culleredo C 3 C 4
Cumbre (La) CC 56 N 12
Cumbre Alta TO 57 N 15
Cumbre del Sol A 75 P 30
Cumbrecita (La)
La Palma TF 131 C 4
Cumbres de Calicanto V 62 N 28
Cumbres de En Medio H 79 R 9
Cumbres
de San Bartolomé H 79 R 9
Cumbres de Valencia V 73 P 27
Cumbres Mayores H 79 R 10
Cumplida
(Punta) *La Palma* TF 131 D 2
Cuna (Peñón de la) J 82 R 17
Cunas LE 15 F 10
Cunchillos Z 34 G 24
Cundins C 2 C 3
Cunit T 37 I 34
Cuntis PO 12 E 4
Cuñas OR 13 E 5
Cura (Casas del) M 58 L 19
Cura (El) CR 70 P 18
Cura (El) GR 83 S 22
Cura (Monestir de) IB 104 N 38
Curbe HU 35 G 29
Cures C 12 D 3
Curiel VA 31 H 17
Curillas LE 15 E 11
Curota
(Mirador de la) C 12 E 3
Currás PO 12 E 4
Currelos LU 13 D 7
Curtis *Teixeiro* C 3 C 5
Cusanca OR 13 E 5
Cutanda TE 48 J 26
Cútar MA 101 V 17
Cuzcurrita BU 32 G 19
Cuzcurrita
de Río Tirón LO 18 E 21
Cuzna CO 81 R 15

D

Dacón OR 13 E 5
Dadín OR 13 E 5
Daganzo de Arriba M 46 K 19
Daimalos MA 101 V 17
Daimiel CR 70 O 19
Daimús V 74 P 29
Dalías AL 102 V 21
Dalías (Campo de) AL 102 V 21
Dallo VI 19 D 22
Dalt (Conca de) L 23 F 32
Dama (La) *La Gomera* TF 118 B 3
Damas (Las) AV 45 K 17
Damil LU 3 C 7
Dantxarinea NA 11 C 25
Dañador J 83 Q 20
Darnius GI 25 E 38
Daró (El) GI 25 G 39
Daroca Z 48 I 25
Daroca de Rioja LO 19 E 22
Darrícal AL 102 V 20
Darro GR 95 T 20
Das GI 24 E 35
Daya Nueva A 85 R 27
Deba SS 10 C 22
Degaña O 15 D 10
Degollada
(La) *Tenerife* TF 129 G 4
Degollados
(Puerto Los) NA 20 F 24
Degrada (A) LU 14 D 9
Dehesa BA 68 P 12
Dehesa (La) CR 70 P 19
Dehesa (La) H 79 S 10
Dehesa (La) *cerca
de Casa del Pino* AB 84 Q 23
Dehesa (La) *cerca de
El Griego* AB 72 Q 23
Dehesa de Campoamor A 85 S 27
Dehesa de Montejo P 17 D 16
Dehesa de Romanos P 17 E 16
Dehesa del Horcajo TO 57 M 14
Dehesa del Moncayo
(Parque natural de la) Z 34 G 24
Dehesa Mayor SG 31 H 17
Dehesa Media Matilla BA 67 Q 9
Dehesa Nueva TO 57 M 14
Dehesas LE 14 E 9
Dehesas de Guadix GR 95 T 20
Dehesas Viejas GR 94 T 19
Dehesilla CU 47 K 22
Dehesilla (La) CU 59 M 20
Dehesón (El) TO 57 L 15
Deifontes GR 94 U 19
Deleitosa CC 56 N 13
Delgadas (Las) H 79 T 10
Delgadillo GR 95 T 20
Délika VI 18 D 21
Deltebre T 50 J 32
Demanda (Reserva nacional de la
Sierra de la) BU 18 F 20
Demúes O 6 C 15
Dena PO 12 E 3
Dénia A 75 P 30
Denúy HU 22 E 31
Derio BI 8 C 21
Derramadero AB 84 Q 23
Derramador V 61 N 26
Derrasa (La) OR 13 F 6
Desamparados (Los) CR 71 P 21
Descargamaría CC 42 L 10
Desesperada CR 82 Q 19
Desierto (El) *Tenerife* TF 129 F 5
Deskarga (Alto) SS 10 C 22
Desojo NA 19 E 23
Despeñaperros
(Desfiladero de) J 82 Q 19
Despeñaperros
(Parque natural de) J 82 Q 19
Destriana LE 15 F 11
Deva OR 13 F 5
Dévanos SO 33 G 24
Devesa LU 4 B 8
Devesa OR 13 E 5
Deveso C 3 B 6
Devesos C 3 B 6
Devotas
(Congosto de las) HU 22 E 30
Deyá IB 104 M 37
Deza SO 33 H 23
Deza (Río) PO 13 D 5
Diamondi LU 13 E 6
Diego Álvaro AV 44 J 14
Diego del Carpio AV 44 J 14
Diezma GR 94 U 20
Diezmo (Peña del) M 45 J 18
Dílar GR 94 U 19
Dima BI 9 C 21
Dios le Guarde SA 43 K 11
Dique (El) Z 36 I 29
Discatillo NA 19 E 23
Distriz LU 3 C 6
Diustes SO 33 F 22
Doade LU 14 E 7
Doade OR 13 E 5
Doade PO 13 E 5
Dobro BU 18 D 19
Doctor (Casas del) V 73 N 26
Doctor (El) CR 70 P 19
Doctoral (El)
Gran Canaria GC 117 F 4
Dodro C 12 D 3
Doiras O 4 B 9
Doiras LU 14 D 9
Doiras (Embalse de) O 4 B 9
Dólar GR 95 U 21
Dolores A 85 R 27
Dolores MU 85 S 27
Dolores (Los) MU 85 T 26
Domaio PO 12 F 3
Domeño NA 11 D 26
Domeño V 61 M 27
Dómez ZA 29 G 11
Domingo García SG 45 I 16
Domingo Pérez TO 57 M 16
Domingo Pérez GR 94 T 19
Domingos (es) IB 105 N 39
Don Álvaro BA 67 P 11
Don Benito BA 68 P 12
Don Diego GR 95 U 21
Don Gaspar de Portolá
(Parador de) *Artiés de* L 22 D 32
Don Gonzalo MU 84 S 24
Don Jaume (Ermita) A 86 Q 28
Don Jerónimo CR 71 O 20
Don Jerónimo Tapia
(Casa de) TO 70 N 18
Don Juan CR 71 O 19
Don Juan (Cueva de) V 73 O 26
Don Martín (Mirador de)
Tenerife TF 127 H 3
Don Miguel de Unamuno (Monumento a)
Fuerteventura GC 111 H 2
Don Pedro MA 99 W 14
Don Pedro
(Cabeza de) CU 60 L 24
Don Pedro (Casas de) AB 72 O 24
Don Rodrigo
(Estación de) SE 92 U 12
Donadío J 82 S 19
Donado ZA 15 F 10
Donalbai LU 3 C 6
Donamaria NA 11 C 24
Donar (La) AB 84 R 22
Donarque
(Puerto de) TE 48 K 25
Donas PO 12 F 3
Doncos LU 14 D 8
Done Bikendi Harana VI 19 D 22
Doney
de la Requejada ZA 15 F 10
Doneztebe /
Santesteban NA 11 C 24
Donhierro SG 44 I 15
Doniños C 3 B 5
Donis LU 14 D 9
Donjimeno AV 44 J 15
Donón PO 12 F 3
Donostia/
San Sebastián SS 10 C 24
Donramiro PO 13 E 5
Donvidas AV 44 I 15
Donzell L 37 G 33
Doña Aldonza
(Embalse de) J 83 S 20
Doña Ana GR 83 S 22
Doña Ana J 83 R 21
Doña Blanca CA 98 W 11
Doña Blanca de Navarra
(Castillo de) NA 20 F 25
Doña Inés MU 84 S 24
Doña Justa CR 69 P 15
Doña María BA 66 P 8
Doña María Ocaña AL 95 U 21
Doña Marina GR 95 T 20
Doña Mencía CO 93 T 16
Doña Rama CO 80 R 14
Doña Santos BU 32 G 19
Doñana MA 100 V 16
Doñana
(Parque Nacional de) H 91 V 10
Doñinos de Ledesma SA 43 I 11
Doñinos
de Salamanca SA 43 J 12
Dóriga O 5 B 11
Dormea C 3 D 5
Dornillas ZA 15 F 10
Doroño BU 19 D 21
Dorrao / Torrano NA 19 D 23
Dòrria GI 24 E 36
Dos Aguas V 73 O 27
Dos Hermanas SE 91 U 12
Dos Picos AL 95 U 21
Dos Torres CO 81 Q 15
Dos Torres
de Mercader TE 49 J 28
Dosante BU 8 C 18
Dosbarrios TO 58 M 19
Dosrius B 38 H 37
Dozón PO 13 E 5
Drach (Coves del) IB 105 N 39
Dragonte LE 14 E 9
Draguillo
(El) *Tenerife* TF 125 J 1
Driebes GU 59 L 20
Drova (La) V 74 O 29
Duañez SO 33 G 23
Dúas Igréxas PO 13 E 4
Ducs (Els) V 61 N 26
Duda (Sierra de) GR 83 S 21
Dúdar GR 94 U 19
Dueña Baja (La) SE 92 U 14
Dueñas P 31 G 16
Dueñas (Las) TE 61 L 26
Duerna LE 15 F 11
Duesaigües T 51 I 32
Dueso S 8 B 19
Dumbría C 2 C 2
Duques de Cardona
(Parador de) *Cardona* B 37 G 35
Duquesa (La) CR 70 O 19
Duquesa (La) MA 99 W 14
Durana VI 19 D 22
Duranes CR 69 P 16
Durango BI 10 C 22
Duratón SG 32 I 18
Dúrcal GR 101 V 19
Durón GU 47 K 21
Durro L 22 E 32
Duruelo SO 32 G 21
Duxame PO 13 D 5

E

Ea BI 9 B 22
Ebre (Delta de l') T 50 J 32
Ebrón V 61 L 26
Ecay /
Ekai de Lóguida NA 11 D 25
Echagüe NA 20 E 25
Echálaz NA 11 D 25
Echarren de Guirguillano *cerca de
Puente la Reina* NA 10 D 24
Echedo *El Hierro* TF 109 D 1
Écija SE 92 T 14
Edrada OR 13 F 7
Egea HU 22 E 31
Egino VI 19 D 23
Egozkue NA 11 D 25
Eguaras NA 11 D 24
Egüés NA 11 D 25
Eguílaz VI 19 D 23
Egileor VI 19 D 22
Egileta VI 19 D 22
Eibar SS 10 C 22
Eidos PO 12 F 4
Eiras OR 13 E 5
Eiras (Embalse de) PO 12 E 4
Eiré LU 13 E 7
Eirón C 2 D 3
Eivissa / Ibiza IB 87 P 34
Ejea de los Caballeros Z 20 F 26
Ejeme SA 44 J 13
Ejep HU 22 F 30
Ejido (El) TO 57 M 14
Ejido (El) AL 102 V 21
Ejulve TE 49 J 28
Ekai de Lóguida /
Ecay NA 11 D 25
Ekain SS 10 C 23
Elantxobe BI 9 B 22
Elbete NA 11 C 25
Elburgo VI 19 D 22
Elche / Elx A 85 R 27
Elche de la Sierra AB 84 Q 23
Elciego VI 19 E 22
Elcóaz NA 11 D 26
Elda A 85 Q 27
Elduain SS 10 C 24
Elgeta SS 10 C 22
Elgoibar SS 10 C 22
Elgorriaga NA 11 C 24
Eliana (L') V 62 N 28
Elice (Puerto) CC 55 N 9
Elizondo NA 11 C 25
Eljas CC 55 L 9
Eller L 23 E 35
Elorregi SS 10 C 22
Elorrieta GR 94 U 19
Elorrio BI 10 C 22
Elortz / Elorz NA 11 D 25
Elorz / Elortz NA 11 D 25
Elosu VI 19 D 21
Elosua SS 10 C 22
Els Munts T 37 I 34
Els Poblets A 74 P 30
Eltzaburu NA 11 C 24
Elvillar VI 19 E 22
Elvira (Sierra) GR 94 U 18
Elviria MA 100 W 15
Elx / Elche A 85 R 27
Embid GU 48 J 24
Embid de Ariza Z 33 H 24
Embid de la Ribera Z 34 H 25
Embún HU 21 E 27
Empalme (El) H 90 U 8
Emperador (El) TO 70 O 18
Empuriabrava GI 25 F 39
Empúries GI 25 F 39
Ena HU 21 E 27
Enamorados MA 93 U 16
Encantada
(Embalse de) CO 81 S 15
Encarnación
(Ermita de La) MU 84 R 24
Encarnación (La) CR 70 O 18
Encebras A 85 Q 27
Encima-Angulo BU 8 C 20
Encina (La) SA 42 K 10
Encina (La) A 73 P 27
Encina
de San Silvestre SA 43 I 11
Encinacaida CR 57 N 15
Encinacorba Z 34 I 26
Encinar (El) M 46 K 19
Encinar
(Ermita del) CC 55 M 9
Encinar del A. M 58 L 16
Encinarejo CO 81 S 15
Encinarejo (El) J 82 R 18
Encinarejo
(Embalse del) J 82 R 18
Encinares AV 44 K 13
Encinares de Sanlúcar
la Mayor (Los) SE 91 T 11
Encinas SG 32 H 19
Encinas (Las) SE 92 T 12
Encinas (Monte) CR 82 Q 18
Encinas de Abajo SA 44 J 13
Encinas de Arriba SA 44 J 13
Encinas de Esgueva VA 31 G 17
Encinas Reales CO 93 U 16
Encinasola H 78 R 9
Encinasola de los
Comendadores SA 42 I 10
Encinedo LE 15 F 10
Encinetas MA 100 W 14
Encinilla (La) SE 92 V 12
Encinillas SG 45 I 17
Encío BU 18 E 20
Enciso LO 19 F 23
Encomienda (La)
cerca de Badajoz BA 66 P 8
Encomienda (La)
*cerca de Villanueva
de la Serena* BA 68 O 12
Endrinal SA 43 K 12
Endrinales (Los) M 46 J 18
Enériz NA 11 D 24
Enfesta C 3 D 4
Enguera V 74 P 27
Enguera (Serra de) V 73 P 27
Enguídanos CU 61 M 25
Enillas (Las) ZA 29 H 12
Enix AL 102 V 22
Enjambre (La) CR 57 N 15
Enmedio TO 70 N 18
Enmedio V 61 M 26
Enmedio S 17 D 17
Enmedio (Sierra de) AB 85 Q 25
Enol (Lago de) O 6 C 15
Ènova (L') V 74 O 28
Enroig CS 50 K 30
Entallada (La)
Fuerteventura GC 113 H 4
Enterrías S 7 C 15
Entinas (Punta) AL 102 V 21
Entis C 2 D 3
Entrago O 5 C 11
Entrala ZA 29 H 12
Entrambasaguas S 8 B 18
Entrambasmestas S 7 C 18
Entrecinsa OR 14 F 8
Entrecruces C 2 C 3
Entredicho (El) AB 84 Q 23
Entredicho (El) CO 80 R 14
Entredicho
(Embalse de) CR 69 P 15
Entredichos CU 60 M 22
Entrego (El) O 6 C 13
Entremont
(Congosto del) HU 22 F 30
Entrena LO 19 E 22
Entrepeñas
(Embalse de) GU 47 K 21
Entrepinos M 57 L 16
Entrerríos BA 68 P 12
Entrimo OR 27 G 5
Entrines (Los) BA 67 Q 9
Envernallas LU 4 D 9
Envía (Ermita de la) CU 47 K 22
Enviny L 23 E 33
Eo LU 4 B 8
Epároz NA 11 D 26
Épila Z 34 H 26
Epina *La Gomera* TF 118 B 2
Eras (Las) TE 61 L 26
Eras (Las) AB 73 O 25
Eratsun NA 10 C 24
Eraul NA 19 D 23
Erbecedo C 2 C 3
Erbedeiro LU 13 E 6
Ercina (La) LE 16 D 14
Ercina (Lago de la) O 6 C 15
Erdoitza SS 10 C 23
Ereño BI 9 B 22
Ereñozu SS 10 C 24
Eresma SG 45 J 17
Ergoien BI 9 C 21
Ería CL 15 F 12
Erias CC 43 K 10
Erice NA 11 D 24
Erice
cerca de Eguaras NA 10 D 24
Erill la Vall L 22 E 32
Erillas CO 80 R 14
Erinyà L 23 F 32
Eripol HU 22 F 30
Eripol (Collado de) HU 22 F 30
Eriste HU 22 E 31
Erjas CC 55 L 9
Erjos *Tenerife* TF 126 C 3
Erla Z 21 F 27
Ermida LU 14 E 8
Ermida (A) OR 13 E 5
Ermita T 50 J 31
Ermita (La) AL 96 T 22
Ermita (S') IB 105 N 39
Ermita de Nuestra
Santa Fátima BA 80 Q 13
Ermita Nueva J 94 T 18
Ermitas (Las) CO 81 S 15
Ermua BI 10 C 22
Eroles L 22 F 32
Erratzu NA 11 C 25
Errazkin NA 10 C 24
Errea NA 11 D 25
Errenteria SS 10 C 24
Errezil SS 10 C 23
Errigoiti BI 9 C 21

Erro NA 11 D 25
Erronkari / Roncal NA 11 D 27
Errotz NA 10 D 24
Erustes TO 57 M 16
Es Caló IB 87 P 34
Esanos S 7 C 16
Esblada T 37 H 34
Escacena del Campo H 91 T 10
Escairón LU 13 E 7
Escala (L') / La Escala GI 25 F 39
Escala (La) / Escala (L') GI 25 F 39
Escalada BU 18 D 18
Escaladei T 36 I 32
Escalante S 8 B 19
Escalar (Garganta del) HU 21 D 29
Escale (Pantá d') HU 22 E 32
Escalera GU 47 J 23
La Escaleruela TE 61 L 27
Escaleta (Punta de l') A 74 Q 29
Escaló L 23 E 33
Escalona HU 22 E 30
Escalona TO 57 L 16
Escalona (La) TF 128 E 5
Escalona del Prado SG 45 I 17
Escalonilla TO 57 M 16
Escamilla GU 47 K 22
Escandón (Puerto de) TE 61 L 27
Escañuela J 82 S 17
Escarabajosa de Cabezas SG 45 I 17
Escarabote C 12 E 3
Escariche GU 46 K 20
Escarihuela (La) MU 96 T 24
Escaro LE 6 C 14
Escarrilla HU 21 D 29
Escatrón Z 35 I 29
Escatrón (Estación de) TE 35 I 29
Esclavitud C 12 D 4
Escó Z 20 E 26
Escobar SE 91 U 11
Escobar (El) MU 85 S 26
Escobar de Campos LE 16 F 15
Escobar de Polendos SG 45 I 17
Escobedo S 7 B 18
Escober ZA 29 G 12
Escobonal (El) *Tenerife* TF 129 G 4
Escobosa SO 33 H 22
Escombreras MU 97 T 27
Escopete GU 46 K 20
Escorca IB 104 M 38
Escorial (El) M 45 K 17
Escorial (Monasterio de El) M 45 K 17
Escoriales (Los) J 82 R 18
Escorihuela TE 49 K 27
Escornabois OR 13 F 7
Escóznar GR 94 U 18
Escriche TE 49 K 27
Escrita (La) S 8 C 20
Escuadro de Sayago ZA 29 I 11
Escuaín HU 22 E 30
Escucha TE 49 J 27
Escudero V 73 P 27
Escudo (Puerto del) S 7 C 18
Escuelas (Las) J 83 S 19
Escuernavacas SA 43 J 10
Escullar AL 95 U 21
Escullos (Los) AL 103 V 23
Esculqueira OR 28 G 8
Escunhau L 22 D 32
Escuredo LE 15 D 12
Escuredo ZA 15 F 10
Escurial CC 68 O 12
Escurial de la Sierra SA 43 K 12
Escusa PO 12 E 3
Escúzar GR 94 U 18
Esdolomada HU 22 F 31
Esera HU 22 F 31
Esfiliana GR 95 U 20
Esgleieta (S') IB 104 N 37
Esgos OR 13 F 6
Esgueva BU 32 G 19
Esguevillas de Esgueva VA 31 G 16
Eskoriatza SS 10 C 22
Eslava NA 20 E 25
Esles S 8 C 18
Eslida CS 62 M 29
Esmerode C 2 C 3
Esnotz NA 11 D 25
Espà (L') B 23 F 35
Espadà CS 62 M 28
Espadaña SA 43 I 11
Espadañedo ZA 15 F 10
Espadilla CS 62 L 28
Espaén L 23 F 33
Espantaperros SE 92 U 12
Esparra (L') GI 24 G 37
Esparragal MU 85 R 26
Esparragal (Embalse del) SE 91 T 11
Esparragalejo BA 67 P 10
Esparragosa de la Serena BA 68 Q 13
Esparragosa de Lares BA 68 P 14
Esparreguera B 38 H 35
Esparreguera (Monte) CS 62 L 29
Espartal (El) M 46 J 19
Esparteros SE 92 U 13
Espartinas SE 91 T 11
Espartosa (La) MU 85 R 26
Esparza de Salazar *cerca de Ochagavía* NA 11 D 26
Espasante C 3 A 6
Espeja SA 42 K 9
Espeja de San Marcelino SO 32 G 20
Espejo VI 18 D 20
Espejo CO 81 S 16
Espejón SO 32 G 20
Espelt (L') B 37 H 34
Espelúy J 82 R 18
Espera CA 92 V 12
Esperante C 12 D 3
Esperanza (Ermita de la) CO 93 T 16
Esperanza (La) SE 92 U 14
Esperanza (La) *Tenerife* TF 124 H 2
Espés HU 22 E 31
Espiel CO 81 R 14
Espiel (Puerto de) CO 81 R 14
Espierba HU 22 E 30
Espín HU 21 E 29
Espina (Collado de) HU 22 E 31
Espina (La) O 5 B 10
Espina (La) LE 16 D 15
Espina de Tremor LE 15 D 11
Espinal / Auritzberri NA 11 D 26
Espinama S 6 C 15
Espinar (El) SG 45 J 17
Espinardo MU 85 R 26
Espinaredo O 6 C 13
Espinavell GI 24 E 37
Espinelves GI 24 G 37
Espinilla S 7 C 17
Espino (Cuesta del) CO 81 S 15
Espino (Ermita Virgen del) AV 44 J 14
Espino de la Orbada SA 44 I 13
Espino de los Doctores SA 43 I 12
Espinosa de Bricia S 17 D 18
Espinosa de Cerrato P 31 G 18
Espinosa de Cervera BU 32 G 19
Espinosa de Henares GU 46 J 20
Espinosa de la Ribera LE 15 D 12
Espinosa de los Caballeros AV 45 I 16
Espinosa de los Monteros BU 8 C 19
Espinosa de Villagonzalo P 17 E 16
Espinosa del Camino BU 18 E 20
Espinosa del Monte BU 18 E 20
Espinoso de Compludo LE 15 E 10
Espinoso del Rey TO 57 N 15
Espiñaredo C 3 B 6
Espirdo SG 45 J 17
Espíritu Santo (Ermita del) O 5 B 11
Esplegares GU 47 J 22
Espluga HU 22 E 31
Espluga Calba (L') L 37 H 33
Espluga de Francolí (L') T 37 H 33
Espluga de Serra L 22 F 32
Esplús HU 36 G 30
Espolla GI 25 E 39
Esponellà GI 25 F 38
Esporles IB 104 M 37
Esposa HU 21 E 28
Espot L 23 E 33
Espot (Portarró d') L 23 E 32
Espotz / Espoz NA 11 D 25
Espoz / Espotz NA 11 D 25
Espronceda NA 19 E 23
Espuéndolas HU 21 E 28
Espui L 23 E 32
Espunyola (L') B 23 F 35
Esquedas HU 21 F 28
Esquinazo (Puerto del) TE 49 J 27
Esquivel SE 91 T 12
Esquivias TO 58 L 18
Establés GU 47 I 23
Establiments IB 104 N 37
Estaca de Bares (Punta de la) C 3 A 6
Estacas *cerca de Cuntis* PO 12 E 4
Estacas *cerca de Ponte-Caldelas* PO 13 E 4
Estacas de Trueba (Puerto de las) BU 8 C 18
Estacio (Faro del) MU 86 S 27
Estació de Novelda (La) A 85 Q 27
Estación (La) M 45 K 18
Estación (La) M 45 K 17
Estación (La) SE 92 T 12
Estación (La) M 45 K 17
Estación (La) *cerca de Arévalo* AV 44 I 15
Estación (La) *cerca de Sanchidrián* AV 45 J 16
Estación Cártama MA 100 V 16
Estación de Agramón AB 84 Q 25
Estación de Algodor M 58 M 18
Estación de Archidona MA 93 U 16
Estación de Baeza J 82 R 19
Estación de Cabra del Santo Cristo y Alicún J 83 T 20
Estación de Huelma J 95 T 20
Estación de la Puebla de Híjar TE 35 I 28
Estación de Las Mellizas MA 100 V 15
Estación de las Minas AB 84 R 25
Estación de los Molinos M 45 J 17
Estación de Matallana LE 16 D 13
Estación de Mora de Rubielos TE 61 L 27
Estación de Obejo CO 81 R 15
Estación de Ordes C 3 C 4
Estación de Páramo LE 15 D 10
Estación de Salinas MA 93 U 17
Estación de San Roque CA 99 X 13
Estación y Pajares (La) M 45 K 17
Estada HU 22 F 30
Estadilla HU 22 F 30
Estallo HU 21 E 28
Estamariu L 23 E 34
Estana L 23 F 34
Estanca (Embalse de la) TE 49 I 29
Estany (L') B 38 G 36
Estany d'en Mas (S') IB 105 N 39
Estanyol (S') *Ibiza* IB 87 P 33
Estanyol (S') *Mallorca* IB 104 N 38
Estaña HU 22 F 31
Estaon L 23 E 33
Estaràs L 37 G 34
Estartit (L') GI 25 F 39
Estasen (L') B 23 F 35
Estats (Pico d') L 23 E 34
Estavillo VI 18 D 21
Estebanvela SG 32 H 20
Esteiro *cerca de Cedeira* C 3 B 5
Esteiro *cerca de Muros* C 12 D 3
Estelas (As) PO 12 F 3
Estella / Lizarra NA 19 D 23
Estella del Marqués CA 98 V 11
Estellencs IB 104 N 37
Estena CC 67 O 10
Estena (Río) CR 69 N 16
Estepa SE 93 U 15
Estepa de San Juan SO 33 G 23
Estépar BU 17 F 18
Estepas (Los) CO 81 S 15
Estepona MA 100 W 14
Esteras SO 33 G 23
Esteras (Puerto) SO 47 I 22
Esteras de Medinaceli SO 47 I 22
Estercuel TE 49 J 28
Esteribar NA 11 D 25
Esteros (Los) AB 71 P 22
Esterri d'Àneu L 23 E 33
Esterri de Cardós L 23 E 33
Estévez (Las) BA 67 P 10
Estibaliz VI 19 D 22
Estiche HU 36 G 30
Estivadas OR 27 F 7
Estivadas (Alto de) OR 27 F 7
Estivella V 62 M 28
Estiviel TO 58 M 17
Esto C 2 C 3
Estollo LO 19 F 21
Estopiñán HU 36 G 31
Estorninos CC 55 M 9
Estrada (A) PO 13 D 4
Estrecho (El) AL 84 S 23
Estrecho (El) *cerca de Lobosillo* MU 85 S 26
Estrecho (Mirador El) CA 99 X 13
Estrecho de San Ginés (El) *cerca de Llano del Beal* MU 85 T 27
Estrella (Castillo de la) MA 100 V 15
Estrella (La) TO 57 M 14
Estremera M 59 L 20
Estremera (Embalse de) CU 59 L 21
Estriégana GU 47 I 22
Estubeny V 74 O 28
Etayo NA 19 E 23
Eterna BU 18 E 20
Etreros SG 45 J 16
Etsain NA 11 D 25
Etxabarri Ibiña VI 19 D 21
Etxalar NA 11 C 25
Etxaleku NA 10 D 24
Etxano BI 9 C 21
Etxarri-Aranatz NA 19 D 23
Etxauri NA 10 D 24
Etxebarri BI 8 C 21
Etxebarria BI 10 C 22
Etxeberri NA 10 D 24
Etxegarate (Puerto de) SS 19 D 23
Euba BI 9 C 21
Eugenio (Casa de) AB 71 O 21
Eugi NA 11 D 25
Eulate NA 19 D 23
Eume C 3 B 5
Eume (Embalse de) C 3 B 6
Eume (Río) C 3 B 5
Europa (Picos de) O 6 C 15
Eurovillas-Las Villas M 46 K 20
Extramiana BU 18 D 20
Ézaro C 2 D 2
Ezcaray LO 18 F 20
Ezcároz / Ezkaroze NA 11 D 26
Ezkaroze / Ezcároz NA 11 D 26
Ezkio SS 10 C 23
Ezkurra NA 10 C 24
Ezprogui NA 20 E 25

F

Faba (La) LE 14 D 8
Fabara Z 36 I 30
Fabara (Estación de) Z 36 I 30
Fabares O 6 B 13
Fabero LE 15 D 10
Fábrica de Orbaitzeta NA 11 D 26
Fábrica del Pedroso SE 80 S 12
Fábricas (Las) TE 49 J 28
Fábricas de Riópar AB 84 Q 22
Facheca A 74 P 29
Facinas CA 99 X 12
Fadas (Collado de) HU 22 E 31
Fado TO 58 L 17
Fadón ZA 29 H 11
Faedo O 5 B 11
Faeira C 3 B 6
Fago HU 11 D 27
Faidella (Coll de) L 23 F 33
Faido VI 19 D 22
Fajana (Punta de la) TF 126 D 2
Fajanita (La) *Gran Canaria* GC 114 B 2
Faladoira (Sierra de) C 3 B 6
Falces NA 20 E 24
Falcones (Punta) *La Gomera* TF 118 B 3
Falgons GI 24 F 37
Falset T 51 I 32
Famara *Lanzarote* GC 123 E 3
Famorca A 74 Q 29
Fanadix A 75 Q 30
Fangar (El) T 51 J 32
Fanlo HU 22 E 29
Fanzara CS 62 L 29
Fañanás HU 21 F 29
Fao C 13 D 5
Faraján MA 99 W 14
Farallós (Isla Os) LU 4 A 7
Faramontanos de Tábara ZA 29 G 12
Faramontaos OR 13 E 6
Farasdués Z 20 F 26
Farena T 37 I 33
Fariza ZA 29 H 11
Farlete Z 35 G 28
Faro LU 4 A 7
Faro (Porto do) PO 13 E 6
Faro (Sierra del) LU 13 E 6
Farrera L 23 E 33
Fasgar LE 15 D 11
Fasnia *Tenerife* TF 129 G 4
Fastias O 5 B 10
Fataga (Barranco de) *Gran Canaria* GC 116 D 4
Fatarella (La) T 50 I 31
Fátima GR 83 S 21
Fátima (Castillo de) CA 99 V 13
Faura V 62 M 29
Faustino SE 79 S 12
Favara V 74 O 29
Favàritx (Cap de) IB 106 M 42
Faxilda (Punta) PO 12 E 3
Fayón Z 36 I 31
Fayón-Pobla de Massaluca (Estació) T 36 I 31
Fayos (Los) Z 34 G 24
Fazay LU 4 C 7
Fazouro LU 4 B 8
Féa OR 13 F 6
Feáns C 3 C 4
Feás C 3 A 6
Feás OR 13 E 5
Febró (La) T 37 I 32
Feces de Abaixo OR 28 G 7
Feixa L 23 E 33
Felanitx IB 105 N 39
Felechares LE 15 F 11
Felechas LE 16 D 14
Felechosa O 6 C 13
Felguera (La) O 6 C 13
Felgueras O 5 C 12
Felipa (La) AB 72 O 24
Felipes (Los) V 61 M 26
Felix AL 102 V 22
Félix Méndez GR 94 U 19
Felmín LE 16 D 13
Femés *Lanzarote* GC 122 B 5
Fenazar MU 85 R 26
Fene C 3 B 5
Férez AB 84 Q 23
Feria BA 67 Q 10
Feria do Monte LU 4 C 7
Ferial (Embalse de El) NA 20 F 25
Fermoselle ZA 29 I 10
Fernán Caballero CR 70 O 18
Fernán Núñez CO 81 S 15
Fernán Núñez (Estación de) CO 81 S 16
Fernán Pérez AL 103 V 23
Fernandina J 82 R 19
Fernandina (Embalse de la) J 82 R 19
Fernando de Aragón (Parador) *Sos del Rey Católico* Z 20 E 26
Ferral del Bernesga LE 16 E 13
Ferreira LU 3 D 6
Ferreira GR 95 U 20
Ferreira *Valadouro* LU 4 B 7
Ferreiras LU 14 D 8
Ferreiravella LU 4 C 8
Ferreiro C 3 D 5
Ferreiros *cerca de Baralla* LU 14 D 8
Ferreiros *cerca de Puebla de Brollón* LU 14 E 7
Ferrer (Son) IB 104 N 37
Ferreras de Abajo ZA 29 G 11
Ferreras de Arriba ZA 29 G 11
Ferreres (Aqüeducte de les) T 37 I 33
Ferreries IB 106 M 42
Ferreruela ZA 29 G 11
Ferreruela de Huerva TE 48 I 26
Ferro (Monte) PO 12 F 3
Ferrol C 3 B 5
Ferrol (Ría de) C 3 B 5
Fervenza (Embalse de) C 12 D 3
Fesnedo O 5 C 11
Figal (La) O 5 B 10
Figaredo O 5 C 12
Figaró (El) B 38 G 36
Figarol NA 20 E 25
Figols L 22 F 32
Fígols B 24 F 35
Fígols d'Organyà L 23 F 34
Figueirido PO 12 E 4
Figuera (La) T 36 I 32
Figueral (es) IB 87 O 34
Figueras O 4 B 8
Figueres GI 25 F 38
Figuerola del Camp T 37 H 33
Figuerola d'Orcau L 23 F 32
Figueroles CS 62 L 29
Figuerosa (La) L 37 G 33
Figueruela de Arriba ZA 29 G 10
Figueruela de Sayago ZA 29 I 12
Figueruelas Z 34 G 26
Filgueira LU 13 D 6
Filgueira PO 13 F 5
Filgueiras C 3 B 5
Filiel LE 15 E 11
Filipinas (Las) A 85 S 27
Finca Villapardillo CU 72 O 23
Fincas la Dehesilla y Carazo BA 66 Q 8
Fines AL 96 T 23
Finestrat A 74 Q 29
Finestrelles (Pic de) GI 24 E 36
Finisterre (Cabo) / Fisterra (Cabo) C 2 D 2
Finisterre (Embalse de) TO 58 N 19
Finolledo LE 15 E 10
Fiñana AL 95 U 21
Fiobre C 3 C 5
Fiolleda LU 14 E 7
Fión LU 13 E 7
Fíos O 6 B 14
Firgas *Gran Canaria* GC 115 E 2
Fiscal HU 21 E 29
Fisterra C 2 D 2
Fisterra (Cabo) / Finisterre (Cabo) C 2 D 2
Fistéus LU 14 E 8
Fitero NA 20 F 24
Fito (Mirador del) O 6 B 14
Fitoiro OR 14 F 7
Flaçà GI 25 F 38
Flariz OR 27 G 7
Flix T 36 I 31
Flix (Pantà de) T 36 I 31
Florderrei OR 28 G 8
Florejacs L 37 G 33
Flores de Ávila AV 44 J 14
Floresta (La) L 37 H 32
Florida (La) H 91 T 9
Florida (La) *Tenerife* TF 127 G 3
Florida de Liébana SA 43 I 12
Flumen HU 21 F 28
Fluvià (El) GI 24 F 37
Fofe PO 13 F 4
Fogars B 38 G 38
Fogars de Montclús B 38 G 37
Foia (La) A 86 R 27
Foia (La) *Castelló* CS 62 L 29
Foixà GI 25 F 38
Foldada P 17 D 16
Folgosa LU 4 D 8
Folgoso PO 13 E 4
Folgoso de la Ribera LE 15 E 11
Folgoso do Courel LU 14 E 8
Folgueiras O 4 B 8
Folgueiro LU 4 A 7
Folgueras O 5 B 11
Folgueroles B 38 G 36
Folladela C 3 D 5
Folledo LE 15 D 12
Fombellida S 17 D 17
Fombellida VA 31 G 17
Fombuena Z 48 I 26
Fompedraza VA 31 H 17
Foncastín VA 30 H 14
Foncea LO 18 E 20
Foncebadón LE 15 E 10
Fondarella L 37 H 32
Fondevila OR 27 G 5
Fondó de les Neus (El) / Hondón de las Nieves A 85 R 27
Fondón AL 102 V 21
Fondos de Vega O 15 D 10
Fonelas GR 95 T 20
Fonfría TE 48 J 26
Fonfría *cerca de Fonsagrada* LU 4 C 9
Fonfría *cerca de Triacastela* LU 14 D 8
Fonfría (Puerto de) TE 48 J 26
Fonolleres L 37 H 33

Fonollosa B 37 G 35
Fonsagrada (A) LU 4 C 8
Font Calders B 23 F 35
Font de la Figuera (Estació de la) V 73 P 27
Font de la Figuera (La) V 73 P 27
Font d'en Carròs (La) V 74 P 29
Font d'en Segures (La) CS 50 K 29
Font-Mezquitas A 86 Q 28
Font Roja (Santuari de la) A 74 Q 28
Font-rubí B 37 H 34
Fontán C 3 B 5
Fontanar GU 46 J 20
Fontanar CO 93 T 15
Fontanar J 83 S 21
Fontanarejo CR 69 O 16
Fontanars dels Alforins V 74 P 27
Fontaneira LU 4 C 8
Fontanella (Serra de la) A 74 P 27
Fontanil de los Oteros LE 16 E 13
Fontanillas de Castro ZA 29 G 12
Fontanilles GI 25 F 39
Fontanosas CR 69 P 16
Fontañera (La) CC 54 N 8
Fontcoberta GI 25 F 38
Fontdepou L 36 G 32
Fonte da Cova LE 14 F 9
Fontecha VI 18 D 20
Fontecha S 7 C 17
Fontecha P 17 D 15
Fontecha LE 15 E 12
Fontefría OR 14 F 7
Fontellas NA 20 F 25
Fontelles B 37 G 34
Fontenebro-Mirador de la Sierra (Dominio de) M 45 K 18
Fonteo LU 4 C 8
Fontibre S 7 C 17
Fontihoyuelo VA 16 F 14
Fontioso BU 32 G 18
Fontiveros AV 44 J 15
Fontllonga L 36 G 32
Fontoria LE 14 D 10
Fontoria de Cepeda LE 15 E 11
Fonts (Les) Castelló CS 63 L 30
Fontscaldes T 37 I 33
Fonz HU 22 F 30
Fonzaleche LO 18 E 20
Foradada L 37 G 33
Foradada Mallorca IB 104 M 37
Foradada (Collado de) HU 22 E 31
Foradada del Toscar HU 22 E 31
Forca L 21 D 27
Forcadas (Embalse de) C 3 B 5
Forcadela PO 12 G 3
Forcall CS 49 K 29
Forcarei PO 13 E 4
Forcat HU 22 E 32
Forcayao (Alto de) O 5 B 10
Forès T 37 H 33
Forfoleda SA 43 I 12
Forgoselo (Sierra de) C 3 B 5
Formariz ZA 29 H 11
Formentera del Segura A 85 R 27
Formentor (Cap de) IB 105 M 39
Formiche Alto TE 49 L 27
Formiche Bajo TE 61 L 27
Formiga O 21 F 29
Formigal (El) HU 21 D 28
Formigales HU 22 E 30
Formigones LE 15 D 12
Formigueiro (O) OR 14 F 8
Forna LE 14 F 10
Forna A 74 P 29
Fornalutx IB 104 M 38
Fornelas LU 14 E 7
Fornells cerca de Girona GI 25 G 38
Fornells cerca de Ribes GI 24 F 36
Fornells Menorca IB 106 L 42
Fornells (Badía de) IB 106 L 42
Fornells de Mar GI 25 G 39
Fornelos C 2 C 3
Fornelos cerca de A Garda PO 26 G 3
Fornelos cerca de Ponteareas PO 12 F 4
Fornelos de Montes PO 13 E 4
Fornes GR 101 V 18
Fornillos HU 36 G 30
Fornillos de Alba ZA 29 H 11
Fornillos de Fermoselle ZA 29 H 11
Fornis C 2 D 2
Fórnoles TE 50 J 30
Fórnols L 23 F 34
Foronda VI 19 D 21
Forriolo (Alto de) OR 13 F 6
Fortaleny V 74 O 29
Fortanete TE 49 K 28
Fortià GI 25 F 39
Fortuna MU 85 R 26
Forua BI 9 C 21
Forxa (A) A Porqueira OR 13 F 6
Forzans PO 13 E 4
Fosado HU 22 E 30
Fosca (Vall) L 23 E 32
Foxo PO 13 D 4
Foz LU 4 B 8
Foz Calanda TE 49 J 29
Foz de Biniés HU 21 E 27
Foz de Mieres (La) O 5 C 12
Fradellos ZA 29 G 11
Frades LU 14 D 7
Frades C 3 C 5
Frades de la Sierra SA 43 K 12
Fraella HU 35 G 29
Fraga HU 36 H 31
Fraga (A) OR 13 F 5
Frage (El) GR 94 T 19
Fragén HU 21 E 29
Frago (El) Z 21 F 27
Fragosa CC 43 K 11
Fraguas (Las) S 7 C 17
Fraguas (Las) SO 33 G 21
Fraile (Peña del) S 8 B 19
Fraile (Rivera del) BA 66 O 8
Frailes J 94 T 18
Frailes (Los) CR 71 O 19
Frairia LU 4 C 8
Fraja CA 99 W 12
Frameán LU 13 D 6
Franca (La) O 7 B 16
Francas (Las) SE 80 S 13
Francelos OR 13 F 5
Franceses La Palma TF 131 C 3
Francho Z 20 F 25
Francolí (El) T 37 H 33
Francos SG 32 H 19
Francos LU 14 D 8
Frandoviñez BU 17 F 18
Franqueira (A) PO 13 F 4
Franza C 3 B 5
Frasno (El) Z 34 H 25
Frasno (Puerto del) Z 34 H 25
Fraussa (Roc de) GI 24 E 38
Frayás LU 4 B 7
Frecha (La) O 5 C 12
Frechilla P 16 F 15
Frechilla SO 33 H 22
Fredes CS 50 J 30
Fregenal de la Sierra BA 79 R 10
Fregeneda (La) SA 42 J 9
Freginals T 50 J 31
Freigamuñoz (Arroyo) BA 66 Q 8
Freila GR 95 T 21
Freixeiro LU 14 E 7
Freixeiro C 2 C 3
Freixial BA 66 P 8
Freixido OR 14 E 8
Freixo C 3 B 6
Freixo LU 14 D 8
Freixo OR 13 F 6
Fréscano Z 34 G 25
Freser i Setcases (Reserva nacional de) GI 24 E 36
Fresnadillo ZA 29 H 11
Fresneda VI 18 D 20
Fresneda BU 18 F 20
Fresneda CR 82 Q 19
Fresneda (La) MA 100 V 16
Fresneda (La) TE 50 J 30
Fresneda (La) TO 57 M 15
Fresneda de Altarejos CU 60 M 23
Fresneda de Cuéllar SG 31 I 16
Fresneda de la Sierra CU 47 K 23
Fresnedelo LE 15 D 10
Fresnedilla AV 57 L 16
Fresnedilla (Casa Forestal La) J 83 R 21
Fresnedilla (La) J 83 R 21
Fresnedillas de la Oliva M 45 K 17
Fresnedo S 8 C 19
Fresnedo LE 15 D 10
Fresnedo de Valdellorma LE 16 D 14
Fresnedoso SA 43 K 12
Fresnedoso de Ibor CC 56 M 13
Fresneña BU 18 E 20
Fresnillo de las Dueñas BU 32 H 19
Fresno (El) AV 44 K 15
Fresno (El) CR 69 P 16
Fresno (El) CC 55 L 10
Fresno (Portillo de) BU 18 E 18
Fresno Alhándiga SA 43 J 13
Fresno de Cantespino SG 32 H 19
Fresno de Caracena SO 32 H 20
Fresno de la Fuente SG 32 H 19
Fresno de la Polvorosa ZA 29 F 12
Fresno de la Ribera ZA 30 H 13
Fresno de la Vega LE 16 E 13
Fresno de Riotirón BU 18 E 20
Fresno de Rodilla BU 18 E 19
Fresno de Sayago ZA 29 I 12
Fresno de Torote M 46 K 19
Fresno del Río P 16 D 15
Fresno el Viejo VA 44 I 14
Freu (Cap d'es) IB 105 M 40
Frexulfe LU 4 B 7
Frías BU 18 D 20
Frías de Albarracín TE 48 K 25
Frieira (Embalse de) OR 13 F 5
Friera LE 14 E 9
Friera de Valverde ZA 29 G 12
Frigiliana MA 101 V 18
Frio GR 93 U 17
Friol LU 3 C 6
Frixe C 2 C 2
Frollais LU 14 D 7
Frómista P 17 F 16
Fronfría ZA 29 H 11
Frontera El Hierro TF 108 C 2
Frontera (La) CU 47 K 23
Frontón LU 13 E 7
Frouxeira (Punta) C 3 B 5
Fruiz BI 9 C 21
Frula HU 35 G 28
Frumales SG 31 H 17
Fuego (Montañas del) Lanzarote GC 122 C 4
Fuejo O 5 B 12
Fuembellida GU 47 J 24
Fuen del Cepo TE 61 L 27
Fuen-Vich V 73 N 26
Fuencalderas Z 21 E 27
Fuencalenteja BU 17 E 17
Fuencaliente SO 32 G 20
Fuencaliente GR 83 S 22
Fuencaliente cerca de Bañuela CR 81 Q 17
Fuencaliente cerca de Las Peralosas CR 70 O 17
Fuencaliente (Punta de) La Palma TF 132 C 7
Fuencaliente de la Palma La Palma TF 132 C 7
Fuencaliente de Lucio BU 17 D 17
Fuencarral M 46 K 19
Fuencemillán GU 46 J 20
Fuencubierta CO 81 S 15
Fuendecampo HU 22 E 30
Fuendejalón Z 34 G 25
Fuendelada (La) TE 49 K 27
Fuendetodos Z 35 H 27
Fuenferrada TE 49 J 26
Fuengirola MA 100 W 16
Fuenlabrada M 58 L 18
Fuenlabrada AB 72 Q 23
Fuenlabrada de los Montes BA 69 O 15
Fuenllana CR 71 P 21
Fuenmayor LO 19 E 22
Fuensaldaña VA 30 G 15
Fuensalida TO 58 L 17
Fuensanta O 6 B 13
Fuensanta AB 72 O 23
Fuensanta GR 94 U 18
Fuensanta (Ermita de la) J 82 S 19
Fuensanta (Ermita de la) SE 93 U 15
Fuensanta (La) AB 72 P 23
Fuensanta (Santuario de la) MU 85 S 26
Fuensanta de Martos J 82 T 18
Fuensaúco SO 33 G 22
Fuensaviñán (La) GU 47 J 22
Fuente H 91 T 10
Fuente (La) AL 96 T 24
Fuente (Santibáñez de la) O 6 C 13
Fuente Álamo AB 73 P 25
Fuente Álamo MU 85 S 26
Fuente Álamo J 94 T 17
Fuente Alhama CO 93 T 17
Fuente Amarga AL 96 T 24
Fuente Arcada (Ermita de) CC 55 L 9
Fuente Blanca MU 85 R 26
Fuente Caldera GR 95 T 20
Fuente Camacho GR 93 U 17
Fuente Carreteros CO 80 S 14
Fuente Dé S 6 C 15
Fuente de Cantos BA 79 R 11
Fuente de la Corcha H 90 T 9
Fuente de la Torre J 83 R 20
Fuente de Pedro Naharro CU 59 M 20
Fuente de Piedra MA 93 U 15
Fuente de San Esteban (La) SA 43 J 11
Fuente de Santa Cruz SG 45 I 16
Fuente de Taif AB 84 Q 23
Fuente del Arco BA 80 R 12
Fuente del Fresno M 46 K 19
Fuente del Gallo CA 98 X 11
Fuente del Maestre BA 67 Q 10
Fuente del Pino MU 73 Q 26
Fuente del Villar CU 60 M 24
Fuente El Carnero ZA 29 I 12
Fuente el Fresno CR 70 O 18
Fuente el Olmo de Fuentidueña SG 31 H 18
Fuente el Olmo de Iscar SG 31 I 16
Fuente el Sauz AV 44 J 15
Fuente el Saz de Jarama M 46 K 19
Fuente el Sol VA 44 I 15
Fuente Encalada ZA 15 F 12
Fuente Grande GR 94 U 19
Fuente Higuera AB 84 Q 23
Fuente la Lancha CO 81 Q 14
Fuente la Reina CS 62 L 28
Fuente Librilla MU 85 S 25
Fuente Obejuna CO 80 R 13
Fuente Olmedo VA 31 I 16
Fuente Palmera CO 80 S 14
Fuente Pardiñas (Balneario de) LU 3 C 6
Fuente Pinilla J 83 R 21
Fuente Santa (Estación de) AL 95 U 22
Fuente Segura J 83 R 21
Fuente Tójar CO 94 T 17
Fuente-Urbel BU 17 E 18
Fuente Vaqueros GR 94 U 18
Fuente Victoria AL 102 V 21
Fuentealbilla AB 73 O 25
Fuentearmegil SO 32 G 20
Fuentebravía CA 98 W 11
Fuentecambrón SO 32 H 20
Fuentecantales SO 32 G 21
Fuentecantos SO 33 G 22
Fuentecén BU 31 H 18
Fuentefría (Puerto de) PO 13 F 5
Fuentegelmes SO 33 H 22
Fuenteguinaldo SA 42 K 9
Fuenteheridos H 79 S 10
Fuentelahiguera de Albatages GU 46 J 20
Fuentelapeña ZA 30 I 13
Fuentelárbol SO 33 H 21
Fuentelcarro SO 33 H 22
Fuentelcésped BU 32 H 19
Fuentelencina GU 46 K 21
Fuentelespino de Haro CU 59 M 21
Fuentelespino de Moya CU 61 M 25
Fuenteliante SA 42 J 10
Fuentelmonge SO 33 H 23
Fuentelsaz SO 33 G 22
Fuentelsaz GU 48 I 24
Fuentelviejo GU 46 K 21
Fuentemilanos SG 45 J 17
Fuentemizarra SG 32 H 19
Fuentemolinos BU 31 H 18
Fuentenebro BU 32 H 18
Fuentenovilla GU 46 K 20
Fuentepelayo SG 31 I 17
Fuentepinilla SO 33 H 21
Fuentepiñel SG 31 H 17
Hondarribia SS 10 B 24
Fuenterrabiosa BU 8 C 19
Fuenterrebollo SG 31 I 18
Fuenterroble de Salvatierra SA 43 K 12
Fuenterrobles V 61 N 25
Fuentes CU 60 M 23
Fuentes TO 57 M 14
Fuentes (Las) CR 82 Q 19
Fuentes (Las) AB 73 O 26
Fuentes (Puerto de las) AV 44 K 14
Fuentes Calientes TE 49 J 27
Fuentes Carrionas P 17 D 16
Fuentes Carrionas (Reserva nacional) P 17 D 15
Fuentes Claras TE 48 J 26
Fuentes de Ágreda SO 34 G 24
Fuentes de Andalucía SE 92 T 13
Fuentes de Año AV 44 I 15
Fuentes de Ayódar CS 62 L 28
Fuentes de Béjar SA 43 K 12
Fuentes de Carbajal LE 16 F 13
Fuentes de Cesna GR 93 U 17
Fuentes de Cuéllar SG 31 H 17
Fuentes de Ebro Z 35 H 28
Fuentes de Jiloca Z 34 I 25
Fuentes de la Alcarria GU 46 J 21
Fuentes de Léon BA 79 R 10
Fuentes de los Oteros LE 16 E 13
Fuentes de Masueco SA 42 I 10
Fuentes de Nava P 30 F 15
Fuentes de Oñoro SA 42 K 9
Fuentes de Piedralá CR 70 O 17
Fuentes de Ropel ZA 30 F 13
Fuentes de Rubielos TE 62 L 28
Fuentes de Valdepero P 31 F 16
Fuentesanta (Ermita de) CC 68 O 12
Fuentesaúco ZA 30 I 13
Fuentesaúco de Fuentidueña SG 31 H 17
Fuentesbuenas CU 60 L 22
Fuentesclaras CU 60 L 23
Fuentesecas ZA 30 H 13
Fuentesoto SG 31 H 18
Fuentespalda TE 50 J 30
Fuentespina BU 32 H 18
Fuentespreadas ZA 29 I 13
Fuentestrún SO 33 G 23
Fuentetecha SO 33 G 23
Fuentetoba SO 33 G 22
Fuentetovar SO 33 H 21
Fuentidueña SG 31 H 18
Fuentidueña CO 81 S 17
Fuentidueña de Tajo M 59 L 20
Fuerte del Rey J 82 S 18
Fuertescusa CU 47 K 23
Fueva (La) HU 22 E 30
Fuliola (La) L 37 G 33
Fulleda L 37 H 33
Fumaces (Alto de) OR 28 G 7
Funes NA 20 F 24
Furco LU 13 E 6
Fustiñana NA 20 F 25

G

Gabaldón CU 60 N 24
Gabar AL 84 S 23
Gabarda / Gavarda V 74 O 28
Gabás HU 22 E 31
Gabasa HU 22 F 31
Gabía la Chica GR 94 U 19
Gabia la Grande GR 94 U 18
Gabika BI 9 B 22
Gabiria SS 10 C 23
Gabriel Y Galán (Embalse de) CC 56 L 11
Gádor AL 103 V 22
Gaena CO 93 T 16
Gafarillos AL 96 U 23
Gaià B 38 G 35
Gaià (El) T 37 H 34
Gaianes A 74 P 28
Gaibiel CS 62 M 28
Gaintza SS 10 C 23
Gainzta NA 10 C 23
Gaioso LU 3 C 6
Gaitanejo (Embalse de) MA 100 V 15
Gaitanes (Desfiladero de los) MA 100 V 15
Gajanejos GU 46 J 21
Gajates SA 44 J 13
Galachar AL 103 V 22
Galapagar M 45 K 17
Galapagar J 82 S 18
Galapagares SO 32 H 21
Galápagos GU 46 J 19
Galarde BU 18 E 19
Galaroza H 79 S 9
Galatzó IB 104 N 37
Galbarra NA 19 D 23
Galbarros BU 18 E 19
Galbárruli LO 18 E 21
Galdakao BI 9 C 21
Galdames BI 8 C 20
Gáldar Gran Canaria GC 114 D 1
Galende ZA 14 F 10
Galera GR 83 S 22
Galera (La) T 50 J 31
Galga (La) La Palma TF 131 D 3
Galho (Cresta del) MU 85 S 26
Galilea LO 19 E 23
Galilea Mallorca IB 104 N 37
Galinduste SA 44 K 13
Galiñeiro PO 12 F 3
Galisancho SA 44 J 13
Galisteo CC 55 M 11
Galiz (Puerto de) CA 99 W 13
Galizano S 8 B 18
Galizuela BA 68 P 14
Gallardo AB 72 P 22
Gallardos (Cuesta los) J 94 T 19
Gallardos (Los) AL 96 U 24
Gallartu BI 9 C 21
Gallega (La) BU 32 G 20
Gallega (Marisma) SE 91 U 11
Gállego (Río) AR 21 E 29
Gallegos SG 45 I 18
Gallegos Gran Canaria GC 117 E 4
Gallegos La Palma TF 131 C 3
Gallegos de Altamiros AV 44 J 15
Gallegos de Argañán SA 42 K 9
Gallegos de Hornija VA 30 H 14
Gallegos de San Vicente AV 45 J 16
Gallegos de Sobrinos AV 44 J 14
Gallegos de Solmirón SA 44 K 13
Gallegos del Campo ZA 29 G 10
Gallegos del Pan ZA 30 H 13
Gallegos del Río ZA 29 G 11
Galleguillos SA 44 J 13
Galleguillos de Campos LE 16 F 14
Galleiro PO 12 F 4
Gallejones BU 18 D 18
Galletas (Las) Tenerife TF 128 E 5
Gallifa B 38 G 36
Gallina (Cerro de la) GR 94 U 17
Gallinero SO 33 G 22
Gallinero AB 73 P 26
Gallinero de Cameros LO 19 F 22
Gallinero de Rioja LO 18 E 21
Galliners GI 25 F 38
Gallipienzo NA 20 E 25
Gallipienzo Nuevo NA 20 E 25
Gallo (El) SE 93 T 15
Gallocanta Z 48 J 25
Gallos (Los) CA 98 W 11
Gallués / Galoze NA 11 D 26
Gallur Z 34 G 26
Galoze / Gallués NA 11 D 26
Galve TE 49 K 27
Galve de Sorbe GU 46 I 20
Galves (Los) GR 102 V 20
Gálvez TO 58 M 17
Gama S 8 B 19
Gamero CR 58 N 17
Gamiz-Fika BI 9 C 21
Gamo BA 44 J 14
Gamonal AV 44 J 14
Gamonal BU 18 E 18
Gamonal S 7 C 18
Gamonal TO 57 M 15
Gamonero CR 69 N 15
Gamones ZA 29 H 11
Ganadera TO 57 L 15
Gáname ZA 29 H 11
Ganchoza (La) SE 80 S 12
Gándara Boimorto C 3 C 5
Gándara Narón C 3 B 5
Gandarela PO 13 F 5
Gandarilla S 7 B 16
Gandesa T 50 I 31
Gandia V 74 P 29

Gando (Punta de) *Gran Canaria* **GC** 117 G 3
Gandul **SE** 92 T 12
Gandullas **M** 46 I 19
Ganillas de Aceituno **MA** 101 V 17
Ganso (El) **LE** 15 E 11
Ganuza **NA** 19 D 23
Gañidoira (Porto da) **LU** 3 B 6
Gañinas **P** 17 E 15
Gañuelas *cerca de Alhama de Murcia* **MU** 85 S 25
Gañuelas *cerca de La Majada* **MU** 85 T 25
Garaballa **CU** 61 M 25
Garabás **OR** 13 E 5
Garabato (El) **CO** 81 S 15
Garachico *La Palma* **TF** 131 D 3
Garachico *Tenerife* **TF** 126 C 3
Garafía *La Palma* **TF** 130 B 3
Garai **BI** 10 C 22
Garaioa **NA** 11 D 26
Garajonay *La Gomera* **TF** 118 C 2
Garapacha (La) **MU** 85 R 26
Garapinillos **Z** 34 G 26
Garbayuela **BA** 69 O 15
Garcia **T** 50 I 31
García (Collado) **AL** 96 U 23
García de Sola (Embalse de) **BA** 69 O 14
Garciaz **CC** 56 N 13
Garcibuey **SA** 43 K 12
Garcíez *cerca de Jaén* **J** 82 S 19
Garcíez *cerca de Jódar* **J** 82 S 19
Garcíez Jimena (Estación de) **J** 82 S 19
Garcihernández **SA** 44 J 13
Garcillán **SG** 45 J 17
Garcinarro **CU** 59 L 21
Garciotún **TO** 57 L 16
Garcipollera (La) **HU** 21 E 28
Garcirrey **SA** 43 J 11
Garcisobaco **CA** 99 W 13
Garde **NA** 11 D 27
Garfín **LE** 16 D 14
Gargaligas **BA** 68 O 13
Gargallà **B** 37 G 35
Gargallo **TE** 49 J 28
Garganchón **BU** 18 F 20
Garganta **BA** 69 P 15
Garganta (La) **CR** 81 Q 16
Garganta (La) **CC** 43 L 12
Garganta (Puerto de la) **O** 4 B 8
Garganta de la Yecla **BU** 32 G 19
Garganta de los Montes **M** 46 J 18
Garganta del Villar **AV** 44 K 14
Garganta la Olla **CC** 56 L 12
Gargantiel **CR** 69 P 15
Gargantilla **TO** 57 N 15
Gargantilla **CC** 56 L 12
Gargantilla del Lozoya **M** 46 J 18
Gargantón (El) **CR** 70 O 17
Gárgoles de Abajo **GU** 47 J 22
Gárgoles de Arriba **GU** 47 J 22
Gargüera **CC** 56 L 12
Gargüera (Embalse de) **CC** 56 M 12
Garidells (Els) **T** 37 I 33
Garínoain **NA** 20 E 25
Garísoain **NA** 10 D 24
Garita (La) **GC** 115 G 2
Garlitos **BA** 69 P 14
Garnatilla (La) **GR** 102 V 19
Garos **L** 22 D 32
Garraf **B** 38 I 35
Garraf (Parc natural de) **B** 38 I 35
Garrafe de Torío **LE** 16 D 13
Garralda **NA** 11 D 26
Garrapata (Sierra de la) **CC** 55 M 9
Garray **SO** 33 G 22
Garriga (La) **B** 38 G 36
Garrigàs **GI** 25 F 38
Garrigoles **GI** 25 F 39
Garriguella **GI** 25 E 39
Garrobillo **MU** 97 T 25
Garrobo (El) **SE** 79 T 11
Garrofa (La) **AL** 103 V 22
Garrotxa (Parc natural de la) **GI** 24 F 37
Garrovilla (La) **BA** 67 P 10
Garrovillas de Alconétar **CC** 55 M 10
Garrucha **AL** 96 U 24
Garsola **L** 37 G 33
Garvín **CC** 56 M 13
Garza (Embalse de la) **BA** 68 P 11
Garza (La) **BA** 68 P 11
Gascones **M** 46 I 19
Gasconilla (Ermita de) **TE** 49 L 27
Gascueña **CU** 60 L 22
Gascueña de Bornova **GU** 46 I 20
Gasset (Embalse del) **CR** 70 O 18
Gastiáin **NA** 19 D 23
Gastor (El) **CA** 92 V 14
Gasulla (Barranc de la) **CS** 50 K 29
Gata **CC** 55 L 10
Gata (Cabo de) **AL** 103 V 23
Gata (Faro de) **AL** 103 V 23
Gata de Gorgos **A** 74 P 30
Gatika **BI** 8 B 21
Gato **CO** 81 R 15
Gato **GR** 84 S 23
Gatón de Campos **VA** 30 F 15
Gatos **H** 91 T 10
Gátova **V** 62 M 28
Gaucín **MA** 99 W 14
Gautegiz-Arteaga **BI** 9 B 22
Gavà **B** 38 I 36
Gavarda / Gabarda **V** 74 O 28
Gavarra **L** 23 F 33
Gavarres (Les) **GI** 25 G 38
Gavàs **L** 23 E 33
Gavet **L** 23 F 32
Gavilanes **AV** 57 L 15
Gavín **HU** 21 E 29
Gaviota (Punta) *La Gomera* **TF** 119 D 3
Gaviotas (Las) **GU** 47 K 21
Gayangos **BU** 18 C 19
Gazeo **VI** 19 D 22
Gázquez (Los) **AL** 96 T 24
Gaztelu **SS** 10 C 23
Gaztelugatxe **BI** 9 B 21
Gea de Albarracín **TE** 48 K 25
Gebara **VI** 19 D 22
Gebas **MU** 85 S 25
Gejo de Diego Gómez **SA** 43 J 11
Gejo de los Reyes (El) **SA** 43 I 11
Gejuelo del Barro **SA** 43 I 11
Geldo **CS** 62 M 28
Gelgaiz **LU** 3 B 6
Gelida **B** 38 H 35
Gelsa **Z** 35 H 28
Gelves **SE** 91 T 11
Gema **ZA** 29 H 13
Gemuño **AV** 44 K 15
Genal **MA** 100 W 14
Genalguacil **MA** 99 W 14
Génave **J** 83 Q 21
Genestacio **LE** 15 F 12
Genestosa **LE** 5 C 11
Genestoso **O** 5 C 10
Genevilla **NA** 19 E 22
Genicera **LE** 16 D 13
Genovés (El) **V** 74 P 28
Ger **GI** 24 E 35
Geras **LE** 15 D 12
Gerb **L** 36 G 32
Gerbe **HU** 22 E 30
Gerena **SE** 91 T 11
Gereñu **VI** 19 D 22
Gérgal **AL** 95 U 22
Gergal (El) **SE** 79 T 11
Gergal (Embalse de) **SE** 91 T 11
Geria **VA** 30 H 15
Geria (La) *Lanzarote* **GC** 122 C 4
Gerindote **TO** 58 M 17
Gernika-Lumo **BI** 9 C 21
Gerri de la Sal **L** 23 F 33
Gertusa **Z** 35 I 28
Ges (El) **L** 23 F 34
Gesalibar **SS** 10 C 22
Gésera **HU** 21 E 29
Gessa **L** 22 D 32
Gestalgar **V** 61 N 27
Gestoso **LE** 14 E 8
Getafe **M** 58 L 18
Getaria **SS** 10 C 23
Gete **BU** 32 G 20
Getxo **BI** 8 B 21
Gévora del Caudillo **BA** 67 P 9
Gibaja **S** 8 C 19
Gibalbín **CA** 91 V 12
Gibarrayo **SE** 80 S 13
Gibelortzaga (San Pelaio) **BI** 9 B 21
Gibraleón **H** 90 T 9
Gibralgalía **MA** 100 V 15
Gibraltar (Estrecho de) **CA** 99 X 13
Gigante **MU** 84 S 24
Gigante (Sierra) **AL** 84 S 23
Gigantes (Los) *Tenerife* **TF** 128 B 4
Gigonza **BA** 79 R 10
Gijano **BU** 8 C 20
Gijón **O** 6 B 13
Gil-García **AV** 43 L 13
Gil Márquez **H** 78 S 9
Gila (La) **AB** 73 O 25
Gila (La) **TO** 57 N 15
Gilbuena **AV** 43 K 13
Gilena **SE** 93 U 15
Giles (Los) **AL** 96 U 23
Gilet **V** 62 M 29
Gillerna **VI** 18 D 21
Gimenells **L** 36 H 31
Gimialcón **AV** 44 J 14
Ginebrosa (La) **TE** 49 J 29
Ginés **SE** 91 T 11
Ginés (Punta) *Lanzarote* **GC** 122 A 5
Ginesta (La) **B** 38 I 35
Ginestar **T** 50 I 31
Gineta (La) **AB** 72 O 23
Ginete (El) **AB** 84 Q 23
Giniginamar *Fuerteventura* **GC** 113 G 4
Gío **O** 4 B 9
Giraba **CS** 62 L 28
Giralda **GR** 101 V 19
Girona **GI** 25 G 38
Gironda (La) **SE** 92 U 13
Gironella **B** 24 F 35
Gisclareny **B** 23 F 35
Gistaín **HU** 22 E 30
Gizaburuaga **BI** 10 C 22
Gloria (La) **SE** 92 T 13
Gobantes **BU** 18 D 19
Gobantes (Estación de) **MA** 100 V 15
Gobernador **GR** 95 T 20
Gobiendes **O** 6 B 14
Godall **T** 50 K 31
Godán **O** 5 B 11
Godelleta **V** 62 N 27
Godojos **Z** 34 I 24
Godóns **PO** 13 F 5
Godos **TE** 48 J 26
Goente **C** 3 B 6
Goián **LU** 14 D 7
Goián **PO** 26 G 3
Goiás **PO** 13 D 5
Goiriz **LU** 3 C 7
Goizueta **NA** 10 C 24
Gójar **GR** 94 U 19
Gola de Migjorn **T** 51 J 32
Gola del Nord **T** 51 J 32
Gola del Perelló **V** 74 O 29
Golán **C** 3 D 5
Golfo (El) *Lanzarote* **GC** 122 B 4
Golfo (El)(Localidad) *Lanzarote* **GC** 122 B 4
Golilla **BA** 67 O 9
Gollino **TO** 59 M 20
Golmayo **SO** 33 G 22
Golmés **L** 37 H 32
Golondrinas (Las) **CC** 56 N 11
Golopón (R.) **GR** 95 T 21
Golosalvo **AB** 73 O 25
Goloso (El) **M** 46 K 18
Golpejas **SA** 43 I 12
Gómara **SO** 33 H 23
Gombrèn **GI** 24 F 36
Gomeán **LU** 4 D 7
Gomecello **SA** 44 I 13
Gomeciego **SA** 43 I 11
Gomesende **OR** 13 F 5
Gómez Yáñez **AB** 73 P 25
Gómeznarro **SG** 32 I 19
Gómeznarro **VA** 30 I 15
Gomezserracín **SG** 31 I 17
Gonce **LU** 3 C 6
Gondar **LU** 4 C 7
Gondar **PO** 12 E 3
Gondomar **PO** 12 F 3
Gondrame **LU** 14 D 7
Gondulfes **OR** 28 G 7
Góngora (Punta de) *Gran Canaria* **GC** 114 B 2
Gontán **LU** 4 B 7
Gonte **C** 2 D 3
Gonzar **LU** 13 D 6
Goñar **MU** 96 T 24
Goñi **NA** 10 D 24
Gopegi **VI** 19 D 21
Gor **GR** 95 T 21
Gorafe **GR** 95 T 20
Gorbeia **PV** 9 C 21
Gorbeia (Parque Natural de) **PV** 9 C 21
Gorda (Punta) *Lanzarote* **GC** 120 E 2
Gorda (Punta) *La Palma* **TF** 130 A 3
Gorda (Sierra) **GR** 93 U 17
Gordaliza de la Loma **VA** 16 F 14
Gordaliza del Pino **LE** 16 E 14
Gordeliz **VI** 8 C 20
Gordo **AL** 84 S 23
Gordo (Cabezo) **H** 78 S 8
Gordo (El) **CC** 56 M 13
Gordo (Monte) **H** 90 T 7
Gordoa **VI** 19 D 22
Gordoncillo **LE** 16 F 13
Gorga **A** 74 P 28
Gorgullos Tordoia (Estación de) **C** 3 C 4
Gorliz **BI** 8 B 21
Gormaz **SO** 32 H 20
Gornal (La) **B** 37 I 34
Goroeta **SS** 10 C 22
Gorozika **BI** 9 C 21
Gorramakil (Pico) **NA** 11 C 25
Gorriti **NA** 10 C 24
Gorza / Güesa **NA** 11 D 26
Gósol **L** 23 F 34
Gotarrendura **AV** 44 J 15
Gotor **Z** 34 H 25
Gozón de Ucieza **P** 17 E 16
Gózquez de Abajo **M** 58 L 19
Gózquez de Arriba **M** 58 L 19
Graba **PO** 13 D 5
Graceas (Las) **J** 83 Q 21
Gracia (Cabo de) **CA** 99 X 12
Graciosa (Isla) *Lanzarote* **GC** 120 E 2
Gradefes **LE** 16 E 14
Graderas (Cueva de las) **TE** 49 J 28
Grado **O** 5 B 11
Grado (El) **HU** 22 F 30
Grado del Pico **SG** 32 I 20
Grado I (Embalse de) **HU** 22 F 30
Graja (Cueva de la) **J** 82 S 19
Graja (La) **CO** 80 S 14
Graja de Campalbo **CU** 61 M 26
Graja de Iniesta **CU** 60 N 24
Grajal **LE** 15 F 12
Grajal de Campos **LE** 16 F 14
Grajalejo de las Matas **LE** 16 E 13
Grajales **J** 82 S 18
Grajera **SG** 32 H 19
Grajo **MA** 100 V 15
Grajuela (La) **AB** 72 O 24
Gramedo **P** 17 D 16
Gramuntell **L** 37 H 33
Gran Alacant **A** 86 R 28
Gran Canaria (Aeropuerto de) *Gran Canaria* **GC** 117 G 3
Gran Montaña *Fuerteventura* **GC** 113 G 3
Gran Tarajal *Fuerteventura* **GC** 113 G 4
Grana (La Casa de la) **AB** 73 O 25
Grana (Sierra de la) **CO** 80 Q 13
Grana (Sierra de la) **J** 82 S 18
Granada **GR** 94 U 19
Granada (La) **B** 37 H 35
Granada (Vega de) **GR** 94 U 17
Granada de Riotinto (La) **H** 79 S 10
Granadella (La) **L** 36 H 31
Granadella (La) **A** 75 P 30
Granadilla **CC** 56 L 11
Granadilla de Abona *Tenerife* **TF** 129 F 5
Granado **H** 90 T 7
Granado (Canal de El) **H** 90 T 7
Granado (El) **H** 90 T 7
Granátula de Calatrava **CR** 70 P 18
Grandas de Salime **O** 4 C 9
Grande **C** 2 C 2
Grande (Embalse) **H** 78 T 8
Grande (Laguna) **TO** 59 N 19
Grande (Puerto) **CR** 69 P 15
Grande (Sierra) **BA** 68 Q 11
Grande (Sierra) **CC** 55 M 10
Grande Fache **HU** 21 D 29
Grandes **SA** 43 J 11
Grandes **AV** 44 J 15
Grandiella **O** 5 C 12
Grandoso **LE** 16 D 14
Granera **B** 38 G 36
Granja (La) **S** 8 B 20
Granja (La) **CC** 56 L 12
Granja (Puerto de la) **BA** 79 R 10
Granja (Sa) *Mallorca* **IB** 104 N 37
Granja Asumesa **SE** 92 U 12
Granja de Moreruela **ZA** 29 G 12
Granja de Rocamora **A** 85 R 27
Granja de San Ildefonso (Los Jardines de La) **SG** 45 J 18
Granja de Torrehermosa **BA** 80 R 13
Granja d'Escarp (La) **L** 36 H 31
Granja Muedra **VA** 31 G 16
Granjas (Las) **TE** 48 K 26
Granjuela (La) **CO** 80 Q 13
Granollers **B** 38 H 36
Granón **LO** 18 E 20
Granucillo **ZA** 29 F 12
Granyanella **L** 37 H 33
Granyena de les Garrigues **L** 36 H 31
Granyena de Segarra **L** 37 H 33
Graña (A) **PO** 13 F 5
Grañas **C** 3 B 6
Grañén **HU** 35 G 28
Grañena (Estación de) **J** 82 S 18
Grañeras **LE** 16 E 14
Grao de Gandía **V** 74 P 29
Gratallops **T** 36 I 32
Grau (es) *Menorca* **IB** 106 M 42
Grau d'Almassora (El) **CS** 62 M 29
Grau de Borriana (El) **CS** 62 M 29
Grau de Castelló **CS** 62 M 30
Grau de la Granta **L** 23 F 33
Grau de València (El) **V** 62 N 29
Graus **HU** 22 F 31
Grávalos **LO** 33 F 24
Graya (La) **AB** 84 R 22
Grazalema **CA** 92 V 13
Gredilla **BU** 18 D 18
Gredos (Parador de) **AV** 44 K 14
Gredos (Reserva nacional de) **AV** 57 L 14
Gregorio **PO** 13 F 5
Gréixer **B** 24 F 35
Gresande **PO** 13 E 5
Griego (El) **AB** 72 Q 23
Griegos **TE** 48 K 24
Grijalba **BU** 17 E 17
Grijota **P** 31 F 16
Grimaldo **CC** 55 M 10
Griñón **M** 58 L 18
Grisel **Z** 34 G 24
Grisén **Z** 34 G 26
Grisuela **ZA** 29 G 11
Grisuela del Páramo **LE** 15 E 12
Grixoa **C** 2 C 3
Grolos **LU** 13 D 7
Gros (Cap) **GI** 25 E 39
Grossa (Serra) **V** 74 P 27
Grovas **OR** 13 E 5
Grove (O) **PO** 12 E 3
Grulla (La) **BA** 66 Q 8
Grullos **O** 5 B 11
Gúa **O** 5 C 11
Guadahortuna **GR** 94 T 19
Guadajira **BA** 67 P 9
Guadajoz **SE** 92 T 13
Guadalajara **GU** 46 K 20
Guadalaviar **TE** 48 K 24
Guadalbarbo **CO** 81 R 15
Guadalcacín **CA** 91 V 11
Guadalcacín (Canal del) **CA** 98 W 11
Guadalcanal **SE** 80 R 12
Guadalcázar **CO** 81 S 15
Guadalema de los Quinteros **SE** 92 U 12
Guadalén (Embalse de) **J** 82 R 19
Guadalén del Caudillo **J** 82 R 19
Guadalerzas (Las) **TO** 58 N 17
Guadalevin **MA** 100 V 14
Guadalimar **J** 82 R 19
Guadalix de la Sierra **M** 46 J 18
Guadalmansa **MA** 100 W 14
Guadalmar-San Julián **MA** 100 W 16
Guadalmedina **MA** 100 V 16
Guadalmellato (Canal del) **CO** 81 S 15
Guadalmellato (Embalse del) **CO** 81 R 16
Guadalmena **J** 83 Q 21
Guadalmez-Los Predroches **CR** 69 P 15
Guadalmina **MA** 100 W 15
Guadalope **TE** 49 K 27
Guadalperales (Los) **BA** 68 O 13
Guadalporcún **SE** 92 V 13
Guadalquivir (Garganta) **J** 83 R 21
Guadalquivir (Marismas del) **H** 91 U 10
Guadalteba **MA** 100 V 15
Guadalteba-Guadalhorce (Embalse del) **MA** 100 V 15
Guadalupe **AL** 84 S 23
Guadalupe **CC** 56 N 14
Guadalupe (Monasterio de) **CC** 56 N 14
Guadalupe (Santuario de) **J** 82 R 19
Guadalupe (Sierra de) **CC** 56 N 13
Guadamatilla **CO** 69 Q 14
Guadamojete (Punta de) *Tenerife* **TF** 125 I 3
Guadamur **TO** 58 M 17
Guadapero **SA** 43 K 10
Guadarrama **M** 45 J 17
Guadarranque (Río) **CC** 57 N 14
Guadassuar **V** 74 O 28
Guadiamar (Caño de) **SE** 91 U 11
Guadiana del Caudillo **BA** 67 P 9
Guadianeja (La) **CR** 71 Q 20
Guadiaro **CA** 99 X 14
Guadiel **J** 82 R 18
Guadilla de Villamar **BU** 17 E 17
Guadix **GR** 95 U 20
Guadix (Hoya de) **GR** 95 T 20
Guadramiro **SA** 43 I 10
Guainos Bajos **AL** 102 V 20
Guájar Alto **GR** 101 V 19
Guájar Faragüit **GR** 101 V 19
Guájar Fondón **GR** 101 V 19
Guajara *Tenerife* **TF** 128 E 4
Guajaraz (Embalse de) **TO** 58 M 17
Guajardo y Malhincada **CC** 55 L 10
Gualba **B** 38 G 37
Gualchos **GR** 102 V 19
Gualda **GU** 47 J 21
Gualta **GI** 25 F 39
Gualter **L** 37 G 33
Guamasa *Tenerife* **TF** 124 H 2
Guancha (La) *Tenerife* **TF** 126 E 3
Guancha (Necrópolis de la) *Gran Canaria* **GC** 114 D 1
Guara (Sierra de) **HU** 21 F 29
Guarazoca *El Hierro* **TF** 109 D 2
Guarbes (Sierra de) **L** 22 D 32
Guarda (A) **PO** 26 G 3
Guarda (La) **BA** 68 P 12
Guarda de la Alameda (Casas del) **J** 83 Q 20
Guarda Forestal (Mirador del) **MA** 100 V 15
Guardamar de la Safor **V** 74 P 29
Guardamar del Segura **A** 86 R 28
Guàrdia (La) **L** 37 G 33
Guardia (La) **TO** 58 M 19
Guàrdia d'Ares (La) **L** 23 F 33
Guardia de Jaén (La) **J** 82 S 18
Guàrdia de Tremp **L** 22 F 32
Guàrdia dels Prats (La) **T** 37 H 33
Guàrdia Lada (La) **L** 37 H 33
Guardilama *Lanzarote* **GC** 122 C 4
Guardiola **MU** 85 Q 26
Guardiola de Berguedà **B** 24 F 35
Guardiola de Font-rubí **B** 37 H 34
Guardo **P** 16 D 15
Guareña **AV** 44 K 15
Guareña **BA** 67 P 11
Guaro **MA** 100 W 15
Guarrate **ZA** 30 I 13
Guarrizas **J** 82 R 19
Guarromán **J** 82 R 18
Guasa **HU** 21 E 28

Guaso HU 22 E 30
Guatiza GC 123 F 3
Guayente HU 22 E 31
Guaza Tenerife TF 128 D 5
Guaza de Campos P 16 F 15
Guazamara AL 96 T 24
Gúdar TE 49 K 27
Gúdar (Puerto de) TE 49 K 27
Gúdar (Sierra de) TE 49 K 27
Gudillos SG 45 J 17
Gudiña (A) OR 14 F 8
Guéa (La) TE 48 K 26
Güéjar Sierra GR 94 U 19
Güeñes BI 8 C 20
Gueral OR 13 E 6
Guerechal (El) BA 68 P 12
Guerra CR 71 O 20
Guerragos
(Santa Cruz de los) ZA 29 G 10
Güesa / Gorza NA 11 D 26
Guesálaz NA 10 D 24
Güevéjar GR 94 U 19
Guía
de Isora Tenerife TF 128 C 4
Guiamets (Els) T 50 I 32
Guiana LE 15 E 10
Guiar O 4 B 8
Guijar (El) SG 45 I 18
Guijarral AB 72 P 23
Guijarro
(Collado del) CC 68 N 12
Guijarrosa (La) CO 81 T 15
Guijasalbas SG 45 J 17
Guijo GU 47 J 23
Guijo (El) CO 81 Q 15
Guijo de Ávila SA 43 K 13
Guijo de Coria CC 55 L 10
Guijo de Galisteo CC 55 L 10
Guijo de Granadilla CC 55 L 11
Guijo
de Santa Bárbara CC 56 L 13
Guijosa GU 47 I 22
Guijosa SO 32 G 20
Guijoso BU 32 G 20
Guijoso (El) AB 71 P 21
Guijuelo SA 43 K 12
Guilfrei LU 14 D 8
Guillade PO 13 F 4
Guillar PO 13 D 6
Guillarei PO 12 F 4
Guillena SE 91 T 11
Guillena
(Embalse de) SE 79 T 11
Guils L 23 E 33
Guils de Cerdanya GI 24 E 35
Guilué HU 21 E 29
Güimar Tenerife TF 127 G 3
Guimara LE 14 D 9
Guimarei LU 3 D 6
Güime Lanzarote GC 123 D 4
Guimerà L 37 H 33
Guincho
(El) Tenerife TF 126 D 3
Guincho (El)
Tenerife TF 128 E 5
Guindos (Los) J 82 R 18
Guindos
(Sierra de los) CR 69 O 16
Guinea VI 18 D 20
Guingueta (La) L 23 E 33
Guinicio BU 18 D 20
Guirguillano NA 10 D 24
Guisando AV 57 L 14
Guisatecha LE 15 D 11
Guisguey
Fuerteventura GC 111 I 2
Guissona L 37 G 33
Guistolas
(Embalse de) OR 14 E 7
Guitiriz LU 3 C 6
Guixers L 23 F 34
Guizán PO 12 F 4
Guláns PO 12 F 4
Gumiel de Hizán BU 32 G 18
Gumiel de Mercado BU 31 G 18
Guntín de Pallares LU 13 D 6
Gurb B 38 G 36
Gurp L 22 F 32
Gurrea de Gállego HU 21 F 27
Gurugu (El) M 46 K 19
Gusandanos ZA 15 F 10
Gusendos
de los Oteros LE 16 E 13
Guspí L 37 G 34
Gustei OR 13 E 6
Gutar J 83 R 21
Gutierre Muñoz AV 45 J 16
Gutur LO 33 G 24
Guxinde OR 27 G 5
Guzmán BU 31 G 18

H

Haba (La) BA 68 P 12
Hacho MA 100 V 15
Hacinas BU 32 G 20
Haedillo BU 32 F 20
Hamapega SE 80 R 12
Hams (Coves des) IB 104 N 38
Haría Lanzarote GC 123 F 3
Harinosa (La) SE 92 V 12
Haro LO 19 E 21
Harria (Aiako) /
Aya (Peñas de) ESP 10 C 24
Hato Verde SE 91 T 11
Hatoqueo CC 67 O 10
Haza BU 31 H 18
Haza Alta J 83 Q 21
Haza del Trigo GR 102 V 20
Hazas de Cesto S 8 B 19
Hazuelas (Las) CO 81 S 16
Hecho HU 21 D 27
Hecho (Valle de) HU 21 D 27
Hedradas (Las) ZA 28 F 9
Hedroso ZA 28 F 9
Helado (El) CR 70 P 18
Helechal BA 68 P 13
Helechosa BA 69 O 15
Helgueras S 8 B 19
Hellín AB 84 Q 24
Henajeros CU 61 M 25
Henares MU 96 T 24
Henche GU 47 J 21
Herada S 8 C 19
Heras GU 46 J 20
Heras (Las) P 16 D 15
Herbés CS 50 J 29
Herbeset CS 50 K 29
Herbogo C 12 D 3
Herbón C 12 D 4
Herbosa BU 17 D 18
Herce LO 19 F 23
Hércules (Torre de) C 3 B 4
Herdadiña OR 27 G 5
Heredia VI 19 D 22
Herencia CR 71 N 19
Herencias (Las) TO 57 M 15
Hereña VI 18 D 21
Herguijuela CC 68 N 12
Herguijuela (La) AV 44 K 14
Herguijuela
de Ciudad Rodrigo SA 42 K 10
Herguijuela
de la Sierra SA 43 K 11
Herguijuela
del Campo SA 43 K 12
Hermanas (Dos) BA 67 O 9
Hermanas (Las) AB 85 Q 25
Hérmedes de Cerrato P 31 G 17
Hermida
(Desfiladero de la) S 7 C 16
Hermida (La) S 7 C 16
Hermigua La Gomera TF 118 C 1
Hermisende ZA 28 G 9
Hermo (Monasterio de) O 5 D 10
Hermosilla BU 18 E 19
Hernán Cortés BA 68 O 12
Hernán Pérez CC 55 L 10
Hernán Valle GR 95 T 20
Hernani SS 10 C 24
Hernansancho AV 44 J 15
Hernialde SS 10 C 23
Herradón (El) AV 45 K 16
Herradura (La) TO 70 O 18
Herradura (La) GR 101 V 18
Herradura (Punta de la)
Fuerteventura GC 110 F 3
Herramélluri LO 18 E 21
Herraña MU 85 S 25
Herrera J 83 R 20
Herrera
cerca de El Coronil SE 92 U 12
Herrera
cerca de Estepa SE 93 T 15
Herrera (La) AB 72 P 23
Herrera (Puerto de) VI 19 E 22
Herrera de Alcántara CC 54 N 7
Herrera de Duero VA 31 H 16
Herrera
de la Mancha CR 71 O 20
Herrera de los Navarros Z 34 I 26
Herrera de Pisuerga P 17 E 17
Herrera de Soria SO 32 G 20
Herrera
de Valdecañas P 31 F 17
Herrera del Duque BA 69 O 14
Herrería GU 47 J 24
Herrería LU 14 E 8
Herrería (La) AB 72 Q 23
Herrería (La) CO 80 S 14
Herrerías S 7 C 16
Herrerías (Las) AL 96 U 24
Herrerías (Las) H 78 T 8
Herrerías (Las) J 83 R 22
Herrero GR 101 V 18
Herreros SO 33 G 21
Herreros (Los) V 73 O 27
Herreros de Jamuz LE 15 F 12
Herreros de Rueda LE 16 E 14
Herreros de Suso AV 44 J 14
Herreruela CC 55 N 9
Herreruela
de Castillería P 17 D 16
Herreruela
de Oropesa TO 57 M 14
Herrezuelo SA 44 J 13
Herrín de Campos VA 16 F 15
Herriza (La) MA 93 U 15
Herrumblar (El) CU 73 N 25
Hervás CC 56 L 12
Herves C 3 C 4
Hervías LO 18 E 21
Hervideros (Los) V 73 O 26
Hervideros
(Los) Lanzarote GC 122 B 4
Hidalgo (Punta del)
Tenerife TF 125 I 1
Hiendelaencina GU 46 I 20
Hierro BU 18 D 19
Hierro M 45 J 18
Hierro (Puerto del) SO 32 G 21
Higares TO 58 M 18
Higuera (La) SG 45 I 17
Higuera (La) AB 73 P 25
Higuera de Albalar CC 56 M 13
Higuera de Calatrava J 82 S 17
Higuera
de la Serena BA 68 Q 12
Higuera de la Sierra H 79 S 10
Higuera
de las Dueñas AV 57 L 16
Higuera de Llerena BA 79 Q 11
Higuera de Vargas BA 78 Q 9
Higuera la Real BA 79 R 9
Higueral AL 95 T 22
Higueral (El) CO 93 U 17
Higueras CS 62 M 28
Higueras (Las) CO 94 T 17
Higuerón MA 101 V 18
Higuerón (El) CO 81 S 15
Higuerón (Puerto del) CA 99 X 13
Higüeros AL 103 V 22
Higueruela AB 73 P 25
Higueruela (La)
cerca de Belvis
de la Jara TO 57 M 15
Higueruela (La)
cerca de Toledo TO 58 M 17
Higueruelas V 61 M 27
Hija de Dios (La) AV 44 K 15
Híjar TE 49 I 28
Híjar AB 72 Q 23
Híjate (El) AL 95 T 22
Híjes GU 32 I 21
Hijosa P 17 E 17
Hilario (Islote de)
Lanzarote GC 122 C 4
Hincada (Puerto) LO 19 F 21
Hinestrosa BU 17 F 17
Hiniesta (La) ZA 29 H 12
Hinojal CC 55 M 10
Hinojales H 79 R 10
Hinojar CR 70 Q 17
Hinojar MU 85 S 25
Hinojar del Rey BU 32 G 20
Hinojares J 83 S 20
Hinojedo S 7 B 17
Hinojora GR 95 T 22
Hinojos H 91 U 10
Hinojos (Marisma de) H 91 U 10
Hinojosa GU 48 I 24
Hinojosa (La) SO 32 G 20
Hinojosa (La) CU 60 M 22
Hinojosa de Duero SA 42 J 9
Hinojosa de Jarque TE 49 J 27
Hinojosa de la Sierra SO 33 G 22
Hinojosa
de San Vicente TO 57 L 15
Hinojosa del Campo SO 33 G 23
Hinojosa del Cerro SG 31 H 18
Hinojosa del Duque CO 80 Q 14
Hinojosa del Valle BA 67 Q 11
Hinojosas
de Calatrava CR 70 Q 17
Hinojosos (Los) CU 59 N 21
Hío PO 12 F 3
Hiriberri / Villanueva
de Aézkoa NA 11 D 26
Hirmes AL 102 V 21
Hiruela (La) M 46 I 19
Hita GU 46 J 20
Hito (El) CU 59 M 21
Hito (Laguna de El) CU 59 M 21
Hoces
(Desfiladero Las) LE 16 D 13
Hoces de Bárcena S 7 C 17
Hoja (Embalse de la) H 78 T 9
Holguera CC 55 M 10
Hombrados GU 48 J 24
Home (Cabo de) PO 12 F 3
Hondarribia SS 10 B 24
Hondón A 85 Q 27
Hondón de las Nieves / Fondó
de les Neus (El) A 85 R 27
Hondón
de los Frailes A 85 R 27
Hondura SA 43 K 12
Honduras
(Puerto de) CC 56 L 12
Honduras (Punta de)
Tenerife TF 129 G 4
Honquilana VA 44 I 15
Honrubia CU 60 N 23
Honrubia
de la Cuesta SG 32 H 18
Hontalbilla SG 31 H 17
Hontana (El) V 61 M 26
Hontanar TO 57 N 16
Hontanar V 61 L 25
Hontanar (Collado de) J 82 Q 17
Hontanar (El)
cerca de La Hunde V 73 O 26
Hontanares AV 57 L 15
Hontanares GU 47 J 21
Hontanares
de Eresma SG 45 J 17
Hontanas BU 17 F 17
Hontanaya CU 59 M 21
Hontangas BU 31 H 18
Hontecillas CU 60 M 23
Hontoba GU 46 K 20
Hontomín BU 18 E 19
Hontoria SG 45 J 17
Hontoria O 6 B 15
Hontoria de Cerrato P 31 G 16
Hontoria
de la Cantera BU 18 F 19
Hontoria
de Valdearados BU 32 G 19
Hontoria del Pinar BU 32 G 20
Horca (La) AB 84 Q 25
Horcajada (La) AV 44 K 13
Horcajada
de la Torre CU 59 L 22
Horcajo CR 81 Q 16
Horcajo CC 43 K 10
Horcajo (El) AB 72 P 22
Horcajo de la Ribera AV 44 K 13
Horcajo de la Sierra M 46 I 19
Horcajo
de las Torres AV 44 I 14
Horcajo
de los Montes CR 69 O 16
Horcajo
de Montemayor SA 43 K 12
Horcajo de Santiago CU 59 M 21
Horcajo Medianero SA 44 K 13
Horcajuelo
de la Sierra M 46 I 19
Horche GU 46 K 20
Horcón CO 69 Q 15
Horconera
(Sierra de la) CO 93 T 17
Hormazas (Las) BU 17 E 18
Hormazuela BU 17 E 18
Hormigos TO 57 L 16
Hormilla LO 19 E 21
Hormilleja LO 19 E 21
Horna BU 18 D 19
Horna GU 47 I 22
Horna AB 73 P 25
Hornachos BA 68 Q 11
Hornachuelos CO 80 S 14
Hornachuelos
(Estación de) CO 80 S 14
Hornias Bajas CR 70 O 17
Hornico (El) MU 84 R 23
Hornija LE 14 E 9
Hornillatorre BU 8 C 19
Hornillayuso BU 18 C 19
Hornillo (El) AV 57 L 14
Hornillo (El) MU 97 T 25
Hornillos VA 30 H 15
Hornillos
de Cameros LO 19 F 22
Hornillos de Cerrato P 31 G 17
Hornillos
del Camino BU 17 E 18
Hornos J 83 R 21
Hornos
(Garganta de los) AV 44 K 14
Hornos de la Mata S 7 C 17
Hornos de Peal J 83 S 20
Horra (La) BU 31 G 18
Horsavinyà B 38 G 37
Hort
de la Rabassa (L') V 74 N 28
Horta (Cap de l') A 86 Q 28
Horta (S') IB 105 N 39
Horta de Sant Joan T 50 J 30
Hortas C 13 D 5
Hortells CS 49 J 29
Hortezuela SO 32 H 21
Hortezuela
de Océn (La) GU 47 J 22
Hortezuelos BU 32 G 19
Hortichuela (La) J 94 T 18
Hortigüela BU 32 F 19
Hortizuela CU 60 L 23
Hortoneda L 23 F 33
Hortunas de Arriba V 73 N 26
Hospital
cerca de Fonsagrada LU 4 C 8
Hospital
cerca de Linares LU 14 D 8
Hospital
(Collado del) CC 56 N 14
Hospital de Órbigo LE 15 E 12
Hospitalet
de l'Infant (L') T 51 J 32
Hospitalet
de Llobregat (L') B 38 H 36
Hosquillo (El) CU 48 K 24
Hostal de Ipiés HU 21 E 28
Hostalets (Els) L 23 F 34
Hostalets (Els) cerca
de Esparreguera B 38 H 35
Hostalets (Els)
cerca de Tona B 38 G 36
Hostalets
d'En Bas (Els) GI 24 F 37
Hostalric GI 38 G 37
Hoya (La) M 45 K 17
Hoya (La) SA 43 K 12
Hoya (La) MU 84 S 25
Hoya (La) MA 100 V 16
Hoya (La)
Lanzarote GC 122 B 4
Hoya de la Carrasca TE 61 L 26
Hoya del Campo MU 85 R 25
Hoya
del Espino (La) GR 83 R 22
Hoya del Peral CU 61 L 25
Hoya Gonzalo AB 73 P 25
Hoya Santa Ana AB 73 P 25
Hoyales de Roa BU 31 H 18
Hoyas (Altura Las)
La Palma TF 130 C 2
Hoyas (Las) AL 95 U 22
Hoyo (El) CR 82 Q 18
Hoyo (El) CO 80 R 14
Hoyo de Manzanares M 45 K 18
Hoyo de Pinares (El) AV 45 K 16
Hoyocasero AV 44 K 15
Hoyorredondo AV 44 K 13
Hoyos CC 55 L 9
Hoyos
de Miguel Muñoz AV 44 K 14
Hoyos del Collado AV 44 K 14
Hoyos del Espino AV 44 K 14
Hoyuelos SG 45 I 16
Hoyuelos (Los) CR 71 P 21
Hoz (Collado de) S 7 C 16
Hoz (Cueva de la) GU 47 J 23
Hoz (La) AB 72 P 22
Hoz (La) CO 93 U 16
Hoz de Abajo SO 32 H 20
Hoz de Anero S 8 B 19
Hoz de Arreba BU 18 D 18
Hoz de Arriba SO 32 H 20
Hoz de Barbastro HU 22 F 30
Hoz de Beteta
(Desfiladero) CU 47 K 23
Hoz de Jaca HU 21 D 29
Hoz de la Vieja (La) TE 49 J 27
Hoz de Valdivielso BU 18 D 19
Hozabejas BU 18 D 19
Hozgarganta CA 99 W 13
Hoznayo S 8 B 18
Huarte / Uharte NA 11 D 25
Huebra SA 42 I 10
Huebro AL 96 V 23
Huecas TO 58 L 17
Huécija AL 102 V 22
Huefor Tájar GR 94 U 17
Huélaga CC 55 L 10
Huélago GR 95 T 20
Huélamo CU 60 L 24
Huelga (La) AL 96 U 23
Huelgas
Reales (Las) BU 18 F 18
Huelgueras S 7 B 16
Huelma J 82 T 19
Huelva H 90 U 9
Huelves CU 59 L 21
Huéneja GR 95 U 21
Huéneja
(Estación de) GR 95 U 21
Huércal de Almería AL 103 V 22
Huércal Overa AL 96 T 24
Huércanos LO 19 E 21
Huerce (La) GU 46 I 20
Huércemes CU 60 M 24
Huerces O 6 B 12
Huerga de Frailes LE 15 E 12
Huergas LE 15 D 11
Huérguina CU 61 L 25
Huérmeces BU 18 E 18
Huérmeces del Cerro GU 47 I 21
Huérmeda Z 34 H 25
Hueros (Los) M 46 K 19
Huerrios HU 21 F 28
Huerta SG 46 I 18
Huerta SA 44 J 13
Huerta (La) AL 96 U 24
Huerta de Abajo BU 32 F 20
Huerta de Arriba BU 32 F 20
Huerta
de Cuarto Holgado CC 55 L 11
Huerta
de la Obispalía CU 60 M 22
Huerta
de Valdecarábanos TO 58 M 19
Huerta de Vero HU 22 F 30
Huerta
del Marquesado CU 60 L 24
Huerta del Rey BU 32 G 19
Huertahernando GU 47 J 23
Huertapelayo GU 47 J 23
Huertas
(Ermita Las) MU 85 S 25
Huertas (Las) CC 54 N 8
Huertas Bocas
del Salado CO 93 T 15
Huertas de Ánimas CC 56 N 12
Huertas
de la Magdalena CC 56 N 12
Huérteles SO 33 F 23
Huertezuelas CR 82 Q 18
Huerto HU 35 G 29
Huertos (Los) SG 45 I 17
Huerva (La) Z 48 I 26
Huesa J 83 S 20
Huesa (Estación de) J 83 S 20
Huesa del Común TE 49 I 27
Huesas (Las) CR 70 Q 18
Huesas (Las) GC 115 G 3
Huesca HU 21 F 28
Huéscar GR 83 S 22
Huesna
(Embalse de) SE 80 S 12
Huéspeda BU 18 D 19
Huete CU 59 L 21
Huétor Santillán GR 94 U 19
Huétor Tájar GR 94 U 17
Huétor-Vega GR 94 U 19
Huetos GU 47 J 22
Hueva GU 46 K 21
Huévar SE 91 T 11
Huma MA 100 V 15
Humada BU 17 D 17
Humanes GU 46 J 20
Humanes de Madrid M 58 L 18
Humboldt (Mirador de)
Tenerife TF 124 F 2
Humera M 45 K 18
Humilladero MA 93 U 15
Humilladero
(Ermita del) CC 56 N 13
Humo de Muro (El) HU 22 E 30
Humosa (La) AB 72 P 24
Hunde (La) V 73 O 26
Hurchillo A 85 R 27

A B C D E F G H I J K L M N O P Q R S T U V W X Y Z

Hurdes (Las) CC 43 K 11
Hurones BU 18 E 19
Hurones (Embalse de los) CA 99 V 13
Hurtado CR 71 O 19
Hurtumpascual AV 44 J 14
Husillos P 31 F 16

I

Ibahernando CC 68 O 12
Ibañeta (Puerto) NA 11 C 26
Ibarra VI 10 C 22
Ibarra SS 10 C 23
Ibarra BI 8 C 21
Ibarrangelu BI 9 B 22
Ibárruri BI 9 C 21
Ibdes Z 34 I 24
Ibeas de Juarros BU 18 F 19
Ibi A 74 Q 28
Ibieca HU 21 F 29
Ibiricu NA 19 D 23
Ibisate VI 19 D 22
Ibiur (Embalse de) SS 10 C 23
Ibiza / Eivissa IB 87 P 34
Ibrillos BU 18 E 20
Ibros J 82 R 19
Icod de los Vinos TF 126 D 3
Idafe (Roque de) *La Palma* TF 130 C 4
Idiazabal SS 10 C 23
Idocín NA 11 D 25
Ifach (Peñón de) A 75 Q 30
Ifonche *Tenerife* TF 128 D 4
Igal / Igari NA 11 D 26
Igantzi NA 11 C 24
Igari / Igal NA 11 D 26
Igea LO 33 F 23
Igeldo SS 10 C 23
Iglesiarrubia BU 31 G 18
Iglesias BU 17 F 18
Iglesuela (La) TO 57 L 15
Iglesuela del Cid (La) TE 49 K 29
Igorre BI 9 C 21
Igrexafeita C 3 B 5
Igriés HU 21 F 28
Igualada B 37 H 34
Igualeja MA 100 W 14
Igualero *La Gomera* TF 118 B 2
Igüeña LE 15 D 11
Igueste *Tenerife* TF 127 H 3
Igueste de San Andrés *Tenerife* TF 125 K 2
Igúzquiza NA 19 E 23
Ihabar NA 10 D 24
Ikaztegieta SS 10 C 23
Ilarratza VI 19 D 22
Ilche HU 36 G 30
Illa OR 27 G 5
Illa (L') T 37 H 33
Illa de Arousa PO 12 E 3
Illán de Vacas TO 57 M 16
Illana GU 59 L 21
Illano O 4 C 9
Illar AL 102 V 22
Illaso O 4 B 9
Illescas TO 58 L 18
Illora GR 94 U 18
Illot (S') IB 105 N 40
Illueca Z 34 H 25
Ilurdotz NA 11 D 25
Imón GU 47 I 21
Imotz NA 10 D 24
Ina (La) CA 98 W 11
Inagua *Gran Canaria* GC 114 C 3
Inazares MU 84 R 23
Inca IB 104 M 38
Incinillas BU 18 D 19
Incio LU 14 E 7
Indiana (Estación de la) MA 92 V 14
Indiano (El) SE 91 T 11
Indias (Las) *La Palma* TF 132 C 6
Induráin NA 11 D 25
Ines SO 32 H 20
Inestrillas LO 33 G 24
Infantas (La) J 82 S 18
Infantas (Las) M 58 L 18
Infierno (Picos del) HU 21 D 29
Infiernos (Los) GR 94 U 17
Infiesto O 6 B 13
Ingenio *Gran Canaria* GC 117 F 3
Iniesta CU 60 N 24
Iniéstola GU 47 J 22
Inogés Z 34 H 25
Inoso VI 18 C 21
Instinción AL 102 V 22
Insúa C 3 B 6
Insúa *cerca de Taboada* LU 13 D 6
Insúa *cerca de Villalba* LU 3 C 6
Insúa (Punta) C 2 C 2
Intza NA 10 C 24
Inviernas (Las) GU 47 J 21
Iñigo SA 43 K 12
Iragi NA 11 D 25
Iranzu (Monasterio de) NA 19 D 23
Irañeta NA 10 D 24
Ircio BU 18 E 21
Irede LE 15 D 12
Iregua (Valle de) LO 19 F 22
Iribas NA 10 D 24
Iriépal GU 46 K 20
Irixo OR 13 E 5
Irixoa C 3 C 5
Irta (Cap d') CS 50 L 31
Iruecha SO 47 I 23
Iruela LE 15 F 10
Iruela (La) J 83 S 21
Iruelos SA 43 I 11
Irueste GU 46 K 21
Irumugarrieta NA 10 C 23
Irun SS 10 B 24
Irura SS 10 C 23
Iruraiz-Gauna VI 19 D 22
Irurita NA 11 C 25
Irurozqui NA 11 D 26
Irurtzun NA 10 D 24
Irús BU 8 C 19
Iruz S 7 C 18
Iruzubieta BI 10 C 22
Isaba / Izaba NA 11 D 27
Isabel (La) H 78 T 7
Isabela J 82 R 19
Isar BU 17 E 18
Iscar VA 31 H 16
Isidro BA 78 R 9
Isidros (Los) V 61 N 26
Isil L 23 D 33
Isín HU 21 E 28
Isla S 8 B 19
Isla (La) O 6 B 14
Isla Canela H 90 U 7
Isla Cristina H 90 U 8
Isla de Luna CO 93 T 15
Isla del Vicario SE 92 T 14
Isla Plana MU 97 T 26
Isla Playa S 8 B 19
Isla Ravenna IB 105 M 39
Isla Redonda SE 93 T 15
Islares S 8 B 20
Islas Menores MU 85 T 27
Isleta (La) AL 103 V 23
Isleta (La) *Gran Canaria* GC 115 G 1
Isleta (La) *Lanzarote* GC 122 D 3
Islote (El) *Fuerteventura* GC 112 C 5
Isoba LE 6 C 14
Isona L 23 F 33
Isora *El Hierro* TF 109 D 3
Isóvol GI 23 E 35
Ispaster BI 9 B 22
Isso AB 84 Q 24
Istán MA 100 W 15
Isuerre Z 20 E 26
Itálica (Ruinas de) SE 91 T 11
Itero de la Vega P 17 F 17
Itero del Castillo BU 17 F 17
Itoiz (Embalse de) NA 11 D 26
Itrabo GR 101 V 19
Itrabo (Cerro de) GR 101 V 19
Itsaso SS 10 C 23
Itsasondo SS 10 C 23
Ituero SO 33 H 22
Ituero AB 72 P 23
Ituero de Azaba SA 42 K 9
Ituero y Lama SG 45 J 16
Ituren NA 11 C 24
Iturgoyen NA 10 D 24
Iturmendi NA 19 D 23
Iturreta BI 10 C 22
Itzalle / Izal NA 11 D 26
Itzaltzu / Izalzu NA 11 D 26
Itziar SS 10 C 23
Iurreta BI 10 C 22
Ivars de Noguera L 36 G 31
Ivars d'Urgell L 37 G 32
Ivarsos (Els) CS 62 L 29
Ivorra L 37 G 34
Izaba / Isaba NA 11 D 27
Izagaondoa NA 11 D 25
Izagre LE 16 F 14
Izal / Itzalle NA 11 D 26
Izalzu / Itzaltzu NA 11 D 26
Izana SO 33 G 22
Izaña *Tenerife* TF 127 F 3
Izarra VI 18 D 21
Izarraitz (Monte) SS 10 C 23
Ízbor GR 101 V 19
Izcar CO 81 S 16
Izco NA 20 E 25
Izki (Parque natural de) VI 19 D 22
Iznájar CO 93 U 17
Iznalloz GR 94 T 19
Iznate MA 101 V 17
Iznatoraf J 83 R 20
Izurtza BI 10 C 22
Izustarri (Punta) SS 10 C 23

J

Jábaga CU 60 L 23
Jabalcón GR 95 T 21
Jabalcuz J 82 S 18
Jabalera CU 59 L 21
Jabaloyas TE 61 L 25
Jabalquinto J 82 R 18
Jabarrella HU 21 E 28
Jabarriega BA 67 O 9
Jabata H 79 S 10
Jable (El) *Lanzarote* GC 123 D 3
Jabugo H 79 S 9
Jabuguillo H 79 S 10
Jaca HU 21 E 28
Jaca J 94 T 18
Jacarilla A 85 R 27
Jacintos BA 79 R 10
Jadraque GU 46 J 21
Jaén J 82 S 18
Jafre GI 25 F 39
Jaganta TE 49 J 29
Jalama CC 55 L 9
Jalance V 73 O 26
Jalón (Río) Z 33 I 23
Jalón de Cameros LO 19 F 22
Jalvegada CR 82 Q 18
Jama *Tenerife* TF 128 E 5
Jambrina ZA 29 H 13
Jameos del Agua *Lanzarote* GC 121 F 3
Jamilena J 82 S 18
Jana (La) CS 50 K 30
Jandía *Fuerteventura* GC 112 C 5
Jandía (Península de) *Fuerteventura* GC 112 B 5
Jandía (Punta de) *Fuerteventura* GC 112 A 5
Jandilla CA 99 X 12
Jandulilla J 83 S 20
Janubio (Salinas de) *Lanzarote* GC 122 B 4
Jara (La) TO 57 M 14
Jara (La) CA 91 V 10
Jaraba Z 48 I 24
Jarafuel V 73 O 26
Jaraguas V 61 N 25
Jaraicejo CC 56 N 12
Jaraíz de la Vera CC 56 L 12
Jarales *El Hierro* TF 109 D 2
Jarama (Circuito del) M 46 K 19
Jaramillo de la Fuente BU 32 F 20
Jaramillo Quemado BU 32 F 19
Jarandilla de la Vera CC 56 L 13
Jaras (Las) CO 81 S 15
Jarastepar MA 99 V 14
Jaray SO 33 G 23
Jarceley O 5 C 10
Jardín (El) AB 72 P 23
Jardines (Puerto de los) J 82 Q 19
Jarilla CC 56 L 11
Jarilla (La) SE 92 T 12
Jarillas (Las) SE 80 S 12
Jarlata HU 21 E 28
Jarosa AL 84 S 23
Jarosa (Embalse de la) M 45 J 17
Jarosa (La) CR 71 P 20
Jarque Z 34 H 24
Jarque de la Val TE 49 J 27
Jártos AB 84 Q 23
Jasa HU 21 D 28
Jata GR 84 S 22
Játar GR 101 V 18
Jatiel TE 35 I 28
Jau (El) GR 94 U 18
Jauja CO 93 U 16
Jaulín Z 35 H 27
Jauntsarats NA 10 C 24
Jaurrieta NA 11 D 26
Jautor (El) CA 99 W 13
Javalambre TE 61 L 26
Javalambre (Sierra de) TE 61 L 27
Javalón TE 61 L 25
Javana (Punta) AL 103 V 24
Jávea / Xàbia A 75 P 30
Javier NA 20 E 26
Javierre HU 21 E 29
Javierre del Obispo HU 21 E 29
Javierregay HU 21 E 27
Javierrelatre HU 21 E 28
Jayena GR 101 V 18
Jedey *La Palma* TF 132 C 5
Jédula CA 91 V 12
Jemenuño SG 45 J 16
Jerez de la Frontera CA 98 V 11
Jerez de los Caballeros BA 79 R 9
Jerez del Marquesado GR 95 U 20
Jérica CS 62 M 28
Los Jerónimos MU 85 S 26
Jerte CC 56 L 12
Jesús (Iglesia) IB 87 P 34
Jesús i Maria T 50 J 32
Jesús Pobre A 74 P 30
Jete GR 101 V 18
Jiloca Z 48 I 25
Jimena J 82 S 19
Jimena de la Frontera CA 99 W 13
Jimenado MU 85 S 26
Jiménez de Jamuz LE 15 F 12
Jimera de Líbar (La) MA 99 W 14
Jinama (Mirador de) *El Hierro* TF 109 D 2
Jinamar *Gran Canaria* GC 115 F 2
Jinetes (Los) SE 92 T 12
Joanetes GI 24 F 37
Joanín LU 13 E 6
Joara LE 16 E 15
Joarilla de las Matas LE 16 F 14
Jócano VI 18 D 21
Jódar J 82 S 19
Jodra de Cardos SO 33 H 22
Jola CC 66 O 8
Jolúcar GR 102 V 19
Joncosa de Montmell (La) T 37 I 34
Jonquera (La) GI 25 E 38
Jorairátar GR 102 V 20
Jorba B 37 H 34
Jorcas TE 49 K 27
Jorquera AB 73 O 25
Josa TE 49 J 27
Josa del Cadí L 23 F 34
José Antonio CA 99 V 12
José Díez BA 79 R 10
Jose Toran (Embalse de) SE 80 S 13
Jou L 23 E 33
Jou (Coll de) L 23 F 34
Joya (La) H 78 S 8
Joya (La) *Ibiza* IB 87 O 34
Joyosa (La) Z 34 G 26
Juan Antón SE 79 T 10
Juan Gallego SE 79 T 10
Juan Grande *Gran Canaria* GC 117 F 4
Juan Martín CO 81 S 16
Juan Navarro V 61 N 26
Juan Quílez AB 84 Q 23
Juán Rico (Casas de) A 73 Q 27
Juanar (Refugio de) MA 100 W 15
Juarros de Riomoros SG 45 J 17
Juarros de Voltoya SG 45 I 16
Jubera LO 19 F 23
Jubera SO 47 I 22
Jubera J 82 S 18
Jubiley (Puerto) GR 102 V 19
Jubrique MA 99 W 14
Judes SO 47 I 23
Judio CR 69 Q 16
Judío (Embalse del) MU 85 R 25
Jumilla MU 85 Q 26
Jumilla (Puerto de) MU 73 Q 26
Juncalillo *Gran Canaria* GC 114 D 2
Juncar (El) CS 62 L 29
Junciana AV 44 K 13
Juncosa L 36 H 32
Juneda L 36 H 32
Junquera (La) MU 84 S 23
Junquera de Tera ZA 29 F 11
Junquillo J 82 R 17
Juntas J 94 T 18
Juntas de Arriba (Las) AL 84 S 23
Junzano HU 21 F 29
Jurado CO 81 R 16
Jurados (Los) SE 92 U 12
Juseu HU 22 F 31
Juslibol Z 35 G 27
Justel ZA 15 F 11
Justo (San) LO 19 F 23
Juviles GR 102 V 20
Juzbado SA 43 I 12
Júzcar MA 100 W 14

K

Kanala BI 9 B 21
Kanpazar (Puerto de) PV 10 C 22
Kontrasta VI 19 D 23
Korres VI 19 D 22
Kortezubi BI 9 B 22
Kripan VI 19 E 22

L

Labacengos C 3 B 6
Labacolla C 3 D 4
Labajos SG 45 J 16
Labarces S 7 C 16
Labastida VI 19 E 21
Labata HU 21 F 29
Labiano NA 11 D 25
Labor de Acequión AB 72 O 23
Laborcillas GR 95 T 20
Labores (Las) CR 70 O 19
Labra O 6 B 14
Labrada *cerca de Abadín* LU 4 B 7
Labrada *cerca de Germade* LU 3 C 6
Labraza VI 19 E 22
Labros GU 48 I 24
Labuerda HU 22 E 30
Lacabe NA 11 D 25
Lácara BA 67 P 10
Lacervilla VI 19 D 21
Láchar GR 94 U 18
Lacorvilla Z 21 F 27
Lada O 5 C 12
Laderas del Campillo MU 85 R 26
Ladines O 6 C 13
Ladrillar CC 43 K 11
Ladronera CO 81 R 16
Ladrones MU 73 P 25
Ladrones (Punta) MA 100 W 15
Ladruñán TE 49 J 28
Lafortunada HU 22 E 30
Lafuente S 7 C 16
Lagar O 4 B 9
Lagar de San Antonio CO 93 T 15
Lagarejos ZA 29 F 10
Lagarín CA 92 V 14
Lagartera TO 57 M 14
Lagartos P 16 E 15
Lagata Z 35 I 27
Lago O 4 C 9
Lago LU 4 A 7
Lago Menor IB 105 M 39
Lagoa (A) PO 12 E 4
Lagos MA 101 V 17
Lagrán VI 19 E 22
Laguarres HU 22 F 31
Laguarta HU 21 E 29
Lagueruela TE 48 I 26
Laguna (La) CR 70 P 18
Laguna (La) GR 93 U 17
Laguna (La) *La Palma* TF 132 C 5
Laguna (La) *Tenerife* TF 125 I 2
Laguna Chica TO 59 N 20
Laguna Dalga LE 15 F 12
Laguna de Cameros LO 19 F 22
Laguna de Contreras SG 31 H 17
Laguna de Duero VA 30 H 15
Laguna de Negrillos LE 16 F 13
Laguna de Somoza LE 15 E 11
Laguna del Marquesado CU 60 L 24
Laguna Grande CU 71 N 21
Laguna Negra de Neila BU 32 F 20
Laguna Negra de Urbión SG 33 F 21
Laguna Rodrigo SG 45 J 16
Lagunarrota HU 36 G 29
Lagunas de Ruidera (Parque natural) CR 71 P 21
Lagunaseca CU 47 K 23
Lagunazo H 78 T 8
Lagunazo (Embalse de) H 78 T 8
Lagunilla SA 43 L 12
Lagunilla (La) CR 69 O 16
Lagunilla del Jubera LO 19 E 23
Lagunillas (Las) CO 93 T 17
Lahiguera J 82 S 18
Laida BI 9 B 21
Laíño C 12 D 3
Laiosa LU 14 E 7
Lajares *Fuerteventura* GC 111 H 1
Lajita (La) *Fuerteventura* GC 113 F 4
Lakuntza NA 19 D 23
Lalastra VI 18 D 20
Lalín PO 13 E 5
Laluenga HU 22 F 29
Lalueza HU 35 G 29
Lama PO 13 E 4
Lamalonga OR 14 F 9
Lamas LU 3 C 6
Lamas LU 13 E 6
Lamas *cerca de San Sadurniño* C 3 B 5
Lamas *cerca de Zás* C 2 C 3
Lamas (As) OR 13 F 6
Lamas (Las) LE 14 D 9
Lamas de Moreira LU 4 C 8
Lamata HU 22 F 30
Laminoria (Cantera de) VI 19 D 22
Lamosa PO 13 F 4
Lanaja HU 35 G 29
Lanave HU 21 E 28
Láncara LU 14 D 7
Lancha (La) J 82 R 18
Lancha (Puerto de la) AV 45 K 16
Lanchar MU 84 R 23
Lancharres S 7 C 18
Lanciego VI 19 E 22
Landete CU 61 M 25
Landrove LU 4 B 7
Lanestosa BI 8 C 19
Langa AV 44 I 15
Langa (La) CU 59 L 22
Langa de Duero SO 32 H 19
Langa del Castillo Z 34 I 25
Langayo VA 31 H 17
Langosto SO 33 G 22
Langre LE 15 D 10
Langreo O 6 C 13
Languilla SG 32 H 19
Lanjarón GR 101 V 19
Lanseros ZA 29 F 10
Lantadilla P 17 E 17
Lantaño PO 12 E 3
Lantarón VI 18 D 20
Lantéira GR 95 U 20
Lantejuela SE 92 T 14
Lantz NA 11 D 25
Lanuza (Embalse de) HU 21 D 29
Lanza C 3 C 5
Lanzahita AV 57 L 15
Lanzas Agudas BI 8 C 19
Lanzós LU 3 B 7
Lanzuela TE 48 I 26
Laño BU 19 E 22
Lapa (La) SE 91 T 11
Lapa (La) BA 79 Q 10
Lapa (Sierra de la) BA 68 P 12
Lapela OR 13 F 5
Laperdiguera HU 36 G 29
Lapoblación NA 19 E 22
Lapones CC 54 N 8
Lapuebla de Labarca VI 19 E 22
Lara BU 18 F 19

Lara CR 70 O 18
Laracha (A) C 2 C 4
Laranueva GU 47 J 22
Laraxe C 3 B 5
Lardero LO 19 E 22
Laredo S 8 B 19
Larga (Laguna) TO 59 N 20
Larga (Sierra) AL 84 S 23
Largas TO 58 N 19
Largo (El) AL 96 T 24
Lariño C 12 D 2
Lario LE 6 C 14
Laro PO 13 E 5
Laroá OR 27 F 6
Laroles GR 95 U 20
Larón O 5 D 10
Larouco OR 14 E 8
Laroya AL 96 U 23
Larrabasterra BI 8 B 21
Larrabetzu BI 9 C 21
Larraga NA 20 E 24
Larraintzar NA 11 D 24
Larraitz (Ermita de) SS 10 C 23
Larraona NA 19 D 23
Larrau (Puerto de) NA 11 D 27
Larraul SS 10 C 23
Larraun NA 10 D 24
Larráun NA 19 D 24
Lárrede HU 21 E 29
Larreineta BI 8 C 20
Larrés HU 21 E 28
Larriba LO 19 F 22
Larrión NA 19 D 23
Larrodrigo SA 44 J 13
Larruskain BI 10 C 22
Larués HU 21 E 27
Larumbe NA 10 D 24
Larva J 83 S 20
Larva (Estacíon de) J 83 S 20
Larxentes LU 4 D 9
Lasao SS 10 C 23
Lasaosa HU 21 E 29
Lasarte-Oria SS 10 C 23
Lascasas HU 21 F 28
Lascellas HU 21 F 29
Lascuarre HU 22 F 31
Lasieso HU 21 E 28
Laspaúles HU 22 E 31
Laspuña HU 22 E 30
Laspuña
(Embalse de) HU 22 E 30
Lastanosa HU 35 G 29
Lastra (A) LU 4 C 8
Lastra (La) S 7 C 16
Lastra (La) P 17 D 16
Lastra del Cano (La) AV 44 K 13
Lastras S 8 C 19
Lastras de Cuéllar SG 31 I 17
Lastras de la Torre BU 18 C 20
Lastras de las Eras BU 8 C 19
Lastras del Pozo SG 45 J 16
Lastres O 6 B 14
Lastrilla (La) SG 45 J 17
Latasa
cerca de Lekunberri NA 10 D 24
Latasa
cerca de Lizaso NA 11 D 25
Latedo ZA 29 G 10
Latorrecilla HU 22 E 30
Latre HU 21 E 28
Laudio / Llodio VI 8 C 21
Laujar de Andarax AL 102 V 21
Laukiz BI 8 B 21
Lavaderos TE 49 J 27
Lavadores PO 12 F 3
Lavandeira C 3 B 5
Lavern B 38 H 35
Lavid de Ojeda P 17 E 16
Lavio O 5 B 10
Laxe C 2 C 2
Laxe LU 13 E 6
Laxosa LU 4 D 7
Layana Z 20 F 26
Layna SO 47 I 23
Layón AL 95 U 22
Layos TO 58 M 17
Laza OR 14 F 7
Lazagurría NA 19 E 23
Lázaro CU 60 M 24
Lazkao SS 10 C 23
Lea LU 4 C 7
Leache NA 20 E 25
Lebanza P 17 D 16
Lebeña S 7 C 16
Leboreiro C 13 D 6
Leboreiro OR 14 F 7
Lebozán PO 13 E 5
Lebozán OR 13 E 5
Lebrancón GU 47 J 23
Lebredo O 4 B 9
Lebrija SE 91 V 11
Lécera Z 35 I 27
Leces O 6 B 14
Lechago TE 48 J 26
Lechina AB 72 O 22
Lechón Z 48 I 26
Lechugales
(Morra de) ESP 7 C 15
Lecina HU 22 F 30
Leciñena Z 35 G 28
Lecrín GR 101 V 19
Lecrín (Valle de) GR 101 V 19
Ledanca GU 47 J 21
Ledaña CU 72 N 24
Ledesma SA 43 I 11
Ledesma
de la Cogolla LO 19 F 21
Ledesma de Soria SO 33 H 23
Ledigos P 16 E 15
Ledrada SA 43 K 12
Leganés M 46 L 18
Leganiel CU 59 L 21
Legarda NA 10 D 24
Legazpi SS 10 C 22
Legorreta SS 10 C 23
Legutiano VI 19 D 22
Leiloio C 2 C 3
Leintz-Gatzaga SS 19 D 22
Leioa BI 8 B 20
Leioa BI 8 B 21
Leioa BI 8 C 21
Leira C 3 C 4
Leirado PO 13 F 4
Leiro C 3 B 5
Leiro OR 13 E 5
Leis C 2 C 2
Leitariegos O 5 D 10
Leitariegos
(Puerto de) LE 5 D 10
Leitza NA 10 C 24
Leiva LO 18 E 20
Lekeitio BI 9 B 22
Lekunberri NA 10 C 24
Lemoa BI 9 C 21
Lemoiz BI 8 B 21
Lences BU 18 E 19
Lendínez J 82 S 17
Lentejí GR 101 V 18
Lentellais OR 14 F 8
Lentiscal (El) CA 99 X 12
León LE 16 E 13
León (Isla de) CA 98 W 11
León (Montes de) LE 15 E 10
León (Puerto del) MA 100 V 16
Leones (Los) CO 93 T 16
Leoz NA 20 E 25
Lepe H 90 U 8
Leranotz NA 11 D 25
Lérez PO 12 E 4
Lerga NA 20 E 25
Lerín NA 19 E 24
Lerma BU 32 F 18
Lermilla BU 18 E 19
Lerones S 7 C 16
Les L 22 D 32
Lesaka NA 11 C 24
Lesón C 12 E 3
Letreros
(Cuevas de los) AL 84 S 23
Letur AB 84 Q 23
Letux Z 35 I 27
Levante (Peñas de) CC 55 L 10
Levinco O 6 C 13
Leyre
(Monasterio de) NA 20 E 26
Leza VI 19 E 22
Leza de Río Leza LO 19 F 22
Lezama BI 9 C 21
Lezama VI 8 C 21
Lezáun NA 10 D 24
Lezo SS 10 C 24
Lezuza AB 72 P 22
Liandres S 7 B 17
Libardón O 6 B 14
Liber LU 14 D 8
Librán LE 15 D 10
Libreros CA 99 X 12
Librilla MU 85 S 25
Libros TE 61 L 26
Liceras SO 32 H 20
Lidón TE 48 J 26
Liebres BA 67 O 9
Liédena NA 20 E 26
Liegos LE 6 C 14
Liencres S 7 B 18
Liendo S 8 B 19
Lieres O 6 B 13
Liérganes S 8 B 18
Lierta HU 21 F 28
Liesa HU 21 F 29
Liétor AB 72 Q 24
Ligos SO 32 H 20
Ligüerre de Ara HU 21 E 29
Ligüerzana P 17 D 16
Líjar AL 96 U 23
Lillo TO 59 M 20
Lillo del Bierzo LE 15 D 10
Limaria AL 96 T 23
Limia (Río) OR 13 F 6
Limodre C 3 B 5
Limones GR 94 T 18
Limonetes
de Villalobos (Los) BA 67 P 9
Limpias S 8 B 19
Linarejos ZA 29 G 10
Linarejos J 82 R 19
Linares S 7 C 16
Linares J 82 R 19
Linares *cerca de* Cangas
de Narcea O 5 C 10
Linares *cerca de* Salas O 5 B 11
Linares (Puerto de) TE 49 L 28
Linares de la Sierra H 79 S 10
Linares de Mora TE 49 L 28
Linares de Riofrío SA 43 K 12
Linares del Arroyo
(Embalse de) SG 32 H 19
Linás de Broto HU 21 E 29
Linás de Marcuello HU 21 F 27
Linde (La) O 5 C 10
Lindín LU 4 B 8
Línea
de la Concepción (La) CA 99 X 13
Lintzoain NA 11 D 25
Linyola L 37 G 32
Liñaio C 2 D 3
Liñares LU 14 D 8
Liñares
cerca de Beariz OR 13 E 5
Liñares
cerca de Orense OR 13 E 6
Lira C 12 D 2
Lires C 2 D 2
Liri HU 22 E 31
Liria / Llíria V 62 N 28
Litago Z 34 G 24
Litera HU 22 F 31
Litos ZA 29 G 11
Lituelo TE 48 J 26
Lituénigo Z 34 G 24
Lizarra / Estella NA 19 D 23
Lizarraga *cerca*
de Echarri Aranaz NA 19 D 23
Lizarraga
cerca de Urroz NA 11 D 25
Lizarraga
(Puerto de) NA 19 D 23
Lizarrieta NA 11 C 25
Lizarrusti
(Puerto de) 19 D 23
Lizartza SS 10 C 23
Lizaso NA 11 D 24
Lizóain NA 11 D 25
Llabería T 51 I 32
Llacuna (La) B 37 H 34
Lladó GI 25 F 38
Lladorre L 23 E 33
Lladrós L 23 E 33
Lladurs L 23 F 34
Llafranc GI 25 G 39
Llagosta (La) B 38 H 36
Llagostera GI 25 G 38
Llagunes L 23 E 33
Llamas O 6 C 13
Llamas de Cabrera LE 14 E 10
Llamas de la Ribera LE 15 E 12
Llamas de Rueda LE 16 E 14
Llamas del Mouro O 5 C 10
Llambilles GI 25 G 38
Llames O 6 B 15
Llamo O 5 C 12
Llamoso O 5 C 11
Llana (Punta)
La Gomera TF 119 D 2
Llana (Sierra de la) BU 18 D 19
Llanars GI 24 F 37
Llanas (Las) BI 8 C 20
Llánaves
de la Reina LE 6 C 15
Llançà GI 25 E 39
Llanelo O 14 D 9
Llanera O 5 B 12
Llanera de Ranes V 74 O 28
Llanes O 6 B 15
Llanillo BU 17 D 17
Llano S 17 D 18
Llano (El) O 4 B 8
Llano (Puerto) CC 68 N 14
Llano (Puerto) BA 67 Q 11
Llano de Brujas MU 85 R 26
Llano de Bureba BU 18 E 19
Llano de la Torre AB 84 Q 23
Llano de Olmedo VA 31 I 16
Llano del Beal MU 85 T 27
Llano Don Antonio AL 103 V 24
Llano Negro *La Palma* TF 130 B 3
Llanos (Los) AB 72 P 24
Llanos
de Antequera (Los) MA 93 U 16
Llanos de Aridane
(Los) *La Palma* TF 132 C 5
Llanos de Arriba (Los) J 83 Q 21
Llanos de Don Juan CO 93 T 16
Llanos de la Concepción
Fuerteventura GC 111 G 3
Llanos
de Tormes (Los) AV 44 L 13
Llanos del Caudillo CR 71 O 19
Llanos del Valle CA 99 W 12
Llanteno VI 8 C 20
Llanuces O 5 C 12
Llardecans L 36 H 31
Llares (Los) S 7 C 17
Llaurí V 74 O 29
Llavorsí L 23 E 33
Lledó TE 50 J 30
Lleida L 36 H 31
Llén SA 43 J 12
Llena (Pic de) L 23 E 32
Llera BA 79 Q 11
Llerana S 7 C 18
Llerandi O 6 C 14
Llerena BA 79 R 11
Llers GI 25 F 38
Llert HU 22 E 31
Lles de Cerdanya L 23 E 35
Llesp L 22 E 32
Llessui L 23 E 33
Llessui (Vall de) L 23 E 33
Llíber A 74 P 30
Lliçà d'Amunt B 38 H 36
Llimiania L 23 F 32
Llinars L 23 F 34
Llinars
de l'Aigua d'Ora B 23 F 35
Llinars del Vallès B 38 H 37
Llíria / Liria V 62 N 28
Llívia GI 24 E 35
Lloà T 36 I 32
Llobera *cerca*
de Organyà L 23 F 34
Llobera *cerca*
de Solsona L 37 G 34
Llobregat (El)(Riu) B 24 F 35
Llocnou
de Sant Jeroni V 74 P 29
Llocnou d'en Fenollet V 74 O 28
Llodio / Laudio VI 8 C 21
Lloma (La)
cerca de Marines V 62 M 28
Lloma (La)
cerca de Nàquera V 62 N 28
Llombai V 74 O 28
Llombarts (es) IB 105 N 39
Llombera LE 16 D 13
Llonín O 7 B 16
Llor (El) L 37 G 33
Llorac T 37 H 33
Lloreda S 7 C 18
Llorenç de Vallbona L 37 H 33
Llorenç del Penedès T 37 I 34
Llorengoz BU 18 D 20
Lloret de Mar GI 39 G 38
Lloret
de Vistalegre IB 104 N 38
Llosa (La) CS 62 M 29
Llosa de Camacho A 74 P 29
Llosa de Ranes (La) V 74 O 28
Lloseta IB 104 M 38
Llosses (Les) GI 24 F 36
Llovio O 6 B 14
Llubí IB 105 M 39
Lluçà B 24 F 36
Lluçars L 37 G 33
Llucena CS 62 L 29
Llucmajor IB 104 N 38
Llumes Z 48 I 24
Llusias (Monte) S 8 C 19
Llutxent V 74 P 28
Lo Ferro MU 85 S 27
Loarre HU 21 F 28
Loarre (Castillo de) HU 21 F 28
Loba (Puerto de la) BA 79 R 10
Loba (Sierra de la) LU 3 C 6
Lobatejo CO 93 T 17
Lobeira OR 27 G 5
Lobeira (Mirador de) PO 12 E 3
Lobeiras LU 4 B 7
Lobera de Onsella Z 20 E 26
Loberuela (La) V 61 M 25
Lobillo (El) CR 71 P 20
Lobios OR 27 G 5
Lobo (Pico del) GU 46 I 19
Lobo (Pilón del) CR 69 P 15
Lobo (Puerto) GR 94 U 19
Lobón BA 67 P 10
Lobos GR 83 S 22
Lobos (Isla de los)
Fuerteventura GC 111 J 1
Lobos (Los) AL 96 U 24
Lobosillo MU 85 S 26
Lobras GR 102 V 20
Lobres GR 101 V 19
Lodares *cerca de El Burgo*
de Osma SO 32 H 20
Lodares
cerca de Medinaceli SO 47 I 22
Lodares del Monte SO 33 H 22
Lodosa NA 19 E 23
Lodoso BU 17 E 18
Loeches M 46 K 19
Logroño LO 19 E 22
Logrosán CC 68 N 13
Loiba C 3 A 6
Lois LE 16 D 14
Loiti (Puerto) NA 20 E 25
Loiu BI 8 C 21
Loja GR 94 U 17
Lojilla GR 94 T 17
Loma (La) GU 47 J 23
Loma (La) GR 94 U 18
Loma Badada A 85 Q 27
Loma de Piqueras AB 72 Q 22
Loma del Ucieza P 17 E 16
Loma Gerica J 83 R 22
Loma Gorda TE 61 L 26
Loma Pelada
(Punta de) AL 103 V 23
Lomana BU 18 D 20
Lomas P 17 F 16
Lomas (Las) MU 85 S 26
Lomas (Las) CA 99 X 12
Lomas (Las) MA 100 W 15
Lomas (Las) M 45 K 18
Lomas (Las) Z 35 G 27
Lomba (La) S 7 C 17
Lomeña S 7 C 16
Lomero H 78 S 9
Lominchar TO 58 L 18
Lomo
de Mena *Tenerife* TF 127 G 3
Lomoviejo VA 44 I 15
Longares Z 34 H 26
Longás Z 21 E 27
Loña del Monte OR 13 E 6
Lope Amargo CO 81 S 16
Lopera J 81 S 17
Lopera GR 95 U 20
Loporzano HU 21 F 29
Lor LU 14 E 7
Lora CA 92 V 14
Lora de Estepa SE 93 U 15
Lora del Río SE 80 T 13
Loranca de Tajuña GU 46 K 20
Loranca del Campo CU 59 L 21
Loranquillo BU 18 E 20
Lorbé C 3 B 5
Lorca MU 84 S 24
Loredo S 8 B 18
Lorenzana LE 16 D 13
Lores P 17 D 16
Loreto GR 94 U 18
Loriguilla V 62 N 28
Loriguilla (Ruinas
del pueblo de) V 61 M 27
Lorilla BU 17 D 18
Lorqui MU 85 R 26
Losa AB 72 Q 24
Losa (La) SG 45 J 17
Losa (La) GR 83 S 22
Losa del Obispo V 61 M 27
Losacino ZA 29 G 11
Losacio ZA 29 G 11
Losadilla LE 14 F 10
Losana del Pirón SG 45 I 17
Losar (El) AV 44 K 13
Losar de la Vera CC 56 L 13
Losares CU 60 L 23
Loscorrales HU 21 F 28
Loscos TE 48 I 26
Losetares GR 84 S 23
Losilla ZA 29 G 12
Losilla (La) SO 33 G 23
Losilla (La) AB 72 P 24
Losilla de Aras V 61 M 26
Lougares PO 13 F 4
Loureda C 13 D 4
Loureiro LU 14 D 7
Loureiro PO 13 E 4
Lourenzá LU 4 B 8
Loureza PO 12 G 3
Louro C 12 D 2
Louro (Punta) C 12 D 2
Lousada LU 13 D 7
Lousadela LU 13 D 6
Lousame *Portobravo* C 12 D 3
Lousame *Portobravo* C 12 D 3
Louseiro LU 14 D 8
Loza VI 19 E 21
Lozoya M 45 J 18
Lozoyuela M 46 J 19
Luaces LU 4 C 7
Luanco O 5 B 12
Luarca O 5 B 10
Lubia SO 33 H 22
Lubián ZA 28 F 9
Lubrín AL 96 U 23
Lucainena AL 102 V 20
Lucainena
de las Torres AL 96 U 23
Lúcar AL 96 T 22
Lucena CO 93 T 16
Lucena de Jalón Z 34 H 26
Lucena del Puerto H 91 U 9
Lucencia LU 13 D 6
Luceni Z 34 G 26
Lucenza OR 27 G 7
Luces O 6 B 14
Luchena MU 84 S 24
Luciana CR 70 P 17
Lucillo LE 15 E 11
Lucillos TO 57 M 16
Luco de Bordón TE 49 J 29
Luco de Jiloca TE 48 J 26
Ludiente CS 62 L 28
Ludrio LU 4 C 7
Lueje O 6 C 15
Luelmo ZA 29 H 11
Luesia Z 20 E 26
Luesma Z 48 I 26
Lugán LE 16 D 13
Lugar Nuevo
(Coto nacional de) J 82 R 17
Lugar Nuevo (El) J 82 R 17
Lugareja (Ermita La) AV 44 I 15
Lugo LU 4 C 7
Lugo de Llanera O 5 B 12
Lugones O 5 B 12
Lugros GR 95 U 20
Lugueros LE 16 D 13
Luíntra (Nogueira
de Ramuín) OR 13 E 6
Luiña O 14 D 9
Luis Díaz CO 81 S 16
Luisiana (La) SE 92 T 14
Luján HU 22 E 30
Lújar GR 102 V 19
Lukiano VI 18 D 21
Lumajo LE 5 D 11
Lumbier NA 20 E 26
Lumbier (Hoz de) NA 20 E 26
Lumbrales SA 42 J 9
Lumbreras LO 33 F 22
Lumias SO 32 H 21
Lumpiaque Z 34 H 26
Luna Z 21 F 27
Lunada (Portillo de) BU 8 C 19
Luneda PO 13 F 5
Luou C 12 D 4
Lupiana GU 46 K 20
Lupiñén HU 21 F 28
Lupiñén-Ortilla HU 21 F 28
Lupión J 82 S 19
Luque CO 93 T 17
Luquin NA 19 E 23
Lurda (La) SA 44 J 13
Luriana BA 67 O 10
Lusio LE 14 E 9
Luiaondo VI 8 C 21
Luyego LE 15 E 11
Luz BA 66 Q 8
Luz (La) VA 31 H 15

Luzaga GU 47 J 22
Luzaide / Valcarlos NA 11 C 26
Luzás HU 22 F 31
Luzmela S 7 C 17
Luzón GU 47 I 23

M

Mabegondo C 3 C 5
Macael AL 96 U 23
Macalón AB 84 Q 23
Maçanet de Cabrenys GI 24 E 38
Maçanet de la Selva GI 39 G 38
Macarra CC 56 M 12
Macastre V 73 N 27
Maceda cerca de Corgo LU 14 D 7
Maceda cerca de Orense OR 13 F 7
Maceda cerca de Palas de Rei LU 13 D 6
Maceira PO 13 F 4
Macetua (Estación de la) MU 85 R 25
Machacón SA 44 J 13
Machal (El) BA 67 O 10
Macharaviaya MA 101 V 17
Mácher Lanzarote GC 122 C 4
Machero CR 70 N 17
Machimala HU 22 D 31
Macisvenda MU 85 R 26
Macotera SA 44 J 14
Madarcos M 46 I 19
Madariaga SS 10 C 22
Madera J 83 R 22
Maderal (El) ZA 29 I 13
Madero (Puerto del) SO 33 G 23
Maderuelo SG 32 H 19
Madre de las Marismas del Rocío H 91 U 10
Madremanya GI 25 G 38
Madrero (El) TO 57 N 15
Madrid M 46 K 19
Madridanos ZA 30 H 13
Madridejos TO 58 N 19
Madrideña (La) CR 70 P 19
Madrigal GU 33 I 21
Madrigal TO 57 M 16
Madrigal de la Vera CC 56 L 13
Madrigal de las Altas Torres AV 44 I 15
Madrigal del Monte BU 18 F 18
Madrigalejo CC 68 O 13
Madrigalejo del Monte BU 18 F 18
Madriguera SG 32 I 20
Madrigueras AB 72 O 24
Madrigueras (Estación de) J 82 R 19
Madroa PO 12 F 3
Madrona SG 45 J 17
Madroñal SA 43 K 11
Madroñera CC 56 N 12
Madroñera BA 67 Q 10
Madroñera (Embalse de) CC 56 N 12
Madroñera (Sierra) H 78 T 7
Madroño AB 73 Q 25
Madroño MU 84 S 24
Madroño MU 84 S 23
Madroño (El) AB 72 P 23
Madroño (El) SE 79 T 10
Madroños MU 84 S 23
Madruédano SO 32 H 20
Maella Z 50 I 30
Maello AV 45 J 16
Maestrat (El) CS 49 K 29
Maestre SE 92 U 14
Mafet L 37 G 33
Magacela BA 68 P 12
Magallón Z 34 G 25
Magaluf IB 104 N 37
Magán TO 58 M 18
Magaña SO 33 G 23
Magaz P 31 G 16
Magaz de Abajo LE 14 E 9
Magaz de Cepeda LE 15 E 11
Magazos AV 44 I 15
Magazos LU 4 B 7
Magdalena (Ermita) C 12 E 3
Magdalena (Ermita de la) cerca de Aguaviva TE 49 J 29
Magdalena (Ermita de la) cerca de Mora de Rubielos TE 62 L 27
Magdalena (La) LE 15 D 12
Magdalena (Puerto de la) LE 15 D 11
Mágina J 82 S 19
Magrero CR 70 P 19
Máguez GC 121 F 3
Maguilla BA 80 Q 12
Maguma BI 10 C 22
Mahamud BU 17 F 18
Mahide ZA 29 G 10
Mahón / Maó IB 106 M 42
Mahora AB 72 O 24
Mahoya MU 85 R 26
Maià de Montcal GI 24 F 38
Maials L 36 H 31
Maians B 37 H 35
Maicas TE 49 J 27
Maigmó A 74 Q 28
Maíllo (El) SA 43 K 11
Maimón AL 96 U 23
Mainar Z 48 I 26
Mainar (Puerto de) Z 34 I 26
Maire de Castroponce ZA 15 F 12
Mairena GR 95 U 20
Mairena del Alcor SE 92 T 12
Mairena del Aljarafe SE 91 T 11
Maitena GR 95 U 19
Majada (La) MU 85 T 25
Majada Blanca Fuerteventura GC 113 H 3
Majada de la Peña BA 68 P 14
Majada Madrid MA 99 W 14
Majada Ruiz CA 99 V 13
Majadahonda M 45 K 18
Majadas CC 56 M 12
Majadas (Las) CU 60 L 23
Majaelrayo GU 46 I 20
Majalinos (Puerto de) TE 49 J 28
Maján SO 33 H 23
Majanicho Fuerteventura GC 111 H 1
Majano AB 72 O 24
Majazul TO 58 L 17
Majogazas AB 72 P 23
Majona (Punta) La Gomera TF 119 D 2
Majones HU 21 E 27
Majúa (La) LE 5 D 11
Majuges SA 43 I 10
Mal Pas (es) IB 105 M 39
Mala Lanzarote GC 123 F 3
Mala (Punta) CA 99 X 14
Malacuera GU 47 J 21
Maladeta HU 22 D 31
Maladeta (Pico de la) HU 22 E 31
Málaga MA 100 V 16
Málaga (Ensenada de) MA 100 W 16
Málaga (Hoya de) MA 100 V 15
Málaga del Fresno GU 46 J 20
Malagón CR 70 O 18
Malagraner CS 50 J 30
Malagüilla GU 46 J 20
Malahá (La) GR 94 U 18
Malandar (Punta de) CA 91 V 10
Malanquilla Z 34 H 24
Malcocinado BA 80 R 12
Maldà L 37 H 33
Malefatón AB 73 O 25
Malején Z 34 G 25
Malgrat de Mar B 39 H 38
Maliaño S 7 B 18
Malillos LE 16 E 13
Malillos ZA 29 H 12
Malla B 38 G 36
Mallá (La) V 62 N 28
Mallabia BI 10 C 22
Mallas C 2 D 2
Mallén Z 34 G 25
Malleza O 5 B 11
Mallo LE 15 D 12
Mallol (El) GI 24 F 37
Mallón C 2 C 3
Mallona (La) SO 33 G 21
Mallorca IB 104 O 37
Mallos (Los) HU 21 E 27
Malón Z 34 G 25
Malpaís cerca de Las Cuevecitas TF 127 H 3
Malpaís Grande Fuerteventura GC 113 H 4
Malpaíses La Palma TF 132 D 6
Malpartida SA 44 J 14
Malpartida de Cáceres CC 55 N 10
Malpartida de Corneja AV 44 K 13
Malpartida de la Serena BA 68 P 13
Malpartida de Plasencia CC 56 M 11
Malpás L 22 E 32
Malpasillo (Embalse de) CO 93 U 16
Malpaso El Hierro TF 108 C 3
Malpelo AB 72 O 24
Malpica de Arba Z 20 F 26
Malpica de Bergantiños C 2 C 3
Malpica de España BA 66 P 8
Malpica de Tajo TO 57 M 16
Maluenda Z 34 I 25
Maluque SG 32 H 19
Malva ZA 30 H 13
Malva-rosa (La) V 62 M 29
Malvana (Sierra de la) CC 55 L 9
Malvas PO 12 F 3
Malvedo O 5 C 12
Mamblas AV 44 I 14
Mambliga BU 18 D 20
Mambrilla de Castrejón BU 31 H 18
Mambrillas de Lara BU 32 F 19
Mamillas Z 20 E 26
Mamola (La) GR 102 V 20
Mamolar BU 32 G 19
Mámoles ZA 29 H 11
Mampodre (Reserva nacional de) LE 6 C 13
Manacor IB 105 N 39
Manán LU 4 D 7
Manantial (El) CA 98 W 11
Manar (Sierra del) GR 94 U 19
Mancera de Abajo SA 44 J 14
Mancera de Arriba AV 44 J 14
Mancha (La) TF 71 O 19
Mancha Real J 82 S 19
Manchas (Las) Tenerife TF 126 C 3
Manchego (Collado) CU 48 K 24
Manchica (A) OR 13 F 6
Manchita BA 68 P 11
Manchones Z 48 I 25
Manchoya HU 21 E 29
Manciles BU 17 E 18
Mancor de la Vall IB 104 M 38
Mandaio C 3 C 5
Mandayona GU 47 J 21
Mandeo C 3 C 5
Mandiá C 3 B 5
Mandín OR 28 G 7
Maneta MU 73 Q 26
Manga (Cañada de la) AB 71 P 21
Manga del Mar Menor (La) MU 86 T 27
Manganese ZA 29 F 12
Manganeses de la Lampreana ZA 29 G 12
Manilla MU 84 S 25
Manilva MA 99 W 14
Maniños C 3 B 5
Manises V 62 N 28
Manjabálago AV 44 K 14
Manjarín LE 15 E 10
Manjarrés LO 19 E 21
Manjavacas (Ermita de) CU 59 N 21
Manjirón M 46 J 19
Manlleu B 24 F 36
Manojar (El) CR 70 N 17
Manquillo (Collado El) BU 18 F 20
Manquillos P 17 F 16
Manresa B 38 G 35
Mansilla BU 17 E 18
Mansilla SG 46 I 19
Mansilla de la Sierra LO 18 F 21
Mansilla de las Mulas LE 16 E 13
Mansilla del Páramo LE 15 E 12
Mansilla Mayor LE 16 E 13
Mantet (Portella de) GI 24 E 36
Mantiel GU 47 K 22
Mantinos P 16 D 15
Manuel V 74 O 28
Manuelas CO 81 R 16
Manurga VI 19 D 21
Manyà A 85 Q 27
Manzalvos OR 28 G 8
Manzanal (Puerto de) LE 15 E 11
Manzanal de los Infantes ZA 29 F 10
Manzanal del Barco ZA 29 H 12
Manzanal del Puerto LE 15 E 11
Manzanares CR 71 O 19
Manzanares de Rioja LO 18 E 21
Manzanares el Real M 45 J 18
Manzaneda O 5 C 12
Manzaneda OR 14 F 8
Manzaneda cerca de Truchas LE 15 F 11
Manzaneda (Cabeza de) OR 14 F 8
Manzaneda de Torío cerca de Garrafe de Torío LE 16 D 13
Manzanedo BU 18 D 18
Manzaneque TO 58 N 18
Manzanera TE 61 L 27
Manzaneruela CU 61 M 26
Manzanilla H 91 T 10
Manzanillo VA 31 H 17
Manzano SA 42 K 10
Manzano (El) SA 29 I 11
Mañaria BI 10 C 22
Mañeru NA 10 D 24
Mañón C 3 B 6
Mao OR 14 F 7
Maó / Mahón IB 106 M 42
Maqueda TO 57 L 16
Mar y Land IB 87 Q 34
Mara Z 34 I 25
Maracena GR 94 U 19
Marachón (Puerto de) GU 47 I 23
Maranchón GU 47 I 23
Maraña LE 6 C 14
Maraña (La) MU 85 R 25
Marañón NA 19 E 22
Marañón CR 71 O 20
Marañosa (La) M 58 L 19
Marauri BU 19 D 22
Maravillas (Gruta de las) H 79 S 10
Marazoleja SG 45 J 16
Marazovel SO 33 I 21
Marazuela SG 45 J 16
Marbella CO 93 T 17
Marbella MA 100 W 15
Marbella (Ensenada de) MA 100 W 15
Marboré HU 22 D 30
Marçà T 50 I 32
Marcaláin NA 11 D 24
Marce LU 13 E 6
Marcén HU 35 G 29
Marchagaz CC 55 L 11
Marchal GR 95 U 20
Marchal (El) AL 96 U 23
Marchal de Antón López (El) AL 102 V 22
Marchamalo GU 46 J 20
Marchena SE 92 U 13
Marchenilla CA 99 W 13
Marchenilla (Castillo) SE 92 U 12
Marcilla NA 20 F 24
Marcilla de Campos P 17 F 16
Marco LU 13 D 6
Marco (El) BA 66 O 8
Marco (Puerto El) PO 13 D 6
Marco de Alvare (Puerto) LU 4 C 8
Marco Fabio Quintiliano (Parador) Calahorra LO 19 F 24
Marcón PO 12 E 4
Marcos (Los) V 61 N 26
Marea (La) O 6 C 13
Marentes O 4 C 9
Mareny Blau (El) V 74 O 29
Mareny de Barraquetes (El) V 74 O 29
Mareny de Sant Llorenç (El) V 74 O 29
Mareny de Vilxes V 74 O 29
Mareo O 6 B 12
Mares (Hacienda Dos) MU 86 S 27
Mareta (Punta de la) Lanzarote GC 120 E 1
Marey LU 14 D 7
Margalef T 36 I 32
Marganell B 38 H 35
Margarida A 74 P 29
Margen (El) GR 83 T 22
Margolles O 6 B 14
María AL 84 S 23
María Andrés (Sierra de) BA 67 Q 9
María Cristina (Embassament de) CS 62 L 29
María de Huerva Z 35 H 27
María de la Salut IB 105 M 39
Mariana CU 60 L 23
Marías (Las) GU 47 K 21
Maribáñez SE 92 U 12
Maribáñez BA 68 O 13
Maridos (Los) J 83 Q 22
Marifranca CC 55 L 10
Marigenta H 79 T 10
Marigutiérrez AB 72 O 22
Marimínguez AB 73 O 25
Marín PO 12 E 3
Marin AL 103 V 22
Marina (La) T 51 I 33
Marina (La) A 86 R 28
Marina (La) V 74 O 29
Marina-Oasis A 86 R 27
Marinaleda SE 93 T 15
Marinas (Las) AL 102 V 22
Marines Llíria V 62 M 28
Marines Olocau V 62 M 28
Marines (Les) A 74 P 30
Marines (Los) H 79 S 10
Les Marines (Platjas) A 74 Q 30
Mariña (A) C 3 B 5
Maripérez AB 72 O 23
Marisán V 62 N 28
Marisánchez CR 71 P 20
Marismas (Puerto de las) BA 79 S 11
Marismilla SE 91 U 12
Mariz LU 3 C 6
Marjaliza TO 58 N 18
Markina BI 10 C 22
Markina VI 19 D 21
Markinez VI 19 D 22
Marlín AV 44 J 15
Marmellar de Abajo BU 17 E 18
Marmellar de Arriba BU 18 E 18
Mármol J 82 R 19
Marmolejo J 82 R 17
Maro MA 101 V 18
Maroma MA 101 V 17
Maroñas C 2 D 3
Marqués (Casa del) AB 84 Q 24
Marqués de Vallejo LO 19 E 22
Marracos Z 21 F 27
Marrero (Punta de) TF 126 E 2
Marroquí o de Tarifa (Punta) CA 99 X 13
Marrupe TO 57 L 15
Martés HU 21 E 27
Martiago SA 43 K 10
Martialay SO 33 G 22
Martiherrero AV 44 J 15
Martillán SA 42 J 9
Martimporra O 6 C 13
Martín LU 4 C 8
Martín (Río) TE 49 I 28
Martín (Río) CU 61 M 25
Martín de la Jara SE 93 U 15
Martín de Yeltes SA 43 J 11
Martín del Río TE 49 J 27
Martín Malo J 82 R 19
Martín Miguel SG 45 J 17
Martín Muñoz SG 32 I 19
Martín Muñoz de la Dehesa SG 45 I 15
Martín Muñoz de las Posadas SG 45 J 16
Martinet L 23 E 35
Martinete CO 93 T 16
Martínez AV 44 K 13
Martínez del Puerto (Los) MU 85 S 26
Martiñán LU 4 B 7
Martiño (Punta) Fuerteventura GC 111 J 1
Martorell B 38 H 35
Martorelles B 38 H 36
Martos J 82 S 18
Martos (Portillo de) J 94 T 17
Martul LU 3 C 7
Maruanas CO 81 S 16
Marugán SG 45 J 16
Maruri-Jatabe BI 8 B 21
Marzà GI 25 F 39
Marzales VA 30 H 14
Marzán LE 15 D 11
Marzoa C 3 C 4
Mas Boscà GI 25 F 39
Mas de Barberáns T 50 J 31
Mas de Batxero (El) CS 62 L 29
Mas de Bondia (El) L 37 H 33
Mas de Caballero V 61 N 26
Mas de Cortitxelles (El) V 74 N 28
Mas de Flors CS 62 L 29
Mas de Jacinto V 61 L 26
Mas de la Montalvana CS 50 K 29
Mas de las Altas TE 49 J 29
Mas de las Matas TE 49 J 29
Mas de Llorenç CS 62 L 29
Mas de Llosa CS 62 L 29
Mas de Pessetes CS 49 K 29
Mas-de-riudoms T 51 I 32
Mas del Carril V 62 N 27
Mas del Olmo V 61 L 26
Mas Llunés GI 24 G 38
Mas Nou GI 25 G 39
Masa BU 18 E 18
Masada (La) CS 62 L 28
Masada del Sordo CS 62 M 28
Masadas (Alto de) NA 20 F 25
Masarac GI 25 E 38
Masca Tenerife TF 126 B 3
Mascaraque TO 58 M 18
Mascarat (Barranc del) A 74 Q 30
Mascún (Barranco de) HU 21 F 29
Masdenverge T 50 J 31
Masegosa CU 47 K 23
Masegoso AB 72 P 23
Masegoso de Tajuña GU 47 J 21
Masella GI 24 E 35
Masía de los Pérez CS 62 M 27
Maside OR 13 E 5
Masies de Voltregà (Les) B 24 F 36
Masllorenç T 37 I 34
Masma LU 4 B 8
Masma (Golfo de la) LU 4 B 8
Masnou (El) B 38 H 36
Masos (Els) GI 25 G 39
Maspalomas Gran Canaria GC 117 E 4
Masquefa B 38 H 35
Masroig (El) T 50 I 32
Massalavés V 74 O 28
Massalcoreig L 36 H 31
Massalfassar V 62 N 29
Massamagrell V 62 N 29
Massanassa V 62 N 28
Massanes GI 38 G 37
Massoteres L 37 G 33
Masueco SA 28 I 10
Mata BU 18 E 18
Mata S 7 C 17
Mata CO 93 T 16
Mata (La) SG 45 I 18
Mata (La) LE 16 D 13
Mata (La) A 86 R 28
Mata (La) SE 92 U 13
Mata (La) Castelló CS 49 K 29
Mata (La) cerca de Carmena TO 57 M 16
Mata (La) cerca de Los Yébenes TO 58 N 18
Mata (Salines de la) A 86 R 27
Mata de Alcántara CC 55 M 9
Mata de Armuña (La) SA 43 I 13
Mata de Cuéllar SG 31 H 16
Mata de Hoz S 17 D 17
Mata de la Riba (La) LE 16 D 13
Mata de Ledesma (La) SA 43 J 12
Mata de los Olmos (La) TE 49 J 28
Mata de Monteagudo (La) LE 16 D 14
Mata del Páramo (La) LE 15 E 12
Matabuena SG 46 I 18
Matacas J 82 S 18
Matadeón de los Oteros LE 16 E 13
Matadepera B 38 H 36
Mataelpino M 45 J 18
Matagalls B 38 G 37
Matagorda AL 102 V 21
Matagorda CA 98 W 11
Matal de Toscal CO 81 S 16
Matalascañas H 91 U 10
Matalavilla LE 15 D 10
Matalebreras SO 33 G 23
Matalindo BU 18 F 19
Matallana GU 46 I 19
Matallana SE 92 U 12
Matallana de Torío LE 16 D 13
Matallana de Valmadrigal LE 16 E 13
Matalloso CR 69 P 16
Matalobos del Páramo LE 15 E 12
Mataluenga LE 15 D 12
Matamá PO 12 F 3
Matamala SG 46 I 18

Matamala de Almazán SO 33 H 22
Matamorisca P 17 D 17
Matamorosa S 17 D 17
Matanza LE 16 F 13
Matanza (La) A 85 R 26
Matanza de Acentejo (La) *Tenerife* TF 124 G 2
Matanza de Soria SO 32 H 20
Matanzas TE 49 K 28
Mataparta V 61 M 26
Mataporquera S 17 D 17
Matapozuelos VA 30 H 15
Matapuercas CO 81 R 16
Mataró B 38 H 37
Matarraña TE 50 J 30
Matarredonda SE 93 T 15
Matarrosa del Sil LE 15 D 10
Matarrubia GU 46 J 20
Matas (Las) M 45 K 18
Matas Blancas *Fuerteventura* GC 113 E 4
Matas de Lubia (Alto de) SO 33 H 22
Matas Verdes AB 72 O 22
Matasanos SE 92 T 13
Matasejún SO 33 G 23
Matea J 83 R 22
Mateo (Puerto de) MA 93 U 16
Matet CS 62 M 28
Matián GR 96 T 22
Matienzo S 8 C 19
Matilla (La) SG 45 I 18
Matilla (La) *Fuerteventura* GC 111 H 2
Matilla de Arzón ZA 16 F 13
Matilla de los Caños VA 30 H 15
Matilla de los Caños del Río SA 43 J 12
Matilla la Seca ZA 30 H 13
Matillas GU 47 J 21
Mato LU 3 C 7
Matola A 85 R 27
Matorro (Puerto El) BU 18 F 19
Matueca de Torío LE 16 D 13
Matute LO 19 F 21
Matute SO 33 H 22
Mauberme (Pic de) L 22 D 32
Maus de Salas OR 27 G 6
Mave P 17 D 17
Maxal LU 13 D 6
Maya / Amaiur NA 11 C 25
Maya (La) SA 43 J 13
Mayalde ZA 29 I 12
Mayor LU 4 B 8
Mayor (Cabo) S 8 B 18
Mayor (Isla) MU 85 S 27
Mayor (Isla) SE 91 U 11
Mayor (Río) LO 33 F 21
Mayorga VA 16 F 14
Mayorga BA 66 O 8
Mazagón H 90 U 9
Mazaleón TE 50 I 30
Mazalvete SO 33 G 23
Mazarabeas Altas TO 58 M 17
Mazarambroz TO 58 M 17
Mazarete GU 47 I 23
Mazaricos C 2 D 3
Mazariegos P 31 F 15
Mazariegos (Puerto) BU 32 F 19
Mazarracín TO 58 M 18
Mazarrón MU 97 T 26
Mazarrón H 91 T 10
Mazarrón (Golfo de) MU 97 T 26
Mazarulleque CU 59 L 21
Mazaterón SO 33 H 23
Mazo O 7 C 16
Mazo *La Palma* TF 132 D 5
Mazo (Collado del) CC 56 N 13
Mazorra (Puerto de La) BU 18 D 19
Mazueco BU 18 F 19
Mazuecos GU 59 L 20
Mazuecos de Valdeginate P 16 F 15
Mazuela BU 17 F 18
Mazuelo de M. BU 17 F 18
Meabia PO 13 E 4
Meaga SS 10 C 23
Meano NA 19 E 22
Meaño PO 12 E 3
Meca TO 98 X 11
Mecerreyes BU 32 F 19
Mecina Alfahar GR 102 V 20
Mecina Bombarón GR 102 V 20
Mecina Fondales GR 102 V 20
Meco M 46 K 20
Meda LU 4 C 7
Meda OR 13 E 7
Médano (El) *Tenerife* TF 129 F 5
Medeiros OR 27 G 7
Medellín BA 68 P 12
Medes (Illes) GI 25 F 39
Media Naranja (Punta de la) AL 103 V 24
Mediana Z 35 H 27
Mediana (La) H 91 U 10
Mediana de Voltoya AV 45 J 16
Medianero (Carpio) AV 44 K 13
Mediano (Embalse de) HU 22 E 30
Medida (La) *Tenerife* TF 127 H 3
Medín C 3 D 5
Medina Azahara CO 81 S 15
Medina de las Torres BA 79 Q 10
Medina de Pomar BU 18 D 19
Medina de Rioseco VA 30 G 14
Medina del Campo VA 30 I 15
Medina-Sidonia CA 99 W 12
Medinaceli SO 47 I 22
Medinilla AV 43 K 13
Medinyà GI 25 F 38
Mediona B 37 H 34
Medranda GU 46 J 21
Medrano LO 19 E 22
Medro MU 96 T 24
Medua OR 14 E 9
Médulas (Las) LE 14 E 9
Médulas (Las) (Localidad) LE 14 E 9
Megeces VA 31 H 16
Megina GU 48 K 24
Meilán LU 4 C 7
Meilán *Mondoñedo* LU 4 B 8
Meira LU 4 C 8
Meira PO 12 F 3
Meira (Sierra de) LU 4 C 8
Meirama C 3 C 4
Meirás *cerca de Sada* C 3 B 5
Meirás *cerca de Valdoviño* C 3 B 5
Meis PO 12 E 3
Mejara (Puerto) BA 68 P 13
Mejorada TO 57 L 15
Mejorada del Campo M 46 K 19
Melegís GR 101 V 19
Melegriz AB 72 P 24
Melendreros O 6 C 13
Melgar de Abajo VA 16 F 14
Melgar de Arriba VA 16 F 14
Melgar de Fernamental BU 17 E 17
Melgar de Tera ZA 29 G 11
Melgar de Yuso P 17 F 17
Melgarejo CR 71 P 20
Melgosa (La) CU 60 L 23
Melgoso MU 84 S 24
Meliana V 62 N 28
Melias OR 13 E 6
Melicena GR 102 V 20
Mélida NA 20 E 25
Melide C 3 D 5
Mellanzos LE 16 E 14
Melón OR 13 F 5
Melque SG 45 I 16
Membibre de la Hoz SG 31 H 17
Membribe SA 43 J 12
Membrilla CR 71 P 19
Membrilla CO 81 T 15
Membrillar P 17 E 15
Membrillera GU 46 J 21
Membrillo (El) TO 57 M 15
Membrillo (El) SE 79 S 12
Membrillo (Lucio del) CA 91 V 10
Membrillo Alto H 79 T 10
Membrío CC 54 N 8
Mena LE 29 G 11
Menagarai VI 8 C 20
Menárguens L 36 G 32
Menas (Las) AL 95 U 22
Menas (Los) AL 96 T 24
Menasalbas TO 58 N 17
Menaza P 17 D 17
Mencal GR 95 T 20
Menchón de Abril (El) GR 94 T 18
Mendaro SS 10 C 22
Mendata BI 10 C 22
Mendavia NA 19 E 23
Mendaza NA 19 E 23
Mendeika BI 8 C 20
Mendexa BI 9 B 22
Méndez AB 84 Q 24
Mendigorría NA 20 E 24
Mendíjur VI 19 D 22
Mendióroz NA 11 D 25
Mendoza VI 19 D 21
Menera (Sierra de) TE 48 J 25
Meneses CU 60 N 23
Meneses de Campos P 30 G 15
Menga (Puerto de) AV 44 K 14
Menga y Viera (Cuevas de) MA 93 U 16
Mengabril BA 68 P 12
Mengamuñoz AV 44 K 15
Mengíbar J 82 S 18
Menjillán SE 92 U 13
Menor (Isla) SE 91 U 11
Menor (Mar) MU 85 S 27
Menorca IB 106 M 41
Menoio VI 8 C 20
Mens C 2 C 3
Mentera S 8 C 19
Mentiras J 83 R 22
Méntrida TO 58 L 17
Menudero O 5 B 10
Menuza (Ermita de) Z 35 I 28
Meñaka BI 9 B 21
Meotz / Meoz NA 11 D 25
Meoz / Meotz NA 11 D 25
Mequinenza Z 36 H 30
Mequinenza (Embalse de) Z 36 H 30
Mera LU 3 D 6
Mera *cerca de Ortigueira* C 3 A 6
Mera *cerca de Santa Cruz* C 3 B 4
Meranges GI 23 E 35
Merás O 5 B 10
Merca (A) OR 13 F 6
Mercadal (es) IB 106 M 42
Mercadillo BI 8 C 20
Mercadillo BU 8 C 20
Mercadillos de Abajo AB 72 P 24
Meré O 6 B 15
Meredo O 4 B 8
Merelas C 3 C 5
Merendero LU 3 C 6
Meréns OR 13 F 5
Mérida BA 67 P 10
Merille LU 4 B 7
Merlán LU 3 D 6
Merli HU 22 E 31
Mero C 3 C 5
Merodio O 7 C 16
Merolla (Coll de) GI 24 F 36
Merou O 4 B 9
Merujal O 6 C 13
Merza PO 13 D 5
Mesa (La) J 82 R 19
Mesa (La) LO 33 F 22
Mesa del Mar *Tenerife* TF 124 G 2
Mesa Roldán (La) AL 103 V 24
Mesas (Las) CU 71 N 21
Mesas (Las) MA 92 V 14
Mesas de Asta CA 91 V 11
Mesas de Ibor CC 56 M 13
Mesas de Santiago CA 91 V 12
Mesas del Guadalora CO 80 S 14
Mesegar de Corneja AV 44 K 14
Mesegar de Tajo TO 57 M 16
Mesía C 3 C 5
Mesillas CC 56 L 12
Mesón do Vento C 3 C 4
Mesones GU 46 J 19
Mesones AB 84 Q 22
Mesones (Los) SA 43 I 12
Mesones de Isuela Z 34 H 25
Mesta AB 72 Q 22
Mesta de Con O 6 B 14
Mestanza CR 70 Q 17
Mestanza (Puerto de) CR 70 Q 17
Mestas O 5 C 10
Las Mestas CC 43 K 11
Metauten NA 19 D 23
Mezalocha Z 34 H 26
Mezkiritz NA 11 D 25
Mezpelerreka-El Regato BI 8 C 20
Mezquetillas SO 33 I 22
Mezquita (A) OR 28 F 8
Mezquita (Estación de la) H 90 T 9
Mezquita (La) MA 93 U 15
Mezquita de Jarque TE 49 J 27
Mezquita de Loscos TE 48 I 26
Mezquitilla MA 101 V 17
Mezquitilla (La) SE 92 U 14
Miajadas CC 68 O 12
Miami Platja T 51 I 32
Mianos Z 21 E 27
Micereces de Tera ZA 29 G 12
Michos CR 69 P 16
Micieces de Ojeda P 17 D 16
Miedes Z 34 I 25
Miedes de Atienza GU 32 I 21
Miengo S 7 B 18
Miera S 8 C 18
Miera (La) CR 71 O 21
Mieres GI 24 F 37
Mieres O 5 C 12
Mierla (La) GU 46 J 20
Mieza SA 28 I 9
Migjorn Gran (es) IB 106 M 42
Miguel Esteban TO 59 N 20
Miguel Ibáñez SG 45 I 16
Miguelagua TO 58 N 18
Migueláñez SG 45 I 16
Miguelturra CR 70 P 18
Mijancas VI 19 D 21
Mijares AV 57 L 15
Mijares V 73 N 27
Mijares (Puerto de) AV 44 K 15
Mijas MA 100 W 16
Milagres (Santuario Os) OR 13 F 7
Milagro NA 20 F 24
Milagro (El) CR 58 N 17
Milagro (Puerto del) TO 58 N 17
Milagros BU 32 H 18
Milán *Tenerife* TF 124 H 1
Milano SA 42 I 10
Milano AB 71 P 22
Milanos GR 94 U 17
Milanos (Estación de los) H 78 T 9
Miliana T 50 K 31
Miliario del Caudillo SG 32 H 18
Milla (Perales de) M 45 K 17
Milladoiro C 12 D 4
Millana GU 47 K 22
Millanes CC 56 M 13
Millarada (A) PO 13 E 5
Millares V 73 O 27
Millares (Los) H 90 T 7
Millares (Salto de) V 74 O 27
Millarón (El) CC 54 N 8
Miller J 83 R 22
Milles de la Polvorosa ZA 29 G 12
Millón C 12 D 3
Milmarcos GU 48 I 24
Mina (La) HU 21 D 27
Mina de Rodes A 73 Q 27
Minas (La) TE 49 J 27
Minas (Las) CU 61 M 25
Minas (Las) AB 84 R 24
Minas (Las) AL 103 V 22
Minas de Cala H 79 S 10
Minas de Riotinto H 79 S 10
Minas del Marquesado GR 95 U 20
Minateda AB 84 Q 25
Minateda (Cuevas de) AB 84 Q 25
Minaya AB 72 O 23
Mingarnao AB 84 R 23
Minglanilla CU 61 N 25
Mingogil AB 84 Q 24
Mingorría AV 45 J 15
Mingorrubio M 45 K 18
Mingrano MU 84 S 24
Mínguez (Puerto) TE 49 J 26
Mini Hollywood AL 96 U 22
Minilla (Embalse de la) SE 79 S 11
Mínima (Isla) SE 91 U 11
Miñagón O 4 B 9
Miñana SO 33 H 23
Miñano MU 84 R 24
Miñano Mayor VI 19 D 22
Miñarros MU 97 T 25
Miño C 3 B 5
Miño Cuevo ZA 29 G 11
Miño de Medina SO 47 I 22
Miño de San Esteban SO 32 H 19
Miñóns C 2 D 2
Miñosa (La) GU 46 I 21
Miñotos LU 4 B 7
Mioma VI 18 D 20
Mioño S 8 B 20
Mira CU 61 M 25
Mira (La) CR 70 P 17
Mirabel SE 92 U 12
Mirabel CC 55 M 11
Mirabel (Ermita de) CC 56 N 13
Mirabueno GU 47 J 21
Miracle (El) L 37 G 34
Miradera (Sierra de la) BA 68 Q 11
Mirador (El) MU 85 S 27
Mirador (Sierra del) LU 4 C 8
Mirador de Oseja LE 6 C 14
Mirador del Romero (El) M 45 K 17
Miraelrío J 82 R 19
Miraflores BU 18 E 19
Miraflores de la Sierra M 46 J 18
Mirafuentes NA 19 E 23
Miralcamp L 37 H 32
Miralcampo AB 72 O 24
Miralrío GU 46 J 21
Miralsot de Abajo HU 36 H 30
Miramar IB 104 M 37
Mirambel TE 49 K 28
Miranda LU 4 D 8
Miranda MU 85 S 26
Miranda de Arga NA 20 E 24
Miranda de Azán SA 43 J 12
Miranda de Ebro BU 18 D 21
Miranda del Castañar SA 43 K 12
Miranda del Rey J 82 Q 19
Mirandilla BA 67 O 11
Mirantes de Luna LE 15 D 12
Miravalles LE 14 D 9
Miraveche BU 18 D 20
Miravet T 50 I 31
Miravete TE 49 K 27
Miravete (Puerto de) CC 56 M 12
Miraz *cerca de Guitiriz* LU 3 C 6
Miraz *cerca de Xermade* LU 3 B 6
Mirón (El) AV 44 K 13
Mironcillo AV 44 K 15
Mirones S 8 C 18
Mirones (Los) CR 70 Q 18
Mirueña de los Infanzones AV 44 J 14
Miyares O 6 B 14
Moal O 5 C 10
Moanes O 5 B 10
Moaña PO 12 F 3
Moar C 3 C 5
Moarves P 17 D 16
Mocanal *El Hierro* TF 109 D 2
Mocasilla GU 47 J 22
Mocejón TO 58 M 18
Mochales GU 47 I 23
Mochales SE 80 T 13
Mochila GR 94 T 19
Mochuelos (Los) J 83 Q 20
Moclín GR 94 T 18
Moclinejo MA 101 V 17
Modino LE 16 D 14
Modubar BU 18 F 19
Modúbar de San Cibrián BU 18 F 19
Moeche C 3 B 6
Mogábar CO 81 Q 16
Mogán *Gran Canaria* GC 116 C 3
Mogarraz SA 43 K 11
Mogatar ZA 29 H 12
Mogón J 83 R 20
Mogor PO 12 E 3
Mogorrita CU 48 K 24
Mogorrita GU 47 J 23
Mogro S 7 B 18
Moguer H 90 U 9
Moharras AB 72 O 22
Moheda (La) CC 55 L 10
Mohedas CC 55 L 11
Mohedas (Las) AB 72 Q 23
Mohedas de la Jara TO 57 N 14
Mohernando GU 46 J 20
Mohías O 4 B 9
Mohorte CU 60 L 23
Moià B 38 G 36
Moixent V 74 P 27
Mojácar AL 96 U 24
Mojados VA 31 H 16
Mojares GU 47 I 22
Mojón AL 95 T 22
Mojón (El) V 61 L 25
Mojón (El) A 85 S 27
Mojón (El) MU 85 R 27
Mojón Alto CU 60 M 22
Mojón Alto CO 93 T 16
Mojón Blanco TE 48 K 24
Mojón Gordo MA 92 V 14
Mojón Pardo (Puerto) SO 32 G 21
Mojonera AL 102 V 21
Mola IB 87 Q 34
Mola (Cap de Sa) IB 104 N 37
Mola (Castell de la) A 85 Q 27
Mola (Far de la) IB 87 Q 34
Mola (La) B 38 H 36
Mola (La) *Menorca* IB 106 M 42
Molacillos ZA 29 H 13
Molar (El) T 36 I 32
Molar (El) M 46 J 19
Molar (El) J 83 S 20
Molares H 79 S 9
Molares (Los) SE 92 U 12
Molata MU 84 R 23
Molata (La) AB 72 P 23
Molatón AB 73 P 25
Moldes C 13 D 5
Moldones ZA 29 G 10
Molezuelas de la Carballeda ZA 15 F 11
Molí (es) IB 87 P 33
Molí Azor (El) CS 49 L 28
Molí de l'Abad (El) CS 50 J 30
Molina (La) GI 24 E 35
Molina (La) BU 18 D 20
Molina de Aragón GU 48 J 24
Molina de Segura MU 85 R 26
Molina de Ubierna (La) BU 18 E 19
Molinaferrera LE 15 E 10
Molinas (Los) AL 96 U 23
Molinaseca LE 15 E 10
Molinicos AB 84 Q 23
Molinilla VI 18 D 21
Molinillo SA 43 K 12
Molinillo (El) CR 58 N 17
Molinillo (El) GR 94 U 19
Molino (El) BA 66 P 8
Molino Blanco TO 57 M 16
Molinos TE 49 J 28
Molinos C 2 C 2
Molinos (Los) HU 22 E 30
Molinos (Los) M 45 J 17
Molinos (Los) *Fuerteventura* GC 110 G 2
Molinos (Los) *Gran Canaria* GC 114 B 3
Molinos de Duero SO 33 G 21
Molinos de Matachel (Embalse de los) BA 67 Q 11
Molinos de Papel CU 60 L 23
Molinos de Razón SO 33 G 22
Molinos del Río Aguas (Los) AL 96 U 23
Molinos Marfagones MU 85 T 26
Molins de Rei B 38 H 36
Molledo S 7 C 17
Mollerussa L 37 H 32
Mollet GI 25 E 39
Mollet B 38 H 36
Mollina MA 93 U 16
Mollinedo S 8 C 20
Molló GI 24 E 37
Molsosa (La) L 37 G 34
Moluengo V 61 N 25
Molvízar GR 101 V 19
Momán *cerca de Cospeito* LU 4 C 7
Momán *cerca de Xermade* LU 3 C 6
Mombeltrán AV 57 L 14
Momblona SO 33 H 22
Mombuey ZA 29 F 11
Momediano BU 18 D 19
Momia CA 99 W 12
Mompichel AB 73 P 25
Mona (Punta de la) GR 101 V 18
Monachil GR 94 U 19
Monasterio SO 33 H 21
Monasterio GU 46 J 20
Monasterio de la Sierra BU 32 F 20
Monasterio de Rodilla BU 18 E 19
Monasterio de Vega VA 16 F 14
Monasterio del Coto O 4 C 9
Monasterioguren VI 19 D 22
Moncalián S 8 B 19
Moncalvillo BU 32 G 20
Moncalvillo del Huete CU 59 L 21
Moncalvo SA 14 F 9
Moncayo GR 83 S 22
Moncayo (Santuario del) Z 34 G 24
Moncelos LU 4 C 7

Moncelos (Puerto de) PO 13 F 5
Monclova (La) SE 92 T 14
Moncofa CS 62 M 29
Monda MA 100 W 15
Mondalindo M 46 J 18
Mondariz PO 13 F 4
Mondéjar GU 59 L 20
Mondoñedo LU 4 B 7
Mondragón / Arrasate SS 10 C 22
Mondreganes LE 16 D 14
Mondriz LU 4 C 7
Mondrón MA 101 V 17
Mondújar GR 101 V 19
Mondúver (El) V 74 O 29
Monegrillo Z 35 H 28
Monegros (Canal de) HU 21 F 28
Monegros (Los) Z 35 H 28
Monells GI 25 G 38
Moneo BU 18 D 19
Mones O 5 B 10
Monesma HU 36 G 30
Monesma HU 21 F 28
Monesterio BA 79 R 11
Moneva Z 49 I 27
Moneva (Embalse de) Z 49 I 27
Monfarracinos ZA 29 H 12
Monfero C 3 C 5
Monfero (Monasterio de) C 3 B 5
Monflorite HU 21 F 28
Monforte de la Sierra SA 43 K 11
Monforte de Lemos LU 14 E 7
Monforte de Moyuela TE 49 I 26
Monforte del Cid A 85 Q 27
Monfragüe (Santuario de) CC 56 M 11
Monistrol de Calders B 38 G 36
Monistrol de Montserrat B 38 H 35
Monistrolet B 37 G 35
Monjas (Las) CR 71 O 19
Monjas (Las) V 61 N 26
Monjas (Las) SE 92 U 13
Monleón SA 43 K 12
Monleras SA 29 I 11
Monòver A 85 Q 27
Monrabana V 62 M 27
Monreal NA 11 D 25
Monreal de Ariza Z 33 I 23
Monreal del Campo TE 48 J 25
Monreal del Llano CU 59 N 21
Monrepós (Puerto de) HU 21 E 28
Monroy CC 55 N 11
Monroyo TE 50 J 29
Monsagro SA 43 K 11
Monsalud BA 67 Q 9
Monsalupe AV 44 J 15
Mont Cristina CS 62 L 29
Mont Horquera V 62 N 28
Mont-i-sol V 62 N 28
Mont-ral T 37 I 33
Mont-ras GI 25 G 39
Mont-roig del Camp T 51 I 32
Mont-ros L 23 E 32
Monta (La) TO 70 O 18
Montagut i Oix GI 24 F 37
Montalbán TE 49 J 27
Montalbán TO 57 M 16
Montalbán de Córdoba CO 93 T 15
Montalbanejo CU 60 M 22
Montalbo CU 59 M 21
Montalbos TE 49 J 28
Montalvos AB 72 O 23
Montamarta ZA 29 H 12
Montan L 23 F 34
Montán Castelló CS 62 L 28
Montánchez CC 67 O 11
Montanchuelos CR 70 P 19
Montanejos CS 62 L 28
Montanúy HU 22 E 32
Montaña Blanca Lanzarote GC 123 D 4
Montaña Clara (Isla de) Lanzarote GC 120 E 2
Montañana HU 22 F 32
Montañana Z 35 G 27
Montañas (Ermita de las) CA 92 V 13
Montañesa (Peña) HU 22 E 30
Montañeta (La) Tenerife TF 127 F 3
Montaos C 3 C 4
Montardo L 22 E 32
Montareño L 23 E 33
Montargull L 37 G 33
Montarrón GU 46 J 20
Montaverner V 74 P 28
Montaves SO 33 F 23
Montblanc T 37 H 33
Montblanquet L 37 H 33
Montbrió de la Marca T 37 H 33
Montbrió del Camp T 51 I 33
Montcada V 62 N 28
Montcada i Reixac B 38 H 36
Montclar B 23 F 35
Montclar d'Urgell L 37 G 33
Montcortès L 23 F 33
Monte C 3 B 5
Monte LU 4 B 7
Monte (El) AB 72 P 23
Monte (Ermita del) SE 80 S 12
Monte Aloya (Parque natural del) PO 12 F 3
Monte Alto CO 81 T 15
Monte Aragón (Cordillera de) AB 73 P 24
Monte Aragón (Monasterio de) HU 21 F 28
Monte Calderón GU 46 J 19
Monte de Luna La Palma TF 132 D 6
Monte de Meda LU 3 D 7
Monte Hueco GU 46 J 20
Monte la Reina ZA 30 H 13
Monte Lope Álvarez J 82 S 17
Monte Perdido (Paradorde) Bielsa HU 22 D 30
Monte Redondo GU 47 J 21
Monte Robledal M 59 L 20
Monteagú CR 82 Q 19
Monteagudo NA 34 G 24
Monteagudo MU 85 R 26
Monteagudo (Isla de) PO 12 F 3
Monteagudo de las Salinas CU 60 M 24
Monteagudo de las Vicarías SO 33 H 23
Monteágudo del Castillo TE 49 K 27
Montealegre VA 30 G 15
Montealegre del Castillo AB 73 P 26
Montearagón TO 57 M 16
Montecillo S 17 D 18
Monteclaro-La Cabaña M 45 K 18
Montecorto MA 92 V 14
Montecubeiro LU 4 C 8
Montederramo OR 14 F 7
Montefrío GR 94 U 17
Montehermoso CC 55 L 10
Monteixo L 23 E 34
Montejaque MA 92 V 14
Montejícar GR 94 T 19
Montejo SA 43 K 13
Montejo de Arévalo SG 45 I 16
Montejo de Bricia BU 17 D 18
Montejo de Cebas BU 18 D 20
Montejo de la Sierra M 46 I 19
Montejo de la Vega SG 32 H 19
Montejo de Tiermes SO 32 H 20
Montejos del Camino LE 15 E 12
Montellà L 23 E 35
Montellano BI 8 C 20
Montellano SE 92 V 13
Montemayor AB 73 P 23
Montemayor CO 81 T 15
Montemayor (Ermita de) H 90 U 9
Montemayor de Pililla VA 31 H 16
Montemayor del Río SA 43 K 12
Montemolín BA 79 R 11
Montenartró L 23 E 33
Montenebro M 46 J 19
Montenegro AL 95 U 21
Montenegro de Cameros SO 33 F 21
Montepalacio SE 92 U 13
Monterde Z 48 I 24
Monterde de Albarracín TE 48 K 25
Monteros (Los) TO 57 L 16
Monteros (Los) MA 100 W 15
Monterreal PO 12 F 3
Monterredondo OR 13 F 5
Monterrei OR 28 G 7
Monterrey TO 58 M 17
Monterroso LU 13 D 6
Monterrubio SG 45 J 16
Monterrubio ZA 15 F 10
Monterrubio de Armuña SA 43 I 13
Monterrubio de Demanda BU 18 F 20
Monterrubio de la Serena BA 68 Q 13
Monterrubio de la Sierra SA 43 J 12
Montes (Los) GR 94 T 18
Montes de Málaga (Parque natural de los) MA 93 V 16
Montes de Mora TO 70 N 17
Montes de San Benito H 78 S 8
Montes de Valdueza LE 15 E 10
Montes Universales (Reserva nacional de los) TE 48 K 24
Montesa V 74 P 28
Montesalgueiro C 3 C 5
Montesclaros TO 57 L 15
Montesinos (Los) A 85 R 27
Montesión (Santuari de) IB 105 N 39
Montesol A 74 P 28
Montesquiu B 24 F 36
Montesusín HU 35 G 28
Monteviejo (Puerto de) LE 16 D 15
Montferrer i Castellbò L 23 E 34
Montferri T 37 I 34
Montgai L 37 G 32
Montgarri L 23 D 33
Montgat B 38 H 36
Montgó GI 25 F 39
Montgó (El) A 75 P 30
Montiano BU 8 C 20
Montico (El) VA 30 H 15
Montiel CR 71 P 21
Montiel (Campo de) AB 71 P 21
Montiela (La) CO 93 T 15
Montijo BA 67 P 10
Montilla CO 93 T 16
Montillana GR 94 T 18
Montinier HU 22 E 30
Montitxelvo V 74 P 28
Montizón J 83 Q 20
Montjuïc B 38 H 36
Montllats (Els) CS 49 K 29
Montmagastre L 37 G 33
Montmajor B 23 F 35
Montmaneu B 37 H 34
Montmany B 38 G 36
Montmeló B 38 H 36
Montnegre B 38 G 37
Montnegre GI 25 G 38
Montnegre A 86 Q 28
Montnegre (Serra de) B 38 H 37
Montoso BA 79 Q 11
Montoliu L 36 H 31
Montón Z 48 I 25
Montorio BU 18 E 18
Montornès B 38 H 36
Montornès de Segarra L 37 H 33
Montoro CO 81 R 16
Montoro (Embalse de) CR 70 Q 17
Montoro de Mezquita TE 49 J 28
Montortal V 74 O 28
Montoso CR 71 P 20
Montoto P 17 D 16
Montouto C 3 C 5
Montouto LU 4 B 7
Montoxo (San Román) C 3 B 6
Montoxo (San Xulián) C 3 B 6
Montpalau L 37 H 34
Montroi V 74 N 28
Montsant (Serra) T 36 I 32
Montsec d'Ares L 22 F 32
Montsec de Rúbies L 23 F 32
Montsent (Serra de) B 38 G 37
Montseny B 38 G 37
Montseny (Parc natural del) B 38 G 36
Montserrat V 74 N 28
Montserrat (Monestir) B 38 H 35
Montserrat (Serra de) B 38 H 35
Montsià (Serra del) T 50 K 31
Montuenga BU 18 F 18
Montuenga SG 45 I 16
Montuenga de Soria SO 33 I 23
Montuïri IB 104 N 38
Monturque CO 93 T 16
Monumenta ZA 29 H 11
Monzalbarba Z 35 G 27
Monzón HU 36 G 30
Monzón de Campos P 17 F 16
Moñux SO 33 H 22
Mor LU 4 B 7
Mora LE 15 D 12
Mora TO 58 M 18
Mora (La) T 51 I 34
Mora (Puerto de la) GR 94 U 19
Mora de Rubielos TE 61 L 27
Mora de Santa Quiteria AB 73 Q 25
Móra d'Ebre T 50 I 31
Móra la Nova T 50 I 31
Moradas TO 57 N 15
Moradillo BU 18 D 18
Moradillo de Roa BU 31 H 18
Moradillo del Castillo BU 17 D 18
Moragete V 73 O 26
Moraira A 75 P 30
Moral MU 84 R 23
Moral (El) MU 84 S 23
Moral de Calatrava CR 70 P 19
Moral de Hornuez SG 32 H 19
Moral de la Reina VA 30 G 14
Moral de Sayago ZA 29 H 11
Moral de Valcarce LE 14 E 9
Moraleda de Zafayona GR 94 U 18
Moraleja CC 55 L 9
Moraleja de Coca SG 45 I 16
Moraleja de Cuéllar SG 31 H 17
Moraleja de Enmedio M 58 L 18
Moraleja de las Panaderas VA 30 I 15
Moraleja de Matacabras AV 44 I 15
Moraleja de Sayago ZA 43 I 11
Moraleja del Vino ZA 29 H 13
Moralejo MU 84 S 23
Morales SO 32 H 21
Morales LE 15 E 11
Morales CR 82 Q 18
Morales (Los) GR 94 T 18
Morales (Rambla de) AL 103 V 23
Morales de Campos VA 30 G 14
Morales de Rey ZA 29 F 12
Morales de Toro ZA 30 H 14
Morales de Valverde ZA 29 G 12
Morales del Vino ZA 29 H 12
Moralico (El) J 83 Q 21
Moralina ZA 29 H 11
Moralita (La) SA 43 J 11
Moralzarzal M 45 J 18
Morancelle C 2 D 2
Moranchel GU 47 J 22
Morante H 78 T 9
Moraña PO 12 E 4
Morás LU 4 A 7
Morasverdes SA 43 K 11
Morata MU 97 T 25
Morata (Puerto de) Z 34 H 25
Morata de Jalón Z 34 H 25
Morata de Jiloca Z 34 I 25
Morata de Tajuña M 59 L 19
Moratalla MU 84 R 24
Moratalla CO 80 S 14
Moratilla de Henares GU 47 I 21
Moratilla de los Meleros GU 46 K 21
Moratillas (Las) V 73 N 27
Moratinos P 16 E 15
Moratones ZA 29 F 12
Morche (El) MA 101 V 18
Morcillo CC 55 L 10
Morcuera SO 32 H 20
Morcuera (Puerto de la) M 45 J 18
Moreda LU 13 D 6
Moreda GR 94 T 20
Moreda de Álava VI 19 E 22
Moreda de Aller O 5 C 12
Moredo (Pico de) L 23 D 33
Moreiras cerca de Orense OR 13 F 6
Moreiras cerca de Xinzo de Limia OR 13 F 6
Morell (El) T 37 I 33
Morella CS 50 K 29
Morella la Vella CS 49 K 29
Morellana CO 93 T 17
Morena BA 79 R 11
Morenilla GU 48 J 24
Morenos (Los) CO 80 R 13
Morente CO 81 S 16
Morentin NA 19 E 23
Morera (Ermita) V 74 P 27
Morera (La) BA 67 Q 10
Morera de Montsant (La) T 37 I 32
Moreruela (Monasterio de) ZA 29 G 12
Moreruela de los Infanzones ZA 29 H 12
Moreruela de Tábara ZA 29 G 12
Morés Z 34 H 25
Morga BI 9 C 21
Morgana (La) GR 102 V 20
Morgovejo LE 16 D 15
Moriles CO 93 T 16
Morilla HU 36 G 30
Morilla S 8 C 18
Morille SA 43 J 12
Morillejo GU 47 J 22
Morillo de Liena HU 22 E 31
Morillo de Monclús HU 22 E 30
Morillo de Tou HU 22 E 30
Moriñigo SA 44 J 13
Moriscote AB 72 Q 23
Morla LE 15 F 11
Moro GR 83 S 21
Moro (Coll del) T 50 I 31
Moro (El) CR 70 P 19
Moro (Rambla del) MU 85 R 25
Morón de Almazán SO 33 H 22
Morón de la Frontera SE 92 U 13
Moronta SA 43 J 10
Moropeche AB 84 Q 22
Moror L 22 F 32
Moros Z 34 H 24
Morquitián C 2 C 2
Morrablancar AB 73 P 25
Morrano HU 21 F 29
Morras (Las) CO 81 Q 15
Morrazo (Península de) PO 12 F 3
Morredero (Alto El) LE 15 E 10
Morredero (El) LE 15 E 10
Morriondo LE 15 E 12
Morro Jable Fuerteventura GC 112 C 5
Morrón AB 73 Q 24
Morrón AL 102 V 21
Morrón de los Genoveses AL 103 V 23
Morrón del Puerto MU 73 Q 26
Morrones (Los) CR 71 Q 20
Morrones (Los) GR 94 T 19
Mortera (La) O 5 C 10
Mos PO 12 F 4
Moscán LU 14 D 7
Moscardón TE 48 L 25
Moscari IB 104 M 38
Moscarril GR 101 V 18
Moscoso PO 12 F 4
Mosende LU 3 A 7
Mosende PO 12 F 4
Mosqueruela TE 49 K 28
Mosqueruela (Puerto de) TE 49 K 28
Mosquete C 12 E 3
Mosteiro OR 13 F 5
Mosteiro Meis PO 12 E 3
Mosteiro Pol LU 4 C 7
Móstoles M 58 L 18
Mota (Fortaleza de la) J 94 T 18
Mota (La) GI 25 F 38
Mota (La) CA 92 V 14
Mota de Altarejos CU 60 M 23
Mota del Cuervo CU 59 N 21
Mota del Marqués VA 30 H 14
Motilla del Palancar CU 60 N 24
Motilleja AB 72 O 24
Motos GU 48 K 25
Motril GR 101 V 19
Moucide LU 4 B 7
Mougás PO 12 F 3
Mourentán PO 13 F 5
Mourisca OR 14 F 8
Mouriscados PO 13 F 4
Mourulle LU 13 D 6
Mousende LU 4 B 8
Moutas O 5 B 11
Moveros ZA 29 H 11
Moya CU 61 M 25
Moya Gran Canaria GC 115 D 2
Moyas (Las) CR 71 O 20
Moyuela Z 49 I 27
Mozaga Lanzarote GC 123 D 4
Mózar de Valverde ZA 29 G 12
Mozárbez SA 43 J 13
Mozas (Monte de las) CU 72 O 23
Mozoncillo SG 45 I 17
Mozóndiga LE 15 E 12
Mozos de Cea LE 16 E 14
Mozota Z 34 H 26
Muchachos (Roque de los) La Palma TF 130 C 3
Mucientes VA 30 G 15
Mudá P 17 D 16
Mudapelos J 82 S 17
Mudela CR 70 Q 19
Muduex GU 46 J 21
Mudurra (La) VA 30 G 15
Muel Z 34 H 26
Muela AB 73 P 25
Muela MU 85 S 25
Muela CO 80 R 13
Muela BU 32 F 19
Muela cerca de Cantavieja TE 49 K 28
Muela cerca de Manzanera TE 61 L 27
Muela (La) Z 34 H 26
Muela (La) V 61 M 26
Muela (La) cerca de Algodonales CA 92 V 13
Muela (La) cerca de Vejer CA 99 X 12
Muela (Sierra de la) GU 47 I 21
Muela (Sierra de la) cerca de Cartagena MU 97 T 26
Muela de Cortes (Reserva nacional de la) V 73 O 27
Muelas de los Caballeros ZA 15 F 10
Muelas del Pan ZA 29 H 12
Muès NA 19 E 23
Muez NA 10 D 24
Muga BU 34 G 24
Muga (La) (Riu) GI 24 E 37
Muga de Alba ZA 29 G 11
Muga de Sayago ZA 29 H 11
Mugardos C 3 B 5
Mugares OR 13 F 6
Mugueimes OR 27 G 6
Muides O 4 B 9
Muimenta LU 4 C 7
Muimenta PO 13 D 5
Muiña LU 4 C 8
Muiños OR 27 G 6
Mujeres Muertas (Pozo de las) O 4 C 9
Mula MU 85 R 25
Mulato (Embalse del) Gran Canaria GC 116 C 3
Mulería (La) AL 96 U 24
Mulhacén GR 95 U 20
Mullidar AB 72 Q 24
Mulva (Castillo de) SE 80 S 12
Munárriz NA 10 D 24
Mundaka BI 9 B 21
Mundo (Nacimiento del Río) AB 84 Q 22
Munébrega Z 34 I 24
Munera AB 72 O 22
Mungia BI 9 B 21
Múnia (La) B 37 I 34
Munia (Mont la) HU 22 D 30
Muniáin de la Solana NA 19 E 23
Muniellos (Coto national de) O 4 C 9
Muniesa TE 49 I 27
Muniferral C 3 C 5
Munilla LO 19 F 23
Munitibar-Arbatzegui Gerrikaitz BI 10 C 22
Muntanyola B 38 G 36
Muntells (Els) T 50 K 32
Muña (La) J 82 S 18
Muñana AV 44 K 14
Muñas O 5 B 10
Muñecas SO 32 G 20
Muñecas (Las) BI 8 C 20
Múñez AV 44 K 15
Muñico AV 44 J 14
Muñique Lanzarote GC 123 D 3
Muñis LU 4 D 9
Muño O 6 B 13
Muñoces (Los) MU 85 S 26
Muñogalindo AV 44 K 15
Muñogrande AV 44 J 15
Muñomer del Peco AV 44 J 15
Muñopedro SG 45 J 16
Muñopepe AV 44 K 15
Muñosancho AV 44 J 14
Muñotello AV 44 K 14
Muñoveros SG 45 I 18
Muñoyerro AV 44 J 15
Muñoz SA 43 J 11
Mur (Castell de) L 22 F 32
Mura B 38 G 35
Muradelle LU 13 E 6
Muras LU 3 B 6

Murchante NA 20 F 25
Murchas GR 101 V 19
Murcia MU 85 S 26
Murciélagos (Cueva de los) CO 93 T 17
Murero Z 48 I 25
Mures J 94 T 18
Murgia VI 19 D 21
Murias LE 15 E 11
Murias ZA 14 F 10
Murias cerca de Santibáñez O 6 C 12
Murias de Paredes LE 15 D 11
Murias de Ponjos LE 15 D 11
Muriedas S 7 B 18
Muriel GU 46 J 20
Muriel de la Fuente SO 32 G 21
Muriel de Zapardiel VA 44 I 15
Muriel Viejo SO 32 G 21
Muriellos O 5 C 12
Murieta NA 19 E 23
Murillo Berroya NA 11 D 26
Murillo de Calahorra LO 19 E 24
Murillo de Gállego Z 21 E 27
Murillo de Río Leza LO 19 E 23
Murillo el Cuende NA 20 E 25
Murillo el Fruto NA 20 E 25
Murla A 74 Q 29
Muro IB 105 M 39
Muro de Ágreda SO 33 G 24
Muro de Aguas LO 19 F 23
Muro de Alcoy A 74 P 28
Muro en Cameros LO 19 F 22
Muros C 12 D 2
Muros de Nalón O 5 B 11
Muros y Noia (Ría de) PO 12 D 2
Murta (La) MU 85 S 26
Murtas GR 102 V 20
Murtas (Las) MU 84 R 24
Murtiga H 78 R 9
Muruarte de Reta NA 11 D 25
Murueta BI 9 B 21
Muruzábal NA 10 D 24
Muruzábal de Andión NA 20 E 24
Musel (El) O 6 B 12
Museros V 62 N 28
Musitu VI 19 D 22
Muskilda (Santuario de) NA 11 D 26
Mussara (La) T 37 I 33
Mussara (Serra de la) T 37 I 33
Mustio (El) H 78 S 8
Mutiloa SS 10 C 23
Mutiloagoiti / Mutilva Alta NA 11 D 25
Mutilva Alta / Mutiloagoiti NA 11 D 25
Mutriku SS 10 C 22
Mutxamel A 86 Q 28
Muxia C 2 C 2
Muyo (El) SG 32 I 20

N

Na Macaret IB 106 L 42
Na Xamena IB 87 O 34
Nabarniz BI 10 C 22
Nacha HU 36 G 31
Nacimiento CO 93 T 16
Nacimiento AL 95 U 22
Nadela LU 4 D 7
Nafría de Ucero SO 32 G 20
Nafría la Llana SO 33 H 21
Naharros GU 46 I 21
Naharros CU 60 L 22
Najarra M 45 J 18
Nájera LO 19 E 21
Najurrieta NA 11 D 25
Nalda LO 19 E 22
Nalec L 37 H 33
Nambroca TO 58 M 18
Nambroca (Sierra de) TO 58 M 18
Nanclares cerca de Ariñez VI 19 D 21
Nanclares de Gamboa cerca de Embalse de Ulliva VI 19 D 22
Napal NA 11 D 26
Náquera V 62 N 28
Naraío C 3 B 5
Naranjal (Sierra del) BA 66 O 8
Naranjeros (Los) Tenerife TF 124 H 2
Naraval O 5 B 10
Narbarte NA 11 C 25
Narboneta CU 61 M 25
Nariga (Punta de) C 2 C 3
Narila GR 102 V 20
Nariz (Punta de la) La Gomera TF 118 B 3
Narla LU 3 C 6
Narón LU 13 D 6
Narón C 3 B 5
Narrillos del Álamo AV 44 K 13
Narrillos del Rebollar AV 44 K 15
Narros SO 33 G 23
Narros de Cuéllar SG 31 I 16
Narros de Matalayegua SA 43 J 12
Narros de Saldueña AV 44 J 15
Narros del Castillo AV 44 J 14
Narros del Puerto AV 44 K 15
Narbaiza VI 19 D 22
Nati (Punta) IB 106 L 41
Natón C 2 C 3
Natxitua BI 9 B 22
Nau (Cap de la) A 75 P 30
Nava O 6 B 13
Nava (Estación de la) H 79 S 9
Nava (La) CR 82 Q 19
Nava (La) H 79 S 9
Nava (La) SE 80 R 13
Nava (La) BA 68 P 13
Nava (Laguna la) CR 70 O 18
Nava (Puerto de la) BA 68 P 14
Nava de Abajo AB 72 Q 24
Nava de Arévalo AV 44 J 15
Nava de Arriba AB 72 P 24
Nava de Béjar SA 43 K 12
Nava de Campana AB 84 Q 25
Nava de Francia SA 43 K 11
Nava de Jadraque (La) GU 46 I 20
Nava de la Asunción SG 45 I 16
Nava de los Caballeros LE 16 E 14
Nava de Mena BU 8 C 20
Nava de Pablo J 83 S 21
Nava de Ricomalillo (La) TO 57 N 15
Nava-de Roa BU 31 H 18
Nava de San Pedro J 83 S 21
Nava de Santiago (La) BA 67 O 10
Nava de Sotrobal SA 44 J 14
Nava del Barco AV 56 L 13
Nava del Rey VA 30 I 14
Nava el Zar J 82 Q 18
Navacarros SA 43 K 12
Navacepeda de Tormes AV 44 K 14
Navacepedilla de Corneja AV 44 K 14
Navacerrada M 45 J 17
Navacerrada CR 69 P 16
Navacerrada (Puerto de) M 45 J 17
Navachica MA 101 V 18
Navaconcejo CC 56 L 12
Navadijos AV 44 K 14
Navaescurial AV 44 K 14
Navafría SG 45 I 18
Navafría LE 16 E 13
Navafría (Puerto de) M 45 J 18
Navahermosa TO 57 N 16
Navahermosa MA 93 U 15
Navahermosa cerca de Aracena H 79 S 9
Navahermosa cerca de Valdeverde del C. H 91 T 9
Navaholguín SE 80 S 12
Navahombela SA 44 K 13
Navahondilla AV 45 L 16
Navajarra CR 69 O 16
Navajarra (Sierra de) CR 69 O 16
Navajas CS 62 M 28
Navajún LO 33 G 23
Naval HU 22 F 30
Navalacruz AV 44 K 15
Navalafuente M 46 J 18
Navalagamella M 45 K 17
Navalatienda CR 69 P 15
Navalavaca CR 71 Q 20
Navalcaballo SO 33 G 22
Navalcán TO 57 L 14
Navalcán (Embalse de) TO 57 L 14
Navalcarnero M 58 L 17
Navalcuervo CO 80 R 14
Navalengua AB 72 P 23
Navaleno SO 32 G 20
Navales SA 44 J 13
Navalguijo AV 56 L 13
Navalices CR 58 N 17
Navalilla SG 31 H 18
Navalmanzano SG 45 I 17
Navalmoral AV 44 K 15
Navalmoral (Puerto de) AV 44 K 15
Navalmoral de Béjar SA 43 K 12
Navalmoral de la Mata CC 56 M 13
Navalmoralejo TO 57 M 14
Navalmorales (Los) TO 57 M 16
Navalón CU 60 L 23
Navalón de Abajo V 73 P 27
Navalón de Arriba V 73 P 27
Navalonguilla AV 56 L 13
Navalosa AV 44 K 15
Navalperal de Pinares AV 45 K 16
Navalperal de Tormes AV 44 K 14
Navalpino CR 69 O 16
Navalpotro GU 47 J 22
Navalrincón CR 69 O 16
Navalsáuz AV 44 K 14
Navaltoril TO 57 N 15
Navalucillos (Los) TO 57 M 16
Navaluenga AV 44 K 15
Navalvillar SE 80 S 13
Navalvillar de Ibor CC 56 N 13
Navalvillar de Pela BA 68 O 13
Navamorales SA 44 K 13
Navamorcuende TO 57 L 15
Navamuel S 17 D 17
Navandrinal AV 44 K 15
Navapalos SO 32 H 20
Navaquesera AV 44 K 15
Navarcles B 38 G 35
Navardún Z 20 E 26
Navares MU 84 R 24
Navares de Ayuso SG 32 H 18
Navares de Enmedio SG 32 H 18
Navares de las Cuevas SG 32 H 18
Navaridas VI 19 E 22
Navarredonda M 46 J 18
Navarredonda SE 92 U 14
Navarredonda de Gredos AV 44 K 14
Navarredonda de la Rinconada SA 43 K 11
Navarredonda de Salvatierra SA 43 K 12
Navarredondilla AV 44 K 15
Navarrés V 74 O 27
Navarrete VI 19 E 22
Navarrete LO 19 E 22
Navarrete del Río TE 48 J 26
Navarrevisca AV 44 K 15
Navàs B 38 G 35
Navas (Embalse de las) HU 21 F 28
Navas (Las) TO 70 N 17
Navas (Las) CO 94 T 17
Navas (Las) SE 91 V 12
Navas de Buitrago M 46 J 19
Navas de Bureba BU 18 D 20
Navas de Estena CR 57 N 16
Navas de Jadraque GU 46 I 20
Navas de Jorquera AB 72 O 24
Navas de la Concepción (Las) SE 80 S 13
Navas de Oro SG 45 I 16
Navas de Riofrío SG 45 J 17
Navas de San Antonio SG 45 J 17
Navas de San Juan J 83 R 20
Navas de Selpillar CO 93 T 16
Navas de Tolosa (Las) J 82 R 19
Navas del Madroño CC 55 N 10
Navas del Marqués (Las) AV 45 K 17
Navas del Pinar BU 32 G 20
Navas del Rey M 45 K 17
Navasa HU 21 E 28
Navascués NA 11 D 26
Navasfrías SA 42 L 9
Navata GI 25 F 38
Navata (La) M 45 K 18
Navatalgordo AV 44 K 15
Navatejares AV 44 K 13
Navatrasierra CC 56 N 14
Navazos (Los) CR 71 P 21
Navazuelo CO 93 T 16
Navazuelo (El) GR 94 T 19
Návea OR 14 F 7
Navelgas O 5 B 10
Navelonga (Ermita de) CC 55 L 9
Naveros CA 99 W 12
Navès L 37 G 34
Naveta des Tudons IB 106 M 41
Navezuelas cerca de Mirabel CC 56 M 11
Navezuelas cerca de Roturas CC 56 N 13
Navia O 4 B 9
Navia (Río) ESP 4 C 9
Navia (Valle del) O 4 C 9
Navia de Suarna LU 4 D 8
Navianos de Alba ZA 29 G 12
Navianos de Valverde ZA 29 G 12
Navilla BA 68 P 11
Navillas (Las) TO 57 N 16
Naya (La) H 79 S 10
Nazar NA 19 E 23
Nazaret V 62 N 29
Nazaret (Ermita de) J 83 Q 20
Neblines SE 92 T 13
Nebra C 12 D 3
Nebreda BU 32 G 19
Nechite GR 95 U 20
Neda C 3 B 5
Neda (Cordal de) LU 4 B 7
Negra (Punta) MU 97 T 27
Negra (Punta) GR 102 V 20
Negra (Punta) Tenerife TF 126 B 3
Negra (Punta) Tenerife TF 128 C 5
Negra (Punta) Tenerife TF 128 E 5
Negradas LU 3 A 6
Negrales-Los Llanos (Los) M 45 K 17
Negras (Las) AL 103 V 23
Negredo GU 46 I 21
Negredo (El) SG 32 I 20
Negreira C 2 D 3
Negrete (Cabo) MU 97 T 27
Negrilla de Palencia SA 44 I 13
Negrón V 61 L 25
Negrón (Túnel de) LE 15 D 12
Negueira de Muñiz LU 4 C 9
Neguillas SO 33 H 22
Neila BU 32 F 21
Neila de San Miguel AV 43 K 13
Neira LU 4 D 8
Neiro LU 4 C 8
Nela BU 18 D 19
Nembro O 5 B 12
Nemeño C 2 C 3
Nemiña C 2 C 2
Nepas SO 33 H 22
Nerín HU 22 E 30
Nerja MA 101 V 18
Nerja (Cueva de) MA 101 V 18
Nerpio AB 84 R 23
Nerva H 79 S 10
Nespereira LU 13 D 6
Nestar P 17 D 17
Nestares LO 19 F 22
Neulos (Pic) GI 25 E 38
Neves (As) PO 13 F 4
Neves (As) C 3 B 6
Nicho (Ermita del) J 83 S 20
Niebla H 91 T 9
Niefla (Puerto de) CR 69 Q 16
Nietos (Los) MU 85 T 27
Nieva SG 45 I 16
Nieva de Cameros LO 19 F 21
Nieve (Pozo de la) AL 95 U 22
Nieves C 3 B 5
Nieves CU 60 L 24
Nieves (Ermita de las) Lanzarote GC 123 E 3
Nieves (Las) TO 58 M 18
Nieves (Las) SE 79 T 11
Nieves (Pozo de las) Gran Canaria GC 117 E 3
Nigoi PO 13 E 4
Nigrán PO 12 F 3
Nigüelas GR 101 V 19
Nigüella Z 34 H 25
Niharra AV 44 K 15
Níjar AL 103 V 23
Níjar (Campo de) AL 103 V 23
Niñas (Las) CO 81 S 15
Niño (El) MU 85 R 25
Niñodaguia OR 13 F 7
Niñons C 2 C 3
Nistal LE 15 E 11
Niveiro C 2 C 4
Noáin NA 11 D 25
Noalejo J 94 T 19
Noalla PO 12 E 3
Noarre L 23 D 33
Nobeda CU 60 L 23
Noblejas TO 59 M 19
Noceco cerca de Espinosa de los M. BU 8 C 19
Noceda LU 14 D 8
Noceda cerca de Castrillo de Cabrera LE 15 E 10
Noceda del Bierzo cerca de Toreno LE 15 D 10
Nocedo cerca de Sedano BU 18 D 18
Nocedo de Curueño LE 16 D 13
Nocedo do Val OR 28 F 7
Noche LU 3 C 6
Nocito HU 21 F 29
Nódalo SO 33 G 21
Nodar LU 3 C 6
Noez TO 58 M 17
Nofuentes BU 18 D 19
Nogais (As) LU 14 D 8
Nogal de las Huertas P 17 E 16
Nogales MA 100 V 16
Nogales BA 67 Q 9
Nogales P 17 D 17
Nogales (Embalse de) BA 67 Q 9
Nogales (Los) TO 57 L 16
Nogalte (Rambla de) MU 96 T 24
Nogar LE 15 F 10
Nogarejas LE 15 F 11
Nograles SO 32 H 21
Nograro VI 18 D 20
Nogueira LU 13 E 6
Nogueira OR 13 E 5
Nogueira PO 12 E 3
Nogueras TE 48 K 25
Noguera de Tort (La) (Riu) L 22 E 32
Noguera Pallaresa (Vall de la) L 23 E 33
Noguera Ribagorçana (Vall del) HU 22 E 32
Nogueras TE 48 I 26
Nogueras (Las) V 61 N 26
Noguero HU 22 F 31
Noguerones (Los) J 82 T 17
Nogueruela (La) CU 61 L 25
Nogueruelas TE 62 L 28
Nohalos TO 58 M 17
Noharre AV 44 J 15
Noia C 12 D 3
Noicela C 2 C 4
Nois LU 4 B 8
Noja S 8 B 19
Nolay SO 33 H 22
Nombela TO 57 L 16
Nombrevilla Z 48 I 25
Nomparedes SO 33 H 23
Nonaspe Z 36 I 30
Nora BA 78 R 9
Nora (La) LE 15 F 12
Noreña O 5 B 12
Norfeu (Cap de) GI 25 F 39
Norias (Las) CR 70 Q 19
Norias (Las) cerca de Huércal Overa AL 96 T 24
Norias de Daza (Las) cerca de Almerimar AL 102 V 21
Noriega O 7 B 16
Norís L 23 E 34
Norte (Punta) El Hierro TF 109 D 1
Nostra Senyora de Bellmunt B 24 F 36
Nostra Senyora de la Misericordia B 38 H 37
Nostra Senyora de la Salut GI 24 F 37
Nostra Senyora de Lluc (Monestir de) IB 104 M 38
Nostra Senyora de Queralt B 24 E 35
Nostra Senyora del Far GI 24 F 37
Nostra Senyora del Mont GI 24 F 38
Nostra Senyora dels Àngels GI 25 G 38
Notáez GR 102 V 20
Nou (La) B 24 F 35
Nou de Gaià (La) T 37 I 34
Novales HU 21 F 29
Novales S 7 B 17
Novaliches CS 62 M 28
Novallas Z 34 G 24
Novelda A 85 Q 27
Novelda del Guadiana BA 67 P 9
Novellaco Z 20 E 26
Novellana O 5 B 11
Novés HU 21 E 28
Novés TO 58 L 17
Noves de Segre L 23 F 34
Noviales SO 32 H 20
Noviercas SO 33 G 23
Novillas Z 34 G 25
Novo Sancti Petri CA 98 W 11
Nuarbe SS 10 C 23
Nubledo O 5 B 12
Nublo (Roque) Gran Canaria GC 116 D 3
Nucia (La) A 74 Q 29
Nueno HU 21 F 28
Nueros TE 48 J 26
Nuestra Santa Fátima (Ermita de) BA 80 Q 13
Nuestra Señora de Alarcos CR 70 P 17
Nuestra Señora de Altagracia (Ermita de) BA 69 P 14
Nuestra Señora de Angosto VI 18 D 20
Nuestra Señora de Araceli CO 93 T 16
Nuestra Señora de Aranz (Ermita de) GU 47 J 22
Nuestra Señora de Arnotegui NA 10 D 24
Nuestra Señora de Bella H 90 U 8
Nuestra Señora de Chilla (Santuario de) AV 56 L 14
Nuestra Señora de Codés NA 19 E 22
Nuestra Señora de Cortés (Santuario) AB 72 P 22
Nuestra Señora de Escardiel (Ermita) SE 79 S 11
Nuestra Señora de Fuensanta MA 100 W 15
Nuestra Señora de Gadór AL 102 V 21
Nuestra Señora de Garón (Ermita de) P 31 G 17
Nuestra Señora de Gracia BA 78 R 9
Nuestra Señora de Gràcia (Ermita de) CS 62 M 29
Nuestra Señora de Guadalupe SS 10 B 24
Nuestra Señora de Guadalupe (Ermita de) La Gomera TF 119 E 2
Nuestra Señora de Hontanares (Ermita de) SG 32 I 19
Nuestra Señora de la Antigua (Ermita de) BA 68 P 12
Nuestra Señora de la Antigua (Santuario de) CR 71 P 20
Nuestra Señora de la Anunciada VA 30 G 14
Nuestra Señora de la Bienvenida GU 47 K 22
Nuestra Señora de la Cabeza GU 48 J 24
Nuestra Señora de la Carrasca (Ermita) TE 48 J 25
Nuestra Señora de la Consolación SE 92 U 12
Nuestra Señora de la Esperanza MU 84 R 24
Nuestra Señora de la Estrella J 82 R 19
Nuestra Señora de la Fuensanta CO 81 S 15
Nuestra Señora de la Fuensanta J 83 R 21
Nuestra Señora de la Hoz GU 47 J 23
Nuestra Señora de la Luz (Ermita de) CC 55 N 10
Nuestra Señora de la Luz (Santuario de) CA 99 X 13
Nuestra Señora de la Misericordia (Santuario de) Z 34 G 25
Nuestra Señora de la Peña (Ermita de) CC 55 L 9
Nuestra Señora de la Peña (Ermita de) Fuerteventura GC 110 F 3
Nuestra Señora de la Rosa (Ermita de) TE 49 J 27

Nuestra Señora de la Sierra (Ermita de) *CO* **93** T 16
Nuestra Señora de la Soledad *H* **90** U 9
Nuestra Señora de las Nieves *BU* **8** C 19
Nuestra Señora de las Nieves *CR* **70** P 19
Nuestra Señora de las Viñas *BU* **18** F 19
Nuestra Señora de Lebeña *S* **7** C 16
Nuestra Señora de Linares *CO* **81** S 15
Nuestra Señora de los Ángeles *H* **79** S 9
Nuestra Señora de los Desamparados *CU* **47** K 21
Nuestra Señora de los Hilos (Ermita de) *CC* **55** M 9
Nuestra Señora de los Reyes (Ermita) *El Hierro TF* **108** B 3
Nuestra Señora de Melque *TO* **57** M 16
Nuestra Señora de Monlora (Santuario de) *Z* **21** F 27
Nuestra Señora de Oca *BU* **18** E 20
Nuestra Señora de Piedras Albas *H* **90** T 8
Nuestra Señora de Pineta *HU* **22** D 30
Nuestra Señora de Regla *CA* **91** V 10
Nuestra Señora de Setefilla *SE* **80** S 13
Nuestra Señora de Valvanera (Monasterio) *LO* **18** F 21
Nuestra Señora de Vico (Monasterio de) *LO* **19** F 23
Nuestra Señora de Zuqueca *CR* **70** P 18
Nuestra Señora del Campo (Ermita de) *TE* **48** J 26
Nuestra Señora del Campo (Ermita de) *CC* **55** N 9
Nuestra Señora del Castillo *BU* **17** E 18
Nuestra Señora del Castillo (Ermita de) *SA* **43** I 11
Nuestra Señora del Llano *AB* **72** O 23
Nuestra Señora del Oro *VI* **19** D 21
Nuestra Señora del Pasico (Ermita) *MU* **85** S 27
Nuestra Señora del Prado (Ermita de) *H* **79** S 10
Nuestra Señora del Puerto *H* **79** S 11
Nuestra Señora del Puerto (Ermita de) *CC* **56** L 11
Nuestra Señora del Pueyo *Z* **35** I 27
Nuestra Señora del Remedio (Ermita de) *V* **61** N 26
Nuestra Señora del Remedio (Santuario) *V* **61** M 27
Nuestra Señora del Tremedal (Ermita de) *TE* **48** K 25
Nuestra Señora del Yugo *NA* **20** F 25
Nuestra Señora dels Àngels (Ermita de) *CS* **50** K 30
Nueva *O* **6** B 15
Nueva (La) *O* **6** C 12
Nueva Andalucía *MA* **100** W 15
Nueva Carteya *CO* **93** T 16
Nueva Jarilla *CA* **91** V 11
Nueva Villa de las Torres *VA* **30** I 14
Nuévalos *Z* **48** I 24
Nuevo Baztán *M* **46** K 20
Nuevo Chinchón *M* **59** L 19
Nuevo Guadiaro *CA* **99** X 14
Nuevo Rocío *SE* **91** U 11
Nuevo Toboso *M* **46** K 18
Nuevos *J* **83** Q 21
Nuez *ZA* **29** G 10
Nuez de Abajo (La) *BU* **17** E 18
Nuez de Arriba (La) *BU* **17** E 18
Nuez de Ebro *Z* **35** H 27
Nules *CS* **62** M 29
Nullán *LU* **14** D 8
Nulles *T* **37** I 33
Numancia *SO* **33** G 22
Numancia de la Sagra *TO* **58** L 18
Nuño Gómez *TO* **57** L 16
Nuñomoral *CC* **43** K 11
Núria *GI* **24** E 36
Ñora (La) *MU* **85** S 26

O

O Burgo *C* **3** C 4
Oba *BI* **9** C 21
Obando *BA* **68** O 13
Obanos *NA* **10** D 24
Obejo *CO* **81** R 15
Obispo (Torre del) *J* **82** R 19
Obispo Hernandez *V* **61** M 26
Oblea *SA* **43** J 11
Obón *TE* **49** J 27
Obona *O* **5** B 10
Obra *C* **13** D 4
Obregón *S* **7** B 18
Oca *BU* **18** E 19
Oca (Montes de) *BU* **18** E 19
Ocaña *TO* **58** M 19
Ocaña *AL* **95** U 21
Oceja de Valdellorma *LE* **16** D 14
Oceja de la Peña *LE* **16** D 14
Ocejón *GU* **46** I 20
Ocentejo *GU* **47** J 22
Ocero *LE* **14** D 10
Ochagavía *NA* **11** D 26
Ochando *SG* **45** I 16
Ochavillo del Río *CO* **80** S 14
Ochíchar *GR* **94** U 18
Ocio *VI* **19** E 21
Oco *NA* **19** E 23
Oco *AV* **44** K 15
Ocón *LO* **19** F 23
Odèn *L* **23** F 34
Odena *B* **37** H 34
Oderitz *NA* **10** D 24
Odiel (Embalse de) *H* **79** S 10
Odollo *LE* **15** E 10
Odón *TE* **48** J 25
Odres (Los) *MU* **84** R 23
Oencia *LE* **14** E 9
Ogassa *GI* **24** F 36
Ogern *L* **23** F 34
Ogíjares *GR* **94** U 19
Oguina *VI* **19** D 22
Ohanes *AL* **95** U 21
Oia *PO* **12** F 3
Oiartzun *SS* **10** C 24
Oibar / Aibar *NA* **20** E 25
Oieregi *NA* **11** C 25
Oimbra *OR* **28** G 7
Oíns *C* **3** D 5
Oirán *LU* **4** B 7
Oirás *LU* **4** B 7
Ois *C* **3** C 5
Oitura *Z* **34** G 26
Oitz *NA* **11** C 24
Oix *GI* **24** F 37
Ojacastro *LO* **18** E 20
Ojebar *S* **8** C 19
Ojedo *S* **7** C 16
Ojén *MA* **100** W 15
Ojén (Puerto de) *CA* **99** X 13
Ojén (Puerto de) *MA* **100** W 15
Ojo Guareña *BU* **8** C 19
Ojós *MU* **85** R 25
Ojos-Albos *AV* **45** J 16
Ojos de Garza *GC* **117** G 3
Ojos Negros *TE* **48** J 25
Ojuel *SO* **33** G 23
Ojuelos *CO* **80** R 13
Ojuelos (Los) *SE* **92** U 14
Okina *BU* **19** D 22
Okondo *BI* **9** C 21
Ola *HU* **21** F 29
Olaberri *NA* **11** D 25
Olaberria *SS* **10** C 23
Olague *NA* **11** D 25
Oláiz *NA* **11** D 25
Olalla *TE* **48** J 26
Olas (Punta de las) *C* **2** C 4
Olatz *SS* **10** C 22
Olave *NA* **11** D 25
Olaz (Puerto) *NA* **20** E 25
Olazagutia / Olazti *NA* **19** D 23
Olazti / Olazagutia *NA* **19** D 23
Olba *TE* **62** L 28
Olcoz *NA* **20** E 24
Olea *S* **17** D 17
Olea de Boedo *P* **17** E 16
Oleiros *LU* **3** C 7
Oleiros *cerca de Ribeira C* **12** E 2
Oleiros *cerca de Sada C* **3** B 5
Olejua *NA* **19** E 23
Olelas *OR* **27** G 5
Olèrdola *B* **37** I 35
Olesa de Bonesvalls *B* **38** H 35
Olesa de Montserrat *B* **38** H 35
Oleta *VI* **10** C 22
Oliana *L* **23** F 33
Oliana (Pantà d') *L* **23** F 34
Olías *MA* **100** V 17
Olías del Rey *TO* **58** M 18
Oliete *TE* **49** J 27
Oliola *L* **37** G 33
Olite *NA* **20** E 25
Olius *L* **23** F 34
Oliva *V* **74** P 29
Oliva (Ermita de la) *CA* **99** X 12
Oliva (La) *Fuerteventura GC* **111** H 2
Oliva (Monasterio de la) *NA* **20** E 25
Oliva de la Frontera *BA* **78** R 9
Oliva de Mérida *BA* **67** P 11
Oliva de Plasencia *CC* **56** L 11
Oliván *HU* **21** E 29
Olivar (Convento del) *TE* **49** J 28
Olivar (El) *LO* **19** E 23
Olivar (El) *GU* **47** K 21
Olivares *SE* **91** T 11
Olivares (Los) *GR* **94** T 18
Olivares de Duero *VA* **31** H 16
Olivares de Júcar *CU* **60** M 22
Oliveira *PO* **12** F 4
Olivella *B* **38** I 35
Olivenza *BA* **66** P 8
Olives *PO* **13** D 4
Olivillo (El) *CA* **91** V 11
Olivos *NA* **20** F 24
Olla (L') *A* **74** Q 29
Ollauri *LO* **19** E 21
Olleria (L') *V* **74** P 28
Olleros *LE* **16** D 14
Olleros (Ullíbarri de los) *VI* **19** D 22
Olleros de Alba *LE* **15** D 12
Olleros de Paredes Rubias *P* **17** D 17
Olleros de Pisuerga *P* **17** D 17
Olleros de Tera *ZA* **29** G 11
Olleta *NA* **20** E 25
Ollo *NA* **10** D 24
Olloniego *O* **5** C 12
Olmeda (La) *SO* **32** H 20
Olmeda (La) *CU* **61** M 26
Olmeda de Cobeta *GU* **47** J 23
Olmeda de Eliz *CU* **60** L 22
Olmeda de Jadraque (La) *GU* **47** I 21
Olmeda de la Cuesta *CU* **60** L 22
Olmeda de las Fuentes *M* **46** K 20
Olmeda del Extremo *GU* **47** J 21
Olmeda del Rey *CU* **60** M 23
Olmedilla de Alarcón *CU* **60** N 23
Olmedilla del Campo *CU* **59** L 21
Olmedillas *GU* **47** I 22
Olmedillas (Las) *V* **61** M 26
Olmedillo de Roa *BU* **31** G 18
Olmedo *VA* **31** I 15
Olmedo de Camaces *SA* **42** J 10
Olmillos *SO* **32** H 20
Olmillos de Castro *ZA* **29** G 12
Olmillos de Muñó *BU* **17** F 18
Olmillos de Sasamón *BU* **17** E 17
Olmillos de Valverde *ZA* **29** G 12
Olmo (El) *SG* **32** I 19
Olmo de la Guareña *ZA* **44** I 14
Olmos (Los) *TE* **49** J 28
Olmos de Esgueva *VA* **31** G 16
Olmos de la Picaza *BU* **17** E 18
Olmos de Ojeda *P* **17** D 16
Olmos de Peñafiel *VA* **31** H 17
Olmos de Pisuerga *P* **17** E 17
Olocau *V* **62** M 28
Olocau (Barranco de) *V* **62** N 28
Olocau del Rey *CS* **49** K 28
Olombrada *SG* **31** H 17
Olóriz *NA* **20** E 25
Olost *B* **38** G 36
Olot *GI* **24** F 37
Olp *L* **23** E 33
Olsón *HU* **22** F 30
Oluges (Les) *L* **37** G 33
Olula de Castro *AL* **95** U 22
Olula del Río *AL* **96** T 23
Olvan *B* **24** F 35
Olveda *LU* **13** D 6
Ólvega *SO* **33** G 24
Olveira *C* **12** E 2
Olveiroa *C* **2** D 2
Olvena *HU* **22** F 30
Olvera *CA* **92** V 14
Olvés *Z* **34** I 25
Olza *NA* **10** D 24
Olzinelles *B* **38** H 37
Omañas (Embalse de) *LE* **15** D 12
Omañas (Las) *LE* **15** D 12
Omañón *LE* **15** D 11
Ombreiro *LU* **3** C 7
Omellons (Els) *L* **37** H 32
Omells de Na Gaia (Els) *L* **37** H 33
Omeñaca *SO* **33** G 23
Onamio *LE* **15** E 10
Oncala *SO* **33** G 23
Oncala (Puerto de) *SO* **33** G 23
Oncebreros *AB* **73** P 25
Onceta (Isla de) *PO* **12** E 3
Onda *CS* **62** M 29
Ondara *A* **74** P 30
Ondarroa *BI* **10** C 22
Ondes *O* **5** C 11
Ongoz *NA* **11** D 26
Onil *A* **74** Q 27
Onón *O* **5** C 10
Ons *PO* **12** E 3
Ons (Isla de) *PO* **12** E 3
Onsares *J* **83** Q 22
Ontalafia (Laguna de) *AB* **72** P 24
Ontalafia (Sierra de) *AB* **72** P 24
Ontalvilla de Almazan *SO* **33** H 22
Ontaneda *S* **7** C 18
Ontano (El) *TO* **70** O 18
Ontígola *TO* **58** L 19
Ontinar del Salz *Z* **35** G 27
Ontinyent *V* **74** P 28
Ontiñena *HU* **36** G 30
Onton *S* **8** B 20
Ontur *AB* **73** Q 25
Onza *SE* **80** R 13
Onzonilla *LE* **16** E 13
Oña *BU* **18** D 19
Oña (Sierra de) *BU* **18** D 19
Oñati *SS* **10** C 22
Opakua *VI* **19** D 22
Opakua (Puerto de) *VI* **19** D 23
Oqueales *GR* **95** T 20
Oquillas *BU* **32** G 18
Orallo *LE* **15** D 10
Oraque *H* **90** T 9
Orba *A* **74** P 29
Orbada (La) *SA* **44** I 13
Orbaitzeta *NA* **11** D 26
Orbaneja del Castillo *BU* **18** D 18
Orbaneja-Riópico *BU* **18** E 19
Orbara *NA* **11** D 26
Órbigo *CL* **15** F 12
Orbiso *VI* **19** D 23
Orbita *AV* **45** I 16
Orcajo *Z* **48** I 25
Orcau *L* **23** F 32
Orce *GR* **83** S 22
Orcera *J* **83** R 22
Orchilla (Punta de) *El Hierro TF* **108** B 3
Ordal *B* **38** H 35
Ordaliego *O* **6** C 13
Ordejón de Arriba *BU* **17** E 17
Orden (Pozo de la) *J* **82** S 17
Ordes *C* **3** C 4
Ordes (Les) *T* **37** H 34
Ordesa (Valle de) *HU* **21** E 29
Ordesa y Monte Perdido (Parque nacional de) *HU* **22** D 29
Ordial (El) *GU* **46** I 20
Ordis *GI* **25** F 38
Ordizia *SS* **10** C 23
Ordoeste *C* **2** D 3
Ordunte (Embalse de) *BU* **8** C 20
Ordunte (Montes de) *BU* **8** C 19
Orduña *BI* **18** D 20
Orduña (Monte) *GR* **94** U 19
Orduña (Puerto de) *BU* **18** D 20
Orea *GU* **48** K 24
Oreja *TO* **58** L 19
Orejana *SG* **46** I 18
Orejanilla *SG* **45** I 18
Orellán *LE* **14** E 9
Orellana (Embalse de) *BA* **68** P 13
Orellana de la Sierra *BA* **68** O 13
Orellana la Vieja *BA* **68** O 13
Oreña *S* **7** B 17
Orera *Z* **34** I 25
Orés *Z* **20** F 27
Orexa *SS* **10** C 24
Orfes *GI* **25** F 38
Órganos (Los) *La Gomera TF* **118** B 1
Organos de Montoro *TE* **49** J 28
Organyà *L* **23** F 33
Orgaz *TO* **58** N 18
Orgiva *GR* **102** V 19
Oria *AL* **96** T 23
Oria (Rambla de) *AL* **96** T 22
Oria (Sierra de) *AL* **96** T 23
Oricáin *NA* **11** D 25
Orient *IB* **104** M 38
Orihuela *A* **85** R 27
Orihuela del Tremedal *TE* **48** K 25
Orillares *SO* **32** G 20
Orille *OR* **13** F 6
Orillena *HU* **35** G 29
Oriñón *S* **8** B 20
Orio *SS* **10** C 23
Orís *B* **24** F 36
Orísoain *NA* **20** E 25
Oristà *B* **38** G 36
Orito *A* **86** Q 27
Orjal *C* **3** D 5
Orlé *O* **6** C 14
Ormaiztegi *SS* **10** C 23
Ormijana *VI* **18** D 21
Orna de Gállego *HU* **21** E 28
Oro *SS* **4** C 9
Oro (El) *V* **73** O 27
Oro (Sierra del) *BA* **68** Q 13
Oroel *HU* **21** E 28
Oroel (Puerto de) *HU* **21** E 28
Orokieta-Erbiti *NA* **10** C 24
Orón *BU* **18** D 21
Oronoz-Mugairi *NA* **11** C 25
Oronz *NA* **11** D 26
Oropesa *TO* **57** M 14
Oropesa del Mar / Orpesa *CS* **62** L 30
Ororbia *NA* **10** D 24
Oros *HU* **21** E 29
Orosa *LU* **13** D 6
Oroso *OR* **13** E 5
Orotava (La) *Tenerife TF* **127** F 3
Oroz-Betelu *NA* **11** D 26
Orozketa *BI* **9** C 21
Orpesa / Oropesa del Mar *CS* **62** L 30
Orpí *B* **37** H 34
Orreaga / Roncesvalles *NA* **11** C 26
Orriols *GI* **25** F 38
Orrios *TE* **49** K 27
Òrrius *B* **38** H 37
Ortedó *L* **23** E 34
Ortegal (Cabo) *C* **3** A 6
Ortegas (Los) *CO* **80** S 14
Ortegicar *MA* **100** V 15
Ortiga *BA* **68** P 12
Ortigosa *AB* **71** P 21
Ortigosa *LO* **19** F 21
Ortigosa de Pestaño *SG* **45** I 16
Ortigosa de Rioalmar *AV* **44** J 14
Ortigosa del Monte *SG* **45** J 17
Ortigueira *C* **3** A 6
Ortiguera *O* **4** B 9
Ortilla *HU* **21** F 28
Ortuella *BI* **8** C 20
Orús *HU* **21** E 29
Orusco de Tajuña *M* **59** L 20
Orxa (L') *A* **74** P 29
Orxeta *A* **74** Q 29
Orzanzurieta *NA* **11** C 26
Orzola *Lanzarote GC* **121** F 2
Orzonaga *LE* **16** D 13
Os de Balaguer *L* **36** G 32
Os de Civis *L* **23** E 34
Osa de la Vega *CU* **59** N 21
Osácar *NA* **10** D 24
Oscuro *GR* **94** T 19
Oseja *Z* **34** H 24
Oseja de Sajambre *LE* **6** C 14
Oselle *LU* **14** D 8
Osera *Z* **35** H 28
Oset *V* **61** M 27
Osia *HU* **21** E 27
Osinaga *NA* **10** D 24
Osma *VI* **18** D 20
Oso (El) *AV* **44** J 15
Osona *SO* **33** H 21
Osonilla *SO* **33** H 21
Osor *GI* **24** G 37
Osornillo *P* **17** E 17
Osorno la Mayor *P* **17** E 16
Ossa de Montiel *AB* **71** P 21
Ossero (El) *AB* **71** P 21
Osso *HU* **36** G 30
Ossó de Sió *L* **37** G 33
Ostiz *NA* **11** D 25
Osuna *SE* **92** U 14
Otano *NA* **11** D 25
Otañes *S* **8** C 20
Otazu *VI* **19** D 22
Oteiza *NA* **19** E 24
Oteo *BU* **18** C 20
Oter *GU* **47** J 22
Oterico *LE* **15** D 12
Otero *LE* **15** E 11
Otero *LU* **4** C 7
Otero *TO* **57** L 16
Otero (El) *VA* **31** H 16
Otero de Bodas *ZA* **29** G 11
Otero de Guardo *P* **16** D 15
Otero de Herreros *SG* **45** J 17
Otero de las Dueñas *LE* **15** D 12
Otero de Naragantes *LE* **15** D 10
Otero de Sanabria *ZA* **29** F 10
Otero de Sariegos *ZA* **30** G 13
Oteros (Los) *CU* **60** L 24
Oteruelo del Valle *M* **45** J 18
Oteruelos *SO* **33** G 22
Otilla *GU* **48** J 24
Otiñano *NA* **19** E 23
Otita Leitzaran *SS* **10** C 24
Otívar *GR* **101** V 18
Oto *HU* **21** E 29
Otogoien/Hueto Arriba *VI* **19** D 21
Otones de Benjumez *SG* **45** I 17
Otos *MU* **84** R 23
Otos *V* **74** P 28
Otur *O* **5** B 10
Otura *GR* **94** U 19
Oturia *HU* **21** E 29
Otxandio *BI* **10** C 22
Otxaran *BI* **8** C 20
Otxondo (Puerto de) *NA* **11** C 25
Oubiña *PO* **12** E 3
Oulego *OR* **14** E 9
Oural *LU* **14** D 7
Ourense *OR* **13** E 6
Ouría *O* **4** B 8
Ouro *LU* **4** B 7
Ourol *LU* **3** B 7
Outara *LU* **14** E 7
Outeiro *LU* **14** E 8
Outeiro *OR* **13** E 6
Outeiro de Augas (Puerto de) *OR* **13** F 5
Outeiro de Rei *LU* **3** C 7
Outes *C* **12** D 3
Outomuro *OR* **13** F 5
Ouviaño *LU* **4** C 9
Ouzande *PO* **13** D 4
Ovanes *O* **5** B 11
Ove *LU* **4** B 8
Oviedo *O* **5** B 12
Oville *LE* **16** D 13
Oyón *VI* **19** E 22
Oza *cerca de Carballo C* **2** C 3
Oza *cerca de Teo C* **12** D 4
Oza dos Ríos *C* **3** C 5
Ozaeta *VI* **19** D 22
Ozón *C* **2** C 2
Ozuela *LE* **14** E 10

P

Paca (La) *MU* **84** S 24
Pachecas (Las) *CR* **71** O 20
Pacios *cerca de Baamonde LU* **3** C 6
Pacios *cerca de Castro de Rei LU* **4** C 7
Pacios *Paradella LU* **14** D 7
Pacs del Penedès *B* **37** H 35
Padastro *MA* **93** V 14
Paderne *C* **3** C 5
Paderne de Allariz *OR* **13** F 6
Padiernos *AV* **44** K 15
Padilla de Abajo *BU* **17** E 17
Padilla de Arriba *BU* **17** E 17
Padilla de Duero *VA* **31** H 17
Padilla de Hita *GU* **46** J 21
Padilla del Ducado *GU* **47** J 22
Padornelo *ZA* **28** F 9
Padrastro *AB* **72** Q 23

Padre Caro *H* 79 S 10
Padrenda *OR* 13 F 5
Padrón *C* 12 D 4
Padrón (O) *LU* 4 C 8
Padrona (Puerto) *SE* 79 S 11
Padrones de Bureba *BU* 18 D 19
Padróns *PO* 12 F 4
Padul *GR* 94 U 19
Padules *AL* 102 V 21
Pagán (Lo) *MU* 85 S 27
Paganes (Los) *MU* 85 S 26
Páganos *VI* 19 E 22
Pago del Humo *CA* 98 W 11
Pagoaga *SS* 10 C 24
Pagoeta *SS* 10 C 23
Paja (La) *GR* 83 S 21
Pajanosas (Las) *SE* 91 T 11
Pajar de Marta *AB* 71 P 22
Pájara
Fuerteventura GC 113 F 3
Pajarejos *SG* 32 H 19
Pajares *VA* 30 F 14
Pajares *O* 5 C 12
Pajares *CU* 60 L 23
Pajares *GU* 47 J 21
Pajares (Los) *SE* 80 T 12
Pajares (Puerto de) *LE* 5 D 12
Pajares de Adaja *AV* 45 J 16
Pajares de Fresno *SG* 32 H 19
Pajares de Hinojosos
de Abajo *TO* 57 M 14
Pajares de la Laguna *SA* 44 I 13
Pajares
de la Lampreana *ZA* 29 G 12
Pajares de los Oteros *LE* 16 F 13
Pajarete *CA* 99 W 12
Pajarón *CU* 60 M 24
Pajaroncillo *CU* 60 M 24
Pajonales (Morro)
Gran Canaria GC 116 D 3
Pal (Collado de) *B* 24 F 35
Palacio de Jamuz *LE* 15 F 11
Palacio
de las Cabezas *CC* 56 M 12
Palacio de Torío *LE* 16 D 13
Palacio
de Valdellorma *LE* 16 D 14
Palacio Quemado *BA* 67 P 11
Palacios (Los) *CR* 71 P 20
Palacios de Benaver *BU* 17 E 18
Palacios de Campos *VA* 30 G 15
Palacios de Goda *AV* 44 I 15
Palacios de la Sierra *BU* 32 G 20
Palacios
de la Valduerna *LE* 15 E 12
Palacios
de Riopisuerga *BU* 17 E 17
Palacios
de Salvatierra *SA* 43 K 12
Palacios de Sanabria *ZA* 29 F 10
Palacios del Alcor *P* 17 F 16
Palacios
del Arzobispo *SA* 43 I 12
Palacios del Pan *ZA* 29 H 12
Palacios del Sil *LE* 15 D 10
Palacios Rubios *AV* 44 I 15
Palacios
y Villafranca (Los) *SE* 91 U 12
Palaciosrubios *SA* 44 I 14
Palafolls *B* 39 G 38
Palafrugell *GI* 25 G 39
Palamós *GI* 25 G 39
Palancar *CC* 55 M 10
Palancares *GU* 46 I 20
Palancares
(Estación de) *CU* 60 M 24
Palancas *CR* 71 O 19
Palanques *CS* 49 J 29
Palas (Las) *MU* 85 T 26
Palas de Rei *LU* 13 D 6
Palau d'Anglesola (El) *L* 37 H 32
Palau de Noguera *L* 23 F 32
Palau-sator *GI* 25 F 39
Palau-saverdera *GI* 25 F 39
Palau-solità i Plegamans *B* 38 H 36
Palazuelo *BA* 68 O 12
Palazuelo
cerca de Boñar LE 16 D 14
Palazuelo
de las Cuevas *ZA* 29 G 11
Palazuelo de Torío
cerca de León LE 16 D 13
Palazuelo de Vedija *VA* 30 G 14
Palazuelo-Empalme
(Estación de) *CC* 56 M 11
Palazuelos *GU* 47 I 21
Palazuelos de Eresma *SG* 45 J 17
Palazuelos
de la Sierra *BU* 18 F 19
Palazuelos de Muñó *BU* 17 F 18
Palazuelos
de Villadiego *BU* 17 E 17
Paleira *LU* 3 B 6
Palencia *P* 31 F 16
Palencia de Negrilla *SA* 44 I 13
Palenciana *CO* 93 U 16
Palenzuela *P* 31 F 17
Pallaresos (Els) *T* 37 I 33
Pallargues (Les) *L* 37 G 33
Pallars-Aran (Reserva nacional
de Alto) *L* 23 D 32
Pallaruelo
de Monegros *HU* 35 G 29
Pallejà *B* 38 H 35
Paller *B* 24 F 35
Pallerol *HU* 22 E 32
Pallerols *L* 23 E 33
Palm-Mar *Tenerife TF* 128 D 5
Palma (La) *MU* 85 S 27
Palma de Gandia *V* 74 P 29
Palma de Mallorca *IB* 104 N 37
Palma d'Ebre (La) *T* 36 I 31
Palma
del Condado (La) *H* 91 T 10
Palma del Río *CO* 80 S 14
Pálmaces
(Embalse de) *GU* 46 I 21
Pálmaces
de Jadraque *GU* 46 I 21
Palmanova *IB* 104 N 37
Palmanyola *IB* 104 N 37
Palmar (El) *MU* 85 S 26
Palmar (El) *V* 74 O 29
Palmar (El) *CA* 98 X 11
Palmar de Troya (El) *SE* 92 U 12
Palmas de Gran Canaria (Las)
Gran Canaria GC 115 G 2
Palmeira *C* 12 E 3
Palmer (es) *IB* 105 N 39
Palmeral (El) *A* 86 R 27
Palmeras
(Las) *Mallorca IB* 104 N 38
Palmeres (Les) *V* 74 O 29
Palmeritas (Las) *H* 90 U 8
Palmerola *GI* 24 F 36
Palmés *OR* 13 E 6
Palmes
(Desert de les) *CS* 62 L 29
Palmitos Park
Gran Canaria GC 116 D 4
Palmones *CA* 99 X 13
Palo *HU* 22 F 30
Palo (El) *MA* 100 V 16
Palo (Puerto del) *O* 4 C 9
Palo (Punta del)
Gran Canaria GC 115 G 2
Palojo *CO* 93 T 16
Palol de Revardit *GI* 25 F 38
Paloma
(Lagunas de) *TO* 59 N 20
Paloma (Punta) *CA* 99 X 12
Palomar *CO* 93 T 15
Palomar (El) *V* 74 P 28
Palomar (El) *AB* 71 Q 22
Palomar (El) *SE* 92 T 13
Palomar de Arroyos *TE* 49 J 27
Palomares *AL* 96 U 24
Palomares de Alba *SA* 44 J 13
Palomares
del Campo *CU* 59 M 22
Palomares del Río *SE* 91 U 11
Palomas *BA* 67 P 11
Palomas
(Las) *Tenerife TF* 129 F 5
Palomas
(Puerto de las) *CA* 92 V 13
Palombera (Puerto de) *S* 7 C 17
Palomeque *TO* 58 L 18
Palomera *CU* 60 L 23
Palomera (Monte) *V* 73 O 26
Palomera (Sierra) *TE* 48 K 26
Palomero *CC* 55 L 11
Palomes
(Puerto de Las) *J* 94 T 18
Palomitas
(Casas de) *TE* 49 K 28
Palos de la Frontera *H* 90 U 9
Palou de Sanaüja *L* 37 G 33
Palou de Torà *L* 37 G 34
Pals *GI* 25 G 39
Pámanes *S* 8 B 18
Pampaneira *GR* 102 V 19
Pampanico *AL* 102 V 21
Pampliega *BU* 17 F 18
Pamplona *NA* 11 D 25
Panadella (La) *B* 37 H 34
Pánchez (Los) *CO* 80 R 14
Pancorbo *BU* 18 E 20
Pancrudo *TE* 49 J 26
Pandenes *O* 6 B 13
Panderruedas
(Puerto de) *LE* 6 C 15
Pandetrave
(Puerto de) *LE* 6 C 15
Pando *BI* 8 C 20
Pando (Puerto del) *LE* 16 D 14
Pandorado *LE* 15 D 12
Pandos
(Casa de los) *AB* 73 P 26
Panera *CC* 56 L 12
Panes *O* 7 C 16
Panillo *HU* 22 F 30
Paniza *Z* 34 I 26
Paniza (Puerto de) *Z* 34 I 26
Panizares *BU* 18 D 19
Pano *HU* 22 F 30
Pansas *MU* 85 Q 26
Pantano
de Navabuena *CC* 56 M 12
Panticosa *HU* 21 D 29
Pantoja *TO* 58 L 18
Pantón *LU* 13 E 7
Panxón *PO* 12 F 3
Panzano *HU* 21 F 29
Paones *SO* 32 H 21
Papagayo (Punta del
Lanzarote GC 122 B 5
Papatrigo *AV* 44 J 15
Papiol (El) *B* 38 H 36
Paracuellos *CU* 60 M 24
Paracuellos
de Jarama *M* 46 K 19
Paracuellos de Jiloca *Z* 34 I 25
Paracuellos
de la Ribera *Z* 34 H 25
Parada *C* 3 C 4
Parada (Monte) *CU* 60 M 24
Parada de Arriba *SA* 43 J 12
Parada
de Rubiales *SA* 44 I 13
Parada do Sil *OR* 13 E 7
Parada dos Montes *LU* 14 E 8
Paradas *SE* 92 U 13
Paradaseca *LE* 14 D 9
Paradaseca *OR* 14 F 7
Paradasolana *LE* 15 E 10
Paradavella *LU* 4 C 8
Paradela *C* 3 D 6
Paradela *PO* 13 D 4
Paradela *LU* 13 D 7
Paradilla *LE* 16 E 13
Paradilla (La) *M* 45 K 17
Paradilla
de Gordón *LE* 15 D 12
Paradinas *SG* 45 I 16
Paradinas
de San Juan *SA* 44 J 14
Parador (El) *AL* 102 V 22
Paraisás *OR* 14 F 8
Paraíso
(Balneario del) *TE* 61 L 27
Paraíso (El) *M* 45 K 17
Paraíso Alto *TE* 61 L 27
Paraíso Bajo *TE* 61 L 27
Paraíso-Barronal *MA* 100 W 14
Parajas *O* 5 C 10
Parajes *LU* 4 C 8
Paralacuesta *BU* 18 D 19
Paramera
(Puerto de la) *AV* 45 K 16
Paramíos *O* 4 B 8
Páramo *LU* 14 D 7
Páramo *O* 5 C 11
Paramo de Boedo *P* 17 E 16
Parámo de Masa
(Puerto de) *BU* 18 E 18
Páramo del Sil *LE* 15 D 10
Paramos *C* 2 D 3
Paraño
(Alto de) *OR* 13 E 5
Paraños *PO* 13 F 4
Parapanda *GR* 94 U 18
Parauta *MA* 100 W 14
Paraya (La) *O* 6 C 13
Parbayón *S* 7 B 18
Parcelas (Las) *CR* 81 Q 16
Parcent *A* 74 P 29
Parchel (Punta del)
Gran Canaria GC 116 C 4
Parchite
(Estación de) *MA* 92 V 14
Parda (Cabeza) *J* 82 R 18
Pardal (El) *AB* 84 Q 23
Pardavé *LE* 16 D 13
Pardellas *LU* 3 C 6
Pardemarín *PO* 13 D 4
Pardesivil *LE* 16 D 13
Pardilla *BU* 32 H 18
Pardines *GI* 24 F 36
Pardo (El) *M* 45 K 18
Pardo
(Embalse de El) *M* 45 K 18
Pardornelo
(Portilla de) *ZA* 28 F 9
Pardos *GU* 48 J 24
Pardos
(Rambla de los) *AL* 96 T 23
Pared *AL* 95 U 22
Pared (La) *AB* 73 O 26
Pared (La)
Fuerteventura GC 112 E 4
Paredes *O* 5 B 10
Paredes *OR* 14 F 7
Paredes *PO* 12 E 4
Paredes *CU* 59 L 21
Paredes de Buitrago *M* 46 I 19
Paredes de Escalona *TO* 57 L 16
Paredes de Monte *P* 31 G 16
Paredes de Nava *P* 17 F 15
Paredes
de Sigüenza *GU* 33 I 21
Paredesroyas *SO* 33 H 23
Paredón *BA* 69 O 14
Pareja *GU* 47 K 22
Parellades (Les) *T* 50 J 31
Parets *B* 38 H 36
Parga *LU* 3 C 6
Parilla (La) *MA* 93 U 16
Parla *M* 58 L 18
Parladé *SE* 79 S 11
Parlavà *GI* 25 F 39
Parlero *O* 4 B 9
Parolis las Juntas *AB* 84 R 22
Parque Calablanca *A* 75 P 30
Parque Coimbra *M* 58 L 18
Parque del Cubillas *GR* 94 U 18
Parque Robledo *SG* 45 J 17
Parquelagos *M* 45 K 18
Parra *TO* 70 N 19
Parra (La) *AV* 57 L 14
Parra (La) *AL* 102 V 20
Parra (La) *BA* 67 Q 10
Parra
de las Vegas (La) *CU* 60 M 23
Parral (El) *AV* 44 J 15
Parralejo (El) *cerca de Casicas*
del Río Segura J 83 R 22
Parralejo Nuevo *CA* 99 W 12
Parrallito
(Embalse de El) *GC* 114 C 3
Parras
de Castellote (Las) *TE* 49 J 29
Parras de Martín (Las) *TE* 49 J 27
Parres *O* 6 B 15
Parres *Arriondas O* 6 B 14
Parrilla (La) *VA* 31 H 16
Parrilla (La) *SE* 79 S 12
Parrillas *TO* 57 L 14
Parrillas (Las) *CU* 60 L 24
Parroquia (La) *MU* 84 S 24
Parròquia d'Hortó (La) *L* 23 F 34
Parsa *SE* 92 T 13
Partaloa *AL* 96 T 23
Parte de Bureba (La) *BU* 18 D 19
Parte
de Sotoscueva (La) *BU* 8 C 18
Partidor (El) *MU* 85 R 26
Partidores (Los) *AB* 72 P 23
Partija-
Santa Mónica (La) *M* 46 K 19
Partovía *OR* 13 E 5
Parzán *HU* 22 E 30
Pas (El) *T* 50 K 31
Pasai Donibane *SS* 10 C 24
Pasai San Pedro / Pasajes
de San Pedro *SS* 10 C 24
Pasajes de San Pedro /
Pasai San Pedro *SS* 10 C 24
Pasarela *C* 2 C 2
Pasariegos *ZA* 29 H 11
Pasarón de la Vera *CC* 56 L 12
Pascualcobo *AV* 44 K 14
Pascuales *SG* 45 I 16
Pascuales (Los) *J* 83 Q 21
Paso *Tenerife TF* 125 J 1
Paso (El) *La Palma TF* 132 C 5
Paso Chico (Punta de)
Fuerteventura GC 111 G 2
Passanant *T* 37 H 33
Pasteral (El) *GI* 24 G 37
Pasteral (Pantà del) *GI* 24 G 37
Pastillos
(Sierra de los) *BA* 68 O 14
Pastor *C* 3 C 5
Pastor
(Monumento al) *BU* 18 E 20
Pastores *SA* 42 K 10
Pastores (Los) *TE* 62 L 28
Pastores (Los) *CA* 99 X 13
Pastoriza *C* 3 A 6
Pastoriza *LU* 4 C 7
Pastrana *GU* 46 K 21
Pastrana *MU* 97 T 25
Pastriz *Z* 35 H 27
Pata de Mulo *CO* 93 T 15
Pata del Caballo
(Coto nacional de la) *H* 91 T 10
Paterna *V* 62 N 28
Paterna de Rivera *CA* 99 W 12
Paterna del Campo *H* 91 T 10
Paterna del Madera *AB* 72 Q 22
Paterna del Río *AL* 95 U 21
Paternáin *NA* 10 D 24
Patones de Abajo *M* 46 J 19
Patrás *H* 79 S 9
Patrite *CA* 99 W 12
Patrocinio (El) *J* 82 Q 18
Patudas (Las) *CO* 80 Q 14
Pau *GI* 25 F 39
Paul (El) *TE* 61 L 27
Paúl (La) *HU* 35 G 27
Paular (El) *M* 45 J 18
Paulenca *AL* 103 V 22
Paúles *HU* 22 F 30
Paules *Z* 21 F 27
Paúles *AB* 84 R 22
Paules de Lara *BU* 18 F 19
Paules del Agua *BU* 31 F 18
Paúls *T* 50 J 31
Pava *MU* 73 Q 26
Pavías *CS* 62 M 28
Paxareiras *C* 2 D 2
Paymogo *H* 78 S 7
Payo (El) *SA* 42 L 9
Payo de Ojeda *P* 17 D 16
Payosaco *C* 3 C 4
Payueta *VI* 19 E 21
Paz (La) *CO* 81 T 15
Pazo *LU* 3 B 6
Pazo de Mariñan *C* 3 C 5
Pazo de Oca *PO* 13 D 4
Pazos *cerca*
de Cortegada OR 13 F 7
Pazos *cerca de Lamas C* 2 C 3
Pazos *cerca de Leiro OR* 13 E 5
Pazos *cerca*
de Ponte-Ceso C 2 C 3
Pazos de Borbén *PO* 12 F 4
Pazuengos *LO* 18 F 21
Peal de Becerro *J* 83 S 20
Peares
(Embalse de los) *LU* 13 E 6
Peares (Os) *OR* 13 E 6
Pecá *CU* 60 L 23
Pechina *AL* 103 V 22
Pechiguera (Punta)
Lanzarote GC 122 A 5
Pechón *S* 7 B 16
Pedernoso (El) *CU* 59 N 21
Pedra *C* 3 A 6
Pedra (La) *L* 23 F 34
Pedrafita
Camporredondo *LU* 4 D 8
Pedrafita
do Cebreiro *LU* 14 D 8
Pedrafita do Cebreiro
(Puerto de) *LU* 14 D 8
Pedraja *SO* 32 H 20
Pedraja
de Portillo (La) *VA* 31 H 16
Pedrajas *SO* 33 G 22
Pedrajas
de San Esteban *VA* 31 H 16
Pedralba *V* 62 N 27
Pedralba
de la Pradería *ZA* 28 F 9
Pedraza *LU* 13 D 6
Pedraza de Alba *SA* 44 J 13
Pedraza de Campos *P* 30 G 15
Pedraza de la Sierra *SG* 45 I 18
Pedre *PO* 13 E 4
Pedredo *LE* 15 E 11
Pedregal (El) *GU* 48 J 25
Pedreguer *A* 74 P 30
Pedreira *C* 13 D 5
Pedreira *PO* 13 E 4
Pedreiro *LU* 3 B 6
Pedreña *S* 8 B 18
Pedrera *TO* 58 N 18
Pedrera *SE* 93 U 15
Pedrera
(Embassament de la) *A* 85 R 27
Pedret *GI* 25 F 39
Pedrezuela *M* 46 J 19
Pedrezuela
(Embalse de) *M* 46 J 19
Pedro *SO* 32 I 20
Pedro Abad *CO* 81 S 16
Pedro Andrés *AB* 84 R 22
Pedro Barba
Lanzarote GC 121 F 2
Pedro Bernardo *AV* 57 L 15
Pedro Díaz *CO* 80 S 14
Pedro Gómez
(Sierra de) *CC* 56 N 12
Pedro Izquierdo *CU* 61 M 25
Pedro Malo *CR* 71 O 20
Pedro Marín
(Embalse de) *J* 82 S 19
Pedro Martínez *GR* 95 T 20
Pedro Muñoz *CR* 71 N 21
Pedro Pidal *O* 6 C 15
Pedro Rodríguez *AV* 44 J 15
Pedroche *CO* 81 Q 15
Pedrola *Z* 34 G 26
Pedrones (Los) *V* 73 N 26
Pedroñeras (Las) *CU* 59 N 21
Pedrosa (La) *CA* 99 V 12
Pedrosa de Duero *BU* 31 G 18
Pedrosa de la Vega *P* 16 E 15
Pedrosa de Muñó *BU* 17 F 18
Pedrosa
de Río Úrbel *BU* 17 E 18
Pedrosa de Tobalina *BU* 18 D 19
Pedrosa del Páramo *BU* 17 E 18
Pedrosa del Príncipe *BU* 17 F 17
Pedrosa del Rey *VA* 30 H 14
Pedrosas (Las) *Z* 21 F 27
Pedrosillo (El) *SE* 79 T 10
Pedrosillo de Alba *SA* 44 J 13
Pedrosillo
de los Aires *SA* 43 J 12
Pedrosillo el Ralo *SA* 44 I 13
Pedroso *LO* 19 F 21
Pedroso *O* 6 B 15
Pedroso *C* 3 B 5
Pedroso (El) *O* 6 B 13
Pedroso (El) *CA* 99 W 12
Pedroso (El) *SE* 80 S 12
Pedroso (Sierra del) *MA* 93 U 16
Pedroso de Acim *CC* 55 M 10
Pedroso
de la Armuña (El) *SA* 44 I 13
Pedroso
de la Carballeda *ZA* 29 G 10
Pedrotoro *SA* 43 K 10
Pedrouzo (O) *C* 3 D 4
Pedrouzos *C* 12 D 3
Pedroveya *O* 5 C 12
Pedrún de Torío *LE* 16 D 13
Pegalajar *J* 82 S 19
Pego *A* 74 P 29
Pego (El) *ZA* 30 I 13
Peguera *IB* 104 N 37
Peguerillas *H* 90 T 9
Peguerinos *AV* 45 K 17
Peinao (El) *TE* 48 K 25
Pela (Sierra de) *GU* 32 I 20
Pela (Sierra de) *BA* 68 O 13
Pelabravo *SA* 44 J 13
Pelada (Sierra) *CR* 70 P 19
Pelada (Sierra) *H* 78 S 9
Pelado *AL* 96 T 22
Pelahustán *TO* 57 L 16
Pelarda
(Santuario de) *TE* 48 J 26
Pelarrodríguez *SA* 43 J 11
Pelayo *CO* 81 R 14
Pelayos *SA* 44 K 13
Pelayos de la Presa *M* 45 K 17
Pelayos del Arroyo *SG* 45 I 18
Peleagonzalo *ZA* 30 H 13
Peleas de Abajo *ZA* 29 H 12
Peleas de Arriba *ZA* 29 I 12
Pelegrina *GU* 47 I 22
Pelejaneta (La) *CS* 62 L 29
Peligro (Punta del)
La Gomera TF 118 B 1
Peligros *GR* 94 U 19
Pellila *SA* 29 I 11
Peloche *BA* 69 O 14
Pelugano *O* 6 C 13

Pembes S 6 C 15
Pena LU 3 C 6
Pena (A) C 2 D 3
Pena (A) OR 13 F 6
Penacaballera SA 43 K 12
Penagos S 7 B 18
Penàguila A 74 P 28
Penamil LU 14 D 8
Penarrubia LU 4 D 8
Penas LU 13 D 6
Pendilla LE 5 C 12
Pendones O 6 C 14
Pendueles O 7 B 16
Penedo (Punta de) *Lanzarote* GC 123 D 3
Penela LU 14 E 7
Penelles L 37 G 32
Penilla S 7 C 18
Penilla (La) S 7 C 18
Peníscola / Peñíscola CS 50 K 31
Peníscola (Estació de) CS 50 K 31
Penoselo LE 14 D 9
Penouta O 4 B 9
Pentedura BU 32 F 19
Pentes OR 28 F 8
Penyagolosa CS 62 L 28
Penyal d'Ifac A 74 Q 30
Penzol O 4 B 9
Peña (La) SA 29 I 10
Peña (Mirador de la) *El Hierro* TF 109 D 2
Peña (Montes La) BU 8 C 19
Peña (Sierra de la) HU 21 E 27
Peña de Cabra SA 43 J 12
Peña de Francia SA 43 K 11
Peña del Águila CA 98 V 10
Peña Migjorn A 74 Q 28
Peña Mira ZA 29 G 10
Peña Negra LE 15 F 10
Peña Negra SO 33 F 21
Peña Negra O 5 C 11
Peña Negra (Puerto de la) AV 44 K 14
Peña Sacra M 45 J 18
Peña Santa LE 6 C 15
Peña-Tú O 7 B 15
Peña Utrera BA 67 Q 9
Peñablanca TE 48 K 24
Peñacerrada VI 19 E 21
Peñadiz OR 13 F 7
Peñafiel VA 31 H 17
Peñaflor Z 35 G 27
Peñaflor O 5 B 11
Peñaflor SE 80 S 13
Peñaflor de Hornija VA 30 G 15
Peñafuente O 4 C 9
Peñagua SE 92 U 13
Peñahorada BU 18 E 19
Peñalagos GU 47 K 21
Peñalajos CR 70 Q 19
Peñalba HU 36 H 29
Peñalba SO 32 H 20
Peñalba *Castelló* CS 62 M 28
Peñalba de Ávila AV 44 J 15
Peñalba de Castro BU 32 G 19
Peñalba de Cilleros LE 15 D 11
Peñalba de la Sierra GU 46 I 19
Peñalba de Santiago LE 15 E 10
Peñalén GU 47 K 23
Peñalosa CO 80 S 14
Peñaloscintos LO 19 F 21
Peñalsordo BA 69 P 14
Peñalver GU 46 K 21
Peñaparda SA 42 L 9
Peñaranda de Bracamonte SA 44 J 14
Peñaranda de Duero BU 32 G 19
Peñarandilla SA 44 J 13
Peñarrodrigo CR 81 Q 16
Peñarroya TE 49 K 28
Peñarroya (Embalse de) CR 71 O 21
Peñarroya (Ermita de) CR 71 O 20
Peñarroya de Tastavíns TE 50 J 30
Peñarroya-Pueblonuevo CO 80 R 14
Peñarroyas TE 49 J 27
Peñarrubia S 7 C 16
Peñarrubia *cerca de Elche* AB 84 Q 23
Peñarrubia *cerca de Peñascosa* AB 72 P 23
Peñarrubia (Monte) AB 73 O 25
Peñarrubias de Pirón SG 45 I 17
Peñas (Cabo de) O 5 B 12
Peñas Blancas (Puerto de) MA 99 W 14
Peñas de Riglos (Las) HU 21 E 27
Peñas de San Pedro AB 72 P 23
Peñas Negrillas (Coto nacional de) CR 82 Q 19
Peñascales (Los) M 45 K 18
Peñascosa AB 72 P 22
Peñaullán O 5 B 11
Peñausende ZA 29 I 12
Peñillas CO 93 T 17
Peñíscola / Peníscola CS 50 K 31
Peñita CO 80 R 13
Peñolite J 83 R 21
Peñón (Alto del) ZA 15 F 10
Peñón (El) AB 84 R 23
Peñón (El) GR 95 T 20
Peñoso MU 84 S 24
Peñuela GR 94 T 18
Peñuela (La) H 91 T 9
Peñuelas GR 94 U 18
Peón O 6 B 13
Pepino TO 57 L 15
Pepino (El) GU 46 K 20
Peque ZA 15 F 11
Pera (La) GI 25 F 38
Pera (Sierra de) GR 94 U 18
Peracense TE 48 K 25
Perafita *cerca de Calaf* B 37 G 34
Perafita *cerca de Prats de Lluçanes* B 24 F 36
Perafort T 37 I 33
Peral (Barranco del) AL 96 U 23
Peral (El) CU 60 N 24
Peral (La) O 5 B 12
Peral de Arlanza BU 31 F 17
Peralada GI 25 F 39
Peralba L 37 G 32
Peraleda de la Mata CC 56 M 13
Peraleda de San Román CC 56 M 13
Peraleda del Zaucejo BA 80 Q 13
Peraleja (La) CU 59 L 22
Peralejo M 45 K 17
Peralejo SO 32 I 20
Peralejo (El) SE 79 S 10
Peralejos TE 49 K 26
Peralejos de Abajo SA 43 I 10
Peralejos de Arriba SA 43 I 10
Peralejos de las Truchas GU 48 K 24
Perales P 17 F 16
Perales (Los) CC 55 N 9
Perales (Puerto de) CC 55 L 9
Perales de Tajuña M 59 L 19
Perales del Alfambra TE 49 K 26
Perales del Puerto CC 55 L 9
Perales del Río M 58 L 19
Peralosa (Puerto de la) CR 70 O 17
Peralosas (Las) CR 70 O 17
Peralta NA 20 E 24
Peralta de Alcofea HU 35 G 29
Peralta de la Sal HU 36 G 31
Peraltilla HU 22 F 29
Peralveche GU 47 K 22
Peralvillo Alto CR 70 O 18
Peramato SA 43 J 11
Peramea L 23 F 33
Peramola L 23 F 33
Peranzanes LE 15 D 10
Perarrúa HU 22 F 31
Peratallada GI 25 G 39
Perazancas P 17 D 16
Perbes C 3 B 5
Perdices SO 33 H 22
Perdido (Monte) HU 22 D 30
Perdigón BA 78 R 8
Perdigón (El) ZA 29 H 12
Perdiguera Z 35 G 28
Perdiguero HU 22 D 31
Perdoma (La) *Tenerife* TF 127 F 3
Perdón NA 11 D 24
Perdón (Puerto del) NA 10 D 24
Perea GR 83 T 22
Pereda (La) O 6 B 15
Pereda de Ancares LE 14 D 9
Peredilla LE 16 D 13
Peregrina (La) LE 16 E 14
Pereira C 2 D 3
Pereira LU 13 E 6
Pereiriña C 2 C 2
Pereiro OR 28 F 8
Pereiro de Aguiar OR 13 E 6
Pereje LE 14 E 9
Perelló (El) T 50 J 32
Perelló (El) V 74 O 29
Perellonet (El) V 74 O 29
Perenos (Los) SE 93 U 15
Pereña SA 29 I 10
Perera (La) SO 32 H 20
Perero H 78 S 8
Pereruela ZA 29 H 12
Perex BU 18 D 20
Pérez (Los) SE 93 U 15
Periana MA 101 V 17
Pericay (Sierra del) MU 84 S 24
Pericón (El) MU 85 S 26
Perilla de Castro ZA 29 G 12
Perín MU 85 T 26
Perla-Torremuelle (La) MA 100 W 16
Pernía SE 93 T 15
Pernia (La) P 17 D 16
Perobéques TO 58 M 16
Perogordo SG 45 J 17
Peromingo SA 43 K 12
Perona (Monte) MU 85 S 25
Perorrubio SG 32 I 18
Perosillo SG 31 H 17
Peroxa (A) OR 13 E 6
Perro (Punta del) CA 91 V 10
Perrunal (El) H 78 S 9
Pertusa HU 35 G 29
Peruyes O 6 B 14
Pesadas de Burgos BU 18 D 19
Pesadoira C 2 D 3
Pesaguero S 7 C 16
Pescadores (Puerto de los) MA 100 W 15
Pescadores (Refugio de) HU 36 H 30
Pescueza CC 55 M 10
Pesebre AB 72 P 22
Pesebre (Punta) *Fuerteventura* GC 112 B 5
Pesga (La) CC 43 L 11
Pesoz O 4 C 9
Pesqueira C 12 E 3
Pesquera BU 18 D 18
Pesquera S 7 C 17
Pesquera LE 16 D 14
Pesquera (Dársena) *Tenerife* TF 125 J 2
Pesquera (La) CU 61 N 25
Pesquera de Duero VA 31 H 17
Pesquerín O 6 B 14
Pesqueruela VA 30 H 15
Pessó (Pic del) L 23 E 32
Pesués S 7 B 16
Petilla de Aragón NA 20 E 26
Petín OR 14 E 8
Petit I (Embalse de) CC 55 N 10
Petra IB 105 N 39
Petrer A 85 Q 27
Petrés V 62 M 29
Pétrola AB 73 P 25
Pétrola (Laguna de) AB 73 P 25
Peza (La) GR 95 U 20
Pezuela de las Torres M 46 K 20
Pi de Sant Just (El) L 37 G 34
Pías ZA 14 F 9
Pías (Embalse de) ZA 14 F 9
Piatones (Sierra de) CC 56 M 12
La Pica H 79 S 9
Picacho CA 92 V 13
Picacho de la Barre (Faro El) H 90 U 9
Picaio V 62 N 29
Picamoixons T 37 I 33
Picanya V 62 N 28
Picassent V 74 N 28
Picazo GU 47 J 21
Picazo (El) CU 60 N 23
Picazo (Embalse de El) CU 60 N 23
Picena GR 102 V 20
Pico (Puerto del) AV 44 L 14
Pico de las Flores (Mirador) *Tenerife* TF 124 H 2
Pico del Castrón (Mirador del) S 7 C 17
Pico del Inglés (Mirador de) *Tenerife* TF 125 I 2
Picón CR 70 O 17
Piconcillo CO 80 R 13
Picones SA 42 I 10
Picorzo CU 59 M 21
Picorzos AB 84 Q 23
Picos de Europa (Parque nacional de los) LE 6 C 15
Picota C 2 D 3
Picouto OR 13 F 6
Piedra Z 48 I 24
Piedra (La) BU 17 E 18
Piedra (La) GR 84 S 22
Piedra (Monasterio de) Z 48 I 24
Piedra Aguda (Embalse de) BA 66 Q 8
Piedra del Sol OR 14 E 7
Piedra Escrita (Ermita de) BA 68 P 13
Piedra San Martin (Collado de la) NA 11 D 27
Piedrabuena BA 67 O 9
Piedrabuena CR 70 O 17
Piedraescrita TO 57 N 15
Piedrafita HU 21 D 29
Piedrafita LE 6 C 13
Piedrafita de Babia LE 15 D 11
Piedrafitas (Mirador de) LE 6 C 15
Piedrahita AV 44 K 14
Piedrahita TE 48 I 26
Piedrahita de Castro ZA 29 G 12
Piedralá CR 70 O 17
Piedralaves AV 44 L 15
Piedramillera NA 19 E 23
Piedras H 90 U 8
Piedras (Canal del) H 90 U 8
Piedras (Embalse) H 90 T 8
Piedras (Las) CO 93 T 17
Piedras Albas CC 55 M 9
Piedras Blancas O 5 B 12
Piedrasluengas P 7 C 16
Piedrasluengas (Puerto de) P 7 C 16
Piedratajada Z 21 F 27
Piedros (Los) CO 93 T 16
Piera B 37 H 35
Piérnigas BU 18 E 19
Pierola B 38 H 35
Pieros LE 14 E 9
Pierre GR 95 T 20
Piescolgados AL 96 U 22
Pigüeña O 5 C 11
Pijotilla (La) BA 67 P 10
Pila MU 85 R 26
Pila (Sierra de la) GU 47 I 21
Pilar (El) AL 96 U 23
Pilar (Ermita del) TE 49 K 27
Pilar de Jaravia AL 96 T 24
Pilar de la Horadada A 85 S 27
Pilar de Moya J 82 S 17
Pilar del Prado MA 100 V 16
Pilares SE 92 U 13
Pilas SE 91 U 11
Pilas (Casas de) BA 80 R 12
Pilas (Puerto de las) AV 45 K 16
Pilas Verdes AB 71 Q 21
Piles V 74 P 29
Piles (Les) T 37 H 34
Pileta (Cueva de la) MA 99 V 14
Pililla CU 60 M 23
Pilillas CO 81 S 15
Piloño PO 13 D 5
Pilzán HU 22 F 31
Pimpollar (El) M 45 K 17
Pina *Mallorca* IB 104 N 38
Pina de Ebro Z 35 H 28
Pina de Montalgrao CS 62 L 28
Pinar CA 92 V 13
Pinar (Cap des) *cerca de Alcúdia* IB 105 M 39
Pinar (El) M 45 K 18
Pinar (El) *Castelló* CS 63 L 30
Pinar (Ermita del) SG 31 I 18
Pinar (Monte) CU 59 L 21
Pinar de Almorox (El) TO 57 L 16
Pinar de Antequera VA 30 H 15
Pinar de C. (El) A 85 S 27
Pinar de la Mola (El) IB 87 P 34
Pinar de los Franceses CA 98 W 11
Pinar de Puenteviejo AV 45 J 16
Pinar Negro MU 84 R 24
Pinarejo CU 60 N 22
Pinarejos SG 31 I 17
Pinarnegrillo SG 45 I 17
Pindo (O) C 2 D 2
Pineda de Gigüela CU 60 L 22
Pineda de la Sierra BU 18 F 20
Pineda de Mar B 38 H 38
Pineda-Trasmonte BU 32 G 18
Pinedas SA 43 K 12
Pinedas (Las) CO 81 S 15
Pinedillo BU 31 F 18
Pinel LU 14 E 7
Pinell L 37 G 34
Pinell de Brai (El) T 50 I 31
Pinet (El) V 86 R 28
Pineta (Valle de) HU 22 E 30
Pinganillo SE 92 U 12
Pinilla LE 15 F 11
Pinilla *cerca de Fuente Alamo* AB 73 P 25
Pinilla *cerca de Fuente-Higuera* AB 84 Q 23
Pinilla *cerca de Salinas de Pinilla* AB 71 P 22
Pinilla (Embalse de) M 45 J 18
Pinilla (La) SG 46 I 19
Pinilla (La) MU 85 S 26
Pinilla Ambroz SG 45 I 16
Pinilla de Fermoselle ZA 29 H 10
Pinilla de Jadraque GU 46 I 21
Pinilla de los Barruecos BU 32 G 20
Pinilla de los Moros BU 32 F 20
Pinilla de Molina GU 48 J 24
Pinilla de Toro ZA 30 H 13
Pinilla del Campo SO 33 G 23
Pinilla del Olmo SO 33 I 22
Pinilla del Valle M 45 J 18
Pinilla-Trasmonte BU 32 G 19
Pinillos BU 31 G 18
Pinillos LO 19 F 22
Pinillos de Polendos SG 45 I 17
Pino BU 18 D 19
Pino LU 14 E 7
Pino (Cuerda del) AL 84 S 23
Pino (El) BA 67 P 10
Pino (O) C 3 D 4
Pino (Puerto del) HU 22 F 30
Pino Alto M 45 K 17
Pino de Tormes (El) SA 43 I 12
Pino de Valencia CC 66 O 8
Pino del Oro ZA 29 H 11
Pino del Río P 16 E 15
Pino do Val C 2 D 3
Pino Grande SE 92 T 12
Pinofranqueado CC 43 L 10
Pinós L 37 G 34
Pinos LE 5 D 12
Pinós A 74 P 29
Pinós (El) / Pinoso A 85 Q 26
Pinos (Los) CC 68 O 13
Pinos de Mar H 90 U 9
Pinos del Valle GR 101 V 19
Pinos Genil GR 94 U 19
Pinos Puente GR 94 U 18
Pinosa AL 84 S 24
Pinoso (Monte) GU 47 J 22
Pinseque Z 34 G 26
Pinsoro Z 20 F 25
Pintado (Contraembalse de) SE 80 S 12
Pintado (El) SE 79 S 12
Pintado (Embalse del) SE 80 S 12
Pintano Z 20 E 26
Pintín LU 14 D 7
Pinto M 58 L 18
Pinto (O) OR 13 F 6
Pintueles O 6 B 13
Pinzales O 5 B 12
Pinzón SE 91 U 11
Piña C 2 C 4
Piña de Campos P 17 F 16
Piña de Esgueva VA 31 G 16
Piñar GR 94 T 19
Piñar (Estación de) GR 94 T 19
Piñeira LU 14 E 7
Piñeira OR 13 F 6
Piñeiro *cerca de Germadé* LU 3 B 6
Piñeiro *cerca de Lugo* LU 14 D 7
Piñeiro *cerca de Marín* PO 12 E 3
Piñeiro *cerca de Meira* LU 4 C 8
Piñeiro *cerca de Mondariz* PO 13 F 4
Piñel de Abajo VA 31 G 17
Piñel de Arriba VA 31 G 17
Piñera O 4 B 9
Piñeres O 6 C 12
Piñero (El) ZA 30 H 13
Piñor OR 13 E 5
Piñuécar M 46 I 19
Piñuel ZA 29 H 11
Pío LE 6 C 14
Piornal CC 56 L 12
Piornal (Puerto del) CC 56 L 12
Piornedo OR 28 F 7
Piorno AL 102 V 22
Pioz GU 46 K 20
Pipaón VI 19 E 22
Piqueras SO 32 H 20
Piqueras GU 48 K 24
Piqueras (Puerto de) LO 33 F 22
Piqueras del Castillo CU 60 M 23
Pira T 37 H 33
Piracés HU 21 F 29
Pisueña S 8 C 18
Pitarque TE 49 K 28
Pitiegua SA 44 I 13
Pitillas NA 20 E 25
Pitres GR 102 V 20
Piúca (A) OR 13 F 6
Piúgos LU 4 D 7
Pixeiros OR 14 F 8
Pizarra MA 100 V 15
Pizarral SA 43 K 13
Pizarrera (La) M 45 K 17
Pizarro CC 68 O 12
Pizarroso (Embalse del) CC 56 M 14
Pla de la Font L 36 G 31
Pla de Manlleu (El) T 37 H 34
Pla de Sant Tirs (El) L 23 F 34
Pla de Santa Maria (El) T 37 H 33
Pla del Penedès (El) B 37 H 35
Pla dels Hospitalets GI 24 E 36
Pla dels Pitxells CS 50 K 31
Placín OR 14 F 8
Plan HU 22 E 31
Plana (La) L 23 E 32
Planas (Las) TE 49 J 29
Plandogau L 37 G 33
Planes A 74 P 28
Planes (Les) T 51 I 32
Planes d'Hostoles (Les) GI 24 F 37
Planoles GI 24 F 36
Plantío (El) M 45 K 18
Plasencia CC 56 L 11
Plasencia (Embalse de) CC 56 L 11
Plasencia de Jalón Z 34 G 26
Plasencia del Monte HU 21 F 28
Plasenzuela CC 56 N 11
Platera (La) J 83 R 21
Platgetes (Les) CS 62 L 30
Platja Ben Afeli CS 62 M 30
Platja d'Alboraya V 62 N 29
Platja d'Aro (Ciutat) GI 25 G 39
Platja de Bellreguard V 74 P 29
Platja de Canyelles GI 39 G 38
Platja de Casa Blanca CS 62 M 29
Platja de Corint V 62 M 29
Platja de Cova Fumada B 38 I 35
Platja de Covafumada B 38 I 35
Platja de Daimús V 74 P 29
Platja de Fanals GI 39 G 38
Platja de Formentor IB 105 M 39
Platja de Gavamar B 38 I 36
Platja de Guardamar A 86 R 28
Platja de la Conxa CS 62 L 30
Platja de la Devesa V 74 N 29
Platja de la Fosca GI 25 G 39
Platja de la Granadella A 75 P 30
Platja de la Malvarrosa V 62 N 29
Platja de la Pineda T 51 I 33
Platja de la Pobla de Farnals V 62 N 29
Platja de l'Albufereta A 86 Q 28
Platja de les Fonts CS 63 L 30
Platja de les Villes CS 62 L 30
Platja de Llevante A 74 Q 29
Platja de Marianeta Cassiana A 75 P 30
Platja de Moncofa CS 62 M 29
Platja de Moraira A 75 P 30
Platja de Mutxavista A 86 Q 28
Platja de Nules CS 62 M 29
Platja de Pals GI 25 F 39
Platja de Piles V 74 P 29

Platja de Pinedo V 62 N 29
Platja de Ponente A 74 Q 29
Platja de Puçol V 62 N 29
Platja de Rifa T 51 I 32
Platja de Sabanell GI 39 H 38
Platja de Salou T 51 I 33
Platja de Sant Joan A 86 Q 28
Platja de Sant Pol GI 39 G 39
Platja de Sant Tomás IB 106 M 42
Platja de Son Bou IB 106 M 42
Platja de Xeresa V 74 O 29
Platja de Xilxes CS 62 M 29
Platja del Arenal A 75 P 30
Platja del Carregador CS 63 L 30
Platja del Morro de Gos CS 62 L 30
Platja del Parais A 86 Q 29
Platja del Pinar CS 62 M 30
Platja del Pinet A 86 R 28
Platja del Saler V 74 N 29
Platja dels Eucaliptus TE 49 K 32
Platja d'en Bossa IB 87 P 34
Platja d'Oliva V 74 P 29
Platja i Grau de Gandia V 74 O 29
Platja Larga T 51 I 33
Platja Lissa (La) A 86 R 28
Platja los Arenales del Sol A 86 R 28
Platja Miramar V 74 P 29
Platja Mitjorn IB 87 P 34
Platjas de Orihuela A 86 S 28
Platosa (La) SE 92 T 14
Playa Amanay Fuerteventura GC 112 E 4
Playa América PO 12 F 3
Playa Barca Fuerteventura GC 112 E 5
Playa Bella MA 100 W 14
Playa Berruguete Tenerife TF 125 I 2
Playa Blanca Fuerteventura GC 111 I 3
Playa Blanca Lanzarote GC 122 B 5
Playa Canela H 90 U 7
Playa Colmenares Tenerife TF 128 E 5
Playa de Alcalá Tenerife TF 128 C 4
Playa de Area LU 4 A 7
Playa de Arinaga Gran Canaria GC 117 G 4
Playa de Arriba o las Bajas Tenerife TF 127 H 3
Playa de Avalo La Gomera TF 119 D 2
Playa de Balarés C 2 C 3
Playa de Baldaio C 2 C 3
Playa de Balerma AL 102 V 21
Playa de Balito Gran Canaria GC 116 C 4
Playa de Barlovento de Jandía Fuerteventura GC 112 C 5
Playa de Bateles CA 98 X 11
Playa de Benalmádena MA 100 W 16
Playa de Ber C 3 B 5
Playa de Bozo O 5 B 10
Playa de Burriana MA 101 V 18
Playa de Butihondo Fuerteventura GC 112 D 5
Playa de Calabardina MU 97 T 25
Playa de Canelas PO 12 E 3
Playa de Carnota C 12 D 2
Playa de Castilla H 91 U 9
Playa de Cerillos AL 102 V 22
Playa de Cofete Fuerteventura GC 112 C 5
Playa de Cortadura CA 98 W 11
Playa de Cuevas del Mar O 6 B 15
Playa de Doniños C 3 B 5
Playa de Ereses La Gomera TF 118 C 3
Playa de Famara Lanzarote GC 123 E 3
Playa de Fontanilla CA 98 X 11
Playa de Fuentebravía CA 98 W 11
Playa de Garcey GC 113 E 3
Playa de Getares CA 99 X 13
Playa de Guayedra Gran Canaria GC 114 C 2
Playa de Isla Cristina H 90 U 8
Playa de Janubio Lanzarote GC 122 B 4
Playa de Juan Gómez Fuerteventura GC 112 B 5
Playa de la Antilla H 90 U 8
Playa de la Ballena CA 98 V 10
Playa de la Barqueta La Palma TF 132 D 6
Playa de la Barrosa CA 98 W 11
Playa de la Calera La Gomera TF 118 A 2
Playa de la Caleta La Gomera TF 119 D 1
Playa de la Costilla CA 98 W 10
Playa de la Enramada Tenerife TF 128 C 5
Playa de la Entrada Tenerife TF 127 H 3
Playa de la Garita Lanzarote GC 123 F 3
Playa de la Guancha La Gomera TF 119 D 3
Playa de la Hullera Gran Canaria GC 117 G 3
Playa de la Laja Gran Canaria GC 115 G 2
Playa de la Lanzada PO 12 E 3
Playa de la Madera Lanzarote GC 122 B 4
Playa de la Margallera Tenerife TF 129 H 4
Playa de la Reya MU 97 T 26
Playa de la Solapa GC 113 F 3
Playa de la Tejita Tenerife TF 129 F 5
Playa de la Verga Gran Canaria GC 116 C 4
Playa de la Victoria CA 98 W 11
Playa de Ladeira C 12 E 2
Playa de Lapamán PO 12 E 3
Playa de Lariño C 12 D 2
Playa de las Américas Tenerife TF 128 D 5
Playa de las Canteras Gran Canaria GC 115 F 1
Playa de las Casillas Gran Canaria GC 117 F 4
Playa de las Conchas Lanzarote GC 120 E 2
Playa de las Cruces Gran Canaria GC 117 G 3
Playa de las Pilas Fuerteventura GC 112 B 5
Playa de las Teresitas Tenerife TF 125 J 2
Playa de Levante CA 98 W 11
Playa de Linés El Hierro TF 108 C 3
Playa de los Abrigos Tenerife TF 128 E 5
Playa de los Abrigos Tenerife TF 129 G 4
Playa de los Cancajos La Palma TF 132 D 5
Playa de los Cardones El Hierro TF 109 D 3
Playa de los Mozos El Hierro TF 108 B 3
Playa de los Palos El Hierro TF 108 B 2
Playa de los Pocillos Lanzarote GC 123 D 5
Playa de los Troches Tenerife TF 125 I 1
Playa de Louro C 12 D 2
Playa de Marchamalo MU 86 S 27
Playa de Maspalomas Gran Canaria GC 116 D 5
Playa de Matagorda Lanzarote GC 123 D 5
Playa de Matalascañas CA 91 V 10
Playa de Mazagón H 90 U 9
Playa de Mont-roig T 51 I 32
Playa de Montalvo PO 12 E 3
Playa de Ojos Fuerteventura GC 112 B 5
Playa de Puerto Rey AL 96 U 24
Playa de Punta Umbría H 90 U 8
Playa de Rapadoira LU 4 B 8
Playa de Regla CA 91 V 10
Playa de Riazor C 3 B 4
Playa de Roda PO 12 F 3
Playa de Rodiles O 6 B 13
Playa de Samil PO 12 F 3
Playa de San Cristóbal GR 101 V 18
Playa de San Juan Tenerife TF 128 C 4
Playa de San Marcos Tenerife TF 126 D 3
Playa de San Xorxe C 3 B 5
Playa de Santa Catalina La Gomera TF 118 B 1
Playa de Santa Comba C 3 B 5
Playa de Santiago La Gomera TF 119 C 3
Playa de Sotavento Fuerteventura GC 112 E 5
Playa de Tarajalejo Fuerteventura GC 113 F 4
Playa de Tasarte Gran Canaria GC 116 B 3
Playa de Tebeto Fuerteventura GC 111 G 2
Playa de Torre del Mar MA 101 V 17
Playa de Torremolinos MA 100 W 16
Playa de Traba C 2 C 2
Playa de Vallehermoso La Gomera TF 118 C 1
Playa de Velilla GR 101 V 19
Playa de Vila-seca T 51 I 33
Playa del Abrigo Tenerife TF 129 H 4
Playa del Asno Gran Canaria GC 116 B 3
Playa del Azufre La Palma TF 132 D 6
Playa del Bajo de la Burra Fuerteventura GC 111 I 1
Playa del Cabrito La Gomera TF 119 D 3
Playa del Cantadal El Hierro TF 109 D 2
Playa del Cardón Gran Canaria GC 117 F 4
Playa del Castro LU 4 B 8
Playa del Hoyo La Palma TF 132 D 5
Playa del Inglés Gran Canaria GC 117 E 4
Playa del Matorral Fuerteventura GC 111 I 3
Playa del Matorral Fuerteventura GC 112 D 5
Playa del Médano Tenerife TF 129 F 5
Playa del Medio Tenerife TF 129 G 5
Playa del Mojón A 85 S 27
Playa del Muerto Tenerife TF 125 I 2
Playa del Pedrucho MU 85 S 27
Playa del Pudrimal MU 85 S 27
Playa del Puerco CA 98 X 11
Playa del Reducto Lanzarote GC 123 E 4
Playa del Río Tenerife TF 129 G 5
Playa del Risco Gran Canaria GC 114 C 2
Playa del Risco Lanzarote GC 121 F 2
Playa del Rostro C 2 D 2
Playa del Socorro Tenerife TF 127 E 3
Playa del Tarajalillo Gran Canaria GC 117 E 4
Playa del Viejo Rey GC 112 E 4
Playa Francesa Lanzarote GC 120 E 2
Playa Granada GR 101 V 19
Playa Honda MU 85 T 27
Playa Honda Lanzarote GC 123 D 4
Playa Pozo Negro Fuerteventura GC 113 I 4
Playa Quemada Lanzarote GC 122 C 5
Playa Río Sieira C 12 E 2
Playas (Las) El Hierro TF 109 D 3
Playas (Mirador de las) El Hierro TF 109 D 3
Playas de Chacón Z 36 I 29
Playas de Corralejo Fuerteventura GC 111 I 1
Playas de Estepona MA 100 W 14
Playas de Fuengirola MA 100 W 16
Playas de Marbella MA 100 W 15
Playas de Troya Tenerife TF 128 D 5
Playas Largas El Hierro TF 109 E 2
Playas Negras Fuerteventura GC 112 E 4
Playitas (Las) Fuerteventura GC 113 H 4
Plaza CU 59 M 20
Plaza CR 70 O 19
Plaza (La) O 5 C 11
Pleitas Z 34 G 26
Plenas Z 49 I 27
Plentzia BI 8 B 21
Pliego MU 85 S 25
Plomo (El) AL 103 V 24
Plou TE 49 J 27
Poal (El) L 37 G 32
Pobelnou del Delta (El) T 50 K 32
Pobes VI 18 D 21
Pobla (A) OR 14 E 8
Pobla (Sa) IB 105 M 39
Pobla de Benifassà (La) CS 50 K 30
Pobla de Cérvoles (La) L 37 H 32
Pobla de Claramunt (La) B 37 H 35
Pobla de Farnals (La) / Puebla de Farnals V 62 N 29
Pobla de Lillet (La) B 24 F 35
Pobla de Mafumet (La) T 37 I 33
Pobla de Massaluca (La) T 36 I 31
Pobla de Montornès (La) T 37 I 34
Pobla de Segur (La) L 23 F 32
Pobla de Vallbona (La) V 62 N 28
Pobla del Duc (La) V 74 P 28
Pobla Llarga (La) V 74 O 28
Pobla Tornesa (La) CS 62 L 29
Población (La) S 7 C 18
Población de Abajo S 17 D 18
Población de Arroyo P 16 E 15
Población de Campos P 17 F 16
Población de Cerrato P 31 G 16
Población de Valdivielso BU 18 D 19
Poblado de Santiago CR 69 O 16
Pobladura de Aliste ZA 29 G 10
Pobladura de la Sierra LE 15 E 10
Pobladura de las Regueras LE 15 D 11
Pobladura de Pelayo García LE 15 F 12
Pobladura de Sotiedra VA 30 H 14
Pobladura de Valderaduey ZA 30 G 13
Pobladura del Valle ZA 15 F 12
Poble de Tous V 74 O 28
Poble Nou de Benitatxell (El) A 75 P 30
Pobles (Les) T 37 H 34
Poblet (Monestir de) T 37 H 33
Pobleta (La) Castelló CS 50 J 29
Pobleta (La) cerca de Andilla V 61 M 27
Pobleta (La) cerca de Serra V 62 M 28
Pobleta de Bellveí (La) L 23 E 32
Poblete CR 70 P 18
Poblets (Els) A 74 P 30
Pobo (El) TE 49 K 27
Pobo (Sierra del) TE 49 K 27
Pobo de Dueñas (El) GU 48 J 25
Poboleda T 37 I 32
Pobra de Brollón (A) LU 14 E 7
Pobra do Caraminãl (A) C 12 E 3
Pobre (Punta del) Lanzarote GC 120 E 2
Pocetas (Las) GC 111 G 3
Pocicas (Las) AL 96 T 23
Pocico (El) AL 96 U 23
Pocicos (Los) AB 72 P 24
Podes O 5 B 12
Poio PO 12 E 3
Pol OR 13 E 5
Pol cerca de Reguntille LU 4 C 8
Pola de Allande O 5 C 10
Pola de Gordón (La) LE 16 D 13
Pola de Laviana O 6 C 13
Pola de Lena O 5 C 12
Pola de Siero O 6 B 13
Pola de Somiedo O 5 C 11
Pola del Pino O 6 C 13
Polacra (Punta de la) AL 103 V 24
Polán TO 58 M 17
Polanco S 7 B 17
Polentinos P 17 D 16
Poleñino HU 35 G 29
Polícar GR 95 U 20
Polientes S 17 D 18
Polinyà de Xúquer V 74 O 28
Polinyà del Vallès B 38 H 36
Pollença IB 104 M 39
Pollos VA 30 H 14
Pollosa (Coll de la) B 38 G 36
Polop A 74 Q 29
Polop (Ermita del) A 74 P 28
Polopos GR 102 V 20
Poloria GR 94 T 19
Polvoredo LE 6 C 14
Polvorosa P 17 E 16
Pomaluengo S 7 C 18
Pomar HU 36 G 30
Pomar de Valdivia P 17 D 17
Pombeiro LU 13 E 6
Pombriego LE 14 E 9
Pomer Z 34 H 24
Pompajuela TO 57 M 15
Pompenillo HU 21 F 28
Poncebos O 6 C 15
Ponferrada LE 15 E 10
Ponjos LE 15 D 11
Pons T 50 J 32
Pont d'Armentera (El) T 37 H 34
Pont d'Arròs L 22 D 32
Pont de Bar (El) L 23 E 34
Pont de Molins GI 25 F 38
Pont de Suert L 22 E 32
Pont de Vilomara (El) B 38 G 35
Pont d'Inca (es) IB 104 N 38
Ponte (A) OR 14 F 9
Ponte (A) Arnoia OR 13 F 5
Ponte Albar C 2 D 4
Ponte Ambía OR 13 F 6
Ponte Barxas OR 13 F 5
Ponte-Caldelas PO 12 E 4
Ponte Carreira C 3 C 5
Ponte do Porto C 2 C 2
Ponte Ledesma PO 13 D 4
Ponte Nafonso C 12 D 3
Ponte Ulla C 13 D 4
Ponte Valga PO 12 D 4
Ponteareas PO 12 F 4
Ponteceso C 2 C 3
Pontecesures PO 12 D 4
Pontedeume C 3 B 5
Pontedeva OR 13 F 5
Pontedo LE 16 D 13
Pontejos ZA 29 H 12
Pontenova (A) LU 4 B 8
Pontepedra C 2 C 4
Pontes de García Rodríguez (As) C 3 B 6
Pontevedra PO 12 E 4
Pontevedra (Ría de) PO 12 E 3
Ponticiella O 4 B 9
Pontigón O 5 B 10
Pontils T 37 H 34
Pontón (El) V 61 N 26
Pontón (Puerto del) LE 6 C 14
Pontón Alto J 83 R 21
Pontón de la Oliva (Embalse del) M 46 J 19
Pontones J 83 R 21
Pontons B 37 H 34
Pontós GI 25 F 38
Ponts L 37 G 33
Ponzano HU 21 F 29
Póo O 6 B 15
Porciles (Alto de) O 5 C 10
Porcún SE 92 T 13
Porcuna J 82 S 17
Poreño O 6 B 13
Porís de Abona Tenerife TF 129 G 4
Porma (Embalse del) LE 16 D 14
Porqueira (A) OR 13 F 6
Porquera P 17 D 17
Porquera (Ermita de la) CA 99 X 12
Porqueres GI 24 F 38
Porqueriza SA 43 J 12
Porquero LE 15 E 11
Porrejón M 46 I 19
Porrera T 37 I 32
Porreres IB 105 N 39
Porriño PO 12 F 4
Porrón AB 84 Q 24
Porrosa (La) J 83 R 21
Porrosillo J 82 R 19
Porrúa O 6 B 15
Port (El) Castelló CS 62 M 29
Port Ainé L 23 E 33
Port Aventura T 51 I 33
Port d'Alcúdia IB 105 M 39
Port d'Andratx IB 104 N 37
Port de Beseit (Reserva nacional de) T 50 J 30
Port de Caldes L 22 E 32
Port de la Selva (El) GI 25 E 39
Port de Llançà (El) GI 25 E 39
Port de Pollença / Puerto de Pollença IB 105 M 39
Port de Sagunt (El) V 62 N 29
Port de Sant Miquel IB 87 O 34
Port de Sóller / Puerto de Sóller IB 104 M 38
Port de Valldemossa IB 104 M 37
Port del Balís B 38 H 37
Port del Comte L 23 F 34
Port des Canonge IB 104 M 37
Port des Torrent IB 87 P 33
Port Vell IB 105 N 40
Portaceli (Monestir de) V 62 M 28
Portaje CC 55 M 10
Portaje (Embalse de) CC 55 M 10
Portal (El) CA 98 W 11
Portalet (Puerto del) HU 21 D 28
Portalrubio TE 49 J 26
Portalrubio de Guadamajud CU 59 L 22
Portals Nous IB 104 N 37
Portals Vells IB 104 N 37
Portas PO 12 E 4
Portas (Embalse de Las) OR 14 F 8
Portazgo Z 35 G 27
Portbou GI 25 E 39
Portela C 3 D 5
Portela OR 14 E 9
Portela cerca de Barro PO 12 E 4
Portela cerca de Bueu PO 12 F 3
Portela de Aguiar LE 14 E 9
Portelárbol SO 33 G 22
Portell L 37 G 34
Portell de Morella CS 49 K 29
Portella (La) L 36 G 31
Portellada (La) TE 50 J 30
Portera (La) V 73 N 26
Portet de Moraira (El) A 75 P 30
Portezuelo CC 55 M 10
Porticholl A 85 Q 27
Portichuelo MU 73 Q 26
Portil (El) H 90 U 8
Portilla VI 19 D 21
Portilla CU 60 L 23
Portilla (La) LE 15 F 12
Portilla (La) AL 96 U 24
Portilla Alta CC 43 K 11
Portilla de la Reina LE 6 C 15
Portilla de Luna LE 15 D 12
Portillas (Alto de las) LE 16 D 15
Portillejo P 17 E 16
Portillinas (Alto Las) LE 15 E 10
Portillo VA 31 H 16
Portillo (El) SA 43 K 11
Portillo (El) V 61 N 27
Portillo de la Villa (El) Tenerife TF 127 F 3
Portillo de Soria SO 33 H 23
Portillo de Toledo TO 58 L 17
Portillón (Collado del) L 22 D 31
Portinatx IB 87 O 34
Portiña (Embalse de la) TO 57 L 15
Portlligat GI 25 F 39
Portman MU 97 T 27
Porto ZA 14 F 9
Porto Cristo IB 105 N 40
Porto de Abaixo LU 4 B 8
Porto de Bares C 3 A 6
Porto de Celeiro LU 4 A 7
Porto de Espasante C 3 A 6
Porto do Barqueiro C 3 A 6
Porto do Son C 12 D 2
Portobravo C 12 D 3
Portocamba OR 14 F 7
Portocelo LU 4 A 7

A B C D E F G H I J K L M N O P Q R S T U V W X Y Z

Portocolom IB 105 N 39
Portocristo Novo IB 105 N 39
Portodemouros (Embalse de) C 13 D 5
Portol IB 104 N 38
Portomarín LU 13 D 7
Portomourisco OR 14 E 8
Portomouro C 2 D 4
Portonovo PO 12 E 3
Portopetro IB 105 N 39
Portosín C 12 D 3
Ports (Els) CS 50 K 29
Portugalete BI 8 C 20
Portugos GR 102 V 20
Portuguesa (La) BA 67 P 9
Pórtus (Coll de) GI 25 E 38
Portús (El) MU 97 T 26
Porvenir (El) CO 80 R 14
Porzomillos C 3 C 5
Porzún O 4 B 8
Porzuna CR 70 O 17
Posada O 5 B 12
Posada de Llanes O 6 B 15
Posada de Omaña LE 15 D 11
Posada de Valdeón LE 6 C 15
Posadas LO 18 F 20
Posadas CO 80 S 14
Posadilla LE 15 E 12
Posadilla CO 80 R 14
Posets HU 22 E 31
Potes S 7 C 16
Potiche AB 72 Q 23
Potries V 74 P 29
Poublanc A 85 Q 27
Poulo OR 13 F 5
Poutomillos LU 3 D 7
Poveda AV 44 K 14
Poveda (La) M 58 L 19
Poveda de la Obispalía CU 60 M 22
Poveda de la Sierra GU 47 K 23
Poveda de las Cintas SA 44 I 14
Póveda de Soria (La) SO 33 F 22
Povedilla AB 71 P 22
Povedillas (Las) CR 70 O 17
Poyales del Hoyo AV 57 L 14
Poyatas (Las) BA 67 P 11
Poyato MA 99 W 14
Poyatos CU 47 K 23
Poyo (El) ZA 29 G 10
Poyo (Puerto El) LU 14 D 8
Poyo del Cid (El) TE 48 J 25
Poza de la Sal BU 18 E 19
Poza de la Vega P 16 E 15
Pozal de Gallinas VA 30 I 15
Pozáldez VA 30 H 15
Pozalet (Mas de) V 62 N 28
Pozalmuro SO 33 G 23
Pozán de Vero HU 22 F 30
Pozancos P 17 D 17
Pozancos GU 47 I 22
Pozazal (Puerto) S 17 D 17
Pozo (El) AB 83 R 22
Pozo Alcón J 83 S 21
Pozo Aledo MU 85 S 27
Pozo Amargo CA 92 U 13
Pozo Cañada AB 72 P 24
Pozo de Abajo AB 83 Q 22
Pozo de Almoguera GU 46 K 20
Pozo de Guadalajara GU 46 K 20
Pozo de la Peña AB 72 P 24
Pozo de la Rueda GR 84 S 23
Pozo de la Serna CR 71 P 20
Pozo de las Calcosas El Hierro TF 109 D 1
Pozo de los Frailes AL 103 V 23
Pozo de Sabinosa El Hierro TF 108 B 2
Pozo de Urama P 16 F 15
Pozo del Camino H 90 U 8
Pozo del Esparto (El) AL 96 T 24
Pozo Estrecho MU 85 S 27
Pozo Higuera MU 96 T 24
Pozo Lorente AB 73 O 25
Pozo Negro Fuerteventura GC 113 I 4
Pozo Usero (El) AL 103 V 23
Pozoamargo CU 72 N 23
Pozoantiguo ZA 30 H 13
Pozoblanco CO 81 Q 15
Pozohondo AB 72 P 24
Pozondón TE 48 K 25
Pozorrubio CU 59 M 21
Pozos LE 15 F 11
Pozos de Hinojo SA 43 J 10
Pozoseco CU 60 N 24
Pozuel de Ariza Z 33 H 23
Pozuel del Campo TE 48 J 25
Pozuelo AB 72 P 23
Pozuelo (El) CU 47 K 23
Pozuelo (El) GR 102 V 20
Pozuelo (El) H 79 T 9
Pozuelo (Monte) GR 94 T 18
Pozuelo de Alarcón M 45 K 18
Pozuelo de Aragón Z 34 G 25
Pozuelo de Calatrava CR 70 P 18
Pozuelo de la Orden VA 30 G 14
Pozuelo de Tábara ZA 29 G 12
Pozuelo de Vidriales ZA 29 F 12
Pozuelo de Zarzón CC 55 L 10
Pozuelo del Páramo LE 15 F 12
Pozuelo del Rey M 46 K 20
Pozuelos de Calatrava (Los) CR 70 P 17
Pozuelos del Rey P 16 F 15
Prada OR 14 F 8
Prada (Embalse de) OR 14 F 8
Pradales SG 32 H 18
Prádanos de Bureba BU 18 E 19
Prádanos de Ojeda P 17 D 16
Pradejón LO 19 E 23
Pradela LE 14 E 9
Pradell T 37 I 32
Prádena SG 46 I 18
Prádena de Atienza GU 46 I 20
Prádena del Rincón M 46 I 19
Pradera de Navalhorno (La) SG 45 J 17
Prades T 37 I 32
Pradet L 22 D 32
Pradilla GU 48 J 24
Pradilla de Ebro Z 34 G 26
Prado O 5 C 11
Prado LU 3 C 6
Prado OR 13 F 7
Prado ZA 30 G 13
Prado Caravia O 6 B 14
Prado cerca de Maceira PO 13 F 5
Prado cerca de Ponteareas PO 12 F 4
Prado cerca de Silleda PO 13 D 5
Prado (Sierra del) BA 80 Q 12
Prado de la Guzpeña LE 16 D 14
Prado del Rey CA 92 V 13
Prado Llano GR 94 U 19
Prado Norte M 46 K 19
Prado y Eritas H 78 S 9
Pradoalvar OR 14 F 8
Pradochano CC 55 L 11
Pradolongo OR 14 F 8
Pradoluengo BU 18 F 20
Pradorredondo AB 72 P 23
Pradorrey LE 15 E 11
Prados MU 84 R 24
Prados (Los) AB 84 Q 22
Prados (Los) CO 94 T 17
Prados de Armijo J 83 R 21
Prados Redondos GU 48 J 24
Pradosegar AV 44 K 14
Pradoviejo (Alto de) BU 17 E 18
Pradreiro C 2 C 3
Prat de Llobregat (El) B 38 I 36
Prat del Comte T 50 J 31
Pratdip T 51 I 32
Prats de Cerdanya L 24 E 35
Prats de Lluçanès B 24 F 36
Prats de Rei (Els) B 37 G 34
Praves S 8 B 19
Pravia O 5 B 11
Predaja (Puerto de la) BU 18 E 19
Preixana L 37 H 33
Preixens L 37 G 33
Préjano LO 19 F 23
Premià de Dalt B 38 H 37
Premià de Mar B 38 H 37
Prenafeta T 37 H 33
Prendes O 5 B 12
Prendones O 4 B 9
Prenyanosa (La) L 37 G 33
Presa BI 8 C 19
Présaras C 3 C 5
Presas (Las) CO 81 R 17
Presedo C 3 C 5
Presencio BU 17 F 18
Preses (Les) GI 24 F 37
Presillas Bajas (Las) AL 103 V 23
Preso (El) CR 71 O 20
Presqueira PO 13 E 4
Prevediños C 13 D 4
Prexigueiro OR 13 F 5
Priaranza de la Valduerna LE 15 F 11
Priaranza del Bierzo LE 14 E 10
Priego CU 47 K 23
Priego de Córdoba CO 93 T 17
Priero O 5 B 11
Priesca O 6 B 13
Priescas O 6 C 14
Prieta MA 100 V 15
Prieta (Punta) Lanzarote GC 121 F 2
Prieto MA 100 V 15
Prim (Castillo de) CR 70 N 17
Primajas LE 16 D 14
Príncipe de Viana (Parador) Olite NA 20 E 25
Prioiro C 3 B 5
Prior (Cabo) C 3 B 5
Priorato SE 80 S 13
Prioriño (Cabo) C 3 B 4
Prioro LE 16 D 15
Pris (El) Tenerife TF 124 G 2
Proacina cerca de Proaza O 5 C 11
Proaño S 7 C 17
Proaza O 5 C 11
Progo OR 28 G 8
Propios del Guadiana (Los) J 83 S 20
Proserpina (Embalse de) BA 67 P 10
Provadura OR 13 E 6
Provencio (El) CU 71 N 22
Providencia (La) O 6 B 13
Pruit B 24 F 37
Prullans L 23 E 35
Pruna SE 92 V 14
Pruvia O 5 B 12
Púbol GI 25 F 38
Puçol V 62 N 29
Puebla (La) CR 70 P 18
Puebla (La) MU 85 S 27
Puebla de Albortón Z 35 H 27
Puebla de Alcocer BA 68 P 14
Puebla de Alcollarín BA 68 O 12
Puebla de Alfindén Z 35 H 27
Puebla de Almenara CU 59 M 21
Puebla de Almoradiel (La) TO 59 N 20
Puebla de Arenoso CS 62 L 28
Puebla de Arganzón (La) BU 19 D 21
Puebla de Argeme CC 55 M 10
Puebla de Azaba SA 42 K 9
Puebla de Beleña GU 46 J 20
Puebla de Castro (La) HU 22 F 30
Puebla de Cazalla (Embalse de la) SE 92 U 14
Puebla de Cazalla (La) SE 92 U 14
Puebla de Don Fadrique GR 84 S 22
Puebla de Don Rodrigo CR 69 O 16
Puebla de Eca SO 33 H 22
Puebla de Fantova (La) HU 22 F 31
Puebla de Farnals / Pobla de Farnals (La) V 62 N 29
Puebla de Guzmán H 78 T 8
Puebla de Híjar (La) TE 35 I 28
Puebla de la Calzada BA 67 P 10
Puebla de la Reina BA 67 Q 11
Puebla de la Sierra M 46 I 19
Puebla de Lillo LE 6 C 14
Puebla de los Infantes (La) SE 80 S 13
Puebla de Montalbán (La) TO 57 M 16
Puebla de Mula (La) MU 85 R 25
Puebla de Obando BA 67 O 10
Puebla de Pedraza SG 45 I 18
Puebla de Roda (La) HU 22 F 31
Puebla de San Julián LU 14 D 7
Puebla de San Medel SA 43 K 12
Puebla de Sanabria ZA 28 F 10
Puebla de Sancho Pérez BA 79 Q 10
Puebla de Trives OR 14 E 8
Puebla de Valdavia (La) P 17 D 16
Puebla de Valles GU 46 J 20
Puebla de Valverde (La) TE 61 L 27
Puebla de Yeltes SA 43 K 11
Puebla del Maestre BA 79 R 11
Puebla del Príncipe CR 71 Q 21
Puebla del Prior BA 67 Q 11
Puebla del Río (La) SE 91 U 11
Puebla del Salvador CU 60 N 24
Pueblanueva (La) TO 57 M 15
Pueblica de Valverde ZA 29 G 12
Pueblo O 30 H 13
Pueblo Nuevo de Miramontes CC 56 L 13
Puebloblanco AL 103 V 23
Pueblonuevo del Guadiana BA 67 P 9
Puelo O 5 C 10
Puendeluna Z 21 F 27
Puente (El) S 8 B 20
Puente (La) CR 71 O 20
Puente Agüera O 6 B 14
Puente Almuhey LE 16 D 15
Puente Arce S 7 B 18
Puente de Domingo Flórez LE 14 E 9
Puente de Génave J 83 Q 21
Puente de Híjar AB 84 Q 24
Puente de la Cerrada (Embalse del) J 83 S 20
Puente de la Sierra J 82 S 18
Puente de la Sierra M 45 K 17
Puente de las Herrerías J 83 S 21
Puente de los Fierros O 5 C 12
Puente de Montañana HU 22 F 32
Puente de San Martín O 5 B 11
Puente de San Miguel S 7 B 17
Puente de Sanabria ZA 14 F 10
Puente de Vadillos CU 47 K 23
Puente de Valderredible S 17 D 18
Puente del Arzobispo (El) TO 57 M 14
Puente del Congosto SA 44 K 13
Puente del Obispo J 82 S 19
Puente del Río AL 102 V 21
Puente del Villar J 82 S 18
Puente Duda GR 83 S 22
Puente Duero VA 30 H 15
Puente-Genil CO 93 T 15
Puente Grande CO 94 T 17
Puente la Reina NA 10 D 24
Puente la Reina de Jaca HU 21 E 27
Puente Nuevo AV 45 K 16
Puente Nuevo J 82 S 18
Puente Nuevo (Embalse de) CO 81 R 14
Puente Porto (Embalse de) ZA 14 F 9
Puente Pumar S 7 C 16
Puente Torres AB 73 O 25
Puente Viesgo S 7 C 18
Puenteciella O 5 C 10
Puentedey BU 18 D 18
Puentenansa S 7 C 16
Puentes (Embalse de) MU 84 S 24
Puentevea C 12 D 4
Puercas ZA 29 G 11
Puerta (La) GU 47 K 22
Puerta de Segura (La) J 83 Q 21
Puertas SA 43 I 11
Puertas de Villafranca (Las) TO 59 N 19
Puertecico AL 96 T 24
Puertito (El) Fuerteventura GC 111 J 1
Puertito de Güímar (El) Tenerife TF 127 H 3
Puerto GR 101 V 18
Puerto (El) CU 61 M 26
Puerto (El) AL 102 V 22
Puerto (El) H 78 S 9
Puerto Alegre CO 93 T 15
Puerto Alto J 82 S 18
Puerto Banús MA 100 W 15
Puerto Cabopino MA 100 W 15
Puerto Calero Lanzarote GC 122 C 5
Puerto Castilla AV 56 L 13
Puerto de Béjar SA 43 K 12
Puerto de Cotos ESP 45 J 18
Puerto de la Cruz Fuerteventura GC 112 B 5
Puerto de la Cruz Tenerife TF 124 F 2
Puerto de la Encina SE 92 U 14
Puerto de la Estaca El Hierro TF 109 E 2
Puerto de la Peña Fuerteventura GC 110 F 3
Puerto de la Torre MA 100 V 16
Puerto de las Nieves Gran Canaria GC 114 C 2
Puerto de Mazarrón MU 97 T 26
Puerto de Mogán Gran Canaria GC 116 B 4
Puerto de Motril GR 101 V 19
Puerto de Pollença / Port de Pollença IB 105 M 39
Puerto de San Vicente TO 57 N 14
Puerto de Santa Cruz CC 68 O 12
Puerto de Santa María (El) CA 98 W 11
Puerto de Santiago Tenerife TF 128 B 4
Puerto de Sardina Gran Canaria GC 114 C 1
Puerto de Sóller / Port de Sóller IB 104 M 38
Puerto de Tazacorte La Palma TF 130 B 5
Puerto de Vega O 5 B 10
Puerto del Carmen Lanzarote GC 123 D 5
Puerto del Castaño CA 99 W 13
Puerto del Pino AB 84 Q 23
Puerto del Rosario Fuerteventura GC 111 I 3
Puerto Espíndola La Palma TF 131 D 3
Puerto Gil H 79 S 10
Puerto Haza de Lino GR 102 V 20
Puerto Hurraco BA 68 Q 13
Puerto Lajas Fuerteventura GC 111 I 2
Puerto Lápice CR 70 O 19
Puerto López GR 94 T 18
Puerto-Lucía H 79 S 9
Puerto Lumbreras MU 96 T 24
Puerto Moral H 79 S 10
Puerto Naos La Palma TF 132 C 5
Puerto Nuevo Gran Canaria GC 114 D 1
Puerto Real CA 98 W 11
Puerto Rey TO 57 N 14
Puerto Rey AL 96 U 24
Puerto Rico Gran Canaria GC 116 C 4
Puerto San Nicolás Gran Canaria GC 114 B 2
Puerto Seguro SA 42 J 9
Puerto Serrano CA 92 V 13
Puértolas HU 22 E 30
Puertollanillo CA 92 V 12
Puertollano CR 70 P 17
Puertomingalvo TE 62 L 28
Puertos (Los) T 50 J 31
Pueyo NA 20 E 25
Pueyo (El) HU 21 D 29
Pueyo (Monasterio de) HU 22 F 30
Pueyo (Monte) HU 21 E 29
Pueyo de Araguás (El) HU 22 E 30
Pueyo de Fañanás HU 21 F 29
Pueyo de Santa Cruz HU 36 G 30
Puibolea HU 21 F 28
Puig V 62 N 29
Puig campana A 74 Q 29
Puig Moreno TE 49 I 29
Puig-reig B 38 G 35
Puig Rom GI 25 F 39
Puigcercós L 22 F 32
Puigcerdà GI 24 E 35
Puigdàlber B 37 H 35
Puiggrós L 37 H 32
Puigmal GI 24 E 36
Puigmoreno de Franco TE 49 I 29
Puigpedrós GI 23 E 35
Puigpelat T 37 I 33
Puigpunyent IB 104 N 37
Puigsacalm GI 24 F 37
Puigverd d'Agramunt L 37 G 33
Puigverd de Lleida L 36 H 32
Puilatos Z 35 G 27
Pujal (El) L 23 F 33
Pujalt B 37 G 34
Pujarnol GI 24 F 38
Pujayo S 7 C 17
Pujerra MA 100 W 14
Pujols (es) IB 87 P 34
Pulgar TO 58 M 17
Pulgosa (La) AB 72 P 24
Pulido (Puerto) CR 69 Q 16
Pulpí AL 96 T 24
Pulpite GR 95 T 22
Pulpites (Los) MU 85 R 26
Pumalverde S 7 C 17
Pumarejo de Tera ZA 29 G 11
Pumares OR 14 E 9
Punta (Sa) GI 25 G 39
Punta (Sa) Mallorca IB 105 N 39
Punta Alta L 22 E 32
Punta Bombarda A 74 Q 29
Punta Brava Tenerife TF 124 F 2
Punta de Deía IB 104 M 37
Punta de Moraira A 75 P 30
Punta Mala CA 99 X 14
Punta Mujeres Lanzarote GC 121 F 3
Punta ó Sénia Sevilla (La) CS 62 L 30
Punta Prima A 86 S 27
Punta Prima Menorca IB 106 M 42
Punta Umbría H 90 U 9
Puntagorda La Palma TF 130 B 3
Puntal MA 93 U 16
Puntal (El) O 6 B 13
Puntal (El) V 73 P 27
Puntal de la Mina AB 71 Q 22
Puntales (Sierra de los) CO 81 R 15
Puntallana La Palma TF 131 E 4
Puntalón GR 101 V 19
Punxín OR 13 E 5
Puras BU 18 E 20
Puras VA 45 I 16
Purchena AL 96 T 22
Purchena H 91 T 10
Purchil GR 94 U 19
Purias MU 96 T 25
Purias (Puerto) MU 96 T 25
Purón O 7 B 15
Purroy Z 34 H 25
Purroy de la Solana HU 22 F 31
Purujosa Z 34 G 24
Purullena GR 95 U 20
Puyarruego HU 22 E 30

Q

Quar (La) B 24 F 35
Quart de les Valls V 62 M 29
Quart de Poblet V 62 N 28
Quart d'Onyar GI 25 G 38
Quatretonda V 74 P 28
Quatretondeta A 74 P 29
Quebrada (Sierra) BA 79 R 11
Quebradas AB 84 Q 24
Quecedo BU 18 D 19
Queguas OR 27 G 5
Queimada C 3 C 5
Queirogás OR 28 G 7
Queiruga C 12 D 2
Queixa (Sierra de) OR 14 F 7
Queixans GI 24 E 35
Queixas C 3 C 4
Queizán LU 4 D 8
Quejana VI 8 C 20
Quejigal SA 43 J 12
Quejigo BA 69 O 15
Quejo VI 18 D 20
Quel LO 19 F 23
Quemada BU 32 G 19
Quéntar GR 94 U 19
Quéntar (Embalse de) GR 94 U 19
Quer GU 46 K 20
Quer Foradat (El) L 23 F 34
Queralbs GI 24 E 36
Queralt B 37 H 34
Querencia GU 47 I 21
Quero TO 59 N 20
Querol T 37 H 34
Querolt L 23 F 34
Ques O 6 B 13
Quesa V 74 O 27
Quesada J 83 S 20
Quesada (Estación de) J 83 S 20
Quesada (Peña de) GR 83 S 21
Quesera (Collado de la) GU 46 I 19
Queveda S 7 B 17
Quicena HU 21 F 28
Quiebrajano (Embalse de) J 94 T 18
Quijas S 7 B 17
Quijorna M 45 K 17
Quiles (Los) CR 70 O 18

Quilmas C 2 D 2
Quilós LE 14 E 9
Quincoces de Yuso BU 18 D 20
Quindous LU 14 D 9
Quines OR 13 F 5
Quinta (la) M 46 K 18
Quinta (La) MA 92 V 14
Quintana VI 19 E 22
Quintana ZA 14 F 9
Quintana cerca de Albariza O 5 C 11
Quintana cerca de Astrana S 8 C 19
Quintana cerca de Nava O 6 B 13
Quintana cerca de Vega O 6 B 13
Quintana cerca de Villegar S 7 C 18
Quintana (La) S 17 D 17
Quintana (Sierra de) J 81 Q 17
Quintana de Fuseros LE 15 D 11
Quintana de la Serena BA 68 P 12
Quintana de Rueda LE 16 E 14
Quintana del Castillo LE 15 E 11
Quintana del Marco LE 15 F 12
Quintana del Monte LE 16 E 14
Quintana del Pidio BU 32 G 18
Quintana del Puente P 31 F 17
Quintana María BU 18 D 20
Quintana-Martín Galíndez BU 18 D 20
Quintana Redonda SO 33 H 22
Quintana y Congosto LE 15 F 11
Quintanabureba BU 18 E 19
Quintanadueñas BU 18 E 18
Quintanaélez BU 18 E 20
Quintanaloma BU 18 D 18
Quintanaloranco BU 18 E 20
Quintanamanvirgo BU 31 G 18
Quintanaopio BU 18 D 19
Quintanaortuño BU 18 E 18
Quintanapalla BU 18 E 19
Quintanar (Collado de) BU 32 F 20
Quintanar de la Orden TO 59 N 20
Quintanar de la Sierra BU 32 G 20
Quintanar del Rey CU 72 N 24
Quintanarejo (El) SO 33 G 21
Quintanarraya BU 32 G 19
Quintanarruz BU 18 E 19
Quintanas de Gormaz SO 32 H 21
Quintanas de Valdelucio BU 17 D 17
Quintanas Rubias de Abajo SO 32 H 20
Quintanas Rubias de Arriba SO 32 H 20
Quintanatello de Ojeda P 17 D 16
Quintanavides BU 18 E 19
Quintanilla S 7 C 16
Quintanilla BU 17 F 18
Quintanilla de Arriba VA 31 H 17
Quintanilla de Babia LE 15 D 11
Quintanilla de Flórez LE 15 F 11
Quintanilla de la Berzosa P 17 D 16
Quintanilla de la Cueza P 16 F 15
Quintanilla de la Mata BU 32 G 18
Quintanilla de las Torres P 17 D 17
Quintanilla de las Viñas BU 18 F 19
Quintanilla de los Oteros LE 16 F 13
Quintanilla de Losada LE 15 F 10
Quintanilla de Nuño Pedro SO 32 G 20
Quintanilla de Onésimo VA 31 H 16
Quintanilla de Onsoña P 17 E 16
Quintanilla de Pienza BU 18 D 19
Quintanilla de Riopisuerga BU 17 E 17
Quintanilla de Rueda LE 16 D 14
Quintanilla de Sollamas LE 15 E 12
Quintanilla de Somoza LE 15 E 11
Quintanilla de Tres Barrios SO 32 H 20
Quintanilla de Trigueros VA 31 G 16
Quintanilla de Urz ZA 29 F 12
Quintanilla de Yuso LE 15 F 10
Quintanilla del Agua BU 32 F 19
Quintanilla del Coco BU 32 G 19
Quintanilla del Molar VA 30 G 13
Quintanilla del Monte ZA 30 G 13
Quintanilla del Monte LE 15 E 12
Quintanilla del Omo ZA 30 G 13
Quintanilla del Valle LE 15 E 12
Quintanilla la Ojada BU 18 D 20
Quintanilla-Pedro Abarca BU 17 E 18
Quintanilla San García BU 18 E 20
Quintanilla-Sobresierra BU 18 E 18
Quintanilla-Vivar BU 18 E 18
Quintanillabón BU 18 E 20
Quintanillas (Las) BU 17 E 18
Quintás C 3 C 5
Quintás OR 27 G 5
Quintela LE 14 D 9
Quintela LU 4 C 7
Quintela de Leirado OR 13 F 5
Quintera (La) SE 80 S 13
Quintería (La) J 82 R 18
Quintes O 6 B 13
Quintillo (El) CR 70 P 19
Quintinilla-Rucandio S 17 D 18
Quinto Z 35 H 28
Quintos de Mora (Coto nacional) TO 70 N 17
Quintueles O 6 B 13
Quinzano HU 21 F 28
Quiñonería (la) SO 33 H 23
Quireza PO 13 E 4
Quiroga LU 14 E 8
Quiruelas ZA 29 F 12
Quismondo TO 58 L 17

R

Rabadá y Navarro TE 61 L 26
Rabade LU 3 C 7
Rabadeira C 2 C 3
Rábago S 7 C 16
Rabal cerca de Chandrexa OR 14 F 7
Rabal cerca de Verín OR 28 G 7
Rabanal de Fenar LE 16 D 13
Rabanal del Camino LE 15 E 11
Rabanales ZA 29 G 11
Rabanera LO 19 F 22
Rabanera del Pinar BU 32 G 20
Rábano VA 31 H 17
Rábano de Aliste ZA 29 G 10
Rábano de Sanabria ZA 14 F 10
Rábanos BU 18 F 20
Rábanos Los) SO 33 G 22
Rabassa (La) L 37 H 34
Rabassa (La) BA 66 O 8
Rabé BU 32 G 18
Rábida (Monasterio de la) H 90 U 9
Rabinadas (Las) CR 70 O 17
Rabisca (Punta de) La Palma TF 130 B 2
Rábita MA 93 U 15
Rábita (La) GR 102 V 20
Rábita (La) J 94 T 17
Rabizo (Alto del) LE 16 D 13
Rabós GI 25 E 39
Racó de Loix A 74 Q 29
Racó de Santa Llucía B 37 I 35
Rad (La) SA 43 J 12
Rada (La) NA 20 F 25
Rada de Haro CU 59 N 22
Radiquero HU 22 F 30
Radona SO 33 I 22
Rafal A 85 R 27
Ráfales TE 50 J 30
Rafalet A 75 P 30
Rafelbunyol V 62 N 28
Rafelguaraf V 74 O 28
Ràfol d'Almunia (El) A 74 P 29
Rágama SA 44 J 14
Rágol AL 102 V 21
Ragua (Puerto de la) GR 95 U 20
Ragudo (Cuesta de) CS 62 M 28
Raguero de Bajo MU 85 S 25
Raices C 12 D 4
Raíces (Las) Tenerife TF 124 H 2
Raigada OR 14 F 8
Raimat L 36 G 31
Rairiz de Veiga OR 13 F 6
Raixa IB 104 M 38
Rajadell B 37 G 35
Rajita (La) La Gomera TF 118 B 3
Rala AB 84 Q 23
Ramacastañas AV 57 L 14
Ramales de la Victoria S 8 C 19
Ramallosa C 12 D 4
Ramallosa (A) PO 12 F 3
Rambla (La) AB 72 P 23
Rambla (La) CO 93 T 15
Rambla Aljibe (La) GR 95 U 23
Rambla de Castellar CR 71 Q 20
Rambla de Martín (La) TE 49 J 27
Rambla del Agua AL 95 U 21
Ramblas (Las) AB 84 Q 24
Ramil LU 4 C 7
Ramilo OR 14 F 9
Ramirás OR 13 F 5
Ramiro VA 30 I 15
Ramonete (Ermita del) MU 97 T 25
Rancajales (Los) M 46 J 18
Randa IB 104 N 38
Randín OR 27 G 6
Ranedo BU 18 D 20
Ranera BU 18 D 20
Ranera (Monte) CU 61 M 26
Ranero BI 8 C 19
Raneros LE 16 E 13
Ranin HU 22 E 30
Rante OR 13 F 6
Rañadoiro (Puerto de) O 4 C 9
Rañadoiro (Sierra de) O 4 C 9
Rañas del Avellanar CR 57 N 15
Rao LU 4 D 9
Rapariegos SG 45 I 16
Rápita (La) B 37 I 34
Ràpita (sa) Mallorca IB 104 N 38
Rasa (La) SO 32 H 20
Rasal HU 21 E 28
Rasca (Faro de la) Tenerife TF 128 D 6
Rasca (Punta de la) Tenerife TF 128 D 5
Rascafría M 45 J 18
Rascanya (La) V 62 N 28
Rasillo (El) LO 19 F 21
Rasines S 8 C 19
Raso (El) AV 56 L 13
Rasos de Peguera B 23 F 35
Raspay MU 85 Q 26
Raspilla AB 84 Q 22
Rasquera T 50 I 31
Rasueros AV 44 I 14
Rates (Coll de) A 74 P 29
Rauric T 37 H 34
Raval de Crist T 50 J 31
Raval de Jesús T 50 J 31
Raxo PO 12 E 3
Raxón C 3 B 5
Raya del Palancar-Guadamonte (La) M 45 K 18
Rayo (Puerto del) CR 69 P 15
Rayo (Sierra del) TE 49 K 28
Razbona GU 46 J 20
Razo C 2 C 3
Real (Caño) SE 91 V 10
Real (Lucio) CA 91 V 11
Real Cortijo de San Isidro cerca de Aranjuez M 58 L 19
Real de la Jara (El) SE 79 S 11
Real de Montroi V 74 N 28
Real de San Vicente (El) TO 57 L 15
Realejo Alto Tenerife TF 127 E 3
Realejo Bajo Tenerife TF 127 E 3
Realejos (Los) Tenerife TF 127 E 3
Reales MA 99 W 14
Rebanal de las Llantas P 17 D 16
Rebide LU 14 E 8
Reboiró LU 14 D 7
Rebolado de Traspeña BU 17 D 17
Rebollada cerca de Laviana O 6 C 13
Rebollada cerca de Mieres O 5 C 12
Rebollar SO 33 G 22
Rebollar O 15 D 10
Rebollar V 61 N 26
Rebollar CC 56 L 12
Rebolledo (El) A 86 Q 28
Rebolledo de la Torre BU 17 D 17
Rebollera CR 82 Q 17
Rebollo SG 45 I 18
Rebollo SO 33 H 21
Rebollo (Monte) CU 61 M 25
Rebollo (Monte) CU 60 M 22
Rebollosa de Hita GU 46 J 20
Rebollosa de Jadraque GU 47 I 21
Rebollossa de Pedro SO 32 I 20
Reboredo cerca de Boiro C 12 D 3
Reboredo cerca de O Grove PO 12 E 3
Reboredo cerca de Oza dos Ríos C 3 C 5
Rebost B 24 F 35
Recajo LO 19 E 23
Recaré LU 4 B 7
Recas TO 58 L 18
Recueja (La) AB 73 O 25
Recuenco (El) GU 47 K 22
Recuerda SO 32 H 21
Redal (El) LO 19 E 23
Redecilla del Campo BU 18 E 20
Redipollos LE 6 C 14
Redipuertas LE 6 C 13
Redonda C 2 D 2
Redonda (La) SA 42 J 9
Redonda (Peña) LU 14 E 8
Redondal LE 15 E 10
Redondela PO 12 F 4
Redondela (La) H 90 U 8
Redondo BU 8 C 19
Redondo Tenerife TF 126 D 3
Redondo (Puerto) BU 32 G 20
Redován A 85 R 27
Redueña M 46 J 19
Refoxos PO 13 E 5
Refugi (El) CS 62 L 30
Regadas OR 13 F 5
Regencós GI 25 G 39
Regla (La) O 5 C 10
Régola (La) L 36 G 32
Reguengo PO 12 F 4
Regueral O 5 B 12
Regueras de Arriba LE 15 F 12
Reguérs (Els) T 50 J 31
Regumiel de la Sierra BU 32 G 21
Reguntille LU 4 C 7
Reigada O 5 C 10
Reigosa LU 4 C 7
Reillo CU 60 M 24
Reina BA 80 R 12
Reina (Mirador de la) O 6 C 14
Reinante LU 4 B 8
Reino (El) OR 13 E 5
Reinosa S 17 C 17
Reinosilla S 17 D 17
Reinoso BU 18 E 19
Reinoso de Cerrato P 31 G 16
Rejano SE 93 U 15
Rejas SO 32 H 20
Rejas de Ucero SO 32 G 20
Relaño (El) MU 85 R 26
Relea P 17 E 15
Reliegos LE 16 E 13
Rellanos O 5 B 10
Relleu A 74 Q 29
Rellinars B 38 H 35
Rello SO 33 H 21
Reloj CA 92 V 13
Relumbrar AB 83 Q 21
Remedios (Ermita de los) BA 79 R 10
Remedios (Punta dos) C 12 D 2
Remendia NA 20 D 26
Remolina LE 16 D 14
Remolino (El) CO 93 T 15
Remolinos Z 34 G 26
Remondo SG 31 H 16
Rena BA 68 O 12
Renales GU 47 J 22
Renales (Cabeza) SG 45 J 17
Renche LU 14 D 8
Rendona (La) CA 99 W 12
Renedo VA 31 H 16
Renedo S 7 B 18
Renedo de Cabuérniga S 7 C 17
Renedo de la Vega P 17 E 15
Renedo de Valdavia P 17 E 16
Renedo de Valderaduey LE 16 E 15
Renedo de Valdetuéjar LE 16 D 14
Renera GU 46 K 20
Rengos O 5 C 10
Renieblas SO 33 G 22
Renodo P 17 D 17
Errenteria SS 10 C 24
Renúñez Grande CR 71 P 20
Reocín S 7 B 17
Reolid AB 71 Q 22
Repilado (El) H 79 S 9
Repollés (Masía del) TE 49 K 28
Repostería LU 13 D 6
Represa LE 16 E 13
Requejada (Embalse de la) P 17 D 16
Requejo S 17 C 17
Requejo ZA 28 F 9
Requena V 61 N 26
Requena de Campos P 17 F 16
Requiás OR 27 G 6
Requijada SG 45 I 18
Resconorio S 7 C 18
Residencial Montelar GU 46 J 19
Resinera (La) GR 101 V 18
Resinera-Voladilla MA 100 W 14
Resoba P 17 D 16
Respaldiza VI 8 C 20
Respenda de la Peña P 17 D 15
Restábal GR 101 V 19
Restiello O 5 C 11
Restinga (La) El Hierro TF 109 D 4
Retama CR 69 O 16
Retamal BA 67 P 10
Retamal de Llerena BA 68 Q 12
Retamar CR 70 P 17
Retamar AL 103 V 23
Retamar (El) Tenerife TF 126 C 3
Retamosa CC 56 N 13
Retamosa (La) CR 69 P 16
Retamoso de la Jara TO 57 M 15
Retascón Z 48 I 25
Retiendas GU 46 J 20
Retorno (El) V 73 N 25
Retorta LU 3 D 6
Retorta OR 28 F 7
Retortillo S 17 D 17
Retortillo SA 43 J 10
Retortillo (Embalse de derivación del) SE 80 S 14
Retortillo de Soria SO 32 I 21
Retuerta BU 32 F 19
Retuerta del Bullaque CR 57 N 16
Retuerto LE 6 C 14
Reus T 37 I 33
Revalbos SA 44 K 13
Revell (Coll de) GI 24 G 37
Revellinos ZA 30 G 13
Revenga BU 17 F 18
Revenga SG 45 J 17
Revenga de Campos P 17 F 16
Reventón La Palma TF 132 D 5
Reventón (Puerto del) CR 70 P 18
Revilla S 7 B 18
Revilla P 17 D 17
Revilla HU 22 E 30
Revilla (La) BU 32 F 20
Revilla (La) S 7 B 16
Revilla de Calatañazor (La) SO 33 H 21
Revilla de Campos P 31 F 15
Revilla de Collazos P 17 E 16
Revilla del Campo BU 18 F 19
Revilla-Vallegera BU 17 F 17
Revillarruz BU 18 F 19
Revolcadores MU 84 R 23
Rey (Embalse del) M 58 L 19
Rey (Sierra del) CR 81 Q 17
Reyero LE 16 D 14
Reyertas (Las) SE 92 V 13
Reyertilla SE 92 U 13
Reyes (Bahía de los) El Hierro TF 108 B 3
Reznos SO 33 H 23
Ría de Abres O 4 B 8
Riaguas de San Bartolomé SG 32 H 19
Riahuelas SG 32 H 19
Rial C 2 C 4
Rial cerca de Rianxo C 12 E 3
Rial Soutomaior PO 12 F 4
Rialb (Pantà de) L 23 F 33
Rialp L 23 E 33
Riancho S 8 C 19
Riano O 5 C 12
Riánsares (Estación de) CU 59 L 21
Rianxo C 12 E 3
Riaño S 8 B 19
Riaño LE 16 D 15
Riaño (Embalse de) LE 16 D 14
Riaño (Reserva nacional de) LE 6 C 14
Rías Altas C 3 B 4
Rías Baixas / Rías Bajas PO 12 E 2
Rías Bajas / Rías Baixas PO 12 E 2
Rías Gallegas C 2 C 2
Riaza SG 32 I 19
Riba S 8 C 19
Riba (La) T 37 I 33
Riba de Escalote (La) SO 33 H 21
Riba de Saelices GU 47 J 23
Riba de Santiuste GU 47 I 21
Riba de Valdelucio (La) BU 17 D 17
Riba-roja (Pantà de) T 36 I 31
Riba-roja de Túria V 62 N 28
Riba-roja d'Ebre T 36 I 31
Ribabellosa VI 18 D 21
Ribadavia OR 13 F 5
Ribadedeva O 7 B 16
Ribadelago ZA 14 F 9
Ribadeo LU 4 B 8
Ribadeo (Ría de) LU 4 B 8
Ribadesella O 6 B 14
Ribadeume C 3 B 6
Ribadulla C 13 D 4
Ribadumia PO 12 E 3
Ribaforada NA 34 G 25
Ribafrecha LO 19 E 22
Ribagorda CU 47 K 23
Ribagorda (Ermita de) GU 48 K 24
Ribarredonda GU 47 J 23
Ribarroya SO 33 H 22
Ribarteme PO 13 F 4
Ribas LE 15 F 12
Ribas de Campos P 17 F 16
Ribas de Miño LU 13 E 6
Ribas de Sil LU 14 E 8
Ribas de Sil (Monasterio de) OR 13 E 6
Ribas Pequeñas LU 14 E 7
Ribasaltas LU 14 E 7
Ribatajada CU 47 K 23
Ribatajadilla CU 60 L 23
Ribatejada M 46 K 19
Ribeira LU 14 D 8
Ribeira C 12 E 3
Ribeira (Embalse de la) C 3 B 6
Ribera J 94 T 18
Ribera (La) LE 15 E 10
Ribera Baja J 94 T 18
Ribera de Arriba O 5 C 12
Ribera de Cabanes CS 62 L 30
Ribera de Cardós L 23 E 33
Ribera de Los Molinos BA 79 R 11
Ribera de Molina MU 85 R 26
Ribera de Piquín LU 4 C 8
Ribera de Vall HU 22 F 32
Ribera del Fresno BA 67 Q 11
Ribera-Oveja CC 43 L 11
Riberas O 5 B 11
Riberas de Lea LU 4 C 7
Riberos de la Cueza P 16 F 15
Ribes de Freser GI 24 F 36
Ribesalbes CS 62 L 29
Ribota BU 8 C 20
Ribota SG 32 H 19
Ricabo O 5 C 12
Ricardo Roca (Mirador) IB 104 N 37
Ricla Z 34 H 25
Ricobayo ZA 29 H 12
Ricote MU 85 R 25
Riego de Ambros LE 15 E 10
Riego de la Vega LE 15 E 12
Riego del Camino ZA 29 G 12
Riego del Monte LE 16 E 13
Riegoabajo O 5 B 11
Riello LE 15 D 12
Riells cerca de Breda GI 38 G 37
Riells cerca de l'Escala GI 25 F 39
Riells del Fai B 38 G 36
Rielves TO 58 M 17
Rienda GU 33 I 21
Riensena O 6 B 14
Riera (La) T 37 I 34
Riera (La) LE 15 D 11
Riera (La) cerca de Aguasmestas O 5 C 11

Riera (La) cerca de Covadonga O 6 C 14
Riera (Sa) GI 25 G 39
Riglos HU 21 E 27
Rigueira LU 4 B 7
Rigüelo SE 93 U 15
Rilleira C 3 C 6
Rillo TE 49 J 27
Rillo de Gallo GU 48 J 24
Rincón (El) AB 73 P 25
Rincón (El) MU 84 S 24
Rincón de Ballesteros CC 67 O 10
Rincón de la Victoria MA 101 V 17
Rincón de Olivedo LO 33 F 24
Rincón de Soto LO 20 F 24
Rincón del Moro AB 72 Q 24
Rincón del Obispo CC 55 M 10
Rinconada AV 44 J 14
Rinconada (La) AV 45 K 16
Rinconada (La) AB 72 P 23
Rinconada (La) SE 91 T 12
Rinconada de la Sierra (La) SA 43 K 11
Rinconadas (Las) CU 61 M 26
Rinconcillo (El) CA 99 X 13
Rinconcillo (El) CO 81 S 15
Riner L 37 G 34
Rinlo LU 4 B 8
Río OR 14 E 8
Río LU 14 D 8
Río (El) CR 70 O 17
Río (El) LO 18 F 21
Río (El) Tenerife TF 129 F 4
Río (Mirador del) Lanzarote GC 121 F 2
Río (Punta del) AL 103 V 22
Río Aragón ESP 21 E 27
Río Cedena TO 57 N 16
Río Chico (El) AL 102 V 21
Río Cofio M 45 K 17
Río de Losa BU 18 D 20
Río de Lunada BU 8 C 19
Río de Trueba BU 8 C 19
Río Duero CL 33 G 22
Río Ería CL 15 F 12
Río Frío CR 69 O 16
Río Gállego AR 21 E 29
Río Juanes V 73 N 27
Río Madera AB 72 Q 23
Río Órbigo CL 15 F 12
Río Sil ESP 14 E 7
Río Tajo (Estación de) CC 55 M 10
Río Tirón ESP 18 F 20
Río Valderaduey CL 16 E 15
Riobarba LU 3 A 6
Riocabado AV 44 J 15
Riocavado de la Sierra BU 18 F 20
Riocerezo BU 18 E 19
Riocobo LU 4 A 7
Rioconejos ZA 15 F 10
Riocorvo S 7 C 17
Riodeva TE 61 L 26
Riofabar O 6 C 13
Riofrío AV 44 K 15
Riofrío LE 15 E 12
Riofrío GR 93 U 17
Riofrío de Aliste ZA 29 G 11
Riofrío de Riaza SG 32 I 19
Riofrío del Llano GU 47 I 21
Riogordo MA 101 V 17
Rioja AL 103 V 22
Riola V 74 O 29
Riolago LE 15 D 11
Riolobos CC 55 M 11
Riomalo de Arriba CC 43 K 11
Riomanzanas ZA 29 G 10
Ríomao OR 14 E 8
Rionegro del Puente ZA 29 F 11
Riópar AB 84 Q 22
Riós OR 28 G 8
Ríos (Los) J 82 R 18
Ríos de Abajo CS 62 M 27
Ríos Menudos P 17 D 16
Riosalido GU 47 I 21
Ríoscuro LE 15 D 11
Rioseco O 6 C 13
Rioseco cerca de Laredo S 8 B 20
Rioseco cerca de Reinosa S 7 C 17
Rioseco de Soria SO 33 H 21
Rioseco de Tapia LE 15 D 12
Riosequillo (Embalse de) M 46 J 18
Riosequino de Torío LE 16 D 13
Rioseras BU 18 E 19
Riospaso O 5 C 12
Riotorto LU 4 B 8
Rioxuán LU 4 C 8
Rípodas NA 11 D 26
Ripoll GI 24 F 36
Ripollet B 38 H 36
Ris S 8 B 19
Risco BA 69 P 14
Risco (Embalse del) H 78 T 8
Risco de las Moras CC 57 N 14
Riudarenes GI 24 G 38
Riudaura GI 24 F 37
Riudecanyes T 51 I 32
Riudecols T 37 I 32
Riudellots de la Selva GI 25 G 38
Riumar T 51 J 32
Riumors GI 25 F 39
Riva (La) S 7 C 18
Rivas Z 20 F 26
Rivas de Tereso LO 19 E 21
Rivas-Vaciamadrid M 46 L 19
Rivero S 7 C 17
Rivero de Posadas CO 80 S 14
Rivilla de Barajas AV 44 J 15
Roa de Duero BU 31 G 18
Roales VA 30 F 13
Roales ZA 29 H 12
Robla (La) LE 16 D 13
Robladillo VA 30 H 15
Robladillo de Ucieza P 17 E 16
Roble AB 72 P 23
Robleda SA 42 K 10
Robleda-Cervantes ZA 14 F 10
Robledillo AV 44 K 15
Robledillo TO 57 N 15
Robledillo (El) TO 70 N 18
Robledillo de Gata CC 43 L 10
Robledillo de la Jara M 46 J 19
Robledillo de la Vera CC 56 L 13
Robledillo de Mohernando GU 46 J 20
Robledillo de Trujillo CC 68 O 12
Robledo O 6 B 14
Robledo S 7 C 16
Robledo LE 15 F 11
Robledo LU 14 D 9
Robledo OR 14 E 9
Robledo ZA 29 F 10
Robledo AB 72 P 22
Robledo (El) CR 70 O 17
Robledo (El) J 83 R 21
Robledo de Caldas LE 15 D 12
Robledo de Chavela M 45 K 17
Robledo de Corpes GU 46 I 21
Robledo de las Traviesas LE 15 D 10
Robledo del Buey TO 57 N 15
Robledo del Mazo TO 57 N 15
Robledo Hermoso SA 43 I 10
Robledollano CC 56 N 13
Robledondo M 45 K 17
Roblelacasa GU 46 I 20
Robleluengo GU 46 I 20
Robles de la Valcueva LE 16 D 13
Roblido OR 14 E 8
Robliza de Cojos SA 43 J 12
Robredo BU 18 D 20
Robredo-Temiño BU 18 E 19
Robregordo M 46 I 19
Robres HU 35 G 28
Robres del Castillo LO 19 F 23
Robriguero O 7 C 16
Roca LU 3 C 6
Roca (La) M 45 J 18
Roca de la Sierra (La) BA 67 O 9
Roca del Vallès (La) B 38 H 36
Roca Grossa GI 39 G 38
Roca Llisa IB 87 P 34
Rocabruna GI 24 E 37
Rocacorba GI 24 F 38
Rocafort L 37 H 33
Rocafort B 38 G 35
Rocafort V 62 N 28
Rocafort de Queralt T 37 H 33
Rocaforte NA 20 E 26
Rocagrossa GI 39 G 38
Rocallaura L 37 H 33
Rocamudo S 17 D 18
Rocas Doradas T 51 J 32
Rocha (Puerto de la) PO 13 E 5
Roche MU 85 T 27
Roche CA 98 W 11
Roche (Cabo) CA 98 X 11
Rociana del Condado H 91 U 10
Rocina (El) H 91 U 10
Rocío (El) H 91 U 10
Roda MU 85 S 27
Roda (La) O 4 B 9
Roda (La) AB 72 O 23
Roda de Andalucía (La) SE 93 U 15
Roda de Barà T 37 I 34
Roda de Eresma SG 45 I 17
Roda de Isábena HU 22 F 31
Roda de Ter B 38 G 36
Rodalquilar AL 103 V 23
Rodanas (Santuario de) Z 34 H 25
Rodanillo LE 15 E 10
Rodeche TE 62 L 28
Rodeiro PO 13 E 6
Rodellar HU 21 F 29
Rodén Z 35 H 28
Ródenas TE 48 K 25
Rodeos (Embalse de los) MU 85 R 26
Rodeos (Los) MU 85 R 26
Rodezno LO 19 E 21
Rodical (El) O 5 C 10
Rodicio (Alto del) OR 13 F 7
Rodiezmo LE 15 D 12
Rodilana VA 30 H 15
Rodiles O 5 B 11
Rodillazo LE 16 D 13
Rodiño C 13 D 4
Rodonyà T 37 I 34
Rodrigas LU 4 B 8
Rodrigatos de la Obispalía LE 15 E 11
Rodrigatos de las Regueras LE 15 D 11
Rodriguillo A 85 Q 26
Roelos ZA 29 I 11
Roglà i Corberà V 74 O 28
Roig (Cap) (Jardín botànic) GI 25 G 39
Roimil LU 3 C 6
Rois C 12 D 3
Roitegui VI 19 D 22
Roiz S 7 C 16
Roja (Punta) Tenerife TF 129 F 5
Rojal (El) C 3 B 5
Rojales A 85 R 27
Rojals T 37 H 33
Rojas BU 18 E 19
Roldán MU 85 S 26
Roldán (Faro) AL 103 V 24
Roldán (Salto de) HU 21 F 28
Rollamienta SO 33 G 22
Rollán SA 43 J 12
Roma V 61 N 26
Romai PO 12 D 3
Romana (La) A 85 Q 27
Romana (Villa) VA 45 I 15
Romancos GU 46 J 21
Romanes (Los) MA 101 V 17
Romaneta (La) A 85 Q 27
Romangordo CC 56 M 12
Romaní (El) V 74 O 28
Romanillos de Atienza GU 32 I 21
Romanillos de Medinaceli SO 33 I 22
Romanones GU 46 K 21
Romanos Z 48 I 26
Romanyà de la Selva GI 25 G 38
Romariz LU 4 B 7
Romeán LU 4 C 7
Romedales (Los) CU 60 L 23
Romedios (Ermita de los) BA 68 P 12
Romelle C 2 C 3
Romera AB 71 O 21
Romeral TO 59 N 19
Romeral (Cueva del) MA 93 U 16
Romeral (El) TO 59 M 19
Romeral (El) V 62 M 28
Romeral (El) MA 100 V 16
Romerano (El) H 90 T 7
Romeros (Los) H 79 S 9
Rompido (Barra de El) H 90 U 8
Rompido (El) H 90 U 8
Roncadoira (Punta) LU 4 A 7
Roncal / Erronkari NA 11 D 27
Roncesvalles / Orreaga NA 11 C 26
Roncudo (Punta) C 2 C 3
Ronda MA 92 V 14
Ronda (Serranía de) MA 100 V 14
Ronda la Vieja MA 92 V 14
Rondín CR 70 P 18
Roní L 23 E 33
Ronquillo (El) SE 79 S 11
Ronquillo (El) BA 67 P 9
Ropera (La) J 82 R 17
Roperuelos del Páramo LE 15 F 12
Roque Fuerteventura GC 111 H 1
Roque del Faro La Palma TF 130 C 3
Roques (Bahía de los) La Palma TF 132 D 6
Roquetas de Mar AL 102 V 22
Roquetas de Mar (Urbanización) AL 102 V 22
Roquetes T 50 J 31
Ros BU 17 E 18
Rosa (La) BA 67 P 9
Rosal PO 26 G 3
Rosal (El) CO 81 S 15
Rosal Alto (El) SE 92 T 12
Rosal de la Frontera H 78 S 8
Rosalejo CC 56 M 13
Rosales BU 18 D 19
Rosales (Los) TO 57 L 16
Rosales (Los) J 83 S 20
Rosales (Los) SE 92 T 12
Rosamar GI 39 G 38
Rosario (Ermita del) V 73 O 26
Rosarito (Embalse de) TO 56 L 14
Rosas / Roses GI 25 F 39
Rosas (Las) La Gomera TF 118 C 1
Rosas (Las) Tenerife TF 124 H 2
Roscales P 17 D 16
Roses / Rosas GI 25 F 39
Roses (Golf de) GI 25 F 39
Rosildos (Els) CS 50 L 29
Rosinos de la Requejada ZA 15 F 10
Rossell CS 50 K 30
Rosselló L 36 G 31
Rosso SE 93 U 14
Rostro (El) CR 69 O 16
Rota CA 98 W 10
Rotes (Les) A 75 P 30
Rótova V 74 P 29
Roturas VA 31 G 17
Roturas CC 56 N 13
Rouch (Monte) L 23 D 33
Roupar LU 3 B 6
Rourell (El) T 37 I 33
Royo AB 72 P 23
Royo (El) SO 33 G 22
Royo Odrea AB 72 Q 23
Royos (Los) MU 84 S 23
Royuela TE 48 K 25
Royuela de Río Franco BU 31 G 18
Rozadas cerca de Boal O 4 B 9
Rozadas cerca de El Pedroso O 6 B 13
Rozadas cerca de Sotrondio O 6 C 13
Rozadio S 7 C 16
Rozalejo (El) SE 92 U 13
Rozalén del Monte CU 59 M 21
Rozas S 8 C 19
Rozas ZA 14 F 10
Rozas (Embalse de las) LE 15 D 10
Rozas (Las) S 17 D 17
Rozas (Monte) M 45 K 18
Rozas de Madrid (Las) M 45 K 18
Rozas de Puerto Real M 57 L 16
Rúa LU 4 B 7
Rúa (A) OR 14 E 8
Rúanales S 17 D 18
Ruanes CC 68 O 11
Rubalcaba S 8 C 18
Rubayo S 8 B 18
Rubena BU 18 E 19
Rubí B 38 H 36
Rubí de Bracamonte VA 30 I 15
Rubia OR 14 E 9
Rubia (La) SO 33 G 22
Rubia (Peña) cerca de Lorca MU 84 T 24
Rubiales TE 61 L 26
Rubiales BA 80 Q 12
Rubián LU 14 E 7
Rubiáns PO 12 E 3
Rubiás LU 4 C 7
Rubiás OR 14 F 8
Rubielos Altos CU 60 N 23
Rubielos Bajos CU 60 N 23
Rubielos de la Cérida TE 48 J 26
Rubielos de Mora TE 62 L 28
Rubillas Bajas CO 81 S 16
Rubinat L 37 H 33
Rubió B 37 H 34
Rubió cerca de Foradada L 37 G 32
Rubió cerca de Sort L 23 E 33
Rubio (El) cerca de Montellano SE 92 V 12
Rubio (El) cerca de Osuna SE 93 T 15
Rubiós PO 13 F 4
Rubios (Los) BA 80 R 13
Rubite GR 102 V 19
Rublacedo de Abajo BU 18 E 19
Rucandio S 8 B 18
Rucandio BU 18 D 19
Rucayo LE 16 D 14
Rudilla TE 49 J 26
Rudilla (Puerto de) TE 48 I 26
Ruecas BA 68 O 12
Ruecas (Río) BA 68 O 12
Rueda VA 30 H 15
Rueda GU 48 J 24
Rueda (Monasterio de) Z 35 I 29
Rueda de Jalón Z 34 H 26
Rueda de Pisuerga P 17 D 16
Ruedas de Ocón (Las) LO 19 F 23
Ruenes O 7 C 15
Ruente S 7 C 17
Rúerrero S 17 D 18
Ruesca Z 34 I 25
Ruescas AL 103 V 23
Ruesga P 17 D 16
Rugat V 74 P 28
Ruguilla GU 47 J 22
Ruices (Los) AB 73 P 25
Ruices (Los) MU 85 T 26
Ruices (Los) V 61 N 26
Ruidera CR 71 P 21
Ruidera (Lagunas de) AB 71 P 21
Ruidoms T 51 I 33
Ruiforco de Torío LE 16 D 13
Ruiloba S 7 B 17
Ruiseñada S 7 B 17
Rumblar J 82 R 18
Rumblar (Embalse del) J 82 R 18
Rupià GI 25 F 39
Rupit B 24 F 37
Rus C 2 C 3
Rus J 82 R 19
Rus (Río) CU 60 N 22
Rute CO 93 U 16
Ruyales del Agua BU 31 F 18
Ruyales del Páramo BU 17 E 18

S

Saavedra LU 3 C 7
Sabadell B 38 H 36
Sabadelle LU 13 E 6
Sabadelle OR 13 E 6
Sabando VI 19 D 22
Sabar MA 101 V 17
Sabardes C 12 D 3
Sabariego J 94 T 17
Sabataia (Coll de) IB 104 M 38
Sabatera (La) A 75 Q 30
Sabayés HU 21 F 28
Sabero LE 16 D 14
Sabinar Z 20 F 26
Sabinar (El) AB 71 P 21
Sabinar (El) MU 84 R 23
Sabinar (Punta) AL 102 V 21
Sabinas (Collado de las) GR 94 U 19
Sabinita (La) Tenerife TF 129 G 4
Sabinosa El Hierro TF 108 B 3
Sabiñánigo HU 21 E 28
Sabiote J 83 R 20
Saboredo (Tuc de) L 23 E 32
Sabucedo OR 13 F 6
Sabucedo PO 13 E 4
Sacañet CS 62 M 27
Sacecorbo GU 47 J 22
Saceda LE 15 F 10
La Saceda GU 47 J 23
Saceda del Río CU 59 L 22
Saceda Trasierra CU 59 L 21
Sacedillas (Las) J 83 Q 20
Sacedón GU 47 K 21
Sacedoncillo CU 60 L 23
Saceruela CR 69 P 16
Saceruela (Sierra de) CR 69 O 16
Sacos PO 12 E 4
Sacramenia SG 31 H 18
Sacramento SE 92 U 12
Sacratif (Cabo) GR 101 V 19
Sacristanía (La) CR 70 P 18
Sada C 3 B 5
Sada NA 20 E 25
Sádaba Z 20 F 26
Sadernes GI 24 F 37
Saelices CU 59 M 21
Saelices de la Sal GU 47 J 22
Saelices de Mayorga VA 16 F 14
Saelices del Payuelo LE 16 E 14
Saelices del Río LE 16 E 14
Saelices el Chico SA 42 J 10
Safari Madrid M 58 L 17
Sagallos ZA 29 G 10
Saganta HU 36 G 31
Sagàs B 24 F 35
Sagides SO 47 I 23
Sagra A 74 P 29
Sagra GR 83 S 22
Sagrada (La) SA 43 J 11
Sagrajas BA 67 P 9
Sagunt / Sagunto V 62 M 29
Sagunto / Sagunt V 62 M 29
Sahagún LE 16 E 14
Sahechores LE 16 E 14
Sahuco (El) AB 72 P 23
Sahún HU 22 E 31
Saja S 7 C 17
Saja-Besaya (Parque natural) S 7 C 17
Sajazarra LO 18 E 21
Sal (Punta de la) Gran Canaria GC 117 G 3
Salada (La) SE 93 U 15
Saladar (El) A 85 R 27
Saladillo-Benamara MA 100 W 14
Salado (El) GR 83 S 22
Salado (Río) GU 47 I 21
Salado de los Villares J 82 S 17
Salamanca SA 43 J 12
Salamir O 5 B 11
Salamón LE 16 D 14
Salanova HU 22 F 31
Salar GR 94 U 17
Salardú L 22 D 32
Salares MA 101 V 17
Salas O 5 B 11
Salas (Embalse de) OR 27 G 6
Salas (Las) LE 16 D 14
Salas Altas HU 22 F 30
Salas Bajas HU 22 F 30
Salas de Bureba BU 18 D 19
Salas de la Ribera LE 14 E 9
Salas de los Barrios LE 15 E 10
Salas de los Infantes BU 32 F 20
Salàs de Pallars L 23 F 32
Salave O 4 B 9
Salazar BU 18 D 19
Salazar GR 95 T 21
Salce ZA 29 I 11
Salce LE 15 D 11
Salceda (La) SG 45 I 18
Salceda de Caselas PO 12 F 4
Salcedillo P 17 D 17
Salcedillo TE 49 J 26
Salcedo VI 18 D 21
Salcedo (El) J 82 R 18
Salces S 17 C 17
Salcidos PO 26 G 3
Saldaña P 16 E 15
Saldaña de Ayllón SG 32 H 19
Saldeana SA 42 I 10
Saldes B 23 F 35
Saldías NA 10 C 24
Saldoira LU 4 B 8
Sáldon TE 48 L 25
Salduero SO 33 G 21
Salem V 74 P 28
Saler (El) V 74 N 29
Saler (Parador de El) V 74 O 29
Saleres GR 101 V 19
Sales de Llierca GI 24 F 37
Salgueiros C 2 C 2
Salgueiros LU 13 D 6
Salguerias C 2 C 3
Salgüero de Juarros BU 18 F 19
Salí (El) B 37 G 35
Salicor (Laguna de) CR 59 N 20
Saliencia O 5 C 11
Saliente AL 96 T 23
Salientes LE 15 D 11
Salillas HU 35 G 29

Salillas de Jalón Z 34 H 26
Salime (Embalse de) O 4 C 9
Salina Grande ZA 30 G 13
Salinas O 5 B 12
Salinas A 73 Q 27
Las Salinas MU 85 S 27
Salinas (Las) CU 59 L 20
Salinas (Las) Fuerteventura GC 113 I 3
Salinas (Monte) Fuerteventura GC 111 G 2
Salinas (Punta) La Palma TF 131 E 4
Salinas de Hoz HU 22 F 30
Salinas de Ibargoiti NA 11 D 25
Salinas de Jaca HU 21 E 27
Salinas de Medinaceli SO 47 I 22
Salinas de Oro NA 10 D 24
Salinas de Pinilla AB 71 P 22
Salinas de Pisuerga P 17 D 16
Salinas de Sin HU 22 E 30
Salinas del Manzano CU 61 L 25
Salines GI 24 E 36
Salines (Les) GI 24 E 38
Salinillas de Buradón VI 19 E 21
Salinillas de Bureba BU 18 E 19
Saliñas (Llacuna de) A 85 Q 27
Salitja GI 25 G 38
Sallent B 38 G 35
Sallent (El) GI 24 F 37
Sallent de Gállego HU 21 D 29
Sallfort (Pic de) GI 25 E 39
Salmantón VI 8 C 20
Salmerón GU 47 K 22
Salmerón MU 84 Q 24
Salmeroncillos de Abajo CU 47 K 22
Salmeroncillos de Arriba CU 47 K 22
Salmor (Roque) El Hierro TF 109 D 2
Salmoral SA 44 J 14
Salo B 37 G 34
Salobral AV 44 K 15
Salobral (El) AB 72 P 24
Salobralejo AV 44 K 15
Salobralejo (Laguna del) AB 73 P 25
Salobre cerca de Alcaraz AB 72 Q 22
Salobre cerca de Munera AB 72 O 22
Salobreña GR 101 V 19
Salomó T 37 I 34
Salón BU 8 C 19
Salor (Embalse del) CC 67 N 11
Salorino CC 55 N 8
Salou T 51 I 33
Salou (Cabo) T 51 I 33
Salse (El) A 74 P 27
Salt GI 25 G 38
Saltador (El) AL 96 T 24
Salteras SE 91 T 11
Saltes (Isla de) H 90 U 9
Salto al Cielo (Ermita) CA 99 W 11
Salto de Bolarque GU 47 K 21
Salto de Villalba CU 60 L 23
Salto de Villora CU 61 M 25
Salto del Ciervo SE 93 T 14
Salto del Negro MA 101 V 17
Salto Saucelle SA 42 I 9
Saltor GI 24 F 36
Saltos (Punta de los) El Hierro TF 109 D 4
Saludes de Castroponce LE 15 F 12
Salvacañete CU 61 L 25
Salvadiós AV 44 J 14
Salvador (Ermita El) CS 62 M 29
Salvador de Zapardiel VA 44 I 15
Salvaje (Punta del) Fuerteventura GC 110 G 2
Salvaleón BA 67 Q 9
Salvaterra de Miño PO 12 F 4
Salvatierra / Agurain VI 19 D 22
Salvatierra de Escá Z 11 D 26
Salvatierra de los Barros BA 67 Q 9
Salvatierra de Santiago CC 68 O 11
Salvatierra de Tormes SA 43 K 13
Sálvora (Isla de) C 12 E 2
Salzadella (La) CS 50 K 30
Sama de Grado O 5 C 11
Sama de Langreo O 6 C 12
Samaniego VI 19 E 21
Sámano S 8 B 20
Samara (Montaña) Tenerife TF 126 D 3
Sambana CA 99 W 13
Samboal SG 31 I 16
Sambreixo LU 13 D 6
Sames O 6 C 14
Samieira PO 12 E 3
Samir de los Caños ZA 29 G 11
Samos LU 14 D 8
Samper HU 22 E 30
Samper de Calanda TE 49 I 28
Samper del Salz Z 35 I 27
Samprizón PO 13 E 5
San Adrián LE 16 D 14
San Adrián NA 19 E 24
San Adrián (Cabo de) C 2 B 3
San Adrián de Juarros BU 18 F 19
San Adrián de Sasabe (Ermita de) HU 21 D 28
San Adrián del Valle LE 15 F 12
San Adriano LU 4 B 8
San Agustín TE 62 L 27
San Agustín AL 102 V 21
San Agustín Gran Canaria GC 117 E 4
San Agustín (Convento de) CU 60 L 24
San Agustín (Ermita de) Fuerteventura GC 111 H 2
San Agustín del Guadalix M 46 J 19
San Agustín del Pozo ZA 30 G 13
San Amancio (Ermita de) GU 48 J 24
San Amaro OR 13 E 5
San Andrés O 5 C 12
San Andrés O 6 C 13
San Andrés LO 33 F 22
San Andrés cerca de Potes S 7 C 16
San Andrés cerca de San Miguel S 7 C 18
San Andrés El Hierro TF 109 D 2
San Andrés La Palma TF 131 D 3
San Andrés Tenerife TF 125 J 2
San Andrés de Arroyo P 17 D 16
San Andrés de la Regla P 16 E 15
San Andrés de las Puentes LE 15 E 10
San Andrés de San Pedro SO 33 G 23
San Andrés de Teixido C 3 A 6
San Andrés del Congosto GU 46 J 20
San Andrés del Rabanedo LE 16 E 13
San Andrés del Rey GU 47 K 21
San Antolín (Monasterio de) O 6 B 15
San Antolín de Ibias O 4 C 9
San Antón SE 93 T 14
San Antón BU 17 E 18
San Antón (Ermita de) GU 47 K 21
San Antón (Ermita de) CC 54 N 8
San Antón (Puerto de) SS 10 C 24
San Antoniño PO 12 E 4
San Antonio V 61 N 26
San Antonio CO 81 S 16
San Antonio (Ermita de) C 3 B 6
San Antonio (Ermita de) cerca de Aliaguilla CU 61 M 26
San Antonio (Ermita de) cerca de Cardenete CU 60 M 25
San Antonio (Ermita de) La Palma TF 130 C 3
San Antonio (Volcán de) La Palma TF 132 C 7
San Antonio de Banaixeve V 62 N 28
San Antonio de Portmany / Sant Antoni de Portmany IB 87 P 33
San Antonio del Fontanar SE 92 U 14
San Asensio LO 19 E 21
San Bartolomé CU 59 L 21
San Bartolomé LO 19 F 23
San Bartolomé Lanzarote GC 123 D 4
San Bartolomé (Ermita de) TE 48 J 26
San Bartolomé (Ermita de) CC 68 O 12
San Bartolomé de Béjar AV 43 K 13
San Bartolomé de Corneja AV 44 K 13
San Bartolomé de la Torre H 90 T 8
San Bartolomé de las Abiertas TO 57 M 15
San Bartolomé de Pinares AV 45 K 16
San Bartolomé de Rueda LE 16 D 14
San Bartolomé de Tirajana Gran Canaria GC 117 E 3
San Bartolomé de Tormes AV 44 K 14
San Baudelio (Ermita de) SO 33 H 21
San Benito V 73 P 26
San Benito cerca de Almadèn CR 69 Q 15
San Benito cerca de Ciudad Real CR 70 P 17
San Benito (Convento) CC 55 M 9
San Benito (Ermita de) TE 49 K 27
San Benito (Ermita de) SE 80 S 12
San Benito de la Contienda BA 66 Q 8
San Bernabé CA 99 X 13
San Bernabé (Sierra de) CC 56 L 11
San Bernado de Valbuena VA 31 H 17
San Bernardino CA 92 V 12
San Bernardo (Sierra de) BA 79 R 11
San Blas TE 48 K 26
San Blas ZA 29 G 10
San Bruno CR 82 Q 18
San Calixto CO 80 S 14
San Caprasio (Collado de) HU 22 F 30
San Carlos BU 32 G 19
San Carlos del Valle CR 71 P 20
San Cebrián P 17 D 16
San Cebrián de Campos P 17 F 16
San Cebrián de Castro ZA 29 G 12
San Cebrián de Mazote VA 30 G 14
San Cibrao OR 14 F 8
San Cibrau OR 28 G 7
San Cibrián de Arriba LE 16 E 13
San Cibrián de la Somoza LE 16 D 14
San Ciprián LU 4 A 7
San Ciprián ZA 14 F 10
San Ciprián cerca de Hermisende ZA 28 G 9
San Ciprián de Viñas OR 13 F 6
San Cipriano del Condado LE 16 E 13
San Claudio O 5 B 12
San Claudio C 3 B 6
San Clemente CU 72 N 22
San Clemente de Valdueza LE 15 E 10
San Clodio LU 14 E 8
San Cosme O 5 B 11
San Cosme LU 4 B 8
San Crispín M 46 K 18
San Cristóbal NA 11 D 25
San Cristóbal CU 60 L 22
San Cristóbal CR 71 Q 21
San Cristóbal SE 80 S 13
San Cristóbal BA 79 R 9
San Cristóbal CC 68 O 13
San Cristóbal Gran Canaria GC 115 G 2
San Cristóbal (Ermita de) CA 98 W 11
San Cristóbal (Ermita de) cerca de Andorra TE 49 J 28
San Cristóbal (Ermita de) cerca de Barrachina TE 48 J 26
San Cristóbal (Ermita de) cerca de Bronchales TE 48 K 25
San Cristóbal (Ermita de) cerca de Sarrión TE 61 L 27
San Cristóbal (Santuario) Z 48 I 25
San Cristóbal de Boedo P 17 E 16
San Cristóbal de Cea OR 13 E 6
San Cristóbal de Chamoso LU 4 D 7
San Cristóbal de Cuéllar SG 31 H 16
San Cristóbal de Entreviñas ZA 30 F 13
San Cristóbal de la Cuesta SA 43 I 13
San Cristóbal de la Polantera LE 15 E 12
San Cristóbal de la Vega SG 45 I 16
San Cristóbal de Segovia SG 45 J 17
San Cristóbal de Trabancos AV 44 J 14
San Cristóbal de Valdueza LE 15 E 10
San Cristóbal del Monte BU 18 E 20
San Cristóbal I TE 48 J 26
San Cristobo OR 28 G 8
San Cucao O 5 B 12
San Diego CA 99 X 14
San Diego (Ermita de) SE 80 R 13
San Emiliano O 4 C 9
San Emiliano LE 15 D 12
San Enrique de Guadiaro CA 99 X 14
San Esteban O 5 B 11
San Esteban de Gormaz SO 32 H 20
San Esteban de la Sierra SA 43 K 12
San Esteban de Litera HU 36 G 30
San Esteban de los Buitres O 4 C 9
San Esteban de los Patos AV 45 J 16
San Esteban de Nogales LE 15 F 12
San Esteban de Valdueza LE 15 E 10
San Esteban de Zapardiel AV 44 I 15
San Esteban del Molar ZA 30 G 13
San Esteban del Valle AV 57 L 15
San Facundo OR 13 E 5
San Felices BU 17 D 18
San Felices SO 33 G 23
San Felices de los Gallegos SA 42 J 9
San Felipe C 3 B 5
San Felipe CU 48 K 24
San Feliú HU 22 E 31
San Feliú de Guíxols / Sant Feliu de Guíxols GI 39 G 39
San Feliz de las Lavanderas LE 15 D 12
San Feliz de Torío LE 16 D 13
San Fernando CA 98 W 11
San Fernando Gran Canaria GC 115 D 2
San Fernando de Henares M 46 K 19
San Fiz do Seo LE 14 E 9
San Francisco AL 96 T 24
San Francisco Mallorca IB 104 N 38
San Francisco (Convento de) VA 30 G 14
San Francisco (Mirador) BU 32 F 20
San Francisco de Olivenza BA 66 P 8
San Franscisco (Ermita de) Fuerteventura GC 111 H 3
San Frutos (Ermita de) SG 31 I 18
San Fulgencio A 85 R 27
San Gabriel Lanzarote GC 123 E 4
San García de Ingelmos AV 44 J 14
San Gil CC 55 M 11
San Gil (Ermita de) Z 21 F 27
San Ginés TE 48 K 25
San Glorio (Puerto de) S 6 C 15
San Gregorio SS 19 D 23
San Gregorio TO 59 N 20
San Gregorio CO 81 Q 16
San Gregorio (Basílica de) NA 19 E 23
San Gregorio (Ermita de) GU 48 J 24
San Gregorio (Ermita de) BA 67 P 10
San Ignacio de Loiola SS 10 C 23
San Ignacio del Viar SE 91 T 12
San Ildefonso o la Granja SG 45 J 17
San Isidoro (Ermita de) BA 68 P 13
San Isidro CR 70 P 19
San Isidro GU 59 L 21
San Isidro AB 73 O 25
San Isidro cerca de Berlangua BA 80 R 12
San Isidro cerca de Huérca Overa AL 96 T 24
San Isidro cerca de Navalmorales TO 57 M 16
San Isidro cerca de Níjar AL 103 V 23
San Isidro Gran Canaria GC 114 D 2
San Isidro Gran Canaria GC 115 E 2
San Isidro Tenerife TF 125 I 2
San Isidro Tenerife TF 129 F 5
San Isidro (Ermita de) CU 60 N 24
San Isidro (Ermita de) V 61 M 26
San Isidro (Ermita de) BA 79 R 10
San Isidro (Puerto de) LE 6 C 13
San Isidro de Guadalete CA 99 W 12
San Isidro del Pinar NA 20 E 25
San Javier MU 85 S 27
San Jerónimo CO 81 S 15
San Jerónimo de Lagar (Ermita de) CC 55 N 10
San Joaquím GU 59 L 20
San Jorge HU 35 G 28
San Jorge BA 67 Q 10
San Jorge / Sant Jordi CS 50 K 30
San Jorge (Ermita de) V 61 N 27
San Jorge de Alor BA 66 Q 8
San José AB 71 P 21
San José AL 103 V 23
San José BA 79 Q 9
San José Lanzarote GC 123 E 4
San José (Embalse de) VA 30 H 14
San José (Ermita) MU 84 R 24
San José (Ermita de) TE 50 J 29
San José (Ermita de) J 82 R 17
San José (Ermita de) Tenerife TF 126 C 3
San José de la Rábita J 94 T 17
San José de la Rinconada SE 91 T 12
San José de Malcocinado CA 99 W 12
San José del Valle CA 99 W 12
San Juan M 45 K 17
San Juan V 61 N 26
San Juan MA 93 U 16
San Juan CC 55 L 10
San Juan (Embalse de) M 45 K 16
San Juan (Ermita de) cerca de Cedrillas TE 49 K 27
San Juan (Ermita de) cerca de Montalbán TE 49 J 28
San Juan (Sierra de) SE 92 U 13
San Juan de Aznalfarache SE 91 T 11
San Juan de Gredos AV 44 K 14
San Juan de la Cuesta ZA 14 F 10
San Juan de la Encinilla AV 44 J 15
San Juan de la Mata LE 14 E 10
San Juan de la Nava AV 44 K 15
San Juan de la Peña (Monasterio de) HU 21 E 27
San Juan de la Rambla Tenerife TF 126 E 3
San Juan de los Terreros AL 96 T 25
San Juan de Mozarrifar Z 35 G 27
San Juan de Nieva O 5 B 12
San Juan de Ortega BU 18 E 19
San Juan de Plan HU 22 E 31
San Juan del Flumen HU 35 G 29
San Juan del Molinillo AV 44 K 15
San Juan del Monte BU 32 G 19
San Juan del Olmo AV 44 K 14
San Juan del Puerto H 90 U 9
San Juan del Rebollar ZA 29 G 10
San Juan-Los Vallejos (Valle de) M 59 L 19
San Juan Muskiz BI 8 C 20
San Juan Perales Tenerife TF 124 H 2
San Juanico el Nuevo ZA 29 F 11
San Julián O 6 B 13
San Julián C 12 D 2
San Julián J 81 R 17
San Julián MU 97 T 27
San Julián de Banzo HU 21 F 28
San Julián de Sales / San Xulian de Sales C 13 D 4
San Just (Ermita de) TE 49 J 27
San Just (Puerto de) TE 49 J 27
San Just (Sierra de) TE 49 J 27
San Justo ZA 14 F 10
San Justo de Cabanillas LE 15 D 10
San Justo de la Vega LE 15 E 11
San Leandro SE 91 U 12
San Leonardo de Yagüe SO 32 G 20
San Llorente VA 31 G 17
San Llorente de la Vega BU 17 E 17
San Llorente del Páramo P 16 E 15
San Lorenzo ZA 29 G 12
San Lorenzo HU 35 G 29
San Lorenzo LO 18 F 21
San Lorenzo Gran Canaria GC 115 F 2
San Lorenzo (Ermita de) TE 48 J 26
San Lorenzo (Ermita de) GU 48 K 24
San Lorenzo de Calatrava CR 82 Q 18
San Lorenzo de El Escorial M 45 K 17
San Lorenzo de la Parrilla CU 60 M 22
San Lorenzo de Tormes AV 44 K 13
San Lourenzo OR 28 G 8
San Luis Tenerife TF 124 H 2
San Luis de Sabinillas MA 99 W 14
San Mamed ZA 29 G 10
San Mamed cerca de Viana do Bolo OR 14 F 8
San Mamede C 3 B 6
San Mamede cerca de Xinzo OR 27 F 6
San Mamés BU 17 E 18
San Mamés M 46 J 18
San Mamés de Abar BU 17 D 17
San Mamés de Campos P 17 E 16
San Mamés de Meruelo S 8 B 19
San Marcial ZA 29 H 12
San Marco C 3 C 5
San Marcos C 3 B 5
San Marcos CA 98 W 11
San Marcos CC 56 M 13
San Marcos NA 19 E 24
San Marcos (Ermita de) cerca de Alustante GU 48 K 24
San Marcos (Ermita de) cerca de Tordesilos GU 48 J 25
San Martín HU 22 E 31
San Martín BU 18 D 18
San Martín NA 19 D 23
San Martín O 5 C 11
San Martín AV 44 J 15
San Martín de Boniches CU 61 M 25
San Martín de Castañeda ZA 14 F 9
San Martín de Don BU 18 D 20
San Martín de Elines S 17 D 18
San Martín de Galvarín BU 19 D 21
San Martín de la Falamosa LE 15 D 12

San Martín de la Tercia LE 15 D 12
San Martín de la Vega M 58 L 19
San Martín de la Vega del Alberche AV 44 K 14
San Martín de la Virgen de Moncayo Z 34 G 24
San Martín de los Herreros P 17 D 16
San Martín de Luiña O 5 B 11
San Martín de Mondoñedo LU 4 B 8
San Martín de Montalbán TO 57 M 16
San Martín de Moreda LE 14 D 9
San Martín de Oscos O 4 C 9
San Martín de Pusa TO 57 M 16
San Martín de Rubiales BU 31 H 18
San Martín de Tábara ZA 29 G 12
San Martín de Torres LE 15 F 12
San Martín de Trevejo CC 55 L 9
San Martín de Unx NA 20 E 25
San Martín de Valdeiglesias M 45 K 16
San Martín de Valderaduey ZA 30 G 13
San Martín de Valvení VA 31 G 16
San Martín del Camino LE 15 E 12
San Martín del Castañar SA 43 K 11
San Martín del Monte P 17 E 16
San Martín del Pedreso ZA 29 G 10
San Martín del Pimpollar AV 44 K 14
San Martín del Río TE 48 I 25
San Martín del Rojo BU 18 D 18
San Martín del Tesorillo CA 99 W 14
San Martín del Valledor O 4 C 9
San Martín y Mudrián SG 31 I 17
San Martiño *cerca de Castro Caldelas* OR 14 E 7
San Martiño *cerca de Cualedro* OR 27 G 7
San Martiño (Isla de) PO 12 F 3
San Martzial SS 10 C 24
San Mateo de Gállego Z 35 G 27
San Mauro C 3 C 5
San Medel SA 43 K 12
San Miguel HU 36 G 30
San Miguel S 7 C 18
San Miguel M 58 L 19
San Miguel Z 34 H 26
San Miguel O 5 C 12
San Miguel OR 14 F 8
San Miguel J 83 S 20
San Miguel *Tenerife* TF 128 E 5
San Miguel (Ermita de) CU 47 K 22
San Miguel (Ermita de) *cerca de la Virgen de la Vega* TE 49 K 28
San Miguel (Ermita de) *cerca de Orrios* TE 61 K 27
San Miguel (Ermita de) *cerca de Valderrobres* TE 50 J 30
San Miguel de Aguayo S 7 C 17
San Miguel de Aralar (Santuario de) NA 10 D 24
San Miguel de Aras S 8 C 19
San Miguel de Bernuy SG 31 H 18
San Miguel de Corneja AV 44 K 14
San Miguel de Escalada LE 16 E 14
San Miguel de Foces HU 21 F 29
San Miguel de la Dueñas LE 15 E 10
San Miguel de la Puebla CS 49 K 29
San Miguel de la Ribera ZA 30 I 13
San Miguel de Lillo O 5 B 12
San Miguel de Meruelo S 8 B 19
San Miguel de Montañán LE 16 F 14
San Miguel de Pedroso BU 18 E 20
San Miguel de Serrezuela AV 44 J 14
San Miguel de Tajao *Tenerife* TF 129 G 5
San Miguel de Valero SA 43 K 12
San Miguel del Arroyo VA 31 H 16
San Miguel del Camino LE 15 E 12
San Miguel del Pino VA 30 H 15
San Miguel del Valle ZA 30 F 13
San Millán BU 18 D 20
San Millán OR 27 G 7
San Millán (Monte) BU 18 F 20
San Millán de Juarros BU 18 F 19
San Millán de la Cogolla LO 18 F 21
San Millán de Lara BU 18 F 19
San Millán de los Caballeros LE 16 F 13
San Millán de Yécora LO 18 E 20
San Morales SA 44 J 13
San Muñoz SA 43 J 11
San Nicolás *La Palma* TF 132 C 5
San Nicolás del Puerto SE 80 S 13
San Pablo SE 92 T 12
San Pablo de Buceite CA 99 W 13
San Pablo de la Moraleja VA 44 I 15
San Pablo de los Montes TO 58 N 17
San Paio OR 27 G 6
San Pantaleón de Losa BU 18 D 20
San Pascual AV 44 J 15
San Payo LU 4 C 7
San Pedro S 8 C 19
San Pedro P 17 D 16
San Pedro LU 14 D 8
San Pedro PO 13 E 5
San Pedro CC 54 N 8
San Pedro AL 103 V 24
San Pedro *cerca de Grado* O 5 B 11
San Pedro *cerca de Oviedo* O 5 B 12
San Pedro *cerca de Parres* O 6 B 14
San Pedro *cerca de Segovia* SG 45 I 17
San Pedro (Embalse de) OR 13 E 6
San Pedro (Ermita de) LU 4 C 8
San Pedro (Puerto de) MU 85 S 27
San Pedro (Sierra de) CC 67 O 10
San Pedro (Torrico de) CC 55 N 9
San Pedro Bercianos LE 15 E 12
San Pedro Cansoles P 16 D 15
San Pedro de Alcantara AV 57 L 14
San Pedro de Alcántara MA 100 W 15
San Pedro de Arlanza (Ermita) BU 32 F 19
San Pedro de Cardeña BU 18 F 19
San Pedro de Ceque ZA 29 F 11
San Pedro de Gaíllos SG 31 I 18
San Pedro de la Nave ZA 29 H 12
San Pedro de la Viña ZA 15 F 11
San Pedro de las Herrerías ZA 29 G 10
San Pedro de Latarce VA 30 G 14
San Pedro de Mérida BA 67 P 11
San Pedro de Olleros LE 14 D 9
San Pedro de Paradela LE 15 D 10
San Pedro de Rozados SA 43 J 12
San Pedro de Rudaguera S 7 B 17
San Pedro de Valderaduey LE 16 E 15
San Pedro de Viveiro LU 4 B 7
San Pedro de Zamudia ZA 29 G 12
San Pedro del Arroyo AV 44 J 15
San Pedro del Pinatar MU 85 S 27
San Pedro del Romeral S 7 C 18
San Pedro del Valle SA 43 I 12
San Pedro Manrique SO 33 F 23
San Pedro Palmiches CU 47 K 22
San Pedro Samuel BU 17 E 18
San Pelayo BU 8 C 19
San Pelayo VA 30 G 14
San Pelayo BI 9 B 21
San Pelayo de Guareña SA 43 I 12
San Quintín CR 70 P 17
San Quirce de Riopisuerga P 17 E 17
San Rafael SG 45 J 17
San Rafael CA 92 V 12
San Rafael de Navallana (Embalse de) CO 81 S 16
San Rafael de Olivenza BA 66 P 8
San Ramón M 45 K 16
San Ramón C 3 B 5
San Román S 7 B 18
San Román ZA 29 F 12
San Román *cerca de Bembibre* LE 15 E 10
San Román *cerca de Piloña* O 6 B 14
San Román *cerca de Portomarín* LU 14 D 7
San Román *cerca de Pravia* O 5 B 11
San Román *cerca de Santas Martas* LE 16 E 13
San Román Cervantes LU 14 D 8
San Román de Basa HU 21 E 29
San Román de Cameros LO 19 F 22
San Román de Campezo VI 19 D 22
San Román de Castro HU 22 F 30
San Román de Hornija VA 30 H 14
San Román de la Cuba P 16 F 15
San Román de la Vega LE 15 E 11
San Román de los Caballeros LE 15 E 12
San Román de los Infantes ZA 29 H 12
San Román de los Montes TO 57 L 15
San Román de San Millán VI 19 D 22
San Roque O 7 B 15
San Roque C 2 C 3
San Roque OR 13 F 5
San Roque CA 99 X 13
San Roque (Ermita de) TE 61 L 26
San Roque (Ermita de) *cerca de Alustante* GU 48 K 25
San Roque (Ermita de) *cerca de la Yunta* GU 48 J 24
San Roque de Riomiera S 8 C 18
San Roque del Acebal O 6 B 15
San Roque Torre Guadiaro CA 99 X 14
San Sadurniño C 3 B 5
San Salvador VA 30 H 14
San Salvador LU 3 C 6
San Salvador *cerca de Teverga* O 5 C 11
San Salvador de Cantamuda P 17 D 16
San Salvador de Meis PO 12 E 3
San Salvador de Poyo PO 12 E 3
San Salvador del Valledor *cerca de Negueira* O 4 C 9
San Saturio (Ermita de) SO 33 G 22
San Sebastián PO 13 D 4
San Sebastián (Castillo de) CA 98 W 11
San Sebastián (Embalse de) ZA 14 F 9
San Sebastián (Ermita de) Z 34 G 25
San Sebastián (Ermita de) BA 69 P 14
San Sebastián de Garabandal S 7 C 16
San Sebastián de la Gomera *La Gomera* TF 119 D 2
San Sebastián de los Ballesteros CO 81 T 15
San Sebastián de los Reyes M 46 K 19
San Segundo (Ermita de) GU 48 J 24
San Serván BA 67 P 10
San Silvestre de Guzmán H 90 T 7
San Telmo H 78 S 9
San Telmo (Parador) *Tui* PO 12 F 4
San Tirso LE 14 E 9
San Tirso *cerca de Oviedo* O 5 C 12
San Tirso *cerca de Pravia* O 5 B 11
San Torcuato LO 18 E 21
San Urbez (Santuario de) HU 21 F 29
San Vicente NA 11 D 26
San Vicente OR 14 E 8
San Vicente SA 44 J 13
San Vicente de Alcántara BA 54 N 8
San Vicente de Arévalo AV 44 J 15
San Vicente de la Barquera S 7 B 16
San Vicente de la Sonsierra LO 19 E 21
San Vicente de León S 7 C 17
San Vicente de Robres LO 19 F 23
San Vicente de Toranzo S 7 C 18
San Vicente del Grove PO 12 E 3
San Vicente del Mar PO 12 E 3
San Vicente del Monte S 7 C 17
San Vicente del Palacio VA 30 I 15
San Vicente Ferrer SE 91 U 11
San Vicentejo BU 19 D 21
San Victorian (Monasterio de) HU 22 E 30
San Vincente de la Cabeza ZA 29 G 11
San Vincente del Valle BU 18 E 20
San Vitero ZA 29 G 10
San Xulian de Sales / San Julián de Sales C 13 D 4
San Xurxo de Piquín LU 4 C 8
San Zadornil BU 18 D 20
Sanabria (Lago de) ZA 14 F 9
Sanabria (Valle de) ZA 14 F 9
Sanatorio de Abona *Tenerife* TF 129 G 4
Sanaüja L 37 G 33
Sancedo LE 14 E 10
Sanchicorto AV 44 K 15
Sanchidrián AV 45 J 16
Sancho (Embalse de) H 90 T 8
Sancho Abarca Z 34 G 26
Sancho Abarca (Monte) Z 20 F 26
Sancho Leza (Collado de) LO 19 F 22
Sanchogómez SA 43 J 12
Sanchón de la Ribera SA 43 I 10
Sanchón de la Sagrada SA 43 J 11
Sanchonuño SG 31 I 17
Sanchorreja AV 44 K 15
Sanchotello SA 43 K 12
Sancti Petri CA 98 W 11
Sancti Petri (Isla) CA 98 W 11
Sancti-Spíritus SA 43 J 10
Sancti Spíritus BA 69 P 14
Sandamías O 5 B 11
Sande OR 13 F 5
Sandiás OR 13 F 6
Sandín ZA 29 G 10
Sandinies HU 21 D 29
Sando SA 43 J 11
Sandoval de la Reina BU 17 E 17
Sanet y Negrals A 74 P 29
Sangarcía SG 45 J 16
Sangarrén HU 21 F 28
Sangenjo / Sanxenxo PO 12 E 3
Sangonera la Verde MU 85 S 26
Sangüesa / Zangoza NA 20 E 26
Sanlúcar de Barrameda CA 91 V 10
Sanlúcar de Guadiana H 90 T 7
Sanlúcar la Mayor SE 91 T 11
Sansoáin *cerca de Lumbier* NA 11 D 26
Sansoáin *cerca de Taffala* NA 20 E 25
Sansol NA 19 E 23
Sansomain NA 20 E 25
Sant Adrià de Besòs B 38 H 36
Sant Agustí *Ibiza* IB 87 P 33
Sant Agustí de Lluçanès B 24 F 36
Sant Andreu L 23 E 33
Sant Andreu de la Barca B 38 H 35
Sant Andreu de Llavaneres B 38 H 37
Sant Andreu Salou GI 25 G 38
Sant Aniol GI 24 F 37
Sant Aniol de Finestres GI 24 F 37
Sant Antolí i Vilanova L 37 H 34
Sant Antoni (Cap de) A 75 P 30
Sant Antoni (Ermita de) A 74 P 28
Sant Antoni (Pantà de) L 23 F 32
Sant Antoni de Calonge GI 25 G 39
Sant Antoni de Portmany / San Antonio de Portmany IB 87 P 33
Sant Bartolomeu del Grau B 38 G 36
Sant Bartomeu d'Almisdrà A 85 R 27
Sant Bernabé de les Tenes GI 24 F 36
Sant Boi B 38 H 36
Sant Boi de Lluçanès B 24 F 36
Sant Carles *Ibiza* IB 87 O 34
Sant Carles de la Ràpita T 50 K 31
Sant Cebrià de Vallalta B 38 H 37
Sant Celoni B 38 G 37
Sant Cerni L 23 F 32
Sant Climent *Menorca* IB 106 M 42
Sant Climent de Llobregat B 38 H 35
Sant Climent Sescebes GI 25 E 38
Sant Cristòfol V 74 O 28
Sant Cugat del Vallès B 38 H 36
Sant Doménec V 62 N 28
Sant Elm *Mallorca* IB 104 N 37
Sant Esperit (Monestir) V 62 M 28
Sant Esteve de la Sarga L 22 F 32
Sant Esteve de Palautordera B 38 G 37
Sant Esteve d'En Bas GI 24 F 37
Sant Esteve Sesrovires B 38 H 35
Sant Felip de Neri A 85 R 27
Sant Feliu B 38 H 36
Sant Feliu de Boada GI 25 G 39
Sant Feliu de Buixalleu GI 38 G 37
Sant Feliu de Codines B 38 G 36
Sant Feliu de Guíxols / San Feliú de Guixols GI 39 G 39
Sant Feliu de Pallerols GI 24 F 37
Sant Feliu del Racó B 38 H 36
Sant Feliu Sasserra B 38 G 36
Sant Ferran *Formentera* IB 87 P 34
Sant Francesc IB 87 P 34
Sant Francesc de s'Estany IB 87 P 34
Sant Fruitós de Bages B 38 G 35
Sant Genís B 39 H 38
Sant Gerard V 62 N 28
Sant Grau GI 39 G 38
Sant Gregori GI 24 G 38
Sant Gregori (Mont) GI 24 G 37
Sant Guim de Freixenet L 37 H 34
Sant Guim de la Plana L 37 G 33
Sant Hilari Sacalm GI 24 G 37
Sant Hipòlit de Voltregà B 24 F 36
Sant Iscle de Vallalta B 38 H 37
Sant Isidre V 62 N 28
Sant Isidre d'Albatera A 85 R 27
Sant Jaume (Ermita de) V 74 P 28
Sant Jaume de Frontanyà B 24 F 36
Sant Jaume de Llierca GI 24 F 37
Sant Jaume dels Domenys T 37 I 34
Sant Jaume d'Enveja T 50 J 32
Sant Jeroni B 38 H 35
Sant Jeroni (Convent de) V 74 P 29
Sant Joan IB 105 N 39
Sant Joan (Banyos de) IB 105 N 39
Sant Joan d'Alacant A 86 Q 28
Sant Joan de Labritja IB 87 O 34
Sant Joan de l'Erm L 23 E 33
Sant Joan de les Abadesses GI 24 F 36
Sant Joan de Mollet GI 25 F 38
Sant Joan de Moró CS 62 L 29
Sant Joan de Penyagolosa CS 62 L 28
Sant Joan de Vilatorrada B 38 G 35
Sant Joan de Vinyafrescal L 23 F 32
Sant Joan Fumat L 23 E 34
Sant Joan les Fonts GI 24 F 37
Sant Joaquim CS 49 J 29
Sant Jordi A 74 Q 29
Sant Jordi *Ibiza* IB 87 P 34
Sant Jordi *Mallorca* IB 104 N 38
Sant Jordi / San Jorge CS 50 K 30
Sant Jordi (Golf de) T 51 J 32
Sant Jordi d'Alfama T 51 J 32
Sant Jordi Desvalls GI 25 F 38
Sant Josep *Ibiza* IB 87 P 33
Sant Josep (Grutes de) CS 62 M 29
Sant Julià GI 24 F 37
Sant Julià de Cerdanyola B 24 F 35
Sant Julià de Vilatorta B 38 G 36
Sant Llorenç GI 25 G 38
Sant Llorenç *Ibiza* IB 87 O 34
Sant Llorenç de la Muga GI 25 F 38
Sant Llorenç de Montgai L 36 G 32
Sant Llorenç de Morunys L 23 F 34
Sant Llorenç del Munt B 38 H 36
Sant Llorenç del Munt (Parc natural de) B 38 G 35
Sant Llorenç des Cardassar IB 105 N 39
Sant Llorenç d'Hortons B 38 H 35
Sant Llorenç Savall B 38 G 36
Sant Lluís IB 106 M 42
Sant Magí (Santuari) T 37 H 34
Sant Marçal (Ermita) B 38 G 37
Sant Martí (Cap de) A 75 P 30
Sant Martí d'Albars B 24 F 36
Sant Martí de Barcedana L 23 F 32
Sant Martí de Centelles B 38 G 36
Sant Martí de Llémena GI 24 F 37
Sant Martí de Ogassa GI 24 F 36
Sant Martí de Riucorb L 37 H 33
Sant Martí de Surroca GI 24 F 36
Sant Martí de Torroella B 38 G 35
Sant Martí de Tous B 37 H 34
Sant Martí Sacalm GI 24 F 37
Sant Martí Sapresa GI 24 G 37
Sant Martí Sarroca B 37 H 34
Sant Martí Sescorts B 24 F 36
Sant Martí Sesgueioles B 37 G 34
Sant Martí Sesserres GI 25 F 38
Sant Martí Vell GI 25 F 38
Sant Mateu GI 25 G 38
Sant Mateu *Castelló* CS 50 K 30
Sant Mateu *Ibiza* IB 87 O 34
Sant Mateu de Bages B 37 G 35
Sant Maurici B 24 F 35
Sant Maurici (Estany de) L 23 E 32
Sant Miquel de Salinas A 85 S 27
Sant Miquel *Ibiza* IB 87 O 34
Sant Miquel *Mallorca* IB 105 N 39
Sant Miquel (Ermita de) *Castelló* CS 63 L 30
Sant Miquel de Campmajor GI 24 F 38
Sant Miquel de Cladells GI 24 G 37
Sant Miquel de Fluvià GI 25 F 38
Sant Miquel de la Pobla V 61 L 26
Sant Miquel de la Pobla CS 49 K 29

Sant Miquel del Fai B 38 G 36
Sant Mori GI 25 F 38
Sant Nicolau L 22 E 32
Sant Pasqual (Ermita de) A 86 Q 28
Sant Pau CS 50 K 29
Sant Pau de Segúries GI 24 F 37
Sant Pau d'Ordal B 38 H 35
Sant Pere de Casserres B 24 G 37
Sant Pere de Ribes B 38 I 35
Sant Pere de Riudebitlles B 37 H 35
Sant Pere de Rodes (Monestir de) GI 25 F 39
Sant Pere de Torelló B 24 F 36
Sant Pere de Vilamajor B 38 G 37
Sant Pere Despuig GI 24 F 37
Sant Pere i Sant Pau T 51 I 33
Sant Pere Pescador GI 25 F 39
Sant Pere Sallavinera B 37 G 34
Sant Pol de Mar B 38 H 37
Sant Ponç (Pantà de) L 37 G 34
Sant Privat d'En Bas GI 24 F 37
Sant Quintí de Mediona B 37 H 34
Sant Quirze B 38 H 36
Sant Quirze de Besora B 24 F 36
Sant Quirze de Pedret B 24 F 35
Sant Quirze Safaja B 38 G 36
Sant Rafael A 74 Q 29
Sant Rafel A 74 P 28
Sant Rafel Ibiza IB 87 P 34
Sant Rafel del Riu CS 50 K 31
Sant Ramon L 37 G 34
Sant Romà d'Abella L 23 F 33
Sant Sadurní d'Anoia B 38 H 35
Sant Sadurní de l'Heura GI 25 G 38
Sant Sadurní d'Osormort B 24 G 37
Sant Salvador T 37 I 34
Sant Salvador (Monestir) Mallorca IB 105 N 39
Sant Salvador (Monte) GI 25 F 39
Sant Salvador de Bianya GI 24 F 37
Sant Salvador de Guardiola B 37 G 35
Sant Salvador de Toló L 23 F 33
Sant Sebastià (Cap de) GI 25 G 39
Sant Sebastià (Ermita de) V 74 P 27
Sant Sebastià de Montmajor B 38 H 36
Sant Tomàs IB 106 M 42
Sant Vicenç de Castellet B 38 G 35
Sant Vicenç de Montalt B 38 H 37
Sant Vicenç de Torelló B 24 F 36
Sant Vicenç dels Horts B 38 H 36
Sant Vicent Castelló CS 62 L 28
Sant Vicent Ibiza IB 87 O 34
Sant Vicent (Ermita de) V 62 N 28
Sant Vicent (Ermita de) A 86 R 28
Sant Vicent del Raspeig A 86 Q 28
Santa (Cova) IB 87 P 33
Santa (La) LO 19 F 22
Santa (La) Lanzarote GC 122 C 3
Santa (Monasterio La) MU 85 S 25
Santa Afra GI 24 F 38
Santa Àgata Castelló CS 50 K 30
Santa Agnès Ibiza IB 87 O 34
Santa Agnès de Malanyanes B 38 H 37
Santa Agueda Menorca IB 106 L 42
Santa Agueda (Ermita de) H 91 T 10
Santa Amalia BA 68 O 11
Santa Ana O 6 C 13
Santa Ana ZA 29 G 10
Santa Ana TO 58 L 17
Santa Ana MU 85 S 26
Santa Ana J 94 T 18
Santa Ana CC 68 O 12
Santa Ana cerca de Albacete AB 72 P 24
Santa Ana cerca de Alcadozo AB 72 P 23
Santa Ana (Ermita de) CC 68 O 12
Santa Ana (Ermita de) cerca de Alfambra TE 48 K 26
Santa Ana (Ermita de) cerca de Rubielos de la Cérida GU 48 J 26
Santa Ana (Monasterio de) MU 85 Q 26
Santa Ana (Sierra) MU 85 Q 26
Santa Ana de Abajo AB 72 P 24
Santa Ana de Arriba AB 72 P 23
Santa Ana de Pusa TO 57 M 15
Santa Ana la Real H 79 S 9
Santa Anastasia Z 20 F 26
Santa Anna (Pantà de) L 36 G 31
Santa Bárbara T 50 J 31
Santa Bárbara O 6 C 13
Santa Bárbara AL 96 T 24
Santa Bárbara CC 56 L 11
Santa Bárbara NA 20 D 27
Santa Bárbara (Alto de) HU 21 E 27
Santa Bárbara (Ermita de) GI 24 G 37
Santa Bárbara (Ermita de) HU 21 E 27
Santa Bárbara (Ermita de) CU 47 L 22
Santa Bárbara (Ermita de) cerca de Alcañiz TE 50 J 29
Santa Bárbara (Ermita de) cerca de Calamocha TE 48 J 25
Santa Bárbara (Ermita de) cerca de Camarena de la Sierra TE 61 L 26
Santa Bárbara (Ermita de) cerca de Celadas TE 49 K 26
Santa Bárbara (Ermita de) cerca de Perales del Alfambra TE 48 K 26
Santa Bárbara (Ermita de) cerca de Teruel TE 48 K 26
Santa Bárbara (Ermita de) cerca de Villalba Baja TE 49 K 26
Santa Bárbara (Monte) GR 95 T 21
Santa Bárbara de Casa H 78 S 8
Santa Brígida Gran Canaria GC 115 F 2
Santa Brígida (Ermita de) CR 70 P 17
Santa Casilda (Santuario de) BU 18 E 19
Santa Catalina C 2 C 3
Santa Catalina TO 58 M 17
Santa Catalina J 82 S 18
Santa Catalina SE 92 T 12
Santa Catalina (Ermita de) V 61 M 26
Santa Cecilia BU 31 F 18
Santa Cecilia SO 33 F 22
Santa Cecília (Ermita) B 38 H 35
Santa Cecília de Voltregà B 38 G 36
Santa Cecilia del Alcor P 31 G 16
Santa Cilia HU 21 F 29
Santa Cilia de Jaca HU 21 E 27
Santa Clara CR 69 P 16
Santa Clara CO 69 Q 14
Santa Clara de Avedillo ZA 29 H 12
Santa Coloma LO 19 E 22
Santa Coloma de Farners GI 24 G 38
Santa Coloma de Queralt T 37 H 34
Santa Colomba de Curueño LE 16 D 13
Santa Colomba de la Carabias ZA 30 F 13
Santa Colomba de las Monjas ZA 29 G 12
Santa Colomba de Somoza LE 15 E 11
Santa Comba C 2 C 3
Santa Comba LU 4 D 7
Santa Comba de Bande OR 27 G 6
Santa Cova B 38 H 35
Santa Cristina CU 47 K 23
Santa Cristina (Ermita de) GI 39 G 38
Santa Cristina d'Aro GI 25 G 39
Santa Cristina de la Polvorosa ZA 29 F 12
Santa Cristina de Lena O 5 C 12
Santa Cristina de Valmadrigal LE 16 E 14
Santa Croya de Tera ZA 29 G 12
Santa Cruz SG 32 I 18
Santa Cruz BI 8 C 20
Santa Cruz O 5 B 12
Santa Cruz CO 81 S 16
Santa Cruz MU 85 R 26
Santa Cruz cerca de A Coruña C 3 B 4
Santa Cruz cerca de Espiñaredo C 3 B 6
Santa Cruz (Ermita de) TE 49 K 27
Santa Cruz (Sierra de) CC 68 O 12
Santa Cruz de Abranes ZA 28 G 9
Santa Cruz de Bezana S 7 B 18
Santa Cruz de Boedo P 17 E 16
Santa Cruz de Campezo VI 19 D 22
Santa Cruz de Grío Z 34 H 25
Santa Cruz de Juarros BU 18 F 19
Santa Cruz de la Palma La Palma TF 131 D 4
Santa Cruz de la Salceda BU 32 H 19
Santa Cruz de la Serós HU 21 E 27
Santa Cruz de la Sierra CC 68 N 12
Santa Cruz de la Zarza TO 59 M 20
Santa Cruz de los Cañamos CR 71 Q 21
Santa Cruz de Marchena AL 95 U 22
Santa Cruz de Mieres O 5 C 12
Santa Cruz de Moncayo Z 34 G 24
Santa Cruz de Moya CU 61 M 26
Santa Cruz de Mudela CR 70 Q 19
Santa Cruz de Nogueras TE 48 I 26
Santa Cruz de Paniagua CC 55 L 11
Santa Cruz de Pinares AV 45 K 16
Santa Cruz de Tenerife Tenerife TF 125 J 2
Santa Cruz de Yanguas SO 33 F 22
Santa Cruz del Comercio GR 94 U 18
Santa Cruz del Monte P 17 E 16
Santa Cruz del Retamar TO 58 L 17
Santa Cruz del Tozo BU 17 E 18
Santa Cruz del Valle AV 57 L 15
Santa Cruz del Valle Urbión BU 18 F 20
Santa Elena HU 21 D 29
Santa Elena J 82 Q 19
Santa Elena (Ermita de) TE 61 L 26
Santa Elena (Monasterio de) HU 21 E 29
Santa Elena de Jamuz LE 15 F 12
Santa Emilia TO 57 M 15
Santa Engracia Z 34 G 26
Santa Engracia HU 21 E 27
Santa Engracia del Jubera LO 19 F 23
Santa Eufemia CO 69 Q 15
Santa Eufemia del Arroyo VA 30 G 14
Santa Eufemia del Barco ZA 29 G 12
Santa Eugenia C 12 E 3
Santa Eugènia Mallorca IB 104 N 38
Santa Eugènia de Berga B 38 G 36
Santa Eulalia S 7 C 16
Santa Eulalia TE 48 K 26
Santa Eulalia ZA 29 F 11
Santa Eulalia J 82 R 19
Santa Eulalia Cabranes O 6 B 13
Santa Eulalia Morcín O 5 C 12
Santa Eulalia (Ermita de) H 79 S 10
Santa Eulalia Bajera LO 19 F 23
Santa Eulalia de Bóveda LU 3 D 6
Santa Eulalia de Cabrera LE 15 F 10
Santa Eulalia de Gállego Z 21 F 27
Santa Eulalia de la Peña HU 21 F 28
Santa Eulalia de Oscos O 4 C 8
Santa Eulàlia de Puig-oriol B 24 F 36
Santa Eulàlia de Riuprimer B 38 G 36
Santa Eulàlia de Ronçana B 38 H 36
Santa Eulalia de Tábara ZA 29 G 12
Santa Eulalia del Río / Santa Eulària des Riu IB 87 P 34
Santa Eulalia La Mayor HU 21 F 29
Santa Eulària des Riu / Santa Eulalia del Río IB 87 P 34
Santa Euxea LU 13 D 7
Santa Faç A 86 Q 28
Santa Fe L 37 G 34
Santa Fe GR 94 U 18
Santa Fe (Pantà de) B 38 G 37
Santa Fe de Mondújar AL 103 V 22
Santa Filomena (Ermita de) A 85 R 27
Santa Gadea BU 17 D 18
Santa Gadea del Cid BU 18 D 20
Santa Genoveva SE 92 T 12
Santa Gertrudis IB 87 P 34
Santa Iglesia SE 92 T 13
Santa Inés BU 32 F 18
Santa Inés SA 44 J 13
Santa Inés BA 68 Q 13
Santa Inés (Puerto de) SO 33 F 21
Santa Isabel Z 35 H 27
Santa Juliana SE 92 T 13
Santa Lecina HU 36 G 30
Santa Liestra y San Quilez HU 22 F 31
Santa Linya L 36 G 32
Santa Lucia LO 19 F 23
Santa Lucía PO 12 E 4
Santa Lucía Gran Canaria GC 117 E 3
Santa Lucía (Ermita de) TE 48 K 25
Santa Lucía de Valdueza LE 14 E 10
Santa Magdalena IB 104 M 38
Santa Magdalena (Ermita de) T 50 J 31
Santa Magdalena de Pulpís CS 50 K 30
Santa Margalida Mallorca IB 105 M 39
Santa Margarida GI 25 F 39
Santa Margarida de Montbui B 37 H 34
Santa Margarida i els Monjós B 37 I 35
Santa Margarita CA 99 X 14
Santa Margarita (Ermita de) TE 61 M 27
Santa Margarita (Portillo de) 20 F 25
Santa María HU 21 E 27
Santa María O 5 B 12
Santa María CR 71 P 21
Santa María BA 67 P 10
Santa María P 17 D 16
Santa María cerca de Luciana CR 69 O 16
Santa María (Ermita de) SG 31 I 17
Santa María (Sierra de) BA 67 Q 9
Santa María de Bellpuig L 36 G 32
Santa María de Bendones O 5 B 12
Santa María de Besora B 24 F 36
Santa María de Cayón S 7 C 18
Santa María de Corcó B 24 F 37
Santa María de Guía Gran Canaria GC 114 D 1
Santa María de Huerta SO 33 I 23
Santa María de la Alameda M 45 K 17
Santa María de la Isla LE 15 E 12
Santa María de la Vega ZA 15 F 12
Santa María de las Hoyas SO 32 G 20
Santa María de las Lomas CC 56 L 13
Santa María de Llorell GI 39 G 38
Santa María de los Caballeros AV 44 K 13
Santa María de los Llanos CU 59 N 21
Santa María de Mave P 17 D 17
Santa María de Meià L 37 G 32
Santa María de Mercadillo BU 32 G 19
Santa María de Merlès B 24 F 35
Santa María de Mezonzo C 3 C 5
Santa María de Miralles B 37 H 34
Santa María de Nieva AL 96 T 24
Santa María de Ordás LE 15 D 12
Santa María de Palautordera B 38 G 37
Santa María de Redondo P 17 D 16
Santa María de Riaza SG 32 H 19
Santa María de Sando SA 43 J 11
Santa María de Siones BU 8 C 20
Santa María de Tentudía (Santuario de) BA 79 R 10
Santa María de Trassierra CO 81 S 15
Santa María de Valverde ZA 29 G 12
Santa María de Zújar (Ermita de) BA 68 P 12
Santa María del Águila AL 102 V 21
Santa María del Arroyo AV 44 K 15
Santa María del Berrocal AV 44 K 13
Santa María del Camí B 37 H 34
Santa María del Camí Mallorca IB 104 N 38
Santa María del Campo BU 17 F 18
Santa María del Campo Rus CU 60 N 22
Santa María del Cerro SG 46 I 18
Santa María del Cubillo AV 45 J 16
Santa María del Espino GU 47 J 23
Santa María del Invierno BU 18 E 19
Santa María del Mar O 5 B 11
Santa María del Monte de Cea LE 16 E 14
Santa María del Monte del Condado LE 16 D 13
Santa María del Páramo LE 15 E 12
Santa María del Prado SO 33 H 22
Santa María del Puerto O 5 C 11
Santa María del Río LE 16 E 14
Santa María del Tietar AV 57 L 16
Santa María del Val CU 47 K 23
Santa María d'Oló B 38 G 36
Santa María la Real de Nieva SG 45 I 16
Santa María La Real de Oseira (Monasterio) OR 13 E 6
Santa María Magdalena A 85 Q 27
Santa María-Ribarredonda BU 18 E 20
Santa Marina O 5 C 12
Santa Marina LE 15 E 10
Santa Marina PO 12 D 4
Santa Marina LO 19 F 22
Santa Marina de Somoza LE 15 E 11
Santa Marina de Valdeón LE 6 C 15
Santa Marina del Rey LE 15 E 12
Santa Mariña C 2 C 3
Santa Mariña de Augas Santas OR 13 F 6
Santa Marta AB 72 O 23
Santa Marta BA 67 Q 10
Santa Marta MA 100 W 14
Santa Marta de Magasca CC 56 N 11
Santa Marta de Ortigueira (Ría de) C 3 A 6
Santa Marta de Tera ZA 29 G 12
Santa Marta de Tormes SA 43 J 13
Santa Olaja BU 8 C 20
Santa Olaja LE 16 D 14
Santa Olaja de la Varga LE 16 D 14
Santa Olaja de la Vega P 16 E 15
Santa Olalla TO 57 L 16
Santa Olalla (Sierra de) CC 55 L 9
Santa Olalla de Bureba BU 18 E 19
Santa Olalla de Yeltes SA 43 J 11
Santa Olalla del Cala H 79 S 11
Santa Oliva T 37 I 34
Santa Pau GI 24 F 37
Santa Paula TO 57 M 15
Santa Pelada (Ermita de la) CR 70 P 19
Santa Pellaia GI 25 G 38
Santa Perpètua T 37 H 34
Santa Perpètua B 38 H 36
Santa Pola A 86 R 28
Santa Pola (Cap de) A 86 R 28
Santa Pola de l'Est A 86 R 28
Santa Ponça IB 104 N 37
Santa Quiteria CR 69 O 16
Santa Quiteria TO 57 N 15
Santa Quiteria (Ermita de) TE 49 K 27
Santa Quiteria (Ermita de) GU 48 K 24
Santa Rita AB 71 P 21
Santa Rosa O 5 C 12
Santa Rosa (Casa de) AB 73 P 26
Santa Rosalia MU 85 S 27
Santa Rosalía MA 100 V 16
Santa Sabiña C 2 C 3
Santa Susanna B 38 H 38
Santa Tecla PO 26 G 3
Santa Teresa SA 44 J 13
Santa Teresa CA 98 W 11
Santa Teresa (Embalse de) SA 43 K 13
Santa Teresa (Ermita) MU 84 S 24
Santa Úrsula Tenerife TF 124 G 2
Santaballa LU 3 C 6
Santacara NA 20 E 25
Santaella CO 93 T 15
Santalavilla LE 14 E 10
Santamera GU 47 I 21
Santander S 8 B 18
Santandria IB 106 M 41
Santanyí IB 105 N 39
Santaolalla GR 95 T 21
Santas (Las) OR 13 E 5
Santas Martas LE 16 E 13
Santaya C 3 C 5
Sante O 4 B 9
Sante LU 4 B 8
Santed Z 48 I 25
Santed (Puerto de) Z 48 I 25
Santeles PO 13 D 4
Santelices BU 18 D 18
Santervás SO 32 G 20
Santervás de Campos VA 16 F 14
Santervás de la Vega P 16 E 15
Santes Creus T 37 G 33
Santes Creus (Monestir) T 37 H 34
Santesteban / Doneztebe NA 11 C 24
Santi Petri MA 100 V 16
Santiago J 82 S 17
Santiago CC 54 N 8
Santiago (Ermita de) CR 70 P 19

Santiago (Sierra de) BA 67 O 9
Santiago de Alcántara CC 54 N 8
Santiago de Calatrava J 82 S 17
Santiago de Compostela C 12 D 4
Santiago de la Espada J 83 R 22
Santiago de la Puebla SA 44 J 14
Santiago de la Requejada ZA 15 F 10
Santiago de la Ribera MU 85 S 27
Santiago de Mora AB 73 Q 25
Santiago de Tormes AV 44 L 13
Santiago del Arroyo VA 31 H 16
Santiago del Campo CC 55 N 10
Santiago del Collado AV 44 K 13
Santiago del Monte O 5 B 11
Santiago del Teide *Tenerife* TF 126 C 3
Santiago Millas LE 15 E 11
Santiagos (Los) CR 70 P 17
Santianes *cerca de Tineo* O 5 C 10
Santianes *cerca de Pravia* O 5 B 11
Santianes *cerca de Ribadesella* O 6 B 14
Santianes *cerca de Santo Adriano* O 5 C 11
Santibánez S 7 C 18
Santibáñez O 6 C 13
Santibáñez LE 16 D 13
Santibáñez de Ayllón SG 32 H 20
Santibáñez de Béjar SA 43 K 13
Santibáñez de Ecla P 17 D 16
Santibáñez de Esgueva BU 32 G 18
Santibáñez de la Peña P 17 D 15
Santibáñez de la Sierra SA 43 K 12
Santibáñez de Montes LE 15 E 11
Santibáñez de Porma LE 16 E 13
Santibáñez de Resoba P 17 D 16
Santibáñez de Rueda LE 16 D 14
Santibáñez de Tera ZA 29 G 12
Santibáñez de Valcorba VA 31 H 16
Santibáñez de Vidriales ZA 29 F 11
Santibáñez del Val BU 32 G 19
Santibáñez el Alto CC 55 L 10
Santibáñez el Bajo CC 55 L 11
Santibáñez-Zarzaguda BU 18 E 18
Santidad *Gran Canaria* GC 115 E 2
Santigosa (Coll de) GI 24 F 36
Santigoso OR 14 E 9
Santillán P 17 E 15
Santillana AL 95 U 21
Santillana (Embalse de) M 45 J 18
Santillana de Castilla P 17 E 16
Santillana del Mar S 7 B 17
Santimamiñe BI 9 B 22
Santiorxo LU 13 E 7
Santiponce SE 91 T 11
Santiscal (El) CA 92 V 12
Santísima Trinidad NA 10 D 24
Santiso C 13 D 5
Santisteban del Puerto J 83 R 20
Santiurde de Reinosa S 7 C 17
Santiurde de Toranzo S 7 C 18
Santiuste SO 32 H 21
Santiuste GU 47 I 21
Santiuste de Pedraza SG 45 I 18
Santiuste de San Juan Bautista SG 45 I 16
Santiz SA 29 I 12
Santo (Ermita del) CC 68 O 12
Santo (Peñon del) GR 101 V 18
Santo Adriano O 5 C 11
Santo Domingo M 46 K 19
Santo Domingo CO 81 S 15
Santo Domingo SE 92 T 13
Santo Domingo BA 66 Q 8
Santo Domingo Z 21 E 27
Santo Domingo (Ermita de) CC 55 N 10
Santo Domingo (Puerto de) BA 79 Q 10
Santo Domingo (Punta y Prois de) *La Palma* TF 130 B 3
Santo Domingo de Huebra SA 43 K 12
Santo Domingo de la Calzada LO 18 E 21
Santo Domingo de las Posadas AV 45 J 16
Santo Domingo de Moya CU 61 M 25
Santo Domingo de Pirón SG 45 I 18
Santo Domingo de Silos BU 32 G 19
Santo Estevo (Embalse de) LU 14 E 7
Santo Niño (Ermita del) TO 58 M 19
Santo Tomé LU 4 B 8
Santo Tomé OR 13 F 5
Santo Tomé J 83 R 20
Santo Tomé de Rozados SA 43 J 12
Santo Tomé de Zabarcos AV 44 J 15
Santo Tomé del Puerto SG 46 I 19
Santo Toribio de Liébana S 7 C 16
Santolea TE 49 J 28
Santolea (Embalse de) TE 49 J 29
Santomera MU 85 R 26
Santoña S 8 B 19
Santopétar AL 96 T 23
Santopitar MA 101 V 17
Santorcaz M 46 K 20
Santoréns HU 22 E 32
Santos (Ermita de los) TE 50 J 30
Santos (Ermita de los) CA 99 W 12
Santos (Los) SA 43 K 12
Santos (Los) V 61 L 26
Santos (Los) CO 93 T 16
Santos (Sierra de los) CO 80 R 13
Santos (Sierra de los) BA 79 Q 11
Santos de la Humosa (Los) M 46 K 20
Santos de la Piedra (Ermita de los) TE 48 K 25
Santos de Maimona (Los) BA 79 Q 10
Santoseco O 5 B 11
Santotis BU 18 D 19
Santotis S 7 C 16
Santovenia ZA 29 G 12
Santovenia SG 45 J 16
Santovenia de la Valdoncina LE 16 E 13
Santovenia de Oca BU 18 E 19
Santovenia de Pisuerga VA 31 G 15
Santovenia del Monte LE 16 E 13
Santoveña O 6 B 15
Santoyo P 17 F 16
Santpedor B 38 G 35
Santuario de Belén AB 73 P 26
Santullán S 8 B 20
Santullano O 5 B 12
Santurde de Rioja LO 18 E 21
Santurdejo LO 18 E 21
Santurio O 6 B 13
Santurtzi BI 8 B 20
Sanxenxo / Sangenjo PO 12 E 3
Sanxián PO 26 G 3
Sanzo O 4 C 9
Sanzoles ZA 30 H 13
Saornil de Voltoya AV 45 J 16
Sapeira L 22 F 32
Sar C 12 D 4
Sarandón C 13 D 4
Sarasa NA 10 D 24
Saraso BU 19 D 22
Saratxo VI 8 C 20
Saravillo HU 22 E 30
Sarceda S 7 C 16
Sarces C 2 C 2
Sardas HU 21 E 29
Sardina *Gran Canaria* GC 117 F 4
Sardina (Punta de) *Gran Canaria* GC 114 C 1
Sardinas J 83 R 20
Sardinero SE 80 S 13
Sardinero (El) S 8 B 18
Sardineros (Los) V 73 N 26
Sardinilla J 82 R 17
Sardiñeiro de Abaixo C 2 D 2
Sardón de Duero VA 31 H 16
Sardón de los Frailes SA 29 I 11
Sarga (Pico de la) AB 83 Q 22
Sargadelos LU 4 B 7
Sargentes de la Lora BU 17 D 18
Sargilla (La) AB 72 Q 23
Sariego O 6 B 13
Sariegos LE 16 E 13
Sariñena HU 35 G 29
Saro S 7 C 18
Sarón S 7 C 18
Sarrablo (Puerto del) HU 21 E 29
Sarracín BU 18 F 18
Sarracín de Aliste ZA 29 G 11
Sarral T 37 H 33
Sarreaus OR 13 F 7
Sarria LU 14 D 7
Sarrià de Ter GI 25 F 38
Sarriés / Sartze NA 11 D 26
Sarrión TE 61 L 27
Sarroca de Bellera L 22 E 32
Sarroca de Lleida L 36 H 31
Sarroqueta L 22 E 32
Sarsamarcuello HU 21 F 27
Sartaguda NA 19 E 23
Sartajada TO 57 L 15
Sartze / Sarriés NA 11 D 26
Sarvisé HU 21 E 29
Sarzol O 4 C 9
Sas de Penelas OR 14 E 7
Sasa del Abadiado HU 21 F 29
Sasal HU 21 E 28
Sasamón BU 17 E 17
Sasdónigas LU 4 B 7
Sáseta BU 19 D 22
Sástago Z 35 I 28
Sastres CR 69 O 16
Saturraran SS 10 C 22
Sau (Pantà de) B 24 G 37
Sauca GU 47 I 22
Saúca (Ermita de) GU 47 K 21
Sauceda CC 43 L 10
Sauceda (La) MA 99 W 13
Saucedilla CC 56 M 12
Saucejo (El) SE 92 U 14
Saucelle SA 42 I 9
Sauceral (El) TO 58 N 17
Sauces (Los) *La Palma* TF 131 D 3
Sauco AL 95 U 22
Saúgo (El) SA 42 K 10
Sauquillo de Boñices SO 33 H 22
Sauquillo de Cabezas SG 45 I 17
Sauquillo de Paredes SO 32 H 21
Sauquillo del Campo SO 33 H 22
Saus GI 25 F 38
Sauvegarde (Pico de) HU 22 D 31
Sauzal (El) *Tenerife* TF 124 G 2
Savallà del Comtat T 37 H 33
Savina (La) IB 87 P 34
Saviñán Z 34 H 25
Saviñao LU 13 E 7
Sax A 73 Q 27
Sayago (Palazuelo de) ZA 29 H 11
Sayalonga MA 101 V 17
Sayatón GU 47 K 21
Sazadón (Portillo de) ZA 29 G 11
Seadur OR 14 E 8
Seara LU 14 E 8
Seara (A) OR 13 F 5
Seares O 4 B 8
Seavia C 2 C 3
Sebo (Punta del) H 90 U 9
Sebúlcor SG 31 I 18
Seca (La) SO 33 H 21
Seca (La) VA 30 H 15
Seca (La) LE 16 D 13
Secastilla HU 22 F 30
Secuita (La) T 37 I 33
Sedano BU 18 D 18
Sedella MA 101 V 17
Sedes C 3 B 5
Sediles Z 34 H 25
Segán LU 13 D 6
Segarró (El) CS 50 K 29
Segart V 62 M 28
Sege AB 84 R 23
Segóbriga (Ruinas romanas de) CU 59 M 21
Segorbe CS 62 M 28
Segovia SG 45 J 17
Segoyuela de los Cornejos SA 43 K 11
Segre (Vall du) L 23 E 34
Segur de Calafell T 37 I 34
Segura T 37 H 33
Segura SS 10 C 23
Segura (Puerto de) TE 49 J 27
Segura de la Sierra J 83 R 22
Segura de Léon BA 79 R 10
Segura de los Baños TE 49 J 27
Segura de Toro CC 56 L 12
Segurilla TO 57 L 15
Seguro (El) S 7 C 18
Seira HU 22 E 31
Seixido PO 13 E 4
Seixo PO 12 E 3
Seixo (O) PO 12 G 3
Seixón LU 3 C 6
Sejas de Aliste ZA 29 G 10
Sel de la Carrera S 7 C 18
Sela PO 13 F 4
Selas GU 47 J 23
Selaya S 7 C 18
Selgas O 5 B 11
Selgua HU 36 G 30
Sella A 74 Q 29
Selladores (Casa Forestal de) J 82 Q 18
Sellent V 74 O 28
Selorio O 6 B 13
Selva MU 84 S 24
Selva *Mallorca* IB 104 M 38
Selva de Mar (La) GI 25 F 39
Selva del Camp (La) T 37 I 33
Selvanera L 37 G 33
Selviella O 5 C 11
Semillas GU 46 I 20
Sena HU 36 G 29
Sena de Luna LE 15 D 12
Senan T 37 H 33
Senande C 2 C 2
Sencelles IB 104 N 38
Sendadiano VI 18 D 21
Sendelle C 3 D 5
Senegüe HU 21 E 28
Senés AL 96 U 22
Senés de Alcubierre HU 35 G 28
Senet L 22 E 32
Senet (Pantà de) HU 22 E 32
Sénia (La) T 50 K 30
Sénia (Riu de la) CS 50 K 31
Senija A 74 P 30
Seno TE 49 J 29
Senra LE 15 D 11
Senterada L 23 F 32
Sentfores B 38 G 36
Sentiu de Sió (La) L 37 G 32
Sentmenat B 38 H 36
Senz HU 22 E 31
Seña S 8 B 19
Señales (Las) LE 6 C 14
Señora BA 66 Q 8
Señorio de Bertiz (Parque natural) NA 11 C 25
Señuela SO 33 H 22
Señuela (La) SE 91 U 11
Seo de Urgel / Seu d'Urgell (La) L 23 E 34
Seoane *cerca de Fonsagrada* LU 4 C 8
Seoane *cerca de Monforte* LU 14 E 7
Seoane *cerca del Puerto El Buey* LU 14 E 8
Sepulcro Hilario SA 43 J 11
Sepúlveda SG 32 I 18
Sequera de Fresno SG 32 H 19
Sequera de Haza (La) BU 31 H 18
Sequero (Ermita de) CC 55 M 9
Sequeros SA 43 K 11
Ser C 2 C 3
Serandinas O 4 B 9
Seranillo CR 70 Q 18
Seráns C 12 E 2
Serantes M 58 L 17
Serantes O 4 B 9
Serantes *cerca de Ferrol* C 3 B 5
Serantes *cerca de Melide* C 13 D 5
Serena AL 96 U 24
Serena (La) BA 68 P 13
Serín O 5 B 12
Serinyà GI 24 F 38
Serna (La) P 17 E 16
Serna del Monte (La) M 46 I 19
Serón AL 95 T 22
Serón de Nágima SO 33 H 23
Serones (Embalse de) AV 45 J 16
Serós L 36 H 31
Serpos H 79 S 9
Serra V 62 M 28
Serra d'Almos (La) T 50 I 32
Serra de Daró GI 25 F 39
Serra de Outes C 12 D 3
Serra d'en Galceran CS 62 L 29
Serra Perenxisa V 62 N 28
Serracines M 46 K 19
Serrada VA 30 H 15
Serrada (La) AV 44 K 15
Serrada de la Fuente M 46 J 19
Serradell L 23 F 32
Serradero (Punta del) *La Palma* TF 130 A 3
Serradiel AB 73 O 25
Serradilla CC 56 M 11
Serradilla del Arroyo SA 43 K 10
Serradilla del Llano SA 43 K 10
Serradúy HU 22 F 31
Serramo C 2 C 3
Serrana (Puerto de la) CC 56 M 11
Serranía de Cuenca CU 47 K 23
Serranía de Cuenca (Reserva nacional) CU 60 L 23
Serranillo SA 42 J 9
Serranillo CR 71 P 20
Serranillos AV 44 K 15
Serranillos (Collado de) AV 44 L 15
Serranillos del Valle M 58 L 18
Serranillos Playa TO 57 L 15
Serrano MU 85 R 26
Serrapio PO 13 E 4
Serrata MU 84 R 23
Serrateix B 37 G 35
Serratella (La) CS 50 L 30
Serrato MA 100 V 15
Serrejón CC 56 M 12
Serrejón (Sierra de) CC 56 M 12
Serrella (La) A 74 P 29
Serres C 12 D 2
Serreta MU 96 T 24
Serreta GR 95 T 20
Serué HU 21 E 28
Serval GR 94 T 17
Serveto HU 22 E 30
Servoi OR 28 F 7
Ses Illetes IB 104 N 37
Ses Meravelles IB 104 N 38
Ses Salines IB 105 N 39
Ses Salines (Cap de) IB 105 O 39
Sesa HU 35 G 29
Sésamo LE 14 D 10
Seseña TO 58 L 18
Seseña Nuevo TO 58 L 19
Sesga V 61 L 26
Sesma NA 19 E 23
Sesnández ZA 29 G 11
Sestao BI 8 C 21
Sestorraso O 5 C 10
Sestrica Z 34 H 25
Sesué HU 22 E 31
Setcases GI 24 E 36
Setefilla SE 80 S 13
Setenil (Estación de) CA 92 V 14
Setenil de las Bodegas CA 92 V 14
Seteventos LU 14 D 8
Setiles GU 48 J 25
Seu d'Urgell (La) / Seo de Urgel L 23 E 34
Seva B 38 G 36
Sevares O 6 B 14
Sever CC 54 N 7
Sevilla SE 91 T 12
Sevilla (Puerto de) BA 67 P 10
Sevilla la Nueva M 45 K 17
Sevilleja J 82 R 18
Sevilleja de la Jara TO 57 N 15
Sevillejas (Sierra de) TO 57 N 15
Sexmiro SA 42 J 9
Sexmo (El) MA 100 V 16
Shangri-La IB 106 M 42
Sía (Puerto de la) S 8 C 19
Sidamon L 36 H 32
Sienes GU 47 I 22
Siero O 5 B 12
Siero de la Reina LE 16 D 15
Sierpe (La) SA 43 K 12
Sierra AB 73 Q 25
Sierra (Faramontanos de la) ZA 15 F 10
Sierra (La) HU 22 E 30
Sierra (La) AB 83 Q 22
Sierra (La) CA 91 V 12
Sierra (Pico de la) BU 32 G 19
Sierra (Villarejo de la) ZA 15 F 10
Sierra Boyera (Embalse de) CO 80 R 14
Sierra Brava (Embalse de) CC 68 O 13
Sierra de Andújar (Parque natural de la) J 82 Q 17
Sierra de Aracena y Picos de Aroche (Parque natural de la) H 79 R 9
Sierra de Baza (Parque natural de la) GR 95 T 21
Sierra de Cobeza Llana AB 84 Q 24
Sierra de Espuña (Parque natural de la) MU 85 S 25
Sierra de Fuentes CC 55 N 11
Sierra de Grazalema (Parque natural de la) CA 99 W 13
Sierra de Hornachuelos (Parque natural de la) CO 80 S 13
Sierra de Huétor (Parque natural) GR 94 U 19
Sierra de las Nieves SE 92 V 14
Sierra de Luna Z 21 F 27
Sierra de Tejeda (Reserva nacional de) MA 101 V 18
Sierra de Yeguas MA 93 U 15
Sierra Mágina (Parque natural de la) J 82 S 19
Sierra Mayor (Puerto) HU 21 F 27
Sierra Nevada AN 95 U 19
Sierra Nevada (Parque natural de la) GR 94 U 19
Sierra Nevada (Reserva nacional de) GR 94 U 19
Sierra Norte de Sevilla (Parque natural de la) SE 80 S 12
Sierro AL 96 U 22
Sieso de Huesca HU 21 F 29
Siesta IB 87 P 34
Siétamo HU 21 F 29
Siete Aguas V 61 N 27
Siete Iglesias de Trabancos VA 30 H 14
Sieteiglesias M 46 J 19
Sieteiglesias de Tormes SA 44 J 13
Sietes O 6 B 13
Sigena (Monasterio de) HU 36 G 29
Sigeres AV 44 J 15
Sigrás C 3 C 4
Sigüeiro C 3 D 4
Sigüenza GU 47 I 22
Siguero SG 46 I 19
Sigueruelo SG 46 I 19
Sigüés Z 20 E 26
Sigüeya LE 14 E 10
Sil (Gargantas del) OR 13 E 6
Sil (Río) ESP 14 E 7
Silán LU 4 B 7
Silanes BU 18 D 20
Sileras CO 94 T 17
Siles J 83 Q 22
Silillos CO 80 S 14
Silillos (Embalse de) H 79 T 9
Silió S 7 C 17
Silla V 74 N 28
Silla de Felipe II M 45 K 17
Silladores J 82 Q 18
Sillar Baja GR 94 T 19
Silleda PO 13 D 5
Silleiro (Cabo) PO 12 F 3
Silleta CC 55 M 10
Silos (Los) H 78 S 9
Silos (Los) *Tenerife* TF 126 C 3
Sils GI 39 G 38
Silva C 2 C 4
Silva (La) LE 15 E 11
Silván LE 14 E 9
Silvón O 4 B 9
Silvosa C 12 D 3
Silvoso PO 12 E 4
Simancas VA 30 H 15
Simarro (El) CU 72 N 23
Simat de la Valldigna V 74 O 29
Simón AL 96 T 23
Sín HU 22 E 30
Sinarcas V 61 M 26
Sineu IB 105 N 39
Singla MU 84 R 24
Singra TE 48 K 26
Sinlabajos AV 44 I 15
Sinués HU 21 E 28
Sió (El) (Riu) L 37 G 33

Sios LU 13 E 7
Sipán HU 21 F 29
Siresa HU 21 D 27
Siruela BA 69 P 14
Sisamo C 2 C 3
Sisamón Z 47 I 23
Sisante CU 72 N 23
Sisargas (Illas) C 2 B 3
Sisca (Masía de la) TE 49 J 28
Siscar MU 85 R 26
Sistallo LU 4 C 7
Sisterna O 14 D 10
Sistín OR 14 E 7
Sisto LU 3 B 6
Sit (Penya del) A 85 Q 27
Sitges B 38 I 35
Sitrama
de Trasmonte ZA 29 F 12
Siurana GI 25 F 38
Siurana de Prades T 37 I 32
Sober LU 13 E 7
Sobradelo OR 14 E 9
Sobradiel Z 34 G 26
Sobradillo SA 42 J 9
Sobradillo (El)
Tenerife TF 125 I 2
Sobradillo
de Palomares ZA 29 H 12
Sobrado O 5 C 10
Sobrado LE 14 E 9
Sobrado LU 14 D 7
Sobrado OR 14 F 8
Sobrado dos Monxes C 3 C 5
Sobredo LE 14 E 9
Sobrefoz O 6 C 14
Sobrelapeña S 7 C 16
Sobremunt B 24 F 36
Sobrón VI 18 D 20
Socorro (El) SE 92 T 12
Socorro (El) *Tenerife* TF 124 H 2
Socorro (El) *Tenerife* TF 127 H 3
Socovos AB 84 Q 24
Socuéllamos CR 71 O 21
Sodupe BI 8 C 20
Sofán C 2 C 4
Sofuentes Z 20 E 26
Soga (Punta de la)
Gran Canaria GC 116 B 3
Sogo ZA 29 H 12
Sogrando O 5 B 12
Soguillo LE 15 F 12
Sojo VI 8 C 20
Sojuela LO 19 E 22
Sol MU 84 Q 24
Sol MA 94 V 18
Sol (Punta del)
Tenerife TF 124 G 2
Sol (Valle del) M 45 K 17
Sol i Mar CS 62 L 30
Solán de Cabras CU 47 K 23
Solana CC 56 N 13
Solana (La) AB 72 P 23
Solana (La) CR 71 P 20
Solana (Serra de la) V 73 P 27
Solana de Ávila AV 43 L 13
Solana de los Barros BA 67 P 10
Solana de Rioalmar AV 44 J 14
Solana del Pino CR 82 Q 17
Solana del Valle SE 80 S 12
Solanara BU 32 G 19
Solanas
de Valdelucio BU 17 D 17
Solanazo CR 69 O 16
Solanell L 23 E 34
Solanilla AB 72 P 22
Solanillos
del Extremo GU 47 J 21
Solares S 8 B 18
Solbeira OR 14 F 8
Solduengo BU 18 E 19
Solera J 82 S 19
Solera del Gabaldón CU 60 M 24
Soleràs (El) L 36 H 32
Soliedra SO 33 H 22
Solipueyo HU 22 E 30
Solius GI 25 G 38
Solivella T 37 H 33
Sollana V 74 O 28
Sollavientos TE 49 K 28
Sollavientos
(Puerto de) TE 49 K 27
Sóller IB 104 M 38
Sollube BI 9 B 21
Sollube (Alto del) BI 9 B 21
Solórzano S 8 B 19
Solosancho AV 44 K 15
Solsía MU 85 Q 26
Solsona L 37 G 34
Solvito CO 94 T 17
Solyplayas
Fuerteventura GC 111 I 1
Somaén SO 47 I 23
Somanés HU 21 E 27
Sombrera (La)
Tenerife TF 129 G 4
Somiedo
(Parque natural de) O 5 C 11
Somió O 6 B 13
Somo S 8 B 18
Somolinos GU 32 I 20
Somontín AL 96 T 22
Somosierra M 46 I 19
Somosierra
(Puerto de) M 46 I 19
Somozas C 3 B 6
Somport (Puerto de) HU 21 D 28
Somport (Túnel de) HU 21 D 28
Son L 23 E 33
Son LU 14 D 8
Son Bou IB 106 M 42
Son Carrió IB 105 N 39
Son del Puerto TE 49 J 27
Son Ferriol IB 104 N 38
Son Marroig IB 104 M 37
Son Moll IB 105 M 40
Son Moro IB 105 N 40
Son Olivaret IB 106 M 41
Son Sardina IB 104 N 37
Son Serra
de Marina IB 105 M 39
Son Servera IB 105 N 40
Son Vida IB 104 N 37
Soncillo BU 18 D 18
Sondika BI 8 C 21
Soneja CS 62 M 28
Sonseca TO 58 M 18
Sonsoto SG 45 J 17
Sóo *Lanzarote* GC 123 D 3
Sopalmo AL 96 U 24
Sopeira HU 22 F 32
Sopela BI 8 B 21
Soportújar GR 102 V 19
Sopuerta BI 8 C 20
Sor C 3 B 6
Sora B 24 F 36
Soraluze-Placencia
de las Armas SS 10 C 22
Sorana de Torralba J 83 S 20
Sorbas AL 96 U 23
Sorbeda LE 15 D 10
Sorbeira LE 14 D 9
Sorbito (Estación El) SE 92 U 12
Sordillos BU 17 E 17
Sordo MU 84 S 24
Sordo (El) H 91 U 10
Soria SO 33 G 22
Soria (Embalse de)
Gran Canaria GC 116 D 3
Soria (Parador) SO 33 G 22
Soriguera L 23 E 33
Sorihuela SA 43 K 12
Sorihuela
del Guadalimar J 83 R 20
Sorita CS 49 J 29
Sorlada NA 19 E 23
Sorogain-Lastur NA 11 C 25
Sorpe L 23 E 33
Sorre L 23 E 33
Sorriba LE 16 D 14
Sorribes L 23 F 34
Sorribos de Alba LE 16 D 13
Sort L 23 E 33
Sorvilán GR 102 V 20
Sorzano LO 19 E 22
Sos (Puerto de) Z 20 E 26
Sos del Rey Católico Z 20 E 26
Soses L 36 H 31
Sot de Chera V 61 N 27
Sot de Ferrer CS 62 M 28
Sotalvo AV 44 K 15
Sotés LO 19 E 22
Sotiel Coronada H 78 T 9
Sotiello *cerca de Gijón* O 5 B 12
Sotiello *cerca de Lena* O 5 C 12
Sotillo SG 32 I 19
Sotillo CR 70 O 17
Sotillo (El) GU 47 J 22
Sotillo (Sierra de) CR 82 Q 19
Sotillo de la Adrada AV 57 L 16
Sotillo de la Ribera BU 31 G 18
Sotillo
de las Palomas TO 57 L 15
Sotillo de Sanabria ZA 14 F 9
Sotillo del Rincón SO 33 G 22
Sotillos SO 32 I 20
Sotillos LE 16 D 14
Soto SO 32 H 20
Soto (El) S 7 C 18
Soto (El) M 46 K 19
Soto de Cangas O 6 B 14
Soto de Caso O 6 C 14
Soto de Cerrato P 31 G 16
Soto de Dueñas O 6 B 14
Soto de la Marina S 7 B 18
Soto de la Vega LE 15 F 12
Soto de los Infantes O 5 B 11
Soto de Luiña O 5 B 11
Soto de Ribera O 5 C 12
Soto de Sajambre LE 6 C 14
Soto de Trevias O 5 B 10
Soto de Viñuelas M 46 K 18
Soto del Barco O 5 B 11
Soto del Real M 45 J 18
Soto en Cameros LO 19 F 22
Soto y Amío LE 15 D 12
Sotobañado
y Priorato P 17 E 16
Sotoca CU 60 L 22
Sotoca de Tajo GU 47 J 22
Sotodosos GU 47 J 22
Sotogrande CA 99 X 14
Sotojusto PO 12 F 4
Sotón (Río) HU 21 F 28
Sotonera
(Embalse de) HU 21 F 27
Sotonera (La) HU 21 F 28
Sotopalacios BU 18 E 18
Sotos CU 60 L 23
Sotos del Burgo SO 32 H 20
Sotosalbos SG 45 I 18
Sotoserrano SA 43 K 11
Sotovellanos BU 17 E 17
Sotragero BU 18 E 18
Sotres O 7 C 15
Sotresgudo BU 17 E 17
Sotrondio O 6 C 13
Sotuélamos AB 71 O 22
Sousas OR 28 G 7
Soutelo PO 13 E 5
Soutelo Verde OR 14 F 7
Souto *cerca*
de Betanzos C 3 C 5
Souto *Toques* C 3 D 6
Soutochao OR 28 G 8
Soutolongo PO 13 E 5
Soutomaior PO 12 E 4
Soutopenedo OR 13 F 6
Su L 37 G 34
Suances S 7 B 17
Suano S 17 D 17
Suarbol LE 14 D 9
Suarna LU 4 C 8
Subijana VI 18 D 21
Subirats B 38 H 35
Subiza NA 11 D 24
Sucs L 36 G 31
Sucina MU 85 S 27
Sudanell L 36 H 31
Sueca V 74 O 29
Sueiro O 4 B 9
Suellacabras SO 33 G 23
Suelza (Punta) HU 22 E 30
Suera CS 62 M 28
Sueros de Cepeda LE 15 E 11
Suertes LE 14 D 9
Suevos
cerca de Carnota C 2 D 2
Suevos
cerca de La Coruña C 3 B 4
Suflí AL 96 T 22
Suido (Sierra del) PO 13 F 4
Sukarieta BI 9 B 21
Sumacàrcer V 74 O 28
Sumoas LU 4 A 7
Sunbilla NA 11 C 24
Sunyer L 36 H 31
Super Molina GI 24 F 35
Sureste
(Parque regional del) M 58 L 19
Súria B 37 G 35
Surp L 23 E 33
Susana C 13 D 4
Susañe LE 15 D 10
Susinos del Páramo BU 17 E 18
Suso
(Monasterio de) LO 18 F 21
Suspiro del Moro
(Puerto del) GR 94 U 19
Susqueda
(Pantà de) GI 24 G 37
Suterranya L 23 F 32

T

Taale GR 83 S 22
Tabagón PO 26 G 3
Tabanera de Cerrato P 31 F 17
Tabanera de Valdavia P 17 E 15
Tabanera la Luenga SG 45 I 17
Tabaqueros AB 73 N 25
Tabar NA 11 D 25
Tábara ZA 29 G 12
Tabarca (Illa de) A 86 R 28
Tabayesco
Lanzarote GC 121 F 3
Tabaza O 5 B 12
Tabeaio C 3 C 4
Tabeirós PO 13 E 4
Tabera de Abajo SA 43 J 11
Tabera de Arriba SA 43 J 11
Tabernanova C 2 C 2
Tabernas AL 96 U 22
Tabernas (Rambla de) AL 103 V 22
Tabernas de Isuela HU 21 F 28
Taberno AL 96 T 23
Tablada M 45 J 17
Tablada
de Villadiego BU 17 E 18
Tablada del Rudrón BU 17 D 18
Tabladillo SG 45 I 16
Tabladillo LE 15 E 11
Tabladillo GU 47 K 21
Tablado (El)
La Palma TF 130 C 3
Tablado
(Puerto de) BA 79 R 9
Tablado de Riviella O 5 B 10
Tablas de Daimiel
(Parque nacional) CR 70 O 19
Tablero (El)
Gran Canaria GC 116 D 4
Tablillas
(Embalse de) CR 70 Q 17
Tablones (Los) GR 102 V 19
Taboada C 3 B 5
Taboada LU 13 D 6
Taboada PO 13 D 5
Taboada dos Freires LU 13 D 6
Taboadela OR 13 F 6
Taborno *Tenerife* TF 125 I 1
Tabuenca Z 34 G 25
Taburiente (Caldera de)
La Palma TF 130 C 4
Tabuyo del Monte LE 15 F 11
Taca *Fuerteventura* GC 111 G 2
Taco *Tenerife* TF 125 I 2
Tacones TO 57 M 16
Tacoronte *Tenerife* TF 124 H 2
Tafalla NA 20 E 24
Tafira Alta
Gran Canaria GC 115 F 2
Tagamanent B 38 G 36
Taganana *Tenerife* TF 125 J 1
Tagarabuena ZA 30 H 13
Tagle S 7 B 17
Taguluche
La Gomera TF 118 B 2
Tahal AL 96 U 23
Tahiche *Lanzarote* GC 123 E 4
Tahivilla CA 99 X 12
Taialà GI 25 F 38
Taibilla (Embalse de) AB 84 R 23
Taibique *El Hierro* TF 109 D 3
Taja O 5 C 11
Tajahuerce SO 33 G 23
Tajera
(Embalse de la) GU 47 J 22
Tajo de la Encantada
(Embalse) MA 100 V 15
Tajo de las Figuras
(Cuevas del) CA 99 X 12
Tajo-Urtajo
(Balcón del) M 58 L 19
Tajonar / Taxoare NA 11 D 25
Tajonera TO 59 M 20
Tajoneras (Las) CR 71 Q 20
Tajueco SO 33 H 21
Tajuya *La Palma* TF 132 C 5
Tal C 12 D 2
Tala (La) SA 44 K 13
Talaies (Les) CS 50 K 31
Talaies d'Alcalà (Les) CS 50 K 30
Talamanca B 38 G 35
Talamanca *Ibiza* IB 87 P 34
Talamanca de Jarama M 46 J 19
Talamantes Z 34 G 24
Talamillo del Tozo BU 17 E 18
Talarn L 23 F 32
Talarrubias BA 68 O 14
Talatí de Dalt IB 106 M 42
Talaván CC 55 M 11
Talaván
(Embalse de) CC 55 M 11
Talave AB 84 Q 24
Talave (Embalse de) AB 84 Q 24
Talavera L 37 H 34
Talavera AL 95 T 22
Talavera de la Reina TO 57 M 15
Talavera la Nueva TO 57 M 15
Talavera la Real BA 67 P 9
Talaveruela CC 56 L 13
Talayón CU 61 L 25
Talayón MU 97 T 25
Talayuela CC 56 M 13
Talayuelas CU 61 M 26
Talayuelo CU 60 M 23
Tales CS 62 M 29
Táliga BA 66 Q 8
Talisca Negra (Punta)
La Gomera TF 118 A 2
Tallada (La) GI 25 F 39
Tallante MU 85 T 26
Tállara C 12 D 3
Tallón HU 21 D 29
Talltendre L 23 E 35
Talveila SO 32 G 21
Tama S 7 C 16
Tamadaba
Gran Canaria GC 114 C 2
Tamadaba (Pinar de)
Gran Canaria GC 114 C 2
Tamadite (Punta de)
Tenerife TF 125 I 1
Tamaduste *El Hierro* TF 109 E 2
Tamaguelos OR 28 G 7
Tamaimo *Tenerife* TF 128 C 4
Tamajón GU 46 I 20
Tamallancos OR 13 E 6
Tamallanes O 5 C 10
Tamame ZA 29 I 12
Tamames SA 43 K 11
Támara P 17 F 16
Tamaraceite
Gran Canaria GC 115 F 2
Tamaral (El) CR 82 Q 18
Tamarinda IB 106 M 41
Tamarite de Litera HU 36 G 31
Tamariu GI 25 G 39
Tamariz de Campos VA 30 G 14
Tamarón BU 17 F 18
Tamayo V 73 N 25
Tambor
(Monumento al) TE 49 I 29
Tambre C 3 D 3
Tameirón OR 28 F 8
Támoga LU 3 C 7
Tamurejo BA 69 P 15
Tanes (Embalse de) O 6 C 13
Tangel A 86 Q 28
Taniñe SO 33 F 23
Tanorio PO 12 E 4
Tanque (El) *Tenerife* TF 126 C 3
Tanque del Vidrio
(Punta del) *Tenerife* TF 129 F 5
Tañabuyes BU 18 F 19
Tao *Lanzarote* GC 123 D 4
Tapia BU 17 E 17
Tapia (Paso) NA 11 D 26
Tapia de Casariego O 4 B 9
Tapioles ZA 30 G 13
Tàpis GI 24 E 38
Tapulo (El) TO 57 L 16
Tara LE 14 E 9
Taracena GU 46 K 20
Taradell B 38 G 36
Taragoña C 12 D 3
Taragudo GU 46 J 20
Taraguilla CA 99 X 13
Tarajalejo
Fuerteventura GC 113 F 4
Taramay GR 101 V 18
Taramundi O 4 B 8
Tarancón CU 59 L 20
Tarancueña SO 32 H 20
Taranes O 6 C 14
Taranilla LE 16 D 15
Taravilla GU 47 J 24
Taray (Laguna del) TO 59 N 20
Tarayuela TE 49 K 28
Tarazona Z 34 G 24
Tarazona
de Guareña SA 44 I 14
Tarazona
de la Mancha AB 72 O 24
Tàrbena A 74 P 29
Tardáguila SA 44 I 13
Tardajos BU 17 E 18
Tardajos de Duero SO 33 G 22
Tardelcuende SO 33 H 22
Tardesillas SO 33 G 22
Tardienta HU 35 G 28
Tardobispo ZA 29 H 12
Tariego de Cerrato P 31 G 16
Tarifa CA 99 X 13
Tariquejo H 90 T 8
Tarna O 6 C 14
Tarna (Puerto de) LE 6 C 14
Taroda SO 33 H 22
Tarragolla MU 84 S 23
Tarragona T 51 I 33
Tarrasa / Terrassa B 38 H 36
Tàrrega L 37 H 33
Tarrés L 37 H 33
Tarrío C 3 C 4
Tarro (El) BA 67 O 9
Tarroja de Segarra L 37 G 33
Tarrós (El) L 37 G 33
Tartanedo GU 48 J 24
Tasarte
Gran Canaria GC 116 B 3
Tauce (Boca de)
Tenerife TF 128 D 4
Taüll L 22 E 32
Taús L 23 F 33
Tauste Z 34 G 26
Tauste (Canal) Z 34 G 26
Tavascan L 23 E 33
Tavernes Blanques V 62 N 28
Tavernes
de la Valldigna V 74 O 29
Tavèrnoles B 38 G 36
Tavertet B 24 G 37
Taxoare / Tajonar NA 11 D 25
Tazacorte *La Palma* TF 130 B 5
Tazo *La Gomera* TF 118 B 1
Tazona AB 84 R 24
Tazones O 6 B 13
Tazones (Punta de) O 6 B 13
Tea PO 13 F 4
Teatinos (Los) J 83 R 20
Teayo C 12 D 3
Teba MA 100 V 15
Tébar CU 60 N 23
Tebongo O 5 C 10
Tebra PO 12 F 3
Tedín C 2 D 2
Tefía *Fuerteventura* GC 111 H 2
Tegueste *Tenerife* TF 124 H 2
Teguise *Lanzarote* GC 123 E 4
Teià B 38 H 36
Teide (Pico del)
Tenerife TF 127 E 3
Teixeira (A) OR 14 E 7
Teixeiro LU 4 C 7
Teixeiro C 3 C 5
Teixeta (Coll de la) T 37 I 32
Teja Chueca CR 69 O 16
Tejada BU 32 G 19
Tejada H 91 T 10
Tejadillos CU 61 L 25
Tejado SO 33 H 23
Tejado (El) SA 44 K 13
Tejados LE 15 E 11
Tejar (El) CO 93 U 16
Tejarejo BA 67 N 9
Tejares SG 31 H 18
Tejares SA 43 J 12
Tejares Abarca V 73 O 26
Tejeda
Gran Canaria GC 114 D 3
Tejeda de Tiétar CC 56 L 12
Tejeda y Segoyuela SA 43 K 11
Tejedo de Ancares LE 14 D 9
Tejedo del Sil LE 15 D 10
Tejera (La) ZA 28 G 9
Tejerina LE 16 D 14
Tejerizas SO 33 H 22
Tejina *Tenerife* TF 124 H 2
Tejina *Tenerife* TF 128 C 4
Tejo V 61 N 27
Telde *Gran Canaria* GC 115 G 3
Tella HU 22 E 30
Telledo O 5 C 12
Tello AL 84 S 23
Tembleque TO 58 M 19
Temerón CO 93 T 16
Temijiraque (Punta de)
El Hierro TF 109 E 2
Temiño BU 18 E 19
Temple (El) GR 94 U 18
Temple (El) HU 35 G 27
Tempul CA 99 W 12
Ten-Bel *Tenerife* TF 128 E 5

Tendeñera (Sierra de) HU 21 D 29
Tendilla GU 46 K 21
Tenebrón SA 43 K 10
Tenefé (Punta de)
Gran Canaria GC 117 F 4
Teneguía (Volcán de)
La Palma TF 132 C 7
Tenerife Sur (Aeropuerto)
Tenerife TF 129 F 5
Teno (Punta de)
Tenerife TF 126 A 3
Tenoya
Gran Canaria GC 115 F 2
Tentudia BA 79 R 10
Teo C 12 D 4
Ter (El) (Riu) GI 24 F 36
Tera ZA 14 F 9
Tera SO 33 G 22
Tera (Espejo de) SO 33 G 22
Terenosa (La) O 6 C 15
Teresa CS 62 M 28
Teresa de Cofrentes V 73 O 26
Térmens L 36 G 32
Término (El) SE 92 T 14
Terminón BU 18 D 19
Teroleja GU 48 J 24
Teror
Gran Canaria GC 115 E 2
Terque AL 102 V 22
Terrachán OR 27 G 5
Terrades GI 25 F 38
Terradets (Pantà del) L 23 F 32
Terradillos SA 44 J 13
Terradillos
de Esgueva BU 31 G 18
Terradillos
de los Templarios P 16 E 15
Terradillos
de Sedano BU 17 E 18
Terrassa / Tarrasa B 38 H 36
Terrateig V 74 P 29
Terraza GU 48 J 24
Terrazas SO 33 G 22
Terrazos BU 18 E 19
Terrente GR 94 T 19
Terreorgaz CC 55 N 11
Terrer Z 34 I 24
Terreras (Las) MU 84 S 24
Terrerazo V 61 N 26
Terriente TE 61 L 25
Terriente (Puerto) TE 61 L 25
Terril SE 92 U 14
Terrinches CR 71 Q 21
Terroba LO 19 F 22
Terrón (El) H 90 U 8
Tertanga VI 18 D 20
Teruel TE 48 K 26
Terzaga GU 48 J 24
Tesejerague
Fuerteventura GC 113 F 4
Tesjuates
Fuerteventura GC 111 H 3
Tesoro (Cueva del) MA 101 V 17
Testa (Sierra de la) BU 18 D 19
Tetas GU 47 K 22
Tetas (Las)
Gran Canaria GC 116 A 3
Tetica AL 96 U 22
Tetir Fuerteventura GC 111 H 2
Teulada A 75 P 30
Teulada V 62 N 27
Teverga
(Desfiladero del) O 5 C 11
Texós OR 27 G 6
Teza BU 18 D 20
Tezanos S 7 C 18
Tharsis H 78 T 8
Tiagua Lanzarote GC 123 D 4
Tiana B 38 H 36
Tías Lanzarote GC 123 D 4
Tibi A 74 Q 28
Tibidabo B 38 H 36
Tices AL 95 U 21
Tiebas NA 11 D 25
Tiedra VA 30 H 14
Tielmes M 59 L 20
Tielve O 6 C 15
Tiemblo (El) AV 45 K 16
Tiena GR 94 U 18
Tienda AB 85 Q 25
Tiendas (Las) BA 67 P 10
Tienera Vieja (La) CA 99 W 13
Tierga Z 34 H 25
Tiermas Z 20 E 26
Tiermes SO 32 I 20
Tierra de Campos
(Mirador de) P 31 F 16
Tierra del Trigo (La)
Tenerife TF 126 C 3
Tierra Negra (Punta de)
Lanzarote GC 123 F 4
Tierrantona HU 22 E 30
Tierz HU 21 F 28
Tierzo GU 48 J 24
Tiesa CO 80 S 13
Tietar del Caudillo CC 56 L 13
Tigaday El Hierro TF 108 C 2
Tigalate La Palma TF 132 D 6
Tigueroríe La Palma TF 132 D 6
Tijarafe La Palma TF 130 B 4
Tíjola AL 96 T 22
Tilos (Los) La Palma TF 131 D 3
Time (El)
Fuerteventura GC 111 I 2
Time (El) La Palma TF 130 B 5
Tinadas GU 32 I 20
Tinajas CU 47 K 22
Tinajeros AB 72 O 24
Tinajo Lanzarote GC 122 C 3
Tinajones (Los) J 83 Q 21
Tindaya
Fuerteventura GC 111 H 2
Tineo O 5 C 10
Tines C 2 C 3
Tinieblas BU 18 F 19
Tinizara La Palma TF 130 B 4
Tiñor El Hierro TF 109 D 2
Tiñosa (Punta de la)
Fuerteventura GC 111 J 2
Tiñosillos AV 44 J 15
Tiñoso (Cabo) MU 97 T 26
Tirajana (Embalse de)
Gran Canaria GC 117 E 3
Tiraña O 6 C 13
Tirapu NA 20 E 24
Tirez (Laguna de) TO 59 N 19
Tirgo LO 18 E 21
Tiriez AB 72 P 23
Tírig CS 50 K 30
Tirón ESP 18 F 20
Tiros BA 68 P 14
Tiros (Sierra de) BA 68 P 13
Tirteafuera CR 70 P 17
Tírvia L 23 E 33
Tiscamanita
Fuerteventura GC 113 G 3
Tiscar J 83 S 20
Tiscar (Puerto de) J 83 S 20
Titaguas V 61 M 26
Tito Bustillo
(Cuevas de) O 6 B 14
Titulcia M 58 L 19
Tivenys T 50 J 31
Tivissa T 50 I 32
Tivoli World MA 100 W 16
Tixera (Punta de la)
Tenerife TF 128 C 4
Toba C 2 D 2
Toba (La) CU 60 L 24
Toba (La) GU 46 I 21
Toba (La) GR 93 U 17
Toba de Valdivielso BU 18 D 19
Tobalina SE 91 U 11
Tobar BU 17 E 18
Tobar (El) CU 47 K 23
Tobarra AB 72 Q 24
Tobaruela J 82 R 18
Tobed Z 34 H 25
Tobera VI 19 D 21
Tobes GU 47 I 22
Tobes y Rahedo BU 18 E 19
Tobia LO 19 F 21
Tobillas AB 84 Q 23
Tobillos GU 47 J 23
Toboso (El) TO 59 N 21
Tocina SE 80 T 12
Tocinillos BA 79 R 10
Tocón GR 94 U 19
Todolella (La) CS 49 K 29
Todoque La Palma TF 132 C 5
Todosaires CO 94 T 17
Toén OR 13 F 6
Toga CS 62 L 28
Toirîz PO 13 D 5
Toja (La) / A Toxa PO 12 E 3
Tojo (El) S 7 C 17
Tojos (Los) S 7 C 17
Tol O 4 B 9
Tola ZA 29 G 10
Tolbaños AV 45 J 16
Tolbaños de Arriba BU 32 F 20
Toldaos LU 14 D 8
Toledana (La) CR 70 O 17
Toledillo SO 33 G 22
Toledo TO 58 M 17
Tolibia de Abajo LE 16 D 13
Tolibia de Arriba LE 16 D 13
Tolilla ZA 29 G 11
Tolinas O 5 C 11
Tolivia O 6 C 13
Tollón (Laguna del) CA 91 V 11
Tollos A 74 P 29
Tolmo
(Ensenada del) CA 99 X 13
Tolocirio SG 45 I 16
Toloriu L 23 E 34
Tolosa SS 10 C 23
Tolosa AB 73 O 25
Tolox MA 100 V 15
Tolva HU 22 F 31
Tomares SE 91 T 11
Tomás Maestre MU 85 S 27
Tombrio de Abajo LE 15 D 10
Tomellosa GU 46 K 21
Tomelloso CR 71 O 20
Tomillar (El) SA 44 J 13
Tomillosas (Sierra de) BA 68 Q 12
Tomiño PO 12 G 3
Tona B 38 G 36
Tondos CU 60 L 23
Tonín LE 6 C 12
Tonosas (Los) AL 96 T 23
Topares AL 84 S 23
Topas SA 43 I 13
Toques C 3 D 6
Tor L 23 E 34
Tor LU 13 E 7
Torà L 37 G 34
Toral LE 15 E 12
Toral
de los Guzmanes LE 16 F 13
Toral de los Vados LE 14 E 9
Toranzo S 34 G 24
Torás CS 62 M 27
Torás Bejís
(Estación de) CS 62 M 27
Torazo O 6 B 13
Torcal de Antequera
(Parque Natural) MA 100 V 16
Torcas
(Embalse de las) Z 34 I 26
Torcas (Las) CU 60 L 24
Torcón
(Embalse del) TO 57 N 16
Tordehumos VA 30 G 14
Tordellego GU 48 J 24
Tordelpalo GU 48 J 24
Tordelrábano GU 47 I 21
Tordera B 39 G 38
Tordera (La) (Riu) B 38 G 37
Tordesillas VA 30 H 14
Tordesilos GU 48 J 25
Tordillos SA 44 J 13
Tordoia C 2 C 4
Tordómar BU 31 F 18
Tordueles BU 32 F 19
Torelló B 24 F 36
Toreno LE 15 D 10
Torerera (La) H 78 T 9
Torete GU 47 J 23
Torga O 4 D 9
Torija GU 46 J 20
Toril CC 56 M 12
Toril TE 61 L 25
Toril (El) SE 92 T 13
Torina (Embalse de) S 7 C 18
Torío LE 6 C 13
Torla HU 21 E 29
Torlengua SO 33 H 23
Tormaleo O 14 D 9
Tormantos LO 18 E 20
Torme BU 18 D 19
Tormellas AV 44 L 13
Tormillo (El) HU 36 G 29
Tormo (El) CS 62 L 28
Tormón TE 61 L 25
Tormos HU 21 F 27
Torms (Els) L 36 H 32
Torn (El) GI 24 F 37
Tornabous L 37 G 33
Tornadijo BU 18 F 19
Tornadizo (El) SA 43 K 12
Tornadizos de Ávila AV 45 K 16
Tornafort L 23 E 33
Tornajo MU 84 S 24
Tornajuelos GR 83 S 21
Tornavacas CC 56 L 12
Tornavacas
(Puerto de) CC 56 L 13
Torneiros OR 27 G 5
Torneiros LU 4 C 7
La Tornera GU 46 I 19
Torneros cerca
de Castrocontrigo LE 15 F 11
Torneros
cerca de León LE 16 E 13
Torneros de Jamuz LE 15 F 11
Tornín O 6 C 14
Torno (El) CR 70 O 17
Torno (El) CA 99 W 12
Torno (El) CC 56 L 12
Tornos TE 48 J 25
Tornos (Alto de los) S 8 C 19
Toro ZA 30 H 13
Toro OR 14 F 7
Toro (El) H 78 S 8
Toro (El) Castelló CS 61 M 27
Toro (El) Mallorca IB 104 N 37
Toro (Mont) IB 106 M 42
Torongil BA 67 P 10
Toros de Guisando AV 45 K 16
Torote (Arroyo de) ESP 46 K 19
Torozo (Sierra del) CR 69 P 16
Torozo (Sierra del) BA 69 P 14
Torquemada P 31 F 17
Torralba CU 60 L 23
Torralba cerca
de Mecinaceli SO 47 I 22
Torralba
cerca de Soria SO 33 H 23
Torralba de Aragón HU 35 G 28
Torralba
de Calatrava CR 70 O 18
Torralba de los Frailes Z 48 I 25
Torralba
de los Sisones TE 48 J 25
Torralba de Oropesa TO 57 M 14
Torralba de Ribota Z 34 H 24
Torralba del Burgo SO 32 H 21
Torralba del Pinar CS 62 M 28
Torralba del Río NA 19 E 23
Torralbilla Z 48 I 25
Torrano / Dorrao NA 19 D 23
Torraño SO 32 H 20
Torre cerca
de Taboada LU 13 D 6
Torre cerca de Villalba LU 3 C 6
Torre (Brazo de la) SE 91 U 11
Torre (La) AV 44 K 15
Torre (La) MU 85 R 25
Torre (La) CA 92 V 12
Torre (La) cerca
de Losilla de Aras V 61 M 26
Torre (La) cerca
de Utiel V 61 M 26
Torre (Rambla de la) A 86 Q 28
Torre Abraham
(Embalse) CR 70 N 17
Torre Alháquime CA 92 V 14
Torre Alta MU 85 R 26
Torre Alta V 61 L 26
Torre Arboles CO 81 S 15
Torre Cardela GR 94 T 19
Torre Castiel TE 49 J 29
Torre Cerredo LE 6 C 15
Torre de Alcotas TE 61 M 27
Torre de Arcas TE 50 J 29
Torre de Babia LE 5 D 11
Torre de
Benagalbón MA 101 V 17
Torre de Cabdella (La) L 23 E 32
Torre
de Claramunt (La) B 37 H 34
Torre de Cullera (La) V 74 O 29
Torre de Don Miguel CC 55 L 10
Torre de Esgueva VA 31 G 17
Torre de Esteban
Hambrán (La) TO 58 L 17
Torre de Fluvià (La) L 37 G 32
Torre
de Fontaubella (La) T 51 I 32
Torre de Juan Abad CR 71 Q 20
Torre de la Higuera H 91 U 10
Torre de la Horadada A 85 S 27
Torre de la Reina SE 91 T 11
Torre de la Sal CS 63 L 30
Torre de la Vall V 74 O 29
Torre de las Arcas TE 49 J 27
Torre
de les Maçanes (La) A 74 Q 28
Torre
de l'Espanyol (La) T 36 I 31
Torre de Miguel
Sesmero BA 67 Q 9
Torre de Oristà (La) B 38 G 36
Torre de Peña NA 20 E 26
Torre de Peñafiel VA 31 H 17
Torre de Pinet A 74 P 28
Torre
de Santa María CC 68 O 11
Torre del Águila SE 92 U 12
Torre del Águila
(Embalse de) SE 92 U 12
Torre del Bierzo LE 15 E 11
Torre del Burgo GU 46 J 20
Torre del Campo J 82 S 18
Torre del Compte TE 50 J 30
Torre del Mar MA 101 V 17
Torre del Oro H 91 U 9
Torre del Rei CS 63 L 30
Torre del Río Real MA 100 W 15
Torre del Valle (La) ZA 15 F 12
Torre
d'en Besora (La) CS 50 L 29
Torre
d'en Doménec (La) CS 62 L 30
Torre en Cameros LO 19 F 22
Torre Gorda CA 98 W 11
Torre la Cárcel TE 48 K 26
Torre la Ribera HU 22 E 31
Torre los Negros TE 48 J 26
Torre Pacheco MU 85 S 27
Torre Pedro AB 84 Q 23
Torre-saura IB 106 M 41
Torre-serona L 36 G 31
Torre-solí Nou IB 106 M 42
Torre Tallada V 73 P 27
Torre Uchea AB 84 Q 25
Torre Val
de San Pedro SG 45 I 18
Torreadrada SG 31 H 18
Torreagüera MU 85 S 26
Torrealba
(Ermita de) CC 67 N 11
Torreandaluz SO 33 H 21
Torrearévalo SO 33 G 22
Torrebaja V 61 L 26
Torrebarrio LE 5 C 12
Torrebeleña GU 46 J 20
Torrebesses L 36 H 31
Torreblacos SO 32 G 21
Torreblanca CS 63 L 30
Torreblanca
de los Caños SE 92 T 12
Torreblanca del Sol MA 100 W 16
Torreblascopedro J 82 S 19
Torrebuceit CU 60 M 22
Torrec L 37 G 33
Torrecaballeros SG 45 J 17
Torrecampo CO 81 Q 15
Torrecera CA 99 W 12
Torrechiva CS 62 L 28
Torrecica (La) AB 72 O 24
Torrecilla CR 70 P 18
Torrecilla CU 60 L 23
Torrecilla MA 100 V 14
Torrecilla de Alcañiz TE 50 J 29
Torrecilla
de la Abadesa VA 30 H 14
Torrecilla de la Jara TO 57 M 15
Torrecilla de la Orden VA 30 I 14
Torrecilla de la Torre VA 30 H 14
Torrecilla
de los Ángeles CC 55 L 10
Torrecilla de Valmadrid Z 35 H 27
Torrecilla
del Ducado GU 47 I 22
Torrecilla del Monte BU 32 F 18
Torrecilla del Pinar SG 31 H 17
Torrecilla del Pinar GU 47 J 23
Torrecilla
del Rebolar TE 48 J 26
Torrecilla del Valle VA 30 H 14
Torrecilla
en Cameros LO 19 F 22
Torrecillas CO 93 T 15
Torrecillas (Las)
cerca de Badajoz BA 67 P 9
Torrecillas (Las)
cerca de Mengaloril BA 68 P 12
Torrecillas de la Tiesa CC 56 N 12
Torrecitores BU 31 G 18
Torreciudad HU 22 F 30
Torrecuadrada
de los Valles GU 47 J 22
Torrecuadrada
de Molina GU 48 J 24
Torrecuadradilla GU 47 J 22
Torrecuadros H 91 U 10
Torredembarra T 37 I 34
Torredonjimeno J 82 S 18
Torrefarrera L 36 G 31
Torrefeta L 37 G 33
Torrefrades ZA 29 H 11
Torrefresneda BA 67 P 11
Torrefuente CU 61 L 25
Torregalindo BU 32 H 18
Torregamones ZA 29 H 11
Torregrossa L 36 H 32
Torrehermosa Z 33 I 23
Torreiglesias SG 45 I 17
Torrejón CC 66 N 8
Torrejón de Ardoz M 46 K 19
Torrejón
de la Calzada M 58 L 18
Torrejón de Velasco M 58 L 18
Torrejón del Rey GU 46 K 19
Torrejón el Rubio CC 56 M 11
Torrejón-Tajo
(Embalse de) CC 56 M 12
Torrejón-Tiétar
(Embalse de) CC 56 M 12
Torrejoncillo CC 55 M 10
Torrejoncillo del Rey CU 59 L 22
Torrelaguna M 46 J 19
Torrelameu L 36 G 32
Torrelapaja Z 33 H 24
Torrelara BU 18 F 19
Torrelavandeira C 3 C 5
Torrelavega S 7 B 17
Torrelavit B 37 H 35
Torrelengua CU 59 M 21
Torrelengua SE 92 U 12
Torrellano A 86 R 28
Torrellas Z 34 G 24
Torrelles de Foix B 37 H 34
Torrelles de Llobregat B 38 H 35
Torrelobatón VA 30 H 14
Torrelodones M 45 K 18
Torremayor BA 67 P 10
Torremegía BA 67 P 10
Torremelgarejo CA 91 V 11
Torremendo A 85 S 27
Torremenga CC 56 L 12
Torremocha CC 67 N 11
Torremocha
de Ayllón SO 32 H 20
Torremocha
de Jadraque GU 46 I 21
Torremocha
de Jarama M 46 J 19
Torremocha de Jiloca TE 48 K 26
Torremocha
del Campo GU 47 J 22
Torremocha
del Pinar GU 47 J 23
Torremochuela GU 48 J 24
Torremolinos MA 100 W 16
Torremontalbo LO 19 E 21
Torremormojón P 30 G 15
Torrenostra CS 63 L 30
Torrent GI 25 G 39
Torrent V 62 N 28
Torrente de Cinca HU 36 H 31
Torrenueva CR 71 Q 19
Torrenueva GR 101 V 19
Torrenueva MA 100 W 15
Torrepadre BU 31 F 18
Torreparedones CO 81 S 16
Torreperogil J 83 R 20
Torrequebradilla J 82 S 19
Torrequemada CC 67 N 11
Torres NA 11 D 25
Torres Z 34 H 25
Torres J 82 S 19
Torres (Las) Z 34 H 26
Torres (Las) SA 43 J 13
Torres Cabrera CO 81 S 15
Torres de Albánchez J 83 Q 21
Torres de Albarracín TE 48 K 25
Torres de Alcanadre HU 35 G 29
Torres de Aliste (Las) ZA 29 G 11
Torres de Barbués HU 35 G 28
Torres de Berellén Z 34 G 26
Torres
de Cotillas (Las) MU 85 R 26
Torres de la Alameda M 46 K 19
Torres de Montes HU 21 F 29
Torres de Segre L 36 H 31
Torres del Carrizal ZA 29 H 12
Torres del Obispo HU 22 F 31
Torres del Río NA 19 E 23
Torres-Torres V 62 M 28
Torresandino BU 31 G 18
Torresaviñán (La) GU 47 J 22
Torrescárcela VA 31 H 17
Torresmenudas SA 43 I 12
Torrestio LE 5 C 11
Torresuso SO 32 H 20
Torreta de l'Orri L 23 E 33
Torrevelilla TE 50 J 29
Torrevicente SO 32 H 21

Torrevieja A 86 S 27
Torrevieja (Salines de) A 85 S 27
Torrico TO 57 M 14
Torrijas TE 61 L 27
Torrijo Z 34 H 24
Torrijo del Campo TE 48 J 25
Torrijos TO 58 M 17
Torroella de Fluvià GI 25 F 39
Torroella de Montgrí GI 25 F 39
Torroja del Priorat T 36 I 32
Torronteras GU 47 K 22
Torroña PO 12 F 3
Torrox MA 101 V 18
Torrox (Punta de) MA 101 V 18
Torrox Costa MA 101 V 18
Torrubia GU 48 J 24
Torrubia CO 81 Q 16
Torrubia de Soria SO 33 H 23
Torrubia del Campo CU 59 M 21
Torrubia del Castillo CU 60 M 23
Tortajada TE 48 K 26
Tortas AB 72 Q 22
Tortellà GI 24 F 37
Tórtola CU 60 M 23
Tórtola de Henares GU 46 J 20
Tórtoles AV 44 K 14
Tórtoles Z 34 G 24
Tórtoles de Esgueva BU 31 G 17
Tortonda GU 47 J 22
Tortosa T 50 J 31
Tortosa (Cap de) T 51 J 32
Tortuera GU 48 J 24
Tortuero GU 46 J 19
Torviscal BA 68 O 12
Torviscal (El) SE 92 U 12
Torvizcón GR 102 V 20
Tosa d'Alp B 24 F 35
Tosalet A 75 P 30
Tosantos BU 18 E 20
Tosca
(Embalse de la) CU 47 K 23
Toscana (La) GR 84 S 22
Toscas (Las)
La Gomera TF 119 C 3
Toscón (El)
Gran Canaria GC 115 F 2
Toscón (El)
Gran Canaria GC 116 C 3
Tosende OR 27 G 6
Toses GI 24 F 36
Toses (Collada de) GI 24 E 35
Tosos Z 34 I 26
Tospe O 6 C 14
Tossa de Mar GI 39 G 38
Tossa de Montbui (La) B 37 H 34
Tossa Pelada L 23 F 34
Tossal (El) A 74 Q 29
Tossal (El) L 37 G 33
Tossal de la Nevera CS 50 K 29
Totalán MA 101 V 17
Totana MU 85 S 25
Totanés TO 58 M 17
Toto *Fuerteventura* GC 113 F 3
Toural PO 12 E 4
Touriñán C 2 C 2
Touriñán (Cabo) C 2 C 2
Touro C 13 D 5
Tourón PO 12 E 4
Tous V 74 O 28
Tous
(Embassament de) V 74 O 27
Tóvedas V 61 L 25
Tox O 5 B 10
Toxa (A) /
La Toja PO 12 E 3
Toya J 83 S 20
Tozalmoro SO 33 G 23
Tózar GR 94 T 18
Tozo O 56 N 11
Tozo (Embalse del) CC 56 N 12
Traba C 2 C 2
Traba (La) LU 4 C 8
Trabada LU 4 B 8
Trabadelo LE 14 E 9
Trabakua
(Puerto de) BI 10 C 22
Trabanca SA 29 I 10
Trabazos ZA 29 G 10
Tracastro LU 14 E 8
Trafalgar (Cabo de) CA 98 X 11
Tragacete CU 48 K 24
Tragó L 23 F 33
Tragoncillo AB 84 R 22
Traguntía SA 43 J 10
Traibuenas NA 20 E 25
Traid GU 48 J 24
Traiguera CS 50 K 30
Trajano SE 92 U 12
Tramacastilla TE 48 K 25
Tramacastilla
de Tena HU 21 D 29
Tramaced HU 35 G 29
Tramascastiel TE 61 L 26
Tranco J 83 R 21
Tranquera
(Embalse de la) Z 34 I 24
Tranquera (La) Z 34 I 24
Trapera CO 80 Q 13
Trapiche MA 101 V 17
Tras la Sierra
(Montes de) CC 56 L 12
Trasancos C 3 B 5
Trasanquelos C 3 C 5
Trascastro O 5 C 10
Trascastro LE 14 D 10
Trascatro PO 13 D 6
Trashaedo BU 17 D 18
Trasierra BA 79 R 12
Traslaloma BU 8 C 19
Traslasierra H 79 S 10
Traslasierra BA 67 P 11
Trasmiras OR 27 F 7
Trasmonte C 3 C 4
Trasmonte LU 3 C 6
Trasmoz Z 34 G 24
Trasmulas GR 94 U 18
Trasobares Z 34 H 25
Traspeña P 17 D 16
Traspinedo VA 31 H 16
Travesas C 2 C 3
Traviesa (Sierra) SE 80 S 12
Traviesas C 3 C 4
Travieso (El) SE 80 S 13
Trazo C 2 C 4
Trebujena CA 91 V 11
Treceño S 7 C 17
Tredós L 23 D 32
Trefacio ZA 14 F 10
Tregurà de Dalt GI 24 E 36
Trejo CA 92 V 14
Trelle OR 13 F 6
Trelles O 4 B 9
Tremañes O 6 B 12
Tremedal AV 43 K 13
Tremedal (Puerto) AV 43 K 13
Tremedal de Tormes SA 43 I 11
Tremor de Abajo LE 15 E 11
Tremor de Arriba LE 15 D 11
Tremp L 23 F 32
Tres Arroyos BA 67 P 9
Tres Cantos M 46 K 18
Tres Huelgas
(Mirador de las) Z 35 G 28
Tres Mares (Pico de) P 7 C 16
Tres Picos
(Embalse de) H 90 T 8
Tresabuela S 7 C 16
Trescares O 7 C 15
Trescasas SG 45 J 17
Tresgrandas O 7 B 16
Tresjuncos CU 59 M 21
Tresmonte O 6 B 14
Trespaderne BU 18 D 19
Tresponts
(Congost de) L 23 F 34
Trespuentes VI 19 D 21
Tresviso S 7 C 15
Trévago SO 33 G 23
Trevejo CC 55 L 9
Trevélez GR 95 U 20
Trevélez
(Horcajo de) GR 95 U 20
Treviana LO 18 E 20
Trevijano LO 19 F 22
Treviño BU 19 D 21
Triacastela LU 14 D 8
Triana MA 101 V 17
Triana *Gran Canaria* GC 115 G 2
Tribaldos CU 59 M 21
Tricias (Las) *La Palma* TF 130 B 3
Tricio LO 19 E 21
Trigaza BU 18 F 20
Trigueros H 90 T 9
Trigueros
del Valle VA 31 G 16
Trijueque GU 46 J 21
Trillo GU 47 J 22
Trincheto (El) CR 70 O 17
Trinidad (La) SE 92 T 13
Triollo P 17 D 15
Triongo O 6 B 14
Triquivijate
Fuerteventura GC 111 H 3
Triste HU 21 E 27
Trobajo LE 16 E 13
Trobal (El) SE 91 U 12
Trobo
cerca de Cospeito LU 3 C 7
Trobo (O)
cerca de Fonsagrada LU 4 C 8
Tronceda C 13 D 5
Troncedo HU 22 F 30
Troncedo O 5 B 11
Tronchón TE 49 K 28
Trubia O 5 B 12
Truchas LE 15 F 10
Truchillas LE 15 F 10
Trucios-Turtzioz BI 8 C 20
Trujillanos BA 67 P 11
Trujillo CC 56 N 12
Tubilla del Agua BU 17 D 18
Tubilla del Lago BU 32 G 19
Tubilleja BU 18 D 18
Tuca L 22 D 32
Tuda (La) ZA 29 H 12
Tudanca S 7 C 16
Tudela NA 20 F 25
Tudela GI 25 F 39
Tudela Agüeria O 5 C 12
Tudela de Duero VA 31 H 16
Tudela de Segre L 37 G 33
Tudelilla LO 19 F 23
Tudera ZA 29 H 11
Tuéjar V 61 M 26
Tuela ZA 14 F 9
Tuelas (Los) MU 85 S 25
Tuerto LE 15 E 11
Tuesta VI 18 D 20
Tufiones C 2 C 2
Tui PO 12 F 4
Tuilla O 6 C 13
Tuineje
Fuerteventura GC 113 G 4
Tuiriz LU 13 E 7
Tuiza O 5 C 12
Tujena H 91 T 10
Tulebras NA 34 G 24
Tumbalejo (El) H 91 T 10
Tumbo LU 4 C 7
Tuna (Sa) GI 25 G 39
Túnez *Tenerife* TF 128 E 5
Tuña O 5 C 10
Tuñón O 5 C 12
Turbón HU 22 E 31
Turca GR 94 U 17
Turces C 13 D 5
Turcia LE 15 E 12
Turégano SG 45 I 17
Turieno S 7 C 16
Turienzo Castañero LE 15 E 10
Turillas AL 96 U 23
Turillas (Peñón de) AL 96 U 23
Turís V 74 N 27
Turiso VI 18 D 21
Turleque TO 58 N 19
Turmell (El) CS 50 K 30
Turmiel GU 47 I 23
Turó de l'Home B 38 G 37
Turón O 5 C 12
Turón GR 102 V 20
Turones SA 42 J 9
Turquillas (Las) SE 92 T 14
Turra de Alba SA 44 J 13
Turre AL 96 U 24
Turrilla AB 84 R 23
Turrilla MU 84 S 24
Turrillas AL 96 U 23
Turro (El) GR 94 U 18
Turrubuelo SG 32 I 19
Turruncún LO 19 F 23
Tús AB 84 Q 22
Tús (Balneario de) AB 84 Q 22
Txindoki (Pico) SS 10 C 23

U

Ubeda A 85 Q 27
Úbeda J 82 R 19
Ubide BI 9 C 21
Ubierna BU 18 E 18
Ubiña (Peña) LE 5 C 12
Ubrique CA 99 V 13
Úcar NA 11 D 24
Uceda GU 46 J 19
Ucedo LE 15 E 11
Ucero SO 32 G 20
Uces (Las) SA 43 I 10
Ucieda S 7 C 17
Uclés CU 59 M 21
Udalla S 8 C 19
Udra (Cabo de) PO 12 E 3
Uga *Lanzarote* GC 122 C 4
Ugalde VI 8 C 21
Ugao-Miraballes BI 8 C 21
Ugarteberri SS 10 C 23
Ugena TO 58 L 18
Uges C 3 C 4
Ugíjar GR 102 V 20
Uharte / Huarte NA 11 D 25
Uharte-Arakil NA 10 D 24
Uitzi NA 10 C 24
Uitzi (Alto) NA 10 C 24
Ujados GU 32 I 20
Ujo O 5 C 12
Ujué NA 20 E 25
Ulea MU 85 R 26
Uleila del Campo AL 96 U 23
Ulíbarri NA 19 D 23
Ullà GI 25 F 39
Ulla (Río) C 13 D 4
Ullastrell B 38 H 35
Ullastret GI 25 F 39
Ulldecona T 50 K 31
Ulldemolins T 37 I 32
Ullíbarri (Embalse de) VI 19 D 22
Ullíbarri-Arrazua VI 19 D 22
Ullíbarri-Gamboa VI 19 D 22
Ulloa LU 3 D 6
Ultramort GI 25 F 39
Ultzama NA 11 C 24
Ulzurrun (Puerto de) NA 10 D 24
Umbralejo GU 46 I 20
Umbrete SE 91 T 11
Umbria TE 49 K 28
Umbría MU 84 S 24
Umbría GR 95 V 20
Umbría (La) H 79 S 10
Umbría
(Sierra de la) GR 84 S 22
Umbría
de Fresnedas CR 70 Q 19
Umbría
de las Lomas MU 84 S 24
Umbría del Oso CU 60 L 25
Umbrías AV 43 L 13
Umbrías MU 97 T 25
Umia PO 13 E 4
Unarre L 23 E 33
Uncastillo Z 20 E 26
Unciti NA 11 D 25
Undués de Lerda Z 20 E 26
Undués-Pintano Z 20 E 26
Undurraga BI 9 C 21
Ungilde ZA 28 F 10
Unión (La) MU 85 T 27
Unión
de Campos (La) VA 30 F 14
Universales (Montes) TE 48 K 24
Unquera S 7 B 16
Unzué NA 20 E 25
Uña CU 60 L 24
Uña (La) LE 6 C 14
Uña de Quintana ZA 15 F 11
Urbanización
Vista Los Angeles AL 96 U 24
Urbanova A 86 R 28
Urbasa (Puerto de) NA 19 D 23
Urbel del Castillo BU 17 E 18
Urberuaga BI 10 C 22
Urbies O 6 C 12
Urbina VI 19 D 22
Urbión (Monte) SG 32 F 21
Urbión (Reserva
nacional de) SG 33 G 21
Urbión (Sierra de) SO 33 G 21
Urcal AL 96 T 24
Urculu NA 11 C 26
Urda TO 70 N 18
Urdaburu (Monte) SS 10 C 24
Urdaitz / Urdániz NA 11 D 25
Urdanta LO 18 F 21
Urdazubi / Urdax NA 11 C 25
Urdelar SS 10 C 24
Urdiales del Páramo LE 15 E 12
Urdian NA 19 D 23
Urdilde C 12 D 3
Urdués HU 21 D 27
Urduliz BI 8 B 21
Ures GU 47 I 21
Ures de Medina SO 47 I 23
Urgell
(Canal auxiliar d') L 37 G 32
Urgell (Canal d') L 37 G 33
Urgón CR 70 Q 17
Uria (Sierra de) LU 4 C 9
Uribarri-Dibiña VI 19 D 21
Urigoiti BI 9 C 21
Uritz / Úriz NA 11 D 25
Uriz LU 3 C 7
Úriz / Uritz NA 11 D 25
Urkabustaiz VI 18 D 21
Urkuleta BI 10 C 22
Urmella HU 22 E 31
Urmi CS 50 K 31
Urnieta SS 10 C 24
Urones
de Castroponce VA 16 F 14
Uroz NA 11 D 25
Urquiola (Puerto) BI 10 C 22
Urraca-Miguel AV 45 J 16
Urrácal AL 96 T 22
Urrea de Gaén TE 49 I 28
Urrea de Jalón Z 34 H 26
Urrestieta-Avellaneda BI 8 C 20
Urrestilla SS 10 C 23
Urretxu SS 10 C 23
Urrexola SS 10 C 22
Urrez BU 18 F 19
Urria BU 18 D 19
Urriello (Vega de) O 6 C 15
Urriés Z 20 E 26
Urrotz NA 11 C 24
Urroz-Villa NA 11 D 25
Urrunaga VI 19 D 22
Urrutias (Los) MU 85 S 27
Urtasun NA 11 D 25
Urturi VI 19 E 22
Urtx GI 24 E 35
Urueña VA 30 G 14
Urueñas SG 32 H 18
Uruñuela LO 19 E 21
Urús GI 24 E 35
Urz (La) LE 15 D 12
Urzainqui NA 11 D 27
Usagre BA 79 Q 11
Usana HU 22 E 30
Usanos GU 46 J 20
Usánsolo BI 9 C 21
Usateguieta
(Puerto de) NA 10 C 24
Uscarrés / Uskartze NA 11 D 26
Used Z 48 I 25
Used (Puerto de) Z 48 I 25
Useres (Les) CS 62 L 29
Usi NA 11 D 24
Uskartze / Uscarrés NA 11 D 26
Usón HU 35 G 29
Ustés NA 11 D 26
Usún NA 20 E 26
Usurbil SS 10 C 23
Utande GU 46 J 21
Utebo Z 35 G 27
Uterga NA 10 D 24
Utiel V 61 N 26
Utrera SE 92 U 12
Utrera BA 68 P 12
Utrilla SO 33 I 23
Utrillas TE 49 J 27
Utxesa (Pantà d') L 36 H 31
Uznayo S 7 C 16
Uzquiano BU 19 D 21
Uztárroz / Uztarroze NA 11 D 27
Uztarroze / Uztárroz NA 11 D 27

V

Vaca (La) H 78 S 7
Vacar (El) CO 81 R 15
Vacarisses B 38 H 35
Vadiello
(Embalse de) HU 21 F 29
Vadillo SO 32 G 20
Vadillo
de la Guareña ZA 30 I 13
Vadillo de la Sierra AV 44 K 14
Vadillos LO 19 F 22
Vado
(Embalse de El) GU 46 I 20
Vado Baena J 82 S 17
Vado del Álamo MA 100 V 15
Vadocondes BU 32 H 19
Vadofresno CO 93 U 16
Vadollano
(Estación de) J 82 R 19
Vados (Los) MA 101 V 17
Vados de Torralba J 82 S 19
Vajol (La) GI 25 E 38
Val C 3 B 5
Val (Embalse de El) Z 34 G 24
Val (Río) SO 34 G 24
Val de Castillo LE 16 D 14
Val de la Sabina V 61 L 26
Val de San García GU 47 J 22
Val de San Lorenzo LE 15 E 11
Val de San Martín Z 48 I 25
Val de San Román LE 15 E 11
Val de Santa María ZA 29 G 11
Val de Santo Domingo TO 58 L 17
Val do Dubra C 2 C 4
Valacloche TE 61 L 26
Valadares C 2 D 3
Valadares PO 12 F 3
Valadouro LU 4 B 7
Valareña Z 20 F 26
Valberzoso P 17 D 17
Valboa PO 13 D 4
Valbona TE 61 L 27
Valbonilla BU 17 F 17
Valbuena SA 43 K 12
Valbuena de Duero VA 31 H 17
Valbuena
de Pisuerga P 17 F 17
Valbueno GU 46 K 20
Valbuxán OR 14 F 8
Valcabadillo P 16 E 15
Valcabado ZA 29 H 12
Valcabra
(Rambla de) GR 95 T 21
Valcaliente CC 56 N 12
Valcarce (Moral de) LE 14 E 9
Valcárceres (Los) BU 17 E 18
Valcarlos / Luzaide NA 11 C 26
Valcavado LE 15 F 12
Valchillón CO 81 S 15
Valcotos M 45 J 18
Valcovero P 16 D 15
Valcueva-
Palazuelo (La) LE 16 D 13
Valdajos TO 59 L 20
Valdanzo SO 32 H 19
Valdanzuelo SO 32 H 19
Valdaracete M 59 L 20
Valdarachas GU 46 K 20
Valdastillas CC 56 L 12
Valdavida LE 16 E 14
Valde-Ucieza P 17 E 16
Valdeagorfa TE 50 J 29
Valdeajos BU 17 D 18
Valdealbín SO 32 G 20
Valdealcón LE 16 E 14
Valdealiso LE 16 E 14
Valdealvillo SO 32 H 21
Valdeande BU 32 G 19
Valdearcos VA 31 H 17
Valdearcos LE 16 E 13
Valdearenas GU 46 J 21
Valdeavellano GU 46 J 21
Valdeavellano
de Tera SO 33 G 22
Valdeavellano
de Ucero SO 32 G 20
Valdeavero M 46 K 20
Valdeaveruelo GU 46 K 20
Valdeazogues CR 69 P 16
Valdeazores TO 57 N 15
Valdebótoa BA 67 P 9
Valdecaballeros BA 69 O 14
Valdecabras CU 60 L 23
Valdecabrillas CU 60 L 22
Valdecañas CR 70 P 18
Valdecañas CU 60 L 23
Valdecañas (Centro
Agronómico de) TO 56 L 14
Valdecañas
(Embalse de) CC 56 M 13
Valdecañas
de Campos P 31 G 17
Valdecañas de Tajo CC 56 M 13
Valdecarpinteros SA 43 K 10
Valdecarros SA 44 J 13
Valdecasa AV 44 K 14
Valdecazorla J 83 S 20
Valdecebro TE 49 K 26
Valdecevillo
(Yacimientos de) LO 19 F 23
Valdecilla S 8 B 18
Valdecolmenas
de Abajo CU 60 L 22
Valdecolmenas
de Arriba CU 60 L 22
Valdeconcha GU 46 K 21
Valdeconejos TE 49 J 27
Valdecuenca TE 61 L 25
Valdecuenca
(Puerto de) TE 61 L 25
Valdecuna O 5 C 12
Valdedíos O 6 B 13
Valdedo O 4 B 9
Valdefinjas ZA 30 H 13
Valdeflores SE 79 S 10
Valdefresno LE 16 E 13
Valdefuentes CC 67 O 11
Valdefuentes
(Santuario de) CC 55 L 11

Valdefuentes de Sangusín SA 43 K 12
Valdefuentes del Páramo LE 15 F 12
Valdeganga AB 72 O 24
Valdeganga de Cuenca CU 60 M 23
Valdegeña SO 33 G 23
Valdegovía VI 18 D 20
Valdegrudas GU 46 J 20
Valdegutur LO 34 G 24
Valdehermoso de la Fuente CU 60 N 23
Valdeherreros BA 67 O 10
Valdehierro CR 70 O 17
Valdehijaderos SA 43 K 12
Valdehorna Z 48 I 25
Valdehornillo BA 68 O 12
Valdehoyas TO 58 L 18
Valdehúncar CC 56 M 13
Valdeíñigos CC 56 M 12
Valdejimena (Ermita de) SA 44 K 13
Valdelacalzada BA 67 P 9
Valdelacasa SA 43 K 12
Valdelacasa de Tajo CC 56 M 14
Valdelafuente LE 16 E 13
Valdelageve SA 43 K 12
Valdelagrana CA 98 W 11
Valdelagua M 46 K 19
Valdelagua GU 47 J 21
Valdelagua del Cerro SO 33 G 23
Valdeláguila-El Robledal M 46 K 20
Valdelaguna M 59 L 19
Valdelamadera CR 70 O 17
Valdelamusa H 78 S 9
Valdelarco H 79 S 9
Valdelatas M 46 K 17
Valdelateja BU 18 D 18
Valdelavia (Alto de) AV 45 K 16
Valdelcubo GU 33 I 21
Valdelinares TE 49 K 28
Valdelinares SO 32 G 20
Valdellosa TE 48 J 25
Valdelobos (Cañada de) AB 71 O 22
Valdelosa SA 43 I 12
Valdeltormo TE 50 J 30
Valdelugueros LE 16 D 13
Valdemadera LO 33 G 23
Valdemaluque SO 32 G 20
Valdemanco M 46 J 19
Valdemanco del Esteras CR 69 P 15
Valdemaqueda M 45 K 17
Valdemarías TO 57 M 16
Valdemarín (Casa Forestal de) J 83 R 21
Valdemeca CU 60 L 24
Valdemerilla ZA 29 F 10
Valdemierque SA 44 J 13
Valdemora LE 16 F 13
Valdemorales CC 68 O 11
Valdemorilla LE 16 F 14
Valdemorillo M 45 K 17
Valdemorillo de la Sierra CU 60 L 24
Valdemoro M 58 L 18
Valdemoro del Rey CU 59 L 22
Valdemoro Sierra CU 60 L 24
Valdenarros SO 32 H 21
Valdenebro SO 32 H 21
Valdenebro de los Valles VA 30 G 15
Valdenegrillos SO 33 G 23
Valdenoceda BU 18 D 19
Valdenoches GU 46 J 20
Valdenoguera SA 42 J 9
Valdenuño Fernández GU 46 J 19
Valdeobispo CC 55 L 11
Valdeobispo (Embalse de) CC 55 L 11
Valdeolivas CU 47 K 22
Valdeolmillos P 31 F 16
Valdeolmos M 46 K 19
Valdepalacios TO 57 M 14
Valdepares O 4 B 9
Valdepeñas CR 71 P 19
Valdepeñas de Jaén J 94 T 18
Valdepeñas de la Sierra GU 46 J 19
Valdeperales M 59 L 19
Valdeperdices ZA 29 H 12
Valdeperillo LO 33 F 23
Valdepiélago LE 16 D 13
Valdepiélagos M 46 J 19
Valdepolo LE 16 E 14
Valdeprado S 7 C 16
Valdeprado SO 33 G 23
Valdeprado del Río S 17 D 17
Valdeprados SG 45 J 17
Valderaduey CL 16 E 15
Valderas LE 30 F 13
Valderías BU 17 D 18
Valderrábano P 17 E 16
Valderrama BU 18 D 20
Valderrebollo GU 47 J 21
Valderrepisa (Puerto) CR 81 Q 16
Valderrey LE 15 E 11
Valderrobres TE 50 J 30
Valderrodilla SO 33 H 21
Valderrodrigo SA 43 I 10
Valderrosas CC 55 L 11
Valderrubio GR 94 U 18
Valderrueda SO 33 H 21
Valderrueda LE 16 D 15
Valdés MA 101 V 17
Valdesalor CC 55 N 10
Valdesamario LE 15 D 12
Valdesamario (Embalse Azud de) LE 15 D 11
Valdesaz GU 46 J 21
Valdescorriel ZA 30 F 13
Valdesimonte SG 31 I 18
Valdesoto O 6 B 13
Valdesotos GU 46 J 20
Valdespina P 17 F 16
Valdespina SO 33 H 22
Valdespino Cerón LE 16 F 13
Valdespino de Somoza LE 15 E 11
Valdesquí M 45 J 18
Valdestillas VA 30 H 15
Valdeteja LE 16 D 13
Valdeteja (Collada de) LE 16 D 13
Valdeterrazo del Marqués BA 78 Q 8
Valdetorres BA 68 P 11
Valdetorres de Jarama M 46 J 19
Valdevacas de Montejo SG 32 H 19
Valdevacas y Guijar SG 45 I 18
Valdevaqueros (Ensenada de) CA 99 X 12
Valdeverdeja TO 57 M 14
Valdevimbre LE 16 E 13
Valdezate BU 31 H 18
Valdezcaray LO 18 F 21
Valdezufre H 79 S 10
Valdilecha M 59 L 20
Valdín OR 14 F 9
Valdivia BA 68 O 12
Valdomar LU 3 C 6
Valdoré LE 16 D 14
Valdoro (Sierra de) CR 82 Q 17
Valdorros BU 18 F 18
Valdoviño C 3 B 5
Valdunciel SA 43 I 12
Valdunquillo VA 30 F 14
Valduro Nuevo BA 67 P 9
Valduvieco LE 16 E 14
Valeixe PO 13 F 5
Valencia V 62 N 29
Valencia (Golf de) V 62 N 29
Valencia d'Àneu L 23 E 33
Valencia de Alcántara CC 54 N 8
Valencia de Don Juan LE 16 F 13
Valencia de las Torres BA 79 Q 12
Valencia del Mombuey BA 78 R 8
Valencia del Ventoso BA 79 R 10
Valencina de la Concepción SE 91 T 11
Valenoso P 17 E 16
Valentín MU 84 R 24
Valentins (Els) T 50 K 31
Valenzuela CO 81 S 17
Valenzuela de Calatrava CR 70 P 18
Valer ZA 29 G 11
Valera BA 79 R 10
Valera de Abajo CU 60 M 23
Valeria CU 60 M 23
Valeriano GR 94 T 18
Valero SA 43 K 12
Vales OR 13 E 6
Valfarta HU 35 H 29
Valfermoso de las Monjas GU 46 J 21
Valfermoso de Tajuña GU 46 K 21
Valfonda de Santa Ana HU 35 G 28
Valga PO 12 D 4
Valgañón LO 18 F 20
Valgrande O 15 D 12
Valhermoso GU 47 J 24
Valientes (Los) MU 85 R 26
Valiñas PO 12 E 4
Valjunquera TE 50 J 30
Vall Alto del Ter GI 24 F 37
Vall d'Alba CS 62 L 29
La Vall d'Alcalà A 74 P 29
Vall d'Alcalà A 74 P 28
Vall d'Àngel (Serra de la) CS 50 K 30
Vall de Almonacid CS 62 M 28
Vall de Bianya (La) GI 24 F 37
Vall de Ebo A 74 P 29
Vall de Gallinera A 74 P 29
La Vall de Laguar A 74 P 29
Vall de Laguart A 74 P 29
Vall de Varradòs L 22 D 32
Vall d'Uixó (La) CS 62 M 29
Vall Llebrera L 37 G 33
Vall-Llobrega GI 25 G 39
Vallada V 74 P 27
Valladares SO 33 I 22
Vallado O 5 C 10
Valladolid VA 30 H 15
Valladolises MU 85 S 26
Vallanca V 61 L 25
Vallarta de Bureda BU 18 E 20
Vallat CS 62 L 28
Vallbona d'Anoia B 37 H 35
Vallbona de les Monges L 37 H 33
Vallcarca B 38 I 35
Vallcebre B 23 F 35
Vallclara T 37 H 32
Valldan (La) B 24 F 35
Valldemossa IB 104 M 37
Valldoreix B 38 H 36
Valle S 8 C 19
Valle (El) LE 15 E 10
Valle (El) CA 99 X 12
Valle-Brosque TF 125 J 2
Valle de Abdalajís MA 100 V 15
Valle de Arán (Parador de) Vielha L 22 D 32
Valle de Arriba Tenerife TF 126 C 3
Valle de Cabuerniga S 7 C 17
Valle de Cerrato P 31 G 16
Valle de Finolledo LE 14 D 9
Valle de Guerra Tenerife TF 124 H 2
Valle de la Serena BA 68 P 12
Valle de la Venta CC 55 L 9
Valle de la Viuda (El) CR 69 O 16
Valle de Lago O 5 C 11
Valle de las Casas (El) LE 16 D 14
Valle de los Caídos M 45 K 17
Valle de Matamoros BA 79 Q 9
Valle de S. Augustin (El) O 4 B 9
Valle de Santa Ana BA 79 Q 9
Valle de Santa Inés GC 111 G 3
Valle de Santullan P 17 D 16
Valle de Tabladillo SG 31 H 18
Valle de Trapaga BI 8 C 20
Valle de Vegacervera LE 16 D 13
Valle Gran Rey (Barranco) La Gomera TF 118 B 2
Valle Retortillo P 16 F 15
Vallebrón Fuerteventura GC 111 H 2
Vallecas M 46 K 19
Vallecillo LE 16 E 14
Vallecillo (El) TE 61 L 25
Valledor (Sierra de) O 4 C 9
Vallegera BU 17 F 17
Vallehermoso TO 57 M 16
Vallehermoso La Gomera TF 118 C 1
Valleja CA 99 V 12
Vallejera de Riofrío SA 43 K 12
Vallejimeno BU 32 F 20
Vallejo P 17 D 17
Vallejo de Mena BU 8 C 20
Vallelado SG 31 H 16
Valleluengo ZA 29 F 11
Vallequillas M 58 L 19
Valleruela de Pedraza SG 45 I 18
Valleruela de Sepúlveda SG 46 I 18
Valles S 7 B 17
Valles (Los) Lanzarote GC 123 E 3
Valles (Reserva nacional de los) HU 21 D 27
Valles de Ortega Fuerteventura GC 113 G 3
Valles de Palenzuela BU 17 F 17
Valles de Valdavia P 17 E 16
Vallesa ZA 44 I 14
Valleseco GC 115 E 2
Vallespinosa T 37 H 34
Vallespinoso de Aguilar P 17 D 16
Vallfogona de Balaguer L 36 G 32
Vallfogona de Ripolles GI 24 F 36
Vallfogona de Riucorb T 37 H 33
Vallgorguina B 38 H 37
Vallibierna (Pico de) HU 22 E 31
Vallibona CS 50 K 30
Vallirana B 38 H 35
Vallivana CS 50 K 30
Vallmanya cerca de Cardona L 37 G 34
Vallmanya cerca de Lérida L 36 H 31
Vallmoll T 37 I 33
Vallobal O 6 B 14
Valloria SO 33 F 22
Vallromanas B 38 H 36
Valls T 37 I 33
Vallter 2000 GI 24 E 36
Valltorta (Barranc de la) CS 50 K 30
Valluerca VI 18 D 20
Valluercanes BU 18 E 20
Vallunquera BU 17 F 17
Vallverd L 37 G 32
Vallverd T 37 H 33
Valmadrid Z 35 H 27
Valmala BU 18 F 20
Valmartino LE 16 D 14
Valmayor J 81 Q 17
Valmayor (Embalse de) M 45 K 17
Valmojado TO 58 L 17
Valmuel del Caudillo TE 49 I 29
Valonga HU 36 G 30
Válor GR 102 V 20
Valoria de Aguilar P 17 D 17
Valoria del Alcor P 30 G 15
Valoria la Buena VA 31 G 16
Valpalmas Z 21 F 27
Valparaíso cerca de Cuelgamures ZA 29 I 12
Valparaíso cerca de Mombuey ZA 29 G 11
Valparaíso de Abajo CU 59 L 22
Valparaíso de Arriba CU 59 L 22
Valporquero de Rueda LE 16 D 14
Valporquero de Torío LE 16 D 13
Valrío CC 55 L 10
Valronquillo CR 70 O 17
Valsain SG 45 J 17
Valsalabroso SA 43 I 10
Valsalada HU 21 F 28
Valsalobre CU 47 K 23
Valsalobre GU 48 J 24
Valseca SG 45 I 17
Valseco LE 15 D 10
Valsemana LE 16 D 12
Valsequillo CO 80 Q 13
Valsequillo de Gran Canaria Gran Canaria GC 115 F 3
Valtablado del Río GU 47 J 22
Valtajeros SO 33 G 23
Valtiendas SG 31 H 18
Valtierra NA 20 F 25
Valtorres Z 34 I 24
Valtueña SO 33 H 23
Valuengo BA 79 R 9
Valuengo (Embalse de) BA 79 R 10
Valvaler O 4 C 9
Valvenedizo SO 32 I 20
Valverde BU 32 G 19
Valverde SO 34 G 24
Valverde TE 48 J 26
Valverde CR 70 P 17
Valverde A 86 R 28
Valverde LO 34 G 24
Valverde El Hierro TF 109 D 2
Valverde de Alcalá M 46 K 20
Valverde de Burguillos BA 79 R 10
Valverde de Campos VA 30 G 14
Valverde de Júcar CU 60 M 23
Valverde de la Sierra LE 16 D 15
Valverde de la Vera CC 56 L 13
Valverde de la Virgen LE 15 E 12
Valverde de Leganés BA 66 P 9
Valverde de Llerena BA 80 R 12
Valverde de los Arroyos GU 46 I 20
Valverde de Mérida BA 67 P 11
Valverde de Valdelacasa SA 43 K 12
Valverde del Camino H 91 T 9
Valverde del Fresno CC 55 L 9
Valverde del Majano SG 45 J 17
Valverde Enrique LE 16 F 14
Valverdejo CU 60 N 23
Valverdín LE 16 D 13
Valverdón SA 43 I 12
Valvieja SG 32 H 19
Vanacloig V 61 M 27
Vandellós T 51 I 32
Vanidodes LE 15 E 11
Vara C 12 D 3
Vara (Alto de la) GU 32 I 21
Vara de Rey CU 72 N 23
Varas CO 81 R 16
Varelas C 13 D 5
Vargas S 7 C 18
Vascos (Ruinas romanas) TO 57 M 14
Veciana B 37 H 34
Vecilla (La) LE 16 D 13
Vecindario Gran Canaria GC 117 F 4
Vecinos SA 43 J 12
Vedat de Torrent (El) V 62 N 28
Vedra C 13 D 4
Vega S 7 C 18
Vega (Ermita de la) AV 44 K 13
Vega (La) S 7 C 16
Vega (La) BA 66 O 8
Vega (La) cerca de Ribadesella O 6 B 14
Vega (La) cerca de Tineo O 5 C 11
Vega (La) Riosa O 5 C 12
Vega (La) Sariego O 6 B 13
Vega de Almanza (La) LE 16 D 14
Vega de Anzo O 5 B 11
Vega de Bur P 17 D 16
Vega de Caballeros LE 15 D 12
Vega de Doña Olimpa P 17 E 16
Vega de Espinareda LE 14 D 10
Vega de Gordón LE 16 D 13
Vega de Infanzones LE 16 E 13
Vega de los Viejos (La) LE 15 D 11
Vega de Magaz LE 15 E 11
Vega de Pas S 8 C 18
Vega de Rengos O 5 C 10
Vega de Río Palmas Fuerteventura GC 110 F 3
Vega de Ruiponce VA 16 F 14
Vega de San Mateo Gran Canaria GC 115 E 2
Vega de Santa María AV 45 J 16
Vega de Tera ZA 29 G 11
Vega de Tirados SA 43 I 12
Vega de Valcarce LE 14 E 9
Vega de Valdetronco VA 30 H 14
Vega de Villalobos ZA 30 G 13
Vega de Yeres LE 14 E 9
Vega del Castillo ZA 15 F 10
Vega del Codorno CU 48 K 24
Vega del Rey O 5 C 12
Vega Esquivia TO 70 N 18
Vegacerneja LE 6 C 14
Vegacervera LE 16 D 13
Vegadeo O 4 B 8
Vegafría SG 31 H 17
Vegalagar O 4 C 10
Vegalatrave ZA 29 G 11
Vegallera AB 72 Q 23
Vegameoro O 5 C 10
Veganzones SG 45 I 18
Vegaquemada LE 16 D 14
Vegarada (Puerto de) LE 6 C 13
Vegarienza LE 15 D 11
Vegarredonda O 6 C 14
Vegas Altás BA 68 O 13
Vegas de Almenara SE 80 S 13
Vegas de Coria CC 43 K 11
Vegas de Domingo Rey SA 43 K 10
Vegas de Matute SG 45 J 17
Vegas de San Antonio (Las) TO 57 M 15
Vegas del Condado LE 16 D 13
Vegaviana CC 55 L 9
Veguellina de Órbigo LE 15 E 12
Veguilla S 8 C 19
Veguillas GU 46 J 20
Veguillas (Las) SA 43 J 12
Veguillas de la Sierra TE 61 L 25
Veiga C 3 C 4
Veiga (A) cerca de Celanova OR 13 F 6
Veiga (A) cerca de O Barco OR 14 E 9
Veiga (A) cerca de Viana do Bolo OR 14 F 8
Veiga de Logares (A) LU 4 C 8
Vejer de la Frontera CA 99 X 12
Vejo S 7 C 15
Vela CO 93 T 17
Velada TO 57 M 15
Velamazán SO 33 H 21
Velascálvaro VA 30 I 15
Velate (Castillo de) NA 11 C 25
Velayos AV 45 J 16
Veldedo LE 15 E 11
Velefique AL 96 U 22
Veleta (Pico) GR 94 U 19
Vélez Blanco AL 84 S 23
Vélez de Benaudalla GR 101 V 19
Vélez Málaga MA 101 V 17
Vélez Málaga (Punta de) MA 101 V 17
Vélez Rubio AL 84 T 23
Velilla VA 30 H 14
Velilla cerca de San Esteban de Gormaz SO 32 H 20
Velilla cerca de Soria SO 33 G 22
Velilla (La) SG 45 I 18
Velilla de Cinca HU 36 H 30
Velilla de Ebro Z 35 H 28
Velilla de Jiloca Z 34 I 25
Velilla de la Reina LE 15 E 12
Velilla de los Ajos SO 33 H 23
Velilla de los Oteros LE 16 E 13
Velilla de Medinaceli SO 47 I 22
Velilla de San Antonio M 46 K 19
Velilla de Valderaduey LE 16 E 15
Velilla del Río Carrión P 16 D 15
Velillas HU 21 F 29
Velle (Embalse de) OR 13 E 6
Vellés (La) SA 44 I 13
Vellila de Tarilonte P 17 D 15
Vellisca CU 59 L 21
Velliza VA 30 H 15
Vellón (El) M 46 J 19
Vellosillo SG 32 I 18
Vences OR 28 G 7
Vencillon HU 36 G 30
Vendas da Barreira OR 28 G 8
Vendelaras de Abajo AB 72 P 23
Vendelaras de Arriba AB 72 P 23
Vendrell (El) T 37 I 34
Venero CC 68 N 13
Veneros (Los) SE 92 U 14
Venialbo ZA 30 H 13
Venta (La) CR 70 O 18
Venta (La) cerca de Almedinilla CO 94 T 17
Venta (La) cerca de Baza GR 95 T 21
Venta Cerezo CO 81 R 17
Venta de Ballerías HU 35 G 29
Venta de Baños P 31 G 16
Venta de Cañete SE 92 U 14
Venta de Cárdenas CR 82 Q 19
Venta de Culebrín BA 79 R 11
Venta de Don Quijote TO 59 N 21
Venta de Gaeta (La) V 73 O 27
Venta de la Muela J 83 R 21
Venta de los Santos J 83 Q 20
Venta de Micena GR 84 S 22
Venta del Charco CO 81 R 17
Venta del Cruce SE 91 U 11
Venta del Fraile GR 101 V 18
Venta del Moro V 61 N 25
Venta del Obispo AV 44 K 14
Venta del Ojo de Mierla TE 48 J 25
Venta del Palmar (La) SE 92 T 14

Venta del Peral (La) GR 95 T 22
Venta del Probe AL 103 V 23
Venta del Puerto CO 81 R 16
Venta del Tarugo GR 102 V 20
Venta Nueva O 5 C 10
Venta Pantalones J 82 T 17
Venta Quemada V 61 N 27
Venta Quemada GR 96 T 22
Venta Santa Bárbara GR 93 U 17
Venta Valero CO 94 T 17
Ventalles (Les) T 50 K 31
Ventalló GI 25 F 39
Ventamillo (Congosto de) HU 22 E 31
Ventamira V 61 N 27
Ventana (Puerto) LE 5 C 11
Ventaniella (Puerto de) O 6 C 14
Ventanilla P 17 D 16
Ventano del Diablo CU 60 L 23
Ventas (Las) O 5 C 11
Ventas Blancas LO 19 E 23
Ventas con Peña Aguilera TO 58 N 17
Ventas de Arriba H 79 S 10
Ventas de Huelma GR 94 U 18
Ventas de Muniesa TE 49 I 27
Ventas de Retamosa (Las) TO 58 L 17
Ventas de San Julián (Las) TO 56 L 14
Ventas de Zafarraya GR 101 V 17
Ventas del Carrizal J 94 T 18
Vente de las Ranas O 6 B 13
Venterros de Balerma GR 93 U 17
Ventilla (La) CR 71 O 20
Ventilla (La) CO 80 S 14
Ventillas CR 81 Q 17
Ventín PO 13 F 4
Ventolà GI 24 F 36
Ventorrillo (El) S 7 C 17
Ventorros de San José GR 94 U 17
Ventosa PO 13 D 6
Ventosa GU 47 J 24
Ventosa cerca de Medinaceli SO 47 I 22
Ventosa cerca de Soria SO 33 G 22
Ventosa (La) CU 60 L 22
Ventosa de Fuentepinilla SO 33 H 21
Ventosa de la Cuesta VA 30 H 15
Ventosa de Pisuerga P 17 E 17
Ventosa de San Pedro SO 33 F 23
Ventosa del Río Almar SA 44 J 13
Ventosela OR 13 F 5
Ventoses (Les) L 37 G 33
Ventosilla SO 33 G 22
Ventosilla J 82 S 18
Ventosilla (La) TO 58 M 17
Ventosilla y Tejadilla SG 46 I 18
Ventoso O 4 C 8
Ventrosa LO 19 F 21
Venturada M 46 J 19
Veo CS 62 M 28
Ver LU 14 E 7
Vera AL 96 U 24
Vera BA 69 P 14
Vera (La) CC 56 L 13
Vera de Bidasoa / Bera NA 11 C 24
Vera de Moncayo Z 34 G 24
Veracruz J 83 R 20
Veracruz HU 22 E 31
Veral LU 21 E 27
Verde GR 101 V 18
Verdegàs A 86 Q 28
Verdelpino de Huete CU 59 L 22
Verdeña P 17 D 16
Verdes (Cueva de los) Lanzarote GC 121 F 3
Verdiago LE 16 D 14
Verdicio O 5 B 12
Verdú L 37 H 33
Verdugo Río PO 12 E 4
Verea OR 13 F 6
Veredas CR 69 Q 16
Veredas H 78 S 9
Veredón CO 81 S 15
Vergaño P 17 D 16
Verger (El) A 74 P 30
Verges GI 25 F 39
Vergós L 37 H 33
Verín OR 28 G 7
Veriña O 5 B 12
Verís C 3 C 5
Verjaga J 83 Q 21
Vertavillo P 31 G 17
Vertientes (Las) GR 96 T 22
Veruela (Monasterio de) Z 34 G 24
Vescar (Sierra El) BA 78 R 8
Vesgas (Las) BU 18 E 19
Vespella T 37 I 34
Vetaherrado SE 91 U 12
Vezdemarbán ZA 30 H 13
Viacamp HU 22 F 31
Viados HU 22 E 31
Viana NA 19 E 22
Viana de Cega VA 30 H 15
Viana de Duero SO 33 H 22
Viana de Jadraque GU 47 I 21
Viana de Mondéjar GU 47 K 22
Viana do Bolo OR 14 F 8
Viandar de la Vera CC 56 L 13
Vianos AB 72 Q 22
Viaña S 7 C 17
Viaño Pequeño C 3 C 4
Viar SE 92 T 12
Viar (Canal del) SE 80 S 12
Viariz LE 14 E 9
Viascón PO 12 E 4
Viator AL 103 V 22
Víboras J 94 T 17
Vic B 38 G 36
Vic (Parador) B 24 G 37
Vícar AL 102 V 22
Vicario (Embalse de El) CR 70 O 18
Vicedo LU 3 A 6
Vicente TO 57 N 16
Vicentes (Los) A 85 R 27
Vicfred L 37 G 34
Vicién HU 21 F 28
Viciente LU 3 C 6
Vico CA 91 V 12
Vicolozano AV 45 J 16
Vicorto AB 84 Q 23
Victoria (La) CO 81 S 15
Victoria de Acentejo (La) Tenerife TF 124 G 2
Vid (La) BU 32 H 19
Vid (La) LE 16 D 13
Vid de Bureba (La) BU 18 E 20
Vid III (Embalse de la) CC 56 M 12
Vidanes LE 16 D 14
Vidángoz / Bidankoze NA 11 D 26
Vidayanes ZA 30 G 13
Vide cerca de Cenlle OR 13 F 5
Vide cerca de Maceda OR 13 F 7
Vide de Alba ZA 29 G 11
Videferre OR 27 G 7
Videmala ZA 29 H 11
Vidiago O 7 B 16
Vidio (Cabo) O 5 B 11
Vídola (La) SA 43 I 10
Vidrà GI 24 F 36
Vidreres GI 39 G 38
Vidrieros P 17 D 15
Vidrio (Sierra del) BA 67 O 10
Vidural O 5 B 10
Vieiro (Alto de) OR 13 F 6
Vieja (Cueva de la) AB 73 O 26
Vieja (Sierra) BA 67 Q 10
Viejas CR 71 O 20
Viejas (Sierra de) CC 56 N 13
Viejo (El) TO 59 N 20
Viejo (Pico) Tenerife TF 128 D 4
Vielha L 22 D 32
Vielha (Túnel de) L 22 E 32
Viella O 5 B 12
Viento MA 100 V 16
Viento (Puerto del) MA 92 V 14
Viento (Punta del) Tenerife TF 124 G 2
Viento (Sierra del) SE 80 R 12
Viergol BU 8 C 20
Vierlas Z 34 G 24
Viernoles S 7 C 17
Viforcos LE 15 E 11
Vigaña cerca de Grado O 5 C 11
Vigaña cerca de Peña Manteca O 5 C 11
Vignemale HU 21 D 29
Vigo PO 12 F 3
Vigo C 3 C 5
Vigo (El) BU 8 C 20
Vigo (Ría de) PO 12 F 3
Viguera LO 19 F 22
Vila L 22 D 32
Vila de Bares C 3 A 6
Vila de Cruces PO 13 D 5
Vila Joiosa (La) / Villajoyosa A 74 Q 29
Vila-real / Villarreal CS 62 M 29
Vila-rodona T 37 I 34
Vila-sacra GI 25 F 39
Vila-sana L 37 H 32
Vila-seca T 51 I 33
Vilabade LU 4 C 8
Vilabella T 37 I 33
Vilabertran GI 25 F 38
Vilablareix GI 25 G 38
Vilaboa C 3 B 5
Vilaboa PO 12 E 4
Vilaboa LU 4 C 8
Vilac L 22 D 32
Vilacampa LU 4 B 7
Vilachá C 3 B 5
Vilachá cerca de Liber LU 14 D 8
Vilachá cerca de Monforte LU 14 E 7
Vilachá de Mera LU 3 D 7
Vilacoba PO 13 F 4
Vilacova C 12 D 3
Vilada B 24 F 35
Viladabade C 2 C 4
Viladamat GI 25 F 39
Viladasens GI 25 F 38
Viladavil C 3 D 5
Viladecans B 38 I 36
Viladecavalls B 38 H 35
Vilademuls GI 25 F 38
Viladequinta OR 14 E 9
Viladordis B 38 G 35
Viladrau GI 24 G 37
Vilaesteva LU 14 D 8
Vilaestrofe LU 4 B 7
Vilafamés CS 62 L 29
Vilafant GI 25 F 38
Vilaflor Tenerife TF 128 E 4
Vilaformán LU 4 B 8
Vilaframil LU 4 B 8
Vilafranca / Villafranca del Cid CS 49 K 29
Vilafranca de Bonany IB 105 N 39
Vilafranca del Penedès B 37 H 35
Vilagarcía de Arousa PO 12 E 3
Vilagrassa L 37 H 33
Vilajuïga GI 25 F 39
Vilalba / Villalba LU 3 C 6
Vilalba dels Arcs T 50 I 31
Vilalba Sasserra B 38 H 37
Vilalbite LU 3 C 6
Vilaleo LU 14 D 7
Vilalle LU 4 C 8
Vilalleons B 38 G 36
Vilaller L 22 E 32
Vilallobent GI 24 E 35
Vilallonga V 74 P 29
Vilallonga de Ter GI 24 E 36
Vilallonga del Camp T 37 I 33
Vilalonga PO 12 E 3
Vilalpape LU 14 E 7
Vilamacolum GI 25 F 39
Vilamaior C 3 B 5
Vilamaior LU 14 D 7
Vilamaior OR 27 G 6
Vilamaior de Negral LU 3 D 6
Vilamajor B 38 G 37
Vilamalla GI 25 F 38
Vilamaniscle GI 25 E 39
Vilamarín OR 13 E 6
Vilamartín LU 4 B 8
Vilamartín de Valdeorras OR 14 E 8
Vilamarxant V 62 N 28
Vilamateo C 3 B 5
Vilamea OR 27 G 5
Vilameá LU 4 B 8
Vilameán PO 12 F 3
Vilamitjana L 23 F 32
Vilamor C 3 D 6
Vilamós L 22 D 32
Vilamur L 23 E 33
Vilán (Cabo) C 2 C 2
Vilanant GI 25 F 38
Vilanova OR 14 F 9
Vilanova PO 12 F 3
Vilanova V 61 M 26
Vilanova cerca de Monterroso LU 13 D 6
Vilanova cerca de Sarria LU 14 D 7
Vilanova Lourenzá LU 4 B 8
Vilanova d'Alcolea CS 62 L 30
Vilanova de Arosa PO 12 E 3
Vilanova de Bellpuig L 37 H 32
Vilanova de la Barca L 36 G 32
Vilanova de l'Aguda L 37 G 33
Vilanova de les Avellanes L 36 G 32
Vilanova de Meià L 37 G 33
Vilanova de Prades T 37 H 32
Vilanova de Sau B 24 G 37
Vilanova de Segrià L 36 G 31
Vilanova d'Escornalbou T 51 I 32
Vilanova i la Geltrú / Villanueva y Geltrú B 37 I 35
Vilaosende LU 4 B 8
Vilapedre cerca de Sarria LU 14 D 7
Vilapedre cerca de Villalba LU 3 B 7
Vilapene LU 4 C 7
Vilaplana T 37 I 33
Vilaquinte LU 13 E 6
Vilar OR 27 G 6
Vilar cerca de A Cañiza PO 13 F 5
Vilar cerca de Vigo PO 12 F 4
Vilar (El) L 23 F 33
Vilar de Barrio OR 13 F 7
Vilar de Canes CS 50 K 29
Vilar de Cervos OR 28 G 7
Vilar de Donas LU 13 D 6
Vilar de Lor LU 14 E 8
Vilar de Moros LU 4 C 8
Vilar de Rei OR 27 F 7
Vilar de Santos OR 13 F 6
Vilarbacu LU 14 E 8
Vilarchán PO 12 E 4
Vilarchao LU 4 C 8
Vilardevós OR 28 G 8
Vilardíaz LU 4 C 8
Vilares LU 3 C 6
Vilarig GI 25 F 38
Vilarino de Conso (Estación de) OR 14 F 8
Vilariño PO 12 E 3
Vilariño das Poldras OR 13 F 6
Vilariño de Conso OR 14 F 8
Vilariño Frío OR 13 F 7
Vilarmeao OR 14 F 8
Vilarmide LU 4 C 8
Vilarrube C 3 B 5
Vilarrubín OR 13 E 6
Vilarxoán LU 14 D 8
Vilasantar C 3 C 5
Vilaseco OR 14 F 8
Vilasobroso PO 13 F 4
Vilasouto (Embalse de) LU 14 D 7
Vilassar de Mar B 38 H 37
Vilaster LU 14 E 8
Vilatán LU 13 E 6
Vilatuxe PO 13 E 5
Vilaür GI 25 F 38
Vilaúxe LU 13 E 6
Vilavella OR 28 F 8
Vilavella (La) CS 62 M 29
Vilaverd T 37 H 33
Vilaxoán PO 12 E 3
Vilches J 82 R 19
Vildé SO 32 H 20
Vileiriz LU 14 D 7
Vilela C 2 C 4
Vilela PO 13 D 6
Vilela cerca de Ribadeo LU 4 B 8
Vilela cerca de Taboada LU 13 D 6
Vilella (La) T 36 I 32
La Vilella Baixa T 36 I 32
Vileña BU 18 E 20
Vileta (La) IB 104 N 37
Villa de Don Fadrique (La) TO 59 N 20
Villa de Ves AB 73 O 26
Villa del Campo CC 55 L 10
Villa del Prado M 58 L 17
Villa del Rey CC 55 N 9
Villa del Río CO 81 S 17
Villabalter LE 16 E 13
Villabáñez VA 31 H 16
Villabaruz de Campos VA 30 F 15
Villabáscones de Bezana BU 18 D 18
Villabasil BU 8 C 20
Villabasta P 17 E 16
Villabermudo P 17 E 16
Villablanca H 90 U 7
Villablino LE 15 D 11
Villabona SS 10 C 23
Villabona O 5 B 12
Villabrágima VA 30 G 14
Villabraz LE 16 F 13
Villabrázaro ZA 29 F 12
Villabre O 5 C 11
Villabuena SO 33 G 22
Villabuena LE 14 E 9
Villabuena de Álava VI 19 E 22
Villabuena del Puente ZA 30 H 13
Villacadima GU 32 I 20
Villacalbiel LE 16 E 13
Villacampo del Moral J 94 T 19
Villacañas TO 59 N 19
Villacarli HU 22 E 31
Villacarralón VA 16 F 14
Villacarriedo S 7 C 18
Villacarrillo J 83 R 20
Villacastín SG 45 J 16
Villacé LE 16 E 13
Villacelama LE 16 E 13
Villacián BU 18 D 20
Villacibrán O 5 C 10
Villacid de Campos VA 30 F 14
Villacidaler P 16 F 15
Villacidayo LE 16 E 14
Villaciervitos SO 33 G 22
Villaciervos SO 33 G 22
Villacil LE 16 E 13
Villacintor LE 16 E 14
Villaco VA 31 G 17
Villaconancio P 31 G 17
Villacondide O 4 B 9
Villaconejos M 58 L 19
Villaconejos de Trabaque CU 47 K 23
Villacorta SG 32 I 19
Villacorza GU 47 I 21
Villacreces VA 16 F 14
Villacuende P 17 E 15
Villada P 16 F 15
Villadangos del Páramo LE 15 E 12
Villadecanes LE 14 E 9
Villademor de la Vega LE 16 F 13
Villadepalos LE 14 E 9
Villadepán LE 15 D 11
Villadepera ZA 29 H 11
Villadesuso PO 12 F 3
Villadevelle O 4 B 8
Villadiego BU 17 E 17
Villadiego de Cea LE 16 E 15
Villadiezma P 17 E 16
Villadonga LU 4 C 7
Villadoz Z 48 I 26
Villaeles de Valdavia P 17 E 16
Villaescobedo BU 17 D 17
Villaescusa S 17 D 17
Villaescusa ZA 30 I 13
Villaescusa de Haro CU 59 N 21
Villaescusa de Palositos GU 47 K 22
Villaescusa de Roa BU 31 G 17
Villaescusa del Butrón BU 18 D 19
Villaescusa la Sombría BU 18 E 19
Villaespasa BU 32 F 19
Villaesper VA 30 G 14
Villaestrigo LE 15 F 12
Villafáfila ZA 30 G 13
Villafalé LE 16 E 13
Villafañé LE 16 E 13
Villafeliche Z 48 I 25
Villafeliche (Puerto de) Z 48 I 25
Villafeliz de la Sobarriba LE 16 E 13
Villafer LE 16 F 13
Villaferrueña ZA 15 F 12
Villafiz LU 3 D 6
Villaflor AV 44 J 15
Villaflor ZA 29 H 12
Villaflores SA 44 I 14
Villaflores GU 46 K 20
Villafrades de Campos VA 30 F 15
Villafranca NA 20 F 24
Villafranca SG 32 I 18
Villafranca (Embalse de) CO 81 S 16
Villafranca de Córdoba CO 81 S 16
Villafranca de Duero VA 30 H 14
Villafranca de Ebro Z 35 H 28
Villafranca de la Sierra AV 44 K 14
Villafranca de los Barros BA 67 Q 10
Villafranca de los Caballeros TO 71 N 19
Villafranca del Bierzo LE 14 E 9
Villafranca del Campo TE 48 J 25
Villafranca del Castillo M 45 K 18
Villafranca del Cid / Vilafranca CS 49 K 29
Villafranca-Montes de Oca BU 18 E 20
Villafranco del Guadalhorce MA 100 V 15
Villafranco del Guadalquivir SE 91 U 11
Villafranco del Guadiana BA 67 P 9
Villafranqueza A 86 Q 28
Villafrechós VA 30 G 14
Villafría VI 19 E 22
Villafría cerca de Burgos BU 18 E 19
Villafría cerca de San Zardonil BU 18 D 20
Villafruel P 17 E 15
Villafruela BU 31 G 18
Villafuerte VA 31 G 17
Villafuertes BU 17 F 18
Villagalijo BU 18 E 20
Villagarcía LE 15 E 12
Villagarcía de Campos VA 30 G 14
Villagarcía de la Torre BA 79 R 11
Villagatón LE 15 E 11
Villagellegos LE 16 E 13
Villager de Laciana LE 15 D 10
Villageriz ZA 15 F 12
Villagómez BU 18 F 18
Villágomez la Nueva VA 16 F 14
Villagonzalo BA 67 P 11
Villagonzalo de Coca SG 45 I 16
Villagonzalo de Tormes SA 44 J 13
Villagonzalo-Pedernales BU 18 F 18
Villagrufe O 5 C 10
Villagutiérrez BU 17 F 18
Villahán P 31 F 17
Villaharta CO 81 R 15
Villahermosa CR 71 P 21
Villahermosa del Campo TE 48 I 26
Villahermosa del Río CS 62 L 28
Villaherreros P 17 E 16
Villahizán de Treviño BU 17 E 17
Villahoz BU 31 F 18
Villajimena P 31 F 16
Villajoyosa / Vila Joiosa (La) A 74 Q 29
Villalaco P 17 F 17
Villalacre P 8 C 19
Villalaín BU 18 D 19
Villalambrús BU 18 D 20
Villalán de Campos VA 30 F 14
Villalangua HU 21 E 27
Villalar O 5 C 10
Villalar de los Comuneros VA 30 H 14
Villalazán ZA 30 H 13
Villalba SO 33 H 22
Villalba / Vilalba LU 3 C 6
Villalba (Parador de) LU 3 C 6
Villalba Alta TE 49 K 27
Villalba Baja TE 48 K 26
Villalba Calatrava CR 70 Q 19
Villalba de Adaja VA 30 H 15
Villalba de Duero BU 32 G 18
Villalba de Guardo P 16 D 15
Villalba de la Lampreana ZA 29 G 13
Villalba de la Sierra CU 60 L 23
Villalba de Loma VA 16 F 14
Villalba de los Alcores VA 30 G 15
Villalba de los Barros BA 67 Q 10
Villalba de los Llanos SA 43 J 12
Villalba de los Morales TE 48 J 25

Villalba de Losa BU 18 D 20
Villalba de Perejiles Z 34 I 25
Villalba de Rioja LO 18 E 21
Villalba del Alcor H 91 T 10
Villalba del Rey CU 47 K 22
Villalbarba VA 30 H 14
Villalbilla BU 18 E 18
Villalbilla M 46 K 20
Villalbilla de Gumiel BU 32 G 19
Villalbilla de Villadiego BU 17 E 18
Villalbilla Sobresierra BU 18 E 19
Villalcampo ZA 29 H 11
Villalcampo (Embalse de) ZA 29 H 11
Villalcázar de Sirga P 17 F 16
Villalcón P 16 F 15
Villaldemiro BU 17 F 18
Villalebrín LE 16 E 15
Villalfeide LE 16 D 13
Villalgordo del Júcar AB 72 O 23
Villalgordo del Marquesado CU 60 M 22
Villalibre de la Jurisdicción LE 14 E 10
Villalís LE 15 F 11
Villallana O 5 C 12
Villallano P 17 D 17
Villalmanzo BU 32 F 18
Villalobar de Rioja LO 18 E 21
Villalobón P 31 F 16
Villalobos ZA 30 G 13
Villalobos J 94 T 18
Villalómez BU 18 E 20
Villalón CO 80 S 14
Villalón de Campos VA 30 F 14
Villalones MA 92 V 14
Villalonso ZA 30 H 14
Villalpando ZA 30 G 13
Villalpardo CU 61 N 25
Villalquite LE 16 E 14
Villalta BU 18 D 19
Villalube ZA 30 H 13
Villaluenga Z 34 H 24
Villaluenga de la Sagra TO 58 L 18
Villaluenga de la Vega P 16 E 15
Villaluenga del Rosario CA 99 V 13
Villalumbroso P 16 F 15
Villalval BU 18 E 19
Villálvaro SO 32 H 20
Villalverde ZA 15 F 11
Villalveto P 17 D 15
Villalvilla de Montejo SG 32 H 19
Villamalea AB 73 N 25
Villamalur CS 62 M 28
Villamandos LE 16 F 13
Villamanín LE 16 D 13
Villamanrique CR 71 Q 21
Villamanrique de la Condesa SE 91 U 11
Villamanrique de Tajo M 59 L 20
Villamanta M 58 L 17
Villamantilla M 45 K 17
Villamañán LE 16 F 13
Villamar LU 4 B 8
Villamarciel VA 30 H 15
Villamarco LE 16 E 14
Villamarín O 5 C 11
Villamartín BU 8 C 18
Villamartín A 85 S 27
Villamartín CA 92 V 13
Villamartín de Campos P 31 F 16
Villamartín de Don Sancho LE 16 E 14
Villamartín de Villadiego BU 17 D 17
Villamayor Z 35 G 27
Villamayor O 6 B 14
Villamayor O 5 C 11
Villamayor SA 43 J 12
Villamayor AV 44 J 14
Villamayor de Calatrava CR 70 P 17
Villamayor de Campos ZA 30 G 13
Villamayor de los Montes BU 32 F 18
Villamayor de Monjardín NA 19 E 23
Villamayor de Santiago CU 59 M 21
Villamayor de Treviño BU 17 E 17
Villamayor del Condado LE 16 E 13
Villamayor del Río BU 18 E 20
Villambrán de Cea P 16 E 15
Villambrosa VI 18 D 20
Villambroz P 16 E 15
Villameca LE 15 E 11
Villameca (Embalse de) LE 15 E 11
Villamediana P 31 F 16
Villamediana de Iregua LO 19 E 22
Villamedianilla BU 17 F 17
Villameján O 5 B 11
Villamejil LE 15 E 11
Villamejín O 5 C 11
Villamejor M 58 M 18
Villameriel P 17 E 16
Villameriel LE 15 D 11
Villamesías CC 68 O 12
Villamiel CC 55 L 9
Villamiel de la Sierra BU 18 F 19
Villamiel de Toledo TO 58 M 17
Villaminaya TO 58 M 18
Villamizar LE 16 E 14
Villamol LE 16 E 14
Villamontán de la Valduerna LE 15 F 12
Villamor BU 18 D 19
Villamor de Cadozos ZA 29 I 11
Villamor de la Ladre ZA 29 H 11
Villamor de los Escuderos ZA 30 I 13
Villamoratiel de las Matas LE 16 E 14
Villamorco P 17 E 16
Villamorey O 6 C 13
Villamorisca LE 16 D 15
Villamoronta P 17 E 15
Villamudria BU 18 E 20
Villamuelas TO 58 M 18
Villamuera de la Cueza P 17 F 15
Villamuñío LE 16 E 14
Villamuriel de Campos VA 30 G 14
Villamuriel de Cerrato P 31 G 16
Villán de Tordesillas VA 30 H 15
Villanañe VI 18 D 20
Villanasur BU 18 E 20
Villanázar ZA 29 G 12
Villandás O 5 C 11
Villandiego BU 17 E 17
Villandín TO 59 L 20
Villaneceriel P 17 E 16
Villanova HU 22 E 31
Villanova LU 14 D 8
Villanova del Pedragal LU 14 D 9
Villanovilla HU 21 E 28
Villanúa HU 21 D 28
Villanubla VA 30 G 15
Villanueva *cerca de Boal* O 4 B 9
Villanueva *cerca de Cangas* O 6 B 14
Villanueva *cerca de Luarca* O 5 B 10
Villanueva *cerca de Ribadedeva* O 7 B 16
Villanueva *cerca de Teverga* O 5 C 11
Villanueva *Santo Adriano* O 5 C 11
Villanueva de Abajo P 17 D 15
Villanueva de Aézkoa / Hiriberri NA 11 D 26
Villanueva de Alcardete TO 59 M 20
Villanueva de Alcorón GU 47 J 23
Villanueva de Algaidas MA 93 U 16
Villanueva de Argaño BU 17 E 18
Villanueva de Argecilla GU 46 J 21
Villanueva de Arriba P 16 D 15
Villanueva de Ávila AV 44 K 15
Villanueva de Azoague ZA 29 G 12
Villanueva de Bogas TO 58 M 19
Villanueva de Cameros LO 19 F 22
Villanueva de Campeán ZA 29 H 12
Villanueva de Cañedo SA 43 I 12
Villanueva de Carazo BU 32 G 20
Villanueva de Carrizo LE 15 E 12
Villanueva de Cauche MA 100 V 16
Villanueva de Córdoba CO 81 R 16
Villanueva de Duero VA 30 H 15
Villanueva de Franco CR 71 P 19
Villanueva de Gállego Z 35 G 27
Villanueva de Gómez AV 44 J 15
Villanueva de Gormaz SO 32 H 20
Villanueva de Guadamajud CU 60 L 22
Villanueva de Gumiel BU 32 G 19
Villanueva de Henares P 17 D 17
Villanueva de Jamuz LE 15 F 12
Villanueva de Jiloca Z 48 I 25
Villanueva de la Cañada M 45 K 17
Villanueva de la Concepción MA 100 V 16
Villanueva de la Condesa VA 16 F 14
Villanueva de la Fuente CR 71 P 21
Villanueva de la Jara CU 60 N 24
Villanueva de la Nia S 17 D 17
Villanueva de la Peña S 7 C 17
Villanueva de la Reina J 82 R 18
Villanueva de la Serena BA 68 P 12
Villanueva de la Sierra ZA 14 F 8
Villanueva de la Sierra CC 55 L 10
Villanueva de la Tercia LE 16 D 12
Villanueva de la Torre GU 46 K 20
Villanueva de la Vera CC 56 L 13
Villanueva de las Cruces H 78 T 8
Villanueva de las Manzanas LE 16 E 13
Villanueva de las Peras ZA 29 G 12
Villanueva de las Torres GR 95 T 20
Villanueva de los Caballeros VA 30 G 14
Villanueva de los Castillejos H 90 T 8
Villanueva de los Escuderos CU 60 L 23
Villanueva de los Infantes VA 31 G 16
Villanueva de los Infantes CR 71 P 20
Villanueva de los Montes BU 18 D 19
Villanueva de los Nabos P 17 E 16
Villanueva de Mena BU 8 C 20
Villanueva de Mesía GR 94 U 17
Villanueva de Odra BU 17 E 17
Villanueva de Omaña LE 15 D 11
Villanueva de Oscos O 4 C 9
Villanueva de Perales M 45 K 17
Villanueva de Puerta BU 17 E 18
Villanueva de San Carlos CR 70 Q 18
Villanueva de San Juan SE 92 U 14
Villanueva de San Mancio VA 30 G 14
Villanueva de Sigena HU 36 G 29
Villanueva de Tapia MA 93 U 17
Villanueva de Valdueza LE 15 E 10
Villanueva de Valrojo ZA 29 G 11
Villanueva de Viver CS 62 L 28
Villanueva de Zamajón SO 33 H 23
Villanueva del Aceral AV 44 I 15
Villanueva del Arbol LE 16 E 13
Villanueva del Ariscal SE 91 T 11
Villanueva del Arzobispo J 83 R 20
Villanueva del Campillo AV 44 K 14
Villanueva del Campo ZA 30 G 13
Villanueva del Conde SA 43 K 11
Villanueva del Duque CO 81 Q 14
Villanueva del Fresno BA 78 Q 8
Villanueva del Huerva Z 34 H 26
Villanueva del Pardillo M 45 K 18
Villanueva del Rebollar de la Sierra TE 49 J 26
Villanueva del Rebollar P 16 F 15
Villanueva del Rey CO 80 R 14
Villanueva del Rey SE 92 T 14
Villanueva del Río SE 80 T 12
Villanueva del Río Segura MU 85 R 26
Villanueva del Río y Minas SE 80 T 12
Villanueva del Rosario MA 100 V 16
Villanueva del Trabuco MA 93 U 16
Villanueva Soportilla BU 18 D 20
Villanueva y Geltrú / Vilanova i la Geltrú B 37 I 35
Villanuevas (Los) TE 62 L 28
Villanuño de Valdavia P 17 E 16
Villaobispo LE 15 E 11
Villaornate y Castro LE 16 F 13
Villapaderne S 7 C 17
Villapadierna LE 16 D 14
Villapalacios AB 71 Q 22
Villapeceñil LE 16 E 14
Villapedre O 5 B 10
Villaprovedo P 17 E 16
Villaquejida LE 16 F 13
Villaquilambre LE 16 E 13
Villaquirán de la Puebla BU 17 F 17
Villaquirán de los Infantes BU 17 F 17
Villar (El) AB 72 O 24
Villar (El) CR 70 Q 17
Villar (El) H 79 S 9
Villar (Embalse de El) M 46 J 19
Villar (Santuario de la Virgen del) LO 33 F 23
Villar da Torre C 2 D 3
Villar de Acero LE 14 D 9
Villar de Argañán SA 42 J 9
Villar de Arnedo (El) LO 19 F 23
Villar de Cantos CU 60 N 22
Villar de Cañas CU 59 M 22
Villar de Chinchilla AB 73 P 25
Villar de Ciervo SA 42 J 9
Villar de Ciervos LE 15 E 11
Villar de Cobeta GU 47 J 23
Villar de Corneja AV 44 K 13
Villar de Cuevas J 82 S 18
Villar de Domingo García CU 60 L 23
Villar de Farfón ZA 29 G 11
Villar de Gallimazo SA 44 J 14
Villar de Golfer LE 15 E 11
Villar de la Encina CU 60 N 22
Villar de la Yegua SA 42 J 9
Villar de las Traviesas LE 15 D 10
Villar de los Navarros Z 48 I 26
Villar de Matacabras AV 44 I 14
Villar de Maya SO 33 F 22
Villar de Mazarife LE 15 E 12
Villar de Olalla CU 60 L 23
Villar de Olmos V 61 N 26
Villar de Peralonso SA 43 I 11
Villar de Plasencia CC 56 L 11
Villar de Pozo Rubio AB 72 O 24
Villar de Rena BA 68 O 12
Villar de Samaniego SA 43 I 10
Villar de Santiago (El) LE 15 D 11
Villar de Sobrepeña SG 31 I 18
Villar de Tejas V 61 N 26
Villar de Torre LO 18 E 21
Villar del Águila CU 60 M 22
Villar del Ala SO 33 G 22
Villar del Arzobispo V 61 M 27
Villar del Buey ZA 29 I 11
Villar del Campo SO 33 G 23
Villar del Cobo TE 48 K 24
Villar del Horno CU 60 L 22
Villar del Humo CU 61 M 25
Villar del Infantado CU 47 K 22
Villar del Maestre CU 60 L 22
Villar del Monte LE 15 F 11
Villar del Olmo M 46 K 20
Villar del Pedroso CC 57 M 14
Villar del Pozo CR 70 P 18
Villar del Rey BA 67 O 9
Villar del Río SO 33 F 22
Villar del Salz TE 48 J 25
Villar del Saz de Arcas CU 60 M 23
Villar del Saz de Navalón CU 60 L 22
Villaralbo ZA 29 H 12
Villaralto CO 81 Q 15
Villarcayo BU 18 D 19
Villardeciervos ZA 29 G 11
Villardefallaves ZA 30 G 14
Villardefrades VA 30 G 14
Villardiegua de la Ribera ZA 29 H 11
Villárdiga ZA 30 G 13
Villardompardo J 82 S 17
Villardondiego ZA 30 H 13
Villarejo AV 44 K 15
Villarejo LO 18 E 21
Villarejo AB 72 Q 23
Villarejo (El) TE 61 L 25
Villarejo de Fuentes CU 59 M 21
Villarejo de la Peñuela CU 60 L 22
Villarejo de Medina GU 47 J 22
Villarejo de Montalbán TO 57 M 16
Villarejo de Órbigo LE 15 E 12
Villarejo de Salvanés M 59 L 20
Villarejo del Espartal CU 60 L 22
Villarejo del Valle AV 57 L 15
Villarejo Periesteban CU 60 M 22
Villarejo Seco CU 60 M 22
Villarejo Sobrehuerta CU 60 L 22
Villarejos (Los) TO 57 M 15
Villarente LE 16 E 13
Villares AB 84 Q 23
Villares (Los) CR 71 P 21
Villares (Los) CO 93 T 17
Villares (Los) GR 94 T 20
Villares (Los) *cerca de Andújar* J 82 R 18
Villares (Los) *cerca de Jaén* J 82 S 18
Villares de Jadraque GU 46 I 20
Villares de la Reina SA 43 I 13
Villares de Órbigo LE 15 E 12
Villares de Yeltes SA 43 J 10
Villares del Saz CU 60 M 22
Villargarcía del Llano CU 72 O 24
Villargordo SA 43 I 11
Villargordo J 82 S 18
Villargordo SE 79 T 10
Villargordo del Cabriel V 61 N 25
Villargusán LE 5 D 12
Villarias BU 18 D 19
Villaricos AL 96 U 24
Villariezo BU 18 F 18
Villarín LE 15 E 12
Villarino LE 15 F 10
Villarino SA 29 I 10
Villarino de Cebal ZA 29 G 11
Villarino de Manzanas ZA 29 G 10
Villarino del Sil LE 15 D 10
Villarino Tras la Sierra ZA 29 G 10
Villarluengo TE 49 K 28
Villarluengo (Puerto de) TE 49 K 28
Villarmayor SA 43 I 12
Villarmentero de Campos P 17 F 16
Villarmentero de Esgueva VA 31 G 16
Villarmid C 2 C 2
Villarmuerto SA 43 I 10
Villarmún LE 16 E 13
Villarodrigo de Ordás LE 15 D 12
Villaronte LU 4 B 8
Villaroya (Puerto de) TE 49 K 28
Villaroya de los Pinares TE 49 K 27
Villarpedre O 4 C 9
Villarquemado TE 48 K 26
Villarrabé P 16 E 15
Villarrabines LE 16 F 13
Villarramiel P 30 F 15
Villarrasa H 91 T 10
Villarreal BA 66 P 8
Villarreal / Vila-real CS 62 M 29
Villarreal de Huerva Z 48 I 26
Villarreal de la Canal HU 21 E 27
Villarreal de San Carlos CC 56 M 11
Villarrín de Campos ZA 30 G 13
Villarroañe LE 16 E 13
Villarrobejo P 16 E 15
Villarrobledo AB 71 O 22
Villarrodrigo P 16 E 15
Villarrodrigo J 83 Q 22
Villarroquel LE 15 E 12
Villarroya LO 19 F 23
Villarroya de la Sierra Z 34 H 24
Villarroya del Campo Z 48 I 26
Villarrubia CO 81 S 15
Villarrubia de los Ojos CR 70 O 19
Villarrubia de Santiago TO 59 M 19
Villarrubín LE 14 E 8
Villarrubio CU 59 M 21
Villarta CU 61 N 25
Villarta de Escalona TO 57 L 16
Villarta de los Montes BA 69 O 15
Villarta de San Juan CR 71 O 19
Villarta-Quintana LO 18 E 20
Villartelín LU 14 D 8
Villartorey O 4 B 9
Villartoso SO 33 F 22
Villarué HU 22 E 31
Villarueva de la Torre GU 46 K 20
Villas de Turbón (Las) HU 22 E 31
Villas Viejas CU 59 M 21
Villasabariego LE 16 E 13
Villasabariego de Ucieza P 17 E 16
Villasana de Mena BU 8 C 20
Villasandino BU 17 E 17
Villasante de Montija BU 8 C 19
Villasar B 38 H 37
Villasarracino P 17 E 16
Villasayas SO 33 H 22
Villasbuenas SA 42 I 10
Villasbuenas de Gata CC 55 L 10
Villasdardo SA 43 I 11
Villaseca LO 18 E 21
Villaseca CU 60 L 23
Villaseca CO 81 S 14
Villaseca SG 31 I 18
Villaseca de Arciel SO 33 H 23
Villaseca de la Sagra TO 58 M 18
Villaseca de Laciana LE 15 D 11
Villaseca de Uceda GU 46 J 19
Villasecino LE 15 D 11
Villaseco ZA 29 H 12
Villaseco de los Gamitos SA 43 I 11
Villaseco de los Reyes SA 43 I 11
Villaselán LE 16 E 14
Villasequilla TO 58 M 18
Villasevil S 7 C 18
Villasexmir VA 30 H 14
Villasidro BU 17 E 17
Villasila P 17 E 16
Villasilos BU 17 F 17
Villasimpliz LE 16 D 13
Villasinde LE 14 E 9
Villaspesa TE 61 L 26
Villasrubias SA 42 K 10
Villastar TE 61 L 26
Villasur P 17 E 15
Villasur de Herreros BU 18 F 19
Villasuso S 7 C 17
Villatobas TO 59 M 20
Villatoro AV 44 K 14
Villatoro BU 18 E 18
Villatoya AB 73 O 25
Villatresmil O 5 B 10
Villatuerta NA 19 E 24
Villaturde P 17 E 15
Villaturiel LE 16 E 13
Villaumbrales P 31 F 16
Villaute BU 17 E 18
Villava NA 11 D 25
Villavaler O 5 B 11
Villavaliente AB 73 O 25
Villavaquerín VA 31 H 16
Villavedón BU 17 E 17
Villavelasco de Valderaduey LE 16 E 15
Villavelayo LO 18 F 21
Villavellid VA 30 G 14
Villavendimio ZA 30 H 13
Villavente LE 16 E 13
Villaventín BU 8 C 19
Villaverde M 46 K 18
Villaverde O 6 B 13
Villaverde LE 14 E 9
Villaverde *Fuerteventura* GC 111 I 2
Villaverde de Abajo LE 16 D 13
Villaverde de Arcayos LE 16 E 14
Villaverde de Guadalimar AB 83 Q 22
Villaverde de Guareña SA 44 I 13
Villaverde de Iscar SG 31 I 16
Villaverde de Medina VA 30 I 14
Villaverde de Montejo SG 32 H 19
Villaverde de Pontones S 8 B 18
Villaverde de Rioja LO 19 F 21
Villaverde de Sandoval LE 16 E 13
Villaverde de Trucios S 8 C 20
Villaverde del Ducado GU 47 I 22
Villaverde del Monte SO 33 G 21
Villaverde del Monte BU 17 F 18
Villaverde del Río SE 92 T 12
Villaverde la Chiquita LE 16 E 14
Villaverde-Mogina BU 17 F 17
Villaverde-Peñahorada BU 18 E 18
Villaverde y Pasaconsol CU 60 M 23

A B C D E F G H I J K L M N O P Q R S T U V W X Y Z

Villaveta BU 17 E 17
Villaveta NA 11 D 25
Villaveza de Valverde ZA 29 G 12
Villaveza del Agua ZA 29 G 12
Villavicencio de los Caballeros VA 30 F 14
Villaviciosa O 6 B 13
Villaviciosa AV 44 K 15
Villaviciosa de Córdoba CO 81 R 14
Villaviciosa de la Ribera LE 15 E 12
Villaviciosa de Odón M 45 K 18
Villaviciosa de Tajuña GU 47 J 21
Villavieja de Muñó BU 17 F 18
Villavieja de Yeltes SA 43 J 10
Villavieja del Cerro VA 30 H 14
Villavieja del Lozoya M 46 I 18
Villaviudas P 31 G 16
Villayón O 4 B 9
Villayuste LE 15 D 12
Villaza OR 28 G 7
Villazala LE 15 E 12
Villazanzo de Valderaduey LE 16 E 15
Villazón O 5 B 11
Villazopeque BU 17 F 17
Villegar S 7 C 18
Villegas BU 17 E 17
Villegas o Mardos AB 73 Q 25
Villeguillo SG 31 I 16
Villel TE 61 L 26
Villel de Mesa GU 47 I 24
Villela BU 17 D 17
Villelga P 16 F 15
Villena A 73 Q 27
Villeriás P 30 G 15
Villeza LE 16 F 14
Villiguer LE 16 E 13
Villimer LE 16 E 13
Villivañe LE 16 E 13
Villobas HU 21 E 29
Víllodas VI 19 D 21
Villodre P 17 F 17
Villodrigo P 17 F 17
Villoldo P 17 F 16
Villomar LE 16 E 13
Villora CU 61 M 25
Villora (Cabeza de) CU 61 M 25
Villores CS 49 J 29
Villoria O 6 C 13
Villoria SA 44 J 13
Villoria de Boada SA 43 J 11
Villorquite de Herrera P 17 E 16
Villoruebo BU 18 F 19
Villoruela SA 44 I 13
Villoslada SG 45 J 16
Villoslada de Cameros LO 33 F 21
Villota del Duque P 17 E 16
Villota del Páramo P 16 E 15
Villotilla P 17 E 15
Villovela BU 31 G 18
Villoviado BU 32 G 18
Villovieco P 17 F 16
Villuercas CC 56 N 13
Viloalle LU 4 B 7
Vilobí d'Onyar GI 25 G 38
Vilopriu GI 25 F 38
Viloria NA 19 D 23
Viloria VA 31 H 16
Viloria de Rioja BU 18 E 20
Vilosell (El) L 37 H 32
Vilouriz C 3 D 6
Vilouzás C 3 C 5
Vilueña (La) Z 34 I 24
Vilvarejo (El) TE 48 J 26
Vilves L 37 G 33
Vilvestre SA 42 I 9
Vilviestre de los Nabos SO 33 G 22
Vilviestre de Muñó BU 17 F 18
Vilviestre del Pinar BU 32 G 20
Vilvis TO 58 L 17
Vimbodí T 37 H 33
Vimianzo C 2 C 2
Vinaceite TE 35 I 28
Vinaderos AV 44 I 15
Vinaixa L 37 H 32
Vinallop T 50 J 31
Vinaròs CS 50 K 31
Vincios PO 12 F 3
Vindel CU 47 K 22
Vinebre T 36 I 31
Viniegra de Abajo LO 18 F 21
Viniegra de Arriba LO 33 F 21
Vinseiro PO 13 D 4
Vinuesa SO 33 G 21
Vinyoles V 73 O 26
Vinyoles d'Orís B 24 F 36
Vinyols T 51 I 33
Viña C 3 C 5
Viña (La) GR 94 U 17
Viñales LE 15 E 10
Viñamala (Reserva nacional de) HU 21 D 29
Viñas ZA 29 G 10
Viñas (Las) J 82 R 18
Viñegra AV 44 J 14
Viñegra de Moraña AV 44 J 15
Viñón S 7 C 16
Viñón O 6 B 13
Viñuela MA 101 V 17
Viñuela (Embalse de la) MA 101 V 17
Viñuela (La) CR 69 P 17
Viñuela (La) SE 80 S 13
Viñuela de Sayago ZA 29 I 12
Viñuelas GU 46 J 19
Viñuelas (Castillo de) M 46 K 19
Vírgala Mayor VI 19 D 22
Virgen (Ermita de la) GU 47 J 22
Virgen Coronada (Ermita de la) BA 68 O 14
Virgen de Ara (Ermita) BA 80 R 12
Virgen de Fabana (Ermita de la) HU 21 F 29
Virgen de la Cabeza GR 95 T 21
Virgen de la Cabeza (Ermita de la) CR 71 Q 19
Virgen de la Cabeza (Ermita de la) AL 84 S 23
Virgen de la Cabeza (Santuario) J 82 R 17
Virgen de la Columna Z 35 H 27
Virgen de la Estrella (Santuario de la) TE 49 K 29
Virgen de la Montaña (La) CC 55 N 10
Virgen de la Muela TO 59 M 20
Virgen de la Peña (Ermita de la) TE 49 K 28
Virgen de la Peña (Ermita de la) H 78 T 8
Virgen de la Sierra (Ermita de la) CR 70 O 18
Virgen de la Sierra (Santuario de) Z 34 H 24
Virgen de la Vega CR 71 Q 20
Virgen de la Vega GU 47 J 22
Virgen de la Vega (Ermita de la) TE 50 J 30
Virgen de la Vega (La) TE 49 K 27
Virgen de Lagunas (Ermita de la) Z 34 H 26
Virgen de las Cruces CR 70 O 18
Virgen de las Viñas CR 71 O 21
Virgen de Lomos de Orios (La) LO 33 F 22
Virgen de los Ángeles (Ermita de la) TE 48 K 25
Virgen de los Santos CR 70 P 18
Virgen de Luna CO 81 R 15
Virgen de Montesinos (Ermita de la) GU 47 J 23
Virgen de Nieves Tara Mazas (Ermita) TE 49 J 29
Virgen de Suceso BI 8 C 20
Virgen del Buen Suceso (Ermita de la) TE 49 K 28
Virgen del Buenlabrado (Ermita de) GU 47 J 23
Virgen del Camino (La) LE 16 E 13
Virgen del Campo (Ermita de la) *cerca de Camarillas* TE 48 K 27
Virgen del Castillo CR 69 P 15
Virgen del Castillo (Ermita de la) SG 45 I 17
Virgen del Castillo (Ermita de la) TE 48 K 26
Virgen del Molino (Ermita de la) TE 48 K 26
Virgen del Pinar (Ermita de la) CU 47 K 22
Virgen del Poral (Ermita de la) GU 47 K 21
Virgen del Prado (Ermita de la) CC 55 N 10
Virgen del Robledo (Ermita de la) SE 80 S 13
Virgen del Rocío SE 92 T 12
Virgen del Rosario (Ermita de la) TE 48 J 26
Virtudes (Las) CR 71 Q 19
Virtudes (Las) A 73 Q 27
Virtus BU 17 D 18
Visantoña C 3 C 5
Visaurin HU 21 D 28
Visiedo TE 48 J 26
Viso (El) AB 73 O 26
Viso (El) CO 81 Q 15
Viso (O) C 12 D 2
Viso de San Juan (El) TO 58 L 18
Viso del Alcor (El) SE 92 T 12
Viso del Marqués CR 82 Q 19
Vista Alegre C 3 B 5
Vistabella Z 34 I 26
Vistabella del Maestrat CS 49 L 29
Vistahermosa CA 98 W 11
Vistalegre TO 57 M 15
Vita AV 44 J 14
Vitigudino SA 43 I 10
Vitoria-Gasteiz VI 19 D 21
Víu HU 22 E 31
Viu de Llevata L 22 E 32
Viuda (Rambla de la) CS 62 L 29
Vivar de Fuentidueña SG 31 H 17
Vivar del Cid BU 18 E 18
Vivares BA 68 O 11
Vivedro O 4 B 9
Viveiro LU 4 B 7
Viveiró *Sierra del Xistral* LU 3 B 7
Viveiró (Ría de) LU 4 A 7
Vivel del Río Martín TE 49 J 27
Viver B 38 G 35
Viver *Castelló* CS 62 M 28
Viver de la Sierra Z 34 H 25
Vivero CR 69 P 15
Viveros AB 71 P 22
Vives (Los) A 85 R 27
Vivinera ZA 29 G 11
Vixán C 12 E 2
Vizcaina (La) *La Gomera* TF 118 B 2
Vizcainos BU 32 F 20
Vizcalmón J 94 T 17
Vizcodillo ZA 15 F 10
Vizmanos SO 33 F 22
Víznar GR 94 U 19
Vorcel SE 92 U 12
Vozmediano SO 34 G 24
Voznuevo LE 16 D 14
Vueltas *La Gomera* TF 118 A 3
Vulpellac GI 25 G 39

W

Wamba VA 30 G 15
Warner Bros M 58 L 19

X

Xàbia / Jávea A 75 P 30
Xallas C 2 D 2
Xaló A 74 P 29
Xanceda C 3 C 5
Xara (La) A 74 P 30
Xares OR 14 F 9
Xarrié CR 70 O 18
Xàtiva V 74 P 28
Xaviña C 2 C 2
Xendive OR 27 G 5
Xeraco V 74 O 29
Xerdiz LU 4 B 7
Xeresa V 74 O 29
Xermade LU 3 B 6
Xermar LU 4 C 7
Xert CS 50 K 30
Xerta T 50 J 31
Xesta *cerca de Lalín* PO 13 E 5
Xesta *cerca de Lama* PO 13 E 4
Xesta (Porto da) LU 4 B 7
Xestal C 3 C 5
Xesteira PO 12 E 4
Xestosa OR 13 F 6
Xestoso C 3 C 6
Xeve PO 12 E 4
Xiá LU 3 C 6
Xilxes / Chilches CS 62 M 29
Xinzo de Limia OR 13 F 6
Xirivella V 62 N 28
Xironda OR 27 G 7
Xistral (Sierra del) LU 4 B 7
Xiva de Morella CS 50 K 29
Xivana (La) V 74 O 28
Xivert (Castell de) CS 50 L 30
Xixona A 74 Q 28
Xodos CS 62 L 29
Xove LU 4 A 7
Xuances LU 4 A 7
Xubia C 3 B 5
Xunqueira de Ambía OR 13 F 6
Xunqueira de Espadañedo OR 13 F 7
Xuño C 12 E 2
Xustás LU 4 C 7
Xuvencos LU 13 E 7

Y

Yaco *Tenerife* TF 129 F 5
Yaiza *Lanzarote* GC 122 B 4
Yanguas SO 33 F 22
Yanguas de Eresma SG 45 I 17
Yaso HU 21 F 29
Yátor GR 102 V 20
Yátova V 73 N 27
Ye GC 121 F 3
Yébenes (Los) TO 58 N 18
Yebes GU 46 K 20
Yebra GU 46 K 21
Yebra de Basa HU 21 E 29
Yechar MU 85 R 25
Yecla MU 73 Q 26
Yecla de Yeltes SA 43 J 10
Yécora VI 19 E 22
Yedra (La) J 82 R 19
Yegen GR 102 V 20
Yeguas AL 103 V 23
Yeguas (Embalse de) CO 81 R 17
Yeguas (Las) TO 58 L 17
Yeguas (Las) MA 93 U 15
Yegüerizos (Los) J 83 R 21
Yela GU 47 J 21
Yélamos de Abajo GU 47 K 21
Yélamos de Arriba GU 47 K 21
Yelbes BA 68 P 11
Yeles TO 58 L 18
Yeles (Estación de) TO 58 L 18
Yelmo J 83 R 21
Yelo SO 47 I 22
Yelves (Sierra de) BA 68 P 11
Yémeda CU 60 M 24
Yepes TO 58 M 19
Yéqueda HU 21 F 28
Yera S 8 C 18
Yermo S 7 C 17
Yernes O 5 C 11
Yerri NA 10 D 24
Yesa NA 20 E 26
Yesa (Embalse de) Z 20 E 26
Yesa (La) V 61 M 27
Yesares (Los) AB 72 O 24
Yésero HU 21 E 29
Yesos (Los) AL 96 U 23
Yesos (Los) GR 102 V 20
Yeste AB 84 Q 23
Yeste HU 21 E 27
Yetas de Abajo AB 84 R 23
Yezosa CR 70 P 19
Yudego BU 17 E 17
Yugueros LE 16 D 14
Yuncler TO 58 L 18
Yunclillos TO 58 L 18
Yuncos TO 58 L 18
Yunquera MA 100 V 15
Yunquera (La) AB 72 P 23
Yunquera de Henares GU 46 J 20
Yunta (La) GU 48 J 24
Yuso LE 6 C 15
Yuso (Monasterio de) LO 18 F 21
Yuste (Monasterio de) CC 56 L 12

Z

Zabalza *cerca de Lumbier* NA 11 D 26
Zabalza *cerca de Pamplona* NA 10 D 24
Zael BU 31 F 18
Zafara ZA 29 H 11
Zafarraya GR 101 V 17
Zafra BA 79 Q 10
Zafra (La) A 73 P 27
Zafra de Záncara CU 59 M 22
Zafrilla CU 61 L 25
Zafrón SA 43 I 11
Zagra GR 94 U 17
Zagrilla CO 93 T 17
Zahara (Embalse de) CA 92 V 13
Zahara (Ensenada de) CA 99 X 12
Zahara de la Sierra CA 92 V 13
Zahara de los Atunes CA 99 X 12
Zahariche SE 92 T 13
Zahinos BA 78 R 9
Zahora CA 98 X 11
Zahora (La) GR 94 U 18
Zaida (La) Z 35 I 28
Zaidín HU 36 H 30
Zaitegi VI 19 D 21
Zajarrón Bajo BA 67 O 9
Zalamea de la Serena BA 68 Q 13
Zalamea la Real H 79 S 10
Zalamillas LE 16 F 13
Zaldibar BI 10 C 22
Zaldibia SS 10 C 23
Zalduendo BU 18 E 19
Zalduondo VI 19 D 22
Zalea MA 100 V 15
Zalla BI 8 C 20
Zamajón SO 33 H 22
Zamarra SA 43 K 10
Zamarramala SG 45 J 17
Zamarrón GR 95 T 20
Zamayón SA 43 I 12
Zambra CO 93 T 16
Zambrana VI 18 E 21
Zamora ZA 29 H 12
Zamora (Mirador de) *Gran Canaria* GC 115 E 2
Zamoranos CO 94 T 17
Zamores (Embalse de) CC 54 N 8
Zamudio BI 8 C 21
Zancarrón de Soto (Cueva del) H 91 T 9
Zandio NA 11 D 25
Zangallón (El) BA 67 O 9
Zángano (Puerto del) BA 67 O 9
Zangoza / Sangüesa NA 20 E 26
Zanzabornin O 5 B 12
Zaorejas GU 47 J 23
Zapardiel de la Cañada AV 44 K 13
Zapardiel de la Ribera AV 44 K 14
Zapateras (Las) BA 67 P 11
Zapateros AB 72 Q 22
Zapillo (El) AL 103 V 22
Zapillo (El) SE 92 T 13
Zárabes SO 33 H 23
Zaragoza Z 35 H 27
Zarapicos SA 43 I 12
Zaratán VA 30 H 15
Zaratomo BI 8 C 21
Zarautz SS 10 C 23
Zarcilla de Ramos MU 84 S 24
Zarcita *La Gomera* TF 119 C 2
Zarra V 73 O 26
Zarracatín SE 92 U 12
Zarratón LO 18 E 21
Zarza (La) AV 43 L 13
Zarza (La) VA 30 I 15
Zarza (La) AB 72 P 23
Zarza (La) *cerca de Alcantarilla* MU 85 S 25
Zarza (Puerto de la) H 78 S 8
Zarza Capilla BA 69 P 14
Zarza de Alange BA 67 P 11
Zarza de Granadilla CC 56 L 11
Zarza de Montánchez CC 68 O 11
Zarza de Pumareda (La) SA 28 I 10
Zarza de Tajo CU 59 L 20
Zarza la Mayor CC 55 M 9
Zarzadilla de Totana MU 84 S 24
Zarzal TO 57 N 16
Zarzalejo M 45 K 17
Zarzosa LO 19 F 22
Zarzosa de Riopisuerga BU 17 E 17
Zarzoso (Sierra del) BA 78 Q 9
Zarzuela CU 60 L 23
Zarzuela (La) M 45 K 18
Zarzuela (La) CA 99 X 12
Zarzuela de Jadraque GU 46 I 20
Zarzuela del Monte SG 45 J 16
Zarzuela del Pinar SG 31 I 17
Zas C 2 C 3
Zayas de Báscones SO 32 G 20
Zayas de Torre SO 32 G 20
Zayuelas SO 32 G 20
Zazuar BU 32 G 19
Zeanuri BI 9 C 21
Zeberio BI 9 C 21
Zegama SS 19 D 23
Zegrí (Puerto del) GR 94 T 19
Zenia (La) A 85 S 27
Zerain SS 10 C 23
Zestoa SS 10 C 23
Ziga NA 11 C 25
Zigoitia VI 19 D 21
Zilbeti NA 11 D 25
Ziordia NA 19 D 23
Ziorraga VI 8 C 21
Zizur Mayor NA 11 D 24
Zizur Menor NA 11 D 24
Zizurkil SS 10 C 23
Zocueza J 82 R 18
Zollo-Elexalde BI 8 C 21
Zoma (La) TE 49 J 28
Zomas (Las) CU 60 M 23
Zorelle OR 13 F 7
Zorita SA 43 I 12
Zorita CC 68 O 12
Zorita (Embalse de) GU 46 K 21
Zorita de la Frontera SA 44 I 14
Zorita de la Loma VA 16 F 14
Zorita de los Canes GU 59 L 21
Zorita de los Molinos AV 44 J 15
Zorraquín LO 18 F 20
Zorrillas (Las) BA 79 R 11
Zotes del Páramo LE 15 F 12
Zuazo VI 19 D 22
Zub Isabal BI 9 C 21
Zubia (La) GR 94 U 19
Zubia (La) MA 101 V 17
Zubiaur BI 9 C 21
Zubielqui NA 19 D 23
Zubieta NA 10 C 24
Zubiri NA 11 D 25
Zucaina CS 62 L 28
Zudaire NA 19 D 23
Zuera Z 35 G 27
Zufre H 79 S 10
Zugarramurdi NA 11 C 25
Zuhatzu Kuartango VI 18 D 21
Zuheros CO 93 T 17
Zuia VI 19 D 21
Zujaira GR 94 U 18
Zújar GR 95 T 21
Zújar CO 68 Q 14
Zújar (Embalse del) BA 68 P 13
Zulema AB 73 O 25
Zulueta NA 11 D 25
Zumaia SS 10 C 23
Zumarraga SS 10 C 23
Zumeltzu VI 19 D 21
Zumeta J 83 R 22
Zunega MU 84 S 24
Zunzarren NA 11 D 25
Zuñeda BU 18 E 20
Zúñiga NA 19 D 23
Zurbaran BA 68 O 12
Zurbitu BU 19 D 21
Zureda O 5 C 12
Zurgena AL 96 T 23
Zurita HU 36 G 31
Zuriza HU 11 D 27
Zurucuáin NA 10 D 24
Zuzones BU 32 H 19

Cedrim *01* 40 J4
Cedros *20* 107 H9
Cegonhas Novas *05* 54 M8
Ceira *06* 53 L4
Ceira (Rio) 53 L4
Ceivães *16* 13 F4
Cela *10* 52 N2
Cela Velha *10* 52 N2
Celas *04* 28 G9
Celavisa *06* 53 L5
Celeiro *03* 27 H5
Celeirós *03* 26 H4
Celeirós *17* 27 I7
Celorico da Beira *09* 42 K7
Celorico de Basto *03* 27 H6
Centum Cellas *05* 42 K8
Cepães *03* 27 H5
Cepelos *01* 40 J4
Cepões *18* 41 J6
Cepos *06* 53 L6
Cerca (Ribeira da) *08* 88 U3
Cercal *10* 53 M5
Cercal *11* 64 O2
Cercal *15* 76 S3
Cercal (Serra do) *02* 76 S3
Cercio *04* 29 H11
Cerdal *16* 12 G4
Cerdeira *06* 41 L6
Cerdeira *09* 42 K8
Cerdeirinhas *03* 27 H5
Cerejais *04* 28 I9
Cernache *06* 53 L4
Cernache de Bonjardim *05* 53 M5
Cerro *perto de Alte* *08* 89 U5
Cerro *perto de Loulé* *08* 89 U5
Cerro da Vila *08* 89 U5
Cerros *07* 78 Q7
Cerva *17* 27 H6
Cervães *03* 26 H4
Cervos *17* 27 G6
Cete *13* 27 I4
Cetóbriga (Ruinas Romanas de) *15* 64 Q3
Cevadais *12* 66 O8
Chã *17* 27 I7
Chacim *03* 27 H6
Chacim *04* 28 H9
Chamusca *14* 53 N4
Chança *12* 66 O6
Chança (Estação de) *12* 66 O6
Chança (Rio) 78 S7
Chancelaria *14* 53 N4
Chão da Parada *10* 52 N2
Chão da Vã *05* 54 M7
Chão da Velha *12* 54 N6
Chão das Servas *05* 54 M6
Chão de Codes *14* 53 N5
Chão de Couce *10* 53 M4
Chão de Lopes *14* 53 N5
Chãos *14* 53 M4
Charneca *02* 78 S7
Chãs *09* 42 J8
Chãs (Monte) *18* 41 J5
Chãs de Tavares *18* 41 K7
Chavães *18* 41 I7
Chaves *17* 28 G7
Cheleiros *11* 64 P2
Choça Queimada *08* 90 U7
Chorente *03* 26 H4
Chosendo *18* 41 J7
Chouto *14* 65 O4
Ciborro *07* 65 P5
Cicouro *04* 29 H11
Cid Almeida *02* 78 R7
Cidade *10* 52 N2
Cidadelhe *09* 42 J8
Cidadelhe *16* 27 G5
Ciladas *07* 66 P8
Cima (Ilhéu de) *32* 89 DX
Cimadas Fundeiras *05* 53 M6
Cimbres *18* 41 I6
Cinco Vilas *09* 42 J9
Cinfães *18* 41 I5
Cintados *08* 90 U7
Cintrão (Ponta do) *20* 107 J19
Cisterna *04* 28 G8
Clarines *08* 90 T7
Clérigo (Ponta do) *31* 88 BY
Côa (R.) 42 L8
Cobres (Ribeira de) *02* 77 T5
Codaval *17* 27 H7
Codeçais *04* 28 I8
Codeçoso *03* 27 H5
Codessoso *17* 27 H6
Coelheira *18* 41 J5
Coelhoso *04* 28 H10
Coentral *10* 53 L5
Cogula *09* 42 J8
Coimbra *06* 40 L4
Coimbrão *10* 52 M3
Coina *15* 64 Q2
Coito *08* 90 T7
Coja *06* 41 L6
Coja (Ribeira de) 41 J7
Colar de Perdizes *15* 65 P3
Colares *11* 64 P1
Colcorinho (Monte) 41 L6
Colmeal *05* 42 K8
Colmeal *06* 53 L5
Colmeias *10* 53 M3
Colorada *02* 78 R9
Colos *02* 77 S4
Comeira *10* 52 M3
Comenda *12* 54 N6
Comporta *15* 64 Q3
Concavada *14* 53 N5
Conceição *02* 77 S5
Conceição *perto de Faro* *08* 89 U6
Conceição *perto de Tavira* *08* 90 U7
Condeixa-a-Nova *06* 53 L4
Condeixa-a-Velha *06* 53 L4
Congro (Lagoa do) *20* 107 J19
Conímbriga *06* 53 L4
Conlelas *04* 28 G9
Cônqueiros *05* 54 M6
Consolação *10* 52 O1
Constância *14* 53 N4
Constantim *04* 29 H11
Constantim *17* 27 I6
Contenda *12* 66 O8
Contendas (Ponta das) *20* 107 H14
Contensas de Baixo *18* 41 K6
Corchas (Portela das) *08* 88 T4
Cordinhã *06* 40 K4
Corgas *05* 54 M6
Corgas (Barragem de) *05* 54 M6
Corgo *03* 27 H6
Coriscada *09* 42 J8
Coroa *04* 28 G8
Coroa (Serra da) *04* 28 G8
Corona (Ribeira de) *15* 77 S4
Coronado *13* 26 I4
Correias *14* 53 N3
Correlha *16* 26 G4
Corte *18* 41 K5
Corte Brique *02* 77 T4
Corte da Velha *02* 77 S6
Corte de São Tomé *08* 90 T7
Corte do Gago *08* 90 U7
Corte Figueira *02* 89 T5
Corte Gafo de Baixo *02* 77 S6
Corte Gafo de Cima *02* 77 S6
Corte João Marques *08* 89 T6
Corte Pequena *02* 78 S7
Corte Pequena *02* 77 S6
Corte Pinto *02* 78 S7
Corte Serranos *08* 89 T6
Corte Sines *02* 78 S7
Corte Tabelião *08* 90 T7
Corte Vicente Eanes *02* 77 S5
Corte Zorrinha *02* 77 T5
Cortegaça *01* 40 J4
Cortegaça *18* 41 K5
Cortelha *08* 90 U7
Cortelha *08* 89 U6
Cortes *02* 78 R8
Cortes *05* 41 L7
Cortes *10* 53 M3
Cortes de Baixo *02* 77 R6
Cortes Pereiras *08* 90 T7
Cortiçada *09* 41 I7
Cortiçadas do Lavre *07* 65 P4
Cortiço da Serra *09* 41 K7
Cortiços *04* 28 H8
Coruche *14* 65 P4
Corujeira *06* 40 K3
Corujeira *18* 41 J6
Corujos *08* 90 U7
Corva *15* 64 Q2
Corval *07* 66 Q7
Corveira *18* 41 K5
Corvo (Ilha do) *20* 107 D2
Cós *10* 52 N3
Costa de Caparica *15* 64 Q2
Costa de Lavos *06* 52 L3
Costa de Santo André *15* 76 R3
Costa Nova *01* 40 K3
Costa Nova (Ria da) *01* 40 K3
Costa Verde 26 H2
Cota *18* 41 J6
Cotelo *18* 41 I6
Cótimos *09* 42 J8
Couço *14* 65 P5
Coudelaria de Alter *12* 66 O6
Coura *16* 26 G4
Coura (Rio) 26 G3
Courelas *07* 78 R7
Courelas do Vale *07* 65 Q4
Cousso *16* 13 F5
Couto *13* 26 I4
Couto de Esteves *01* 41 J5
Couto de Mosteiro *18* 41 K5
Cova da Iria *14* 53 N4
Cova da Piedade *15* 64 Q2
Covão de Lobo *01* 40 K4
Covão do Feto *14* 53 N3
Covão dos Mendes *10* 53 M3
Covas *06* 41 K6
Covas *16* 26 G3
Covas de Barroso *17* 27 H6
Covas do Douro *17* 27 I7
Covas do Monte *18* 41 J5
Covas do Rio *18* 41 J5
Covelães *17* 27 G6
Covelas *03* 27 H5
Covelo *06* 41 L5
Covelo *13* 26 I4
Covelo *18* 41 J5
Covelo de Gerês *17* 27 G6
Covilhã *05* 41 L7
Covinhos (Ponta dos) *10* 52 N2
Covoada *20* 107 J18
Covões *06* 40 K4
Crasto *16* 26 G4
Crato *12* 66 O7
Crestuma *13* 40 I4
Crestuma (Barragem de) *13* 40 I4
Crias *03* 26 H3
Cristelo *03* 26 H3
Cristo (Convento de) *14* 53 N4
Criz *18* 41 K5
Cruz (Ponta do) *31* 88 BY
Cruz da Légua *10* 52 N3
Cruz de João Mendes *15* 76 R4
Cruzamento de Pegões *15* 65 P4
Cruzes *18* 41 J5
Cuba *02* 77 R6
Cubalhão *16* 13 F5
Cuine (Sierra do) *20* 107 G14
Cujó *18* 41 J6
Culatra (Ilha da) *08* 90 V6
Cumeada *05* 53 M5
Cumeada *08* 89 U4
Cumeira *10* 52 N3
Cumiada *07* 78 Q7
Cumieira *06* 53 M4
Cumieira *17* 27 I6
Cunha *16* 26 G4
Cunha *18* 41 J7
Cunha Baixa *18* 41 K6
Cunheira *12* 66 O6
Curalha *17* 27 G7
Curia *01* 40 K4
Curral da Velha (Ribeira do) *02* 77 T6
Curral das Freiras *31* 88 BY
Curros *17* 28 H7
Curros (Rio) *17* 28 H7
Curvos *03* 26 H3
Custóias *09* 42 I8

D

Dadim *17* 28 G8
Dão 41 J7
Dardavaz *18* 41 K5
Darque *16* 26 G3
Dáspera *05* 54 M6
Decermilo *18* 41 J7
Degebe 66 Q6
Degolados *12* 66 O8
Degracias *06* 53 L4
Deilão *04* 28 G10
Delães *03* 26 H4
Deocriste *16* 26 G3
Derreada Cimeira *10* 53 M5
Destriz *18* 41 K5
Divor (Barragem do) *07* 65 P6
Divor (Ribeira de) 65 P4
Dogueno *02* 89 T6
Dois Portos *11* 64 O2
Domingos da Vinha *12* 53 N6
Dominguizo *05* 54 L7
Dona Maria *02* 78 R7
Donai *04* 28 G9
Dornelas *09* 41 J7
Dornelas do Zêzere *06* 54 L6
Dornes *14* 53 M5
Douro 29 H11
Duas Igrejas *04* 29 H10
Dunas de Ovar *01* 40 J3
Durão *04* 42 I9

E

Edral *04* 28 G8
Edrosa *04* 28 G9
Edroso *04* 28 H9
Ega *06* 53 L4
Eira de Calva *06* 53 L5
Eirado *09* 41 J7
Eiras *06* 40 L4
Eiras Maiores *04* 28 G9
Eirinha *02* 77 T6
Eirinhas *02* 78 R7
Eirogo *03* 26 H4
Eixo *01* 40 K4
Elvas *12* 66 P8
Encarnacão *11* 64 O1
Encumeada (Boca da) *31* 88 AY
Entradas *02* 77 S5
Entre Ambososrios *16* 27 G5
Entre-os-Rios *13* 41 I5
Entroncamento *14* 53 N4
Envendos *14* 54 N6
Enxabarda *05* 54 L7
Enxara do Bispo *11* 64 P2
Enxoé *02* 78 S7
Enxoé (Barragem do) *02* 78 S7
Enxofre (Furna do) *20* 107 F12
Enxofre (Furnas do) *20* 107 G14
Erada *05* 41 L7
Ereira *14* 64 O3
Erges (Río) 55 M9
Ericeira *11* 64 P1
Ermelo *16* 27 G5
Ermelo *17* 27 H6
Ermesinde *13* 26 I4
Ermida *05* 53 M6
Ermida *06* 40 K3
Ermida *16* 27 G5
Ermida (Barragem da) *06* 53 L5
Ermidas-Aldeia *15* 77 S4
Ermidas-Sado *15* 77 R4
Erra *14* 65 P4
Erra(Ribeira da) 65 O4
Ervas Tenras *09* 42 J8
Ervedal *06* 41 K6
Ervedal *12* 66 O6
Ervededo *17* 27 G7
Ervedeira *12* 65 O5
Ervedosa *04* 28 G8
Ervedosa *09* 42 J8
Ervedosa do Douro *18* 27 I7
Ervideira *10* 52 M3
Ervidel *02* 77 S5
Ervões *17* 28 H7
Escalhão *09* 42 J9
Escalos de Baixo *05* 54 M7
Escalos de Cima *05* 54 M7
Escalos do Meio *10* 53 M5
Escanxinhas *08* 89 U5
Escarigo *05* 42 L8
Escarigo *09* 42 J9
Escariz *01* 40 J4
Escariz *03* 26 H4
Escariz *17* 27 H6
Escaroupim *14* 65 O3
Escudeiros *03* 26 H4
Escuro (Monte) *20* 107 J19
Escurquela *18* 41 I7
Escusa *perto de Castelo de Vide* *12* 54 N7
Escusa *perto de Ponte de Sor* *12* 53 N6
Esfrega *05* 54 M6
Esmoriz *01* 40 J4
Espadanedo *04* 28 H9
Espargal *08* 89 U5
Especiosa *04* 29 H10
Esperança *12* 66 O8
Esperança (Pico da) *20* 107 H11
Espiche *08* 88 U3
Espichel (Cabo) *15* 64 Q2
Espinhaço de Cão (Serra do) *08* 88 U3
Espinhal *06* 53 L4
Espinheira *07* 66 Q6
Espinheiro *14* 53 N3
Espinho *01* 40 I4
Espinho *perto de Caramulo* *18* 41 K5
Espinho *perto de Mangualde* *18* 41 K6
Espinho *perto de Mortágua* *18* 41 K5
Espinho (Alto do) 27 I6
Espinhosela *04* 28 G9
Espinhoso *04* 28 G8
Espírito Santo *02* 78 T7
Espite *14* 53 M4
Espiunca *01* 41 J5
Esporões *03* 26 H4
Esposende *03* 26 H3
Espragosa *02* 77 T6
Estação de Ourique *02* 77 S5
Estação de Viana *07* 77 Q5
Estanqueiro *14* 65 P3
Estarreja *01* 40 J4
Este *03* 27 H4
Este (Rio) 26 H4
Esteiro *06* 54 L6
Estela *13* 26 H3
Estelas *10* 52 N1
Ester *18* 41 J5
Estevais *perto de Cardanha* *04* 28 I8
Estevais *perto de Est. de Freixo* *04* 28 I9
Esteveira *14* 53 N5
Esteves *05* 54 M6
Estibeira *02* 76 T3
Estiramantens *08* 89 U6
Estoi *08* 89 U6
Estômbar *08* 89 U4
Estorãos *03* 27 H5
Estorãos *16* 26 G4
Estoril *11* 64 P1
Estorninhos *08* 90 U7
Estreito *05* 54 M6
Estreito da Calheta *31* 88 AY
Estreito de Câmara de Lobos *31* 88 BY
Estrela *02* 78 R7
Estrela (Parque Natural da Serra da) 41 K7
Estrela (Serra da) *09* 41 L6
Estremoz *07* 66 P7
Eucisia *04* 28 I8
Évora *07* 65 Q6
Évora de Alcobaça *10* 52 N3
Évoramonte *07* 66 P6
Extremo *16* 26 G4

F

Facha *16* 26 G4
Facho *10* 52 N2
Fadagosa *12* 54 N7
Fadagosa *14* 53 N6
Fadagosa (Termas da) *14* 53 N6
Fafe *03* 27 H5
Fagilde (Barragem de) *18* 41 K6
Faia *03* 27 H6
Faial *31* 88 BY
Faial (Canal do) *20* 107 H10
Faial (Ilha do) *20* 107 H9
Faial (Ponta do) *20* 107 J20
Faial da Terra *20* 107 J20
Fail *18* 41 K6
Faílde *04* 28 G9
Faiões *17* 28 G7
Fajã da Ovelha *31* 88 AY
Fajã de Cima *20* 107 J19
Fajã do Ouvidor *20* 107 G11
Fajã dos Cubres *20* 107 H12
Fajã Grande *20* 107 E2
Fajão *06* 54 L6
Fajãzinha *20* 107 E2
Fajões *01* 40 J4
Falca *10* 52 N2
Falcoeiras *07* 66 Q7
Famalicão *09* 42 K7
Famalicão *10* 52 N2
Fanhais *10* 52 N2
Fanhões *11* 64 P2
Fão *03* 26 H3
Faria *03* 26 H4
Farilhões *10* 52 N1
Farminhão *18* 41 K5
Faro *08* 89 U6
Faro (Ilha de) *08* 89 V6
Faro (Monte do) *16* 12 F4
Faro do Alentejo *02* 77 R6
Farropa *05* 54 M7
Fataunços *18* 41 J5
Fatela *05* 54 L7
Fátima *14* 53 N4
Favacal *06* 53 M4
Favaios *17* 27 I7
Fazamões *18* 41 I6
Fazenda *12* 65 O6
Fazendas de Almeirim *14* 65 O4
Febres *06* 40 K4
Feira *18* 41 J5
Feiteira *08* 89 U6
Felgar *04* 28 I9
Felgueira *01* 41 J5
Felgueiras *04* 28 I8
Felgueiras *04* 28 H9
Felgueiras *13* 27 H5
Felgueiras *18* 41 I6
Fenais da Ajuda *20* 107 J20
Fenais da Luz *20* 107 J19
Fermelã *01* 40 J4
Fermentelos *01* 40 K4
Fermil *03* 27 H6
Fernandilho *08* 89 U6
Fernão Ferro *15* 64 Q2
Fernão Joanes *09* 42 K7
Ferradosa *04* 28 I9
Ferragudo *08* 88 U4
Ferral *17* 27 G6
Ferraria (Ponta da) *20* 107 J18
Ferrarias *07* 78 Q8
Ferreira *04* 28 H9
Ferreira *13* 27 I4
Ferreira *16* 26 G4
Ferreira (Rio) *13* 26 I4
Ferreira-a-Nova *06* 40 L3
Ferreira de Aves *18* 41 J7
Ferreira do Alentejo *02* 77 R5
Ferreira do Zêzere *14* 53 M5
Ferreiras *08* 89 U5
Ferreirim *perto de Lamego* *18* 41 I6
Ferreirim *perto de Penedono* *18* 41 J7
Ferreirós do Dão *18* 41 K5
Ferrel *10* 52 N2
Ferro *05* 41 L7
Ferro (Ilhéu de) *32* 89 CX
Fervença *03* 27 H5
Fervença *10* 52 N3
Fervidelas *17* 27 G6
Feteiras *20* 107 J18
Fiães *01* 40 J4
Fiães *09* 42 J7
Fiães *16* 13 F5
Fiães *17* 28 G8
Fiães do Rio *17* 27 G6
Fialho *02* 89 T6
Figueira *04* 28 I9
Figueira *05* 54 M6
Figueira *08* 88 U3
Figueira *12* 66 O8
Figueira *18* 41 I6
Figueira *perto de Portimão* *08* 88 U4
Figueira (Ribeira da) *02* 77 R5
Figueira da Foz *06* 53 L3
Figueira de Castelo Rodrigo *09* 42 J9
Figueira de Lorvão *06* 40 L4
Figueira dos Cavaleiros *02* 77 R5
Figueira e Barros *12* 66 O6
Figueiras *02* 77 S5
Figueiras *14* 53 O4
Figueiredo *05* 53 M6
Figueiredo de Alva *18* 41 J6
Figueirinha *02* 77 T6
Figueirinha *08* 89 U6
Figueiró *18* 41 K6
Figueiró (Ribeira de) *12* 54 N6
Figueiró da Granja *09* 41 K7
Figueiró da Serra *09* 41 K7
Figueiró do Campo *06* 53 L4
Figueiró dos Vinhos *10* 53 M5
Fiolhoso *17* 27 H7
Flamengos *20* 107 H10
Flor da Rosa *12* 66 O7
Flores (Ilha das) *20* 107 E2
Fogo (Lagoa do) *20* 107 J19
Fóia *08* 89 U4
Fóios *09* 42 L9
Folgado *07* 66 P7
Folgosa *18* 27 I6

Folgosinho 09 ... 41 K 7
Folhadela 17 ... 27 I 6
Folques 06 ... 41 L 5
Fontainhas 13 ... 26 H 4
Fontainhas 15 ... 76 R 3
Fontão Fundeiro 10 ... 53 M 5
Fonte Arcada 18 ... 41 J 7
Fonte da Aldeia 04 ... 29 H 10
Fonte da Telha 15 ... 64 Q 2
Fonte Ladrão 04 ... 29 H 10
Fonte Limpa 06 ... 53 L 5
Fonte Longa 04 ... 28 I 8
Fonte Santa 05 ... 54 M 7
Fonte Serne (Barragem) 15 ... 77 S 4
Fontelas 17 ... 27 I 6
Fontes 14 ... 53 N 5
Fontes 17 ... 27 I 6
Fontes da Matosa 08 ... 89 U 4
Fontinha 02 ... 76 T 3
Fontinha 10 ... 53 L 3
Fontoura 16 ... 26 G 4
Forcalhos 09 ... 42 K 9
Forjães 03 ... 26 H 3
Formigais 14 ... 53 M 4
Formosa (Ria) 08 ... 90 V 6
Fornalhas Novas 02 ... 77 S 4
Fornalhas Velhas 02 ... 77 S 4
Fornelos 03 ... 27 H 5
Fornelos 16 ... 26 G 4
Fornelos 18 ... 41 I 5
Fornilhos 02 ... 78 R 8
Forninhos 09 ... 41 J 7
Forno Telheiro 09 ... 42 J 7
Fornos 04 ... 28 I 9
Fornos de Algodres 09 ... 41 K 7
Fornos do Pinhal 17 ... 28 H 8
Foros da Adúa 07 ... 65 Q 5
Foros da Caiada 02 ... 77 S 4
Foros da Fonte de Pau 14 ... 65 P 4
Foros da Fonte Seca 07 ... 66 Q 7
Foros da Salgueirinha 14 ... 65 P 4
Foros das Malhadinhas 14 ... 65 P 3
Foros das Pombas 07 ... 66 Q 6
Foros de Benfica 14 ... 65 O 4
Foros de Casa Nova 15 ... 77 S 4
Foros de Vale de Figueira 07 ... 65 P 5
Foros do Arrão 12 ... 65 O 5
Foros do Baldio 07 ... 65 Q 4
Foros do Biscaínho 14 ... 65 P 4
Foros do Cortiço 07 ... 65 P 5
Foros do Freixo 07 ... 66 P 7
Foros do Mocho 12 ... 65 O 5
Foros do Queimado 07 ... 66 Q 6
Forte da Graça 12 ... 66 P 8
Fortes 08 ... 90 T 7
Fortios 12 ... 66 O 7
Foupana (Ribeira da) 08 ... 89 T 6
Foz 14 ... 65 O 5
Foz de Alge 10 ... 53 M 5
Foz de Arouce 06 ... 53 L 5
Foz de Odeleite 08 ... 90 T 7
Foz do Arelho 10 ... 52 N 2
Foz do Arroio 08 ... 88 T 4
Foz do Douro 13 ... 26 I 3
Foz do Farelo 08 ... 88 T 4
Foz do Lisandro 11 ... 64 P 1
Foz do Sabor 04 ... 28 I 8
Foz Giraldo 05 ... 54 L 6
Fradelos 03 ... 26 H 4
Fradizela 04 ... 28 H 8
Fraga Negra 03 ... 27 G 5
Fragosela 18 ... 41 K 6
Fragoso 03 ... 26 H 3
Fráguas 14 ... 52 N 3
Fráguas 18 ... 41 J 6
França 04 ... 28 G 9
Franco 04 ... 28 H 7
Franqueada 08 ... 89 U 5
Franzilhal 17 ... 28 I 7
Fratel 05 ... 54 N 6
Fratel (Barragem de) ... 54 N 6
Frazão 13 ... 26 I 4
Freamunde 13 ... 27 I 4
Frechas 04 ... 28 H 8
Freches 09 ... 42 J 7
Fregil (Barragem de) 18 ... 41 I 5
Freineda 09 ... 42 K 9
Freiria 11 ... 64 O 2
Freiria 17 ... 27 H 7
Freixeda 04 ... 28 H 8
Freixeda 17 ... 27 H 7
Freixeda do Torrão 09 ... 42 J 8
Freixedas 09 ... 42 J 8
Freixedelo 04 ... 28 G 9
Freixial 07 ... 66 P 7
Freixial do Campo 05 ... 54 M 7
Freixianda 14 ... 53 M 4
Freixieiro 16 ... 26 G 3
Freixiel 04 ... 28 I 8
Freixiosa 04 ... 29 H 11
Freixiosa 18 ... 41 K 6
Freixo 09 ... 42 K 8
Freixo 16 ... 26 H 4
Freixo 18 ... 41 K 5
Freixo de Espada à Cinta 04 ... 42 I 9
Freixo de Numão 09 ... 42 I 8
Frende 13 ... 27 I 6
Fresulfe 04 ... 28 G 9
Fridão 13 ... 27 I 5
Friestas 16 ... 12 F 4
Friões 17 ... 28 G 7
Friúmes 06 ... 41 L 5
Fronhas (Barragem de) 06 ... 41 L 5
Fronteira 12 ... 66 O 7
Frossos 01 ... 40 K 4
Funchal 31 ... 88 B Z
Funcheira 02 ... 77 S 4
Funcho (Barragem do) 08 ... 89 U 4
Fundada 05 ... 53 M 5
Fundão 05 ... 54 L 7
Fungalvaz 14 ... 53 N 4
Furadouro 01 ... 40 J 3
Furadouro 06 ... 53 L 4
Furnas 20 ... 107 J 20
Furnas (Lagoa das) 20 ... 107 J 20
Furnas do Enxofre 20 ... 107 G 14
Furnazinhas 08 ... 90 T 7
Furtado 12 ... 53 N 6
Fuseta 08 ... 89 U 6

G

Gaeiras 10 ... 52 N 2
Gafanha da Boa Hora 01 ... 40 K 3
Gafanha da Encarnação 01 ... 40 K 3
Gafanha da Nazaré 01 ... 40 K 3
Gafanha do Carmo 01 ... 40 K 3
Gafanhoeira 07 ... 65 P 5
Gáfete 12 ... 54 N 6
Gagos 09 ... 42 K 8
Gaia 09 ... 42 K 8
Gaiate 06 ... 53 L 5
Gaia 06 ... 53 L 3
Galafura 17 ... 27 I 6
Galera (Ponta da) 20 ... 107 J 19
Galizes 06 ... 41 L 6
Galveias 12 ... 65 O 6
Gamil 03 ... 26 H 4
Gândara 10 ... 53 M 3
Gândara de Espariz 06 ... 41 L 5
Gandarela 03 ... 27 H 5
Gandra 13 ... 26 I 4
Gandra *perto de Ponte de Lima* 16 ... 26 G 4
Garajau (Ponta do) 31 ... 88 B Z
Garça (Ponta da) 20 ... 107 J 19
Garcia 08 ... 89 U 6
Garcia 10 ... 52 M 3
Gardete 14 ... 54 N 6
Gardunha (Serra da) 05 ... 54 L 7
Garfe 03 ... 27 H 5
Garvão 02 ... 77 S 4
Gatão 02 ... 89 T 6
Gateira 09 ... 42 J 8
Gatões 06 ... 40 L 3
Gaula 31 ... 88 B Y
Gave 16 ... 13 F 5
Gavião 03 ... 26 H 4
Gavião 05 ... 54 M 6
Gavião 12 ... 53 N 6
Gaviãozinho 05 ... 54 M 6
Gavieira 16 ... 27 G 5
Gebelim 04 ... 28 H 9
Geira 03 ... 27 G 5
Gema (Ribeira da) 02 ... 77 S 4
Genísio 04 ... 29 H 10
Geraldes 10 ... 52 O 1
Geraz do Lima 16 ... 26 G 3
Gerês 03 ... 27 G 5
Gerês (Serra do) 03 ... 27 G 5
Germil 16 ... 27 G 5
Gestaçô 13 ... 27 I 6
Gesteira 06 ... 53 L 4
Gestosa 04 ... 28 G 8
Gestoso 18 ... 41 J 5
Gia 17 ... 41 I 5
Gibraltar 11 ... 64 O 2
Giesteira 01 ... 40 K 4
Giesteiras 05 ... 54 M 6
Giestoso 16 ... 13 F 5
Gilvrazino 08 ... 89 U 5
Gimonde 04 ... 28 G 9
Ginetes 20 ... 107 J 18
Giões 08 ... 89 T 6
Giraldos 02 ... 77 S 5
Girão (Cabo) 31 ... 88 A Z
Glória 07 ... 66 P 7
Glória do Ribatejo 14 ... 65 O 4
Godeal 07 ... 65 P 5
Godelim (R.) ... 78 R 8
Godinhanços 03 ... 26 G 4
Góis 06 ... 53 L 5
Golegã 14 ... 53 N 4
Golfeiras 04 ... 28 H 8
Gomes Aires 02 ... 77 T 5
Gonça 03 ... 27 H 5
Gonçalo 09 ... 42 K 7
Gonçalo Bocas 09 ... 42 K 8
Gondar 03 ... 27 H 4
Gondar 13 ... 27 I 5
Gondarém 16 ... 26 G 3
Gondelim 06 ... 41 L 5
Gondelim 16 ... 26 G 4
Gondemaria 14 ... 53 M 4
Gondiães 03 ... 27 H 6
Gondomar 13 ... 26 I 4
Gondomil 16 ... 12 F 4
Gondoriz 16 ... 27 G 4
Gontifelos 03 ... 26 H 4
Gorda (Serra) 20 ... 107 J 18
Gordo (Monte) 11 ... 64 P 2
Gorjão 14 ... 65 O 5
Gorjoes 08 ... 89 U 6
Gosende 18 ... 41 I 6
Gostei 04 ... 28 G 9
Gouvães da Serra 17 ... 27 H 6
Gouveia 04 ... 28 I 9
Gouveia 11 ... 64 P 1
Gouveia *perto de Freixedas* 09 ... 42 K 8
Gouveia *perto de Seia* 09 ... 41 K 7
Gouvinhas 17 ... 27 I 7
Gove 13 ... 27 I 5
Graça 10 ... 53 M 5
Graciosa (Ilha da) 20 ... 107 F 11
Gradil 11 ... 64 P 2
Gradiz 09 ... 41 J 7
Gralhas 17 ... 27 G 6
Gralheira (Serra da) 01 ... 40 J 4
Gralhos 04 ... 28 H 9
Gralhos 17 ... 27 G 6
Graminhais (Planalto dos) 20 ... 107 J 20
Grande (Ribeira) 12 ... 66 O 6
Grândola 15 ... 77 R 4
Grândola (Ribeira de) 15 ... 77 R 4
Grândola (Serra de) 15 ... 77 R 4
Granho 14 ... 65 O 4
Granho Novo 14 ... 65 P 3
Granja 04 ... 29 H 10
Granja 07 ... 78 R 8
Granja 13 ... 40 I 4
Granja 17 ... 27 I 7
Granja do Ulmeiro 06 ... 53 L 4
Granja Nova 18 ... 41 I 6
Granjal 18 ... 41 J 7
Grau 10 ... 52 M 3
Grijó 04 ... 28 H 9
Grijó 13 ... 40 I 4
Grijó de Parada 04 ... 28 G 9
Grocinas 06 ... 53 M 4
Guadalupe 07 ... 65 Q 5
Guadalupe 20 ... 107 F 11
Guadiana ... 66 Q 8
Guadramil 04 ... 29 G 10
Guarda 09 ... 42 K 8
Guarda do Norte 10 ... 53 M 3
Guardeiras 13 ... 26 I 4
Guedelhas 02 ... 89 T 6
Guerreiro 02 ... 77 S 6
Guerreiros do Rio 08 ... 90 T 7
Guia 08 ... 89 U 5
Guia 10 ... 53 M 3
Guide (Rio de) 04 ... 28 H 8
Guilhabreu 13 ... 26 I 4
Guilheiro 09 ... 42 J 7
Guilheta 03 ... 26 H 3
Guilhofrei 03 ... 27 H 5
Guimarães 03 ... 27 H 5
Guisande 01 ... 40 J 4
Guiso 02 ... 78 S 7

H

Homem (Portela do) 03 ... 27 G 5
Homem (R.) 03 ... 27 G 5
Horta 09 ... 42 I 8
Horta 20 ... 107 H 10
Horta da Vilariça 04 ... 28 I 8
Hortas 08 ... 90 U 7
Hortinhas 07 ... 66 Q 7

I

Idanha (Barragem da) 05 ... 54 M 8
Idanha-a-Nova 05 ... 54 M 8
Idanha-a-Velha 05 ... 54 M 8
Ifanes 04 ... 29 H 11
Igreja Nova 11 ... 64 P 2
Igreja Nova do Sobral 14 ... 53 M 5
Igrejinha 07 ... 65 P 6
Ilha (Ponta da) 20 ... 107 H 11
Ilhas 07 ... 65 P 6
Ílhavo 01 ... 40 K 3
Ilhéus (Ponta dos) 20 ... 107 E 2
Infantado 14 ... 65 P 3
Inferno (Poço do) 09 ... 41 K 7
Inguias 05 ... 42 L 8
Insalde 16 ... 26 G 4
Isna 05 ... 54 M 6
Isna (Ribeira da) 05 ... 53 M 5
Izeda 04 ... 28 H 9

J

Janeiro de Baixo 06 ... 54 L 6
Janeiro de Cima 05 ... 54 L 6
Jardim do Mar 31 ... 88 A Y
Jardo 09 ... 42 K 9
Jarmelo 09 ... 42 K 8
Javali 08 ... 89 U 6
Jazente 13 ... 27 I 5
João Antão 09 ... 42 K 8
João Bom 20 ... 107 J 18
João Serra 02 ... 77 S 6
Jolda 16 ... 26 G 4
Jou 17 ... 28 H 7
Jovim 13 ... 26 I 4
Juizo 09 ... 42 J 8
Junca 09 ... 42 J 9
Juncais 09 ... 41 K 7
Juncal 05 ... 54 N 6
Juncal 10 ... 52 N 3
Juncal do Campo 05 ... 54 M 7
Junceda 03 ... 27 G 5
Junceira 14 ... 53 N 5
Jungeiros 02 ... 77 S 5
Junqueira 01 ... 41 J 5
Junqueira 04 ... 28 H 10
Junqueira 08 ... 90 U 7
Junqueira 13 ... 26 H 3
Juromenha 07 ... 66 P 8

L

Laborato 08 ... 89 T 6
Laboreiro (R.) 16 ... 27 G 5
Labruge 13 ... 26 I 3
Labrujó 16 ... 26 G 4
Ladaino 04 ... 28 H 9
Ladário 18 ... 41 J 6
Ladoeiro 05 ... 54 M 8
Lagarelhos 17 ... 28 G 7
Lagares 06 ... 41 K 6
Lagares 13 ... 26 I 4
Lagarinhos 09 ... 41 K 6
Lagarteira 10 ... 53 M 4
Lagarto (Portela do) 16 ... 13 F 5
Lagoa 04 ... 28 H 9
Lagoa 08 ... 89 U 4
Lagoa 20 ... 107 J 19
Lagoa (Monte) 08 ... 89 T 6
Lagoa Parada 10 ... 53 M 4
Lagoaça 04 ... 28 I 9
Lagos 08 ... 88 U 3
Laje 03 ... 26 H 4
Laje (Ponta da) 11 ... 64 P 2
Lajedo 20 ... 107 E 2
Lajeosa 09 ... 42 K 9
Lajeosa 18 ... 41 K 6
Lajeosa do Mondego 09 ... 42 K 7
Lajes 08 ... 89 U 6
Lajes 09 ... 41 K 6
Lajes das Flores *Flores* 20 ... 107 E 2
Lajes *Terceira* 20 ... 107 G 14
Lajes do Pico 20 ... 107 H 11
Lalim 18 ... 41 I 6
Lama 03 ... 26 H 4
Lama Chã 17 ... 27 G 6
Lama de Arcos 17 ... 28 G 7
Lamalonga 04 ... 28 G 8
Lamares 17 ... 27 I 7
Lamarosa 14 ... 53 N 4
Lamas 01 ... 40 J 4
Lamas 06 ... 53 L 4
Lamas 11 ... 64 O 2
Lamas 18 ... 41 J 6
Lamas de Ferreira 18 ... 41 J 6
Lamas de Mouro 16 ... 13 F 5
Lamas de Olo 17 ... 27 H 6
Lamas de Orelhão 04 ... 28 H 8
Lamas de Podence 04 ... 28 H 9
Lamas do Vouga 01 ... 40 K 4
Lamegal 09 ... 42 J 8
Lamego 18 ... 41 I 6
Lameira 03 ... 27 H 5
Lameiras 09 ... 42 J 8
Lamosa 18 ... 41 J 7
Lamparona ... 67 O 8
Lamporeira (Ponta da) 11 ... 64 O 1
Lanção 04 ... 28 G 9
Lanças 02 ... 77 S 5
Landal 10 ... 52 O 2
Landeira 07 ... 65 Q 4
Landeira 18 ... 41 J 5
Lanhelas 16 ... 26 G 3
Lanheses 16 ... 26 G 3
Lapa 14 ... 64 O 3
Lapa 18 ... 41 J 7
Lapa (Serra da) ... 41 J 7
Lapa do Lobo 18 ... 41 K 6
Lapas 14 ... 53 N 4
Laranjeiro 15 ... 64 Q 2
Larçã 06 ... 40 L 4
Lardosa 05 ... 54 M 7
Lares 06 ... 53 L 3
Larinho 04 ... 28 I 8
Larouco (Serra do) 17 ... 27 G 6
Laundos 13 ... 26 H 3
Lavacolhos 05 ... 54 L 7
Lavos 06 ... 53 L 3
Lavra 13 ... 26 I 3
Lavradas 17 ... 27 G 6
Lavradio 15 ... 64 P 2
Lavre 07 ... 65 P 4
Lavre (Estação de) 14 ... 65 P 4
Lavre (Ribeira de) ... 65 P 4
Lebre 02 ... 78 S 7
Lebução 17 ... 28 G 8
Leça 13 ... 26 I 4
Leça da Palmeira 13 ... 26 I 3
Légua 10 ... 52 M 2
Leiranco (Serra de) 17 ... 27 G 7
Leiria 10 ... 53 M 3
Leiria (Pinhal de) 10 ... 52 M 2
Leirosa 06 ... 52 L 3
Lemede 06 ... 40 L 4
Lena 10 ... 53 N 3
Lentiscais 05 ... 54 M 7
Lentiscais 08 ... 89 U 5
Leomil 09 ... 42 K 9
Leomil 18 ... 41 J 7
Leomil (Serra de) 18 ... 41 J 6
Leonte (Portela de) 03 ... 27 G 5
Liceia 06 ... 40 L 3
Ligares 04 ... 42 I 9
Lijo 03 ... 26 H 4
Lima (R.) ... 26 G 4
Limões 04 ... 28 H 9
Limas (Ribeira de) 02 ... 78 S 7
Limões 17 ... 27 H 6
Lindoso 16 ... 27 G 5
Linhaceira 14 ... 53 N 4
Linhares 04 ... 28 I 7
Linhares 09 ... 41 K 7
Lisboa 11 ... 64 P 2
Livramento 08 ... 89 U 6
Livramento 20 ... 107 J 19
Lixa 13 ... 27 I 5
Liz 10 ... 52 M 3
Lobão da Beira 18 ... 41 K 5
Lodões 04 ... 28 I 8
Loivos 17 ... 27 H 7
Loivos do Monte 13 ... 27 I 6
Lomba da Fazenda 20 ... 107 J 20
Lomba de Maia 20 ... 107 J 19
Lombador 02 ... 77 T 6
Lombardos 02 ... 78 T 7
Lombo 04 ... 28 H 9
Lombomeão 01 ... 40 K 3
Longa 18 ... 41 I 7
Longos 03 ... 27 H 4
Longos Vales 16 ... 13 F 4
Longra 13 ... 27 H 5
Longroiva 09 ... 42 J 7
Lordelo 03 ... 27 H 4
Lordelo 13 ... 26 I 4
Lordosa 18 ... 41 J 6
Loriga 09 ... 41 L 6
Lorvão 06 ... 40 L 5
Lotão 08 ... 89 T 6
Louçainha 06 ... 53 L 5
Loulé 08 ... 89 U 5
Louredo 01 ... 40 J 4
Louredo 17 ... 27 I 6
Louredo (Rio) 17 ... 27 H 6
Loureira 10 ... 53 M 4
Loureiro 01 ... 40 J 4
Loureiro 06 ... 53 L 4
Loureiro de Silgueiros 18 ... 41 K 6
Loures 11 ... 64 P 2
Louriçal 10 ... 53 L 3
Louriçal do Campo 05 ... 54 L 7
Lourinhã 11 ... 52 O 2
Louro 03 ... 26 H 4
Lourosa 01 ... 40 J 4
Lourosa 06 ... 41 L 6
Lousa 04 ... 28 I 8
Lousa 05 ... 54 M 7
Lousã 06 ... 53 L 5
Lousa 11 ... 64 P 2
Lousã (Serra da) ... 53 L 5
Lousada 13 ... 27 I 5
Lousadela 18 ... 41 J 6
Lousado 03 ... 26 H 4
Lovelhe 16 ... 26 G 3
Lucefecit (Ribeira de) 07 ... 66 Q 7
Ludares 17 ... 27 I 7
Ludo 08 ... 89 U 6
Luso 01 ... 40 K 4
Lustosa 13 ... 27 H 5
Lustosa 18 ... 41 J 6
Luz 07 ... 78 Q 7
Luz 20 ... 107 F 12
Luz *Lagos* 08 ... 88 U 3
Luz (Monte) 04 ... 29 H 11
Luz de Tavira 08 ... 89 U 6
Luzianes 02 ... 77 T 4
Luzim 13 ... 27 I 5

M

Maçaínhas 05 ... 42 K 8
Mação 14 ... 53 N 6
Maçãs (R.) ... 29 G 10
Maçãs de Caminho 10 ... 53 M 4
Maçãs de Dona Maria 10 ... 53 M 5
Maceda 01 ... 40 J 4
Macedo de Cavaleiros 04 ... 28 H 9
Macedo do Mato 04 ... 28 H 9
Macedo do Peso 04 ... 28 H 10
Maceira 10 ... 52 M 3
Machados 02 ... 78 R 7
Machados 08 ... 89 U 6
Machico 31 ... 88 B Y
Machio 06 ... 53 L 5
Macieira 01 ... 40 J 4
Macieira 03 ... 26 H 4
Macieira 17 ... 27 H 6
Macieira 18 ... 41 J 5
Macieira da Maia 13 ... 26 H 4
Macieira de Alcoba 01 ... 41 K 5
Maçores 04 ... 42 I 8
Maçussa 11 ... 64 O 3
Madalena 13 ... 26 I 4
Madalena 14 ... 53 N 4
Madalena 20 ... 107 H 10
Madalena do Mar 31 ... 88 A Y
Madeirã 05 ... 53 M 5
Madrugada (Ponta da) 20 ... 107 J 20
Mafra 11 ... 64 P 2
Magoito 11 ... 64 P 1
Magos (Barragem de) 14 ... 65 P 3
Magueija 18 ... 41 I 6
Maia 13 ... 26 I 4
Maia 20 ... 107 J 19
Maia *Santa Maria* 20 ... 107 M 20
Maiorca 06 ... 53 L 3
Maiorga 10 ... 52 N 3
Mairos 17 ... 28 G 7
Malarranha 07 ... 65 P 6
Malcata 09 ... 42 L 8
Malcata (Serra de) ... 42 L 9
Malhada 12 ... 66 P 8
Malhada 18 ... 41 J 6
Malhada Alta 07 ... 66 P 7
Malhada Sorda 09 ... 42 K 9

A B C D E F G H I J K L M N O P Q R S T U V W X Y Z

Malhadal 05 ... 53 M 6
Malhadas 04 ... 29 H 11
Malhão 08 ... 89 U 6
Malhão (Serra do) ... 89 T 5
Malhou 14 ... 53 N 3
Malpartida 09 ... 42 J 9
Malpensado 02 ... 76 S 3
Malpica do Tejo 05 ... 54 M 7
Malpique 02 ... 78 R 7
Malta 09 ... 42 J 8
Malveira perto de Estoril 11 ... 64 P 1
Malveira perto de Mafra 11 ... 64 P 2
Mamarrosa 01 ... 40 K 4
Mamodeiro 01 ... 40 K 4
Mamouros 18 ... 41 J 6
Manadas 20 ... 107 H 11
Mancelos 13 ... 27 I 5
Mancoca 02 ... 77 S 5
Mangualde 18 ... 41 K 6
Manhouce 18 ... 41 J 5
Manigoto 09 ... 42 J 8
Manique do Intendente 11 ... 64 O 3
Mansores 01 ... 40 J 4
Manteigas 09 ... 41 K 7
Manuel Galo 02 ... 77 T 6
Maqueda 14 ... 52 N 3
Mar 03 ... 26 H 3
Maranhão 12 ... 65 O 6
Maranhão (Barragem de) 12 ... 65 O 6
Marão (Serra do) 13 ... 27 I 6
Marateca 15 ... 65 Q 4
Marateca (Ribeira de) ... 65 Q 4
Marchil 08 ... 89 U 6
Marco 12 ... 66 O 8
Marco de Canaveses 13 ... 27 I 5
Margalha 12 ... 54 N 6
Maria Vinagre 08 ... 88 T 3
Marialva 09 ... 42 J 8
Marianos 14 ... 65 O 4
Marinha das Ondas 06 ... 53 L 3
Marinha Grande 10 ... 52 M 3
Marinhais 14 ... 65 O 3
Marinhas 03 ... 26 H 3
Marmelar 02 ... 78 R 7
Marmeleira 14 ... 64 O 3
Marmeleira 18 ... 41 K 5
Marmeleiro 05 ... 53 M 5
Marmeleiro 09 ... 42 K 8
Marmelete 08 ... 88 U 3
Marmelos 08 ... 28 H 8
Marofa 09 ... 42 J 8
Maroto 02 ... 77 R 5
Maroufenha 02 ... 76 T 3
Marrancos 03 ... 26 G 4
Marrazes 10 ... 53 M 3
Martianas 05 ... 54 L 8
Martim 03 ... 26 H 4
Martim Branco 05 ... 54 M 7
Martim Longo 08 ... 89 T 6
Martinchel 14 ... 53 N 5
Martingança 10 ... 52 M 3
Mártires 07 ... 66 P 7
Marvão 12 ... 54 N 7
Marvila 10 ... 53 M 5
Marzagão 04 ... 28 I 8
Mascarenhas 04 ... 28 H 8
Massueime 09 ... 42 J 8
Mata 05 ... 54 M 7
Mata 14 ... 53 N 4
Mata da Rainha 05 ... 54 L 8
Mata de Lobos 09 ... 42 J 9
Mata Mourisca 10 ... 53 M 3
Matacães 11 ... 64 O 2
Matança 09 ... 41 J 7
Matela 04 ... 28 H 10
Mateus 17 ... 27 I 6
Mato 16 ... 26 H 4
Mato de Miranda 14 ... 53 N 4
Matoeira 10 ... 52 N 2
Matos 02 ... 77 R 6
Matosinhos 13 ... 26 I 3
Maxiais 05 ... 54 M 7
Maxial 05 ... 54 L 6
Maxial 11 ... 64 O 2
Maxieira 14 ... 53 N 6
Mazes 18 ... 41 I 6
Mazouco 04 ... 42 I 9
Meadela 16 ... 26 G 3
Mealhada 01 ... 40 K 4
Meca 11 ... 64 O 2
Mêda 09 ... 42 J 8
Medelim 05 ... 54 L 8
Medrões 17 ... 27 I 6
Meia Praia 08 ... 88 U 4
Meimão 05 ... 42 L 8
Meimoa 05 ... 54 L 8
Meimoa (Barragem de) 05 ... 42 L 8
Meimoa (Ribeira da) ... 54 L 7
Meinedo 13 ... 27 I 5
Meirinhos 04 ... 28 I 9
Meixedo 04 ... 28 G 9
Meixedo 17 ... 27 G 6
Meixide 17 ... 27 G 7
Meixões de Cima 03 ... 27 G 5
Meixomil 13 ... 26 I 4
Melgaço 16 ... 13 F 5
Melhe 04 ... 28 G 9
Melides 15 ... 76 R 3
Melres 13 ... 40 I 4
Melriça 05 ... 53 M 5
Memória 10 ... 53 M 3
Mendiga 10 ... 52 N 3
Mendro (Serra de) ... 77 R 6
Mente (R.) ... 28 G 8
Mentiras 07 ... 78 R 8
Mentrestido 16 ... 26 G 3
Mercês (Barragem das) 02 ... 78 R 8
Mértola 02 ... 78 T 7
Merufe 16 ... 13 F 4
Mesão Frio 03 ... 27 H 5
Mesão Frio 17 ... 27 I 6
Mesquita 02 ... 78 T 7
Mesquitela 09 ... 41 K 7
Messangil 02 ... 78 S 7
Messejana 02 ... 77 S 5
Messines 08 ... 89 U 5
Mestras 02 ... 89 T 5
Mexilhoeira Grande 08 ... 88 U 4
Mezio 16 ... 27 G 5
Mezio 18 ... 41 J 6
Midões 06 ... 41 K 6
Milagres 10 ... 53 M 3
Milhão 04 ... 28 G 10
Milharadas 02 ... 77 T 4
Milharado 11 ... 64 P 2
Milhazes 03 ... 26 H 4
Milreu 05 ... 53 N 5
Milreu (Ruinas de) 08 ... 89 U 6
Mina da Caveira 15 ... 77 R 4
Mina da Juliana 02 ... 77 S 5
Mina de São Domingos 02 ... 78 S 7
Mina de São João do Deserto 02 ... 77 S 5
Mina do Bugalho 07 ... 66 P 8
Mina do Lousal 15 ... 77 R 4
Minas do Carris 03 ... 27 G 5
Minde 14 ... 53 N 3
Mindelo 13 ... 26 I 3
Minhevo 17 ... 27 H 6
Minhocal 09 ... 42 J 7
Miões 08 ... 89 U 5
Mira 06 ... 40 K 3
Mira (Rio) ... 89 T 5
Mira de Aire 10 ... 53 N 3
Miradezes 04 ... 28 H 8
Miragaia 11 ... 64 O 2
Miramar 13 ... 40 I 4
Miranda 16 ... 26 G 4
Miranda (Barragem de) 04 ... 29 H 11
Miranda do Corvo 06 ... 53 L 5
Miranda do Douro 04 ... 29 H 11
Mirandela 04 ... 28 H 8
Miróbriga (Ruinas Romanas de) 15 ... 76 R 3
Miuzela 09 ... 42 K 8
Moçarria 14 ... 53 O 3
Modivas 13 ... 26 I 3
Mões 18 ... 41 J 6
Mofreita 04 ... 28 G 9
Mogadouro 04 ... 28 H 9
Mogadouro 10 ... 53 M 4
Mogadouro (Serra de) ... 28 I 9
Mogo de Ansiães 04 ... 28 I 8
Mogofores 01 ... 40 K 4
Moimenta 04 ... 28 G 9
Moimenta da Beira 18 ... 41 J 7
Moimenta da Serra 09 ... 41 K 7
Moimenta de Maceira Dão 18 ... 41 K 6
Moinhola 07 ... 65 Q 4
Moinhos Velhos 10 ... 53 N 3
Moita 15 ... 64 Q 3
Moita perto de Castanheira de Pêra 10 ... 53 M 5
Moita perto de Marinha Grande 10 ... 52 M 3
Moita da Roda 10 ... 53 M 3
Moita do Boi 10 ... 53 M 3
Moita dos Ferreiros 11 ... 52 O 2
Moitas Venda 14 ... 53 N 4
Moitinhas 02 ... 88 T 4
Moldes 01 ... 41 J 5
Moledo 18 ... 41 J 6
Moledo do Minho 16 ... 26 G 3
Molelos 18 ... 41 K 5
Molianos 10 ... 52 N 3
Mombeja 02 ... 77 R 5
Monção 16 ... 12 F 4
Moncarapacho 08 ... 89 U 6
Monchique 08 ... 88 U 4
Monchique (Serra de) 08 ... 88 U 3
Mondego ... 41 K 7
Mondego (Cabo) 06 ... 40 L 3
Mondim da Beira 18 ... 41 I 6
Mondim de Basto 17 ... 27 H 6
Monfebres 17 ... 28 H 7
Monforte 12 ... 66 O 7
Monforte da Beira 05 ... 54 M 8
Monfortinho 05 ... 55 L 9
Monfurado 07 ... 65 Q 5
Moninho 06 ... 54 L 6
Monsanto 05 ... 54 L 8
Monsanto 14 ... 53 N 3
Monsanto (Monte) 05 ... 54 L 8
Monsaraz 07 ... 66 Q 7
Monsul 03 ... 27 H 5
Montaivo 02 ... 78 S 7
Montalegre 17 ... 27 G 6
Montalvão 12 ... 54 N 7
Montalvo 14 ... 53 N 5
Montargil 12 ... 65 O 5
Montargil (Barragem de) 12 ... 65 O 5
Monte 01 ... 40 J 4
Monte 03 ... 27 H 5
Monte 31 ... 88 BY
Monte Alto 08 ... 89 U 5
Monte Brasil 20 ... 107 H 14
Monte Carvalho 12 ... 66 O 7
Monte Claro 12 ... 54 N 6
Monte Córdova 13 ... 26 I 4
Monte da Estrada 02 ... 76 S 4
Monte da Foz 14 ... 64 P 3
Monte da Guia 20 ... 107 H 10
Monte da Laje 02 ... 78 S 7
Monte da Pedra 12 ... 54 N 6
Monte da Rocha (Barragem de) 02 ... 77 S 5
Monte das Flores 07 ... 65 Q 6
Monte das Piçarras 07 ... 65 Q 4
Monte de Aldeia 07 ... 78 R 8
Monte de Baixo Grande 08 ... 90 U 7
Monte de Goula 05 ... 54 M 6
Monte de São Gens de Cidaí 13 ... 26 I 4
Monte do Outeiro 07 ... 66 Q 7
Monte do Trigo 07 ... 78 Q 6
Monte dos Corvos 02 ... 78 T 7
Monte Fernandes 02 ... 78 T 7
Monte Fidalgo 05 ... 54 M 7
Monte Gordo 05 ... 54 M 6
Monte Gordo 08 ... 90 U 7
Monte Grande 02 ... 77 S 5
Monte Grande 08 ... 89 U 6
Monte Juntos 07 ... 66 Q 7
Monte Margarida 09 ... 42 K 8
Monte Novo 15 ... 65 Q 4
Monte Novo (Barragem do) 07 ... 66 Q 6
Monte Real 10 ... 52 M 3
Monte Redondo 10 ... 53 M 3
Monte Redondo 11 ... 64 O 2
Monte Velho 02 ... 78 R 7
Monte Viegas 02 ... 77 S 6
Montechoro 08 ... 89 U 5
Monteiras 18 ... 41 J 6
Monteiros 17 ... 27 H 6
Montejunto (Serra de) 11 ... 64 O 2
Montelavar 11 ... 64 P 1
Montemor-o-Novo 07 ... 65 Q 5
Montemor-o-Velho 06 ... 40 L 3
Montemuro 18 ... 41 J 5
Montemuro (Serra de) 18 ... 41 J 5
Montes 14 ... 53 N 5
Montes da Senhora 05 ... 54 M 6
Montes de Cima 08 ... 88 U 4
Montes Novos 08 ... 89 U 6
Montesinho 04 ... 28 G 9
Montesinho (Parque Natural de) 04 ... 28 G 9
Montesinho (Serra de) 04 ... 28 G 9
Montevil 15 ... 65 Q 4
Montijo 15 ... 64 P 3
Montinho 12 ... 66 O 8
Montinho 08 ... 90 U 7
Montinho da Dourada 12 ... 66 O 6
Montoito 07 ... 66 Q 7
Montouto 04 ... 28 G 9
Mora 04 ... 29 H 10
Mora 07 ... 65 P 5
Morais 04 ... 28 H 9
Moreanes 02 ... 78 T 7
Moreira 16 ... 12 F 4
Moreira de Rei 09 ... 42 J 8
Moreira do Castelo 03 ... 27 H 5
Moreira do Cónegos 03 ... 27 H 5
Moreira do Rei 03 ... 27 H 5
Moreiras 17 ... 28 H 7
Morgade 17 ... 27 G 6
Morgadinho 02 ... 89 T 5
Morgavel (Barragem de) 15 ... 76 S 3
Mortágua 18 ... 41 K 5
Mós 09 ... 42 I 8
Mós 18 ... 41 J 5
Mós perto de Bragança 04 ... 28 G 9
Mós perto de Torre de Moncorvo 04 ... 28 I 9
Mós (Ribeira de) 04 ... 42 I 9
Moscavide 11 ... 64 P 2
Mosteiro 02 ... 77 S 6
Mosteiro 05 ... 53 M 6
Mosteiro 09 ... 41 J 7
Mosteiro 10 ... 53 M 5
Mosteiros 12 ... 66 O 8
Mosteiros 20 ... 107 J 18
Motrinos 07 ... 66 Q 7
Mouços 17 ... 27 I 6
Moura 02 ... 78 R 7
Mourão 04 ... 28 I 8
Mourão 07 ... 78 Q 7
Mourão (Albufeira de) 07 ... 78 Q 8
Mouraz 18 ... 41 K 5
Moure perto de Barcelos 03 ... 26 H 4
Moure perto de Vila Verde 03 ... 26 H 4
Mourilhe 17 ... 27 G 6
Mouriscas 14 ... 53 N 5
Mouriz 13 ... 27 I 4
Mouro 16 ... 13 F 4
Mouronho 06 ... 41 L 5
Moutedo 01 ... 40 K 4
Moz de Celas 04 ... 28 G 9
Mozelos 18 ... 41 J 6
Mu 02 ... 89 T 5
Muda 15 ... 76 S 3
Muge 14 ... 65 O 3
Muge (Ribeira de) 14 ... 65 O 4
Mundão 18 ... 41 J 6
Muradal (Serra do) 05 ... 54 M 6
Murça 09 ... 42 I 8
Murça 17 ... 28 H 7
Murgeira 11 ... 64 P 2
Múrias 04 ... 28 H 8
Muro 13 ... 26 I 4
Murtede 06 ... 40 K 4
Murteirinha 05 ... 54 M 6
Murtigão (Barragem de) ... 78 R 8
Murtosa 01 ... 40 J 4
Musgos 07 ... 78 R 7
Muxagata 09 ... 42 I 8

N

Nabais 09 ... 41 K 7
Nabão ... 53 M 4
Nabo 04 ... 28 I 8
Nadadouro 10 ... 52 N 2
Nagosa 18 ... 41 I 7
Nagozelo do Douro 18 ... 28 I 7
Namorados 02 ... 77 T 6
Nantes 17 ... 28 G 7
Nariz 01 ... 40 K 4
Navais 13 ... 26 H 3
Nave 09 ... 42 K 9
Nave 12 ... 66 O 8
Nave de Haver 09 ... 42 K 9
Nave Redonda 02 ... 89 T 4
Nave Redonda 09 ... 42 J 9
Nazaré 10 ... 52 N 2
Negrões 17 ... 27 G 6
Neiva 16 ... 26 H 3
Nelas 18 ... 41 K 6
Nesperal 05 ... 53 M 5
Nespereira 03 ... 27 H 5
Neves (Serra das) 02 ... 77 S 4
Nevolgide 03 ... 26 H 4
Nine 03 ... 26 H 4
Ninho do Açor 05 ... 54 M 7
Nisa 12 ... 54 N 7
Nisa (Ribeira de) 12 ... 54 N 7
Noéme 09 ... 42 K 8
Nogueira 04 ... 28 G 9
Nogueira 13 ... 26 I 4
Nogueira (Serra de) 04 ... 28 H 9
Nogueira da Montanha 17 ... 28 H 7
Nogueira do Cima 01 ... 40 J 4
Nogueira do Cravo 06 ... 41 K 6
Nora 07 ... 66 P 7
Nordeste 20 ... 107 J 20
Nordestinho 20 ... 107 J 20
Norte Grande 20 ... 107 G 11
Norte Pequeno 20 ... 107 H 11
Nossa Senhora da Boa Fé 07 ... 65 Q 5
Nossa Senhora da Graça 17 ... 27 H 6
Nossa Senhora da Graça do Divor 07 ... 65 Q 6
Nossa Senhora da Penha 12 ... 54 N 7
Nossa Senhora da Penha 15 ... 77 R 4
Nossa Senhora da Pineda 16 ... 27 G 5
Nossa Senhora da Serra 04 ... 28 G 9
Nossa Senhora da Taude 01 ... 40 J 4
Nossa Senhora da Torega 07 ... 65 Q 5
Nossa Senhora das Neves 02 ... 77 R 6
Nossa Senhora de Ares 07 ... 77 Q 6
Nossa Senhora de Machede 07 ... 66 Q 6
Nossa Senhora do Assunção 13 ... 26 H 4
Nossa Senhora do Cabo 15 ... 64 Q 2
Nossa Senhora dos Remédios 18 ... 41 I 6
Noura 17 ... 28 H 7
Nova da Baronia (Ribeira) ... 77 R 5
Nozelos 04 ... 28 I 8
Nozelos 17 ... 28 G 8
Numão 09 ... 42 I 8
Nunes 04 ... 28 G 9

O

O Sítio 10 ... 52 N 2
Óbidos 10 ... 52 N 2
Óbidos (Lagoa de) 10 ... 52 N 2
Ocreza ... 54 M 7
Odearce (Ribeira de) 02 ... 77 R 6
Odeceixe 08 ... 88 T 3
Odeleite 08 ... 90 T 7
Odeleite (Ribeira de) 08 ... 89 U 6
Odelouca (Ribeira de) 08 ... 89 U 4
Odemira 02 ... 76 T 4
Odiáxere 08 ... 88 U 4
Odivelas 02 ... 77 R 5
Odivelas 11 ... 64 P 2
Odivelas (Barragem de) 02 ... 77 R 5
Odivelas (Ribeira de) ... 77 R 5
Oeiras 11 ... 64 P 2
Oeiras (Ribeira de) 02 ... 77 T 6
Ofir 03 ... 26 H 3
Oiã 01 ... 40 K 4
Olalhas 14 ... 53 N 5
Olas 18 ... 42 I 8
Oldrões 13 ... 27 I 5
Oledo 05 ... 54 M 8
Oleiros 01 ... 40 J 4
Oleiros 02 ... 88 T 3
Oleiros 05 ... 54 M 6
Olhalvo 11 ... 64 O 2
Olhão 08 ... 89 U 6
Olho Marinho 10 ... 52 O 2
Olivais 10 ... 53 M 3
Olivais 11 ... 64 P 2
Olival 14 ... 53 M 4
Oliveira 03 ... 26 H 4
Oliveira de Azeméis 01 ... 40 J 4
Oliveira de Barreiros 18 ... 41 K 6
Oliveira de Frades 18 ... 41 J 5
Oliveira do Bairro 01 ... 40 K 4
Oliveira do Conde 18 ... 41 K 6
Oliveira do Douro 18 ... 41 I 5
Oliveira do Hospital 06 ... 41 K 6
Oliveira do Mondego 06 ... 41 L 5
Oliveirinha 01 ... 40 K 4
Olmos 04 ... 28 H 9
Olo 13 ... 27 H 6
Onor (R.) 04 ... 28 G 10
Orada 02 ... 78 R 7
Orada 07 ... 66 P 7
Orada (Convento da) 07 ... 66 Q 7
Orbacém 16 ... 26 G 3
Orca 05 ... 54 L 7
Ordem 02 ... 78 R 6
Oriola 07 ... 77 R 6
Oriz 03 ... 27 G 4
Orjais 05 ... 41 K 7
Ortiga 14 ... 53 N 5
Ortigosa 10 ... 53 M 3
Orvalho 05 ... 54 L 6
Ossa (Serra de) 07 ... 66 P 6
Ota 11 ... 64 O 3
Ota (Ribeira de) 11 ... 64 O 2
Ouca 01 ... 40 K 4
Ouguela 12 ... 66 O 8
Oura 17 ... 27 H 7
Oural 03 ... 26 G 4
Ourém 14 ... 53 N 4
Ourentã 06 ... 40 K 4
Ourique 02 ... 77 T 5
Ourondo 05 ... 54 L 6
Ourozinho 18 ... 42 J 7
Outão 15 ... 64 Q 3
Outeiro 04 ... 28 G 10
Outeiro 07 ... 66 Q 7
Outeiro 10 ... 53 M 4
Outeiro 16 ... 26 G 3
Outeiro 17 ... 27 G 6
Outeiro Alvo 16 ... 13 F 5
Outeiro da Cabeça 11 ... 64 O 2
Outeiro da Cortiçada 14 ... 52 O 3
Outeiro de Gatos 09 ... 42 J 8
Outeiro Seco 17 ... 28 G 7
Outiz 03 ... 26 H 4
Ouzilhão 04 ... 28 G 9
Ovadas 18 ... 41 I 6
Ovar 01 ... 40 J 4
Ovar (Canal de) ... 40 J 3
Ovelha ... 27 I 5

P

Paço 04 ... 28 G 9
Paço de Arcos 11 ... 64 P 2
Paço de Sousa 13 ... 27 I 4
Paço dos Negros 14 ... 65 O 4
Paços de Ferreira 13 ... 27 I 4
Paços de Gaiolo 13 ... 27 I 5
Paços Novos 14 ... 65 O 4
Paços Velhos 14 ... 65 O 4
Padeiro 14 ... 65 P 4
Paderne 08 ... 89 U 5
Paderne 16 ... 13 F 5
Padim de Graça 03 ... 26 H 4
Padornelo 16 ... 26 G 4
Padrão 02 ... 77 S 6
Padrão 05 ... 54 N 6
Padrão 10 ... 53 M 3
Padrão de Moreira 13 ... 26 I 4
Padrela 17 ... 27 H 7
Padrela (Serra da) 17 ... 27 H 7
Padroso 17 ... 27 G 6
Pai Penela 09 ... 42 J 8
Pai Torto 04 ... 28 H 8
Paiágua 05 ... 54 M 6
Paialvo 14 ... 53 N 4
Paião 06 ... 53 L 3
Pailobo 09 ... 42 K 9
Paio Mendes 14 ... 53 M 5
Paio Pires 15 ... 64 Q 2
Paiva ... 41 J 6
Pala 09 ... 42 J 8
Pala 18 ... 41 K 5
Palaçoulo 04 ... 29 H 10
Palhaça 01 ... 40 K 4
Palhais 05 ... 53 M 5
Palhais 09 ... 41 J 7
Palhais 15 ... 64 Q 2
Palheirinhos 08 ... 89 U 6
Palheiros 06 ... 40 K 4
Palheiros 17 ... 28 H 7
Palma 15 ... 65 Q 4
Palmaz 01 ... 40 J 4
Palme 03 ... 26 H 3
Palmeira 03 ... 26 H 4

A B C D E F G H I J K L M N O P Q R S T U V W X Y Z

Palmela 15 ... 64 Q 3
Palvarinho 05 ... 54 M 7
Pampilhosa 01 ... 40 K 4
Pampilhosa da Serra 06 ... 54 L 6
Panasqueira 02 ... 77 R 5
Panoias 02 ... 77 S 5
Panoias de Cima 09 ... 42 K 8
Panque 03 ... 26 H 4
Papoa 10 ... 52 N 1
Parada 04 ... 28 G 9
Parada 09 ... 42 K 8
Parada 18 ... 41 K 5
Parada de Bouro 03 ... 27 H 5
Parada de Cunhos 17 ... 27 I 6
Parada de Ester 18 ... 41 J 5
Parada de Gonta 18 ... 41 K 5
Parada de Monteiros 17 ... 27 H 6
Parada de Pinhão 17 ... 27 H 7
Paradança 17 ... 27 H 6
Paradela 01 ... 40 J 4
Paradela 16 ... 27 G 5
Paradela 18 ... 41 I 7
Paradela *perto* de Chaves 17 ... 28 G 7
Paradela *perto de Miranda* do Douro 04 ... 29 H 11
Paradela *perto* de Mogadouro 04 ... 28 H 9
Paradela (Barragem de) 17 ... 27 G 6
Paradinha 04 ... 28 G 10
Paradinha 18 ... 41 I 7
Paradinha Nova 04 ... 28 H 10
Paraiso 01 ... 41 I 5
Parâmio 04 ... 28 G 9
Paramos 01 ... 40 J 4
Paranho 18 ... 41 K 5
Paranhos 09 ... 41 K 6
Parceiros 10 ... 53 M 3
Parceiros de São João 14 ... 53 N 4
Parchal 08 ... 88 U 4
Pardais 07 ... 66 P 7
Pardelhas 01 ... 40 J 4
Pardelhas 17 ... 27 H 6
Pardilhó 01 ... 40 J 4
Pardornelos 17 ... 27 G 6
Parede 11 ... 64 P 1
Paredes 04 ... 28 G 9
Paredes 13 ... 27 I 5
Paredes da Beira 18 ... 41 I 7
Paredes de Coura 16 ... 26 G 4
Paredes de Viadores 13 ... 27 I 5
Pargo (Ponta do) 31 ... 88 A Y
Parizes 08 ... 89 U 6
Parra 12 ... 66 O 8
Partida 05 ... 54 L 7
Passos 04 ... 28 H 8
Patacão 08 ... 89 U 6
Pataias 10 ... 52 M 3
Pataias Gare 10 ... 52 N 3
Paúl 05 ... 54 L 7
Paul 11 ... 64 O 2
Paúl 14 ... 53 N 5
Paúl do Mar 31 ... 88 A Y
Pavia 07 ... 65 P 5
Pavia (Rio) 18 ... 41 K 5
Pé da Serra 12 ... 54 N 7
Pé da Serra 14 ... 52 N 3
Pechão 08 ... 89 U 6
Pedome 17 ... 28 G 8
Pedorido 01 ... 40 I 4
Pedra do Ouro 10 ... 52 M 2
Pedra Furada 03 ... 26 H 4
Pedrada 16 ... 27 G 5
Pedraído 03 ... 27 H 5
Pedralva 08 ... 88 U 3
Pedrario 17 ... 27 G 7
Pedras Brancas 02 ... 77 S 5
Pedras de El Rei 08 ... 89 U 7
Pedras Negras 10 ... 52 M 2
Pedras Salgadas 17 ... 27 H 7
Pedreira 14 ... 53 N 4
Pedreira 20 ... 107 J 20
Pedreiras 10 ... 52 N 3
Pedrógão 02 ... 78 R 7
Pedrógão 05 ... 54 L 8
Pedrógão 07 ... 65 P 5
Pedrógão 10 ... 52 M 3
Pedrógão 14 ... 53 N 4
Pedrógão Grande 10 ... 53 M 5
Pedrógão Pequeno 05 ... 53 M 5
Pega 09 ... 42 K 8
Pega (Ribeira da) ... 42 K 8
Pegarinhos 17 ... 28 H 7
Pego 14 ... 53 N 5
Pego do Altar (Barragem de) 15 ... 65 Q 4
Pegões-Estação 15 ... 65 P 4
Pelados 08 ... 89 U 6
Pelariga 10 ... 53 M 4
Pelmá 10 ... 53 M 4
Pena 08 ... 89 U 5
Pena (Parque da) 11 ... 64 P 1
Pena Lobo 09 ... 42 K 7
Pena Róia 04 ... 28 H 10
Penabeice 17 ... 28 H 7
Penacova 06 ... 41 L 5
Penafiel 13 ... 27 I 5
Penalva 15 ... 64 Q 2
Penalva 02 ... 78 S 8
Penalva de Alva 06 ... 41 L 6
Penalva do Castelo 18 ... 41 J 6
Penamacor 05 ... 54 L 8
Peneda (Serra da) 16 ... 27 G 4
Peneda-Gerês (Parque nacional da) ... 27 G 5
Penedo Gordo 02 ... 77 S 6
Penedono 18 ... 42 J 7
Penela 06 ... 53 L 4
Penela da Beira 18 ... 42 I 7
Penha 03 ... 27 H 5
Penha 12 ... 66 O 7
Penha de Aguia 09 ... 42 J 8
Penha Garcia 05 ... 55 L 8
Penhas da Saúde 05 ... 41 L 7
Penhas Juntas 04 ... 28 G 8
Penhascoso 14 ... 53 N 5
Peniche 10 ... 52 N 1
Penida (Barragem da) 03 ... 26 H 4
Penilhos 02 ... 77 T 6
Peninha 11 ... 64 P 1
Pensalvos 17 ... 27 H 7
Penso 16 ... 13 F 5
Pepim 18 ... 41 J 6
Pêra 08 ... 89 U 4
Pêra do Moço 09 ... 42 K 8
Pêra Velha 18 ... 41 J 7
Peraboa 05 ... 41 L 7
Perafita 13 ... 26 I 3
Perais 05 ... 54 M 7
Peral 05 ... 54 M 6
Peral 08 ... 89 U 6
Peral 11 ... 52 O 2
Peralva 08 ... 89 U 6
Peramanca (Ribeira de) 07 ... 65 Q 5
Perdigão 05 ... 54 M 6
Peredo 04 ... 28 H 9
Peredo da Bemposta 04 ... 28 I 10
Peredo dos Castelhanos 04 ... 42 I 8
Pereira 04 ... 28 H 8
Pereira 06 ... 40 L 4
Pereira 08 ... 88 U 4
Pereira 17 ... 27 G 6
Pereiras 02 ... 89 T 4
Pereiro 08 ... 90 T 7
Pereiro 09 ... 42 J 8
Pereiro 18 ... 41 J 5
Pereiro *perto de* Mação 14 ... 53 N 5
Pereiro *perto* de Tomar 14 ... 53 M 4
Pereiro de Palhacana 11 ... 64 O 2
Pereiros 04 ... 28 I 8
Perelhal 03 ... 26 H 3
Pergulho 05 ... 54 M 6
Perna Seca 08 ... 89 T 5
Pernes 14 ... 53 N 3
Pêro Moniz 11 ... 64 O 2
Pêro Negro 08 ... 88 U 3
Pêro Pinheiro 11 ... 64 P 2
Pêro Soares 09 ... 42 K 8
Pêro Viseu 05 ... 54 L 7
Peroguarda 02 ... 77 R 5
Perosinho 13 ... 40 I 4
Pesinho 05 ... 54 L 7
Peso 02 ... 78 R 6
Peso 04 ... 28 H 10
Peso 05 ... 54 L 7
Peso 16 ... 13 F 5
Peso da Régua 17 ... 27 I 6
Pessegueiro 06 ... 53 L 5
Pessegueiro 08 ... 89 T 6
Peta 14 ... 65 O 4
Peva 09 ... 42 J 9
Peva 18 ... 41 J 6
Pião 07 ... 78 Q 8
Pias 02 ... 78 R 7
Pias 07 ... 66 Q 7
Pias 14 ... 53 M 5
Pias 16 ... 12 F 4
Picão 18 ... 41 J 6
Piçarras 02 ... 77 T 5
Picarrel 07 ... 66 Q 7
Pico 20 ... 107 H 10
Pico (Ilha do) 20 ... 107 H 10
Pico Alto 20 ... 107 M 20
Pico da Pedra 20 ... 107 J 19
Pico de Regalados 03 ... 26 G 4
Picões 04 ... 28 I 9
Picoitos 02 ... 78 T 7
Picote 04 ... 29 H 10
Picote (Barragem de) 04 ... 29 H 10
Picoto 13 ... 40 I 4
Piedade 01 ... 40 K 4
Piedade 20 ... 107 H 11
Piedade (Ponta da) 08 ... 88 U 3
Pilado 10 ... 52 M 3
Pindelo dos Milagres 18 ... 41 J 6
Pinela 04 ... 28 G 9
Pinelo 04 ... 29 H 10
Pingarelhos 10 ... 53 L 3
Pinhal do Norte 04 ... 28 I 7
Pinhal Novo 15 ... 64 Q 3
Pinhancos 09 ... 41 K 6
Pinhão 17 ... 27 I 7
Pinheiro 03 ... 27 H 5
Pinheiro 09 ... 41 J 7
Pinheiro 13 ... 27 I 5
Pinheiro 15 ... 65 Q 3
Pinheiro *perto* de Castro Daire 18 ... 41 J 6
Pinheiro *perto* de Mortágua 18 ... 41 K 5
Pinheiro *perto de Oliveira* de Frades 18 ... 41 J 5
Pinheiro (Estação de) 15 ... 65 Q 3
Pinheiro da Bemposta 01 ... 40 J 4
Pinheiro de Coja 06 ... 41 L 6
Pinheiro Grande 14 ... 53 N 4
Pinheiro Novo 04 ... 28 G 8
Pinhel 09 ... 42 J 8
Pinhel 14 ... 53 N 4
Pinho 17 ... 27 H 7
Pinho 18 ... 41 J 5
Pinoucas ... 41 K 5
Pintado 14 ... 53 N 4
Pínzio 09 ... 42 K 8
Piódão 06 ... 41 L 6
Pipas 07 ... 78 Q 7
Pisão 01 ... 40 L 4
Pisão 12 ... 66 O 7
Pisco 09 ... 41 J 7
Pisões 10 ... 52 N 3
Pisões 17 ... 27 G 6
Pisões-Moura 02 ... 78 R 7
Pitões das Júnias 17 ... 27 G 6
Pó 10 ... 52 O 2
Pocariça 06 ... 40 K 4
Poceirão 15 ... 64 Q 3
Pocinho 09 ... 42 I 8
Pocinho (Barragem do) 04 ... 42 I 8
Poço Barreto 08 ... 89 U 4
Poço dos Cães 10 ... 53 M 4
Poços 02 ... 77 S 5
Podence 04 ... 28 H 9
Podentes 06 ... 53 L 4
Poiares 04 ... 42 I 9
Poiares 17 ... 27 I 6
Poio (Barragem do) 12 ... 54 N 7
Poiso 31 ... 88 B Y
Poldra 08 ... 88 U 3
Polvoeira 10 ... 52 M 2
Pomar 05 ... 54 M 6
Pomarão 02 ... 78 T 7
Pomares 06 ... 41 L 6
Pomares 09 ... 42 K 8
Pombal 04 ... 28 I 7
Pombal 10 ... 53 M 4
Pombalinho 06 ... 53 L 4
Pombalinho 14 ... 53 N 4
Pombeiro da Beira 06 ... 41 L 5
Pondras 17 ... 27 G 6
Ponsul (R.) ... 54 L 8
Ponta 32 ... 89 C X
Ponta da Calheta 32 ... 89 C X
Ponta Delgada 20 ... 107 J 18
Ponta Delgada 20 ... 107 E 2
Ponta do Mistério 20 ... 107 H 11
Ponta do Pargo 31 ... 88 A Y
Ponta do Sol 31 ... 88 A Y
Pontal (Cabo) 08 ... 88 U 3
Pontal (Gruta) 08 ... 89 U 4
Pontão 10 ... 53 M 4
Ponte 03 ... 27 G 4
Ponte da Barca 16 ... 27 G 4
Ponte de Lima 16 ... 26 G 4
Ponte de Sor 12 ... 65 O 5
Ponte de Vagos 01 ... 40 K 3
Ponte Delgada 31 ... 88 B Y
Ponte do Abade 18 ... 41 J 7
Ponte do Rol 11 ... 64 O 2
Ponte Nova 13 ... 27 I 5
Ponte Vasco da Gama 15 ... 64 Q 2
Pontével 14 ... 64 O 3
Porches 08 ... 89 U 4
Portagem 12 ... 54 N 7
Portalegre 12 ... 66 O 7
Portalegre (Estação de) 12 ... 66 O 7
Porteirinhos 02 ... 77 T 5
Portel 07 ... 78 R 6
Portela 08 ... 89 U 6
Portela 10 ... 64 O 2
Portela 16 ... 26 G 4
Portela de Santa Eulália 17 ... 27 H 6
Portela de Vade 03 ... 27 G 4
Portela do Fojo 06 ... 53 M 5
Portelas 08 ... 88 U 3
Portelo 04 ... 28 G 9
Portimão 08 ... 88 U 4
Portinho da Arrábida 15 ... 64 Q 3
Porto 13 ... 26 I 4
Porto Alto 14 ... 64 P 3
Porto Carvoeiro 13 ... 40 I 4
Porto Covo 15 ... 76 S 3
Porto da Balça 06 ... 54 L 6
Porto da Cruz 31 ... 88 B Z
Porto da Espada 12 ... 54 N 7
Porto das Barcas 02 ... 76 T 3
Porto de Barcas 11 ... 64 O 1
Porto de Lagos 08 ... 88 U 4
Porto de Mós 10 ... 53 N 3
Porto de Ovelha 09 ... 42 K 9
Porto de Sines 15 ... 76 S 3
Porto do Carro 10 ... 52 N 3
Porto do Codeço 18 ... 41 J 6
Porto Formoso 20 ... 107 J 19
Porto Moniz 31 ... 88 A Y
Portos 16 ... 13 F 5
Portunhos 06 ... 40 L 4
Possacos 17 ... 28 H 8
Pousada 09 ... 42 K 8
Pousada da Ria 01 ... 40 J 3
Pousadas Vedras 10 ... 53 M 4
Pousaflores 10 ... 53 M 4
Pousafoles do Bispo 09 ... 42 K 8
Pousos 10 ... 53 M 3
Póvoa 04 ... 29 H 11
Póvoa 18 ... 41 J 6
Póvoa (Barragem da) 12 ... 54 N 7
Póvoa d'El-Rei 09 ... 42 J 8
Póvoa da Atalaia 05 ... 54 L 7
Póvoa da Isenta 14 ... 65 O 3
Póvoa das Quartas 06 ... 41 K 6
Póvoa de Lanhoso 03 ... 27 H 5
Póvoa de Midões 06 ... 41 K 6
Póvoa de Penela 18 ... 42 I 7
Póvoa de Rio de Moinhos 05 ... 54 M 7
Póvoa de Santa Iria 11 ... 64 P 2
Póvoa de Santarém 14 ... 53 O 3
Póvoa de São Miguel 02 ... 78 R 8
Póvoa de Varzim 13 ... 26 H 3
Póvoa do Concelho 09 ... 42 J 8
Póvoa e Meadas 12 ... 54 N 7
Povoação 20 ... 107 J 20
Povolide 18 ... 41 K 6
Pracana (Barragem de) ... 54 N 6
Prado 03 ... 26 H 4
Prado Gatão 04 ... 29 H 10
Prados *perto de Celorico* da Beira 09 ... 42 K 7
Prados *perto* de Freixedas 09 ... 42 J 8
Pragança 11 ... 64 O 2
Praia 20 ... 107 M 20
Praia 20 ... 107 F 12
Praia Azul 11 ... 64 O 1
Praia da Aguda 13 ... 40 I 4
Praia da Alagoa 08 ... 90 U 7
Praia da Areia Branca 11 ... 52 O 1
Praia da Árvore 13 ... 26 I 3
Praia da Barra 01 ... 40 K 3
Praia da Bordeira 08 ... 88 U 3
Praia da Calada 11 ... 64 O 1
Praia da Carreagem 08 ... 88 T 3
Praia da Cordama 08 ... 88 U 3
Praia da Falesia 08 ... 89 U 5
Praia da Galé 08 ... 89 U 5
Praia da Ilha 15 ... 76 S 3
Praia da Ilha de Faro 08 ... 90 V 6
Praia da Ilha de Tavira 08 ... 90 U 7
Praia da Manta Rota 08 ... 90 U 7
Praia da Oura 08 ... 89 U 5
Praia da Rocha 08 ... 88 U 4
Praia da Tocha 06 ... 40 L 3
Praia da Vagueira 01 ... 40 K 3
Praia da Vieira 10 ... 52 M 3
Praia da Vitória 20 ... 107 G 14
Praia das Maçãs 11 ... 64 P 1
Praia de Agudela 13 ... 26 I 3
Praia de Areinho 01 ... 40 J 3
Praia de Boa Nova 13 ... 26 I 3
Praia de Cabadelo 16 ... 26 G 3
Praia de Cabanas 08 ... 90 U 7
Praia de Caparica 15 ... 64 Q 2
Praia de Cascais 11 ... 64 Q 1
Praia de Comporta 15 ... 64 Q 3
Praia de Cortegaça 01 ... 40 J 4
Praia de Dona Ana 08 ... 88 U 4
Praia de Ericeira 11 ... 64 P 1
Praia de Esmoriz 01 ... 40 J 4
Praia de Espinho 01 ... 40 J 3
Praia de Faro 08 ... 89 U 6
Praia de Furadouro 01 ... 40 J 3
Praia de Fuseta 08 ... 89 U 6
Praia de Labruge 13 ... 26 I 3
Praia de Lavadores 13 ... 26 I 4
Praia de Leirosa 06 ... 52 L 3
Praia de Magoito 11 ... 64 P 1
Praia de Maria Luisa 08 ... 89 U 5
Praia de Melides 15 ... 76 R 3
Praia de Mira 06 ... 40 K 3
Praia de Monte Branco 01 ... 40 J 3
Praia de Monte Clérigo 02 ... 88 T 3
Praia de Morgavel 15 ... 76 S 3
Praia de Odeceixe 08 ... 88 T 3
Praia de Porto Covo 15 ... 76 S 3
Praia de Quiaios 06 ... 40 L 3
Praia de Ribeiro 11 ... 64 O 1
Praia de Samarra 11 ... 64 P 1
Praia de Santa Cruz 11 ... 64 O 1
Praia de Santo André 15 ... 76 R 3
Praia de São Lourenço 11 ... 64 O 1
Praia de São Sebastião 11 ... 64 P 1
Praia de São Torpes 15 ... 76 S 3
Praia de Suave Mar 03 ... 26 H 3
Praia do Castelejo 08 ... 88 U 3
Praia do Guincho 11 ... 64 P 1
Praia do Martinhal 08 ... 88 U 3
Praia do Norte 20 ... 107 H 9
Praia do Porto Novo 11 ... 64 O 1
Praia do Rei Cortiço 10 ... 52 N 2
Praia do Ribatejo 14 ... 53 N 4
Praia do Salgado 10 ... 52 N 2
Praia dos Mouranitos 08 ... 88 U 3
Praia dos Três Irmãos 08 ... 88 U 4
Praia Grande 11 ... 64 P 1
Praia Nova 10 ... 52 N 2
Praia Velha 10 ... 52 M 2
Praias de Albufeira 08 ... 89 U 4
Praias do Sado 15 ... 64 Q 3
Prainha 20 ... 107 H 11
Prazeres 12 ... 66 P 7
Prazeres 31 ... 88 A Y
Préstimo 01 ... 40 K 4
Proença-a-Nova 05 ... 54 M 6
Proença-a-Velha 05 ... 54 L 8
Prova 09 ... 42 J 7
Provença 15 ... 76 S 3
Provesende 17 ... 27 I 7
Pussos 10 ... 53 M 4

Q

Quadrazais 09 ... 42 L 9
Quarteira 08 ... 89 U 5
Quartos 08 ... 89 U 5
Quatrim do Sul 08 ... 89 U 6
Quebradas 11 ... 64 O 3
Queimada (Ponta da) 20 ... 107 H 11
Queimadela 03 ... 27 H 5
Queimado (Ponta do) 43 ... 107 G 13
Queirã 18 ... 41 J 5
Queiriga 18 ... 41 J 6
Queiriz 09 ... 41 J 7
Quelfes 08 ... 89 U 6
Queluz 11 ... 64 P 2
Querença 08 ... 89 U 6
Quiaios 06 ... 40 L 3
Quiaios (Dunas de) 06 ... 40 L 3
Quintã 01 ... 40 K 3
Quintã 02 ... 89 T 6
Quinta da Corona 15 ... 77 S 4
Quintã de Pêro Martins 09 ... 42 J 8
Quinta de Santa Maria 07 ... 77 R 5
Quinta do Anjo 15 ... 64 Q 3
Quinta do Conde 15 ... 64 Q 2
Quinta do Lago 08 ... 89 U 5
Quinta do Pinheiro 12 ... 66 O 6
Quinta Nova 09 ... 42 J 8
Quintanilha 04 ... 28 G 10
Quintãs 01 ... 40 K 4
Quintas da Torre 05 ... 54 L 8
Quintas do Norte 01 ... 40 J 3
Quintela de Azurara 18 ... 41 K 6
Quintela de Lampacas 04 ... 28 H 9
Quintos 02 ... 77 S 6
Quirás 04 ... 28 G 8

R

Rã 07 ... 65 Q 5
Rabaça 12 ... 66 O 8
Rabaçal 06 ... 53 L 4
Rabaçal 09 ... 42 J 8
Rabaçal (Rio) ... 28 G 8
Rabal 04 ... 28 G 9
Rabo de Peixe 20 ... 107 J 19
Raia (Ribeira da) ... 65 P 5
Raimonda 13 ... 27 I 5
Rainha (Cabeço) 05 ... 54 M 6
Raiva 01 ... 41 I 4
Raiva (Barragem de) 06 ... 41 L 5
Ramalhais 10 ... 53 M 4
Ramalhal 11 ... 64 O 2
Raminho 20 ... 107 G 14
Ramo Alto 07 ... 66 Q 7
Ranhados 09 ... 42 J 8
Raposa 14 ... 65 O 4
Raposeira 08 ... 88 U 3
Rapoula do Côa 09 ... 42 K 8
Rãs 13 ... 27 I 5
Rãs 18 ... 41 J 7
Raso (Cabo) 11 ... 64 P 1
Rates 13 ... 26 H 3
Real 01 ... 41 I 5
Rebolia 06 ... 53 L 4
Rebolosa 09 ... 42 K 9
Rebordainhos 04 ... 28 H 9
Rebordãos 04 ... 28 G 9
Rebordelo 01 ... 40 J 4
Rebordelo 04 ... 28 G 8
Rebordelo 13 ... 27 H 6
Rebordões 13 ... 26 H 4
Rebordões 16 ... 26 G 4
Reboreda 16 ... 26 G 3
Reboredo (Serra do) ... 42 I 9
Recarei 13 ... 26 I 4
Redinha 10 ... 53 L 4
Redondelo 17 ... 27 G 7
Redondo 07 ... 66 Q 7
Réfega 04 ... 28 G 10
Refoios do Lima 16 ... 26 G 4
Regadas 03 ... 27 H 5
Regadas 13 ... 27 I 5
Rego 03 ... 27 H 5
Rego (Monte) 07 ... 66 P 8
Rego da Barca 04 ... 28 I 8
Rego da Murta 10 ... 53 M 4
Regueira de Pontes 10 ... 53 M 3
Reguenga 13 ... 26 I 4
Reguengo 07 ... 65 Q 5
Reguengo 12 ... 66 O 7
Reguengo do Fetal 10 ... 53 N 3
Reguengo Grande 11 ... 52 O 2
Reguengos de Monsaraz 07 ... 78 Q 7
Reigada 09 ... 42 J 9
Reigoso 17 ... 27 G 6
Relíquias 02 ... 77 S 4
Reliquias 07 ... 66 P 7
Relva 20 ... 107 J 18
Relva da Louça 05 ... 53 M 6
Relvas 06 ... 54 L 6
Remal 31 ... 88 A Y
Remédios 10 ... 52 N 1
Remédios 20 ... 107 J 18
Remelhe 03 ... 26 H 4
Remondes 04 ... 28 H 9
Rendo 09 ... 42 K 8
Rendufe 03 ... 27 H 4
Requeixo 01 ... 40 K 4
Reriz 18 ... 41 J 6
Resende 18 ... 41 I 6

A B C D E F G H I J K L M N O P Q R S T U V W X Y Z

Retaxo 05 54 M7
Retiro 12 66 P8
Retorta 02 78 S7
Revel 17 27 H7
Reveladas 12 66 N7
Rexaldia 14 53 N4
Ria Formosa (Parque Natural da) 08 90 V6
Riachos 14 53 N4
Riba d'Ave 03 26 H4
Riba de Mouro 16 13 F5
Ribadouro 13 41 I5
Ribafeita 18 41 J6
Ribafria 10 52 O2
Ribalonga 04 28 I7
Ribalonga 17 27 H7
Ribamar perto de Ericeira 11 64 O1
Ribamar perto de Lourinhã 11 64 O1
Ribamondego 09 41 K7
Ribeira 01 40 J4
Ribeira 06 53 L5
Ribeira (Ponta da) 20 107 J20
Ribeira Brava 31 88 AY
Ribeira Chã 20 107 J19
Ribeira da Janela 31 88 AY
Ribeira de Fraguas 01 40 J4
Ribeira de Pena 17 27 H6
Ribeira do Seissal 02 76 S4
Ribeira dos Carinhos 09 42 K8
Ribeira Grande 20 107 J19
Ribeira Quente 20 107 J20
Ribeira Seca 20 107 J19
Ribeira Seca 20 107 H12
Ribeiradio 18 41 J5
Ribeirão 03 26 H4
Ribeiras 20 107 H11
Ribeirinha 04 28 H8
Ribeirinha 20 107 J19
Ribeirinha 20 107 G14
Ribeiro Frio 31 88 BY
Ribolhos 18 41 J6
Rio de Couros 14 53 M4
Rio de Mel 09 42 J7
Rio de Moinhos 02 77 S5
Rio de Moinhos 07 66 P7
Rio de Moinhos 14 53 N5
Rio de Moinhos 15 77 R5
Rio de Moinhos 18 41 J6
Rio de Mouro 11 64 P1
Rio de Onor 04 28 G10
Rio Douro 03 27 H6
Rio Frio 04 28 G10
Rio Frio 15 64 P3
Rio Frio 16 26 G4
Rio Maior 14 52 N3
Rio Mau 03 26 G4
Rio Mau 13 26 H3
Rio Milheiro 18 41 K5
Rio Seco 08 90 U7
Rio Torto 09 41 K7
Rio Torto 17 28 H8
Rio Vide 06 53 L5
Riodades 18 41 I7
Roca (Cabo da) 11 64 P1
Rocamondo 09 42 K8
Rocas do Vouga 01 40 J4
Rocha dos Bordões 20 107 E2
Rochoso 09 42 K8
Roda Grande 14 53 N4
Rogil 08 88 T3
Rogodeiro 04 28 H8
Rojão 18 41 K5
Rolão 02 77 S6
Roliça 10 52 O2
Romã 11 64 O2
Romarigães 16 26 G4
Romariz 01 40 J4
Romãs 18 41 J7
Romeira 14 53 O3
Romeu 04 28 H8
Roncão 02 78 T7
Ronfe 03 27 H4
Roriz 03 26 H4
Roriz 13 27 H4
Roriz 18 41 J6
Rosais 20 107 G11
Rosais (Ponta dos) 20 107 G11
Rosário 02 77 T5
Rosário 07 66 Q7
Rosmaninhal 05 54 M8
Rosmaninhal 12 53 O6
Rossão 18 41 J6
Rossas 01 41 J5
Rossas 03 27 H5
Rossio ao Sul do Tejo 14 53 N5
Rouças 16 27 G5
Roxo (Barragem do) 02 77 S5
Roxo (Ribeira do) 77 S4
Rua 18 41 J7
Rubiães 16 26 G4
Ruivães 03 27 G5
Ruivo 02 77 R5
Ruivo (Pico) 31 88 BY
Ruivo do Paúl 31 88 AY
Runa 11 64 O2
Ruvina 09 42 K8

S

Sá 17 28 G7
Sabacheira 14 53 M4
Sabóia 02 77 T4
Sabor 28 G9
Sabrosa 17 27 I7
Sabroso 17 27 H7
Sabugal 09 42 K8
Sabugal (Barragem do) 09 42 K8
Sabugo 11 64 P2
Sabugosa 18 41 K5
Sabugueiro 07 65 P5
Sabugueiro 09 41 K7
Sacavém 11 64 P2
Sado (R.) 15 77 S4
Sado Morgavel (Canal do) 15 77 S4
Safara 02 78 R8
Safira 07 65 Q5
Safurdão 09 42 K8
Sago 16 12 F4
Sagres 08 88 U3
Sagres (Ponta de) 08 88 V3
Salamonde 03 27 G5
Salavessa 12 54 N7
Saldanha 04 28 H10
Saldonha 04 28 H9
Salema 08 88 U3
Salgueirais 09 41 K7
Salgueiro 01 40 K4
Salgueiro 04 28 I9
Salgueiro 05 42 L8
Salgueiro 10 52 O2
Salgueiro do Campo 05 54 M7
Salgueiros 02 78 T7
Salgueiros 17 28 H7
Salir 08 89 U5
Salir do Porto 10 52 N2
Salreu 01 40 J4
Salsas 04 28 H9
Salselas 04 28 H9
Salto 02 77 S6
Salto 17 27 H6
Salto de Cavalo 20 107 J20
Salvada 02 77 S6
Salvador 05 54 L8
Salvador 14 65 O4
Salvador do Monte 13 27 I5
Salvaterra de Magos 14 64 O3
Salvaterra do Extremo 05 55 M9
Salzedas 18 41 I6
Samardã 17 27 H6
Sambade 04 28 H9
Sambado 05 53 M5
Sameice 09 41 K6
Sameiro 09 41 K7
Sameiro (Monte) 03 27 H4
Samil 04 28 G9
Samões 04 28 I8
Samora Correia 14 64 P3
Samouco 15 64 P2
Samouqueira 08 88 T3
Sampaio perto de Mogadouro 04 28 H9
Sampaio perto de Vila Flor 04 28 I8
Sampriz 16 27 G4
Samuel 06 53 L3
San Julião 12 66 O8
San Martinho 05 54 M7
San Martinho do Peso 04 28 H10
San Pedro do Corval 07 66 Q7
San Salvador 12 54 N7
Sande 03 27 H4
Sande 13 27 I5
Sandim 04 28 G8
Sandim 13 40 I4
Sandomil 09 41 K6
Sanfins 17 28 G8
Sanfins do Douro 17 27 I7
Sangalhos 01 40 K4
Sanguedo 01 40 I4
Sanguinhal 10 52 O2
Sanhoane 04 28 H10
Sanjurge 17 27 G7
Santa Antão 20 107 H12
Santa Bárbara 02 88 T4
Santa Bárbara 20 107 G13
Santa Bárbara 20 107 J19
Santa Bárbara 20 107 M20
Santa Bárbara São Miguel 20 107 J18
Santa Bárbara de Nexe 08 89 U6
Santa Bárbara de Padrões 02 77 T6
Santa Catarina 08 88 U4
Santa Catarina 10 52 N2
Santa Catarina 15 65 Q4
Santa Catarina da Fonte do Bispo 08 89 U6
Santa Catarina da Serra 10 53 M3
Santa Cita 14 53 N4
Santa Clara 06 40 L4
Santa Clara (Barragem de) 02 77 T4
Santa Clara-a-Nova 02 89 T5
Santa Clara-a-Velha 02 77 T4
Santa Clara do Louredo 02 77 S6
Santa Comba 09 42 J8
Santa Comba 13 26 I4
Santa Comba 16 26 G4
Santa Comba Dão 18 41 K5
Santa Comba de Rosas 04 28 G9
Santa Comba de Vilariça 04 28 H8
Santa Combinha 04 28 H9
Santa Cristina 18 41 K5
Santa Cruz 02 89 T6
Santa Cruz 15 76 R3
Santa Cruz 31 88 BY
Santa Cruz da Graciosa 20 107 F11
Santa Cruz da Trapa 18 41 J5
Santa Cruz das Flores 20 107 E2
Santa Cruz do Douro 13 27 I5
Santa Eufémia 09 42 J8
Santa Eufémia 10 53 M3
Santa Eugénia 17 28 H7
Santa Eulália 03 26 H4
Santa Eulália 03 27 H5
Santa Eulália 09 41 K6
Santa Eulália 11 64 P2
Santa Eulália 12 66 P8
Santa Iria 02 78 S7
Santa Iria da Azóia 11 64 P2
Santa Justa 07 66 P6
Santa Justa 08 89 T6
Santa Justa 14 65 O5
Santa Leocádia 13 27 I5
Santa Leocádia 18 27 I7
Santa Luzia 02 77 S4
Santa Luzia 02 78 R7
Santa Luzia 05 54 L7
Santa Luzia 16 26 G3
Santa Luzia 20 107 H10
Santa Luzia (Barragem de) 06 54 L6
Santa Luzia (Basílica) 16 26 G3
Santa Luzia (Forte de) 12 66 P8
Santa Luzia (Monte) 02 78 S7
Santa Margarida da Coutada 14 53 N5
Santa Margarida da Serra 15 76 R4
Santa Margarida do Sádão 02 77 R4
Santa Maria 03 26 H4
Santa Maria 18 41 I6
Santa Maria (Barragem de) 09 42 J9
Santa Maria (Cabo de) 08 90 V6
Santa Maria (Ilha de) 20 107 L20
Santa Maria da Feira 01 40 J4
Santa Maria de Aguiar (Antigo Convento de) 09 42 J9
Santa Maria de Émeres 17 28 H7
Santa Maria Madalena 03 27 H4
Santa Marina (Couto de) 05 54 M8
Santa Marinha 09 41 K7
Santa Marinha 16 13 F4
Santa Marinha do Zêzere 13 27 I6
Santa Marta 08 90 T7
Santa Marta da Montanha 17 27 H6
Santa Marta de Penaguião 17 27 I6
Santa Marta de Portuzelo 16 26 G3
Santa Quitéria 13 27 H5
Santa Sofia 07 65 Q5
Santa Susana 07 66 Q7
Santa Susana 15 65 Q4
Santa Valha 17 28 G8
Santa Vitória 02 77 S5
Santa Vitória do Ameixial 07 66 P6
Santalha 04 28 G8
Santana 06 40 L3
Santana 07 77 R6
Santana 15 64 Q2
Santana 31 88 BY
Santana da Serra 02 77 T5
Santana de Cambas 02 78 T7
Santana do Campo 07 65 P5
Santar 18 41 K6
Santarém 14 65 O3
Santiago 04 28 H10
Santiago 09 41 K6
Santiago 12 66 O7
Santiago 18 41 I6
Santiago da Guarda 10 53 M4
Santiago de Besteiros 18 41 K5
Santiago de Cassurrães 18 41 K6
Santiago de Litém 10 53 M4
Santiago de Ribeira de Alhariz 17 28 H7
Santiago do Cacém 15 76 R3
Santiago do Escoural 07 65 Q5
Santiago dos Velhos 11 64 P2
Santiago Maior 07 66 Q7
Santiais 10 53 M4
Santo Aleixo 12 66 P7
Santo Aleixo da Restauração 02 78 R8
Santo Aleixo de Além Tâmega 17 27 H6
Santo Amador 02 78 R8
Santo Amaro 09 42 I8
Santo Amaro 12 66 P7
Santo Amaro São Jorge 20 107 G11
Santo Amaro de Oeiras 11 64 P2
Santo André 15 76 R3
Santo André 17 27 G7
Santo André (Lagoa de) 15 76 R3
Santo André das Tojeiras 05 54 M6
Santo Antão do Tojal 11 64 P2
Santo António 31 88 BZ
Santo António 20 107 J18
Santo António 20 107 G11
Santo António 20 107 H10
Santo António da Serra 31 88 BY
Santo António das Areias 12 54 N8
Santo António de Alcôrrego 12 65 O6
Santo Antonio de Baldio 07 66 Q7
Santo António de Monforte 17 28 G7
Santo António de Outeiro 02 78 R7
Santo António Velho 02 78 S7
Santo Espírito 20 107 M20
Santo Estêvão 03 27 H5
Santo Estêvão 07 66 P7
Santo Estêvão 08 89 U6
Santo Estêvão 09 42 L8
Santo Estêvão 14 65 P3
Santo Estêvão 17 28 G7
Santo Estêvão (Ribeira de) 65 P3
Santo Estêvão das Galés 11 64 P2
Santo Ildefonso 12 66 P8
Santo Isidoro 11 64 P1
Santo Isidro de Pegões 15 65 P4
Santo Tirso 13 26 H4
Santos perto de Alcanena 14 53 N3
Santos perto de Mação 14 53 N6
Santos Evos 18 41 K6
Santulhão 04 28 H10
São Barnabé 02 89 T5
São Bartolomeu 02 89 T6
São Bartolomeu 12 53 N6
São Bartolomeu perto de Bragança 04 28 G9
São Bartolomeu perto de Outeiro 04 28 H10
São Bartolomeu da Serra 15 76 R4
São Bartolomeu de Messines 08 89 U5
São Bartolomeu do Outeiro 07 77 Q6
São Bartolomeu dos Galegos 11 52 O2
São Bento 10 53 N3
São Bento 16 26 G4
São Bento (Pousada de) 03 27 H5
São Bento de Castris (Convento) 07 65 Q6
São Bento do Ameixial 07 66 P7
São Bento do Cortiço 07 66 P7
São Bernardino 10 52 O1
São Brás 02 78 S7
São Brás São Miguel 20 107 J19
São Brás de Alportel 08 89 U6
São Brás do Regedouro 07 65 Q5
São Brissos 02 77 R6
São Brissos 07 65 Q5
São Cipriano 18 41 K6
São Cosme 03 26 H4
São Cristóvão 07 65 Q5
São Cristóvão (Ribeira de) 65 Q4
São Domingos 14 53 N5
São Domingos 15 77 S4
São Domingos (Ribeira de) 15 77 S4
São Domingos da Ordem 07 66 Q6
São Domingos de Ana Loura 07 66 P7
São Domingos de Rana 11 64 P1
São Facundo 14 53 N5
São Félix 18 41 J5
São Félix da Marinha 13 40 I4
São Francisco da Serra 15 76 R4
São Frutuoso de Montélios 03 26 H4
São Gemil 18 41 K6
São Gens 07 66 P7
São Geraldo 07 65 P5
São Gonçalo 04 28 H9
São Gonçalo 31 88 BZ
São Gonçalo (Pousada de) 13 27 I6
São Gregório 07 65 P6
São Gregório 16 13 F5
São Gregório da Fanadia 10 52 N2
São Jacinto 01 40 K3
São Jerónimo (Pousada de) 18 41 K5
São Joanico 04 29 H10
São Joaninho perto de Castro Daire 18 41 J6
São Joaninho perto de Santa Comba Dão 18 41 K5
São João 15 64 Q2
São João 20 107 H10
São João (Ribeira de) 12 54 N7
São João da Boa Vista 06 41 K5
São João da Corveira 17 28 H7
São João da Madeira 01 40 J4
São João da Pesqueira 18 28 I7
São João da Ribeira 14 52 O3
São João da Serra 18 41 J5
São João da Tahla 11 64 P2
São João da Venda 08 89 U6
São João das Lampas 11 64 P1
São João de Areias 18 41 K5
São João de Loure 01 40 K4
São João de Negrilhos 02 77 S5
São João de Tarouca 18 41 J6
São João de Ver 01 40 J4
São João do Campo 06 40 L4
São João do Monte perto de Caramulo 18 41 K5
São João do Monte perto de Nelas 18 41 K6
São João do Peso 05 53 M5
São João dos Caldeireiros 02 77 T6
São João dos Montes 11 64 P2
São Jomil 04 28 G8
São Jorge 01 40 J4
São Jorge 10 52 N3
São Jorge 16 27 G4
São Jorge 31 88 BY
São Jorge (Canal de) 20 107 H11
São Jorge (Ilha de) 20 107 G11
São Jorge (Ponta de) 31 88 BY
São Jorge da Beira 05 54 L6
São José da Lamarosa 14 65 O4
São José das Matas 14 54 N6
São Julião de Palácios 04 28 G10
São Julião do Tojal 11 64 P2
São Leonardo 07 78 Q8
São Lourenço 04 28 I7
São Lourenço 08 89 U5
São Lourenço 17 28 G7
São Lourenço (Baía do) 20 107 M20
São Lourenço (Ponta de) 31 88 CY
São Lourenço de Mamporcão 07 66 P7
São Lourenço de Ribapinhão 17 27 I7
São Lourenço do Bairro 01 40 K4
São Luís 02 76 S4
São Macário 18 41 J5
São Mamede perto de Batalha 10 53 N3
São Mamede perto de Óbidos 10 52 O2
São Mamede (Pico) 12 66 O7
São Mamede (Serra de) 12 66 O7
São Mamede de Ribatua 17 28 I7
São Mamede do Sado 15 77 R4
São Manços 07 66 Q6
São Marcos 08 89 U7
São Marcos da Abóbada 07 65 Q6
São Marcos da Ataboeira 02 77 S6
São Marcos da Serra 08 89 T4
São Marcos do Campo 07 78 Q7
São Martinho 31 88 BZ
São Martinho (Alto de) 10 52 N2
São Martinho (Rio de) 65 Q4
São Martinho da Cortiça 06 41 L5
São Martinho das Amoreiras 02 77 T4
São Martinho das Chãs 18 41 I7
São Martinho de Angueira 04 29 H10
São Martinho de Antas 17 27 I7
São Martinho de Mouros 18 41 I6
São Martinho do Porto 10 52 N2
São Mateus 20 107 H10
São Mateus da Calheta 20 107 H14
São Matias 02 77 R6
São Matias 07 65 Q5
São Miguel 11 89 U6
São Miguel (Ilha de) 20 107 J18
São Miguel de Acha 05 54 L8
São Miguel de Machede 07 66 Q6

São Miguel de Poiares 06 … 41 L5
São Miguel de Vila Boa 18 … 41 J6
São Miguel do Mato 01 … 40 J4
São Miguel do Outeiro 18 … 41 K5
São Miguel do Pinheiro 02 … 77 T6
São Miguel do Rio Torto 14 … 53 N5
São Paio 09 … 41 K7
São Paio da Farinha Podre 06 … 41 L5
São Paulo de Frades 06 … 40 L4
São Pedro 04 … 28 H8
São Pedro 07 … 78 R6
São Pedro 17 … 27 G6
São Pedro da Cadeira 11 … 64 O1
São Pedro da Cova 13 … 26 I4
São Pedro da Torre 16 … 12 G4
São Pedro das Cabeças 02 … 77 S5
São Pedro de Açor 06 … 54 L6
São Pedro de Agostém 17 … 27 G7
São Pedro de Alva 06 … 41 L5
São Pedro de Balsemão 18 … 41 I6
São Pedro de Moel 10 … 52 M2
São Pedro de Rio Seco 09 … 42 K9
São Pedro de Serracenos 04 … 28 G9
São Pedro de Solis 02 … 89 T6
São Pedro de Veiga de Lila 17 … 28 H8
São Pedro do Esteval 05 … 54 N6
São Pedro do Sul 18 … 41 J5
São Pedro Fins 13 … 26 I4
São Pedro Santa Luzia 08 … 89 U7
São Pedro Velho 04 … 28 G8
São Pedro Velho (Monte) 18 … 41 J5
São Romão 09 … 41 K6
São Romão *perto de Montemor-o-Novo* 07 … 65 Q5
São Romão *perto de Vila Viçosa* 07 … 66 P8
São Romão do Sado 15 … 77 R4
São Roque 31 … 88 BY
São Roque 20 … 107 J19
São Roque do Pico 20 … 107 H11
São Salvador 04 … 28 H8
São Saturnino 12 … 66 O7
São Sebastião 06 … 53 L4
São Sebastião 20 … 107 H14
São Sebastião da Giesteira 07 … 65 Q5
São Sebastião dos Carros 02 … 77 T6
São Simão de Litém 10 … 53 M4
São Teotónio 02 … 76 T3
São Tomé do Castelo 17 … 27 H6
São Torcato 03 … 27 H5
São Torcato 14 … 65 P4
São Vicente 07 … 77 R5
São Vicente 13 … 27 I5
São Vicente 17 … 28 G8
São Vicente 31 … 88 AY
São Vicente (Cabo de) 08 … 88 U3
São Vicente da Beira 05 … 54 L7
São Vicente da Chã 17 … 27 G6
São Vicente de Ferreira 20 … 107 J19
São Vicente de Lafões 18 … 41 J5
São Vicente de Pereira Juza 01 … 40 J4
São Vicente do Paúl 14 … 53 N4
São Vicente do Pigeiro 07 … 66 Q7
São Vicente e Ventosa 12 … 66 P8
Sapataria 11 … 64 P2
Sapelos 17 … 27 G7
Sapiãos 17 … 27 G7
Sapos 02 … 78 T7
Sapos 02 … 77 T6
Sardão 04 … 28 I9
Sardão (Cabo) 02 … 76 T3
Sardeiras de Baixo 05 … 54 M6
Sardoal 14 … 53 N5
Sarilhos Grandes 15 … 64 P3
Sarnadas 08 … 89 U5
Sarnadas de Ródão 05 … 54 M7
Sarnadas de São Simão 05 … 54 M6
Sarraquinhos 17 … 27 G7
Sarzeda 18 … 41 J7
Sarzedas 05 … 54 M6
Sarzedela 10 … 53 M4
Sarzedo 05 … 41 K7
Sarzedo 18 … 41 I7
Sátão 18 … 41 J6
Sazes da Beira 09 … 41 K6
Seara Velha 17 … 27 G7
Sebadelhe 09 … 42 I8
Sebadelhe da Serra 09 … 42 J7
Sebal 06 … 53 L4
Secarias 06 … 41 L5
Seco (R.) 09 … 42 J9
Seda 12 … 66 O6
Seda (Ribeira de) 12 … 66 O6
Sedielos 17 … 27 I6
Segirei 17 … 28 G8
Segões 18 … 41 J6
Segura 05 … 55 M9
Seia 09 … 41 K6
Seia (Rio) … 41 K6
Seiça 14 … 53 M4
Seixa 17 … 27 H6
Seixal 15 … 64 Q2
Seixal 31 … 88 AY
Seixas 04 … 28 G8
Seixas 09 … 42 I8
Seixas 16 … 26 G3
Seixe (Ribeira de) 08 … 88 T3
Seixo Amarelo 09 … 42 K7
Seixo da Beira 06 … 41 K6
Seixo de Ansiães 04 … 28 I8
Seixo de Gatões 06 … 40 L3
Seixo de Manhoses 04 … 28 I8
Seixo do Côa 09 … 42 K8
Selho 03 … 27 H4
Selmes 02 … 77 R6
Semblana 02 … 77 T6
Semide 06 … 53 L4
Semideiro 14 … 53 O5
Sendas 04 … 28 H9
Sendim 04 … 29 H10
Sendim 13 … 27 I7
Sendim 17 … 27 G6
Sendim da Ribeira 04 … 28 I9
Sendim da Serra 04 … 28 I9
Senhora da Ajuda 12 … 66 P8
Senhora da Cola 02 … 77 T5
Senhora da Conceição 15 … 77 R4
Senhora da Graça de Padrões 02 … 77 T6
Senhora da Laje 01 … 41 J5
Senhora da Mó 01 … 41 J5
Senhora da Orada 05 … 54 L7
Senhora da Póvoa 05 … 42 L8
Senhora da Ribeira 04 … 28 I8
Senhora da Rocha 08 … 89 U4
Senhora de Mércules 05 … 54 M7
Senhora de Monte Alto 06 … 41 L5
Senhora do Almurtão 05 … 54 M8
Senhora do Bom Sucesso 05 … 55 L8
Senhora do Desterro 09 … 41 K6
Senhora do Monte 20 … 107 J20
Senhora do Nazo 04 … 29 H10
Senhora do Rosário 12 … 66 O8
Senhorim 18 … 41 K6
Senouras 09 … 42 K9
Sentieiras 14 … 53 N5
Sentinela 08 … 90 U7
Sepins 06 … 40 K4
Serapicos 04 … 28 H9
Serapicos 17 … 28 H7
Serdedelo 16 … 26 G4
Sernada 01 … 40 J4
Sernadas 18 … 41 K5
Sernancelhe 18 … 41 J7
Seroa 13 … 26 I4
Serpa 02 … 78 S7
Serpins 06 … 53 L5
Serra 14 … 53 N5
Serra d'El-Rei 10 … 52 N2
Serra de Água 31 … 88 AY
Serra de Bornes 04 … 28 H8
Serra de Dentro 32 … 89 DX
Serra de Santo António 14 … 53 N3
Serra do Bouro 10 … 52 N2
Serra do Mouro 10 … 53 M4
Serrado (Eira do) 31 … 88 BY
Serras de Aire e Candeeiros (Parque Natural das) … 53 N3
Serrazola (Ribeira de) 12 … 66 O6
Serreta 20 … 107 G13
Serrinha 12 … 66 O8
Serrinha (Monte) 15 … 65 Q4
Serro Ventoso 10 … 52 N3
Sertã 05 … 53 M5
Sertã (Ribeira da) … 54 M6
Serves 11 … 64 P2
Serzedelo 03 … 27 H5
Sesimbra 15 … 64 Q2
Sesmarias 15 … 77 R4
Sete 02 … 77 T6
Sete Cidades 20 … 107 J18
Sete Cidades (Caldeira das) 20 … 107 J18
Setil 14 … 65 O3
Setúbal 15 … 64 Q3
Setúbal (Baía de) … 65 Q3
Sever do Vouga 01 … 40 J4
Sezelhe 17 … 27 G6
Sezulfe 04 … 28 H8
Sezures 18 … 41 J7
Sicó (Serra de) 10 … 53 M4
Silva 04 … 29 H10
Silvalde 01 … 40 J3
Silvares 03 … 27 H5
Silvares 05 … 54 L6
Silvares 13 … 27 I5
Silveira 11 … 64 O1
Silveirona 07 … 66 P7
Silveiros 03 … 26 H4
Silves 08 … 89 U4
Sines 15 … 76 S3
Sines (Cabo de) 15 … 76 S3
Sintra 11 … 64 P1
Sintra (Serra de) 11 … 64 P1
Sistelo 16 … 27 G4
Sítio das Éguas 08 … 89 U5
Sizandro 11 … 64 O1
Soajo 16 … 27 G5
Soajo (Serra do) 16 … 27 G5
Soalhães 13 … 27 I5
Soalheira 05 … 54 L7
Soalheiras 05 … 54 M8
Sobradelo da Goma 03 … 27 H5
Sobradinho 08 … 89 U5
Sobrado 13 … 26 I4
Sobrainho dos Gaios 05 … 54 M6
Sobral 05 … 53 M5
Sobral 18 … 41 K5
Sobral da Abelheira 11 … 64 P1
Sobral da Adiça 02 … 78 R8
Sobral da Lagoa 10 … 52 N2
Sobral da Serra 09 … 42 K8
Sobral de Casegas 05 … 54 L6
Sobral de Monte Agraço 11 … 64 O2
Sobral do Campo 05 … 54 L7
Sobral Fernando 05 … 54 M6
Sobral Pichorro 09 … 41 J7
Sobral Valado 06 … 54 L6
Sobreira 13 … 26 I4
Sobreira Formosa 05 … 54 M6
Sobreiro 01 … 40 J4
Sobreiro de Cima 04 … 28 G8
Sobreposta 03 … 27 H4
Sobrosa 02 … 78 R8
Sobrosa 13 … 27 I4
Soeima 04 … 28 H9
Soeira 04 … 28 G9
Sol Posto 15 … 76 S4
Solveira 17 … 27 G6
Somouqueira 08 … 88 U3
Sonim 17 … 28 G8
Sopo 16 … 26 G3
Sor (Ribeira de) … 54 N6
Sorraia … 65 P4
Sortelha 09 … 42 K8
Sortelhão 09 … 42 K8
Sortes 04 … 28 G9
Sosa 01 … 40 K4
Soudes 08 … 90 T7
Soure 06 … 53 L4
Souro Pires 09 … 42 J8
Sousa 13 … 27 I5
Sousel 12 … 66 P6
Sousel (Ribeira de) … 66 O6
Souselas 06 … 40 L4
Souselo 18 … 41 I5
Soutelinho 17 … 27 H6
Soutelinho da Raia 17 … 27 G7
Soutelo 01 … 40 J4
Soutelo 03 … 26 H4
Soutelo 04 … 28 H9
Soutelo *perto de Chaves* 17 … 27 G7
Soutelo *perto de Vila Real* 17 … 27 I6
Soutelo de Aguiar 17 … 27 H6
Soutelo do Douro 18 … 28 I7
Soutelo Mourisco 04 … 28 G9
Soutilha 04 … 28 G8
Souto 01 … 40 J4
Souto 09 … 42 K9
Souto 14 … 53 N5
Souto 16 … 26 G4
Souto 18 … 42 I7
Souto da Carpalhosa 10 … 53 M3
Souto da Casa 05 … 54 L7
Souto da Velha 04 … 28 I9
Souto de Aguiar da Beira 09 … 41 J7
Souto de Escarão 17 … 27 H7
Souto Maior 17 … 27 I7
Suçães 04 … 28 H8
Sul 18 … 41 J5
Sul (Rio) … 41 J5
Sume 12 … 54 O6

T

Taberna Seca 05 … 54 M7
Taboeira 01 … 40 K4
Taboeiras 06 … 40 K3
Tábua 06 … 41 K5
Tabuaço 18 … 41 I7
Tabuadelo 03 … 27 H5
Tabuado 13 … 27 I5
Tadim 03 … 26 H4
Taião 16 … 12 G4
Taipadas 15 … 65 P4
Talabita 02 … 78 R7
Talefe 11 … 64 O1
Talhadas 01 … 41 K5
Talhas 04 … 28 H9
Tâmega (R.) … 28 G7
Tancos 14 … 53 N4
Tanganhal 15 … 77 R4
Tanganheira 15 … 76 S3
Tangil 16 … 12 F4
Tapada 14 … 65 O4
Tapada Grande (Barragem da) 02 … 78 S7
Tapéus 06 … 53 L4
Tarouca 18 … 41 I6
Tarouquela 18 … 41 I5
Taveiro 06 … 40 L4
Tavila 05 … 54 M6
Tavira 08 … 89 U7
Tavira (Ilha de) 08 … 89 U6
Távora 16 … 26 G4
Távora 18 … 41 I7
Távora (Rio) … 42 J7
Tazem 17 … 27 H7
Tedo (R.) 18 … 41 I7
Teira 14 … 52 N3
Teixeira 04 … 29 H10
Teixeira 06 … 54 L6
Teixeira 09 … 41 L6
Teixeira 13 … 27 I6
Teixelo 18 … 41 J6
Teixoso 05 … 41 L7
Teja (Ribeira de) 09 … 42 J8
Tejo … 54 M7
Telhada 06 … 53 L3
Telhadela 01 … 40 J4
Telhado 05 … 54 L7
Telheiro 02 … 76 T4
Telheiro 07 … 66 Q7
Telões 17 … 27 H6
Tendais 18 … 41 I5
Tenencia 08 … 90 T7
Tentúgal 06 … 40 L4
Tera (Ribeira de) 07 … 66 P6
Terceira (Ilha) 20 … 107 G14
Terena 07 … 66 Q7
Terges (Ribeira de) … 77 S6
Termas 18 … 41 J5
Termas de Alcafache 18 … 41 K6
Termas de Monfortinho 05 … 55 M9
Terras de Bouro 03 … 27 G5
Terreiro das Bruxas 09 … 42 L8
Terrenho 09 … 42 J7
Terrugem 11 … 64 P1
Terrugem 12 … 66 P7
Tinalhas 05 … 54 M7
Tinhela 17 … 28 G8
Tinhela (Rio) 17 … 27 H7
Tinhela de Baixo 17 … 27 H7
Tó 04 … 28 I10
Tocha 06 … 40 L3
Tojal 07 … 65 Q5
Tojal (Estação de) 07 … 65 Q5
Toledo 11 … 64 O2
Tolosa 12 … 54 N6
Tomadias 09 … 42 J8
Tomar 14 … 53 N4
Tonda 18 … 41 K5
Tondela 18 … 41 K5
Topo 20 … 107 H12
Topo (Ponta do) 20 … 107 H12
Topo (Serra do) 20 … 107 H12
Torgal (Ribeira de) 02 … 76 T4
Torgueda 17 … 27 I6
Tornada 10 … 52 N2
Torrados 13 … 27 H5
Torrais (Ponta) 20 … 107 D2
Torrão 12 … 54 N6
Torrão 15 … 77 R5
Torrão do Lameiro 01 … 40 J4
Torre 05 … 55 M9
Torre 09 … 42 K8
Torre 15 … 76 Q3
Torre 16 … 26 G3
Torre (Monte) 09 … 41 L7
Torre da Gadanha 07 … 65 Q5
Torre das Vargens 12 … 65 O6
Torre de Aspa 08 … 88 U3
Torre de Bolsa 12 … 66 P8
Torre de Coelheiros 07 … 77 Q6
Torre de Dom Chama 04 … 28 H8
Torre de Moncorvo 04 … 28 I8
Torre de Pinhão 17 … 27 H7
Torre de Vale de Todos 10 … 53 M4
Torre do Terrenho 09 … 42 J7
Torre Vã 02 … 77 S4
Torredeita 18 … 41 K5
Torreira 01 … 40 J3
Torres 09 … 42 J8
Torres Novas 14 … 53 N4
Torres Vedras 11 … 64 O2
Torrinheiras … 27 H6
Torroal 15 … 76 R3
Torrozelas 06 … 53 L6
Torrozelo 09 … 41 K6
Torto (Rio) 05 … 54 L8
Torto (Rio) 17 … 28 H7
Torto (Rio) … 27 I7
Tortosendo 05 … 41 L7
Touca 05 … 54 L7
Touça 09 … 42 I8
Touguinha 13 … 26 H3
Toulica (Barragem) 05 … 54 M8
Toulões 05 … 55 M8
Tourém 17 … 27 G6
Tourigo 18 … 41 K5
Touril 02 … 76 T3
Touro 18 … 41 J6
Tourões (Ribeira de) 09 … 42 K9
Toutalga … 78 R7
Toutosa 13 … 27 I5
Touvedo 16 … 27 G4
Trafaria 15 … 64 P2
Trafeiras 02 … 77 S6
Tramaga 12 … 65 O5
Tramagal 14 … 53 N5
Trancoso 09 … 42 J7
Travanca 13 … 27 I5
Travanca *perto de Mogadouro* 04 … 29 H10
Travanca *perto de Vinhais* 04 … 28 G9
Travanca de Lagos 06 … 41 K6
Travanca de Tavares 18 … 41 K7
Travanca do Mondego 06 … 41 L5
Travancas 17 … 28 G8
Travassô 01 … 40 K4
Travassós 03 … 27 H5
Travassos *perto de Povoa de Lanhoso* 03 … 27 H5
Travessa 02 … 78 R8
Treixedo 18 … 41 K5
Tremês 14 … 53 N3
Tresminas 17 … 27 H7
Tresouras 13 … 27 I6
Trevim (Alto de) … 53 L5
Trevões 18 … 42 I7
Trezói 18 … 40 K5
Trigaches 02 … 77 R6
Trigais 05 … 41 L6
Trigo (Monte) 20 … 107 G11
Trindade 02 … 77 S6
Trindade 04 … 28 H8
Trinta 09 … 42 K7
Tripeiro 05 … 54 M7
Tristão (Ponta do) 31 … 88 AY
Trofa 01 … 40 K4
Trofa 13 … 26 H4
Tróia 15 … 64 Q3
Tróia (Península de) 15 … 65 Q3
Tronco 17 … 28 G8
Troporiz 16 … 12 F4
Troviscais 02 … 76 T3
Troviscal 01 … 40 K4
Troviscal 05 … 53 M5
Tua 04 … 28 I7
Tua (Rio) … 28 H8
Tuella (R.) … 28 G8
Tuido-Gandra 16 … 12 F4
Tuizelo 04 … 28 G8
Tunes 08 … 89 U5
Turcifal 11 … 64 O2
Turquel 10 … 52 N3

U

Ulme 14 … 53 O4
Umbrias de Camacho 08 … 90 U7
Unhais da Serra 05 … 41 L7
Unhais-o-Velho 06 … 54 L6
Unhos 11 … 64 P2
Urqueira 14 … 53 M4
Urra 12 … 66 O7
Urrós *perto de Brunhozinho* 04 … 29 H10
Urros *perto de Ligares* 04 … 42 I8
Urso (Pinhal do) 10 … 52 M3
Urza 02 … 77 T5
Urzelina 20 … 107 H11
Uva 04 … 29 H10

V

Vacariça 01 … 40 K4
Vagos 01 … 40 K3
Vaiamonte 12 … 66 O7
Vairão 13 … 26 H4
Valada 14 … 65 O3
Valadares 13 … 26 I4
Valadas 02 … 78 S7
Valadas 05 … 53 M5
Valado dos Frades 10 … 52 N2
Valbom 05 … 54 M7
Valbom 09 … 42 J8
Valbom 10 … 53 M5
Valdigem 18 … 27 I6
Valdreu 03 … 27 G5
Valdrez 04 … 28 H9
Valdujo 09 … 42 J8
Vale 16 … 27 G4
Vale Alto 14 … 53 N4
Vale Beijinha 02 … 76 S3
Vale Benfeito 04 … 28 H9
Vale Covo 02 … 78 S7
Vale Covo 10 … 52 O2
Vale da Madre 04 … 28 H9
Vale da Mó 01 … 40 K4
Vale da Mua 05 … 54 M6
Vale da Mula 09 … 42 J9
Vale da Pinta 14 … 64 O3
Vale da Rosa 08 … 89 U6
Vale da Seda 12 … 66 O6
Vale da Senhora da Povoa 05 … 42 L8
Vale da Telha 08 … 88 U3
Vale da Torre 05 … 54 L7
Vale da Ursa 05 … 54 M6
Vale da Vinha 12 … 54 N6
Vale das Fontes 04 … 28 G8
Vale das Mós 14 … 53 N5
Vale de Açor 02 … 77 S6
Vale de Açor 12 … 65 O6
Vale de Açor 14 … 53 N5
Vale de Afonsinho 09 … 42 J8
Vale de Água 02 … 77 S5
Vale de Água 15 … 76 S4
Vale de Albuquerque 12 … 66 P8
Vale de Anta 17 … 27 G7
Vale de Asnes 04 … 28 H8
Vale de Azares 09 … 42 K7
Vale de Bispo Fundeiro 12 … 65 O6
Vale de Cambra 01 … 40 J4
Vale de Cavalos 12 … 66 O8
Vale de Cavalos 14 … 53 O4
Vale de Cobrão (Ribeira de) … 65 P3
Vale de Couço 04 … 28 H8
Vale de Ebros 08 … 90 U7
Vale de Espinho 09 … 42 L9
Vale de Estrela 09 … 42 K8
Vale de Ferro 02 … 76 S4
Vale de Figueira 14 … 53 O4
Vale de Figueira 18 … 42 I7
Vale de Frades 04 … 29 H10

Vale de Gaio (Barragem de) 15 ... 77 R 5
Vale de Gaviões 12 ... 54 N 6
Vale de Gouvinhas 04 ... 28 H 8
Vale de Guiso 15 ... 77 R 4
Vale de Ílhavo 01 ... 40 K 4
Vale de Janeiro 04 ... 28 G 8
Vale de Maceiras 12 ... 66 O 7
Vale de Madeira 09 ... 42 J 8
Vale de Moinhos 04 ... 28 H 9
Vale de Moura 07 ... 65 Q 6
Vale de Nogueira 04 ... 28 H 9
Vale de Ossos 15 ... 77 R 4
Vale de Paio 12 ... 65 O 6
Vale de Pereiros 09 ... 42 J 8
Vale de Prazeres 05 ... 54 L 7
Vale de Rocins 02 ... 77 S 6
Vale de Salgueiro 04 ... 28 H 8
Vale de Santarém 14 ... 65 O 3
Vale de Santiago 02 ... 77 S 4
Vale de Telhas 04 ... 28 H 8
Vale de Torno 04 ... 28 I 8
Vale de Vaide 06 ... 53 L 5
Vale de Vargo 02 ... 78 S 7
Vale de Vilão 12 ... 65 O 5
Vale de Zebro 15 ... 77 S 5
Vale do Arco 12 ... 53 N 6
Vale do Côa (Parque arqueológica de) 09 ... 42 I 8
Vale do Coelheiro 05 ... 54 M 6
Vale do Homem 05 ... 54 M 6
Vale do Judeu 08 ... 89 U 5
Vale do Lobo 08 ... 89 U 5
Vale do Paraíso 11 ... 64 O 3
Vale do Pereiro 07 ... 66 P 6
Vale do Peso 12 ... 54 N 7
Vale do Rio 10 ... 53 M 5
Vale do Seixo 09 ... 42 J 8
Vale dos Reis 15 ... 65 Q 4
Vale Feitoso 05 ... 55 L 9
Vale Figueira 08 ... 89 U 5
Vale Flor 09 ... 42 J 8
Vale Formoso 02 ... 78 R 8
Vale Frechoso 04 ... 28 H 8
Vale Furado 10 ... 52 M 2
Vale Pereiro 04 ... 28 H 9
Vale Verde 04 ... 28 H 8
Vale Verde 09 ... 42 J 9
Vale Vinagre 15 ... 77 S 4
Válega 01 ... 40 J 4
Valeira (Barragem de) 04 ... 28 I 7
Valença do Douro 18 ... 27 I 7
Valença do Minho 16 ... 12 F 4
Vales 02 ... 77 S 4
Vales 04 ... 28 H 9
Vales 05 ... 54 M 6
Vales 08 ... 89 U 6
Vales *perto de Aljezur* 08 ... 88 U 3
Vales Mortos 02 ... 78 S 7
Valezim 09 ... 41 K 6
Valhascos 14 ... 53 N 5
Valhelhas 09 ... 41 K 7
Valongo 12 ... 66 O 6
Valongo 13 ... 26 I 4
Valongo de Mihais 17 ... 28 H 7
Valongo do Vouga 01 ... 40 K 4
Valongo dos Azeites 18 ... 42 I 7
Valoura 17 ... 27 H 7
Valpaços 17 ... 28 H 8
Valugas 17 ... 27 H 7
Valverde 04 ... 28 I 9
Valverde 05 ... 54 L 7
Valverde 07 ... 65 Q 5
Valverde 09 ... 41 J 7
Valverde 14 ... 52 N 3
Valverde (Ribeira de) 07 ... 65 Q 5
Vaqueiro 17 ... 27 H 6
Vaqueiros 08 ... 89 T 6
Vara (Pico da) 20 ... 107 J 20
Varadouro 20 ... 107 H 9
Varge 04 ... 28 G 9
Vargem 12 ... 66 O 7
Vargens 02 ... 89 T 6
Variz 04 ... 28 H 10
Várzea 14 ... 53 O 3
Várzea 16 ... 27 G 5
Várzea 20 ... 107 J 18
Várzea Cova 03 ... 27 H 5
Várzea da Ovelha 13 ... 27 I 5
Várzea de Serra 18 ... 41 J 6
Várzea de Trevões 18 ... 41 I 7
Várzea dos Cavaleiros 05 ... 53 M 5
Várzeas 10 ... 53 M 3
Varziela 06 ... 40 K 4
Vascão (Ribeira do) ... 89 T 6
Vasconha 18 ... 41 J 5
Vascoveiro 09 ... 42 J 8
Vassal 17 ... 28 H 7
Vau 10 ... 52 N 2
Veiga de lila 17 ... 28 H 8
Veiros 01 ... 40 J 4
Veiros 07 ... 66 P 7
Vela 09 ... 42 K 8
Vela (Lagoa da) 06 ... 40 L 3
Velada 12 ... 54 N 6
Velão (Alto de) 17 ... 27 I 6
Velas 20 ... 107 G 11
Velosa 09 ... 42 K 8
Venade 16 ... 26 G 3
Venda 07 ... 66 Q 7
Venda do Cepo 09 ... 42 J 7
Venda do Pinheiro 11 ... 64 P 2
Venda do Preto 10 ... 53 M 4
Venda Nova 17 ... 27 G 6
Venda Nova *perto de Mação* 14 ... 54 N 6
Venda Nova *perto de Tomar* 14 ... 53 N 4
Venda Nova (Barragem de) 17 ... 27 G 6
Vendas Novas 07 ... 65 P 4
Vendinha 07 ... 66 Q 7
Ventosa 03 ... 27 H 5
Ventosa *perto de Alenquer* 11 ... 64 O 2
Ventosa *perto de Torres Vedras* 11 ... 64 O 2
Ventosa do Bairro 01 ... 40 K 4
Vera Cruz 07 ... 78 R 6
Verde (Lagoa) 20 ... 107 J 18
Verdelhos 05 ... 41 K 7
Vergeira 15 ... 76 S 4
Verigo 10 ... 53 M 4
Vermelha 11 ... 52 O 2
Vermelhos 08 ... 89 T 5
Vermiosa 09 ... 42 J 9
Vermoil 10 ... 53 M 4
Vermoim 03 ... 26 H 4
Verride 06 ... 53 L 3
Vez (R.) 16 ... 27 G 5
Viade de Baixo 17 ... 27 G 6
Vialonga 11 ... 64 P 2
Viana do Alentejo 07 ... 77 R 5
Viana do Castelo 16 ... 26 G 3
Viatodos 03 ... 26 H 4
Vidago 17 ... 27 H 7
Vidais 10 ... 52 N 2
Vide 09 ... 41 L 6
Videmonte 09 ... 42 K 7
Vidigal 05 ... 54 M 6
Vidigal 15 ... 65 P 4
Vidigueira 02 ... 77 R 6
Vidual 06 ... 54 L 6
Viegas 02 ... 78 S 7
Vieira de Leiria 10 ... 52 M 3
Vieira do Minho 03 ... 27 H 5
Vieirinhos 10 ... 53 L 3
Vigia 02 ... 77 T 4
Vigia (Barragem da) 07 ... 66 Q 7
Vila Alva 02 ... 77 R 6
Vila Azeda 02 ... 77 R 6
Vila Baleira 32 ... 89 D X
Vila Boa de Ousilhão 04 ... 28 G 9
Vila Boa do Bispo 13 ... 27 I 5
Vila Boim 12 ... 66 P 8
Vila Chã 03 ... 26 H 3
Vila Chã 04 ... 29 H 10
Vila Chã 09 ... 41 K 7
Vila Chã 10 ... 53 M 4
Vila Chã 13 ... 26 I 3
Vila Chã 16 ... 27 G 5
Vila Chã 17 ... 27 I 7
Vila Chã 18 ... 41 K 6
Vila Chã de Braciosa 04 ... 29 H 10
Vila Chã de Ourique 14 ... 65 O 3
Vila Chão 13 ... 27 I 5
Vila Cortês da Serra 09 ... 41 K 7
Vila Cova 17 ... 27 I 6
Vila Cova a Coelheira 18 ... 41 J 6
Vila Cova de Alva 06 ... 41 L 6
Vila Cova do Covelo 18 ... 41 J 7
Vila da Ponte 17 ... 27 G 6
Vila da Ponte 18 ... 41 J 7
Vila de Ala 04 ... 28 I 10
Vila de Cucujães 01 ... 40 J 4
Vila de Frades 02 ... 77 R 6
Vila de Punhe 16 ... 26 H 3
Vila de Rei 05 ... 53 M 5
Vila do Bispo 08 ... 88 U 3
Vila do Conde 13 ... 26 H 3
Vila do Conde 17 ... 27 H 7
Vila do Corvo 49 ... 107 D 2
Vila do Porto 20 ... 107 M 20
Vila do Touro 09 ... 42 K 8
Vila Facaia 10 ... 53 M 5
Vila Fernando 09 ... 42 K 8
Vila Fernando 12 ... 66 P 8
Vila Flor 04 ... 28 I 8
Vila Flor 12 ... 54 N 6
Vila Formosa 12 ... 66 O 6
Vila Franca 16 ... 26 G 3
Vila Franca da Serra 09 ... 41 K 7
Vila Franca das Naves 09 ... 42 J 8
Vila Franca de Xira 11 ... 64 P 3
Vila Franca do Campo 20 ... 107 J 19
Vila Franca do Rosário 11 ... 64 P 2
Vila Fresca de Azeitão 15 ... 64 Q 3
Vila Garcia *perto de Guarda* 09 ... 42 K 8
Vila Garcia *perto de Trancoso* 09 ... 42 J 8
Vila Longa 18 ... 41 J 7
Vila Meã 13 ... 27 I 5
Vila Moinhos (Sobral) 18 ... 41 K 5
Vila Moreira 14 ... 53 N 3
Vila Nogueira de Azeitão 15 ... 64 Q 2
Vila Nova 06 ... 53 L 5
Vila Nova 14 ... 53 N 5
Vila Nova da Barca 06 ... 53 L 3
Vila Nova da Baronia 02 ... 77 R 5
Vila Nova da Barquinha 14 ... 53 N 4
Vila Nova da Rainha 11 ... 64 O 3
Vila Nova de Anços 06 ... 53 L 4
Vila Nova de Cacela 08 ... 90 U 7
Vila Nova de Cerveira 16 ... 26 G 3
Vila Nova de Famalicão 03 ... 26 H 4
Vila Nova de Foz Côa 09 ... 42 I 8
Vila Nova de Gaia 13 ... 26 I 4
Vila Nova de Milfontes 02 ... 76 S 3
Vila Nova de Monsarros 01 ... 40 K 4
Vila Nova de Paiva 18 ... 41 J 6
Vila Nova de Poiares 06 ... 41 L 5
Vila Nova de Santo André 15 ... 76 R 3
Vila Nova de São Bento 02 ... 78 S 7
Vila Nova de São Pedro 11 ... 64 O 3
Vila Nova de Tazem 09 ... 41 K 6
Vila Nova do Ceira 06 ... 53 L 5
Vila Nune 03 ... 27 H 6
Vila Pouca da Beira 06 ... 41 L 6
Vila Pouca de Aguiar 17 ... 27 H 7
Vila Praia de Âncora 16 ... 26 G 3
Vila Real 17 ... 27 I 6
Vila Real de Santo António 08 ... 90 U 7
Vila Ruiva 02 ... 77 R 6
Vila Ruiva 18 ... 41 K 6
Vila Seca 03 ... 26 H 3
Vila Seca 06 ... 53 L 4
Vila Seca 18 ... 27 I 7
Vila Velha de Ródão 05 ... 54 N 6
Vila Verde 03 ... 26 H 4
Vila Verde 04 ... 28 G 9
Vila Verde 06 ... 53 L 3
Vila Verde da Raia 17 ... 28 G 7
Vila Verde de Ficalho 02 ... 78 S 8
Vila Verde dos Francos 11 ... 64 O 2
Vila Verdinho 04 ... 28 H 8
Vila Viçosa 07 ... 66 P 7
Vilamoura 08 ... 89 U 5
Vilar 03 ... 27 G 5
Vilar 11 ... 64 O 2
Vilar 17 ... 27 H 6
Vilar 18 ... 41 J 6
Vilar (Barragem de) 18 ... 41 J 7
Vilar Barroco 05 ... 54 M 6
Vilar Chão 04 ... 28 H 9
Vilar da Lomba 04 ... 28 G 8
Vilar da Veiga 03 ... 27 G 5
Vilar de Amargo 09 ... 42 J 8
Vilar de Arca 18 ... 41 I 5
Vilar de Boi 05 ... 54 N 6
Vilar de Cunhas 03 ... 27 H 6
Vilar de Ferreiros 17 ... 27 H 6
Vilar de Ledra 04 ... 28 H 8
Vilar de Maçada 17 ... 27 I 7
Vilar de Mouros 16 ... 26 G 3
Vilar de Murteda 16 ... 26 G 3
Vilar de Ossos 04 ... 28 G 8
Vilar de Paraiso 13 ... 26 I 4
Vilar de Perdizes 17 ... 27 G 7
Vilar de Peregrinos 04 ... 28 G 8
Vilar de Pinheiro 13 ... 26 I 4
Vilar de Rei 04 ... 28 I 9
Vilar do Monte 04 ... 28 H 9
Vilar do Ruivo 05 ... 53 M 5
Vilar dos Prazeres 14 ... 53 N 4
Vilar Formoso 09 ... 42 K 9
Vilar Maior 09 ... 42 K 9
Vilar Seco 04 ... 29 H 10
Vilar Seco de Lomba 04 ... 28 G 8
Vilar Torpim 09 ... 42 J 9
Vilarandelo 17 ... 28 H 8
Vilarelho (Serra de) 17 ... 27 H 7
Vilarelho da Raia 17 ... 28 G 7
Vilarelhos 04 ... 28 H 8
Vilares 04 ... 28 H 8
Vilares 09 ... 42 J 8
Vilares 17 ... 27 H 7
Vilariça (Ribeira de) ... 28 I 8
Vilarinha 08 ... 88 U 3
Vilarinho 04 ... 28 G 9
Vilarinho 06 ... 53 L 5
Vilarinho 13 ... 26 H 3
Vilarinho 17 ... 27 G 6
Vilarinho 18 ... 41 J 5
Vilarinho da Castanheira 04 ... 28 I 8
Vilarinho das Azenhas 04 ... 28 H 8
Vilarinho das Cambas 03 ... 26 H 4
Vilarinho das Furnas (Barragem) 03 ... 27 G 5
Vilarinho de Agrochão 04 ... 28 G 8
Vilarinho de Cotas 17 ... 27 I 7
Vilarinho de Samardã 17 ... 27 H 6
Vilarinho de São Luís 01 ... 40 J 4
Vilarinho de São Romão 17 ... 27 I 7
Vilarinho do Bairro 01 ... 40 K 4
Vilarinho dos Galegos 04 ... 28 I 10
Vilarinho Seco 17 ... 27 G 6
Vilarouco 18 ... 42 I 7
Vilas Boas 04 ... 28 H 8
Vilas do Pedro 10 ... 53 M 5
Vilas Ruivas 05 ... 54 N 6
Vilela do Tâmega 17 ... 27 G 7
Vilela Seca 17 ... 28 G 7
Vilharinhos 08 ... 89 U 6
Vimeiro 10 ... 52 N 2
Vimeiro 11 ... 64 O 2
Vimieiro 07 ... 66 P 6
Vimioso 04 ... 29 H 10
Vinha da Rainha 06 ... 53 L 3
Vinhais 04 ... 28 G 8
Vinhas 04 ... 28 H 9
Vinte e Dois (Barragem dos) 15 ... 64 Q 3
Virtudes 11 ... 64 O 3
Viseu 18 ... 41 K 6
Viseus 02 ... 77 T 6
Viso (Nossa Senhora do) 03 ... 27 H 5
Vista Alegre 01 ... 40 K 3
Viuvas 02 ... 89 T 6
Viveiro 17 ... 27 G 6
Vizela 03 ... 27 H 5
Volta do Vale 14 ... 65 P 4
Vouga ... 41 J 6
Vouguinha 18 ... 41 J 6
Vouzela 18 ... 41 J 5
Vreia de Bornes 17 ... 27 H 7
Vreia de Jales 17 ... 27 H 7

X

Xarrama ... 66 Q 6
Xartinho 14 ... 52 N 3
Xerez de Baixo 07 ... 78 Q 7
Xévora ... 67 O 8

Z

Zambujal 06 ... 53 L 4
Zambujal 08 ... 89 T 7
Zambujal 15 ... 65 Q 3
Zambujal de Cima 15 ... 64 Q 2
Zambujeira do Mar 02 ... 76 T 3
Zambujeiras 02 ... 76 S 4
Zambujeiro 07 ... 66 Q 7
Zava 04 ... 28 I 9
Zavial 08 ... 88 U 3
Zebreira 05 ... 54 M 8
Zebro (Ribeira do) ... 78 R 7
Zedes 04 ... 28 I 8
Zêzere (Río) ... 42 K 7
Zêzere (Vale Glaciário do) 09 ... 41 K 7
Zibreira 14 ... 53 N 4
Zimão 17 ... 27 H 7
Zoio 04 ... 28 G 9

Planos de ciudades
Plantas das cidades / Plans de villes / Town plans / Stadtpläne / Stadsplattegronden

ESPAÑA

- Alacant / Alicante........ 185
- Albacete 186
- Almería 187
- Aranjuez 188
- Ávila 189
- Barcelona (alrededores) 190
- Barcelona (centro) 191
- Bilbao 192
- Burgos 193
- Cáceres 193
- Cádiz 194
- Carmona 195
- Cartagena 196
- Córdoba 197
- A Coruña 198
- Cuenca 199
- Donostia-San Sebastián 200
- Elx / Elche 200
- Gijón 201
- Girona 201
- Granada 202
- Huesca 203
- Jaén 204
- Jerez de la Frontera 205
- León 205
- Lleida 206
- Lugo 207
- Madrid (alrededores) 208
- Madrid (centro) 209
- Málaga 210
- Mérida 211
- Murcia 212
- Oviedo 212
- Palencia 213
- Palma de Mallorca 214
- Las Palmas de Gran Canaria 215
- Pamplona 216
- Pontevedra 217
- Salamanca 218
- Santa Cruz de Tenerife ... 219
- Santander 220
- Santiago de Compostela 220
- Segovia 221
- Sevilla (alrededores) 222
- Sevilla (centro) 223
- Soria 224
- Tarragona 225
- Teruel 226
- Toledo 227
- Valencia (alrededores) ... 228
- Valencia (centro) 229
- Valladolid 230
- Vigo 231
- Vitoria-Gasteiz 232
- Zamora 233
- Zaragoza 233

PORTUGAL

- Aveiro 234
- Braga 235
- Coimbra 235
- Évora 236
- Funchal 237
- Lisboa (arredores) 238
- Lisboa (centro) 239
- Porto (arredores) 240
- Porto (centro) 241
- Santarém 242
- Setúbal 243

Planos

Curiosidades
Edificio interesante - Torre
Edificio religioso interesante

Vías de circulación
Autopista - Autovía
Enlaces numerados: completo, parciales
Via importante de circulacíon
Túnel
Calle peatonal
Tranvía
Aparcamiento - Aparcamientos «P+R»
Estación y línea férrea
Funicular, línea de cremallera
Teleférico, telecabina

Signos diversos
Edificio religioso
Torre - Ruinas
Molino de viento
Jardín, parque, madera
Cementerio
Estadio
Golf - Hipódromo
Piscina al aire libre, cubierta
Vista parcial - Vista panorámica
Monumento - Fuente
Playa - Zoo
Puerto deportivo - Faro
Oficina de Información de Turismo
Aeropuerto
Estación de metro - Estación de autobuses
Transporte por barco:
pasajeros y vehículos, pasajeros solamente
Oficina de correos - Hospital
Mercado cubierto
Policía - Ayuntamiento
Propuesta de paseo

Plantas das cidades

Curiosidades
Edifício interessante - Torre
Edifício religioso interessante

Estradas
Auto-estrada - Estrada com faixas de rodagem separadas
Nós numerados: completo, parcial
Grande via de circulação
Túnel
Via reservada aos peões
Tranvía
Parking - Estacionamento Relais (assinantes trânsito)
Estação e via férrea
Funicular
Teleférico, Telecabine

Signos diversos
Edifício religioso
Torre - Ruínas
Moínho de Vento
Jardim, parque, bosque
Cemitério
Estádio
Golfe - Hipódromo
Piscina ao ar livre, coberta
Vista - Panorama
Monumento - Fonte
Praia - Zoo
Porto desportivo - Farol
Informação turística
Aeroporto
Estação de metro - Estação de autocarros
Transporte de automóveis:
passageiros e automóveis, só de passageiros
Estação de correios - Hospital
Mercado coberto
Polícia - Câmara municipal
Sugestões de passeios

Plans

Curiosités
Bâtiment intéressant - Tour
Édifice religieux intéressant

Voirie
Autoroute - Double chaussée de type autoroutier
Échangeurs numérotés : complet - partiels
Grande voie de circulation
Tunnel
Rue piétonne
Tramway
Parking - Parking Relais
Gare et voie ferrée
Funiculaire, voie à crémaillère
Téléphérique, télécabine

Signes divers
Édifice religieux
Tour - Ruines
Moulin à vent
Jardin, parc, bois
Cimetière
Stade
Golf - Hippodrome
Piscine de plein air, couverte
Vue - Panorama
Monument - Fontaine
Plage - Zoo
Port de plaisance - Phare
Information touristique
Aéroport
Station de métro - Gare routière
Transport par bateau :
passagers et voitures, passagers seulement
Bureau principal de poste restante - Hôpital
Marché couvert
Police - Hôtel de ville
Suggestion de promenade

Town plans

Sights
Place of interest - Tower
Interesting place of worship

Roads
Motorway - Dual carriageway
Numbered junctions: complete, limited
Major thoroughfare
Tunnel
Pedestrian street
Tramway
Car park - Park and Ride
Station and railway
Funicular
Cable-car

Various signs
Place of worship
Tower - Ruins
Windmill
Garden, park, wood
Cemetery
Stadium
Golf course - Racecourse
Outdoor or indoor swimming pool
View - Panorama
Monument - Fountain
Beach - Zoo
Pleasure boat harbour - Lighthouse
Tourist Information Centre
Airport
Underground station - Coach station
Ferry services:
passengers and cars - passengers only
Main post office with poste restante - Hospital
Covered market
Police - Town Hall
Suggested stroll

Stadtpläne

Sehenswürdigkeiten
Sehenswertes Gebäude - Turm
Sehenswerter Sakralbau

Straßen
Autobahn - Schnellstraße
Nummerierte Voll - bzw. Teilanschlussstellen
Hauptverkehrsstraße
Tunnel
Fußgängerzone
Straßenbahn
Parkplatz - Park-and-Ride-Plätze
Bahnhof und Bahnlinie
Standseilbahn
Seilschwebebahn

Sonstige Zeichen
Sakralbau
Turm - Ruine
Windmühle
Garten, Park, Wäldchen
Friedhof
Stadion
Golfplatz - Pferderennbahn
Freibad - Hallenbad
Aussicht - Rundblick
Denkmal - Brunnen
Badestrand/ Strand - Zoo
Yachthafen- Leuchtturm
Informationsstelle
Flughafen
U-Bahnstation - Autobusbahnhof
Schiffsverbindungen:
Autofähre, Personenfähre
Hauptpostamt (postlagernde Sendungen) - Krankenhaus
Markthalle
Polizei - Rathaus
Vorschlag für einen Spaziergang

Plattegronden

Bezienswaardigheden
Interessant gebouw - Toren
Interessant kerkelijk gebouw

Wegen
Autosnelweg - Weg met gescheiden rijbanen
Knooppunt / aansluiting: volledig, gedeeltelijk
Hoofdverkeersweg
Tunnel
Voetgangersgebied
Tramlijn
Parkeerplaats - P & R
Station, spoorweg
Kabelspoor
Tandradbaan

Overige tekens
Kerkelijk gebouw
Toren - Ruïne
Windmolen
Tuin, park, bos
Begraafplaats
Stadion
Golfterrein - Renbaan
Zwembad: openlucht, overdekt
Uitzicht - Panorama
Gedenkteken, standbeeld - Fontein
Strand - Zoo
Jachthaven - Vuurtoren
Informatie voor toeristen
Luchthaven
Metrostation - Busstation
Vervoer per boot:
Passagiers en auto's - uitsluitend passagiers
Hoofdkantoor voor poste-restante - Ziekenhuis
Overdekte markt
Politie - Stadhuis
Aanbevolen wandeling

ALICANTE
MARQ
Castillo de Sta Bárbara
PARQUE DE ERETA
MUSA
STA CRUZ
Concatedral de San Nicolás de Bari
Museo de Belenes
MACA
Santa María
MUBAG
Museo de Fogueres
Ayuntamiento
PLAYA DEL POSTIGUET
PUERTO DEPORTIVO
Museo The Ocean Race
Explanada de España
ALACANT / ALICANTE
ELX / ELCHE
Gandia
Oliva
Xàtiva
Elda
Petrer
Novelda
Aspe
Crevillent
Sta Pola
Xixona
La Vila Joiosa / Villajoyosa
Sant Vicent del Raspeig
Mutxamel
El Campello
Sant Joan d'Alacant
Golf d'Alacant
Cap de Sta Pola
Illa de Tabarca
Platja de Gandia
Sª de Aitana
Polop
Callosa d'en Sarrià
Dolores
Albatera
Monòver
Sax
Castalla

ALBACETE
MADRID, CIUDAD REAL
ELCHE DE LA SIERRA
ALACANT/ALICANTE
MURCIA
AYORA
ALACANT/ALICANTE, VALENCIA
Museo de la Cuchillería
Catedral
Plaza Mayor
Pje de Lodares
PARQUE LINEAL
PARQUE DE ABELARDO SÁNCHEZ
Museo de Albacete
PARQUE DOCTOR RAMÓN FERRANDIS
Plaza de Toros
200 m
Motilla del Palancar
Almodóvar del Pinar
Campillo de Altobuey
Embalse de Contreras
Minglanilla
Iniesta
Villanueva de la Jara
Quintanar del Rey
Tarazona de la Mancha
La Roda
Madrigueras
Mahora
La Gineta
Barrax
ALBACETE
Chinchilla de Monte Aragón
Cordillera de Monte Aragón
Balazote
San Pedro
Pozo Cañada
Valdeganga
Jorquera
Casas Ibáñez
Fuentealbilla
Júcar
A 31
A 32
N 430
N 322
N 301
CM 316
A 3 - E 901
N 220
CM 211

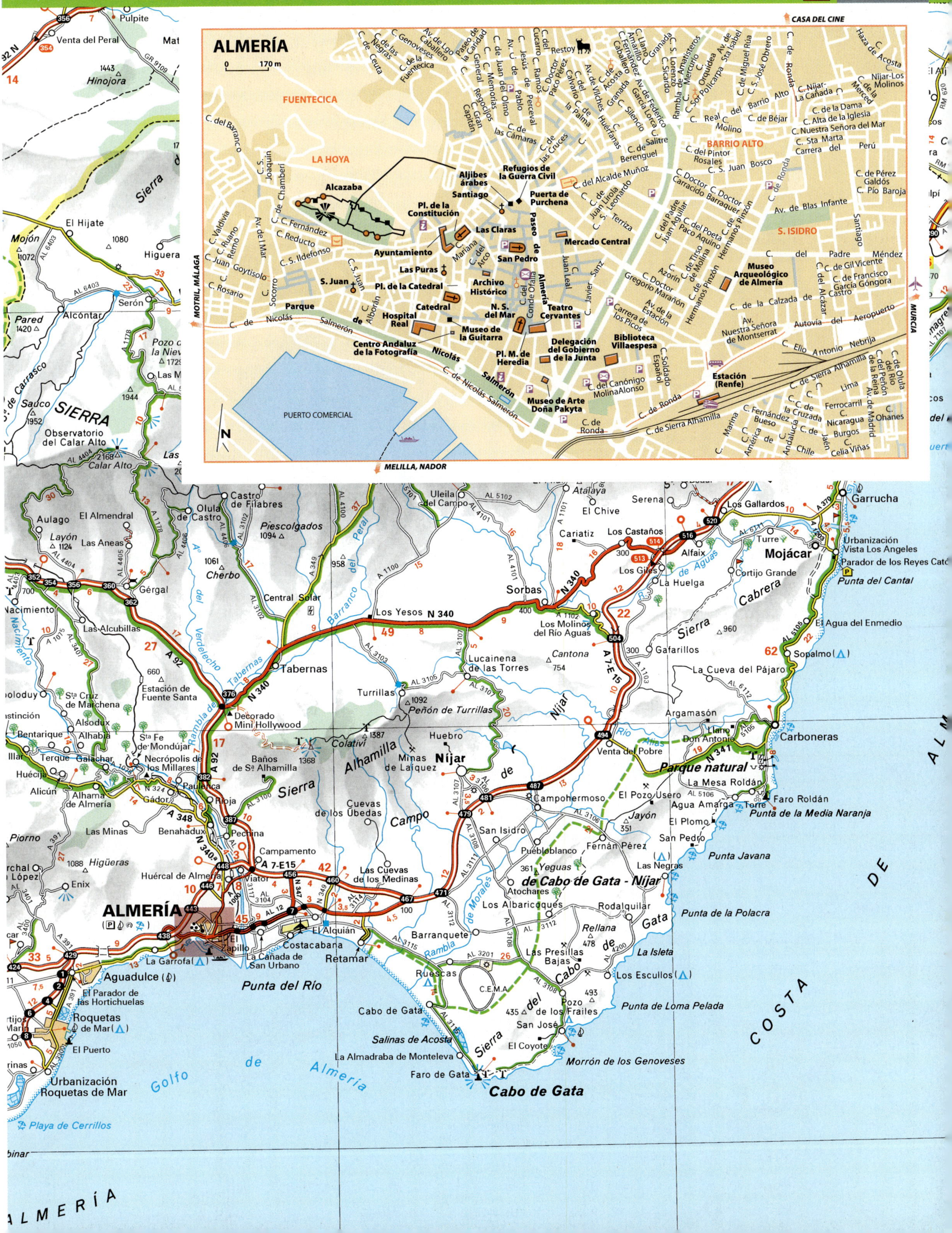
ALMERÍA
0 170 m
FUENTECICA
LA HOYA
BARRIO ALTO
S. ISIDRO
Alcazaba
Aljibes árabes
Refugios de la Guerra Civil
Santiago
Puerta de Purchena
Pl. de la Constitución
Las Claras
Ayuntamiento
Mercado Central
San Pedro
Las Puras
S. Juan
Pl. de la Catedral
Archivo Histórico
Museo Arqueológico de Almería
Catedral
N. S. del Mar
Teatro Cervantes
Hospital Real
Museo de la Guitarra
Centro Andaluz de la Fotografía
Delegación del Gobierno de la Junta
Biblioteca Villaespesa
Pl. M. de Heredia
Museo de Arte Doña Pakyta
Estación (Renfe)
PUERTO COMERCIAL
Parque
Paseo de Almería
MOTRIL, MÁLAGA
MURCIA
MELILLA, NADOR
CASA DEL CINE
Autovía del Aeropuerto
Av. de Blas Infante
Av. Nuestra Señora de Montserrat
Pulpite
Venta del Peral
Hinojora
Sierra
El Hijate
Mojón
Higuera
Pared
Alcóntar
Serón
SIERRA
Observatorio del Calar Alto
Calar Alto
Aulago
El Almendral
Layón
Las Aneas
Gérgal
Castro de Filabres
Olula de Castro
Piescolgados
Cherbo
Central Solar
Tabernas
Los Yesos
Uleila del Campo
Atalaya
El Chive
Serena
Sorbas
Cariatiz
Los Castaños
Los Giles
La Huelga
Los Gallardos
Garrucha
Mojácar
Urbanización Vista Los Angeles
Parador de los Reyes Católicos
Punta del Cantal
Cortijo Grande
Cabrera
Sierra
El Agua del Enmedio
Sopalmo
Los Molinos del Río Aguas
Cantona
Gafarillos
La Cueva del Pájaro
Lucainena de las Torres
Turrillas
Peñón de Turrillas
Nacimiento
Las Alcubillas
Estación de Fuente Santa
Sta Cruz de Marchena
Alsodux
Alhabia
Bentarique
Terque
Gádor
Alhama de Almería
Huécija
Alicún
Necrópolis de los Millares
Decorado Mini Hollywood
Colativí
Baños de Sta Alhamilla
Sierra Alhamilla
Huebro
Níjar
Minas de Lalquez
Cuevas de los Úbedas
Campo de Níjar
Venta del Pobre
Argamasón
Carboneras
Llano Don Antonio
Parque natural de Cabo de Gata - Níjar
La Mesa Roldán
Faro Roldán
Punta de la Media Naranja
Agua Amarga
El Pozo Usero
Jayón
El Plomo
San Pedro
Punta Javana
Campohermoso
San Isidro
Fernán Pérez
Puebloblanco
Yeguas
Las Negras
Atochares
Los Albaricoques
Rodalquilar
Punta de la Polacra
Las Minas
Benahadux
Pechina
Rioja
Viator
Campamento
Huércal de Almería
Las Cuevas de los Medinas
Higüeras
Enix
ALMERÍA
El Alquián
El Zapillo
Costacabana
La Cañada de San Urbano
Retamar
La Garrofa
Aguadulce
El Parador de las Hortichuelas
Roquetas de Mar
El Puerto
Urbanización Roquetas de Mar
Punta del Río
Barranquete
Rellana
Gata
La Isleta
Los Escullos
Ruescas
C.E.M.A.
Las Presillas Bajas
Cabo de Gata
Pozo de los Frailes
San José
Punta de Loma Pelada
Salinas de Acosta
La Almadraba de Monteleva
Sierra del Cabo de Gata
El Coyote
Morrón de los Genoveses
Faro de Gata
Cabo de Gata
Golfo de Almería
Playa de Cerrillos
COSTA DE ALMERÍA

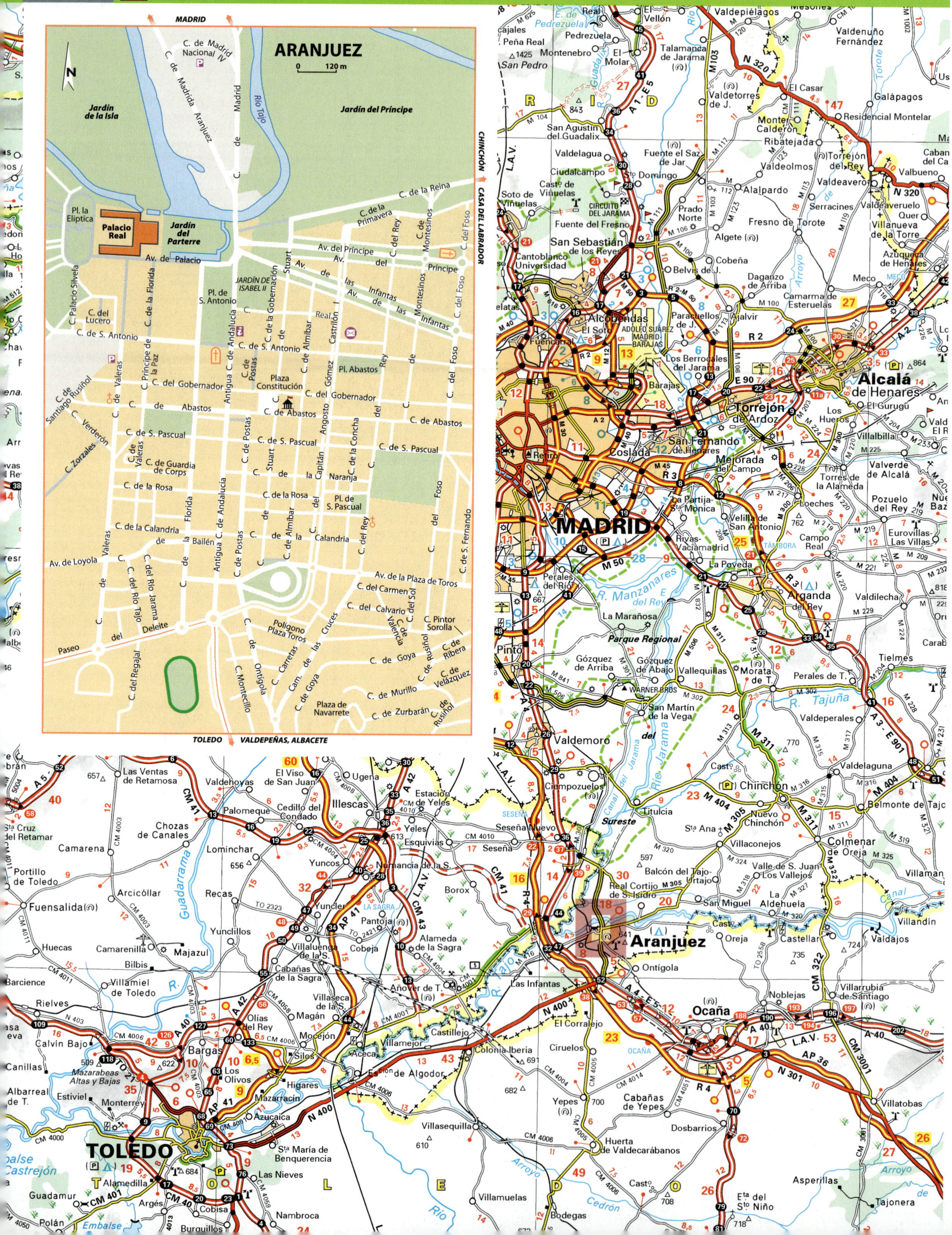
ARANJUEZ
0 120 m
N
MADRID
CHINCHÓN
CASA DEL LABRADOR
TOLEDO
VALDEPEÑAS, ALBACETE
Jardín de la Isla
Jardín del Príncipe
Palacio Real
Jardín del Parterre
Pl. la Elíptica
JARDÍN DE ISABEL II
Pl. de S. Antonio
Plaza Constitución
Pl. Abastos
Pl. de S. Pascual
Polígono Plaza Toros
Plaza de Navarrete
Río Tajo
Av. de Palacio
Av. del Príncipe
Av. de las Infantas
C. de la Reina
C. de Madrid
Nacional IV
Av. de Loyola
Av. de la Plaza de Toros
Paseo del Deleite
MADRID
Aranjuez
TOLEDO
Alcalá de Henares
Torrejón de Ardoz
Alcobendas
Coslada
San Fernando de Henares
Rivas-Vaciamadrid
Arganda del Rey
Chinchón
Colmenar de Oreja
Ocaña
Valdemoro
Ciempozuelos
Illescas
Seseña
Bargas
Parque Regional del Sureste
R. Manzanares
R. Tajuña
R. Jarama
Río Tajo
SESEÑA
OCAÑA
LA SAGRA

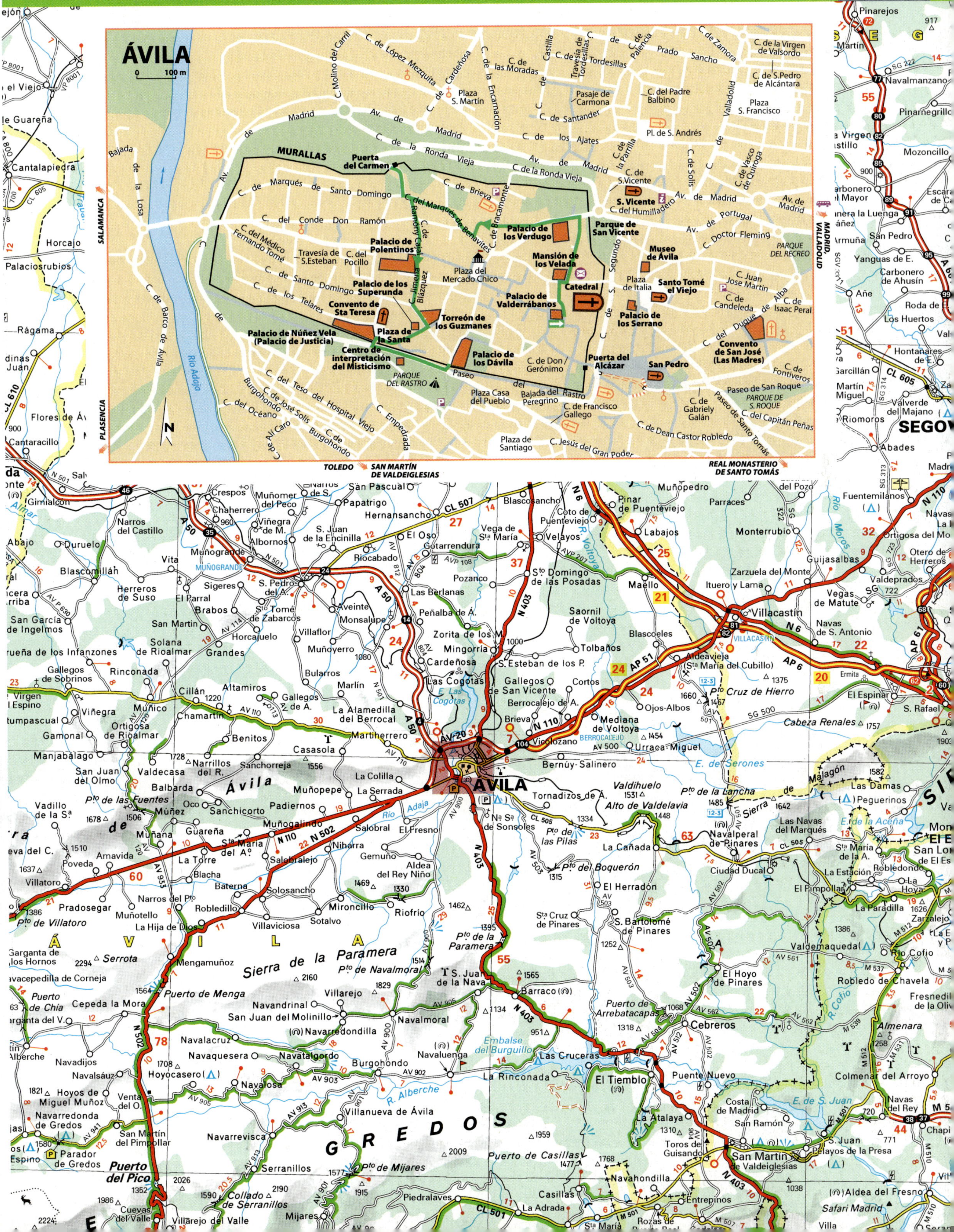
ÁVILA
0 100 m
MURALLAS
Puerta del Carmen
Palacio de Polentinos
Palacio de los Superunda
Convento de Sta Teresa
Plaza de la Santa
Palacio de Núñez Vela (Palacio de Justicia)
Centro de interpretación del Misticismo
Torreón de los Guzmanes
Palacio de los Dávila
Plaza del Mercado Chico
Palacio de los Verdugo
Mansión de los Velada
Palacio de Valderrábanos
Catedral
Parque de San Vicente
S. Vicente
Museo de Ávila
Santo Tomé el Viejo
Palacio de los Serrano
Puerta del Alcázar
San Pedro
Convento de San José (Las Madres)
PARQUE DEL RASTRO
PARQUE DEL RECREO
PARQUE DE S. ROQUE
Río Adaja
SALAMANCA
PLASENCIA
MADRID, VALLADOLID
TOLEDO
SAN MARTÍN DE VALDEIGLESIAS
REAL MONASTERIO DE SANTO TOMÁS
ÁVILA
Sierra de la Paramera
GREDOS
Puerto del Pico
Puerto de Menga
Puerto de Casillas
Pto de Mijares
Cabeza Renales
Villacastín
SEGOVIA
San Martín de Valdeiglesias
El Tiemblo
Cebreros
Embalse del Burguillo
Las Navas del Marqués
Peguerinos
Navalperal de Pinares
Muñogalindo
Solosancho
El Barraco
Piedrahita
Mengamuñoz
Navarredonda de Gredos
Parador de Gredos
Hoyos del Espino
Navalmoral
Burgohondo
Navaluenga
Cuevas del Valle
Villarejo del Valle
Mijares
Casillas
La Adrada
Santa María del Tiétar
Rozas de Puerto Real
Robledo de Chavela
Valdemaqueda
Colmenar del Arroyo
Navas del Rey
Pelayos de la Presa
Aldea del Fresno
Safari Madrid
Labajos
Maello
Aldeavieja
Ojos-Albos
Urraca-Miguel
E. de Serones
Peñalba de Á.
Las Berlanas
Cardeñosa
Mingorría
Las Cogotas
Gotarrendura
Blascosancho
Velayos
Sanchidrián
Muñogrande
Vicolozano
Brieva
Tornadizos de Á.
Alto de Valdelavia
Pto de la Lancha
Pto del Boquerón
El Herradón
Sta Cruz de Pinares
S. Bartolomé de Pinares
El Hoyo de Pinares
Ciudad Ducal
Pto de Villatoro
Villatoro
Serrota
Collado de Serranillos

Ajuntament .... H
Basílica de Santa Maria del Pi .... B
Centre de Cultura Contemporània de Barcelona .... CCCB
Fundació Tàpies .... S
Illa de la Discòrdia Casas: Lleó i Morera, Amatller .... Y
Mercat de La Boqueria R1
MUHBA .... E
Museu del Modernisme Català M2
Museu Egipci de Barcelona M1
Palau del Lloctinent .... R
Pavelló Mies van der Rohe .... Z
Teatre Grec T1
Gran Teatre del Liceu T2
Palau Güell P1

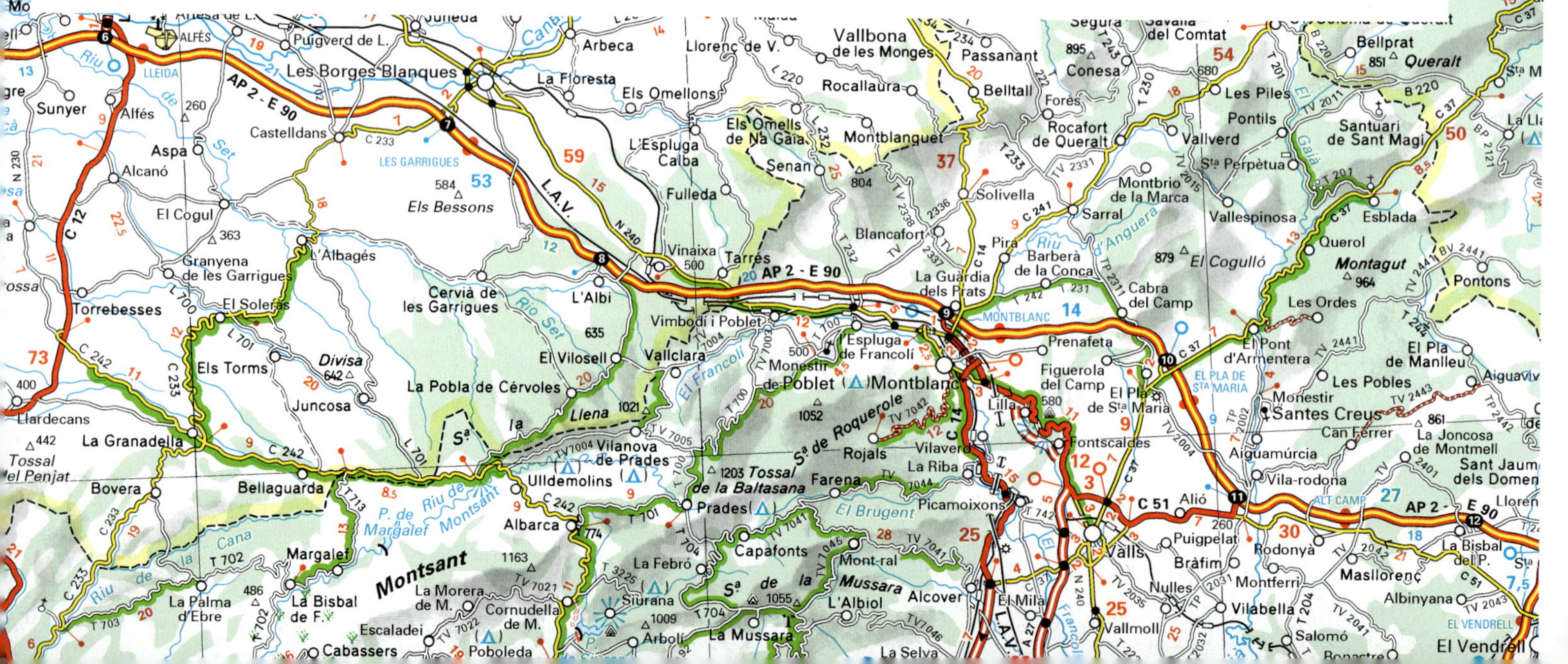

BARCELONA
Plan II
100m
Mercat Santa Caterina
Museu Picasso
Palau dels Marquèsos de Llió
Palau Nadal
Museu Diocesà
Pl. de la Seu
Museu F. Marès
Palau Reial Major
Pl. Berenguer el Gran
Santa Àgata
Museu d'Història de Barcelona
Catedral de la Sta Creu i Sta Eulàlia
Cases dels Canonges
Palau del Lloctinent
Palau de la Generalitat
Temple d'August
Plaça del Rei
Plaça Nova
Palau del Bisbat
Col.legi d'Arquitectes
Casa de l'Ardiaca
Plaça de Sant Felip Neri
MUHBA El Call
MUHBA Domus de Sant Honorat
Plaça de Sant Jaume
Ajuntament
Plaça de Sant Miquel
Plaça del Pi
Plaça de Sant Josep Oriol
Santa Maria del Pi
Liceu
Plana de la Boqueria
Gran Teatre del Liceu
Plaça Reial
Ptge de Bacardí
Palau Güell
Plaça del Teatre
Arts Santa Mònica
Palau Marc
Museu de Cera
Drassanes
JARDINS DE LES VOLTES D'EN CIRES
La Mercè
Plaça de la Mercè
Plaça del Duc de Medinaceli
Plaça de Joaquim Palau i Xirau
Rambla de les Flors
La Rambla
Rambla dels Caputxins
Rambla de Santa Mònica
Via Laietana
Carrer d'Avinyó
Carrer de l'Argenteria
Passeig de Colom
Ronda Litoral
Moll de la Fusta
Plaça d'Antoni Maura
Plaça Beates
Plaça de Santa Caterina
Plaça de la Llana
Plaça de l'Àngel
Plaça d'Emili Vilanova
Plaça de Jacint Raventós
Plaça de Víctor Balaguer
Plaça de St. Just
Plaça de Regomir
Plaça de Carles Pi i Sunyer
Plaça Isidre Nonell
Plaça del Vuit de Març
Plaça de la Vila de Madrid
Jaume I
Ferran
BARCELONA
Badalona
Sant Adrià de Besòs
L'Hospitalet
Montjuïc
El Prat de Llobregat
BARCELONA-EL PRAT
Castelldefels
Gavà
Viladecans
Sant Boi
Sitges
Vilafranca del Penedès
Terrassa/Tarrasa
Sabadell
Montserrat
Mataró
Granollers
Vic
Manlleu
Torelló
Montseny
Premià de Mar
Vilassar de Mar
El Masnou
Montgat
Cerdanyola
Sant Cugat del Vallès
Rubí
Martorell
Mollet
Montcada
Sant Celoni
Cardedeu
La Garriga
Caldes de Montbui
Igualada
Costas de Garraf
Platja de Cova Fumada
Garraf
Costa
DORADA

BILBAO
Santoña
Laredo
Castro-Urdiales
Getxo
Plentzia
Bermeo
Mungia
Gernika-Lumo
Bilbao
Barakaldo
Sestao
Portugalete
Basauri
Galdakao
Amorebieta
Durango
Balmaseda
Laudio
Llodio
Abadiño
Museo Guggenheim Bilbao
Euskalduna Jauregia
Museo Marítimo Ría de Bilbao
Museo de Bellas Artes
Estadio de S. Mamés
Palacio Chávarri
Casa Montero
Pl. Moyúa
Casas de Sota
Pl. Bizkaia
Azkuna Zentroa Bilbao
Teatro Campos Elíseos
Sagrado Corazón
Est. de Abando
Est. de Santander
Teatro Arriaga
Biblioteca Bidebarrieta
Pl. Nueva
Museo Vasco
Catedral de Santiago
Mercado de la Ribera
S. Antón
Museo de Arte Sacro
Basílica de Begoña
Banco de Bilbao
Banco de España
Bolsa de valores
S. Vicente Mártir
S. Nicolás de Bari
Pl. Circular
Museo Taurino
Parque de Doña Casilda de Iturrizar
Parque Etxebarria
Parque de Miribilla
Funicular de Artxanda
Deusto
Abando
Indautxu
Casco Viejo
San Francisco
Bilbao-la Vieja
Castaños Matiko
Uribarri
Zurbarán
Solokoetxe
0 300 m
N

BURGOS
0 200 m
N
C. de las Murallas
C. de Felipe de Abajo
Calle las Corazas
C. Eras de San Francisco
C. de S. Francisco
C. Azorín
C. Venerables
C. de Delicias
Av. del Cid Campeador
Av. Reyes Católicos
Av. de la Paz
C. de Briviesca
San Gil
Pl. España
Museo Marceliano Sta María
CASTILLO
Centro de Arte Caja de Burgos
Casa del Cordón
C. de Vitoria
C. del Castillo
S. Esteban
CATEDRAL
Pl. Mayor
Pl. de la Libertad
Arlanzón
C. de Cartuja de Miraflores
S. Nicolás
C. de Fernán González
Paseo del Espolón
Pl. Conde de Castro
Río Arlanzón
Pl. de Caballería
C. de Mateo Cerezo
C. de Diego de Siloé
Paseo de los Cubos
Arco de Sta María
C. de Valladolid
Museo de Burgos
Museo de la Evolución Humana
C. de S. Lucas
C. de S. José
C. San Pedro de Cardeña
Paseo de la Isla
C. de Barrantes
Paseo de la Audiencia
Av. de Palencia
C. de la Concepción
C. de S. Cosme
C. de S. Pablo
C. de Sta Cruz
Progreso
C. de Sta Clara
C. del Molinillo
Ferrocarril
Paseo de Laserna
Paseo del Empecinado
C. del Carmen
C. del Barrio Gimeno
C. de Madrid
Bulevar
C. de Nevera
C. de Carcedo
VALLADOLID
LAS HUELGAS, HOSPITAL DEL REY
SANTANDER, LOGROÑO, VITORIA - GASTEIZ
CARTUJA DE MIRAFLORES
MADRID

San Felices
Nocedo
Rucandio
Quintanaopio
Ayoluengo
Tablada del Rudrón
Gredilla de S.
Hozabejas
Terminón
Sedano
Moradillo de S.
Villalta
Aguas Cándidas
Tubilla de Agua
Quintanaloma
Padrones de B.
Salas de Bureba
Altotero
Poza de la Sal
Cornudilla
Terradillo de Sedano
Sta Cruz del Tozo
Cernégula
Castil de Lences
Hermosilla
La Piedra
Portillo del Fresno
Urbel del Castillo
Abajas
Lences
Masa
Puerto del Páramo de Masa
Llano de Bureba
Los Valcárceres
Bárcena de B.
La Nuez de Arriba
Arconada
El Perul
Montorio
Lermilla
Hontomín
Carcedo de Bureba
Rojas
Quintanilla Sobresierra
Quintanarruz
Santuario de Sta Casilda
Brullés
Quintanilla-Pedro Abarca
Castrillo de Rucios
Rublacedo de Abajo
Hormazuela
Ruyales del Páramo
Mata
Utero
Villalbilla S.
La Molina de Ubierna
Huérmeces
Tobes y Rahedo
Caborredondo
Montes
Ubierna
Peñahorada
Santibáñez-Zarzaguda
Las Celadas
Ros
Sta Olalla de B.
Susinos del Páramo
Temiño
Monasterio de Rodilla
Avellanosa del P.
Celadilla-Sotobrín
Villaverde-P.
Robredo-T.
La Nuez de Abajo
Mansilla de B.
Rioseras
Puerto de la Brújula
Quintanaortuño
Sotopalacios
S. Pedro Samuel
Lodoso
Riocerezo
Fresno de Rodilla
Vivar del Cid
Celada de la Torre
Marmellar de Arriba
Quintanilla-V.
Pedrosa de Río Urbel
Sotragero
Hurones
Quintanapalla
Palacios de Benaver
Marmellar de Abajo
Barrios de Colina
Las Quintanillas
Quintanadueñas
BURGOS
Villatoro
Rubena
Atapuerca
Isar
Villalonquéjar
Gamonal
Villafría
Villalval
Tardajos
Villalbilla
Orbaneja-R.
Castañares
Ibeas de Juarros
San Mamés
Las Huelgas
Zalduendo
Quintanilla
Buniel
Miraflores
Arlanzón
Frandovínez
Renuncio
Cardeñajimeno
S. Millán de J.
Cardeñadijo
Castrillo del Val
Villagonzalo-Pedernales
San Pedro de Cardeña
Salguero de Juarros
Cavia
Estépar
Albillos
Carcedo de Burgos
Brieva de J.
Villavieja de M.
Cayuela
Arcos
Villariezo
Modúbar de la E.
Cueva de J.
San Adrián de Juarros
Mazuelo de M.
Sarracín
Cojóbar
Modúbar de S. Cibrián
Sta Cruz de J.
Quintanilla
Revillaruz
R. Seco
Arenillas de Muñó
Pedrosa de M.
San Juan (Los Ausines)
Palazuelos
Mazuela
Cogollos
Revilla del Campo
Alto Navazo
Presencio
Villangómez
Hontoria de la Cantera
Mazueco
Villafuertes
Valdorros
Cubillo del Campo
Revenga
Montuenga
Tornadijo
Sa de
Torrelara
Villaverde del Monte
Villoruebo
Madrigal del M.
Paules de Lara
Madrigalejo del M.
Nª Sª de las Viñas
Cuevas de S. Clemente
Quintanilla de las Viñas
Lara
Zael
Mazariegos
Mecerreyes
las Mamblas
Villamayor de los Montes
Torrecilla del M.
Muela
Mambrillas de Lara
Villahoz
Terreros
Mata Lagarto
Hortigüela
Covarrubias

Hinojal
Embalse de Arroyo Bremudo
Embalse de Talaván
Ermita de Alta Gracia
Santiago del Campo
Monroy
Almonte
Navas del Madroño
Estación de Casar de Cáceres
Ermita de Sto Domingo
Eta de la Virgen del Prado
Río
Aguijón
Eta de S. Benito
Eta de S. Jerónimo de Lagar
Casar de Cáceres
Embalses de Petit I
Petit II
Embalse de Molano
Embalse de Cáceres
CÁCERES
la Luz
Estación Arroyo-Malpartida
Casillas
La Virgen de la Montaña
Malpartida de Cáceres
Aldea Moret
Guadiloba
Sierra de Fuentes
Salor
Río
Valdesalor
Torreorgaz
Torrequemada
Hatoqueo
Herguijuelas
Embalse del Salor
Torremocha
de
Ayuela
Pto del Clavín
Castº
Estación de Aldea del Cano
Aldea del Cano
VALCARCE
Valdefuentes
Canajela
San
Albalá
Casas de Don Antonio
Embalse de Ayuela
Montánchez
Estena
Rincón de Ballesteros
Pto de la Covacha
Molino
Alange
Sta María
Traslasierra

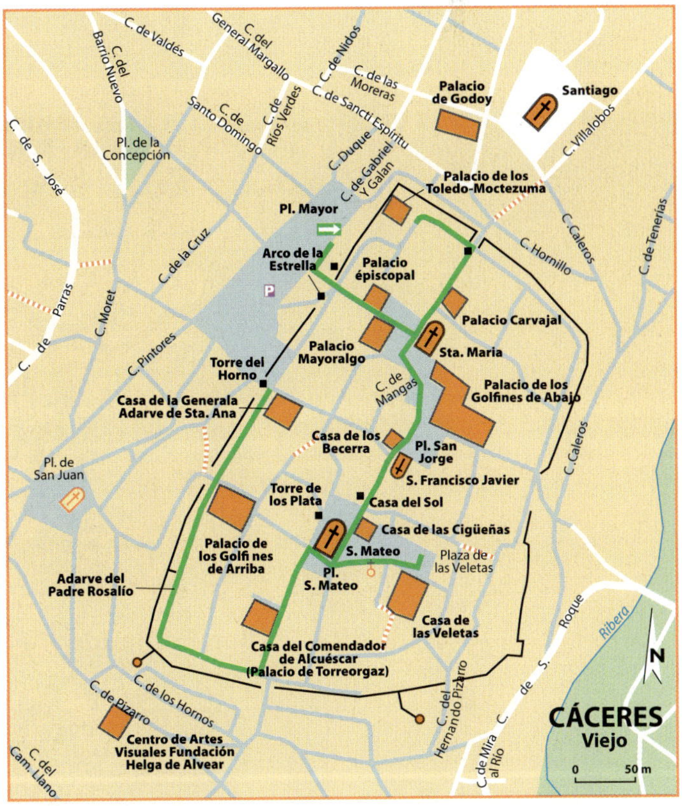
C. de Valdés
C. General Margallo
C. de Nidos
C. de las Moreras
Palacio de Godoy
Santiago
C. del Barrio Nuevo
C. de Santo Domingo
C. de Ríos Verdes
C. de Sancti Espíritu
C. Villalobos
Pl. de la Concepción
C. de S. José
C. Duque
C. de Gabriel y Galán
Palacio de los Toledo-Moctezuma
Pl. Mayor
C. Caleros
C. de Tenerías
C. de la Cruz
Arco de la Estrella
Palacio épiscopal
C. Hornillo
C. de Parras
C. Moret
Palacio Carvajal
C. Pintores
Palacio Mayoralgo
Sta. María
Torre del Horno
C. de Mangas
Palacio de los Golfines de Abajo
Casa de la Generala
Adarve de Sta. Ana
Casa de los Becerra
Pl. San Jorge
Pl. de San Juan
S. Francisco Javier
Torre de los Plata
Casa del Sol
Casa de las Cigüeñas
Palacio de los Golfines de Arriba
S. Mateo
Plaza de las Veletas
Pl. S. Mateo
Adarve del Padre Rosalío
Casa de las Veletas
Roque
Ribera
Casa del Comendador de Alcuéscar (Palacio de Torreorgaz)
C. de Pizarro
C. de los Hornos
Centro de Artes Visuales Fundación Helga de Alvear
C. del Hernando Pizarro
C. de Mira al Río
C. del Camino Llano
CÁCERES
Viejo
0 50 m

Baluarte de la Candelaria
Alameda Marqués de Comillas
ECCO
Carmen
Alameda
Apodaca
Paseo del Almirante Pascual Pery
C. Nuevo Mundo
Av. del Descubrimiento
Parque Genovés
Paseo de Carlos III
Av. Dr. Gómez Ulla
C. Jesús Caído
Plaza de Mina
Museo de Cádiz
Pl. de S. Antonio
S. Antonio
Pl. Falla
Gran Teatro Falla
S. Francisco
Pl. de S. Francisco
Plaza de España
Pl. de la Hispanidad
Castillo de Sta Catalina
Playa de la Caleta
C. Campo de las Balas
Av. de Duque de Nájera
Sta Cueva
S. Felipe Neri
Museo de las Cortes de Cádiz
Yacimiento Arqueológico Gadir
Torre Tavira
S. Lorenzo
Hospital de Mujeres
Mercado Central
Casa de las Cadenas
Paseo Canalejas
Av. del Puerto
PUERTO
CANARIAS
EL PUERTO DE SANTA MARÍA
Fábrica de Tabacos
Pl. de Sevilla
Amaya
Arco del Pópulo
Catedral
Casa del Obispo
Sta Cruz
Museo Catedralicio
Casa Lasquetty
Sta María
Sto Domingo
Cárcel Real
Cádiz Virtual
Pl. de la Constitución
Puerta de Tierra
BARRIO DE LA VIÑA
C. Virgen de la Palma
La Palma
C. de Fernando Quiñones
C. Campo del Sur
CASTILLO DE SAN SEBASTIÁN
ALGECIRAS, JEREZ DE LA F.
PLAYA
OCÉANO ATLÁNTICO
CÁDIZ
0 150 m

Utrera
Pinganillo
Los Jur
rgado
Ventosilla
r de Troya
La Cañada
La Encinill
Ruchena
rtollanillo
Coto de Bo
Bornos
mbalse de A
antiscal

JEREZ DE LA FRONTERA
Costa Ballena
Playa de la Ballena
Peña del Águila
Punta Candor
La Almadraba
Rota
Playa de Costilla
Fuentebravía
El Manantial
El Ancla
Vistahermosa
Valdelagrana
El Puerto de Sta María
Bahía de Cádiz
CÁDIZ
Castº de San Sebastián
Playa de la Victoria
Playa de Cortadura
Matagorda
Puerto Real
San Fernando
Torre Gorda
Parque Natural de la Bahía de Cádiz
Chiclana de la Frontera
Sancti Petri
Isla Sancti Petri
Playa de la Barrosa
La Barrosa
Campano
Medina Sidonia
Arcos de la
La Pedrosa
Vallejo
José Antonio
La Barca de la Florida
Embalse de Guadalcacín
San José del Valle
Paterna de Rivera
Baños de Gigonza
Alcalá
Las Cobatillas
Embalse de Barbate
Los Badalejos
Naveros
Pago del Humo
COSTA

CARMONA
ÉCIJA, SEVILLA, LORA DEL RÍO
OSUNA, MARCHENA
ÉCIJA
VISO DEL ALCOR
SEVILLA NECRÓPOLIS ROMANA
Puerta de Córdoba
Casa de las Aguas
Casa del Barón de Gracia Real
Casa del Marqués del Saltillo
Casa de los Lasso
Convento de Sta Clara
Convento de las Descalzas
SANTIAGO
SAN BLAS
Casa de los Rueda
Casa-Palacio del Marqués de las Torres
Alcázar de Arriba
Pl. de S. Fernando
Sta María la Mayor
El Salvador
Ayuntamiento
Pta de Sevilla
San Bartolomé
Pl. de Abastos
SAN FELIPE
San Pedro
C. de S. Felipe
Casa de los Domínguez
C. Ancha
Cuesta de S. Mateo
Paseo Estatuto
Convento de la Concepción
Ronda del Cenicero
C. Ronda del Matadero
C. Cuesta de la Garrapata
Av. de Portugal
C. Real
C. del Arahal
C. de Alcores
C. de Marchena
C. de Sevilla
C. de Vidal
C. de los Mármoles
C. de Sta Ana
C. de Lora
Plazuela del Higueral
C. de Dolores Quintanilla
C. de Calatrava
C. del Olivar
C. del Doctor Fleming
C. de Juan Chico
C. de González Girón
C. de Linares
C. de Loja
C. de Algeciras
C. de Guadix
C. de Ayamonte
C. de Ferrocerril
C. de la Tahona
C. de García Lorca
Paseo de S. Antón
C. de Sta Lucía
C. de Bellavista
C. de Nardo
C. de Andalucía
SEVILLA
Carmona
Sevilla
Parque Natural de la Sierra Norte
MORENA
Guadalcanal
Hamapega
Cazalla de la Sierra
El Pedroso
Constantina
Navaholguín
Las Jarillas
Castilblanco de los Arroyos
Cantillana
Villaverde del Río
Villanueva del Río y Minas
Lora del Río
Alcolea del Río
Tocina
Los Rosales
Guadajoz
Brenes
La Rinconada
Alcalá del Río
Guillena
La Algaba
Camas
Dos Hermanas
Alcalá de Guadaíra
Mairena del Alcor
El Viso del Alcor
Marchena
Arahal
Paradas
Fuentes de Andalucía
Palma del Río
Peñaflor
La Luisiana
La Puebla de Cazalla
Coria del Río
Tomares
Santiponce
San Juan de Aznalfarache
Gelves
Palomares del Río
Mairena del Aljarafe
Bormujos
Castilleja de la Cuesta
Valencina de la Concepción
Salteras
Gines
Montequinto
Necrópolis romana
Río Guadalquivir
Río Corbones
Río Viar
Río Huéznar
Embalse de Cala
Embalse del Pintado
Embalse de Guillena
Embalse de Gergal
Madre de Fuentes
A 4-E 5
A 92
A 66-E 803
A 436
A 431
A 432
A 457
A 398
A 380
A 364
A 376
A 394

MURCIA
Alcantarilla
Alhama de Murcia
Totana
Mazarrón
CARTAGENA
La Unión
Torre Pacheco
Fuente Álamo
San Javier
San Pedro del Pinatar
Los Alcázares
Mar Menor
La Manga
Cabo Tiñoso
Cabo de Agua
Cabo Cope
Golfo de Mazarrón
Sierra de Carrascoy
Sierra de la Muela
Sierra de Almenara
Parque Natural de la Sierra de Espuña
Puerto de Mazarrón
Bolnuevo
Isla Plana
La Azohía
Calnegre
Punta de Calnegre
El Hornillo
Playa de Calabardina
Portmán
Cabo Negrete
Parque Regional de Calblanque
Torrevieja
Pilar de la Horadada
AEROPUERTO DE MURCIA-SAN JAVIER
Isla Mayor
Islas Menores
Los Nietos
Los Urrutias
El Algar
Balsicas
Sucina
Beniaján
Santomera
Los Ruices
Tallante
Cuesta Blanca
Los Puertos de Sta Barbara
El Portús
San Julián
Escombreras
Alumbres
Canteras
Molinos Marfagones
Perín
Pozo Estrecho
La Palma
Lobosillo
Los Martínez del Puerto
Valladolises
Corvera
Baños y Mendigo
Puerto de la Cadena
Librilla
Gebas
Fuente Librilla
Los Calderones
Pliego
La Colonia
Cañada Hermosa
Mula
Algezares
El Palmar
Sangonera la Verde
Torreagüera
Cresta del Gallo
Garrobillo
El Cantal
Umbrías
Calabardina
Cope
Águilas
Cabo de Palos
Playa Honda
Atamaria
Cenizas
Punta Negra
La Hoya
Raiguero Bajo
Hinojar
Gañuelas
La Majada
La Atalaya
Morata
Los Cucos
Pastrana
Talayón
Ermita del Ramonete
Miñarros
Cuevas de Reillo
Los Cánovas
Los Muñoces
Los Almagros
Los Paganes
El Escobar
Balsapintada
El Estrecho
La Murta
Gañuelas
Casas Nuevas
Jimenado
La Aljorra
Albujón
Las Lomas
Miranda
Sta Ana
La Pinilla
El Pericón
Las Palas
Roche
El Estrecho
Llano del Beal
La Puebla
Dolores
Roda
Sta Rosalía
El Carmolí
Hacienda Dos Mares
Tomás Maestre
Santiago de la Ribera
Lo Pagán
Las Salinas
El Mojón
Torre de la Horadada
Dehesa de Campoamor
Punta Prima
La Zenia
Cap Roig
Los Balcones
Villamartín
Las Filipinas
San Miguel de Salinas
Torremendo
Zeneta
Estación de Canteras
Avileses
S. Cayetano
Pozo Aledo
El Mirador
Lo Ferro
Roldán
RM 15
RM 2
RM 3
RM 23
RM 332
RM 1
RM 19
A 30
AP 7
A 7-E 15
N 332
F 14
MURCIA, ALHAMA DE MURCIA
ALICANTE MURCIA
ALICANTE, LA MANGA DEL MAR MENOR
ESCOMBRERAS
C. Jiménez de la Espada
C. Doctor Perez Espejo
Plaza de España
Paseo de Alfonso XIII
C. de Carlos III
C. de Louis Pasteur
C. Ángel Bruna
C. de Tierno Galván
C. del Salitre
C. del S. Juan
C. Muralla de Tierra
C. Canales
C. del Parque
C. del Rosario
C. del Carmen
C. de Jabonerías
Real
Centro de Interpretación de la Muralla Púnica
Plaza de México
ZONA ARQUEOLÓGICA
C. Lizana
MURAM
Plaza Jaime Bosch
C. Ciudad de Orán
Museo Foro Romano Molinete
Casa Maestre
Casa de la Fortuna
C. Mompean
C. de Sta Bárbara
Augusteum
C. del Duque
C. del Ángel
Calle Mayor
C. Cuesta del Batel
Paseo Delicias
Paseo del Muelle
Plaza del Rey
C. Mayor Peatonal
C. del Aire
Castillo de la Concepción
Palacio Consistorial
Museo del Teatro Romano
Submarino Isaac Peral
Museo Naval
Plaza de los Héroes de Cavite
Paseo de Alfonso XII
ARQUA
CARTAGENA
0 200 m
N

CÓRDOBA
E. de S. Rafael de Navallana
Montoro
Cerro Muriano
Torre Arboles
Las Jaras
Embalse de Encantada
Sto Domingo
Nª Sª de Linares
Nª Sª de la Fuensanta
El Rosal
Sta María de Trassierra
Las Ermitas
Las Niñas
Parador de la Arruzafa
Universidad Laboral
Alcolea
Los Ángeles
Villafranca de Córdoba
S. Antonio
E. de El Carpio
Algallarín
Pedro Abad
El Carpio
Maruanas
La Cruz
Morente
Bujalance
Villa del Río
San Julián
Arjonilla
Lopera
Santiago
Alharilla
Mudapelos
Porcuna
Cañete de las Torres
Medina Azahara
San Jerónimo
Villarrubia
El Higuerón
Veredón
Encinarejo
Valchillón
Almodóvar del Río
Los Estepas
Cuesta del Espino
Guadalcázar
Las Pinedas
La Chica Carlota
El Arrecife
La Carlota
La Victoria
Aldea Quintana
Alameda del Obispo
Los Cansinos
Las Hazuelas
Luis Díaz
Rubillas Bajas
Cordobillas
Lope Amargo
Matal de Toscal
Torres Cabrera
Pilillas
Estación de Fernán Núñez
Sta Cruz
Cubas
Espejo
Cuadradillo
Torreparedones
El Adalid
Juan Martín
Castro del Río
Fuentidueña
Higuera de Calatrava
Valenzuela
Santiago de Calatrava
Lendínez
Pozo de la Orden
Los Cortijuelos
Monte Lope Álvarez
Pilar de Moya
Mochales
Pernía
Huertas Bajas
El Gallo
Aguadulce
El Rejano
Los Corrales
La Cuesta
Rábita
Colonia de Sta Ana
Laguna Dulce
Los Llanos de Antequera
Santuario
Archidona
Enamorados
Fuente Camacho
Cabras
Cerro de la Cruz
CÓRDOBA
Torre de la Malmuerta
Pl. de Colón
Palacio de la Diputación
Convento de Sta Isabel
Monumento a Manolete
San Agustín
Centro de Interpretación de la Fiesta de los Patios
San Lorenzo
Palacio de Viana
Cristo de los Faroles
Pl. de los Capuchinos
San Miguel
Plaza de S. Andrés
San Andrés
Casa de la Luna
San Pablo
Pal. de los Villalones
AJERQUÍA
Templo Romano
Pl. de las Tendillas
Mausoleo Romano
S. Nicolás de la Villa
Pl. de la Corredera
La Trinidad
Santa Victoria
S. Francisco
Museo de Bellas Artes
Museo Arqueológico Provincial
Pl. del Potro
Museo J. Romero de Torres
LA JUDERÍA
Pta de Almodóvar
Facultad de Filosofía y Letras
Museo Taurino
MEZQUITA-CATEDRAL
Palacio de Congresos
Caballerizas Reales
Museo Diocesano de Bellas Artes
Alcázar
JARDINES DEL ALCÁZAR
Puente Romano
Torre de la Calahorra
Plaza Sta Teresa
RÍO GUADALQUIVIR
PARQUE DE MIRAFLORES
Centro de Creación Contemporánea de Córdoba
POLÍGONO SANTUARIO
PARQUE CRUZ CONDE
JARDÍN DE LA AGRICULTURA
JARDINES DE LA VICTORIA
Milagrosa
Av. de América
Av. de Medina Azahara
Av. del Campo de la Verdad
Ronda de Isasa
Paseo de la Ribera
Puente de S. Rafael
Puente de Miraflores
MEDINA AZAHARA
SEVILLA, HUELVA
SEVILLA, GRANADA
HUELVA, CÁDIZ, SEVILLA
MADRID, JAÉN
BADAJOZ
0 300 m
N

A CORUÑA
FERROL
Betanzos
Pontedeume
Villalba / Vilalba
Cabo Prioriño
Punta Coitelada
Mugardos
Ares
Cabanas
Fene
Neda
Narón
Prioiro
Baltar
Sedes
Monte
San Ramón
Labacengos
As Neves
Graña
Praia de San Xorxe
Raxón
Trasancos
Mandiá
A Mariña
Praia de Doniños
Doniños
Serantes
Puerto exterior de Ferrol
San Felipe
Ría de Ferrol
Chanteiro
Ría de Betanzos
Torre de Hércules
Praia de Riazor
Ría da Coruña
Punta das Olas
Sueves
Oleiros
Perillo
Sada
Arteixo
Caión
Armentón
Paiosaco
A Laracha
Carnoedo
Lorbé
Meirás
Mera
Santa Cruz
Fontán
Perbes
Miño
Campo Longo
Castro de Andrade
Taboada
Eume
Embalse del Eume
As Pontes de García Rodríguez
Goente
Ribadeume
Faeira
Monasterio de Monfero
Monfero
Xestoso
Vilachá
Vilamaior
Vilamateo
Cañedo
Xestal
Irixoa
Coruxou
Veris
Muniferral
Aranga
Curtis
Teixeiro
Guitiriz
Mesía
Ordes
Abellá
Xanceda
Lanza
Santa María de Mezonzo
Cerceda
Campo da Feira
Meirama
Herves
Traviesas
Mesón do Vento
Leira
Carral
Abegondo
Mabegondo
Oza dos Ríos
Cesuras
Trasanquelos
Queimada
Merelas
Vilasantar
Cruces
Santaya
Visantoña
Marzoa
Moar
Fradés
San Mauro
Ponte Carreira
Pastor
Medín
Campo
Órjal
Arzúa
Ferreiro
Oroso
Sigüeiro
Budiño
Carollo
Berdía
Trasmonte
Viaño Pequeño
Montaos
Estación de Ordes
Benza
Ponte Albar
Parada
Tordoia
Campo Xestada
Queixas
Andoio
Bardaos
Silva
Cedeira
Cerdeira
Río Anllóns
Río Mero
Río Mendo
Río Mandeo
Río Tambre
Río Ulla
SANTIAGO DE COMPOSTELA
Lavacolla
Loureda
Touro
Prevediños
Rodiño
Boqueixón
Casanova
Codeso
Ponte Ledesma
Piloño
Carbia
Vila de Cruces
Merza
Bandeira
Silleda
Chapa
Pazo de Oca
Ponte Ulla
Valboa
Vedra
Sarandón
Santeles
Baloira
Paradela
Callobre
A Estrada
Ouzande
Tabeirós
Vinseiro
San Sebastián
Olives
Pardemarín
Meabia
Cortegada
Refoxos
Taboada
Graba
Bermés
Duxame
Bodaño
Cunths
Arcos
Codeseda
Cequeril
Sabucedo
Forcarei
Duas Igrexas
Acibeiro
Lalín
Soutolongo
Vilatuxe
Dozón
Donramiro
Prado
Gresande
Santa Baia
Alto de Candán
Laxe
Muradelle
Sabadelle
Xuvencos
Ayaz
Cima da Vila
Nodar
Anafreita
Coba
Miraz
Seixón
Piedrafita
Trasmonte
Mariz
Parga
Baamonde
Pacios
Begonte
Damil
Saavedra
Valdomar
Rábade
Outeiro
Gaioso
Uriz
Pena
Candai
Aspai
Donalbai
Trobo
Támoga
Mato
Insua
Noche
Alba
Torre
Distriz
Aldea
Goiriz
Lanzós
Santaballa
Cazás
Momán
Candamil
Pedreiro (Xermade)
Castiñeiros
Miraz
Piñeiro
Cabreiros
Vilapedre
Pazo
Roupar
Muras
Paleira
Porto da Ganidoira
Gelgaiz
San Mamede
Freixo
Caxado
Ermita de San Antonio
Espiñaredo
Igrexafeita
San Sadurniño
Moeche
Santa Cruz
Somozas
Deveso
Ambosores
Ourol
Sisto
Xerdiz
Serra da Carba
Sierra de Faladoira
Capela
As Neves (A Capela)
Caaveiro
Filgueiras
San Marcos
Lavandeira
Serra da Loba
Cambás
Rilleira
Buriz
Merendero
Vilares
Labrada
Roca
San Salvador
Buño
Montesalgueiro
Torrelavandeira
Castellana
Reboredo
Porzomillos
Ois
Callobre
Coirós
Paderne
Quintás
Vilouzás
Souto
Pazo de Mariñán
Bergondo
Cambre
Sigrás
Cecebre
Rendes
Vigo
Tabeaio
Celas
Veiga
Culleredo
Tarrío
Uges
Feáns
Burgo
Aquapark
Presedo
Mandaio
OCÉANO ATLÁNTICO
A CORUÑA
0 200 m
N
Domus
Av. de Washington
C. de Forcarey
C. del Cantábrico
C. del Marítimo
C. de Santo Tomás
C. de la Marola
C. Hércules
Vereda del Polvorín
Pl. de Indalecio Prieto
Plaza de los Abuelos
Rebollo
Pl. de Marte
C. de Ángel
Adelaida Muro
C. de Curros Enríquez
C. de la Torre
C. de Atocha Alta
Travesía de Orillamar
C. de Orillamar
C. de los Pelamios
C. de Veramar
Av. Metrosidero
Pl. de España
Playa del Orzán
Museo de Bellas Artes
C. de Zalaeta
Panaderas
C. de Juan Canalejo
C. del Sol
C. de Orzán
C. Alta
C. Nueva
C. de la Galera
C. de Florida
Pl. de María Pita
Colegiata de Sta María del Campo
Prazuela de Sta Bárbara
CIUDAD VIEJA
Santo Domingo
Santiago
Jardín de S. Carlos
Avenida Montoto
Casa Museo Emilia Pardo Bazán
Calle Real
Avenida da Marina
CENTRO
Playa de Riazor
Pl. de Pontevedra
Av. de Rubine
Casa Museo Picasso
JARDINES DE MÉNDEZ NÚÑEZ
Av. del Alférez Provisional
C. de Juan Flórez
C. del Ferrol
Av. de Linares Rivas
Av. de Arteixo
Plaza de Vigo
PUERTO
Castillo de San Antón

CUENCA
150 m
N
CIUDAD ENCANTADA
Cam. de S. Isidro
Arco de Bezudo
C. Larga
Plaza del Trabuco
Hoz del Júcar
Río Júcar
C. de Ronda del Júcar
C. de S. Pedro
Fundación Antonio Pérez
Hoz del Huécar
C. a Palomera
Plaza Mayor
Catedral
Puente de San Pablo
CIUDAD ANTIGUA
C. de S. Lázaro
Av. de los Alfares
Paseo del Júcar
C. de S. Juan
C. Alcázar
Calle Alfonso VIII
Paseo del Huécar
C. de Sargal
C. de Colón
C. de Palafox
PARQUE DEL HUÉCAR
C. de la Moneda
C. de los Tintes
Río Huécar
PARQUE DE LOS MORALEJOS
Av. de S. Ignacio de Loyola
C. de la Princesa Zaida
C. de Carretería
Plaza de España
PARQUE DE S. JULIÁN
MADRID
C. de Menéndez Pelayo
C. de Aguirre
C. de las Torres
C. de Segóbriga
C. de S. Rafael
C. de Sta Teresa
C. de Bonifacio Alfonso
C. de Cervantes
C. de Ramón y Cajal
C. Doctor Ferrán
Pasaje Antonio Maura
C. de Antonio Maura
C. de Castilla-La Mancha
C. de Diego Jiménez
C. de Fermín Caballero
C. de Santiago López
C. Cam. Cañete
C. de Jorge Torner
C. de Fausto Culebras
C. Coronilla del Buen Suceso
Museo regional de Paleontología Ars Natura
Polígono Cerro Molina
C. las Torcas
C. Río Gritos
C. Ángeles Gasset
C. Pedro Mercedes
PARQUE SANTA ANA
Av. de Castilla-La Mancha
Paseo de S. Antonio
CIUDAD REAL
TERUEL, VALENCIA
GUADALAJARA
LA ALCARRIA
Pajares
Castilmimbre
Henche
Gárgoles de Abajo
Sotoca de Tajo
Carrascosa
Río Tajo
Picazo
Eta de San Bartolomé
Trillo
Romancos
Gualda
Azañón
Ermita de la Virgen de la Vega
Monte Redondo
Valdelagua
Tetas
Viana de Mondéjar
Balconete
Yélamos de Arriba
Eta de la Virgen del Poral
Yélamos de Abajo
San Andrés del Rey
Durón
Cereceda
La Puerta
Budia
Mantiel
Villaescusa de Palositos
Irueste
El Olivar
Chillarón del Rey
Peñalver
Alocén
Las Anclas
Alique
Torronteras
Berninches
Pareja
Escamilla
Embalse de Entrepeñas
Alhóndiga
Peñalagos
Casasana
Saimeroncillos de Arriba
Tabladillo
Fuentelencina
Auñón
Las Brisas
Millana
Las Marías
Monasterio de Monsalud
Salmeroncillos de Abajo
Ermita de Saúca
Córcoles
Los Cabezuelos
Sacedón
MAR DE CASTILLA
Alcocer
Ermita de San Miguel
Villar del Infantado
Valdeconcha
Anguix
Casto
Arroyo de Arlas
Las Gaviotas
Alcohujate
Cañaveruelas
Castejón
Sayatón
Embalse de Bolarque
Embalse de Buendía
Buendía
Dehesilla
Canalejas del Arroyo
Salto de Bolarque
Ermita de Nª Sª de los Desamparados
Villalba del Rey
Tinajas
Buciegas
Ermita de San Antón
Zorita
Almonacid de Zorita
Ermita de Sta Bárbara
Los Canes
Albalate de Zorita
Jabalera
Ermita de San Miguel
Gascueña
San Cristóbal
Portalrubio de Guadamajud
Río Guadamajud
Villarejo del Espartal
E. de la Bujeda
El Valle de Altomira
Valdemoro del Rey
La Peraleja
La Bujeda
San Isidro
Sa de Degollados
Garcinarro
Moncalvillo del Huete
Villanueva de Guadamajud
Valdecañas
Culebras
Bascuñana de San Pedro
Losares
Villalba de la Sierra
Salto de Villalba
La Ciudad Encantada
Mirador de Uña
Illana
Altomira
Eta de San Bartolomé
Saceda del Río
Bonilla
La Ventosa
Sacedoncillo
Sotoca
Sotos
Nohedas
Tondos
Sierra de Bascuñana
Mazarulleque
Carrascosilla
Castillejo del Romeral
Fuentesclaras
Mariana
Los Romedales
Sierra de Valdecabras
Valdecabras
Saceda Trasierra
Huete
Río Mayor
Caracenilla
Cuevas de Velasco
Villar del Saz de Navalón
Caserío de Embid
Buenache de la Sierra
Sierra de Altomira
Canal
Vellisca
Caracena del Valle
Villar del Maestre
Navalón
Chillarón de Cuenca
Cuenca
Verdelpino de Huete
Valdecolmenas de Abajo
Valdecabrillas
Jábaga
Molinos de Papel
La Langa
Pineda de Gigüela
Valdecolmenas de Arriba
Villarejo de la Peñuela
Palomera
Río Huécar
Paredes
Alcázar del Rey
Loranca del Campo
Altos de Cabrejas
Valparaíso de Arriba
Villar del Horno
Pto de Cabrejas
Albaladejito
Sa del Socorro
Huelves
Carrascosa del Campo
Olmedilla del Campo
Valparaíso de Abajo
Naharros
L.A.V.
Cabrejas
Colliguilla
Cólliga
Las Torcas
Horcajada de la Torre
Villarejo Sobrehuerta
Villanueva de los Escuderos
Villar de Olalla
La Melgosa
Mohorte
Abia de la Obispalía
Hortizuela
Rozalén del Monte
Torrejoncillo del Rey
Collado de la Carrasquilla
Casa del Egidillo
Ballesteros
Las Zomas
Monasterio
Uclés
Rebollo
Huerta de la Obispalía
Barbalimpia
Arcas
Estación de Palancares
Tribaldos
Villar del Águila
Villarejo Seco
La Atalaya
Talayuelo
Fuentes
Casas de Villava Perea
Entredichos
Poveda de la Obispalía
Puerto de Tórdiga
Saelices
Palomares del Campo
Torrebuceit
Fresneda de Altarejos
Valdeganga de Cuenca
Tórtola
Villar del Saz de Arcas
Almendros
Villas Viejas
Trasvase
Río Zancara
Altarejos
Muela
Ruinas romanas de Segóbriga
Río Cigüela
Montalbo
Zafra de Záncara
Villarejo Periesteban
Mota de Altarejos
La Parra de las Vegas
Casas de Luján
El Hito
Laguna de El Hito
Río Tajo
San Lorenzo de la Parrilla
Río Júcar
Batán de San Pedro
El Congosto
Villares del Saz
CUENCA
Torrelengua
Almonacid del Marquesado
Casalonga
Segura
Belmontejo
Albaladejo del Cuende
Valeria
Río Gritos
Olmeda del Rey
Puebla de Almenara
Villarejo de Fuentes
Cervera del Llano
Ruinas romanas
Villar de Cañas
Chumillas

DONOSTIA/SAN SEBASTIÁN
0 150 m
MONTE URGULL
Castillo de Santa Cruz de la Mota
Museo San Telmo
Santa María del Coro
Pl. Zuloaga
San Vicente
Pl. de la Constitución
La Bretxa
Kursaal
Playa de la Zurriola
GROS
Real Club Náutico
Ayuntamiento
Boulevard Zumardia
Gipuzkoa Plaza
BAHÍA DE LA CONCHA
Playa de la Concha
La Perla
Buen Pastor
Puente María Cristina
Tabakalera
Pas. de Francia
Urumea

O DE VIZCAY
Vasca
DONOSTIA/ SAN SEBASTIÁN
Hondarribia
Pasaia
Irun
Oiartzun
Errenteria
Hernani
Zarautz
Getaria
Zumaia
Azpeitia
Tolosa
Villabona
Andoain
Ordizia
Beasain
Lazkao
Lekunberri
GIPUZKOA

Elda
Petrer
Novelda
Monòver
Aspe
ELX / ELCHE
Crevillent
Albatera
Callosa de Segura
Almoradí
Dolores
Guardamar del Segura
Torrevieja
Sta Pola
Sant Vicent del Raspeig
Mutxamel
El Palmeral
La Alcudia
Catral
Rojales
La Mata
Cabo Cervera-Playa La Mata
Punta Prima
Río Segura
Cabo de Agua

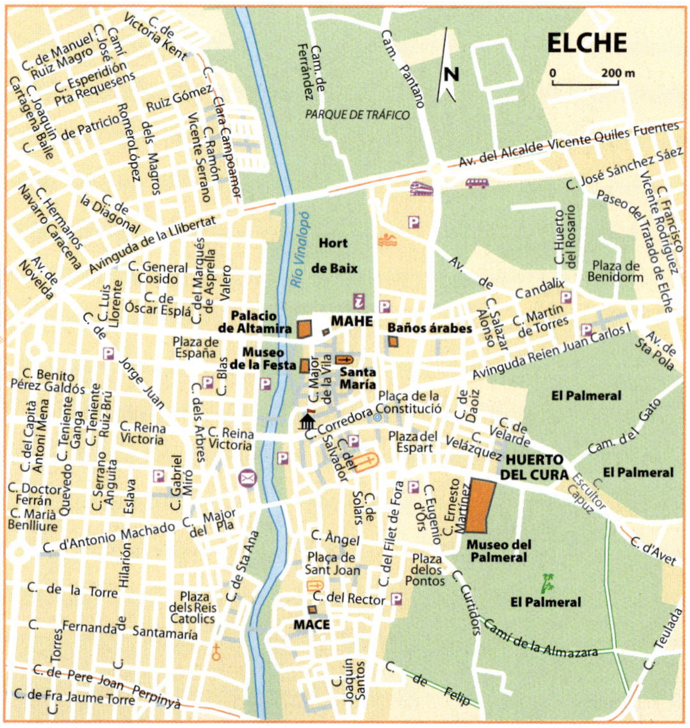

ELCHE
0 200 m
PARQUE DE TRÁFICO
Av. del Alcalde Vicente Quiles Fuentes
Hort de Baix
Palacio de Altamira
MAHE
Baños árabes
Museo de la Festa
Santa María
Plaza de España
El Palmeral
HUERTO DEL CURA
Museo del Palmeral
MACE
Río Vinalopó
MURCIA, CREVILLENT
ALICANTE

GIJÓN

GIJÓN
0 200 m
SANTA CATALINA
PARQUE DEL CERRO
CIMADEVILLA
Pl. A. Arías
Pl. de la Corrada
Casa Natal de Jovellanos
PUERTO
Torre del Reloj
San Pedro
OCÉANO ATLÁNTICO
Palacio Valdés
Pl. Mayor
Termas Romanas del Campo Valdés
Pl. del Marqués
Museo Barjola
PLAYA DE SAN LORENZO
PLAYA DE PONIENTE
Calle Rodríguez San Pedro
Calle Marqués de San Esteban
Calle Numa Guilhou
PARQUE DEL TREN DE LA LIBERTAD
Calle Sanz Crespo
C. Corrida
C. de Munuza
C. San Bernardo
C. de la Merced
C. Jovellanos
C. Cabrales
C. Menéndez Valdés
C. Casimiro Velasco
C. de Covadonga
C. Capua
Av. de García Rufo Renduelos
C. Ezcurdia
C. Marqués de Casa Valdés
Pl. de S. Miguel
C. de Dindurra
C. Uría
Av. de la Costa
Paseo de Begoña
JARDINES DE BEGOÑA
Museo Nicanor Piñole
Plaza de Europa
C. Alfredo Truán
C. de Asturias
C. Libertad
C. Llanes
C. Pola de Siero
C. Perlora
Avenida de Portugal
C. Candás
Calle Avilés
Calle Magnus Blikstad
Calle Infiesto
C. Álvaro de Albornoz
Av. de la Constitución
Av. de Schultz
C. de Mieres
Calle Príncipe
Alfonso I
AVILÉS, OVIEDO
CAMPA TORRES, ACUARIO, MUSEO DEL FERROCARRIL
LABORAL CIUDAD DE LA CULTURA, MUSEO DEL PUEBLO DE ASTURIAS, FUNDACIÓN EVARISTO VALLE
JARDÍN BOTÁNICO, VILLA ROMANA DE VERANES

Cabo de Peñas
Bañugues
Punta de la Vaca
Luanco
(Gozón)
Nembro
(Carreño)
Candás
Cabo Torres
GIJÓN
Musel
La Providencia
Ensenada de España
Villaverde
Punta de Tazones
Tazones
Zanzabornín
Prendes
Tabaza
Perlora
Veriña
Tremañes
Somió
Quintueles
Careñes
Argüero
El Puntal
Nubledo
Ambás
Serín
Sotiello
Quintes
Venta de las Ranas
Bedriñana
Villabona
Pinzales
Mareo
Deva
Peón
El Pedroso
Priesca
Villaviciosa
La Madera
Huerces
Caldones
Candamo
Lugo de Llanera
Pruvia
Quintana
Argañoso
Rozadas
Amandi
El Busto
Muño
Collada
Fabares
Valdediós
Viñón
Lugones
Argüelles
Noreña
Pola de Siero
(Siero)
(Sariego)
La Vega
Poreño
Sta Eulalia (Cabranes)
ASTURIAS
Aramil
Carçabada
Pandenes
Torazo
Pintueles
Lieres
Quintana
Camás
Colloto
OVIEDO
Valdesoto
Nora
Ceceda
Piloña
Box
Carbayín
La Cruz
S. Julián
Nava
Fuensanta
Riaño
Tuilla
Martimporra
(Bimenes)
Sta María de B.
Manzaneda
Barros
Langreo
Melendreros
Arenas
Agüeria
Olloniego
Lada
El Entrego
Rozadas
S. Martín del Rey Aurelio
Artedosa
S. Tirso
Sama
Sotrondio
Ordaliego
Baíña
Rebollada
Ciaño
Blimea
El Carbayo
La Marea
Ablaña
La Traba
La Nueva
Tiraña
Rebollada
La Foz
Mieres
Sta Bárbara
Pola de Laviana (Laviana)
El Condado
Valdecuna
Figaredo
Urbies
Los Caleyos
(Sobrescobio)
Rioseco
Cenera
Ujo
Turón
Merujal
Villoria
Villamorey
Villallana
Sta Cruz de M.
Tolivia
San Andrés
Ladines
Sa de Gibaniella
E. de Tanes

GIRONA

Sant Miquel de Campmajor
E. de Banyoles
Fontcoberta
Vilademuls
Vilaür
Viladamat
Els Arcs
Porqueres
Banyoles
Mata
Orriols
Camallera
Garrigoles
Viladasens
Vilopriu
La Tallada d'Empordà
Maria
Mieres
Falgons
Pujarnol
Cornellà del Terri
S. Jordi Desvalls
Colomers
Sant Aniol de Finestres
S. Vicenç de Camós
Jafre
Verges
Rocacorba
Palol de Revardit
Medinyà
Cervià
Flaçà
Foixà
Ultramort
Sant Martí de Llémena
Canet d'Adri
S. Martí de la Mota
Bordils
Sant Joan de Mollet
La Pera
Rupià
Parlavà
GIRONA
Taialà
Sarrià de Ter
Celrà
S. Martí Vell
Púbol
Ullastret
Amer
Sant Gregori
Madremanya
Corçà
El Pasteral
Salt
Mare de Déu dels Àngels
Monells
Cruïlles
Peratallada
Bonmatí
Bescanó
Montnegre
Sant Sadurní de l'Heura
La Bisbal d'Empordà
La Cellera de Ter
Vilablareix
S. Mateu
Anglès
Aiguaviva
Quart
Mas Llunes
Sta Pellaia
Sant Martí Sapresa
Brunyola
Salitja
Fornells de la S.
Llambilles
Les Gavarres
Vilobí d'Onyar
Riudellots de la S.
Cassà de la Selva
Puig d'Arques
Castanyet
Sta Coloma de Farners
Sant Andreu Salou
Romanyà de la S.
Calonge
Mare de Déu de Farners
Llagostera
Castell d'Aro
Caldes de Malavella
Solius
Sant Pere Cercada
Riudarenes
Sils
Vidreres
Veïnat de S. Llorenç
Sta Cristina d'Aro
Sant Feliu de Buixalleu
Maçanet de la Selva
Can Carbonel
Sant Grau
Massanes
Puig de Cadiretes
Canyet de Mar
Hostalric
Cala Giverola
Fogars
Rocagrossa
Tossa de Mar
Sta Maria de Llorell
Water World
Canyelles
La Batllòria
Tordera
Santa Cristina
Lloret de Mar
Parc
Castell
Platja de Fanals
Montnegre
Horsavinyà
Blanes
Platja de Sabanell
LA TORDERA
Sant Genís
Palafolls
Pta de la Tordera
Sant Iscle
Malgrat de Mar

FIGUERES, PERPIGNAN
OLOT, BANYOLES
PALAMÓS
GIRONA
0 130 m
Avinguda de França
C. de Montjuïc
Ronda de Pedret
C. de Palamós
Pujada de la Barrufa
Giratori del Pont del Pedret
Sant Nicolau
Pujada a la Torrassa
Passeig del Ter
ESPLANADA DE SAULÓ
Sant Pere de Galligants
Passeig Arqueològic
C. de Sant Daniel
Sant Feliu
Catedral
Parc de la Devesa
Pia Almoina
Museu d'Art
Giratori del Relotge
EL CALL
Passeig de la Sardana
Pas. de la Devesa
C. del Riu Güell
Casa Masó
Universitat
Convent de Sant Domènec
Passeig de la Devesa
C. Figuerola
Plaça de la Independència
FORÇA
Edifici de les Àligues
Fontana d'Or
C. dels Alemanys
VELLA
C. de Ramon Turró
Ronda de Ferran Puig
C. Bonastruc de Porta
Plaça de la Constitució
Museu del Cinema
Plaça Josep Pla
C. de Sta Clara
Rambla de la Llibertat
C. Sant Josep
C. del Portal Nou
Passeig Fora Muralla
C. de la Ferradura
C. de Francesc Rogés
C. de la Sèquia
C. Gaspar Casal
Farinera Teixidor
Antic Hospici-Casa de Cultura
Plaça de Catalunya
C. del Pirineu
C. del Canigó
C. de Sta Eugènia
Sta Caterina
Pl. Pompeu Fabra
Pujada de les Pedreres
Pl. de Eduardo Marquina
Ronda de Sant Antoni Maria Claret
Plaça d'En Salvador Espriu
C. de Montanya
C. de l'Isol
C. Regiment de Baza
PLAÇA D'ESPANYA
Pont de l'Areny
Pujada de la Torre Alfons XII
C. de Juli Garreta
C. Joan Maragall
C. d'Ultònia
C. de Pierre Vilar
C. Migdia
C. de la Rutlla
C. del Carme
Museu d'Història dels Jueus ..... A
Museu d'Història de Girona M1
Banys Àrabs ..... S
CASA ENSESA
BARCELONA
S. FELIU DE GUIXOLS

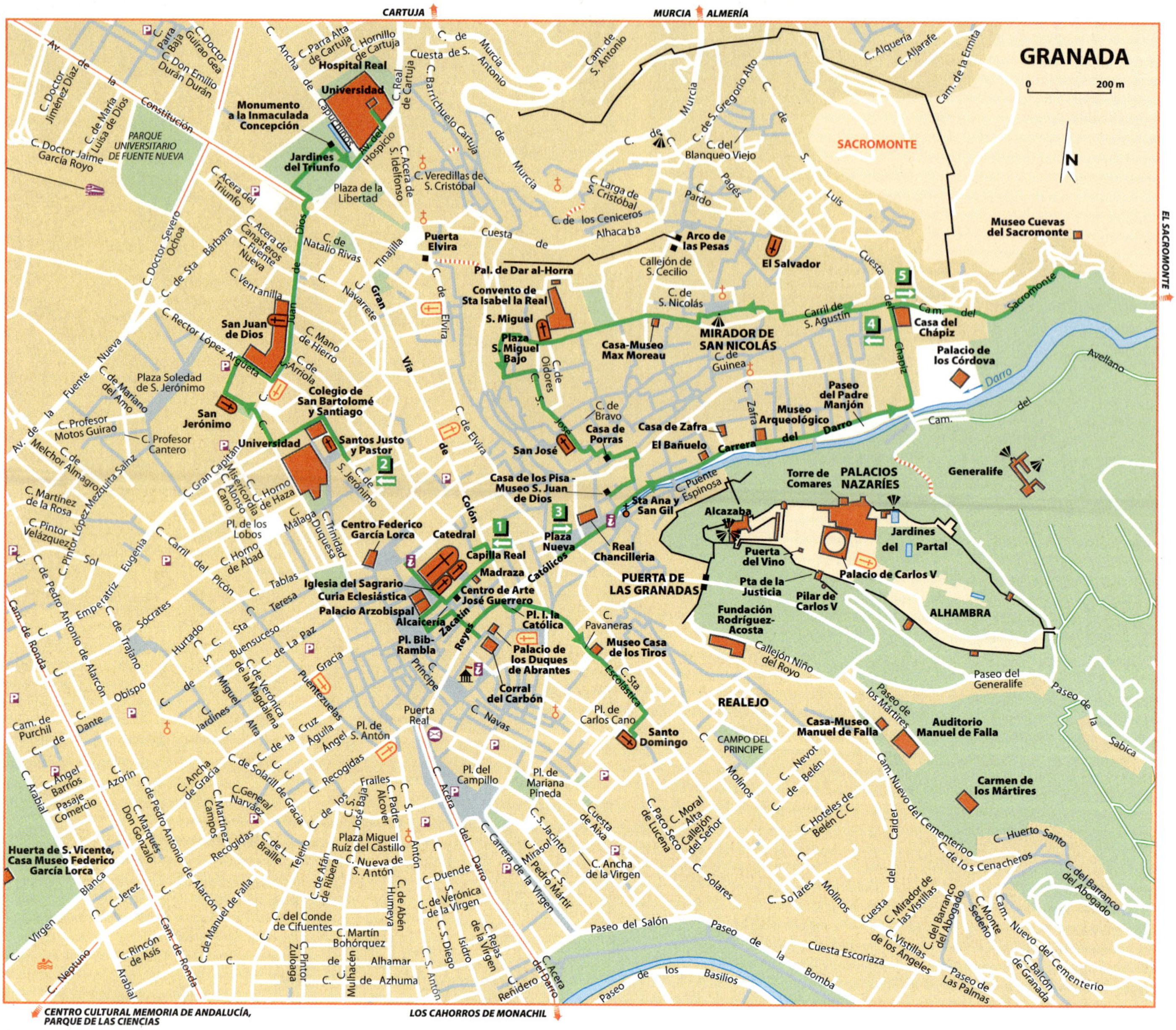
GRANADA
0 200 m
N
CARTUJA
MURCIA ALMERÍA
SACROMONTE
EL SACROMONTE
Museo Cuevas del Sacromonte
Hospital Real
Universidad
Monumento a la Inmaculada Concepción
Jardines del Triunfo
Plaza de la Libertad
PARQUE UNIVERSITARIO DE FUENTE NUEVA
Puerta Elvira
Pal. de Dar al-Horra
Convento de Sta Isabel la Real
S. Miguel
Plaza S. Miguel Bajo
Arco de las Pesas
El Salvador
Casa-Museo Max Moreau
MIRADOR DE SAN NICOLÁS
Casa del Chapiz
Palacio de los Córdova
Paseo del Padre Manjón
Museo Arqueológico
Casa de Zafra
El Bañuelo
Carrera del Darro
Darro
San Juan de Dios
Colegio de San Bartolomé y Santiago
San Jerónimo
Universidad
Santos Justo y Pastor
Plaza Soledad de S. Jerónimo
Casa de Porras
San José
Casa de los Pisa - Museo S. Juan de Dios
Sta Ana y San Gil
Generalife
Torre de Comares
PALACIOS NAZARÍES
Alcazaba
Jardines del Partal
Puerta del Vino
Palacio de Carlos V
Pta de la Justicia
Pilar de Carlos V
ALHAMBRA
Fundación Rodríguez-Acosta
Paseo del Generalife
Centro Federico García Lorca
Catedral
Capilla Real
Madraza
Plaza Nueva
Real Chancillería
PUERTA DE LAS GRANADAS
Iglesia del Sagrario
Curia Eclesiástica
Centro de Arte José Guerrero
Palacio Arzobispal
Alcaicería
Pl. Bib-Rambla
Pl. I. la Católica
Palacio de los Duques de Abrantes
Corral del Carbón
Museo Casa de los Tiros
REALEJO
CAMPO DEL PRINCIPE
Santo Domingo
Casa-Museo Manuel de Falla
Auditorio Manuel de Falla
Carmen de los Mártires
Puerta Real
Pl. del Campillo
Pl. de Mariana Pineda
Plaza Miguel Ruiz del Castillo
Huerta de S. Vicente, Casa Museo Federico García Lorca
Paseo del Salón
Paseo de los Basilios
Genil
CENTRO CULTURAL MEMORIA DE ANDALUCÍA, PARQUE DE LAS CIENCIAS
LOS CAHORROS DE MONACHIL

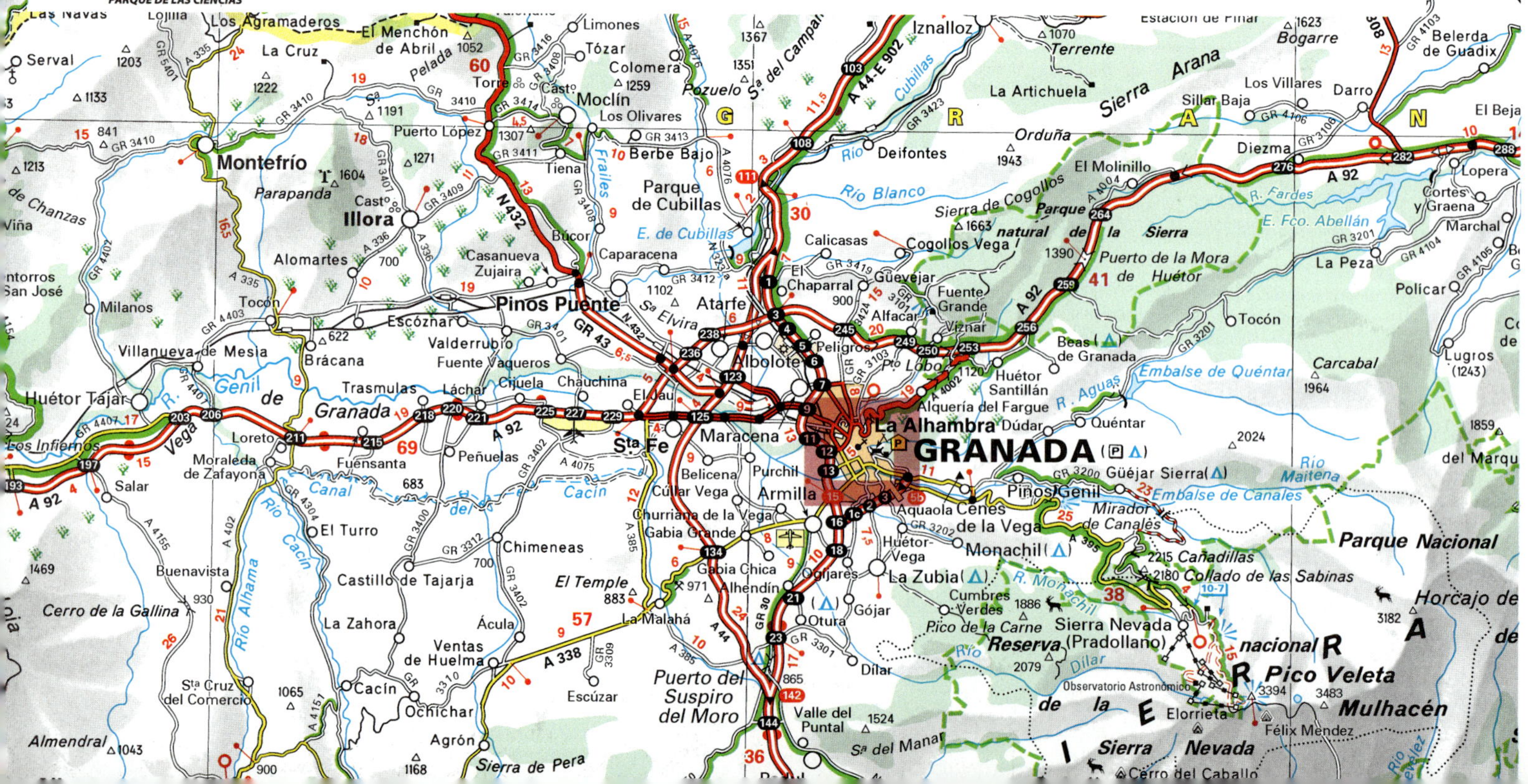
Montefrío
Illora
Moclín
Colomera
Iznalloz
Deifontes
Pinos Puente
Atarfe
Albolote
Peligros
Maracena
Sta Fe
Huétor Tájar
Loreto
Fuensanta
Chauchina
Láchar
Cijuela
Vegas del Genil
Belicena
Purchil
Armilla
Cúllar Vega
Churriana de la Vega
Gabia Grande
Gabia Chica
Alhendín
Ogíjares
Otura
La Zubia
Monachil
Huétor-Vega
Cenes de la Vega
Pinos Genil
Güéjar Sierra
Quéntar
Dúdar
Huétor Santillán
Beas de Granada
GRANADA
La Alhambra
Sierra de Cogollos
Parque natural de la Sierra de Huétor
Puerto de la Mora
Sierra Arana
Embalse de Quéntar
Embalse de Canales
Parque Nacional
Sierra Nevada (Pradollano)
Pico Veleta 3394
Mulhacén 3483
Sierra Nevada
Reserva
Pico de la Carne
Cerro de la Gallina
Sierra de Pera
Puerto del Suspiro del Moro
El Temple
Ventas de Huelma
Escúzar
Chimeneas
Castillo de Tajarja
La Malahá
Ácula
Cacín
Valle del Puntal
Dílar
Gójar
A 92
A 44-E 902
N 432
GR 43

HUESCA
0 150 m
PAMPLONA, SABIÑÁNIGO
ZARAGOZA, PAMPLONA CDAN
LÉRIDA, BARBASTRO
SARIÑENA
Iglesia y Convento de San Miguel
Museo de Huesca
Plaza de la Universidad
Catedral
Plaza Unidad Nacional
San Pedro el Viejo
Plaza de Navarra
Plaza del Conde de Guara
Plaza de la Cruz Roja
Plaza Urries
Plaza Arista
Plaza del Temple
Plaza San Pedro
Plaza López Allue
C. Porches de Galicia
Plaza de Alfonso el Batallador
Paseo de Ramón y Cajal
Ronda de Montearagón
Ronda de Isuela
Río Isuela
Paseo de Lucas Mallada
Av. de los Danzantes de Huesca
Av. de Martínez de Velasco
C. Vicente Campo Palacio
C. de Miguel Servet
Av. del Doctor Artero
Av. de la Paz
Av. de Monreal
C. de S. Juan Bosco
C. de Francia
C. de Pedro IV
C. de Forment
C. del Coso
C. de Ramón y Cajal
C. de S. Vicente de Paul
C. de Pedro Arnal Cavero
C. de Cabestany
C. de Tarbes
C. de Teruel
C. de Saturnino López Novoa
C. del Casado del Alisal
C. de Doña Sancha
C. del Obispo Pintado
Ronda de la Estación
Cam. de las Cruces
C. Corona de Aragón
Gr. Fache
Vignemale
Balneario de Panticosa
Panticosa
Pico de Baldairan
Gargantas del Escalar
Sallent de Gállego
Escarrilla
Sandiniés
Tramacastilla de Tena
Piedrafita
Búbal
El Pueyo
Hoz de Jaca
Sierra de Tendeñera
Reserva Nacional de Viñamala
Monasterio de Sta Elena
Sta Elena
Bujaruelo
Port de Boucharo
Cirque de Gavarnie
Gavarnie
Talón
Monte Perdido
Parque Nacional
Valle de Ordesa
Torla
Linás de Broto
Broto
Fragén
Oto
Buesa
Sarvisé
Fanlo
Nerín
Pueyo
Biescas
Betés
Aso de Sobremonte
Acumuer
Isín
Gavín
Yésero
Pto de Cotefablo (1423)
Orós
Oliván
Manchoya
Larrés
Senegüé
Lárrede
Javierre del Obispo
Oturia
Basarán
Asín de Broto
Borrés
Cartirana
Sabiñánigo
Sardas
S. Román de B.
Yebra de Basa
Fiscal
Javierre de Ara
Ligüerre de Ara
Cancías
Espín
Orús
Río Basa
Sierra del Galardón
Hostal de Ipiés
Autovía en obras
Ipiés
Cerésola
Abenilla
Castillo de Leres
Lanave
Villobas
Guarga
Lasaosa
Laguarta
Puerto del Sarrablo
Belarra
Gésera
Serué
Abellada
Las Bellostas
Pto de Monrepós
Santuario de S. Urbez
Nocito
Sierra de Guara
Guara
Rodellar
Fuencalderas
Murillo de Gállego
Riglos
Puerto Sierra Mayor
Linás de Marcuello
Castillo de Loarre
Loarre
Sarsamarcuello
Concilio
Anies
Caballera
Bentué de Rasal
Arguis
E. de Arguis
Belsué
Gabardiella
Peña Gratal
Sta Eulalia de Gállego
Ayerbe
Loscorrales
E. de las Navas
(La Sotonera) Bolea
Nueno
Sta Eulalia de la Peña
E. de Vadiello
Eta de la Virgen de Fabana
Las Almunias
El Frago
Quinzano
Puibolea
Lierta
Arascués
Sabayés
Apiés
S. Julián de Banco
Salto de Roldán
Castillo de Villaverde
Sierra de Luna
Valdelosica
Biscarrués
Plasencia del Monte
Esquedas
Igriés
E. de Montearagón
Barluenga
Sta Cilia
Panzano
Bastaras
Yaso
Morrano
Lacorvilla
Ardisa
Embalse de Ardisa
Castillo de la Mezquita
Banastás
Yéqueda
Chimillas
Sasa del Abadiado
Ayera
Sipán
Castilsabás
Labata
Bierge
Radiquero
Ermita de San Gil
Luna
Valpalmas
Casas de Esper
Puendeluna
Montmesa
Lupiñén (Lupiñén-Ortilla)
Ortilla
Alerre
Huerrios
Loporzano
Quicena
Monasterio de Mte Aragón
Bandaliés
Arbaniés
Ibieca
S. Miguel de Foces
Casbas de Huesca
Alberuela de la Liena
Adahuesca
Santuario de Nª Sª de Monlora
Piedratajada
Embalse de la Sotonera
Banariés
Cuarte
HUESCA
Tierz
Bellestar
Siétamo
Liesa
Velillas
Junzano
Abiego
Angüés
Huerta de Vero
Azlor
Erla
Paules
Tormos
Pompenillo
Ola
Monflorite
Fañanás
Pueyo de F.
Torres de Montes
Lascellas
Ponzano
Azara
Marracos
Alcalá de Gurrea
Canal de Monegros
Almudévar
Lascasas
Tabernas de Isuela
Alcalá del Obispo
Albero Alto
Blecua
Argavieso
Bespén
Sierra de Luna
Las Pedrosas
Valsalada
E. de Valdabra
Buñales
Vicién
Sangarrén
Albero Bajo
Novales
Piracés
Antillón
Barbuñales
Gurrea de Gállego
Artasona
San Jorge
Estación de Almudévar
Tardienta
Callén
Sesa
Salillas
Laluenga
Pertusa
Laperdiguera
Castejón de Valdejasa
Lomaza
La Paúl
El Temple
Barbués
Almuniente
Torres de B.
Tramaced
Torres de Alcanadre
Berbegal
Valfonda de Sta Ana
Grañén
Fraella
Marcén
Usón
Huerto
Peralta de Alcofea
Torralba de Aragón
Corona de la Reina
Frula
Alberuela de Tubo
Lagunarrota
Ontinar del Salz
Puilatos
Senés de Alcubierre
Montesusín
Curbe
Venta de Ballerías
San Lorenzo
Flumen
Zuera
Portazgo
Vedao
Robres
Poleñino
Capdesaso
Lastanosa
El Tormillo
HUESCA

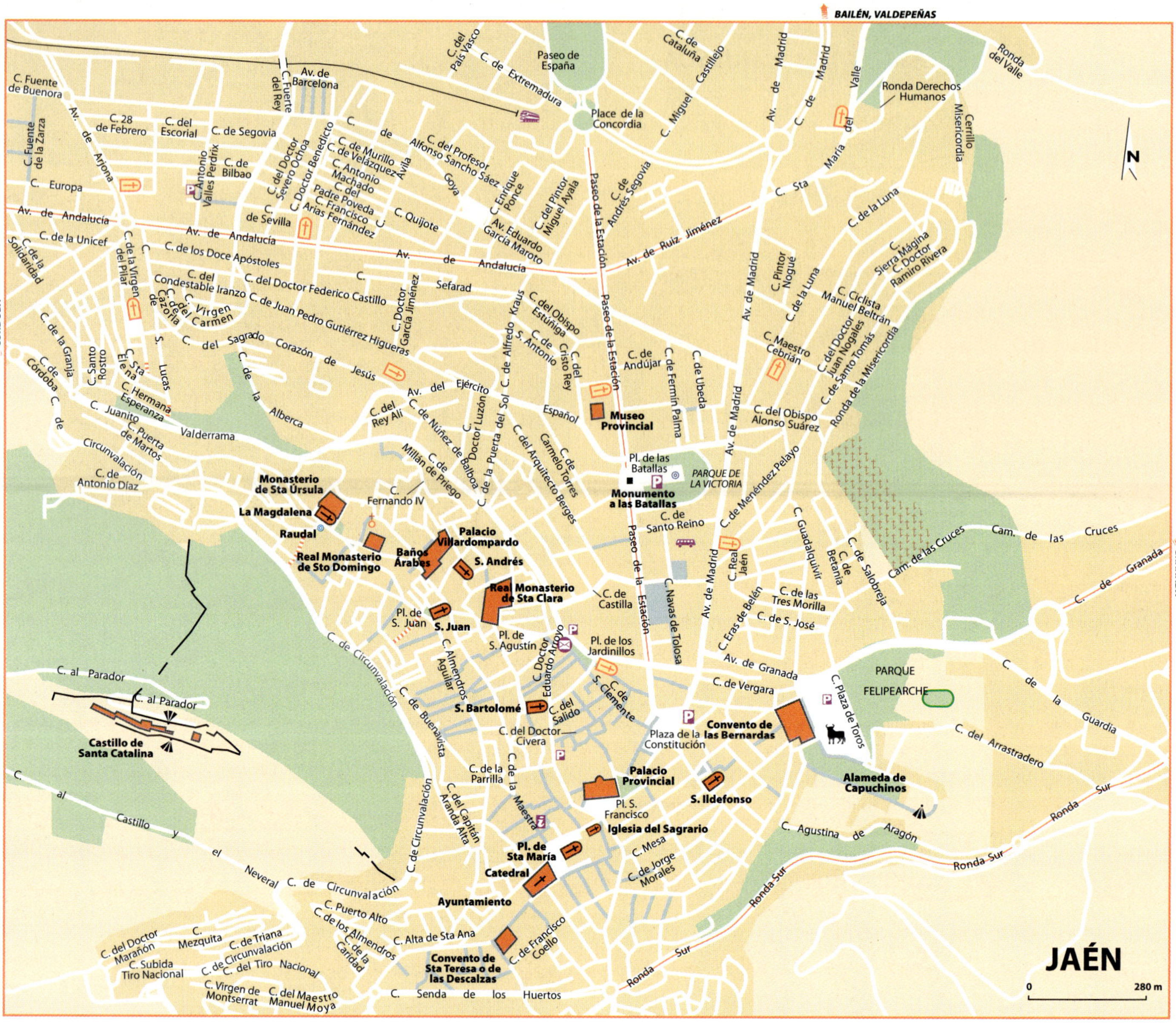
BAILÉN, VALDEPEÑAS
CÓRDOBA
ÚBEDA, GRANADA
JAÉN
0
280 m
N
Museo Provincial
Pl. de las Batallas
PARQUE DE LA VICTORIA
Monumento a las Batallas
Monasterio de Sta Úrsula
La Magdalena
Raudal
Real Monasterio de Sto Domingo
Palacio Villardompardo
Baños Árabes
S. Andrés
Real Monasterio de Sta Clara
S. Juan
Pl. de S. Juan
Pl. de S. Agustín
Pl. de los Jardinillos
S. Bartolomé
Convento de las Bernardas
Plaza de la Constitución
PARQUE FELIPEARCHE
Palacio Provincial
S. Ildefonso
Alameda de Capuchinos
Pl. S. Francisco
Iglesia del Sagrario
Pl. de Sta María
Catedral
Ayuntamiento
Convento de Sta Teresa o de las Descalzas
Castillo de Santa Catalina
C. al Parador
C. al Castillo y el Neveral
C. de Circunvalación
Paseo de España
Place de la Concordia
Paseo de la Estación
Av. de Madrid
Av. de Andalucía
Av. de Barcelona
Av. de Ruiz Jiménez
Av. de Granada
Av. de Arjona
Ronda Sur
Ronda del Valle
Ronda Derechos Humanos
Ronda de la Misericordia
Cam. de las Cruces
C. de Granada
C. de la Guardia
C. del Arrastradero
C. Agustina de Aragón
C. Senda de los Huertos
C. Alta de Sta Ana
C. Puerto Alto
C. Plaza de Toros
C. de Vergara
C. de Santo Reino
C. de Castilla
C. Navas de Tolosa
C. de Úbeda
C. de Fermín Palma
C. de Andújar
C. del Obispo Alonso Suárez
C. de Menéndez Pelayo
C. Maestro Cebrián
C. de la Luna
C. Sta María del Valle
C. Cerrillo Misericordia
C. de Extremadura
C. del País Vasco
C. de Cataluña
C. Miguel Castillejo
C. de Andrés Segovia
C. del Pintor Miguel Ayala
Av. Eduardo García Maroto
C. Enrique Ponce
C. de Sevilla
C. Quijote
C. de Bilbao
C. de Segovia
C. del Escorial
C. 28 de Febrero
C. Fuente de Buenora
C. Fuente de la Zarza
C. Europa
C. de la Unicef
C. de la Soledad
C. de los Doce Apóstoles
C. del Doctor Federico Castillo
C. de Juan Pedro Gutiérrez Higueras
C. Sefarad
C. del Sagrado Corazón de Jesús
C. de la Alberca
C. Valderrama
C. de Circunvalación
C. de Antonio Díaz
C. del Ejército Español
C. de Millán de Priego
C. de Núñez de Balboa
C. Doctor Luzón
C. de la Puerta del Sol
C. del Arquitecto Berges
C. de Carmelo Torres
C. Fernando IV
C. del Rey Alí
C. de Buenavista
C. Almendros Aguilar
C. Doctor Eduardo Arroyo
C. de S. Clemente
C. del Salido
C. del Doctor Civera
C. de la Parrilla
C. de la Maestra
C. del Capitán Aranda Alta
C. de Francisco Coello
C. de Jorge Morales
C. Mesa
C. Eras de Belén
C. de las Tres Morilla
C. de S. José
C. Real de Jaén
C. Guadalquivir
C. de Betania
C. de Salobreja
C. del Doctor Marañón
C. Subida Tiro Nacional
C. de Mezquita
C. de Triana
C. de Circunvalación
C. del Tiro Nacional
C. Virgen de Montserrat
C. del Maestro Manuel Moya
C. de los Almendros
C. de la Caridad

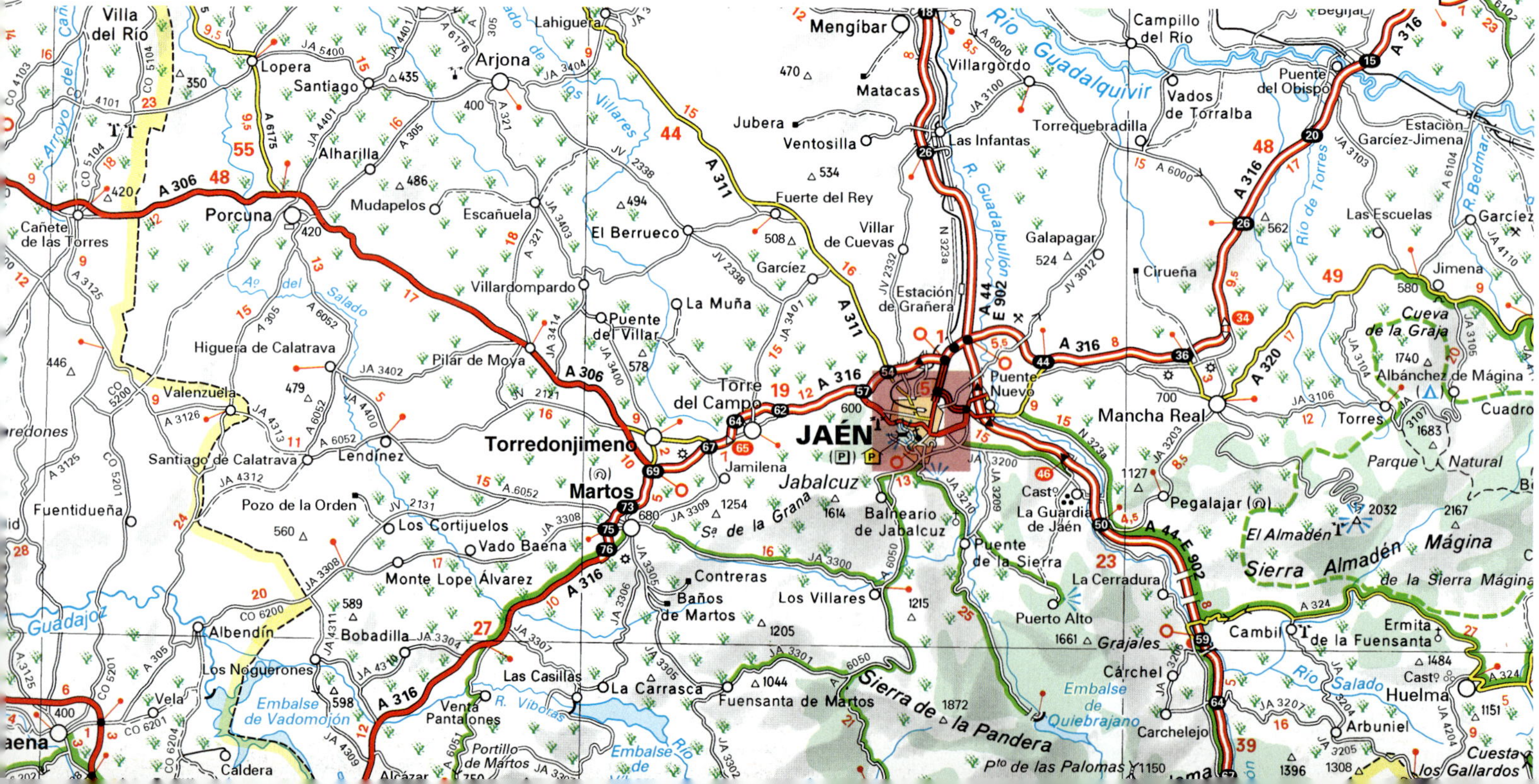
JAÉN
Villa del Río
Lopera
Santiago
Arjona
Lahiguera
Mengíbar
Matacas
Villargordo
Campillo del Río
Vados de Torralba
Puente del Obispo
Torrequebradilla
Las Infantas
Jubera
Ventosilla
Fuente del Rey
Villar de Cuevas
Estación de Grañera
Galapagar
Ciruela
Jimena
Las Escuelas
Estación Garciez-Jimena
Garcíez
Cueva de la Graja
Albánchez de Mágina
Torres
Cuadros
Parque Natural
Mancha Real
Puente Nuevo
Pegalajar
La Guardia de Jaén
El Almadén
Sierra Mágina
Sierra de la Sierra Mágina
Ermita de la Fuensanta
Cambil
Huelma
Arbuniel
Cuesta los Gallardos
Cárchel
Carchelejo
Embalse de Quiebrajano
Grajales
Puerto Alto
La Cerradura
Puente de la Sierra
Balneario de Jabalcuz
Jabalcuz
Jamilena
Torre del Campo
Martos
Torredonjimeno
La Muña
Garcíez
El Berrueco
Puente del Villar
Villardompardo
Escañuela
Mudapelos
Alharilla
Porcuna
Cañete de las Torres
Higuera de Calatrava
Pilar de Moya
Valenzuela
Santiago de Calatrava
Lendínez
Fuentidueña
Pozo de la Orden
Los Cortijuelos
Vado Baena
Monte Lope Álvarez
Contreras
Baños de Martos
Los Villares
Sa de la Grana
Albendín
Bobadilla
Los Noguerones
Vela
Baena
Embalse de Vadomojón
Venta Pantalones
Las Casillas
La Carraca
Fuensanta de Martos
Sierra de la Pandera
Pto de las Palomas
Portillo de Martos
Caldera
Alcázar
R. Guadalquivir
Río Guadalbullón
Río de Torres
R. Bedmar
Río Salado
A. de Salado
R. Víboras
A 306
A 316
A 311
A 44
E 902
A 320
N 323a
A 6175
A 305
A 6052
A 321
A 3125
A 6050
A 324
A 6000
A 6104
A 4103
JA 3300

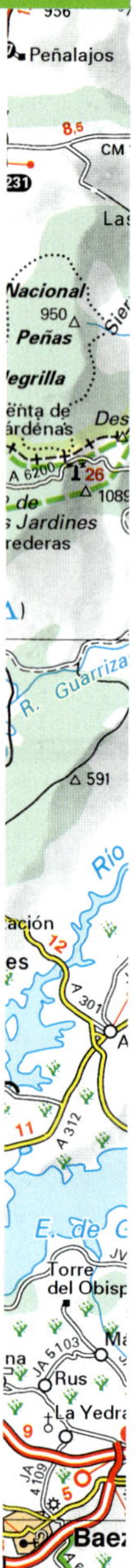
Peñalajos
Nacional
Peñas
Torre del Obispo
Rus
La Yedra
Baeza
R. Guarrizas
E. de

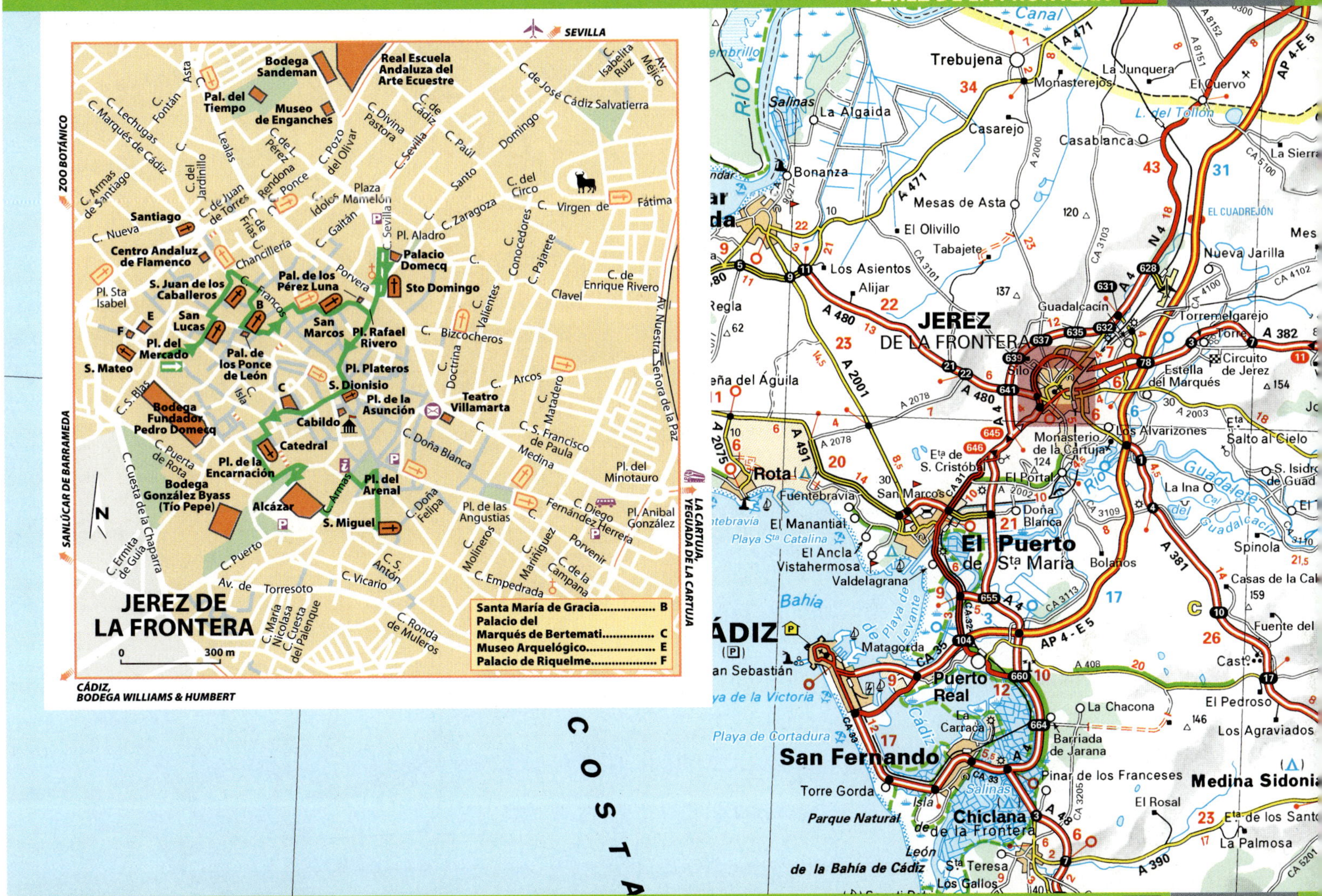
JEREZ DE LA FRONTERA
Santa María de Gracia.............. B
Palacio del Marqués de Bertemati.............. C
Museo Arqueológico.............. E
Palacio de Riquelme.............. F
0 300 m
SEVILLA
ZOO BOTÁNICO
SANLÚCAR DE BARRAMEDA
CÁDIZ, BODEGA WILLIAMS & HUMBERT
LA CARTUJA, YEGUADA DE LA CARTUJA
Bodega Sandeman
Real Escuela Andaluza del Arte Ecuestre
Pal. del Tiempo
Museo de Enganches
Centro Andaluz de Flamenco
S. Juan de los Caballeros
Pal. de los Pérez Luna
Palacio Domecq
Sto Domingo
San Lucas
Pl. del Mercado
S. Mateo
Pal. de los Ponce de León
San Marcos
Pl. Rafael Rivero
Pl. Plateros
S. Dionisio
Pl. de la Asunción
Teatro Villamarta
Cabildo
Catedral
Bodega Fundador Pedro Domecq
Bodega González Byass (Tío Pepe)
Pl. de la Encarnación
Alcázar
Pl. del Arenal
S. Miguel
COSTA
JEREZ DE LA FRONTERA
El Puerto de Sta María
CÁDIZ
San Fernando
Puerto Real
Chiclana de la Frontera
Medina Sidonia
Rota
Trebujena
Parque Natural de la Bahía de Cádiz

LEÓN
0 200 m
OVIEDO
CUEVAS DE VALPORQUERO
OVIEDO, PONFERRADA, ZAMORA
VALLADOLID
BENAVENTE, ZAMORA, VALLADOLID, SAN MIGUEL DE ESCALADA
MUSAC
Antiguo Convento de S. Marcos
Puerta del Castillo
Centro de Interpretación del León Romano
San Isidoro
Fundación Vela Zanetti
CATEDRAL
Casa Botines
Museo de León
Pal. de los Guzmanes
Pl. Mayor
Pl. San Martín
Convento de las Concepcionistas
Sta María del Camino
Pl. Sta María del Camino
Pl. de S. Domingo
Pl. de la Inmaculada
Pl. de la Pícara Justina
Plaza de S. Francisco
Bernesga
LEÓN
Sahagún
Mansilla de las Mulas
Villadangos del Páramo
San Andrés del Rabanedo

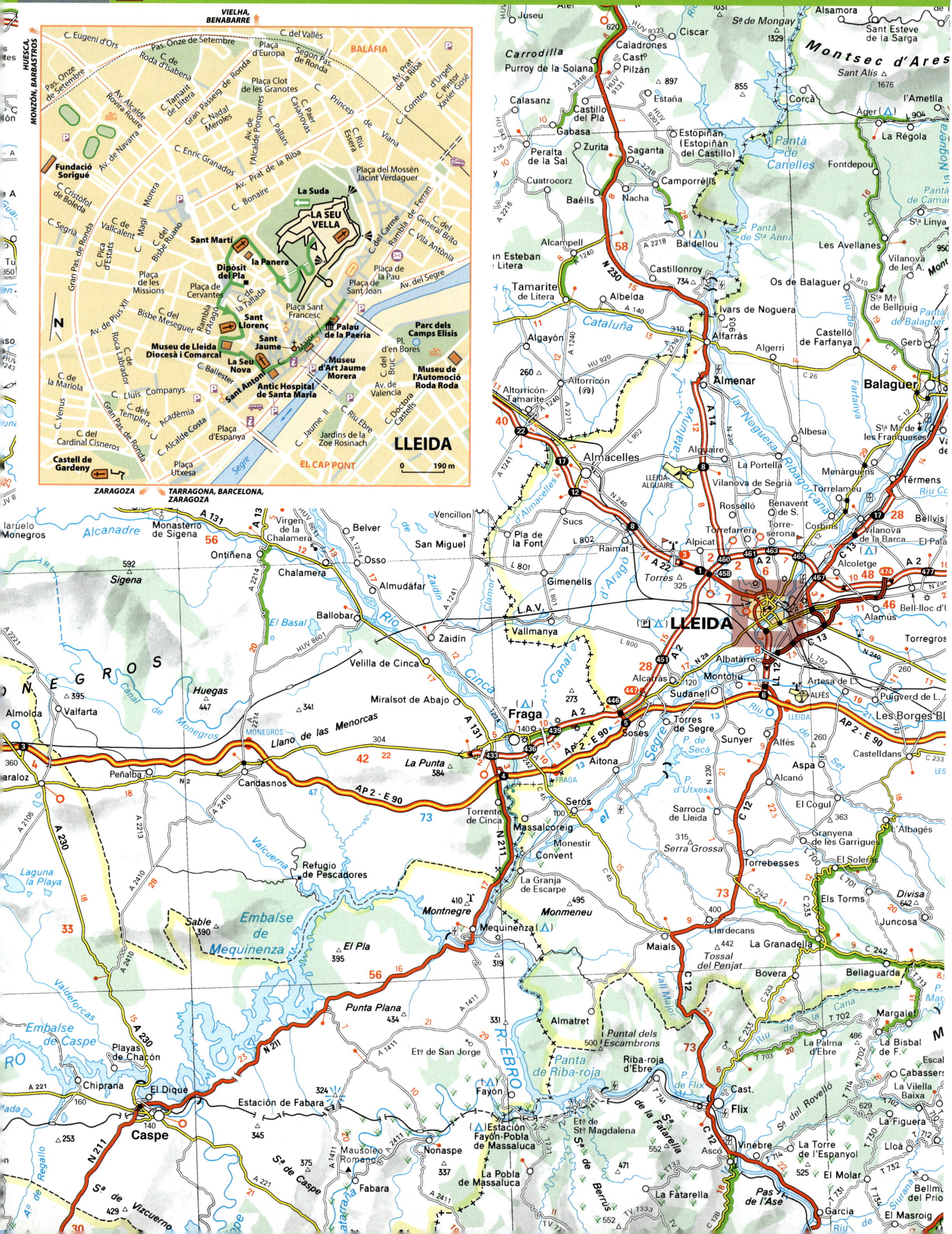
VIELHA, BENABARRE
HUESCA, MONZÓN, BARBASTROS
BALÀFIA
C. Eugeni d'Ors
Pas. Onze de Setembre
Plaça d'Europa
C. del Vallès
Segon Pas. de Ronda
Av. Prat de la Riba
C. Comtes d'Urgell
C. Pintor Xavier Gosé
C. de Roda d'Isabena
Av. Alcalde Rovira Roure
C. Tamarit de Litera
Gran Passeig de Ronda
Plaça Clot de les Granotes
C. Nadal Meroles
Av. de l'Alcalde Porqueres
C. Pallars
C. Paer Casanovas
C. Princep de Viana
C. Riu Esera
Av. de Navarra
Fundació Sorigué
C. Enric Granados
Av. Prat de la Riba
Plaça del Mossèn Jacint Verdaguer
C. Cristòfol de Boleda
C. Bonaire
La Suda
LA SEU VELLA
C. Segrià
C. de Vallcalent
C. Magí Morera
C. del Bisbe Ruano
Sant Martí
la Panera
Dipòsit del Pla
C. del Carme
Rambla de Ferran
C. del General Brito
C. Vila Antònia
Plaça de la Pau
Plaça de Sant Joan
Av. del Segre
Gran Pas. de Ronda
C. Pica d'Estats
Plaça de les Missions
Plaça de Cervantes
C. de la Tallada
Plaça Sant Francesc
Av. de Pius XII
C. del Bisbe Messeguer
Rambla d'Aragó
Sant Llorenç
Palau de la Paeria
Parc dels Camps Elisis
Sant Jaume
C. Major
Museu de Lleida Diocesà i Comarcal
La Seu Nova
C. Ballester
Museu d'Art Jaume Morera
Pl. d'en Bores
Museu de l'Automoció Roda Roda
C. de Roca Labrador
Sant Antoni
Antic Hospital de Santa Maria
C. del Bruc
Av. de Valencia
C. de la Mariola
C. Lluís Companys
C. Venus
C. dels Templers
C. Acadèmia
C. Doctora Castells
C. Jaume II
C. Riu Ebre
C. del Cardinal Cisneros
Gran Pas. de Ronda
C. Alcalde Costa
Plaça d'Espanya
Jardins de la Zoe Rosinach
LLEIDA
Castell de Gardeny
Plaça Utxesa
Segre
EL CAP PONT
0 190 m
ZARAGOZA
TARRAGONA, BARCELONA, ZARAGOZA
Juseu
Carrodilla
Purroy de la Solana
Caladrones
Castº Pilzán
Ciscar
Sª de Mongay
Alsamora
Sant Esteve de la Sarga
Montsec d'Ares
Sant Alis
Calasanz
Castillo del Plá
Estaña
Corçà
Àger
L'Ametlla
Gabasa
Peralta de la Sal
Zurita
Saganta
Estopiñán (Estopiñán del Castillo)
Pantà de Canelles
Fontdepou
La Règola
Cuatrocorz
Baélls
Nacha
Camporrélls
Pantà de Sta Anna
Sta Linya
Alcampell
Baldellou
Les Avellanes
Vilanova de les A.
San Esteban de Litera
Castillonroy
Os de Balaguer
Tamarite de Litera
Albelda
Ivars de Noguera
Sta Mª de Bellpuig
Pantà de Balaguer
Canal de Cataluña
Algayón
Alfarràs
Algerri
Castelló de Farfanya
Gerb
Almenar
Balaguer
Altorricón
Tamarite
Albesa
Sta Mª de les Franquesses
La Noguera Ribagorçana
Almacelles
Alguaire
La Portella
Menàrguens
Térmens
Lleida-Alguaire
Vilanova de Segrià
Torrelameu
Rosselló
Benavent de S.
Bellvís
Vencillon
Torrefarrera
Torre-serona
Corbins
Vilanova de la Barca
Sucs
Alpicat
Pla de la Font
Raimat
Alcoletge
Torres
Gimenells
Canal d'Aragó
LLEIDA
Bell-lloc d'U.
Alamús
Torregrossa
L.A.V.
Vallmanya
Albatàrrec
Montoliu
Alcarràs
Sudanell
Artesa de L.
Puigverd de L.
Les Borges Bl.
Alfés
Torres de Segre
Sunyer
Castelldans
Aspa
Aitona
Alcanó
El Cogul
Seròs
Sarroca de Lleida
Granyena de les Garrigues
L'Albagés
Serra Grossa
El Soleràs
Torrebesses
Els Torms
Divisa
Juncosa
Llardecans
Maials
Tossal del Penjat
La Granadella
Bovera
Bellaguarda
Margalef
La Bisbal de F.
Cabassers
La Vilella Baixa
La Palma d'Ebre
Almatret
Puntal dels Escambrons
Riba-roja d'Ebre
Pantà de Riba-roja
Flix
Sª del Rovelló
La Figuera
Lloà
La Torre de l'Espanyol
El Molar
Vinebre
Ascó
Pas de l'Ase
La Fatarella
Sª de la Fatarella
Garcia
El Masroig
Bellmunt del Priorat
Sª de Berrús
Etª de Sta Magdalena
Monegrillo
Alcanadre
Monasterio de Sigena
Ontiñena
Virgen de la Chalamera
Chalamera
Belver
Osso
San Miguel
Sigena
Almudáfar
Ballobar
El Basal
Río Cinca
Zaidín
Velilla de Cinca
Huegas
Valfarta
Almolda
Canal de Monegros
Miralsot de Abajo
Fraga
Monegros
Llano de las Menorcas
La Punta
Peñalba
Candasnos
Torrente de Cinca
Massalcoreig
Monestir Convent
Laguna la Playa
Valcuerna
Refugio de Pescadores
La Granja de Escarpe
Montnegre
Monmeneu
Sable
Embalse de Mequinenza
Mequinenza
El Pla
Valdeforcas
Embalse de Caspe
Punta Plana
Playas de Chacón
Etª de San Jorge
R. Ebro
Chiprana
El Dique
Fayón
Estación de Fabara
Caspe
Estación Fayón-Pobla de Massaluca
Nonaspe
Mausoleo Romano
Fabara
La Pobla de Massaluca
Sª de Caspe
Sª de Vizcuerno
Aº de Regallo
Matarraña
AP 2 - E 90
A 2
A 22
A 14
C 12
C 13
N 230
N 240
N 211
A 131
A 230
LL 12

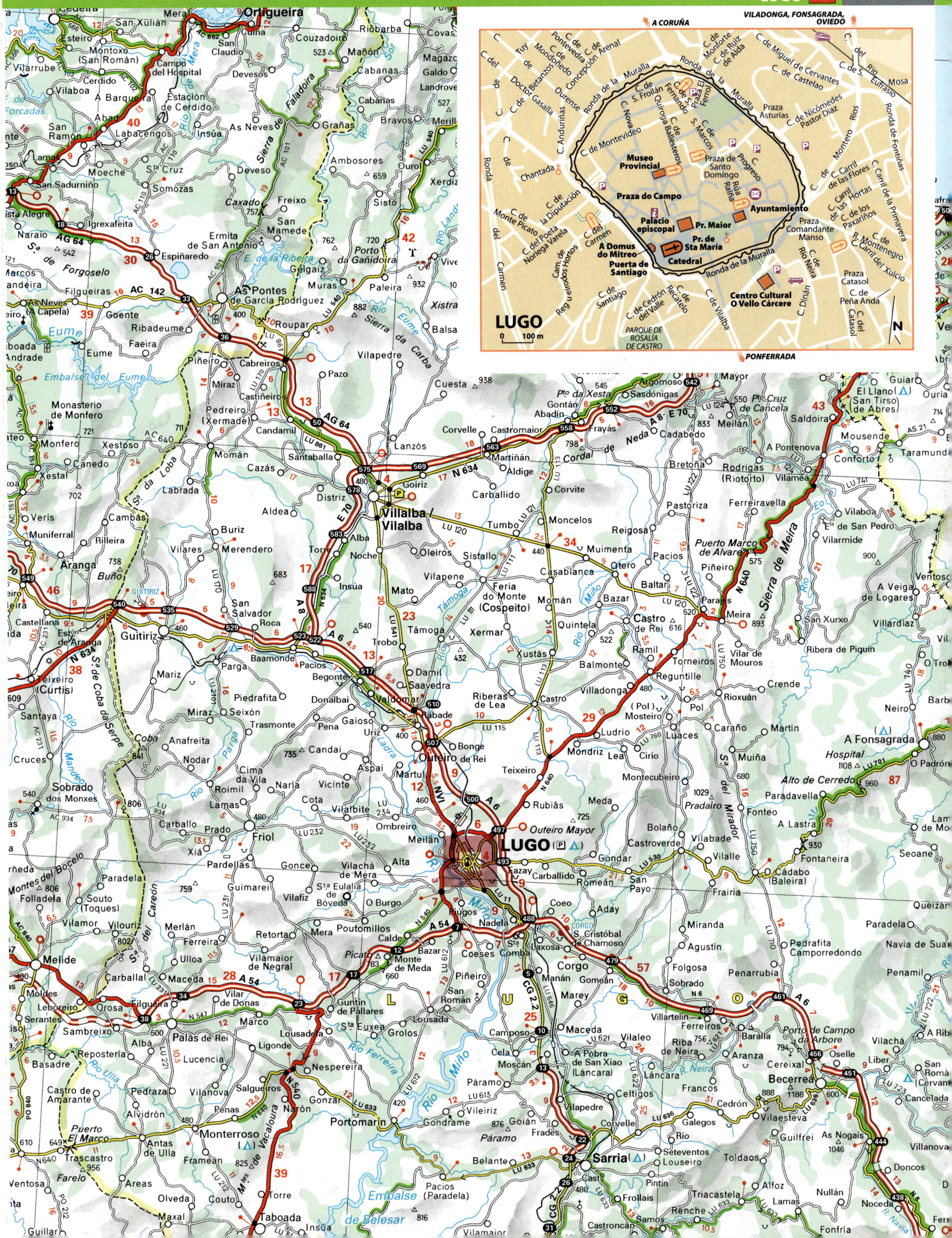
LUGO
A CORUÑA
VILADONGA, FONSAGRADA, OVIEDO
PONFERRADA
Ronda de la Muralla
Museo Provincial
Praza do Campo
Palacio episcopal
Pr. Maior
Pr. de Sta María
Catedral
A Domus do Mitreo
Puerta de Santiago
Ayuntamiento
Praza de Santo Domingo
Praza Comandante Manso
Centro Cultural O Vello Cárcere
PARQUE DE ROSALÍA DE CASTRO
Praza Asturias
Praza Catasol
0 100 m
Ortigueira
As Pontes de García Rodríguez
Villalba / Vilalba
Guitiriz
LUGO
Friol
Outeiro de Rei
Castro de Rei
Meira
A Fonsagrada
Melide
Palas de Rei
Portomarín
Sarria
Corgo
Becerreá
Monterroso
Taboada
Sierra de Meira
Sierra de Faladoira
Embalse de Belesar
Río Miño
Puerto Marco de Alvare
Alto de Cerredo
L U G O

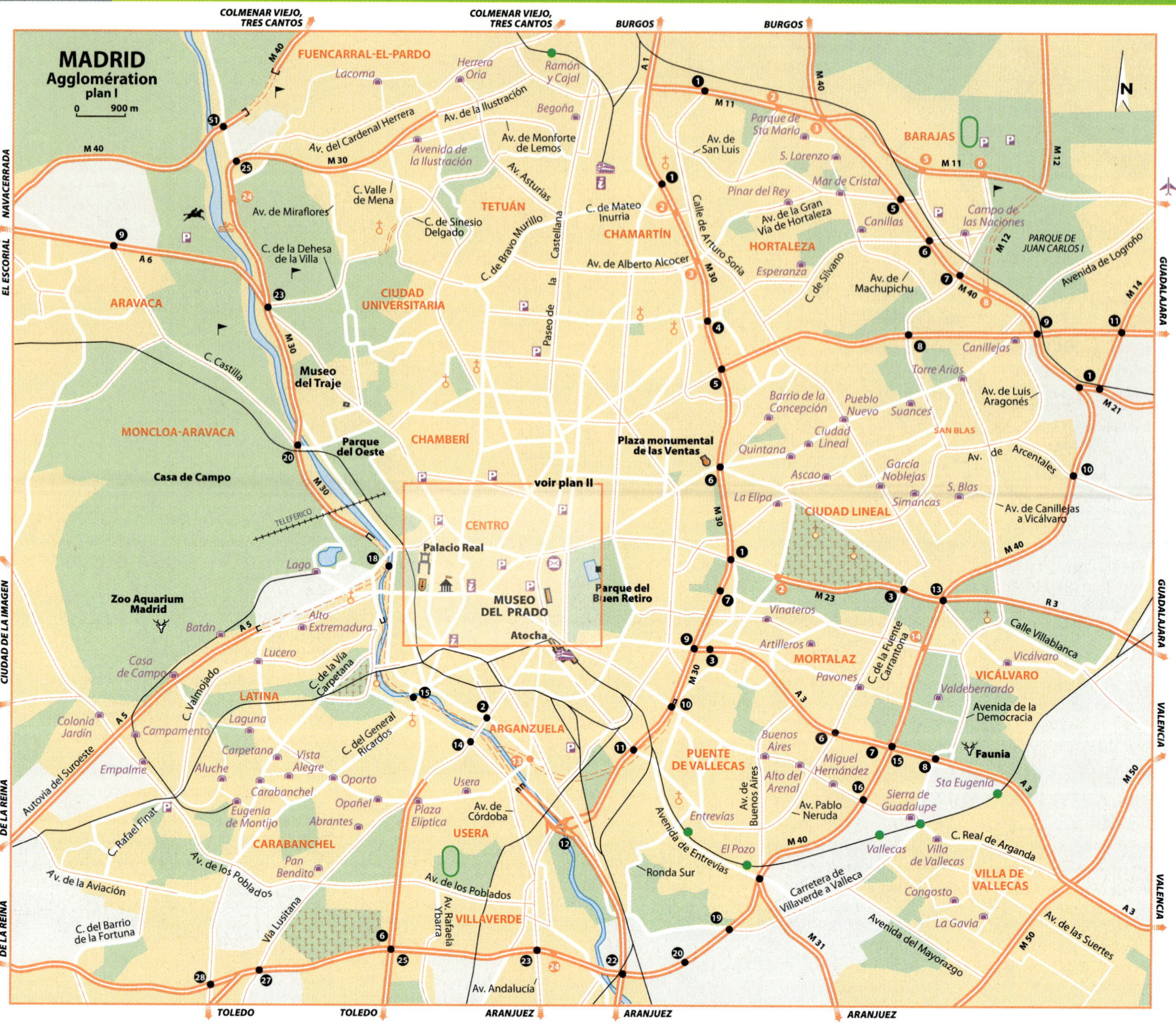
MADRID
Agglomération
plan I
0 900 m
COLMENAR VIEJO, TRES CANTOS
COLMENAR VIEJO, TRES CANTOS
BURGOS
BURGOS
FUENCARRAL-EL-PARDO
Lacoma
Herrera Oria
Ramón y Cajal
Av. de la Ilustración
Begoña
Av. del Cardenal Herrera
Avenida de la Ilustración
Av. de Monforte de Lemos
Av. de San Luis
Parque de Sta María
S. Lorenzo
BARAJAS
M 40
M 30
M 11
M 12
Av. de Miraflores
C. Valle de Mena
C. de Sinesio Delgado
TETUÁN
Av. Asturias
C. de Mateo Inurria
CHAMARTÍN
Calle de Arturo Soria
Pinar del Rey
Mar de Cristal
Av. de la Gran Vía de Hortaleza
Canillas
Campo de las Naciones
PARQUE DE JUAN CARLOS I
NAVACERRADA
SEGOVIA, EL ESCORIAL
A 6
C. de la Dehesa de la Villa
C. de Bravo Murillo
Castellana
Av. de Alberto Alcocer
HORTALEZA
Esperanza
C. de Silvano
Av. de Machupichu
Avenida de Logroño
ARAVACA
CIUDAD UNIVERSITARIA
Paseo de la
GUADALAJARA
Embalse de El Vado
C. Castilla
Museo del Traje
Canillejas
Torre Arias
Av. de Luis Aragonés
Barrio de la Concepción
Pueblo Nuevo
Suances
MONCLOA-ARAVACA
Parque del Oeste
CHAMBERÍ
Plaza monumental de las Ventas
Ciudad Lineal
SAN BLAS
Quintana
García Noblejas
Av. de Arcentales
Casa de Campo
voir plan II
Ascao
S. Blas
Simancas
La Elipa
CIUDAD LINEAL
Av. de Canillejas a Vicálvaro
TELEFÉRICO
CENTRO
Palacio Real
Lago
Zoo Aquarium Madrid
MUSEO DEL PRADO
Parque del Buen Retiro
M 23
R 3
Vinateros
Calle Villablanca
Batán
Alto Extremadura
Atocha
Artilleros
MORTALAZ
Vicálvaro
CIUDAD DE LA IMAGEN
A 5
Lucero
C. de la Vía Carpetana
C. de la Fuente Carrantoña
Pavones
VICÁLVARO
Casa de Campo
C. Valmojado
LATINA
Valdebernardo
Avenida de la Democracia
Colonia Jardín
Laguna
C. del General Ricardos
ARGANZUELA
VALENCIA
Campamento
Carpetana
Vista Alegre
PUENTE DE VALLECAS
Buenos Aires
Faunia
Autovía del Suroeste
Empalme
Aluche
Oporto
Miguel Hernández
Carabanchel
Usera
Alto del Arenal
Sta Eugenia
TALAVERA DE LA REINA
Eugenia de Montijo
Opañel
Plaza Elíptica
Av. de Córdoba
Av. de Buenos Aires
Av. Pablo Neruda
Sierra de Guadalupe
C. Rafael Finat
Abrantes
USERA
Entrevías
A 3
CARABANCHEL
Avenida de Entrevías
M 40
C. Real de Arganda
Pan Bendito
El Pozo
Vallecas
Villa de Vallecas
VILLA DE VALLECAS
Av. de la Aviación
Av. de los Poblados
Av. de los Poblados
Ronda Sur
Carretera de Villaverde a Vallecas
Congosto
Av. Rafaela Ybarra
VILLAVERDE
C. del Barrio de la Fortuna
Vía Lusitana
La Gavia
Av. de las Suertes
M 31
Avenida del Mayorazgo
M 50
Av. Andalucía
TOLEDO
TOLEDO
ARANJUEZ
ARANJUEZ
ARANJUEZ

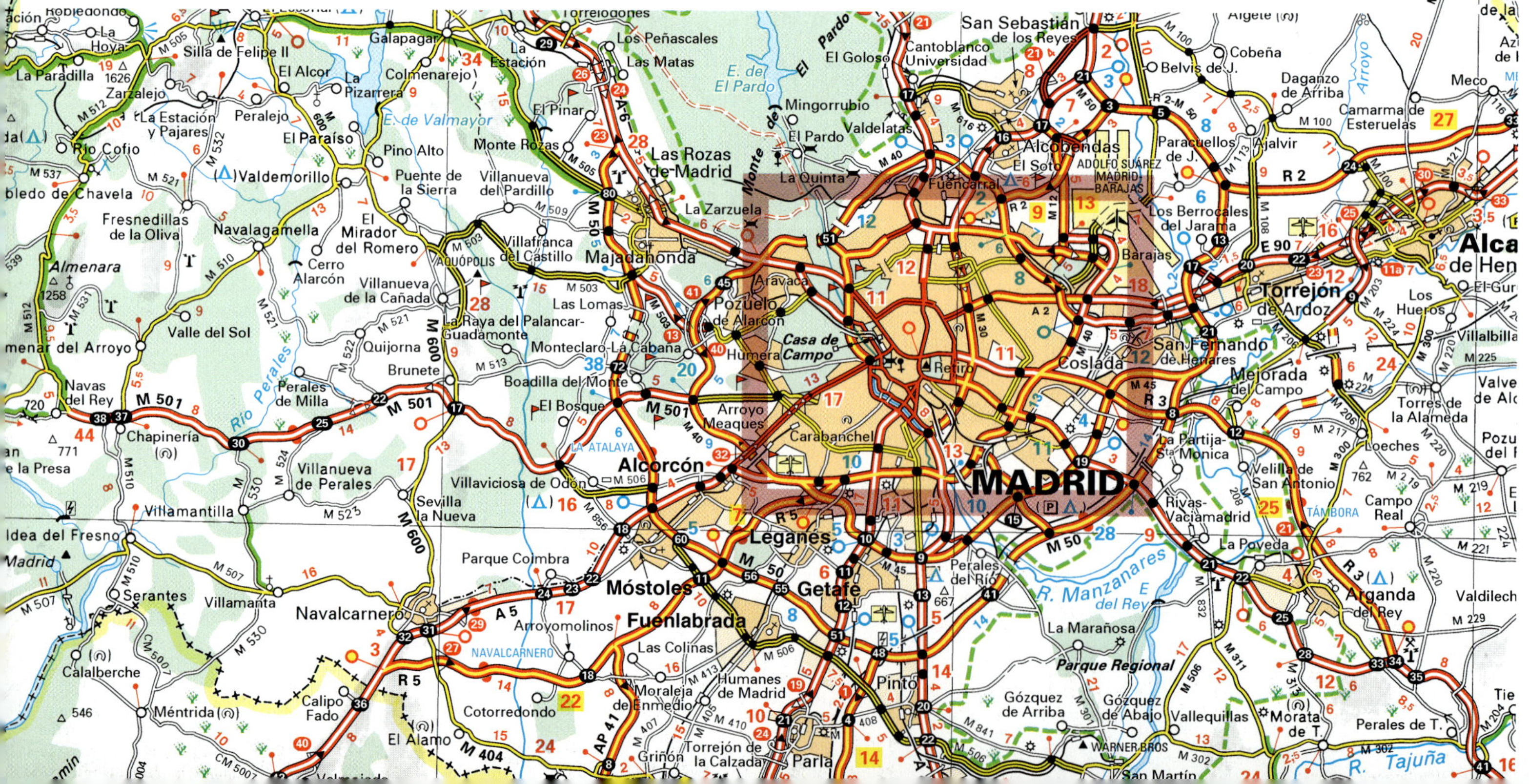
Galapagar
Colmenarejo
Torrelodones
Los Peñascales
Las Matas
San Sebastián de los Reyes
Cantoblanco Universidad
El Goloso
Cobeña
Belvis de J.
Daganzo de Arriba
Meco
Camarma de Esteruelas
La Hoya
Silla de Felipe II
El Alcor
La Pizarrera
La Estación
E. de El Pardo
Mingorrubio
El Pardo
Valdelatas
Alcobendas
El Soto
Paracuellos de J.
Ajalvir
La Paradilla
Zarzalejo
La Estación y Pajares
Peralejo
El Paraíso
E. de Valmayor
El Pinar
Monte Rozas
Las Rozas de Madrid
La Quinta
Fuencarral
ADOLFO SUÁREZ MADRID BARAJAS
Los Berrocales del Jarama
Alcalá de Henares
Robledo de Chavela
Río Cofío
Valdemorillo
Pino Alto
Puente de la Sierra
Villanueva del Pardillo
La Zarzuela
Fresnedillas de la Oliva
Navalagamella
Mirador del Romero
Villafranca del Castillo
Majadahonda
Aravaca
Barajas
Torrejón de Ardoz
Almenara
Cerro Alarcón
Villanueva de la Cañada
AQUÓPOLIS
Las Lomas
Pozuelo de Alarcón
Los Hueros
Valle del Sol
La Raya del Palancar-Guadamonte
Monteclaro-La Cabaña
Casa de Campo
Humera
Retiro
Coslada
San Fernando de Henares
Mejorada del Campo
Villalbilla
Quijorna
Brunete
Boadilla del Monte
Arroyo Meaques
Peralejo de Milla
El Bosque
La Partija-S. Mónica
Torres de la Alameda
Navas del Rey
Chapinería
M 501
Villanueva de Perales
Carabanchel
Velilla de San Antonio
Loeches
Pozuelo del Rey
Alcorcón
MADRID
Rivas-Vaciamadrid
Campo Real
Villamantilla
Sevilla la Nueva
Villaviciosa de Odón
TÁMBORA
Idea del Fresno
Madrid
Leganés
La Poveda
Parque Coímbra
Perales del Río
R. Manzanares
Serantes
Villamanta
Navalcarnero
Móstoles
Getafe
Arganda del Rey
Valdilecha
Arroyomolinos
Fuenlabrada
La Marañosa
Las Colinas
NAVALCARNERO
Humanes de Madrid
Parque Regional
Calalberche
Méntrida
Calipo Fado
Cotorredondo
Moraleja de Enmedio
Pinto
Gózquez de Arriba
Gózquez de Abajo
Vallequillas
Morata de T.
Perales de T.
El Álamo
Torrejón de la Calzada
Parla
WARNER BROS
San Martín
R. Tajuña
Griñón

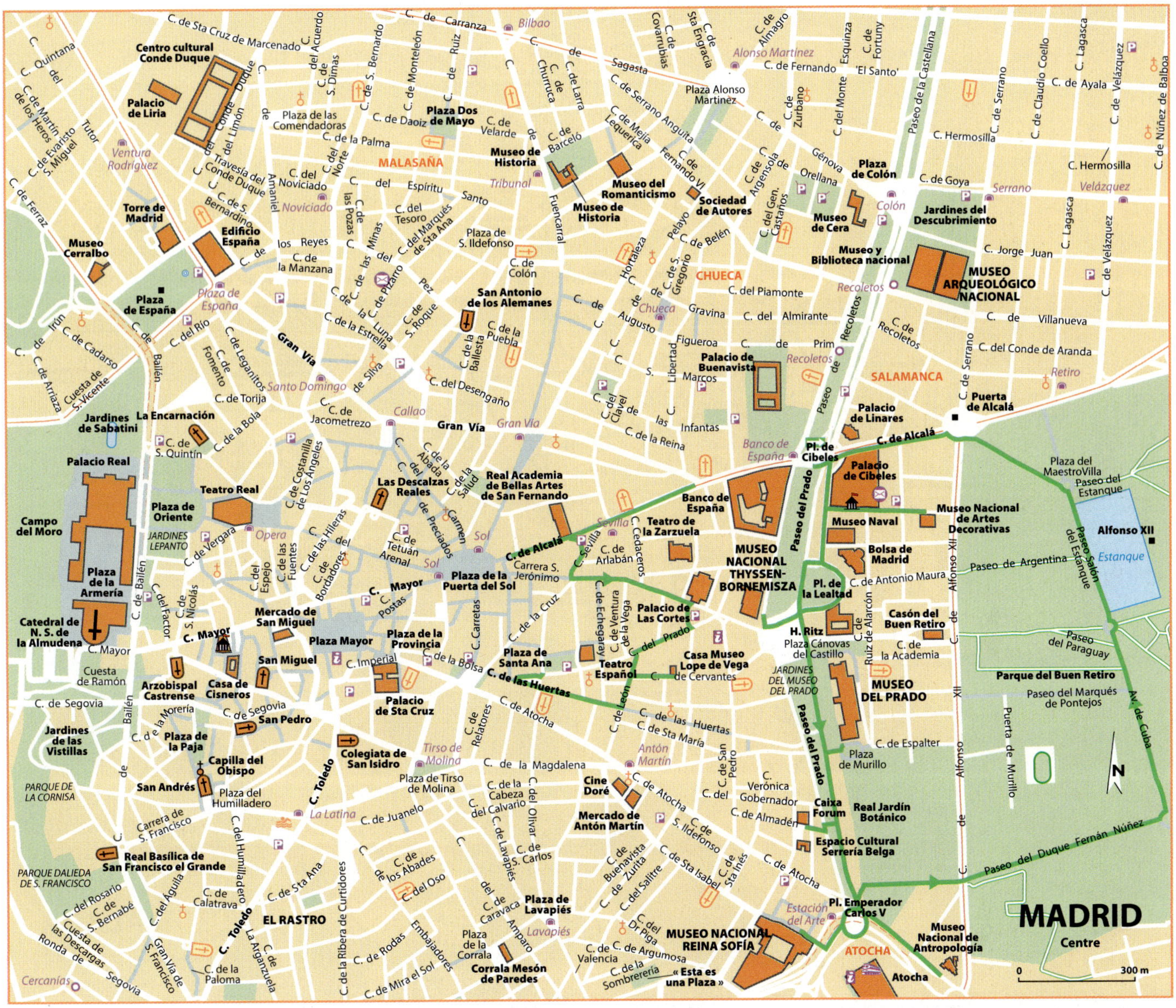
MADRID
Centre
0
300 m
N
Centro cultural Conde Duque
Palacio de Liria
Torre de Madrid
Edificio España
Museo Cerralbo
Plaza de España
MALASAÑA
Plaza Dos de Mayo
Museo de Historia
Museo del Romanticismo
Sociedad de Autores
San Antonio de los Alemanes
CHUECA
Palacio de Buenavista
Museo de Cera
Plaza de Colón
Jardines del Descubrimiento
Museo y Biblioteca nacional
MUSEO ARQUEOLÓGICO NACIONAL
SALAMANCA
Puerta de Alcalá
Palacio de Linares
Palacio de Cibeles
Pl. de Cibeles
Gran Vía
Jardines de Sabatini
La Encarnación
Palacio Real
Teatro Real
Plaza de Oriente
Campo del Moro
Plaza de la Armería
Catedral de N. S. de la Almudena
Las Descalzas Reales
Real Academia de Bellas Artes de San Fernando
Banco de España
Teatro de la Zarzuela
MUSEO NACIONAL THYSSEN-BORNEMISZA
Pl. de la Lealtad
Museo Naval
Museo Nacional de Artes Decorativas
Bolsa de Madrid
Plaza de la Puerta del Sol
Palacio de Las Cortes
Plaza Mayor
Mercado de San Miguel
San Miguel
Arzobispal Castrense
Casa de Cisneros
Plaza de la Provincia
Palacio de Sta Cruz
Plaza de Santa Ana
Teatro Español
Casa Museo Lope de Vega
H. Ritz
Plaza Cánovas del Castillo
MUSEO DEL PRADO
Casón del Buen Retiro
Parque del Buen Retiro
Alfonso XII
Estanque
Paseo del Prado
San Pedro
Jardines de las Vistillas
Plaza de la Paja
Capilla del Obispo
San Andrés
Colegiata de San Isidro
Plaza de Tirso de Molina
Cine Doré
Mercado de Antón Martín
Caixa Forum
Real Jardín Botánico
Espacio Cultural Serrería Belga
Plaza de Murillo
Real Basílica de San Francisco el Grande
EL RASTRO
Plaza de Lavapiés
Corrala Mesón de Paredes
MUSEO NACIONAL REINA SOFÍA
« Esta es una Plaza »
Pl. Emperador Carlos V
ATOCHA
Atocha
Museo Nacional de Antropología
Paseo del Duque Fernán Núñez
C. de Alcalá
C. Mayor
C. de Toledo
C. de Atocha
C. de las Huertas
C. de Segovia
C. de Bailén
C. de Serrano
Paseo de la Castellana
C. de Génova
C. de Sagasta
C. de Fuencarral
C. de Hortaleza
La Latina
Sol
Callao
Opera
Tribunal
Noviciado
Lavapiés
Antón Martín
Sevilla
Banco de España
Retiro
Colón
Serrano
Velázquez
Recoletos
Estación del Arte
Santo Domingo
Ventura Rodríguez
Bilbao
Alonso Martínez
Tirso de Molina
Cercanías
PARQUE DE LA CORNISA
PARQUE DALIEDA DE S. FRANCISCO
JARDINES LEPANTO
JARDINES DEL MUSEO DEL PRADO

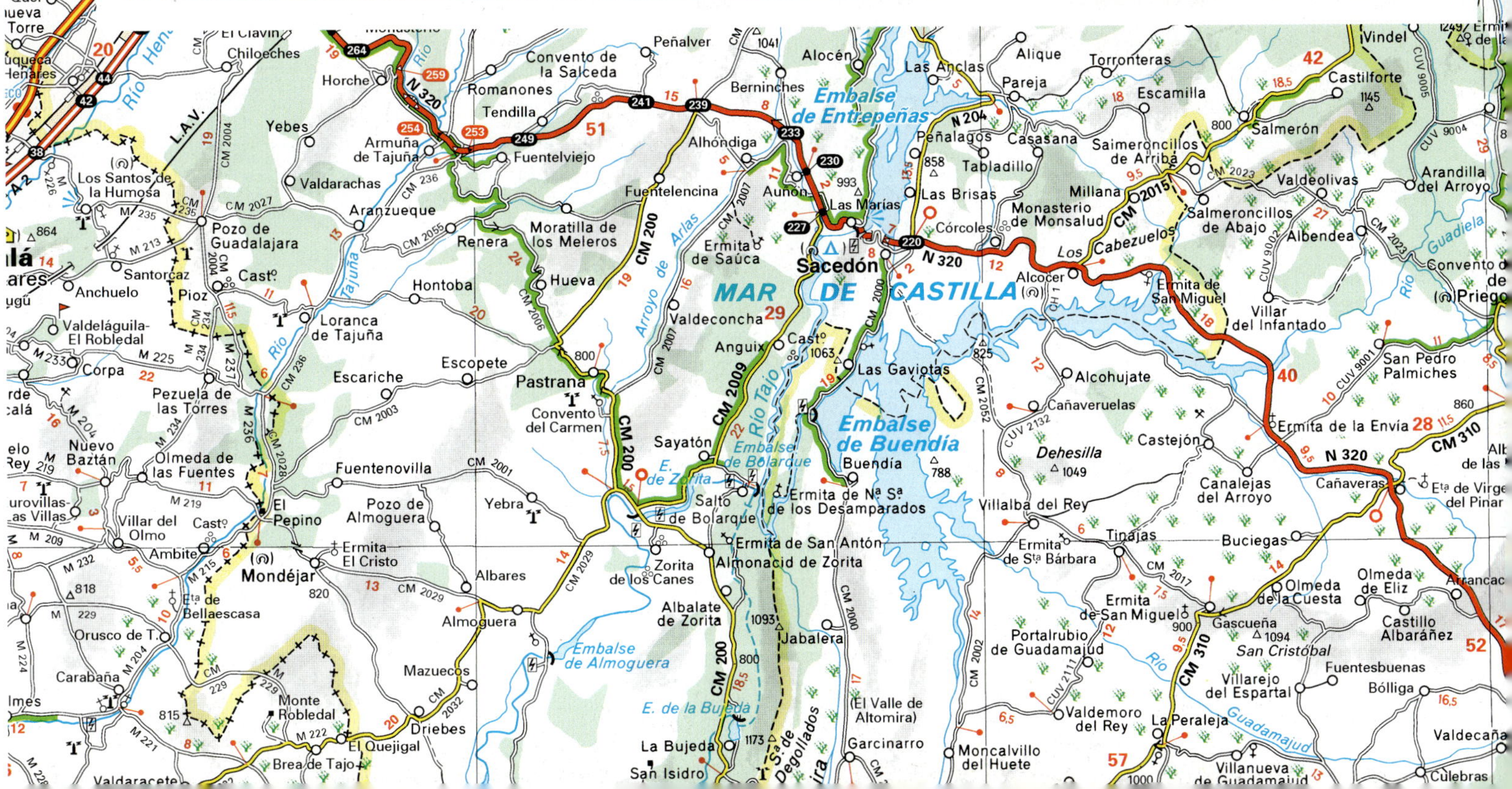
Embalse de Entrepeñas
MAR DE CASTILLA
Embalse de Buendía
Sacedón
Pastrana
Mondéjar
Almoguera
Zorita de los Canes
Albalate de Zorita
Almonacid de Zorita
Sayatón
Salto de Bolarque
Buendía
Alcocer
Córcoles
Las Brisas
Las Marías
Auñón
Alhóndiga
Fuentelencina
Moratilla de los Meleros
Hueva
Valdeconcha
Anguix
Renera
Hontoba
Loranca de Tajuña
Escariche
Escopete
Fuentenovilla
Pozo de Almoguera
Yebra
Albares
Mazuecos
Driebes
Brea de Tajo
El Quejigal
Pozo de Guadalajara
Pioz
Yebes
Valdarachas
Aranzueque
Armuña de Tajuña
Fuentelviejo
Tendilla
Romanones
Horche
Chiloeches
Convento de la Salceda
Peñalver
Bernińches
Alocén
Las Anclas
Alique
Pareja
Torronteras
Escamilla
Castilforte
Salmerón
Peñalagos
Casasana
Tabladillo
Millana
Monasterio de Monsalud
Salmeroncillos de Arriba
Salmeroncillos de Abajo
Valdeolivas
Albendea
Arandilla del Arroyo
Los Cabezuelos
Ermita de San Miguel
Villar del Infantado
San Pedro Palmiches
Alcohujate
Cañaveruelas
Castejón
Dehesilla
Villalba del Rey
Canalejas del Arroyo
Tinajas
Buciegas
Ermita de la Envía
Cañaveras
Olmeda de la Cuesta
Olmeda de Eliz
Gascueña
San Cristóbal
Portalrubio de Guadamajud
Valdemoro del Rey
La Peraleja
Villarejo del Espartal
Castillo Albaráñez
Fuentesbuenas
Bólliga
Moncalvillo del Huete
Garcinarro
El Valle de Altomira
Jabalera
La Bujeda
San Isidro
Embalse de Almoguera
E. de la Bujeda
Río Tajo
Río Tajuña
Río Henares
Río Guadiela
Río Guadamajud
Las Gaviotas
Convento del Carmen
Ermita de Saúca
Ermita de San Antón
Ermita de Nª Sª de los Desamparados
Ermita El Cristo
Los Santos de la Humosa
Anchuelo
Santorcaz
Valdeláguila-El Robledal
Corpa
Pezuela de las Torres
Nuevo Baztán
Olmeda de las Fuentes
Villar del Olmo
Ambite
El Pepino
Orusco de Tajuña
Carabaña
Monte Robledal
N 320
N 204
CM 200
CM 2009
CM 310
A 2
L.A.V.
Sa del Robledal
Valverde
Majadelra
Campillo de Ranas
Puebla de Valles
Palacio Real
Malaguilla
Valbueno

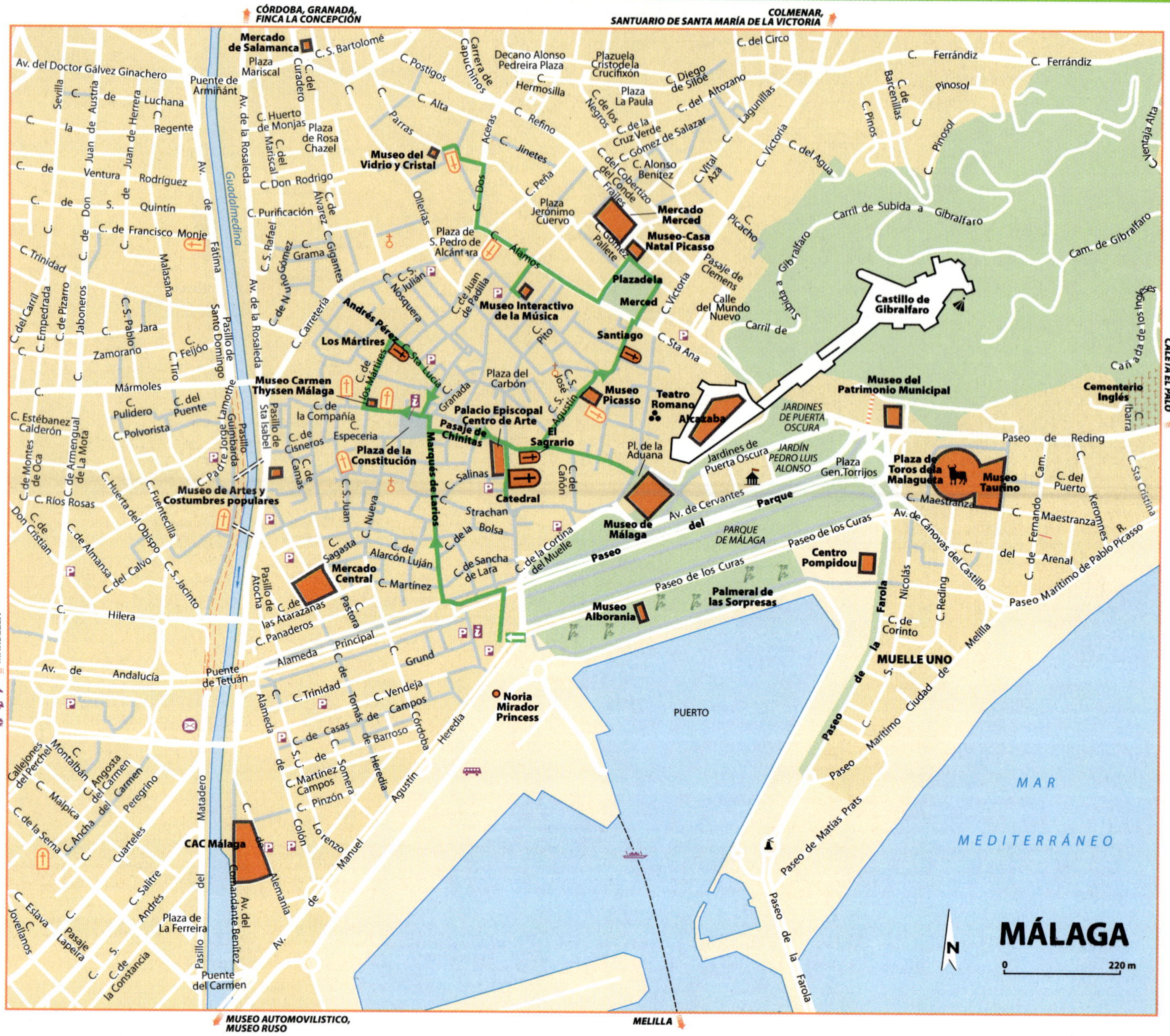
CÓRDOBA, GRANADA, FINCA LA CONCEPCIÓN
COLMENAR, SANTUARIO DE SANTA MARÍA DE LA VICTORIA
ALMERÍA, CALETA EL PALO
ÁLORA, MARBELLA
MUSEO AUTOMOVILISTICO, MUSEO RUSO
MELILLA
Mercado de Salamanca
Museo del Vidrio y Cristal
Mercado Merced
Museo-Casa Natal Picasso
Plazadela Merced
Museo Interactivo de la Música
Santiago
Castillo de Gibralfaro
Los Mártires
Museo Carmen Thyssen Málaga
Palacio Episcopal Centro de Arte
Museo Picasso
Teatro Romano
Alcazaba
Museo del Patrimonio Municipal
Cementerio Inglés
Plaza del Carbón
Plaza de la Constitución
El Sagrario
Catedral
Museo de Artes y Costumbres populares
Museo de Málaga
Plaza de Toros de la Malagueta
Museo Taurino
JARDINES DE PUERTA OSCURA
JARDÍN PEDRO LUIS ALONSO
PARQUE DE MÁLAGA
Mercado Central
Centro Pompidou
Palmeral de las Sorpresas
Museo Alborania
MUELLE UNO
PUERTO
Noria Mirador Princess
CAC Málaga
MAR MEDITERRÁNEO
Paseo del Parque
Paseo de los Curas
Paseo de Reding
Paseo Marítimo de Pablo Picasso
Paseo de la Farola
Alameda Principal
Av. de Andalucía
Guadalmedina
Puente de Tetuán
Puente del Carmen
Puente de Armiñán
MÁLAGA
N
0 220 m

MÁLAGA
Torremolinos
Playas de Torremolinos
Arroyo de la Miel
Benalmádena Costa
Playas de Benalmádena
MARBELLA
Mijas
Alhaurín el Grande
Alhaurín de la Torre
Coín
Cártama
Pizarra
Álora
Almogía
Colmenar
Casabermeja
Vélez-Málaga
Torre del Mar
Rincón de la Victoria
La Cala del Moral
Benamocarra
Comares
Cútar
Olías
Totalán
Hoya de Málaga
Sierra de Tejeda
Montes de Málaga
Parque natural Montes de Málaga
Sierra de Mijas
Ensenada de Málaga
Ardales
Carratraca
Alozaina
Tolox
Monda
Ojén
Guadalhorce
Churriana
Campanillas
Santa Rosalía
Casarabonela
Vado del Álamo
El Chorro
Bobastro
Benalmádena
Tivoli World
Parador del Golf
Guadalmar-San Julián

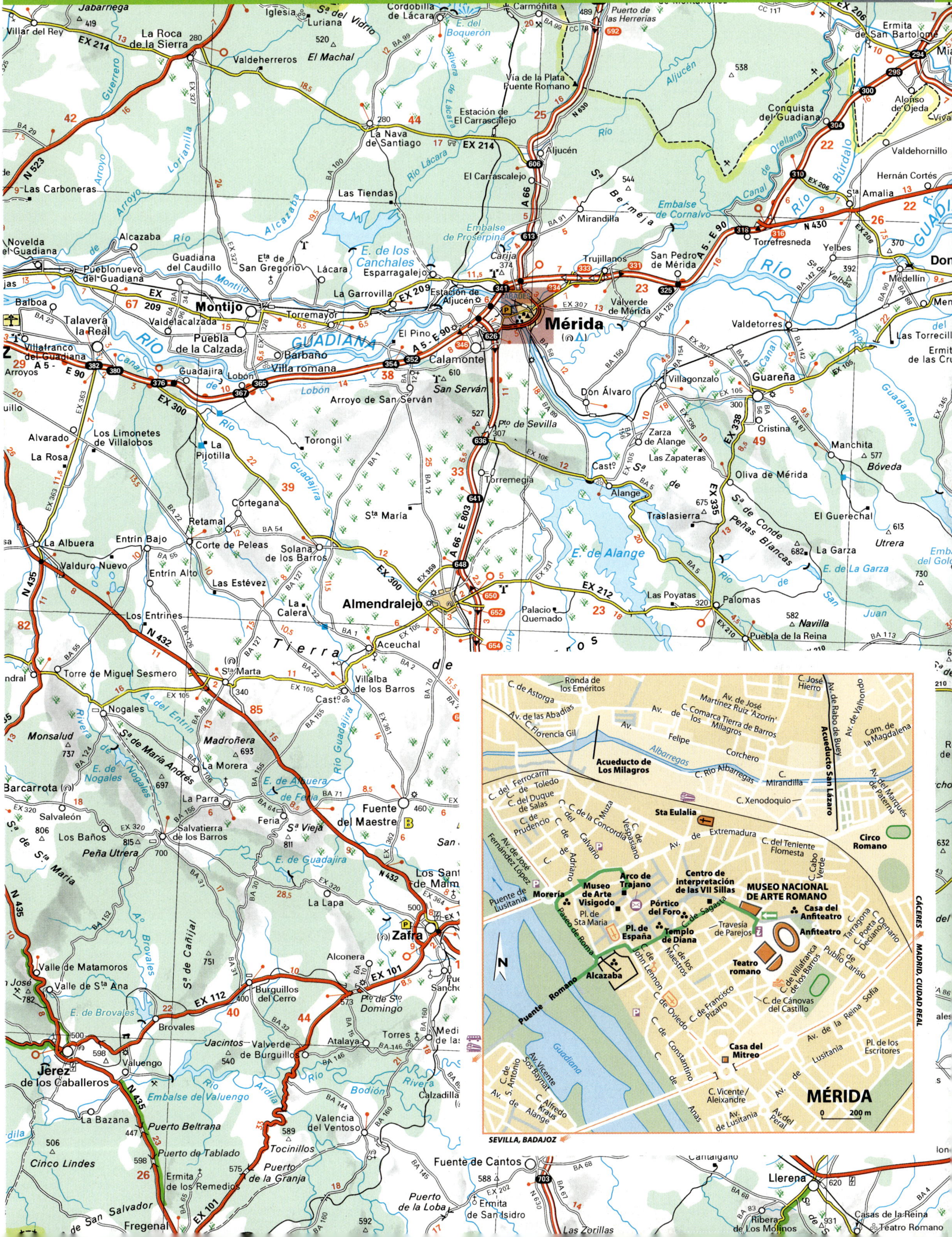

Jabarriega
Villar del Rey
La Roca de la Sierra
Valdeherreros
Iglesia
Luriana
El Machal
Cordobilla de Lácara
E. del Boquerón
Carmonita
Puerto de las Herrerías
Ermita de San Bartolomé
Vía de la Plata Puente Romano
Aljucén
Conquista del Guadiana
Alonso de Ojeda
Valdehornillo
Hernán Cortés
Sta Amalia
La Nava de Santiago
Estación de El Carrascalejo
El Carrascalejo
Las Carboneras
Las Tiendas
Embalse de Proserpina
Mirandilla
Embalse de Cornalvo
Torrefresneda
Yelbes
Medellín
Novelda del Guadiana
Alcazaba
Pueblonuevo del Guadiana
Guadiana del Caudillo
Eta de San Gregorio
Lácara
E. de los Canchales
Esparragalejo
Carija
Trujillanos
San Pedro de Mérida
Valverde de Mérida
Balboa
Talavera la Real
Valdelacalzada
Montijo
Torremayor
La Garrovilla
Estación de Aljucén
Mérida
Valdetorres
Las Torrecillas
Villafranco del Guadiana
Puebla de la Calzada
Barbaño
Villa romana
El Pino
Calamonte
Guareña
Guadajira
Lobón
Arroyo de San Serván
San Serván
Don Álvaro
Villagonzalo
Cristina
Alvarado
Los Limonetes de Villalobos
La Rosa
La Pijotilla
Torongil
Pto de Sevilla
Zarza de Alange
Las Zapateras
Manchita
Bóveda
Torremegía
Castº
Alange
Oliva de Mérida
Traslasierra
Sta María
Cortegana
Retamal
El Guerechal
Utrera
La Albuera
Entrín Bajo
Corte de Peleas
Solana de los Barros
Sª de Conde Peñas Blancas
La Garza
E. de Alange
E. de La Garza
Valduro Nuevo
Entrín Alto
Las Estévez
Almendralejo
Palacio Quemado
Las Poyatas
Palomas
Navilla
Los Entrines
La Calera
Aceuchal
Puebla de la Reina
Torre de Miguel Sesmero
Sta Marta
Tierra de Barros
Villalba de los Barros
Nogales
Monsalud
Madroñera
La Morera
E. de Nogales
Sª de María Andrés
Barcarrota
La Parra
Salvaleón
Feria
Sª Vieja
Fuente del Maestre
Los Baños
Salvatierra de los Barros
Peña Utrera
E. de Guadajira
Sª de Sta María
Sª de Cañijal
La Lapa
Los Santos de Maimona
Zafra
Alconera
Valle de Matamoros
Valle de Sta Ana
E. de Brovales
Brovales
Burguillos del Cerro
Pto de Sto Domingo
Atalaya
Torres
Jacintos
Valverde de Burguillos
Jerez de los Caballeros
Valuengo
Embalse de Valuengo
La Bazana
Puerto Beltrana
Puerto de Tablado
Tocinillos
Valencia del Ventoso
Calzadilla
Cinco Lindes
Ermita de los Remedios
Puerto de la Granja
Fuente de Cantos
Puerto de la Loba
Ermita de San Isidro
Llerena
Las Zorrillas
Ribera de Los Molinos
Casas de la Reina
Teatro Romano
Fregenal
San Salvador
Ronda de los Eméritos
C. de Astorga
Av. de las Abadías
C. Florencia Gil
Av. de José Martínez Ruiz 'Azorín'
C. Comarca Tierra de Barros
C. de los Milagros
Felipe
Corchero
Albarregas
Acueducto de Los Milagros
Acueducto San Lázaro
C. Río Albarregas
C. Mirandilla
C. Xenodoquio
Sta Eulalia
Circo Romano
C. del Teniente Flomesta
Arco de Trajano
Centro de interpretación de las VII Sillas
MUSEO NACIONAL DE ARTE ROMANO
Casa del Anfiteatro
Anfiteatro
Morería
Museo de Arte Visigodo
Pl. de Sta María
Pórtico del Foro
Pl. de España
Templo de Diana
Travesía de Parejos
Teatro romano
Alcazaba
Puente Romano
Puente de Lusitania
Guadiana
C. de Cánovas del Castillo
Av. de la Reina Sofía
Casa del Mitreo
Av. de Lusitania
C. Vicente / Alexandre
MÉRIDA
0 200 m
SEVILLA, BADAJOZ
CÁCERES MADRID, CIUDAD REAL

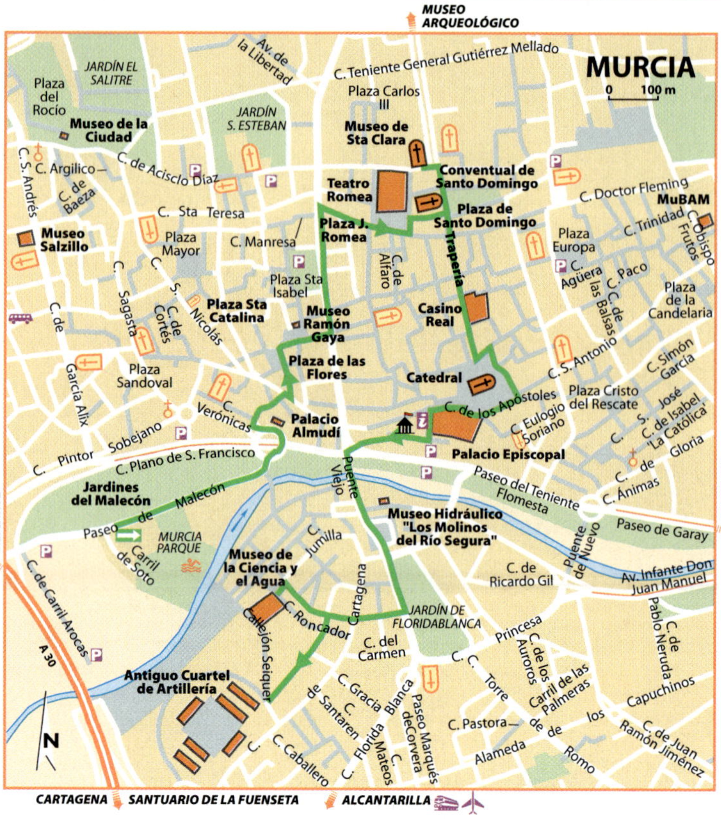
Museo Arqueológico
MURCIA
0 100 m
Jardín el Salitre
Plaza del Rocío
Museo de la Ciudad
Jardín S. Esteban
C. Teniente General Gutiérrez Mellado
Plaza Carlos III
Museo de Sta Clara
Av. de la Libertad
C. de Acisclo Díaz
Conventual de Santo Domingo
Teatro Romea
Plaza de Santo Domingo
C. Doctor Fleming
MuBAM
C. Sta Teresa
Plaza Mayor
C. Manresa
Plaza J. Romea
Museo Salzillo
C. Argilico
C. S. Andrés
Plaza Europa
C. Trinidad
Plaza Sta Catalina
Plaza Sta Isabel
Museo Ramón Gaya
Casino Real
Trapería
Plaza de la Candelaria
Plaza de las Flores
Catedral
Plaza Sandoval
C. S. Antonio
Palacio Almudí
C. de los Apóstoles
Plaza Cristo del Rescate
C. Eulogio Soriano
Palacio Episcopal
C. Plano de S. Francisco
Sobejano
C. Pintor
Jardines del Malecón
Paseo del Malecón
Paseo del Teniente Flomesta
Museo Hidráulico "Los Molinos del Río Segura"
Murcia Parque
Carril de Soto
Museo de la Ciencia y el Agua
Puente Viejo
Puente de Nuevo
Paseo de Garay
Av. Infante Don Juan Manuel
C. de Ricardo Gil
Jardín de Floridablanca
C. Roncador
C. del Carmen
C. de Cartagena
C. de Jumilla
Antiguo Cuartel de Artillería
C. de Carril Arocas
A 30
C. Pastora
Alameda
Romo
Capuchinos
C. de Juan Ramón Jiménez
C. de Pablo Neruda
Albacete, Alicante
Orihuela
Cartagena
Santuario de la Fuensanta
Alcantarilla

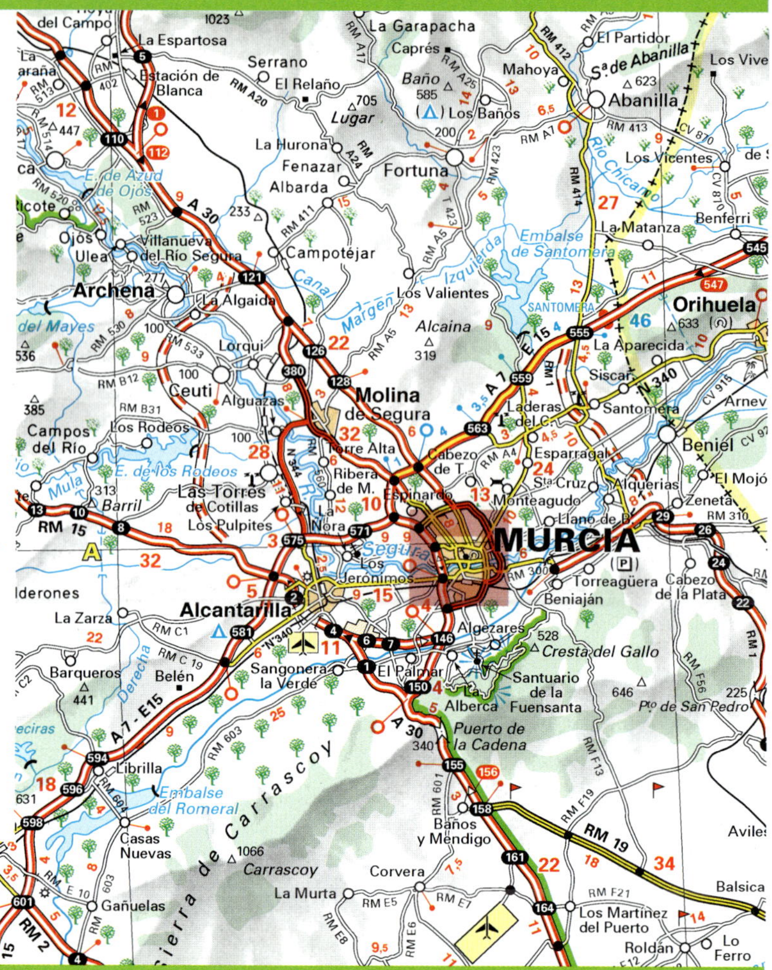
La Espartosa
Serrano
El Relaño
La Garapacha
Caprés
Baño
Los Baños
Mahoya
El Partidor
Sª de Abanilla
Abanilla
Los Vicentes
Benferri
Fortuna
Lugar
La Hurona
Fenazar
Albarda
Estación de Blanca
Ojós
Ulea
Villanueva del Río Segura
Campotéjar
Archena
La Algaida
Lorquí
Ceutí
Alguazas
Los Valientes
Alcaina
Embalse de Santomera
La Matanza
Orihuela
La Aparecida
Siscar
Santomera
Beniel
El Mojón
Molina de Segura
Campos del Río
Los Rodeos
E. de los Rodeos
Las Torres de Cotillas
Los Pulpites
Torre Alta
Ribera de M.
Nora
Espinardo
Cabezo de T.
Esparragal
Monteagudo
Llano de B.
Alquerías
Zeneta
MURCIA
Los Jerónimos
Torreagüera
Beniaján
Cabezo de la Plata
Alcantarilla
La Zarza
Barqueros
Belén
Sangonera la Verde
El Palmar
Algezares
Cresta del Gallo
Santuario de la Fuensanta
Puerto de la Cadena
Librilla
Embalse del Romeral
Casas Nuevas
Sierra de Carrascoy
Carrascoy
La Murta
Corvera
Baños y Mendigo
Gañuelas
Los Martínez del Puerto
Roldán
Lo Ferro
Balsica
Avilés
Las Terreras
Alagüeces
Casas-Nuevas
Zuñiga
Aledo
Sierra de Espuña
Monasterio La Santa

Bañugues
Verdicio
Punta de la Vaca
Luanco (Gozón)
Candás (Carreño)
San Juan de Nieva
Playa de Salinas
Salinas
Avilés
Santiago del Monte
Piedras Blancas (Castrillón)
Cabo Torres
GIJÓN
La Provi
Somió
Musel
Zanzabornín
Prendes
Tabaza
Perlora
Veriña
Tremañes
Nubledo
Ambás
Serín
Sotiello
Soto del Barco
Corvera de Asturias
Callezuela (Illas)
Arlos
La Peral
Villabona
Mareo
Pinzales
Hueres
Caldones
Candamo
Posada (Llanera)
Lugo de Llanera
La Madera
Quintana
Muñó
Argañoso
Colloda
Pruvia
Las Regueras
Santullano
Bonielles
S. Cucao
Cayés
Marinas
Sª del Naranco
Lugones
Viella
Argüelles
Noreña
Pola de Siero (Siero)
Aramil
Vega de Anzo
S. Claudio
Sta María
OVIEDO
Colloto
Valdesoto
Fuejo
Sograndio
Trubia
Las Caldas
Soto de Ribera
Sta María de B.
Manzaneda
Box
Carbayín
Tuilla
La Cruz
Riaño
Barros
Langreo
Lada
Agüeria
Olloniego
S. Andrés
Tuñón
Sama
El Entrego
Sotrondio
S. Tirso
Ciaño
Pedroveya
Sta Eulalia (Morcín)
Bueño
Rebollada
El Carbayo
La Nueva
Busloñe
Grandiella
La Foz
Ablaña
La Traba
Sta Bárbara
Mieres
Villamejín
La Vega (Riosa)
Valdecuna
Figaredo
Los Caleyos
Pola de Laviana (Laviana)
El Condado
Rioseco (Sobrescobio)
Pto de Arnicio
Priescas
Carbes
Amieva
Parque
Bermiego
Llamo
Cenera
Ujo
Turón
Urbies
Merujal
Villoria
Villamorey
Tolivia
Bueres
Orlé
Taranes
Gamoniteiro
Villallana
Sta Cruz de M.
Sierra de Navaliego
La Colladona
San Andrés
Ladines
Coballes
Campo de Caso (Caso)
Viego
Beleño
Desfiladero de los Beyos
Muriellos
Llanuces
Armada
Moreda
Pineres
Sta Ana
(Aller)
Cabañaquinta
Bárzana
Carabanzo
Boo
Pola de la Lena

San Julián de los Prados
Gijón
OVIEDO
0 100 m
Monte Naranco
C. de S. Bernabé
C. de la Lila
C. de Foncalada
Caveda
C. de Víctor Chávarri
C. del Alcalde García Conde
Gascona
C. de Martínez Vigil
Azcárraga
El Diestro
Pl. del Carbayon
C. del Diecinueve de Julio
C. de Pelayo
C. Jovellanos
San Pelayo
Sta María la Real de la Corte
Woody Allen
Palacio de Valdecarzana
Palacio de Camposagrado
Culis Monumentalibus
Pl. de Porlier
C. de Schultz
Pl. de Alfonso II El Casto
Catedral
Museo Arqueológico
A Coruña, Antiguo Hospital del Principado
Av. de Italia
La Maternidad
Campo de San Francisco
Pal. de Toreno
San Tirso
Palacio Arzobispal
Antigua Universidad
Pal. de la Rúa
Av. de Alemania
C. de Fruela
Pl. Riego
Museo de Bellas Artes de Asturias
C. de S. José
Pl. de Trascorrales
C. del Paraíso
C. del Postigo Bajo
Ayuntamiento
Paraguas
C. de Suárez de la Riva
Rosal
Mercado El Fontán
Pl. de la Constitución
C. de la Regla
C. del Cabo Noval
el Fontán
C. del Carpio
C. Oscura
Pal. de Congresos, Exposiciones
Pl. de Daoíz y Velarde
C. del Marqués de Gastañaga
Pal. del Marqués de San Feliz
C. de Quintana
El Campillín
C. de S. Pedro de Mestallón
C. de Sta Susana
C. de Campomanes
C. del Arzobispo Guisasola
C. de Leopoldo Alas
C. del Padre Suárez
C. de Fernando Alonso Díaz
C. de Pérez de la Sala
C. de Pérez de Ayala
León
N

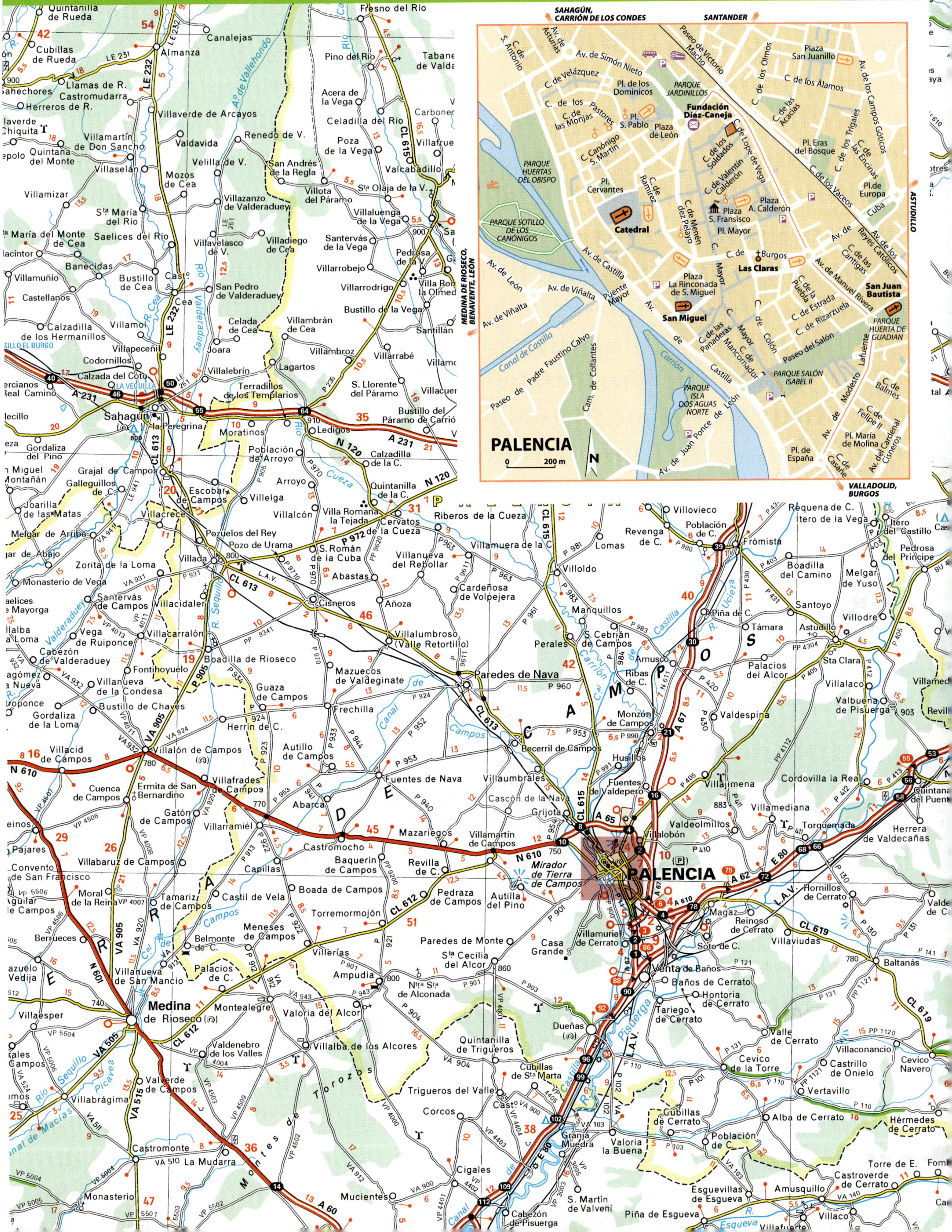
PALENCIA
SAHAGÚN, CARRIÓN DE LOS CONDES
SANTANDER
ASTUDILLO
VALLADOLID, BURGOS
MEDINA DE RIOSECO, BENAVENTE, LEÓN
Av. de Simón Nieto
Paseo de Victorio Macho
C. de los Olmos
Plaza San Juanillo
Av. de los Campos Góticos
C. de Velázquez
Pl. de los Dominicos
PARQUE JARDINILLOS
Fundación Díaz-Caneja
C. de los Álamos
C. de las Acacias
C. de los Trigales
C. de las Encinas
Pl. Eras del Bosque
Pl. de Europa
C. de las Monjas
Pl. S. Pablo
Plaza de León
C. de los Soldados
C. de Lope de Vega
C. de Valentín Calderón
PARQUE HUERTAS DEL OBISPO
C. Canónigo S. Martín
Pl. Cervantes
C. de Ramírez
Plaza S. Francisco
Plaza A. Calderón
Pl. Mayor
C. de los Vaceos
Cuba
Av. de los Reyes Católicos
PARQUE SOTILLO DE LOS CANÓNIGOS
Catedral
C. de Menéndez Pelayo
Burgos
Las Claras
C. de las Cantigas
Av. de Manuel Rivera
San Juan Bautista
Av. de Castilla
Av. de León
Av. de Viñalta
Puente Mayor
Plaza La Rinconada de S. Miguel
San Miguel
C. de Colón
C. de la Puebla
C. de Estrada
C. de Rizarzuela
PARQUE HUERTA DE GUADIÁN
Canal de Castilla
Paseo de Padre Faustino Calvo
Cam. de Collantes
Carrión
C. de las Panaderas
C. de Mancornador
Paseo del Salón
PARQUE SALÓN ISABEL II
Av. de Modesto Lafuente
C. de Balmes
PARQUE ISLA DOS AGUAS NORTE
Av. de Juan Ponce de León
C. de Felipe II
Pl. María de Molina
Av. del Cardenal Cisneros
Pl. de España
C. de Casañé
200 m
N
Quintanilla de Rueda
Cubillas de Rueda
Almanza
Canalejas
Llamas de R.
Castromudarra
Herreros de R.
Villaverde de Arcayos
Villamartín de Don Sancho
Quintana del Monte
Villaselán
Valdavida
Renedo de V.
Mozos de Cea
Velilla de V.
San Andrés de la Regla
Villamizar
Villazanzo de Valderaduey
Sta María del Río
Saelices del Río
Villavelasco de V.
Villadiego de Cea
Banecidas
Bustillo de Cea
Cea
San Pedro de Valderaduey
Castellanos
Calzadilla de los Hermanillos
Villamol
Villapecenil
Celada de Cea
Joara
Codornillos
Calzada del Coto
Villalebrín
Terradillos de los Templarios
Sahagún
La Peregrina
Moratinos
Lagartos
Villambrán de Cea
Villambroz
Fresno del Río
Pino del Río
Acera de la Vega
Celadilla del Río
Poza de la Vega
Valcabadillo
Villota del Páramo
Sta Olaja de la V.
Villaluenga de la Vega
Santervás de la Vega
Villarrobejo
Villarrodrigo
Bustillo de la Vega
Pedrosa de la V.
Villa Bon la Olmeda
Santillán
Villarrabé
S. Llorente del Páramo
Bustillo del Páramo de Carrión
Ledigos
Calzadilla de la C.
Quintanilla de la C.
Población de Arroyo
Arroyo
Villelga
Villalcón
Villa Romana la Tejada
Cervatos de la Cueza
Grajal de Campos
Galleguillos de C.
Escobar de Campos
Villacreces
Joarilla de las Matas
Melgar de Arriba
Pozuelos del Rey
Pozo de Urama
Villada
S. Román de la Cuba
Abastas
Riberos de la Cueza
Villamuera de la C.
Villanueva del Rebollar
Cardeñosa de Volpejera
Añoza
Cisneros
Zorita de la Loma
Monasterio de Vega
Santervás de Campos
Villacidaler
Vega de Ruiponce
Cabezón de Valderaduey
Villacarralón
Boadilla de Rioseco
Fontihoyuelo
Villanueva de la Condesa
Guaza de Campos
Mazuecos de Valdeginate
Villalumbroso (Valle Retortillo)
Paredes de Nava
Frechilla
Bustillo de Chaves
Gordaliza de la Loma
Herrín de C.
Autillo de Campos
Villacid de Campos
Villalón de Campos
Cuenca de Campos
Ermita de San Bernardino
Villafrades de Campos
Gatón de Campos
Villarramiel
Abarca
Fuentes de Nava
Becerril de Campos
Villaumbrales
Cascón de la Nava
Grijota
Mazariegos
Villamartín de Campos
Castromocho
Baquerín de Campos
Revilla de C.
Capillas
Villabaruz de Campos
Moral de la Reina
Tamariz de Campos
Castil de Vela
Boada de Campos
Torremormojón
Pedraza de Campos
Autilla del Pino
Mirador de Tierra de Campos
Belmonte de C.
Meneses de Campos
Villerías
Paredes de Monte
Sta Cecilia del Alcor
Casa Grande
Villamuriel de Cerrato
Berrueces
Palacios de C.
Ampudia
Ntra Sra de Alconada
Villanueva de San Mancio
Medina de Rioseco
Montealegre
Valoria del Alcor
Dueñas
Villalba de los Alcores
Valdenebro de los Valles
Quintanilla de Trigueros
Villaesper
Cubillas de Sta Marta
Valverde de Campos
Villabrágima
Trigueros del Valle
Corcos
Castromonte
La Mudarra
Montes de Torozos
Granja Muedra
Valoria la Buena
Monasterio
Cigales
Mucientes
Cabezón de Pisuerga
S. Martín de Valvení
Villovieco
Población de C.
Revenga de C.
Frómista
Lomas
Villoldo
Manquillos
Perales
S. Cebrián de Campos
Amusco
Ribas de C.
Monzón de Campos
Husillos
Fuentes de Valdepero
Villajimena
Valdeolmillos
Villalobón
PALENCIA
Magaz
Reinoso de Cerrato
Soto de C.
Venta de Baños
Baños de Cerrato
Hontoria de Cerrato
Tariego de Cerrato
Valle de Cerrato
Cevico de la Torre
Cubillas de Cerrato
Población de C.
Alba de Cerrato
Esguevillas de Esgueva
Amusquillo
Piña de Esgueva
Villaco
Castroverde de Cerrato
Torre de E.
Hérmedes de Cerrato
Cevico Navero
Castrillo de Onielo
Vertavillo
Villaconancio
Baltanás
Villaviudas
Hornillos de Cerrato
Herrera de Valdecañas
Torquemada
Villamediana
Cordovilla la Real
Quintana del Puente
Valbuena de Pisuerga
Villalaco
Sta Clara
Astudillo
Palacios del Alcor
Valdespina
Támara
Piña de C.
Santoyo
Villodre
Boadilla del Camino
Melgar de Yuso
Itero de la Vega
Itero del Castillo
Pedrosa del Príncipe
Requena de C.
CAMPOS
TIERRA DE CAMPOS
Canal de Castilla
Pisuerga
Carrión
Ucieza
Sequillo
Valderaduey
Cueza
Esgueva
A 231
N 120
CL 613
CL 615
N 610
A 67
A 62
A 65
E 80
CL 612
CL 619
VA 905
N 601
A 60
LE 232
L.A.V.

PALMA DE MALLORCA
0 200 m
INCA, PORT DE POLLENÇA
MANACOR
SANTANYÍ
BADIA DE PALMA
Parc dela Mar
La Seu
Almudaina
Museu diocesà
Jardí del Bisbe
Museu de Mallorca
Banys Àrabs
Sa Llotja
Consolat de la Mar
Es Baluard
BASTIÓ DE SANT PERE
Palau March Museu
Palau Solleric
Plaça de Cort
Sta Eulàlia
Can Vivot
St Francesc
Cal Marquès del Palmer
Plaça Major
Museu d'Art Espagnol Contemporani
Pl. Mercat
Pl. Weyler
Can Berga
Can Casasayas
Carrer de la Unió
Pas. del Born
Pl. Espanya
PARQUE DE LAS ESTACIONS
CINÓDROM
Avenida Argentina
Avenida de Portugal
Avenida Alemanya
Avenida de Jaume III
Avenida de Gabriel Roca
Avenida de Antoni Maura
Paseo de Mallorca
Paseo de Sagrera
JARDINS DE ST. ELM
Pl. Progres
Pl. La Feixina
Pl. Drassana
Pl. Reina
Pl. Madrid
Pl. Forti
Pl. Olivar
Sóller
Inca

PALMA DE MALLORCA
Badia de Palma
Sóller
Deià
Valldemossa
Port de Valldemossa
Cala de Valldemossa
Port des Canonge
Banyalbufar
Mirador de ses Ànimes
Estellencs
Mirador Ricardo Roca
Morro d'Es Fabioler
Cap de Tramuntana
Illa sa Dragonera
Cap d'es Llebeig
Sant Elm
Andratx
s'Arracó
Port d'Andratx
Cap de sa Mola
Cap des Llamp
Peguera
Calvià
Es Capdellà
Galilea
Puigpunyent
Galatzó
Esporles
s'Esglaieta
Palmanyola
Bunyola
Raixa
Alaró
Orient
Lloseta
Inca
Selva
Búger
Mancor de la Vall
Binissalem
Consell
Sta Maria del Camí
Biniali
Sencelles
Costitx
Sineu
Lloret de Vistalegre
Sta Eugènia
sa Cabaneta
Pòrtol
Pina
Algaida
Montuïri
Sant Joan
Vilafranca de Bonany
Petra
Sant Miquel
Porreres
Randa
Monestir de Cura
Santuari de Montesión
Llucmajor
Campos
s'Arenal
Cap Enderrocat
Cala Blava
Bellver
Gènova
Son Vida
sa Vileta
Establiments
Son Sardina
Son Ferriol
Sant Jordi
sa Casa Blanca
es Pont d'Inca
Rabassa
es Coll d'en Rabassa
Can Pastilla
ses Meravelles
Cas Català
Portals Nous
Palmanova
Magaluf
Costa de sa Calma
Sta Ponça
Son Ferrer
el Toro
Portals Vells
Cap de Cala Figuera
Illa del Toro
Platja de Caluià
Cala Vinyes
Badia Gran
Cap de Regana
Capocorp
les Palmeras
Punta de Deià
Punta de sa Foradada
Son Marroig
Miramar
Ma 19
Ma 15
Ma 13
Ma 11
Ma 1

LAS PALMAS
DE GRAN CANARIA
0 500 m
LAS COLORADAS
ISLETA
Mercado del Puerto de la Luz
Castillo de la Luz
Parque Sta Catalina
Acuario
EL MUELLE
Puerto de la Luz
Museo Elder
ESTACIÓN MARITIMA
Bahía del Confital
Playa de las Canteras
SANTA CATALINA
ALCARAVANERAS
Playa de las Alcaravaneras
Muelle de León y Castillo
AUDITORIO A. KRAUS
ARUCAS, GÁLDAR GC2
Simancas
CIUDAD JARDÍN
Muelle Deportivo
ESCALERITAS
Parque Doramas
Paseo Cornisa
Museo Néstor
Av. Juan XXIII
ALTAVISTA
LUGO
Pl. de Don Benito
Pl. Ingeniero León y Castillo
ARENALES
Zaragosa
PARQUE DE LAS REHOYAS
SCHAMANN
CIUDAD DEL MAR
FERIA DEL ATLÁNTICO
TRIANA
CASTILLO DE S. FRANCISCO
Doctor Marañón
Luis Correa Medina
VEGUETA
SAN ROQUE
TAMARACEITE GC 340
GC 3 TAMARACEITE
SANTA BRÍGIDA GC 110 CRUZ DE TEJEDA
MASPALOMAS GC1
Los Albarderos
Roque Negro
La Isleta
Las Coloradas
Montaña del Vigía
Punta del Confital
Puerto de la Luz
Tenerife
Fuerteventura
Lanzarote
Triana
Vegueta
LAS PALMAS DE GRAN CANARIA
Tamaraceite
Los Giles
Almatriche
Lomo Blanco
San Cristóbal
Punta Casa Blanca
Tafira Baja
Dragonal
El Fondillo
Playa de la Laja
Punta del Palo
Jardín Canario
Tafira Alta
Los Hoyos
Pico de Bandama
Caldera de Bandama
Jinámar
Punta de Jinámar
Playa de Malpaso
La Estrella
La Garita
Marpequeña
Playa del Hombre
Punta de la Cueva
Playa de Melenara
Melenara
Playa de Salinetas
TELDE
Las Huesas
Playa de la Hullera
El Goro
Playa de Tufia
Cuatro Puertas
Playa Ojo de Garza
Punta de Ámbar
Lazareto de Gando
Ojos de Garza
Roque de Gando
Punta de Gando
Bahía de Gando
AEROPUERTO DE GRAN CANARIA
Playa de San Agustín
Carrizal
Ingenio
Aguatona
Firgas
Teror
Arucas
Valleseco
Mirador de Zamora
Sta Brígida
Vega de San Mateo
Cruz de Tejeda
Tejeda
Roque Nublo
POZO DE LAS NIEVES
Valsequillo de Gran Canaria
Reserva Natural Especial de los Marteles
San Bartolomé
Artenara
Juncalillo
Las Lagunetas
Tenteniguada
Los Casareones
Lomo Magullo
Las Medianías
Guayadeque

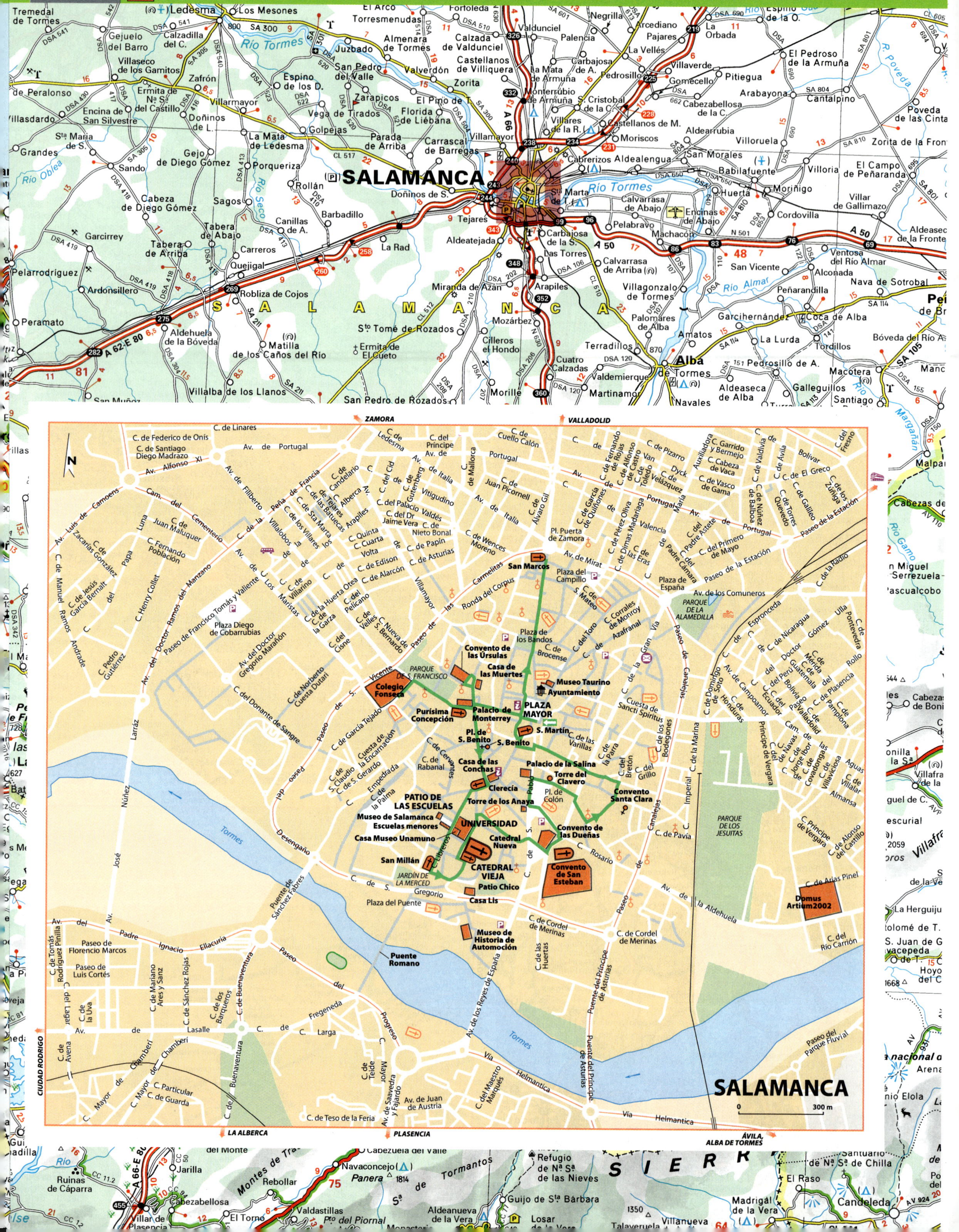
SALAMANCA
Ledesma
Los Mesones
Tremedal de Tormes
Gejuelo del Barro
Calzadilla del C.
Villaseco de los Gamitos
Zafrón
Espino de los D.
Juzbado
San Pedro del Valle
Almenara de Tormes
Valverdón
Calzada de Valdunciel
Castellanos de Villiquera
Zorita
Valdunciel
Negrilla
Palencia
Arcediano
Pajares
La Orbada
La Vellés
Villaverde
Pitiegua
El Pedroso de la Armuña
Arabayona
Cantalpino
Poveda de las Cintas
Zorita de la Frontera
Río Tormes
Río Oblea
Río Almar
Río Poveda
Río Seco
Sta María de S.
Grandes
Encina de San Silvestre
Doñinos de L.
Villarmayor
Golpejas
Vega de Tirados
Zarapicos
Florida de Liébana
El Pino de T.
Villamayor
Carrascal de Barregas
Parada de Arriba
La Mata de Ledesma
Gejo de Diego Gómez
Sando
Porqueriza
Rollán
Doñinos de S.
Cabeza de Diego Gómez
Sagos
Barbadillo
Canillas de A.
Tejares
Aldeatejada
Carbajosa de la S.
Las Torres
Calvarrasa de Arriba
Calvarrasa de Abajo
Pelabravo
Machacón
Encinas de Abajo
Cabrerizos
Aldealengua
San Morales
Babilafuente
Huerta
Moriñigo
Villoria
El Campo de Peñaranda
Villar de Gallimazo
Cordovilla
Aldeaseca de la Frontera
Ventosa del Río Almar
Alconada
Nava de Sotrobal
San Vicente
Peñarandilla
Villagonzalo de Tormes
Palomares de Alba
Garcihernández
Coca de Alba
Amatos
La Lurda
Tordillos
Bóveda del Río Almar
Alba de Tormes
Pedrosillo de A.
Macotera
Aldeaseca de Alba
Galleguillos
Santiago
Navales
Terradillos
Valdemierque
Martinamor
Cuatro Calzadas
Mozárbez
Cilleros el Hondo
Morille
Arapiles
Miranda de Azán
Sto Tomé de Rozados
Ermita de El Cueto
San Pedro de Rozados
La Rad
Carreros
Tabera de Abajo
Tabera de Arriba
Garcirrey
Quejigal
Pelarrodríguez
Ardonsillero
Robliza de Cojos
Peramato
Aldehuela de la Bóveda
Matilla de los Caños del Río
Villalba de los Llanos
A 62-E 80
A 66
A 50
S A L A M A N C A
ZAMORA
VALLADOLID
Av. de Portugal
Av. de Italia
Av. de Mirat
Paseo de la Estación
Paseo de Canalejas
Av. de los Comuneros
Gran Vía
San Marcos
Plaza del Campillo
Pl. Puerta de Zamora
Plaza de España
PARQUE DE LA ALAMEDILLA
Plaza de los Bandos
Convento de las Úrsulas
Casa de las Muertes
PARQUE DE S. FRANCISCO
Colegio Fonseca
Museo Taurino
Ayuntamiento
PLAZA MAYOR
Palacio de Monterrey
Purísima Concepción
Pl. de S. Benito
S. Benito
S. Martín
Casa de las Conchas
Palacio de la Salina
Torre del Clavero
Clerecía
Convento Santa Clara
Torre de los Anaya
PATIO DE LAS ESCUELAS
Museo de Salamanca
Escuelas menores
UNIVERSIDAD
Casa Museo Unamuno
Catedral Nueva
Convento de las Dueñas
San Millán
CATEDRAL VIEJA
Convento de San Esteban
JARDÍN DE LA MERCED
Patio Chico
Casa Lis
Plaza del Puente
Museo de Historia de Automoción
Puente Romano
PARQUE DE LOS JESUITAS
Domus Artium 2002
Tormes
Av. de los Reyes de España
Paseo del Parque Fluvial
Vía Helmantica
CIUDAD RODRIGO
LA ALBERCA
PLASENCIA
ÁVILA, ALBA DE TORMES
SALAMANCA
300 m
Montes de Tras
Navaconcejo
Cabezuela del Valle
Refugio de Nª Sª de las Nieves
Guijo de Sta Bárbara
El Raso
Madrigal de la Vera
Candeleda
Villanueva
Losar
Aldeanueva de la Vera
Valdastillas
Rebollar
Cabezabellosa
Jarilla
Ruinas de Cáparra
El Torno
Villar de Plasencia
S I E R R

SANTA CRUZ DE TENERIFE
0 200 m
LA NINFA
LAS MIMOSAS
EL TOSCAL
SAN ANDRÉS TF 11
ESTACIÓN MARÍTIMA
LA LAGUNA, PUERTO DE LA CRUZ
AUDITORIO DE TENERIFE, PALMETUM
PARQUE MARÍTIMO CÉSAR MANRIQUE/EL TANQUE
Museo militar regional de Canarias
Parque municipal García Sanabria
Pl. del Patriotismo
Museo municipal de Bellas Artes
Pl. Alférez Provisional
Pl. San Francisco
S. Francisco
Centro de Interpretación Castillo de San Cristóbal
Parlamento de Canarias
Palacio de Carta
Pl. de España
Pl. de la Candelaria
Pl. Santo Domingo
Pl. del Gen. Weyler
Pl. de la Iglesia
Concepción
Pl. de Europa
TEA
Recova Municipal
Museo de Naturaleza y Arqueología
Puente Gen. Galcerán
Puente General Serrador
Costa y Grijalba
Rambla de Pulido
Pérez de Rozas
Lope de Vega
San Sebastián
Roque de Fuera
Roques de Anaga
Roque de Dentro
Playa de El Draguillo
Playa del Junquillo
Faro de Anaga
Roque Bermejo
Punta El Jurado
Punta del Drago
Punta de Anaga
Reserva Natural Integral de Ijuana
Playa de Ijuana
Playa de Antequera
Punta del Hidalgo
Playa del Arenal
Piscinas
Bajamar
Punta Gotera
Tejina
Tegueste
Pedro Álvarez
Socorro
Taganana
Parque rural de Anaga
Monte de Las Mercedes
Mirador de Cruz del Carmen
Mirador del Pico del Inglés
El Bailadero
Chinobre
Igueste de San Andrés
Semáforo
Embalse de Acaimo
Playa de las Gaviotas
Playa de las Teresitas
San Andrés
Dársena Pesquera
Dique del Este
La Palma
Cádiz
Gran Canaria
LA LAGUNA
Las Mercedes
Jardina
Valle Jiménez
Los Campitos
Valleseco
María Jiménez
Cueva Bermeja
Valle Tabares
Gracia
Finca España
La Cuesta
AEROPUERTO TENERIFE NORTE
San Bartolomé
Geneto
Los Baldíos
La Esperanza (El Rosario)
Sobradillo
Taco
Barranco Grande
Llano del Moro
Lomo Pelado
Las Rosas
Sta María del Mar
San Isidro
Añaza
Machado
Barranco Hondo
Badazul
STA. CRUZ DE TENERIFE
Punta de Roque Manzano
Playa del Muerto
Punta de la Encendida
Playa Berruguete
Playa de la Nea

SANTANDER

SANTANDER
Museo Regional de Prehistoria y Arqueología de Cantabria.....M1
Bahía de Santander
Biblioteca Menendez Pelayo
Mercado de la Esperanza
Mercado del Este
Plaza Porticada
Catedral
Centro Botín
Paseo de Pereda
Av. Calvo Sotelo
Jardines de Pereda
Puerto Chico
Raqueros
Miramar
Barrio Carmelo
Parque Altamira
Plaza Estaciones
Cantabria
Cabo Mayor
Cabo de Ajo
Punta de Somocueva
El Sardinero
Torrelavega
El Astillero
Puente Viesgo
Cabezón de la Sal
Los Corrales de Buelna
Sta María de Cayón
Parque de Cabárceno
Valle de Cabuérniga
Saja
Nacional

SANTIAGO DE COMPOSTELA

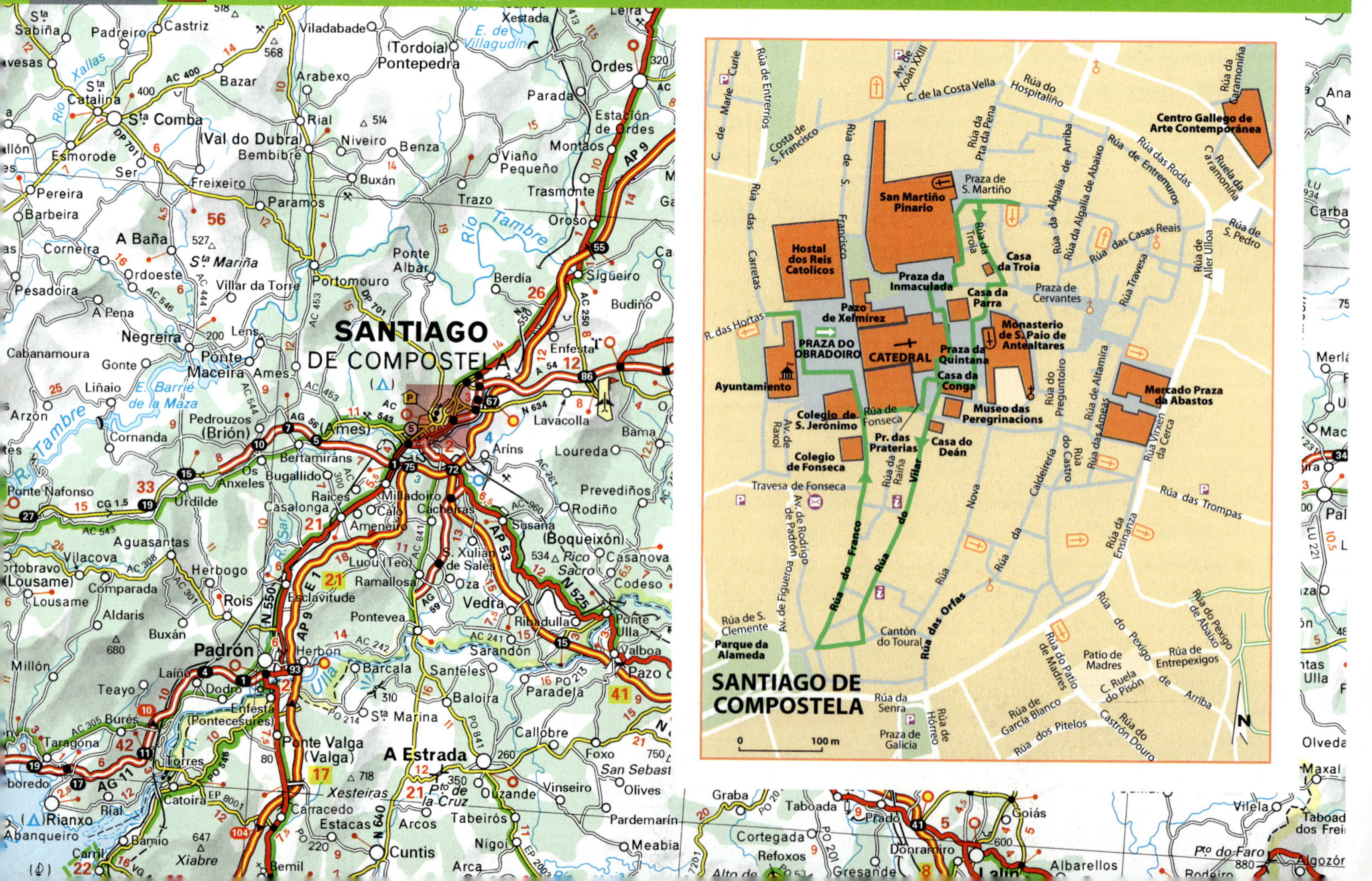
SANTIAGO DE COMPOSTELA
Catedral
Praza do Obradoiro
Hostal dos Reis Católicos
San Martiño Pinario
Praza da Inmaculada
Praza da Quintana
Casa da Conga
Casa da Parra
Casa da Troia
Pazo de Xelmírez
Ayuntamiento
Colegio de S. Jerónimo
Colegio de Fonseca
Museo das Peregrinacións
Monasterio de S. Paio de Antealtares
Mercado Praza da Abastos
Centro Galego de Arte Contemporánea
Rúa do Franco
Rúa do Vilar
Rúa Nova
Parque da Alameda
Padrón
A Estrada
Negreira
Ordes
Ames
Arzúa
Río Tambre

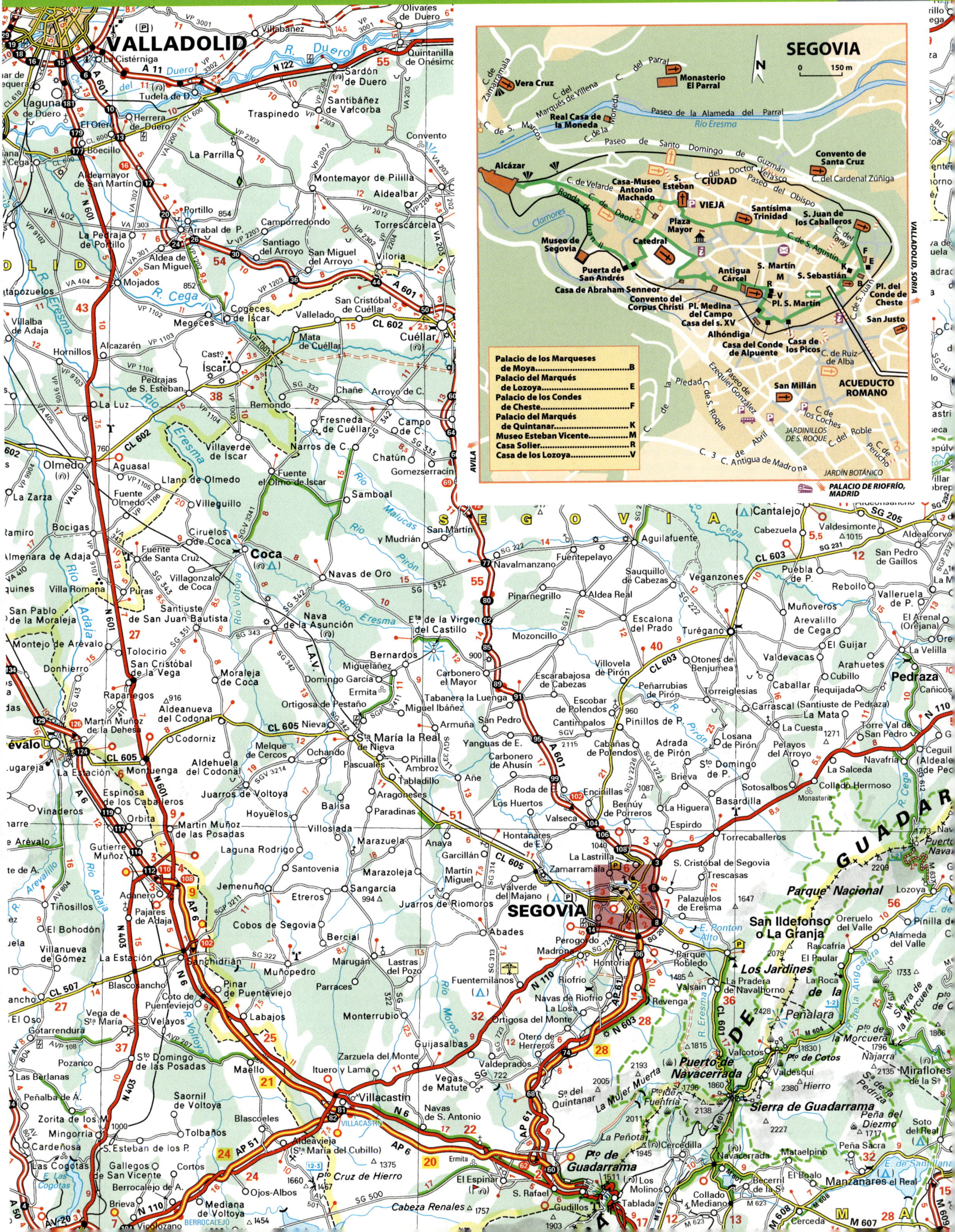
SEGOVIA
Vera Cruz
Monasterio El Parral
Real Casa de la Moneda
Paseo de la Alameda del Parral
Río Eresma
Paseo de Santo Domingo de Guzmán
Convento de Santa Cruz
C. del Cardenal Zúñiga
Alcázar
Casa-Museo Antonio Machado
S. Esteban
CIUDAD VIEJA
Santísima Trinidad
S. Juan de los Caballeros
Plaza Mayor
Museo de Segovia
Catedral
Puerta de San Andrés
Casa de Abraham Senneor
Convento del Corpus Christi
Antigua Cárcel
S. Martín
S. Sebastián
Pl. del Conde de Cheste
Pl. Medina del Campo
Casa del s. XV
Pl. S. Martín
San Justo
Alhóndiga
Casa del Conde de Alpuente
Casa de los Picos
San Millán
ACUEDUCTO ROMANO
JARDINILLOS DE S. ROQUE
JARDÍN BOTÁNICO
PALACIO DE RIOFRÍO, MADRID
VALLADOLID, SORIA
AVILA
Palacio de los Marqueses de Moya.......B
Palacio del Marqués de Lozoya.......E
Palacio de los Condes de Cheste.......F
Palacio del Marqués de Quintanar.......K
Museo Esteban Vicente.......M
Casa Solier.......R
Casa de los Lozoya.......V
VALLADOLID
Tudela de D.
Traspinedo
Sardón de Duero
Quintanilla de Onésimo
Boecillo
Portillo
Íscar
Cuéllar
Olmedo
Coca
Navas de Oro
Nava de la Asunción
Santa María la Real de Nieva
Arévalo
Martín Muñoz de las Posadas
SEGOVIA
La Lastrilla
Palazuelos de Eresma
San Ildefonso o La Granja
Parque Nacional
Valsaín
Puerto de Navacerrada
Sierra de Guadarrama
Pto de Guadarrama
Villacastín
San Rafael
El Espinar
Cantalejo
Turégano
Pedraza
Aguilafuente
Sepúlveda
Navafría
Riofrío
Revenga
Torrecaballeros
Sanchidrián
Adanero
Maello
Labajos
Abades
Sangarcía
Zamarramala
Navacerrada
Cercedilla
Manzanares el Real
Guadarrama

SEVILLA
Plan I
MÉRIDA
CÁDIZ
HUELVA
SAN JERONIMO
PARQUE DE S. JERÓNIMO
PARQUE DEL ALAMILLO
ISLA MÁGICA
JARDINES DEL GUADALQUIVIR
Torre de Don Fadrique
La Cartuja
Caix Sevilla Forum
Torre Sevilla
Capilla del Patrocinio
voir plan II
BARRIO DE SANTA CRUZ
ALCÁZAR
TRIANA
Parque de los Príncipes
Plaza de España
FERIA
Aquarium
Puente de las Delicias
JARDINES JOSÉ CELESTINO MUTIS
STA JUSTA
Nervión
Gran Plaza
PARQUE DE MIRAFLORES
Grupo Los Príncipes P VIII
GELVES
Museo de Artes y Costumbres Populares......B
Museo Arqueológico..........E
Parque Natural
de Sevilla
Sierra Norte
Guadalcanal
Hamapega
Alanís
San Nicolás del Puerto
Cazalla de la Sierra
Constantina
El Pedroso
Navaholguín
Las Jarillas
Cantillana
Villaverde del Río
Tocina
Villanueva del Río y Minas
Lora del Río
Alcolea del Río
Brenes
Alcalá del Río
La Rinconada
SEVILLA
Carmona
La Algaba
Camas
Tomares
San Juan de Aznalfarache
Mairena del Aljarafe
Gelves
Coria del Río
La Puebla del Río
Dos Hermanas
Alcalá de Guadaira
Mairena del Alcor
El Viso del Alcor
Arahal
Utrera
Los Palacios y Villafranca
Sanlúcar la Mayor
Olivares
Pilas
Aznalcázar
Villamanrique de la Condesa
Guadalquivir
Guadaira
Corbones
Huéznar
Viar

SEVILLA
Centre Sud
200 m
MUSEO DE BELLAS ARTES
Plaza de Armas
La Magdalena
Pl. del Duque de la Victoria
Palacio de Lebrija
Metropol Parasol
Pl. Cristo de Burgos
Convento S. Leandro
Casa de Pilatos
Plaza de Pilatos
El Salvador
Pl. del Salvador
Fundación Cajasol
Plaza Nueva
Ayuntamiento
Plaza S. Francisco
Museo del Baile Flamenco
Colonnes romaines
Casa de Salinas
Casa Fabiola Museo Bellver
BARRIO DE STA CRUZ
Sta María la Blanca
EL ARENAL
Mercado Lonja del Barranco
Monumento a la Tolerancia
Mercado d'El Arenal
La Real Maestranza
Paseo de Cristóbal Colón
Pta del Perdón
Palacio Arzobispal
GIRALDA
CATEDRAL
Hospital de los Venerables
Pl. de los Refinadores
Pl. de Sta Cruz
Iglesia-Hospital de la Caridad
REAL ALCÁZAR
Jardines del Alcázares
Palacio de Carlos V
LABERINTO
Torre de la Plata
Torre del Oro
H. Alfonso XIII
Universidad-Antigua Fábrica de Tabacos
Palacio de San Telmo
JARDINES DE SAN TELMO
Prado de S. Sebastián
JARDINES DEL PRADO DE SAN SEBASTIÁN
Glorieta de San Diego
Plaza de España
Parque de María Luisa
Ntra Sra de la O
Mercado de Triana
El Carmen
Castillo de S. Jorge
Centro Cerámica Triana
Pl. del Altozano
TRIANA
Capilla de los Marineros
Sta Ana
PUERTO
CANAL DE ALFONSO XIII
Puente de S. Telmo
Puente de los Remedios
Plaza de Cuba
LOS REMEDIOS
PARQUE DE LOS PRÍNCIPES
JARDINES MANUEL FERRAND
Écija
La Luisiana
Fuentes de Andalucía
Marchena
Osuna
Estepa
Puente Genil
Aguilar de la Frontera
La Puebla de Cazalla
Lantejuela
Los Ojuelos
Laguna de los Ojuelos
El Rubio
Marinaleda
Herrera
Casariche
La Roda de Andalucía
Los Corrales
Badolatosa
Monturque
Moriles
Lucena
A 4-E 5
A 92
A 318
A 364
A 351
A 388
A 45

SORIA
0 200 m
ZARAGOZA
LOGROÑO, PUERTO DE PIQUERAS
ERMITA DE SAN SATURIO
C. de la Ermita
PARQUE DE STA BÁRBARA
PARQUE FUENTE DEL REY
Plaza del Marqués de Saltillo
C. de las Casas
C. del Maestro García Muñoz
C. de Clemente Saénz
Paseo del Mirón
C. de Sta Cruz
San Juan de Duero
Hipólito
C. de los Chancilleres
C. de los Merineros
Paseo de Sta Bárbara
C. de Caro
Santo Domingo
C. de la Tejera
C. de Navas de Tolosa
Av. de Valladolid
Museo Numantino
Paseo del Espolón
ALAMEDA DE CERVANTES
C. de Nicolás Rabal
Plaza José Antonio
Pal. de Los Condes de Gómara
San Pedro
Plaza de S. Pedro
Paseo Postigüillo
C. de Agreda
C. del Collado
C. de la Zapatería
C. Real
Plaza de Sta Catalina
Plaza Mayor
S. Juan de Rabanera
Parque del Castillo
C. de Sta Clara
C. del Venerable Carabantes
C. Fiel de la Tierra
C. de Sta Teresa de Jesús
Av. de Mariano Vicén
Paseo de S. Prudencio
Cam. de S. Polo
Duero
LOGROÑO
Soria
LA RIOJA
SORIA
Fuenmayor
Navarrete
Villamediana de Iregua
Lardero
Alberite
Entrena
Sojuela
Sorzano
Nalda
Viguera
Torrecilla en Cameros
Nestares
Ortigosa de C.
Villanueva de Cameros
Almarza de C.
Pinillos
Laguna de C.
Ajamil de Cameros
Torre en Cameros
San Román de Cameros
Hornillos de Cameros
Enciso
Munilla
Arnedillo
Valle de Iregua
Sierra de Camero Nuevo
Sierra de Camero Viejo
Collado de Sancho Leza
Puerto de Piqueras
Ezcaray
San Lorenzo
Pancrudo
Sierra de la Demanda
Reserva Nacional de la Demanda
Mansilla de la S.
Embalse de Mansilla
Viniegra de Abajo
Viniegra de Arriba
Montenegro de C.
Villoslada de C.
Lumbreras
San Andrés
Sierra de Cebollera
Reserva Nacional de Cameros
Laguna Negra de Neila
Neila
Mirador San Francisco
Cabeza Herrera
Tres Provincias
Quintanar de la Sierra
Regumiel de la S.
Duruelo de la S.
Covaleda
Reserva Nacional de Urbión
Laguna Negra de Urbión
Sierra de Urbión
Pto de Santa Inés
Vinuesa
Salduero
Molinos de Duero
E. de la Cuerda del Pozo
Sierra del Portillo de Pinochos
El Royo
Abejar
Herreros
Cidones
Oteruelos
Garray
Numancia
Las Casas
Golmayo
Fuentetoba
Villaciervos
Cabrejas del Pinar
Sierra de Cabrejas
Muriel Viejo
Navaleno
San Leonardo de Yagüe
Pto Mojón Pardo
Parque Natural Cañón del Río Lobos
Ucero
Valdelinares
Calatañazor
Villabuena
Camparañón
Sierra de San Marcos
Los Rábanos
E. de Los Rábanos
Tardajos de D.
Quintana Redonda
Lubia
Almazán
Ventosa de Fuentepinilla
Fuentelárbol
Berlanga
Tardelcuende
Garray
Fuensaúco
Tozalmoro
Ojuel
Candilichera
Cubo de la Solana
Duero
Almarza
Tera
Espejo de Tera
Portelárbol
Fuentecantos
Almajano
Narros
El Almuerzo
Cortos
Yanguas
Villar del Río
Bretún
Vizmanos
Valloria
Las Aldehuelas
Los Campos
Oncala
San Andrés de San Pedro
Pto de Oncala
Castilfrío de la S.
La Rubia
Aldealseñor
Suellacabras
Sierra de la Ballenera
Ayedo
La Cuesta
Taniñe

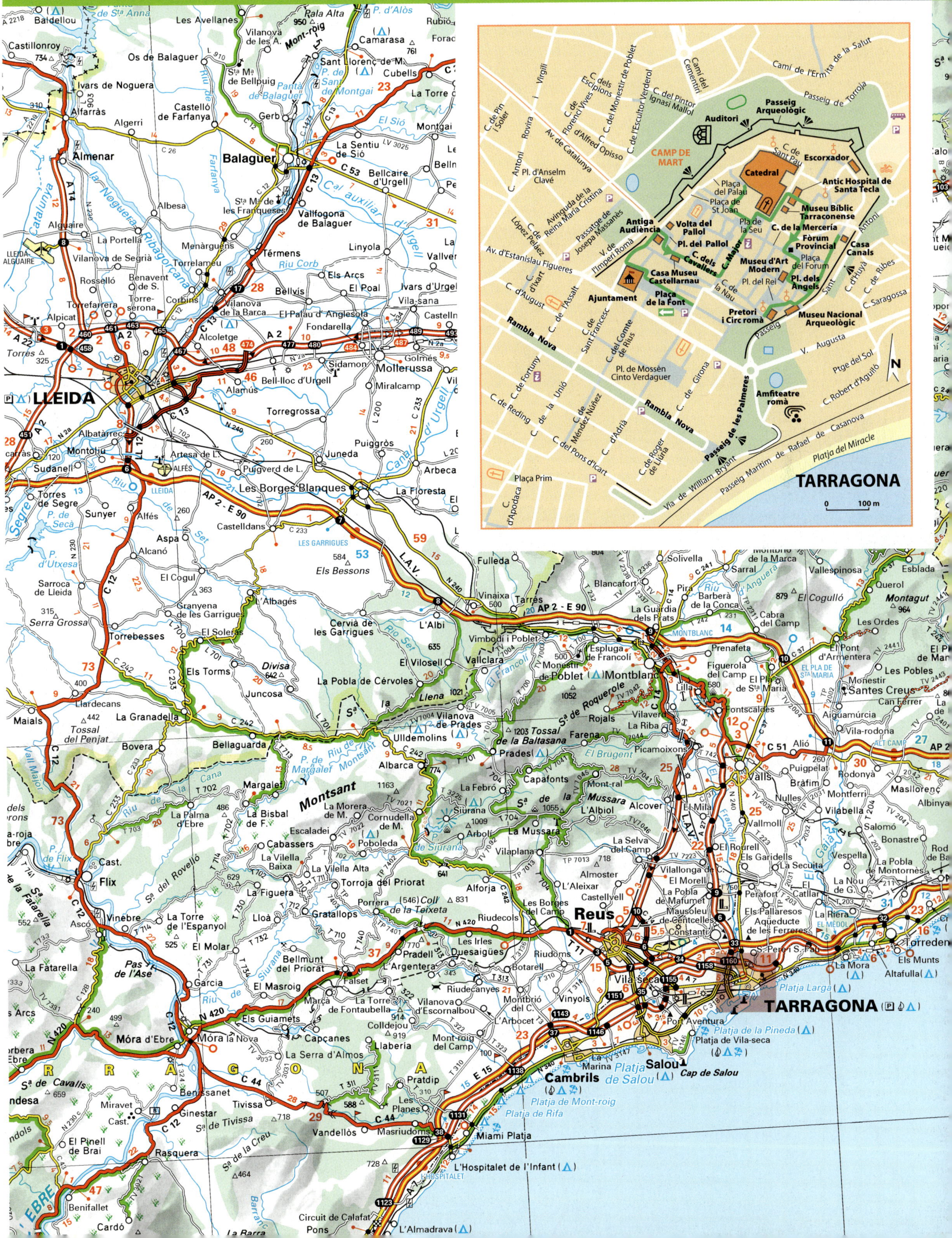
TARRAGONA
Catedral
Auditori
Passeig Arqueològic
Escorxador
Antic Hospital de Santa Tecla
Museu Biblic Tarraconense
C. de la Mercería
Fòrum Provincial
Casa Canals
Antiga Audiència
Volta del Pallol
Pl. del Pallol
Casa Museu Castellarnau
Ajuntament
Plaça de la Font
Museu d'Art Modern
Pl. dels Àngels
Pretori i Circ romà
Museu Nacional Arqueològic
Amfiteatre romà
CAMP DE MART
Rambla Nova
Passeig de les Palmeres
Platja del Miracle
Plaça Prim
Camí de l'Ermita de la Salut
LLEIDA
Balaguer
Mollerussa
Les Borges Blanques
Juneda
Alcarràs
Almenar
Torrefarrera
Alpicat
Valls
Reus
Vila-seca
Salou
Cambrils
Montblanc
Poblet
Prades
Flix
Móra d'Ebre
Móra la Nova
Falset
Tàrrega
L'Hospitalet de l'Infant
Miami Platja
Altafulla
Torredembarra
Cap de Salou
Montsant
Serra Grossa
La Granadella
El Soleràs
L'Albi
Vinaixa
Espluga de Francolí
La Riba
Alcover
Riudoms
Cornudella de M.
Siurana
Ulldemolins
Bellmunt del Priorat
Vandellòs
Tivissa
Rasquera
Benifallet
Cardó
EBRE

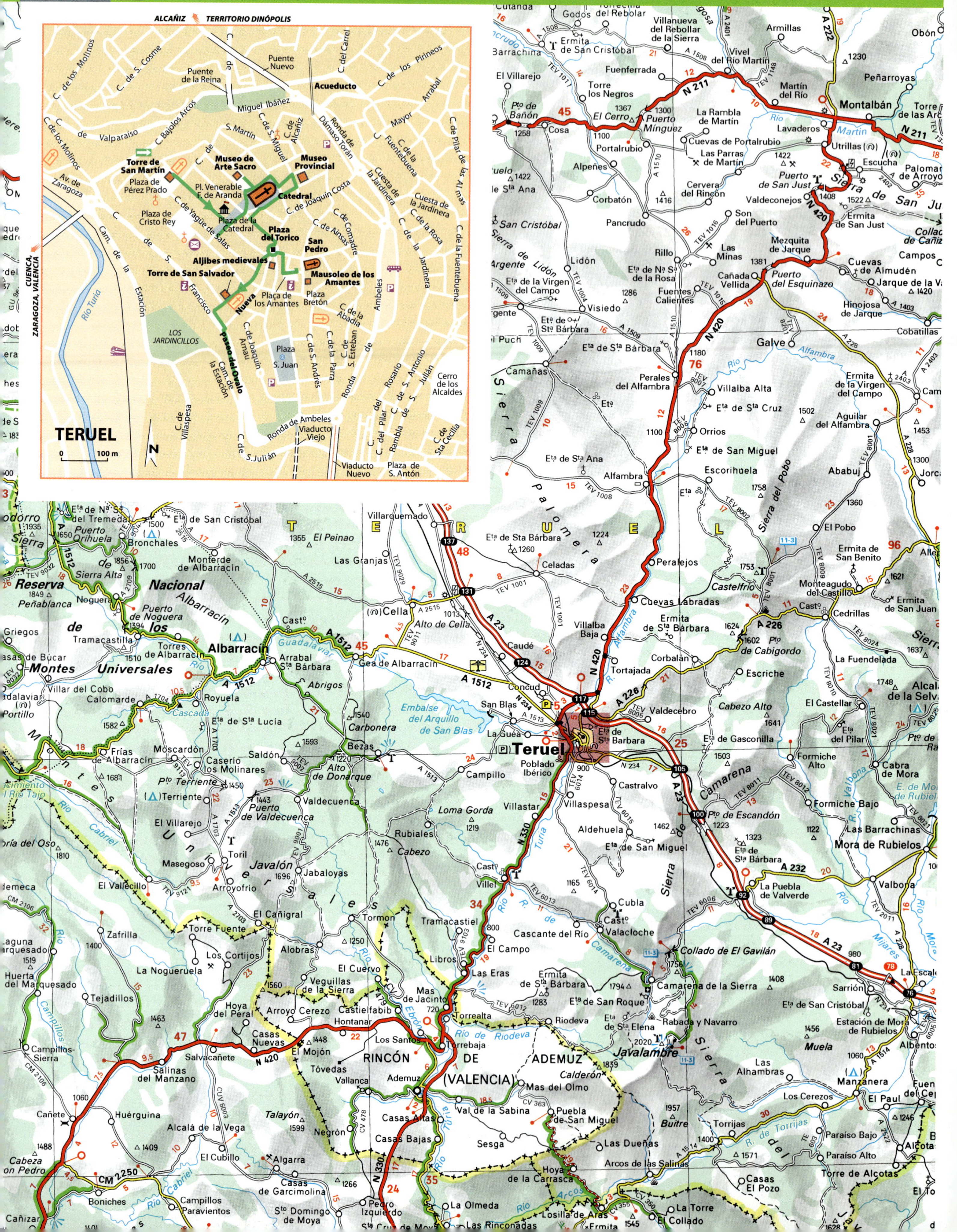
ALCAÑIZ
TERRITORIO DINÓPOLIS
TERUEL
100 m
N
Puente Nuevo
Puente de la Reina
Acueducto
Miguel Ibáñez
Torre de San Martín
Plaza de Pérez Prado
Plaza de Cristo Rey
Museo de Arte Sacro
Museo Provincial
Pl. Venerable F. de Aranda
Catedral
Plaza de la Catedral
Plaza del Torico
Aljibes medievales
San Pedro
Mausoleo de los Amantes
Torre de San Salvador
Plaça de los Amantes
Plaza Bretón
Nueva
Paseo del Óvalo
LOS JARDINCILLOS
Plaza S. Juan
Río Turia
Ronda de Ambeles
Viaducto Viejo
Viaducto Nuevo
Plaza de S. Antón
Cerro de los Alcaldes
CUENCA, ZARAGOZA, VALENCIA
Teruel
Albarracín
Montalbán
Mora de Rubielos
Sierra de San Just
Sierra Palomera
Sierra de Albarracín
Montes Universales
Reserva Nacional de los Montes Universales
Sierra de Camarena
Sierra de Javalambre
Embalse del Arquillo de San Blas
RINCÓN DE ADEMUZ (VALENCIA)
Cella
Villarquemado
Perales del Alfambra
Alfambra
Galve
Aguilar del Alfambra
Cedrillas
Corbalán
Valdecebro
Cuevas Labradas
Castralvo
Villaspesa
Aldehuela
Cubla
Valacloche
Camarena de la Sierra
La Puebla de Valverde
Sarrión
Manzanera
Albentosa
Alcalá de la Selva
Formiche Alto
Formiche Bajo
Cabra de Mora
Valbona
Gea de Albarracín
Bezas
Frías de Albarracín
Royuela
Calomarde
Griegos
Guadalaviar
Noguera
Tramacastilla
Torres de Albarracín
Villar del Cobo
Moscardón
Saldón
Valdecuenca
Terriente
El Vallecillo
Jabaloyas
Toril
Masegoso
Arroyofrío
El Cañigral
Torre Fuente
Alobras
El Cuervo
Tormón
Veguillas de la Sierra
Libros
Riodeva
Villel
Cascante del Río
Las Eras
El Campo
Tramacastiel
Campillo
Villastar
Rubiales
Cabezo
Loma Gorda
Caudé
Concud
San Blas
Celadas
Tortajada
Valdecebro
Escriche
El Pobo
Ababuj
Jorcas
Allepuz
Camarillas
Pancrudo
Rillo
Portalrubio
Fuenferrada
Armillas
Obón
Utrillas
Escucha
Palomar de Arroyos
Cuevas de Almudén
Jarque de la Val
Hinojosa de Jarque
Cobatillas
Visiedo
Lidón
Camañas
Orrios
Escorihuela
Villalba Alta
Villalba Baja
Peralejos
Castelfrío
Monteagudo del Castillo
La Fuendelada
El Castellar
Ademuz
Vallanca
Casas Altas
Casas Bajas
Negrón
Sesga
Val de la Sabina
Puebla de San Miguel
Mas del Olmo
Torrebaja
Los Santos
Tóvedas
Hontanar
Castielfabib
Arroyo Cerezo
El Mojón
Casas Nuevas
Salvacañete
Salinas del Manzano
Cañete
Huérguina
Alcalá de la Vega
El Cubillo
Algarra
Boniches
Campillos Paravientos
Campillos-Sierra
Tejadillos
La Huerta del Marquesado
Zafrilla
La Noguerueia
Los Cortijos
Hoya del Peral
Arcos de las Salinas
Torrijas
Las Dueñas
Paraíso Bajo
Paraíso Alto
Alcotas
Torre de Alcotas
El Toro
Los Cerezos
El Paul
Las Alhambras
Muela
Rabadá y Navarro
Collado de El Gavilán
Javalambre
La Olmeda
Las Rinconadas
Losilla de Aras
Hoya de la Carrasca
Casas El Pozo
La Torre
El Collado
A 23
N 234
N 330
N 420
N 211
A 1512
A 226
A 232
A 228
CM 2250

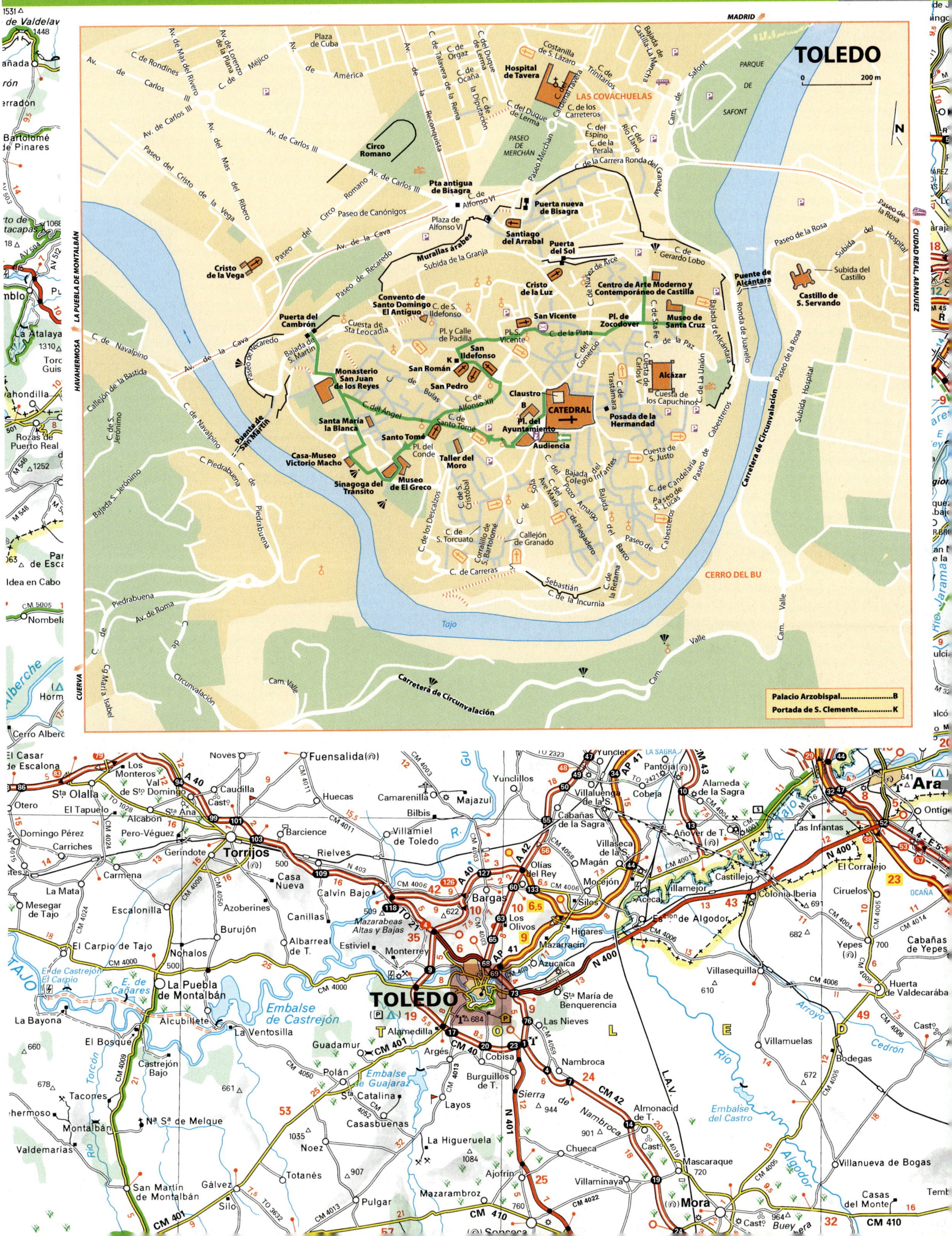
TOLEDO
0 200 m
N
MADRID
CIUDAD REAL ARANJUEZ
LA PUEBLA DE MONTALBÁN
NAVAHERMOSA
CUERVA
Hospital de Tavera
LAS COVACHUELAS
PARQUE DE SAFONT
Circo Romano
Pta antigua de Bisagra
Puerta nueva de Bisagra
Santiago del Arrabal
Puerta del Sol
Murallas árabes
Cristo de la Vega
Cristo de la Luz
Convento de Santo Domingo El Antiguo
Puerta del Cambrón
Centro de Arte Moderno y Contemporáneo de Castilla
Museo de Santa Cruz
Puente de Alcántara
Castillo de S. Servando
San Vicente
Pl. de Zocodover
San Ildefonso
San Román
San Pedro
Monasterio San Juan de los Reyes
Alcázar
Claustro
CATEDRAL
Pl. del Ayuntamiento
Audiencia
Posada de la Hermandad
Santa María la Blanca
Santo Tomé
Casa-Museo Victorio Macho
Sinagoga del Tránsito
Museo de El Greco
Taller del Moro
Puente de San Martín
CERRO DEL BU
Tajo
Carretera de Circunvalación
Palacio Arzobispal.....B
Portada de S. Clemente.....K
TOLEDO
Torrijos
Bargas
Olías del Rey
Mocejón
Villaseca de la Sagra
Añover de T.
Aranjuez
La Puebla de Montalbán
Embalse de Castrejón
Polán
Argés
Cobisa
Burguillos de T.
Nambroca
Almonacid de T.
Mascaraque
Mora
Villaminaya
Ajofrín
Sonseca
Layos
Casasbuenas
Noez
Totanes
Gálvez
San Martín de Montalbán
Montalbán
Valdemarías
Villamuelas
Huerta de Valdecarábanos
Villasequilla
Yepes
Ciruelos
Cabañas de Yepes
Villanueva de Bogas
Casas del Monte
A 40
A 42
AP 41
N 400
N 401
CM 40
CM 42
CM 410
CM 401
CM 4000
N 403
A 4 - E 5

PUÇOL
GODELLA
BORBÒTO
CARPESA
BURJASSOT
TAVERNES BLANQUES
ALMÀSSERA
PATERNA
Museo Municipal de Cerámica
Museo Lladró
ALBORAIA
LEVANTE
Palacio de Congresos
Nuevo Mestalla
Bombas Gens Centre d'Art
BENIMACLET
MISLATA
Parque de Cabecera
Bioparc
Museo de Historia de Valencia
CAMPANAR
Catedral
Lonja de la Seda
Estación del Norte
XIRIVELLA
Palau de la Música
voir plan II
RUSSAFA
Ave Joaquín Sorolla
Museo Fallero
Palau de les Arts Reina Sofía
Hemisfèric
Umbracle
Puente de l'Assut de l'Or
Àgora
CIUTAT DE LES ARTS I LES CIÈNCIE
Museo de las Ciencias Príncipe Felipe
l'Oceanogràfic
Museo del Arroz - Museo de la Semana Santa Marinera
Reales Atarazanas
Pas. Neptuno
MARINA DE VALENCIA
GRAU
Playa de Cabanyal - Las Arenas
Casa-Museo Blasco Ibáñez
MAR MEDITERRÁNEO
PORT SAPLAYA
NAZTARET
PICANYA
PAIPORTA
BENETÚSSER
SEDAVÍ
CASTELLAR L'OLIVERAL
VALENCIA
plan I
0 1 km
MANISES
MADRID
TORRENT
CATARROJA
ALICANTE
EL SALER

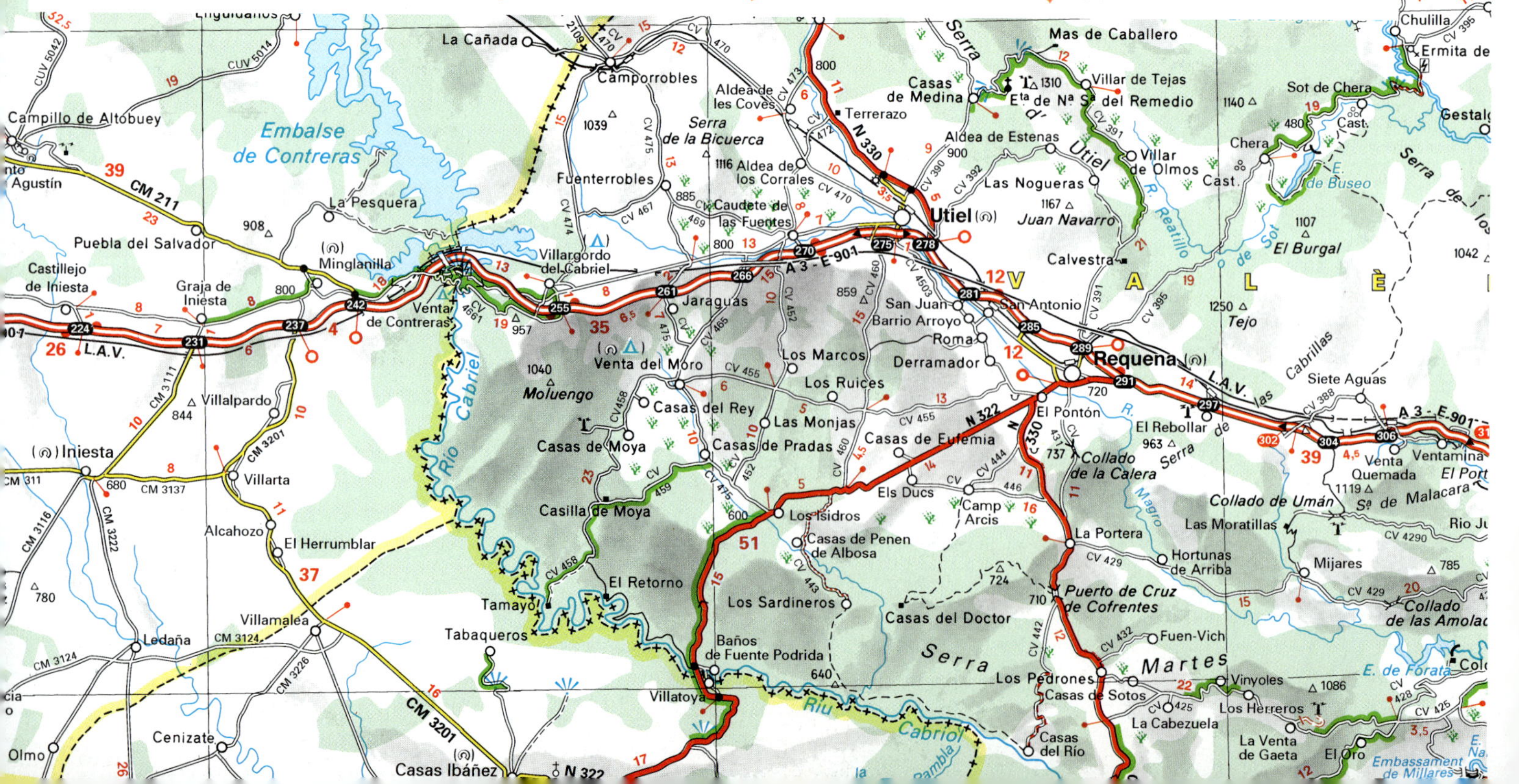
Embalse de Contreras
La Cañada
Camporrobles
Aldea de les Coves
Terrerazo
Casas de Medina
Mas de Caballero
Villar de Tejas
Sot de Chera
Campillo de Altobuey
La Pesquera
Fuenterrobles
Serra de la Bicuerca
Aldea de los Corrales
Caudete de las Fuentes
Aldea de Estenas
Villar de Olmos
Las Nogueras
Juan Navarro
Utiel
Chera
Puebla del Salvador
Minglanilla
Villargordo del Cabriel
Castillejo de Iniesta
Graja de Iniesta
Venta de Contreras
Jaraguas
San Juan
Barrio Arroyo
Roma
San Antonio
Calvestra
El Burgal
Tejo
Requena
Derramador
Venta del Moro
Los Marcos
Los Ruices
Moluengo
Casas del Rey
Las Monjas
Villalpardo
Iniesta
Casas de Moya
Casas de Pradas
Casas de Eufemia
El Pontón
El Rebollar
Siete Aguas
Venta Quemada
Villarta
Casilla de Moya
Els Ducs
Camp de Arcis
Collado de la Calera
Collado de Umán
Alcahozo
El Herrumblar
Los Isidros
Casas de Penen de Albosa
La Portera
Las Moratillas
Hortunas de Arriba
Mijares
El Retorno
Tamayo
Los Sardineros
Casas del Doctor
Puerto de Cruz de Cofrentes
Collado de las Amolac
Villamalea
Tabaqueros
Ledaña
Baños de Fuente Podrida
Fuen-Vich
Los Pedrones
Casas de Sotos
Vinyoles
La Cabezuela
Los Herreros
Villatoya
Casas del Río
La Venta de Gaeta
El Oro
Cenizate
Olmo
Casas Ibáñez
Río Cabriel
Serra de Malacara
A 3 - E 901
L.A.V.

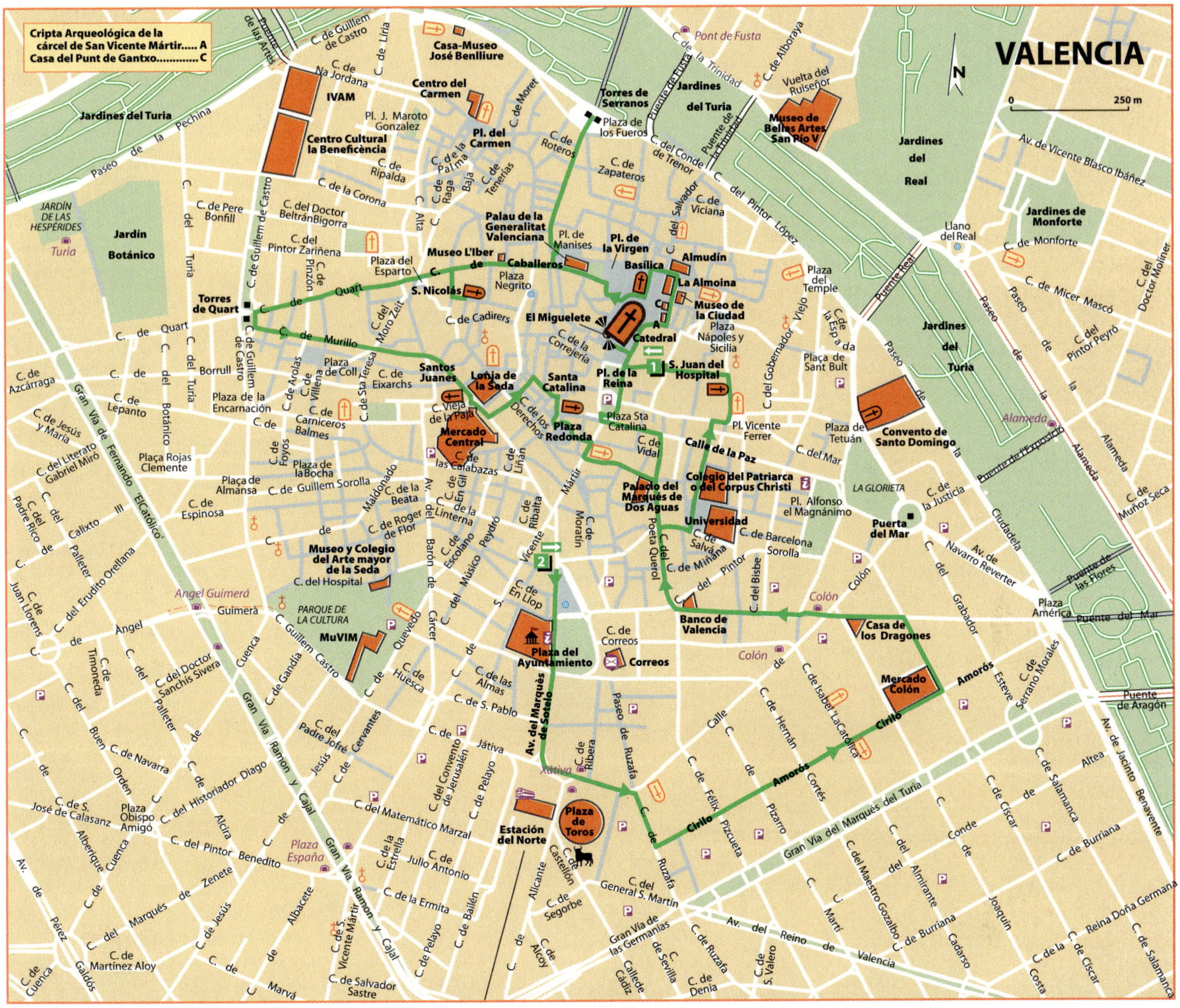
VALENCIA
250 m
N
Cripta Arqueológica de la cárcel de San Vicente Mártir..... A
Casa del Punt de Gantxo............ C
Jardines del Turia
IVAM
Centro Cultural la Beneficencia
Casa-Museo José Benlliure
Centro del Carmen
Pl. del Carmen
Torres de Serranos
Plaza de los Fueros
Museo de Bellas Artes San Pío V
Jardines del Real
Jardín Botánico
JARDÍN DE LAS HESPÉRIDES
Torres de Quart
Museo L'Iber
Plaza del Esparto
Caballeros
S. Nicolás
Palau de la Generalitat Valenciana
Pl. de Manises
Pl. de la Virgen
Basílica
Almudín
La Almoina
Museo de la Ciudad
El Miguelete
Catedral
S. Juan del Hospital
Plaza Negrito
Santos Juanes
Lonja de la Seda
Mercado Central
Santa Catalina
Pl. de la Reina
Plaza Redonda
Plaza Sta Catalina
Calle de la Paz
Colegio del Patriarca o del Corpus Christi
Palacio del Marqués de Dos Aguas
Universidad
Pl. Alfonso el Magnánimo
Puerta del Mar
LA GLORIETA
Convento de Santo Domingo
Plaza de Tetuán
Museo y Colegio del Arte mayor de la Seda
PARQUE DE LA CULTURA
MuVIM
Plaza del Ayuntamiento
Correos
Banco de Valencia
Casa de los Dragones
Mercado Colón
Colón
Plaza de Toros
Estación del Norte
Av. del Marqués de Sotelo
Gran Vía de Fernando El Católico
Gran Vía Ramón y Cajal
Gran Vía del Marqués del Turia
Av. del Reino de Valencia
Puente del Mar
Puente de Aragón
Plaza América
Cirilo Amorós
Pont de Fusta
Puente Real
Alameda
Paseo de la Pechina
Llano del Real
Jardines de Monforte
Av. de Vicente Blasco Ibáñez
Guimerá
Plaza España
Játiva
Xàtiva

VALENCIA
El Grau de Valencia
Llíria / Liria
La Pobla de Vallbona
Bétera
Massamagrell
El Puig
Puçol
Platja de Puçol
La Pobla de Farnals
Platja de la Pobla de Farnals
Massalfassar
Moncada
Burjassot
Paterna
Tavernes Blanques
Almàssera
Alboraia
Platja d'Alboraia
Platja de Malva-rosa
Manises
Quart
Aldaia
Alaquàs
Xirivella
Torrent
Picanya
Massanassa
Alfafar
El Saler
Platja del Saler
Gola del Pujol
Platja de la Devesa
L'Albufera
Parc Natural
Hipodrom
Parador de El Saler
El Perellonet
El Palmar
El Romaní
Sollana
El Perelló
Silla
Alcàsser
Picassent
Catarroja
Beniparrell
Albal
Riba-roja de Túria
L'Eliana
Benaguasil
Vilamarxant
Pedralba
Bugarra
Cheste
Chiva
Loriguilla
Universidad Laboral
Buñol
Alborache
Godelleta
Turís
Montserrat
Montroi
Real
Torre
Ascopalls
La Xivana
Almussafes
Benifaió
Valbona
Andilla
Canales
Villar del Arzobispo
San Jorge
GOLF DE VALENCIA

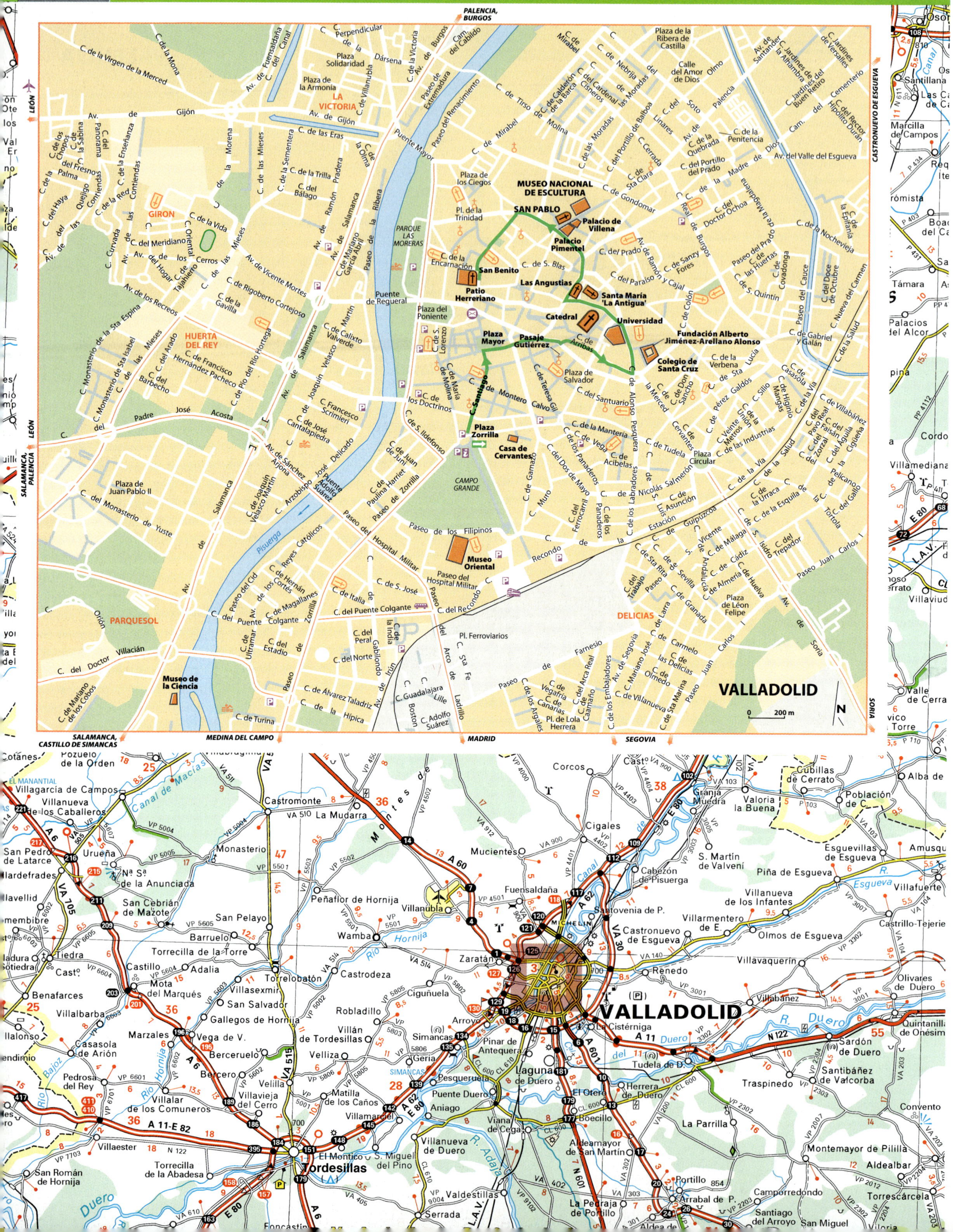
PALENCIA, BURGOS
LEÓN
CASTRONUEVO DE ESGUEVA
SALAMANCA, PALENCIA
SALAMANCA, CASTILLO DE SIMANCAS
MEDINA DEL CAMPO
MADRID
SEGOVIA
SORIA
MUSEO NACIONAL DE ESCULTURA
SAN PABLO
Palacio de Villena
Palacio Pimentel
San Benito
Patio Herreriano
Las Angustias
Santa María 'La Antigua'
Catedral
Universidad
Fundación Alberto Jiménez-Arellano Alonso
Colegio de Santa Cruz
Plaza Mayor
Pasaje Gutiérrez
Plaza Zorrilla
Casa de Cervantes
CAMPO GRANDE
Museo Oriental
Museo de la Ciencia
LA VICTORIA
GIRON
HUERTA DEL REY
PARQUESOL
DELICIAS
PARQUE LAS MORERAS
Puente Mayor
Puente de Regueral
Pisuerga
VALLADOLID
0 200 m
N
Cigales
Fuensaldaña
Cabezón de Pisuerga
Santovenia de P.
Castronuevo de Esgueva
Renedo
Zaratán
Arroyo
Simancas
Laguna de Duero
Boecillo
Tordesillas
Tudela de D.
Sardón de Duero
Portillo
La Pedraja de Portillo
Valdestillas
Mota del Marqués
Villanubla
Wamba
Peñaflor de Hornija
Castromonte
La Mudarra
Mucientes
Villabáñez
Traspinedo
Olmos de Esgueva
Villarmentero de E.
Villanueva de los Infantes
Piña de Esgueva
Esguevillas de Esgueva
Cubillas de Cerrato
Quintanilla de Onésimo
Montemayor de Pililla
Aldealbar
Camporredondo
Torrescárcela
A 62
A 6
A 11
A 601
E 80
N 122
Duero
Adaja
Esgueva
Hornija
Canal de Castilla

PONTEVEDRA
VIGO
Redondela
Porriño
Ponteareas
Sanxenxo
Sangenjo
Cangas
Moaña
Baiona
Nigrán
Gondomar
Tui
Valença do Minho
Mondariz
Salvaterra de Miño
As Neves
Melgaço
Ribadavia
O Carballiño
Marín
Bueu
Isla de Ons
Islas Cíes
Cabo de Home
Cabo Silleiro
Ría de Pontevedra
Ría de Vigo
Rio Minho
Río Miño
Sierra del Suido
Faro de Avión
A Guarda
Citania de Sta Tegra
Caminha
Vila Praia de Âncora
Viana do Castelo
Ponte de Lima
Barcelos
Braga
Esposende
Serra de Arga
Rio Lima
Paredes de Coura
Monção
Arcos
VIGO
150 m
ISLAS CÍES
Muelle de Transatlánticos
Paseo de las Avenidas
Túnel de Beiramar
C. de Montero Rios
C. de Luis Taboada
O BERBÉS
Catedral
Pr. de Compostela
CASCO HISTÓRICO
Porta do Sol
C. de Rosalía
C. de Oporto
de Castro
García Barbón
MARCO
C. de Colón
C. de Velázquez Moreno
C. del Doctor Cadaval
C. del Progreso
C. de Gil
C. de María Berdiales
C. de Urzáiz
C. de Venezuela
Ecuador
C. de Panamá
C. de Nicaragua
Travesía del Marqués Alcedo
Paseo de Rosalía de Castro
Av. de los Cedros
C. del Couto
Parque do Castro
C. de Hispanidad
Av. Camelias
C. de Romil
C. de Pi i Margall
C. de Torrecedeira
C. del Conde de Torrecedeira
C. de Llorente
C. de Falperra
C. de Cachamuiña
Av. de Beiramar
C. de Paraguay
C. de Bolivia
C. de Pizarro
C. del Alcalde Vázquez Varela
Av. de la Gran Vía
C. de Hernán Cortés
C. de Lepanto
C. de Cuba
C. de México
C. del Padre Don Rúa
PONTEVEDRA
REDONDELA
BAIONA, MUSEO QUIÑONES DE LEÓN
OURENSE, PORTO, MADRID
MUSEO DO MAR, PRAIA DE SAMIL

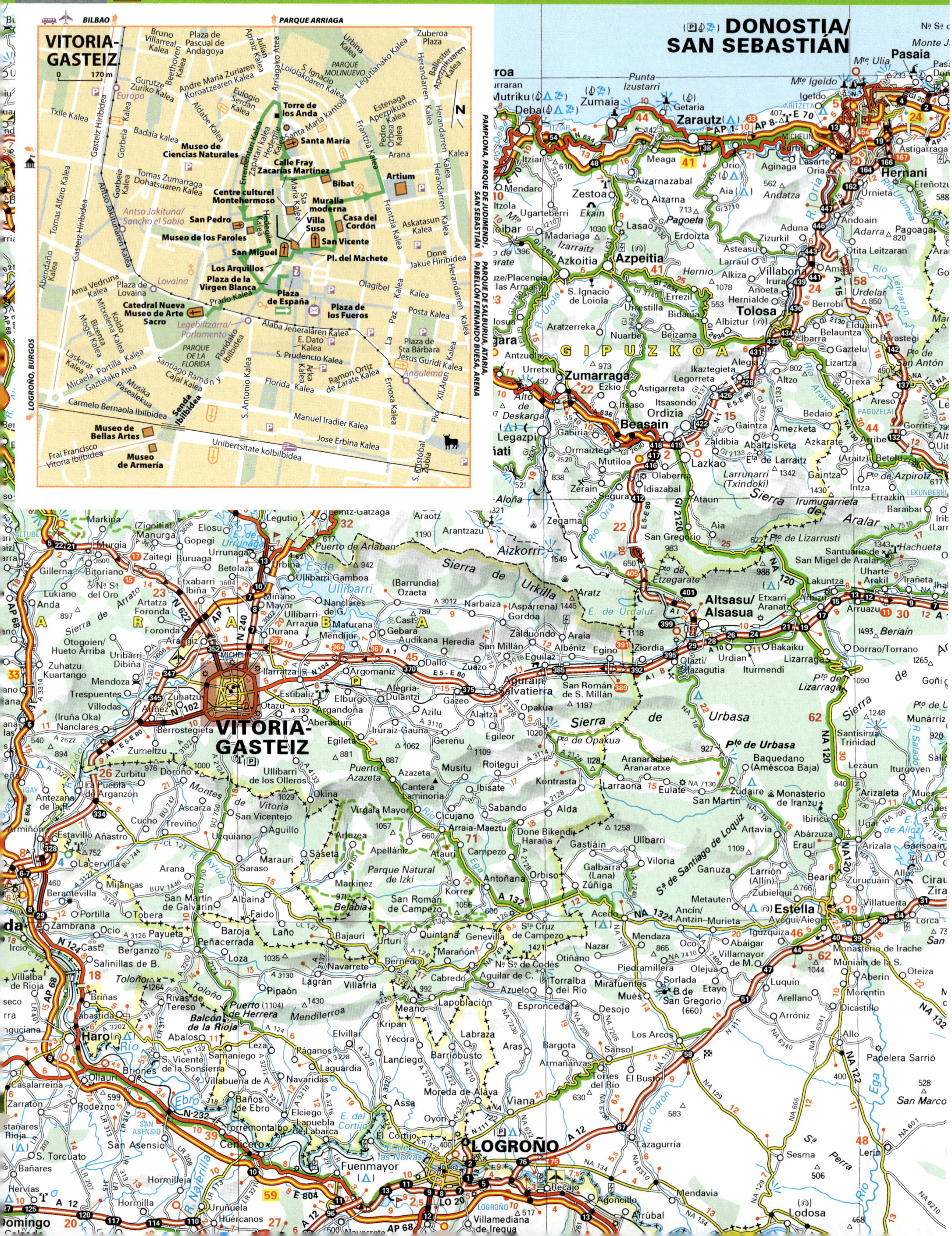
VITORIA-GASTEIZ
170 m
BILBAO
PARQUE ARRIAGA
LOGROÑO, BURGOS
PAMPLONA, PARQUE DE JUDIMENDI, SAN SEBASTIÁN
PARQUE DE SALBURUA, ATARIA, PABELLÓN FERNANDO BUESA, ARENA
Torre de los Anda
Santa María
Museo de Ciencias Naturales
Calle Fray Zacarías Martínez
Bibat
Artium
Centre culturel Montehermoso
Muralla moderna
San Pedro
Villa Suso
Casa del Cordón
Museo de los Faroles
San Vicente
San Miguel
Pl. del Machete
Los Arquillos
Plaza de la Virgen Blanca
Plaza de España
Plaza de los Fueros
Catedral Nueva
Museo de Arte Sacro
Parque de la Florida
Museo de Bellas Artes
Museo de Armería
Lovaina
Europa
Antso Jakituna/ Sancho el Sabio
Legebiltzarra/ Parlamento
Anguleme
DONOSTIA/ SAN SEBASTIÁN
Pasaia
Hernani
Zarautz
Getaria
Zumaia
Deba
Mutriku
Azpeitia
Azkoitia
Zestoa
Tolosa
Villabona
Zumarraga
Beasain
Ordizia
Lazkao
Legazpi
GIPUZKOA
Sierra de Aralar
Altsasu/ Alsasua
Sierra de Urkilla
Sierra de Urbasa
Pto de Urbasa
Salvatierra
Agurain
VITORIA-GASTEIZ
Ullibarri
Montes de Vitoria
Parque Natural de Izki
Estella
Sa de Santiago de Loquiz
Haro
Briñas
Labastida
Balcón de la Rioja
Puerto de Herrera
Sierra de Toloño
Laguardia
Elciego
Cenicero
Fuenmayor
LOGROÑO
Viana
Lodosa
Lerín
Los Arcos
Santo Domingo

ZAMORA
0 200 m
Pl. Mayor
Plaza de la Puebla
Pal. de los Momos
Santiago del Burgo
Museo de la Semana Santa
San Juan Bautista
Sta María la Nueva
Museo Etnográfico de Castilla y León
Santa María de la Horta
La Magdalena
San Cipriano
Museo de Zamora
Santo Tomé
Castillo
Baltasar Lobo Centro de Arte
Santiago de los Caballeros
Catedral
San Claudio
Puente de Piedra
Duero
ALCAÑICES, BRAGANÇA
SAN PEDRO DE LA NAVE
SALAMANCA
Embalse del Esla
de Ricobayo
Río Duero
Río Esla
Benavente
Toro
Fermoselle

ZARAGOZA
0 150 m
PARQUE DEL AGUA LUIS BUÑUEL
Fuente de la Hispanidad
Basílica de Nuestra Señora del Pilar
Murallas Romanas
Las Armas
San Pablo
Mercado Central
Plaza del Pilar
Ayuntamiento
La Lonja
Alma Mater Museum
Museo del Foro
Museo del Puerto Fluvial
La Seo del Salvador
Palacio de Don Lope
Museo de las Termas Públicas
Museo Pablo Gargallo
Torreón Fortea
Museo Goya
San Felipe
Plaza S. Felipe
Museo del Fuego y de los Bomberos
Sta María Magdalena
Museo del Teatro Romano
Plaza de Salamero
Plaza de España
Plaza de Antonio Beltrán Martínez
EMOZ
Río Ebro
PALACIO DE LA ALJAFERÍA
IAACC
SANTA ENGRACIA, PATIO DE LA INFANTA, CAIXAFORUM ZARAGOZA, PLAZA DE TOROS
MUSEO DE ZARAGOZA
Zuera
Villanueva de Gállego
Utebo
Alfajarín
Fuentes de Ebro
Sierra de la Muela
La Almunia de Doña Godina
Calatorao
Ricla
María de Huerva
Cariñena
RÍO EBRO
Llanos de la Plana

AVEIRO
120 m
Salinas
Canal de São Roque
Canal das Pirâmides
Canal Central
Canal do Cojo
Canal do Paraíso
Museu Arte Nova
Museu da Cidade
Misericórdia
Sé
Praça da República
Largo Conselheiro Queirós
Cais dos Botirões
Cais dos Mercanteis
Cais do Alboi
Cais do Paraíso
Cais dos Moliceiros
R. dos Marnotos
R. dos Mercadores
R. Dom José I
R. do Carril
R. do Carmo
R. do Gravito
R. Guilherme Gomes Fernandes
R. Jaime Moniz
R. Almeida Garrett
R. Doutor Manuel Neves
R. de São Sebastião
R. Castro Matoso
R. Calouste Gulbenkian
R. Manuel Mendes
R. Magalhães Serrão
R. Condessa Mumadona
Av. Doutor Lourenço Peixinho
Av. 5 de Outubro
Av. 25 de Abril
Av. de Araújo e Silva
Av. Doutor Artur Ravara
Av. de Oita
COSTA NOVA, PRAIA DA BARRA
PORTO, VISEU
CENTRO CULTURAL E DE CONGRESSOS
FIGUEIRA DA FOZ
COIMBRA
PORTO
Matosinhos
Leça da Palmeira
Praia de Labruge
Praia de Agudela
Praia de Boa Nova
Porto de Leixoes
Foz do Douro
Vila Nova de Gaia
Maia
Praia de Lavadores
Canidelo
Madalena
Valadares
Miramar
Praia da Aguda
Granja
São Félix da Marinha
Espinho
Praia de Espinho
Silvalde
Paramos
Esmoriz
Praia de Esmoriz
Praia de Cortegaça
Cortegaça
Maceda
Dunas de Ovar
Praia de Furadouro
Furadouro
Ovar
Praia de Areinho
Ribeira
Torrão do Lameiro
Quintas do Norte
Torreira
Praia de Monte Branco
Pousada da Ria
Reserva Natural das Dunas de São Jacinto
S. Jacinto
Ria de Aveiro
AVEIRO
Praia da Barra
Gafanha da Nazaré
Gafanha da Encarnação
Costa Nova
Ílhavo
Gafanha do Carmo
Praia da Vagueira
Vagos
Gafanha da Boa Hora
Barra de Mira
Praia de Mira
Mira
Cantanhede
Sta Maria da Feira
S. João da Madeira
Oliveira de Azeméis
Vale de Cambra
Estarreja
Albergaria-a-Velha
Águeda
Oliveira do Bairro
Anadia
Curia
Mealhada
Luso
Sever do Vouga
Arouca
Serra da Freita
Serra do Caramulo
Caramulo
Caramulinho
Tondela
Mortágua
Santa Comba Dão
S. Pedro do Sul
Vouzela
Oliveira de Frades
R. Vouga
Figueiredo de Alva
Carregal do Sal

BRAGA
0 190 m
PONTE DE LIMA, CALDELAS
CHAVES
MOSTEIRO DE TIBÃES
CAPELA DE SÃO FRUTUOSO DE MONTÉLIOS
PORTO, BARCELOS
VIANA DO CASTELO
CHAVES BOM JESUS DO MONTE
GUIMARÃES
Museu dos Biscainhos
Sé
Capela de N. S. da Penha de França
Igreja dos Congregados
Santa Cruz
Museu Pio XII
Palácio do Raio
Termas romanas do Alto da Cividade
Museu de Arqueologia
JARDIM DE STA. BARBARA
PR. MOUZINHO DE ALBUQUERQUE
Antigo Paço Episcopal..............A
Capela dos Coimbras..............C
Casa das Gelosias..............E
Fonte do Pelicano..............K
Ponte de Lima
Barcelos
BRAGA
Vila Verde
Caldelas
Guimarães
Vila Nova de Famalicão
Vila do Conde
Santo Tirso
Trofa
Póvoa de Lanhoso
Bom Jesus do Mte
Sameiro
Vizela
Praia da Árvore

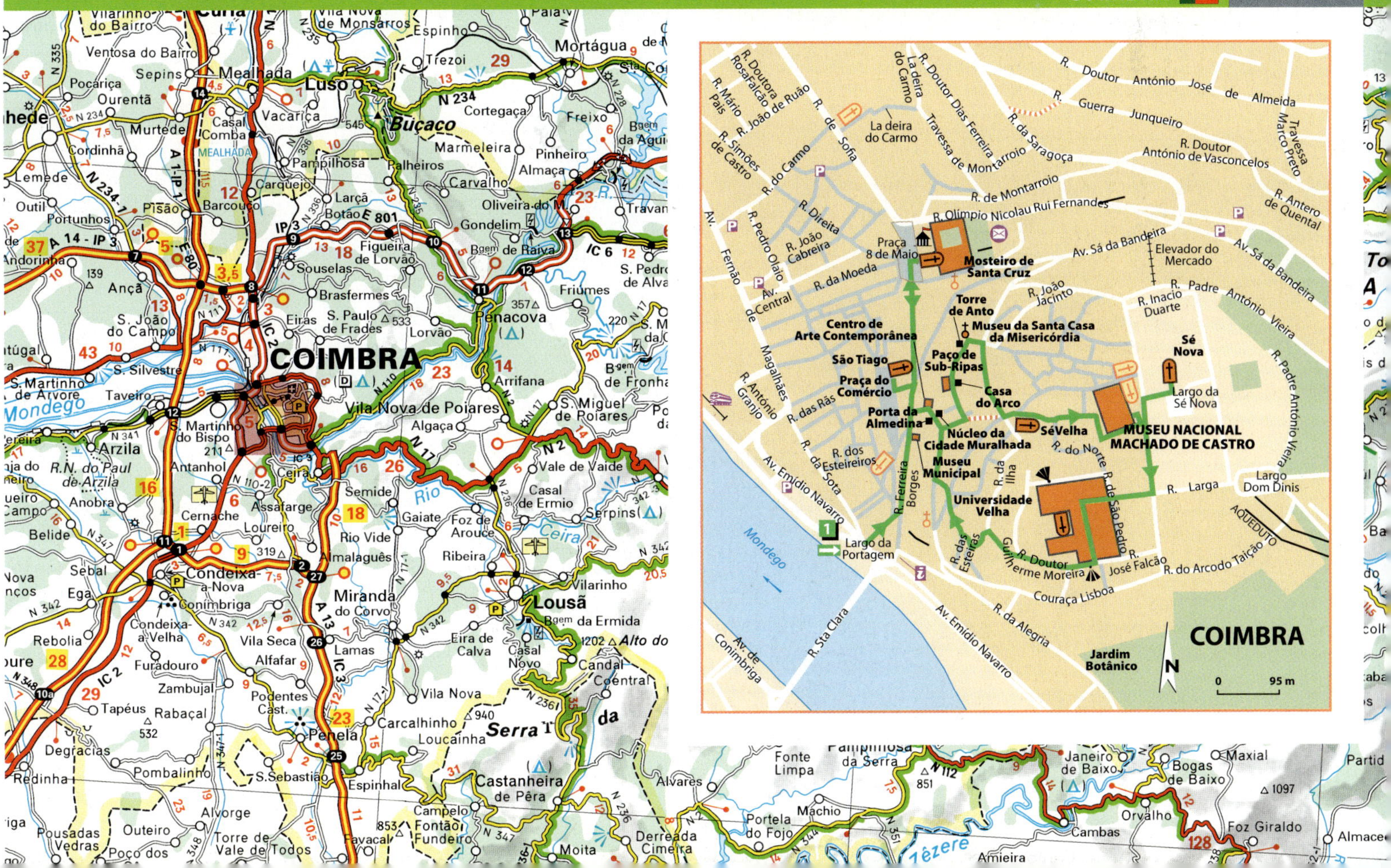
COIMBRA
Mealhada
Luso
Buçaco
Penacova
Vila Nova de Poiares
Lousã
Miranda do Corvo
Condeixa-a-Nova
Conímbriga
Penela
Serra da Lousã
COIMBRA
0 95 m
Mosteiro de Santa Cruz
Torre de Anto
Museu da Santa Casa da Misericórdia
Centro de Arte Contemporânea
Paço de Sub-Ripas
Casa do Arco
São Tiago
Praça do Comércio
Porta da Almedina
Núcleo da Cidade Muralhada
Museu Municipal
Sé Velha
Sé Nova
MUSEU NACIONAL MACHADO DE CASTRO
Universidade Velha
Jardim Botânico
Largo da Portagem
Mondego
La deira do Carmo
Praça 8 de Maio
Elevador do Mercado
Largo Dom Dinis
AQUEDUTO

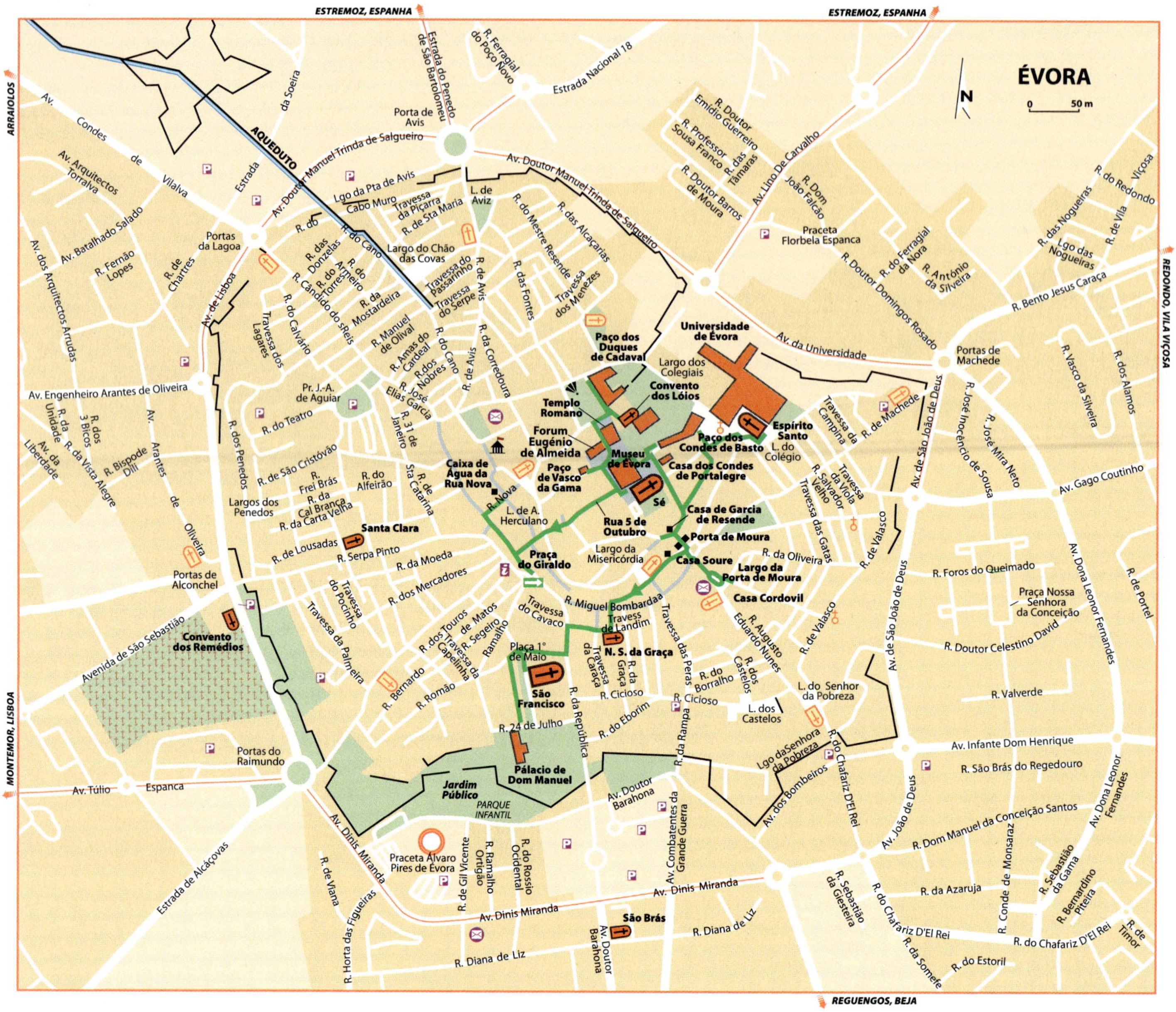
ÉVORA
0 50 m
N
ESTREMOZ, ESPANHA
ESTREMOZ, ESPANHA
ARRAIOLOS
REDONDO, VILA VIÇOSA
MONTEMOR, LISBOA
REGUENGOS, BEJA
AQUEDUTO
Universidade de Évora
Paço dos Duques de Cadaval
Convento dos Lóios
Templo Romano
Forum Eugénio de Almeida
Museu de Évora
Paço dos Condes de Basto
Casa dos Condes de Portalegre
Espírito Santo
Caixa de Água da Rua Nova
Paço de Vasco da Gama
Sé
Rua 5 de Outubro
Casa de Garcia de Resende
Porta de Moura
Casa Soure
Largo da Porta de Moura
Casa Cordovil
Praça do Giraldo
Santa Clara
Convento dos Remédios
N. S. da Graça
São Francisco
Pálacio de Dom Manuel
Jardim Público
PARQUE INFANTIL
Praceta Alvaro Pires de Évora
São Brás
Portas de Avis
Portas da Lagoa
Portas de Machede
Portas de Alconchel
Portas do Raimundo
Praceta Florbela Espanca
Largo dos Penedos
L. do Senhor da Pobreza
L. dos Castelos
Av. Dinis Miranda
Av. da Universidade
Av. Gago Coutinho
Av. Infante Dom Henrique
Av. Dona Leonor Fernandes
Av. Engenheiro Arantes de Oliveira
Avenida de São Sebastião
Av. de São João de Deus
Av. Lino de Carvalho
Av. Doutor Manuel Trinda de Salgueiro
Estrada Nacional 18
Estrada de Alcáçovas
Av. Túlio Espanca
R. Diana de Liz
R. Serpa Pinto
R. da República
R. de Machede
R. do Raimundo
R. Miguel Bombarda
R. Foros do Queimado
R. Doutor Celestino David
R. Valverde
R. São Brás do Regedouro
R. Dom Manuel da Conceição Santos
R. da Azaruja
R. do Chafariz D'El Rei
R. do Estoril
R. Bento Jesus Caraça
R. Doutor Domingos Rosado
R. de Alconchel

Foros de Vale de Figueira
Vendas Novas
Montemor-o-Novo
Catalão
Safira
Reguengo
Torre da Gadanha
São Romão
Foros do Baldio
Barrancão
Monfurado
São Sebastião da Giesteira
Santiago do Escoural
Tojal
São Cristóvão
Casa Branca
Caeirinha
B.gem de Pego do Altar
Alcáçovas
Estação de Alcáçovas
Estação de Tojal
São Brás do Regedouro
Gafanhoeira
Arraiolos
Ilhas
Foros do Cortiço
B.gem dos Minutos
Foros da Adúa
Sta. Sofia
Igrejinha
B.gem do Divor
Na. Sra. da Graça do Divor
São Matias
Guadalupe
N.a S.ra da Boa Fé
São Brissos
Valverde
Monte das Flores
Na. Sra. da Torega
Convento São Bento de Castris
Canaviais
ÉVORA
Almeirim
Vale de Moura
São Marcos da Abóbada
Torre de Coelheiros
Aguiar
Espinheira
São Manços
Monte do Trigo
Azaruja
Vale do Pereiro
Foros do Queimado
São Miguel de Machede
Foros das Pombas
Na. Sra. de Machede
São Domingos da Ordem
Sta. Susana
B.gem da Vigia
Balancho
B.gem do Monte Novo
Montoito
Aldeias de Montoito
Vendinha
Caridade
São Vicente do Pigeiro
Reguengos de Monsaraz
Redondo
Zambujeiro
Picarrel
Foros do Freixo
Rio de Moinhos
Serra de Ossa
São Gens
Aldeia da Serra
Santiago Maior
Falcoeiras
Cerros
Evoramonte
Sta. Justa
A 6 - IP 7
E 90
E 802
N 114
N 4
N 2
N 370
N 380
N 18 - IP 2
N 18 - IP 2 - E 802
N 254
N 256
N 257
N 253
R 381
Ribª de Peramanca
Ribª das Alcáçovas
Rio Xarrama
Ribª da Azambuja
Degebe

FUNCHAL
0 200 m
N
OCEANO
ATLÂNTICO
PORTO SANTO
PONTINHA
Porto da Madeira
SÃO JOÃO
SANTA LUZIA
ROCHINHA
VILA VELHA
SOCORRO
Quinta das Cruzes
Convento de Santa Clara
Museu Frederico de Freitas
Museu Municipal
Museu da Fotografia « Vicentes »
Jardim Municipal
Câmara Municipal
Colégio
Pr. do Município
Museu de Arte Sacra
Sé
São Lourenço
Museu Henrique e Francisco Franco
Mercado dos Lavradores
Museu de Electricidade
Largo do Corpo Santo
São Tiago
Santa Maria Maior
PRAIA DA BARREIRINHA
Santa Catarina
Parque de Santa Catarina
Quinta da Vigia
Jardins do Casino
Av. do Mar
Av. Arriaga
Praça do Infante
Praça Sá Carneiro
Av. Sá Carneiro
R. Carvalho Araújo
R. Imperatriz Dona Amélia
Av. do Infante
R. 5 de Outubro
R. Bela Santiago
R. Sta Maria
R. do Lazareto
R. Latino Coelho
R. dos Murças
R. Fernão de Ornelas
R. João de Deus
R. do Carmo
R. do Bom Jesus
R. dos Netos
R. dos Ferreiros
R. do Pombal
V. à Cota 40
R. Elias Garcia
R. da Carreira
R. Major Reis Gomes
R. das Pretas
R. dos Aranhas
Av. Calouste Gulbenkien
R. Doutor Brito Câmara
Calçada da Cabouqueira
R. do Jasmineiro
R. dos Ilhéus
R. Tenente Coronel Sarmento
R. de São João
Estrada
Caminho da Achada
Travessa do Paiol
Escadas dos Moinhos
Beco dos Arrifes
R. dos Arrifes
R. da Saúde
R. das Frias
R. do Visconde do Anadia
R. Silvestre Quintino de Freitas
R. Doutor Gaspar Frutuoso
João Gomes
R. Nova da Rochinha
R. Coronel Cunha
R. Mãe dos Homens
R. Conde
R. Lomba da Boavista
R. do Lanço
R. de Santiago
R. do Carvalhal
R. de São Filipe
R. do Acciaioli
Travessa Doutor Castilho
Caminho do Palheiro
Menor

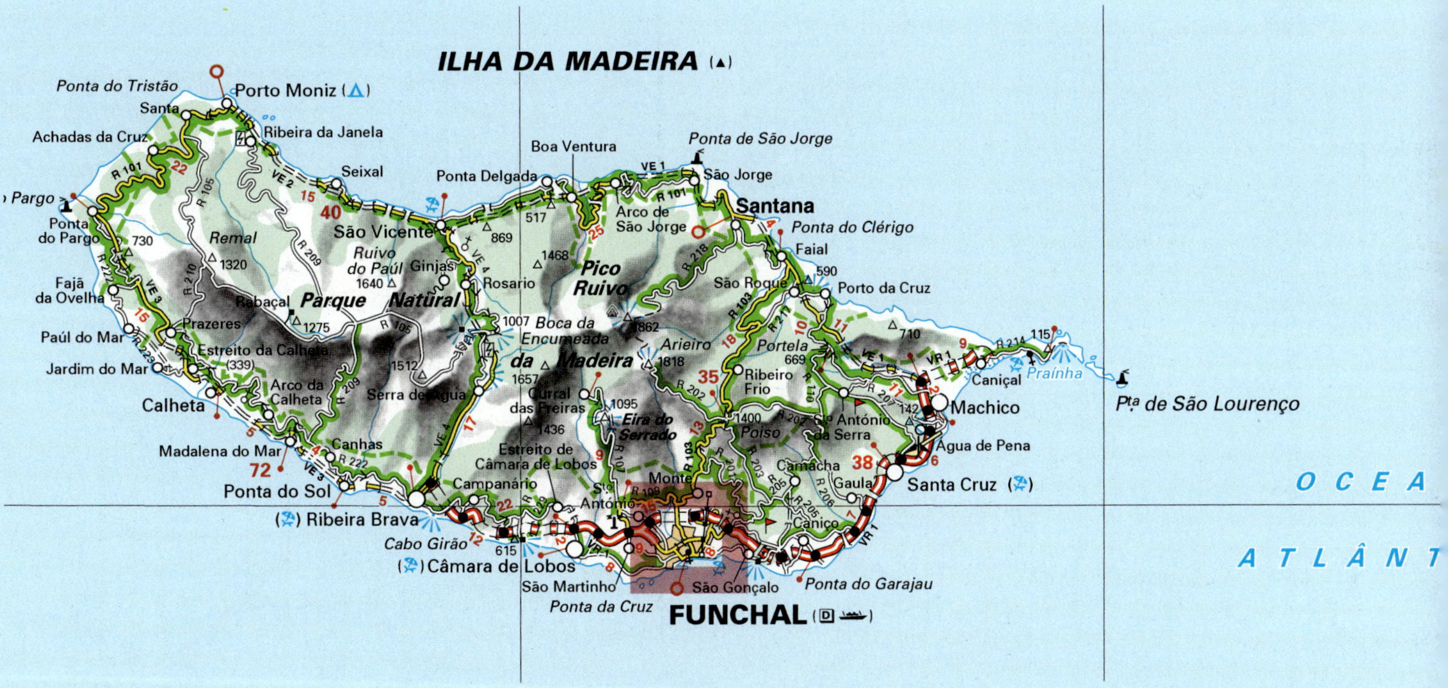
ILHA DA MADEIRA
Ponta do Tristão
Porto Moniz
Santa
Achadas da Cruz
Ribeira da Janela
Seixal
Boa Ventura
Ponta Delgada
Ponta de São Jorge
São Jorge
Santana
Ponta do Clérigo
Faial
Porto da Cruz
Pargo
Ponta do Pargo
Fajã da Ovelha
Paúl do Mar
Jardim do Mar
Calheta
Madalena do Mar
Ponta do Sol
Ribeira Brava
Cabo Girão
Câmara de Lobos
São Martinho
Ponta da Cruz
FUNCHAL
São Gonçalo
Ponta do Garajau
Santa Cruz
Caniço
Gaula
Camacha
Água de Pena
Machico
Caniçal
Prainha
Pta de São Lourenço
São Vicente
Ruivo do Paúl
Remal
Rabaçal
Prazeres
Estreito da Calheta
Arco da Calheta
Parque Natural da Madeira
Ginjas
Rosário
Pico Ruivo
Arco de São Jorge
São Roque
Boca da Encumeada
Serra de Água
Curral das Freiras
Estreito de Câmara de Lobos
Campanário
Canhas
Eira do Serrado
Arieiro
Portela
Ribeiro Frio
Poiso
Santo António da Serra
Monte
Santo António
OCEA
ATLÂNT

LISBOA
Agglomération
SINTRA
PENICHE, TORRES VEDRAS
COIMBRA, FÁTIMA, VILA FRANCA DE XIRA
PONTE VASCO DA GAMA
CASCAIS
TRAFARIA
PORTO BRANDÃO
COSTA DE CAPARICA, SETÚBAL
CACILHAS
BARREIRO, MONTIJO
AMADORA
HORTA NOVA
CARNIDE
LUMIAR
ALTA DE LISBOA
OLIVAIS NORTE
OLIVAIS SUL
PARQUE DAS NAÇÕES
BENFICA
VENDA NOVA
DAMAIA
CALHARIZ
ALFRAGIDE
ALTO DA BOAVISTA
ALTO DA SERAFINA
ALVALADE
AREEIRO
MARVILA
BRAÇO DE PRATA
BEATO
SÃO JOÃO
PENHA DE FRANÇA
GRAÇA
ALFAMA
ROSSIO
BAIXA
CHIADO
BAIRRO ALTO
ESTRELA
RATO
AMOREIRAS
CASELAS
CARAMÃO
ALTO DA AJUDA
AJUDA
RESTELO
BELÉM
Aeroporto Humberto Delgado (Lisboa - Portela)
PALÁCIO DOS MARQUESES DE FRONTEIRA
MUSEU C. GULBENKIAN
MOSTEIRO DOS JERÓNIMOS
TORRE DE BELÉM
MUSEU NACIONAL DE ARTE ANTIGA
PRAÇA DO COMÉRCIO
PONTE 25 DE ABRIL
Castelo de São Jorge
Museu Nacional do Azulejo
Museu Militar
Aqueduto das Águas Livres
Jardim Zoológico
Parque Florestal de Monsanto
TEJO

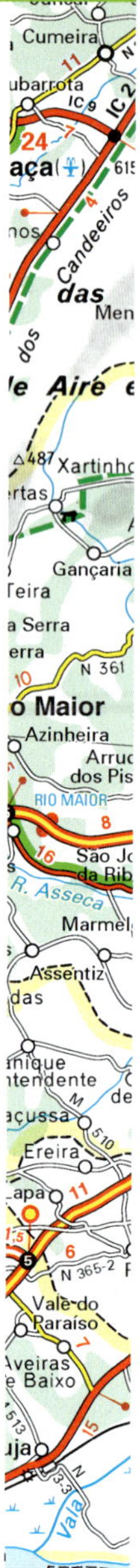

Ericeira
Mafra
Sintra
Cascais
ESTORIL
Amadora
Odivelas
LISBOA
Loures
Vila Franca de Xira
Alverca do Ribatejo
Alhandra
Sacavém
Montijo
Almada
Barreiro
Seixal
Costa da Caparica
Cabo da Roca
Cabo Raso
Oeiras
Queluz
Reserva Natural do Estuário do Tejo
TEJO

LISBOA
LA BAIXA
RIO TEJO
Palácio Foz
Pr. dos Restauradores
R. das Portas de S. Antão
Casa do Alentejo
Calçada de Santana
R. do Arco da Graça
Praça M. Moniz
R. da Mouraria
Teatro Éden
Teatro Nacional D. Maria II
Restauradores
R. B. Queirós
Ascensor da Glória
Largo São Domingos
Igreja de São Domingos
R. João das Regras
R. de São Pedro Mártir
Museu de São Roque
Estação do Rossio
Praça Dom Pedro IV
Rossio
Praça da Figueira
ROSSIO
R. das Farinhas
Costa do Castelo
Largo Trindade Coelho
Calçada do Duque
R. do Duque
Calçada do Carmo
R. 1º de Dezembro
Museu Arqueológico do Carmo
Rua Augusta
R. da Madalena
R. Regedor
Castelo de São Jorge
R. das Gáveas
R. da Misericórdia
R. Nova da Trindade
Convento do Carmo
Largo do Carmo
Elevador de Sta Justa
R. de Sta Justa
Rua da Prata
R. dos Correeiros
Largo A. Amaro da Costa
R. de São Mamede
Elevador do Castelo
Praça Luís de Camões
Baixa-Chiado
CHIADO
Tv. Carmo
Rua do Carmo
R. Assunção
R. dos Sapateiros
R. da Vitória
R. dos Douradores
Fanqueiros
Tv. do Almada
Rua Garrett
BAIXA
Rua Áurea
R. de São Nicolau
Núcleo Arqueológico
R. Serpa Pinto
R. Anchieta
R. Ivens
R. Nova do Almada
R. do Crucifixo
R. da Conceição
Largo Boa Hora
R. Capelo
Teatro Nacional de São Carlos
Museu Nacional de Arte Contemporânea - Museu do Chiado (MNAC)
Museu do Design e da Moda
R. dos Fanqueiros
R. da Madalena
R. da Padaria
R. das Flores
R. do Alecrim
R. António Maria Cardoso
Teatro São Luiz
R. Duques de Bragança
Museu do Dinheiro
R. de S. Julião
R. do Comércio
R. da Alfândega
R. Vítor Cordon
PAÇOS DO CONCELHO
Arco da Rua Augusta
Lisboa Story Centre
PRAÇA DO COMÉRCIO
R. Ferragial
Ministério do Mar
R. do Arsenal
Centro Interpretativo da História do Bacalhau
Av. Infante Dom Henrique
Praça Duque da Terceira
Cais das Colunas
ESTAÇÃO FLUVIAL
Praça Europa
Ribeira das Naus
JARDIM R. GAMEIRO
150 m
Abrantes
Sardoal
Mação
Ponte de Sor
Montargil
Barragem de Montargil
Coruche
Couço
Mora
Avis
Barragem do Maranhão
Brotas
Arraiolos
Vendas Novas
Lavre
Ciborro
Cortiçadas do Lavre
Rio Sorraia
Ribª de Sor
Rio Tejo
Rossio ao Sul do Tejo
Alferrarede
Tramagal
Bemposta
Galveias
Foros do Arrão
Cabeção
Pavia
Canha
Pegões
Cruzamento de Pegões
Infantado
Samora Correia
Benavente
Salvaterra de Magos
Fazendas de Almeirim
Santarém
Almeirim
Alpiarça
Chamusca
Golegã
Entroncamento
Constância
Montalvo
Martinchel
Sentieiras
Souto
Fontes
S. Domingos
Carvalhal
Alcaravela
Penhascoso
Aldeia de Eiras
Castelo
Bando dos Santos
Santos
Fadagosa
Pereiro
Aboboreira
Chão de Codes
Chão de Lopes
Maxieira
Cabeço
Cardigos
Amieira
Amieira Cova
Margalha
Gavião
Belver
Alvega
Concavada
Areia de Baixo
Pego
Casal
São Miguel do Rio Torto
Arreciadas
Barrada
Bicas
Esteveira
São Facundo
Vale de Açor
Vale das Mós
Escusa
Rosmaninhal
Vale do Arco
São Bartolomeu
Sume
Barreiras
Fazenda
Vale de Paio
Vale de Bispo Fundeiro
Vale de Açor
Água Travessa
Foz
Tramaga
Ervideira
Vale de Vilão
Aldeia Velha
Foros do Mocho
Maranhão
Malarranha
Santo António de Alcôrrego
Bardeiras
São Gregório
Aldeia da Serra
Santana do Campo
Gafanhoeira
Sabugueiro
São Geraldo
Pedrógão
Foros de Vale de Figueira
Foros do Cortiço
Ilhas
Igrejinha
Azervadinha
Volta do Vale
Erra
Sta Justa
Padeiro
Foros do Biscainho
Foros da Salgueirinha
Foros da Fonte de Pau
São Torcato
Branca
Estação de Lavre
Godeal
Vidigal
Bombel
Estação de Bombel
Santo Isidro de Pegões
Taipadas
Colar de Perdizes
Cascalho
Sto Estêvão
Foros das Malhadinhas
Barrosa
Estanqueiro
Granho Novo
Bgem de Magos
A 23 - IP 6 - E 806
A 13 - IC 11
A 6
IP 7
N 2
N 244
N 251
N 114
N 119
N 118
N 370
N 4

PORTO
plan I
0 1 Km
VIANA DO CASTELO, PÓVOA DE VARZIM
BRAGA
GUIMARÃES, SANTO TIRSO
VILA REAL AMARANTE
GONDOMAR
ENTRE-OS-RIOS VALE DOS RIOS
AVEIRO
VISEU, COIMBRA
CASTELO DE PAIVA, AROUCA
OCEANO ATLÂNTICO
PRAIA DE BOA NOVA
LEÇA DA PALMEIRA
PORTO DE LEIXÕES
LEIXÕES
MATOSINHOS
Castelo do Queijo
Sea Life Porto
NEVOGILDE
FOZ DO DOURO
Forte de São João Baptista da Foz
Jardim do Passeio Alegre
Farol de São Miguel
Reserva Natural Local do Estuário do Douro
LAVADORES
PRAIA DE LAVADORES
CANIDELO
PRAIA DE SALGUEIROS
PRAIA DA MADALENA
COSTA
GUIFÕES
SENHORA DA HORA
CUSTÓIAS
SÃO MAMEDE DE INFESTA
ÁGUAS SANTAS
SÃO GEMIL
PARANHOS
RAMALDE
ALDOAR
Parque da Cidade
Fundação de Serralves
Fundação António de Almeida
Casa da Música
Jardim Botânico
Casa Tait
Jardim do Pal. de Cristal
Museu do Carro Eléctrico
São Francisco
Sé
Ponte D. Luís I
Ponte Maria Pia
Nossa Senhora da Serra do Pilar
Ponte do Freixo
LORDELO DO OURO
Ponte da Arrábida
AFURADA
CANDAL
VILA NOVA DE GAIA
SANTAMARINHA
COIMBRÕES
MAFAMUDE
OLIVEIRA DO DOURO
AVINTES
VILAR DO PARAÍSO
LABORIM
VILAR DE ANDORINHO
CAMPANHA
Casa da Arquitectura
Bom Jesus
voir plan II
Rio Douro
Rio Leça
A 28
A 4 / E 82
A 20
A 3 / E 1
A 20 / E 1
A 1

Vila Chã
Labruge
Lavra
Perafita
Leça da Palmeira
Matosinhos
Porto de Leixões
Foz do Douro
PORTO
Praia de Lavadores
Canidelo
Madalena
Valadares
Miramar
Praia da Aguda
Granja
São Félix da Marinha
Espinho
Paramos
Esmoriz
Praia de Esmoriz
Praia de Cortegaça
Cortegaça
Maia
Vila do Conde
Modivas
Guilhabreu
Vilar de Pinheiro
Muro
Coronado
Avioso
Castêlo da Maia
Nogueira
Águas Santas
Ermesinde
Valongo
Gondomar
Vila Nova de Gaia
Avintes
Sobrado
Campo
Recarei
Lordelo
Paredes
Penafiel
Marco de Canaveses
Lousada
Paços de Ferreira
Freamunde
Meixomil
Carvalhosa
Castelo de Paiva
Entre-os-Rios
Melres
Foz do Sousa
Crestuma
Sandim
Canedo
Rebordelo
Lourosa
Fiães
Santa Maria da Feira
Grijó
Perosinho
Vilar do Paraíso
Carvalhos
Pedorido
Raiva
Paraíso
Real
Espiunca
Canelas
S. Miguel do Mato
Escariz
Romariz
Louredo
Guisande
Rio Douro
N 15
N 222
N 1
A 1
A 4
A 41
A 42
A 28
A 29
A 32
IC 24
IC 25

PORTO
plan II
0 150 m
N
Casa da Música
PRAÇA MOUZINHO DE ALBUQUERQUE
Av. da Boavista
Cedofeita
R. de Cedofeita
Pr. da República
R. de Gonçalo Cristóvão
Trindade
TRINDADE
Pr. Général H. Delgado
Mercado do Bolhão
Bolhão
Campo de Agosto 24
Museu Nacional Soares dos Reis
Igreja das Carmelitas
Igreja do Carmo
Livraria Lello
R. das Carmelitas
Santo António
Museu do Carro Eléctrico
Casa Tait
Galeria do Palácio
Museu Romântico
Pavilhão Rosa Mota
Jardim do Palácio de Cristal
R. da Restauração
Centro Português de Fotografia
Torre dos Clérigos
Praça da Liberdade
S. António dos Congregados
Aliados
Av. dos Aliados
São Bento
Santo Ildefonso
Teatro Nacional S. João
MIRAGAIA
Museu e Igreja da Misericórdia
Alfândega Nova
Instituto dos Vinhos do Douro e do Porto
São Lourenço dos Grilos
Sé
Terreiro da Sé
Museu Guerra Junqueiro
Sta Clara
Mercado Ferreira Borges
Palácio da Bolsa
São Francisco
Casa do Infante
Funicular dos Guindais
Museu do Vinho do Porto
Ponte Dom Luís I
Rio Douro
CAVES
Mercado da Beira Rio
Nossa Senhora da Serra do Pilar
Jardim do Morro
Ponte de Maria Pia
VILA NOVA DE GAIA
Av. de Gustavo Eiffel
Cais de Gaia
Cais da Estiva
Alameda de Basílio Teles
Calçada Monchique

Vila Real
Mateus
Amarante
Peso da Régua
Lamego
Marão
Alijó
Sabrosa
Tua
Carrazeda de Ansiães
S. João da Pesqueira
Tabuaço
Armamar
Tarouca
Cinfães
Resende
Baião
Mesão Frio
Montemuro
DOURO
Vale do Tua

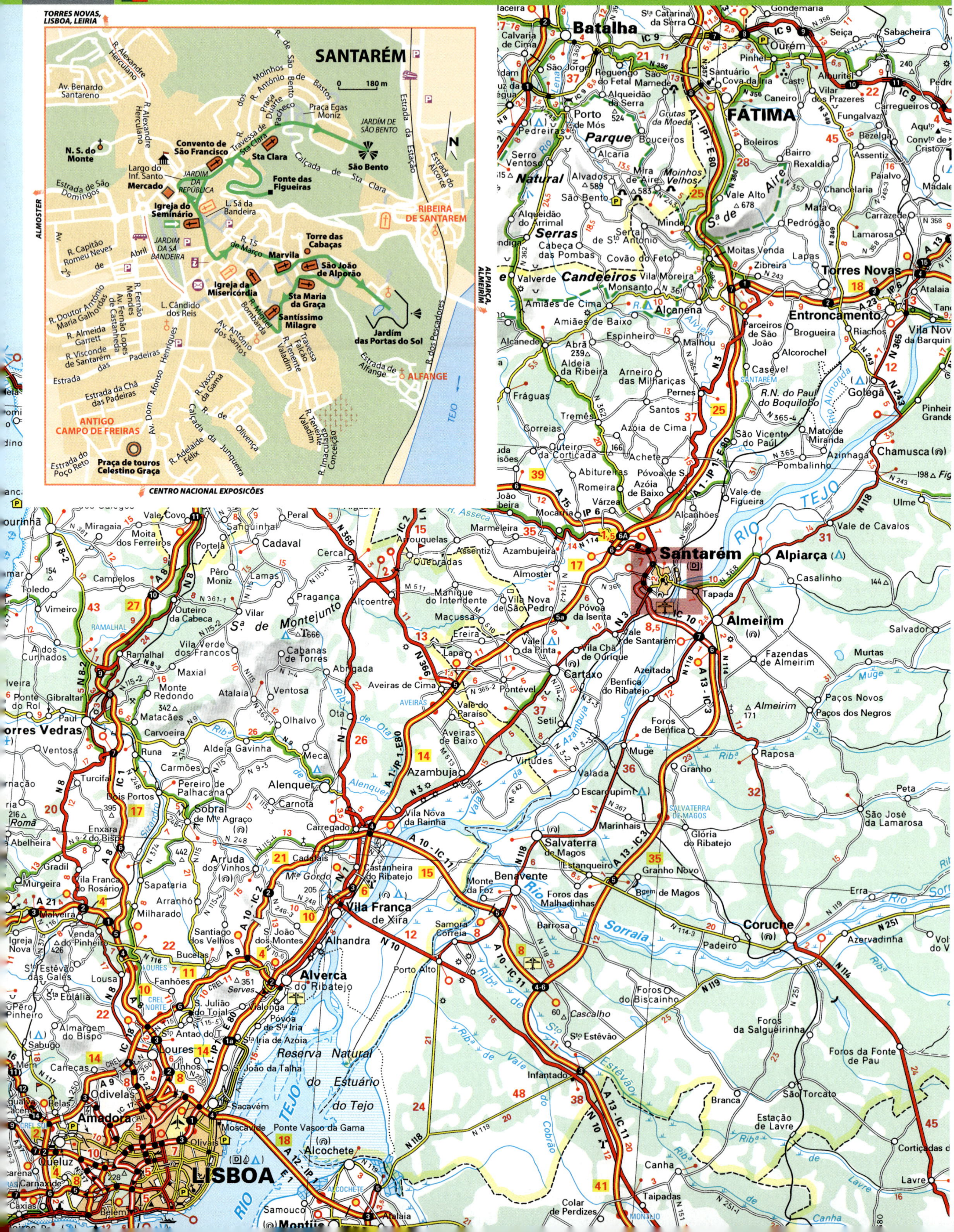
TORRES NOVAS, LISBOA, LEIRIA
SANTARÉM
0 180 m
Convento de São Francisco
Sta Clara
São Bento
JARDIM DE SÃO BENTO
Fonte das Figueiras
N. S. do Monte
Largo do Inf. Santo
Mercado
JARDIM DA REPÚBLICA
Igreja do Seminário
L. Sá da Bandeira
RIBEIRA DE SANTARÉM
Torre das Cabaças
Marvila
São João de Alporão
Igreja da Misericórdia
Sta Maria da Graça
Santíssimo Milagre
Jardim das Portas do Sol
ALFANGE
TEJO
ANTIGO CAMPO DE FREIRAS
Praça de touros Celestino Graça
ALMOSTER
ALPIARÇA, ALMEIRIM
CENTRO NACIONAL EXPOSICÕES
Estrada da Estação
Av. Bernardo Santareno
R. Alexandre Herculano
Estrada de São Domingos
R. Capitão Romeu Neves
R. 15 de Março
Av. Dom Afonso Henriques
Estrada da Chã das Padeiras
Estrada do Poço Reto
Calçada da Junqueira
R. de Olivença
R. Vasco da Gama
R. dos Pescadores
Batalha
Ourém
FÁTIMA
Porto de Mós
Parque Natural Serras de Aire e Candeeiros
Alcanena
Torres Novas
Entroncamento
Golegã
Chamusca
Santarém
Alpiarça
Almeirim
Cartaxo
Azambuja
Rio Maior
Cadaval
Alenquer
Sobral de Mte Agraço
Torres Vedras
Arruda dos Vinhos
Vila Franca de Xira
Alverca do Ribatejo
Salvaterra de Magos
Benavente
Coruche
Samora Correia
Loures
Odivelas
Amadora
Queluz
LISBOA
Alcochete
Montijo
Reserva Natural do Estuário do Tejo
RIO TEJO
Rio Sorraia
Muge
Benfica do Ribatejo
Vale de Santarém
Pontével
Vila Nova da Rainha
Carregado
Castanheira do Ribatejo
Alhandra
Sacavém
Ponte Vasco da Gama
Porto Alto
Infantado
Canha
Lavre
Mora

SETÚBAL
Museu de Setúbal
Jesus
Largo de Jesus
Praça do Almirante Reis
Av. Combatentes da Grande Guerra
R. do Bocage
Pr. do Bocage
São Julião
Casa do Corpo Santo
Praça do Quebedo
Pr. do Exercito
L. dos D. da República
Museu do Trabalho
Av. Luísa Todi
Mercado
Galeria Municipal do Banco de Portugal
Pr. da República
Av. Jaime Rebelo
JARDIM LUÍS DA FONSECA
R. Teotónio Banha
LARGO JOSÉ AFONSO
R. Clube Naval
SADO
PARQUE DO BONFIM
Av. 22 de Dezembro
Av. 5 de Outubro
Av. Alexandre Herculano
R. Manuel Livério
PENÍNSULA DE TRÓIA
PENÍNSULA DE TRÓIA, LISBOA, ÉVORA
ARRÁBIDA, CASTELO DE SÃO FILIPE
LISBOA, BACALHOA
Santarém
Alpiarça
Almeirim
Cartaxo
Azambuja
Salvaterra de Magos
Benavente
Coruche
Samora Correia
Reserva Natural do Estuário do Tejo
TEJO
Ponte Vasco da Gama
Alcochete
LISBOA
Amadora
Odivelas
Loures
Sacavém
ESTORIL
Oeiras
Queluz
Almada
Barreiro
Montijo
Moita
Seixal
Costa da Caparica
Praia da Caparica
Lagoa de Albufeira
Palmela
SETÚBAL
Parque Natural da Arrábida
Sesimbra
Cabo Espichel
Tróia
Ruínas Romanas de Cetóbriga
Península de Tróia
Reserva Natural do Estuário do Sado
Rio Sado
Alcácer do Sal
Comporta
Praia de Comporta
BAIA DE
Sorraia
Pegões
Infantado
Canha
Vendas Novas

Édition 2024 - Éditeur : MICHELIN Éditions
Société par actions simplifiée au capital de 487 500 EUR
57 rue Gaston Tessier – 75019 Paris (France)
R.C.S. Paris 882 639 354 - DL : JANVIER 2024
Copyright © 2023 Michelin Éditions - Tous droits réservés

CARTE STRADALI E TURISTICHE PUBBLICAZIONE PERIODICA
Reg. Trib. Di Milano N° 80 del 24/02/1997 Dir. Resp. Dott. MARCO DO.

Plans de ville : © MICHELIN
All rights reserved. Michelin data © Michelin 2023.

Toute représentation ou reproduction intégrale ou partielle faite sans le consentement de l'auteur ou de ses ayants droit ou ayants cause est illicite. Cette représentation ou reproduction, par quelque procédé que ce soit, constituerait donc une contrefaçon au sens des articles L.335-2 et suivants du Code de la propriété intellectuelle.

Any representation or reproduction without the consent of the author, by any means whatsoever, would constitute an infringement under Articles L.335-2 and following of the French Intellectual Property Code.

L'éditeur décline toute responsabilité relative à la désignation de certains lieux, territoires ou zones qui peuvent faire l'objet d'un différend international, et a donc choisi de les désigner par la ou les dénomination(s) usuelle(s) afin d'en faciliter la lecture par les utilisateurs. De par l'évolution rapide des données, il est possible que certaines d'entre elles soient incomplètes, inexactes ou non-exhaustives. Michelin décline toute responsabilité en cas d'omissions, imperfections et/ou erreurs

The publisher declines all responsibility for the designation of certain places, territories or areas that may be the subject of an international dispute, and has therefore chosen to designate them by the usual name(s) in order to make it easier for users to read. Due to the rapid evolution of the data, it is possible that some of them are incomplete, inaccurate or non-exhaustive. Michelin is not responsible for omissions, imperfections and/or errors.

Couverture : aluxum/Getty Images Plus - rusm/Getty Images Plus
Achevé d'imprimer en 08/2023 par - ELCOGRAF - 24126 Bergamo - MADE IN ITALY